SCHÄFFER
POESCHEL

Carl-Christian Freidank/
Patrick Velte

# Rechnungslegung und Rechnungslegungspolitik

Eine Einführung aus handels-, steuerrechtlicher und internationaler
Sicht in die Rechnungslegung und Rechnungslegungspolitik von
Einzelunternehmen, Personenhandels- und Kapitalgesellschaften

mit 169 Beispielen und 277 Abbildungen

2007
Schäffer-Poeschel Verlag Stuttgart

Die Kontenrahmen finden Sie unter: www.schaeffer-poeschel.de

**Verfasser:**

**Prof. Dr. habil. Carl-Christian Freidank**
o. Univ.-Professor für Betriebswirtschaftslehre,
insbesondere Revisions- und Treuhandwesen
an der Universität Hamburg, Steuerberater

**Dipl.-Kfm. Patrick Velte**
Wissenschaftlicher Mitarbeiter
am Lehrstuhl für Revisions- und Treuhandwesen,
Universität Hamburg bei Prof. Dr. C.-Chr. Freidank

Bibliografische Information Der Deutschen Nationalbibliothek
Die Deutsche Nationalbibliothek verzeichnet diese Publikation in der Deutschen Nationalbibliografie;
detaillierte bibliografische Daten sind im Internet über < http://dnb.d-nb.de > abrufbar.

Gedruckt auf chlorfrei gebleichtem, säurefreiem und alterungsbeständigem Papier.

ISBN 978-3-7910-1313-8

© 2007 Schäffer-Poeschel Verlag für Wirtschaft · Steuern · Recht GmbH
www.schaeffer-poeschel.de
info@schaeffer-poeschel.de
Einbandgestaltung: Willy Löffelhardt
Satz: Grafik-Design Fischer, Weimar
Druck und Bindung: Ebner & Spiegel GmbH, Ulm
Printed in Germany
Februar/2007

Schäffer-Poeschel Verlag Stuttgart
Ein Tochterunternehmen der Verlagsgruppe Handelsblatt

# Vorwort

»Welchen Überblick verschafft uns nicht die Ordnung,
in der wir unsere Geschäfte führen!
Sie läßt uns jederzeit das Ganze überschauen,
ohne daß wir nötig hätten, uns durch das Einzelne verwirren zu lassen.
Welche Vorteile gewährt die doppelte Buchhaltung dem Kaufmanne!
Es ist eine der schönsten Erfindungen des menschlichen Geistes,
und ein jeder gute Haushalter
sollte sie in seiner Wirtschaft einführen.«

*Johann Wolfgang von Goethe:*
*Wilhelm Meisters Lehrjahre,*
*Stuttgart 1986, S. 35.*

Das **Lehrbuch** richtet sich an **Studenten der Wirtschaftswissenschaften,** die an einer grundlegenden Einführung in die Rechnungslegung und die Rechnungslegungspolitik nach Handels- und Steuerrecht sowie internationalen Regelungen interessiert sind. Die behandelten Themenbereiche decken den elementaren Lehrstoff ab, der an Universitäten, Fachhochschulen, Berufsakademien sowie Verwaltungs- und Wirtschaftsakademien im Diplom-, Bachelor- und Masterstudiengang vermittelt wird. Darüber hinaus spricht die Abhandlung auch **Praktiker des in- und externen Rechnungswesens** an, die eine Einführung in die genannten Bereiche wünschen oder ihre Kenntnisse auf diesen Gebieten auffrischen oder vertiefen wollen.

Neben der reinen **Buchführungs- und Abschlusstechnik** bei einzelkaufmännisch geführten Unternehmen, Personen- und Kapitalgesellschaften stellt das Lehrbuch die elementaren handels- und steuerrechtlichen Rechnungslegungsvorschriften dar. Ferner wird auf Besonderheiten der Buchführung und des Abschlusses von **Handels- und Industrieunternehmen** eingegangen. Darüber hinaus gibt die Abhandlung einen Überblick über Ziele, Konzeptionen, Instrumente und Modelle der Rechnungslegungspolitik von **Kapitalgesellschaften.** Zum Abschluss werden signifikante Änderungen im Bereich der externen Rechnungslegung und Rechnungslegungspolitik durch eine Umstellung des Rechnungswesens auf **IFRS** vergleichend dargelegt. Der Stoff wird durch eine Vielzahl von **Beispielen** verdeutlicht, die im laufenden Text **grau unterlegt** sind.

Zunächst danken die Verfasser Herrn **StB Prof. Dr. Hans Eigenstetter,** da die Abhandlung in einigen Bereichen Darstellungen enthält, die von ihm während seiner Tätigkeit als wissenschaftlicher Mitarbeiter am Lehrstuhl für Revisions- und Treuhandwesen der Universität Hamburg entwickelt wurden. Weiterhin möchten die Verfasser insbesondere Herrn **cand. rer. pol. Richard Simm,** Herrn **cand. rer. pol. Jan Jucknat,** Herrn **cand. rer. pol. Karsten Zeglen,** Herrn **cand. rer. pol. Max Köster** und Frau **cand. rer. pol. Sine Lorenzen** für die intensive und zuverlässige Unterstützung und Frau **Hermine Werner** für ihre Akribie und Umsicht bei der Vorbereitung der Druckvorlage danken. Schließlich geht ein herzlicher Dank an Herrn **Volker Dabelstein** vom **Schäffer-Poeschel-Verlag** in Stuttgart für die außerordentlich gute Zusammenarbeit bei der Publikation des Lehrbuchs.

Aus Vereinfachungsgründen wurden die beispielhaften Berechnungen auf der Basis eines **Umsatzsteuerregelsatzes von 20 %** vorgenommen.

Hamburg, im Januar 2007                                    Carl-Christian Freidank
                                                          Patrick Velte

# Inhaltsübersicht

# Inhaltsverzeichnis

# Abkürzungsverzeichnis

| | |
|---|---|
| A | Aktiva; Aufwand; Gesellschafter A |
| a. | aus |
| a. A. | anderer Ansicht |
| AB | Anfangsbestand |
| Abb. | Abbildung |
| ABl. | Amtsblatt |
| ABlEG | Amtsblatt der Europäischen Gemeinschaften |
| Abs. | Absatz |
| Abschn. | Abschnitt(-e) |
| abzügl. | abzüglich |
| ACF | Accounting, Controlling & Finance (Handbuch) |
| a. d. | aus der |
| ADS | Adler/Düring/Schmaltz (Kommentar) |
| AE | Ausstehende Einlagen |
| a. F. | alte Fassung |
| AfA | Absetzungen für Abnutzung(-en) |
| AfaA | Absetzungen für außergewöhnliche technische und wirtschaftliche Abnutzung |
| AfS | Absetzung für Substanzverringerung |
| AG | Aktiengesellschaft; Arbeitgeber |
| Ag | Abgang |
| a. H. | auf Hundert |
| akt. | aktiver |
| akt. RAP | aktiver Rechnungsabgrenzungsposten |
| AK | Anschaffungskosten |
| AKBH | Arbeitskreis Bilanzrecht der Hochschullehrer Rechtswissenschaft e. V. |
| AKEIÜ | Arbeitskreis Externe und Interne Unternehmensüberwachung der Schmalenbach Gesellschaft – Deutsche Gesellschaft für Betriebswirtschaft e. V. |
| AKEU | Arbeitskreis Externe Unternehmensrechnung der Schmalenbach-Gesellschaft – Deutsche Gesellschaft für Betriebswirtschaft e. V. |
| AKIW | Arbeitskreis Immaterielle Werte im Rechnungswesen der Schmalenbach-Gesellschaft für Betriebswirtschaft e. V. |
| AKR | Arbeitskreis Rechnungslegungsvorschriften der EG-Kommission der Gesellschaft für Finanzwirtschaft in der Unternehmensführung e. V. |
| AKSR | Arbeitskreis Steuern und Revision im Bund der Wirtschaftsakademiker e. V. |
| AktG | Aktiengesetz |
| Aktz. | Aktenzeichen |
| allgem. | allgemein(-er) |
| a. M. | am Main |
| AN | Arbeitnehmer |
| Anh. | Anhang |
| Anl. | Anlage |
| Anm. | Anmerkung |
| AO | Abgabenordnung |
| AP | aktivischer Ausgleichsposten |
| AR | Ausgangsrechnung |
| ARC | Accounting Regulatory Committee |
| Art. | Artikel |
| Aufl. | Auflage |
| Aufw. | Aufwand |
| ausf. | ausführlich |
| AuslinvG | Auslandinvestmentgesetz |
| | |
| B | Gesellschafter B |
| BA | Bankauszug |
| BAB | Betriebsabrechnungsbogen |
| Bafin | Bundesanstalt für Finanzdienstleistungsaufsicht |

| | |
|---|---|
| Bd. | Band |
| BdF | Bundesministerium der Finanzen |
| BDI | Bundesverband der Deutschen Industrie e. V. |
| BE | Bestandserhöhung |
| bearb. | bearbeitet |
| BeckBilKomm | Beck'scher Bilanz Kommentar |
| Begr. | Begründung |
| BegrRefE | Begründung zum Referentenentwurf |
| BegrRegE | Begründung zum Regierungsentwurf |
| ber. | berücksichtigte |
| BewG | Bewertungsgesetz |
| BFH | Bundesfinanzhof |
| BGA | Bundesverband des Deutschen Groß- und Außenhandels e. V. |
| BGB | Bürgerliches Gesetzbuch |
| BGBl. | Bundesgesetzblatt |
| BGH | Bundesgerichtshof |
| BilKoG | Gesetz zur Kontrolle von Unternehmensabschlüssen (Bilanzkontrollgesetz) |
| BilModG | Bilanzrechtsmodernisierungsgesetz |
| BilReG | Gesetz zur Einführung internationaler Rechnungslegungsstandards und zur Sicherung der Qualität der Abschlussprüfung (Bilanzrechtsreformgesetz) |
| BIP | Bruttoinlandsprodukt |
| BiRiLiG | Gesetz zur Durchführung der Vierten, Siebenten und Achten Richtlinie des Rates der Europäischen Gemeinschaften zur Koordinierung des Gesellschaftsrechts (Bilanzrichtlinien-Gesetz) |
| BMF | Bundesministerium für Finanzen |
| BMJ | Bundesministerium der Justiz |
| BMWA | Bundesministerium für Wirtschaft und Arbeit |
| BörsG | Börsengesetz |
| BörsZulV | Verordnung über die Zulassung von Wertpapieren zum amtlichen Markt an einer Wertpapierbörse (Börsenzulassungsverordnung) |
| BR | Bundesrat |
| BR-Drucks. | Bundesrats-Drucksache |
| BS | Buchungssatz; Bilanzsumme |
| bspw. | beispielsweise |
| BStBl. | Bundessteuerblatt |
| BSBK | Bundessteuerberaterkammer |
| BT | Bundestag(-s) |
| BT-Drucks. | Bundestags-Drucksache |
| BV | Bestandsverminderung |
| BW | Barwert |
| bzgl. | bezüglich |
| bzw. | beziehungsweise |
| | |
| ca. | circa |
| CCM | Completed Contract Method |
| CD | Compact Disk |
| CE | Capital Employed |
| CF | Cash Flow |
| CFROI | Cash Flow Return On Investment |
| CGU | Cash Generating Unit |
| Co. | Compagnie (Kompanie i. S. v. Gesellschaft) |
| const. | konstant |
| COSO | Committee of the Sponsoring Organizations of the Treadway Commission |
| c. p. | ceteris paribus |
| | |
| DAI | Deutsches Aktieninstitut e. V. |
| d. h. | das heißt |
| DATEV | Datenverarbeitungsorganisation des steuerberatenden Berufes in der Bundesrepublik Deutschland eG |
| DAV | Deutscher Anwaltverein |

| | |
|---|---|
| DAX | Deutscher Aktienindex |
| DBA | Doppelbesteuerungsabkommen |
| DCF | Discounted Cash Flow |
| d. h. | das heißt |
| DIN | Deutsches Institut für Normung e. V. |
| Diss. | Dissertation |
| DIRK | Deutscher Investor Relations Kreis e. V. |
| DPR | Deutsche Prüfstelle für Rechnungslegung e. V. |
| Dr. | Doktor |
| Dres. | Doktores |
| DRÄS | Deutscher Rechnungslegungs Änderungs Standard |
| DRS | Deutscher Rechnungslegungs Standard |
| DRSC | Deutsches Rechnungslegungs Standards Committee e. V. |
| Drucks. | Drucksache |
| DSR | Deutscher Standardisierungs Rat |
| DStV | Deutscher Steuerberaterverband |
| DVFA | Deutsche Vereinigung für Finanzanalyse und Asset Management e. V. |
| | |
| E | Ertrag; Entwurf |
| e. V. | eingetragener Verein |
| EB | Endbestand |
| EBIT | Earnings Before Interest and Taxes |
| EBITDA | Earnings Before Interest Taxes Depreciation and Amortization |
| EBK | Eröffnungsbilanzkonto |
| ED | Exposure Draft |
| EDV | elektronische Datenverarbeitung |
| EFG | Entscheidungen der Finanzgerichte |
| EFRAG | European Financial Reporting Advisory Group |
| eG | eingetragene Genossenschaft |
| EG | Europäische Gemeinschaften |
| EGHGB | Einführungsgesetz zum Handelsgesetzbuch |
| EGR | Einbestellungsbetrag in die gesetzliche Rücklage |
| EGV | Vertrag zur Gründung der Europäischen Gemeinschaften |
| einschl. | einschließlich |
| EK | Eigenkapital |
| EKA | Eigenkapitalanteil |
| EKR | Einzelhandels-Kontenrahmen |
| E-mail | Electronic Mail |
| EntwLStG | Entwicklungsländer-Steuergesetz |
| EPS | Earnings Per Share |
| E-PS | Entwurf Prüfungsstandard |
| ER | Eingangsrechnung |
| ErbSt | Erbschaftsteuer |
| ErbStG | Erbschaftsteuergesetz |
| erm. | ermäßigt |
| EStG | Einkommensteuergesetz |
| EStH | Einkommensteuer-Hinweise |
| EStDV | Einkommensteuer-Durchführungsverordnung |
| EStR | Einkommensteuer-Richtlinien |
| et al. | et alii (lat.: und andere) |
| EU | Europäische Union |
| e. V. | eingetragener Verein |
| evtl. | eventuell |
| EVA | Economic Value Added |
| EW | Endwert |
| EWG | Europäische Wirtschaftsgemeinschaft |
| EWR | Europäischer Wirtschaftsraum |
| | |
| f. | folgende [Seite] |
| ff. | folgende [Seiten] |

| | |
|---|---|
| F | Framework der IFRS |
| Fa. | Firma |
| FAMA | Fachausschuss für moderne Abrechnungssysteme |
| FASB | Financial Accounting Standards Board |
| FEK | Fertigungseinzelkosten |
| FG | Finanzgericht |
| FGK | Fertigungsgemeinkosten |
| FI | Finanzinstrument |
| Fifo | First-in – first-out |
| FK | Fremdkapital |
| Fn. | Fußnote |
| FRRP | Financial Reporting Review Panel |
| FRSSE | Financial Reporting Standards for Smaller Entities |
| | |
| GAAP | Generally Accepted Accounting Principles |
| GB | Großbritannien |
| GBl. | Gesetzblatt |
| GbR | Gesellschaft bürgerlichen Rechts |
| GEFIU | Gesellschaft für Finanzwirtschaft in der Unternehmensführung e. V. |
| gem. | gemäß |
| GenG | Gesetz betreffend die Erwerbs- und Wirtschaftsgenossenschaften |
| GewStG | Gewerbesteuergesetz |
| GewStR | Gewerbesteuer-Richtlinien |
| GFW | Geschäfts- oder Firmenwert |
| GG | Grundgesetz |
| ggf. | gegebenenfalls |
| Ggs. | Gegensatz |
| ggü. | gegenüber |
| Gj. | Geschäftsjahr (-e, -en, -es) |
| GKR | Gemeinschafts-Kontenrahmen der Industrie |
| GKV | Gesamtkostenverfahren |
| GmbH | Gesellschaft mit beschränkter Haftung |
| GmbHG | Gesetz betreffend die Gesellschaften mit beschränkter Haftung |
| GoB | Grundsätze ordnungsmäßiger Buchführung |
| GoF | Grundsätze ordnungsmäßiger Unternehmensführung |
| GoK | Grundsätze ordnungsmäßiger Konzernrechnungslegung |
| GoUb | Grundsätze ordnungsmäßiger Unternehmensbewertung |
| GR | Gewinnrücklagen |
| grds. | grundsätzlich |
| GrS | Großer Senat |
| GuV | Gewinn- und Verlustrechnung |
| GWG | Geringwertige Wirtschaftsgüter |
| | |
| H | Haben; Hinweisabschnitt |
| h | Gewerbesteuer-Hebesatz |
| h. M. | herrschende Meinung |
| HAÜ | Hauptabschlussübersicht |
| HDE | Hauptverband des Deutschen Einzelhandels e. V. |
| HdJ | Handbuch des Jahresabschlusses in Einzeldarstellungen |
| hdl.-re. | handelsrechtlicher |
| HFA | Hauptfachausschuss des Instituts der Wirtschaftsprüfer in Deutschland e. V. |
| HFR | Höchstrichterliche Finanzrechtsprechung |
| HGB | Handelsgesetzbuch |
| HGB-E | Entwurf eines Handelsgesetzbuches |
| Hifo | Highest-in – first-out |
| Hrsg. | Herausgeber; herausgegeben |
| HS | Halbsatz |
| htm | hyper text markup |
| html | hyper text markup language |
| http | hyper text transfer protocol |

| HWB | Handwörterbuch der Betriebswirtschaft |
| HWF | Handwörterbuch des Bank- und Finanzwesen |
| HWFü | Handwörterbuch der Führung |
| HWO | Handwörterbuch der Organisation |
| HWP | Höchstwertprinzip |
| HWPlan | Handwörterbuch der Planung |
| HWProd | Handwörterbuch der Produktionswirtschaft |
| HWR | Handwörterbuch des Rechnungswesens |
| HWRev | Handwörterbuch der Revision |
| HWRP | Handwörterbuch der Rechnungslegung und Prüfung |

| i. A. | im Allgemeinen |
| i. Br. | im Breisgau |
| i. e. S. | im engeren Sinne |
| i. d. F. | in der Fassung |
| i. d. R. | in der Regel |
| i. H. | in Hundert |
| i. H. d. | in Höhe der; des |
| i. H. v. | in Höhe von |
| i. R. d. | im Rahmen der; des |
| i. R. e. | im Rahmen einer; eines |
| i. R. v. | im Rahmen von |
| i. S. | im Sinne |
| i. S. d. | im Sinne des |
| i. S. e. | im Sinne einer; eines |
| i. S. v. | im Sinne von |
| i. V. m. | in Verbindung mit |
| i. w. S. | im weiteren Sinne |
| IAS | International Accounting Standard(-s) |
| IASB | International Accounting Standards Board |
| IASC | International Accounting Standards Committee |
| IDW | Institut der Wirtschaftsprüfer in Deutschland e. V. |
| IDW E-PS | IDW Entwurf Prüfungsstandard |
| IDW E-S | IDW Entwurf Standard |
| IDW PS | IDW Prüfungsstandard |
| IDW RH HFA | IDW Rechnungslegungshinweis des Hauptfachausschusses |
| IDW RS | IDW Stellungnahme zur Rechnungslegung |
| IDW S | IDW Standard |
| IFRIC | International Financial Reporting Interpretations Committee |
| IFRS | International Financial Reporting Standards |
| IFSt | Institut Finanzen und Steuern e. V. |
| IIR | Deutsches Institut für Interne Revision e. V. |
| IKR | Industrie-Kontenrahmen |
| inkl. | inklusive |
| InsO | Insolvenzordnung |
| IOA | Impairment Only Approach |
| IOSCO | International Organisation of Securities Commissions |
| IT | Informationstechnologie |
| JB | Jahresbeträge |
| Jg. | Jahrgang |
| JÜ | Jahresüberschuss |

| K | Kapitalkonto |
| Kap. | Kapitel |
| KapG | Kapitalgesellschaft(-en) |
| KapAEG | Gesetz zur Verbesserung der Wettbewerbsfähigkeit deutscher Konzerne an Kapital-märkten und zur Erleichterung der Aufnahme von Gesellschafterdarlehen (Kapital-aufnahmeerleichterungsgesetz) |
| KapCoRiLiG | Gesetz zur Durchführung der Richtlinie des Rates der Europäischen Union zur Änderung der Bilanz- und der Konzernbilanzrichtlinie hinsichtlich ihres Anwendungs- |

bereichs, zur Verbesserung der Offenlegung von Jahresabschlüssen und zur Änderung anderer handelsrechtlicher Bestimmungen (Kapitalgesellschaften- und Co-Richtlinie-Gesetz)

| | |
|---|---|
| KB | Kassenbeleg |
| KFZ | Kraftfahrzeug |
| KG | Kommanditgesellschaft |
| KGaA | Kommanditgesellschaft auf Aktien |
| Kl. | (Konten-)Klasse |
| KMU | kleine und mittelständische Unternehmen |
| KOM | Kommission der Europäischen Gemeinschaften |
| KonTraG | Gesetz zur Kontrolle und Transparenz im Unternehmensbereich |
| KPMG | Klynveld, Peat, Marwick, Goerdeler Deutsche Treuhand-Gesellschaft Aktiengesellschaft (Wirtschaftsprüfungsgesellschaft) |
| KR | Kapitalrücklage |
| KStG | Körperschaftsteuergesetz |
| KStR | Körperschaftsteuer-Richtlinien |
| ku | kurzfristig |
| KV | Kommanditverlust |
| KWG | Kreditwesengesetz |
| | |
| la | langfristig |
| lfd. | laufend |
| LG | Landgericht |
| Lifo | Last-in – first-out |
| lit. | litera (lat.: Buchstabe) |
| LKW | Lastkraftwagen |
| Lofo | Lowest-in – first-out |
| LStDV | Lohnsteuer-Durchführungsverordnung |
| lt. | laut |
| LuL | Lieferungen und Leistungen |
| | |
| MarkenG | Markengesetz |
| m. w. N. | mit weiteren Nachweisen |
| ME | Mengeneinheit(-en) |
| MEK | Materialeinzelkosten |
| MGK | Materialgemeinkosten |
| Mio. | Million(-en) |
| MitbestG | Gesetz über die Mitbestimmung der Arbeitnehmer (Mitbestimmungsgesetz) |
| MoMiG | Gesetz zur Modernisierung des GmbH-Rechts und zur Bekämpfung von Missbräuchen |
| Mon. | Monat(e) |
| m. RE | mit Rücklagenentnahmen |
| | |
| NBR | Neubewertungsrücklage |
| n. F. | neue Fassung |
| NOPAT | Net Operating Profit After Tax |
| Nr./No. | Nummer; Nummero |
| NWP | Niederstwertprinzip |
| NYSE | New York Stock Exchange |
| | |
| OECD | Organisation for Economic Cooperation and Development |
| OFD | Oberfinanzdirektion |
| OFH | Oberster Finanzgerichtshof |
| o. g. | oben genannt(-e, -en) |
| OGH | Oberster Gerichtshof |
| OHG | Offene Handelsgesellschaft |
| o. J. | ohne Jahrgang |
| OLG | Oberlandesgericht |
| o. O. | ohne Ort |
| o. RE | ohne Rücklagenentnahmen |
| o. V. | ohne Verfasser |

| | |
|---|---|
| P | Passiva |
| p. a. | per anno |
| Par. | Paragraph |
| PartG | Partnerschaftsgesellschaft |
| PartGG | Partnerschaftsgesellschaftgesetz |
| pass. | passiver |
| pass. RAP | passiver Rechnungsabgrenzungsposten |
| PC | Personal Computer |
| pdf | Portable document format |
| PKW | Personenkraftwagen |
| POCM | Percentage Of Completion Method |
| PublG | Gesetz über die Rechnungslegung von bestimmten Unternehmen und Konzernen (Publizitätsgesetz) |
| PuK | Planung und Kontrolle |
| PWC | PricewaterhouseCoopers (Wirtschaftsprüfungsgesellschaft) |
| | |
| RAP | Rechnungsabgrenzungsposten |
| RBW | Rentenbarwert |
| RechKredV | Kreditinstituts-Rechnungslegungsverordnung |
| rechtl. | rechtlich(-e) |
| RechVersV | Verordnung über die Rechnungslegung von Versicherungsunternehmen |
| ReWe | Rechnungswesen |
| Ref. | Reference (engl.: Aktenzeichen) |
| RefE | Referentenentwurf |
| RegE | Regierungsentwurf |
| rer. pol. | rerum politicarum |
| rev. | revised |
| RfE | Rücklage für Ersatzbeschaffung |
| RFH | Reichsfinanzhof |
| RFHE | Sammlung der Entscheidungen und Gutachten des Reichsfinanzhofs |
| RGZ | Entscheidungen des Reichsgerichts in Zivilsachen |
| RH | Rechnungslegungshinweis(-e) |
| RIC | Rechnungslegungs Interpretation |
| Rn. | Randnummer |
| ROCE | Return On Capital Employed |
| ROM | Read Only Memory |
| RS | Rechnungslegungsstandard; Rechte Seite des Simplextableau |
| Rs. | Rechtssache |
| RStBl. | Reichssteuerblatt |
| Rz. | Randziffer |
| | |
| S | Soll/Standard |
| s. | siehe |
| S. | Seite(-n); Satz |
| SA | Securities Act |
| SABI | Sonderausschuss Bilanzrichtlinien-Gesetz |
| SAC | Standards Advisory Council |
| SBK | Schlussbilanzkonto |
| ScheckG | Scheckgesetz |
| SchutzbauG | Schutzbaugesetz |
| SE | Societas Europaea |
| SEA | Securities Exchange Act |
| SEC | Securities and Exchange Commission |
| Sec. | Section |
| SEK | Sondereinzelkosten |
| SFAC | Statements of Financial Accounting Concepts |
| SFAS | Statements of Financial Accounting Standards |
| SGB | Sozialgesetzbuch |
| SIC | Standard Interpretations Committee |
| SMAX | Small Aktien Index |

| | |
|---|---|
| SME | Small and Medium Sized Entities |
| SOCM | Stage Of Completion Method |
| sog. | so genannte(-r; -s) |
| SolZ | Solidaritätszuschlag |
| SolZG | Solidaritätszuschlaggesetz |
| Sp. | Spalte |
| StädteBFG | Städtebauförderungsgesetz |
| StBerG | Steuerberatungsgesetz |
| StEntlG | Steuerentlastungsgesetz 1999/2000/2002 |
| StGB | Strafgesetzbuch |
| Str. | Straße |
| StückAG | Stückaktiengesetz |
| SV | Sozialversicherung |
| | |
| Tab. | Tabelle |
| T € | Tausend Euro |
| TransPuG | Gesetz zur weiteren Reform des Aktien- und Bilanzrechts, zu Transparenz und Publizität (Transparenz- und Publizitätsgesetz) |
| Ts. | Taunus |
| Tsd. | Tausend |
| TW | Teilwert |
| Tz. | Textziffer |
| | |
| U | Umsatzerlöse |
| u. | und |
| u. a. | unter anderem; und andere |
| u. ä. | und ähnlichem |
| u. U. | unter Umständen |
| UK | United Kingdom |
| UKV | Umsatzkostenverfahren |
| UmwStG | Umwandlungssteuergesetz |
| Urt. | Urteil |
| US | United States |
| USA | United States of America |
| US-GAAP | United States Generally Accecpted Accounting Principles |
| USt | Umsatzsteuer |
| UStDV | Umsatzsteuer-Durchführungsverordnung |
| UStG | Umsatzsteuergesetz |
| UStR | Umsatzsteuer-Richtlinien |
| usw. | und so weiter |
| UV | Umlaufvermögen |
| | |
| v. | von; vom |
| V | Verbindlichkeiten |
| VAG | Versicherungsaufsichtsgesetz |
| Verf. | Verfasser |
| VermG | Gesetz zur Förderung der Vermögensbildung der Arbeitnehmer (Vermögensbildungsgesetz) |
| VG | Vermögensgegenstand |
| vgl. | vergleiche |
| v. H. | von Hundert |
| Vj. | Vorjahr |
| Vol. | Volume |
| vs. | versus |
| VVaG | Versicherungsverein auf Gegenseitigkeit |
| VW | Volkswagen |
| | |
| WACC | Weighted Average Cost of Capital |
| WE | Wareneinsatz |
| WEK | Wareneinkaufskonto |

| | |
|---|---|
| WG | Wirtschaftsgut; Wechselgesetz |
| WoPG | Wohnungsbau-Prämiengesetz |
| WP | Wirtschaftsprüfer |
| WpHG | Gesetz über den Wertpapierhandel |
| WPK | Wirtschaftsprüferkammer |
| WPO | Gesetz über eine Berufsordnung der Wirtschaftsprüfer (Wirtschaftsprüferordnung) |
| WpÜG | Wertpapiererwerbs- und Übernahmegesetz |
| WVK | Warenverkaufskonto |
| www. | world wide web |
| | |
| Z | Zugang |
| z. B. | zum Beispiel |
| ZB | Zwischenbestand |
| Ziff. | Ziffer |
| zit. | zitiert |
| ZonRFG | Zonenrandförderungsgesetz |
| z. T. | zum Teil |
| z. Z. | zur Zeit |
| zzgl. | zuzüglich |

# Abkürzungsverzeichnis für Zeitschriften und Zeitungen

| | |
|---|---|
| AG | Die Aktiengesellschaft |
| AR | The Accounting Review |
| | |
| Bank | Die Bank |
| BB | Der Betriebs-Berater |
| BBl. | Betriebswirtschaftliche Blätter |
| BC | Bilanzbuchhalter und Controller |
| BBK | Buchführung, Bilanzierung, Kostenrechnung |
| BFuP | Betriebswirtschaftliche Forschung und Praxis |
| BuW | Betrieb und Wirtschaft |
| BZ | Börsenzeitung |
| | |
| CM | Controller Magazin |
| | |
| DB | Der Betrieb |
| DBW | Die Betriebswirtschaft |
| DBWI | Der Betriebswirt |
| DK | Der Konzern |
| DStR | Deutsches Steuerrecht |
| DStZ | Deutsche Steuer-Zeitung |
| DSWR | Datenverarbeitung-Steuer-Wirtschaft-Recht |
| | |
| EAR | European Accounting Review |
| EFG | Entscheidungen der Finanzgerichte |
| | |
| FAZ | Frankfurter Allgemeine Zeitung |
| FB | Finanz-Betrieb |
| FLF | Finanzierung Leasing Factoring |
| FR | Finanz-Rundschau |
| FTD | Financial Times Deutschland |
| | |
| GmbHR | GmbH-Rundschau |
| GmbH-StB | GmbH-Steuerberater |
| | |
| HB | Handelsblatt |
| | |
| IDW-FN | IDW-Fachnachrichten |
| INF | Information für Steuerberater und Wirtschaftsprüfer |
| IStR | Internationales Steuerrecht |
| IWB | Internationale Wirtschafts-Briefe |
| | |
| JoA | Journal of Accountancy |
| | |
| KoR | Zeitschrift für internationale und kapitalmarktorientierte Rechnungslegung |
| krp | Kostenrechnungspraxis |
| | |
| M & A | Mergers and acquisitions |
| mm | Manager Magazin |
| MuM | Markt und Mittelstand |
| | |
| NB | Neue Betriebswirtschaft |
| NJW | Neue Juristische Wochenschrift |
| NWB | Neue Wirtschafts-Briefe |
| NZG | Neue Zeitschrift für Gesellschaftsrecht |

| PiR | Praxis der internationalen Rechnungslegung |
|---|---|
| RIW | Recht der Internationalen Wirtschaft |
| sbr | Schmalenbach Business Review |
| ST | Der Schweizer Treuhänder |
| StB | Der Steuerberater |
| StBprg | Die steuerliche Betriebsprüfung |
| SteuerStud | Steuer und Studium |
| StuB | Steuern und Bilanzen |
| StuW | Steuer und Wirtschaft |
| StWa | Steuerwarte |
| SWI | Steuer & Wirtschaft International |
| SZ | Süddeutsche Zeitung |
| UM | Unternehmensbewertung & Management |
| VersW | Versicherungswirtschaft |
| WiSt | Wirtschaftswissenschaftliches Studium |
| WISU | Das Wirtschaftsstudium |
| WiWo | Wirtschaftswoche |
| WM | Wertpapier-Mitteilungen |
| WPg | Die Wirtschaftsprüfung |
| WPK-Mitt. | Wirtschaftsprüferkammer-Mitteilungen |
| ZfB | Zeitschrift für Betriebswirtschaft |
| ZfbF | Zeitschrift für betriebswirtschaftliche Forschung |
| ZfCM | Controlling und Management |
| ZfhF | Zeitschrift für handelswissenschaftliche Forschung |
| ZGR | Zeitschrift für Unternehmens- und Gesellschaftsrecht |
| ZHR | Zeitschrift für das gesamte Handels- und Wirtschaftsrecht |
| ZIP | Zeitschrift für Wirtschaftsrecht |
| ZIR | Zeitschrift für Interne Revision |
| ZOR | Zeitschrift für Operations-Research |
| ZP | Zeitschrift für Planung und Unternehmenssteuerung |

# Symbolverzeichnis

| | |
|---|---|
| a | Soll-Kennzahl für den Quotienten aus Anlagevermögen : Umlaufvermögen |
| aauf | Anteil des Aufsichtsrats am korrigierten Bilanzgewinn |
| Aus | auf den geringsten Ausgabebetrag der Aktien geleistete Einlagen i. S. v. § 113 Abs. 3 Satz 1 AktG |
| as | Ausschüttungsfaktor mit AS : sJnach |
| avor | Anteil des Vorstands am korrigierten Jahresüberschuss |
| A 0 | mit 0 % KSt vorbelastete Ausschüttungen |
| A 40 | mit 40 % KSt vorbelastete Ausschüttungen |
| AGG | gesamter Auftragsgewinn |
| AGK | gesamte Auftragskosten |
| AGW | gesamter Auftragswert |
| AK | Anschaffungs- oder Herstellungskosten |
| AS | geplanter Ausschüttungsbetrag von sJnach |
| AP | Abgrenzungsposten für latente Steuern |
| | |
| b | Soll-Kennzahl für den Quotienten aus Anlagevermögen : Bilanzsumme |
| B | ertragsteuerrechtliche Bemessungsgrundlage |
| BD | Bardividende |
| BI | Bilanzgewinn |
| BS | Obergrenze der Soll-Bilanzsumme |
| BW | Steuerbarwert |
| | |
| c | Soll-Kennzahl für den Quotienten aus Bilanzsumme : Eigenkapital |
| $CF_t$ | Cash Flow der t-ten Periode |
| | |
| d | Soll-Kennzahl für den Quotienten aus langfristigem Fremdkapital : Bilanzsumme |
| dm | Dispositionsanteil des Managements zur Dotierung der anderen Gewinnrücklagen nach § 58 Abs. 2 AktG |
| | |
| € | Euro |
| e | Soll-Kennzahl für den Quotienten aus kurzfristigem Fremdkapital und Bilanzsumme |
| E | Ertragsteuerbelastung |
| EBIT | Earnings Before Interest and Taxes |
| EK 01 bis EK 03 | unbelastetes verwendbares Eigenkapital |
| EK 02 | mit 0 % Körperschaftsteuer vorbelastetes Eigenkapital |
| EK 40 | mit 40 % Körperschaftsteuer vorbelastetes Eigenkapital |
| EKA | Eigenkapitalanteil |
| ESt | Einkommensteuer |
| EW | Endwert |
| | |
| f | Soll-Kennzahl für den Quotienten aus Anlagevermögen : langfristiges Fremdkapital; Funktion einer veränderlichen Größe |
| f(vJor) | Funktion des vorläufigen Jahresüberschusses vor ergebnisabhängigen Aufwendungen |
| F | Forderung |
| $FG_t$ | Fertigstellungsgrad der n-ten Periode |
| | |
| g | Soll-Kennzahl für den Quotienten aus Anlagevermögen : Eigenkapital |
| ga | gewerbesteuerrechtliche Modifikationen (einschl. Verlustabzug) |
| GE | Gewerbeertrag |
| GewSt | Gewerbesteuer(-aufwand) |
| GK | Grundkapital |
| GR | Gewinnrücklage |
| GV | Gewinnvortrag aus dem Vorjahr |

| | |
|---|---|
| h | Soll-Kennzahl für den Quotienten aus (Anlagevermögen + Vorratsvermögen) : (Eigenkapital + langfristiges Fremdkapital) |
| he | Gewerbesteuer-Hebesatz (in Prozent) : 100 |
| H | aggregierte Herstellungskosten |
| HK | Herstellkosten |
| $\Delta H_t$ | Veränderung der Herstellungskosten zum t-ten Zeitpunkt |
| i | Soll-Kennzahl für den Quotienten aus kurzfristigem Fremdkapital : Umlaufvermögen; Kalkulationszinssatz vor Steuern |
| $i_s$ | Kalkulationszinssatz nach Steuern |
| j | Soll-Kennzahl für den Quotienten aus Eigenkapital : Jahresüberschuss |
| JB | Jahresbetrag |
| Jnach | Jahresüberschuss nach erfolgsabhängigen Aufwendungen |
| Jvor | Jahresüberschuss vor erfolgsabhängigen Aufwendungen |
| k | Soll-Kennzahl für den Quotienten aus Eigenkapital : Jahresüberschuss vor ergebnisabhängigen Aufwendungen |
| ka | Abweichungen zwischen Jnach und zvE |
| ka* | Abweichungen zwischen Jnach und zvE ohne KSt selbst (und ohne die Hälfte der Aufsichtsratstantiemen) |
| $k_F$ | Fremdkapitalkostensatz |
| kh | Herstellungskosten pro Stück |
| K | Kaufzeitpunkt |
| KR | Kapitalrücklage |
| KSt | Körperschaftsteuer(-aufwand) |
| l | Soll-Kennzahl für den Quotienten aus (Eigenkapital + Fremdkapital) : Jahresüberschuss |
| m | Soll-Kennzahl für den Quotienten aus (Eigenkapital + Fremdkapital) : Jahresüberschuss vor ergebnisabhängigen Aufwendungen |
| me | Steuermesszahl Gewerbeertrag (in Prozent) : 100 |
| Max | Maximum |
| ME | (innerer) Marktwert des Eigenkapitals |
| MF | Marktwert des Fremdkapitals |
| Min | Minimum |
| n | Index der Betrachtungsperiode mit n = 1, 2, ..., T |
| oAs(XA) | mögliche Obergrenze des Sachanlagevermögens, die sich durch den Einsatz des Parameters XA realisieren lässt |
| oAü(XAü) | mögliche Obergrenze des übrigen Anlagevermögens, die sich durch den Einsatz des Parameters XAü realisieren lässt |
| oFk(Xfk) | mögliche Obergrenze des kurzfristigen Fremdkapitals, die sich durch den Einsatz des Parameters Xfk realisieren lässt |
| oFl(Xfl) | mögliche Obergrenze des langfristigen Fremdkapitals, die sich durch den Einsatz des Parameters Xfl realisieren lässt |
| oRa(XRa) | mögliche Obergrenze des aktiven Rechnungsabgrenzungspostens, die sich durch den Einsatz des Parameters XRa realisieren lässt |
| oUü(XUü) | mögliche Obergrenze des übrigen Umlaufvermögens, die sich durch den Einsatz des Parameters XUü realisieren lässt |
| oUv(XU) | mögliche Obergrenze des Vorratsvermögens, die sich durch den Einsatz des Parameters XU realisieren lässt |
| q | Abschreibungsbetrag |
| $q^d$ | degressiver Abschreibungsbetrag |
| $q^l$ | linearer Abschreibungsbetrag |
| $q^{-t}$ | Abzinsungsfaktor nach Ertragsteuern |

| | |
|---|---|
| r | Dotierungsfaktor der gesetzlichen Rücklage |
| R | Rest- oder Schrottwert |
| RBW | Rentenbarwert |
| REINa | Einstellungen in andere Gewinnrücklagen gemäß § 58 Abs. 2 AktG |
| REINg | Einstellungen in die gesetzliche Rücklage |
| REINgs | nach Gesetz oder Satzung vorzunehmende Rücklageneinstellungen |
| REINn | niedrigere Rücklageneinstellung nach § 150 Abs. 2 AktG |
| REINs | Einstellungen in die satzungsmäßigen Rücklagen |
| REINü | übrige Einstellungen in Gewinnrücklagen |
| RENT | Entnahmen aus Rücklagen |
| RFvor | Obergrenze der maximal möglichen Entnahme aus Gewinn-rücklagen |
| RFvor(Ent) | gewünschte Entnahme aus den Gewinnrücklagen |
| | |
| s | Ertragsteuerfaktor; Abgrenzungssteuersatz |
| sa | persönlicher Einkommensteuersatz |
| sB | ertragsteuerrechtliche Soll-Bemessungsgrundlage vor Abzug der GewSt |
| sBI | Soll-Bilanzgewinn |
| sd | definitiver Körperschaftsteuerfaktor |
| se | Faktor zur Erfassung von Körperschaftsteuererhöhungen bei Entnahmen aus Gewinn-rücklagen |
| sE | Soll-Ertragsteuerbelastung |
| sg | Gewerbesteuerfaktor mit $(me \cdot he) : (1 + me \cdot he)$ |
| sJnach | Soll-Jahresüberschuss nach Ertragsteuern |
| sJvor | Soll-Jahresüberschuss vor Ertragsteuern |
| sk | Faktor zur Erfassung der Körperschaftsteueränderung bei Entnahme aus anderen Gewinnrücklagen |
| sm | Faktor zur Erfassung der Körperschaftsteuerminderung bei Entnahmen aus Gewinn-rücklagen |
| st | Thesaurierungsfaktor |
| | |
| t | Periodenindex mit $t = 1, 2, …, T$ |
| ta | Veränderungen des Jahresüberschusses aufgrund von Tantiemenvereinbarungen |
| tb | Bemessungsfaktor für Tantiemen |
| $t^{ü}$ | Zeitpunkt des Übergangs von der degressiven zur linearen Abschreibungsmethode (optimaler Übergangszeitpunkt) |
| T | Gesamtnutzungsdauer; Anzahl der gesamten Perioden $(t, n)$; Darlehenslaufzeit |
| TA | Tantiemen(-aufwand) |
| TAauf | Aufsichtstantiemen |
| TAvor | Vorstandstantiemen |
| TB | Bemessungsgrundlage für Tantiemen |
| $TG_n$ | Teilgewinn der n-ten Periode |
| $TG_t$ | Teilgewinn der t-ten Periode |
| $Tilgung_t$ | Kredittilgung der t-ten Periode |
| | |
| uAs(Xa) | mögliche Untergrenze des Sachanlagevermögens, die sich durch den Einsatz des Parameters Xa realisieren lässt |
| uAü(Xaü) | mögliche Untergrenze des übrigen Anlagevermögens, die sich durch den Einsatz des Parameters Xaü realisieren lässt |
| uFk(XFk) | mögliche Untergrenze des kurzfristigen Fremdkapitals, die sich durch den Einsatz des Parameters XFk realisieren lässt |
| uFl(XFl) | mögliche Untergrenze des langfristigen Fremdkapitals, die sich durch den Einsatz des Parameters XFl realisieren lässt |
| uRa(Xra) | mögliche Untergrenze des aktiven Rechnungsabgrenzungspostens, die sich durch den Einsatz des Parameters Xra realisieren lässt |
| uUü(Xuü) | mögliche Untergrenze des übrigen Umlaufvermögens, die sich durch den Einsatz des Parameters Xuü realisieren lässt |
| uUv(Xu) | mögliche Untergrenze des Vorratsvermögens, die sich durch den Einsatz des Parameters Xu realisieren lässt |
| $U_n$ | anteiliger Umsatz der n-ten Periode |

| | |
|---|---|
| $U_t$ | anteiliger Umsatz der t-ten Periode |
| $UK_n$ | Umsatzkosten der n-ten Periode |
| $UK_t$ | Umsatzkosten der t-ten Periode |
| $UKT_n$ | tatsächlich angefallene Auftragskosten der n-ten Periode |
| | |
| V | Verbindlichkeiten |
| vA | vorläufiger Bilanzwert des Anlagevermögens |
| vAs | vorläufiger Bilanzwert des Sachanlagevermögens |
| vAü | vorläufiger Bilanzwert des übrigen Anlagevermögens |
| vB | vorläufige ertragsteuerrechtliche Bemessungsgrundlage |
| vBl | vorläufiger Bilanzgewinn |
| vE | vorläufige Ertragsteuerbelastung |
| vFk | vorläufiger Bilanzwert des kurzfristigen Fremdkapitals |
| vFl | vorläufiger Bilanzwert des langfristigen Fremdkapitals |
| vGewSt | vorläufiger Gewerbesteueraufwand |
| vJ | vorläufiger Jahresüberschuss vor ergebnisabhängigen Aufwendungen nach Manövriermasseneinsatz |
| vJvor | vorläufiger Jahresüberschuss vor ergebnisabhängigen Aufwendungen und vor Manövriermasseneinsatz |
| Vk | körperschaftsteuerrechtlicher Verlustabzug |
| vKSt | vorläufiger Körperschaftsteueraufwand |
| vRa | vorläufiger Bilanzwert des aktiven Rechnungsabgrenzungspostens |
| vs | vorläufiger Ertragsteuerfaktor |
| vTA | vorläufiger Tantiemenaufwand |
| vU | vorläufiger Bilanzwert des Umlaufvermögens |
| vUü | vorläufiger Bilanzwert des übrigen Umlaufvermögens |
| vUv | vorläufiger Bilanzwert des Vorratsvermögens |
| VV | Verlustvortrag aus dem Vorjahr |
| | |
| w | Abschreibungsprozentsatz |
| $w^d$ | degressiver Abschreibungsprozentsatz |
| $w^l$ | linearer Abschreibungsprozentsatz |
| WB | bilanzielle Wertansätze |
| $WB_t$ | bilanzieller Wertansatz zum t-ten Zeitpunkt |
| WS | positiver Wertsprung |
| | |
| xE | Entnahmewert aus anderen Gewinnrücklagen |
| x, X | Index für veränderliche (Aktions-)Parameter; ausgebrachte oder abgebaute Einheiten |
| XA, Xa | gesamter Wert derjenigen erfolgswirksamen Aktionsparameter, die den Betrag des Sachanlagevermögens unter ertragsteuerrechtlichen Auswirkungen erhöhen bzw. senken |
| XA 0 | Entnahmewert aus mit 0 % Körperschaftsteuer vorbelasteten Gewinnrücklagen |
| XA 40 | Entnahmewert aus mit 40 % Körperschaftsteuer vorbelasteten Gewinnrücklagen |
| XAü, Xaü | gesamter Wert derjenigen erfolgswirksamen Aktionsparameter, die den Betrag des übrigen Anlagevermögens unter ertragsteuerrechtlichen Auswirkungen senken bzw. erhöhen |
| XFk, Xfk | gesamter Wert derjenigen erfolgswirksamen Aktionsparameter, die den Betrag des kurzfristigen Fremdkapitals unter ertragsteuerrechtlichen Auswirkungen senken bzw. erhöhen |
| XFl, Xfl | gesamter Wert derjenigen erfolgswirksamen Aktionsparameter, die den Betrag des langfristigen Fremdkapitals unter ertragsteuerrechtlichen Auswirkungen senken bzw. erhöhen |
| XGewSt | Wert des Gewerbesteueraufwands |
| XKSt | Wert des Körperschaftsteueraufwands |
| $XM^+$ | Summe aller jahresüberschusserhöhenden Aktionsparamter |
| $XM^-$ | Summe aller jahresüberschussvermindernden Aktionsparameter |
| XRa, Xra | gesamter Wert derjenigen erfolgswirksamen Aktionsparameter, die den Betrag des aktiven Rechnungsabgrenzungspostens unter ertragsteuerrechtlichen Auswirkungen senken bzw. erhöhen |
| XTA | Wert des Tantiemenaufwands |

| | |
|---|---|
| XU, Xu | gesamter Wert derjenigen erfolgswirksamen Aktionsparameter, die den Betrag des Vorratsvermögens unter ertragsteuerrechtlichen Auswirkungen erhöhen bzw. senken |
| XUü, Xuü | gesamter Wert derjenigen erfolgswirksamen Aktionsparameter, die den Betrag des übrigen Umlaufvermögens unter ertragsteuerrechtlichen Auswirkungen erhöhen bzw. senken |
| | |
| y | gesuchter gewogener Durchschnittswert |
| Y | Index für Schlupfvariable |
| | |
| zvE | zu versteuerndes körperschaftsteuerrechtliches Einkommen |
| Z | Zielfunktion; Zielgröße |
| | |
| , . ; | Komma, Punkt, Semikolon |
| = | gleich |
| ≠ | ungleich |
| ≈ | annähernd |
| < | kleiner |
| > | größer |
| ≤ | kleiner oder gleich, höchstens gleich |
| ≥ | größer oder gleich, mindestens gleich |
| Σ | Summenzeichen |
| + | plus, und |
| – | minus, weniger |
| / : | geteilt durch, zu |
| · | mal, Multiplikationszeichen |
| % | vom Hundert, Prozent |
| ‰ | Tausendstel, vom Tausend, Promille |
| ( ), [ ], { } | runde, eckige, geschweifte Klammern auf, zu |
| §, §§ | Paragraph, Paragraphen |
| Ø | Durchschnitt, durchschnittlich |

# Abbildungsverzeichnis

# Erster Teil:

# Einführung in die Rechnungslegung

# I. Betriebliches Rechnungswesen als Basis der Rechnungslegung

Mit Hilfe des Betrieblichen Rechnungswesens[1] sollen zunächst alle in Unternehmen auftretenden Finanz- und Leistungsströme durch bestimmte Instrumente (z. B. Buchhaltung, Jahresabschluss und Kostenrechnung) mengen- und wertmäßig erfasst und überwacht werden **(Dokumentations- und Überwachungsfunktion)**.[2] Darüber hinaus zielt das Betriebliche Rechnungswesen darauf ab, die unternehmerische Planung durch in- und externe Vergleiche von Bestands- und Erfolgsgrößen sowie durch Kontrolle von Wirtschaftlichkeit und Rentabilität zu unterstützen **(Dispositionsfunktion)**.[3] Schließlich kommt dem Betrieblichen Rechnungswesen die Aufgabe zu, die Vermögens-, Finanz- und Ertragslage für bestimmte Adressatengruppen (z. B. Gesellschafter, Anteilseigner, Kunden, Lieferanten, Kreditgeber, Finanzbehörden, Arbeitnehmerschaft, Wirtschaftspresse, interessierte Öffentlichkeit) darzustellen **(Rechenschaftslegungs- und Informationsfunktion)**.[4]

Am Beispiel eines Industrieunternehmens verdeutlicht **Abb. 2**[5] modellhaft elementare Geld- und Güterströme, die durch die Leistungserstellung und -verwertung hervorgerufen werden. Innerhalb der industriellen Unternehmung findet ein Transformationsprozess statt, indem durch die Kombination der von außen beschafften Produktionsfaktoren Leistungen hervorgebracht werden, die auf den **Absatzmärkten** Verwertung finden sollen. Allerdings steht die Unternehmung nicht nur mit den **Beschaffungs- und Absatzmärkten** in Verbindung, sondern weist auch zu den **Geld- und Kapitalmärkten** sowie zum **Staat** Beziehungen auf. Die aus den dargelegten Verknüpfungen resultierenden Geldströme werden im Rahmen der **Finanzbuchhaltung**, die den **pagatorischen Teil des Rechnungswesens** repräsentiert, erfasst. Ausflüsse dieses Systems sind prinzipiell die periodisch erstellte Bilanz sowie die Gewinn- und Verlustrechnung (Jahresabschluss), die in erster Linie auf die **unternehmensexterne Dokumentation**, **Rechenschaftslegung** und **Information** von Vermögen, Kapital und Erfolg abzielen. Die Kostenrechnung als **kalkulatorischer Teil des Rechnungswesens** befasst sich hingegen ausschließlich mit der **innerbetrieblichen Sphäre** und knüpft zu diesem Zwecke an mengenmäßige Vorgänge (Verbrauch und Entstehung von Leistungen) an. Ferner beschränkt sich das Interesse der Kostenrechnung auf den Teil des Erfolges, der im Zusammenhang mit der Realisation des unternehmerischen Sachziels[6] steht.

Unter dem Begriff Rechnungslegung wird im Folgenden die gesetzliche oder freiwillige Übermittlung unternehmensbezogener Informationen an **aktuelle Koalitionspartner** (z. B. Aktionäre, Öffentlichkeit, Fiskus) und **potenzielle Koalitionsteilnehmer** (z. B. private In-

---

1  Vgl. hierzu die Ausführungen im Ersten Teil zu Gliederungspunkt IV.A.
2  Vgl. ebenso die Darstellung bei *Weber/Rogler* 2004, S. 17.
3  Die Wirtschaftlichkeit wird in aller Regel durch das Verhältnis zwischen Ertrag und Aufwand bzw. Leistung und Kosten eines Analyseobjektes gemessen. Die Rentabilität bezeichnet hingegen die Verzinsung des eingesetzten Kapitals. Häufig kommt in diesem Zusammenhang als Messgröße der Quotient aus Gewinn und Kapital (Kapitalrentabilität) zum Einsatz.
4  Vgl. *Wöhe* 2005, S. 809.
5  Ähnliche Darstellungen finden sich auch bei *Kloock et al.* 2005, S. 3.
6  Das unternehmerische Sachziel konkretisiert sich in Art, Menge und zeitlicher Verteilung der von der Unternehmung geplanten bzw. zu produzierenden und abzusetzenden betrieblichen Ausbringungsgüter (z. B. der Ein- und Verkauf bestimmter Waren in einem Handelsbetrieb oder die Herstellung und der Absatz von Büchern und Zeitschriften in einem Verlag). Im Gegensatz zum Sachziel bringt das Formalziel die Inhalte unternehmerischer Zielsetzungen, wie etwa Gewinnmaximierung, Kostendeckung, Verlustminimierung oder die Steigerung des Marktwerts des Eigenkapitals (Shareholder Value), zum Ausdruck.

vestoren) verstanden. **Abb. 1** gibt einen Überblick über mögliche Koalitionsteilnehmer (Stakeholder) eines Unternehmens. Da neben der Bilanz, der Gewinn- und Verlustrechnung, dem Anhang und dem Lagebericht (§ 242, § 264 Abs. 1 HGB) auch andere **nicht normierte Medien** (z. B. Sozial-, Umweltberichte, Aktionärsbriefe) sowie **Zwischenabschlüsse, Sonder- und Konzernbilanzen** Objekte der Informationsübermittlung sein können, wird der traditionelle Begriff der Bilanzierung durch den umfassenden Terminus **Rechnungslegung** ersetzt. Die an die Koalitionsteilnehmer übermittelten Informationen werden in erster Linie dem Betrieblichen Rechnungswesen entnommen, wobei der Finanzbuchhaltung sowie dem periodisch zu erstellenden **Jahresabschluss und Lagebericht** herausragende Bedeutung im Rahmen der Erfüllung der **externen Dokumentations-, Rechenschaftslegungs- und Informationsfunktion** zukommt. Aufgrund des nahe liegenden Interesses der genannten Adressatengruppen an regelmäßigen und verlässlichen unternehmensexternen Rechnungslegungsinformationen hat der Gesetzgeber bestimmte Bereiche des Rechnungswesens und der Rechnungslegung aus handels- und steuerrechtlicher Sicht normiert. Da die nationalen und auch internationalen Regelungen zur Rechnungslegung sowie ihrer Prüfung und Publizität **unternehmensform- und/oder unternehmensgrößenbezogen** ausgerichtet sind, wird im Folgenden zunächst ein Überblick über die privatrechtlichen Unternehmensformen nach deutschem Handels- und Gesellschaftsrecht gegeben.[7]

Abb. 1: Mögliche Koalitionsteilnehmer eines Unternehmens (Stakeholder)

---

7  Vgl. *Fischbach* 1997, S. 21. Als öffentlich rechtliche Unternehmen werden hingegen Wirtschaftssubjekte bezeichnet, die von juristischen Personen des öffentlichen Rechts (Bund, Länder, Gemeinden) unmittelbar oder mittelbar getragen werden (z. B. Landesbanken, Rundfunkanstalten, Krankenhäuser). Ihre Funktion besteht darin, öffentliche Aufgaben selbstständig durch entgeltliche Leistungsabgabe zu erfüllen. Allerdings können öffentliche Betriebe auch in privatrechtlicher Rechtsform geführt werden. Sofern sich die öffentliche Hand an privaten Unternehmen beteiligt, wird von gemischtwirtschaftlichen Unternehmen gesprochen (z. B. die Beteiligung des Landes Niedersachsen an der Volkswagen AG). Vgl. im Detail *Eichhorn* 1993, Sp. 2927–2940.

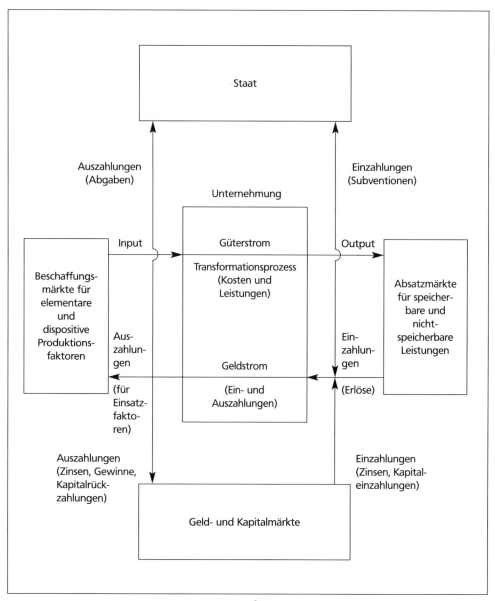

Abb. 2: Funktionsmodell eines Industrieunternehmens[8]

---

8  Während zu den elementaren Produktionsfaktoren die ausführende Arbeit, die Betriebsmittel (technische Apparatur eines Unternehmens, mit deren Hilfe Sachgüter hergestellt und Dienstleistungen bereitgestellt werden) und die Werkstoffe zählen, werden die dispositiven Produktionsfaktoren in das originäre Element (Betriebsführung) und weitere derivative Elemente (Planung, Organisation, Kontrolle) aufgespalten. Vgl. im Detail *Gutenberg* 1983, S. 11–297.

# II. Überblick über die privatrechtlichen Unternehmensformen

## A. Grundlegendes

Einzelunternehmen sind dadurch charakterisiert, dass eine **einzelne natürliche** Person ein Unternehmen betreibt und für die in diesem Zusammenhang entstehenden Verbindlichkeiten sowohl mit ihrem Betriebs- als auch mit ihrem Privatvermögen haftet. Neben der Einzelunternehmung enthält das Gesellschaftsrecht noch weitere Organisationsformen für unternehmerische Aktivitäten, mit deren Wahl regelmäßig eine längerfristige Festlegung der rechtlichen Außen- und Innenbeziehungen eines Unternehmens verbunden ist. Die Entscheidung für eine bestimmte Unternehmensform zieht unmittelbare **Bindungswirkungen** insbesondere für die Regelungen der Haftung gegenüber Dritten, Rechnungslegung, Prüfung und Publizität, Besteuerung und Arbeitnehmer-Mitbestimmung nach sich.[9] **Abb. 3** gibt einen Überblick über die wichtigsten privatrechtlichen Unternehmensformen.[10] Die im Gesellschaftsrecht existierenden **Grundtypen privater Unternehmen** lassen sich nach dieser Darstellung in Personenunternehmen, körperschaftlich organisierte Unternehmen und rechtsfähige Stiftungen unterscheiden.

## B. Zum Begriff der Personenunternehmen

Neben der Einzelunternehmung zählen als wichtigste Formen die Gesellschaft bürgerlichen Rechts (GbR), die Partnerschaftsgesellschaft (PartG), die Offene Handelsgesellschaft (OHG), die Kommanditgesellschaft (KG) und die stille Gesellschaft zur Gruppe der Personenunternehmen.[11] Die genannten **Personengesellschaften** können als auf vertraglicher Grundlage beruhende zweckorientierte Vereinigungen von mindestens zwei natürlichen und/oder juristischen Personen definiert werden (z. B. gemeinsame Praxen von Freiberuflern, Zusammenschlüsse von Kaufleuten oder größeren Unternehmen, die nur für einen vorübergehenden Zweck gegründet wurden). Die GbR stellt die **Grundausprägung** der Personengesellschaft dar. Die gesetzlichen Regelungen finden sich in § 705 bis § 740 BGB.

Sofern die Gesellschafter ihr Beteiligungsverhältnis zu Dritten nach außen zu erkennen geben, liegt eine **BGB-Außengesellschaft** vor. In diesem Fall haften die Gesellschafter für die Unternehmensverbindlichkeiten sowohl mit dem Unternehmens- oder Gesamthandsvermögen[12] als auch mit ihrem Privatvermögen unbeschränkt und solidarisch, wenn nicht die Haftungsbeschränkung gegenüber Dritten im Rechtsverkehr deutlich erkennbar gemacht

---

9  Vgl. *Sigloch* 1987, S. 499.

10  Die Abbildung wurde modifiziert übernommen von *Sigloch* 1987, S. 501.

11  Häufig werden auch sog. Bruchteilsgemeinschaften, die in § 741 bis § 758 BGB geregelt sind, zur Gruppe der Personengesellschaften gerechnet. Bei diesen Gemeinschaften steht mehreren Personen ein Recht zu, über Vermögensgegenstände oder Sondervermögen anteilsmäßig frei zu verfügen (z. B. Wohnungseigentümer- oder Patentgemeinschaften). Im Gegensatz zu BGB-Außengesellschaft, OHG und KG weisen Bruchteilsgemeinschaften kein Gesamthandsvermögen auf.

12  Mit dem Terminus »Gesamthandsvermögen« soll zum Ausdruck gebracht werden, dass das Vermögen den Gesellschaftern »zur gesamten Hand«, d. h. gemeinsam, gehört. Folglich ist keiner der Gesellschafter berechtigt, kraft zwingenden Rechts über seinen Anteil an den einzelnen Vermögensgegenständen zu verfügen.

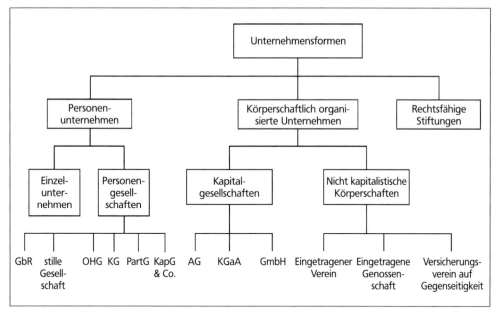

Abb. 3: Grundtypen privatrechtlicher Unternehmen

wird. Betreibt die GbR jedoch ein Handelsgewerbe i. S. v. § 1 HGB, so führt dies unmittelbar zur Umqualifikation in eine OHG, bei der dann alle Gesellschafter einer unbeschränkten Haftung gemäß § 128 HGB unterliegen.

Von einer **BGB-Innengesellschaft** wird gesprochen, wenn sich bestimmte Gesellschafter im Hintergrund halten und mithin den Gläubigern der nach außen auftretenden Personenvereinigung nicht unmittelbar haften. Die im Handelsgesetzbuch verankerte **stille Gesellschaft** (§ 230 bis § 236 HGB) stellt die typische Ausprägung einer Innengesellschaft dar. Voraussetzung ist, dass eine Beteiligung an einem **Handelsgewerbe** vorliegen muss, das ein anderer betreibt. Charakteristika einer solchen Innengesellschaft sind im Hinblick auf den (die) still Beteiligten die Partizipation am Erfolg, der Rückzahlungsanspruch der Vermögenseinlage im Konkursfall, die Haftungsbegrenzung i. d. R. auf die Einlageverpflichtung und die fehlende Mitwirkung an der Unternehmensleitung.

Zu den **Personenhandelsgesellschaften** zählen die OHG sowie die KG, die beide besondere Ausprägungen der GbR darstellen. Wie schon erwähnt, haften bei einer OHG sämtliche Gesellschafter unbeschränkt gegenüber den Gläubigern der Unternehmung. Eine KG liegt gemäß § 161 Abs. 1 HGB hingegen dann vor, wenn bei einem oder bei einigen der Gesellschafter die Haftung gegenüber den Gläubigern der Unternehmung auf den Betrag einer bestimmten Vermögenseinlage beschränkt ist **(Kommanditisten)**, während bei den anderen Gesellschaftern eine Haftungsbeschränkung nicht stattfindet **(Komplementäre)**. Sowohl einer OHG als auch einer KG ist gemeinsam, dass der Zweck auf den Betrieb eines kaufmännischen Handelsgewerbes unter gemeinschaftlicher Firma ausgerichtet sein muss. Die gesetzlichen Regelungen zur OHG und KG finden sich in § 105 bis § 177a HGB. Aus steuerrechtlicher Sicht werden die angesprochenen Personengesellschaften in Anlehnung an § 15 Abs. 1 Nr. 2 EStG auch dem Terminus »**Mitunternehmerschaften**« subsumiert.

Ferner besteht für Angehörige **freier Berufe** (z. B. Wirtschaftsprüfer, Steuerberater, be-ratende Volks- und Betriebswirte, vereidigte Buchprüfer und Rechtsanwälte) die Möglichkeit, sich zur Ausübung ihrer Berufe in einer sog. **Partnerschaftsgesellschaft** zusammenzu-schließen (§ 1 Abs. 1 Satz 1 PartGG).[13] Als Besonderheiten einer Partnerschaftsgesellschaft lassen sich folgende Merkmale herausstellen:

- Sie übt **kein Handelsgewerbe** aus (§ 1 Abs. 1 Satz 2 PartGG).
- Angehörige einer Partnerschaft können nur **natürliche Personen** (d. h. keine juristischen Personen) sein (§ 1 Abs. 1 Satz 1 PartGG).
- Grundsätzlich haften die Partner für Verbindlichkeiten der Gesellschaft den Gläubigern sowohl mit dem **Vermögen der Partnerschaft** als auch mit ihrem **Privatvermögen** als **Gesamtschuldner** (§ 8 Abs. 1 PartGG). Allerdings besteht die Möglichkeit, durch vor-formulierte Vertragsbedingungen oder Gesetz die **Haftung** der Partner gegenüber Drit-ten **zu beschränken** (§ 8 Abs. 2 und Abs. 3 PartGG).

Sofern das Partnerschaftsgesellschaftsgesetz keine Spezialvorschriften enthält, sind auf die Partnerschaft die im BGB verankerten Regelungen über die Gesellschaft anzuwenden (§ 1 Abs. 4 PartGG). Somit kann die Partnerschaftsgesellschaft auch als ein **Sondertyp der GbR** bezeichnet werden, der vom Gesetzgeber als rechtsfähiges Personenunternehmen aus-gestaltet wurde, um Angehörigen **freier Berufe** vor allem für **größere Zusammenschlüsse** eine geeignete Rechtsform zur Verfügung zu stellen.


## C.    Körperschaftlich organisierte Unternehmen, rechtsfähige Stiftungen und Mischformen

Körperschaftlich organisierte Unternehmen unterscheiden sich von den Personengesell-schaften in erster Linie dadurch, dass sie als **juristische Personen** eigene Rechtspersön-lichkeit, d. h. die Fähigkeit, Träger von Rechten und Pflichten zu sein, besitzen. Diese Unternehmen erlangen Rechtsfähigkeit durch Eintragung in ein Register (z. B. Handels-, Vereins- oder Genossenschaftsregister) oder durch staatliche Verleihung. Sie stellen im Grundsatz Personenvereinigungen mit Selbstverwaltung dar, die durch die Mitglieder und die von diesen gewählten Organen wahrgenommen wird. Die Haftung von Körperschaften und ihren Mitgliedern ist auf das Unternehmensvermögen bzw. auf die zu leistende Ein-lage begrenzt.

**Kapitalgesellschaften** repräsentieren eine Gruppe körperschaftlich organisierter Unter-nehmen. Sie sind insbesondere dadurch gekennzeichnet, dass sie nach Gewinn streben und ihre Mitglieder an dem anteilmäßig aufgespaltenen Nominalkapital in Form von Ein-lagen beteiligen. Zu den Kapitalgesellschaften zählen die Aktiengesellschaft (AG), die Kommanditgesellschaft auf Aktien (KGaA) und die Gesellschaft mit beschränkter Haftung (GmbH). Während der AG im Grundsatz das Leitbild eines wirtschaftlichen Großunter-nehmens zugrunde liegt, stellt die GmbH hingegen eine Rechtsform primär für kleinere und mittlere Unternehmen dar. So müssen an der Gründung einer AG eine oder mehrere

---

13   Vgl. hierzu im Detail *Castan/Wehrheim* 2005.

Personen beteiligt sein (§ 2 AktG), wobei das (feste) **Grundkapital** mindestens einen Betrag von 50.000 € erreichen muss (§ 7 AktG). Als notwendige Organe werden für diese Rechtsform vom Aktiengesetz Hauptversammlung, Vorstand und Aufsichtsrat vorgeschrieben (§ 76 bis § 147 AktG). Demgegenüber ist für die Gründung einer GmbH nur ein Gründer erforderlich (§ 1 GmbHG), während das (feste) **Stammkapital** lediglich mindestens 25.000 € zu betragen braucht (§ 5 GmbHG). Notwendige Organe sind laut dem Gesetz betreffend die Gesellschaften mit beschränkter Haftung der (die) Geschäftsführer und die Gesamtheit der Gesellschafter (§ 6, § 35 bis § 51 b GmbHG). Allerdings kann durch den Gesellschaftsvertrag auch die Bildung eines Aufsichtsrats vorgeschrieben werden (§ 52 GmbHG). Die Haftung für die Verbindlichkeiten des Unternehmens ist sowohl bei der AG als auch der GmbH auf das **Gesellschaftsvermögen** begrenzt (§ 1 Abs. 1 Satz 2 AktG; § 13 Abs. 2 GmbHG). Die KGaA stellt eine Kombination aus AG und KG dar, wobei mindestens einer der Gesellschafter als Komplementär persönlich mit seinem gesamten Vermögen haftet, während die Haftung der Kommanditaktionäre auf ihre Einlageverpflichtungen begrenzt ist (§ 278 Abs. 1 AktG). Die Vorschriften zur KGaA sind in § 278 bis § 290 AktG verankert und weisen weitgehend Deckungsgleichheit mit den für Aktiengesellschaften geltenden Normen auf. Die für Kapitalgesellschaften und ihnen gesetzlich gleichgestellte Unternehmen maßgebenden Rechnungs-, Offenlegungs- und Prüfungsvorschriften sind einheitlich im Zweiten Abschnitt des Dritten Buchs des Handelsgesetzbuches geregelt (§ 264 bis § 335 b HGB). Sofern eine Kapitalgesellschaft als mittelgroßes oder großes Unternehmen i. S. v. § 267 HGB gilt, tritt automatisch gemäß § 316 Abs. 1 HGB die Pflicht zur Prüfung des Jahresabschlusses und des Lageberichts ein.

Neben dem eingetragenen Verein (e. V.) gehören die eingetragene Genossenschaft (eG) sowie der Versicherungsverein auf Gegenseitigkeit (VVaG) zur Gruppe der nichtkapitalistischen Körperschaften. Eingetragene Vereine sind als körperschaftlich verfasste Personenvereinigungen zu definieren, deren Gründung zur Realisierung eines gemeinsamen Ziels erfolgt. Die gesetzlichen Regelungen für Vereine finden sich in § 21 bis § 79 BGB. Ihre Rechtsfähigkeit erlangen Vereine mit einem nichtwirtschaftlichen Geschäftsbetrieb (sog. Idealvereine) gemäß § 21 BGB durch Eintragung in das Vereinsregister des zuständigen Amtsgerichts.[14] Allerdings können auch in Ausnahmefällen Vereine mit wirtschaftlichen Zielsetzungen Rechtsfähigkeit durch besondere staatliche Verleihung erlangen (§ 22 BGB). Diese sog. Konzessionsvergabe wird von den dafür zuständigen Bundesstaaten aber sehr restriktiv gehandhabt, da erwerbswirtschaftlich ausgerichtete Vereine sich in erster Linie der vom Handelsrecht vorgesehenen Rechtsformen (AG, KGaA, GmbH, eG) bedienen sollen.[15] Die eG weist im Gegensatz zur AG und GmbH **kein festes Grund- oder Stammkapital** auf, sondern die Höhe ihres Kapitals variiert nach Maßgabe des Ein- und Austritts der Mitglieder. Darüber hinaus ist das Formalziel der eG auf die Förderung des Erwerbs oder der Wirtschaft ihrer Mitglieder ausgerichtet und nicht auf das Streben nach eigenem Gewinn (§ 1 Abs. 1 GenG). Die notwendigen Organe sind die General-(Vertreter-)Versammlung, der Vorstand und der Aufsichtsrat (§ 9, § 24 bis § 52 GenG). Während die grundlegenden Normen für die eG im Gesetz betreffend die Erwerbs- und Wirtschaftsgenossen-

---

14  Vereine, die nicht in das Vereinsregister eingetragen sind, besitzen keine eigene Rechtspersönlichkeit und sollen gemäß § 54 Satz 1 BGB wie (Personen-)Gesellschaften behandelt werden. Nach h. M. gilt diese Gleichstellung jedoch nur für unmittelbar erwerbswirtschaftlich tätige (nichtrechtsfähige) Vereine.

15  Vgl. *Sigloch* 1987, S. 555.

schaften kodifiziert sind, wurden ergänzende Rechnungslegungsvorschriften für diese Unternehmensform im Zuge der Bilanzrechtsreform in § 336 bis § 339 HGB verankert. Zu beachten ist, dass die eG zusammen mit der GmbH, der AG und der KGaA i. S. v. § 6 Abs. 2 HGB als Verein anzusehen ist, »… dem das Gesetz ohne Rücksicht auf den Gegenstand des Unternehmens die Eigenschaft des Kaufmanns beilegt …« (Formkaufmann). Der VVaG als letzte Ausprägung der nichtkapitalistischen Körperschaften erlangt Rechtsfähigkeit infolge der Genehmigung zur Aufnahme des Geschäftsbetriebes durch die Bundesanstalt für Finanzdienstleistungsaufsicht (BaFin) (§ 5 Abs. 1 VAG i. V. m. § 8 VAG). Als Mitglieder kommen ausschließlich die **Versicherungsnehmer** selbst in Betracht, wobei sie mit Abschluss des Versicherungsvertrages die Mitgliedschaft erwerben. Die entsprechenden, in § 15 bis § 54 d VAG niedergelegten Vorschriften bestimmen als notwendige Organe des VVaG die Vollversammlung der Mitglieder oder die Vertreterversammlung, den Aufsichtsrat und den Vorstand. Laut § 16 VAG sind als ergänzende Normen u. a. auch die Rechnungslegungsvorschriften des Handelsgesetzbuches auf den VVaG anzuwenden.

Neben den Personenunternehmen und körperschaftlich organisierten Unternehmen zählen **rechtsfähige Stiftungen** zu den privatrechtlichen Unternehmensformen. Sie sind als Sacheinrichtungen mit eigener Rechtspersönlichkeit zu umschreiben, deren Zweck vom Willen des Stifters bestimmt wird. Aus diesem Blickwinkel besitzt die Stiftung **keine Selbstverwaltung** und unterscheidet sich damit von den körperschaftlich organisierten Unternehmen. Die rechtsfähige Stiftung ist in § 80 bis § 88 BGB geregelt. Sie entsteht laut § 80 Abs. 1 BGB durch Stiftungsgeschäft und bundesstaatliche Genehmigung. In Anwendung der vereinsrechtlichen Vorschriften stellt der Vorstand als gesetzlicher Vertreter das Organ der Stiftung dar. Den Gläubigern haftet ausschließlich das Stiftungsvermögen, wobei Mindestgrenzen für die Kapitalausstattung nicht bestehen.

Außer den aufgezeigten Grundtypen privatrechtlicher Unternehmen existieren in der Praxis **Kombinationen**, die aus dem Bestreben entstanden sind, die Nachteile bestimmter Basisformen unter möglichst vollständiger Sicherung der jeweiligen Vorteile auszuschalten. In erster Linie haben in diesem Zusammenhang **Haftungs-, Besteuerungs-, Rechnungslegungs-, Offenlegungs-, Prüfungs- und Mitbestimmungsaspekte** eine entscheidende Rolle gespielt. Als wichtigste Anwendungsfälle gemischter Unternehmenstypen können etwa die GmbH & Co. KG, die GmbH & Still, die Betriebsaufspaltung sowie die Stiftung & Co. KG genannt werden. Da die umfassende Behandlung sämtlicher Aspekte des Rechnungswesens und der Rechnungslegung bei allen angesprochenen Grund- und Mischformen den Rahmen eines einführenden Lehrbuchs sprengen würde, beschränken sich die nachfolgenden Ausführungen auf die Betrachtung der wichtigsten Basistypen des Handelsrechts. Im Einzelnen werden Standardfälle der **laufenden Finanzbuchhaltung und der periodischen (i. d. R. jährlichen) Rechnungslegung und Rechnungslegungspolitik** bei den bedeutendsten Formen der Personenhandels- (OHG, KG) und der Kapitalgesellschaften (GmbH, AG) dargelegt. Mithin bleiben periodische und aperiodische Besonderheiten des finanziellen Rechnungswesens sowie der externen Rechnungslegung und Rechnungslegungspolitik, die etwa im Rahmen von Gründungen, Kapitalerhöhungen, Umwandlungen, Unternehmenszusammenschlüssen, Verschmelzungen, Gesellschafterwechseln, Konkursen oder Liquidationen auftreten können, unberücksichtigt.[16]

---

16  Vgl. zu diesen Problemkreisen etwa *Förster/Döring* 2005; *Scherrer/Heni* 1996; *Eisele* 2002, S. 857–1136.

# III. Unternehmens- und Rechnungs-legungspolitik

Im Rahmen der modernen Betriebswirtschaftslehre besteht die Aufgabe der Unternehmenspolitik ganz allgemein darin, unter Rückgriff auf die durch die Theorie gewonnenen Erkenntnisse bezüglich der Gestaltung des Unternehmensgeschehens den Führungsinstanzen geeignete **Entscheidungsregeln bzw. Entscheidungswerte**[17] zur Verfügung zu stellen. Als Unternehmenspolitik, die sich aus einem Spektrum **interdependenter Partialpolitiken** zusammensetzt (z. B. Beschaffungs-, Produktions-, Absatz-, Investitions-, Finanzierungs-, Steuer- und Rechnungslegungspolitik) »... sei die Gesamtheit von Handlungsempfehlungen zum Erreichen bestimmter Ziele eines Unternehmers bezeichnet«[18]. Die aus den einzelnen Bereichspolitiken resultierenden Zielgrößen sowie die Maßnahmen zu ihrer Realisation gilt es im Hinblick auf die Verwirklichung eines gemeinsamen **Oberziels** (z. B. **Maximierung des Shareholder Value** oder Sicherung der Unternehmensexistenz) zu koordinieren. Durch diese Vorgehensweise besteht die Möglichkeit, eine Zielhierarchie zu entwickeln, die den Komplex »Unternehmenspolitik« nach den auf verschiedenen Ebenen des Zielaufbaus zum Tragen kommenden Partialpolitiken gliedert.[19]

Zur Erfüllung der Gestaltungsfunktion im Rahmen der Unternehmenspolitik, d. h. zur Bestimmung optimaler Handlungsalternativen, entwickelt die Betriebswirtschaftslehre **Entscheidungsmodelle**, für deren Konzeption Informationen über die Zielvorstellungen der Benutzer derartiger Modelle sowie die Mittel (Instrumente, Aktionsparameter) zur Zielrealisation vorliegen müssen. Die unternehmenspolitischen Maßnahmen zur Durchsetzung der gestellten Ziele bzw. Zielbündel lassen sich grundlegend in **sachverhaltsgestaltende Maßnahmen** einerseits sowie **sachverhaltsdarstellende Maßnahmen** andererseits aufspalten.[20] Während sachverhaltsgestaltende Instrumente **unmittelbar** der Realisation der formulierten Zielfunktion dienen,[21] wirken die sachverhaltsdarstellenden Mittel nur **indirekt** auf die Verwirklichung der Zielvorschrift, z. B. im Rahmen der Publizitätspolitik, ein.

Treffen die Verantwortlichen im Kontext des ihnen vom Gesetzgeber eingeräumten Instrumentariums bewusst Entscheidungen hinsichtlich der Gestaltung des Jahresabschlusses, die darauf ausgerichtet sind, bestimmte Verhaltensweisen der Adressaten des Jahresabschlusses (unternehmens-)zielkonform zu beeinflussen, so betreiben sie nach h. M. **Bilanz- oder Jahresabschlusspolitik**. Da neben der Bilanz, der Gewinn- oder Verlustrechnung, dem Anhang und dem Lagebericht auch andere **nicht normierte Medien** (z. B. Sozialbilanzen, Umweltberichte, Aktionärsbriefe) sowie Zwischenabschlüsse, Sonder- und Konzernbilanzen Objekte der zielgerichteten Beeinflussung sein können, wird im Folgenden der traditionelle Begriff der Bilanzpolitik durch den umfassenden Terminus **Rech-**

---

17 »Alle Werte, die im Rahmen des betrieblichen Entscheidungsprozesses unmittelbar der Determinierung von Handlungsalternativen dienen, um bestimmte Zielsetzungen optimal zu realisieren, können als Entscheidungswerte bezeichnet werden«, *Freidank* 1982b, S. 410.
18 *Schneider* 1992, S. 21.
19 Vgl. *Marettek* 1970, S. 10.
20 Vgl. *Baetge/Ballwieser* 1978, S. 514 f.
21 Eindeutig sachverhaltsgestaltenden Charakter tragen z. B. die Aktionsparameter der Beschaffungs-, Produktions-, Absatz-, Investitions- und Steuerpolitik.

**nungslegungspolitik** ersetzt. Der Jahresabschluss als **Primärobjekt** rechnungslegungs-politischer Gestaltungen stellt zum einen die Grundlage zur Ermittlung der **finanziellen Ansprüche** der **Unternehmenseigner** sowie des **Fiskus** dar und dient zum anderen in Verbindung mit dem Lagebericht der **Informationsgewinnung** unter Berücksichtigung bestimmter **Informationsziele**, die von aktuellen und potenziellen Koalitionsteilnehmern formuliert werden (vgl. hierzu die nachfolgende **Abb. 4**).

Auf der Grundlage des gegenwärtigen gesetzlichen Rahmens widmet sich der fünfte Teil des Lehrbuchs einer grundlegenden Darstellung der Rechnungslegungspolitik von **Kapitalgesellschaften** in der Rechtsform einer AG und einer GmbH.[22] Sofern sich zielgerichtete Gestaltungen auf den Jahresabschluss und den Lagebericht der Kapitalgesellschaft beziehen, stellt sich die Frage, ob im Rahmen der von externen Adressaten betriebenen **Rechnungslegungsanalyse**[23] die auf eine Verhaltensbeeinflussung dieser Koalitionsteilnehmer ausgerichteten Darstellungen aufgedeckt werden können und damit eine zielgerichtete Rechnungslegungspolitik leer läuft. Insbesondere aus **drei Gründen** erscheint eine Auseinandersetzung mit zielgerichteten rechnungslegungspolitischen Gestaltungen aber dennoch zwingend erforderlich.[24]

- Auch durch eine detaillierte Analyse aller gesetzlich vorgeschriebenen Jahresabschluss- und Lageberichtsinformationen lassen sich realisierte rechnungslegungspolitische Maßnahmen nur **unvollständig** entschlüsseln.
- Der Einfluss nicht oder nur tendenziell aufdeckbarer rechnungslegungspolitischer Maßnahmen wird von der **traditionellen Kennzahlenrechnung**, die das primäre Instrumentarium der (statischen) Rechnungslegungsanalyse darstellt, vollständig negiert.
- Sofern steuerrechtliche Ziele die Rechnungslegungspolitik dominieren, müssen die entsprechenden Gestaltungen von der **Finanzbehörde** als Adressat akzeptiert werden, sofern sie nicht gegen zwingende Normen des Handels- und Steuerrechts verstoßen.[25]

Schließlich erhebt sich im Rahmen der begrifflichen Abgrenzung die Frage, welche Beziehungen zwischen **Rechnungslegungspolitik und Bilanztheorie** bestehen. Ohne auf die Vielzahl der entwickelten Jahresabschlusstheorien einzugehen,[26] ist als Aufgabe der Bilanztheorie zunächst die **Beschreibung** der formellen und materiellen Zusammenhänge zu nennen, die aus der Sicht der Betriebswirtschaftslehre und unter Berücksichtigung der vom Gesetzgeber kodifizierten Zielsetzungen an den Jahresabschluss gestellt werden (z. B. Ausschüttungs- und Informationsziele). Darüber hinaus muss die Bilanzlehre analysieren, inwieweit die normierten Rechnungslegungsvorschriften in der Lage sind, die Ziele des Gesetzgebers **umzusetzen**, wie die Beziehung zwischen gesetzlichen Normen und der Realisation spezifischer betrieblicher Ziele (z. B. Substanz- und Kapitalerhaltung)

---

22  Vgl. zur Rechnungslegungspolitik von Personenhandelsgesellschaften im Detail *Selchert/Ortmann* 1993, S. 605–609 und S. 694–700.
23  Vgl. zur Rechnungslegungsanalyse etwa *Coenenberg* 2005, S. 947–1158; *Lachnit* 2004.
24  Vgl. hierzu auch *Küting* 1996, S. 934–944.
25  Gemäß § 4 Abs. 2 Satz 2 EStG kann der Steuerpflichtige den Jahresabschluss aus rechnungslegungspolitischen Gründen nach Einreichung beim Finanzamt nicht mehr ändern.
26  Vgl. hierzu die zusammenfassenden Darstellungen etwa bei *Baetge/Kirsch/Thiele* 2005, S. 12–25; *Coenenberg* 2005, S. 1159–1254; *Rückle* 1993, Sp. 249–261.

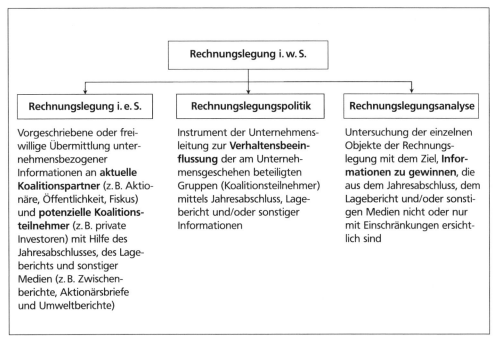

Abb. 4:  Bereiche der Rechnungslegung

**zu bewerten** ist und wie u. U. die Rechnungslegungsvorschriften **geändert** werden müssten, um die vorstehend genannten Ziele des Gesetzgebers und/oder der Unternehmung zu verwirklichen.[27] Im Wissenschaftsprogramm der modernen Betriebswirtschaftslehre ist die Bilanztheorie **normativ** ausgerichtet und versucht mithin in Erfahrung zu bringen, welche **Gestaltungen des Jahresabschlusses** vorgenommen werden müssen, wenn bestimmten **Interessen der Koalitionsteilnehmer** und/oder der »**Unternehmung an sich**« bestmöglich gedient werden soll.[28] Aus normativer Sicht kommt der Rechnungslegungspolitik in diesem Zusammenhang die Funktion zu, unter Berücksichtigung der durch die Theorie gewonnenen Erkenntnisse die entsprechenden Objekte (z. B. Jahresabschluss und Lagebericht) im Rahmen der vom Gesetzgeber eingeräumten Bandbreite so zu gestalten, dass als Konsequenz dieses Transformationsprozesses bestimmte **betriebliche Zielsetzungen optimal** erreicht werden können.[29] Wird die Bilanztheorie mit (normativer) Bilanzinterpretation in dem hier vorgetragenen Sinne gleichgesetzt, so liegt weitgehende **Deckungsgleichheit** zwischen den Begriffen Bilanztheorie und Rechnungslegungspolitik vor.[30]

---

27  Vgl. *Wöhe* 1977, S. 217 f.
28  Vgl. *Rückle* 1983, S. 32.
29  Vgl. *Wöhe* 1977, S. 218.
30  Vgl. *Lücke* 1969, S. 2287.

# IV. Grundlagen des Betrieblichen Rechnungswesens

## A. Teilgebiete und ihre Aufgaben

Wie **Abb. 5**[31] verdeutlicht, wird das Betriebliche Rechnungswesen nach der **traditionellen Gliederung** in vier grundlegende Teilgebiete aufgespalten:

* Finanzbuchhaltung und Bilanz (Zeitrechnung),
* Kostenrechnung (Stückrechnung),
* Statistik und Vergleichsrechnung sowie
* Planung (Vorschaurechnung).

Der **Finanzbuchhaltung** kommt im System des Betrieblichen Rechnungswesens prinzipiell die Aufgabe zu, die Beziehungen zwischen dem Unternehmen und der Umwelt zahlenmäßig zu erfassen und systematisch abzubilden. In der Terminologie des Rechnungswesens werden diese vollständig darzustellenden Beziehungen mit dem Begriff »**Geschäftsvorfälle**« belegt. Sie verkörpern aber nur dann in der Buchhaltung zu berücksichtigende Vorgänge, wenn sie unmittelbar eine **Veränderung des Vermögens, des Eigenkapitals und/oder der Schulden des Unternehmens in Höhe und/oder Struktur** bewirken.[32] So führt z. B. die Kreditzusage einer Bank noch nicht zu einer Variation des Vermögens. Erst wenn der eingeräumte Kredit in Anspruch genommen wird, erhöhen sich sowohl die verfügbaren Mittel des Betriebes als auch im gleichen Maße die Schulden gegenüber dem Kreditinstitut. Ebenso zieht die auf dem Bankkonto eingegangene Miete für an Dritte überlassene Geschäftsräume unmittelbar eine Vermögens- und Eigenkapitalerhöhung nach sich.

Ausflüsse des Systems der Finanzbuchhaltung sind in erster Linie die periodisch (i. d. R. jährlich) zu erstellende **Bilanz** sowie die **Gewinn- und Verlustrechnung** (beide zusammen bilden den **Jahresabschluss**), die in erster Linie auf die unternehmensexterne Dokumentation und Ermittlung von Vermögen, Eigenkapital und Erfolg abzielen. Da mit dem Jahresabschluss, der das **zahlenmäßig verdichtete Ergebnis von Finanzbuchhaltung und Inventar** darstellt, vorrangig Ziele der Rechenschaftslegung, Information, Ausschüttung und Besteuerung realisiert werden sollen, sind diese Rechnungslegungsinstrumente an gesetzliche Vorschriften geknüpft. Darüber hinaus liefert die Finanzbuchhaltung das Zahlenmaterial für die Erstellung spezifischer Bilanzen, die nur zu bestimmten Anlässen aufgestellt werden müssen (z. B. Umwandlungs-, Verschmelzungs-, Liquidations-, Sanierungs- und Kapitalherabsetzungsbilanzen). Des Weiteren können aus der Finanzbuchhaltung und/oder dem periodisch zu erstellenden Jahresabschluss auch **Spezialrechnungen** (z. B. Bewegungsbilanzen und Kapitalflussrechnungen) abgeleitet werden, die auf eine Analyse der **Investitions-, Finanzierungs- und Liquidationsstruktur** des Unternehmens abzielen.[33]

Im weiteren Verlauf der Ausführungen steht aber primär die Finanzbuchhaltung und der aus ihr abgeleitete Jahresabschluss als **Ex-post-Rechnungssystem** zum Zwecke der

---

31  Vgl. *Weber/Rogler* 2004, S. 18; *Wöhe* 2005, S. 810.
32  Vermögen – Schulden = Eigenkapital.
33  Vgl. hierzu die Ausführungen im Fünften Teil zu Gliederungspunkt IV.B.

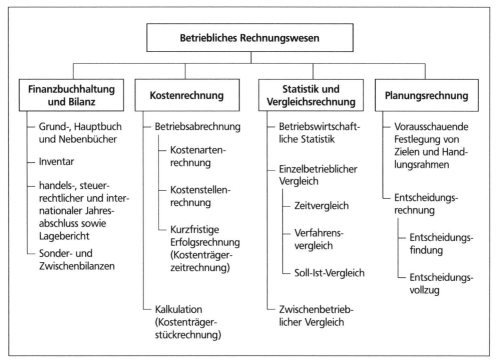

Abb. 5: Teilgebiete des Betrieblichen Rechnungswesens

Fertigung periodischer Abschlüsse nach Handels- und Steuerrecht im Vordergrund der Betrachtungen.

Der Terminus »Finanzbuchhaltung« resultiert aus der Anknüpfung dieses Systems an pagatorische Rechengrößen, wie Einzahlungen, Auszahlungen, Einnahmen, Ausgaben, Erträge und Aufwendungen.[34] Die **Kostenrechnung** als kalkulatorischer Teil des Rechnungswesens befasst sich hingegen ausschließlich mit der innerbetrieblichen Sphäre und greift deshalb auf die Rechengrößen Kosten und Leistungen zurück.[35] Ferner beschränkt sich das Interesse des in Rede stehenden Rechnungssystems, das nicht an gesetzliche Normen gebunden ist, auf den Teil des (kalkulatorischen) Erfolges, der im Zusammenhang mit der Realisation des unternehmerischen Sachziels steht. Wichtige Instrumente der Kostenrechnung sind die **Betriebsbuchhaltung (Betriebsabrechnung)** und die **Kalkulation**. Während der Betriebsabrechnung prinzipiell die Aufgabe zukommt, die in einer Periode angefallenen Kosten und Leistungen buchhalterisch zu erfassen und einzelnen betrieblichen Abrechnungsbereichen (Kosten- und Leistungsstellen) zuzuordnen, zielt die Kalkulation zum Zwecke von Preis- und Kostenentscheidungen auf die Ermittlung der Selbstkosten pro Waren- oder Erzeugniseinheit ab. Allerdings ist zu berücksichtigen, dass Betriebsbuchhaltung und Kalkulation, sofern sie als Ist-Rechnungen konzipiert sind, weit-

---

34  Vgl. hierzu die Ausführungen im Ersten Teil zu Gliederungspunkt IV.C.1.
35  Vgl. zur Kostenrechnung im Einzelnen *Freidank* 2001d.

gehend an das in der Finanzbuchhaltung erfasste Zahlenmaterial anknüpfen. Lediglich zur Ermittlung der kalkulatorischen Kosten und Leistungen bedarf es der Durchführung von **Sonderrechnungen**. Im Gegenzug greift die Finanzbuchhaltung vor allem zur Bestimmung der Wertansätze von selbsterstellten Anlagen sowie auf Lager befindlichen (fertigen und unfertigen) Erzeugnissen auf die kalkulatorischen Ergebnisse der Kostenrechnung zurück. Um zukünftigen Entwicklungen nicht unvorbereitet gegenüberzustehen, erhob sich schon früh die Forderung nach der Integration einer »Vorausschaurechnung« in das Betriebliche Rechnungswesen, die zunächst durch die **Statistik** ihre planungstechnische Grundlage erhielt. Die **Planungsrechnung** hat vor allem mit den Ex-ante-Rechnungssystemen Plan-Jahresabschluss sowie Plankostenrechnung spezifische Ausprägungen erfahren. Die Planungsfunktion ist im Bereich der Kostenrechnung in engem Zusammenhang mit der **Wirtschaftlichkeitskontrolle** der an der Leistungserstellung beteiligten Individuen, Betriebsmittel und Werkstoffe zu sehen. Hier findet ein Vergleich der effektiv angefallenen Kosten (Istkosten) mit den Dispositionsgrößen Normal- oder Plankosten statt. Durch Feststellung der **Abweichungen** und ihre **Analyse** ist es möglich, Schwachstellen im Unternehmen aufzudecken. Allerdings bestehen Querverbindungen zum System der Finanzbuchhaltung nur im Hinblick auf die erforderliche Ableitung der Istwerte zur Vornahme der Abweichungsermittlung und -analyse, da der Plan-Jahresabschluss sowie die Plankosten- und Planleistungsrechnung lediglich in Ausnahmefällen in Abhängigkeit von den bereits realisierten Rechengrößen erstellt werden.[36]

Eng verbunden mit der Planungsrechnung ist das System der **betrieblichen Entscheidungsrechnung**. Ihre Aufgabe besteht darin, den Entscheidungsträgern (Verantwortlichen) Entscheidungswerte zum Zwecke der zieladäquaten Auswahl von Handlungsalternativen zur Verfügung zu stellen. Sie sollen mithin das Management bei der **Entscheidungsfindung** und beim **Entscheidungsvollzug** (Durchsetzung des Entscheidungsergebnisses) unterstützen. Allerdings können als Entscheidungswerte nur **Plangrößen** (z. B. Plankosten oder Planerlöse) und keine **retrospektiven Werte** (Ist- oder Normalwerte) in Betracht kommen, da ansonsten die Gefahr von **Fehlentscheidungen** droht. Im Rahmen des Betrieblichen Rechnungswesens stellen vor allem die **Kosten- und Jahresabschlussrechnung** wichtige Typen betrieblicher Entscheidungsrechnungen dar.

Bei der Erstellung des Jahresabschlusses sind eine Vielzahl von Entscheidungen zu fällen, die an bestimmten, von den Unternehmensträgern verfolgten Zielsetzungen ausgerichtet werden müssen. Hätte der Gesetzgeber den Verantwortlichen keinerlei Wahlrechte bei der Aufstellung der Jahresabschlussrechnung eingeräumt, so würden sich die Aufgaben des in Rede stehenden Instrumentariums in der **(Erfolgs-)Ermittlungs- sowie der Informationsfunktion** erschöpfen. In diesem Falle könnten nur Daten für Entscheidungen in der außerbuchhalterischen Sphäre zur Verfügung gestellt werden. Da aber bezüglich des Jahresabschlusses aus handels-, steuerrechtlicher und internationaler Sicht ein ganzes Spektrum von Gestaltungsmöglichkeiten existiert, das von den Unternehmensträgern zielgerichtet zum Einsatz gebracht werden kann, trägt die Jahresabschlussrechnung prinzipiell den Charakter einer kombinierten **Ermittlungs-, Informations- und Entscheidungsrechnung**.[37]

---

36  Vgl. hierzu die Ausführungen im Ersten Teil zu Gliederungspunkt IV.B.
37  Vgl. *Sieben/Haase* 1971, S. 53.

# B.    Zusammenhänge zwischen Finanz- und Rechnungswesen

Dem **Betrieblichen Finanzwesen** eines Unternehmens kommt die grundlegende Aufgabe zu, für die **Bereitstellung (Finanzierung)** und **Verwendung (Investition)** finanzieller Mittel unter Beachtung betriebswirtschaftlicher Erfolgs- und Liquiditätsziele zu sorgen. Erfolgswirtschaftliche Unternehmensziele können **strategisch** oder **operativ** ausgerichtet sein. So fallen unter den Begriff strategische Zielsetzungen alle Maßnahmen zur Sicherung **nachhaltiger Wettbewerbsvorteile** (z. B. Entwicklung innovativer Produkte oder Unternehmenszusammenschlüsse). Aus diesen längerfristig aufgebauten Erfolgspotenzialen lassen sich konkrete **operative Ziele** ableiten, die sich quantifizieren lassen und Maßnahmen zur Sicherung von Erfolgen (z. B. Gewinne, Deckungsbeiträge) beinhalten. Als Erfolgskomponenten kommen in diesem Zusammenhang Erträge und Aufwendungen einerseits sowie Leistungen und Kosten andererseits in Betracht. Allerdings müssen neben die angesprochenen erfolgswirtschaftlichen Zielsetzungen ergänzend auch Maßnahmen zur Erhaltung der ständigen Zahlungsbereitschaft und des finanziellen Gleichgewichts treten, da ohne Einhaltung dieser **finanzwirtschaftlichen Ziele** die Existenz eines Unternehmens nicht gesichert werden kann. Zur Konkretisierung und Messung bestimmter Liquiditätsziele (z. B. Überschüsse oder Fehlbeträge) wird auf die **Zahlungskomponenten** Einnahmen und Ausgaben einerseits sowie Einzahlungen und Auszahlungen andererseits zurückgegriffen.

Vor diesem Hintergrund verdeutlicht **Abb. 6**[38] die grundlegenden Zusammenhänge zwischen Finanz- und Rechnungswesen. Zunächst wird noch einmal die Aufspaltung des Betrieblichen Rechnungswesens in einen in- und externen Bereich gezeigt. Im Hinblick auf die **Mittelverwendungen (Investitionen)** wird deutlich, dass diese sich auf der Aktivseite der Bilanz in Form von Anlage- und Umlaufvermögen niederschlagen und damit im externen Betrieblichen Rechnungswesen abgebildet werden. Ähnliches gilt für die **Mittelherkünfte (Finanzierungen)**, die in Gestalt von Eigen- und/oder Fremdkapital Eingang in die Passivseite der Bilanz erfahren. Darüber hinaus werden alle weiteren Geschäftsvorfälle, die im Zusammenhang mit Investitions- und Finanzierungsvorgängen stehen, in der Finanzbuchhaltung und damit im Jahresabschluss erfasst, wenn sie eine Veränderung des Vermögens, des Eigenkapitals und/oder der Schulden bewirken (z. B. Erweiterungs- und Desinvestitionen, Kapital- und Darlehensrückzahlungen sowie Zinszahlungen). Ferner geben der Anhang und der Lagebericht Auskunft über zusätzliche Investitions- und Finanzierungsaktivitäten (z. B. § 285 Nr. 3 HGB, § 289 Abs. 2 Nr. 2 HGB), die sich (noch) nicht in der Bilanz sowie der Gewinn- und Verlustrechnung niedergeschlagen haben.

Neben der Kapitalbeschaffung[39] besteht die Aufgabe des Betrieblichen Finanzwesens in der **Liquiditätssicherung**, die in einen **strukturellen** und einen **laufenden** Teil unterschieden werden kann. Gegenstand der strukturellen Liquidationssicherung ist die Einhaltung einer **ausgeglichenen Fristenstruktur** des Investitions- und Finanzierungsbereiches, d. h. der Deckung des zukünftigen langfristigen Investitionsbedarfs durch langfristige Finanzierungsquellen. Da die Kapitalgeber ihre Bonitätsbeurteilung auf Jahresabschlusskennzahlen stützen, trägt die strukturelle Liquiditätssicherung überwiegend **bilanzorientierten** Charakter. Folglich hat das Unternehmen auf die Einhaltung dieser Kennzahlen (z. B. Ver-

---

38  Modifiziert entnommen von *Kußmaul* 2005, S. 128.
39  Vgl. zu den Möglichkeiten der Kapitalbeschaffung etwa *Wöhe/Bilstein* 2002, S. 11–396.

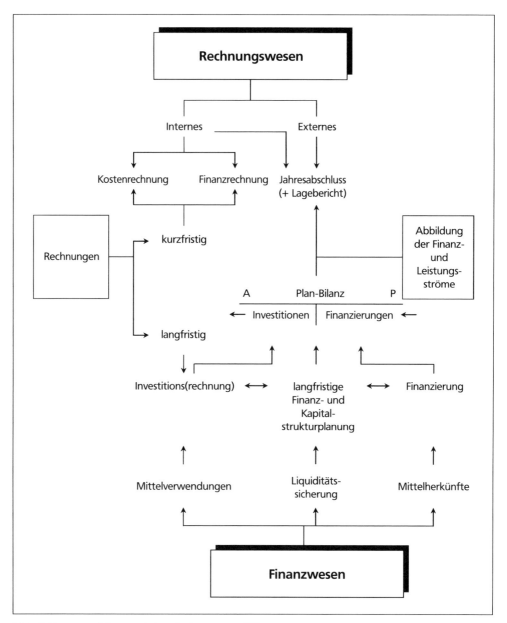

Abb. 6:  Zusammenhänge zwischen Rechnungs- und Finanzwesen

schuldungs-, Deckungs- und Liquiditätsgrade) zu achten. Zur strukturellen Liquiditätssicherung bedarf es demnach sowohl einer **langfristigen Finanzplanung** als auch einer – auf Plan-Jahresabschlüssen basierenden – **langfristigen Kapitalstrukturplanung**. Im Gegensatz zur strukturellen orientiert sich die **laufende Liquiditätssicherung** ausschließlich am Finanzplan. Insofern sind alle Zahlungsströme, d. h. sowohl die laufenden (betrieblichen und betriebsfremden) Ein- und Auszahlungen als auch die Ein- und Auszahlungen des Finanzierungs-, Investitions- und Eigenkapitalbereichs, in einem **zweckmäßig gegliederten Finanzplan** abzubilden. Dem Betrieblichen Finanzwesen kommt in diesem Zusammenhang ferner die Aufgabe zu, die vorhandenen funktionalen Teilpläne (z. B. Beschaffung, Produktion, Absatz, Logistik) sowie die langfristigen Investitionspläne zu koordinieren. Folglich geht es bei der laufenden Liquiditätssicherung zum einen um die Ermittlung von **finanziellen Über- bzw. Unterdeckungen** und zum anderen darum, wie Überdeckungen vor dem Hintergrund des Rentabilitätsziels **angelegt** bzw. Unterdeckungen **ausgeglichen** werden können. Zur laufenden Liquiditätssicherung bedarf es mithin einer **mittel- und kurzfristigen Finanzplanung**.

Über die zielorientierte Mittelverwendung wird mit Hilfe der **Investitionsrechnung** entschieden, die in aller Regel **langfristig** (mehrperiodig) ausgerichtet ist und auf Ein- und Auszahlungen basiert. Im Grundsatz fallen unter den Begriff Investitionsrechnung alle betriebswirtschaftlichen Methoden zur Beurteilung der Vorteilhaftigkeit von Investitionsvorhaben.[40] Die **Kosten- und Finanzrechnung** als Instrument des internen Rechnungswesens trägt grundsätzlich kurzfristigen (einperiodigen) Charakter. Als kalkulatorische Planungs- und Kontrollrechnung unterstützt die Kostenrechnung die Unternehmensleitung vor allem bei der Wahrnehmung ihrer **kurzfristigen Entscheidungs- und Überwachungsaufgaben**. Darüber hinaus leistet sie auch dem externen Rechnungswesen Hilfe bei der Erfüllung **externer Dokumentationsaufgaben**. In diesem Zusammenhang ist primär die Lieferung bereinigter kalkulatorischer Ergebnisse in der Gestalt der **Herstellungskosten** (§ 255 Abs. 2 und Abs. 3 HGB; § 6 Abs. 1 Nr. 1 und Nr. 2 Satz 1 EStG) zum Zwecke der Bewertung unfertiger und fertiger Erzeugnisse sowie aktivierbarer innerbetrieblicher Leistungen (z. B. selbsterstellte Anlagen) im handels- und steuerrechtlichen Jahresabschluss zu nennen. Häufig wird auch die **jährliche und unterjährige Finanzrechnung** (Finanzplanung und Finanzkontrolle) als kurzfristiges liquiditätsorientiertes Teilsystem des internen Rechnungswesens angesehen. Der zahlungsstrombezogenen Finanzrechnung kommt im Rahmen der **laufenden Finanzplanung** die Aufgabe zu, finanzielle Unter- und Überdeckungen rechtzeitig zu signalisieren, damit Steuerungsmaßnahmen zum Zwecke der Liquiditätssicherung eingeleitet werden können (z. B. Liquidierung geldnaher Vermögenswerte, Erhöhung der Kreditlinien und/oder Eigenkapitalzuführungen im Falle des Ausgleichs finanzieller Unterdeckungen). Als **Kontrollinstrument** hat die Finanzrechnung einen Soll-Ist-Vergleich der erfassten Zahlungsgrößen vorzunehmen, um die Verlässlichkeit der Teilpläne beurteilen zu können sowie Aussagen im Hinblick auf Planüberarbeitungen und/oder Anhaltspunkte für Ursachenanalysen im Falle von Soll-Ist-Abweichungen zu erhalten.

Abschließend bleibt der Hinweis, dass sowohl in der wissenschaftlichen Literatur als auch in der Praxis Tendenzen zu erkennen sind, die aufgrund der mit einem Betreiben zweier paralleler Abrechnungskreise verbundenen hohen Kosten und vor dem Hintergrund einer zunehmenden Internationalisierung der Rechnungslegung auf eine **Harmonisierung bzw. Konvergenz von in- und externem Rechnungswesen** abzielen (sog. integriertes Rechnungswesen).[41] Diese Bestrebungen werden u. a. von der Überlegung getragen, die von der Kostenrechnung zur Verfügung gestellten differenzierten und hochwertigen Informationen in angepasster Form ebenfalls für die Kontrolle und Steuerung vor allem im **Konzern-**

---

40  Vgl. zu den Methoden der Investitionsrechnung etwa *Blohm/Lüder/Schaefer* 2005; *Götze/Bloech* 2005.
41  Vgl. z. B. *Küting/Lorson* 1998a, S. 469; *Müller* 2003a; *Ziegler* 1994, S. 175.

**abschluss** zu verwenden. Allerdings herrscht im Schrifttum weitgehend Einigkeit darüber, dass die **entscheidungsorientierte Kostenrechnung**[42] von einer Harmonierung ausgeschlossen sein sollte.[43]

## C.    Zahlungs- und Erfolgskomponenten des Rechnungs- und Finanzwesens

### 1.    Begriffsabgrenzungen

#### a.    Auszahlungen und Ausgaben

Das **Geldvermögen** eines Unternehmens, das sich aus dem **Zahlungsmittelbestand** [ = Bestand an Bargeld (Münzen und Banknoten) und an Buchgeld (jederzeit verfügbare Guthaben bei Kreditinstituten)] zuzüglich des **Bestandes an sonstigen (Geld-)Forderungen** und abzüglich des **Bestandes an (Geld-)Verbindlichkeiten** zu einem Stichtag zusammensetzt, wird durch die **Stromgrößen** Auszahlungen (Ausgaben) und Einzahlungen (Einnahmen) laufenden Variationen unterworfen.[44] Während die **Ausgabensumme** einer Rechnungsperiode die **Abnahme des Geldvermögens** widerspiegelt, kennzeichnet die **Summe der periodenbezogenen Auszahlungen** hingegen die negative Veränderung des Zahlungsmittelbestandes. Die Beziehungen zwischen Auszahlungen und Ausgaben eines Rechnungsabschnittes zeigen die **Abb. 7** und **Abb. 8** auf.

**Ausgabenlose Auszahlungen** liegen immer dann vor, wenn eine negative Veränderung des Zahlungsmittelbestandes mit einer Senkung der (Geld-)Verbindlichkeiten oder einer

| Summe der Auszahlungen einer Periode |
| --- |
| − Abgänge von Geld-Verbindlichkeiten, bei denen gilt = Auszahlung, keine Ausgabe (z. B. Bezahlung von auf Ziel gelieferter Waren)<br>+ Zugänge von Geld-Verbindlichkeiten, bei denen gilt = Ausgabe, keine Auszahlung (z. B. Einkauf von Rohstoffen auf Ziel)<br>− Zugänge von (sonstigen) Geld-Forderungen, bei denen gilt = Auszahlung, keine Ausgabe (z. B. Kreditgewährung an einen Schuldner in bar)<br>+ Abgänge von (sonstigen) Geld-Forderungen, bei denen gilt = Ausgabe, keine Auszahlung (z. B. Einkauf von Rohstoffen gegen Verrechnung bereits geleisteter Anzahlungen) |
| = Summe der Ausgaben einer Periode |

Abb. 7: Komponenten der Ausgaben[45]

---

42   Vgl. *Freidank* 2001d, S. 288–350.
43   Vgl. *Küting/Lorson* 1998b, S. 493.
44   Mit der Umschreibung sonstige (Geld-)Forderungen sind alle übrigen Forderungen gemeint, die nicht bereits in den Zahlungsmittelbestand einbezogen wurden (z. B. Forderungen aus Lieferungen und Leistungen). Folglich sind (Geld-)Forderungen an Kreditinstitute im Zahlungsmittelbestand enthalten, während (Geld-)Verbindlichkeiten an Kreditinstitute nicht Komponenten des Zahlungsmittelbestands sind.
45   Durch die Ausgaben wird aber nur eine Verminderung des Geldvermögens erfasst, so dass Abgänge von Sachforderungen bzw. Zugänge von Sachverbindlichkeiten in diesem Zusammenhang keine Berücksichtigung finden. Gleiches gilt analog für den Begriff der Einnahmen.

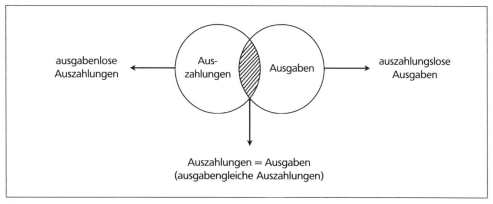

Abb. 8: Abgrenzung von Auszahlungen und Ausgaben

Erhöhung der sonstigen (Geld-)Forderungen verbunden ist. Aufgrund der kompensatorischen Wirkung zwischen Auszahlungen und Schuldenab- bzw. Forderungszugängen liegen im Ergebnis Ausgaben in Höhe von Null vor. Als Beispiele sind die Rückzahlung eines in der Vorperiode aufgenommenen Bankkredits sowie die Vergabe eines Darlehens an einen Kunden zu nennen. **Ausgabengleiche Auszahlungen** entstehen durch Geschäftsvorfälle, die nur Auszahlungen und keine Forderungs- oder Schuldenänderungen nach sich ziehen (z. B. Barentnahmen des Unternehmenseigners oder Einkauf von Rohstoffen gegen Barzahlung). In diesen Fällen wird lediglich der Zahlungsmittelbestand vermindert, so dass stets gilt Auszahlung = Ausgabe. Schließlich treten **auszahlungslose Ausgaben** bei Geschäftsvorfällen auf, die den Zahlungsmittelbestand nicht negativ berühren (z. B. Einkauf von Rohstoffen auf Ziel oder Übernahme privater Schulden des Eigners durch das Unternehmen), aber das Geldvermögen verändern.

## b.    Ausgaben und Aufwendungen

Das **Unternehmensvermögen** [(Netto-)Reinvermögen oder Eigenkapital], das sich aus dem **Geld-** und **Sachvermögen** (Bestand an sonstigen Aktiva – Bestand an sonstigen Passiva zu einem Stichtag) zusammensetzt, wird durch die Stromgrößen Aufwendungen und Erträge bzw. Entnahmen und Einlagen der Eigner laufenden Veränderungen unterworfen. Die **Aufwandssumme** einer Rechnungsperiode dokumentiert denjenigen Teil der Abnahme des Unternehmensvermögens, der durch **erfolgswirksame Geschäftsvorfälle** ausgelöst wurde (z. B. Lohn- und Gehaltszahlungen, Abschreibungen, Vorratsverbräuche). Allerdings besteht auch die Möglichkeit, dass das Unternehmensvermögen sinkt, ohne dass die zugrunde liegenden Geschäftsvorfälle Auswirkungen auf den Periodenerfolg haben. Dieser Teil der Minderung des Unternehmensvermögens wird durch **(erfolgsunwirksame) Entnahmen**[46] **der Eigner** ausgelöst (z. B. Barentnahmen, Sachentnahmen zum Buchwert oder Übernahme

---

46   Zu berücksichtigen ist aber, dass auch Entnahmen erfolgswirksamen Charakter tragen können. Dies ist stets bei Sachentnahmen der Fall, die über oder unter ihrem Buchwert erfolgen. Vgl. hierzu die Ausführungen im Dritten Teil zu Gliederungspunkt II.E.2.

privater Schulden der Eigner durch das Unternehmen). Die Beziehungen zwischen den Ausgaben und Aufwendungen einer Rechnungsperiode werden durch die **Abb. 9** und **Abb. 10** verdeutlicht.

Die Konstellation **Ausgabe = Aufwand** liegt stets vor, wenn der Minderung des Geldvermögens keine korrespondierende Erhöhung der Aktiva bzw. Senkung der Passiva, mit Ausnahme der erfolgswirksamen Minderung des Eigenkapitals, gegenübersteht (z. B. Lohn- und Zinsauszahlungen bzw. -verpflichtungen). Ausgaben sind z. B. dann **aufwandgleich**, wenn Wirtschaftsgüter, für die Ausgaben getätigt wurden, auch in derselben Rechnungsperiode dem Verzehr unterliegen (**Ausgaben der Periode, Aufwendungen der Periode**). Erfolgt der Güterverzehr aber erst in einem der nächsten Rechnungszeiträume, so handelt es sich um Ausgaben, die erst in späteren Perioden zu Aufwendungen werden (**Ausgaben der Periode, Aufwendungen späterer Perioden**). Derartige **aufwandlose Ausgaben** speichert die Bilanz auf der Aktivseite.

**Beispiel:**
Die Anschaffungskosten eines linear abzuschreibenden abnutzbaren Wirtschaftsgutes (betriebsgewöhnliche Nutzungsdauer 8 Jahre) betragen 20.000 €. Im ersten Nutzungsjahr fallen somit 2.500 € Abschreibungen an. Von den Ausgaben in Höhe von 20.000 € sind folglich 2.500 € durch produktionsbedingten Verschleiß zu Aufwendungen geworden, während die restlichen 17.500 € bei Anwendung der direkten Abschreibungsmethode auf der Aktivseite der Bilanz als aufwandlose Ausgaben erscheinen.

Liegen hingegen Werteverzehre von Wirtschaftsgütern vor, für die Ausgaben in früheren Rechnungsabschnitten getätigt wurden (**Aufwendungen der Periode, Ausgaben früherer Perioden**), so entstehen **ausgabenlose Aufwendungen**. Als Beispiel sind planmäßige Abschreibungen auf ein in der Vorperiode angeschafftes Wirtschaftsgut zu nennen. Aufwendungen, denen erst in späteren Rechnungsperioden Ausgaben folgen (**Aufwendungen der Periode, Ausgaben späterer Perioden**), liegen etwa bei der Bildung von Rückstellungen vor. **Ausgaben, die nie zu Aufwendungen** führen, repräsentieren z. B. Barentnahmen der Eigner von Einzelunternehmen oder Personengesellschaften, die den Zahlungsmittelbestand der Unternehmung mindern. Derartige Ausgaben, die in aller Regel nicht zu Aufwendungen führen, sind ferner für Wirtschaftsgüter entrichtet worden, die keinem Wertverzehr unterliegen (z. B. Grundstücke, Beteiligungen). Außerplanmäßige Abschreibungen werden im Rahmen des **Niederstwertprinzips** nur dann relevant, wenn die vom Markt abgeleiteten Alternativwerte unter die Anschaffungskosten sinken (§ 253 Abs. 2 Satz 3 und Abs. 3 HGB). Schließlich bleibt noch der Ausnahmefall von Abschreibungen auf einen geschenkten Vermögensgegenstand zu erwähnen. Hier handelt es sich um Aufwendungen, denen niemals, auch nicht in einer anderen Rechnungsperiode, Ausgaben gegenüberstehen (**ausgabenlose Aufwendungen**).

Diejenigen Ausgaben, die niemals oder erst in späteren Rechnungsperioden zu Aufwendungen führen, haben keinen Einfluss auf den Periodenerfolg der Unternehmung und werden deshalb als **erfolgsunwirksame Ausgaben** bezeichnet.

Andererseits beeinflussen Wirtschaftsgüter, die innerhalb einer betrachteten Rechnungsperiode dem Werteverzehr unterliegen, gleichgültig ob die entsprechenden Ausgaben aus einem früheren, dem augenblicklichen oder einem künftigen Rechnungsabschnitt resultieren, den Periodenerfolg negativ. Wichtig ist, dass diese erfolgswirksamen Ausgaben der

---

Summe der Ausgaben einer Periode

- − Zugänge von Aktiva, bei denen gilt = Ausgabe, kein Aufwand (z. B. Barkauf von Grundstücken)
- + Abgänge von Aktiva, bei denen gilt = Aufwand, keine Ausgabe (z. B. Abschreibungen auf in Vorperioden angeschafftes Sachanlagevermögen)
- − Abgänge von Passiva, bei denen gilt = Ausgabe, kein Aufwand (z. B. Begleichung einer Anwalts- rechnung, in deren Höhe im Vorjahr eine Rückstellung gebildet wurde)
- + Zugänge von Passiva, bei denen gilt = Aufwand, keine Ausgabe (z. B. Bildung von Rückstellungen)
- − Abgänge von Aktiva, bei denen gilt = Ausgabe, kein Aufwand (z. B. Barentnahmen durch die Eigner)
- − Zugänge von Passiva, bei denen gilt = Ausgabe, kein Aufwand (z. B. Übernahme privater Geld- Verbindlichkeiten der Eigner durch das Unternehmen)

= Summe der Aufwendungen einer Periode

Abb. 9: Komponenten der Aufwendungen

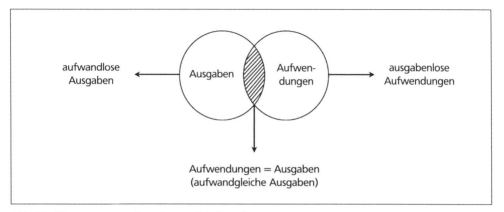

Abb. 10: Abgrenzung von Ausgaben und Aufwendungen

Periode zugerechnet werden, in der auch der Werteverzehr erfolgte (**verursachungsgerechte Periodenzurechnung der Aufwendungen**). Würden die in Rede stehenden Ausgaben den Rech- nungszeiträumen angelastet, in denen sie anfallen, dann wäre der Unternehmenserfolg belie- big manipulierbar, indem z. B. am Ende der Perioden nur Ausgaben getätigt werden.

Im Wesentlichen basiert der Begriff der Aufwendungen somit auf den **periodisierten (erfolgswirksamen) Ausgaben**, wenn der Ausnahmefall des Werteverzehrs geschenkter Wirtschaftsgüter unberücksichtigt bleibt. Aufgrund von Unsicherheiten bezüglich der Höhe des Werteverzehrs ist es bei einigen Wirtschaftsgütern nicht immer möglich, die entspre- chenden erfolgswirksamen Ausgaben verursachungsgerecht zu periodisieren. Derartige Zurechnungsprobleme treten im Zusammenhang mit der Bemessung von Abschreibun- gen und Rückstellungen auf. Stellt sich in den folgenden Perioden heraus, dass die ur- sprünglich unterstellten Werteverzehre nicht der Realität entsprechen, dann sind die an- teiligen Wertdifferenzen in den Erfolgsrechnungen späterer Rechnungsabschnitte (z. B. als periodenfremde Aufwendungen) zu berücksichtigen, da nachträgliche Korrekturen in den vergangenen Zeiträumen Änderungen der gesamten entsprechenden Jahresabschlüsse be- wirken würden.

Infolgedessen können Aufwendungen abschließend als die gesamten, mit erfolgswirksamen Ausgaben bewerteten Güterverzehre einer Rechnungsperiode, unter Berücksichtigung von Aufwandskorrekturen früherer Zeiträume, definiert werden.[47]

Das Steuerrecht folgt jedoch nicht der hier dargelegten Abgrenzung zwischen Ausgaben und Aufwendungen. So definiert § 4 Abs. 4 EStG Betriebsausgaben als Aufwendungen, die durch den Betrieb veranlasst sind. Allerdings sind Betriebsausgaben nicht mit dem vorstehend umschriebenen Aufwandsbegriff gleichzusetzen. So werden durch spezifische steuerrechtliche Regelungen vereinzelt Betriebsausgaben, die zugleich Aufwand der Periode darstellen, zu sog. **nicht abzugsfähigen Betriebsausgaben** erklärt (z. B. Aufwendungen für Geschenke, Gästehäuser etc. gemäß § 4 Abs. 5 EStG und die Körperschaftsteuer bei Kapitalgesellschaften nach § 10 Nr. 2 KStG). Andererseits existieren aber auch Fälle, die aus steuerrechtlicher Sicht zu abzugsfähigen Betriebsausgaben führen, handelsrechtlich aber nicht als Aufwand behandelt werden (z. B. Vornahme steuerrechtlicher Bewertungsvergünstigungen, die in der Handelsbilanz nicht angesetzt werden dürfen).

## c.    Aufwendungen und Kosten

Nach h. M. stellen Kosten den **bewerteten sachzielbezogenen Verzehr von Wirtschaftsgütern** (materielle und immaterielle Realgüter sowie Nominalgüter) einer Rechnungsperiode dar, wobei die Wertkomponenten auf dem monetären Grenznutzen (**wertmäßiger Kostenbegriff**) basieren oder pagatorisch (**pagatorischer Kostenbegriff**) ausgerichtet sein können.[48] Demgegenüber lassen sich Aufwendungen als die **gesamten bewerteten Verzehre von Wirtschaftsgütern** einer Rechnungsperiode definieren, deren Wertansätze aber an gesetzliche Bewertungsvorschriften des Handels- und Steuerrechts[49] geknüpft sind.

Zunächst unterscheiden sich die Begriffe Aufwendungen und Kosten durch die differente Erfassung des Güterverzehrs. Während die Aufwendungen die gesamten, entsprechend der gesetzlichen Regelung zu berücksichtigenden Verzehre an Wirtschaftsgütern einschließen, betrifft die Mengenkomponente der wertmäßigen und der pagatorischen Kosten ausschließlich den Teil des Verzehrs, der auf die Ausbringungsgüter des unternehmerischen Sachziels[50] der betrachteten Rechnungsperiode einwirkt. Ferner muss der sachzielbezogene Güterverzehr im Rahmen eines üblichen Leistungserstellungsprozesses genau zu prognostizieren (d. h. **ordentlich**) sein, damit die **Planungs- und Kontrollfunktion** der Kostenrechnung durch die Berücksichtigung von außergewöhnlichen sachzielbezogenen Güterverzehren nicht beeinträchtigt wird. Anstelle dieses außerordentlichen Äquivalents finden dann aber planmäßig zu erwartende durchschnittliche Verzehrmengen an Wirtschaftsgütern Eingang in den Bereich des kostenwirksamen ordentlichen Güterverzehrs, von denen angenommen wird, dass sie auf lange Sicht betrachtet ebenso groß sein werden, wie die im Zeitablauf variierende außerordentliche Güterhingabe. Diese durchschnittlich unterstellten Verzehre werden im Rahmen der **kalkulatorischen Kosten** z. B. in Form von **Wagnissen** erfasst. Wie auch **Abb. 11** zeigt, führen diejenigen Teile der gesamten aufwandsorientierten Güterverzehre, die weder **sachziel-, periodenbezogenen oder ordentlichen Charakter** tragen, zu

47    Zu beachten ist, dass diese Begriffsbestimmung der Aufwendungen den Verzehr geschenkter Wirtschaftsgüter nicht mit einschließt.
48    Vgl. zur genauen Analyse des Kostenbegriffs *Freidank* 2001 d, S. 3–10.
49    Vgl. hierzu die Ausführungen im Dritten Teil zu Gliederungspunkt II.B.
50    Vgl. zur Definition des unternehmerischen Sachziels die Ausführungen im Ersten Teil zu Gliederungspunkt I.

kostenunwirksamen Verzehren bzw. bei Bewertung zu **neutralen Aufwendungen**. Grundsätzlich lassen sich in diesem Zusammenhang drei typische Arten von neutralen Aufwendungen unterscheiden.

(1) **Betriebsfremde Aufwendungen**

Sie entstehen durch Geschäftsvorfälle, die mit dem Sachziel der Unternehmung nicht in Zusammenhang stehen. Als Beispiele können Stiftungen, Spenden, Schenkungen, Repräsentationsausgaben, soweit sie nicht der Förderung des Sachziels dienen, genannt werden. Ferner sind Aufwendungen für betriebsfremde Grundstücke, stillgelegte Anlagen, die keine Reserveanlagen darstellen, sowie außerplanmäßige Abschreibungen auf betriebsfremde Beteiligungen zu dieser Aufwandskategorie zu rechnen.

(2) **Periodenfremde Aufwendungen**

Sie sind durch die Leistungserstellung einer anderen Rechnungsperiode verursacht worden, kommen aber erst in der augenblicklichen Periode zur Verrechnung (z. B. Nachzahlung für Gewerbesteuer, Sonderabschreibungen, erfolgswirksame Auflösung von Rückstellungen).

(3) **Außerordentliche Aufwendungen**

Diese Aufwandsart ist zwar durch das Sachziel der Unternehmung bedingt, kann aber wegen ihres einmaligen Charakters, ihrer ungewöhnlichen Natur (sie geht der Höhe nach über das Übliche hinaus) nicht als Kosten Verrechnung finden. Als außerordentlich sind z. B. Aufwendungen bei Finanzierungsvorgängen zu nennen (Gründung, Kapitalerhöhung, Umwandlung etc.), Debitorenverluste, besondere Schadensfälle und Ordnungsstrafen sowie außerplanmäßige Abschreibungen auf sachzielbezogene Wirtschaftsgüter.

Ferner können Differenzen zwischen Aufwendungen und Kosten auch durch **unterschied-**

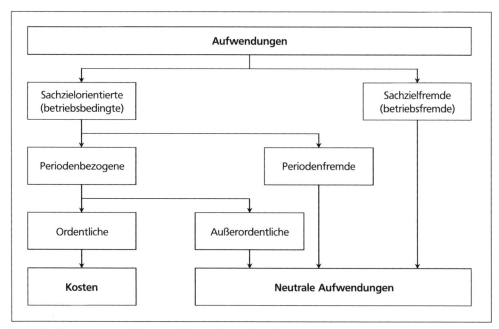

Abb. 11: Abgrenzung von Kosten und neutralen Aufwendungen

liche Wertkomponenten verursacht werden. In diesem Zusammenhang führen Aufwandsbestandteile, bei denen der Wertansatz nicht mit dem der Kosten korrespondiert, ebenfalls
zu neutralen Aufwendungen (verrechnungsverschiedene Aufwendungen). So können
etwa bei der Bemessung kalkulatorischer und bilanzieller Abschreibungen die Wertkomponenten auseinander fallen. Während das innerbetriebliche Rechnungswesen grundsätzlich
frei von gesetzlichen Vorschriften ist, basieren die Rechnungslegungsvorschriften des extern
orientierten Rechnungswesens auf bestimmten, vom Gesetzgeber erlassenen Vorschriften.
Im Gegensatz zum normierten Bilanzrecht, das planmäßige Abschreibungen prinzipiell nur
von den Anschaffungs- oder Herstellungskosten zulässt, besteht in der Betriebsbuchhaltung
die Möglichkeit, kalkulatorische Abschreibungen z. B. anhand von Wiederbeschaffungspreisen für bestimmte Anlagegegenstände zu bemessen.

Andererseits werden diejenigen Kostenelemente, die im Hinblick auf die Mengen- und/
oder Wertkomponente nicht mit den Aufwendungen übereinstimmen, in der Terminologie
des betrieblichen Rechnungswesens als kalkulatorische Kosten bezeichnet. Sie lassen sich
weiterhin in aufwandsverschiedene (Anderskosten) und aufwandsfremde (Zusatzkosten) Kosten trennen. Als typische Beispiele für Anderskosten, denen Aufwendungen in anderer Höhe gegenüberstehen, sind kalkulatorische Abschreibungen und Wagnisse zu nennen. Die enge Beziehung von Anderskosten und neutralen Aufwendungen, denen Kosten
in anderer Höhe entsprechen, ist in Abb. 12 durch einen Pfeil gekennzeichnet. Außerdem
existieren sachziel-, periodenbezogene und ordentliche Verzehre von Wirtschaftsgütern, die
keinen Aufwand bewirken. Die aus diesen Güterverzehren resultierenden Kosten, etwa in
Form von kalkulatorischen Zinsen auf das Eigenkapital und kalkulatorischem Unternehmerlohn, zählen zu den Zusatzkosten, sofern ihnen keine Aufwendungen im Sinne der gesetzlichen Rechnungslegungsvorschriften gegenüberstehen.

Das die vorstehenden Ausführungen zusammenfassende, im Ursprung auf *Schmalenbach*[51] zurückgehende Balkendiagramm zeigt die einzelnen Unterschiede zwischen Aufwendungen und Kosten abschließend in grafischer Form. Die Abgrenzung berücksichtigt
dabei sowohl den wertmäßigen Kostenbegriff als auch die pagatorische Kosteninterpreta-
tion. Bei einer wert- und mengenmäßigen Übereinstimmung des Güterverzehrs im Bereich
der Kosten und der Aufwendungen wird in der betriebswirtschaftlichen Literatur, der Terminologie *Schmalenbachs* folgend, von Grundkosten bzw. Zweckaufwendungen gesprochen.

Es lassen sich nunmehr folgende Beziehungen ableiten.

| | | |
|---|---|---|
| Gesamte Aufwendungen | = | Zweckaufwendungen (Grundkosten)<br>+ Neutrale Aufwendungen |
| Gesamte Kosten | = | Grundkosten (Zweckaufwendungen)<br>+ Kalkulatorische Kosten |
| Gesamte Kosten | = | Gesamte Aufwendungen<br>– Neutrale Aufwendungen<br>+ Anderskosten + Zusatzkosten |
| Gesamte Aufwendungen | = | Gesamte Kosten – Kalkulatorische Kosten<br>+ Neutrale Aufwendungen |
| Kalkulatorische Kosten | = | Gesamte Kosten – Grundkosten. |

51   Vgl. *Schmalenbach* 1963, S. 10.

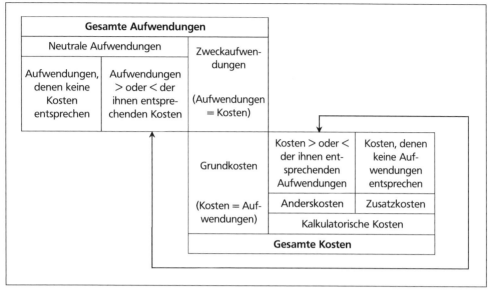

Abb. 12: Abgrenzung von Aufwendungen und Kosten

## d.    Einzahlungen und Einnahmen

Analog zu den Begriffen Auszahlungen und Ausgaben führen Einzahlungen und Einnahmen einer Rechnungsperiode stets zu einer Erhöhung des Zahlungsmittelbestandes bzw. des Geldvermögens.[52] Der Zusammenhang zwischen den gesamten Einzahlungen und Einnahmen einer Periode wird durch **Abb. 13** und **Abb. 14** verdeutlicht.

Summe der Einzahlungen einer Periode

- − Zugänge von Geld-Verbindlichkeiten, bei denen gilt = Einzahlung, keine Einnahme (z. B. Aufnahme eines Darlehens durch das Unternehmen)
- + Abgänge von Geld-Verbindlichkeiten, bei denen gilt = Einnahme, keine Einzahlung (z. B. Verkauf von fertigen Erzeugnissen gegen Verrechnung bereits geleisteter Anzahlungen)
- − Abgänge von (sonstigen) Geld-Forderungen, bei denen gilt = Einzahlung, keine Einnahme (z. B. Forderungsbegleichung eines Kunden gegen Banküberweisung)
- + Zugänge von (sonstigen) Geld-Forderungen, bei denen gilt = Einnahme, keine Einzahlung (z. B. Verkauf von fertigen Erzeugnissen auf Ziel)

= Summe der Einnahmen einer Periode

Abb. 13: Komponenten der Einnahmen

Wird der Zahlungsmittelbestand der Unternehmung durch einen Geschäftsvorfall erhöht, der gleichzeitig zu einer Senkung der (sonstigen) Geld-Forderungen oder Steigerung der Geld-Verbindlichkeiten führt, so liegen **einnahmenlose Einzahlungen** vor (z. B. Rückzah-

---

52  Vgl. die Definitionen der Begriffe Zahlungsmittelbestand und Geldvermögen im Ersten Teil unter Gliederungspunkt IV.C.1.a.

lung eines Darlehens von einem Schuldner oder Aufnahme eines Kredits bei einer Bank). Ziehen Geschäftsvorfälle nur Einzahlungen, aber keine Variationen der (sonstigen) Geld-Forderungen und Geld-Verbindlichkeiten nach sich, dann handelt es sich um **einnahmengleiche Einzahlungen** (z. B. Bareinlage des Unternehmenseigners oder Verkauf von fertigen Erzeugnissen gegen Barzahlung). **Einzahlungslose Einnahmen** entstehen hingegen bei Geschäftsvorfällen, die den Zahlungsmittelbestand nicht berühren (z. B. Verkauf von fertigen Erzeugnissen auf Ziel oder Übernahme von Verbindlichkeiten durch den Unternehmenseigner).

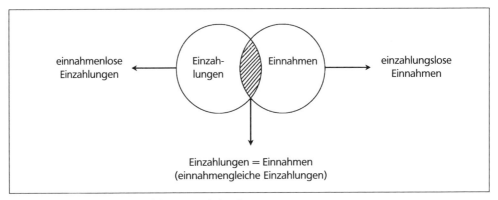

Abb. 14: Abgrenzung von Einzahlungen und Einnahmen

### e.     Einnahmen und Erträge

Die Ertragssumme einer Rechnungsperiode bringt denjenigen Teil der Zunahme des Unternehmensvermögens[53] zum Ausdruck, der durch **erfolgswirksame Geschäftsvorfälle** ausgelöst wurde (z. B. Umsatzerlöse, Zinserträge, Zuschreibungen). Jedoch kann das Unternehmensvermögen auch wachsen, ohne dass die zugrunde liegenden Geschäftsvorfälle den Periodenerfolg beeinflussen. Dieser Teil der Erhöhung des Unternehmensvermögens wird durch Einlagen der Eigner (z. B. Bar-, Sacheinlagen oder Übernahme von Unternehmensschulden durch die Eigner) bewirkt. Die Beziehungen zwischen den Einnahmen und Erträgen einer Rechnungsperiode werden durch die **Abb. 15** und **Abb. 16** verdeutlicht.

Die Konstellation **Einnahme = Ertrag** liegt immer dann vor, wenn der Mehrung des Geldvermögens keine korrespondierende Senkung der Aktiva bzw. Erhöhung der Passiva, mit Ausnahme der erfolgswirksamen Mehrung des Eigenkapitals, gegenübersteht (z. B. Miet- und Zinseinzahlungen bzw. -ansprüche). Einnahmen sind z. B. dann **ertraggleich**, wenn unfertige oder fertige Erzeugnisse in der Herstellungsperiode verkauft werden (**Einnahmen der Periode, Erträge der Periode**). Ferner lassen sich Einnahmen der augenblicklichen Rechnungsperiode feststellen, die erst in späteren Perioden zu Erträgen werden (**Einnahmen der Periode, Erträge einer späteren Periode**). Als Beispiel für solche **ertraglosen Einnahmen** sind im Voraus erhaltene Mieten für das Folgejahr zu nennen, die in der Bilanz als passiver Rechnungsabgrenzungsposten zum Ausweis kommen. Dadurch wird erreicht,

---

53  Vgl. die Definition des Begriffs Unternehmensvermögens im Ersten Teil unter Gliederungspunkt IV.C.1.b.

dass im Voraus geleistete Zahlungen gespeichert und somit erst in der Periode zu Erträgen werden, in der die wirtschaftliche Verursachung erfolgt. **Einnahmenlose Erträge (Erträge der Periode, Einnahme einer früheren Periode)** liegen etwa dann vor, wenn der passive Rechnungsabgrenzungsposten im Folgejahr aufgelöst wird. Ein weiterer Fall von einnahmenlosen Erträgen ist in der Produktion von unfertigen oder fertigen Erzeugnissen auf Lager zu sehen. Die Bestandserhöhungen der augenblicklichen Periode repräsentieren Erträge, die erst in späteren Rechnungsperioden durch Umsätze zu Einnahmen werden. In diesem Zusammenhang sei noch die Lieferung von fertigen Erzeugnissen auf Ziel genannt, die erst in späteren Perioden durch Banküberweisung bezahlt werden sollen. Hier handelt es sich nicht um Erträge, denen erst in einem späteren Zeitraum **Einzahlungen** gegenüberstehen, da in der Periode der Ertragsentstehung entweder ein Zugang von (sonstigen) Geld-Forderungen oder ein Abgang von Geld-Verbindlichkeiten und damit eine Einnahme vorlag. Erträge und Einnahmen sind somit in derselben Rechnungsperiode entstanden. **Einnahmen, denen grundsätzlich keine Erträge**, auch nicht in einer anderen Periode gegenüberstehen, werden durch Geschäftsvorfälle bewirkt, **die keinen Wertzuwachs für die Unternehmung darstellen** (z. B. zurückgezahlte Darlehen).

---

Summe der Einnahmen einer Periode

- Abgänge von Aktiva, bei denen gilt = Einnahme, kein Ertrag (z. B. Verkauf von Sachanlagevermögen zum Buchwert)
+ Zugänge von Aktiva, bei denen gilt = Ertrag, keine Einnahme (z. B. Zuschreibungen auf abnutzbares Anlagevermögen)
- Zugänge von Passiva, bei denen gilt = Einnahme, kein Ertrag (z. B. im Voraus erhaltene Miete für das Folgejahr)
+ Abgänge von Passiva, bei denen gilt = Ertrag, keine Einnahme (z. B. Auflösung von in Vorjahren zu hoch gebildeter Rückstellungen)
- Zugänge von Aktiva, bei denen gilt = Einnahme, kein Ertrag (z. B. Bareinlagen der Eigner)
- Abgänge von Passiva, bei denen gilt = Einnahme, kein Ertrag (z. B. private Übernahme betrieblicher Geld-Verbindlichkeiten durch die Eigner)

= Summe der Erträge einer Periode

---

Abb. 15: Komponenten der Erträge

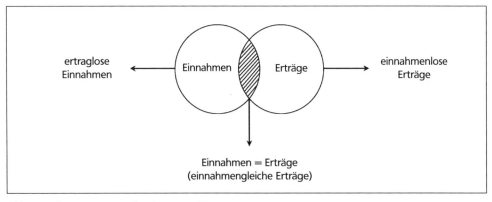

Abb. 16: Abgrenzung von Einnahmen und Erträgen

Analog zu den Ausgaben können auch hier **erfolgsneutrale und erfolgswirksame Einnahmen** festgestellt werden. Entscheidend ist, dass die erfolgswirksamen Einnahmen der Periode angelastet werden, in der der Wertezuwachs erfolgte. Zusammenfassend bleibt zu konstatieren, dass der Ertragsbegriff im Wesentlichen auf den periodisierten Erfolgseinnahmen basiert, wobei aber auch hier Korrekturen in Bezug auf Erträge früherer Rechnungsperioden vorgenommen werden müssen (z. B. erfolgswirksame Auflösung von Rückstellungen).

Somit können Erträge als die gesamten, mit Erfolgseinnahmen bewerteten Gütererstellungen einer Rechnungsperiode, unter Berücksichtigung von Ertragskorrekturen früherer Perioden, definiert werden.

Gemäß der vorstehenden Begriffsbestimmung sind die den zukünftigen (ertragsorientierten) Einnahmen entsprechenden Erträge schon im Zeitpunkt der Gütererstellung in voller Höhe realisiert. Nach dem für die bilanzrechtliche Bewertung maßgeblichen **Realisationsprinzip** (§ 252 Abs. 1 Nr. 4 2. HS HGB) besteht aber ein Verbot der noch nicht durch den Umsatzprozess verwirklichten Gewinne. Diese gelten nach h. M. beim Verkauf von Wirtschaftsgütern erst vom Zeitpunkt der Verschaffung der Verfügungsmacht an den Käufer als verwirklicht.[54] Mithin dürfen Gütererstellungen bezüglich aktivierbarer innerbetrieblicher Leistungen und auf Lager befindlicher Erzeugnisse die (noch) nicht durch den Umsatzprozess realisiert wurden, höchstens zu **Herstellungskosten** (§ 253 Abs. 1 Satz 1 HGB) im Jahresabschluss angesetzt werden. Die künftigen (ertragsorientierten) Einnahmen können nach dem für die bilanzrechtliche Bewertung maßgeblichen **Niederstwertprinzip** nur dann im Jahresabschluss zum Ansatz gelangen, wenn sie unter den Herstellungskosten liegen.

Analog zu § 4 Abs. 4 EStG werden im **Steuerrecht** Betriebseinnahmen als Erträge definiert, die durch den Betrieb veranlasst sind. Auch hier sind Betriebseinnahmen nicht mit dem vorstehend umschriebenen Ertragsbegriff gleichzusetzen. So werden kraft steuerrechtlicher Regelung vereinzelt Betriebseinnahmen, die zugleich Ertrag der Periode darstellen, zu **steuerfreien Erträgen** erklärt. Andererseits existieren aber auch **erfolgswirksame Betriebseinnahmen**, die aus handelsrechtlicher Sicht nicht als Ertrag behandelt werden (z. B. Auflösung einer steuerfreien Rücklage in der Steuerbilanz, sofern in der Handelsbilanz kein entsprechender Sonderposten mit Rücklageanteil vorhanden ist).

## f.    Erträge und Leistungen

Analog zu den Kosten werden Leistungen **als die bewerteten, sachzielorientierten Real- und Nominalgütererstellungen[55] einer Rechnungsperiode definiert**, wobei der Wertansatz auf angefallenen oder künftigen Einnahmen (bzw. Erlösen) oder auf den für die Gütererstellung angesetzten (wertmäßigen oder pagatorischen) Kosten basiert. Demgegenüber können Erträge aus dem Blickwinkel des innerbetrieblichen Rechnungswesens als die **gesamten bewerteten Gütererstellungen einer Rechnungsperiode** umschrieben werden, deren Wertansätze an gesetzliche Bewertungsvorschriften geknüpft sind. Im Grundsatz lassen sich folgende **Leistungsarten** unterscheiden.

Während **Absatzleistungen** unmittelbar in den Markt übergehen, stellen **Lagerleistungen** Gütererstellungen dar, die erst in späteren Rechnungsperioden abgesetzt werden. Im

---

54  Vgl. hierzu die Ausführungen im Dritten Teil zu Gliederungspunkt I.A.2.
55  Leistungen in Nominalgüterform treten z. B. bei Banken bezüglich der Bereitstellung von Krediten auf.

Gegensatz zu den auf Lager befindlichen Ausbringungsgütern, die sich in einer industriellen Unternehmung auf **speicherbare Leistungen** in Gestalt **unfertiger und fertiger Erzeugnisse** beziehen, schließt der Begriff der Absatzleistungen, neben den Produkten des Fertigungsprogramms, auch **nicht speicherbare Leistungen** wie z. B. Reparatur-, Beratungs- oder Transportleistungen für Kunden der Unternehmung ein. **Innerbetriebliche Leistungen** unterscheiden sich von den beiden anderen Typen dadurch, dass sie nicht in den Absatzmarkt übergehen, sondern wieder in den Produktionsprozess eingesetzt werden. Beispiele für solche Leistungen sind selbsterstellte Anlagen für Zwecke der Eigennutzung, selbst durchgeführte Reparaturen, eigene Versuchs- und Entwicklungsarbeiten sowie der Verbrauch oder die Nutzung von unfertigen oder fertigen Eigenerzeugnissen im Rahmen der Fertigung. Diese Beispiele zeigen, dass innerbetriebliche Leistungen speicherbaren und nicht speicherbaren Charakter tragen können. Wie schon eingangs erwähnt, ist die Kostenrechnung im Grundsatz an keine Vorschriften im Hinblick auf die Bewertung der unterschiedlichen Leistungsarten gebunden. Allerdings schreibt das Bilanzrecht prinzipiell vor, dass **Absatzleistungen** zu den effektiv erzielten **Netto-Verkaufserlösen** und **Lagerleistungen** sowie **aktivierbare innerbetriebliche Leistungen**, sofern kein niedrigerer Wertansatz geboten oder zulässig ist, zu **Herstellungskosten** in der Erfolgsrechnung anzusetzen sind.

Leistungen und Erträge fallen zunächst durch die unterschiedliche Erfassung der Gütererstellungen einer Rechnungsperiode auseinander. Während die Mengenkomponente des Leistungsbegriffs nur den Teil der erstellten Güter betrifft, der sachzielorientierten Charakter trägt, schließen die Erträge auch die gesamten, entsprechend der gesetzlichen Vorschriften zu berücksichtigenden Gütererstellungen ein. Um die Planungs- und Kontrollfunktion der Leistungsrechnung nicht zu beeinträchtigen, werden, analog zu den Kosten, nur diejenigen Gütererstellungen in den Mengenansatz der Leistungen einbezogen, die im Rahmen eines üblichen Produktionsprozesses exakt zu budgetieren, d. h. ordentlich sind. Als Ersatz für die auf außerordentlicher Basis erstellten Ausbringungsgüter finden dann aber planmäßig zu erwartende durchschnittliche Produktionsergebnisse Eingang in die leistungswirksamen Gütererstellungen, die bewertet als **kalkulatorische Leistungen (Andersleistungen)** Verrechnung finden. Wie auch **Abb. 17** verdeutlicht, führen alle ertragsorientierten Gütererstellungen einer Periode, die weder sachziel-, periodenbezogenen noch ordentlichen Charakter tragen, zu einem leistungsunwirksamen Mengenzuwachs bzw. bei Bewertung zu **neutralen Erträgen**, die sich in folgenden Arten aufspalten lassen:

(1) **Betriebsfremde Erträge**
Sie sind auf Geschäftsvorfälle zurückzuführen, die außerhalb des Sachziels der Unternehmung liegen (z. B. Erträge aus Vermietung und Verpachtung, Wertpapierverkäufen oder Gewährung von Darlehen).

(2) **Periodenfremde Erträge**
Diese Ertragsart fällt ebenfalls wie der periodenfremde Aufwand im Zusammenhang mit der eigentlichen Betriebstätigkeit an, ist jedoch einer anderen Periode zuzurechnen und muss deshalb sachlich abgegrenzt werden (z. B. unerwartete Eingänge aus früher abgeschriebenen Forderungen, erfolgswirksame Auflösung von Rückstellungen).

(3) **Außerordentliche Erträge**
Obwohl sie im Zusammenhang mit dem eigentlichen Sachziel der Unternehmung stehen, muss eine Abgrenzung vorgenommen werden, weil der Anfall dieser Ertragsart zufällig, einmalig oder unter nicht gewöhnlichen Bedingungen entstanden ist (z. B. Erträge aus Verkäufen von Wirtschaftsgütern des Anlagevermögens).

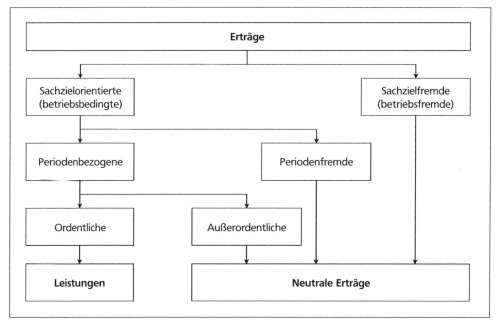

Abb. 17: Abgrenzung von Leistungen und neutralen Erträgen

Ferner können die Begriffe Leistungen und Erträge auch aufgrund unterschiedlicher Wertkomponenten differieren. Während aus kalkulatorischen Gründen häufig eine Bewertung der erstellten Güter zu Plan-Erlösen oder anhand wertmäßiger Kosten vorgenommen wird, sind, wie gezeigt wurde, die Wertansätze im Bereich der Erträge an gesetzliche Vorschriften gebunden. So finden Ertragsbestandteile, deren Wertkomponenten nicht mit denen der Leistungen korrespondieren, auch als **neutrale Erträge** Verrechnung (**verrechnungsverschiedene Erträge**), während Leistungen, deren Wertansätze nicht mit denen der Erträge übereinstimmen, zu **Andersleistungen** führen. Leistungen, die im Hinblick auf die Mengen- und/oder Wertkomponente nicht mit den Erträgen identisch sind, werden als **kalkulatorische Leistungen** bezeichnet. Sie lassen sich weiter unterscheiden in **Zusatz- und Andersleistungen**. Als Beispiel für Zusatzleistungen, denen keine Erträge gegenüberstehen, können selbst geschaffene Patente genannt werden, für die nach den bilanzrechtlichen Vorschriften ein Aktivierungsverbot besteht (§ 248 Abs. 2 HGB und § 5 Abs. 2 EStG). Eine Bewertung der Gütererstellungen mit Plan-Erlösen oder wertmäßigen Kosten führt hingegen zu Andersleistungen, denen Erträge in anderer Höhe entsprechen. Außerdem sind in diesem Zusammenhang Wertsteigerungen der Produktionsfaktoren (Gebäude, Maschinen etc.) über ihre Anschaffungs- oder Herstellungskosten hinaus zu nennen, die aufgrund des **Realisationsprinzips** im Jahresabschluss nicht zum Ansatz kommen dürfen.

Die Verbindung zwischen Andersleistungen und neutralen Erträgen, denen Leistungen in anderer Höhe gegenüberstehen, wird in **Abb. 18** durch einen Pfeil gekennzeichnet.

Darüber hinaus ist auch die dem Leistungsbegriff zugrunde gelegte Wertkomponente (z. B. Plan-Erlöse, pagatorische oder wertmäßige Kosten) mit dafür verantwortlich, in welcher Höhe die Termini Leistungen und Erträge auseinander fallen. Stimmen Leistungen und Erträge mengenmäßig überein, so wird auch in diesem Falle, analog den Kosten und Aufwendungen, von **Grundleistungen bzw. Zweckerträgen** gesprochen. Dies ist immer dann der Fall, wenn erstellte Wirtschaftsgüter sowohl in der Leistungs- als auch in der Ertragsrechnung mit denselben Werten und Mengen zum Ansatz gelangen. Das nachstehende Balkendiagramm[56] fasst die Zusammenhänge zwischen den Begriffen Erträge und Leistungen noch einmal in grafischer Form zusammen. Es lassen sich auch hier nachstehende Beziehungen herausstellen.

| | |
|---|---|
| Gesamte Erträge | = Zweckerträge (Grundleistungen) + Neutrale Erträge |
| Gesamte Leistungen | = Grundleistungen (Zweckerträge) + Kalkulatorische Leistungen |
| Gesamte Leistungen | = Gesamte Erträge – Neutrale Erträge + Andersleistungen + Zusatzleistungen |
| Gesamte Erträge | = Gesamte Leistungen – Kalkulatorische Leistungen + Neutrale Erträge |
| Kalkulatorische Leistungen | = Gesamte Leistungen – Grundleistungen (Zweckerträge). |

Durch eine Gegenüberstellung der Begriffe Aufwendungen und Erträge bzw. Kosten und Leistungen lassen sich nachstehende **Erfolgsbegriffe** ableiten. Übersteigen die Erträge (Leistungen) einer Rechnungsperiode die ihnen entsprechenden Aufwendungen (Kosten), so belegt die Terminologie des betrieblichen Rechnungswesens diesen Differenzbetrag mit dem Begriff »**Gewinn**«, andernfalls mit dem Terminus »**Verlust**«.

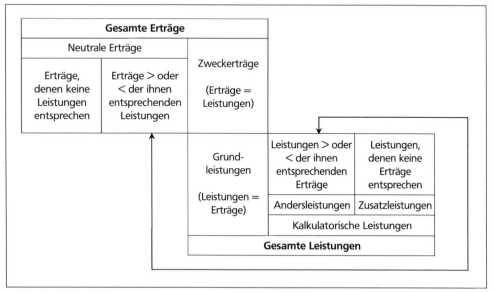

Abb. 18: Abgrenzung von Erträgen und Leistungen

---

56   Auch die Grundform dieser Ableitung geht auf *Schmalenbach* zurück. Vgl. *Schmalenbach* 1963, S. 12.

Bilanzrechtlicher Erfolg
( = Jahresergebnis)          = Erträge – Aufwendungen
Neutraler Erfolg             = Neutrale Erträge
                             – Neutrale Aufwendungen
Kalkulatorischer Betriebserfolg = Leistungen – Kosten.


## g.    Ergebnis

**Abb. 19**[57] fasst die vorstehend dargelegten Beziehungen zwischen den **Bestandsgrößen** Zahlungsmittelbestand, Geld-, Sach- und Unternehmensvermögen sowie den **Stromgrößen** Aus-/Einzahlungen, Ausgaben/Einnahmen und Aufwendungen/Erträgen noch einmal zusammen. Zusätzlich wurde in die Darstellung die Verbindung zwischen Gesamtvermögen (Eigen- und Fremdkapital) und **betriebsnotwendigem (sachzielorientiertem) Vermögen** aufgenommen. Letzteres wird durch die Stromgrößen Kosten/Leistungen während einer Rechnungsperiode verändert. Der Terminus »betriebsnotwendiges Vermögen« stellt eine kalkulatorische Größe des innerbetrieblichen Rechnungswesens dar und umschreibt im Grundsatz den Wert aller dem **Sachziel** des Unternehmens dienenden Teile des Anlage- und des Umlaufvermögens. Infolgedessen bedarf es zunächst bestimmter Vermögenskorrekturen, die das handelsrechtliche Gesamtvermögen senken oder erhöhen können. Mithin sind einerseits aus dem **bilanzierten Gesamtvermögen** alle Gegenstände zu eliminieren, die nicht zur Realisation des unternehmerischen Sachziels beitragen (z. B. Beteiligungen und Wertpapiere, die der finanzpolitischen Kapitalanlage dienen, stillgelegte Anlagen, außerhalb des Sachziels genutzte Grundstücke, überhöhte Kassen- und Bankbestände). Andererseits muss das nicht bilanzierte Vermögen (z. B. selbst geschaffene Patente) zum handelsrechtlichen Gesamtvermögen hinzugerechnet werden, um das betriebsnotwendige Vermögen als **kalkulatorische Ausgangsgröße** für z. B. Zins- und Substanzerhaltungsentscheidungen vollständig zu erfassen.[58] Darüber hinaus sind **Bewertungskorrekturen** vorzunehmen, die darauf abzielen, das betriebsnotwendige Vermögen zu **Wiederbeschaffungswerten** auszuweisen. Mithin müssen etwa **stille Reserven**, die in den bilanziellen Wertansätzen des Anlage- und des Umlaufvermögens enthalten sind, aufgelöst werden. Da sowohl positive als auch negative Vermögens- und/oder Bewertungskorrekturen zwischen Gesamtvermögen und betriebsnotwendigem Vermögen möglich sind, wurde die Verbindung der beiden Bestandsgrößen in **Abb. 19**[59] durch eine gestrichelte Linie gekennzeichnet.

Abschließend nimmt **Abb. 20**[60] eine Zuordnung der definierten Strom- und Bestandsgrößen zu den aufgezeigten Gebieten des Finanz- und Rechnungswesens vor. Zusätzlich werden noch einmal die relevanten Residual- und Erfolgskomponenten angeführt. Aufgrund der unterschiedlichen bilanziellen Behandlung des Unternehmensvermögens im Handels- und Steuerrecht können sich Unterschiede zwischen dem (handelsrechtlichen) Eigenkapital und dem (steuerrechtlichen) Betriebsvermögen ergeben.[61]

---

57  Modifiziert übernommen von *Wöhe* 1997, S. 21.
58  Vgl. hierzu im Einzelnen *Freidank* 2001d, S. 125–129.
59  In Anlehnung an *Eisele* 2002, S. 639.
60  Modifiziert entnommen von *Haberstock* 1982, S. 16.
61  Vgl. hierzu die Ausführungen im Dritten Teil zu Gliederungspunkt I.A.3.

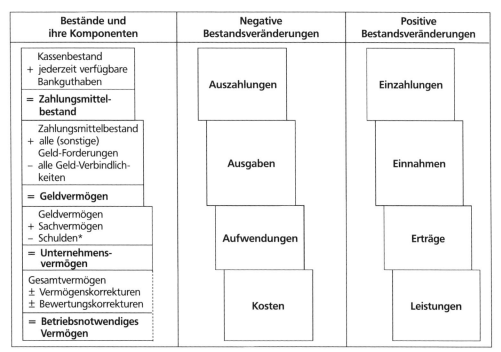

| Bestände und ihre Komponenten | Negative Bestandsveränderungen | Positive Bestandsveränderungen |

Kassenbestand
+ jederzeit verfügbare Bankguthaben

= **Zahlungsmittel- bestand**

Zahlungsmittelbestand
+ alle (sonstige) Geld-Forderungen
− alle Geld-Verbindlich- keiten

= **Geldvermögen**

Geldvermögen
+ Sachvermögen
− Schulden*

= **Unternehmens- vermögen**

Gesamtvermögen
± Vermögenskorrekturen
± Bewertungskorrekturen

= **Betriebsnotwendiges Vermögen**

Auszahlungen    Einzahlungen

Ausgaben    Einnahmen

Aufwendungen    Erträge

Kosten    Leistungen

\* Ohne Geld-Verbindlichkeiten

Abb. 19: Bestands- und Stromgrößen

| Gebiete des Rechnungs- und Finanzwesens | Stromgrößen (Euro pro Zeitraum) | Residual- und Erfolgsgrößen (Euro pro Zeitraum) | Bestandsgrößen (Euro pro Zeitpunkt) |
|---|---|---|---|
| **Finanz-(Liquiditäts-) und Investitions- rechnung** | Einzahlungen/ Auszahlungen | Überschüsse/ Fehlbeträge | Zahlungsmittelbestand |
| | Einnahmen/Ausgaben | | Geldvermögen |
| **Handelsrechtlicher Jahresabschluss** (Finanzbuchhaltung und Bilanz) | Erträge/ Aufwendungen | Gewinn/Verlust (bzw. Jahresergebnis) | Unternehmens- vermögen (Reinvermögen, Eigenkapital) |
| **Steuerrechtliche Erfolgsermittlung** (Steuerbilanz) | Betriebseinnahmen/ Betriebsausgaben | Steuerrechtliches Ergebnis | Steuerrechtliches Betriebsvermögen |
| **Kostenrechnung** | Leistungen/Kosten | Kalkulatorisches (Betriebs-)Ergebnis | Betriebsnotwendiges Vermögen |

Abb. 20: Zuordnung von Strom- und Bestandsgrößen zu den Gebieten des Finanz- und Rechnungswesens

# 2.   Erfolgsermittlung und Erfolgsbegriffe

Die Aufgabe von Erfolgsrechnungssystemen besteht ganz allgemein in der zeitraumbezogenen Ermittlung bilanzieller (monetärer) oder kalkulatorischer (wertmäßiger) Erfolgsgrößen. Sie können auf Ist- oder Plangrößen aufbauen. Im Grundsatz kommen Erfolgsrechnungen nachstehende Funktionen zu.

- Rechenschaftslegung
  – externorientiert (Informations- und Dokumentationsaufgabe);
  – internorientiert (Selbstinformationsaufgabe);
- Ermittlung des ausschüttungsfähigen Gewinns;
- Ermittlung der Besteuerungsgrundlagen für die Bemessung der Einkommen-, Körperschaft- und Gewerbesteuer;
- Ermittlung von Vergleichszahlen für Kontrollzwecke;
- Ermittlung von Ausgangszahlen für die Planungsrechnung.

**Abb. 21** zeigt eine Möglichkeit zur Gliederung von Erfolgsrechnungssystemen auf. Ferner werden die entsprechenden Rechengrößen und Erfolgsbegriffe zugeordnet. Wie bereits verdeutlicht wurde (vgl. **Abb. 2**), findet innerhalb des Industrieunternehmens ein Leistungserstellungsprozess statt, wobei die einzelnen Leistungsarten durch die Kombination elementarer und dispositiver Produktionsfaktoren hervorgebracht werden. Mit Hilfe der **Kapitaleinzahlungen** von Eignern und Fremdkapitalgebern sind die dafür erforderlichen

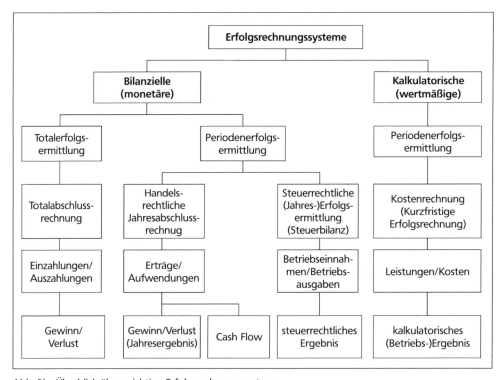

Abb. 21:  Überblick über wichtige Erfolgsrechnungssysteme

Produktionsfaktoren zu beschaffen. Die damit verbundenen **Auszahlungen** auf den Beschaffungsmärkten führen nach dem Leistungserstellungsprozess in Form von Erlösen zu **Einzahlungen**, wenn es gelingt, die erstellten Leistungen auf den Absatzmärkten zu verkaufen. Neben den **Einzahlungen** von Seiten der Geld- und Kapitalmärkte erfolgen auch Rückflüsse in Gestalt von **Kapitalauszahlungen** sowie **Gewinn- und Zinsauszahlungen** aus dem Unternehmen. Schließlich steht das Unternehmen durch **Ein- und Auszahlungen** in Form von Subventionen und insbesondere Abgaben (Steuern) in Verbindung mit dem Staat. Es wird ersichtlich, dass das Unternehmen in einem Geld- und Güterkreislauf eingebettet ist. Hierbei hängt der **monetäre Erfolg** von den Ein- und Auszahlungen ab, die den Zu- bzw. Abfluss der liquiden Mittel umfassen.

Um den **monetären Totalerfolg** (d. h. den Erfolg eines Unternehmens während seiner Lebensdauer) zu erfassen, ist von einem **liquidierten Unternehmen** auszugehen, da nur in diesem Fall alle Zahlungsvorgänge abgeschlossen sind. Allerdings lässt sich der monetäre Totalerfolg durch die Gegenüberstellung der gesamten Ein- und Auszahlungen nicht ermitteln, da beide Summen über die Lebensdauer gleich groß sind. Aus diesem Grunde muss eine **Aufteilung der Zahlungsströme** erfolgen (Sacheinlagen und -entnahmen der Eigner bleiben unberücksichtigt).

(1) Erfolgsermittlung durch Aus- und Einzahlungen zwischen Unternehmung und Eignern:
    Summe aller Eigenkapitalauszahlungen an Eigner
  – Summe aller Eigenkapitaleinzahlungen von Eignern
  = Totalerfolg.

(2) Erfolgsermittlung durch Ein- und Auszahlungen zwischen Unternehmen und Umwelt ohne Eigner:
    Summe aller Einzahlungen der Umwelt ohne Eigner an das Unternehmen
  – Summe aller Auszahlungen des Unternehmens an die Umwelt ohne Eigner
  = Totalerfolg.

Die letzte Methode der Totalerfolgsermittlung hat den Nachteil der **aufwendigen rechnerischen Bestimmung**, da sich bestimmte Zahlungsvorgänge am Ende der Totalperiode ausgleichen (**erfolgsunwirksame Ein- und Auszahlungen**). Im Hinblick auf die Erfolgsermittlung führen diese Zahlungsvorgänge nur zu einer unnötigen Aufblähung der Ein- und Auszahlungsseite und können deshalb außer Acht gelassen werden.

Als Beispiele für solche sich ausgleichende Zahlungen sind etwa Darlehensaufnahmen und Darlehensgewährungen des Unternehmens zu nennen. Während die Ein- bzw. Auszahlung von einem Schulden- bzw. Forderungszugang begleitet wird, ist die Tilgung des Darlehens (Auszahlung beim Unternehmen) mit einem Schulden- bzw. die Rückzahlung (Einzahlung beim Unternehmen) mit einem Forderungsabgang verbunden. Vor diesem Hintergrund besteht eine dritte Möglichkeit zur Ermittlung des Totalerfolgs:

(3) Erfolgsermittlung durch Erträge und Aufwendungen:
    Summe aller Einzahlungen, die nicht von Forderungsabgängen und Schuldenzugängen begleitet und nicht von Eignern in Form von Eigenkapitaleinzahlungen geleistet werden (Summe der Erträge der Totalperiode)
  – Summe aller Auszahlungen, die nicht von Forderungszugängen und Schuldenabgängen begleitet werden oder keine Eigenkapitalauszahlungen an die Eigner darstellen (Summe der Aufwendungen der Totalperiode)
  = Totalerfolg.

Im Gegensatz zu Totalerfolgsrechnungen ermitteln **Periodenerfolgsrechnungen** den Erfolg für einen bestimmten, festgelegten **Zeitraum** (z. B. Jahr, Quartal, Monat) innerhalb der gesamten Lebensdauer eines Unternehmens. Eine Periodenerfolgsermittlung wird insbesondere aus folgenden Gründen notwendig.

- Zur regelmäßigen Erfüllung der **Rechenschafts- und Informationsfunktion** reicht eine Totalerfolgsermittlung nicht aus;
- Eigner und Anteilseigner erwarten permanente (periodische) **Gewinnausschüttungen** als Verzinsungsäquivalent für ihr zur Verfügung gestelltes Kapital;
- zur Erfüllung seiner Verpflichtungen ist der Staat auf ein regelmäßiges (periodisches) **Steueraufkommen** angewiesen;
- die Ermittlung von Vergleichszahlen für **Kontrollzwecke** und von Ausgangszahlen für die **Planungsrechnung** ist aus der Sicht einer strategischen und operativen **Unternehmensteuerung** nur dann sinnvoll, wenn sie permanent (periodisch) vorgenommen wird.

Beispiele für **bilanzielle (monetäre) Periodenerfolgsrechnungen** sind die **handelsrechtliche Jahresabschlussrechnung** (§ 242, § 264 HGB) sowie die **steuerrechtliche Erfolgsermittlung**, die bei Gewerbetreibenden an die handelsrechtliche Jahresabschlussrechnung anknüpft (§ 5 Abs. 1 Satz 1 EStG).[62] Die Summe der Periodenerfolge muss aber stets mit dem Totalerfolg des Unternehmens übereinstimmen. Auch für die handelsrechtliche Jahresabschlussrechnung bestehen **zwei grundsätzliche Möglichkeiten** der Periodenerfolgsermittlung.[63]

(1) Erfolgsermittlung durch Bestandsvergleich:

$$\begin{array}{ll} & \text{Eigenkapital am Ende der Periode} \\ - & \text{Eigenkapital am Anfang der Periode} \\ + & \text{Wert der Entnahmen der Eigner während der Periode} \\ - & \text{Wert der Einlagen der Eigner während der Periode} \\ \hline = & \text{Periodenerfolg (Gewinn oder Verlust; Jahresergebnis).} \end{array}$$

(2) Erfolgsermittlung durch Rückgriff auf Stromgrößen:

$$\begin{array}{ll} & \text{Summe aller Erträge der Periode} \\ - & \text{Summe aller Aufwendungen der Periode} \\ \hline = & \text{Periodenerfolg (Gewinn oder Verlust; Jahresergebnis).} \end{array}$$

Um zu einem **realistischen** und einem **manipulationsfreien Periodenerfolg** zu gelangen, sind Regeln (Grundsätze ordnungsmäßiger Buchführung) entwickelt und gesetzlich kodifiziert worden, die eindeutig festlegen, wie sich im Periodenverlauf **nicht ausgleichende** (erfolgswirksame) **Ein- und Auszahlungen**, unabhängig von ihrem zeitlichen Anfall, den einzelnen Perioden zuzurechnen sind. Prinzipiell handelt es sich dabei um die Vorschrift, dass Ein- und Auszahlungen nach Maßgabe des Zeitpunktes des ihnen zugrunde liegenden **Güterverzehrs** den jeweiligen Perioden zuzuordnen sind [z. B. werden auf Lager befindliche fertige Erzeugnisse mit Teilen (künftiger) Einzahlungen (Herstellungskosten) und die Wertverzehre abnutzbarer Wirtschaftsgüter (Abschreibungen) mit Teilen (früherer) Auszahlungen bewertet]. Würden hingegen zum Zwecke der Periodenerfolgsermittlung die erfolgswirksamen Zahlungen den Perioden zugerechnet, in denen sie anfallen, dann wären die Erfolge **beliebig manipulierbar**, indem z. B. zum Ende der Perioden immer Auszahlungen getätigt werden könnten.

---

62   Vgl. hierzu die Ausführungen im Zweiten Teil zu Gliederungspunkt IV.
63   Diese sind analog für die steuerrechtliche Erfolgsermittlung anzuwenden.

Im Rahmen der bilanziellen Periodenerfolgsermittlung ist aber für Zwecke der **Liquiditäts-analyse** u. a. derjenige **Cash Flow** von Interesse, der den durch das Unternehmen (ohne Einlagen und Entnahmen der Eigner) erwirtschafteten **Zahlungsüberschuss bzw. -fehlbetrag** zum Ausdruck bringt.[64] Die nach dem nachfolgenden Schema dargestellte **Zahlungsstromrechnung** verdeutlicht mithin denjenigen Teil des handelsrechtlichen Jahresergebnisses, das in liquider Form vom Unternehmen tatsächlich realisiert wurde.

Summe derjenigen Erträge, die in derselben Periode zu Einzahlungen führen
– Summe derjenigen Aufwendungen, die in derselben Periode zu Auszahlungen führen
= Cash Flow der Periode.

Im Gegensatz zu den bilanziellen (monetären) Systemen basieren **kalkulatorische Erfolgsermittlungsrechnungen** auf Leistungen und Kosten. Sie werden zum Zwecke der kurzfristigen, innerbetrieblichen Planung, Kontrolle und Steuerung des Leistungserstellungs- und Leistungsverwertungsprozesses der industriellen Unternehmung eingesetzt. Insbesondere folgende Gründe haben dazu geführt, neben der bilanziellen (monetären) Gewinn- und Verlustrechnung ergänzend eine (kalkulatorische) kurzfristige Erfolgsrechnung[65] zu führen.

- Die handelsrechtliche Abrechnungsperiode von in aller Regel einem Jahr ist für kurzfristige Steuerungsmaßnahmen im Rahmen der **Preispolitik** und/oder der **Planung optimaler Produktions- und Absatzmengen** zu lang.
- Die bilanzrechtlich ausgewiesenen Gesamtaufwendungen und -erträge entsprechen **nicht** den Gesamtkosten bzw. -leistungen.
- Die handelsrechtliche Erfolgsrechnung gliedert die Aufwendungen nach Maßgabe bestimmter Kostenarten bzw. Abrechnungsbereiche, während die Erträge primär produktbezogen zum Ausweis kommen. Hierdurch wird eine **erzeugnis(gruppen)orientierte Erfolgsanalyse** unmöglich.

Während der **formelle Aufbau** bilanzieller Periodenerfolgsrechnungen weitgehend durch gesetzliche Normierungen (§ 266, § 275 HGB) vorgegeben ist, bestehen grundsätzlich keine Vorschriften für die Gestaltung kalkulatorischer Erfolgsrechnungssysteme. Auch überwiegt bei den kalkulatorischen Systemen die **stromgrößenorientierte Erfolgsermittlung** durch Gegenüberstellung von Leistungen und Kosten einer Periode.

---

**Beispiel:**
Das Rechnungswesen eines industriellen Einzelunternehmens, das nur zwei Jahre (2005 und 2006) existiert, weist folgende Ein- und Auszahlungen aus:

| | | | |
|---|---|---|---:|
| (1) | 02.01.2005 | Eigenkapitaleinzahlung des Eigners (= Anfangsbestand Eigenkapital) | 400.000 € |
| (2) | 03.03.2005 | Auszahlung für die Beschaffung von Produktionsfaktoren, die sofort verbraucht werden | 200.000 € |
| (3) | 04.04.2005 | Auszahlung von Löhnen und Gehältern für 2005 | 156.000 € |
| (4) | 01.07.2005 | Auszahlung für die Gewährung eines Darlehens | 80.000 € |
| (5) | 07.07.2005 | Einzahlung von Kunden aus Produktverkäufen | 900.000 € |

---

64  Vgl. zu weiteren Definitionen des *Cash Flow* etwa *Hauschildt* 1993, Sp. 637–647 und die Ausführungen im Fünften Teil zu Gliederungspunkt IV.B.2.
65  Vgl. hierzu im Einzelnen *Freidank* 2001d, S. 167–181.

| (6) | 01. 11. 2005 | Einzahlung aufgrund der Aufnahme von Fremdkapital | 400.000 € |
|---|---|---|---|
| (7) | 11. 11. 2005 | Auszahlung der Fremdkapitalzinsen für 2005 und 2006 | 42.000 € |
| (8) | 12. 12. 2005 | Auszahlung für die Beschaffung von Produktions-faktoren, die jeweils zur Hälfte in 2005 und 2006 verbraucht werden | 250.000 € |
| (9) | 30. 12. 2005 | Mieteinzahlung für den Zeitraum Oktober 2005 bis März 2006 | 120.000 € |
| (10) | 02. 02. 2006 | Eigenkapitalauszahlung an den Eigner (Entnahme) | 100.000 € |
| (11) | 05. 06. 2006 | Einzahlung von Zinsen für das gewährte Darlehen für 2005 und 2006 | 9.000 € |
| (12) | 07. 07. 2006 | Eigenkapitaleinzahlung des Eigners (Einlage) | 30.000 € |
| (13) | 08. 07. 2006 | Auszahlung von Löhnen und Gehältern für 2006 | 158.000 € |
| (14) | 10. 10. 2006 | Einzahlung von Kunden aus Produktverkäufen | 140.000 € |
| (15) | 31. 12. 2006 | Auszahlung für Fremdkapitaltilgung | 400.000 € |
| (16) | 31. 12. 2006 | Einzahlung aufgrund des zurückgezahlten Darlehens vom 01. 07. 2005 | 80.000 € |
| (17) | 31. 12. 2006 | Eigenkapitalauszahlung an den Eigner (= Endbestand Eigenkapital) | 693.000 €. |

**(a)    Ermittlung des unternehmensbezogenen Totalerfolgs durch Bestands- und Stromgrößenvergleich auf der Basis von Ein- und Auszahlungen**

**(a.a) Bestandsgrößenvergleich**

| (17) | | Eigenkapital am Ende von 2006 | 693.000 € |
|---|---|---|---|
| (1) | − | Eigenkapital am Anfang 2005 | 400.000 € |
| (12) | − | Einlage des Eigners | 30.000 € |
| (10) | + | Entnahme des Eigners | 100.000 € |
| | = | Totalerfolg (= Totalgewinn) | 363.000 €. |

**(a.b) Stromgrößenvergleich**

| Einzahlungen: | | Auszahlungen: | |
|---|---|---|---|
| (2) | 200.000 € | | |
| (5) | 900.000 € | (3) | 156.000 € |
| (6) | 400.000 € | (4) | 80.000 € |
| (9) | 120.000 € | (7) | 42.000 € |
| (11) | 9.000 € | (8) | 250.000 € |
| (14) | 140.000 € | (13) | 158.000 € |
| (16) | 80.000 € | (15) | 400.000 € |
| = | 1.649.000 €. | = | 1.286.000 €. |

Totalerfolg (= Totalgewinn) = 363.000 € (= 1.649.000 € − 1.286.000 €).

**(b)    Ermittlung der Erfolge für die Jahre 2005 und 2006 durch Stromgrößen-vergleich auf der Basis von Erträgen und Aufwendungen**

**(b.a)  Erfolgsermittlung für das Jahr 2005**

| Erträge: | | Aufwendungen: | |
|---|---|---|---|
| | | (2) | 200.000 € |
| (5) | 900.000 € | (3) | 156.000 € |
| (9) | 60.000 €[66] | (7) | 6.000 €[67] |
| (11) | 3.000 €[68] | (8) | 125.000 € |
| = | 963.000 €. | = | 487.000 €. |

Erfolg für das Jahr 2005 ( = Gewinn) = 476.000 € ( = 963.000 € – 487.000 €).

**(b.b)  Erfolgsermittlung für das Jahr 2006**

| Erträge: | | Aufwendungen: | |
|---|---|---|---|
| (9) | 60.000 €[69] | (7) | 36.000 €[70] |
| (11) | 6.000 €[71] | (8) | 125.000 € |
| (14) | 140.000 € | (13) | 158.000 € |
| = | 206.000 €. | = | 319.000 €. |

Erfolg für das Jahr 2006 ( = Verlust) = – 113.000 € ( = 206.000 € – 319.000 €).

Die Summe aus den beiden Periodenerfolgen entspricht dem Totalerfolg ( = Total-gewinn) von 363.000 € ( = 476.000 € – 113.000 €).

**(c)    Ermittlung des Cash Flow ( = Saldo aus Erträgen und Aufwendungen, die in derselben Periode zu Einzahlungen und Auszahlungen geführt haben) für die Jahre 2005 und 2006**

**(c.a)  Für das Jahr 2005**

| Erträge = Einzahlungen: | | Aufwendungen = Auszahlungen: | |
|---|---|---|---|
| | | (2) | 200.000 € |
| | | (3) | 156.000 € |
| (5) | 900.000 € | (7) | 6.000 €[72] |
| (9) | 60.000 €[73] | (8) | 125.000 € |
| = | 960.000 €. | = | 487.000 €. |

Cash Flow für das Jahr 2005 = 473.000 € ( = 960.000 € – 487.000 €).

---

66  Für Oktober bis Dezember 2005 je 20.000 € ( = 120.000 € : 6 Monate).
67  Für November bis Dezember 2005 je 3.000 € ( = 42.000 € : 14 Monate).
68  Für Juli bis Dezember 2005 je 500 € ( = 9.000 € : 18 Monate).
69  Für Januar bis März 2006 je 20.000 €.
70  Für Januar bis Dezember 2006 je 3.000 €.
71  Für Januar bis Dezember 2006 je 500 €.
72  Für Juli bis Dezember 2005 je 500 €.
73  Für Oktober bis Dezember 2005 je 20.000 €.

**(c.b) Für das Jahr 2006**

| Erträge = Einzahlungen: | | Aufwendungen = Auszahlungen: | |
|---|---|---|---|
| (11) | 6.000 €[74] | (13) | 158.000 €. |
| (14) | 140.000 € | | |
| = | 146.000 €. | | |

Cash Flow für das Jahr 2006 = −12.000 € ( = 146.000 € − 158.000 €).

**(d)     Ermittlung des Zahlungsmittelbestands zum 31. 12. 2005 und zum 31. 12. 2006**

**(d.a) Für das Jahr 2005**

| Einzahlungen: | | Auszahlungen: | |
|---|---|---|---|
| | | (2) | 200.000 € |
| (5) | 400.000 € | (3) | 156.000 € |
| (6) | 900.000 € | (4) | 80.000 € |
| (9) | 400.000 € | (7) | 42.000 € |
| (11) | 120.000 € | (8) | 250.000 € |
| = | 1.820.000 €. | = | 728.000 €. |

Zahlungsmittelbestand zum 31. 12. 2005 = 1.092.000 € ( = 0 € + 1.820.000 € − 728.000 €).[75]

**(d.b) Für das Jahr 2006**

| Einzahlungen: | | Auszahlungen: | |
|---|---|---|---|
| (11) | 9.000 € | (10) | 100.000 € |
| (12) | 30.000 € | (13) | 158.000 € |
| (14) | 140.000 € | (15) | 400.000 € |
| (16) | 80.000 € | (17) | 693.000 € |
| = | 259.000 €. | = | 1.351.000 €. |

Zahlungsmittelbestand zum 31. 12. 2006 = 0 ( = 1.092.000 € + 259.000 € − 1.351.000 €).[76]

---

74  Für Januar bis Dezember 2006 je 500 €.
75  Die auf das Jahr 2005 entfallenden Darlehenszinsen von 3.000 € stellen eine sonstige Geld-Forderung dar, die nicht den Zahlungsmittelbestand, aber das Geldvermögen im Jahr 2005 erhöht.
76  Die Einzahlung der Darlehenszinsen im Jahr 2005 von 9.000 € führt nur i. H. v. 6.000 € zu einer Steigerung des Geldvermögens im Jahr 2006, da die sonstigen Geld-Forderungen von 3.000 € aus dem Jahr 2005 nun zahlungswirksam werden.

# Zweiter Teil:

# Finanzbuchhaltung, Jahresabschluss und Lagebericht

# I. Grundlagen und gesetzliche Rahmenbedingungen

## A. Gesetzliche Verankerung der Finanzbuchhaltung

### 1. Handelsrechtliche Buchführungspflicht

Die Buchführungspflicht, d. h. die gesetzliche Auflage Bücher zu führen und aufgrund jährlicher Bestandsaufnahmen Abschlüsse zu erstellen, ergibt sich zum einen aus dem **Handels**- und zum anderen aus dem **Steuerrecht.** Die angesprochene Verpflichtung erstreckt sich also nicht nur auf das Führen der Bücher (Buchführung i. e. S.), sondern umfasst auch die jährliche Bestandsaufnahme (Inventur) und die Erstellung des aus den Büchern und dem Bestandsverzeichnis (Inventar) abgeleiteten Abschlusses.

 **Rechtsgrundlage** für die **handelsrechtliche Buchführungspflicht** sind § 238, § 240 und § 242 HGB.[77] Zunächst bestimmt § 238 Abs. 1 HGB ganz allgemein: »Jeder Kaufmann ist verpflichtet, Bücher zu führen und in diesen seine Handelsgeschäfte und die Lage seines Vermögens nach den Grundsätzen ordnungsmäßiger Buchführung ersichtlich zu machen.« Darüber hinaus hat jeder Kaufmann gemäß § 240 Abs. 1 und Abs. 2 HGB zu Beginn seines Handelsgewerbes und für den Schluss eines jeden Geschäftsjahres ein Bestandsverzeichnis zu erstellen. Aus dem Gründungsinventar (Bestandsverzeichnis zu Beginn des Handelsgewerbes) ist die nach § 242 Abs. 1 HGB zu fertigende (Geschäfts-)Eröffnungsbilanz und aus dem periodischen Inventar (Bestandsverzeichnis für den Schluss eines jeden Geschäftsjahres) der nach § 242 Abs. 1 bis Abs. 3 HGB aufzustellende Jahresabschluss, bestehend aus der Bilanz sowie der Gewinn- und Verlustrechnung, abzuleiten.[78]

 Im Schrifttum wird als Rechtsgrundlage für die handelsrechtliche Buchführungspflicht prinzipiell lediglich auf § 238 Abs. 1 HGB verwiesen, wobei allerdings verkannt wird, dass sowohl die Pflicht zur Erstellung des Bestandsverzeichnisses als auch die Auflage zur Fertigung des Jahresabschlusses selbst zum Grundbestand der Buchführungspflicht gehören. Folglich umfasst der Buchführungsbegriff nicht nur das Führen der Bücher, sondern er beinhaltet darüber hinaus auch die **Aufstellung des Inventars** und des **Jahresabschlusses.**[79]

---

77  Vgl. hierzu auch ausführlich *Pfitzer/Oser* 2003, Anm. 4 f., S. 2 f.
78  Kapitalgesellschaften haben nach § 264 Abs. 1 HGB den Jahresabschluss um einen *Anhang* zu erweitern, der mit der Bilanz sowie der Gewinn- und Verlustrechnung eine Einheit bildet. Des Weiteren ist von großen und mittelgroßen Kapitalgesellschaften ein *Lagebericht* zu erstellen (§ 264 Abs. 1 Satz 3 1. HS HGB). Ferner haben Unternehmen, die unter das Publizitätsgesetz fallen und die nicht in der Rechtsform einer Personenhandelsgesellschaft oder des Einzelkaufmanns geführt werden, ebenfalls den Jahresabschluss um einen Anhang zu erweitern sowie einen Lagebericht aufzustellen (§ 5 Abs. 2 PublG). Für die unter den § 264 a HGB fallende Unternehmen ist § 264 HGB ebenfalls bindend. Vgl. hierzu die Ausführungen im Fünften Teil zu Gliederungspunkt III.A.
79  Nach der ständigen Rechtsprechung des *BFH* erstreckt sich der Begriff der Buchführung sowohl auf die laufende Buchführung (= Buchführung i. e. S.) als auch auf den Jahresabschluss (vgl. z. B. *BFH* 1974b, S. 79). Da das Inventar die Grundlage für die Bilanz bildet, wird hieraus unmittelbar gefolgert, dass auch das Bestandsverzeichnis ein wesentliches Element der Buchführung ist. Eine zutreffende Beschreibung des Umfangs der Buchführungspflicht enthält § 141 Abs. 1 AO (»... sind auch dann verpflichtet, für diesen Betrieb Bücher zu führen und auf Grund jährlicher Bestandsaufnahmen Abschlüsse zu machen, wenn sich eine Buchführungspflicht nicht aus ... ergibt.«).

Der Buchführungspflicht nach Handelsrecht unterliegt jeder **Kaufmann.** Ausgenommen hiervon sind lediglich Gewerbetreibende, deren Unternehmen nach Art oder Umfang einen in kaufmännischer Weise eingerichteten Geschäftsbetrieb nicht erfordert (§ 1 Abs. 2 HGB) **(Nichtkaufleute)** und der **Scheinkaufmann** (§ 5 HGB). Die handelsrechtliche Obliegenheit Bücher zu führen, periodische Bestandsaufnahmen vorzunehmen und regelmäßig Abschlüsse zu erstellen, besteht somit nur für Kaufleute i. S. d. § 1 bis § 3 HGB und § 6 HGB. Die nachfolgende **Abb. 22** fasst die handelsrechtliche Buchführungspflicht zusammen.

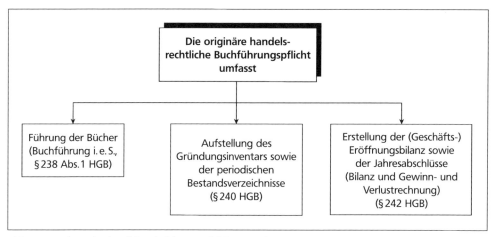

Abb. 22: Umfang der handelsrechtlichen Buchführungspflicht

Buchführungspflichtig sind:[80]

- **Gewerbetreibende** mit Aufnahme des Handelsgewerbes (§ 1 Abs. 1 HGB), deren Unternehmen nach Art oder Umfang einen in kaufmännischer Weise eingerichteten Geschäftsbetrieb **erfordert**. Sie erlangen die Kaufmannseigenschaft unabhängig von einer Eintragung in das Handelsregister.
- **Gewerbetreibende,** deren Unternehmen nach Art oder Umfang einen in kaufmännischer Weise eingerichteten Geschäftsbetrieb **nicht erfordert** (Kleingewerbetreibende, wie z. B. Kioskbetreiber oder Straßenhändler) mit der **freiwilligen Herbeiführung** der Handelsregistereintragung (§ 2 HGB).
- **Betreiber land- oder forstwirtschaftlicher Unternehmen**, die entweder nach Art und Umfang einen in kaufmännischer Weise eingerichteten Geschäftsbetrieb **erfordern** oder die mit einem gewerblichen Nebenbetrieb (z. B. Brennerei, Sägewerk) verbunden sind (§ 3 HGB). Gemäß § 2 Satz 2 HGB ist der Unternehmer berechtigt, aber nicht verpflichtet, sein Unternehmen in das Handelsregister einzutragen. Da er aber erst durch die Eintragung seines Betriebes die Kaufmannseigenschaft erwirbt, besteht für den Unternehmer vor der Anmeldung und der Aufnahme in das Handelsregister keine Buchführungspflicht.
- **Handelsgesellschaften (Formkaufleute)** (§ 6 Abs. 1 HGB). Hierzu zählen im Wesentlichen die OHG (§ 105 Abs. 1 HGB), die KG (§ 161 Abs. 1 HGB), die GmbH (§ 13 Abs. 3 GmbHG), die AG (§ 3 AktG) und die KGaA (§ 278 Abs. 3 i. V. m. § 3 AktG). Durch § 6 Abs. 1

---

80   Vgl. auch die grafische Darstellung bei *Coenenberg/Mattner/Schultze* 2004, S. 52.

HGB wird festgelegt, dass die für Kaufleute maßgebenden Vorschriften – und somit die Normen über die Buchführungspflicht – auch auf die Handelsgesellschaften anzuwenden sind. In § 6 Abs. 2 HGB wird nochmals explizit hervorgehoben, dass GmbH, AG und KGaA sowie die eingetragene Genossenschaft (eG) kraft Gesetzes stets Kaufleute sind und damit auch der Buchführungspflicht unterliegen, wenn das Unternehmen nach Art oder Umfang einen in kaufmännischer Weise eingerichteten Geschäftsbetrieb **nicht erfordert**.

Für **Personenhandelsgesellschaften** (OHG und KG), die nach Art und Umfang einen in kaufmännischer Weise eingerichteten Gewerbebetrieb **erfordern**, entsteht die handelsrechtliche Buchführungspflicht ab dem Zeitpunkt, ab dem die Gesellschafter den Geschäftsbetrieb unter gemeinschaftlicher Firma aufnehmen, jedoch spätestens mit der Eintragung in das Handelsregister (§ 123 Abs. 1 und Abs. 2 HGB). Betreibt die Personenvereinigung[81] dagegen ein gewerbliches Unternehmen, das nach Art und Umfang einen in kaufmännischer Weise eingerichteten Gewerbebetrieb **nicht erfordert**, dessen Firma aber in das Handelsregister eingetragen ist, beginnt die Buchführungspflicht stets mit dem Zeitpunkt der **Handelsregistereintragung** (§ 123 Abs. 1 HGB). Bei **Kapitalgesellschaften** (GmbH, AG, KGaA) beginnt die Buchführungspflicht stets mit ihrer Entstehung, d. h. mit der Eintragung ins Handelsregister (§ 11 Abs. 1 GmbH, § 41 Abs. 1 AktG, § 278 Abs. 3 i. V. m. § 41 Abs. 1 AktG). Das gleiche gilt für die nicht zu den Handelsgesellschaften zählende eG, die nach § 17 Abs. 2 GenG Kaufmann i. S. d. HGB ist.

Da die Vorschriften über die Handelsbücher (§§ 238 ff. HGB) nur für Kaufleute gelten, unterliegen die vorstehend genannten **Nichtkaufleute** nicht der Buchführungspflicht nach Handelsrecht.[82] Keine Buchführungspflicht besteht nach h. M. ferner für den **Scheinkaufmann** i. S. d. § 5 HGB, der zwar nach außen hin als Kaufmann auftritt, tatsächlich jedoch kein Handelsgewerbe ausübt. Ausgenommen von der handelsrechtlichen Verpflichtung Bücher zu führen, periodische Bestandsaufnahmen vorzunehmen und regelmäßig Abschlüsse zu erstellen sind ferner die Angehörigen einer großen Zahl freier Berufe. **Freiberuflich Tätige** (z. B. Steuerberater, Wirtschaftsprüfer, Rechtsanwälte, Künstler) zählen in der Mehrzahl der Fälle – da diese Berufe i. d. R. nicht als Gewerbe i. S. d. Handelsgesetzbuches qualifiziert werden – nicht zu den Kaufleuten und unterliegen somit nicht dem Handelsrecht.

Verantwortlich für die Ordnungsmäßigkeit der Buchführung ist bei einem Einzelunternehmen der **Inhaber**. Im Falle einer OHG, KG und KGaA haben alle **geschäftsführenden, voll haftenden Gesellschafter** dafür zu sorgen, dass die Bücher ordnungsgemäß geführt werden (§ 116 Abs. 1 HGB, § 161 Abs. 2 HGB, § 283 i. V. m. § 91 AktG). Keine Verantwortung für die Ordnungsmäßigkeit der Buchführung tragen hingegen die von der Geschäftsführung der Gesellschaft ausgeschlossenen persönlich haftenden Gesellschafter und die Kommanditisten.[83] Bei der GmbH müssen **sämtliche Geschäftsführer** (§ 41 GmbH), bei der AG und der eG **sämtliche Mitglieder des Vorstandes** (§ 91 AktG, § 33 Abs. 1 GenG) für die Richtigkeit und Korrektheit der Finanzbuchhaltung einstehen. Anzumerken ist, dass die für die

---

81  Personenvereinigungen, die keine Kaufleute i. S. v. § 2 und § 3 HGB sind, erlangen die Rechtsform einer OHG oder KG (und somit auch die Kaufmannseigenschaft) erst mit der Eintragung der Gesellschaft in das Handelsregister (§ 123 Abs. 2 HGB, § 161 Abs. 2 i. V. m. § 123 Abs. 1 HGB). Vor der Eintragung stellen derartige Personenzusammenschlüsse Gesellschaften bürgerlichen Rechts (BGB-Gesellschaften) dar, die aus handelsrechtlicher Sicht nicht buchführungspflichtig sind.

82  Vgl. *Pfitzer/Oser* 2003, Anm. 4 zu § 238 HGB, S. 2.

83  Vgl. *Pfitzer/Oser* 2003, Anm. 6 zu § 238 HGB, S. 3 f.

Buchführung verantwortlichen Personen die Bücher i. d. R. nicht persönlich führen, sondern sich hierzu der Hilfe von Angestellten oder Dritten (z. B. Steuerberater) bedienen.

Die handelsrechtliche **Buchführungspflicht endet** prinzipiell, wenn der Unternehmer bzw. das Unternehmen nicht mehr als **Kaufmann** zu qualifizieren ist. Dies ist insbesondere dann der Fall, wenn der Kaufmann stirbt, den Geschäftsbetrieb aufgibt oder der Gewerbebetrieb (z. B. aufgrund massiver Umsatzeinbrüche) auf ein Unternehmen absinkt, das nach Art oder Umfang einen in kaufmännischer Weise eingerichteten Geschäftsbetrieb nicht erfordert (§ 1 Abs. 2 HGB). Bei Kaufleuten i. S. v. § 2 und § 3 HGB endet die Kaufmannseigenschaft ebenfalls mit der Aufgabe des Gewerbebetriebes oder aber durch Löschung des Unternehmens im Handelsregister. Letzteres gilt auch für die Handelsgesellschaften und die eG. Da diese durch die Auflösung nicht beendet, sondern von einer »werbenden Unternehmung« – ohne Veränderung der Rechtsform – in eine Liquidationsgesellschaft übergeführt werden (§ 145, § 161 Abs. 2 HGB, § 264, § 278 Abs. 3 AktG, § 66 GmbHG, § 87 GenG), besteht die handelsrechtliche Buchführungspflicht grundsätzlich bis zur vollständigen Verteilung des Gesellschaftsvermögens und Löschung des Unternehmens im Handelsregister fort.

Umfang und Qualität der Rechnungslegungsnormen hängen unmittelbar von der **Rechtsform des Unternehmens** ab. Für **Einzelkaufleute** und **Personenhandelsgesellschaften** hat von den Vorschriften über die Handelsbücher im dritten Buch des Handelsgesetzbuches nur der erste Abschnitt (§ 238 bis § 263 HGB) Bedeutung. **Kapitalgesellschaften** und ihnen gesetzlich gleichgestellte Unternehmen haben darüber hinaus die ergänzenden Vorschriften des zweiten Abschnitts (§ 264 bis § 335 HGB) zu beachten. Für **eingetragene Genossenschaften** gelten zusätzlich zum ersten Abschnitt die ergänzenden Vorschriften des dritten Abschnitts (§ 336 bis § 339 HGB).

## 2.    Steuerrechtliche Buchführungspflicht

### a.    Derivative Verpflichtung zur Finanzbuchhaltung

Steuerrechtlich kommt der Buchführung insofern maßgebliche Bedeutung zu, als aus ihr die Bemessungsgrundlagen für die **Ertragsbesteuerung** (Einkommensteuer, Körperschaftsteuer, Gewerbesteuer) abgeleitet werden. Die Verpflichtung zur Buchführung ist im Steuerrecht zweimal verankert, zum einen in § 140 AO (**derivative Buchführungspflicht**) und zum anderen in § 141 AO (**originäre Buchführungspflicht**).[84]

Gemäß § 140 AO hat jeder, der nach anderen Gesetzen als den Steuergesetzen Bücher und Aufzeichnungen führen muss, die für die Besteuerung von Bedeutung sind, die Verpflichtungen, die ihm nach den anderen Gesetzen obliegen, auch für die Besteuerung zu erfüllen. Zu den »anderen Gesetzen« i. S. d. § 140 AO zählen insbesondere die Vorschriften über die Handelsbücher (§§ 238 ff. HGB). Wer somit nach dem Handelsgesetzbuch zur Buchführung verpflichtet ist, den trifft diese Auflage auch für die Besteuerung. Da die in Rede stehende Verpflichtung aus dem Handelsrecht abgeleitet wird, spricht man in diesem Zusammenhang auch von der **derivativen steuerrechtlichen Buchführungspflicht**. Dem Erfordernis nach § 140 AO unterliegt der gleiche Personenkreis, der auch nach dem Handelsgesetzbuch Bücher zu führen, Bestände zu erfassen und Abschlüsse zu erstellen hat, d. h.

---

84    Vgl. hierzu u. a. *Pfitzer/Oser* 2003, Anm. 7 zu § 238 HGB, S. 4.

buchführungspflichtig sind die **Einzelkaufleute** sowie die **Handelsgesellschaften**. Beginn und Ende der derivativen steuerrechtlichen Buchführungspflicht richten sich ebenfalls nach den handelsrechtlichen Vorschriften. Gleiches gilt für die Verantwortlichkeit der Buchführung.

## b.    Originäre Verpflichtung zur Finanzbuchhaltung

Um dem Ziel der Gleichmäßigkeit der Besteuerung Rechnung zu tragen, ist eine eindeutige Abgrenzung zwischen buchführungspflichtigen und nicht buchführungspflichtigen Unternehmen erforderlich. Die interpretationsbedürftige Formulierung bezüglich des Gewerbebetriebs in § 1 Abs. 2 HGB (»nach Art oder Umfang einen in kaufmännischer Weise eingerichteten Geschäftsbetrieb«) ermöglicht eine derartige Abgrenzung nicht. Aus diesem Grunde wurde seitens des Gesetzgebers zum Zwecke der Besteuerung eine eigenständige Buchführungspflicht in § 141 AO verankert, die deshalb auch als **originäre steuerrechtliche Buchführungspflicht** (vgl. **Abb. 23**) bezeichnet wird.

Gemäß § 141 Abs. 1 AO haben **gewerbliche Unternehmer** sowie **Land- und Forstwirte** – sofern sich die Buchführungspflicht nicht schon aus § 140 AO ergibt – für diejenigen Betriebe Bücher zu führen und auf Grund jährlicher Bestandsaufnahmen Abschlüsse zu erstellen, für die die Finanzbehörde eine der nachfolgenden Voraussetzungen feststellt:[85]

- **Gesamtumsatz** von mehr als 500.000 € im Kalenderjahr (im Gesamtumsatz enthalten sind auch die steuerfreien Umsätze)[86] oder
- **Wirtschaftswert** der selbst bewirtschafteten **land- und forstwirtschaftlichen Flächen** von mehr als 25.000 € (als Wirtschaftswert bezeichnet man den auf die land- und forstwirtschaftlich genutzten Flächen entfallenden Teil des Einheitswertes des land- und forstwirtschaftlichen Betriebes)[87] oder
- **Gewinn aus Gewerbebetrieb** von mehr als 30.000 € im Wirtschaftsjahr oder
- **Gewinn aus Land- und Forstwirtschaft** von mehr als 30.000 € im Kalenderjahr.

Sofern einer der vorstehenden Grenzwerte überschritten wird, erfolgt dadurch die **Begründung der Buchführungspflicht**. Die Finanzbuchhaltung hat hierbei unter sinngemäßer Anwendung der § 238, § 240 bis § 242 Abs. 1 HGB und § 243 bis § 256 HGB zu erfolgen. Während die Buchführungspflicht nach § 140 AO den gleichen Umfang wie die des Handelsrechts besitzt, verlangt die originäre steuerrechtliche Buchführungspflicht – da § 141 Abs. 1 AO nur auf die sinngemäße Anwendung von § 242 Abs. 1 HGB, nicht jedoch auf die Absätze 2 und 3 verweist – neben dem Führen der Bücher und der periodischen Bestandsaufnahme lediglich die **Aufstellung einer Bilanz**. Die Obliegenheit nach § 141 AO erfordert also **nicht die Erstellung einer Gewinn- und Verlustrechnung**, wodurch die Anwendung der einfachen Buchführung[88] ermöglicht wird.

Dem Erfordernis nach § 141 AO unterliegen jedoch nur **gewerbliche Unternehmer** sowie **Land- und Forstwirte**. Mithin werden durch die originäre steuerrechtliche Buchführungspflicht vor allem die handelsrechtlich nicht buchführungspflichtigen Gewerbetrei-

---

85  Vgl. *Coenenberg/Mattner/Schultze* 2004, S. 53.
86  Von den steuerfreien Umsätzen ausgenommen sind die Umsätze nach § 4 Nr. 8 bis Nr. 10 UStG.
87  Vgl. § 46 BewG.
88  Vgl. zur Finanzbuchhaltung in Form der einfachen Buchhaltung die Ausführungen im Zweiten Teil zu Gliederungspunkt I.C.

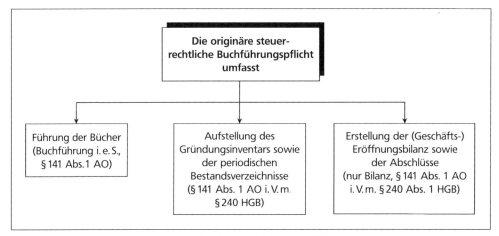

Abb. 23: Umfang der originären steuerrechtlichen Buchführungspflicht

benden sowie die Land- und Forstwirte, deren Unternehmen nicht in das Handelsregister eingetragen ist, erfasst. Wenn die Betriebe der in Rede stehenden Personen die Grenzwerte des § 141 Abs. 1 AO nicht überschreiten, steht es ihnen **frei**, ob sie eine Buchführung betreiben wollen oder nicht. **Freiberuflich Tätige** unterliegen – sofern sie handelsrechtlich nicht als Kaufleute zu qualifizieren sind – weder der derivativen noch – da sie aus steuerrechtlicher Sicht keine gewerblichen Unternehmer darstellen – der originären steuerrechtlichen Buchführungspflicht.[89] Für eine Vielzahl freier Berufe besteht somit weder nach Handels- noch nach Steuerrecht eine Verpflichtung zur Buchführung.[90]

Die Buchführungspflicht nach § 141 AO ist gemäß § 141 Abs. 2 AO vom Beginn des Wirtschaftsjahres an zu erfüllen, das auf die Bekanntgabe der Mitteilung folgt, durch die die Finanzbehörde auf den **Beginn dieser Verpflichtung** hingewiesen hat. Die Obliegenheit zur Buchführung entsteht also mit Beginn des nächsten Wirtschaftsjahres. Die originäre steuerrechtliche **Buchführungspflicht endet** gemäß § 141 Abs. 2 AO mit dem Ablauf des Wirtschaftsjahres, das auf das Wirtschaftsjahr folgt, in dem die Finanzbehörde feststellt, dass die Voraussetzungen nach § 141 Abs. 1 AO nicht mehr vorliegen. Folglich endet die Verpflichtung Bücher zu führen, Bestände zu erfassen und eine Bilanz zu erstellen mit Ablauf des nächsten Wirtschaftsjahres. Hinsichtlich der Verantwortlichkeit für die Ordnungsmäßigkeit der Finanzbuchhaltung kann auf die Ausführungen zur handelsrechtlichen Buchführungspflicht verwiesen werden.

Anzumerken ist, dass es neben der handels- und steuerrechtlichen Buchführungspflicht auch **steuerrechtliche** und **außersteuerrechtliche Aufzeichnungspflichten** gibt. Während mittels der Buchführung die gesamte Geschäftätigkeit eines Unternehmens in Form von Geschäftsvorfällen erfasst wird, betreffen Aufzeichnungen nur ganz bestimmte Sachverhalte. Zu den außersteuerrechtlichen Aufzeichnungspflichten zählen insbesondere die **Dokumentationsobliegenheiten**, die Angehörigen bestimmter Berufsgruppen durch Gesetz oder landesrechtliche Regelungen auferlegt werden (z. B. bestehen besondere Aufzeich-

---

89  Vgl. *Seer* 2005, Anm. 180, S. 867.
90  Wird von Nichtbuchführungspflichtigen freiwillig keine Buchführung betrieben und werden auch keine Aufzeichnungen i. S. d. § 4 Abs. 3 EStG gemacht, erfolgt eine Schätzung der Besteuerungsgrundlagen.

nungspflichten für Apotheker, Schornsteinfeger und Pfandleiher).[91] Sofern die in Rede stehenden Niederschriften für die Besteuerung Relevanz besitzen, sind sie gemäß § 140 AO auch steuerrechtlich zu führen. Steuerrechtliche Aufzeichnungspflichten ergeben sich aus der Abgabenordnung sowie aus den Einzelsteuergesetzen. Namentlich zu erwähnen sind die Dokumentationsobliegenheiten nach § 143 AO (Aufzeichnung des Wareneingangs), § 144 AO (Aufzeichnung des Warenausgangs) und § 22 UStG (Aufzeichnungen hinsichtlich der Bemessungsgrundlage für die Umsatzsteuerberechnung). Die dem Unternehmer auferlegten Nachweise sind grundsätzlich unabhängig vom Bestehen oder Nichtbestehen einer Buchführungspflicht gemäß den außersteuerrechtlichen oder steuerrechtlichen Vorschriften zu erbringen. Den entsprechenden Aufzeichnungspflichten unterliegen somit auch die **nichtbuchführungspflichtigen gewerblichen Unternehmer** und **Land- und Forstwirte** sowie die **freiberuflich Tätigen**. Wenn jedoch Bücher geführt und die erforderlichen Aufzeichnungen innerhalb der Buchführung vorgenommen werden bzw. sich aus der Buchführung ergeben, entfällt die Verpflichtung für eine gesonderte Erfassung.

## 3.   Aufbewahrungsfristen

Um im Falle von Rechts- und Steuerstreitigkeiten oder ähnlichen Sachverhalten die Nachprüfbarkeit des Zahlenmaterials der Finanzbuchhaltung zu gewährleisten, hat der Kaufmann

- **Handelsbücher**[92], **Inventare**, (Geschäfts-)**Eröffnungsbilanzen**, **Jahresabschlüsse**, **Lageberichte** sowie die zu ihrem Verständnis erforderlichen Arbeitsanweisungen und sonstigen Organisationsaufzeichnungen und Buchungsbelege **zehn Jahre**,
- **übrige Unterlagen** (z. B. empfangene Handels- und Geschäftsbriefe, Wiedergaben der abgesandten Handels- und Geschäftsbriefe) **sechs Jahre**

geordnet aufzubewahren (§ 257 Abs. 1 und Abs. 4 HGB, § 147 Abs. 1 und Abs. 3 AO). Die **Aufbewahrungsfrist beginnt** mit Schluss des Kalenderjahres, in dem die letzte Eintragung in das Handelsbuch gemacht, das Inventar aufgestellt, die (Geschäfts-)Eröffnungsbilanz oder der Jahresabschluss festgestellt, der Handels- oder Geschäftsbrief empfangen oder abgesandt wird oder der Buchungsbeleg entstanden ist (§ 257 Abs. 5 HGB, § 147 Abs. 4 AO).

Mit Ausnahme der (Geschäfts-)Eröffnungsbilanz und der Jahresabschlüsse können die genannten Unterlagen auch als Wiedergabe auf einem **Bildträger** (z. B. Mikrofilm) oder auf **anderen Datenträgern** (z. B. Magnetband, CD-Rom) aufbewahrt werden, wenn dies den Grundsätzen ordnungsmäßiger Buchführung entspricht und sichergestellt ist, dass die Daten oder deren Wiedergabe (Reproduktion)

- bei Lesbarmachung mit den ursprünglichen Schriftstücken und Buchungsbelegen bildlich und mit den anderen Unterlagen inhaltlich übereinstimmen und
- während der Dauer der Aufbewahrungsfrist verfügbar sind und jederzeit innerhalb angemessener Frist lesbar gemacht werden können (§ 257 Abs. 3 HGB, § 147 Abs. 2 AO).

Weitere Einzelheiten zu den gesetzlichen Grundlagen der Buchführung und Erfolgsermittlung, auf die im weiteren Verlauf noch detailliert eingegangen wird, zeigt überblickartig **Abb. 24.**

---

91   Vgl. zu den außersteuerrechtlichen Aufzeichnungspflichten insbesondere *Falterbaum/Bolk/Reiß* 2003, S. 54–58.
92   Vgl. zu den Büchern der Finanzbuchhaltung die Ausführungen im Zweiten Teil zu Gliederungspunkt I.B.6.

| Kreis der Buch-führungs- und Erfolgsermitlungs-pflichtigen | Handelsrecht | | | |
|---|---|---|---|---|
| | Kaufleute | | | |
| | § 1 HGB | § 2 HGB | § 3 HGB | § 6 HGB |
| Definitionen | Gewerbetreibende, deren Unternehmen nach Art oder Umfang einen in kaufmänni-scher Weise eingerichteten Geschäftsbetrieb erfordert | freiwillig in das Handelsregister eingetragene Kleingewerbe-treibende | freiwillig in das Handelsregister eingetragene Land- und Forst-wirte | Formkaufleute: Handelsgesellschaf-ten (z. B. OHG, KG, GmbH, AG) |
| Allgemeine Vor-schriften zur Buch-führungspflicht – Rechtsgrundlage | §§ 238, 240, 242 HGB | §§ 238, 240, 242 HGB | §§ 238, 240, 242 HGB | |
| – Beginn | mit Aufnahme des Geschäfts-betriebs | mit Eintragung der Firma in das Handelsregister | mit Eintragung der Firma in das Handelsregister | rechtsformspezifische Unter-schiede: spätestens mit Eintragung der Firma in das Handelsregister |
| – Verantwortlichkeit für die ordnungs-mäßige Führung | Inhaber | | | OHG, KG: alle geschäftsführenden persönlich haftenden Gesellschafter (aber h. M.: alle persönlich haften-den Gesellschafter); GmbH, AG: sämtliche Geschäftsführer (§ 41 GmbHG) bzw. sämtliche Mit-glieder des Vorstandes (§ 91 AktG) |
| – Aufzubewahrende Unterlagen und deren Fristen | Handelsbücher, Inventare, Eröffnungsbilanz, Jahresabschlüsse, Lageberichte sowie die zu ihrem Verständnis erforderlichen Aufzeichnungen und Buchungsbelege: 10 Jahre (§ 257 HGB); die übrigen Unterlagen (z. B. empfangene Geschäftsbriefe, Wiedergaben der abgesandten Handelsbriefe: 6 Jahre (§ 257 HGB) | | | |
| – Ende | mit Einstellung des Gewerbebetriebes | | | rechtsformspezifische Unter-schiede: spätestens mit Löschung der Firma im Handelsregister |
| | oder mit Absinken auf einen Gewerbebetrieb, der nach Art oder Umfang einen in kaufmän-nischer Weise eingerichteten Geschäftsbetrieb nicht erfordert | oder mit Löschung der Firma im Handelsregister | | |
| – Konsequenzen bei Verstößen | handelsrechtlich begründete Sanktionen:<br>– Einzelunternehmung, OHG, KG: Verletzung der Buchführungspflicht bleibt ohne handelsrechtliche Folgen<br>– GmbH, AG, publizitätspflichtige Unternehmen:<br>(1) Einschränkung oder Versagen des Bestätigungsvermerks (§ 322 Abs. 4 HGB, § 6 Abs. 1 PublG)<br>(2) je nach Art und Schwere des Verstoßes: Freiheitsstrafe oder Geldbuße (§ 331 bis § 335 b HGB, § 17 bis § 20 PublG)<br>(3) bei AG: ggf. Nichtigkeit des Jahresabschlusses (§ 256 AktG)<br>strafrechtlich begründete Sanktionen bei Konkursdelikten:<br>Verletzung der Buchführungspflicht wird mit Freiheits- oder Geldstrafe geahndet (§ 283 bis § 283 b StGB) | | | |
| Zulässige Erfolgs-ermittlungssysteme – doppelte Buch-haltung | da gemäß § 242 HGB neben der Bilanz auch eine GuV-Rechnung aufzustellen ist, wird nach h. M. im Handelsrecht nur die doppelte Buchführung als zulässig erachtet | | | |
| – einfache Buch-haltung | | | | |
| – Einnahmen-Ausga-benrechnung i. S. d. § 4 Abs. 3 EStG | | | | |
| – Schätzung nach § 162 AO | | | | |
| (Periodische) Pflicht-prüfungen | für mittelgroße und große Kapitalgesellschaften (§ 316 bis § 324 HGB) sowie für publizitätspflichtige Unter-nehmen (§ 6 Abs. 1 PublG) und unter § 264 a HGB fallende Unternehmen | | | |
| Offenlegungspflicht | für Kapitalgesellschaften (§ 325 bis § 329 HGB) sowie für publizitätspflichtige Unternehmen (§ 9 PublG) und unter § 264 a HGB fallende Unternehmen | | | |

Abb. 24: Gesetzliche Grundlagen der Buchführung und Erfolgsermittlung

| Nichtkaufleute | Freiberufler | Steuerrecht | | |
| §2 bis §3 HGB | | nach Handelsrecht buchführungs-pflichtige Kaufleute | Nichtkaufleute | Freiberufler |
|---|---|---|---|---|
| nicht in das Handelsregister eingetragene Kleingewerbetreibende sowie Land- und Forstwirte | keine Ausübung eines Gewerbes i. S. d. HGB | §§1, 2, 3, 6 HGB | §2 bis §3 HGB | Ausübung einer Tätigkeit i. S. d. §18 EStG |
| keine handelsrechtliche Buchführungspflicht | | § 140 AO i. V. m. §238 HGB, §240 HGB, §242 HGB (derivative Buchführungspflicht) | § 141 Abs.1 AO: Buchführungspflicht wird lediglich bei Überschreiten der in §141 Abs.1 AO genannten Schwellenwerte begründet (originäre Buchführungspflicht) | keine steuerrechtliche Buchführungspflicht |
| | | vgl. Ausführungen zum Handelsrecht | mit Beginn des Wirtschaftsjahres, das auf die Bekanntgabe der Mitteilung folgt, durch die die Finanzbehörde auf den Beginn der Buchführungspflicht hingewiesen hat (§141 Abs.2 AO) | |
| | | vgl. Ausführungen zum Handelsrecht | Inhaber | |
| | | vgl. Ausführungen zum Handelsrecht | analog zum Handelsrecht 10 bzw. 6 Jahre, vgl. §147 AO | |
| | | vgl. Ausführungen zum Handelsrecht | mit Ablauf des Wirtschaftsjahres, das auf das Wirtschaftsjahr folgt, in dem die Finanzbehörde feststellt, dass die Voraussetzungen nach §141 Abs.1 AO (gewerblicher Unternehmer sowie Überschreiten der Schwellenwerte) nicht mehr vorliegen (§141 Abs.2 AO) | |
| | | handels- und strafrechtlich begründete Sanktionen: vgl. Ausführungen zum Handelsrecht, steuerrechtlich begründete Sanktionen: (1) je nach Art und Schwere des Verstoßes: Freiheitsstrafe (§370 AO), Geldbuße (§§378 f. AO) oder Zwangsgeld (§328 bis §335 AO) (2) Schätzung der Besteuerungsgrundlagen bei fehlender oder unrichtiger Buchhaltung (§162 AO) | | |
| Möglichkeit der einfachen oder doppelten Buchführung auf freiwilliger Basis | | vgl. Ausführungen zum Handelsrecht | beim Überschreiten der in §141 Abs.1 AO genannten Schwellenwerte: da §141 Abs.1 AO nur die Erstellung einer Bilanz vorschreibt, ist neben der doppelten auch die einfache Buchführung möglich / beim Unterschreiten der in §141 Abs.1 AO genannten Schwellenwerte, aber auch alternativ doppelte oder einfache Buchführung möglich | Möglichkeit der einfachen oder doppelten Buchführung oder der Einnahmen-Ausgabenrechnung i. S. d. §4 Abs.3 EStG auf freiwilliger Basis |
| | | Fehlende oder unrichtige Buchführung | Fehlende oder unrichtige Buchführung bzw. Einnahmen-Ausgabenrechnung i. S. d. §4 Abs.3 EStG | |
| | | steuerrechtliche Außenprüfung (§193 bis §203 AO) | | |
| | | keine | | |

Abb. 24: Gesetzliche Grundlagen der Buchführung und Erfolgsermittlung (Fortsetzung)

# B.    Finanzbuchhaltung in Form der doppelten Buchführung

## 1.    Inventar und Inventur

Nach § 240 Abs. 1 und Abs. 2 HGB hat jeder Kaufmann bei der **Gründung seines Unternehmens** und für den **Schluss eines jeden Geschäftsjahres** seine Vermögensgegenstände und Schulden festzustellen und in einem Bestandsverzeichnis aufzulisten. Diese Zusammenstellung des Vermögens und der Schulden bezeichnet man als **Inventar**, den Vorgang der Bestandsaufnahme als **Inventur**.[93] Gemäß § 140 bzw. § 141 AO gilt die vorstehende Verpflichtung auch in **steuerrechtlicher Hinsicht**. Das im Zuge der Inventur anzufertigende Bestandsverzeichnis ist zwingende Voraussetzung einer jeden ordnungsmäßigen Buchführung, denn das Zahlenmaterial des Inventars bildet die Grundlage für die Erstellung der Bilanz. Allerdings kann allein auf der Basis des Bestandsverzeichnisses ein Abschluss regelmäßig nicht gefertigt werden, da im Rahmen der Inventur keine Erfassung von **Bilanzierungshilfen, Rechnungsabgrenzungsposten, Rückstellungen** usw. erfolgt.

Im Inventar sind sämtliche, dem Geschäftsbetrieb des Kaufmanns anzurechnende **Vermögensgegenstände** und **Schulden** einzeln nach Art, Menge und Wert zu verzeichnen (§ 241 Abs. 1 i. V. m. § 240 Abs. 1 HGB). Mithin dürfen Vermögensgegenstände und Schulden, die die **private Sphäre** des Kaufmanns betreffen, grundsätzlich keinen Eingang in das Bestandsverzeichnis finden.[94] Zu den Vermögensgegenständen zählen nicht nur die **körperlichen Sachen** wie Grundstücke, Gebäude, Maschinen, Waren etc., sondern ebenso die **immateriellen Güter** (z. B. Patente, Beteiligungen, Forderungen, Bankguthaben). Die Pflicht zur lückenlosen Erfassung sämtlicher Vermögenswerte erfordert ferner, dass auch wertlose (z. B. Ladenhüter) oder bereits vollständig abgeschriebene Gegenstände in das Inventar aufgenommen werden. Als Schulden, die in der Finanzbuchhaltung häufig als Verbindlichkeiten bezeichnet werden, sind im Bestandsverzeichnis nur **rechtlich begründete Verpflichtungen** gegenüber Dritten anzusetzen (z. B. Bankschulden, Steuerschulden, Verbindlichkeiten aus Warenlieferungen).

Die gesetzliche Auflage, Vermögensgegenstände und Schulden einzeln zu erfassen, hat zur Konsequenz, dass jeder einzelne Vermögenswert und jede einzelne Verbindlichkeit im Inventar **gesondert** aufzulisten ist. Ausgenommen hiervon sind aus Vereinfachungsgründen Gegenstände, auf die das **Festwertverfahren** (§ 240 Abs. 3 HGB) oder die **Gruppenbewertung** (§ 240 Abs. 4 HGB) angewendet werden darf.[95] Nach dem Festwertverfahren können im Bestandsverzeichnis bestimmte Vermögensgegenstände mit einer gleich bleibenden Menge und einem gleich bleibenden Wert angesetzt werden, sofern ihr Bestand in seiner Größe, seinem Wert und seiner Zusammensetzung nur geringen Veränderungen unterliegt und der Gesamtwert dieser Vermögensteile für das Unternehmen von nachrangiger Bedeutung ist. Das entsprechende Mengen- und Wertgerüst kann also im Inventar mehrerer Geschäftsjahre **unverändert** beibehalten werden, ohne dass es einer erneuten Bestands-

---

93    Vgl. entsprechend *Knop* 2003, Anm. 3 zu § 240 HGB, S. 3.
94    Vgl. auch § 5 Abs. 4 PublG. Allerdings kann der Kaufmann aus steuerrechtlicher Sicht bei bestimmten Gegenständen, die keinen unmittelbaren Bezug zum Betriebs- oder Privatvermögen aufweisen, entscheiden, ob er sie zum (gewillkürten) Privat- oder Betriebsvermögen rechnet (z. B. zu Spekulationszwecken angeschaffte Wertpapiere). Darüber hinaus sind von der steuerrechtlichen Rechtsprechung für Vermögensgegenstände, die sowohl privat als auch betrieblich genutzt werden, Zurechnungsregeln entwickelt worden. Vgl. im Detail R 4.2 EStR.
95    Vgl. *Knop* 2003, Anm. 51 zu § 240 HGB, S. 18.

aufnahme bedarf. Dem in Rede stehenden Verfahren liegt die Fiktion zugrunde, dass sich bei den einbezogenen Vermögenswerten Zugänge einerseits und Abgänge sowie planmäßige Abschreibungen andererseits im Laufe des Geschäftsjahres in etwa ausgleichen. Zum Zwecke der mengen- und wertmäßigen Überprüfung des Festwertansatzes ist jedoch i. d. R. alle **drei Jahre** eine körperliche Bestandsaufnahme durchzuführen. Zu den Vermögensteilen, für die eine Festbewertung in Frage kommt, zählen z. B. Werkzeuge, Hotelgeschirr und -bettwäsche, Gase, Schrauben sowie andere Kleinteile. Entsprechend der Gruppenbewertung dürfen bei der Aufstellung des Inventars bestimmte gleichartige oder annähernd gleichwertige Vermögensgegenstände jeweils zu einer Gruppe zusammengefasst und mit dem **gewogenen Durchschnittswert** angesetzt werden.

**Beispiel:**
Ein Lebensmitteleinzelhändler führt unter der Gruppe »Waschmittel« die beiden Sorten »Blütenweiß« und »Superweiß«, bei denen im Geschäftsjahr 2005 nachfolgende Ein- und Verkäufe angefallen sind.

| Anfangsbestand 01. 01. 2005 der Gruppe »Waschmittel« | | 300 Einheiten à 6,50 € |
|---|---|---|
| Kauf »Blütenweiß« | 10.04. 2005 | 300 Einheiten à 8,00 € |
| Kauf »Superweiß« | 10.06. 2005 | 200 Einheiten à 7,00 € |
| Kauf »Blütenweiß« | 08. 10.2005 | 200 Einheiten à 6,00 € |
| Kauf »Superweiß« | 09. 11. 2005 | 100 Einheiten à 7,50 € |
| Verkauf an Waschmittel in 2005 | | 810 Einheiten |
| Endbestand 31. 12.2005 der Gruppe »Waschmittel | | 290 Einheiten. |

Ermittlung des gewogenen Durchschnittswertes der Inventarposten »Waschmittel«:

| Anfangsbestand | 300 Einheiten à 6,50 € | 1.950 € |
|---|---|---|
| Kauf »Blütenweiß« | 300 Einheiten à 8,00 € | 2.400 € |
| Kauf »Superweiß« | 200 Einheiten à 7,00 € | 1.400 € |
| Kauf »Blütenweiß« | 200 Einheiten à 6,00 € | 1.200 € |
| Kauf »Superweiß« | 100 Einheiten à 7,50 € | 750 € |
| | 1.100 Einheiten à y € | 7.700 €. |

Gewogener Durchschnittswert = y = 7.700 € : 1.100 = 7 €

| Endbestand 290 Einheiten à 7 € | 2.030 € |
|---|---|
| Inventaransatz »Waschmittel« | 2.030 €. |

Die **Erfassung und Auflistung** des Vermögens und der Schulden hat im Bestandsverzeichnis in **geordneter Form** zu erfolgen. Dies bedeutet zum einen, dass artgleiche Vermögenswerte und Verbindlichkeiten unter der jeweils zutreffenden Rubrik auszuweisen sind. So ist z. B. der gesamte Warenbestand des Kaufmanns unter dem Abschnitt »Waren« oder das gesamte Volumen an Bankschulden unter der Position »Verbindlichkeiten gegenüber Kreditinstituten« anzugeben. Da das Inventar die Grundlage für die Erstellung der Bilanz bildet, folgt daraus andererseits, dass sich der Aufbau des Bestandsverzeichnisses prinzipiell am **Gliederungsschema der Bilanz** zu orientieren hat.

Das Inventar wird ausschließlich in **Staffelform** erstellt und enthält am Ende die Ermittlung des Reinvermögens ( = Eigenkapital). Dies ist der Betrag, um den das Gesamtvermögen die Schulden übersteigt:[96]

I.   Vermögen
– II.   Schulden
= III.   Reinvermögen (Eigenkapital).

Die Inventur ist grundsätzlich in Form der **körperlichen Bestandsaufnahme** durchzuführen. Dieses Verfahren ist dadurch gekennzeichnet, dass das tatsächliche Vorhandensein der Vermögensgegenstände im Unternehmen durch **persönliche Inaugenscheinnahme** festgestellt wird und die mengenmäßige Erfassung durch **Zählen, Messen, Wiegen** und u. U. **Schätzen** erfolgt. Bei Vermögenswerten, die zu den immateriellen Gütern zählen und insofern eine körperliche Bestandsaufnahme zwangsläufig entfällt, sowie bei Verbindlichkeiten wird die Inventur durch eine **buchmäßige Bestandsaufnahme** (sog. Buchinventur) vorgenommen. Das Vorhandensein, Menge und Wert dieser Vermögensgegenstände sowie die Existenz der Schulden ist dabei durch entsprechende Unterlagen zu belegen (z. B. Saldenbestätigungen für Forderungen und Verbindlichkeiten aus Warengeschäften, Bankauszüge, Darlehensverträge). Die Bestandsaufnahme hat prinzipiell am letzten Tag des Geschäftsjahres (Bilanzstichtag, z. B. 31. 12.) zu erfolgen (sog. **Stichtagsinventur**).

Die Durchführung der körperlichen Inventur an einem einzigen Tag stellt aufgrund des damit verbundenen Personalbedarfs (Einsatz von Mitarbeitern aus anderen Abteilungen bei der Bestandsaufnahme) eine nicht unerhebliche Belastung des Betriebsablaufs dar und ist bei größeren Warenbeständen organisatorisch kaum zu bewerkstelligen. Aus diesem Grunde lässt der Gesetzgeber verschiedene Inventursysteme und -verfahren zu, durch die eine Bestandsaufnahme erleichtert wird.

Bei den **Inventursystemen**, die auf den Zeitpunkt bzw. Zeitraum der Bestandsaufnahme abstellen, unterscheidet man zwischen:[97]

- **Stichtagsinventur** (als Grundfall),
- zeitlich **ausgeweiteter Stichtagsinventur** (R 5.3 EStR),
- **vor- oder nachverlegter Stichtagsinventur** (§ 241 Abs. 3 HGB) und
- **permanenter Inventur** (§ 241 Abs. 2 HGB).

Zu den **Inventurverfahren**, die die Art der Bestandsaufnahme zum Gegenstand haben, zählen:

- **körperliche Bestandsaufnahme** (als Grundfall),
- **Buchinventur** (als spezieller Grundfall) und
- **Stichprobeninventur** (§ 241 Abs. 1 HGB).

Praktiziert wird letztlich stets eine Kombination aus Inventursystemen und -verfahren, die unter dem Terminus »**Inventurform**« Eingang in die Literatur gefunden hat.

Bei der **zeitlich ausgeweiteten Stichtagsinventur** ist die Bestandsaufnahme **innerhalb einer Frist von zehn Tagen vor oder nach dem Bilanzstichtag** durchzuführen. Dabei ist zu gewährleisten, dass die Bestandsveränderungen zwischen dem Bilanzstichtag und dem

---

96   Vgl. *Knop* 2003, Anm. 48 zu § 240 HGB, S. 17.
97   Vgl. *Coenenberg/Mattner/Schultze* 2004, S. 65.

Tag der Bestandsaufnahme anhand von Belegen oder Aufzeichnungen im Inventar berücksichtigt werden. Die **vor- oder nachverlegte Stichtagsinventur** ermöglicht die Verteilung der mit der Bestandsaufnahme verbundenen Arbeitsbelastung auf einen Zeitraum von fünf Monaten, denn die Inventur erfolgt hier **innerhalb der letzten drei Monate vor oder der ersten beiden Monate nach dem Bilanzstichtag**. Die gemäß diesem System erfassten Vermögensgegenstände sind jedoch nicht im Bestandsverzeichnis zum Schluss des Geschäftsjahres, sondern in einem besonderen Inventar festzuhalten. Ausgehend von diesem besonderen Inventar erfolgt dann eine wertmäßige Fortschreibung oder Rückrechnung auf den Bilanzstichtag.

---

**Beispiel:**

Am 10.10. des Geschäftsjahres 2005 wird in einer Großhandlung eine vorverlegte Stichtagsinventur durchgeführt. Die wertmäßige Fortschreibung (Wert am Aufnahmetag + Wert der Zugänge – Wert der Abgänge = Wert am Bilanzstichtag) hat zum 31.12.2005 folgendes Aussehen:

|   |   |   |
|---|---|---|
|   | Warenbestand (bewertet zu Anschaffungskosten) laut Inventur vom 10.10.2005 | 85.000 € |
| + | Warenzugänge (bewertet zu Anschaffungskosten) bis zum Bilanzstichtag am 31.12.2005 | 30.000 € |
| – | Warenabgänge (bewertet zu Verkaufspreisen) bis zum Bilanzstichtag am 31.12.2005 | 60.000 € |
| + | Handelsspanne von 25 % (berechnet von den Warenverkäufen) | 15.000 € |
| = | Inventaransatz des Warenbestandes am 31.12.2005 | 70.000 €. |

Die Berichtigung der zu Verkaufspreisen bewerteten Warenabgänge um die Handelsspanne muss deshalb erfolgen, weil die Waren im Bestandsverzeichnis grundsätzlich mit den Anschaffungskosten anzusetzen sind. Da sich der Verkaufspreis (60.000 €) aus der Addition von Anschaffungskosten (45.000 €) und (betragsmäßiger) Handelsspanne (15.000 €) ergibt, bewirkt die vorstehende Korrektur den Ansatz der Warenverkäufe zu Anschaffungskosten. In der Handelsspanne sind sowohl die Geschäftskosten (z. B. Löhne und Gehälter, Miete, Zinsen, Abschreibungen) als auch der Gewinnaufschlag des Unternehmens enthalten.[98]

---

Kennzeichen der **permanenten Inventur** ist, dass der am Ende des Geschäftsjahres vorhandene Bestand an Vermögensgegenständen nach Art, Menge und Wert nicht durch körperliche Bestandsaufnahme, sondern **anhand einer Anlagen- bzw. Lagerbuchführung** festgestellt wird. Dieses Inventursystem setzt jedoch voraus, dass alle Zu- und Abgänge in den entsprechenden Büchern erfasst werden und dass mindestens einmal im Geschäftsjahr mittels einer körperlichen Bestandsaufnahme geprüft wird, ob die Vermögenswerte, die in den Büchern ausgewiesen sind, mit den tatsächlich vorhandenen Beständen übereinstimmen. Sofern sich Abweichungen ergeben, ist die Anlagen- bzw. Lagerbuchführung entsprechend zu korrigieren.[99]

---

98  Vgl. hierzu die Ausführungen im Zweiten Teil zu Gliederungspunkt II.A.6.c.
99  Vgl. hierzu die Ausführungen im Zweiten Teil zu Gliederungspunkt III.B.2.

Im Gegensatz zur körperlichen Bestandsaufnahme, bei der alle Vermögensgegenstände vollständig erfasst werden (sog. **Vollinventur**), wird bei der **Stichprobeninventur** lediglich eine Teilmenge aufgenommen und dann auf die Grundgesamtheit hochgerechnet. Voraussetzung für die Anwendung eines Stichprobenverfahrens (z. B. freie Mittelwertschätzung) ist, dass dieses sowohl auf einer anerkannten mathematisch-statistischen Methode basiert als auch den Grundsätzen ordnungsmäßiger Buchführung entspricht und dass der Aussagewert des auf diese Weise erstellten Inventars nicht geringer als bei der Durchführung der körperlichen Bestandsaufnahme ist.[100]

**Beispiel:**

Inventar zum 31. 12. 2005

Firma Klein, Lebensmitteleinzelhandel, Hamburg, Steinstraße 7

I. Vermögenswerte

  1. Grundstück Hamburg, Steinstraße 7

| | |
|---|---|
| Grund und Boden | 25.000 € |
| Gebäude | 65.000 € |
| | 90.000 € |

  2. Fuhrpark

| | |
|---|---|
| 1 VW-Kleinbus, Baujahr 2001 | 4.000 € |
| 1 PKW BMW, Baujahr 2003 | 14.220 € |
| | 18.220 € |

  3. Betriebs- und Geschäftsausstattung

| | |
|---|---|
| 8 Regale à 7m, angeschafft 2005 | 3.960 € |
| 2 Registrierkassen, Marke Adler, angeschafft 2005 | 1.315 € |
| 1 Aktenschrank, Marke XY, angeschafft 2005 | 980 € |
| 1 Schreibtisch, Marke XY, angeschafft 2005 | 655 € |
| 3 Schreibtischstühle, Marke XY, angeschafft 2005 | 910 € |
| 1 PC, Marke Siemens Nixdorf, angeschafft 2005 | 365 € |
| Festwert gemäß Festwertverzeichnis des Vorjahres, s. Anlage 1 | 450 € |
| | 8.635 € |

  4. Waren

| | |
|---|---|
| a) Obst und Gemüse, s. Anlage 2 | 1.420 € |
| b) Back- und Teigwaren, s. Anlage 3 | 3.868 € |
| c) Kühl- und Gefrierwaren, s. Anlage 4 | 3.184 € |
| d) Konserven, s. Anlage 5 | 4.263 € |
| e) Getränke, s. Anlage 6 | 2.057 € |

---

100   Vgl. zur Stichprobeninventur etwa *Scherrer/Obermeier* 1996.

f) Spirituosen, s. Anlage 7                              2.439 €

g) Genusswaren, s. Anlage 8                             5.158 €

h) Toilettenartikel, Wasch- und
   Putzmittel, s. Anlage 9                          4.940 €
                                                                       27.329 €

5. Forderungen aus Lieferungen und
Leistungen (Kundenforderungen)

Kitty W., Hamburg, Max-Brauer-Allee 10                   52 €

Klaus Huber, Hamburg,
Turmweg 47                                               31 €
                                                                      83 €

6. Guthaben bei Kreditinstituten
und Postgiroguthaben

Hamburger Sparkasse,
Konto-Nr. 43256
lt. Kontoauszug vom 28.12.2005                         6.818 €

Vereinsbank,
Konto-Nr. 14876,
lt. Kontoauszug vom 20.12.2005                         8.436 €

Postgiroguthaben,
Konto-Nr. 789543,
lt. Kontoauszug vom 21. 12.2005                        2.721 €
                                                                     17.975 €

7. Kassenbestand lt. Kassenbericht,
s. Anlage 10                                            2.436 €
                                                              164.678 €

II. Schulden

1. Verbindlichkeiten gegenüber Kreditinstituten (Bankverbindlichkeiten)

Darlehen Hamburger Sparkasse,
Konto-Nr. 1043256                                     49.072 €

Vereinsbank,
Konto-Nr. 4014876                                     32.661 €
                                                              81.733 €

2. Verbindlichkeiten aus Lieferungen
und Leistungen
(Lieferantenverbindlichkeiten)

Fa. Meier, Gemüsegroßhandel,
Hamburg, Auweg 45                                     4.171 €

Fa. Food-GmbH,
Lebensmittelgroßhandel,
Hannover, Ringstr. 1                                  13.395 €

Fa. Schnell,
Lebensmittelgroßhandel,
Kiel, Mittelweg 56                                    8.427 €
                                                              25.993 €

3. Wechselverbindlichkeiten
   Aussteller Schnell,
   Lebensmittelgroßhandel,
   Kiel, Mittelweg 56                                    5.234 €
                                                       ——————
                                                      112.960 €

III. Reinvermögen
   Summe der Vermögenswerte                          164.678 €
   – Summe der Schulden                               112.960 €
                                                      ——————
   = Reinvermögen (Eigenkapital)                       51.718 €

## 2.     Bilanz und Jahresabschluss

Nach § 242 Abs. 1 HGB hat der Kaufmann zu Beginn seines Unternehmens und für den Schluss eines jeden Geschäftsjahres einen das Verhältnis seines Vermögens und seiner Schulden darstellenden Abschluss aufzustellen. Dieser Abschluss wird allgemein als Bilanz bezeichnet. Bezogen auf die Gründung des Unternehmens spricht man von einer **(Geschäfts-)Eröffnungsbilanz**, mit Blick auf das Ende des Geschäftsjahres von einer **Schlussbilanz**. Daneben verlangen die Grundsätze ordnungsmäßiger Buchführung, dass auch zu Beginn einer jeden Rechnungsperiode (z. B. zum 01. 01.) eine **Eröffnungsbilanz** erstellt wird. Die Eröffnungsbilanz zum 01. 01. des neuen Geschäftsjahres ist dabei identisch mit der Schlussbilanz zum 31. 12. des Vorjahres (Postulat der **Bilanzidentität**, § 252 Abs. 1 Nr. 1 HGB). Grundlage der Bilanz ist das Inventar, denn die im Bestandsverzeichnis aufgelisteten Vermögensgegenstände und Schulden sind prinzipiell in den Abschluss zu übernehmen. Auch wenn Bilanz und Inventar inhaltlich weitgehend übereinstimmen, so unterscheiden sie sich jedoch erheblich in ihrer formalen Ausgestaltung (vgl. hierzu **Abb. 25**).

Der Bilanz kommt vorrangig die Aufgabe zu, den am Unternehmen interessierten Personenkreisen durch die Gegenüberstellung von Vermögen und Schulden einen Einblick in die wirtschaftliche Lage des Betriebes zu ermöglichen (**Informationsfunktion der Bilanz**). Zu den Adressaten des Abschlusses zählen vor allem der Kaufmann selbst (aus Gründen der

| Inventar | Bilanz |
| --- | --- |
| Gliederung der Einzelpositionen nach Art, Menge und Wert | Zusammenfassung der einzelnen Positionen zu Gruppen, wobei nur noch Wert- und keine Mengenangaben erfolgen |
| Ausführliche, aber – wegen der Vielzahl an Einzelpositionen – unübersichtliche Darstellung des vorhandenen Vermögens und der bestehenden Schulden | Übersichtliche Darlegung des Vermögens und der Schulden aufgrund der Aggregation |
| Aufstellung des Inventars erfolgt grundsätzlich in Staffelform, wobei am Ende die Ermittlung des Reinvermögens steht | Bilanz darf nur in Kontoform erstellt werden, mit der Konsequenz, dass das Konto durch das Eigenkapital ausgeglichen wird |

Abb. 25: Formale Unterschiede zwischen Inventar und Bilanz

Eigeninformation), die Gläubiger (z. B. Banken und Lieferanten), die Anteilseigner (z. B. Aktionäre), die Arbeitnehmer sowie der Fiskus.[101]

Den vorstehenden Ausführungen zufolge versteht man unter einer Bilanz die zusammengefasste kontenmäßige Gegenüberstellung des Vermögens und der Schulden zu einem bestimmten Stichtag, die durch das Eigenkapital zum Ausgleich gebracht wird. Das Eigenkapital entspricht also der Differenz zwischen dem Gesamtbetrag der bewerteten Vermögensgegenstände einerseits und dem Volumen an Schulden andererseits und führt insofern zur Gleichheit der sich auf beiden Seiten des Kontos ergebenden Bilanzsummen. Es gilt daher stets die Gleichung:

**Summe der linken Seite der Bilanz  =  Summe der rechten Seite der Bilanz**.

Die Vermögenswerte des Unternehmens sind auf der linken Seite (sog. **Aktivseite**), die Verbindlichkeiten auf der rechten Seite des Abschlusses (sog. **Passivseite**) auszuweisen. Entsprechend werden in der Bilanz die Vermögensgegenstände als **Aktiva**, die Schulden als **Passiva** bezeichnet. Einen Gegenstand zu aktivieren bedeutet, ihn auf der Aktivseite, eine Schuld zu passivieren, sie auf der Passivseite des Abschlusses anzusetzen. Während die Passivseite der Bilanz über die Herkunft der finanziellen Mittel informiert, gibt die Aktivseite Auskunft darüber, in welche konkreten Vermögensgegenstände diese Mittel geflossen sind. Die Passivseite spiegelt also die **Mittelherkunft**, die Aktivseite die **Mittelverwendung** wider. Bei der Herkunft unterscheidet man grundsätzlich zwischen eigenen Mitteln des Kaufmanns ( = **Eigenkapital**) und den von Dritten dem Unternehmen zur Verfügung gestellten Mitteln ( = **Fremdkapital**). Im Bereich der Finanzbuchhaltung wird das Fremdkapital durch die Schulden ( = Verbindlichkeiten) verkörpert.

| Aktiva | Bilanz | | Passiva |
|---|---|---|---|
| Die Mittelverwendungsseite gibt an, in welche konkreten Vermögenswerte das Kapital der Passivseite geflossen ist | | Die Mittelherkunftsseite informiert über die Höhe und Struktur des in bestimmte Vermögensgegenstände investierten Eigen- und Fremdkapitals des Unternehmens | |
| Summe der Aktiva = Summe der Passiva | | | |

Abb. 26: Grundstruktur der Bilanz

Übersteigt das Vermögen die Schulden, liegt eine sog. **aktive Bilanz** vor und das Eigenkapital erscheint auf der Passivseite. In diesem Fall gilt folgende Gleichung.

**Vermögen  =  Eigenkapital  +  Schulden**.

| Aktiva | Bilanz | Passiva |
|---|---|---|
| Vermögen | Eigenkapital | |
| | Schulden (Fremdkapital) | |

Abb. 27: Grundstruktur einer aktiven Bilanz

---

101  Vgl. zu den Informationsbedürfnissen der Bilanzadressaten insbesondere *Coenenberg* 2005, S. 5; *Wöhe* 1997, S. 41–48.

Von einer sog. **passiven Bilanz** oder Unterbilanz spricht man dagegen, wenn die Schulden die Aktiva eines Unternehmens übersteigen. In diesem Fall liegt eine **Überschuldungssituation** vor, die dadurch gekennzeichnet ist, dass durch Verluste das Eigenkapital vollständig aufgezehrt wurde und darüber hinaus das Unternehmensvermögen nicht mehr ausreicht, die Ansprüche der Gläubiger zu befriedigen. Um die Bilanz dennoch zum Ausgleich zu bringen, erscheint der Unterschiedsbetrag zwischen Schulden und Vermögen als letzte Position auf der Aktivseite des Abschlusses unter der Bezeichnung »**Nicht durch Eigenkapital gedeckter Fehlbetrag**« (§ 268 Abs. 3 HGB). Bei einer passiven Bilanz hat daher nachstehende Beziehung Gültigkeit.

**Vermögen + »Nicht durch Eigenkapital gedeckter Fehlbetrag« = Schulden.**

| Aktiva | Bilanz | Passiva |
|---|---|---|
| Vermögen | Schulden (Fremdkapital) | |
| »Nicht durch Eigenkapital gedeckter Fehlbetrag« | | |

Abb. 28: Grundstruktur einer passiven Bilanz

Der Tatbestand der Überschuldung führt bei Kapitalgesellschaften (z. B. AG, GmbH) zu einem **Konkurs- oder Vergleichsverfahren** (§ 19 Abs. 1 InsO). Da bei Einzelunternehmen und Personenhandelsgesellschaften (z. B. OHG, KG) die Unternehmer bzw. die Gesellschafter auch mit ihrem Privatvermögen für die Schulden des Betriebes haften, löst die Überschuldungssituation bei diesen Rechtsformen grundsätzlich keine rechtlichen Konsequenzen aus (§ 19 Abs. 3 InsO).

Der **formale Aufbau** und die **Mindestgliederung** der Bilanz bestimmen sich bei **Einzelunternehmen** und **Personenhandelsgesellschaften** aus § 247 Abs. 1 HGB. Danach sind im Abschluss nachstehende Posten auszuweisen und hinreichend aufzugliedern.

| Aktiva | Bilanz | Passiva |
|---|---|---|
| Anlagevermögen<br>Umlaufvermögen<br>Rechnungsabgrenzungsposten (akt.) | Eigenkapital<br>Schulden<br>Rechnungsabgrenzungsposten (pass.) | |

Abb. 29: Formaler Aufbau der Bilanz nach § 247 Abs. 1 HGB

Die von § 247 Abs. 1 HGB geforderte **hinreichende Aufgliederung** der Bilanzposten bedingt eine Gliederungstiefe dergestalt, dass der Bilanz der sachliche und finanzielle Aufbau des Unternehmens entnommen werden kann. Eine allgemein gültige Anweisung, wie detailliert die Unterteilung des Abschlusses zu sein hat, ist jedoch nicht möglich, da die Gliederungstiefe der Bilanz insbesondere von der Größe und dem Gegenstand des Unternehmens abhängt. Auf der **Aktivseite** werden die Vermögenswerte nach dem **Grad der Liquidierbarkeit** ausgewiesen, wobei nicht unmittelbar in Geld zu transformierende Objekte (z. B. Patente, Grundstücke) den Anfang und leicht liquidierbare Güter (z. B. Guthaben bei Kreditinstituten, Kassenbestand) das Ende der Aktiva bilden. Konsequenz dieser Ausweiskonvention ist, dass im Abschluss zuerst die Teile des **Anlagevermögens** zu erfassen sind.

Gemäß § 247 Abs. 2 HGB zählen zum Anlagevermögen lediglich diejenigen Vermögensgegenstände, die bestimmt sind, dem Geschäftsbetrieb dauerhaft zu dienen (z. B. Grundstücke und Gebäude, Maschinen, Betriebs- und Geschäftsausstattung, Beteiligungen). Sofern Gegenstände nicht zum Anlagevermögen rechnen, werden sie dem **Umlaufvermögen** zugeordnet. Hierzu zählen vor allem Vermögenswerte, die

- zum Zwecke des **Verbrauchs oder der Veräußerung** erworben oder hergestellt wurden (z. B. Rohstoffe, Erzeugnisse, Waren) oder
- im Zusammenhang mit der **Abwicklung des Zahlungsverkehrs** stehen (z. B. Forderungen aus Lieferungen und Leistungen, Guthaben bei Kreditinstituten, Kassenbestand) oder
- den Charakter einer **vorübergehenden Geldanlage tragen** (z. B. Wertpapiere).

Die Anordnung der Passivposten erfolgt in der Bilanz primär nach Maßgabe ihrer Fristigkeit. An erster Stelle der **Passivseite** steht deshalb grundsätzlich das Eigenkapital, da dieses dem Unternehmen auf Dauer zur Verfügung steht. Daran schließt sich dann das Fremdkapital an – untergliedert i. d. R. nach den Schuldkategorien »**Rückstellungen**« und »**Verbindlichkeiten**«. Werden ggf. die Schuldkategorien in einzelne Bilanzpositionen weiter unterteilt, sind diese Posten innerhalb der entsprechenden Kategorie nach der Reihenfolge ihrer Fristigkeit auszuweisen (z. B. zuerst Verbindlichkeiten gegenüber Kreditinstituten, dann Verbindlichkeiten aus Lieferungen und Leistungen). Bei den (aktiven und passiven) **Rechnungsabgrenzungsposten** handelt es sich nicht um Vermögensgegenstände und Schulden, sondern um **Korrekturgrößen** zum Zwecke der periodengerechten Erfolgsermittlung. Inhalt und Funktion dieser Posten werden später erläutert.

Für Kapitalgesellschaften und ihnen gleichgestellte Unternehmen[102] hat der Gesetzgeber in § 266 HGB ein ausführliches Bilanzgliederungsschema zwingend vorgeschrieben.[103] Um die bei Einzelunternehmen und Personenhandelsgesellschaften existierende Problematik der »hinreichenden Untergliederung« der Bilanz zu umgehen, legen i. d. R. diese Rechtsformen ebenfalls ihren Abschlüssen – wenn auch größtenteils in vereinfachter Form – das Gliederungsschema des § 266 HGB zugrunde. Diesem Umstand Rechnung tragend, orientieren sich auch die weiteren Ausführungen an dem für Kapitalgesellschaften gültigen Bilanzgliederungsschema. Legt man das für Kapitalgesellschaften vorgeschriebene Gliederungsschema des § 266 HGB zugrunde, so könnte die Bilanz einer nicht publizitätspflichtigen Einzelunternehmung oder Personenhandelsgesellschaft das in **Abb. 30** gezeigte Aussehen haben.

Der bilanzrechtliche Erfolg lässt sich für eine bestimmte Rechnungsperiode einerseits durch **Eigenkapitalvergleich** anhand der Anfangs- und Schlussbilanz wie folgt ermitteln (§ 4 Abs. 1 Satz 1 EStG).[104]

Eigenkapital am Ende des Geschäftsjahres
- Eigenkapital am Anfang des Geschäftsjahres
+ Wert der Entnahmen
- Wert der Einlagen
= Unternehmenserfolg des Geschäftsjahres (Gewinn oder Verlust).

102  Hierzu zählen insbesondere Unternehmen, die unter das Publizitätsgesetz fallen (§ 5 Abs. 1 PublG), unter § 264 a HGB fallende Gesellschaften sowie eingetragene Genossenschaften (§ 336 Abs. 2 HGB).
103  Vgl. hierzu die Ausführungen im Zweiten Teil zu Gliederungspunkt IV.B.
104  Vgl. hierzu die Ausführungen im Ersten Teil zu Gliederungspunkt IV.C.2.

| Aktiva | Bilanz | Passiva |
|---|---|---|
| A. Anlagevermögen<br>   I.  Immaterielle Vermögensgegenstände[105]<br>   II.  Sachanlagen[106]<br>   III.  Finanzanlagen[107]<br>B. Umlaufvermögen<br>   I.  Vorräte<br>   II.  Forderungen und sonstige Vermögens-<br>      gegenstände<br>   III.  Wertpapiere<br>   IV.  Schecks, Kassenbestand, Bundesbank- und Post-<br>      giroguthaben, Guthaben bei Kreditinstituten<br>C. Rechnungsabgrenzungsposten | A. Eigenkapital<br><br><br><br>B. Rückstellungen<br><br><br><br><br><br><br><br>C. Verbindlichkeiten<br>D. Rechnungsabgrenzungsposten | |

Abb. 30: Gliederungsvorschlag für die Bilanz einer nicht publizitätspflichtigen Einzelunternehmung oder Personenhandelsgesellschaft

**Beispiel:**

Aus dem im vorherigen Beispiel dargestellten Inventar lässt sich folgende Bilanz ableiten.

| | Fa. Klein<br>Lebensmitteleinzelhandel<br>Hamburg, Steinstraße 7 | | |
|---|---|---|---|
| Aktiva | 31. 12. 2005 | | Passiva |
| A. Anlagevermögen<br>  I.  Sachanlagen | 116.855 € | A. Eigenkapital | 51.718 € |
| B. Umlaufvermögen<br>  I.  Waren[108]<br>  II.  Forderungen<br>  III.  Kassenbestand,<br>     Postgiroguthaben,<br>     Guthaben bei<br>     Kreditinstituten | 27.329 €<br>83 €<br><br><br><br>20.411 € | B. Verbindlichkeiten | 112.960 € |
| | 164.678 € | | 164.678 € |

---

105  Bei den immateriellen Vermögensgegenständen handelt es sich um nichtkörperliche Vermögenswerte, wie z. B. Konzessionen, Patente, Lizenzen.

106  Unter dem Oberbegriff Sachanlagen sind die körperlichen Vermögensobjekte des Anlagevermögens zu erfassen (Grundstücke und Gebäude, Maschinen, Betriebs- und Geschäftsausstattung etc.).

107  Zu den Finanzanlagen zählen vor allem Beteiligungen an anderen Unternehmen, Wertpapiere des Anlagevermögens sowie langfristige Ausleihungen.

108  Ihrem Unternehmenszweck entsprechend ( = Ein- und Verkauf von Waren) verwenden Handelsbetriebe i. d. R. anstelle des allgemeinen Begriffs »Vorräte« den spezielleren Terminus »Waren«.

## 3.     Grundlagen der Buchungstechnik

### a.     Auflösung der Bilanz in Bestandskonten

Der Abschluss zeigt das Vermögen und das Kapital eines Unternehmens zu einem ganz bestimmten Zeitpunkt, der **Bilanzstichtag** genannt wird. Die Finanzbuchhaltung erfasst nur diejenigen Geschäftsvorfälle, die **Auswirkungen auf die Höhe und/oder Struktur des Vermögens, des Eigenkapitals und/oder der Schulden** haben. Hieraus folgt, dass jeder buchführungpflichtige Vorgang zwangsläufig eine Veränderung der in der Bilanz enthaltenen Aktiva und/oder Passiva bewirkt.

**Beispiel:**
Gegeben sei zum 01.01.2005 folgende Eröffnungsbilanz.

| Aktiva | Eröffnungsbilanz zum 01.01.2005 | | Passiva |
|---|---|---|---|
| A. Anlagevermögen<br>   I.  Sachanlagen | 8.000 € | A. Eigenkapital | 15.000 € |
| B. Umlaufvermögen<br>   I.  Waren[109]<br>  II.  Kassenbestand, Post-<br>      giroguthaben, Guthaben<br>      bei Kreditinstituten | 12.000 €<br><br><br>20.000 € | B. Verbindlichkeiten | 25.000 € |
| | 40.000 € | | 40.000 € |

Am 02.01.2005 kauft der Unternehmer Handelsprodukte im Wert von 5.000 € gegen Barzahlung. Dieser Vorgang führt einerseits zu einer Erhöhung der Waren und andererseits zu einer Verminderung des Kassenbestandes um 5.000 €. Die Bilanz zum 02.01.2005 hätte somit nachfolgendes Aussehen.

| Aktiva | Eröffnungsbilanz zum 02.01.2005 | | Passiva |
|---|---|---|---|
| A. Anlagevermögen<br>   I.  Sachanlagen | 8.000 € | A. Eigenkapital | 15.000 € |
| B. Umlaufvermögen<br>   I.  Waren<br>  II.  Kassenbestand, Post-<br>      giroguthaben, Guthaben<br>      bei Kreditinstituten | 17.000 €<br><br><br>15.000 € | B. Verbindlichkeiten | 25.000 € |
| | 40.000 € | | 40.000 € |

---

109  Ihrem Unternehmenszweck entsprechend ( = Ein- und Verkauf von Waren) verwenden Handelsbetriebe i. d. R. anstelle des allgemeinen Begriffs »Vorräte« den spezielleren Terminus »Waren«.

Am 03.01.2005 begleicht der Kaufmann eine Lieferantenschuld i.H.v. 6.000 € durch Banküberweisung. Ergebnis dieses Geschäftsvorfalls ist, dass sich die Verbindlichkeiten um 6.000 € verringern. Gleichzeitig nimmt aber auch das Guthaben bei den Kreditinstituten um diesen Betrag ab. Der Abschluss zum 03.01.2005 würde sich dann wie folgt darstellen.

| Aktiva | Eröffnungsbilanz zum 01.01.2005 | | Passiva |
|---|---|---|---|
| A. Anlagevermögen | | A. Eigenkapital | 15.000 € |
|    I.  Sachanlagen | 8.000 € | | |
| | | | |
| B. Umlaufvermögen | | B. Verbindlichkeiten | 19.000 € |
|    I.  Waren | 17.000 € | | |
|   II.  Kassenbestand, Post-<br>     giroguthaben, Guthaben<br>     bei Kreditinstituten | 9.000 € | | |
| | 34.000 € | | 34.000 € |

Damit sichergestellt ist, dass alle im Geschäftsjahr aufgetretenen buchführungspflichtigen Vorgänge Eingang in die Schlussbilanz finden, wäre insofern eine laufende Fortschreibung des Abschlusses nach jedem Geschäftsvorfall erforderlich. Diese Vorgehensweise ist jedoch aufgrund der Vielzahl der in der Finanzbuchhaltung zu registrierenden Ereignisse nicht praktikabel. Das erfassungstechnische Problem kann durch die **Zerlegung der Eröffnungsbilanz in sog. Bestandskonten** gelöst werden, auf denen die im Laufe des Geschäftsjahres anfallenden Vorgänge zur Verbuchung kommen. Am Ende der Periode werden dann die Bestandskonten zur **Schlussbilanz** zusammengefasst. Die Bilanz stellt somit den Anfang und das Ende des Rechnungskreislaufs dar.

Unter einem **Konto** wird allgemein eine zweiseitig geführte Rechnung verstanden, in der die Zugänge getrennt von den Abgängen zum Ausweis gelangen. Äußerlich hat das Konto grundsätzlich die Form eines großen »T« und wird deshalb auch mit den Termini »T-Konto« oder »Kontenkreuz« belegt, wobei die linke Seite mit **»Soll« (Sollseite)** und die rechte mit **»Haben« (Habenseite)** überschrieben wird.[110] Aufgrund dieser Konventionen hinsichtlich Form und Bezeichnung ergibt sich das in **Abb. 31** gezeigte Erscheinungsbild.

| Soll | Konto | | | | | Haben |
|---|---|---|---|---|---|---|
| Datum | Text | Betrag | Datum | Text | Betrag | |

Abb. 31: Allgemeines Erscheinungsbild eines Kontos

---

110    Die Begriffe »Soll« und »Haben« sind historisch bedingt und resultieren aus den Anfängen der kontenmäßigen Aufzeichnung der Schuldverhältnisse. Vgl. hierzu u.a. *Buchner* 2005, S. 94. Der damaligen Konvention entsprechend wurden auf der linken Seite die Beträge erfasst, die der Kunde noch zahlen soll, während auf der rechten Seite die Beträge ausgewiesen wurden, die die Kunden noch gut haben. Mit der Übertragung auf alle Konten haben diese Bezeichnungen jedoch ihren ursprünglichen Wortsinn verloren.

Als **Bestandskonten** werden die aus den einzelnen Posten der Eröffnungsbilanz abgeleiteten Aktiv- und Passivkonten bzw. die in die einzelnen Posten der Schlussbilanz zu übernehmenden Aktiv- und Passivkonten bezeichnet. Bestandskonten sind demnach aus der Bilanz derivierte Konten, deren Aufgabe die Erfassung der im Laufe des Geschäftsjahres erfolgten Zu- und Abgänge an Vermögen, Eigenkapital und Schulden ist. Die wichtigsten aktiven und passiven Bestandskonten können dem in § 266 HGB enthaltenen Bilanzgliederungsschema für Kapitalgesellschaften entnommen werden.

Die Aktivseite der Eröffnungsbilanz wird in **aktive Bestandskonten** (sog. Aktivkonten) und die Passivseite in **passive Bestandskonten** (sog. Passivkonten) aufgelöst, wobei für jeden Bilanzposten mindestens ein eigenes Konto mit entsprechender Bezeichnung einzurichten ist. Die bei den jeweiligen Posten der Eröffnungsbilanz angegebenen Beträge sind als Anfangsbestände in die Bestandskonten zu übernehmen und erscheinen in den Konten auf der gleichen Seite wie im Abschluss. Die Anfangsbestände sind also bei den Aktivkonten auf der linken, der Sollseite, und bei den Passivkonten auf der rechten, der Habenseite, zu erfassen. Sofern ein Bilanzposten in zwei oder mehr Bestandskonten zerlegt wird (z. B. der Posten Aktiva B.II. in »Schecks, Kassenbestand, Bundesbank- und Postgiroguthaben, Guthaben bei Kreditinstituten«), können die Anfangsbestände den der Bilanz zugrunde liegenden Unterlagen entnommen werden. Da Zugänge eine Bestandserhöhung und Abgänge eine Bestandsverminderung darstellen, nehmen Aktivkonten auf der Sollseite zu (Erhöhung des Anfangsbestandes) und auf der Habenseite ab (Verminderung des Bestandes). Bei den Passivkonten ist es umgekehrt, d. h. passive Bestandskonten verzeichnen die Zugänge im Haben (Erhöhung des Anfangsbestandes) und die Abgänge im Soll (Verminderung des Bestandes).

Der jeweilige Bestand eines Kontos ergibt sich als Differenz zwischen der Summe von Soll- und Habenseite und wird allgemein als **Saldo** (oder Unterschiedsbetrag) bezeichnet. Die zum Bilanzstichtag zu ermittelnden Salden der Aktiv- und Passivkonten nennt man auch (Buch-) Endbestände. Der Unterschiedsbetrag ist stets auf der kleineren Seite des Kontos einzustellen und gewährleistet insofern die Summengleichheit der beiden Kontoseiten. Für die aktiven Bestandskonten bedeutet dies, dass der Saldo auf der kleineren Habenseite zu erfassen ist, während die passiven Bestandskonten ihn auf der geringeren Sollseite ausweisen. An der Stellung des Saldos ist somit zu erkennen, ob es sich um ein Aktiv- oder Passiv-

| Soll | Aktivkonto | Haben |
|---|---|---|
| Anfangsbestand | | Abgänge |
| Zugänge | | (Soll-)Saldo |

Abb. 32: Aufbau eines Aktivkontos

| Soll | Passivkonto | Haben |
|---|---|---|
| Abgänge | | Anfangsbestand |
| (Haben-)Saldo | | Zugänge |

Abb. 33: Aufbau eines Passivkontos

konto handelt. Da der Unterschiedsbetrag stets nach der größeren Kontoseite benannt wird, weisen Konten der Aktivseite einen Soll-Saldo und die der Passivseite einen Haben-Saldo auf.

Bezogen auf den Bilanzstichtag hat somit nachstehende Beziehung Gültigkeit:

**Anfangsbestand + Zugänge = Abgänge + Endbestand.**

Sofern für im Laufe des Geschäftsjahres zugehende Vermögensgegenstände oder neu entstehende Schulden noch keine Bestandskonten existieren, sind entsprechende Aktiv- und Passivkonten zusätzlich einzurichten und die jeweiligen Zu- und Abgänge hierauf zu erfassen.

Die zum Bilanzstichtag ermittelten Salden stellen die buchmäßigen Endbestände dar, die mit den Ergebnissen der Inventur zu vergleichen sind. Bei Abweichungen zwischen beiden Größen ist der Endbestand zwingend an den Inventarwert anzupassen, denn maßgeblich für die Übernahme in die Schlussbilanz sind nicht die buchmäßigen, sondern die tatsächlich vorhandenen Bestände. Ursachen für derartige Abweichungen können z. B. Diebstahl, Schwund oder Verderb sein. Die Soll-Salden der Aktivkonten verkörpern die Endbestände an Vermögensgegenständen und sind deshalb – entsprechend der Grundstruktur der Bilanz – auf der Aktivseite auszuweisen. Da in den Haben-Salden der Passivkonten die Endbestände an Eigen- und Fremdkapital zum Ausdruck kommen, sind diese in die Passivseite des Abschlusses einzustellen. Die Salden sind dabei auf die Bilanzposten zu übertragen, aus denen zuvor die jeweiligen Bestandskonten abgeleitet wurden. Durch die Übernahme der Endbestände in die Schlussbilanz und aus dem Erfordernis der Ausgeglichenheit des Abschlusses ergibt sich:

**Summe der Soll-Salden = Summe der Haben-Salden.**

**Beispiel:**
Im Folgenden wird anhand eines einfachen Sachverhalts verdeutlicht, wie sich der technische Vorgang der Zerlegung der Eröffnungsbilanz in Bestandskonten und deren Übernahme in die Schlussbilanz vollzieht. Gegeben sei hierzu die in **Abb. 34** gezeigte Eröffnungsbilanz, wobei bestimmte Posten wie folgt in zwei und mehr Bestandskonten zu zerlegen sind [die Angabe der jeweiligen Anfangsbestände (AB) erfolgt in Klammern]:

(1) der Posten »Sachanlagen« (220.000 €) in die beiden Konten »Bebaute Grundstücke« (150.000 €) und »Betriebs- und Geschäftsausstattung« (70.000 €);
(2) die flüssigen Mittel »Kassenbestand, Guthaben bei Kreditinstituten« (25.000 €) in die Aktivkonten »Kasse« (8.000 €) und »Guthaben bei Kreditinstituten« (17.000 €);
(3) der Posten »Verbindlichkeiten« (220.000 €) in die Passivkonten »Verbindlichkeiten gegenüber Kreditinstituten« (170.000 €), »Verbindlichkeiten aus Lieferungen und Leistungen« (40.000 €) und »Sonstige Verbindlichkeiten« (10.000 €).

Bei dem Posten »Forderungen« (45.000 €) handelt es sich um »Forderungen aus Lieferungen und Leistungen«.

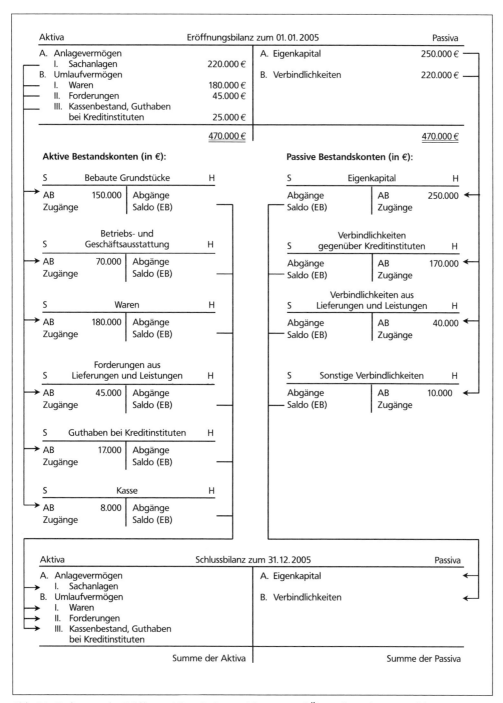

Abb. 34: Zerlegung der Eröffnungsbilanz in Bestandskonten und Übernahme der Bestandskonten in die Schlussbilanz

## b.    Buchungssatz

Charakteristisches Merkmal der doppelten Buchführung ist, dass nach jedem Geschäftsvorfall die Bilanzgleichung

**Summe der Aktiva  =  Summe der Passiva**

erfüllt sein muss. Jeder buchführungspflichtige Vorgang verändert deshalb mindestens zwei Bilanzposten, wobei diese Veränderungen – wie im vorhergehenden Kapitel dargestellt – über die entsprechenden Konten erfasst werden. Nach dem System der doppelten Buchführung ist demnach **jeder Geschäftsvorfall auf mindestens zwei Konten zu verbuchen**, und zwar bei dem einen Konto im Soll und bei dem anderen Konto im Haben (**Prinzip der doppelten Verbuchung**). Um die Ausgeglichenheit des Abschlusses zu gewährleisten, muss dabei pro Geschäftsvorfall die Summe der auf der Soll- und auf der Habenseite gebuchten Beträge übereinstimmen (Summe der Soll-Buchungsbeträge = Summe der Haben-Buchungsbeträge).

**Beispiel:**
(1) Ein Kunde begleicht seine Schuld aus einem Warengeschäft in Höhe von 800 € durch Barzahlung. Dieser Vorgang bewirkt zum einen eine Erhöhung des Kassenbestandes (Zugang 800 €) und zum anderen eine Verminderung der Forderungen aus Lieferungen und Leistungen (Abgang 800 €). Da es sich jeweils um ein Aktivkonto handelt, ist auf dem Forderungskonto im Haben (Abgänge) und auf dem Kassenkonto im Soll (Zugänge) zu buchen.

| S | Forderungen aus Lieferungen und Leistungen | | H | S | Kasse | | H |
|---|---|---|---|---|---|---|---|
| | | € | € | | | € | € |
| AB | Abgang | | 800 | AB Zugang | | 800 | |

(2) Der Unternehmer bezieht Waren von einem Großhändler im Wert von 4.500 €; entsprechend den vertraglichen Vereinbarungen muss der Unternehmer die Handelsprodukte aber erst in drei Monaten bezahlen (sog. Zieleinkauf). Ergebnis dieses Geschäftsvorfalls ist, dass sowohl die Waren als auch die Verbindlichkeiten aus Lieferungen und Leistungen um 4.500 € zunehmen. Beim Aktivkonto »Waren« ist folglich im Soll (Zugänge) und beim Passivkonto »Verbindlichkeiten aus Lieferungen und Leistungen« im Haben (Zugänge) zu buchen.

| S | Waren | | H | S | Verbindlichkeiten aus Lieferungen und Leistungen | | H |
|---|---|---|---|---|---|---|---|
| | | € | € | | | € | € |
| AB Zugang | | 4.500 | | | AB Zugang | | 4.500 |

(3) Der Kaufmann tilgt ein bei seiner Hausbank aufgenommenes Darlehen über 50.000 €
durch Belastung seines Girokontos. In diesem Fall nehmen die Verbindlichkeiten gegenüber Kreditinstituten und das Bankguthaben um jeweils 50.000 € ab. Auf dem
aktiven Bestandskonto »Guthaben bei Kreditinstituten« ist daher im Haben (Abgänge)
und auf dem passiven Bestandskonto »Verbindlichkeiten gegenüber Kreditinstituten«
im Soll (Abgänge) zu buchen.

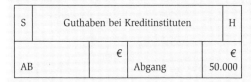

Für jede Buchung auf einem Konto existiert eine **spiegelbildliche Gegenbuchung** auf einem anderen Konto. Da aber die verbale Umschreibung der Buchungsanweisung (auf welchem Konto die Soll- und auf welchem Konto die Haben-Buchung zu erfolgen hat) für die
technisch-rationelle Erfassung der Geschäftsvorfälle im System der doppelten Buchführung
ungeeignet ist, bedient man sich einer Sprachkonvention, dem sog. **Buchungssatz**. Der
Buchungssatz bezeichnet die Konten, die durch den Geschäftsvorgang berührt werden und
gibt an, auf welcher Kontoseite (Soll oder Haben) der betreffende Betrag zu erfassen ist.
Hierbei hat sich folgende Vorgehensweise durchgesetzt. Zuerst wird das Konto genannt, bei
dem die Eintragung im Soll vorzunehmen ist und anschließend wird das Konto angegeben,
bei dem die Eintragung im Haben zu erfolgen hat. Die beiden Konten werden durch die
Bezeichnung »**an**« oder einen Schrägstrich (»/«) verbunden. Wird durch einen Geschäftsvorfall mehr als nur jeweils ein Soll- oder Habenkonto angesprochen, so sind zuerst die
Konten der Sollbuchungen und dann die der Habenbuchungen anzuführen. Die allgemeine
Form des Buchungssatzes lautet daher:

(per) Sollkonto(-konten) an Habenkonto(-konten).

Sofern ein buchführungspflichtiger Vorgang nur jeweils ein Soll- und ein Habenkonto betrifft, spricht man von einem **einfachen Buchungssatz**. Hierzu zählen die unter obigem
Beispiel aufgeführten Geschäftsvorfälle.

Die Buchungssätze dazu lauten:

| | | | |
|---|---|---|---|
| (1) Kasse | an | Forderungen aus Lieferungen und Leistungen | 800 € |
| (2) Waren | an | Verbindlichkeiten aus Lieferungen und Leistungen | 4.500 € |
| (3) Verbindlichkeiten gegenüber Kreditinstituten | an | Guthaben bei Kreditinstituten | 50.000 €. |

Werden durch einen Geschäftsvorgang mehr als zwei Konten angesprochen, liegt ein sog.
**zusammengesetzter Buchungssatz** vor.

**Beispiel:**
(1) Der Unternehmer kauft eine neue Geschäftsausstattung im Wert von 56.000 € und
bezahlt 20.000 € in bar und den Rest durch Banküberweisung.

Buchungssatz:

| Betriebs- und Geschäftsausstattung 56.000 € | an | – Kasse | 20.000 € |
|---|---|---|---|
| | | – Guthaben bei Kreditinstituten | 36.000 €. |

(2) Wareneinkauf (34.000 €); in Höhe von 20.000 € gewährt der Lieferant ein Zahlungsziel von zwei Monaten, über den verbleibenden Betrag von 14.000 € akzeptiert der Kaufmann einen vom Lieferanten ausgestellten Wechsel (sog. Schuldwechsel[111]).

Buchungssatz:

| Waren 34.000 € | an | – Verbindlichkeiten aus Lieferungen und Leistungen | 20.000 € |
|---|---|---|---|
| | | – Schuldwechsel | 14.000 €. |

Während bei den einfachen Buchungssätzen die einmalige Nennung des Betrages genügt, muss bei den zusammengesetzten Buchungssätzen bei jedem einzelnen Konto der zu verbuchende Wert angegeben werden. Da sich im Buchungssatz Konto und Gegenkonto gegenüberstehen, besteht die Möglichkeit, jederzeit auf den zugrunde liegenden Sachverhalt zu schließen.

Buchungssätze sind nur für diejenigen Geschäftsvorfälle zu bilden, die im Zeitpunkt ihres Auftretens eine Veränderung von Höhe und/oder Struktur des Vermögens, des Eigenkapitals und/oder der Schulden zur Folge haben. Sofern der Kaufmann einen Vertrag abgeschlossen hat und dieser von beiden Seiten noch nicht erfüllt ist, liegt ein sog. schwebendes Geschäft vor. Dabei kann es sich sowohl um ein Anschaffungs- als auch Veräußerungsgeschäft handeln. **Schwebende Geschäfte** dürfen in der Finanzbuchhaltung grundsätzlich nicht erfasst werden, denn zum Zeitpunkt des Vertragsabschlusses hat weder ein Zugang noch ein Abgang an Aktiva oder Passiva stattgefunden. Erst wenn eine der beiden Parteien seine vertragliche Verpflichtung erfüllt hat, und damit der Status des schwebenden Geschäftes aufgehoben wird, erfolgt die Verbuchung.

Wie bereits angesprochen, sind im Konto neben den Beträgen auch die Geschäftsvorfälle und das jeweilige Datum zu vermerken. Die Angabe des Geschäftsvorgangs erfolgt dabei nicht in Form einer verbalen Umschreibung, sondern durch die Nennung des entsprechenden Gegenkontos. Weil jeder buchführungspflichtige Vorgang zuerst in einem sog. **Grundbuch** chronologisch zu erfassen ist und ihm dort eine laufende Nummer zugeordnet wird, kann im Konto anstelle des Datums auch die laufende Nummer des Geschäftsvorfalls angegeben werden.

**Beispiel:**
Geschäftsvorfall:

(16) 08. 02. 2005, Barverkauf von Waren 300 €.

Buchungssatz:

(16) Kasse an Waren 300 €.

---

111  Schuldwechsel sind auf der Passivseite in dem Bilanzposten »Verbindlichkeiten aus der Annahme gezogener Wechsel und der Ausstellung eigener Wechsel« auszuweisen.

Verbuchung auf den T-Konten:

| S | | Waren | | H | | S | | Kasse | | H |
|---|---|---|---|---|---|---|---|---|---|---|
| | | | | € | | | | | | € |
| AB | | | € | | | AB | | | € | |
| | | (16) Kasse | 300 | | | (16) Waren | | 300 | | |

Wurde ein Geschäftsvorgang unzutreffend auf den Konten erfasst, muss die Buchführung berichtigt werden. Die Korrektur erfolgt dabei nicht mittels Durchstreichen der falschen Konteneintragungen, sondern durch eine entgegengesetzte Buchung, die als **Stornobuchung** bezeichnet wird. Sofern jedoch versehentlich zweimal auf der gleichen Kontoseite gebucht worden ist (z. B. bei Warenverkauf gegen bar wurde nicht nur auf dem Kassenkonto, sondern auch auf dem Warenkonto im Soll gebucht), kann dieser buchungstechnische Fehler nur durch **Ausstreichen** der Eintragung auf der falschen Kontoseite berichtigt werden. Stornobuchungen entsprechen dem Grundsatz der Doppik ( = doppelte Verbuchung) und sind in drei Fällen erforderlich:

(1)  Der buchführungspflichtige Vorgang wurde auf sachlich unzutreffenden Konten erfasst. Hierbei können alle oder nur einzelne angesprochene Konten sachlich falsch sein.

    (1.1)  Beispiel für eine Verbuchung, bei der alle angesprochenen Konten sachlich falsch sind:
        Vorgang: Wareneinkauf auf Ziel 2.000 €;
        Buchungssatz: Forderungen aus Lieferungen und Leistungen
            an     Guthaben bei Kreditinstituten        2.000 €.

    (1.2)  Beispiel für eine Verbuchung, bei der nur ein angesprochenes Konto sachlich falsch ist:
        Vorgang: Einlösung eines Schuldwechsels in bar 1.800 €;
        Buchungssatz: Verbindlichkeiten aus Lieferungen und Leistungen
            an     Kasse        1.800 €.

(2)  Der Geschäftsvorgang wurde zwar auf den sachlich richtigen Konten verbucht, jedoch **seitenverkehrt**.

    Beispiel für eine sachlich richtige, aber seitenverkehrte Verbuchung:
    Vorgang: Barabhebung vom betrieblichen Bankkonto 800 €;
    Buchungssatz: Guthaben bei Kreditinstituten   an     Kasse        800 €.

(3)  Der Geschäftsvorfall wurde sachlich richtig auf den Konten erfasst, aber in **falscher Höhe**.

    Beispiel für eine sachlich richtige, aber betragsmäßig falsche Verbuchung:
    Vorgang: Barverkauf von Waren 300 €;
    Buchungssatz:   Kasse            an     Waren        300 €.

In all diesen Fällen ist aus Gründen der Klarheit und Nachprüfbarkeit zuerst die Falschbuchung durch eine entgegengesetzte Buchung zu korrigieren, so dass nach der Vornahme der Stornobuchung der Zustand hergestellt ist, der vor der Verbuchung des entsprechenden Geschäftsvorfalls gegeben war. Im Anschluss daran ist der Geschäftsvorgang richtig zu verbuchen. Die Berichtigung falscher Konteneintragungen erfordert also stets zwei Buchungen: Die **Stornobuchung** und die nochmalige (richtige) Verbuchung des Geschäftsvorfalls. Da aus den Konten hervorgehen muss, dass es sich bei den (Korrektur-)Eintragungen um die Berichtigung von Falschbuchungen handelt, ist deshalb als Geschäftsvorgang nicht das jeweilige Gegenkonto, sondern ein die Stornierung andeutender Vermerk anzugeben (z. B. »Storno«).

### c.    Eröffnungs- und Schlussbilanzkonto

Das Prinzip der doppelten Buchführung, nach dem keine Buchung ohne entsprechende Gegenbuchung erfolgen darf, gilt auch für die Eröffnung und den Abschluss der Bestandskonten. Durch die Eröffnungsbuchungen werden die Bestände der Eröffnungsbilanz auf die jeweiligen Aktiv- und Passivkonten übertragen. Die Bilanz scheidet jedoch für die Aufnahme der Gegenbuchungen aus, weil sie als Instrument der externen Rechnungslegung außerhalb des Systems der doppelten Buchführung steht. Für die Erfassung der Gegenbuchungen ist deshalb ein besonderes Hilfskonto, das **Eröffnungsbilanzkonto (EBK)**, einzurichten. Dieses Konto hat lediglich die Funktion, die Gegenbuchungen zu den Anfangsbeständen der aktiven und passiven Bestandskonten aufzunehmen, damit das Prinzip der Doppik gewährleistet ist. Das Eröffnungsbilanzkonto ist also nichts anderes als ein Hilfsmittel für die technische Durchführung der Konteneröffnung.[112] Wie jedes andere Konto, ist auch das Eröffnungsbilanzkonto mit Soll (linke Seite) und Haben (rechte Seite) überschrieben.

Da bei den Aktivkonten die Anfangsbestände auf der Sollseite stehen, sind die Gegenbuchungen im Eröffnungsbilanzkonto folglich im Haben vorzunehmen. Die Eröffnungsbuchungen lauten daher:

**Aktive Bestandskonten an Eröffnungsbilanzkonto (EBK).**

Die Passivkonten weisen hingegen ihre Anfangsbestände im Haben auf, weshalb die Gegenbuchungen im Eröffnungsbilanzkonto auf der Sollseite erfolgen müssen. Für die Eröffnungsbuchungen gilt demnach:

**Eröffnungsbilanzkonto (EBK) an Passive Bestandskonten.**

Das Eröffnungsbilanzkonto nimmt somit die Form einer seitenverkehrten Bilanz an und gewährleistet über die Summengleichheit von Soll und Haben die Vollständigkeit der Bestandsübernahme aus der Eröffnungsbilanz. Vergleicht man das Eröffnungsbilanzkonto mit der Eröffnungsbilanz, so lassen sich lediglich die in **Abb. 35** dargestellten formalen Unterschiede feststellen.

Die Bestände der Eröffnungsbilanz können aber auch **ohne Zwischenschaltung** des Eröffnungsbilanzkontos auf die aktiven und passiven Bestandskonten übertragen werden. Dies geschieht dann durch folgenden zusammengesetzten Buchungssatz:

**Alle Aktivkonten an Alle Passivkonten.**

Die Anfangsbestände der Aktivkonten werden also in den Anfangsbeständen der Passivkonten gegengebucht, wodurch dem Postulat der Doppik Rechnung getragen wird. Faktisch erfolgt jedoch die Konteneröffnung durch die einfache **Übernahme der Bilanzwerte in die Bestandskonten.**

---

112    Vgl. *Falterbaum/Bolk/Reiß* 2003, S. 111.

| Eröffnungsbilanz | Eröffnungsbilanzkonto |
|---|---|
| Überschrieben mit Aktiva und Passiva | Überschrieben mit Soll und Haben |
| Beachtung der Gliederungsvorschriften des Handelsgesetzbuches | Die Gliederung erfolgt ausschließlich nach betrieblichen Gesichtspunkten. Da der Anfangs-bestand eines jeden Aktiv- und Passivkontos im EBK gegengebucht wird, folgt hieraus, dass die Gliederungstiefe vom Grad der Zerlegung der Eröffnungsbilanz in Bestandskonten abhängt |
| Weist Identität mit der Schlussbilanz des Vorjahres auf und steht außerhalb des Systems der doppelten Buchführung | Stellt ein Hilfskonto im System der doppelten Buchführung dar |

Abb. 35: Formale Unterschiede zwischen Eröffnungsbilanz und Eröffnungsbilanzkonto

Um das Prinzip der doppelten Verbuchung auch für die Erfassung der Endbestände zu wahren, wird das sog. **Schlussbilanzkonto (SBK)** geführt. In diesem Konto finden die Salden der aktiven und passiven Bestandskonten ihre Gegenbuchung. Da Aktivkonten stets einen Soll-Saldo ausweisen, erfolgt ihr Abschluss durch den Buchungssatz:

**Schlussbilanzkonto an Aktive Bestandskonten.**

**Passivkonten** schließen dagegen immer mit einem Haben-Saldo, so dass die Abschluss-buchung lautet:

**Passive Bestandskonten an Schlussbilanzkonto.**

Im Schlussbilanzkonto, das ebenfalls mit Soll und Haben überschrieben ist, kommen also Vermögen und Kapital auf der gleichen Seite wie im Abschluss zum Ansatz. Aus dem Da-tenmaterial des Schlussbilanzkontos wird dann die Schlussbilanz abgeleitet[113], wobei sich beide nur in formaler Hinsicht unterscheiden.

| Schlussbilanz | Schlussbilanzkonto |
|---|---|
| Überschrieben mit Aktiva und Passiva | Überschrieben mit Soll und Haben |
| Beachtung der Gliederungsvorschriften des Handelsgesetzbuches | Die Gliederungstiefe ist abhängig vom Grad der Zerlegung der Eröffnungsbilanz in Bestands-konten und von der Anzahl der im Laufe des Geschäftsjahres neu hinzugekommenen Aktiv- und Passivkonten, da für jedes Bestandskonto ein entsprechender Posten im SBK existiert |
| Bildet die Grundlage für die Eröffnungsbilanz des nachfolgenden Geschäftsjahres und steht außer-halb des Systems der doppelten Buchführung | Stellt ein Saldensammelkonto im System der doppelten Buchführung dar |

Abb. 36: Formale Unterschiede zwischen Schlussbilanz und Schlussbilanzkonto

---

113  Vgl. weiterführend *Coenenberg/Mattner/Schultze* 2004, S. 115.

Der **Übergang vom Schlussbilanzkonto zur Schlussbilanz** erfolgt

- sofern für einen Bilanzposten nur ein Bestandskonto eingerichtet wurde – durch die bloße Übernahme der Positionen des Schlussbilanzkontos in die Schlussbilanz;
- sofern ein Bilanzposten in mehrere Bestandskonten aufgelöst worden ist – durch die entsprechende **Zusammenfassung** der Positionen des Schlussbilanzkontos zum jeweiligen Bilanzposten.

Das Schlussbilanzkonto gewährleistet über die Aufnahme der Gegenbuchungen die Vollständigkeit der Kontenabschlüsse und stellt einen unverzichtbaren Baustein im System der doppelten Buchführung dar. Während also auf das spiegelbildliche Eröffnungsbilanzkonto verzichtet werden kann, ist das Schlussbilanzkonto **zwingend** zu erstellen.

**Beispiel:**
Ausgehend von der in **Abb. 34** gezeigten Eröffnungsbilanz und gegebenen Geschäftsvorfällen werden

(a) die Eröffnung der Bestandskonten,
(b) die Verbuchung der Geschäftsvorgänge,
(c) der Abschluss der Bestandskonten und
(d) die Erstellung der Schlussbilanz dargestellt.

Erläuterungen zur Eröffnungsbilanz:

- Bei dem Posten »Forderungen« handelt es sich um Forderungen aus Lieferungen und Leistungen.
- Der Posten »Verbindlichkeiten« (30.000 €) ist in die beiden Passivkonten »Verbindlichkeiten gegenüber Kreditinstituten« (20.000 €) und »Verbindlichkeiten aus Lieferungen und Leistungen« (10.000 €) zu zerlegen.

Geschäftsvorfälle:

| | |
|---|---:|
| (1) Wareneinkauf auf Ziel | 5.000 €. |
| (2) Begleichung einer Lieferantenrechnung in bar | 3.000 €. |
| (3) Kauf einer neuen Büroeinrichtung gegen Rechnung | 6.000 €. |
| (4) Ein Kunde begleicht seine Schulden durch Barzahlung | 600 €. |
| (5) Aufnahme eines Bankdarlehens über 10.000 €; das Darlehen wird bar ausbezahlt. | |

Die Salden der Bestandskonten stimmen mit den Inventurergebnissen überein. Korrekturen der buchmäßigen Endbestände sind somit nicht erforderlich.

(a) Eröffnung der Bestandskonten – die Eröffnungsbuchungen lauten:

| | | | |
|---|---|---|---:|
| Sachanlagen | an | Eröffnungsbilanzkonto | 10.000 € |
| Waren | an | Eröffnungsbilanzkonto | 20.000 € |
| Forderungen aus Lieferungen und Leistungen | an | Eröffnungsbilanzkonto | 12.000 € |
| Kasse | an | Eröffnungsbilanzkonto | 8.000 € |

| Eröffnungsbilanzkonto | an | Eigenkapital | 20.000 € |
| Eröffnungsbilanzkonto | an | Verbindlichkeiten gegenüber Kreditinstituten | 20.000 € |
| Eröffnungsbilanzkonto | an | Verbindlichkeiten aus Lieferungen und Leistungen | 10.000 €. |

(b) Verbuchung der Geschäftsvorfälle – die laufenden Buchungssätze lauten:

| (1) Waren | an | Verbindlichkeiten aus Lieferungen und Leistungen | 5.000 € |
| (2) Verbindlichkeiten aus Lieferungen und Leistungen | an | Kasse | 3.000 € |
| (3) Sachanlagen | an | Verbindlichkeiten aus Lieferungen und Leistungen | 6.000 € |
| (4) Kasse | an | Forderungen aus Lieferungen und Leistungen | 600 € |
| (5) Kasse | an | Verbindlichkeiten gegenüber Kreditinstituten | 10.000 €. |

(Aus Vereinfachungsgründen erfolgt bei der Verbuchung der Geschäftsvorgänge keine Angabe der Gegenkonten).

(c) Abschluss der Bestandskonten – die Abschlussbuchungen lauten:

| Schlussbilanzkonto | an | Sachanlagen | 16.000 € |
| Schlussbilanzkonto | an | Waren | 25.000 € |
| Schlussbilanzkonto | an | Forderungen aus Lieferungen und Leistungen | 11.400 € |
| Schlussbilanzkonto | an | Kasse | 15.600 € |
| Eigenkapital | an | Schlussbilanzkonto | 20.000 € |
| Verbindlichkeiten gegenüber Kreditinstituten | an | Schlussbilanzkonto | 30.000 € |
| Verbindlichkeiten aus Lieferungen und Leistungen | an | Schlussbilanzkonto | 18.000 €. |

(d) Erstellung der Schlussbilanz – Übergang vom Schlussbilanzkonto zur Schlussbilanz:

Da für die Bilanzposten »Sachanlagen«, »Waren«, »Forderungen«, »Kasse« und »Eigenkapital« jeweils nur ein Bestandskonto eingerichtet wurde, können diese Posten des Schlussbilanzkontos unmittelbar in die Schlussbilanz übernommen werden. Die Schulden wurden dagegen in mehrere Bestandskonten aufgelöst; insofern sind die Posten »Verbindlichkeiten gegenüber Kreditinstituten« und »Verbindlichkeiten aus Lieferungen und Leistungen« wieder zu dem Bilanzposten »Verbindlichkeiten« zusammenzufassen. **Abb. 37** zeigt den gesamten Buchungsablauf in Kontenform.

Sofern auf die Zwischenschaltung des Eröffnungsbilanzkontos zur Übertragung der Anfangsbestände auf die Aktiv- und Passivkonten verzichtet wird, lautet die Eröffnungsbuchung wie folgt.

| Sachanlagen | 10.000 € | an | Eigenkapital | 20.000 € |
| Waren | 20.000 € | | Verbindlichkeiten gegen- | |
| | | | über Kreditinstituten | 20.000 € |
| Forderungen aus | | | Verbindlichkeiten aus | |
| Lieferungen und Leistungen | 12.000 € | | Lieferungen und Leistungen | 10.000 € |
| Kasse | 8.000 € | | | |
| | 50.000 € | | | 50.000 € |

In diesem Fall wäre im Kontensystem das Eröffnungsbilanzkonto zu eliminieren; ansonsten ergeben sich keine Änderungen.

## d.    Unterkonten des Eigenkapitalkontos

### d.a    Grundlegendes[114]

Entsprechend der bisher dargestellten Buchungstechnik sind Veränderungen des Eigenkapitals über das Eigenkapitalkonto zu erfassen. Als Kapitaländerungen kommen dabei in Betracht:

(1) **Erträge** und **Aufwendungen** aus der unternehmerischen Tätigkeit und
(2) **Privateinlagen** und **Privatentnahmen** des Kaufmanns.

Die Termini »**Ertrag**« und »**Aufwand**« zählen zu den Grundbegriffen der Finanzbuchhaltung und kennzeichnen ganz allgemein die aus der **Unternehmenstätigkeit resultierende Eigenkapitalerhöhung** bzw. -verminderung. Während sich der betrieblich bedingte Kapitalzuwachs in Form von Erträgen (Miet-, Zins-, Provisionserträge etc.) darstellt, äußert sich der betrieblich bedingte Kapitalverzehr in der Gestalt von Aufwendungen (z. B. Löhne und Gehälter, gezahlte Zinsen, Mieten und Provisionen sowie allgemeine Verwaltungsaufwendungen).

**Beispiele:**
(1) Erhalt einer Zinsgutschrift auf dem Girokonto 4.200 €. Dieser Vorgang bewirkt eine Mehrung des Guthabens bei Kreditinstituten um 4.200 €. Für die Erfassung der Gegenbuchung kommen jedoch keine Aktivposition und auch kein Schuldposten in Frage, da die Zinsgutschrift weder eine Verminderung anderer Vermögenswerte noch eine Erhöhung der Schulden zur Folge hat. Vorstehender Sachverhalt ist deshalb über das Eigenkapitalkonto zu erfassen und stellt einen Ertrag dar.
(2) Belastung des Girokontos mit Darlehenszinsen 2.500 €. Die Zinszahlung führt zu einer Verminderung des Vermögens, ohne dass gleichzeitig die Schulden verringert werden. Die Gegenbuchung erfolgt somit auf dem Eigenkapitalkonto und ist als Aufwand zu qualifizieren.

Zum Bilanzstichtag ist die Differenz zwischen der Summe der Erträge und der Summe der Aufwendungen zu ermitteln. Dieser Unterschiedsbetrag wird **Unternehmenserfolg** genannt.

---

114    Vgl. hierzu auch die Ausführungen im Ersten Teil zu Gliederungspunkt IV.C.2.

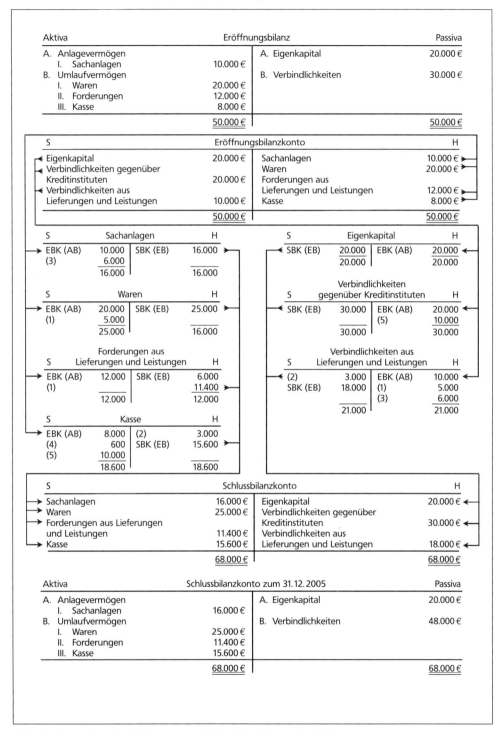

| Aktiva | Eröffnungsbilanz | | Passiva |
|---|---|---|---|
| A. Anlagevermögen | | A. Eigenkapital | 20.000 € |
|   I. Sachanlagen | 10.000 € | | |
| B. Umlaufvermögen | | B. Verbindlichkeiten | 30.000 € |
|   I. Waren | 20.000 € | | |
|   II. Forderungen | 12.000 € | | |
|   III. Kasse | 8.000 € | | |
| | 50.000 € | | 50.000 € |

| S | Eröffnungsbilanzkonto | | H |
|---|---|---|---|
| Eigenkapital | 20.000 € | Sachanlagen | 10.000 € |
| Verbindlichkeiten gegenüber | | Waren | 20.000 € |
| Kreditinstituten | 20.000 € | Forderungen aus | |
| Verbindlichkeiten aus | | Lieferungen und Leistungen | 12.000 € |
| Lieferungen und Leistungen | 10.000 € | Kasse | 8.000 € |
| | 50.000 € | | 50.000 € |

| S | Sachanlagen | | H | | S | Eigenkapital | | H |
|---|---|---|---|---|---|---|---|---|
| EBK (AB) | 10.000 | SBK (EB) | 16.000 | | SBK (EB) | 20.000 | EBK (AB) | 20.000 |
| (3) | 6.000 | | | | | 20.000 | | 20.000 |
| | 16.000 | | 16.000 | | | | | |

| | | | | | S | Verbindlichkeiten gegenüber Kreditinstituten | | H |
|---|---|---|---|---|---|---|---|---|
| S | Waren | | H | | SBK (EB) | 30.000 | EBK (AB) | 20.000 |
| EBK (AB) | 20.000 | SBK (EB) | 25.000 | | | | (5) | 10.000 |
| (1) | 5.000 | | | | | 30.000 | | 30.000 |
| | 25.000 | | 16.000 | | | | | |

| S | Forderungen aus Lieferungen und Leistungen | | H | | S | Verbindlichkeiten aus Lieferungen und Leistungen | | H |
|---|---|---|---|---|---|---|---|---|
| EBK (AB) | 12.000 | SBK (EB) | 6.000 | | (2) | 3.000 | EBK (AB) | 10.000 |
| (1) | | | 11.400 | | SBK (EB) | 18.000 | (1) | 5.000 |
| | 12.000 | | 12.000 | | | | (3) | 6.000 |
| | | | | | | 21.000 | | 21.000 |

| S | Kasse | | H |
|---|---|---|---|
| EBK (AB) | 8.000 | (2) | 3.000 |
| (4) | 600 | SBK (EB) | 15.600 |
| (5) | 10.000 | | |
| | 18.600 | | 18.600 |

| S | Schlussbilanzkonto | | H |
|---|---|---|---|
| Sachanlagen | 16.000 € | Eigenkapital | 20.000 € |
| Waren | 25.000 € | Verbindlichkeiten gegenüber | |
| Forderungen aus Lieferungen | | Kreditinstituten | 30.000 € |
| und Leistungen | 11.400 € | Verbindlichkeiten aus | |
| Kasse | 15.600 € | Lieferungen und Leistungen | 18.000 € |
| | 68.000 € | | 68.000 € |

| Aktiva | Schlussbilanzkonto zum 31.12.2005 | | Passiva |
|---|---|---|---|
| A. Anlagevermögen | | A. Eigenkapital | 20.000 € |
|   I. Sachanlagen | 16.000 € | | |
| B. Umlaufvermögen | | B. Verbindlichkeiten | 48.000 € |
|   I. Waren | 25.000 € | | |
|   II. Forderungen | 11.400 € | | |
|   III. Kasse | 15.600 € | | |
| | 68.000 € | | 68.000 € |

Abb. 37: Integration des Eröffnungs- und Schlussbilanzkontos in das Kontensystem

Ist der Erfolg positiv (Summe der Erträge > Summe der Aufwendungen), so spricht man von einem Gewinn, im umgekehrten Fall (Summe der Erträge < Summe der Aufwendungen) von einem Verlust.[115]

In den **Privateinlagen und -entnahmen** kommen die **zwischen dem Unternehmen und dem Inhaber bzw. den Inhabern des Betriebes (Eignern)** stattgefundenen Transaktionen zum Ausdruck.

**Beispiele:**
(3) Einbringung eines Privatgrundstücks (Wert 190.000 €) in das Unternehmen und
(4) Entnahme von 5.000 € in bar für private Zwecke.

Dem Umstand Rechnung tragend, dass pro Geschäftsvorfall lediglich ein Aktivkonto angesprochen wird und ansonsten keine Veränderung des Vermögens und der Schulden erfolgt, sind die Gegenbuchungen wiederum auf dem Eigenkapitalkonto vorzunehmen.

Die privaten Transaktionen der(s) Eigner(s) führen zwar zu Eigenkapitalveränderungen, haben jedoch nichts mit der **eigentlichen Geschäftstätigkeit** des Unternehmens zu tun. Aus diesem Grunde werden die Einlagen und Entnahmen bei der Ermittlung des Unternehmenserfolges nicht berücksichtigt. Mithin hätte das Eigenkapitalkonto nachstehenden Inhalt.

| S | | Eigenkapital | | H |
|---|---|---|---|---|
| Abgänge in Form von | Aufwendungen | Anfangsbestand | | |
| | Entnahmen | Zugänge in Form von | | Erträgen |
| Endbestand (Saldo) | | | | Einlagen |

Abb. 38: Inhalt des Eigenkapitalkontos

**Beispiel:**
Bezogen auf die beiden vorstehenden Beispiele ergibt sich folgendes Eigenkapitalkonto.

| S | | Eigenkapital | | H |
|---|---|---|---|---|
| | | € | | € |
| (2) Darlehenszinsen | 2.500 | Anfangsbestand | | |
| (4) Entnahme | 5.000 | (1) Zinsgutschrift | | 4.200 |
| Endbestand (Saldo) | | (3) Einlage | | 190.000 |

Im Laufe des Geschäftsjahres ereignen sich betrieblich und privat veranlasste Kapitaländerungen in wechselnder Reihenfolge. Da all diese Vorfälle chronologisch im Eigenkapitalkonto zu erfassen sind, ist bei umfangreicher Geschäftstätigkeit die Ermittlung des

---

115  § 275 Abs. 2 Posten Nr. 20 und Abs. 3 Posten Nr. 19 HGB gebrauchten anstelle der Begriffe »Gewinn« und »Verlust« die Termini »Jahresüberschuss« bzw. »Jahresfehlbetrag«.

Unternehmenserfolges sowie des Gesamtbetrags der Entnahmen nur mit Hilfe von Nebenrechnungen möglich. Das Eigenkapitalkonto selbst erlaubt aufgrund der Vielzahl der Eintragungen keine Aussage mehr über die Höhe der **betrieblich und privat bedingten Eigenkapitalveränderung**. Aus diesem Grunde wird das Eigenkapitalkonto um die Unterkonten

- **Gewinn- und Verlustkonto** und
- **Privatkonto**

erweitert. Somit werden die Aufwendungen und Erträge einerseits sowie die Entnahmen und Einlagen andererseits **getrennt erfasst**, mit der Konsequenz, dass auf dem Kapitalkonto während des laufenden Geschäftsjahres **keine Buchungen** mehr erscheinen. Zur Ermittlung des Eigenkapitalendbestandes sind zum Abschlussstichtag die Salden der beiden Unterkonten in das Eigenkapitalkonto zu übernehmen.

In Bezug auf das Eigenkapital und dessen Veränderungen wird zwischen erfolgsneutralen und erfolgswirksamen Geschäftsvorfällen unterschieden. **Erfolgsneutrale Geschäftsvorgänge** liegen immer dann vor, wenn erbrachte Leistung und erhaltene Gegenleistung wertmäßig übereinstimmen und sich somit keine Auswirkungen auf den Unternehmenserfolg ergeben. Zu den erfolgsneutralen Vorgängen zählen deshalb:

(1) diejenigen **betrieblich veranlassten Aktivitäten**, die nur die Struktur und/oder die Höhe des Vermögens oder der Schulden, nicht aber den Bestand des Eigenkapitals verändern (z. B. Wareneinkauf gegen Barzahlung, Begleichung einer Lieferantenrechnung durch Banküberweisung);
(2) die in Verbindung mit dem **Privatbereich des Kaufmanns stehenden Transaktionen**, die zwar Auswirkungen auf den Eigenkapitalbestand, nicht aber auf den Unternehmenserfolg haben (z. B. Erhöhung des Eigenkapitals durch Bareinlagen bzw. Verminderung durch Barentnahmen).

Charakteristisch für die erfolgswirksamen Geschäftsvorfälle ist, dass sie zu Erträgen und Aufwendungen führen und damit stets Einfluss auf die Höhe des Gewinns oder Verlusts und somit auch auf das Eigenkapital des Unternehmens haben.

### d.b      Gewinn- und Verlustkonto

Das **Gewinn- und Verlustkonto (GuV-Konto)** erfasst die im Laufe eines Geschäftsjahres anfallenden erfolgswirksamen Eigenkapitalveränderungen. Übertragen auf die Buchungstechnik bedeutet dies, dass im GuV-Konto die erfolgswirksamen Geschäftsvorfälle gegen zu buchen sind. Da für die Unterkonten die gleichen Buchungsregeln wie für die Hauptkonten gelten, sind auf dem GuV-Konto erfolgswirksame Eigenkapitalerhöhungen, sprich Erträge, **im Haben** und erfolgswirksame Eigenkapitalverminderungen, sprich Aufwendungen, **im Soll** zu verbuchen.

Das GuV-Konto in dieser Form würde zwar alle Aufwendungen und Erträge in zeitlicher Reihenfolge erfassen, eine Untergliederung nach **sachlichen Gesichtspunkten**, d. h. nach Aufwands- und Ertragsarten, wäre jedoch nicht gegeben. Letzteres ist aber eine unverzichtbare Voraussetzung für eine aussagefähige **Erfolgsanalyse**. Sofern bestimmten Interessenten (z. B. Inhaber, Lieferanten, Fremdkapitalgeber) gezeigt werden soll, aus welchen Komponenten sich der Unternehmenserfolg zusammensetzt, wäre das GuV-Konto um eine Nebenrechnung zu ergänzen, in der gleichartige Aufwendungen (z. B. Gehälter, Löhne und Arbeitgeberanteil zur Sozialversicherung) zu jeweils einer Aufwandsart (hier: Personalauf-

wendungen) und gleichartige Erträge (z. B. Zinsen aus Anleihen, Obligationen und Spar-
guthaben) zu jeweils einer Ertragsart (hier: Zinserträge) zusammengefasst werden. Um diese
Nebenrechnung zu vermeiden und aus Gründen einer besseren Einsichtnahme in die Ertragslage des Unternehmens, ist es sinnvoll, für **jede Aufwandsart ein eigenes Aufwandskonto** und für **jede Ertragsart ein eigenes Ertragskonto** einzurichten. Sämtliche erfolgswirksamen Geschäftsvorfälle werden dann auf diesen Konten, die die Buchungstechnik auch
als Erfolgskonten bezeichnet, gegengebucht. Da die Aufwands- und Ertragskonten Unterkonten des GuV-Kontos darstellen und dieses wiederum ein Unterkonto des Eigenkapitalkontos ist, hat die Buchung auf den Erfolgskonten nach den gleichen Regeln zu erfolgen
wie die direkte Buchung auf dem Eigenkapitalkonto. Falls Aufwendungen oder Erträge gemindert oder rückgängig gemacht werden (z. B. Rückerstattung zuviel bezahlter oder zuviel erhaltener Zinsen), erfolgt die Berichtigung der entsprechenden Erfolgskonten nach
den für die Stornobuchungen geltenden Grundsätzen.

| S | Aufwandskonto | H |
|---|---|---|
| Aufwendungen | Stornobuchungen und Erstattungen | |
| | Saldo | |

| S | Ertragskonto | H |
|---|---|---|
| Stornobuchungen und Erstattungen | Erträge | |
| Saldo | | |

Die Erfolgskonten werden am Ende des Geschäftsjahres über das GuV-Konto abgeschlossen. Hieraus folgt, dass die Salden der Aufwands- und Ertragskonten in das GuV-Konto zu
übernehmen sind. Die Buchungssätze lauten dann:

**(1) GuV-Konto       an       Aufwandskonten**
**(2) Ertragskonten   an       GuV-Konto.**

Durch den entsprechenden Buchungssatz wird der rechnerische Ausgleich des jeweiligen
Erfolgskontos vorgenommen, wodurch der Saldo bei Aufwendungen auf der Sollseite und
bei Erträgen auf der Habenseite im GuV-Konto erscheint. Nachdem die Salden aller Auf-
wands- und Ertragskonten auf das GuV-Konto übertragen wurden, ist der Saldo des GuV-
Kontos selbst zu ermitteln. Hierbei kennzeichnet ein Haben-Saldo (Summe der Erträge >
Summe der Aufwendungen) eine Gewinnsituation, während ein Soll-Saldo (Summe der
Erträge < Summe der Aufwendungen) eine Verlustsituation beschreibt.

| S | Gewinn- und Verlustkonto (Gewinnsituation) | H |
|---|---|---|
| Salden aller Aufwandskonten | Salden aller Ertragskonten | |
| Gewinn (Saldo) | | |

| S | Gewinn- und Verlustkonto (Verlustsituation) | | H |
|---|---|---|---|
| Salden aller Aufwandskonten | Salden aller Ertragskonten | | |
| | Verlust (Saldo) | | |

Das GuV-Konto in vorstehender Form enthält somit alle im Laufe eines Geschäftsjahres angefallenen Aufwendungen und Erträge, die aus Zweckmäßigkeitsgründen jedoch zu bestimmten Aufwands- und Ertragsarten zusammengefasst werden. Anschließend ist das GuV-Konto über das Eigenkapitalkonto abzuschließen. Im Falle der **Gewinnsituation** erfolgt dies durch den Buchungssatz:

**GuV-Konto        an        Eigenkapital.**

Bei Vorliegen der **Verlustsituation** lautet die Abschlussbuchung:

**Eigenkapital        an        GuV-Konto.**

Den buchungstechnischen Abschluss der Aufwands- und Ertragskonten spiegeln die folgenden **Abb. 39** und **Abb. 40** wider.

Nach § 242 Abs. 2 HGB hat der Kaufmann für den Schluss eines jeden Geschäftsjahres eine GuV-Rechnung aufzustellen. Analog zum Verhältnis von Schlussbilanz und Schlussbilanzkonto geht auch die GuV-Rechnung aus dem Datenmaterial des GuV-Kontos hervor. GuV-Rechnung und GuV-Konto haben somit den gleichen Inhalt, können jedoch in ihrer **formalen Ausgestaltung** erhebliche Unterschiede aufweisen. Während die GuV-Rechnung die Form- und Gliederungsvorschriften des Handelsgesetzbuches zu beachten hat, erfolgt der Aufbau des GuV-Kontos allein nach betrieblichen Gesichtspunkten. Das GuV-Konto ist deshalb regelmäßig **tiefer untergliedert** als die GuV-Rechnung. Formaler Aufbau und **Mindestgliederung** der GuV-Rechnung hängen von der Rechtsform des Unternehmens ab. Für **Einzelunternehmen und Personenhandelsgesellschaften** schreibt das Gesetz lediglich vor, dass

(1) die GuV-Rechnung **klar und übersichtlich** zu sein hat (§ 243 Abs. 2 HGB) und
(2) die Aufwendungen und Erträge **nicht miteinander verrechnet** werden dürfen, sondern getrennt auszuweisen sind (sog. **Verrechnungsverbot**, § 246 Abs. 2 HGB).

Vom GuV-Konto, das ein wesentliches Element der doppelten Buchführung darstellt, ist die **Gewinn- und Verlustrechnung (GuV-Rechnung)**, die zu den Instrumenten der externen Rechnungslegung zählt, zu unterscheiden. Bilanz und GuV-Rechnung bilden zusammen den außerhalb der Finanzbuchhaltung stehenden Jahresabschluss.[116]

Klar und übersichtlich ist eine GuV-Rechnung immer dann, wenn sie einen ausreichenden Einblick in die **Ertragslage** des Unternehmens ermöglicht. Dies setzt voraus:

• die **Zusammenfassung** der Aufwands- und Ertragsarten des GuV-Kontos zu aussagefähigen Blöcken und
• den **gesonderten Ausweis** der außerordentlichen Aufwendungen und Erträge in einer Summe.

---

116   Vgl. § 242 Abs. 3 HGB. Bei Kapitalgesellschaften und ihnen gesetzlich gleichgestellten Unternehmen kommt als dritte Komponente des Jahresabschlusses noch der Anhang hinzu. Vgl. § 264 Abs. 1 HGB.

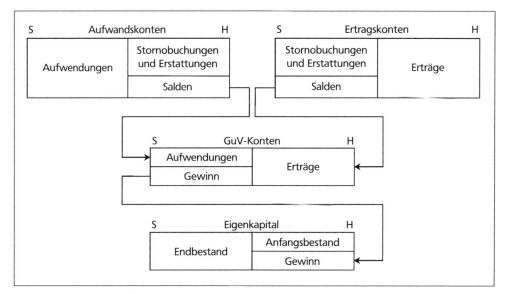

Abb. 39: Abschluss der Erfolgskonten bei Gewinnsituation

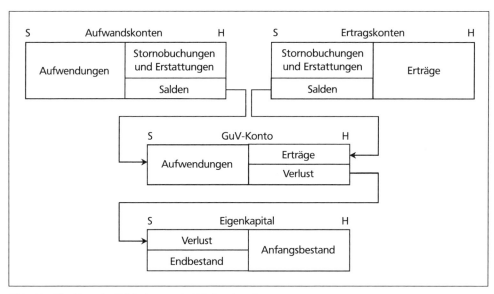

Abb. 40: Abschluss der Erfolgskonten bei Verlustsituation

**Außerordentliche Aufwendungen und Erträge** sind Erfolgsbestandteile, die für das Unternehmen **untypisch (unternehmensfremd) sind und unregelmäßig anfallen,**[117] d. h. die außerhalb der **gewöhnlichen Geschäftstätigkeit** liegen (§ 277 Abs. 4 HGB).

---

117    Vgl. *Förschle* 2006c, Anm. 221 zu § 275 HGB, S. 1105.

Die Angabe der außerordentlichen Aufwendungen und Erträge ist deshalb erforderlich, weil die maßgebliche Größe für die Beurteilung der Ertragslage der Erfolg aus der gewöhnlichen Unternehmenstätigkeit ist. Neben den genannten allgemein gültigen Aufstellungsgrundsätzen enthält das Handelsgesetzbuch keine weiteren Formvorschriften für die GuV-Rechnung von nicht publizitätspflichtigen Einzelunternehmen und Personenhandelsgesellschaften. Insofern liegen Aufbau und Gliederung weitgehend im **Ermessen** dieser Unternehmen.

Bei **Kapitalgesellschaften** und ihnen gesetzlich gleichgestellten Unternehmen[118] bestimmt sich der formale Aufbau und die Mindestgliederung der GuV-Rechnung aus § 275 HGB. Danach ist die GuV-Rechnung in Staffelform nach **dem Gesamtkosten-** oder **Umsatzkostenverfahren** aufzustellen.

Um die oben angesprochenen Probleme bei der Erstellung der GuV-Rechnung zu umgehen, legen i. d. R. auch nicht publizitätspflichtige Einzelunternehmen und Personenhandelsgesellschaften ihren GuV-Rechnungen – wenn auch z. T. in vereinfachter Form – das Gliederungsschema des § 275 HGB zugrunde.

### d.c     Privatkonto

Auf dem Privatkonto werden die privat veranlassten Eigenkapitalerhöhungen und -verminderungen ( = **Privateinlagen und -entnahmen**) verbucht. Hierzu zählen insbesondere die Bareinlagen und -entnahmen sowie die Sacheinlagen und -entnahmen, die grundsätzlich **erfolgsneutrale Geschäftsvorfälle** darstellen (z. B. Einzahlung privater Gelder auf das betriebliche Bankkonto; Entnahme von Grundstücken, Fahrzeugen, Waren etc. für den Eigenbedarf des Unternehmers).[119] Da für das Privatkonto die gleichen Buchungsregeln wie für das Eigenkapitalkonto gelten, sind **Einlagen** im **Haben** und **Entnahmen** im **Soll** auszuweisen.

Zum Bilanzstichtag wird der Saldo des Privatkontos ermittelt und auf das Eigenkapitalkonto übertragen:

(1) Buchungssatz bei **Einlagenüberschuss**
(Summe der Einlagen > Summe der Entnahmen):

**Privatkonto     an     Eigenkapital.**

(2) Buchungssatz bei **Entnahmenüberschuss**
(Summe der Einlagen < Summe der Entnahmen):

**Eigenkapital     an     Privatkonto.**

Diese Buchung bewirkt den rechnerischen Ausgleich des Privatkontos und der Saldo erscheint im Eigenkapitalkonto; bei Einlagenüberschuss auf der Habenseite, bei Entnahmenüberschuss auf der Sollseite. Den buchungstechnischen Abschluss des Privatkontos verdeutlichen die **Abb. 41** und **Abb. 42.** Die vorstehenden Daten zeigen ferner, dass die auf dem Privatkonto verbuchten Einlage- und Entnahmewerte stets eine **erfolgsneutrale Verände-**

---

118   Vgl. das für Kapitalgesellschaften, publizitätspflichtige Einzelunternehmen und Personenhandelsgesellschaften (§ 5 Abs. 1 Satz 2 PublG) sowie eingetragene Genossenschaften (§ 336 Abs. 2 Satz 1 HGB) und unter § 264 a HGB fallende Unternehmen maßgebende (vertikale) Gliederungsschema der Gewinn- und Verlustrechnung nach § 275 Abs. 2 und Abs. 3 HGB sowie die Ausführungen im Zweiten Teil zu Gliederungspunkt IV.C.

119   Sachentnahmen stellen nur dann erfolgsneutrale Vorgänge dar, wenn der im Bestandskonto ausgewiesene Wert ( = Buchwert) mit dem aktuellen Wiederbeschaffungswert ( = steuerlicher Teilwert) übereinstimmt.

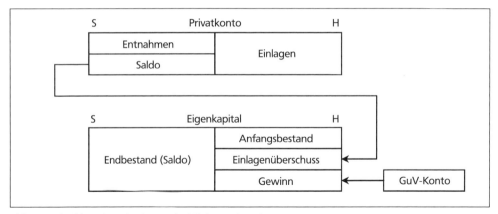

Abb. 41:  Abschluss des Privatkontos bei Einlagenüberschuss

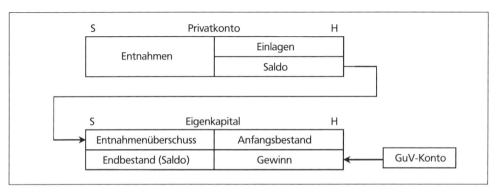

Abb. 42:  Abschluss des Privatkontos bei Entnahmenüberschuss

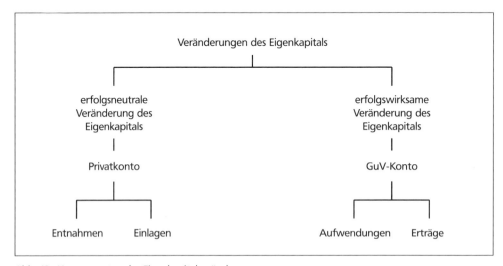

Abb. 43:  Komponenten der Eigenkapitalveränderung

**rung des Eigenkapitals** bewirken, während die auf dem GuV-Konto (einschließlich der Aufwands- und Ertragskonten) erfassten Beträge ausnahmslos zu einer **erfolgswirksamen Eigenkapitalvariation** führen. In **Abb. 43** werden die beiden Möglichkeiten der Veränderung des Eigenkapitalbestandes unter Angabe ihrer buchhalterischen Erfassungstechniken noch einmal aufgezeigt.

## e.     Arten der Erfolgsermittlung[120]

Der Gewinn oder Verlust eines Unternehmens kann im System der doppelten Buchführung auf **zweifache Weise** bestimmt werden:

- durch die **Gegenüberstellung** der **Aufwendungen und Erträge** im GuV-Konto und
- im Wege des **Eigenkapitalvergleichs**.

Die Berechnung des Erfolgs mittels der im GuV-Konto erfassten Aufwendungen und Erträge ist bereits ausführlich dargelegt worden. Der Erfolgsermittlung durch Eigenkapitalvergleich liegt nachstehendes Schema zugrunde:

Eigenkapital am Ende des Geschäftsjahres
– Eigenkapital am Anfang des Geschäftsjahres
+ Wert der Entnahmen
– Wert der Einlagen
= Erfolg (Gewinn oder Verlust des Geschäftsjahres).

Das zu Beginn der Rechnungsperiode vorhandene Eigenkapital kann der Eröffnungsbilanz bzw. der Schlussbilanz des Vorjahres entnommen werden. Das Eigenkapital am Ende des Geschäftsjahres ergibt sich durch Subtraktion der Schulden von dem zum Abschlussstichtag vorhandenen Vermögen (Summe der Aktiva). Die Differenz zwischen dem Eigenkapital am Ende und am Anfang der Rechnungsperiode zeigt die Veränderung des Eigenkapitals auf, die sowohl erfolgsneutralen als auch erfolgswirksamen Charakter tragen kann. Um den Unternehmenserfolg zu erhalten, ist deshalb die vorstehende Differenz in Höhe der **erfolgsneutralen Eigenkapitaländerung** zu berichtigen. Insofern sind die **Entnahmen** – sie haben das Eigenkapital erfolgsneutral gemindert – **hinzuzurechnen** und die **Einlagen** – sie haben das Eigenkapital erfolgsneutral erhöht – **abzuziehen**.

Wesentlicher **Nachteil der Erfolgsermittlung durch Eigenkapitalvergleich** ist die **fehlende Möglichkeit der Erfolgsanalyse**. Dadurch, dass sich der Gewinn oder Verlust letztendlich als Unterschiedsbetrag zwischen den aktiven und passiven Bilanzposten darstellt, ist keine Aussage darüber möglich, aus welchen Aufwands- und Ertragsarten der Erfolg resultiert.

Da durch die vorstehend gezeigte Erfolgsermittlung aber die Quellen des Unternehmenserfolgs nicht sichtbar werden, ist für alle Kaufleute, neben der Aufstellung einer **Bilanz** (§ 242 Abs. 1 HGB), die Fertigung einer **Gewinn- und Verlustrechnung** zwingend vorgeschrieben (§ 242 Abs. 2 HGB). Bilanz sowie Gewinn- und Verlustrechnung werden unter dem Begriff »**Jahresabschluss**« zusammengefasst (§ 242 Abs. 3 HGB). Bei Kapitalgesellschaften und ihnen gesetzlich gleichgestellten Unternehmen zählt auch der **Anhang** mit zum

---

120   Vgl. hierzu auch die Ausführungen im Ersten Teil zu Gliederungspunkt IV.C.2.

Jahresabschluss (§ 264 Abs. 1 Satz 1 HGB). Im Anhang sind Erläuterungen der Bilanz sowie der Gewinn- und Verlustrechnung vorzunehmen und **sonstige Pflichtangaben** zu bestimmten Posten des Jahresabschlusses zu machen (§ 284 HGB, § 285 HGB). Im Rahmen der Gewinn- und Verlustrechnung werden die Aufwendungen einer Periode den entsprechenden Erträgen, gegliedert nach Aufwands- und Ertragsarten, gegenübergestellt (vgl. § 275 Abs. 2 und Abs. 3 HGB). Der bilanzrechtliche Erfolg kann auch anhand der Gewinn- und Verlustrechnung durch Saldierung der **gesamten Aufwendungen und Erträge einer Periode** berechnet werden, die ihren Niederschlag in den einzelnen aktiven und passiven Bilanzpositionen finden und somit eine Veränderung des Eigenkapitalbestandes der Unternehmen bewirken.

> Summe der Erträge
> – Summe der Aufwendungen
> _____
> = Unternehmenserfolg des Geschäftsjahres (Gewinn oder Verlust).

Da sich der Unternehmenserfolg doppelt, d. h. nach zwei Methoden ermitteln lässt, spricht man auch von der **Doppik** des Rechnungswesens oder der **doppelten Buchhaltung**. Zudem kommt die Doppik darin zum Ausdruck, dass jeder Geschäftsvorfall einmal im Grund- und einmal im Hauptbuch verzeichnet wird.

Der Begriff »**Bilanzierung**« erfährt im wirtschaftlichen und fachwissenschaftlichen Sprachgebrauch unterschiedliche Interpretationen. Im weitesten Sinne versteht man darunter die Erstellung einer Bilanz sowie einer Gewinn- und Verlustrechnung. In der engeren Fassung bedeutet »Bilanzierung« der Ansatz eines Bilanzpostens **dem Grunde nach** in der Bilanz (im Gegensatz zur »Bewertung«, dem Ansatz **der Höhe nach**), wobei der Ansatz auf der Aktivseite »**Aktivierung**« und auf der Passivseite »**Passivierung**« genannt wird. Unter Berücksichtigung der der Bilanzerstellung zugrunde liegenden gesetzlichen Vorschriften lässt sich ferner die **Bilanzierung** nach **Handelsrecht** von der nach **(Bilanz-)Steuerrecht**[121] unterscheiden.

## 4.    Typisierung der Bilanzveränderungen

Hinsichtlich der Auswirkungen von Geschäftsvorfällen auf Höhe und/oder Struktur der Bilanz werden folgende vier Grundtypen unterschieden:

- beim **Aktivtausch** verändert sich bei gleich bleibender Bilanzsumme die Struktur der Aktivseite;
- beim **Passivtausch** findet bei unveränderter Bilanzsumme eine Umschichtung innerhalb der Passivseite statt;
- bei der **Aktiv-Passiv-Mehrung** nehmen Aktiv- und Passivposten um den gleichen Betrag zu; entsprechend steigt auch die Bilanzsumme um diese Größe an. Die Aktiv-Passiv-Mehrung stellt somit eine »**Bilanzverlängerung**« dar;
- bei der **Aktiv-Passiv-Minderung** nehmen Aktiva und Passiva um den gleichen Betrag ab, wodurch auch die Bilanzsumme um diese Größe absinkt. Die Aktiv-Passiv-Minderung bewirkt insofern eine »**Bilanzverkürzung**«.

Mit Ausnahme des Aktivtausches können Bilanzveränderungen sowohl das Ergebnis von **erfolgsneutralen** als auch **erfolgswirksamen Geschäftsvorfällen** sein. Da beim Aktivtausch

---

121    Vgl. hierzu die Ausführungen im Zweiten Teil zu Gliederungspunkt V.B.

jegliche Verbindung zum Eigenkapital (Passivseite) fehlt, ist dieser stets das Resultat eines erfolgsneutralen Vorgangs. Aus dem Zusammenspiel von erfolgsneutralen und erfolgswirksamen Geschäftsvorfällen einerseits und den **vier Grundtypen von Bilanzveränderungen** andererseits ergibt sich **Abb. 44.**

## 5.   Zusammenhänge zwischen Finanzbuchhaltung, Inventar und Jahresabschluss

Wie durch **Abb. 45**[122] verdeutlicht wird, stellen der handels- und steuerrechtliche Jahresabschluss das Ergebnis der Kontenabschlüsse dar, die auf den laufenden Buchungen, deren Korrektur durch die Inventurfeststellungen und den Abschlussbuchungen beruhen. Nur auf der Basis einer Inventur ist eine Bilanz **nicht** zu erstellen, da von der Inventur Bilanzierungshilfen, Rechnungsabgrenzungsposten, Rückstellungen usw. nicht erfasst werden. Umgekehrt kann jedoch weder eine Handelsbilanz noch eine Steuerbilanz ohne Inventur aufgestellt werden. Die Ergebnisse der laufenden Buchhaltung und der Inventur werden mit Hilfe der **Hauptabschlussübersicht (HAÜ)** zusammengeführt. Aus beiden Instrumentarien wird sodann der Jahresabschluss abgeleitet. Das gegenwärtige Steuerrecht kennt **keine Norm**, die ausdrücklich eine von der Handelsbilanz getrennt zu erstellende Steuerbilanz vorschreibt. Verlangt wird lediglich die Aufstellung einer nach steuerrechtlichen Vorschriften **korrigierten Handelsbilanz** (§ 60 Abs. 2 Satz 1 EStDV). Allerdings sieht § 60 Abs. 2 Satz 2 EStDV ein Wahlrecht vor, nach dem der Steuerpflichtige auch eine den steuerrechtlichen Vorschriften entsprechende **Vermögensübersicht (Steuerbilanz)** seiner Steuererklärung beifügen kann.

Nach der vollständigen Erfassung der laufenden Geschäftsvorfälle im Kontensystem und vor Durchführung der vorbereitenden Abschlussbuchungen wird in der Praxis aus kontroll-, informations- und entscheidungsspezifischen Gründen regelmäßig ein **vorläufiger Abschluss (Probeabschluss)** erstellt. Das technisch-organisatorische Hilfsmittel zur Anfertigung des außerhalb des Systems der Buchführung stehenden Probeabschlusses ist die **Hauptabschlussübersicht**. Synonym werden für dieses Instrument auch die Begriffe **Betriebsübersicht** oder **Abschlusstabelle** verwendet. Sie ist eine das Zahlenmaterial der Finanzbuchhaltung in komprimierter Form enthaltende Aufstellung, die die Entwicklung sämtlicher Bestandskonten von der Eröffnungs- bis zur Schlussbilanz sowie die aufwands- und ertragsmäßige Zusammensetzung der GuV-Rechnung aufzeigt.

Zu den vorrangigen Aufgaben, die eine Hauptabschlussübersicht erfüllt, zählen die **Kontroll-, die Informations- und die Entscheidungsfunktion**.

**Zur Kontrollfunktion:**
Mit Hilfe der in die Betriebsübersicht eingebauten Abstimmungsmechanismen kann u. a. festgestellt werden, ob die Verbuchung der laufenden Geschäftsvorfälle sowie die Addition der in den Sachkonten erfassten Soll- und Habenbuchungsbeträge rechnerisch richtig vorgenommen wurde.[123] Die **Überprüfung der Konten auf ihre rechnerische Richtigkeit** ist

---

122   Modifiziert entnommen von *Federmann* 2000, S. 27.
123   Die Abstimmungsmechanismen kommen in der Summengleichheit der jeweiligen Buchungsspalten zum Ausdruck. Vgl. hierzu insbesondere die Ausführungen zu den Spalten »Summenzugänge« und »Summenbilanz«.

| Bilanzverän-<br>derungen<br><br>Geschäfts-<br>vorfälle | Aktivtausch<br>(Bilanzsumme bleibt<br>unverändert) | Passivtausch<br>(Bilanzsumme bleibt<br>unverändert) |
|---|---|---|
| Erfolgsneutrale | Erhöhung von Aktivposten =<br>Verminderung anderer Aktiv-<br>posten | (1) Erhöhung von Schulden = Minderung<br>anderer Schulden<br>(2) Erhöhung (Minderung) des Eigenkapitals<br>infolge von Einlagen (Entnahmen) =<br>Verminderung (Erhöhung) von Verbind-<br>lichkeiten |
| Beispiele | Wareneinkauf gegen<br>Barzahlung | (1) Umwandlung einer Verbindlichkeit aus<br>Lieferungen und Leistungen in ein lang-<br>fristiges Lieferantendarlehen<br>(2) Rückzahlung eines betrieblichen Bankdar-<br>lehens mit privaten Geldern des Inhabers |
| Erfolgswirksame | | (1) Erhöhung von Schulden = Aufwand mit<br>der Folge einer Eigenkapitalverminderung<br>(2) Verminderung von Schulden = Ertrag mit<br>der Folge einer Eigenkapitalerhöhung |
| Beispiele | | (1) Eine fällige Mietzahlung wird dem Unter-<br>nehmen für 3 Monate gestundet<br>(2) Das Unternehmen erhält einen Bankkredit<br>teilweise erlassen |
| Bilanzverän-<br>derungen<br><br>Geschäfts-<br>vorfälle | Aktiv-Passiv-Mehrung<br>(Bilanzsumme steigt) | Aktiv-Passiv-Minderung<br>(Bilanzsumme sinkt) |
| Erfolgsneutrale | (1) Erhöhung von Aktiva = Erhö-<br>hung von Verbindlichkeiten<br>(2) Erhöhung von Aktiva = Erhö-<br>hung des Eigenkapitals infolge<br>von Bar- oder Sacheinlagen | (1) Verminderung von Aktiva = Verminderung<br>von Verbindlichkeiten<br>(2) Verminderung von Aktiva = Verminderung<br>des Eigenkapitals infolge von Bar- oder<br>Sachentnahmen[124] |
| Beispiele | (1) Wareneinkauf auf Ziel<br>(2) Bareinlage; Einbringung einer<br>Maschine in das Unternehmen<br>durch den Inhaber | (1) Begleichung einer Lieferantenverbindlich-<br>keit durch Banküberweisung<br>(2) Barentnahme;<br>Warenentnahme durch den Eigner |
| Erfolgswirksame | Zunahme von Aktiva = Ertrag<br>mit der Folge einer Eigenkapital-<br>erhöhung | Abnahme der Aktiva = Aufwand mit der<br>Folge einer Eigenkapitalverminderung |
| Beispiele | Erhalt einer Zinsgutschrift auf<br>dem Bankkonto | Überweisung der Miete für die Geschäfts-<br>räume |

Abb. 44: Bilanzveränderungen bei erfolgsneutralen und erfolgswirksamen Geschäftsvorfällen

---

124   Es wird unterstellt, dass Buch- und (handels- sowie steuerrechtlicher) Entnahmewert übereinstimmen.

deshalb möglich, weil das in der Buchführung geltende Prinzip der betragsmäßigen Gleichheit von Soll- und Habenbuchungen auch in der Hauptabschlussübersicht Anwendung findet. Da die Sachkonten zum Zeitpunkt der Erstellung der Betriebsübersicht noch nicht abgeschlossen sind, können sowohl betragsmäßige Buchungsfehler als auch Additionsfehler ohne größere Schwierigkeiten berichtigt werden.

**Beispiel:**
(Beispiel für einen betragsmäßigen Buchungsfehler):
Geschäftsvorfall:        Warenverkauf auf Ziel 600 € (einschl. 20 % USt);
Konteneintragungen:  Soll:     Forderungen aus Lieferungen und Leistungen     1.075 €
                                 Haben:  Warenverkauf                                                  600 €
                                             Umsatzsteuer                                                 100 €.

Wird keine Hauptabschlussübersicht angefertigt, tritt der rechnerische Fehler erst im Rahmen der Bilanzerstellung zu Tage, wobei sich die damit einhergehende Korrektur der bereits abgeschlossenen Sachkonten erheblich schwieriger gestaltet. Die mit der Betriebsübersicht verbundene Kontrollfunktion erlaubt jedoch **keine Aussage über die sachliche Richtigkeit** der Konteneintragungen.

**Beispiel:**
(Beispiel für eine sachliche Falschbuchung):
Geschäftsvorfall:         Warenverkauf auf Ziel 600 € (einschl. 20 % USt);
Konteneintragungen:  Soll:     Verbindlichkeiten aus Lieferungen und Leistungen 600 €
                                 Haben:  Warenverkauf                                                  500 €
                                             Umsatzsteuer                                                 100 €.

Mittels der Hauptabschlussübersicht kann folglich nicht festgestellt werden, ob die Geschäftsvorfälle auf den **sachlich** richtigen Konten verbucht wurden. Allerdings verliert die Kontrollfunktion der Betriebsübersicht im Falle der **EDV-Buchführung** aufgrund der immanenten automatisierten Abstimmungsprozesse weitgehend an Bedeutung.

**Zur Informationsfunktion:**
Wie dargelegt wurde, spiegelt die Hauptabschlussübersicht die Entwicklung der Bestandskonten sowie die Zusammensetzung des vorläufigen Erfolgs wider. Aus diesem Zahlenmaterial lassen sich **zusätzliche Informationen** hinsichtlich der **wirtschaftlichen Verhältnisse** des Unternehmens gewinnen. Einen gegenüber dem Jahresabschluss tiefer gehenden **Einblick in die Vermögens-, Finanz- und Ertragslage** eröffnet die Betriebsübersicht insbesondere durch die Möglichkeit des Vergleichs der auf Basis des Probeabschlusses ermittelten **Kennzahlen** mit den nach Durchführung der vorbereitenden Abschlussbuchungen aus der Bilanz sowie der Gewinn- und Verlustrechnung abgeleiteten Kennwerte.

Da der Übergang vom vorläufigen zum endgültigen Abschluss nicht unwesentlich durch den Einsatz der dem Kaufmann vom Gesetzgeber eingeräumten **rechnungslegungspolitischen Aktionsparameter** (Ansatz- und Bewertungswahlrechte sowie Ermessensspielräume)

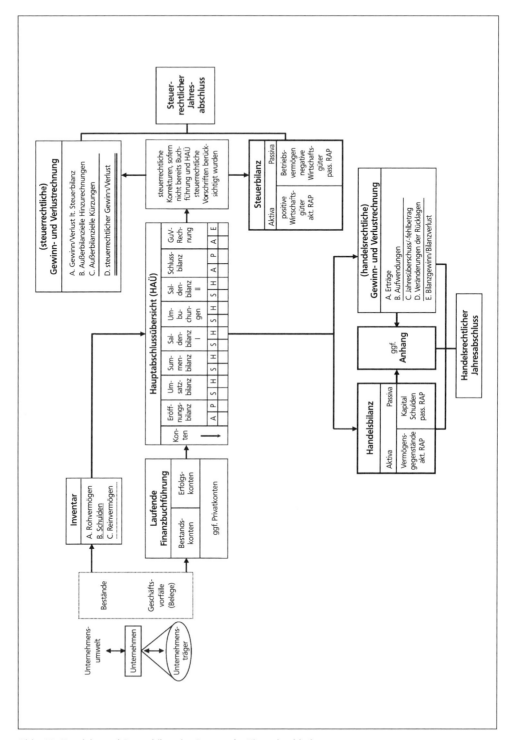

Abb. 45:  Handels- und Steuerbilanz im System der Finanzbuchhaltung

beeinflusst wird,[125] werden ferner Informationen geliefert, inwieweit mit Hilfe der **Rechnungslegungspolitik** die Relationen der Aktiv- und Passivposten unter- und zueinander sowie die Ausprägung des Periodenerfolgs gegenüber den Ergebnissen aus der laufenden Geschäftstätigkeit verändert wurden.[126]

**Zur Entscheidungsfunktion:**

Wie vorstehend angesprochen wurde, vermittelt der aus der Betriebsübersicht sich ergebende vorläufige Abschluss ein Bild von der wirtschaftlichen Lage des Unternehmens **vor Einsatz der rechnungslegungspolitischen Aktionsparameter**. Mithin wird anhand des Probeabschlusses entschieden, wie die Ansatz- und Bewertungswahlrechte sowie die Ermessensspielräume einzusetzen bzw. auszunutzen sind, damit das vom Unternehmer angestrebte Ziel (z. B. Ertragsteueroptimierung) erreicht wird. Die Erkenntnisse aus der Hauptabschlussübersicht stellen somit die **Entscheidungsgrundlage** für die Rechnungslegungspolitik dar. Der Übergang vom vorläufigen zum endgültigen Jahresabschluss erfolgt unter Zuhilfenahme einer **Umbuchungsspalte**, in der dann die vorbereitenden Abschlussbuchungen aufgezeichnet werden.

Aus den genannten Gründen sind auch die **Finanzämter** an der Vorlage einer Betriebsübersicht interessiert. Deshalb können sie von Betrieben, die die doppelte Buchführung anwenden, verlangen, dass diese ihrer Steuererklärung eine Hauptabschlussübersicht beilegen (§ 60 Abs. 1 EStDV). Wie eingangs erwähnt, rechnet die Abschlusstabelle grundsätzlich **nicht** zum System der doppelten Buchführung. Gleichwohl kann sie buchungstechnisch so ausgestaltet und organisatorisch dergestalt in den Dokumentationsprozess integriert werden, dass sie **wesentlicher Bestandteil** des Buchführungssystems wird.

Die Betriebsübersicht ist in **Tabellenform** aufgebaut und verfügt neben der **Kontenvorspalte** über **fünf bis acht Doppelspalten** (Rubriken). Ferner ist in die Abschlusstabelle regelmäßig eine **Erläuterungsspalte** (»Bemerkungen«) eingearbeitet. In ihrer einfachsten Ausprägung besitzt die Hauptabschlussübersicht die Rubriken: **Summenbilanz, Saldenbilanz (I), Umbuchungen, Schlussbilanz** sowie **Gewinn- und Verlustrechnung**, während in ihrer ausführlichsten Form zusätzlich die Spalten: **Eröffnungsbilanz**, **Summenzugänge** und **Saldenbilanz II** geführt werden. **Abb. 46** zeigt die Strukturen einer Hauptabschlussübersicht in ihrer ausführlichsten Form.

Die Betriebsübersicht in nachfolgender Ausprägung ermöglicht einen **detaillierten Einblick** in die Entwicklung der **Sachkonten** (Bestands- und Erfolgskonten) von den Anfangsbeständen bzw. Kontensummen bis hin zu den in die Schlussbilanz bzw. Gewinn- und Verlustrechnung zu übernehmenden Salden. Die Spalten der Hauptabschlussübersicht haben im Einzelnen folgenden Inhalt:

- In der **Kontenvorspalte** werden die gemäß dem Kontenplan in der Unternehmung Anwendung findenden Bestands- und Erfolgskonten unter Angabe ihrer **Kontonummer** eingetragen.

  In einem ersten Schritt übernimmt die Betriebsübersicht die Anfangsbestände der **Eröffnungsbilanz**. Da in der Praxis der Jahresabschluss der abgelaufenen Periode nicht am

---

125   Vgl. hierzu die Ausführungen im Sechsten Teil zu Gliederungspunkt II sowie im Siebenten Teil zu Gliederungspunkt II.

126   Während die Relationen der Aktiv- und Passivposten unter- und zueinander Rückschlüsse auf die Vermögens- und Finanzlage des Unternehmens erlauben, geben die Zusammensetzung und Höhe des Jahreserfolgs Auskunft über die Ertragslage.

| Konto-Nr. | Kontenbezeichnung | 1 Eröffnungsbilanz | | 2 Summenzugänge | | 3 Summenbilanz | | 4 Saldenbilanz I | | ... |
|---|---|---|---|---|---|---|---|---|---|---|
| | | Aktiva | Passiva | Soll | Haben | Soll | Haben | Soll | Haben | |
| | | | | | | | | | | |
| | | Aktiva = Passiva | | Soll- = Haben-summe summe | | Soll- = Haben-summe summe | | Soll- = Haben-summe summe | | ... |

| ... | 5 Umbuchungen | | Bemerkungen | 6 Saldenbilanz II | | 7 Schlussbilanz | | 8 Gewinn- und Verlustrechnung | |
|---|---|---|---|---|---|---|---|---|---|
| | Soll | Haben | | Soll | Haben | Soll | Haben | Aufwand | Ertrag |
| | | | | | | | | | |
| ... | Soll- = Haben-summe summe | | | Soll- = Haben-summe summe | | Summe | Summe + Gewinn – Verlust | Summe + Gewinn | Summe + Verlust |
| | | | | | | Aktiva = Passiva | | Aufwand = Ertrag | |

Abb. 46:  Aufbau einer Hauptabschlussübersicht

Bilanzstichtag (z. B. 31. 12.), sondern erst im Laufe des neuen Geschäftsjahres erstellt wird, sind die Anfangsbestände zu Beginn des neuen Jahres (z. B. 01. 01.) noch nicht bekannt. Demzufolge werden in der Realität die Eröffnungsbuchungen erst im **Nachhinein** vollzogen. Ist die Hauptabschlussübersicht in das System der doppelten Buchführung **integriert**, kann auf die nachträgliche Einbuchung der Anfangsbestände bei den Aktiv- und Passivkonten verzichtet werden, denn die in die Schlussbilanz zu übernehmenden Endbestände lassen sich aus der Abschlusstabelle ableiten. Insofern sind im Falle der Integration der Betriebsübersicht in das Buchführungssystem auf den Bestandskonten nur die **Zu- und Abgänge** (Umsätze) zu erfassen.

- Die Rubrik »**Summenzugänge**« (auch Umsatz- oder Verkehrsbilanz genannt) enthält die Summen der Soll- und Habenbuchungsbeträge aller Konten. Bei den Aktiv- und Passivkonten bleiben die Anfangsbestände jedoch unberücksichtigt. Aufgrund der **Doppik** müssen die Spaltensumme der Soll- und die der Habenseite übereinstimmen (Kontrollfunktion). **Abb. 47** zeigt in vereinfachter Form die Übernahme der Konteninhalte in die Rubrik »Summenzugänge«.

| Konto-Nr. | Kontenbezeichnung | 1 | | 2 | | |
|---|---|---|---|---|---|---|
| | | Eröffnungsbilanz | | Summenzugänge | | |
| | | Aktiva | Passiva | Soll | Haben | |
| 151 | Kasse | 1.000 | | 2.850 | 2.200 | |

```
              S      151  Kasse    H
             (3)    2.000  (9)      250
            (15)      100  (11)   1.500
            (21)      750  (17)      50
                           (22)     400
                   ───────       ───────
                     2.850         2.200
```

Abb. 47: Übernahme der Soll- und Habensummen aus dem Kontensystem in die Hauptabschlussübersicht

- In der **Summenbilanz** werden die unsaldierten Summen der Soll- und Habenseite sämtlicher Bestands- und Erfolgskonten, bei ersteren einschließlich der Anfangsbestände, ausgewiesen. Die Summenbilanz ergibt sich somit aus der Addition der Rubriken »Eröffnungsbilanz« (Spalte 1) und »Summenzugänge« (Spalte 2). Steht die Hauptabschlussübersicht **außerhalb** des Buchführungssystems, müssen in die Aktiv- und Passivkonten die Anfangsbestände (nachträglich) eingetragen werden. Dies hat zur Konsequenz, dass sich bei den Bestandskonten als Soll- und Habensummen die Werte der Summenbilanz ergeben. Wenn die ersten beiden Spalten weggelassen werden, kommt der **Summenbilanz** die maßgebende Kontrollfunktion zu; aus diesem Grunde bezeichnet man sie auch als **Probebilanz**.
- Die **Saldenbilanz I** ist das Ergebnis aus der Saldierung der Beträge der Summenbilanz, wobei der Saldo (Überschussbetrag) auf der jeweiligen Überschussseite vermerkt wird. Die Tabellenform bewirkt also, dass der Überschussbetrag bereits auf der Seite erscheint, auf der er auch in der Bilanz oder Gewinn- und Verlustrechnung steht. Die Saldenbilanz I verzeichnet die aus der laufenden Geschäftätigkeit resultierenden Kontenausprägungen wie folgt.

  - bei den **Bestandskonten** die sich vor Durchführung der vorbereitenden Abschlussbuchungen ergebenden Endbestände (vorläufige Endbestände) und
  - bei den **Erfolgskonten** die Höhe der vorläufigen Aufwendungen und Erträge.

Stimmen bei den Aktiv- und Passivkonten die Buchbestände mit den Inventurergebnissen überein und ergeben sich keine bewertungsrechtlichen Modifikationen, dann kann der Unternehmer diese Werte gleichzeitig in die Schlussbilanz übertragen (Beispiele: Kasse, Guthaben bei Kreditinstituten, Verbindlichkeiten aus Lieferungen und Leistungen, Schuldwechsel).

- Die **Umbuchungsspalte** nimmt zum einen die erforderlichen **Korrekturbuchungen**, mit denen die im System der Finanzbuchhaltung unzutreffend erfassten Geschäftsvorfälle berichtigt werden, und zum anderen die vorbereitenden Abschlussbuchungen auf, wobei deren Vornahme bzw. Ausprägung nicht unwesentlich durch die **Rechnungslegungspolitik** des Betriebsinhabers bestimmt wird.

Sowohl terminologisch als auch inhaltlich sind die vorbereitenden Abschlussbuchungen von den (eigentlichen) Abschlussbuchungen i. S. d. Bestands- und Erfolgskontenabschlusses (Abgabe der Endbestände an das Schlussbilanzkonto, Übertragung der Aufwands- und Ertragssalden auf das GuV-Konto sowie Abschluss des Eigenkapitalkontos) zu unterscheiden. Zu den **vorbereitenden Abschlussbuchungen** zählen insbesondere:[127]

- Erfassung von mengen- oder wertmäßigen Differenzen zwischen Buch- und Inventurbeständen (z. B. unfreiwillige Dezimierung von Warenvorräten, Kassenfehlbeträgen oder -überschüssen);
- Verbuchung von Abschreibungen auf Sachanlagen, Forderungen, Wertpapiere etc. sowie von Zuschreibungen auf Verbindlichkeiten;
- Verbuchung von Rückstellungen;
- Verbuchung von antizipativen und transitorischen Rechnungsabgrenzungsposten;
- Ermittlung der Umsatzsteuer-Zahllast bzw. des Vorsteuer-Erstattungsanspruchs;
- Abschluss der Unterkonten über das jeweilige Hauptkonto (z. B. Übernahme der Bezugskosten, Rücksendungen und Preisnachlässe auf das entsprechende Warenkonto; Umbuchung des Privatkontos auf das Eigenkapitalkonto);
- Übertragung des Wareneinsatzes auf das Warenverkaufskonto bei Abschluss der Warenkonten nach dem Nettoverfahren.
  Da diese Buchungen nach dem Grundsatz der **Doppik** vorgenommen werden, müssen auch in der Umbuchungsspalte Soll- und Habensumme übereinstimmen.
- Die sich anschließende Spalte »**Bemerkungen**« dient der **Erläuterung** der durchgeführten Umbuchungen. Die Erörterung der vorbereitenden Abschlussbuchungen in der Betriebsübersicht bzw. in einer besonderen Umbuchungsliste ist insbesondere dann erforderlich, wenn der Unternehmer die Eintragung dieser Buchungen in die Sachkonten unterlässt und somit der Jahresabschluss nicht mehr aus dem Kontensystem abgeleitet werden kann. In diesem Fall stellt die Hauptabschlussübersicht einen **wesentlichen Baustein** der Buchführung dar.

Wird die Saldenbilanz I um die erforderlichen Umbuchungen modifiziert, ergibt sich die **Saldenbilanz II**. Die in der Spalte 6 eingetragenen Salden verkörpern diejenigen Endbestände bzw. Aufwendungen und Erträge, die in die Schlussbilanz bzw. in die Gewinn- und Verlustrechnung zu übernehmen sind.

- Die Rubrik **Schlussbilanz** (auch **Vermögens- oder Inventurbilanz** genannt) übernimmt aus der Saldenbilanz II die Endbestände der Aktiv- und Passivkonten. Mit Ausnahme des Eigenkapitals stimmen die im Rahmen der Hauptabschlussübersicht ermittelten Schlussbestände mit den aus dem Kontensystem abgeleiteten und im Schlussbilanzkonto ausgewiesenen Endbeständen überein. Die Divergenz beim Eigenkapital ist darauf zurückzuführen, dass im Saldo des Kapitalkontos der Gewinn bzw. Verlust der Periode bereits enthalten ist, während in der Betriebsübersicht der Jahreserfolg sich als Residualgröße

---

127    Vgl. hierzu die Ausführungen im Dritten Teil zu Gliederungspunkt I.B.

zwischen Aktiva und Passiva darstellt (Erfolgsermittlung durch Vermögensvergleich). Das in Spalte 7 angegebene Eigenkapital zuzüglich des Gewinns bzw. abzüglich des Verlusts ergibt das Eigenkapital zum Bilanzstichtag.

- In der **Gewinn- und Verlustrechnung** (mitunter auch als **Erfolgsbilanz** bezeichnet) sind die Salden der Erfolgskonten (Aufwendungen und Erträge) anzusetzen. Als Differenz zwischen der Summe der Aufwendungen einerseits und der Summe der Erträge andererseits wird der Gewinn oder der Verlust des Geschäftsjahres ermittelt, der entsprechend dem Saldocharakter auf der betragsmäßig kleineren Seite einzustellen ist und somit die Spalte 8 rechnerisch ausgleicht. Da der Erfolg im System der doppelten Buchführung sowohl über die Bilanz als auch anhand der Gewinn- und Verlustrechnung ermittelt werden kann, müssen beide Rubriken, d. h. Spalte 7 und Spalte 8, den gleichen Gewinn bzw. Verlust ausweisen.

Sofern die Hauptabschlussübersicht **nicht** Bestandteil der doppelten Buchführung ist, sind die Umbuchungen in die Sachkonten des Hauptbuchs zu übernehmen und der Kontenabschluss hat sich – entsprechend dem bisherigen Vorgehen – über das Schlussbilanzkonto zu vollziehen. Wurde die Betriebsübersicht dagegen **technisch** und **organisatorisch** in das Buchführungssystem **integriert**, kann nach Übernahme der Soll- und Habensummen sämtlicher Konten in die Rubrik »Summenzugänge« anhand der Tabelle ein **vereinfachter Jahresabschluss** entwickelt werden.

In diesem Fall dienen die Sachkonten lediglich zur Verbuchung der laufenden Geschäftsvorfälle und sind durch doppelte Unterstreichung der Soll- und Habensummen sowie durch Entwerten der Leerräume (sog. »Buchhalternase«) als abgeschlossen zu kennzeichnen (formaler Kontenabschluss bei manueller Buchführung). Ferner müssen die Umbuchungen entweder in der Hauptabschlussübersicht oder in einer besonderen Umbuchungsliste ausreichend erläutert werden. Eine Erfassung der Korrektur- sowie der vorbereitenden Abschlussbuchungen auf den (bereits abgeschlossenen) Sachkonten erfolgt nicht. Da der Jahresabschluss in den beiden letzten Spalten der Betriebsübersicht seinen Niederschlag findet, erübrigt sich eine nochmalige gesonderte Erstellung von Bilanz sowie Gewinn- und Verlustrechnung.

## 6.    Bücher der doppelten Buchhaltung

In der Finanzbuchhaltung werden im Wesentlichen drei verschiedene Arten von Büchern unterschieden:[128]

- **Grundbuch,**
- **Hauptbuch,**
- **Nebenbücher.**

Auch wenn im Rahmen der Buchführung stets von »Büchern« gesprochen wird, so ist dieser Begriff nicht in dem Sinne zu verstehen, dass die Aufzeichnungen in Buchform, d. h. in gebundener Form, geführt werden müssen. Der Terminus »Bücher« ist vielmehr losgelöst von der äußeren Form zu sehen, in der die Aufzeichnungen erfasst werden. Zu den »Büchern« zählen z. B. die gebundenen Bücher, die Belegordner der Lose-Blatt-Buchführung und die Datenträger (Diskette, CD-ROM) bei der EDV-Buchführung.

---

128    Vgl. auch *Pfitzer/Oser* 2003, Anm. 13, S. 6 f.

Im **Grundbuch** sind anhand von Belegen sämtliche Geschäftsvorfälle **in zeitlicher Reihenfolge** aufzuzeichnen. Das Grundbuch kann auch in Form einer geordneten und übersichtlichen Belegablage geführt werden, soweit diese Buchführungsform bestimmte Anforderungen erfüllt (§ 239 Abs. 4 HGB, § 146 Abs. 5 AO). In diesem Fall existieren mehrere Grundbücher, wobei sich die Anzahl der als Grundbücher fungierenden Unterlagen nach den technischen und organisatorischen Verhältnissen des jeweiligen Unternehmens richtet. Zu den Aufzeichnungen und Belegablagen, die als Grundbücher in Betracht kommen, zählen z. B. die **Kassenbücher** (Erfassung der täglichen Kasseneinnahmen und -ausgaben), die **Wareneingangs- und Warenausgangsbücher** (Erfassung der Warenein- und -verkäufe) sowie die **Bank- und Postgiroauszüge** (Erfassung von Gutschriften und Belastungen aufgrund beglichener Kundenforderungen und Lieferantenverbindlichkeiten). Das Grundbuch bzw. die Grundbücher werden auch als **Journal** oder **Memorial** bezeichnet.[129] Aufgabe des Grundbuchs ist es, die buchführungspflichtigen Geschäftsvorfälle nach ihrer Entstehung unverlierbar im System der Buchführung festzuhalten **(Sicherungsfunktion)**.

| Journal | | | Monat … | Seite … |
|---------|---|---|---------|---------|
| Lfd. Nr. | Datum | Beleg Nr. | Text | Betrag |
|  |  |  |  |  |

Abb. 48: Allgemeiner Aufbau eines Grundbuchs

Bei der **doppelten Buchführung** wird, um die Übernahme der Geschäftsvorfälle in das Hauptbuch zu erleichtern, im Journal neben einer kurzen Beschreibung des erfassungspflichtigen Vorgangs auch der **Buchungssatz** vermerkt. Bezogen auf die in den vorangegangenen Kapiteln dargestellte Buchungstechnik enthält das Grundbuch u. a. die chronologisch angeordneten Buchungssätze.

**Beispiel:**
Wareneinkauf auf Ziel am 20. 03. 2006 lt. Rechnungs-Nr. 2398 beim Großhändler Schmidt, Hamburg, in Höhe von 500 €. Die Erfassung des Geschäftsvorfalls im Grundbuch verdeutlicht die nachstehende **Abb 49**.

| Journal | | | Monat März 2006 | Seite … | |
|---------|---|---|-----------------|---------|---|
| Lfd. Nr. | Datum | Beleg Nr. | Text | Soll | Haben |
| 673 • • | 20.03. | Eingangs-rechnung 132 | Wareneinkauf auf Ziel bei Schmidt, Hamburg, Rechnungs-Nr. 2398 (Waren an Verbindlichkeiten aus Lieferungen und Leistungen) | 500 | 500 |

Abb. 49: Auszugsweise Darstellung eines Grundbuchs im System der doppelten Buchführung

---

129   Vgl. hierzu *Coenenberg/Mattner/Schultze* 2004, S. 136.

Im Hauptbuch erfolgt die systematische Ordnung der Geschäftsvorfälle **nach sachlichen Gesichtspunkten**, d. h. hier werden die gleichen Geschäftsvorfälle – nur anders geordnet – wie im Grundbuch erfasst. Das Hauptbuch besteht aus den im Kontenplan verzeichneten **Sachkonten** ( = Bestands- und Erfolgskonten). Die Sachkonten werden am Ende eines jeden Geschäftsjahres abgeschlossen und finden Eingang in das Schlussbilanzkonto (Bestandskonten) und in das GuV-Konto (Erfolgskonten). Bezogen auf die Technik der doppelten Buchführung wird das Hauptbuch durch die T-Konten dargestellt.

**Beispiel:**
Die Erfassung des obigen Geschäftsvorfalls im Hauptbuch zeigt **Abb. 50.**

| | Waren | | Seite … | | | Verbindlichkeiten aus Lieferungen und Leistungen | | Seite … |
|---|---|---|---|---|---|---|---|---|
| Soll | | | Haben | Soll | | | | Haben |
| 20.3. | Verbindlich-keiten aus LuL | 500 | | | | 20.3. | Waren | 500 |

Abb. 50: Auszugsweise Darstellung eines Hauptbuchs

**Nebenbücher** sind Hilfsbücher, die der **weiteren Aufgliederung und Ergänzung der Sachkonten** dienen, um **spezifische Einzelsachverhalte** erfassen zu können. Die Nebenbücher stehen **außerhalb des Kontensystems** und werden i. d. R. in eigenständigen Nebenbuchhaltungen geführt, wodurch diesen Büchern Buchungssätze (Buchung und Gegenbuchung) fremd sind. Zu den Nebenbüchern, deren Anzahl ebenfalls von den technischen und organisatorischen Gegebenheiten des Unternehmens abhängt, zählen vor allem das **Kontokorrent- oder Geschäftsfreundebuch**, die **Waren- und Lagerbücher**, die **Lohn- und Gehaltsbücher**, das **Anlagenbuch** sowie die **Wechsel- und Wertpapierbücher**.[130]

Ein besonders wichtiges und grundsätzlich unverzichtbares Nebenbuch ist das **Kontokorrentbuch**.[131] Im Kontokorrentbuch wird für jeden einzelnen Kunden und für jeden einzelnen Lieferanten ein eigenes Konto (sog. Personenkonto) geführt, auf dem sämtliche zwischen dem Unternehmen und dem jeweiligen Geschäftspartner entstandene Forderungen und Verbindlichkeiten erfasst werden. Die Kunden(personen)konten werden auch **Debitoren**, die Lieferanten(personen)konten **Kreditoren** genannt. Während die zum Hauptbuch zählenden Sachkonten »Forderungen aus Lieferungen und Leistungen« und »Verbindlichkeiten aus Lieferungen und Leistungen« den **gesamten Bestand** an Forderungen und Verbindlichkeiten aus Lieferungen und Leistungen widerspiegeln, enthalten die einzelnen Personenkonten die **individuellen Zahlungsansprüche und -verpflichtungen**. Da das Geschäftsfreundebuch außerhalb des Kontensystems steht, müssen alle Buchungen auf den Sachkonten »Forderungen aus Lieferungen und Leistungen« und »Verbindlichkeiten aus Lieferungen und Leistungen« **zusätzlich** in die entsprechenden Personenkonten übertragen werden, wodurch gleichzeitig ein **interner Abstimmungsmechanismus** entsteht. Die rech-

130   Vgl. *Eisele* 2002, S. 506.
131   Vgl. R 5.2 EStR.

nerische Abgleichung zwischen den Debitoren bzw. Kreditoren und dem jeweiligen Sachkonto erfolgt über eine sog. **Saldenliste**, die die Salden der entsprechenden Personenkonten enthält. Kunden- bzw. Lieferantenkonten und das jeweilige Sachkonto stimmen dann überein, wenn die Summe der Saldenliste dem Saldo des korrespondierenden Sachkontos entspricht, d. h. wenn gilt:

| Summe der Salden aller Kunden(personen)konten | = | Saldo des Sachkontos »Forderungen aus Lieferungen und Leistungen« |
|---|---|---|
| Summe der Salden aller Lieferanten(personen)konten | = | Saldo des Sachkontos »Verbindlichkeiten aus Lieferungen und Leistungen«. |

Die erforderliche Abstimmung zwischen den genannten Sammelkonten und den einzelnen Personenkonten stellt ein wichtiges Instrument im Rahmen des **internen Kontrollsystems** des Unternehmens dar.

**Beispiel:**
Die Erfassung des obigen Geschäftsvorfalls im Kontokorrentbuch zeigt **Abb. 51.**

| Name: | Schmidt | | | | | Seite ... |
|---|---|---|---|---|---|---|
| Adresse: | Hamburg, Waldstraße 26 | | | | | |
| Anmerkungen: | Genusswarengroßhändler | | | | | |
| Soll | | | | | | Haben |
| | | | 20.03. | Wareneinkauf, Rechnungs-Nr. 2398 | | 500 |

Abb. 51: Auszugsweise Darstellung eines Geschäftsfreundebuchs

Auf die Führung eines Kontokorrentbuchs kann verzichtet werden, wenn ausschließlich **Bargeschäfte** anfallen oder wenn es aufgrund der geringen Anzahl der Geschäftsfreunde vertretbar ist, das entsprechende Sachkonto im Hauptbuch unmittelbar durch die Personenkonten zu ersetzen. Das Geschäftsfreundebuch kann auch in Form einer **geordneten Ablage** noch nicht ausgeglichener Rechnungen geführt werden. Diese Form der Buchführung, die von den noch nicht bezahlten (offenen) Rechnungen ausgeht, wird als **Offene-Posten-Buchhaltung** bezeichnet.[132] Bei der Offene-Posten-Buchführung[133] besitzen die Belege Kontenfunktion, womit sich die explizite Führung von Personenkonten erübrigt.

---

132  Vgl. R 5.2 EStR.
133  Vgl. hierzu *Eisele* 2002, S. 502 f.

**Abb. 52** verdeutlicht das **Sachkontensystem des Hauptbuches** vom Eröffnungs- bis zum Schlussbilanzkonto in der doppelten Buchhaltung. Das Eröffnungsbilanzkonto stellt das **Spiegelbild** der Eröffnungsbilanz dar und ist Hilfsmittel für die technische Durchführung der Konteneröffnung. Die **Eröffnungsbilanz** zum 01. 01. des neuen Geschäftsjahres muss grundsätzlich identisch sein mit der Schlussbilanz zum 31. 12. des Vorjahres (Postulat der **Bilanzidentität**; § 252 Abs. 1 Nr. 1 HGB).

Aus dem Datenmaterial des **Schlussbilanzkontos** sowie des **Gewinn- und Verlustkontos** werden die (Schluss-)Bilanz und die **Gewinn- und Verlustrechnung** zum Ende des Geschäftsjahres abgeleitet. Im Schlussbilanzkonto kommen Vermögen und Kapital auf der gleichen Seite wie in der (Schluss-)Bilanz zum Ansatz. § 239 HGB und § 146 AO enthalten spezifische Vorschriften über die **äußere Form** der zu führenden Bücher. Ordnungsgemäß sind danach nicht nur gebundene und Seite für Seite nummerierte Bücher, sondern als ordnungsmäßige Bücher gelten sowohl die geordnete Ablage von Belegen als auch Datenträger. Vorschriften, die die **innere Form** betreffen, sind in § 239 Abs. 2 HGB und § 146 Abs. 1 AO kodifiziert. Dort werden die Anforderungen »**vollständig**«, »**richtig**«, »**zeitgerecht**« und »**(sachlich) geordnet**« aufgeführt. Unter dem Begriff »zeitgerecht« versteht man sowohl die zeitnahe als auch die chronologische Verbuchung. Eine zeitgerechte Verbuchung wird vorgeschrieben, um **Belegverlusten** entgegenzuwirken und um das späte Erkennen bedrohlicher Situationen, z. B. eines Liquiditätsengpasses, zu verhindern. In diesem Zusammenhang ergeben sich zwei Fragen:

- **Wann** muss spätestens ein Geschäftsvorfall im Grundbuch (ggf. auch im Kassenbuch) verbucht sein?
- **Wie** groß darf der Zeitraum zwischen der Verbuchung im Grund- und Hauptbuch längstens sein?

Antwort auf diese Fragen geben die von der Rechtsprechung des *Bundesfinanzhofes (BFH)* entwickelten Grundsätze.[134]

Das System der doppelten Buchführung lässt sich zusammenfassend wie folgt charakterisieren:

- Registrierung aller Geschäftsvorfälle in **zeitlicher** (Grundbuch) und **sachlicher** (Hauptbuch) **Ordnung**. Ferner ist der unbare Geschäftsverkehr mit Kunden und Lieferanten **zusätzlich** in einem Kontokorrentbuch zu dokumentieren;
- Verbuchung ein und desselben Vorgangs auf **zwei Konten** (Konto und Gegenkonto) und zwar einmal im **Soll** und einmal im **Haben;**
- Getrennte Erfassung der erfolgsneutralen und erfolgswirksamen Vorfälle auf **Bestands- und Erfolgskonten;**
- Möglichkeit der **zweifachen Erfolgsermittlung** durch
  (1) Eigenkapitalvergleich und
  (2) Gegenüberstellung aller Aufwendungen und Erträge im GuV-Konto.

**Abb. 53** zeigt abschließend die Organisation der doppelten Buchführung.

---

134   Vgl. R 5.2 EStR.

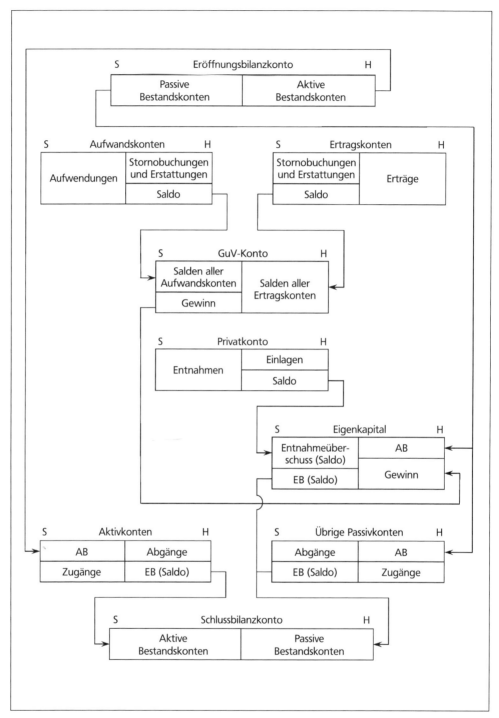

Abb. 52: Kontensystem der doppelten Buchführung (für Aufwendungen < Erträge und Privatentnahmen > Privateinlagen)

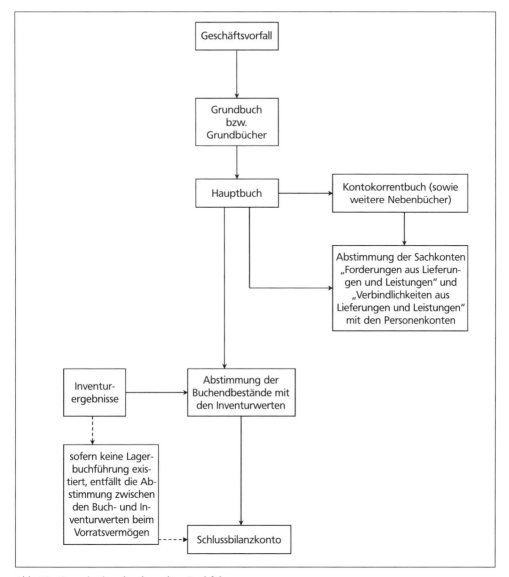

Abb. 53: Organisation der doppelten Buchführung

## 7. Kontenrahmen und Kontenplan

Der **Kontenrahmen** gibt einen vollständigen und systematischen Überblick über die von der Finanzbuchhaltung des Unternehmens in aller Regel benötigten Konten. Er stellt somit ein »Kontengliederungsschema« dar, das als Grundlage für die Ausgestaltung der Buchführung dient. Die **Entwicklung des Kontenrahmens** mit dem Ziel der Vereinheitlichung des Kontensystems wurde maßgeblich durch einen von *Schmalenbach* im Jahre 1927 veröffentlichen Beitrag[135] beeinflusst. Ausgehend von dieser Konzeption sind in der Folgezeit von Theorie und Praxis verschiedene Kontenrahmen entwickelt worden, wobei deren Gebrauch letztendlich im Belieben der Unternehmensleitung lag. Einen weiteren Meilenstein in der Geschichte des Kontenrahmens bildete der vom Reichs- und Preußischen Wirtschaftsministerium im Jahre 1937 verabschiedete sog. **Erlasskontenrahmen** (Reichskontenrahmen), dessen Benutzung für alle Unternehmen vorgeschrieben wurde. Da der Reichskontenrahmen bestimmten branchenspezifischen Bedürfnissen nicht genügte, wurden für eine Reihe von Wirtschaftszweigen spezielle Kontenrahmen **(Branchenkontenrahmen)** konzipiert, deren Verwendung ebenfalls zwingend war.

Nach Beendigung des Zweiten Weltkrieges behielten der Reichskontenrahmen und die Branchenkontenrahmen zunächst weiterhin Gültigkeit, auch als 1949/50 der sog. **Gemeinschafts-Kontenrahmen der Industrie** (GKR) vorgelegt wurde, den der Bundesverband der Deutschen Industrie (BDI) seinen Mitgliedern zur Anwendung empfahl. Der Gemeinschafts-Kontenrahmen weist gegenüber dem Erlasskontenrahmen nur geringfügige Veränderungen auf, die teils sogar nur terminologischer Art sind. Allerdings ist die Anwendung des Gemeinschafts-Kontenrahmens nicht mehr obligatorisch, sondern steht den Unternehmen **frei**.

Die Verbindlichkeit des Reichskontenrahmens und der von ihm abgeleiteten Branchenkontenrahmen wurde im Jahre 1953 durch das Bundeswirtschaftsministerium aufgehoben. Seitdem liegt die Verwendung von Kontenrahmen im Ermessen der Unternehmen. Da auch der Gemeinschafts-Kontenrahmen der Industrie (GKR) den branchenspezifischen Bedürfnissen nicht Rechnung trägt, haben die jeweiligen **Interessenverbände**[136] zum einen die wirtschaftszweigbezogenen Reichskontenrahmen modifiziert und zum anderen neue Branchenkontenrahmen entwickelt. Die Kontenrahmen wurden an die bisher durchgeführten Gesetzesnovellierungen (AktG-Reform 1965, Bilanzrichtlinien-Gesetz 1985) angepasst. Zu den wichtigsten Branchenkontenrahmen[137] zählen der

- **Einzelhandels-Kontenrahmen (EKR)**;
- **Kontenrahmen für den Groß- und Außenhandel**;
- **Industrie-Kontenrahmen (IKR)** und
- **DATEV-Kontenrahmen**.[138]

Die branchenspezifischen Kontenrahmen verkörpern ebenfalls keine zwingend anzuwendenden Normen, sondern haben für die Unternehmen lediglich **empfehlenden Charakter**.

Die Kontenrahmen sind grundsätzlich **nach dem dekadischen Ordnungssystem** ( = Zehnersystem) **aufgebaut**, wodurch den einzelnen Konten Nummern zugewiesen werden können. Gemäß diesem System besteht jeder Kontenrahmen aus **zehn Kontenklassen** (Klasse 0 bis 9). Damit kann jedes in der Buchführung verwendete Konto einer bestimmten Klasse zugeordnet werden. Die Kontenklasse kommt in der ersten Ziffer der Kontonummer zum Ausdruck. Die einzelnen Klassen sind ihrerseits in **zehn Kontengruppen** aufgespalten, wo-

---

135   Vgl. *Schmalenbach* 1927, S. 385–402 und S. 433–475.
136   Hierzu rechnen z. B. der Hauptverband des Deutschen Einzelhandels e. V. (HDE), der Bundesverband des Deutschen Groß- und Außenhandels e. V. (BGA) sowie der Bundesverband der Deutschen Industrie e. V. (BDI).
137   Vgl. *Buchner* 2005, S. 96.
138   Sämtliche der genannten Kontenrahmen befinden sich unter: www.schaeffer-poeschel.de.

bei die Gruppe an den ersten beiden Ziffern der Kontonummer zu erkennen ist. Jede Kontengruppe kann wiederum in **zehn Kontenarten** (drei Ziffern) und jede Kontenart in **zehn Kontenunterarten** (vier Ziffern) untergliedert werden.

**Beispiel:**

Im Kontenrahmen für den Groß- und Außenhandel ist dem Konto »Kasse« die Kontonummer 151 zugeordnet. Entsprechend den vorstehenden Ausführungen kommt darin zum Ausdruck:

Kontenklasse: 1    =    Finanzkonten
Kontenklasse: 15    =    Zahlungsmittel
Kontenklasse: 151    =    Kasse.

Bei Bedarf lässt sich das Kassenkonto weiter unterteilen, z. B. in 1511 »Kasse I« und 1512 »Kasse II«.

Durch die Nummerierung der Konten besteht die Möglichkeit, auf die verbale Kontenbezeichnung zu verzichten. Diese Vorgehensweise stellt eine erhebliche Vereinfachung der Buchungsarbeit dar.

**Beispiel:**

Legt man wiederum den Kontenrahmen für den Groß- und Außenhandel zugrunde, kann der Buchungssatz

| Verbindlichkeiten aus Lieferungen und Leistungen | an | Guthaben bei Kreditinstituten | 900 € |

verkürzt werden auf:

| 171 | an | 131 | 900 €. |

Die Anordnung der Konten im Kontenrahmen ist nach dem **Prozessgliederungsprinzip** sowie nach dem **Abschlussgliederungsprinzip** (Bilanzgliederungsprinzip) möglich. Beim **Prozessgliederungsprinzip** entspricht die Klassenbildung weitgehend dem technischen Ablauf des Betriebsgeschehens, d. h. der Kontenrahmen zerfällt in die hierarchischen Abschnitte Produktionsmittel und Kapital (Klasse 0), Liquidität (Klasse 1), Beschaffung (Klasse 3), Produktion/Leistungserstellung (Klasse 4–7), Absatz (Klasse 8), Abschluss (Klasse 9). Zu den Kontenrahmen, die nach dem Prozessgliederungsprinzip aufgebaut sind, zählen der Gemeinschafts-Kontenrahmen der Industrie (GKR) sowie der Groß- und Außenhandelskontenrahmen. Vollzieht sich die Klassenbildung dagegen parallel zum formalen Aufbau von Bilanz sowie Gewinn- und Verlustrechnung der Unternehmen (§ 266 HGB, § 275 HGB), so folgt die Systematisierung dem **Abschlussgliederungsprinzip**. Ein derartiger Kontenrahmen enthält in den ersten Kontenklassen die Aktivkonten, gefolgt von den Passivkonten, daran anschließend die Ertrags- und Aufwandskonten und schließlich die Abschlusskonten. Kontenrahmen, die dem Bilanzgliederungsprinzip entsprechen, sind z. B. der Einzelhandels-Kontenrahmen (EKR) und der Industrie-Kontenrahmen (IKR).[139]

---

139   Vgl. hierzu die Ausführungen im Dritten Teil zu Gliederungspunkt III.A.

Vom Kontenrahmen ist der sog. **Kontenplan** zu unterscheiden, den das einzelne Unternehmen **nach seinen speziellen Bedürfnissen aus dem Kontenrahmen ableitet**. Im Kontenplan sind all diejenigen Konten systematisch zusammengestellt, die in der Finanzbuchhaltung des Unternehmens Verwendung finden. Insofern werden solche Konten weggelassen, die im Kontenrahmen zwar vorgesehen sind, in der Buchführung der betreffenden Unternehmung aber nicht benötigt werden. Beim Vorliegen besonderer Verhältnisse besteht aber auch die Möglichkeit, den Kontenplan über den Inhalt des Kontenrahmens hinaus auszudehnen.

## 8.    Manuelle und maschinelle Buchführungsverfahren

### a.    Grundlegendes

Je nachdem, ob bei der Aufzeichnung der Geschäftsvorfälle technische Hilfsmittel verwendet werden oder nicht, wird zwischen maschinellen und manuellen Buchführungsverfahren unterschieden. Die maschinellen Verfahren lassen sich dabei in die Bereiche mechanisierte Buchführung einerseits und EDV-Buchführung andererseits untergliedern. Zu den Erscheinungsformen der manuell geführten Buchhaltungen zählen insbesondere die Übertragungsbuchführung, die Durchschreibebuchführung sowie die Offene-Posten-Buchhaltung.

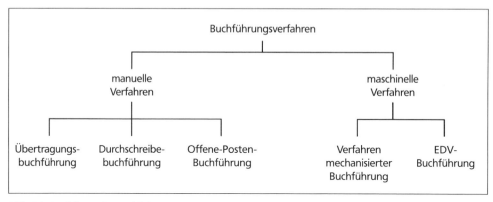

Abb. 54: Verfahren der Buchführung

### b.    Manuelle Verfahren

Bei der Übertragungsbuchführung werden die Geschäftsvorfälle anhand von Belegen zunächst chronologisch im Grundbuch erfasst und dann von dort auf die Sachkonten des Hauptbuchs übertragen.

Im Laufe der Zeit haben sich verschiedene **Formen der Übertragungsbuchführung** entwickelt, die – je nach Anzahl und Aufbau der verwendeten Grundbücher – als italienische, englische, deutsche, französische oder amerikanische Methode bezeichnet wer-

Abb. 55:  Ablaufschema bei der Übertragungsbuchführung[140]

den.[141] Wegen der umständlichen und zeitraubenden Übertragungsarbeit kommt diesen Buchführungsformen grundsätzlich **keine praktische Bedeutung** mehr zu; lediglich die amerikanische Methode findet in Kleinbetrieben mit geringer Kontenanzahl auch heute noch Verwendung. Bei der zuletzt genannten Methode sind Grund- und Hauptbuch in einer einzigen Tabelle, dem sog. **amerikanischen Journal**, vereinigt. Durch die horizontale Anordnung der Sachkonten einerseits und die vertikale Auflistung der Vorgänge in einer »Grundbuchspalte« andererseits, können die Geschäftsvorfälle in beiden Büchern gleichzeitig sowohl nach chronologischer als auch sachlicher Ordnung erfasst werden. Hierdurch wird zum einen die Übertragungsarbeit wesentlich vereinfacht und zum anderen das Risiko von Übertragungsfehlern verringert. Da die Anzahl der Sachkonten beim amerikanischen Journal aus Platzgründen beschränkt ist (i. d. R. 16–18 Konten), bedarf es eines Sammelkontos (z. B. »Verschiedene Konten«) zum Zwecke der Aufnahme solcher Buchungen, für die keine Bestands- oder Erfolgskonten eingerichtet wurden. Um nicht den Überblick über die hierin enthaltenen Kontenarten zu verlieren, ist das **Sammelkonto** in besonderen Nebenbüchern entsprechend aufzuschlüsseln. **Abb. 56** zeigt den Aufbau eines amerikanischen Journals.

| Lfd. Nr. | Datum | Beleg Nr. | Text | Betrag in € | Waren | | Kasse | | ⋯ | Verb. aus LuL | | ⋯ | Seite: … Verschiedene Konten | |
|---|---|---|---|---|---|---|---|---|---|---|---|---|---|---|
| | | | | | S | H | S | H | ⋯ | S | H | ⋯ | S | H |
| 93 | 14. 06. | ER 41 | Zieleinkauf, Fa. Ruß. München, Rechnungs-Nr. 4567 | 4.000 | 4.000 | | | | | 4.000 | | | | |
| 94 | 16. 06. | KB 36 | Privateinlage bar | 800 | | | 800 | | | | | | | 800 |

────── Grundbuch ──────                    ────── Hauptbuch ──────

(ER = Eingangsrechnung; KB = Kassenbeleg)

Abb. 56:  Struktur eines amerikanischen Journals

140  Modifiziert entnommen von *Buchner* 2005, S. 421.
141  Vgl. zu den einzelnen Methoden insbesondere *Eisele* 2002, S. 510–514.

Bei der Durchschreibebuchführung werden Grund-, Haupt- und Kontokorrentbuch im Wege der **Durchschrift** simultan erstellt. Durch Anwendung dieser Technik wird folglich **in einem Arbeitsgang im Journal sowie im Sach- und Personenkonto gebucht.** Das Verfahren setzt jedoch voraus, dass

- die gebundenen Bücher in lose Blätter aufgelöst werden (sog. **Lose-Blatt-Buchführung**) und
- die Lineatur auf den einzelnen Blättern übereinstimmt.

Das Erfordernis der identischen Lineatur von Grund-, Haupt- und Kontokorrentbuchblätter hat zur Folge, dass die Sach- und Personenkonten nicht mehr in Form des T-Kontos geführt werden können.

Von der Durchschreibebuchführung existieren wiederum verschiedene Varianten, die aber alle nach dem gleichen Prinzip ablaufen. Den einzelnen Verfahren der Durchschreibetechnik kommt jedoch aufgrund des zunehmenden Einsatzes der EDV-Buchführung keine praktische Bedeutung mehr zu.

**Abb. 57** verdeutlicht den elementaren Aufbau einer Durchschreibebuchführung. Hierbei ist zu berücksichtigen, dass die beiden Sachkonten »Forderungen aus Lieferungen und Leistungen« und »Verbindlichkeiten aus Lieferungen und Leistungen« durch das im Journal enthaltene Kunden- und Lieferantenkonto dargestellt werden.

Die **Offene-Posten-Buchhaltung** ist ein Buchführungsverfahren, das sich aus dem Bedürfnis der Praxis entwickelt hat, die **unbaren Geschäftsvorfälle mit Kunden und Lieferanten** in der Finanzbuchhaltung auf möglichst einfache Weise zu dokumentieren. In Abhängigkeit von ihrer organisatorischen Ausgestaltung wird die Offene-Posten-Buchhaltung entweder in Form der doppelten oder der einfachen Buchführung betrieben.

Das Wesen der Offene-Posten-Buchhaltung besteht nun darin, dass sowohl die Grundbucheintragungen, soweit sie den unbaren Geschäftsverkehr mit Kunden und Lieferanten betreffen, als auch die Personenkonten durch eine geordnete Ablage der Rechnungskopien ersetzt werden, d. h. die Kopien oder Durchschriften der Eingangs- und Ausgangsrechnungen treten zum einen an die Stelle der entsprechenden Journalaufzeichnungen und verkörpern zum anderen das Geschäftsfreundebuch. Da Belegsammlungen nicht den Status eines Sachkontos annehmen können, ist auch bei der Offene-Posten-Buchhaltung – sofern diese in Form der doppelten Buchführung betrieben wird – ein Hauptbuch mit Bestands- und Erfolgskonten zu führen. Die handels- und steuerrechtliche Zulässigkeit der Offene-Posten-Buchhaltung ergibt sich aus § 239 Abs. 4 HGB sowie § 146 Abs. 5 AO (vgl. ebenso R 5.2 EStR). Danach dürfen die Bücher, in denen die Geschäftsvorfälle entsprechend den Grundsätzen ordnungsmäßiger Buchführung zu verzeichnen sind, auch in Form der geordneten Ablage von Belegen geführt werden.

Technisch vollzieht sich die **Offene-Posten-Buchhaltung** in folgenden Schritten:[142]

(1) Von jeder Eingangs- und Ausgangsrechnung müssen **zwei Ausfertigungen** (Kopien oder Durchschriften) vorliegen.[143] Die erste Ausfertigung ersetzt die Aufzeichnung des Geschäftsvorfalls im Grundbuch (sog. Nummernkopie oder Erstschrift), während die zweite Ausfertigung an die Stelle des Personenkontos tritt (sog. **Namenskopie oder**

---

142  Vgl. hierzu auch den *Ländererlass der Finanzminister* 1963, S. 93 f.
143  Vgl. detailliert *Buchner* 2005, S. 423.

| Grundbuch | | | | | | | | | |
|---|---|---|---|---|---|---|---|---|---|
| Journal | | | Monat: Juni 20 … | | | | | | Seite … |
| Lfd. Nr. | Datum | Beleg Nr. | Text | Kundenkonto S | H | Lieferantenkonto S | H | Sachkonto S | H |
| •<br>•<br>•<br>831<br>•<br>•<br>• | 24.06. | BA 102 | Begleichung einer Warenver-<br>bindlichkeit bei der Fa. Wagner,<br>München, durch Banküberweisung | | | 3.800 | | | 3.800 |

| Hauptbuch | | | | | | |
|---|---|---|---|---|---|---|
| Guthaben bei Kreditinstituten | | | | | | Seite … |
| Lfd. Nr. | Datum | Beleg Nr. | Text | | Sachkonto S | H |
| •<br>•<br>•<br>831<br>•<br>•<br>• | 24.06. | BA 102 | Begleichung einer Warenver-<br>bindlichkeit bei der Fa. Wagner,<br>München, durch Banküberweisung | | | 3.800 |

| Kontokorrentbuch | | | | | | |
|---|---|---|---|---|---|---|
| Name: Wagner, … | | | Adresse: München, … | | | Seite … |
| Lfd. Nr. | Datum | Beleg Nr. | Text | | S | H |
| •<br>•<br>•<br>831<br>•<br>•<br>• | 24.06. | BA 102 | Begleichung einer Warenver-<br>bindlichkeit bei der Fa. Wagner,<br>München, durch Banküberweisung | | 3.800 | |

(BA = Bankauszug)

Abb. 57: Aufbau einer Durchschreibebuchführung

Zweitschrift). Die **Erstschriften** werden fortlaufend nummeriert und **chronologisch abgelegt** und erbringen somit den lückenlosen Nachweis der getätigten Zielein- und -verkäufe.

(2) Die Beträge der Eingangs- und Ausgangsrechnungen sowie die mit dem Ausgleich von Forderungen und Verbindlichkeiten einhergehenden Zahlungseingänge und -ausgänge sind **täglich zu addieren**. Die sich hieraus ergebenden Tagessummen werden bei der **doppelten Buchführung** in die Sachkonten »Forderungen aus Lieferungen und Leistungen« und »Verbindlichkeiten aus Lieferungen und Leistungen« sowie in die zugehörigen Gegenkonten (Waren, Vorsteuer, Umsatzsteuer, Guthaben bei Kreditinstituten, Kasse etc.) des Hauptbuchs übertragen. Die Buchungssätze hierzu lauten wie folgt.

(2.1) Erfassung der täglichen Zielverkäufe:

| | | |
|---|---|---|
| Forderungen aus Lieferungen und Leistungen | an | – Waren<br>– Umsatzsteuer |
| Sollbuchungsbetrag: | | Tagessumme der Ausgangsrechnungen gemäß Additionsstreifen; |
| Habenbuchungsbeträge: | | Tagessumme der Nettorechnungs- und Umsatzsteuerbeträge. |

(2.2) Erfassung der täglichen Zieleinkäufe:

| | | |
|---|---|---|
| – Waren<br>– Vorsteuer | an | Verbindlichkeiten aus Lieferungen und Leistungen |
| Sollbuchungsbetrag: | | Tagessumme der Nettorechnungs- und Vorsteuerbeträge; |
| Habenbuchungsbeträge: | | Tagessumme der Eingangsrechnungen gemäß Additionsstreifen. |

(2.3) Erfassung der Zahlungseingänge zum Ausgleich von Kundenforderungen:

| | | |
|---|---|---|
| Guthaben bei Kreditinstituten, Kasse etc. | an | Forderungen aus Lieferungen und Leistungen |
| Betrag: | | Tagessumme der Zahlungseingänge gemäß Additionsstreifen. |

(2.4) Erfassung der Zahlungsausgänge zum Ausgleich von Lieferantenverbindlichkeiten:

| | | |
|---|---|---|
| Verbindlichkeiten aus Lieferungen und Leistungen | an | Guthaben bei Kreditinstituten, Kasse etc. |
| Betrag: | | Tagessumme der Zahlungsausgänge gemäß Additionsstreifen. |

Die **Nummernkopien** sowie die **Additionsstreifen** (letztere sind Zusammenstellungen der Eingangs- und Ausgangsrechnungen sowie der Zahlungsein- und -ausgänge) haben **Grundbuchfunktion**, d. h. diese Unterlagen bewirken, dass der unbare Geschäftsverkehr mit Kunden und Lieferanten nicht mehr im Journal dokumentiert zu werden braucht.

(3) Die **Zweitschriften** werden bis zum vollständigen Ausgleich der entsprechenden Rechnungen nach Kunden- und Lieferantennamen geordnet in einer sog. **Offenen-Posten-Kartei** (Kartei der noch nicht bezahlten Rechnungen) abgelegt, so dass die bestehenden Forderungen und Verbindlichkeiten gegenüber den einzelnen Geschäftsfreunden jederzeit festgestellt werden können. Die **Ablage der Namenskopien** nach Kunden und Lieferanten erfüllt somit die **Funktion des Kontokorrentbuchs**. Wird eine Kunden- oder Lieferantenrechnung beglichen, so ist diese der Offenen-Posten-Kartei zu entnehmen, wobei der Zahlungseingang (Ausgleich der Forderung) bzw. der Zahlungsausgang (Ausgleich der Verbindlichkeit) auf der betreffenden Namenskopie unter An-

gabe von Datum, Zahlungsart etc. zu vermerken ist. Die **beglichenen Rechnungen**, d. h. die mit dem Zahlungsvermerk versehenen Zweitschriften, werden dann in der Registratur unter entsprechender Bezeichnung (z. B. »Bezahlte Rechnungen«) nach Kunden und Lieferantennamen geordnet abgelegt.

(4) Die Summe der **vorhandenen offenen Posten**, d. h. die Summe der noch nicht bezahlten Rechnungen, ist bei der **doppelten Buchführung** in angemessenen Zeitabständen (z. B. monatlich) mit dem **Saldo der Sachkonten** »Forderungen aus Lieferungen und Leistungen« und »Verbindlichkeiten aus Lieferungen und Leistungen« **abzustimmen**. Zeitpunkt und Ergebnis der Abstimmung sind zu dokumentieren.

Der mit der Offene-Posten-Buchhaltung verbundene **Rationalisierungseffekt** bei der Erfassung des unbaren Geschäftsverkehrs kann jedoch dann verloren gehen, wenn überwiegend Stammkunden oder Stammlieferanten eine langfristige Kontenführung bedingen oder regelmäßige Teilzahlungsgeschäfte des Öfteren Kontoauszüge auslösen.[144]

**Abb. 58** zeigt zusammenfassend die Vorgehensweise der Offene-Posten-Buchhaltung beim Vorliegen eines doppelten Buchhaltungssystems. Sofern die Offene-Posten-Buchhaltung in Form der einfachen Buchführung betrieben wird, entfallen die mit * gekennzeichneten Übertragungs- und Abstimmungsvorgänge.

## c.     Maschinelle Verfahren

Zu den **mechanisierten Buchführungsverfahren** zählen im Wesentlichen die maschinelle **Durchschreibebuchführung** sowie die **Lochkartenbuchhaltung**. Die Gemeinsamkeit beider Methoden besteht in der maschinengerechten Aufbereitung der Geschäftsvorfälle. Dies äußert sich u. a. darin, dass anstelle verbaler Buchungstexte und Kontenbezeichnungen vorher festgelegte **Codes** Verwendung finden. Bei der **maschinellen Durchschreibebuchführung** werden die ansonsten manuell vorzunehmenden Aufzeichnungs- und Saldierungsarbeiten mit Hilfe von Buchungsmaschinen oder Buchungsautomaten durchgeführt. Das Verfahren der **Lochkartenbuchführung** lässt sich wie folgt skizzieren:

- Übertragung sämtlicher Belegdaten eines Geschäftsvorfalls (Konto, Betrag, Buchungstext etc.) über einen Kartenlocher auf eine **Lochkarte;**
- Sichtung der Lochkarten nach bestimmten Kriterien (z. B. nach Chronologie, nach Sachkonten oder nach Kunden- und Lieferantennamen) mittels einer **Sortieranlage;**
- Verarbeitung und Ausdruck der auf den sortierten Lochkarten enthaltenen Daten durch eine **Tabelliermaschine.**[145] Als Ergebnis des Verarbeitungsprozesses werden in Form von Aufstellungen das **Grundbuch**, das **Hauptbuch** und das **Kontokorrentbuch** ausgegeben.

Da die Leistungsfähigkeit der **EDV-Buchführung** weit über die der mechanisierten Buchführungsverfahren hinausgeht (z. B. schnellere Datenerfassung, höhere Verarbeitungsgeschwindigkeit, größere Speicherkapazitäten), besitzen letztere Methoden in der Praxis grundsätzlich keine Bedeutung mehr.

---

144  Vgl. *Eisele* 2002, S. 515.
145  Eine Tabelliermaschine ist eine im Lochkartensystem eingesetzte Büromaschine, die aus dem zugeführten Kartenmaterial Aufstellungen anfertigt.

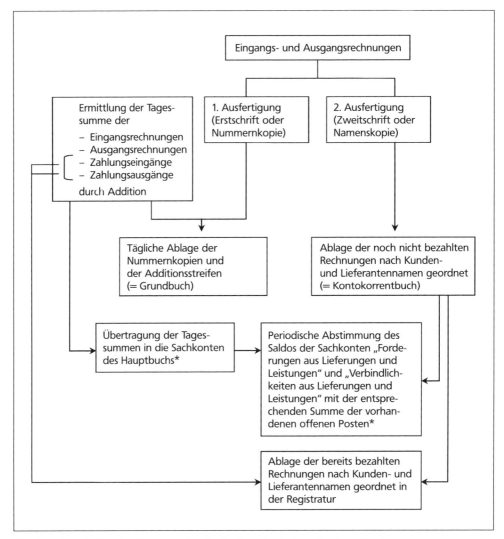

Abb. 58: Organisation der Offene-Posten-Buchhaltung im System der doppelten Buchführung

Das heute vorherrschende Buchführungsverfahren **stellt die EDV-gestützte Finanzbuchhaltung** (EDV-Buchführung) dar, da diese in der Lage ist, große Datenmengen zu erfassen, zu verarbeiten und zu speichern sowie umfangreiche und komplizierte Auswertungen durchzuführen. Der entscheidende Vorteil der EDV-Buchführung liegt in **der Verknüpfung von Datenerfassung, Datenspeicherung und der Möglichkeit der Datenaufbereitung nach unterschiedlichen Gesichtspunkten.** Sind die Geschäftsvorfälle über Buchungssätze einmal in den Computer eingegeben, so können das Grund-, das Haupt- und das Kontokorrentbuch und – je nach Leistungsfähigkeit des Buchführungsprogramms – auch der Jahresabschluss sowie betriebswirtschaftliche Auswertungen (Statistiken, Kennzahlen etc.) durch Eingabe bestimmter Befehle erstellt werden.

Eine Besonderheit der EDV-Buchhaltung ergibt sich aus den handels- und steuerrechtlichen Vorschriften zur **Aufbewahrung** der Buchführungsunterlagen. Danach kommt bereits der Speicherung eingegebener Daten **Grundbuchfunktion** zu, obwohl sichtbare und lesbare Unterlagen zunächst nicht vorliegen. Ebenso erfüllt die maschineninterne Übernahme der Daten auf die Sach- und Personenkonten die Funktion des **Haupt- und Kontokorrentbuchs**. Insofern besteht kein Erfordernis, dass sämtliche Buchungsdaten vollständig ausgedruckt vorliegen müssen. Vielmehr genügt es, wenn die Informationen – mit Ausnahme der Bilanzen sowie Gewinn- und Verlustrechnungen – während der Dauer der Aufbewahrungsfrist auf **Datenträgern** verfügbar sind und jederzeit innerhalb angemessener Frist lesbar gemacht werden können (§ 239 Abs. 4 HGB, § 257 Abs. 3 HGB; § 146 Abs. 5 AO, § 147 Abs. 2 AO).

Demzufolge besteht also ein Wahlrecht, die Bücher

- **sichtbar auszudrucken** (konventionelle EDV-Buchführung) oder
- **auf internen** (Festplatte) **oder externen Speichermedien** (CD-Rom, Diskette, Magnetband etc.) **zum Ausdruck bereitzuhalten** (sog. Speicherbuchführung).

**Abb. 59** verdeutlicht die grundlegende Arbeitsweise der EDV-Buchführung. Zur Klärung abrechnungstechnischer Detailfragen wird auf die Speziallliteratur verwiesen.[146]

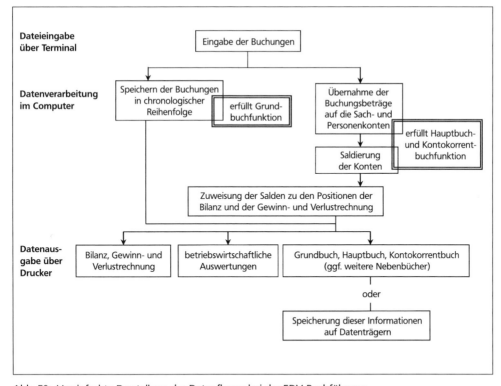

Abb. 59: Vereinfachte Darstellung des Datenflusses bei der EDV-Buchführung

---

146 Vgl. etwa *Eisele* 2002, S. 522–565.

## C.    Finanzbuchhaltung in Form der einfachen Buchführung

Entsprechend ihren Anwendungsgebieten kann zwischen kameralistischer und kaufmännischer Buchführung unterschieden werden. Die **kameralistische Buchhaltung** (Kameralistik) ist das Rechnungssystem der **öffentlichen Verwaltung** und der mit ihr verbundenen Betriebe.[147] Sie stellt eine **Soll-Ist-Rechnung** dar, in der u. a. die vorausgeplanten Einnahmen und Ausgaben mit den tatsächlichen Mittelzu- und -abflüssen verglichen werden. Grundlage der Kameralistik ist der für die öffentliche Verwaltung erstellte Haushaltsplan (Etat), da dieser Art und Höhe der geplanten Einnahmen und Ausgaben enthält. Mithin gibt die kameralistische Buchhaltung Auskunft darüber, ob im laufenden Wirtschaftsjahr ein **Etatüberschuss** oder -**fehlbetrag** realisiert wurde.[148] Aufgrund ihrer eigenständigen Rechnungslegungsziele kennt dieses Buchführungssystem i. d. R. weder eine Inventur noch eine Bewertung der Vermögensgegenstände. Aus diesen Gründen ist die Kameralistik für kaufmännische Betriebe ungeeignet. Der Hauptzweck der **kaufmännischen Buchführung**, die in einfacher und doppelter Form zur Anwendung kommen kann, besteht in der Ermittlung des Unternehmenserfolgs sowie der Darstellung der Vermögens- und Schuldenstruktur.

Die Ordnungsmäßigkeitsgrundsätze der Wahrheit und Klarheit (§ 243 Abs. 2 HGB) verlangen, dass bei der einfachen Buchführung die baren und unbaren Geschäftsvorfälle prinzipiell getrennt in den **Grundbüchern** aufzuzeichnen sind.[149] Somit ist sowohl ein **Kassenbuch** als auch ein **Journal** zu führen, wobei im Journal die unbaren und im Kassenbuch die baren Vorgänge erfasst werden. Ferner fordert das System der einfachen Buchführung die kontenmäßige Aufzeichnung des Geschäftsverkehrs mit Kunden und Lieferanten in einem Kontokorrentbuch,[150] soweit regelmäßig unbare Beziehungen[151] bestehen.[152] Das Kontokorrentbuch ist u. a. notwendig, um den Gesamtbetrag an Forderungen und Verbindlichkeiten bestimmen zu können. Bei der einfachen Buchführung existiert **kein Hauptbuch**, in dem die Vorgänge nach sachlichen Gesichtspunkten geordnet (nochmals) erfasst werden, d. h. **Bestands- und Erfolgskonten** sind der einfachen Buchführung fremd. Dies hat zur Konsequenz, dass die Endbestände der Bilanzpositionen – abgesehen von Forderungen und Verbindlichkeiten sowie vom Kassenbestand[153] – nicht der Buchhaltung entnommen werden können, sondern ausschließlich im Wege der **Inventur** zu ermitteln sind (dies trifft insbesondere für die Warenbestände zu).

Dem System der einfachen Buchführung fehlt mithin der der doppelten Buchhaltung zugrunde liegende **Kontrollmechanismus**, der sich aus dem Vergleich aller Buchendbestände mit den Inventurwerten ergibt. Durch das Fehlen von Erfolgskonten kennt die einfache Buchführung auch **keine Gewinn- und Verlustrechnung**. Die Erfolgsermittlung ist deshalb nur

---

147   Die Kameralistik wird bei öffentlichen Erwerbsbetrieben (z. B. Versorgungs- und Verkehrsbetrieben) jedoch in zunehmendem Maße vom System der doppelten Buchführung verdrängt.

148   Vgl. zur kameralistischen Buchführung u. a. *Kußmaul* 2001, S. 133–138 u. 175–179.

149   Vgl. *BFH* 1960, S. 257.

150   Das Kontokorrentbuch wird im System der einfachen Buchführung auch als Personenkonten-Hauptbuch bezeichnet.

151   Besteht kein laufender unbarer Geschäftsverkehr, erübrigt sich die Führung eines Kontokorrentbuchs. In diesem Fall müssen jedoch für jeden Bilanzstichtag über die zu diesem Zeitpunkt bestehenden Forderungen und Verbindlichkeiten Personenübersichten erstellt werden (vgl. *BFH* 1951, S. 75). Allerdings sind auch diese Geschäftsvorfälle im Journal zu erfassen.

152   Vgl. *BFH* 1960, S. 257.

153   Die buchmäßigen Endbestände der Forderungen und Verbindlichkeiten können dem Kontokorrentbuch bzw. den Personenübersichten entnommen werden; der buchmäßige Kassenendbestand ergibt sich aus dem Abschluss des Kassenbuchs.

durch den **Eigenkapitalvergleich** möglich. Somit wird nicht ersichtlich, aus welchen Aufwands- und Ertragskomponenten sich der Gewinn oder Verlust zusammensetzt.

Die Charakteristika der einfachen Buchführung lassen sich wie folgt zusammenfassen:

(1) Die chronologische Sammlung aller Geschäftsvorfälle geschieht in den **Grundbüchern**, während die Aufzeichnung des unbaren Geschäftsverkehrs zusätzlich in einem **Kontokorrentbuch** vorgenommen wird.

(2) Das Fehlen eines Hauptbuchs hat zur Folge, dass

- die Bilanz mangels Bestandskonten **nur** im Wege der Inventur erstellt werden kann und
- eine Gewinn- und Verlustrechnung infolge fehlender Erfolgskonten **nicht existiert**.

(3) Die Gewinnermittlung vollzieht sich auf einfache Weise, d. h. sie wird mit Hilfe des **Eigenkapitalvergleichs** durchgeführt.

Zu unterscheiden ist die einfache Buchführung von der **Einnahmen-Ausgabenrechnung**,[154] bei der die Ermittlung des Gewinns bzw. des Verlusts prinzipiell durch die Gegenüberstellung von Einnahmen einerseits und Ausgaben andererseits erfolgt. Im Gegensatz zur einfachen Buchführung werden bei der Einnahmen-Ausgabenrechnung wegen fehlender Auswirkungen auf das Periodenergebnis die unbaren Geschäftsvorfälle nicht erfasst. Nach § 242 Abs. 3 HGB besteht der Jahresabschluss für alle Kaufleute mindestens aus einer Bilanz und einer Gewinn- und Verlustrechnung. Da es jedoch bei der einfachen Buchführung keine Gewinn- und Verlustrechnung gibt – diese ist nur mit Hilfe von **Nebenrechnungen** zu erstellen –, geht die h. M. von einer handelsrechtlichen Unzulässigkeit dieses Systems aus.[155]

Anzumerken bleibt, dass das jeweils zur Anwendung kommende Buchführungssystem keinen Einfluss auf die Höhe des Erfolgs hat, d. h. bei Zugrundelegung der einfachen Buchführung ergibt sich der **gleiche Gewinn oder Verlust** wie bei Rückgriff auf die doppelte Buchführung. Dieses Ergebnis ist insofern nicht überraschend, da in beiden Systemen die gleichen Geschäftsvorfälle – eben nur nach unterschiedlichen Verfahrensweisen – erfasst werden.

**Beispiel:**
Gegeben sei nachstehende Eröffnungsbilanz eines Kleingewerbetreibenden.

| Aktiva | Eröffnungsbilanz 01.01.2005 | | Passiva |
|---|---|---|---|
| | € | | € |
| A. Umlaufvermögen | | A. Eigenkapital | 10.500 |
|   I.  Waren | 8.000 | B. Verbindlichkeiten | 5.000 |
|   II.  Forderungen | 3.000 | | |
|   III. Kassenbestand, Guthaben | | | |
|       bei Kreditinstituten | 4.500 | | |
| | 15.500 | | 15.500 |

---

154 Eine Form der Einnahmen-Ausgabenrechnung ist die Überschussrechnung nach § 4 Abs. 3 EStG.
155 Vgl. *Eisele* 2002, S. 509.

Ergänzende Angaben zur Eröffnungsbilanz:

Der Kassenbestand beträgt 1.500 €; das Guthaben bei Kreditinstituten beläuft sich auf 3.000 €. Bei den Forderungen und Verbindlichkeiten handelt es sich um solche aus Lieferungen und Leistungen. Gemäß den Personenkonten hat der Kleingewerbetreibende Forderungen gegen die Kunden Huber, Hamburg, (1.000 €) und Meier, Lüneburg, (2.000 €); Verbindlichkeiten bestehen gegenüber den Großhändlern Daume, Kiel, (1.500 €) und Kurz, Schwerin, (3.500 €).

Im Geschäftsjahr 2005 haben sich folgende Vorfälle ereignet:

05.01.: Kunde Huber begleicht seine Schulden aus dem Vorjahr durch Banküberweisung 1.000 €.

30.01.: Wareneinkauf auf Ziel bei Daume 1.250 €; Rechnungs-Nr. 24653.

20.02.: Die Verbindlichkeiten gegenüber dem Großhändler Kurz in Höhe von 3.500 € werden durch Banküberweisung beglichen.

16.04.: Warenverkauf auf Ziel an den Kunden Meier 900 €; Rechnungs-Nr. 101.

23.05.: Privateinlage bar 750 €.

02.06.: Warenverkauf an diverse Kunden gegen Barzahlung 3.000 €.

01.07.: Wareneinkauf auf Ziel bei Kurz 2.000 €; Rechnungs-Nr. 12498.

24.07.: Wareneinkauf bei Daume gegen Barzahlung 2.500 €.

13.08.: Warenverkauf auf Ziel an den Kunden Huber 1.200 €; Rechnungs-Nr. 102.

29.09.: Warenverkauf an diverse Kunden gegen Barzahlung 4.000 €.

30.10.: Privatentnahme bar 1.900 €.

03.12.: Die noch offene Verbindlichkeit aus dem Vorjahr beim Großhändler Daume wird durch Barzahlung beglichen 1.500 €.

Der Warenendbestand beträgt gemäß Inventur zum 31.12.2005 7.000 €. Das Guthaben bei Kreditinstituten beläuft sich laut Saldenbestätigung der Bank auf 500 €. Die buchmäßigen Endbestände der Forderungen und Verbindlichkeiten sowie der buchmäßige Kassenbestand stimmen mit den Inventurergebnissen überein.

(1) Erfassung der Geschäftsvorfälle in den Grundbüchern (Journal und Kassenbuch):[156]

| Journal | | | Monat: Januar bis Dezember 2005 | Seite 1 |
|---|---|---|---|---|
| Lfd. Nr. | Datum | Beleg Nr. | Text | Betrag in € |
| 1 | 05.01. | BA 1 | Huber begleicht seine Schulden durch Banküberweisung | 1.000 |
| 2 | 30.01. | ER 1 | Wareneinkauf auf Ziel bei Daume Rechnungs-Nr. 24653 | 1.250 |
| 3 | 20.02. | BA 2 | Die Verbindlichkeiten gegenüber Kurz werden durch Banküberweisung getilgt | 3.500 |
| 4 | 16.04. | AR 1 | Warenverkauf auf Ziel an Meier, Rechnungs-Nr. 101 | 900 |
| 5 | 01.07. | ER 2 | Wareneinkauf auf Ziel bei Kurz, Rechnungs-Nr. 12498 | 2.000 |
| 6 | 13.08. | AR 2 | Warenverkauf auf Ziel an Huber, Rechnungs-Nr. 102 | 1.200 |

(BA = Bankauszug, ER = Eingangsrechnung, AR = Ausgangsrechnung)

---

156  Da auch die Bankauszüge Grundbuchfunktion besitzen, besteht eigentlich kein Erfordernis, die den bargeldlosen Ausgleich von Warenforderungen und -verbindlichkeiten betreffenden Geschäftsvorfälle nochmals im Journal zu erfassen.

| Journal | | | Monat: Januar bis Dezember 2005 | | Seite 1 |
|---|---|---|---|---|---|
| Lfd. Nr. | Datum | Beleg Nr. | Text | Auszahlung | Einzahlung |
| | 01. 01. | – | Anfangsbestand | | 1.500 |
| 5 | 23. 05. | KB 1 | Privateinlage | | 750 |
| 6 | 02. 06. | KB 2 | Warenverkauf an diverse Kunden | | 3.000 |
| 8 | 24. 07. | KB 3 | Wareneinkauf bei Daume | 2.500 | |
| 10 | 29. 09. | KB 4 | Warenverkauf an diverse Kunden | | 4.000 |
| 11 | 30. 10. | KB 5 | Privatentnahme | 1.900 | |
| 12 | 03. 12. | KB 6 | Begleichung der Vorjahres-Verbindlichkeit gegenüber Daume | 1.500 | |
| | | | Summe | 5.900 | 9.250 |
| – | 31. 12. | – | Endbestand | | 3.350 |

(KB = Kassenbeleg)

(2) Aufzeichnung des unbaren Geschäftsverkehrs mit Kunden/Lieferanten im Kontokorrentbuch:

(2.1) Debitoren (Kundenkonten):

| Name: | Huber | | | | | Seite: ... | |
|---|---|---|---|---|---|---|---|
| Adresse: | Hamburg, Alter Steinweg 12 | | | | | | |
| Anmerkungen: | ... | | | | | | |
| S | | | | | | | H |
| • • | | | | • • | | | |
| 01. 01. | Saldovortrag (AB 2005) | 1.000 | | 05. 01. | Banküberweisung | | 1.000 |
| 13. 08. | Zielverkauf, Rechnungs-Nr. 102 | 1.200 | | 31. 12. | Saldo (EB 2005) | | 1.200 |
| | | 2.200 | | | | | 2.200 |
| 01. 01. | Saldovortrag (AB 2006) | 1.200 | | | | | |

| Name: | Meier | | | | Seite: ... |
|---|---|---|---|---|---|
| Adresse: | Lüneburg, Am Sande 5 | | | | |
| Anmerkungen: | ... | | | | |
| S | | | | | H |
| • | | | • | | |
| • | | | • | | |
| 01.01. | Saldovortrag (AB 2005) | 2.000 | 31.12. | Saldo (EB 2005) | 2.900 |
| 16.04. | Zielverkauf, | 900 | | | |
| | Rechnungs-Nr. 101 | | | | |
| | | 2.900 | | | 2.900 |
| 01.01. | Saldovortrag (AB 2006) | 2.900 | | | |

(2.2)    Saldenliste der Debitoren:

| Name: | Daume | | | | Seite: ... |
|---|---|---|---|---|---|
| Adresse: | Kiel, An der Förde 9 | | | | |
| Anmerkungen: | ... | | | | |
| S | | | | | H |
| • | | | • | | |
| • | | | • | | |
| 03.12. | Barzahlung | 1.500 | 01.01. | Saldovortrag (AB 2005) | 1.500 |
| 31.12. | Saldo (EB 2005) | 1.250 | 30.01. | Zieleinkauf, | |
| | | | | Rechnungs-Nr. 24653 | 1.250 |
| | | 2.750 | | | 2.750 |
| | | | 01.01. | Saldovortrag (AB 2006) | 1.250 |

| Name: | Kurz | | | | | Seite: … | |
|---|---|---|---|---|---|---|---|
| Adresse: | Schwerin, Am Pfaffenteich 94 | | | | | | |
| Anmerkungen: | … | | | | | | |
| S | | | | | | | H |
| • | | | | • | | | |
| • | | | | • | | | |
| 20.02. | Banküberweisung | | 3.500 | 01.01. | Saldovortrag (AB 2005) | | 3.500 |
| 31.12. | Saldo (EB 2005) | | 2.000 | 01.07. | Zieleinkauf, | | |
| | | | | | Rechnungs-Nr. 12498 | | 2.000 |
| | | | 5.500 | | | | 5.500 |
| | | | | 01.01. | Saldovortrag (AB 2006) | | 2.000 |

(3)   Aufstellung der Schlussbilanz:

(3.1) Saldenliste der Debitoren:

Huber, Hamburg                1.200 €

Meier, Lüneburg               2.900 €

Forderungen aus Lieferungen   <u>4.100 €.</u>
und Leistungen

(3.2) Saldenliste der Kreditoren:

Daume, Kiel                   1.250 €

Kurz, Schwerin                2.000 €

Verbindlichkeiten aus         <u>3.250 €.</u>
Lieferungen und Leistungen

(3.3)   Endbestände: Vorräte              7.000 €

Guthaben bei Kreditinstituten    500 €

Kassenbestand                  3.350 €.

(3.4) Der Endbestand des Eigenkapitals zum 31.12.2005 ergibt sich als Differenz zwischen Vermögen einerseits und Verbindlichkeiten andererseits.

(3.5)  Schlussbilanz zum 31.12.2005:

| Aktiva | Schlussbilanz 31.12.2005 | | Passiva |
|---|---|---|---|
| | € | | € |
| A. Umlaufvermögen<br>  I.  Waren<br>  II. Forderungen<br>  III. Kassenbestand, Guthaben<br>       bei Kreditinstituten | <br>7.000<br>4.100<br><br>3.850 | A. Eigenkapital<br>B. Verbindlichkeiten | 11.700<br>3.250 |
| | <u>14.950</u> | | <u>14.950</u> |

(4)  Ermittlung des Erfolgs:

| | |
|---|---|
| Eigenkapital zum 31.12.2005 | 11.700 € |
| – Eigenkapital zum 01.01.2005 | 10.500 € |
| + Wert der Entnahmen | 1.900 € |
| – Wert der Einlagen | 750 € |
| = Gewinn des Geschäftsjahres | 2.350 €. |

Aufgrund der Unzulänglichkeiten der einfachen Buchführung, insbesondere wegen der fehlenden Möglichkeit der **Erfolgsanalyse**, findet in der Praxis fast ausschließlich das System der doppelten Buchführung Anwendung. Zudem schreibt auch das **Handelsrecht** die doppelte Buchhaltung vor, denn nach § 242 Abs. 3 HGB ist im Rahmen des Jahresabschlusses eine Gewinn- und Verlustrechnung zu erstellen. Im Gegensatz zur einfachen Buchhaltung werden bei der doppelten Form die im Laufe des Geschäftsjahres anfallenden Vorgänge nicht nur in **zeitlicher Reihenfolge** in den **Grundbüchern** aufgezeichnet, sondern auch nach **sachlichen Gesichtspunkten** geordnet in einem **Hauptbuch** erfasst. Das Hauptbuch setzt sich aus den **Bestands- und Erfolgskonten**, die allgemein auch als Sachkonten bezeichnet werden, zusammen. Zu den Büchern der doppelten Buchführung zählt des Weiteren das **Kontokorrentbuch** (Geschäftsfreundebuch) mit den Personenkonten. Bei Bedarf können außerdem zusätzliche Nebenbücher geführt werden. Als Ergebnis bleibt somit festzuhalten, dass das Grundbuch bzw. die Grundbücher, das Hauptbuch und das Kontokorrentbuch **unverzichtbare Bausteine** in der Organisation der doppelten Buchführung darstellen.

# II. Buchhalterische Erfassung ausgewählter Geschäftsvorfälle

## A. Warenverkehr

### 1. Gemischtes Warenkonto

Das unternehmerische Sachziel einzelkaufmännisch geführter **Handelsbetriebe** bezieht sich auf den **Ein- und Verkauf von Waren**. Insofern steht bei diesen Unternehmen die Verbuchung des Warengeschäfts im Mittelpunkt der Finanzbuchhaltung. Das **einheitliche** oder **gemischte Warenkonto** zeichnet sich dadurch aus, dass zur Abwicklung des Warenverkehrs pro Warengruppe nur ein **einziges Warenkonto** geführt wird, d. h. Warenein- und -verkäufe werden auf ein und demselben Konto verbucht. Analog zum formalen Aufbau eines Aktivkontos sind der Anfangsbestand sowie die Zugänge (Wareneinkäufe) im Soll und die Abgänge (Warenverkäufe) sowie der Endbestand im Haben auszuweisen. Da Beschaffungs- und Absatzpreise der Handelsprodukte i. d. R. verschiedene Ausprägungen haben und die Zugänge mit den Einkaufs- und die Abgänge mit den Verkaufspreisen zu bewerten sind, erfasst das einheitliche Warenkonto neben den Beständen auch den Erfolg aus der Verkaufstätigkeit. Dieser **Erfolg** wird allgemein als **(Waren-)Rohgewinn** bzw. **(Waren-)Rohverlust** bezeichnet, wobei sich der Rohgewinn als Haben-Saldo (Einkaufspreis < Verkaufspreis) und der Rohverlust als Soll-Saldo (Einkaufspreis > Verkaufspreis) des Warenkontos ergibt. Der Begriff »Roh-« bringt zum Ausdruck, dass es sich um einen aus der eigentlichen Geschäftstätigkeit resultierenden **vorläufigen Erfolg** handelt, der noch um die im Unternehmen angefallenen sonstigen Aufwendungen (z. B. Personal-, Miet-, Verwaltungs- und Vertriebsaufwand) und sonstigen Erträge (z. B. Zins- und Mieterträge) zu modifizieren ist. Mithin entspricht der Roherfolg der Differenz aus Anfangsbestand plus Einkäufe einerseits und Verkäufe plus Endbestand andererseits. Auf dem Warenkonto werden folglich Bestands- und Erfolgsgrößen erfasst. Aus diesem Grunde wird auch von »gemischten« Warenkonten gesprochen. Zur Ermittlung des Roherfolges ist der im **Wege der Inventur festgestellte mengenmäßige Warenendbestand** grundsätzlich mit den Einkaufspreisen zu bewerten und der so ermittelte wertmäßige Warenendbestand auf der Habenseite des Warenkontos einzusetzen.

Zum **Abschluss des einheitlichen Warenkontos** sind – sofern sich am Bilanzstichtag noch Waren auf Lager befinden[157] – zwei Buchungssätze erforderlich:

- Übertragung des (wertmäßigen) Warenendbestandes auf das Schlussbilanzkonto:

  **Schlussbilanzkonto        an        Waren.**

- Übertragung des Rohgewinns bzw. Rohverlustes auf das GuV-Konto.
  Buchungssatz im Falle eines Rohgewinns:

  **Waren                    an        GuV-Konto,**

  Buchungssatz im Falle eines Rohverlustes:

  **GuV-Konto                an        Waren.**

---

157  Befinden sich zum Abschlussstichtag keine Handelsprodukte mehr auf Lager, so entfällt die Übertragung des Warenendbestandes auf das Schlussbilanzkonto und der Roherfolg entspricht dem Saldo aus Anfangsbestand plus Zugänge einerseits und Abgängen (Warenverkäufen) andererseits.

Indikator für die **Beurteilung der Ertragslage eines Handelsunternehmens** ist weniger die absolute Höhe des Roherfolges, sondern primär das Verhältnis von Roherfolg zu Wareneinsatz (sog. **Roherfolgaufschlagsatz**) bzw. die Relation von Roherfolg zu Umsatzerlösen (sog. Roherfolgsatz). Während im **Wareneinsatz** das mit Beschaffungspreisen bewertete und an Kunden veräußerte Warenvolumen zum Ausdruck kommt (Warenumsatz zu Einkaufspreisen), spiegeln sich in den **Umsatz-** oder **Verkaufserlösen** die Warenverkäufe wieder (Warenumsatz zu Verkaufspreisen). Mithin besteht zwischen dem Wareneinsatz und den Verkaufserlösen eine Input-Output-Beziehung. Der Wareneinsatz stellt den »eingesetzten« Input dar und ist deshalb als **Aufwand** zu qualifizieren,[158] die Umsatzerlöse verkörpern hingegen den am Absatzmarkt »umgesetzten« Output und sind insofern als Ertrag einzustufen. Der Unterschiedsbetrag zwischen den Verkaufserlösen (Ertrag) und dem Wareneinsatz (Aufwand) ist somit gleich dem Roherfolg.

**Beispiel:**

|   | | |
|---|---|---:|
| | Warenanfangsbestand | 30.000 € |
| + | Wareneinkäufe | 450.000 € |
| – | Warenendbestand laut Inventur | 60.000 € |
| = | Wareneinsatz (Aufwand) | 420.000 € |
| | Warenverkäufe (Ertrag) | 600.000 € |
| – | Wareneinsatz (Aufwand) | 420.000 € |
| = | Rohgewinn (Erfolg) | 180.000 €. |

Im einheitlichen Warenkonto stellt sich das vorstehende Beispiel wie folgt dar.

| S | Waren | | H |
|---|---|---|---|
| | € | | € |
| Anfangsbestand 30.000 | | Warenverkäufe | 600.000 |
| Wareneinkäufe 450.000 | | Endbestand gemäß Inventur | 60.000 |
| Saldo: Rohgewinn 180.000 | | | |
| 660.000 | | | 660.000 |

Da im Warenkonto neben den Ein- und Verkäufen auch die mit **Warenrücksendungen** und **Preisnachlässen** einhergehenden Stornobuchungen zu erfassen sind, die zwangsläufig im Soll und Haben Buchungen unterschiedlicher Preisebenen bedingen (Kundenrücksendungen werden im Soll zu Verkaufspreisen, Lieferantenrücksendungen im Haben zu Einkaufspreisen gebucht), ermöglicht das gemischte Warenkonto nur über **umfangreiche Nebenrechnungen** die Ermittlung des Wareneinsatzes und der Umsatzerlöse (vgl. **Abb. 60**).

Die Unzulänglichkeiten des gemischten Warenkontos haben zur Entwicklung der getrennten Warenkonten geführt.

---

158  Aus diesem Grunde wird mitunter anstelle des Begriffs »Wareneinsatz« auch der Terminus »Aufwendungen für Waren« verwendet [vgl. z. B. Einzelhandels-Kontenrahmen (EKR), Kontengruppe 60].

| S | Waren | | H |
|---|---|---|---|
| Anfangsbestand zu Einkaufspreisen | | Warenverkäufe zu Verkaufspreisen | |
| Wareneinkäufe zu Einkaufspreisen | | Warenrücksendungen an Lieferanten zu Einkaufspreisen | |
| Warenrücksendungen der Kunden zu Verkaufspreisen | | Preisnachlässe der Lieferanten zu Einkaufspreisen | |
| Preisnachlässe gegenüber Kunden zu Verkaufspreisen | | Warenentnahmen des Unternehmers (Ausbuchung der entnommenen Waren zu Einkaufspreisen[159]) | |
| Saldo: Rohgewinn | | Endbestand gemäß Inventur zu Einkaufspreisen[160] | |

Abb. 60: Inhalt des einheitlichen Warenkontos

## 2.    Getrennte Warenkonten

### a.    Wareneinkaufs- und Warenverkaufskonto

Die Forderung nach einer übersichtlichen Verbuchung des Warenverkehrs sowie die Notwendigkeit, den Wareneinsatz und die Verkaufserlöse ohne Rückgriff auf Nebenrechnungen zu bestimmen, bedingen die **Aufspaltung des einheitlichen Warenkontos in ein Einkaufs- und Verkaufskonto**. Während das Wareneinkaufskonto der Ermittlung des Wareneinsatzes dient, weist das Warenverkaufskonto als Saldo die Umsatzerlöse aus. Sofern das Unternehmen mit verschiedenartigen Waren handelt, wird zum Zwecke der **Erfolgskontrolle** i. d. R. für jede Warengruppe ein eigenes Einkaufs- und Verkaufskonto eingerichtet.

Das **Wareneinkaufskonto** enthält den Warenverkehr mit den Lieferanten und wird deshalb ausschließlich zu **Einkaufspreisen** geführt. Anfangsbestand und Einkäufe erscheinen im Soll, Rücksendungen und Preisnachlässe im Haben. Zur **Berechnung des Wareneinsatzes** ist – analog zu der Ermittlung des Roherfolges im einheitlichen Warenkonto – der zu Einkaufspreisen bewertete Inventurbestand (wertmäßiger Warenendbestand) im Haben des Wareneinkaufskontos zu verbuchen (die Gegenbuchung erfolgt wiederum auf dem Schlussbilanzkonto); der Wareneinsatz ergibt sich dann als **Soll-Saldo**. Da das Wareneinkaufskonto neben Beständen (Anfangsbestand und Endbestand gemäß Inventur) auch eine Aufwandskomponente in Form des Wareneinsatzes enthält, besitzt es den Charakter **eines gemischten Kontos**.[161]

---

159   Nach § 6 Abs. 1 Nr. 4 EStG sind Entnahmen mit dem Teilwert ( = aktueller Wiederbeschaffungswert) anzusetzen. Falls die aktuellen Wiederbeschaffungskosten zum Zeitpunkt der Warenentnahme über bzw. unter den Buchwerten liegen, ist die sich hieraus ergebende Differenz als Ertrag bzw. Aufwand zu erfassen.

160   Sofern am Abschlussstichtag die Beschaffungs- oder Absatzpreise der sich auf Lager befindlichen Waren unter die Buchwerte gesunken sind, müssen die Handelsprodukte in der Bilanz mit den niedrigeren Werten angesetzt werden (§ 253 Abs. 3 HGB).

161   Vgl. zum Aufbau auch *Coenenberg/Mattner/Schultze* 2004, S. 149.

| S | Wareneinkauf | | H |
|---|---|---|---|
| Anfangsbestand zu Einkaufspreisen | | Warenrücksendungen an Lieferanten zu Einkaufspreisen | |
| | | Preisnachlässe der Lieferanten zu Einkaufspreisen | |
| Wareneinkäufe zu Einkaufspreisen | | Warenentnahmen des Unternehmers (Ausbuchung der entnommenen Waren zu Einkaufspreisen) | |
| | | Endbestand gemäß Inventur zu Einkaufspreisen | |
| | | Saldo: Wareneinsatz (Aufwand) | |

Abb. 61: Inhalt des Wareneinkaufskontos

Das **Warenverkaufskonto** erfasst die Geschäftsvorfälle mit den Kunden, wobei auf beiden Kontoseiten ausnahmslos zu Verkaufspreisen gebucht wird. Insofern erscheinen die Warenverkäufe im Haben und die Rücksendungen und Preisnachlässe im Soll. Die Umsatzerlöse der veräußerten Handelsprodukte werden durch den sich ergebenden **Haben-Saldo** repräsentiert. Da das Warenverkaufskonto nur Ertragskomponenten und keine Bestandsgrößen enthält, trägt es den Charakter eines **Erfolgskontos**.

| S | Warenverkauf | | H |
|---|---|---|---|
| Warenrücksendungen der Kunden zu Verkaufspreisen | | Warenverkäufe zu Verkaufspreisen | |
| Preisnachlässe gegenüber Kunden zu Verkaufspreisen | | | |
| Saldo: Umsatzerlöse (Ertrag) | | | |

Abb. 62: Inhalt des Warenverkaufskontos

Aus Gründen der Übersichtlichkeit und Kontrolle werden die in Verbindung mit den Warenein- und -verkäufen anfallenden Bezugsaufwendungen, Rücksendungen und Preisnachlässe regelmäßig auf **besonderen Unterkonten** erfasst, deren Salden zum Abschlussstichtag auf das jeweilige Warenkonto zu übertragen sind.[162]

Der **Abschluss der beiden Warenkonten** kann auf zweifache Weise erfolgen:

- nach dem **Nettoverfahren** oder
- nach dem **Bruttoverfahren**.

Beim **Nettoverfahren** wird das Wareneinkaufskonto über das Warenverkaufskonto abgeschlossen, d. h. der Saldo des Einkaufskontos ( = Wareneinsatz) wird auf das Verkaufskonto übertragen. Der Buchungssatz hierzu lautet:

**Warenverkauf      an      Wareneinkauf.**

---

162  Vgl. hierzu z. B. den Einzelhandels-Kontenrahmen (EKR), Kontenklasse 5, Nr. 5001, Kontenklasse 6, Nr. 6001 und 6002 sowie den Kontenrahmen für den Groß- und Außenhandel, Kontenklasse 3, Nr. 302–308, Kontenklasse 8, Nr. 805–808.

Als Saldo des Verkaufskontos ergibt sich dann entweder ein **Rohgewinn** (Haben-Saldo, wenn Wareneinsatz < Umsatzerlöse) oder ein **Rohverlust** (Soll-Saldo, wenn Wareneinsatz > Umsatzerlöse), der an das GuV-Konto abzugeben ist. Mithin ist im Falle eines **Rohgewinns** zu buchen:

**Warenverkauf        an        GuV-Konto.**

Der Buchungssatz im Falle eines **Rohverlustes** lautet:

**GuV –Konto        an        Warenverkauf.**

Durch die entsprechende Buchung wird das Verkaufskonto ausgeglichen und der Roherfolg erscheint im GuV-Konto. Den Kontenabschluss nach dem Nettoverfahren verdeutlicht die **Abb. 63.**

Das Warenverkaufskonto enthält demnach sowohl eine Ertrags- als auch eine Aufwandskomponente. Dadurch, dass im GuV-Konto und folglich auch in der GuV-Rechnung lediglich der Roherfolg zum Ausweis kommt, ist für den externen Betrachter die Möglichkeit verschlossen, den (durchschnittlichen) Rohgewinnaufschlagsatz oder den Rohgewinnsatz zu bestimmen. Zur Berechnung dieser für die Beurteilung der Ertragslage eines Handelsunternehmens erforderlichen Kennzahlen bedarf es der Kenntnis von Wareneinsatz und Umsatzerlösen. Das eben beschriebene Informationsdefizit ergibt sich nicht bei Anwendung des Bruttoverfahrens.

Beim **Bruttoverfahren** werden das Wareneinkaufs- und Warenverkaufskonto unmittelbar über das GuV-Konto abgeschlossen, d. h. die Salden beider Warenkonten (der Wareneinsatz und die Umsatzerlöse) werden direkt auf das GuV-Konto übertragen. Die Buchungssätze hierzu lauten:

**GuV-Konto        an        Wareneinkauf**
**Warenverkauf        an        GuV-Konto.**

Den Kontenabschluss nach dem Bruttoverfahren veranschaulicht die **Abb. 64**. Da sich im GuV-Konto Wareneinsatz (Aufwand) und Umsatzerlöse (Ertrag) unsaldiert gegenüberstehen, können neben dem Roherfolg auch der (durchschnittliche) Rohgewinnaufschlagsatz und der Rohgewinnsatz ermittelt werden. Das Bruttoverfahren ermöglicht deshalb einen tiefer gehenderen Einblick in die Ertragslage des Unternehmens als das Nettoverfahren. **Einzelkaufmännisch geführte Betriebe** und **Unternehmen in der Rechtsform einer Personenhandelsgesellschaft** können ihre Warenkonten grundsätzlich sowohl nach dem Netto- als auch nach dem Bruttoverfahren abschließen (Wahlrecht). Das gleiche gilt für kleine und mittelgroße Kapitalgesellschaften (§ 276 HGB)[163] sowie eingetragene Genossenschaften (§ 336 Abs. 2 Satz 1 HGB). Dagegen haben **große Kapitalgesellschaften** sowie **unter das Publizitätsgesetz fallende Unternehmen**[164] beim Abschluss der Warenkonten das Bruttoverfahren zwingend anzuwenden (§ 275 Abs. 2 und Abs. 3 HGB, § 5 Abs. 1 Satz 2 PublG).

---

163  Vgl. zu den Größenklassenmerkmalen kleiner, mittelgroßer und großer Kapitalgesellschaften § 267 HGB.
164  Ab welcher Ausprägung bezüglich der Größenkriterien Bilanzsumme, Umsatzerlöse und Arbeitnehmer ein (Handels-)Unternehmen nach dem Publizitätsgesetz Rechnung zu legen hat, bestimmt § 1 Abs. 1 PublG. Vgl. hierzu die Ausführungen im Zweiten Teil zu Gliederungspunkt IV.A.

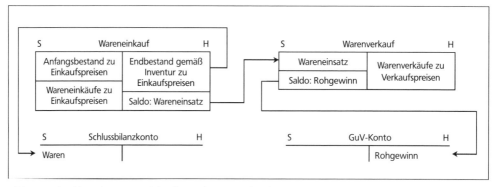

Abb. 63: Abschluss des Wareneinkaufs- und Warenverkaufskontos nach dem Nettoverfahren

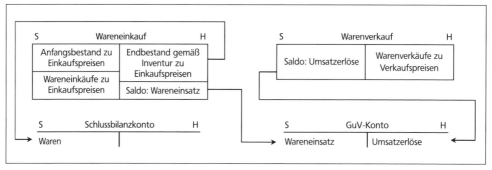

Abb. 64: Abschluss des Wareneinkaufs- und Warenverkaufskontos nach dem Bruttoverfahren

## b.    Buchungstechnische Erweiterungsalternative

Bei den getrennten Warenkonten unterscheidet man prinzipiell zwei Buchungsvarianten. Kennzeichen der im vorangegangenen Abschnitt dargestellten **Variante I** ist die Aufspaltung des einheitlichen Warenkontos in ein Einkaufs- und ein Verkaufskonto. **Variante II** folgt ebenfalls dieser grundlegenden Einteilung mit dem Unterschied, dass anstelle des Wareneinkaufskontos die Konten »Wareneingang«, »Warenbestand« und »Warenbestandsveränderung« geführt werden (ein Wareneinkaufskonto im obigen Sinne kennt Variante II nicht).

Während kleinere Handelsbetriebe die Verbuchung des Warenverkehrs nach Variante I bevorzugen, liegt dem Kontenrahmen für den Groß- und Außenhandel Variante II zugrunde. Auf einer vereinfachten Form der Variante II basiert auch der Einzelhandels-Kontenrahmen (EKR).

Auf dem **Wareneingangskonto** werden im Soll die Einkäufe und im Haben die Rücksendungen, die Preisnachlässe sowie die Warenentnahmen zu Einkaufspreisen ausgewiesen. Der sich ergebende Soll-Saldo wird in voller Höhe als Wareneinsatz qualifiziert und unmittelbar als Aufwand verbucht. Das Wareneingangskonto stellt, da es keine Bestandsgrößen enthält, ein reines Aufwandskonto dar.

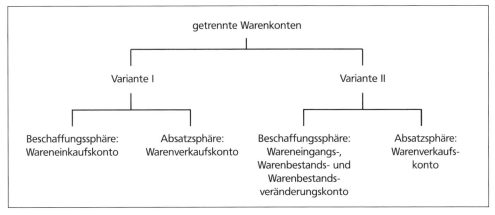

Abb. 65: Varianten der getrennten Warenkonten

| S | Wareneingang | H |
|---|---|---|
| Wareneinkäufe zu Einkaufspreisen | Warenrücksendungen an Lieferanten zu Einkaufspreisen |  |
|  | Preisnachlässe der Lieferanten zu Einkaufspreisen |  |
|  | Warenentnahmen des Unternehmers (Ausbuchung der entnommenen Waren zu Einkaufspreisen) |  |
|  | Saldo: Wareneinsatz (Aufwand) |  |

Abb. 66: Inhalt des Wareneingangskontos

Das **Warenbestandskonto** wird ebenfalls zu Einkaufspreisen geführt und erfasst im Soll den Anfangsbestand und im Haben den durch Inventur ermittelten Endbestand. Stimmen Anfangs- und Endbestand überein, bedeutet dies, dass in der Rechnungsperiode wertmäßig genauso viel Waren verkauft wie gekauft wurden (Abgänge zu Einkaufspreisen = Zugänge zu Einkaufspreisen). Demzufolge ist der im Wareneingangskonto ausgewiesene und als Aufwand verbuchte Wareneinsatz identisch mit dem Wareneinsatz, aus dem die Umsatzerlöse hervorgegangen sind. Wenn jedoch – was die Regel sein dürfte – die Warenbestände am Anfang und am Ende des Geschäftsjahres nicht übereinstimmen, so gibt der Saldo des Warenbestandskontos die **Bestandsveränderung** (Bestandserhöhung oder -verminderung) an.

Eine **Bestandserhöhung** liegt dann vor, wenn der **Warenendbestand größer ist als der Anfangsbestand**. Bei dieser Konstellation kommt somit zum Ausdruck, dass in der Rechnungsperiode wertmäßig weniger Waren verkauft als gekauft wurden (Abgänge zu Einkaufspreisen < Zugänge zu Einkaufspreisen, mit der Konsequenz einer Erhöhung des Lagerbestandes). Folglich ist der im Wareneingangskonto zu hoch ausgewiesene und als Aufwand verbuchte Wareneinsatz durch eine Ertragsbuchung im Umfang der Bestandserhöhung zu korrigieren. Hierzu bedient man sich des Hilfskontos »**Warenbestandsveränderung**«, auf dem die Bestandszunahme im Haben zu erfassen ist. Der Buchungssatz dazu lautet:

**Warenbestand     an     Warenbestandsveränderung.**

Vorstehende Buchung bewirkt zum einen den rechnerischen Ausgleich des Warenbestandskontos und überträgt zum anderen die Bestandserhöhung auf das Warenbestandsveränderungskonto.

**Beispiel:**
Gegeben seien nachfolgende Konteneintragungen.

| S | Wareneingang | | | H |
|---|---|---|---|---|
| | | €| | €|
| Wareneinkäufe | | 15.000 | Saldo: Wareneinsatz (Aufwand) | 15.000 |

| S | Warenbestand | | | H |
|---|---|---|---|---|
| | | €| | €|
| AB | | 4.000 | EB gemäß Inventur | 6.000 |
| Saldo: Bestandserhöhung | | 2.000 | | |
| | | 6.000 | | 6.000 |

| S | Warenbestandsveränderung | | | H |
|---|---|---|---|---|
| | | €| | €|
| | | | Bestandserhöhung | 2.000 |

Abb. 67: Warenkonten im Falle einer Bestandserhöhung

Der Anfangsbestand beträgt 4.000 €, der Endbestand 6.000 €, d. h. vom Anfangsbestand
(4.000 €) und von den getätigten Wareneinkäufen der Periode (15.000 €) wurden nur Handelsprodukte im Wert von 13.000 € weiterveräußert. Insofern ist der als Aufwand verbuchte Wareneinsatz (15.000 €) um die Bestandserhöhung (2.000 €) zu korrigieren.

|   | Wareneinsatz gemäß Wareneingangskonto | 15.000 € |
|---|---|---|
| – | Korrektur des zu hoch ausgewiesenen Wareneinsatzes durch die im Konto »Warenbestandsveränderung« erfasste Bestandserhöhung | 2.000 € |
| = | der den Umsatzerlösen zugrunde liegende Wareneinsatz | 13.000 €. |

Ist der **Warenendbestand kleiner als der Anfangsbestand**, so liegt eine **Bestandsverminderung** vor. In einer Bestandsminderung kommt somit zum Ausdruck, dass in der
Rechnungsperiode wertmäßig mehr Waren verkauft als gekauft wurden (Abgänge zu Einkaufspreisen > Zugänge zu Einkaufspreisen, mit der Konsequenz einer Verringerung des
Lagerbestandes). Insofern ist der im Wareneingangskonto ausgewiesene und als Aufwand
verbuchte Wareneinsatz um den sich aus der Verringerung des Lagerbestandes zusätzlich
ergebenden Wareneinsatz (Bestandsverminderung) zu erhöhen. Dies erfolgt wiederum über
das Hilfskonto »**Warenbestandsveränderung**«, auf dem die Bestandsverminderung als
Aufwand im Soll zu erfassen ist. Die Buchung hierzu lautet:

**Warenbestandsveränderung        an        Warenbestand.**

Aus der Addition der im Wareneingangskonto ausgewiesenen Aufwendungen (Wareneinsatz) und der im Warenbestandsveränderungskonto verbuchten Bestandsverminderung ergibt sich der Wareneinsatz, der zur Erzielung der Umsatzerlöse erforderlich war.

**Beispiel:**
Gegeben seien nachfolgende Konteneintragungen.

| S | Wareneingang | | | H |
|---|---|---|---|---|
| | | € | | € |
| Wareneinkäufe | | 15.000 | Saldo: Wareneinsatz (Aufwand) | 15.000 |

| S | Warenbestand | | | H |
|---|---|---|---|---|
| | | € | | € |
| AB | | 8.000 | EB gemäß Inventur | 5.000 |
| | | | Saldo: Bestandsverminderung | 3.000 |
| | | 8.000 | | 8.000 |

| S | Warenbestandsveränderung | | | H |
|---|---|---|---|---|
| | | € | | € |
| Bestandsverminderung | | 3.000 | | |

Abb. 68: Warenkonten im Falle einer Bestandsverminderung

Der Anfangsbestand beträgt 8.000 €, der Endbestand 5.000 €, d. h. es wurden unter Berücksichtigung der Wareneinkäufe der Periode (15.000 €) Handelsprodukte im Wert von 18.000 € veräußert. Als Aufwand wurde bislang jedoch nur der im Wareneingangskonto ausgewiesene Wareneinsatz (15.000 €) erfasst. Mithin sind noch 3.000 € (= Wareneinsatz aus der Verringerung des Lagerbestandes) zu berücksichtigen. Dies erfolgt durch den Ansatz der Bestandsverminderung auf der Sollseite des Warenbestandsveränderungskontos. Als Ergebnis erhält man dann:

| | | |
|---|---|---:|
| | Wareneinsatz gemäß Wareneingangskonto | 15.000 € |
| + | Korrektur des zu niedrig ausgewiesenen Wareneinsatzes durch die im Konto »Warenbestandsveränderung« erfasste Bestandsverminderung | 3.000 € |
| = | der den Umsatzerlösen zugrunde liegende Wareneinsatz | 18.000 €. |

Das Warenverkaufskonto der Variante II ist **identisch** mit dem von Variante I. Ebenso wie Variante I kann auch Buchungsvariante II nach dem Netto- oder Bruttoverfahren abgeschlossen werden. Beim **Abschluss nach dem Nettoverfahren** unterscheiden sich Variante I und Variante II insofern, als – aus Gründen der Übersichtlichkeit – die Salden der Konten »Wareneingang« und »Warenbestandsveränderung« nicht auf das Warenverkaufskonto, sondern auf ein gesondertes **Warenabschlusskonto**[165] übertragen werden. An dieses Abschlusskonto ist auch der Saldo des Warenverkaufskontos abzugeben. Mithin sind folgende Buchungen vorzunehmen.

| (1) | **Warenabschluss** | **an** | **Wareneingang** |
|---|---|---|---|
| (2.1) | **bei Bestandserhöhung:** | | |
| | **Warenbestandsveränderung** | **an** | **Warenabschluss** |
| (2.2) | **bei Bestandsverminderung:** | | |
| | **Warenabschluss** | **an** | **Warenbestandsveränderung** |
| (3) | **Warenverkauf** | **an** | **Warenabschluss.** |

**Beispiel:**
Gegeben seien nachfolgende Konteneintragungen.

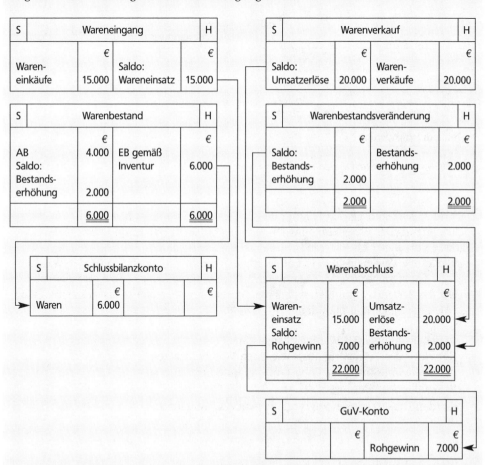

Abb. 69: Abschluss der Buchungsvariante II nach dem Nettoverfahren im Falle einer Bestandserhöhung

---

165  Vgl. z. B. den Kontenrahmen für den Groß- und Außenhandel, Kontenklasse 9.

Der im Warenbestandskonto ausgewiesene Endbestand findet seine Gegenbuchung wiederum im Schlussbilanzkonto. Als Saldo des Warenabschlusskontos erhält man entweder einen Rohgewinn (Haben-Saldo) oder einen Rohverlust (Soll-Saldo), der an das GuV-Konto weitergegeben wird. Der Buchungssatz bei Vorliegen eines **Rohgewinns** lautet:

**Warenabschluss**                          an        **GuV-Konto.**

Im Falle eines Rohverlustes ist zu buchen:

**GuV-Konto**                               an        **Warenabschluss.**

Der **Abschluss nach dem Bruttoverfahren** vollzieht sich bei Variante II analog zu Variante I, d. h. die Salden der Konten »Wareneingang«, »Warenbestandsveränderung« und »Warenverkauf« sind **unmittelbar** auf das GuV-Konto zu übertragen. Die Buchungssätze lauten demnach:

(1)    **GuV-Konto**                        an        **Wareneingang**
(2.1)  **bei Bestandserhöhung:**
       **Warenbestandsveränderung**         an        **GuV-Konto**
(2.2)  **bei Bestandsverminderung:**
       **GuV-Konto**                        an        **Warenbestandsveränderung**
(3)    **Warenverkauf**                     an        **GuV-Konto.**

**Beispiel:**
Gegeben seien nachfolgende Konteneintragungen.

| S | Wareneingang | | H | | S | Warenverkauf | | H |
|---|---|---|---|---|---|---|---|---|
| | € | | € | | | € | | € |
| Waren-einkäufe | 15.000 | Saldo: Wareneinsatz | 15.000 | | Saldo: Umsatzerlöse | 20.000 | Waren-verkäufe | 20.000 |

| S | Warenbestand | | H | | S | Warenbestandsveränderung | | H |
|---|---|---|---|---|---|---|---|---|
| | € | | € | | | € | | € |
| AB | 8.000 | EB gemäß Inventur | 5.000 | | Bestands-verminderung | | Saldo: Bestands-verminderung | 3.000 |
| | | Saldo: Bestands-verminderung | 3.000 | | | 3.000 | | |
| | 8.000 | | 8.000 | | | 3.000 | | 3.000 |

| S | Schlussbilanzkonto | | H | | S | GuV-Konto | | H |
|---|---|---|---|---|---|---|---|---|
| | € | | € | | | € | | € |
| Waren | 5.000 | | | | Wareneinsatz | 15.000 | Umsatzerlöse | 20.000 |
| | | | | | Bestands-verminderung | 3.000 | | |

Abb. 70: Abschluss der Buchungsvariante II nach dem Bruttoverfahren im Falle einer Bestandsverminderung

## 3.    Umsatzsteuer

### a.    Allgemeines

Bei den Ausführungen zum Warenverkehr wurde bislang vernachlässigt, dass Warenein- und -verkäufe grundsätzlich mit Umsatzsteuer behaftet sind. Die Umsatzsteuer ist eine **Verbrauchsteuer**, die nach dem Willen des Gesetzgebers ausschließlich der Endverbraucher (Konsument) zu tragen hat, während der als Nicht-Konsument agierende Unternehmer prinzipiell unbelastet bleibt. Nach geltendem Recht wird die Umsatzsteuer in Form einer **Allphasen-Nettoumsatzsteuer mit Vorsteuerabzug** erhoben. Das Charakteristikum einer Allphasensteuer besteht darin, dass der steuerpflichtige Umsatz in jeder Wirtschaftsstufe (Produktion, Großhandel, Einzelhandel) der Besteuerung unterliegt. Bei einer Nettoumsatzsteuer stellt der um bestimmte Vorleistungen[166] gekürzte Umsatz die Bemessungsgrundlage dar. Der bundesdeutschen Umsatzsteuer unterworfen wird letztendlich nur der vom Unternehmer **erwirtschaftete Mehrwert**[167], weshalb die Umsatzsteuer häufig auch mit dem Terminus »**Mehrwertsteuer**« belegt wird. Um die Besteuerung des Mehrwerts in jeder Wirtschaftsstufe sicherzustellen, bedient sich der Gesetzgeber des **Vorsteuerabzugverfahrens**. Hierbei darf die vom Lieferanten dem Unternehmer gesondert in Rechnung gestellte Umsatzsteuer (sog. **Vorsteuer**) von der Umsatzsteuer abgezogen werden, die der Unternehmer seinerseits auf die Nettoverkaufspreise aufschlägt. Da der Unternehmer die Handelsprodukte regelmäßig zu höheren Preisen verkauft als er sie eingekauft hat, verbleibt i. d. R. als Differenz zwischen **erhaltener Umsatzsteuer** und **gezahlter Vorsteuer** eine an das Finanzamt abzuführende **Zahllast**.

> **Beispiel:**
> In **Abb. 71** wird anhand der handelstypischen Wirtschaftsstufen die Technik des Vorsteuerabzugverfahrens verdeutlicht. Unterstellt wird ein Regelsteuersatz von 20 %. Das Vorsteuerabzugverfahren gewährleistet mithin, dass lediglich der auf jeder Produktions- und Handelsstufe vom Unternehmer erwirtschaftete Mehrwert mit Umsatzsteuer belastet wird. Der Rechnungsbetrag, den der Endverbraucher zu bezahlen hat, enthält genau den Betrag an Umsatzsteuer, den die vorangegangenen Wirtschaftsstufen zusammen als Zahllast an das Finanzamt abgeführt haben (im Beispiel 20 % von 2.500 € = 500 €). Dadurch, dass die Umsatzsteuer von einer Wirtschaftsstufe auf die andere **überwälzt** und letztendlich vom Endverbraucher getragen wird, hat sie – von Ausnahmefällen abgesehen[168] – keine Auswirkungen auf den Unternehmenserfolg. Insofern wirkt die Umsatzsteuer wie ein **durchlaufender Posten**.

Die bei der Veräußerung von Waren oder der Erbringung von Dienstleistungen den **Konsumenten** oder **anderen Unternehmern in Rechnung gestellte Umsatzsteuer** stellt eine **Verbindlichkeit gegenüber dem Finanzamt** dar und wird auf dem passiven Bestandskonto »**Umsatzsteuer**« erfasst.

---

166    Als Vorleistungen kommen z. B. die zur Erstellung von Produkten erforderlichen Rohstoffe oder der den Umsatzerlösen zugrunde liegende Wareneinsatz in Betracht.
167    Als Mehrwert bezeichnet man ganz allgemein den Betrag, um den der zu Verkaufspreisen bewertete Output den zu Einkaufspreisen bewerteten Input übersteigt.
168    Vgl. § 15 Abs. 2 und Abs. 3 UStG (Ausschluss des Vorsteuerabzugs).

| Wirtschaftsstufe | (1) Eingangsrechnung (2) Ausgangsrechnung | | Mehrwert | Umsatz-steuer | Vorsteuer | Zahllast |
|---|---|---|---|---|---|---|
| Produzent | (1) | _____ 169 | | | – | |
| | (2) | Nettoverkaufspreis        1.000 € <br> + 20 % Umsatzsteuer         200 € <br> Bruttoverkaufspreis        1.200 € <br> (= Rechnungsbetrag) | 1.000 € | 200 € | | 200 € |
| Großhändler | (1) | Nettoeinkaufspreis        1.000 € <br> + 20 % Umsatzsteuer         200 € <br> Bruttoeinkaufspreis        1.200 € <br> (= Rechnungsbetrag) | | | 200 € | |
| | (2) | Nettoverkaufspreis        1.500 € <br> + 20 % Umsatzsteuer         300 € <br> Bruttoverkaufspreis        1.800 € <br> (= Rechnungsbetrag) | 500 € | 300 € | | 100 € |
| Einzelhändler | (1) | Nettoeinkaufspreis        1.500 € <br> + 20 % Umsatzsteuer         300 € <br> Bruttoeinkaufspreis        1.800 € <br> (= Rechnungsbetrag) | | | 300 € | |
| | (2) | Nettoverkaufspreis        2.500 € <br> + 20 % Umsatzsteuer         500 € <br> Bruttoverkaufspreis        3.000 € <br> (= Rechnungsbetrag) | 1.000 € | 500 € | | 200 € |
| Endverbraucher | | Warenwert                 2.500 € <br> + 20 % Umsatzsteuer         500 € <br> Rechnungsbetrag           3.000 € | Summe: <br> 2.500 € | | | Summe: <br> 500 € |

Abb. 71: Funktionsweise der Allphasen-Nettoumsatzsteuer mit Vorsteuerabzug[170]

| S | Umsatzsteuer | H |
|---|---|---|
| Umsatzsteuerberichtigungen infolge: <br> – Rücksendungen von Kunden, <br> – Preisnachlässen (Skonti, Boni) gegenüber Kunden | Erfassung der in den Ausgangsrechnungen ausgewiesenen Umsatzsteuer (»Mehrwert-steuer«) | |
| Saldo: Umsatzsteuerverbindlichkeit gegenüber dem Finanzamt | | |

Abb. 72: Inhalt des Umsatzsteuerkontos

**Entsprechend verkörpert die Vorsteuer,** d. h. **die dem Unternehmer beim Bezug von** Waren oder der Inanspruchnahme von Dienstleistungen **von anderen Unternehmern gesondert in Rechnung gestellte Umsatzsteuer**, eine Forderung gegen die **Finanzbehörde** und wird auf dem aktiven Bestandskonto »Vorsteuer« verbucht.[171]

---

169  Dem Beispiel liegt die Annahme zugrunde, dass sich der Produktionsprozess ohne Einsatz von Vorleistungen vollzogen hat.
170  Modifiziert entnommen von *Eisele* 2002, S. 98.
171  Vgl. auch *Falterbaum/Bolk/Reiß* 2003, S. 141.

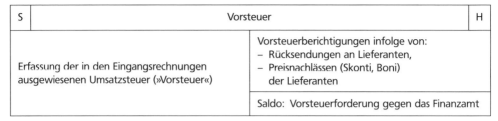

| S | Vorsteuer | | H |
|---|---|---|---|
| Erfassung der in den Eingangsrechnungen ausgewiesenen Umsatzsteuer (»Vorsteuer«) | Vorsteuerberichtigungen infolge von:<br>– Rücksendungen an Lieferanten,<br>– Preisnachlässen (Skonti, Boni)<br>  der Lieferanten | | |
| | Saldo: Vorsteuerforderung gegen das Finanzamt | | |

Abb. 73: Inhalt des Vorsteuerkontos

Am Ende einer jeden Abrechnungsperiode werden die Vorsteuerforderung und die Umsatzsteuerverbindlichkeit gegeneinander aufgerechnet (§ 15 Abs. 1, § 16 Abs. 2, § 18 Abs. 1 UStG). Der Buchungssatz lautet:[172]

**Umsatzsteuer     an     Vorsteuer.**

Sofern die **Umsatzsteuerverbindlichkeit höher ist als die Vorsteuerforderung** ergibt sich im Umsatzsteuerkonto als Haben-Saldo eine **Umsatzsteuer-Zahllast**. In dieser spiegelt sich die verbleibende Schuld gegenüber dem Fiskus aus der Umsatzbesteuerung wider. Bei Anwendung des Bilanzgliederungsschemas des § 266 HGB ist die Umsatzsteuer-Zahllast unter dem Posten »**Sonstige Verbindlichkeiten**« auszuweisen.[173]

**Beispiel:**
Gegeben seien nachfolgende Konteneintragungen.

| S | Vorsteuer | | | | H |
|---|---|---|---|---|---|
| | | € | | | € |
| Vorsteuer gemäß Eingangsrechnungen | | 5.200 | Vorsteuerberichtigungen Umsatzsteuer | | 200<br>5.000 |
| | | 5.200 | | | 5.200 |

| S | Umsatzsteuer | | | | H |
|---|---|---|---|---|---|
| | | € | | | € |
| Umsatzsteuerberichtigungen<br>Vorsteuer<br>Saldo: SBK (Umsatzsteuer-Zahllast) | | 300<br>5.000<br>3.000 | Umsatzsteuer gemäß Ausgangsrechnungen | | 8.300 |
| | | 8.300 | | | 8.300 |

---

172 Als Betrag ist hierbei immer der kleinere Saldo einzusetzen, da dieser vollständig mit dem größeren verrechnet wird.
173 Vgl. § 266 Abs. 3 Posten C. 8 HGB.

| S | Schlussbilanzkonto | | H |
|---|---|---|---|
| | € | | € |
| | | Umsatzsteuer | 3.000 |

Abb. 74: Abschluss des Umsatzsteuer- und Vorsteuerkontos im Falle einer Umsatzsteuer-Zahllast

Buchungssätze zum Abschluss des Umsatzsteuer- und Vorsteuerkontos:

(1) Umsatzsteuer    an    Vorsteuer                5.000 €
(2) Umsatzsteuer    an    Schlussbilanzkonto       3.000 €.

Im umgekehrten Fall (**Umsatzsteuerverbindlichkeit < Vorsteuerforderung**) stellt sich im Vorsteuerkonto ein Soll-Saldo ein, in dessen Höhe der Unternehmer einen **Vorsteuer-Erstattungsanspruch** gegen das Finanzamt hat. Der Erstattungsanspruch ist in der Bilanz unter dem Posten »Sonstige Vermögensgegenstände« zu erfassen.[174]

**Beispiel:**
Gegeben seien nachfolgende Konteneintragungen

| S | Vorsteuer | | H |
|---|---|---|---|
| | € | | € |
| Vorsteuer gemäß Eingangs-rechnungen | 9.400 | Vorsteuerberichtigungen<br>Umsatzsteuer<br>Saldo: SBK (Vorsteuer-Erstattungs-anspruch) | 400<br>7.000<br><br>2.000 |
| | 9.400 | | 9.400 |

| S | Umsatzsteuer | | H |
|---|---|---|---|
| | € | | € |
| Umsatzsteuerberichtigungen<br>Vorsteuer | 100<br>7.000 | Umsatzsteuer gemäß<br>Ausgangsrechnungen | 7.100 |
| | 7.100 | | 7.100 |

| S | Schlussbilanzkonto | | H |
|---|---|---|---|
| | € | | € |
| Vorsteuer | 2.000 | | |

Abb. 75: Abschluss des Umsatzsteuer- und Vorsteuerkontos im Falle eines Vorsteuer-Erstattungsanspruchs

---

174   Vgl. § 266 Abs. 2 Posten B. II. 4. HGB.

Buchungssätze zum Abschluss des Umsatzsteuer- und Vorsteuerkontos:

| | | | |
|---|---|---|---|
| (1) Umsatzsteuer | an | Vorsteuer | 7.000 € |
| (2) Schlussbilanzkonto | an | Vorsteuer | 2.000 €. |

Mitunter werden das Umsatzsteuer- und das Vorsteuerkonto über ein sog. **Umsatzsteuer-Verrechnungskonto** abgeschlossen (Buchungen: Umsatzsteuer an Umsatzsteuer-Verrechnungskonto; Umsatzsteuer-Verrechnungskonto an Vorsteuer). Im Saldo des Verrechnungskontos kommt dann die **Zahllast** (Haben-Saldo) bzw. der **Erstattungsanspruch** (Soll-Saldo) zum Ausdruck. Abschließend bleibt anzumerken, dass auch ein getrennter Ausweis von Vorsteuerforderung und Umsatzsteuerverbindlichkeit in der Schlussbilanz möglich sein dürfte.

## b.    Grundzüge des Umsatzsteuerrechts

### b.a    Überblick über die elementaren Vorschriften

Das im vorangegangenen Abschnitt kurz skizzierte Umsatzsteuersystem ermöglicht jedoch keine Aussage darüber, welche Geschäftsvorfälle mit Umsatzsteuer zu belegen sind und wie sich das Besteuerungsverfahren vollzieht. Um diese beiden Fragen beantworten zu können, bedarf es gewisser Grundkenntnisse des Umsatzsteuerrechts. Die **Umsatzsteuerpflicht** ergibt sich aus § 1 Abs. 1 UStG. Danach unterliegen der Umsatzsteuer folgende Vorgänge (sog. **steuerbare Umsätze**):

- die Lieferungen und sonstigen Leistungen, die ein Unternehmer im Inland gegen Entgelt im Rahmen seines Unternehmens ausführt (sog. **Leistungsaustausch**); ergänzt wird der Tatbestand des § 1 Abs. 1 UStG durch die Gleichstellung bestimmter **unentgeltlicher Wertabgaben**:

  a) § 3 Abs. 1 b UStG stellt die Entnahme von Gegenständen und anderen unentgeltlichen Zuwendungen von Gegenständen unter bestimmten Voraussetzungen **Lieferungen gegen Entgelt** gleich (**unentgeltliche Wertabgabe durch Lieferungen**)
  b) § 3 Abs. 9 a UStG erfasst unter den dort geregelten Voraussetzungen **unentgeltliche sonstige Leistungen**, die der Unternehmer für außerunternehmerische Zwecke oder für den privaten Bedarf seines Personals erbringt (**unentgeltliche Wertabgabe durch Gegenstandsverwendung und andere sonstige Leistungen**)

- die **Einfuhr von Gegenständen im Inland oder in den österreichischen Gebieten Jungholz und Mittelberg** (Einfuhrumsatzsteuer);
- **innergemeinschaftlicher Erwerb** im Inland gegen Entgelt (§ 1 a Abs. 1 UStG).

Die genannten Vorgänge stellen jedoch nur dann steuerbare Umsätze dar, wenn die der jeweiligen Umsatzart zugrunde liegenden Tatbestandsmerkmale erfüllt sind. Sofern eine Voraussetzung fehlt, muss der betreffende Umsatz als »nicht steuerbar« eingestuft werden und die Erhebung der Umsatzsteuer entfällt. Zu den **Tatbestandsmerkmalen des Leistungsaustausches** zählen:

- Die Vorgänge müssen **Lieferungen** oder **sonstige Leistungen** darstellen.
  Der Terminus **»Leistung«** ist der Oberbegriff für die beiden Leistungsarten **»Lieferungen«** und **»sonstige Leistungen«**. Eine **Lieferung** liegt vor, wenn der Unternehmer dem Abnehmer die Verfügungsmacht über einen Gegenstand verschafft (§ 3 Abs. 1 UStG). Zu den Gegenständen i. S. d. Umsatzsteuergesetzes zählen körperliche Gegenstände (Sachen gemäß § 90 BGB) und solche Güter, die im Wirtschaftsverkehr wie Sachen behandelt werden, z. B. Strom, Wasser, Wärme.[175] **Sonstige Leistungen** sind nach § 3 Abs. 9 UStG Leistungen, die keine Lieferungen darstellen. Sie können auch in einem Unterlassen oder im Dulden einer Handlung oder eines Zustandes bestehen. Als sonstige Leistungen kommen insbesondere Dienstleistungen, Gebrauchs- und Nutzungsüberlassungen (z. B. Vermietung, Verpachtung, Darlehensgewährung) sowie Einräumung, Übertragung und Wahrnehmung von Patenten und ähnlichen Rechten in Betracht.[176]

- Die Leistungen hat ein **Unternehmer** zu erbringen.
  Unternehmer ist gemäß § 2 Abs. 1 UStG, wer eine **gewerbliche** oder **berufliche Tätigkeit selbstständig** ausübt. Als gewerblich oder beruflich gilt dabei jede **nachhaltige Tätigkeit** zur Erzielung von Einnahmen, auch wenn die Absicht, Gewinne zu erwirtschaften, fehlt. Mithin sind z. B. Gewerbetreibende, Freiberufler sowie Land- und Forstwirte als Unternehmer zu qualifizieren.[177]

- Die Umsätze müssen **im Rahmen des Unternehmens** vollzogen werden.
  Das Unternehmen i. S. d. Umsatzsteuergesetzes umfasst die **gesamte gewerbliche oder berufliche Tätigkeit** des Unternehmers (§ 2 Abs. 1 UStG). Konkret bedeutet dies, dass ein Unternehmer – unabhängig von der handelsrechtlichen Anzahl seiner Betriebe – umsatzsteuerrechtlich immer nur **ein** Unternehmen haben kann. Da steuerbare Vorgänge lediglich zwischen zwei verschiedenen umsatzsteuerlichen Unternehmen anfallen können, unterliegen Leistungen, die zwischen (ggf. rechtlich selbstständigen) Unternehmensteilen getätigt werden, als sog. Innenumsätze nicht der Umsatzbesteuerung. Des Weiteren sind Leistungen dann als nicht steuerbar einzustufen, wenn sie der **nichtunternehmerischen (privaten) Sphäre** des Unternehmers zuzuordnen sind.

---

**Beispiel:**
Der Unternehmer Schmidt betreibt sowohl einen Farbengroßhandel als auch einen Lebensmitteleinzelhandel. Darüber hinaus hat er von seinem Onkel einen landwirtschaftlichen Betrieb geerbt. Alle drei handelsrechtlich selbständigen Betriebe bilden umsatzsteuerrechtlich ein einziges Unternehmen, d. h. die steuerpflichtigen Umsätze des Farbengroßhandels, des Lebensmitteleinzelhandels und des landwirtschaftlichen Betriebes werden zusammengefasst und in einer Umsatzsteuererklärung deklariert. Ferner sind die Leistungen, die ein Unternehmensteil (z. B. Farbengroßhandel) für den anderen Unternehmensteil (z. B. Lebensmitteleinzelhandel) erbracht hat, als Innenumsätze anzusehen und stellen insofern keine steuerbaren Umsätze dar.

---

175   Vgl. R 24 Abs. 1 UStR.
176   Vgl. R 24 Abs. 3 UStR.
177   Vgl. weiterführend *Schreiber* 2005, S. 142.

- Für die erbrachten Leistungen muss der Unternehmer ein **Entgelt** erhalten.
  Entgelt ist nach § 10 Abs. 1 UStG alles, was der Leistungsempfänger aufwendet, um die Lieferung oder sonstige Leistung zu erhalten, jedoch abzüglich der im Rechnungs-betrag enthaltenen Umsatzsteuer. Folglich entspricht das Entgelt dem **Nettowert** der erbrachten Leistung. Mithin gehört der Vorsteuerbetrag, wenn er nach § 15 Abs. 1 UStG von der Umsatzsteuerverbindlichkeit abgezogen werden kann, nicht zu den Anschaf-fungs- oder Herstellungskosten des Wirtschaftsgutes (Vermögensgegenstandes).[178] Das Entgelt bildet die Bemessungsgrundlage für die Berechnung der Umsatzsteuer und kann sowohl in **Geldwerten** als auch in einer **Gegenlieferung** (Tausch) oder einer **sonsti-gen Gegenleistung**. (tauschähnlicher Umsatz) bestehen (§ 3 Abs. 12 UStG).[179]

- Die Geschäftsvorfälle müssen sich im **Inland** vollziehen.
  Inland i. S. d. Umsatzsteuergesetzes ist das **Gebiet der Bundesrepublik Deutschland** mit Ausnahme der in § 1 Abs. 2 Satz 1 UStG bezeichneten Gebiete (z. B. Insel Helgo-land) und Objekte (z. B. deutsche Schiffe in Gebieten, die zu keinem Zollgebiet gehö-ren). Die Nichterhebung der Umsatzsteuer in bestimmten, von § 1 Abs. 2 Satz 1 UStG ausgeschlossenen Gebieten (Freihäfen und Küstenzonen) wird jedoch durch § 1 Abs. 3 UStG relativiert.

Wie bereits angesprochen, soll mit der Umsatzsteuer der Endverbraucher belastet werden. Als Konsument einzustufen ist in bestimmten Fällen jedoch auch der **Unternehmer**, z. B. wenn er Waren für den Privatbedarf aus dem Betrieb entnimmt. Da er die ihm beim Waren-einkauf in Rechnung gestellte Umsatzsteuer als Vorsteuer gegenüber dem Finanzamt geltend machen könnte, wäre insofern sein privater Warenverbrauch umsatzsteuerfrei. Dieses Er-gebnis würde aber gegen das Postulat der **Gleichmäßigkeit der Besteuerung** verstoßen. Aus diesem Grunde sieht das Umsatzsteuergesetz die **Steuerpflicht des Eigenverbrauchs** vor, wodurch der Vorsteuerabzug wieder rückgängig gemacht wird.

**Tatbestandsmerkmale des Eigenverbrauchs** sind zum einen die bereits erläuterten Kri-terien »Gegenstände/sonstige Leistungen«, »Unternehmer«, »Unternehmen« und »Inland« sowie zum anderen die Voraussetzung, dass Gegenstände für Zwecke entnommen bzw. sonstige Leistungen für Zwecke ausgeführt werden, die außerhalb des Unternehmens lie-gen. Dies ist insbesondere dann der Fall, wenn Gegenstände von der unternehmerischen Sphäre in das Privatvermögen übertragen oder wenn sonstige Leistungen zugunsten des Privatbereichs des Unternehmers erbracht werden. Bei den sonstigen Leistungen der Um-satzart »Eigenverbrauch« handelt es sich im Wesentlichen um die **Nutzung von Unterneh-mensgegenständen** und die **Inanspruchnahme von Dienstleistungen des Unternehmens** für private Zwecke (Beispiele: der Unternehmer nutzt den betrieblichen PKW auch für pri-vate Fahrten, die im Unternehmen angestellte Raumpflegerin reinigt gelegentlich auch die Privatwohnung des Unternehmers).

---

178    Vgl. § 9 b Als. 1 EStG. Sofern der Vorsteuerabzug gemäß § 15 Abs. 2 und Abs. 3 UStG ausgeschlossen ist, z. B. wenn mit den Vorleistungen ausschließlich steuerfreie Umsätze getätigt werden, erhöhen die Vorsteuerbeträge die Anschaffungs- oder Herstellungskosten der Investitionsgüter (Patente, Gebäude, Maschinen etc.) bzw. sind beim Kauf von Verbrauchsgütern (z. B. Strom, Kraftstoff, Schreibwaren) – ebenso wie das Gut selbst – un-mittelbar als Aufwand zu verbuchen.

179    Vgl. *Schreiber* 2005, S. 146.

Die **Umsatzsteuer bemisst** sich gemäß § 10 Abs. 4 UStG

- bei dem Verbringen eines Gegenstandes im Sinne des § 1 a Abs. 2 und § 3 Abs. 1 a UStG sowie bei Lieferungen im Sinne des § 3 Abs. 1 b UStG nach dem Einkaufspreis zuzüglich der Nebenkosten für den Gegenstand oder für einen gleichartigen Gegenstand oder mangels eines Einkaufspreises nach den **Selbstkosten**, jeweils zum Zeitpunkt des Umsatzes (Entnahmezeitpunkt);
- bei sonstigen Leistungen im Sinne des § 3 Abs. 9 a Nr. 1 UStG nach den bei der Ausführung dieser Umsätze entstandenen Ausgaben, soweit sie zum vollen Vorsteuerabzug berechtigt haben;
- bei sonstigen Leistungen im Sinne des § 3 Abs. 9 a Nr. 2 UStG nach den bei der Ausführung dieser Umsätze entstandenen Ausgaben.

Der **zwischenstaatliche Warenverkehr** wird nach dem international geltenden **Bestimmungslandprinzip** besteuert. Dieses Prinzip besagt, dass der grenzüberschreitende Warenverkehr nur mit der Umsatzsteuer belastet werden darf, die in dem Land gültig ist, in dem die Ware verbraucht oder verwendet wird. Mithin ist jede **Ausfuhrlieferung** in ein Drittlandsgebiet[180] oder eine **innergemeinschaftliche Lieferung** (§ 6 a UStG) in das übrige Gemeinschaftsgebiet[181] (§ 6 UStG) von der inländischen Umsatzsteuer zu entlasten. Dies erfolgt durch eine **Steuerbefreiung der Exporte** unter **gleichzeitiger Beibehaltung des Vorsteuerabzugs** (§ 4 Nr. 1 i. V. m. § 15 Abs. 3 UStG). Umgekehrt sind sämtliche Importe aus Drittlandsgebieten (§ 1 Abs. 1 Nr. 4 UStG) beim Grenzübertritt der **Einfuhrumsatzsteuer** und aus Ländern des übrigen Gemeinschaftsgebietes der Erwerbsbesteuerung (§ 1 Abs. 1 Nr. 5 UStG) zu unterwerfen, damit eine gleiche Vorbelastung mit Umsatzsteuer wie bei inländischen Erzeugnissen hergestellt wird.[182] Die Besteuerung der Einfuhrlieferungen, unabhängig von der Endverbraucher-Eigenschaft des Importeurs, ist deshalb erforderlich, weil der Tatbestand der Einfuhr von Gegenständen aus einem Drittlandsgebiet nicht nur von Unternehmern, sondern auch von Nichtunternehmern (privaten Verbrauchern) verwirklicht werden kann. Die von der **Zollbehörde** erhobene Einfuhrumsatzsteuer stellt gemäß § 15 Abs. 1 Nr. 2 UStG für den Unternehmer – von Ausnahmefällen abgesehen[183] – eine abzugsfähige Vorsteuer dar. Die Einfuhrumsatzsteuer bemisst sich nach dem Zollwert des importierten Gegenstandes. Sofern ein derartiger Wert nicht existiert, bildet das Entgelt die Bemessungsgrundlage (§ 11 Abs. 1 UStG).

Liegt ein **steuerbarer Umsatz** vor, so ist im nächsten Schritt zu prüfen, ob dieser den **steuerbefreiten** oder den **steuerpflichtigen Umsätzen** zuzuordnen ist; denn lediglich letztere unterliegen der Umsatzsteuer. Ein Umsatz trägt dann steuerpflichtigen Charakter, wenn er nicht unter die Steuerbefreiungen des § 4 UStG fällt. Zu den wichtigsten steuerbefreiten Vorgängen zählen:

- die **Ausfuhrlieferungen**,
- die **innergemeinschaftlichen Lieferungen**,

---

180  Drittlandsgebiet ist das Gebiet, das nicht Gemeinschaftsgebiet i. S. v. § 1 Abs. 2 a UStG ist.
181  Das Gemeinschaftsgebiet ohne Inland wird als übriges Gemeinschaftsgebiet bezeichnet (§ 1 Abs. 2 a UStG).
182  Vgl. zu den Steuerbefreiungen bei der Einfuhr § 5 UStG.
183  Vgl. § 15 Abs. 2 und Abs. 3 UStG (Ausschluss des Vorsteuerabzugs).

- die **Geld- und Kreditgeschäfte** (Gewährung von Krediten, Umsätze von gesetzlichen Zahlungsmitteln, Umsätze im Einlagengeschäft, im Kontokorrentverkehr, im Zahlungs- und Überweisungsverkehr, Übernahme von Bürgschaften),
- die **Umsätze**, die unter das Grunderwerbsteuergesetz fallen (Kauf und Verkauf von Immobilien),
- die **Leistungen** aufgrund eines **Versicherungsverhältnisses** i. S. d. Versicherungsteuergesetzes,
- die **Vermietung und Verpachtung** von Grundstücken, Geschäfts- und Wohngebäuden,
- die Umsätze aus der **Tätigkeit als Arzt, Zahnarzt, Heilpraktiker** etc.

Die in § 4 UStG genannten **steuerbaren Vorgänge** hat der Gesetzgeber aus den unterschiedlichsten Gründen von der Umsatzsteuer befreit. Während im Falle der Ausfuhrlieferungen und der innergemeinschaftlichen Lieferungen die **Sicherung des Bestimmungslandprinzips** im Vordergrund steht, stellt bei den unter das Grunderwerb- oder Versicherungsteuergesetz fallenden Umsätzen die **Vermeidung der Doppelbesteuerung** das verfolgte Ziel dar. Die Freistellung der Umsätze aus Vermietung und Verpachtung von Grundstücken, Geschäfts- und Wohngebäuden erfolgt hingegen aufgrund **sozialer Erwägungen**, die Nichtbesteuerung der heilberuflichen Tätigkeit dient vorrangig der **finanziellen Entlastung der Sozialversicherungsträger**. **Abb. 76** verdeutlicht zusammenfassend das System der unterschiedlichen Umsatzarten.

Zur Vermeidung umsatzsteuerlicher Negativwirkungen gestattet § 9 UStG, dass bestimmte Umsätze, die an sich steuerfrei sind (z. B. Geld- und Kreditgeschäfte, unter das Grunderwerbsteuergesetz fallende Umsätze, Vermietung und Verpachtung von Grundstücken, Geschäfts- und Wohngebäuden), unter bestimmten Voraussetzungen der **Besteuerung unterworfen** werden können (Optionsrecht). Nach § 15 Abs. 2 Nr. 1 i. V. m. Abs. 3 Nr. 1 UStG kann der Unternehmer die ihm von anderen Unternehmern in Rechnung gestellte Umsatzsteuer dann **nicht als Vorsteuer** gegenüber dem Finanzamt geltend machen, wenn die bezogenen Leistungen zur Ausführung steuerfreier Umsätze verwendet werden. Folglich stellt die **nicht abziehbare Umsatzsteuer** bei dem betreffenden Unternehmen einen Aufwand dar, der als **Kostenfaktor** im Rahmen der Preisbildung – entweder ganz oder nur teilweise – auf den Verbraucher (Leistungsempfänger) überwälzt wird. Sofern der Leistungsempfänger selbst Unternehmer ist und steuerpflichtige Umsätze ausführt, würde er – gleich dem privaten Endverbraucher – mit den in der Vorstufe nichtabziehbaren Vorsteuern über den »Kaufpreis« belastet und könnte diese Preisbestandteile, da sie nicht den Charakter einer gesondert in Rechnung gestellten Umsatzsteuer besitzen, bei der Ermittlung seiner an den Fiskus abzuführenden Zahllast nicht in Abzug bringen. Mithin würde – entgegen der Intention des Gesetzgebers – ein **systemwidriger Steuerkumulationseffekt** auf der Unternehmensebene stattfinden. Durch den Verzicht auf die in § 9 UStG genannten Steuerbefreiungen eröffnet der die Leistung erbringende Unternehmer sich und der nachfolgenden Stufe die Möglichkeit des Vorsteuerabzugs.

Den **Vorsteuerabzug** darf ein Unternehmer nur dann in Anspruch nehmen, wenn die Steuer in der Eingangsrechnung **gesondert ausgewiesen** wurde (§ 15 Abs. 1 Nr. 1 UStG). Hierzu, d. h. zum separaten Ausweis der Umsatzsteuer, ist nach § 14 Abs. 1 UStG der ausführende Unternehmer auf Verlangen des die Leistung empfangenden Unternehmers **verpflichtet**. § 14 UStG legt ferner fest, welche Angaben eine Rechnung zu enthalten hat und was umsatzsteuerrechtlich als Rechnung gilt. Bei **Kleinbetragsrechnungen** (Rechnungsbetrag einschließlich Umsatzsteuer bis 100 €) kann der Vorsteuerabzug auch dann vorgenommen

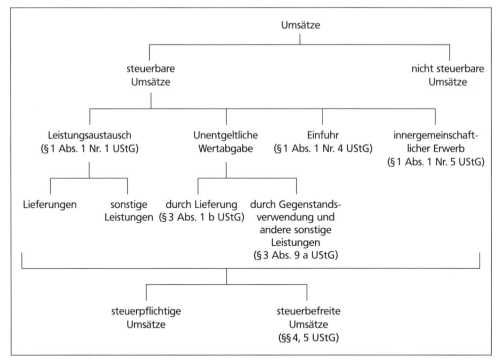

Abb. 76:  System der Umsatzarten

werden, wenn der Steuerbetrag nicht gesondert aufgeführt wurde. Dies setzt allerdings voraus, dass in der Rechnung – anstelle des Steuerbetrags – der **Steuersatz** angegeben wird (§ 33 UStDV). Zur Ermittlung der abziehbaren Vorsteuer ist nach § 35 Abs. 1 UStDV der **Rechnungsbetrag** vom Unternehmer in **Entgelt** und **Steuer** aufzuteilen.

Bemessungsgrundlage für die Berechnung der Umsatzsteuer im Falle des Leistungsaustausches kann nur das dem Unternehmen **tatsächlich** zugeflossene Entgelt sein, denn nur in dieser Höhe hat der Leistungsempfänger Aufwendungen getätigt, um die Lieferung oder sonstige Leistung zu erhalten. Da aber die Umsatzsteuer im Allgemeinen auf der Basis der **vereinbarten Entgelte** erhoben wird (sog. **Sollbesteuerung**, § 16 Abs. 1 UStG), müssen Abweichungen zwischen dem ursprünglich vereinbarten Entgelt und dem tatsächlichen Zahlungseingang im Rahmen der Steuerberechnung berücksichtigt werden. Hat sich die **Bemessungsgrundlage** für einen steuerpflichtigen Umsatz (nachträglich) **erhöht** (z. B. durch freiwillige Zuzahlungen des Leistungsempfängers) bzw. **vermindert** (z. B. durch Rücksendungen oder Preisnachlässe), so haben gemäß § 17 Abs. 1 UStG

- der Unternehmer, der diesen Umsatz ausgeführt hat, den dafür **geschuldeten Steuerbetrag** und
- der Unternehmer, an den dieser Umsatz ausgeführt worden ist, den dafür in **Anspruch genommenen Vorsteuerabzug**

zu korrigieren. Ebenso sind die Umsatzsteuer auf die unentgeltliche Wertabgabe sowie die als Vorsteuer abgezogene Einfuhrumsatzsteuer zu berichtigen, wenn die entsprechende Bemessungsgrundlage sich verändert hat (§ 17 Abs. 3 UStG). Unter den Voraussetzungen des

§ 20 UStG kann das Finanzamt auf **Antrag** gestatten, dass der Unternehmer die Steuer nicht nach den vereinbarten, sondern nach den **vereinnahmten Entgelten** berechnet (sog. **Ist-besteuerung**).[184] Zwingend nach dem vereinnahmten Entgelt zu besteuern sind nach § 13 Abs. 1 Nr. 1 a) UStG Anzahlungen.

Der Steuerbetrag für den einzelnen Umsatz wird durch den auf die Bemessungsgrundlage anzuwendenden **Tarif** bestimmt. Das deutsche Umsatzsteuergesetz kennt grundsätzlich zwei Steuersätze: Einen **allgemeinen Steuersatz** von 19 %[185] (sog. **Regelsteuersatz**, § 12 Abs. 1 UStG) und einen **ermäßigten Steuersatz** von 7 % (§ 12 Abs. 2 UStG).[186] Hierbei gilt, dass der Regelsteuersatz immer dann Anwendung findet, wenn der betreffende Umsatz nicht dem ermäßigten Steuersatz unterliegt. Welche Vorgänge (Leistungen, unentgeltliche Wertabgabe, Einfuhr und innergemeinschaftlicher Erwerb) mit dem Steuersatz von 7 % zu belasten sind, ergibt sich aus § 12 Abs. 2 UStG. Die Einführung des ermäßigten Steuersatzes basiert auf dem **sozialpolitischen Ziel**, die von den Endverbrauchern zu zahlenden Preise bei vom Gesetzgeber als »förderungswürdig« eingestuften Gütern durch die Umsatzsteuer nicht ungebührend zu erhöhen.

Die Besteuerung sog. **Kleinunternehmer** erfolgt nach § 19 UStG. Als Kleinunternehmer werden dabei diejenigen Unternehmer bezeichnet, deren Umsatz zuzüglich der darauf entfallenden Umsatzsteuer im vorangegangenen Kalenderjahr 17.500 € nicht überstiegen hat und im laufenden Jahr 50.000 € voraussichtlich nicht übersteigen wird (§ 19 Abs. 1 UStG). Konsequenz des § 19 Abs. 1 UStG ist, dass diese Unternehmer **keine Umsatzsteuer** zu entrichten und auch **keine Umsatzsteuervoranmeldungen** abzugeben haben. Umgekehrt sind sie **nicht zum Vorsteuerabzug berechtigt** und dürfen **keine Rechnungen mit gesondertem Steuerausweis** erteilen. Folglich kommt der Tätigkeit eines Kleinunternehmers umsatzsteuerrechtlich keine Bedeutung zu.[187] Bezogen auf die Finanzbuchhaltung folgt hieraus, dass weder ein Umsatzsteuer- noch ein Vorsteuerkonto geführt zu werden brauchen. Da die Besteuerung nach § 19 Abs. 1 UStG wie eine **Steuerbefreiung ohne Vorsteuerabzugsberechtigung** wirkt und u. U. für den Unternehmer von Nachteil sein kann (z. B. wenn in naher Zukunft größere Investitionen anstehen), hat der Gesetzgeber den Kleinunternehmern in § 19 Abs. 2 UStG ein Optionsrecht eingeräumt. Der Unternehmer kann also gegenüber dem Finanzamt erklären, dass er auf die Anwendung des § 19 Abs. 1 UStG verzichtet, mit der Folge, dass das Umsatzsteuergesetz **uneingeschränkt** für ihn Anwendung findet. Diese Erklärung bindet den Kleinunternehmer aber für **mindestens fünf Jahre**.

### b.b    Verfahren der Umsatzbesteuerung

Das **Besteuerungsverfahren** wird in § 18 UStG geregelt und zeichnet sich dadurch aus, dass der Unternehmer

- während des Kalenderjahres aufgrund sog. **Umsatzsteuervoranmeldungen** Vorauszahlungen zu leisten bzw. Rückerstattungen zu vereinnahmen hat und
- nach Ablauf des Kalenderjahres eine Umsatzsteuererklärung einreichen muss (sog. **Steueranmeldung**).

---

184  Vgl. hierzu auch *Schreiber* 2005, S. 158.
185  In sämtlichen Beispielen wird aus Vereinfachungsgründen ein Regelsteuersatz von 20 % verwendet.
186  Vgl. zu den für land- und forstwirtschaftliche Betriebe geltenden Durchschnittssätzen § 24 Abs. 1 UStG.
187  Vgl. weiterführend *Schreiber* 2005, S. 164.

Die Steuervoranmeldungen und die Steuererklärung sind nach § 21 AO dem für das Unternehmen zuständigen Finanzamt vorzulegen. Gemäß § 18 Abs. 1 UStG hat der Unternehmer bis zum 10. Tag nach Ablauf jedes Voranmeldungszeitraums (i. d. R. Kalendermonat) eine Umsatzsteuervoranmeldung unter Benutzung amtlich vorgeschriebener Vordrucke abzugeben, in der er für den betreffenden Voranmeldungszeitraum die **Umsatzsteuer-Zahllast** bzw. den **Vorsteuer-Erstattungsanspruch** selbst berechnen muss. In Höhe der sich ergebenden Zahllast ist eine **Vorauszahlung** an das Finanzamt zu entrichten. Übersteigt dagegen die Vorsteuerforderung die Umsatzsteuerverbindlichkeit, so hat die Finanzbehörde den Unterschiedsbetrag **rückzuerstatten**.

Wird die Zahllast bzw. der Erstattungsanspruch des Voranmeldungszeitraums noch während des **laufenden Geschäftsjahres** (Annahme: Geschäftsjahr = Kalenderjahr) durch den Unternehmer bzw. das Finanzamt ausgeglichen (was grundsätzlich für die Voranmeldungszeiträume Januar bis November zutrifft), so ist zu buchen:

- im Falle einer **Umsatzsteuer-Zahllast**:

  **Umsatzsteuer** **an** **Zahlungsmittelkonto.**

- im Falle eines **Vorsteuer-Erstattungsanspruchs**:

  **Zahlungsmittelkonto** **an** **Vorsteuer.**

**Beispiel:**
(1) Kontenmäßige Darstellung der Verbuchung der Umsatzsteuer-Zahllast für den Voranmeldungszeitraum März des Geschäftsjahres 2005. Die Umsatzsteuerverbindlichkeiten des Voranmeldungszeitraums belaufen sich auf 5.000 €, die Vorsteuerforderungen betragen 3.000 €.

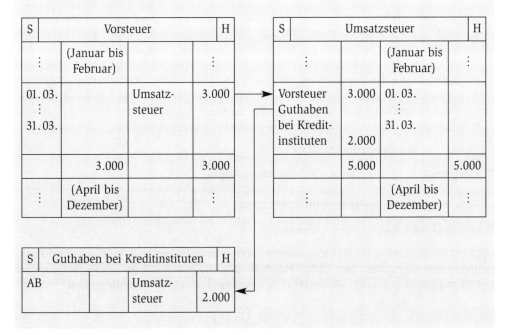

(2) Kontenmäßige Darstellung der Verbuchung des Vorsteuer-Erstattungsanspruchs für den Voranmeldungszeitraum Juli des Geschäftsjahres 2005. Die Umsatzsteuerverbindlichkeiten des Voranmeldungszeitraums belaufen sich auf 4.000 €, die Vorsteuerforderungen betragen 5.200 €.

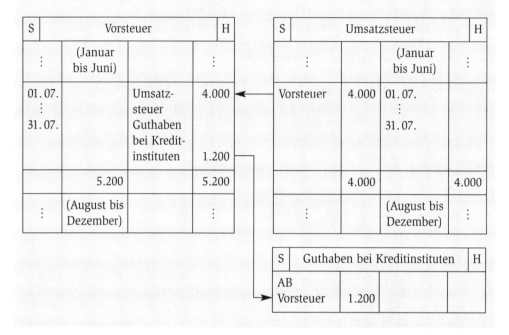

Sofern das Umsatzsteuer- und das Vorsteuerkonto monatlich über ein **Umsatzsteuer-Verrechnungskonto** abgeschlossen werden, kommt im Saldo des Verrechnungskontos die Zahllast bzw. der Erstattungsanspruch des betreffenden Voranmeldungszeitraums zum Ausdruck.

Wird dagegen die Zahllast bzw. der Erstattungsanspruch des Voranmeldungszeitraums erst im **nächsten Geschäftsjahr** beglichen (was grundsätzlich für den Voranmeldungszeitraum Dezember zutrifft, denn die Überweisung an das bzw. die Rücküberweisung vom Finanzamt findet **regelmäßig** erst in der Zeit vom 02. bis 10. Januar des Folgejahres statt), so sind zum Bilanzstichtag (31.12.) nachstehende Buchungen vorzunehmen:

im Falle einer **Umsatzsteuer-Zahllast**:

**Umsatzsteuer          an          Schlussbilanzkonto.**

im Falle eines **Vorsteuer-Erstattungsanspruchs**:

**Schlussbilanzkonto     an     Vorsteuer.**

Mitunter werden in der Praxis die **Umsatzsteuervorauszahlungen** und die **Vorsteuerrückerstattungen** nicht über das Umsatzsteuer- bzw. Vorsteuerkonto verbucht, sondern auf einem eigenen Konto (z. B. »**Geleistete/empfangene Umsatzsteuerzahlungen**«)[188] erfasst.

---

188   Vgl. z. B. den Kontenrahmen für den Groß- und Außenhandel, Konto-Nr. 182.

Zum Bilanzstichtag sind dann die Konten »Umsatzsteuer«, »Vorsteuer« und »Geleistete/empfangene Umsatzsteuerzahlungen« abzuschließen und die sich ergebende Zahllast bzw. der sich ergebende Erstattungsanspruch in die **Schlussbilanz** zu übernehmen. Aus Gründen der Übersichtlichkeit empfiehlt es sich, den Kontenabschluss unter Zwischenschaltung eines **Umsatzsteuer-Verrechnungskontos** wie nachstehend gezeigt zu vollziehen.

(1) Erfassung der monatlichen Vorauszahlungen und Rückerstattungen:

    (1.1) Buchungssatz bei Umsatzsteuervorauszahlungen:

        **Geleistete/empfangene**     **an**     **Zahlungsmittelkonto.**
        **Umsatzsteuerzahlungen**

    (1.2) Buchungssatz bei Vorsteuerrückerstattungen:

        **Zahlungsmittelkonto**     **an**     **Geleistete/empfangene**
                                      **Umsatzsteuerzahlungen.**

(2) Abschluss der Konten »Umsatzsteuer«, »Vorsteuer« und »Geleistete/empfangene Umsatzsteuerzahlungen«:

    (2.1) **Umsatzsteuer**     **an**     **Umsatzsteuer-Verrechnungskonto**
    (2.2) **Umsatzsteuer-**     **an**     **Vorsteuer.**
        **Verrechnungskonto**

    (2.3) Übertragung des Kontosaldos »Geleistete/empfangene Umsatzsteuerzahlungen«:

        (2.3.1) Summe der Vorauszahlungen > Summe der Rückerstattungen:

        **Umsatzsteuer-**     **an**     **Geleistete/empfangene**
        **Verrechnungskonto**             **Umsatzsteuerzahlungen.**

        (2.3.2) Summe der Vorauszahlungen < Summe der Rückerstattungen:

        **Geleistete/empfangene**     **an**     **Umsatzsteuer-**
        **Umsatzsteuerzahlungen**             **Verrechnungskonto.**

(3) Abschluss des Umsatzsteuer-Verrechnungskontos bei Passivierung der Zahllast bzw. Aktivierung des Erstattungsanspruchs:

    (3.1) Buchungssatz im Falle einer Zahllast:

        **Umsatzsteuer-**     **an**     **Schlussbilanzkonto.**
        **Verrechnungskonto**

    (3.2) Buchungssatz im Falle eines Erstattungsanspruchs:

        **Schlussbilanzkonto**     **an**     **Umsatzsteuer-Verrechnungskonto.**

**Beispiel:**
In Erweiterung des vorherigen Beispiels werden nun sowohl ein Umsatzsteuer-Verrechnungskonto als auch ein Konto für geleistete/empfangene Umsatzsteuerzahlungen geführt. Dabei wird unterstellt, dass die Differenz zwischen den im Kalenderjahr insgesamt geleisteten Vorauszahlungen (23.000 €) und erhaltenen Rückerstattungen (8.000 €) 15.000 € beträgt und dass sich die Vorsteuerforderungen bzw. Umsatzsteuerverbindlichkeiten auf 40.000 € bzw. 60.000 € belaufen.

| S | Vorsteuer | | H |
|---|---|---|---|
| 01.03.<br>⋮<br>31.03. | | Vorsteuer-<br>forderung | 3.000 |
| | 3.000 | | 3.000 |
| 01.07.<br>⋮<br>31.07. | | Vorsteuer-<br>forderung | 5.200 |
| | 5.200 | | 5.200 |
| | | (Summe der<br>Vorsteuerforderun-<br>gen von Januar<br>bis Dezember)<br>40.000 | |

| S | Umsatzsteuer | | H |
|---|---|---|---|
| Umsatz-<br>steuer-<br>verbind-<br>lichkeit | 5.000 | 01.03.<br>⋮<br>31.03. | |
| | 5.000 | | 5.000 |
| Umsatz-<br>steuer-<br>verbind-<br>lichkeit | 4.000 | 01.07.<br>⋮<br>31.07. | |
| | 4.000 | | 4.000 |
| (Summe der Um-<br>satzsteuerverbind-<br>lichkeiten von<br>Januar bis<br>Dezember)<br>60.000 | | | |

| S | Geleistete/empfangene<br>Umsatzsteuerzahlungen | | H |
|---|---|---|---|
| März (1) | 2.000 | Juli (2) | 1.200 |
| | | Saldo: | 15.000 |
| | 23.000 | | 23.000 |

| S | Umsatzsteuer-<br>Verrechnungskonto | | H |
|---|---|---|---|
| Vorsteuer | 40.000 | Umsatz-<br>steuer | 60.000 |
| Geleis-<br>tete/emp-<br>fangene<br>Umsatz-<br>steuerzah-<br>lungen | 15.000 | | |
| Saldo: | 5.000 | | |
| | 60.000 | | 60.000 |

| S | Guthaben bei Kreditinstituten | | H |
|---|---|---|---|
| AB | | (1) | 2.000 |
| (2) | 1.200 | | |

| S | Schlussbilanzkonto | | H |
|---|---|---|---|
| | | Umsatz-<br>steuer | 5.000 |

Ermittlung der Zahllast/des Erstattungsanspruchs für den Voranmeldungszeitraum:

| (1) | März: | Umsatzsteuerverbindlichkeit | | 5.000 € |
|---|---|---|---|---|
| | – | Vorsteuerforderung | | 3.000 € |
| | = | Vorauszahlung/Zahllast | | 2.000 € |
| (2) | Juli: | Umsatzsteuerverbindlichkeit | | 4.000 € |
| | – | Vorsteuerforderung | | 5.200 € |
| | = | Rückerstattung/Erstattungsanspruch | (–) | 1.200 €. |

Anzumerken ist, dass der an das Schlussbilanzkonto abzugebende Saldo des Umsatzsteuer-Verrechnungskontos i. d. R. der Zahllast bzw. dem Erstattungsanspruch des Voranmeldungszeitraums Dezember entspricht; denn für diesen Monat erfolgt die Vorauszahlung bzw. Rückerstattung erst zu Beginn des nächsten Geschäftsjahres und ist demzufolge nicht im Saldo des Kontos »Geleistete/empfangene Umsatzsteuerzahlungen« enthalten.

Sofern die an die Finanzbehörde abzuführende Umsatzsteuer für das **vorangegangene Kalenderjahr** weniger als 6.136 € betragen hat, ist Voranmeldungszeitraum nicht der Kalendermonat, sondern das **Kalendervierteljahr**. Beträgt die Zahllast für das vorangegangene Kalenderjahr nicht mehr als 512 €, so kann das Finanzamt den Unternehmer von der Verpflichtung zur Abgabe der periodischen Umsatz-Steuervoranmeldungen und der Entrichtung der Vorauszahlungen **befreien** (§ 18 Abs. 2 UStG). In diesem Fall muss der Unternehmer lediglich eine Umsatzsteuererklärung einreichen.

Gemäß § 18 Abs. 3 UStG hat der Unternehmer **nach Ablauf des Kalenderjahres** eine **Steuererklärung** unter Benutzung amtlich vorgeschriebener Vordrucke abzugeben, in der er für das entsprechende Kalenderjahr die zu entrichtende Steuer (Zahllast) oder den Überschuss, der sich zu seinen Gunsten ergibt (Erstattungsanspruch), **selbst berechnen** muss. Diese Umsatzsteuererklärung, die »**Steueranmeldung**« genannt wird, ist bis zum 31. Mai des Folgejahres beim zuständigen Finanzamt einzureichen (§ 149 Abs. 2 AO). Ergibt sich bei der Berechnung der Zahllast bzw. des Erstattungsanspruchs für das abgelaufene Kalenderjahr ein von der Summe der Vorauszahlungen bzw. der Rückerstattungen abweichender Betrag, so ist nach § 18 Abs. 4 UStG der Unterschiedsbetrag zugunsten des Finanzamts einen Monat nach dem Eingang der Steueranmeldung fällig. Ein Unterschiedsbetrag zugunsten des Unternehmers wird von der Finanzbehörde erstattet. Eine **formelle Steuerfestsetzung** in Form eines Steuerbescheides erfolgt nur, wenn das Finanzamt zu einem von der Steueranmeldung abweichenden Ergebnis kommt.

**Beispiel:**

Die folgende Darstellung zeigt das vereinfachte Schema einer Steueranmeldung für die Geschäftsjahre (= Kalenderjahre) 2004 und 2005.

|   |   | Jahr 2004 | Jahr 2005 |
|---|---|---|---|
|   | Umsatzsteuer | 110.000 € | 80.000 € |
| – | Vorsteuer (einschließlich Einfuhrumsatzsteuer) | 70.000 € | 100.000 € |
| = | Umsatzsteuer-Zahllast bzw. | 40.000 € | |
|   | Vorsteuer-Erstattungsanspruch | | (–) 20.000 € |
| –/+ | Summe der Vorauszahlungen (3) | | |
|   | bzw. Rückerstattungen (4) | | |
|   | gemäß Umsatzsteuervoranmeldungen | (–) 40.000 € | (+) 20.000 € |
| = | | 0 € | 0 €. |

## c.     Verbuchung der Umsatzsteuer im Einzelnen

### c.a     Ein- und Verkaufsgeschäfte

**(a)     Beispielhafte Darstellung**

Die buchungstechnische Erfassung umsatzsteuerpflichtiger **Einkaufs- und Verkaufsvorgänge** – in ihrer allgemeinsten und einfachsten Form – soll anhand nachstehender **Beispiele** verdeutlicht werden:

(1)  Ein Unternehmer (z. B. Einzelhändler) bezieht Waren im Wert von 10.000 € auf Ziel und erhält folgende Eingangsrechnung:

|   | Waren | 10.000 € |
|---|---|---|
| + | 20 % Umsatzsteuer | 2.000 € |
| = | Rechnungsbetrag | 12.000 €. |

Um in den Besitz der Waren zu gelangen, muss der Unternehmer 12.000 € aufwenden. Da die in der Eingangsrechnung gesondert ausgewiesene Umsatzsteuer für den Einzelhändler eine Vorsteuer ist, die er vom Finanzamt erstattet bekommt, betragen die Anschaffungskosten der Waren letztendlich nur 10.000 €. Demzufolge sind im Wareneinkaufskonto die Zugänge mit den Nettoeinkaufspreisen anzusetzen.

Buchungssatz:
– Wareneinkauf     10.000 €     an     Verbindlichkeiten aus Lieferungen
– Vorsteuer          2.000 €              und Leistungen                               12.000.

Kontenmäßige Darstellung des Geschäftsvorfalls:

| S | Wareneinkauf | | H |
|---|---|---|---|
| | € | | € |
| AB | | | |
| (1) | 10.000 | | |

| S | Vorsteuer | | H |
|---|---|---|---|
| | € | | € |
| (1) | 2.000 | | |

| S | Verbindlichkeiten aus Lieferungen und Leistungen | | H |
|---|---|---|---|
| | € | AB | € |
| | | (1) | 12.000 |

(2) Der Unternehmer (Einzelhändler) veräußert seinerseits Waren im Verkaufswert von 500 € zzgl. 20 % USt gegen Barzahlung an einen Endverbraucher. Der Ausgangsrechnung ist zu entnehmen:

Rechnungsbetrag einschließlich 20 % Umsatzsteuer 600 €.

An Bargeld fließen dem Unternehmer 600 € zu. Da die in der Ausgangsrechnung enthaltene Umsatzsteuer eine Verbindlichkeit gegenüber der Finanzbehörde darstellt, verbleibt dem Einzelhändler als Erlös aus dem Verkaufsgeschäft nur ein Betrag von 500 €. Insofern sind bei umsatzsteuerpflichtigen Absatzgeschäften auf dem Warenverkaufskonto lediglich die Nettoverkaufspreise zu erfassen.[189]

Buchungssatz:

| Kasse | 600 € | an | – Warenverkauf | 500 € |
|---|---|---|---|---|
| | | | – Umsatzsteuer | 100 €. |

Kontenmäßige Darstellung des Geschäftsvorfalls:

| S | Kasse | | H |
|---|---|---|---|
| | € | | € |
| AB | | | |
| (2) | 600 | | |

| S | Umsatzsteuer | | H |
|---|---|---|---|
| | € | | € |
| | | AB | |
| | | (2) | 100 |

| S | Warenverkauf | | H |
|---|---|---|---|
| | € | | € |
| | | (2) | 500 |

In analoger Weise vollzieht sich die Verbuchung der Umsatzsteuer bei Ein- und Verkäufen von **Gegenständen des Anlagevermögens** (z. B. Betriebs- und Geschäftsausstattung) sowie bei der **Beschaffung von Verbrauchsgütern** (Büromaterial, Energie, Betriebsstoffe etc.).

(3) Der Kaufmann stattet seine Lagerräume mit neuen Regalen aus. Der Rechnungsbetrag über 2.000 € zzgl. 20 % Umsatzsteuer wird durch Banküberweisung beglichen.

---

189   Vgl. § 277 Abs. 1 HGB.

Buchungssatz:
- Betriebs- und Geschäfts-                an        Guthaben bei
  ausstattung          2.000 €                      Kreditinstituten          2.400 €.
- Vorsteuer              400 €

(4) Die alten Regale hat der Kaufmann für 360 € inkl. 20 % Umsatzsteuer (60 €) an eine Privatperson veräußert (Barzahlung).[190]

Buchungssatz:
Kasse                    360 €    an     - Betriebs- und Geschäfts-
                                           ausstattung                        300 €
                                         - Umsatzsteuer                         60 €.

(5) Der Unternehmer begleicht die Stromrechnung für seinen Handelsbetrieb in Höhe von 720 € durch Banküberweisung. Im Rechnungsbetrag enthalten sind 120 € Umsatzsteuer.

Buchungssatz:
- Energie/Betriebs-                       an       Guthaben bei
  stoffe                 600 €                      Kreditinstituten          720 €.
- Vorsteuer              120 €

Kontenmäßige Darstellung der Geschäftsvorfälle:

| S | Betriebs- und Geschäfts-<br>ausstattung | | H |
|---|---|---|---|
| | € | (4) | €<br>300 |
| AB<br>(3) | 2.000 | | |

| S | Vorsteuer | | H |
|---|---|---|---|
| | € | | € |
| (3)<br>(5) | 400<br>120 | AB | |

| S | Guthaben bei Kreditinstituten | | H |
|---|---|---|---|
| | € | (3)<br>(5) | €<br>2.400<br>720 |
| AB | | | |

| S | Kasse | | H |
|---|---|---|---|
| | € | | € |
| AB<br>(4) | 360 | | |

| S | Umsatzsteuer | | H |
|---|---|---|---|
| | € | AB<br>(4) | €<br>60 |

| S | Energie/Betriebsstoffe | | H |
|---|---|---|---|
| | € | | € |
| (5) | 600 | | |

---

190  Hierbei wird unterstellt, dass der (Rest-)Buchwert und der Nettoverkaufspreis der Regale übereinstimmen.

Demnach haben bei umsatzsteuerpflichtigen Einkaufs- und Verkaufsvorgängen die **Buchungssätze** folgenden Aufbau:

(1) bei **Einkaufs-** oder **Beschaffungsgeschäften**:

| | | |
|---|---|---|
| – **Aktives Bestandskonto** | an | **Gegenkonto** |
| **oder Aufwandskonto** | | **(z. B. Kasse).** |
| – **Vorsteuer** | | |

(2) bei **Verkaufs-** oder **Absatzgeschäften**:

| | | |
|---|---|---|
| **Gegenkonto** | an | – **Aktives Bestandskonto** |
| **(z. B. Postgiroguthaben)** | | **oder Ertragskonto** |
| | | – **Umsatzsteuer.** |

Werden das Umsatzsteuer- und das Vorsteuerkonto abgeschlossen, so erhält man als Saldo die in das Schlussbilanzkonto zu übernehmende **Zahllast** bzw. den zu übernehmenden **Erstattungsanspruch.**

**(b)    Netto- und Bruttomethode**

Nach dem Umsatzsteuergesetz (§ 22 UStG) und der Umsatzsteuer-Durchführungsverordnung (§ 63 bis § 68 UStDV) ist der Unternehmer verpflichtet, zur Feststellung der Steuer und der Grundlagen ihrer Berechnung **Aufzeichnungen** zu machen. Bezogen auf den Warenverkehr müssen den Unterlagen insbesondere zu entnehmen sein:[191]

- die **vereinbarten Entgelte** (Nettoverkaufspreise) für die vom Unternehmer durchgeführten **Warenverkäufe** – aufgegliedert nach steuerpflichtigen und steuerfreien Umsätzen sowie nach **Steuersätzen**; [192]
- **die Entgelte** (Nettoeinkaufspreise) für die vom Unternehmer getätigten steuerpflichtigen **Wareneinkäufe** sowie die hierauf entfallenden **Vorsteuerbeträge**.[193]

Die in Rede stehende Verpflichtung kann auch im Rahmen der Finanzbuchhaltung erfüllt werden, wodurch eine eigenständige Auflistung der der Steuerberechnung zugrunde liegenden Daten entfällt. Sollen sich die vorstehenden Aufzeichnungen aus der Buchführung ergeben, so sind zum einen die steuerfreien und die mit 7 % und 19 % besteuerten Warenverkäufe sowie die steuerfreien und steuerpflichtigen Wareneinkäufe und zum anderen die Umsatzsteuer- und die Vorsteuerbeträge auf separaten Konten zu erfassen (**Verbuchung der Umsatzsteuer und Vorsteuer nach der Nettomethode**). Aus Vereinfachungsgründen kann der Unternehmer seine Aufzeichnungspflichten auch in der Weise erfüllen, dass er die Entgelte und die auf sie entfallenden Steuerbeträge (Umsatzsteuer bzw. Vorsteuer) jeweils in einer Summe, getrennt nach den in den Rechnungen angewandten Steuersätzen, dokumentiert. Am Ende eines jeden Voranmeldungszeitraums wird dann die Summe in Entgelt und Steuer

---

191  Vgl. § 22 Abs. 2 Nr. 1 und Nr. 5 UStG.
192  Da die Erfassung der nach Steuersätzen getrennten Nettoverkaufspreise vor allem bei kleineren Unternehmen des Lebensmittel- und Gemischtwareneinzelhandels auf größte Schwierigkeiten stößt (die Abnehmer sind hauptsächlich Endverbraucher, die bei einem einzigen Einkauf regelmäßig mehrere unterschiedlich besteuerte Waren gleichzeitig erwerben), kann das Finanzamt auf Antrag gestatten, dass die Entgelte durch Anwendung des Kalkulationsaufschlagsatzes auf die Nettoeinkaufspreise ermittelt werden (R 259 Abs. 3 und Abs. 8 bis 15 UStR). Die Nettoeinkaufspreise ergeben sich aus den Eingangsrechnungen des Einzelhändlers.
193  Die Aufzeichnungspflicht für die Einkaufsgeschäfte entfällt jedoch dann, wenn der Vorsteuerabzug ausgeschlossen ist (§ 22 Abs. 3 UStG).

aufgeteilt (§ 63 Abs. 3 und Abs. 5 UStDV). Mit Blick auf die Finanzbuchhaltung bedeutet dies, dass auf dem betreffenden Warenkonto der Rechnungsbetrag (einschließlich Umsatzsteuer bzw. Vorsteuer) ausgewiesen wird und dass nach Ablauf des Voranmeldungszeitraums die Steuer herauszurechnen und auf das Umsatzsteuer- bzw. Vorsteuerkonto zu übertragen ist (**Verbuchung der Umsatzsteuer und Vorsteuer nach der Bruttomethode**).

Bei der **Nettomethode** erfolgt die Trennung von Entgelt und Umsatzsteuer bzw. Vorsteuer unmittelbar bei jeder einzelnen Buchung. Mithin weisen die **Buchungssätze** nachstehende Grundstruktur auf.

(1) Beim **Wareneinkauf**:

|  |  |  |
|---|---|---|
| – **Wareneinkauf** |  |  |
| – **Vorsteuer** | **an** | **Gegenkonto** |
|  |  | (z. B. Guthaben bei Kreditinstituten). |

(2) Beim **Warenverkauf**:

|  |  |  |
|---|---|---|
| **Gegenkonto** | **an** | – **Warenverkauf** |
| (z. B. Forderungen aus |  | – **Umsatzsteuer.** |
| Lieferungen und Leistungen) |  |  |

Die Nettomethode entspricht somit der im vorangegangenen Abschnitt dargestellten Buchungstechnik. Da bei den **Warenverkaufsgeschäften** die steuerpflichtigen Umsätze, getrennt nach Steuersätzen, und die steuerfreien Umsätze gesondert aufzuzeichnen sind, bedarf es in der Buchhaltung – sofern unterschiedlich besteuerte Vorgänge im Unternehmen anfallen – folgender Warenverkaufskonten:[194]

- Warenverkauf/Regelsteuersatz,
- Warenverkauf/ermäßigter Steuersatz und
- Warenverkauf/steuerfreie Umsätze.

Eine entsprechend detaillierte Verbuchung der steuerpflichtigen **Wareneinkaufsgeschäfte** sieht der Gesetzgeber bei der Nettomethode hingegen nicht vor, so dass auch unterschiedlich besteuerte Zugänge auf einem Wareneinkaufskonto erfasst werden können.[195] Ebenso wenig verlangt das Umsatzsteuergesetz, dass für den Regelsteuersatz und für den ermäßigten Steuersatz ein eigenes Umsatzsteuer- oder Vorsteuerkonto geführt wird.[196]

**Beispiel:**
Verbuchung der Umsatzsteuer und der Vorsteuer nach der Nettomethode.

Geschäftsvorfälle:

(1) Verkauf von Waren gegen Barzahlung 2.000 € zzgl. 20 % USt.
(2) Wareneinkauf auf Ziel 8.000 € zzgl. 1.600 € USt.

---

194  Vgl. auch den Kontenrahmen für den Groß- und Außenhandel, Klasse 8.
195  Sofern jedoch der Unternehmer Einkäufe tätigt, bei denen ein Vorsteuerabzug ausgeschlossen ist (z. B. wenn Waren von einem Kleinunternehmer i. S. d. § 19 Abs. 1 UStG oder von Privatpersonen erworben werden oder wenn die Einkäufe zur Ausführung steuerfreier Umsätze verwendet werden), sind diese Vorgänge auf einem gesonderten Konto (z. B. »Wareneinkauf ohne Vorsteuerabzug«) zu verbuchen.
196  Den Unternehmern steht es jedoch frei, nach Steuersätzen differenzierte Umsatzsteuer- und Vorsteuerkonten zu führen. Eine derartige Untergliederung sieht z. B. der Kontenrahmen für den Groß- und Außenhandel (Klasse 1) vor.

(3) Verkauf von Waren auf Ziel. Der Nettoverkaufspreis der Ware beträgt 1.000 € und unterliegt dem ermäßigten Steuersatz von 7 %.

(4) Warenverkauf gegen Barzahlung 3.600 € inkl. 20 % USt.

(5) Kauf von Waren 4.800 €; hierin enthalten sind 800 € USt. Die Bezahlung erfolgt in bar.

(6) Warenverkauf auf Ziel ins Ausland. Der Nettoverkaufspreis der Ware beläuft sich auf 6.000 €.

(7) Einkauf von ermäßigt besteuerten Waren auf Ziel 2.000 € zzgl. 7 % USt.

(8) Verkauf von Waren gegen Barzahlung 6.000 € inkl. 20 % USt.

Buchungssätze:

| | | | | | |
|---|---|---|---|---|---|
| (1) Kasse | 2.400 € | an | – Warenverkauf | 2.000 € |
| | | | – Umsatzsteuer | 400 € |
| (2) – Wareneinkauf | 8.000 € | an | Verbindlichkeiten aus | |
| – Vorsteuer | 1.600 € | | Lieferungen und Leistungen | 9.600 € |
| (3) Forderungen aus Lieferungen und Leistungen | 1.070 € | an | – Warenverkauf | 1.000 € |
| | | | – Umsatzsteuer | 70 € |
| (4) Kasse | 3.600 € | an | – Warenverkauf | 3.000 € |
| | | | – Umsatzsteuer | 600 € |
| (5) – Wareneinkauf | 4.000 € | an | Kasse | 4.800 € |
| – Vorsteuer | 800 € | | | |
| (6) Forderungen aus Lieferungen und Leistungen | 6.000 € | an | Warenverkauf/steuerfreie Umsätze | 6.000 € |
| (7) – Wareneinkauf | 2.000 € | an | Verbindlichkeiten aus | |
| – Vorsteuer | 140 € | | Lieferungen und Leistungen | 2.140 € |
| (8) Kasse | 6.000 € | an | – Warenverkauf | 5.000 € |
| | | | – Umsatzsteuer | 1.000 €. |

Verbuchung der Geschäftsvorfälle auf T-Konten:

Annahmen: (1) Aus Vereinfachungsgründen wird unterstellt, dass während des laufenden Geschäftsjahres ( = Kalenderjahr) keine Umsatzsteuervoranmeldungen abzugeben waren und somit auch keine Umsatzsteuervorauszahlungen oder Vorsteuerrückerstattungen angefallen sind. Die zum Bilanzstichtag sich ergebende Zahllast bzw. der sich ergebende Erstattungsanspruch ist in die Schlussbilanz zu übernehmen.

(2) In der Schlussbilanz des Vorjahres hatte der Unternehmer eine Umsatzsteuer-Zahllast in Höhe von 1.500 € zu passivieren, die zu Beginn des laufenden Geschäftsjahres durch Banküberweisung beglichen wurde.

(3) Der Anfangsbestand des Wareneinkaufskontos beträgt 5.000 €, der Endbestand gemäß Inventur 6.000 €.

| S | Forderungen aus Lieferungen und Leistungen | | H |
|---|---|---|---|
| | € | | € |
| AB | | | |
| (3) | 1.070 | | |
| (6) | 6.000 | | |

| S | Vorsteuer | | H |
|---|---|---|---|
| | € | | € |
| (2) | 1.600 | (9) Umsatz- | |
| (5) | 800 | steuer | 2.070 |
| (7) | 140 | (10) Saldo: | |
| | | SBK | 470 |
| | 2.540 | | 2.540 |

| S | Kasse | | H |
|---|---|---|---|
| | € | | € |
| AB | | (5) | 4.800 |
| (1) | 2.400 | | |
| (4) | 3.600 | | |
| (8) | 6.000 | | |

| S | Verbindlichkeiten aus Lieferungen und Leistungen | | H |
|---|---|---|---|
| | | | € |
| | | AB | |
| | | (2) | 9.600 |
| | | (7) | 2.140 |

| S | Umsatzsteuer | | H |
|---|---|---|---|
| | € | | € |
| Ausgleich | | AB | 1.500 |
| der USt-Zahl- | | (1) | 400 |
| last des Vor- | | (3) | 70 |
| jahres | 1.500 | (4) | 600 |
| (9) Vorsteuer | 2.070 | (8) | 1.000 |
| | 3.570 | | 3.570 |

| S | Wareneinkauf | | H |
|---|---|---|---|
| | € | | € |
| AB | 5.000 | EB gemäß | |
| (2) | 8.000 | Inventur | 6.000 |
| (5) | 4.000 | Saldo: | |
| (7) | 2.000 | Waren- | |
| | | einsatz | 13.000 |
| | 19.000 | | 19.000 |

| S | Warenverkauf/ Regelsteuersatz | | H |
|---|---|---|---|
| | € | | € |
| Saldo: | | (1) | 2.000 |
| Umsatz- | | (4) | 3.000 |
| erlöse | 10.000 | (8) | 5.000 |
| | 10.000 | | 10.000 |

| S | Warenverkauf/ ermäßigter Steuersatz | | H |
|---|---|---|---|
| | € | | € |
| Saldo: | | (3) | 1.000 |
| Umsatz- | | | |
| erlöse | 1.000 | | |
| | 1.000 | | 1.000 |

| S | Warenverkauf/ steuerfreie Umsätze | | H |
|---|---|---|---|
| | € | | € |
| Saldo: | | (6) | 6.000 |
| Umsatzerlöse | 6.000 | | |
| | 6.000 | | 6.000 |

Buchungssätze zum Abschluss des Umsatzsteuer- und Vorsteuerkontos:

| (9) | Umsatzsteuer | an | Vorsteuer | 2.070 € |
|-----|--------------|-----|-----------|---------|
| (10) | Schlussbilanzkonto (SBK) | an | Vorsteuer | 470 €. |

Als Resultate ergeben sich somit:

- Vorsteuer-Erstattungsanspruch     470 €
- Wareneinsatz     13.000 €
- Umsatzerlöse/Regelsteuersatz     10.000 €
- Umsatzerlöse/ermäßigter Steuersatz     1.000 €
- Umsatzerlöse/steuerfreie Umsätze     6.000 €.

Bei der **Bruttomethode** werden die Entgelte und die Steuerbeträge in einer Summe ausgewiesen, d. h. auf dem Warenkonto wird der Rechnungsbetrag (einschließlich Umsatzsteuer bzw. Vorsteuer) erfasst. Die **Buchungssätze** haben somit nachstehende Grundstruktur:

- Beim **Wareneinkauf**:

    - **Wareneinkauf**     an     **Gegenkonto**
      (z. B. Guthaben bei Kreditinstituten).
- Beim **Warenverkauf**:

    **Gegenkonto**     an     **Warenverkauf.**
    (z. B. Forderungen aus
    Lieferungen und Leistungen)

Am Schluss eines jeden Voranmeldungszeitraums sind dann die Umsatzsteuer- und die Vorsteuerbeträge herauszurechnen und auf das Umsatzsteuer- bzw. Vorsteuerkonto zu übertragen.

- Buchungssatz bei der **Herausrechnung der Umsatzsteuer**:

    **Warenverkauf**     an     **Umsatzsteuer.**

- Buchungssatz bei der **Herausrechnung der Vorsteuer**:

    **Vorsteuer**     an     **Wareneinkauf.**

Um die umsatzsteuerrechtlichen Aufzeichnungspflichten entsprechend der Bruttomethode im Rahmen der Finanzbuchhaltung erfüllen zu können, ist es erforderlich, dass sowohl auf der Wareneinkaufs- als auch auf der Warenverkaufsseite für die unterschiedlich besteuerten Umsätze **eigene Ein- und Verkaufskonten** geführt werden. Mithin sind – verschieden besteuerte Vorgänge wiederum vorausgesetzt – folgende Konten einzurichten:[197]

- Warenverkauf/Regelsteuersatz,
- Warenverkauf/ermäßigter Steuersatz,

---

197   Sofern Waren von einem Kleinunternehmer i. S. d. § 19 Abs. 1 UStG oder von Privatpersonen bezogen werden oder wenn mit den Einkäufen Umsätze i. S. d. § 15 Abs. 2 und Abs. 3 UStG getätigt werden und somit ein Vorsteuerabzug ausgeschlossen ist, bedarf es ferner des Kontos »Wareneinkauf/ohne Vorsteuerabzug«.

- Warenverkauf/steuerfreie Umsätze,
- Wareneinkauf/Regelsteuersatz und
- Wareneinkauf/ermäßigter Steuersatz.

Die detaillierte Untergliederung der Warenkonten ist deshalb erforderlich, weil ansonsten die Ermittlung der in den Rechnungsbeträgen enthaltenen Steuern nur mit Hilfe der Ein- und Ausgangsrechnungen möglich wäre. Für die Umsatzsteuer und die Vorsteuer braucht – analog zur Nettomethode – nur jeweils ein **Konto** angelegt zu werden.

**Beispiel:**
Verbuchung der Umsatzsteuer und der Vorsteuer nach der Bruttomethode. Gegeben seien die gleichen Geschäftsvorfälle wie bei der Nettomethode im vorigen Beispiel.

Buchungssätze:

| | | | | | |
|---|---|---|---|---|---|
| (1) | Kasse | 2.400 € | an | Warenverkauf/ Regelsteuersatz | 2.400 € |
| (2) | Wareneinkauf/ Regelsteuersatz | 9.600 € | an | Verbindlichkeiten aus Lieferungen und Leistungen | 9.600 € |
| (3) | Forderungen aus Lieferungen und Leistungen | 1.070 € | an | Warenverkauf/ermäßigter Steuersatz | 1.070 € |
| (4) | Kasse | 3.600 € | an | Warenverkauf/ Regelsteuersatz | 3.600 € |
| (5) | Wareneinkauf/ Regelsteuersatz | 4.800 € | an | Kasse | 4.800 € |
| (6) | Forderungen aus Lieferungen und Leistungen | 6.000 € | an | Warenverkauf/steuer- freie Umsätze | 6.000 € |
| (7) | Wareneinkauf/ ermäßigter Steuersatz | 2.140 € | an | Verbindlichkeiten aus Lieferungen und Leistungen | 2.140 € |
| (8) | Kasse | 6.000 € | an | Warenverkauf/ Regelsteuersatz | 6.000 € |

Verbuchung der Geschäftsvorfälle auf T-Konten:
Anfangs- und Endbestand der Waren verteilen sich wie folgt auf die nach Steuersätzen gegliederten Warenkonten:

- Wareneinkauf/Regelsteuersatz : Anfangsbestand = 3.500 €, Endbestand = 3.200 €
- Wareneinkauf/ermäßigter Steuersatz: Anfangsbestand = 1.500 €, Endbestand = 2.800 €.

| S | Forderungen aus Lieferungen und Leistungen | | H |
|---|---|---|---|
| | € | | € |
| AB | | | |
| (3) | 1.070 | | |
| (6) | 6.000 | | |

| S | Vorsteuer | | H |
|---|---|---|---|
| | € | | € |
| (11) | | (13) Umsatz- | |
| WEK/Regel | 2.400 | steuer | 2.070 |
| (12) | | (14) Saldo: | |
| WEK/erm. | 140 | SBK | 470 |
| | 2.540 | | 2.540 |

| S | Kasse | | H |
|---|---|---|---|
| | € | (5) | € |
| AB | | | 4.800 |
| (1) | 2.400 | | |
| (4) | 3.600 | | |
| (8) | 6.000 | | |

| S | Verbindlichkeiten aus Lieferungen und Leistungen | | H |
|---|---|---|---|
| | € | | € |
| | | AB | |
| | | (2) | 9.600 |
| | | (7) | 2.140 |

| S | Umsatzsteuer | | H |
|---|---|---|---|
| | € | | € |
| Ausgleich der | | AB | 1.500 |
| USt-Zahllast | | (9) | |
| des Vorjahres | 1.500 | WVK/Regel | 2.000 |
| (13) Vorsteuer | 2.070 | (4) | |
| | | WVK/erm. | 70 |
| | 3.570 | | 3.570 |

| S | Wareneinkauf/Regelsteuersatz | | H |
|---|---|---|---|
| | € | | € |
| AB | 3.500 | (11) Vor- | |
| (2) | 9.600 | steuer | 2.400 |
| (5) | 4.800 | EB gemäß | |
| | | Inventur | 3.200 |
| | | Saldo: | |
| | | Waren- | |
| | | einsatz | 12.300 |
| | 17.900 | | 17.900 |

| S | Warenverkauf/ ermäßigter Steuersatz | | H |
|---|---|---|---|
| | € | | € |
| AB | 1.500 | (11) Vor- | |
| (7) | 2.140 | steuer | 140 |
| | | EB gemäß | |
| | | Inventur | 2.800 |
| | | Saldo: | |
| | | Waren- | |
| | | einsatz | 700 |
| | 3.640 | | 3.640 |

| S | Warenverkauf/ Regelsteuersatz | | H |
|---|---|---|---|
| | € | | € |
| (9) Umsatz- | | (1) | 2.400 |
| steuer | 2.000 | (4) | 3.600 |
| Saldo: | | (8) | 6.000 |
| Umsatzerlöse | 10.000 | | |
| | 12.000 | | 12.000 |

| S | Warenverkauf/ ermäßigter Steuersatz | | | H |
|---|---|---|---|---|
| | | € | (3) | € 1.070 |
| (10) Umsatz- steuer | 70 | | | |
| Saldo: Umsatzerlöse | 1.000 | | | |
| | 1.070 | | | 1.070 |

| S | Warenverkauf/ steuerfreie Umsätze | | | H |
|---|---|---|---|---|
| | | € | (6) | € 6.000 |
| Saldo: Umsatz- erlöse | 6.000 | | | |
| | 6.000 | | | 6.000 |

Bei den **Wareneinkaufskonten** ist zu beachten, dass nur die Warenzugänge Umsatzsteuer enthalten, nicht aber die Anfangs- und Endbestände. Letztere werden, da sie aus der Eröffnungsbilanz stammen bzw. in die Schlussbilanz zu übernehmen sind, und die Vorsteuerbeträge grundsätzlich nicht zu den Anschaffungs- oder Herstellungskosten zählen (§ 9 b EStG), auf der Basis der Nettoeinkaufspreise ermittelt. Um die mit Umsatzsteuer belasteten Warenzugänge (Bruttozugänge) zu erhalten, ist die Kontosumme des Wareneinkaufskontos um den Anfangsbestand zu vermindern.

Als Bruttozugänge ergeben sich somit:

(1)  Wareneinkauf/Regelsteuersatz:

|   | Kontosumme | 17.900 € |
|---|---|---|
| – | Anfangsbestand | 3.500 € |
| = | Bruttozugänge | 14.400 € |

(2)  Wareneinkauf/ermäßigter Steuersatz:

|   | Kontosumme | 3.640 € |
|---|---|---|
| – | Anfangsbestand | 1.500 € |
| = | Bruttozugänge | 2.140 €. |

Wird der Warenverkehr nach Variante II der getrennten Warenkonten erfasst, können die Bruttozugänge unmittelbar dem Wareneingangskonto entnommen werden. Die **Herausrechnung der Umsatzsteuer und der Vorsteuer** aus den verbuchten Rechnungsbeträgen erfolgt im Rahmen einer »Auf-Hundert-Rechnung« durch einen auf die jeweilige Summe der Warenein- und -verkäufe anzuwendenden **Multiplikator** bzw. **Divisor**. Für die derzeit geltenden Umsatzsteuersätze sind die Umrechnungsfaktoren nachstehender Tabelle zu entnehmen.

| Steuersatz | 20 % | 7 % |
|---|---|---|
| Multiplikator Divisor | 0,1667[198] 6[199] | 0,0654206 15,285714 |

Abb. 77: Umsatzsteuerliche Umrechnungsfaktoren

---

[198]  $0,1667 = \dfrac{20}{120}$.

[199]  $6 = \dfrac{120}{20}$.

Als Steuerbeträge ergeben sich somit:

- Warenverkauf/Regelsteuersatz : Umsatzsteuer $= 12.000 € \cdot 0,1667$     $= 2.000 €$
- Warenverkauf/ermäßigter Steuersatz : Umsatzsteuer $= 1.070 € \cdot 0,0654206 =$     $70 €$
- Wareneinkauf/Regelsteuersatz : Vorsteuer $= 14.400 € : 6$     $= 2.400 €$
- Wareneinkauf/ermäßigter Steuersatz : Vorsteuer $= 2.140 € : 15,285714$     $= 140 €.$

Diese Steuerbeträge sind dann von den Warenkonten auf das Umsatzsteuer- und das Vorsteuerkonto umzubuchen. Die Buchungssätze hierzu lauten:

|  |  |  |  |  |
|---|---|---|---|---|
| (9) | Wareneinkauf/Regelsteuersatz | an | Umsatzsteuer | 2.000 € |
| (10) | Warenverkauf/ermäßigter Steuersatz | an | Umsatzsteuer | 70 € |
| (11) | Vorsteuer | an | Wareneinkauf/Regelsteuersatz | 2.400 € |
| (12) | Vorsteuer | an | Wareneinkauf/ermäßigter Steuersatz | 140 €. |

Abschluss des Umsatzsteuer- und Vorsteuerkontos:

|  |  |  |  |  |
|---|---|---|---|---|
| (13) | Umsatzsteuer | an | Vorsteuer | 2.070 € |
| (14) | Schlussbilanzkonto (SBK) | an | Vorsteuer | 470 €. |

Mithin stellen sich bei Anwendung der Bruttomethode folgende Resultate ein:

- Vorsteuer-Erstattungsanspruch     470 €
- Wareneinsatz/Regelsteuersatz     12.300 €
- Wareneinsatz/ermäßigter Steuersatz     700 €
- Umsatzerlöse/Regelsteuersatz     10.000 €
- Umsatzerlöse/ermäßigter Steuersatz     1.000 €
- Umsatzerlöse/steuerfreie Umsätze     6.000 €.

**Fazit:** Netto- und Bruttomethode unterscheiden sich zwar in der Erfassungstechnik, führen aber zum gleichen Ergebnis.

Da die Umsatzsteuer und die Vorsteuer erst am Schluss des Voranmeldungszeitraums aus den Warenkonten auszubuchen sind, bewirkt die **Bruttomethode** eine **Vereinfachung** vor allem dort, wo Waren überwiegend an Abnehmer veräußert werden, die nicht den Vorsteuerabzug in Anspruch nehmen können (z. B. Konsumenten) und folglich auch kein Interesse an einem gesonderten Steuerausweis haben. Dies trifft insbesondere auf den **Verkaufsbereich des Einzelhandels** zu, da hier üblicherweise keine Rechnungen ausgestellt werden und die Bruttobeträge sich aus Kassenzetteln oder ähnlichen Belegen ergeben. Anwendung findet die Bruttomethode auch bei der Aufzeichnung von **Kleinbetragsrechnungen** (Rechnungsbetrag einschließlich Umsatzsteuer bis 200 €). Hierzu zählen z. B. Einkaufsquittungen über Büromaterial und Tankbelege. Grundsätzlich nach der **Nettomethode** verbucht werden bei den Handelsunternehmen hingegen die **Ein- und Verkäufe von Gegenständen des Anlagevermögens** sowie sonstige nicht im Zusammenhang mit dem Warenverkehr oder Kleinbetragsrechnungen stehende Vorgänge. Der Grund ist darin zu sehen, dass die Bruttomethode bei derartigen Geschäftsvorfällen keine Arbeitsersparnis mit sich bringt. Ergänzend sei angemerkt, dass der Unternehmer im Rahmen einer rationellen Erfassung der Geschäftsvorgänge Netto- und Bruttomethode miteinander **kombinieren** kann (Beispiel: Verbuchung von Kleinbetragsrechnungen und Warenverkäufen an Endverbraucher nach der Bruttomethode, Aufzeichnung aller übrigen Geschäftsvorfälle nach der Nettomethode).

Sofern der Warenverkehr des Unternehmens nach Warengruppen gegliedert ist (z. B. Warengruppe I = Food, Warengruppe II = Non-Food), sind ggf. für jede Gruppe nach Steuersätzen differenzierte Warenkonten zu führen.

**Beispiel:**

- Warenverkauf-Warengruppe I/Regelsteuersatz,
- Warenverkauf-Warengruppe I/ermäßigter Steuersatz,
- Warenverkauf-Warengruppe I/steuerfreie Umsätze,
- Warenverkauf-Warengruppe II/Regelsteuersatz,
- Warenverkauf-Warengruppe II/ermäßigter Steuersatz,
- Warenverkauf-Warengruppe II/steuerfreie Umsätze.

Parallel hierzu ist auf der Wareneinkaufsseite bei Anwendung der Bruttomethode zu verfahren.

Sollen die **Warenkonten nach dem Nettoverfahren abgeschlossen** werden, so ist ein **Warenabschlusskonto** erforderlich. Auf dieses Konto sind die Salden der nach Warengruppen und/oder Steuersätzen differenzierten Warenein- und Warenverkaufskonten zu übertragen. Als Saldo des Warenabschlusskontos erhält man dann den Roherfolg. Möchte der Unternehmer bei mehreren Warengruppen den Roherfolg je Warengruppe bestimmen, so ist für jede Gruppe ein eigenes Warenabschlusskonto einzurichten.

**Beispiel:**

- Warenabschluss-Warengruppe I ⟶ Roherfolg I
- Warenabschluss-Warengruppe II ⟶ Roherfolg II.

Beim **Abschluss der Warenkonten nach dem Bruttoverfahren** sind die Salden der nach Warengruppen und/oder Steuersätzen differenzierten Warenverkaufskonten an ein **Warenverkaufsammelkonto** abzugeben. Der sich aus diesem Sammelkonto ergebende Saldo spiegelt die **Umsatzerlöse** wider. In analoger Weise können durch Zwischenschaltung eines **Wareneinkaufsammelkontos** die Salden der nach Warengruppen und/oder Steuersätzen differenzierten Wareneinkaufskonten zusammengefasst werden. Der Saldo dieses Sammelkontos stellt den Wareneinsatz dar. Möchte der Unternehmer wiederum für jede Warengruppe die Wareneinsätze und Umsatzerlöse im GuV-Konto explizit angeben, so ist für jede Gruppe ein derartiges Sammelkonto zu führen.

**Beispiel:**

- Warenverkaufsammelkonto-Warengruppe I ⟶ Umsatzerlöse I
- Warenverkaufsammelkonto-Warengruppe II ⟶ Umsatzerlöse II
- Wareneinkaufsammelkonto-Warengruppe I ⟶ Wareneinsatz I
- Wareneinkaufsammelkonto-Warengruppe II ⟶ Wareneinsatz II.

#### c.b     Unentgeltliche Wertabgabe

Unentgeltliche Wertabgaben aus dem Unternehmen sind, soweit sie in der Abgabe von Gegenständen bestehen, nach § 3 Abs. 1 b UStG den entgeltlichen Lieferungen und, soweit sie in der Abgabe oder Ausführungen von sonstigen Leistungen bestehen, nach § 3 Abs. 9 a UStG den entgeltlichen sonstigen Leistungen gleichgestellt.[200]

Die **unentgeltlichen Wertabgaben** stellen **handels- und einkommensteuerrechtlich** (stets) Privatentnahmen dar und sind demzufolge auf dem **Privatkonto** zu erfassen. Auch kann man i. d. R. davon ausgehen, dass die **Bemessungsgrundlage für die unentgeltliche Wertabgabe** und der **Entnahmewert des Gegenstandes bzw. der Nutzung oder Leistung** übereinstimmen. Im Gegensatz dazu handelt es sich bei den unter das Abzugsverbot des § 4 Abs. 5 oder Abs. 7 EStG fallenden Aufwendungen **nicht um Privatentnahmen**;[201] vielmehr beeinflussen diese Aufwendungen den Periodenerfolg. Das in Rede stehende Abzugsverbot ist Ausfluss fiskalpolitischer Zielsetzungen und besagt, dass bestimmte Aufwendungen, die das Steuerrecht als »**nicht abziehbare Betriebsausgaben**« bezeichnet,[202] den der Besteuerung zugrunde liegenden Gewinn nicht mindern dürfen. Mithin werden allein aus **steuerrechtlichen Gründen** die nach § 4 Abs. 5 oder Abs. 7 EStG nicht abziehbaren Betriebsausgaben **außerhalb der Buchhaltung** dem Unternehmenserfolg wieder hinzugerechnet.

Bei den Aufwendungen i. S. d. § 4 Abs. 5 EStG ist zwischen **abziehbaren** und **nicht abziehbaren Betriebsausgaben** zu unterscheiden. Während die abziehbaren Ausgaben sowohl den handelsrechtlichen als auch den steuerrechtlichen Gewinn mindern, verringern die nicht abziehbaren Ausgaben de facto **nur den handelsrechtlichen Erfolg** und werden, zumal sie auch in der Steuerbilanz als Aufwand zu verbuchen sind, zur Ermittlung des steuerrechtlichen Gewinns außerhalb der Buchführung dem Unternehmenserfolg wieder hinzugerechnet. Um die Abzugsfähigkeit bzw. die Nicht-Abzugsfähigkeit besser prüfen zu können, hat der Steuerpflichtige nach § 4 Abs. 7 EStG die Betriebsausgaben i. S. d. § 4 Abs. 5 EStG **einzeln und getrennt** von den **sonstigen Aufwendungen** aufzuzeichnen. Hierzu bedient man sich in der Finanzbuchhaltung des Kontos »**Betriebsausgaben i. S. d. § 4 Abs. 5 EStG**«.[203] Wie mehrfach angesprochen, stellen lediglich die nicht abziehbaren Betriebsausgaben, d. h. die unter das Abzugsverbot des § 4 Abs. 5 Satz 1 Nr. 1 bis 7 oder Abs. 7 EStG fallenden Aufwendungen,[204] umsatzsteuerrechtlich eine unentgeltliche Wertabgabe dar. Hierzu zählen z. B.

- Aufwendungen für **Geschenke an Personen**, die keine Arbeitnehmer sind, sofern der Wert der dem Empfänger im Wirtschaftsjahr zugewendeten Gegenstände insgesamt 35 € übersteigt (beträgt der Wert der Geschenke weniger als 35 € im Wirtschaftsjahr, so handelt es sich um abziehbare Betriebsausgaben);
- Aufwendungen für die **Bewirtung von Geschäftsfreunden**, soweit die Bewirtungsausgaben 70 v. H. der angemessenen und nachgewiesenen Aufwendungen übersteigen;

---

200  Vgl. R 24 a Abs. 1 UStR.
201  Vgl. R 4.10 Abs. 1 Satz 3 EStR; *Heinicke* 2006, Anm. 539 zu § 4 EStG, S. 267.
202  Während das Handelsrecht für erfolgswirksame Eigenkapitalminderungen den Begriff »Aufwand« verwendet, gebraucht das Steuerrecht hierfür regelmäßig den Terminus (abziehbare) »Betriebsausgabe«. Vgl. hierzu auch die Ausführungen im Ersten Teil zu Gliederungspunkt IV.C.b.
203  Mitunter wird in der Praxis für jede der in § 4 Abs. 5 EStG enthaltenen Aufwandsarten ein eigenes Konto geführt. Vgl. hierzu auch R 4.11 Abs. 1 Satz 1 EStR.
204  Ausgenommen hiervon sind Geldgeschenke und Bewirtungsaufwendungen, soweit § 4 Abs. 5 Satz 1 Nr. 2 EStG den Abzug von 30 v. H. der angemessenen und nachgewiesenen Aufwendungen ausschließt.

- Aufwendungen für **Gästehäuser,**[205] die sich nicht am Ort einer Betriebsstätte des Unternehmers befinden;
- Aufwendungen für **Jagd oder Fischerei**, für **Segel- oder Motorjachten** sowie für ähnliche Zwecke.

Die buchungstechnische Erfassung umsatzsteuerpflichtiger Eigenverbrauchsvorgänge – in ihrer allgemeinsten und einfachsten Form – soll anhand nachfolgender drei Beispiele verdeutlicht werden.

**Beispiel:**
Der Unternehmer entnimmt Waren für private Zwecke. Der steuerliche Teilwert (der im Privatkonto als Entnahme anzusetzende Nettobetrag) stimmt sowohl mit dem Buchwert (der Betrag, mit dem die Warenentnahme im Wareneinkaufskonto als Abgang zu erfassen ist) als auch mit dem zum Entnahmezeitpunkt geltenden Einkaufspreis (Bemessungsgrundlage für den Gegenstands-Eigenverbrauch) überein und beläuft sich auf 1.000 €. Die entnommenen Waren unterliegen dem Regelsteuersatz.

Da der Unternehmer als Endverbraucher auftritt, ist das Privatkonto mit dem Teilwert der entnommenen Waren zuzüglich der darauf entfallenden Umsatzsteuer zu belasten. Die Gegenbuchungen erfolgen auf dem **Wareneinkaufs- und auf dem Umsatzsteuerkonto.**[206] Werden die Warenentnahmen im Wareneinkaufskonto in Höhe des Buchwertes als Abgang erfasst, so ist gewährleistet, dass sich als Saldo der Wareneinsatz ergibt, der zur Erzielung der Umsatzerlöse aufgewendet wurde.

Buchungssatz:

| (1) Privatkonto | 1.200 € | an | – Wareneinkauf | 1.000 € |
|---|---|---|---|---|
| | | | – Umsatzsteuer | 200 €. |

---

205  Unter »Gästehäuser« sind Einrichtungen zu verstehen, die der Bewirtung oder Beherbergung von Geschäftsfreunden dienen.
206  In Literatur (vgl. z. B. *Eisele* 2002, S. 123) und Praxis [vgl. z. B. Einzelhandels-Kontenrahmen (EKR), Konto-Nr. 542, Kontenrahmen für den Groß- und Außenhandel, Konto-Nr. 278 und 871, Industrie-Kontenrahmen (IKR), Konto-Nr. 542] werden auch als zulässig erachtet, die Warenentnahmen

- auf dem Warenverkaufskonto oder
- auf einem besonderen Konto (»Warenentnahmen«),

welches unmittelbar über das GuV-Konto abzuschließen ist, zu erfassen. Gegen die genannten Alternativen sprechen jedoch zum einen handelsrechtliche und zum anderen betriebswirtschaftliche Überlegungen.

(1) Einwendungen gegen die Verbuchung der Warenentnahmen auf dem Warenverkaufskonto:
Sofern der private Warenverbrauch im Warenverkaufskonto zur Verbuchung käme, so würde dies bedeuten, dass Warenentnahmen Umsatzerlöse verkörpern. Als Umsatzerlöse i. S. d. Handelsrechts sind jedoch – bezogen auf Handelsunternehmen – nur solche Erträge auszuweisen, die aus dem Verkauf von Waren an Dritte stammen (vgl. *ADS* 1997b, Anm. 5 zu § 277 HGB, S. 548). Da aber den Warenentnahmen das Kriterium des »Verkaufs an Dritte« fehlt, stellen sie keine Umsatzerlöse dar und dürfen folglich nicht auf dem Warenverkaufskonto erfasst werden.

(2) Einwendungen gegen die Verbuchung der Warenentnahmen auf einem besonderen Ertragskonto, das dann unmittelbar über das GuV-Konto abgeschlossen wird:
Denkbar wäre auch, den privaten Warenverbrauch in einem besonderen Ertragskonto aufzuzeichnen, welches seinen Saldo direkt an das GuV-Konto abgibt. Dieser Alternative stehen aber betriebswirtschaftliche Überlegungen entgegen. Die beschriebene Vorgehensweise würde dazu führen, dass der Wareneinsatz, der den zur Erzielung der Umsatzerlöse eingesetzten Input widerspiegeln soll, um den Buchwert der Warenentnahmen zu hoch ausgewiesen wird, mit der Folge, dass sich – bei Abschluss nach dem Nettoverfahren – der Roherfolg um genau diesen Betrag zu gering darstellt.

Kontenmäßige Darstellung des Geschäftsvorfalls:

| S | Privatkonto | | H |
|---|---|---|---|
| | € | | € |
| (1) | 1.200 | | |

| S | Wareneinkauf | | H |
|---|---|---|---|
| | € | | € |
| AB | | (1) | 1.000 |

| S | Umsatzsteuer | | H |
|---|---|---|---|
| | € | | € |
| | | AB | |
| | | (1) | 200 |

**Beispiel:**
Die vom Betrieb angestellte und bezahlte Raumpflegerin hält auch die Privatwohnung des Unternehmers in Ordnung und verwendet hierauf 20 % ihrer Arbeitszeit. Die Personalkosten für die Reinigungskraft belaufen sich auf 2.000 €. Die Leistungsentnahme unterliegt dem Regelsteuersatz von 20 %.

Analog zu den vorstehenden Ausführungen ist das Privatkonto mit dem Wert der Leistungsentnahme (400 €) zuzüglich der Umsatzsteuer (80 €) zu belasten. Die Gegenbuchungen erfolgen auf dem Konto »Personalaufwand« und auf dem Umsatzsteuerkonto. Die genannte Buchung bewirkt, dass die Aufwendungen für das Personal nur in der Höhe Eingang in das GuV-Konto finden, in der sie betrieblich veranlasst sind. Mithin wird eine Korrektur des zu hoch ausgewiesenen Personalaufwands um den auf die private Inanspruchnahme entfallenden Anteil vorgenommen.

Buchungssatz:

(1) Privatkonto        480 €    an    – Personalaufwand        400 €
                                      – Umsatzsteuer            80 €.

| S | Privatkonto | | H |
|---|---|---|---|
| | € | | € |
| (1) | 480 | | |

| S | Umsatzsteuer | | H |
|---|---|---|---|
| | € | | € |
| | | AB | |
| | | (1) | 80 |

| S | Personalaufwand | | H |
|---|---|---|---|
| | € | | € |
| Reinigungskraft | 2.000 | (1) | 400 |

Mithin haben bei **umsatzsteuerpflichtigen Entnahmevorgängen** (Gegenstands-, Nutzungs- und Leistungsentnahmen) die **Buchungssätze** folgenden Aufbau:

**Privatkonto**                    **an**    – **Aktives Bestandskonto oder Aufwandskonto**
                                             – **Umsatzsteuer.**

Anzumerken ist, dass die nicht der Umsatzsteuer unterliegenden Entnahmevorgänge (z. B. Barentnahmen) wie bisher zu verbuchen sind (Buchungssatz: Privatkonto an Gegenkonto).

**Beispiel:**

Ein Unternehmer schenkt einem langjährigen Geschäftsfreund zu Weihnachten einen vergoldeten Füllfederhalter. Die Rechnung des Juweliers lautet über 2.400 € (einschließlich 400 € Umsatzsteuer).

Aufwendungen für Geschenke an Personen, die keine Arbeitnehmer sind, zählen zu den Betriebsausgaben i. S. d. § 4 Abs. 5 EStG. Da der Wert des Füllfederhalters die zulässige Höchstgrenze von 35 € überschritten hat, liegt eine **nicht abziehbare Betriebsausgabe** vor, die umsatzsteuerrechtlich eine unentgeltliche Wertabgabe darstellt. Beim Kauf des Füllfederhalters ist der Nettoeinkaufspreis auf dem Konto »Betriebsausgaben i. S. d. § 4 Abs. 5 EStG« und die dem Unternehmer in Rechnung gestellte Umsatzsteuer auf dem Vorsteuerkonto zu erfassen. In einem zweiten Schritt hat die Umsatzbesteuerung der unentgeltlichen Wertabgabe zu erfolgen, wodurch im Ergebnis der Vorsteuerabzug wieder rückgängig gemacht wird. Insofern kommt auf dem Konto »Betriebsausgaben i. S. d. § 4 Abs. 5 EStG« der Rechnungsbetrag einschließlich der Umsatzsteuer zum Ansatz.[207] Abgeschlossen wird das in Rede stehende Aufwandskonto »Betriebsausgaben i. S. d. § 4 Abs. 5 EStG« über das GuV-Konto. Mithin ist zu buchen.

(1) Kauf des Füllfederhalters:
|  |  |  |  |  |
|---|---|---|---|---|
| – Betriebsausgaben i. S. d. | | an | Kasse | 2.400 €. |
| § 4 Abs. 5 EStG | 2.000 € | | | |
| – Vorsteuer | 400 € | | | |

(2) Erfassung des Geschenkvorgangs:[208]
|  |  |  |  |
|---|---|---|---|
| Betriebsausgaben i. S. d. | an | Umsatzsteuer | 400 €. |
| § 4 Abs. 5 EStG | | | |

(3) Abschluss des Kontos »Betriebsausgaben i. S. d. § 4 Abs. 5 EStG«:
|  |  |  |  |
|---|---|---|---|
| GuV-Konto | an | Betriebsausgaben | |
| | | i. S. d. § 4 Abs. 5 EStG | 2.400 €. |

Kontenmäßige Darstellung des Geschäftsvorfalls:

| S | Kasse | | H |
|---|---|---|---|
| | € | | € |
| AB | (1) | | 2.400 |

| S | Vorsteuer | | H |
|---|---|---|---|
| | € | | € |
| (1) | 400 | | |

---

207   So auch *Falterbaum/Bolk/Reiß* 2003, S. 206.

208   Im Falle eines Entnahmevorgangs wird die Umsatzsteuer auf die unentgeltliche Wertabgabe stets auf dem Privatkonto gebucht. Bei der unentgeltlichen Wertabgabe muss sie jedoch ebenso wie die nicht abzugsfähigen betrieblichen Ausgaben selbst zunächst erfolgswirksam gebucht werden. Mithin sind im Rahmen der für steuerliche Zwecke erforderlichen außerbuchhalterischen Korrektur neben den nicht abzugsfähigen Betriebsausgaben auch die auf diese Aufwendungen anfallende Umsatzsteuer dem Unternehmenserfolg wieder hinzuzurechnen.

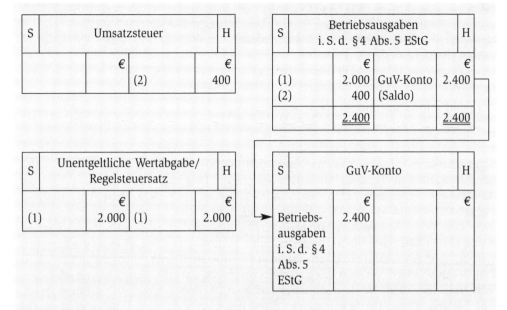

Die **Buchungssätze** haben somit nachstehenden Inhalt.

(1) Vornahme von Aufwendungen i. S. d. § 4 Abs. 5 EStG:

    – **Betriebsausgaben**      **an**       **Gegenkonto**
      **i. S. d. § 4 Abs. 5 EStG**          (z. B. Kasse).
    – **Vorsteuer**

(2) Umsatzbesteuerung der unter das Abzugsverbot des § 4 Abs. 5 Satz 1 Nr. 1 bis Nr. 7 (oder Abs. 7) EStG fallenden Aufwendungen:

**Betriebsausgaben**      **an**       **Umsatzsteuer.**
**i. S. d. § 4 Abs. 5 EStG**

(3) Abschluss des Kontos »Betriebsausgaben i. S. d. § 4 Abs. 5 EStG«:

**GuV-Konto**      **an**       **Betriebsausgaben**
                             **i. S. d. § 4 Abs. 5 EStG.**

Würde der Unternehmer auf Lager befindliche Waren für betriebliche Zwecke verschenken, so stellt sich Buchungssatz (1) wie folgt dar:[209]

**Betriebsausgaben**      **an**       **Wareneinkauf.**
**i. S. d. § 4 Abs. 5 EStG**

Sofern Aufwendungen entstehen, die zu den abziehbaren Betriebsausgaben i. S. d. § 4 Abs. 5 EStG oder zu den von der Umsatzbesteuerung ausgenommenen nicht abziehbaren Betriebsausgaben (z. B. Geldgeschenke) zählen, **entfällt Buchungssatz (2)**.

---

209  Die Vorsteuerbuchung entfällt, da diese bereits beim Wareneinkauf vorgenommen wurde.

Nach § 22 Abs. 2 Nr. 3 UStG ist der Unternehmer verpflichtet, die Bemessungsgrundlagen für die unentgeltliche Wertabgabe – ebenfalls aufgegliedert nach steuerpflichtigen und steuerfreien Umsätzen sowie nach Steuersätzen – aufzuzeichnen. Sollen die **Aufzeichnungspflichten** wiederum im Rahmen der Finanzbuchhaltung erfüllt werden, so hat der Unternehmer zur Erfassung der Bemessungsgrundlagen – unterschiedlich besteuerte Eigenverbrauchstatbestände vorausgesetzt – folgende **Hilfskonten** zu führen:

– Unentgeltliche Wertabgabe/Regelsteuersatz,
– Unentgeltliche Wertabgabe/ermäßigter Steuersatz und
– Unentgeltliche Wertabgabe/steuerfreie Umsätze.

Ergänzend ist anzuführen, dass das Konto »Betriebsausgaben i. S. d. § 4 Abs. 5 EStG« nicht der umsatzsteuerrechtlichen Aufzeichnung genügt. Dies ergibt sich aus dem Umstand, dass auf dem genannten Konto sowohl **abziehbare** als auch **nicht abziehbare Betriebsausgaben** verbucht werden. Da aber die unentgeltliche Wertabgabe nur durch bestimmte, nicht abziehbare Aufwendungen verwirklicht wird, werden auf dem in Rede stehenden Konto neben Eigenverbrauchsvorgängen auch Nicht-Eigenverbrauchsvorfälle ausgewiesen. Um dem Finanzamt die Überprüfung der Umsatzsteuerberechnung in angemessener Zeit zu ermöglichen, verlangt das Umsatzsteuergesetz, dass die Aufzeichnungen lediglich **Vorgänge** (genauer: die Bemessungsgrundlagen für die Lieferungen im Sinne des § 3 Abs. 1 b und für sonstige Leistungen im Sinne des § 3 Abs. 9 a Nr. 1 UStG) enthalten. Diesem Erfordernis trägt jedoch das Konto »Betriebsausgaben i. S. d. § 4 Abs. 5 EStG« nicht Rechnung.

Nachfolgend wird die buchungstechnische Erfassung obiger drei Beispiele **unter Berücksichtigung der umsatzsteuerrechtlichen Aufzeichnungspflichten** dargestellt.

**Beispiel:**
Der Unternehmer entnimmt Waren für private Zwecke. Der steuerliche Teilwert stimmt sowohl mit dem Buchwert als auch mit dem zum Entnahmezeitpunkt geltenden Einkaufspreis überein und beläuft sich auf 1.000 €. Die entnommenen Waren unterliegen dem Regelsteuersatz.

Buchungssätze:

| | | | | |
|---|---|---|---|---|
| (1) Privatkonto | 1.200 € | an | – Unentgeltliche Wertabgabe/ Regelsteuersatz | 1.000 € |
| | | | – Umsatzsteuer | 200 € |
| (2) Unentgeltliche Wertabgabe/ Regelsteuersatz | | an | Wareneinkauf | 1.000 €. |

Der aufgrund der ersten Buchung im Eigenverbrauchskonto anzusetzende Betrag ist in einem zweiten Schritt an das Wareneinkaufskonto abzugeben. Dieser Übertragungsvorgang trägt dem Umstand Rechnung, dass das Eigenverbrauchskonto lediglich als **Hilfskonto** zur Erfassung der Bemessungsgrundlagen zwischengeschaltet wird und die Warenentnahme im Wareneinkaufskonto in Höhe des Buchwertes als Abgang zu erfassen ist.

Kontenmäßige Darstellung des Geschäftsvorfalls:

| S | Privatkonto | | H |
|---|---|---|---|
| | € | | € |
| (1) | 1.200 | | |

| S | Umsatzsteuer | | H |
|---|---|---|---|
| | € | | € |
| | | AB | |
| | | (1) | 200 |

| S | Wareneinkauf | | H |
|---|---|---|---|
| | € | | € |
| AB | | (2) | 1.000 |

| S | Unentgeltliche Wertabgabe/ Regelsteuersatz | | H |
|---|---|---|---|
| | € | | € |
| (2) | 1.000 | (1) | 1.000 |

**Beispiel:**
Die vom Betrieb angestellte und bezahlte Raumpflegerin hält auch die Privatwohnung des Unternehmers in Ordnung und verwendet hierauf 20 % ihrer Arbeitszeit. Die Personalkosten für die Reinigungskraft belaufen sich auf 2.000 €. Die Leistungsentnahme unterliegt dem Regelsteuersatz.

Buchungssatz:

(1) Privatkonto            480 €        an        – Unentgeltliche Wertabgabe/
                                                      Regelsteuersatz            400 €
                                                    – Umsatzsteuer              80 €

(2) Unentgeltliche                        an        Personalaufwand            400 €.
    Wertabgabe/
    Regelsteuersatz

Da das Konto unentgeltliche Wertabgabe ein Hilfskonto zur Aufzeichnung der Bemessungsgrundlagen ist, wird es dem Buchungsablauf wieder zwischengeschaltet.

Kontenmäßige Darstellung des Geschäftsvorfalls:

| S | Privatkonto | | H |
|---|---|---|---|
| | € | | € |
| (1) | 480 | | |

| S | Umsatzsteuer | | H |
|---|---|---|---|
| | € | | € |
| | | (1) | 80 |

| S | Personalaufwand | | H |
|---|---|---|---|
| | € | | € |
| Reini- | 2.000 | (2) | 400 |
| gungskraft | | | |

| S | Unentgeltliche Wertabgabe/ Regelsteuersatz | | H |
|---|---|---|---|
| | € | | € |
| (2) | 400 | (1) | 400 |

Sollen die umsatzsteuerrechtlichen Aufzeichnungspflichten im Rahmen der Buchführung erfüllt werden, haben die **Buchungssätze** hinsichtlich der **umsatzsteuerpflichtigen Entnahmevorgänge** folgenden Aufbau:

| | | |
|---|---|---|
| **Privatkonto** | an | – **Unentgeltliche Wertabgabe/Regelsteuersatz**<br>– **Umsatzsteuer.** |
| **Unentgeltliche Wertabgabe/Regelsteuersatz** | an | **Aktives Bestandskonto**<br>**oder Aufwandskonto.** |

Im Falle **steuerfreier Vorgänge** (z. B. Entnahme eines Grundstücks) entfällt die Umsatzsteuerbuchung. Der Buchungssatz lautet demnach:

| | | |
|---|---|---|
| **Privatkonto** | an | **Unentgeltliche Wertabgabe/steuerfreie Umsätze.** |
| **Unentgeltliche Wertabgabe/steuerfreie Umsätze** | an | **Aktives Bestandskonto**<br>**oder Aufwandskonto.** |

**Beispiel:**
Ein Unternehmer schenkt einem langjährigen Geschäftsfreund zu Weihnachten einen vergoldeten Füllfederhalter. Die Rechnung des Juweliers lautet über 2.400 € (einschließlich 400 € Umsatzsteuer). Dieser Vorfall löst nachstehende Buchungen aus.

(1) Kauf des Füllfederhalters:

| | | | | |
|---|---|---|---|---|
| – Unentgeltliche Wertabgabe/Regelsteuersatz | 2.000 € | an | Kasse | 2.400 € |
| – Vorsteuer | 400 € | | | |
| Betriebsausgaben i. S. d. § 4 Abs. 5 EStG | | an | Unentgeltliche Wertabgabe/Regelsteuersatz | 2.000 €. |

(2) Erfassung des Geschenkvorgangs:

| | | | |
|---|---|---|---|
| Betriebsausgaben i. S. d. § 4 Abs. 5 EStG | an | Umsatzsteuer | 400 €. |

(3) Abschluss des Kontos »Betriebsausgaben« i. S. d. § 4 Abs. 5 EStG:

| | | | |
|---|---|---|---|
| GuV-Konto | an | Betriebsausgaben | 2.400 €. |

Analog zur oben dargestellten Erfassungstechnik wird auch hier durch die Zwischenschaltung des Kontos Unentgeltliche Wertabgabe der ursprüngliche Buchungssatz in zwei Teilbuchungen aufgespalten.

Kontenmäßige Darstellung des Geschäftsvorfalls:

| S | Kasse | | H | | S | Vorsteuer | | H |
|---|---|---|---|---|---|---|---|---|
| | € | | € | | | € | | € |
| AB | | (1) | 2.400 | | (1) | 400 | | |

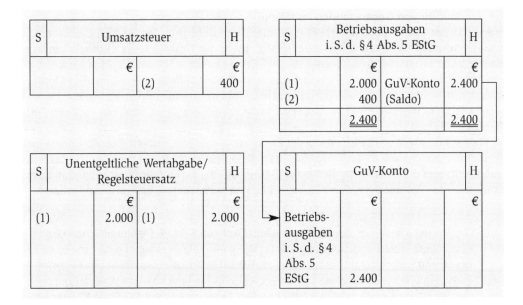

Der Buchungsablauf stellt sich somit wie folgt dar:

(1) Vornahme von nicht abziehbaren Betriebsausgaben i. S. d. § 4 Abs. 5 Satz 1 Nr. 1 bis Nr. 7 oder Abs. 7 EStG:

| – **Unentgeltliche Wertabgabe/…** | **an** | **Gegenkonto** |
| – **Vorsteuer** | | |
| **Betriebsausgaben** | **an** | **Unentgeltliche Wertabgabe/…** |
| **i. S. d. § 4 Abs. 5 EStG** | | |

(2) Umsatzbesteuerung der unter das Abzugsverbot des § 4 Abs. 5 Satz 1 Nr. 1 bis Nr. 7 (oder Abs. 7) EStG fallenden Aufwendungen:

| **Betriebsausgaben** | **an** | **Umsatzsteuer.** |
| **i. S. d. § 4 Abs. 5 EStG** | | |

(3) Abschluss des Kontos »Betriebsausgaben i. S. d. § 4 Abs. 5 EStG«:

| **GuV-Konto** | **an** | **Betriebsausgaben** |
| | | **i. S. d. § 4 Abs. 5 EStG.** |

Aus Buchungssatz (1) ergibt sich, dass der Unternehmer bereits bei der Vornahme von Betriebsausgaben i. S. d. § 4 Abs. 5 EStG entscheiden muss, ob es sich bei den Aufwendungen um umsatzsteuerpflichtige nicht abziehbare Betriebsausgaben handelt oder nicht.

Dadurch, dass die Konten **stets ausgeglichen** sind (Sollsumme = Habensumme), gehen von ihnen keine Auswirkungen auf die Bilanz und die GuV-Rechnung aus. Den Hilfskonten »Unentgeltliche Wertabgabe/…« kommt somit ausschließlich eine **Aufzeichnungsfunktion** zu, wobei sich die umsatzsteuerlichen Bemessungsgrundlagen in den Kontensummen widerspiegeln. Die bislang skizzierte Vorgehensweise der Umsatzsteuerverbuchung entspricht der **Nettomethode**. Gemäß § 63 Abs. 3 UStDV kann die Umsatzsteuer auf die unentgeltliche Wertabgabe auch nach der **Bruttomethode** erfasst werden.

### c.c     Einfuhr von Gegenständen im Inland[210]

Nach § 1 Abs. 1 Nr. 4 UStG unterliegt die Einfuhr von Gegenständen im Inland oder in den österreichischen Gebieten Jungholz und Mittelberg der Umsatzsteuer (**Einfuhrumsatzsteuer**). Die Erhebung dieser Steuer ist deshalb erforderlich, damit die Importe die gleiche Vorbelastung mit Umsatzsteuer aufweisen wie die inländischen Produkte. Die Einfuhrumsatzsteuer stellt für den Unternehmer prinzipiell eine **abzugsfähige Vorsteuer** dar und wird aus verfahrenstechnischen Gründen nicht vom Finanzamt, sondern von der **Zollbehörde** erhoben.

Die buchungstechnische Erfassung der Einfuhrumsatzsteuer – in ihrer allgemeinsten und einfachsten Form – soll anhand nachfolgender **Beispiele** verdeutlicht werden. Hierbei wird unterstellt, dass der Zollwert ( = Bemessungsgrundlage für die Einfuhrumsatzsteuer) mit dem Warenwert ( = der auf dem Wareneinkaufskonto zu verbuchende Betrag) übereinstimmt.

(1) Zieleinkauf von Waren aus dem Ausland im Wert von 5.000 €. Die importierten Gegenstände unterliegen dem Regelsteuersatz. Die vom Zollamt erhobene Einfuhrumsatzsteuer wird durch Banküberweisung beglichen.

Wie bei den inländischen Einkaufsgeschäften sind auch die im Ausland bezogenen Waren im Wareneinkaufskonto mit dem Nettoeinkaufspreis (5.000 €) anzusetzen. In gleicher Höhe besteht eine Verbindlichkeit gegenüber dem ausländischen Geschäftspartner (Zunahme der Verbindlichkeiten aus Lieferungen und Leistungen um 5.000 €). Die an die Zollbehörde überwiesene Einfuhrumsatzsteuer ist, da sie eine Vorsteuer darstellt, auf dem **Vorsteuerkonto** zu erfassen. Der Überweisungsvorgang bewirkt eine Verminderung des Guthabens bei Kreditinstituten um 700 €.

Buchungssatz:

– Wareneinkauf     5.000 €     an     – Verbindlichkeiten aus Lieferungen
– Vorsteuer        700 €                und Leistungen          5.000 €
                                       – Guthaben bei Kreditinstituten     700 €.

(2) Der Unternehmer erwirbt Waren aus dem Ausland gegen Barzahlung im Wert von 2.000 €. Die Einfuhr ist mit dem ermäßigten Steuersatz von 7 % zu belasten. Das Zollamt gewährt dem Unternehmer zur Bezahlung der fälligen Einfuhrumsatzsteuer eine Frist von 2 Wochen, die dieser auch in Anspruch nimmt.

Das Wareneinkaufskonto nimmt um 2.000 € zu, während der Kassenbestand sich um diesen Betrag verringert. Dadurch, dass der Unternehmer die fällige Einfuhrumsatzsteuer nicht sofort entrichtet, sondern die Zahlungsfrist in Anspruch nimmt, wird eine Verbindlichkeit gegenüber der Zollbehörde begründet, die in der Bilanz unter der Position »Sonstige Verbindlichkeiten«[211] auszuweisen ist.

---

210  Auf eine separate Betrachtung des innergemeinschaftlichen Erwerbs im Inland gegen Entgelt (§ 1 a UStG) wird im Folgenden verzichtet, da die buchhalterische Erfassung im kommerziellen Warenverkehr zwischen Unternehmen im Prinzip derjenigen bei Einfuhr von Gegenständen im Inland entspricht. Allerdings tritt an die Stelle der Einfuhrumsatzsteuer die Erwerbsteuer und an die Stelle des Zollamtes das zuständige Finanzamt.

211  Vielfach werden in der Praxis Steuerschulden in einem Unterkonto (z. B. »Sonstige Verbindlichkeiten gegenüber Finanzbehörden« oder »Verbindlichkeiten aus Steuern«) des Kontos »Sonstige Verbindlichkeiten« erfasst. Vgl. z. B. den Einzelhandels-Kontenrahmen (EKR), Kontengruppe 48, oder den Kontenrahmen für den Groß- und Außenhandel, Kontengruppe 19.

Buchungssatz:
- Wareneinkauf     2.000 €   an   - Kasse                                2.000 €
- Vorsteuer          140 €         - Sonstige Verbindlichkeiten          140 €.

(3) Kauf von Waren aus dem Ausland auf Ziel; der Nettoeinkaufspreis beträgt 10.000 €. Der Import unterliegt dem Regelsteuersatz. Auf Antrag des Unternehmers hat die Zahlung der fälligen Einfuhrumsatzsteuer erst bis zum 15. des nächsten Monats zu erfolgen.

Buchungssatz:

- Wareneinkauf    10.000 €   an   - Verbindlichkeiten aus
- Vorsteuer        2.000 €           Lieferungen und Leistungen     10.000 €
                                   - Sonstige Verbindlichkeiten      2.000 €.

Kontenmäßige Darstellung der Geschäftsvorfälle:

| S | Kasse | | H |
|---|---|---|---|
| | € | | € |
| AB | | (2) | 2.000 |

| S | Guthaben bei Kreditinstituten | | H |
|---|---|---|---|
| | € | | € |
| AB | | (1) | 700 |

| S | Vorsteuer | | H |
|---|---|---|---|
| | € | | € |
| (1) | 700 | | |
| (2) | 140 | | |
| (3) | 2.000 | | |

| S | Wareneinkauf | | H |
|---|---|---|---|
| | € | | € |
| AB | | | |
| (1) | 5.000 | | |
| (2) | 2.000 | | |
| (3) | 10.000 | | |

| S | Verbindlichkeiten aus Lieferungen und Leistungen | | H |
|---|---|---|---|
| | € | | € |
| | | AB | |
| | | (1) | 5.000 |
| | | (3) | 10.000 |

| S | Sonstige Verbindlichkeiten | | H |
|---|---|---|---|
| | € | | € |
| | | AB | |
| | | (2) | 5.000 |
| | | (3) | 10.000 |

Im Ergebnis führt die Einfuhrumsatzsteuer zu **keiner Belastung des Unternehmens**, denn die vom Zollamt erhobene Einfuhrumsatzsteuer ist für den Unternehmer eine **abziehbare Vorsteuer**, wodurch die Umsatzsteuer-Zahllast gegenüber dem Finanzamt vermindert bzw. der Vorsteuer-Erstattungsanspruch erhöht wird.[212] In analoger Weise vollzieht sich die Verbuchung der Einfuhrumsatzsteuer bei Einkäufen von Gegenständen des Anlagevermögens sowie bei der Einfuhr von Verbrauchsgütern.

---

212 Sofern jedoch der Vorsteuerabzug ausgeschlossen ist, erhöht die Einfuhrumsatzsteuer die Anschaffungskosten der importierten Gegenstände, d. h. auf dem betreffenden Konto (z. B. Wareneinkaufskonto) ist neben dem Nettopreis auch die Einfuhrumsatzsteuer zu verbuchen.

Gemäß § 22 Abs. 2 Nr. 6 UStG hat der Unternehmer

- die Bemessungsgrundlagen für die Einfuhr von Gegenständen sowie
- die dafür entrichtete oder zu entrichtende **Einfuhrumsatzsteuer** aufzuzeichnen.[213]

Eine Vereinfachung erfährt die im Umsatzsteuergesetz kodifizierte **Aufzeichnungspflicht** durch § 64 UStDV. Danach brauchen die Bemessungsgrundlagen für die eingeführten Gegenstände dann nicht gesondert erfasst zu werden, wenn die entrichtete oder noch zu entrichtende Einfuhrumsatzsteuer mit einem Hinweis auf einen entsprechenden zollamtlichen Beleg aufgezeichnet wird (diese Belege enthalten die relevanten Angaben hinsichtlich der Bemessungsgrundlagen). Soll die durch die Umsatzsteuer-Durchführungsverordnung vereinfachte Aufzeichnungspflicht im Rahmen der Finanzbuchhaltung erfüllt werden, so muss der Unternehmer lediglich die an das Zollamt entrichtete oder noch zu entrichtende Einfuhrumsatzsteuer auf einem gesonderten Konto (»**Einfuhrumsatzsteuer**«) ausweisen.[214] Das Einfuhrumsatzsteuerkonto ist ein Unterkonto des Vorsteuerkontos und deshalb über dieses abzuschließen.

Die Buchungssätze der einfuhrumsatzsteuerpflichtigen Warenimporte haben somit folgenden Aufbau:

| – **Wareneinkauf** | **an** | – **Gegenkonto** (z. B. **Verbindlichkeiten** |
| – **Einfuhrumsatzsteuer** | | **aus Lieferungen und Leistungen)** |
| | | – **Gegenkonto** (z. B. **Sonstige Verbindlichkeiten).** |

Abgeschlossen wird das Einfuhrumsatzsteuerkonto durch die Buchung

| **Vorsteuer** | **an** | **Einfuhrumsatzsteuer.** |

Übertragen auf die im vorangegangenen Abschnitt angegebenen Beispiele bedeutet dies, dass das Vorsteuerkonto durch das Einfuhrumsatzsteuerkonto ersetzt wird, ansonsten ergeben sich keine Veränderungen. Anzumerken ist, dass die Verbuchung der Einfuhrumsatzsteuer zwingend nach der **Nettomethode** zu erfolgen hat.

## 4.    Bezugs- und Vertriebskosten sowie Rücksendungen und Preisnachlässe

### a.    Bezugskosten

Diejenigen Aufwendungen, die dem Kaufmann entstehen, um Handelsprodukte in seinen Verfügungsbereich zu bringen, werden als (Waren-)Bezugskosten bezeichnet. Zu dieser Aufwandskategorie zählen insbesondere Speditions- und Postgebühren, Rollgelder, Verpackungskosten, Transportversicherungen und Einfuhrzölle.[215] Da die Bezugskosten un-

---

213  Die Aufzeichnungspflicht der Einfuhrgeschäfte entfällt jedoch dann, wenn ein Vorsteuerabzug ausgeschlossen ist (§ 22 Abs. 3 UStG).

214  Es wird auch für zulässig erachtet, die Einfuhrumsatzsteuer – unter Hinweis auf einen entsprechenden zollamtlichen Beleg – unmittelbar auf dem Vorsteuerkonto zu verbuchen.

215  Als Bezugskosten kommen nur solche Aufwendungen in Frage, die den erworbenen Gegenständen einzeln (direkt) zugeordnet werden können (§ 255 Abs. 1 HGB). Die Bezugskosten müssen also Einzelkostencharakter haben. Mithin stellen im Rahmen des Erwerbs anfallende Gemeinkosten, d. h. Aufwendungen, die einem Vermögensgegenstand nur indirekt (anteilig oder pauschal aufgrund eines Verteilungsschlüssels) zurechen-

mittelbar aus der **Beschaffungssphäre** resultieren, erhöhen sie als **Nebenkosten des Erwerbs** die Einkaufspreise der bezogenen Produkte und sind demzufolge im **Wareneinkaufskonto** zu erfassen. Zu beachten ist in diesem Zusammenhang jedoch, dass auf dem Wareneinkaufskonto – wenn dem Unternehmer ein Vorsteuerabzug zusteht – nur die **Nettobeträge der Bezugskosten** anzusetzen sind.[216] Sofern zu den **Einkaufspreisen (netto)** einerseits die **Bezugskosten (netto) addiert** und andererseits die **Preisnachlässe (netto) subtrahiert** werden, ergeben sich die **Einstandspreise** oder **Anschaffungskosten** der Waren (§ 255 Abs. 1 HGB). Hieraus folgt auch die Klassifizierung der Bezugskosten als **Anschaffungsnebenkosten** und der Preisnachlässe als **Anschaffungspreisminderungen**.

|   | Einkaufspreis | (netto) |
|---|---|---|
| + | Bezugskosten | (netto) |
| – | Preisnachlässe | (netto) |
| = | Einstandspreis oder Anschaffungskosten | |

Um einen Überblick über Art und Höhe der beim Warenbezug angefallenen Aufwendungen zu erhalten, werden die Bezugskosten regelmäßig auf einem **Unterkonto (»Warenbezugskosten«)** des Wareneinkaufskontos erfasst.[217] Zum Bilanzstichtag ist dann das Bezugskostenkonto über das Wareneinkaufskonto abzuschließen.[218] Die Erfassung der Anschaffungsnebenkosten und Anschaffungspreisminderungen im Wareneinkaufskonto hat zur Folge, dass der Wareneinsatz die im Laufe des Geschäftsjahres veräußerten Handelsprodukte **nicht** mehr zu Einkaufspreisen, sondern zu **Einstandspreisen** (Anschaffungskosten) angibt.

**Beispiel:**

Ein Großhändler erwirbt vom Hersteller Waren im Wert von 10.000 € (zzgl. 20 % USt) auf Ziel. Da nach dem Kaufvertrag der Großhändler die Produkte beim Hersteller abzuholen hat (»Kauf ab Werk«), der LKW sich z. Z. aber in Reparatur befindet, lässt sich der Großhändler die Waren durch eine Spedition zustellen. Die Rechnung des Transportunternehmens lautet über 600 € (inkl. 20 % USt) und wird durch Banküberweisung beglichen.

| (1) | – Wareneinkauf | 10.000 € | an | Verbindlichkeiten aus | |
|     | – Vorsteuer | 2.000 € |    | Lieferungen und Leistungen | 12.000 € |
| (2) | – Warenbezugskosten | 500 € | an | Guthaben bei Kreditinstituten | 600 € |
|     | – Vorsteuer | 100 € |    |   | |

---

bar sind, keine Bezugskosten dar. Zu den beim Warenerwerb auftretenden Gemeinkosten zählen u. a. die Aufwendungen, die durch den Transport der gekauften Handelprodukte mit eigenen Fahrzeugen entstehen. Vgl. hierzu insbesondere *ADS* 1995a, Anm. 27 und 42 zu § 255 HGB, S. 345 und S. 349.

216  Wenn jedoch der Vorsteuerabzug ausgeschlossen ist, sind anstelle der Netto- die Bruttobeträge (d. h. einschließlich der Umsatzsteuer) zu verbuchen (vgl. § 9 b Abs. 1 EStG).

217  Vgl. z. B. Einzelhandels-Kontenrahmen (EKR), Kontengruppe 60; Kontenrahmen für den Groß- und Außenhandel, Kontengruppe 30; Industrie-Kontenrahmen (IKR) I Kontengruppe 20.

218  Mitunter wird in der Literatur (vgl. z. B. *Falterbaum/Bolk/Reiß* 2003, S. 175 f.) für zulässig erachtet, das Bezugskostenkonto direkt über das GuV-Konto abzuschließen. Gegen diese Abschlussalternative spricht allerdings die Qualifizierung der Bezugskosten als Anschaffungsnebenkosten, die die Einkaufspreise der Waren erhöhen. Folglich würde der Wareneinsatz um die Beschaffungsaufwendungen zu gering und somit – bei Abschluss nach dem Nettoverfahren – der Roherfolg um genau diesen Betrag zu hoch ausgewiesen werden.

Abschluss des Bezugskontos erfolgt durch die Buchung:

**Wareneinkauf** an **Warenbezugskosten.**

Kontenmäßige Darstellung des Geschäftsvorfalls:

| S | Guthaben bei Kreditinstituten | | H |
|---|---|---|---|
| | € | | € |
| AB | | (2) | 600 |

| S | Vorsteuer | | H |
|---|---|---|---|
| | | € | € |
| (1) | | 2.000 | |
| (2) | | 100 | |

| S | Verbindlichkeiten aus Lieferungen und Leistungen | | H |
|---|---|---|---|
| | | € | € |
| | | AB | |
| | | (1) | 12.000 |

| S | Wareneinkauf | | H |
|---|---|---|---|
| | € | | € |
| AB | | | |
| (1) | 10.000 | | |
| Waren-bezugs-kosten | | | |

| S | Warenbezugskosten | | H |
|---|---|---|---|
| | € | | € |
| (2) | 500 | | |
| | | Waren-einkauf (Saldo) | |

Im Wareneinkaufskonto erscheinen die Zugänge letztendlich zu **Einstandspreisen**. Da gemäß § 253 Abs. 1 HGB auch die zum Abschlussstichtag auf Lager befindlichen Waren in der Bilanz – und somit auch im Schlussbilanzkonto und im Inventar – mit den Anschaffungskosten anzusetzen sind, ist der im Rahmen der Inventur ermittelte mengenmäßige Warenendbestand ebenfalls mit den Einstandspreisen zu bewerten.[219] Folglich müssen die Bezugskosten, die auf diejenigen Waren entfallen, die sich zum Bilanzstichtag noch auf Lager befinden, den Einkaufspreisen hinzugerechnet werden.[220] Mithin ist im Zuge der Inventur festzustellen:

---

[219] Sofern jedoch zum Abschlussstichtag die Beschaffungs- oder Absatzpreise der Handelsprodukte geringer sind als die Anschaffungskosten, sind die Waren in der Bilanz, im Schlussbilanzkonto und im Inventar mit den niedrigeren Werten anzusetzen (§ 253 Abs. 3 Satz 1 und 2 HGB).

[220] Weil im Wareneinkaufskonto die Zugänge im Ergebnis mit den Einstandspreisen (Anschaffungskosten) ausgewiesen werden, ist auch der Warenendbestand, der dem Anfangsbestand der nachfolgenden Periode entspricht, mit den Anschaffungskosten anzusetzen, um den wirtschaftlichen Wareneinsatz zu erhalten. Da die im Geschäftsjahr insgesamt entrichteten Bezugskosten bereits über das Wareneinkaufskonto verbucht wurden, bedarf es einer Korrektur (Stornierung) dieser Aufwendungen in der Höhe, in der sie auf den Lagerbestand entfallen. Andernfalls würde unterstellt, dass sämtliche in der Rechnungsperiode angeschafften Waren, die Bezugskosten verursacht haben, in der gleichen Periode weiterveräußert wurden. Die Stornierung der zuviel verbuchten Beschaffungsaufwendungen erfolgt durch die Korrektur des zu Einkaufspreisen bewerteten Warenendbestandes um die anteiligen, d. h. auf den Lagerbestand entfallenden Bezugskosten.

Warenbestand zum Bilanzstichtag,
bewertet zu Einkaufspreisen

+   die auf diesen Bestand entfallenden Bezugskosten

=   in das Inventar, das Schlussbilanzkonto und die
Schlussbilanz zu übernehmender wertmäßiger
Warenbestand ( = Einstandspreis oder Anschaf-
fungskosten des Warenendbestands).[221]

**Beispiel:**

Ein Einzelhändler hat im Geschäftsjahr Waren im Gesamtwert von 100.000 € bezogen
( = Summe der Nettoeinkaufspreise). Hiervon haben Einkäufe im Wert von 80.000 € Bezugskosten im Umfang von 5.000 € verursacht. Am Schluss des Geschäftsjahres beträgt
der mit Nettoeinkaufspreisen bewertete Warenendbestand 19.000 €. Bei der Ermittlung
des Bilanzansatzes ist allerdings zu beachten, dass Bezugskosten nur auf einen Teil des
Lagerbestands in Höhe von 16.000 € entfallen.

|   | Warenbestand bewertet zu Nettoeinkaufspreisen | 19.000 € |
|---|---|---|
| + | die auf den Endbestand entfallenden Bezugskosten[222] | |
|   | $\left[\dfrac{16.000\,€}{80.000\,€} \cdot 5.000\,€\right]$ | 1.000 € |
| = | in das Inventar, das Schlussbilanzkonto und die Schlussbilanz zu übernehmender Warenbestand | 20.000 €. |

Vielfach ist jedoch eine exakte Zuordnung der Bezugskosten zu den Warenendbeständen nicht
möglich bzw. zu arbeitsaufwendig. In solchen Fällen erfolgt aus **Vereinfachungsgründen** die
Aktivierung der dem Lagerbestand entsprechenden Beschaffungsaufwendungen mit Hilfe
eines **prozentualen Zuschlags** auf den zu Einkaufspreisen bewerteten Endbestand. Unter
Zugrundelegung der Bezugskosten und des Gesamtwertes der Wareneinkäufe wird mithin
ein Bezugskostenzuschlagsatz ermittelt. Die Berechnung der Anschaffungskosten der sich
zum Abschlussstichtag auf Lager befindlichen Waren vollzieht sich dann wie folgt:

Warenbestand zum Bilanzstichtag,
bewertet zu Einkaufspreisen

+   Bezugskosten (Warenbestand bewertet zu
Einkaufspreisen · Bezugskostenzuschlagssatz)

=   in das Inventar, das Schlussbilanzkonto und die
Schlussbilanz zu übernehmender wertmäßiger
Warenbestand.

Hierbei gilt:

$$\text{Bezugskostenzuschlagsatz} = \frac{\text{Warenbezugskosten} \cdot 100}{\text{Gesamtwert der Wareneinkäufe}}.$$

---

221   Vorstehender Wert ist ggf. noch um die Anschaffungspreisminderungen zu modifizieren.
222   Hierbei wird unterstellt, dass sich die Bezugskosten gleichmäßig auf die Einkäufe verteilen.

**Beispiel:**

Gegeben seien die Daten des vorstehenden Beispiels.

$$\text{Bezugskostenzuschlagsatz} = \frac{5.000\,\text{€} \cdot 100}{100.000\,\text{€}} = 5\,\%.$$

|   | Warenbestand bewertet zu Nettoeinkaufspreisen | 19.000 € |
|---|---|---|
| + | Bezugskosten (19.000 € · 0,05) | 950 € |
| = | in das Inventar, das Schlussbilanzkonto und die Schlussbilanz zu übernehmender Warenbestand | 19.950 € |

Kontenmäßige Darstellung des Geschäftsvorfalls unter der Annahme, dass am Anfang der Periode keine Warenbestände vorlagen:

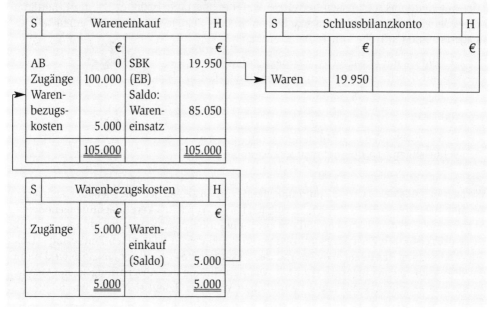

## b.     Vertriebskosten

Das Pendant zu den Bezugskosten stellen die der Sphäre des Absatzes zuzuordnenden (Waren-)Vertriebskosten dar. Hierzu zählen:

- Aufwendungen, die dem Unternehmen durch die **Lieferung** der verkauften Produkte »frei Haus« entstehen (z. B. Speditions- und Postgebühren, Kosten der Versandverpackung, Transportversicherungsbeiträge sowie Ausfuhrzölle);[223]

---

223  Analog zu den (Waren-)Bezugskosten rechnen zu den (Waren-)Vertriebskosten im vorstehenden Sinne nur solche Aufwendungen, die Einzelkostencharakter haben. Der Vollständigkeit halber sei angemerkt, dass der im Gliederungsschema für die Gewinn- und Verlustrechnung nach § 275 Abs. 3 Nr. 4 HGB ausgewiesene Posten »Vertriebskosten« neben den Einzel- auch die Gemeinkosten des Absatzbereichs (z. B. Personal- und Werbeaufwand) erfasst. Mithin ist der bilanzielle Vertriebskostenbegriff weiter gefasst als der in der Buchhaltung verwendete.

- Aufwendungen, die dem Betrieb durch die Vermittlung von Absatzgeschäften erwachsen (insbesondere Verkaufsprovisionen).

Die im Rahmen der Warenverkäufe anfallenden Vertriebskosten werden i. d. R. auf einem gesonderten **Aufwandskonto** (»Warenvertriebskosten«) verbucht,[224] das am Ende des Geschäftsjahres unmittelbar über das **GuV-Konto** abzuschließen ist.[225] Anzumerken bleibt, dass auf dem Vertriebskostenkonto – sofern dem Unternehmer ein Vorsteuerabzug zusteht – nur die jeweiligen **Nettobeträge** zu erfassen sind. Die dem Kaufmann in Rechnung gestellte Umsatzsteuer ist auf dem Vorsteuerkonto auszuweisen.

---

**Beispiel:**

Ein Obst- und Gemüsegroßhändler verkauft Südfrüchte im Wert von 5.000 € (zzgl. 7 % USt) auf Ziel und lässt diese durch ein Transportunternehmen ausliefern. Die Rechnung des Spediteurs beläuft sich auf 720 € (einschl. 20 % USt) und wird vom Großhändler bar bezahlt.

Buchungssätze zum Zeitpunkt des Warenverkaufs:

| | | | | | |
|---|---|---|---|---|---|
| (1) Forderungen aus Lieferungen und Leistungen | 5.350 € | an | – Warenverkauf<br>– Umsatzsteuer | 5.000 €<br>350 € | |
| (2) – Warenvertriebskosten<br>– Vorsteuer | 600 €<br>120 € | an | Kasse | 720 €. | |

Der Abschluss des Vertriebskostenkontos erfolgt durch die Buchung:

**GuV-Konto     an     Warenvertriebskosten.**

Kontenmäßige Darstellung des Geschäftsvorfalls:

| S | Kasse | H | | S | Forderungen aus Lieferungen und Leistungen | H |
|---|---|---|---|---|---|---|
| | € | (2) € 720 | | | € | € |
| AB | | | | AB (1) | 5.350 | |

| S | Vorsteuer | H | | S | Umsatzsteuer | H |
|---|---|---|---|---|---|---|
| | € | € | | | € | € |
| (2) | 120 | | | | AB (1) | 350 |

---

224 In der Praxis wird regelmäßig für jede Kategorie von Warenvertriebskosten ein eigenes Aufwandskonto geführt (vgl. z. B. den Kontenrahmen für den Groß- und Außenhandel, Kontengruppen 45 und 46).

225 Im Gegensatz zu den Bezugskosten, deren Saldo auf das Wareneinkaufskonto zu übertragen ist, werden die Vertriebskosten nicht über das Warenverkaufskonto abgeschlossen. Diese Vorgehensweise trägt dem Umstand Rechnung, dass die Warenvertriebskosten keine Erlösschmälerungen i. S. d. § 277 Abs. 1 HGB darstellen und somit nicht auf der Sollseite des Warenverkaufskontos erfasst werden dürfen. Darüber hinaus verbietet das Saldierungsverbot des § 246 Abs. 2 HGB, dass Aufwendungen (hier: Warenvertriebskosten) und Erträge (hier: Umsatzerlöse) miteinander verrechnet werden.

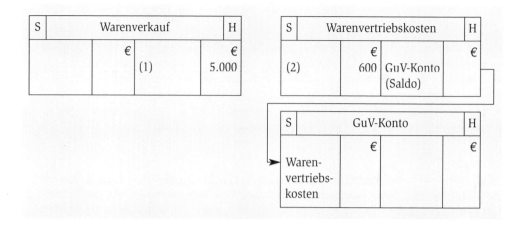

## c.    Rücksendungen

Die Rückgabe von Waren an den Verkäufer kann u. a. ihre Ursache haben in

- einer **Falschlieferung** (der Käufer hat eine andere als die vertraglich vereinbarte Ware erhalten) oder
- der **Lieferung mangelhafter Produkte** (die Ware ist mit Fehlern behaftet, die den Wert oder die Tauglichkeit mindern[226]).

Bei einer **Falschlieferung** kann der Käufer die von ihm nicht bestellten Artikel an den Verkäufer zurücksenden und gleichzeitig seinen (bislang noch nicht erfüllten) Anspruch auf Aushändigung der vertragsgemäßen Handelsgüter geltend machen. Ist dem Käufer dagegen eine **mangelhafte Ware** zugegangen, so hat er nach § 462 BGB die Möglichkeit, entweder den Kaufvertrag rückgängig zu machen (**Wandelung**) oder eine Herabsetzung des Kaufpreises zu verlangen (**Minderung**).[227] Da sowohl bei der Falschlieferung als auch bei der Wandelung die in Rede stehenden Produkte das Kauf-Unternehmen physisch verlassen und wieder in das Eigentum des Verkauf-Unternehmens übergehen, hat der Abnehmer den ursprünglich verbuchten Wareneinkauf und der Lieferant den ursprünglich verbuchten Warenverkauf zu stornieren. Um einen Überblick über das Ausmaß der Rücksendungen zu erhalten, werden die Stornobuchungen i. d. R. nicht unmittelbar auf den betreffenden Warenkonten erfasst, sondern zunächst in entsprechenden Unterkonten (»Rücksendungen/Wareneinkauf« und »Rücksendungen/Warenverkauf«)[228] aufgezeichnet, deren Salden zum Bilanzstichtag auf das Wareneinkaufs- und Warenverkaufskonto zu übertragen sind. Im Gegenzug bewirkt die Warenrücksendung, dass sich bei **Zielgeschäften** auf Seiten des Käufers die Verbindlichkeiten aus Lieferungen und Leistungen und auf Seiten des Verkäufers die Forderungen aus Lieferungen und Leistungen verringern. Liegt dem rückgängig

---

226  Vgl. § 459 Abs. 1 BGB.

227  Sofern es sich um einen Gattungskauf handelt (zum Begriff der »Gattung« vgl. § 243 Abs. 1 BGB), kann der Käufer gemäß § 480 Abs. 1 BGB an Stelle der Wanderung oder der Minderung die Lieferung einer mangelfreien Sache verlangen.

228  Vgl. z. B. den Kontenrahmen für den Groß- und Außenhandel, Kontengruppen 30 und 80.

gemachten Kaufakt hingegen ein **Barzahlungsgeschäft** zugrunde und wird der Kaufpreis nicht unmittelbar zurückbezahlt, so hat der Käufer eine **sonstige Forderung**[229] (gegen den Lieferanten) und der Verkäufer eine **sonstige Verbindlichkeit** (gegenüber dem Abnehmer).

Die mit der Rücksendung der Waren einhergehende Rückerstattung des Kaufpreises stellt eine Verminderung des Entgelts und somit der **umsatzsteuerlichen Bemessungsgrundlage** dar. Gemäß § 17 Abs. 1 i. V. m. Abs. 2 Nr. 3 UStG hat deshalb der Käufer seine Vorsteuer und der Verkäufer seine Umsatzsteuer zu berichtigen. Konkret bedeutet dies, dass auf dem Vorsteuerkonto im Haben und auf dem Umsatzsteuerkonto im Soll zu buchen ist (**Stornobuchung**).

Im Falle einer Minderung erfolgt keine physische Rücksendung der fehlerhaften Ware. Vielmehr wird der Kaufpreis aufgrund einer Mängelrüge herabgesetzt. Demzufolge ist die Minderung der Kategorie »Preisnachlässe« zuzuordnen. Nachstehend wird die buchungstechnische Handhabung von Rücksendungen in der Sphäre des Wareneinkaufs (Unternehmer sendet Handelsgüter an den Lieferanten zurück) und des Warenverkaufs (Kunden senden dem Unternehmer Produkte zurück) anhand von entsprechenden Geschäftsvorfällen verdeutlicht.

---

**Beispiel:**

Ein Großhändler hat von einem Hersteller Produkte im Wert von 5.000 € (zzgl. 20 % Umsatzsteuer) auf Ziel erworben. Bei der Wareneingangskontrolle stellt der Händler jedoch fest, dass es sich um eine Falschlieferung handelt. Der davon in Kenntnis gesetzte Hersteller holt zwar die Produkte wieder ab, muss aber gleichzeitig erklären, dass er die zugesagten Waren frühestens in zwei Wochen liefern kann.[230] Das Beschaffungsgeschäft wurde bereits vor Beginn der Wareneingangskontrolle in der Finanzbuchhaltung des Großhändlers erfasst.

Buchungen des Großhändlers (Wareneinkaufsseite):

(1) Aufzeichnung des Warenzugangs:

| | | | | |
|---|---|---|---|---|
| – Wareneinkauf | 5.000 € | an | Verbindlichkeiten | |
| – Vorsteuer | 1.000 € | | aus Lieferungen | |
| | | | und Leistungen | 6.000 €. |

(2) Erfassung der Warenrücksendung:

| | | | | |
|---|---|---|---|---|
| Verbindlichkeiten | | an | – Rücksendungen/ | |
| aus Lieferungen | | | Wareneinkauf | 5.000 € |
| und Leistungen | 6.000 € | | – Vorsteuer | 1.000 €. |

(3) Abschluss des Kontos »Rücksendungen/Wareneinkauf«:

**Rücksendungen/Wareneinkauf an Wareneinkauf.**

---

229 Sonstige Forderungen sind in der Bilanz grundsätzlich unter dem Posten »Sonstige Vermögensgegenstände« auszuweisen.

230 Würde der Hersteller die falsche Ware abholen und gleichzeitig die richtigen Produkte liefern, würde sich die Stornierung der Falschlieferung erübrigen.

Kontenmäßige Darstellung des Geschäftsvorfalls:

| S | Verbindlichkeiten aus Lieferungen und Leistungen | | H |
|---|---|---|---|
| | € | | € |
| (2) | 6.000 | AB | |
| | | (1) | 6.000 |

| S | Vorsteuer | | H |
|---|---|---|---|
| | € | | € |
| (1) | 1.000 | (2) | 1.000 |

| S | Wareneinkauf | | H |
|---|---|---|---|
| | € | | € |
| AB | | Rück- | |
| (1) | 5.000 | sendungen/ | |
| | | Waren- | |
| | | einkauf | |

| S | Rücksendungen/Wareneinkauf | | H |
|---|---|---|---|
| | € | | € |
| Waren- | | (2) | 5.000 |
| einkauf | | | |
| (Saldo) | | | |

Abhängig von der inhaltlichen Ausgestaltung des Kaufvertrages kann der Verkäufer bei Falschlieferung oder der Lieferung mangelhafter Produkte auch zum Ersatz der dem Käufer entstandenen Beschaffungsaufwendungen verpflichtet sein. In derartigen Fällen hat zusätzlich eine Stornierung der betreffenden Bezugskosten (netto)[231] zu erfolgen.

Buchungen des Herstellers (Warenverkaufsseite):

(1) Aufzeichnung des Warenzugangs:

| Forderungen aus | | an | – Warenverkauf | 5.000 € |
| Lieferungen und | | | – Umsatzsteuer | 1.000 €. |
| Leistungen | 6.000 € | | | |

(2) Erfassung der Warenrücksendung:

| – Rücksendungen/ | | an | Forderungen aus | |
| Wareneinkauf | 5.000 € | | Lieferungen und | |
| – Umsatzsteuer | 1.000 € | | Leistungen | 6.000 €. |

(3) Abschluss des Kontos »Rücksendungen/Wareneinkauf«:

**Warenverkauf**                    **an**    **Rücksendungen/Warenverkauf.**

---

231  Einer Erstattung der auf Seiten des Käufers angefallenen Vorsteuer durch den Verkäufer bedarf es dann nicht, wenn der Leistungsempfänger zum Vorsteuerabzug berechtigt ist und ihm folglich in Höhe der gezahlten Umsatzsteuer eine Forderung gegen die Finanzbehörde zusteht. Als von der Gegenpartei zu ersetzender Schadensbetrag verbleiben somit nur die Bezugskosten (netto). Die vom Verkäufer an den Käufer zu erbringende Schadensersatzleistung zählt zu den nicht steuerbaren Vorgängen und löst insofern keine umsatzsteuerlichen Konsequenzen aus (vgl. R 3 UStR).

Kontenmäßige Darstellung des Geschäftsvorfalls:

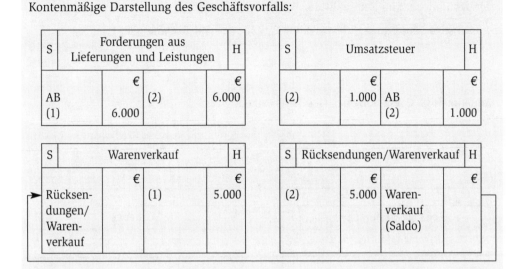

Sofern der Verkäufer nach dem Inhalt des Kaufvertrages im Falle von Warenrücksendungen

- dem Käufer die Bezugskosten zu ersetzen und/oder
- die Kosten des Rücktransports zu tragen hat,

sind diese Aufwendungen, da sie aus der Absatztätigkeit resultieren, auf dem Vertriebskostenkonto zu erfassen.

**Beispiel:**
Wareneinkauf gegen Barzahlung. Der Rechnungsbetrag (einschl. 20 % Umsatzsteuer) lautet über 3.600 €. Die Bezugskosten belaufen sich auf 480 € (inkl. 20 % Umsatzsteuer) und werden durch Banküberweisung beglichen. Da sich die bezogenen Produkte als fehlerhaft erweisen, wandelt der Unternehmer den Kaufvertrag und sendet die mangelhafte Ware an den Lieferanten zurück. Die damit beauftragte Spedition verlangt hierfür ebenfalls 480 € (inkl. 20 % Umsatzsteuer). Nach dem Kaufvertrag ist der Lieferant verpflichtet, dem Unternehmer die Beschaffungsaufwendungen in voller Höhe zu ersetzen sowie die Kosten der Rücksendung zu tragen. Eine unmittelbare Erstattung des Kaufpreises und der Bezugskosten seitens des Verkäufers erfolgt jedoch nicht.

Buchungen des Unternehmers (Wareneinkaufsseite):

(1) Erfassung des Warenzugangs sowie der Bezugskosten:

|   |   |   |   |   |   |
|---|---|---|---|---|---|
| – Wareneinkauf | 3.000 € | an | Kasse | | 3.600 € |
| – Vorsteuer | 600 € | | | | |
| – Warenbezugskosten | 400 € | an | Guthaben bei | | |
| – Vorsteuer | 80 € | | Kreditinstituten | | 480 €. |

(2) Buchungssatz im Zeitpunkt der Warenrücksendung:

| Sonstige Forderungen | 3.880 € | an | – Rücksendungen/ | |
|---|---|---|---|---|
| | | | Wareneinkauf | 3.000 € |
| | | | – Warenbezugskosten | 400 € |
| | | | – Vorsteuer | 80 €. |

Kontenmäßige Darstellung des Geschäftsvorfalls:

| S | Kasse | | H |
|---|---|---|---|
| | € | | € |
| AB | | (1) | 3.600 |

| S | Guthaben bei Kreditinstituten | | H |
|---|---|---|---|
| | € | | € |
| AB | | (1) | 480 |

| S | Sonstige Forderungen | | H |
|---|---|---|---|
| | € | | € |
| AB | | | |
| (2) | 3.880 | | |

| S | Vorsteuer | | H |
|---|---|---|---|
| | € | | € |
| (1) | 600 | (2) | 80 |
| (1) | 80 | | |

| S | Wareneinkauf | | H |
|---|---|---|---|
| | € | | € |
| AB | | | |
| (1) | 3.000 | | |

| S | Warenbezugskosten | | H |
|---|---|---|---|
| | € | | € |
| (1) | 400 | (2) | 400 |

| S | Rücksendungen/Wareneinkauf | | H |
|---|---|---|---|
| | € | | € |
| | | (2) | 3.000 |

Buchungen des Lieferanten (Warenverkaufsseite):

(1) Erfassung des Warenverkaufs:

| Kasse | 3.600 € | an | – Warenverkauf | 3.000 € |
|---|---|---|---|---|
| | | | – Umsatzsteuer | 600 €. |

(2) Buchungssatz im Zeitpunkt der Warenrücksendung:

| – Rücksendungen/ | | an | Sonstige Verbindlichkeiten | 4.000 € |
|---|---|---|---|---|
| Warenverkauf | 3.000 € | | | |
| – Umsatzsteuer | 600 € | | | |
| – Warenvertriebs- | | | | |
| kosten | 400 € | | | |
| – Warenvertriebs- | | | | |
| kosten | 400 € | | Verbindlichkeiten aus | |
| – Vorsteuer | 80 € | | Lieferungen und Leistungen | 480 €. |

Kontenmäßige Darstellung des Geschäftsvorfalls:

| S | Kasse | | H |
|---|---|---|---|
| | € | | € |
| AB | | | |
| (1) | 3.600 | | |

| S | Vorsteuer | | H |
|---|---|---|---|
| | € | | € |
| (2) | 80 | | |

| S | Verbindlichkeiten aus Lieferungen und Leistungen | | H |
|---|---|---|---|
| | € | | € |
| | | AB | |
| | | (2) | 480 |

| S | Umsatzsteuer | | H |
|---|---|---|---|
| | € | | € |
| (2) | 600 | AB | |
| | | (1) | 600 |

| S | Sonstige Verbindlichkeiten | | H |
|---|---|---|---|
| | € | | € |
| | | AB | |
| | | (2) | 4.000 |

| S | Warenvertriebskosten | | H |
|---|---|---|---|
| | € | | € |
| (2) | 400 | | |
| (2) | 400 | | |

| S | Warenverkauf | | H |
|---|---|---|---|
| | € | | € |
| | | (1) | 3.000 |

| S | Rücksendungen/Warenverkauf | | H |
|---|---|---|---|
| | € | | € |
| (2) | 3.000 | | |

Auch wenn weder das Umsatzsteuergesetz noch die Umsatzsteuer-Durchführungsverordnung die **Aufzeichnung nachträglich eintretender Entgeltsänderungen** (Verminderungen oder Erhöhungen) vorschreiben, so ergibt sich diese Verpflichtung dennoch aus dem Erfordernis der Berechnung der Umsatzsteuer-Zahllast bzw. des Vorsteuer-Erstattungsanspruchs. Mithin hat der Unternehmer bei Absatzgeschäften (Warenverkäufen) in den Aufzeichnungen ersichtlich zu machen, wie sich die nachträglichen Entgeltsänderungen auf die steuerpflichtigen Umsätze, getrennt nach Steuersätzen, und auf die steuerfreien Umsätze verteilen.[232] Hinsichtlich der **Beschaffungsgeschäfte** (Wareneinkäufe) bestimmt R 256 Abs. 8 UStR, dass die Verpflichtung des Unternehmers, die Entgelte für steuerpflichtige Leistungen und die darauf entfallende Vorsteuer aufzuzeichnen, sich auch auf **nachträgliche Entgeltsänderungen** und die entsprechenden **Steuerbeträge** erstreckt. Das in Rede stehende Aufzeichnungserfordernis kann im Rahmen der Finanzbuchhaltung dadurch erfüllt werden, dass in den nach Steuerpflicht und Steuersätzen differenzierten Warenkonten die Entgeltsänderungen (Kaufpreisänderungen) unmittelbar verbucht werden, oder dass – bezogen auf die gesonderte Aufzeichnung von Rücksendungen – entsprechend **differenzierte Rücksendungskonten** auf der Warenein- und -verkaufsseite eingerichtet

---

232  Vgl. R 256 Abs. 2 UStR.

werden. Die Erfassung der mit den Entgeltsänderungen verbundenen Umsatzsteuer- und Vorsteuerkorrekturen kann sowohl nach der Netto- als auch nach der Bruttomethode erfolgen.

### d.    Preisnachlässe

#### d.a    Grundlegendes

Zu den wichtigsten Arten von Preisnachlässen zählen:

- Herabsetzung des Kaufpreises aufgrund einer Mängelrüge (sog. **Minderungen** i. S. d. § 462 BGB);
- **Skonti**;
- **Boni** und
- **Rabatte**.

Hinsichtlich der buchungstechnischen Erfassung ist zu unterscheiden, ob die Kaufpreisermäßigung in der **Sphäre des Wareneinkaufs** (dem Unternehmer wird seitens eines Lieferanten ein Preisnachlass gewährt) oder in der **Sphäre des Warenverkaufs** (der Unternehmer räumt seinerseits einem Kunden einen Nachlass ein) angefallen ist. Während die Kaufpreisabschläge auf der Beschaffungsseite eine **Verringerung der Anschaffungskosten** (Einstandspreise) bewirken,[233] haben sie auf der Absatzseite eine **Reduzierung der Umsatzerlöse** zur Folge.[234] Demzufolge werden Nachlässe im Einkaufsbereich als **Anschaffungspreisminderungen** und im Verkaufsbereich als **Erlösschmälerungen** bezeichnet. Damit gilt:

| Wareneinkaufssphäre | Warenverkaufssphäre |
|---|---|
|    Einkaufspreis<br>+ Anschaffungsnebenkosten<br>   (z. B. Bezugskosten)<br>– Anschaffungspreisminderungen<br>   (Preisnachlässe) |    Verkaufspreis<br>– Erlösschmälerungen<br>   (Preisnachlässe) |
| = Anschaffungskosten | = Umsatzerlöse |

Parallel zu den Warenbezugskosten und Rücksendungen werden auch die Preisnachlässe i. d. R. nicht direkt auf den betreffenden Warenkonten verbucht, sondern aus Gründen der Eigeninformation des Kaufmanns zunächst auf Unterkonten erfasst (»Preisnachlässe/Wareneinkauf« und »Preisnachlässe/Warenverkauf«), die zum Bilanzstichtag über das Wareneinkaufs- und Warenverkaufskonto abgeschlossen werden. Ferner sind – analog zu den Rücksendungen – im Falle von Ziel- sowie Barzahlungsgeschäften, bei denen die Kaufpreisminderung nicht unmittelbar zurückbezahlt wird, entsprechend der in **Abb. 78** gezeigten Systematisierung in Höhe des Ermäßigungsbetrags Korrekturbuchungen vorzunehmen.

---

233   Vgl. § 255 Abs. 1 Satz 3 HGB.
234   Vgl. § 277 Abs. 1 HGB.

|  | Zielgeschäfte | Barzahlungsgeschäfte |
|---|---|---|
| Dem Unternehmer wird seitens eines Lieferanten ein Preisnachlass eingeräumt | Verminderung der Verbindlichkeiten aus Lieferungen und Leistungen | Entstehung einer sonstigen Forderung |
| Der Unternehmer gewährt einem Kunden einen Preisnachlass | Verminderung der Forderungen aus Lieferungen und Leistungen | Entstehung einer sonstigen Verbindlichkeit |

Abb. 78: Korrekturbuchungen infolge von Preisnachlässen

Ebenso geht mit den Preisnachlässen eine Reduzierung der umsatzsteuerlichen Bemessungsgrundlage einher, die beim Verkäufer eine Verringerung der Umsatzsteuer und beim Käufer eine Verringerung der Vorsteuer zur Folge hat (§ 17 Abs. 1 UStG). Folglich besitzen die Buchungssätze bei Kaufpreisermäßigungen nachstehende Grundstruktur.

(1) **Wareneinkaufssphäre** (dem Unternehmer wird seitens eines Lieferanten ein Preisabschlag eingeräumt):

**Gegenkonto**                         **an**        **– Nachlässe/Wareneinkauf**
                                                    **– Vorsteuer.**

(2) **Warenverkaufssphäre** (der Unternehmer gewährt einem Kunden einen Preisabschlag):

**– Nachlass/Warenverkauf**           **an**        **Gegenkonto.**
**– Umsatzsteuer**

Da bei Handelsunternehmen dem verkaufspolitischen Instrument der **Skonto- und Bonusgewährung** wesentliche Bedeutung zukommt, empfiehlt es sich, für diese beiden Arten von Preisnachlässen eigene Konten einzurichten.[235] Insofern sind auf der Beschaffungs- und Absatzseite nachstehende Konten zu führen.

| Wareneinkaufssphäre | Warenverkaufssphäre |
|---|---|
| – Nachlässe/Wareneinkauf<br>– Skonti/Wareneinkauf<br>– Boni/Wareneinkauf | – Nachlässe/Warenverkauf<br>– Skonti/Warenverkauf<br>– Boni/Warenverkauf |

Nachfolgend werden die eingangs erwähnten Arten von Preisnachlässen näher beschrieben sowie deren Verbuchungstechnik anhand von Beispielen dargestellt.

### d.b        Kaufpreisminderungen

Eine Herabsetzung des Kaufpreises kann der Erwerber einer Sache immer dann verlangen, wenn diese mit Fehlern behaftet ist, die den Wert oder die Tauglichkeit des Gegenstandes mindern.[236]

---

235  Vgl. z. B. den Kontenrahmen für den Groß- und Außenhandel, Kontengruppen 30 und 80.
236  Vgl. § 459 Abs. 1 BGB i. V. m. § 465 bzw. § 480 Abs. 1 BGB.

**Beispiel:**

Ein Einzelhändler hat von einem Großhändler zehn Küchenherde zu je 400 € (zzgl. 20 % Umsatzsteuer) auf Ziel erworben. Bei der Wareneingangskontrolle stellt der Einzelhändler fest, dass zwei Herde erhebliche Lackschäden aufweisen und verlangt deshalb für diese beiden Stücke eine Herabsetzung des Kaufpreises von 400 € auf 200 €. Der Großhändler stimmt dieser Minderung zu.

Buchungen des Einzelhändlers (Wareneinkaufsseite):

(1) Aufzeichnung des Wareneinkaufs:

| – Wareneinkauf | 4.000 € | an | Verbindlichkeiten |  |
| – Vorsteuer | 800 € |  | aus Lieferungen |  |
|  |  |  | und Leistungen | 4.800 €. |

(2) Erfassung der Minderung:

| Verbindlichkeiten aus |  | an | – Nachlässe/ |  |
| Lieferungen und |  |  | Wareneinkauf | 400 € |
| Leistungen | 480 € | an | – Vorsteuer | 80 €. |

(3) Abschluss des Kontos »Nachlässe/Wareneinkauf«:

**Nachlässe/Wareneinkauf**          **an**          **Wareneinkauf.**

Kontenmäßige Darstellung des Geschäftsvorfalls:

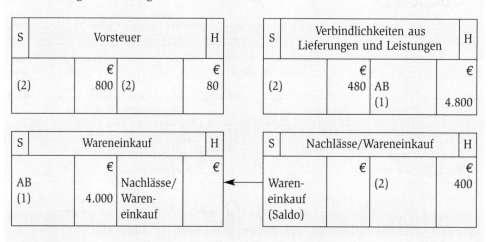

Buchungen des Großhändlers (Warenverkaufsseite):

(1) Aufzeichnung des Wareneinkaufs:

| Forderungen aus |  | an | – Warenverkauf | 4.000 € |
| Lieferungen und |  |  | – Umsatzsteuer | 800 €. |
| Leistungen | 4.800 € |  |  |  |

(2) Erfassung der Minderung:

– Nachlässe/Warenverkauf       400 €    an    Forderungen aus Lieferungen
– Umsatzsteuer                  80 €           und Leistungen              480 €.

(3) Abschluss des Kontos »Nachlässe/Warenverkauf«:

**Warenverkauf**                        **an**    **Nachlässe/Warenverkauf.**

Kontenmäßige Darstellung des Geschäftsvorfalls:

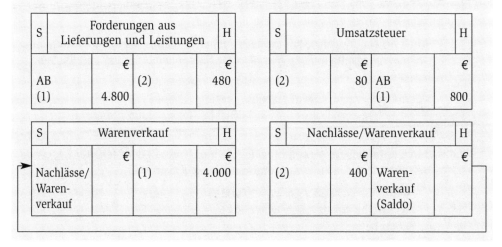

# d.c    Skonti

Unter Skonti sind in Prozent ausgedrückte Preisnachlässe zu verstehen, die Kunden eingeräumt werden, wenn diese bei **Zieleinkäufen** innerhalb bestimmter Fristen die Rechnungsbe-
träge begleichen. Da Zielgeschäfte auf der **Kundenseite** die **Inanspruchnahme**, auf der **Lie-
ferantenseite** die **Gewährung** von Kredit beinhalten, tragen Skonti Zinscharakter, die für die
Kreditierung der Kaufsummen im Preis der Ware in Rechnung gestellt werden und bei Ausnutzung des Zahlungsziels vom Käufer zu entrichten sind.[237] Als Instrument der Absatzpolitik ermöglicht die Skontigewährung, dass bei gleich bleibenden Listenpreisen den Abnehmern
mit Hilfe variabler Skontihöhen und -fristen **unterschiedliche effektive Nettopreise** angeboten werden können. Sofern dem Unternehmer seitens der Lieferanten Skonti eingeräumt
werden, liegen **Lieferantenskonti** vor; gewährt hingegen der Unternehmer seinen Kunden
Skonti, so bezeichnet man diese Nachlässe als **Kundenskonti**. Mithin sind Lieferantenskonti
der Sphäre des **Wareneinkaufs** und Kundenskonti der des **Warenverkaufs** zuzuordnen.

**Beispiel:**
Wareneinkauf auf Ziel; der Rechnungsbetrag (einschl. 20 % Umsatzsteuer) beläuft sich
auf 12.000 €. Bei Zahlung innerhalb von 14 Tagen werden dem Käufer 3 % Skonto eingeräumt. Beglichen wird die Warenschuld durch Banküberweisung.

---

237   Vgl. *Eisele* 2002, S. 115 f.

Buchungen auf der Wareneinkaufsseite (Lieferantenskonti):

(1) Erfassung des Warenbezugs:

| | | | | |
|---|---|---|---|---|
| – Wareneinkauf | 10.000 € | an | Verbindlichkeiten aus | |
| – Vorsteuer | 2.000 € | | Lieferungen und | |
| | | | Leistungen | 12.000 €. |

(2) Buchung bei Inanspruchnahme des Skontos (Zahlung innerhalb von 14 Tagen):

Der Skontobetrag, die Nettokaufpreisminderung und die Steuerberichtigung können auf **zweifache Weise** ermittelt werden, und zwar

(2.1) durch Anwendung des Skontosatzes auf den Rechnungsbetrag und Aufteilung des hieraus resultierenden Wertes in die Kaufpreisminderung und die Steuerkorrektur[238]

Skontobetrag (3 % von 12.000 €) = 360 €
dieser Betrag zerfällt in:      300 € Nettopreisnachlass und
                60 € Steuerreduzierung;

(2.2) durch unmittelbare Anwendung des Skontosatzes auf den Nettokaufpreis und Berechnung der sich hieraus ergebenden Steuerkorrektur

| | |
|---|---|
| Nettopreisnachlass (3 % von 10.000 €) | 300 € |
| + Steuerreduzierung (20 % von 300 €) | 60 € |
| = Skontobetrag | 360 €. |

Vereinbarungsgemäß hat der Käufer lediglich 11.640 € an den Verkäufer zu überweisen, damit die aus dem Wareneinkauf hervorgegangene Verbindlichkeit in Höhe von 12.000 € erlischt.

| | | | | |
|---|---|---|---|---|
| Verbindlichkeiten aus | | an | – Guthaben bei | |
| Lieferungen und | | | Kreditinstituten | 11.640 € |
| Leistungen | 12.000 € | | – Skonti/Wareneinkauf | 300 € |
| | | | – Vorsteuer | 60 €. |

(3) Abschluss des Kontos »Skonti/Wareneinkauf«:

**Skonti/Warenverkauf**          **an**    **Warenverkauf.**

Kontenmäßige Darstellung des Geschäftsvorfalls:

| S | Guthaben bei Kreditinstituten | H | | S | Vorsteuer | H |
|---|---|---|---|---|---|---|
| | € | € | | | € | € |
| AB | (2) | 11.640 | | (1) 2.000 | (2) | 60 |

---

238  Bei der Aufteilung es Skontobetrags besteht die Möglichkeit, sich der Umrechnungsfaktoren zu bedienen.

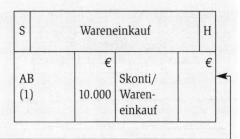

Verzichtet der Käufer auf die Inanspruchnahme des Skontos (Zahlung nach 14 Tagen), muss er den vollen Rechnungsbetrag begleichen. Somit wird folgende Buchung erforderlich:

Verbindlichkeiten aus Lieferungen           an      Guthaben bei
und Leistungen                                       Kreditinstituten          12.000 €.

Abhängig von der Zahlungsmodalität erscheinen im Wareneinkaufskonto als Anschaffungskosten die Zieleinkaufspreise oder die um den in Anspruch genommenen Skontiabzug verminderten (Bar-)Einkaufspreise.

Buchungen auf der Warenverkaufsseite (Kundenskonti):

(1) Erfassung des Warenverkaufs:

    Forderungen aus                           an      – Warenverkauf              10.000 €
    Lieferungen und                                   – Umsatzsteuer              2.000 €.
    Leistungen             12.000 €

(2) Buchung bei Inanspruchnahme des Skontos durch den Kunden (Zahlung innerhalb 14 Tagen):

    – Guthaben bei                           an      Forderungen aus
      Kreditinstituten        11.640 €           Lieferungen und
    – Skonti/Warenverkauf      300 €           Leistungen              12.000 €.
    – Umsatzsteuer              60 €

(3) Abschluss des Kontos »Skonti/Warenverkauf«:

**Warenverkauf**                                **an      Skonti/Warenverkauf.**

Kontenmäßige Darstellung des Geschäftsvorfalls:

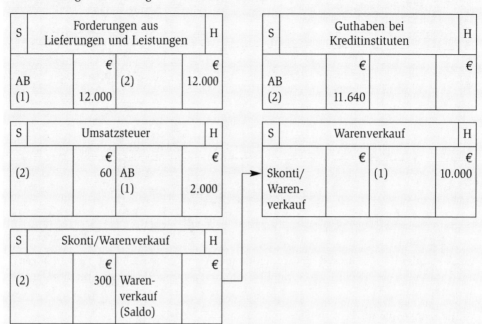

Sofern der Käufer den angebotenen Skontoabzug nicht in Anspruch nimmt (Zahlung nach 14 Tagen), hat er den Rechnungsbetrag in voller Höhe zu überweisen. Die Buchung des Verkäufers lautet dann:

Guthaben bei                              an     Forderungen aus
Kreditinstituten                                 Lieferungen und Leistungen     12.000 €.

Entsprechend der Zahlungsweise des Käufers werden auf dem Warenverkaufskonto als Umsatzerlöse die Zielverkaufspreise oder die um den in Anspruch genommenen Skontoabzug verminderten (Bar-)Verkaufspreise ausgewiesen.

Die buchungstechnische Erfassung der Skonti kann aus **umsatzsteuerlicher Sicht** sowohl nach der **Netto-** als auch nach der **Bruttomethode** erfolgen. Während bei der Nettomethode – wie in den obigen Beispielen dargestellt – jeder einzelne Skontobetrag unmittelbar in die Nettokaufpreisminderung und die Vorsteuer- bzw. Umsatzsteuerkorrektur aufgespalten wird, werden bei der Bruttomethode die Lieferanten- und Kundenskontobeträge zunächst auf den nach Steuerpflicht und Steuersätzen differenzierten Warenein- und Warenverkaufs-Skontikonten erfasst und erst **am Ende des Voranmeldungszeitraums** en bloc in die Nettokaufpreisminderung und die Vorsteuer- sowie Umsatzsteuerkorrektur aufgeteilt.

Wie bereits im Rahmen der Verbuchung der Warenbezugskosten ausgeführt wurde, sind die zum Abschlussstichtag auf Lager befindlichen Waren in der Bilanz, im Schlussbilanzkonto und im Inventar mit den **Anschaffungskosten** anzusetzen. Demzufolge müssen Skontibeträge, die auf die zum Bilanzstichtag im Betrieb vorhandenen Vorräte entfallen, als Anschaffungspreisminderungen bei der Ermittlung des wertmäßigen Warenendbestandes Berücksichtigung finden.

### d.d     Boni

Boni stellen Preisnachlässe dar, die der Verkäufer den Abnehmern nachträglich gewährt (z. B. am Quartals- oder Jahresende), weil diese bestimmte **Mindestumsätze** mit ihm getätigt haben (**Umsatzbonus**) oder seit geraumer Zeit Geschäftsbeziehungen zu ihm unterhalten (**Treuebonus**). Da die zuerst genannten Boni häufig nach der Höhe der Umsätze gestaffelt sind, werden sie auch als **Umsatzvergütungen** bezeichnet. Absatzpolitisch gesehen fungiert der Bonus als Anreiz, ausschließlich bei einem Lieferanten zu kaufen, wodurch das Eindringen von Konkurrenten in bestehende Geschäftsbeziehungen erschwert wird.[239] Analog zum Skonto unterscheidet man auch hier zwischen **Lieferantenboni** (Sphäre des Wareneinkaufs) und **Kundenboni** (Sphäre des Warenverkaufs).

---

**Beispiel:**

Die zwischen einem Großhändler und einem Hersteller im Laufe des Geschäftsjahres getätigten Umsätze belaufen sich auf 570.000 € (einschl. 20 % Umsatzsteuer). Aufgrund vertraglicher Vereinbarungen gewährt der Hersteller zum Jahresende einen Umsatzbonus von 3 % und erteilt dem Großhändler am 31. 12. 2005[240] eine entsprechende Gutschrift.

Annahme 1:

Aus Warenlieferungen schuldet der Großhändler dem Hersteller am Bilanzstichtag noch 50.000 €.

Buchungen des Großhändlers (Wareneinkaufsseite, Lieferantenboni):

(1) Gewährung des Bonus:

| Verbindlichkeiten aus | 18.000 € | an | – Boni/Wareneinkauf | 15.000 € |
|---|---|---|---|---|
| Lieferungen und Leistungen | | | – Vorsteuer | 3.000 €. |

Weil die Gutschrift noch vor Ablauf des Geschäftsjahres beim Großhändler eingeht, kann dieser die ihm aus dem Bonus zustehende Forderung (18.000 €) mit den gegenüber dem Hersteller zum Abschlussstichtag noch bestehenden Verbindlichkeiten (50.000 €) verrechnen.

(2) Abschluss des Kontos »Skonti/Wareneinkauf«:

**Boni/Wareneinkauf**                    **an     Wareneinkauf.**

Kontenmäßige Darstellung des Geschäftsvorfalls:

| S | Vorsteuer | | H |
|---|---|---|---|
| | € | | € |
| | (1) | | 3.000 |

| S | Verbindlichkeiten aus Lieferungen und Leistungen | | H |
|---|---|---|---|
| | € | | € |
| (1) | 18.000 | AB | |

---

239   Vgl. *Buchner* 2005, S. 165.
240   Es wird unterstellt, dass das Geschäftsjahr dem Kalenderjahr entspricht.

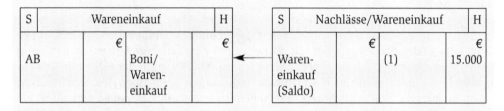

Buchungen des Großhändlers (Warenverkaufsseite, Kundenboni):

(1) Gewährung des Bonus:

    – Boni/Wareneinkauf      15.000 €   an   Forderungen aus
    – Umsatzsteuer         3.000 €        Lieferungen und
                                                 Leistungen       18.000 €.

(2) Abschluss des Kontos »Boni/Warenverkauf«:

**Warenverkauf**                           **an**   **Boni/Warenverkauf.**

Kontenmäßige Darstellung des Geschäftsvorfalls:

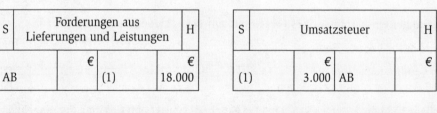

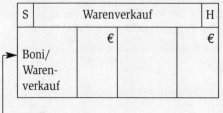

Annahme 2:
Es bestehen keine Schulden des Großhändlers gegenüber dem Hersteller am Bilanzstichtag.

Buchungen des Großhändlers (Wareneinkaufsseite, Lieferantenboni):

(1) Gewährung des Bonus:

    Sonstige Forderungen    18.000 €   an   – Boni/Wareneinkauf   15.000 €
                                                      – Vorsteuer          3.000 €.

Der Anspruch des Großhändlers auf Zahlung des Bonus stellt eine sonstige Forderung dar. Wird die in Rede stehende Umsatzvergütung im nachfolgenden Geschäftsjahr z. B. mit Zieleinkäufen verrechnet, so ist zu buchen:

(2) – Wareneinkauf                              an       – Sonstige Forderungen
     – Vorsteuer                                         – Verbindlichkeiten aus
                                                            Lieferungen und Leistungen.

Buchungen des Großhändlers (Warenverkaufsseite, Kundenboni):

(1) Gewährung des Bonus:

     – Boni/Warenverkauf        15.000 €    an       Sonstige
     – Umsatzsteuer              3.000 €             Verbindlichkeiten        18.000 €.

Hinsichtlich des Herstellers begründet der Anspruch des Großhändlers auf Einräumung des Bonus eine sonstige Verbindlichkeit. Sofern die Umsatzvergütung im nachfolgenden Geschäftsjahr mit Zielverkäufen verrechnet wird, ist zu buchen:

(2) – Sonstige Verbindlichkeiten                an       – Warenverkauf
     – Forderungen aus Lieferungen                       – Umsatzsteuer.
       und Leistungen

Das Prinzip der **periodengerechten Erfolgsermittlung** verlangt, dass ein dem Käufer vertraglich (**rechtsverbindlich**) zustehender Bonus im Jahresabschluss des Geschäftsjahres berücksichtigt wird, in dem der Preisnachlass begründet wurde; d. h. auch wenn die Erteilung der Gutschrift durch den Verkäufer erst im neuen Jahr erfolgt, so ist der mit Ablauf der alten Rechnungsperiode entstandene Bonusanspruch bereits in der Bilanz des abgelaufenen Geschäftsjahres zu erfassen. Während der Anspruch für den **Käufer** eine **sonstige Forderung** darstellt, ist er auf Seiten des **Verkäufers** als **sonstige Verbindlichkeit** auszuweisen. Demzufolge lautet der Buchungssatz am Abschlussstichtag

(1) beim **Bonusberechtigten** (Käufer):[241]

     **Sonstige Forderungen**               an       – **Boni/Wareneinkauf**
                                                       – **Vorsteuer.**

(2) beim **Bonusverpflichteten** (Verkäufer):

     – **Boni/Warenverkauf**                an       **Sonstige Verbindlichkeiten.**
     – **Umsatzsteuer**

Sofern jedoch die Rechtsverbindlichkeit des Bonus noch offen ist, entfällt auch seine buchhalterische Erfassung. Da die zum Abschlussstichtag auf Lager befindlichen Waren in der Bilanz, im Schlussbilanzkonto und im Inventar mit den **Anschaffungskosten** anzusetzen sind, müssen bei der Ermittlung des wertmäßigen Warenendbestandes die anteiligen Lie-

---

241  Steht der aus dem Bonus sich ergebenden Forderung eine korrespondierende Verbindlichkeit aus Warenlieferungen gegenüber, so hat der Käufer grundsätzlich die Möglichkeit der Aufrechnung. In diesem Fall würde an die Stelle des Kontos »Sonstige Forderungen« das Konto »Verbindlichkeiten aus Lieferungen und Leistungen« treten. Da aber durch die Saldierung die Verbuchung der erst später eingehenden Gutschrift vorweggenommen werden würde, empfiehlt es sich aus Gründen der Klarheit und Übersichtlichkeit, auf die Verrechnung zu verzichten.

ferantenskonti und -boni zum Abzug gebracht werden. Mithin ist das Berechnungsschema wie folgt zu modifizieren.

|   | Warenbestand zum Bilanzstichtag, bewertet zu Ziel- bzw. Bareinkaufspreisen |
|---|---|
| + | die auf diesen Bestand entfallenden Bezugskosten |
| – | die auf diesen Bestand entfallenden Lieferantenskonti |
| – | die auf diesen Bestand entfallenden Lieferantenboni |
| = | in das Inventar, das Schlussbilanzkonto und die Schlussbilanz zu übernehmender Warenendbestand (Einstandspreis oder Anschaffungskosten des Warenend-Bestands). |

### d.e Rabatte

Von den nachträglich auftretenden und folglich zu Anschaffungspreis- und Umsatzerlöskorrekturen führenden Preisnachlässen (Skonti und Boni) zu unterscheiden sind die in Form von Rabatten vorkommenden sofortigen Kaufpreisminderungen. Zu den in der Praxis häufig anzutreffenden Rabattarten zählen:

- **Barzahlungsrabatte**,
- **Mengenrabatte** bei der Abnahme größerer Stückzahlen,
- **Sonderrabatte**, z. B. bei Personalkäufen, Räumungs- und Jubiläumsverkäufen,
- **Treuerabatte** bei langjährigen Geschäftsbeziehungen und
- **Wiederverkäuferrabatte**, die nach gelagerten Handelsstufen gewährt werden.

Im Unterschied zu Skonti und Boni werden Rabatte in den Rechnungen **offen ausgewiesen** und vermindern **unmittelbar** die Anschaffungskosten beim Wareneinkauf bzw. die Umsatzerlöse beim Warenverkauf. In der Finanzbuchhaltung wird nur der um den Rabatt reduzierte Nettorechnungsbetrag erfasst, der gleichzeitig die umsatzsteuerrechtliche Bemessungsgrundlage bildet.

---

**Beispiel:**
Einem Warengeschäft liegt folgende Rechnung zugrunde.

|   | Listenpreis der Waren (netto) | 20.000 € |
|---|---|---|
| – | 15 % Mengenrabatt | 3.000 € |
| = | Nettorechnungsbetrag | 17.000 € |
| + | 20 % Umsatzsteuer | 3.400 € |
| = | (Brutto-)Rechnungsbetrag | 20.400 €. |

Aus der Sicht des Käufers handelt es sich um eine Eingangsrechnung, die wie folgt zu verbuchen ist:

| – Wareneinkauf | 17.000 € | an | Verbindlichkeiten aus | |
|---|---|---|---|---|
| – Umsatzsteuer | 3.400 € | | Lieferungen und Leistungen | 20.400 €. |

Auf Seiten des Verkäufers liegt entsprechend eine Ausgangsrechnung vor, die nachstehende Buchung auslöst:

| Forderungen aus | | an | – Warenverkauf | 17.000 € |
|---|---|---|---|---|
| Lieferungen und | | | – Umsatzsteuer | 3.400 €. |
| Leistungen | 20.400 € | | | |

Rabatte, die sofort gewährt werden, erfahren mithin keine buchmäßige Erfassung. Sofern derartige Preisnachlässe jedoch nachträglich eingeräumt bzw. erhöht oder vermindert werden, ziehen sie sowohl **Einstandspreis- bzw. Erlöskorrekturen** als auch **Vorsteuer- bzw. Umsatzsteuerberichtigungen** nach sich. Die Verbuchung dieser Korrekturen und Berichtigungen geschieht analog zu den Boni auf den Konten »Nachlässe/Wareneinkauf« bzw. »Nachlässe/ Warenverkauf«. Auch sog. **Naturalrabatte** (z. B. bei der Abnahme von 20 Kisten Wein erhält der Käufer eine Kiste gratis) werden in der Finanzbuchhaltung nicht erfasst. Diese Form des Preisnachlasses findet ihren Niederschlag in den Warenkonten und bewirkt beim Rabattempfänger eine Erhöhung des Rohgewinns, während beim Rabattgewährenden eine Verminderung des aus dem Warengeschäft resultierenden Erfolges eintritt (die kostenlose Abgabe von Wareneinheiten führt zu geringeren durchschnittlichen Ein- bzw. Verkaufspreisen).

### d.f     Umsatzsteuerliche Aufzeichnungspflichten

Wie bereits bei den Rücksendungen ausgeführt wurde,[242] hat der Unternehmer

- bei den **Absatzgeschäften** (Warenverkäufen) die nachträglichen Entgeltsänderungen, die auf die steuerpflichtigen Umsätze, getrennt nach Steuersätzen, und auf die steuerfreien Umsätze entfallen, sowie
- bei den **Beschaffungsgeschäften** (Wareneinkäufen) die nachträglichen Entgeltsänderungen und die darauf entfallenden Vorsteuern

gesondert aufzulisten.[243] Die Aufzeichnung der Preisnachlässe kann im Rahmen der Finanzbuchhaltung wiederum dadurch erfüllt werden, dass entweder die Entgeltsminderungen unter Zugrundelegung der Brutto- oder der Nettomethode auf den nach Steuerpflicht und Steuersätzen unterteilten Warenkonten unmittelbar zur Verbuchung kommen oder dass entsprechend differenzierte Konten für die Nachlässe, Skonti und Boni auf der Warenein- und Warenverkaufsseite eingerichtet werden.

## 5.     Unfreiwillige Dezimierung von Warenvorräten

Von einer unfreiwilligen (unkontrollierten) Dezimierung der Warenvorräte wird immer dann gesprochen, wenn sich die Verminderung des Lagerbestandes in einer anderen Form als durch Verkäufe, Privatentnahmen oder Rücksendungen vollzieht. Zu diesen Formen der Vorratsreduzierung zählen insbesondere

- **Schwund** (z. B. einem Weinhändler läuft ein Fass Wein aus),
- **Verderb** (z. B. Ablauf des Haltbarkeitsdatums bei Lebensmitteln),
- **Untergang** (z. B. Vernichtung von Waren aufgrund von Bränden oder Wassereinbrüchen) und
- **Diebstahl**.

Die Frage, wie die unkontrollierte Dezimierung der Warenvorräte buchungstechnisch zu erfassen ist, hängt ausschließlich davon ab, ob der Kaufmann neben der Finanzbuchhaltung auch eine – außerhalb des Kontensystems stehende – **Lagerbuchführung** eingerichtet hat. Primäre Aufgabe der den Nebenbüchern zuzuordnenden Lagerbuchführung ist die **mengen- und wertmäßige Aufzeichnung** der unkontrollierten Warenzu- und -ab-

---

242  Vgl. hierzu die Ausführungen im Zweiten Teil zu Gliederungspunkt II.A.4.c.
243  Vgl. R 256 Abs. 2 und Abs. 9 UStR.

gänge.[244] Sofern eine derartige Nebenbuchhaltung existiert, kann der Unternehmer zum Bilanzstichtag den buchmäßigen Warenendbestand (**Soll-Bestand**) mit dem im Rahmen der Inventur ermittelten tatsächlichen Lagerbestand (**Ist-Bestand**) vergleichen. In Höhe der Differenz zwischen Soll-Bestand und geringerem Ist-Bestand hat eine unfreiwillige Verminderung der Vorräte stattgefunden. Da im Wareneinkaufs- und Schlussbilanzkonto der aus der Inventur hervorgegangene Warenwert anzusetzen ist, würde im Falle einer unplanmäßigen Lagerreduzierung der den Umsatzerlösen zugrunde liegende wirtschaftliche Wareneinsatz zu hoch ausgewiesen werden. Um aber den Verkaufserlösen die ihnen entsprechenden bewerteten Wareneinsatzmengen gegenüberstellen zu können, muss zusätzlich die unkontrollierte Vorratsdezimierung im Wareneinkaufskonto als Abgang erfasst werden. Die Gegenbuchung erfolgt auf dem Konto »Sonstige betriebliche Aufwendungen« oder auf einem eigens hierfür eingerichteten Aufwandskonto (z. B. »Warenbestandsdifferenzen«).

**Beispiel:**
Einem Wareneinkaufskonto liegen nachstehende Daten zugrunde.

| | |
|---|---|
| Anfangsbestand | 40.000 € |
| Zugänge | 230.000 € |
| Bezugskosten | 20.000 € |
| Private Warenentnahmen | 15.000 € |
| Rücksendungen | 10.000 € |
| Preisnachlässe | 30.000 €. |

Während sich der aus der Lagerbuchführung ergebende Warenendbestand auf 35.000 € beläuft (Soll-Bestand), beträgt der im Zuge der Inventur ermittelte Endbestand 30.000 € (Ist-Bestand). Die Ausbuchung der unfreiwilligen Lagerreduzierung aus dem Wareneinkaufskonto erfolgt durch den Buchungssatz:

Sonstige betriebliche Aufwendungen    an    Wareneinkauf.

Kontenmäßige Darstellung des Geschäftsvorfalls:

| S | Wareneinkauf | | H |
|---|---|---|---|
| | € | | € |
| Anfangsbestand | 40.000 | Rücksendungen | 10.000 |
| Zugänge | 230.000 | Preisnachlässe | 30.000 |
| Bezugskosten | 20.000 | Private Warenentnahmen | 15.000 |
| | | Sonstige betriebliche Aufwendungen (Warenbestandsdifferenzen) | 5.000 |
| | | Endbestand gemäß Inventur | 30.000 |
| | | Saldo: Wareneinsatz | 200.000 |
| | 290.000 | | 290.000 |

---

244  Die Warenkonten der Finanzbuchhaltung unterscheiden sich von der Lagerbuchführung insbesondere dadurch, dass sie keine Mengengrößen, sondern nur Wertkomponenten (€-Beträge) enthalten.

| S | Sonstige betriebliche Aufwendungen | | H |
|---|---|---|---|
| | € | | € |
| Wareneinkauf (Warenbestandsdifferenzen) | 5.000 | | |

Verfügt das Unternehmen dagegen über **keine** Lagerbuchhaltung, so kann der Kaufmann zwar im Rahmen der Inventur feststellen, wie hoch der tatsächliche Warenendbestand ist, nicht aber, ob der Ist-Bestand mengenmäßig mit dem Bestand übereinstimmt, der gemäß den getätigten Ein- und Verkäufen zum Bilanzstichtag eigentlich vorhanden sein müsste (Soll-Bestand). Folglich kann sich der Unternehmer kein Bild davon machen, ob bzw. in welcher Höhe eine unfreiwillige Dezimierung der Warenvorräte stattgefunden hat.[245] Dadurch, dass die Ausbuchung der unkontrollierten Warenabgänge im Wareneinkaufskonto unterbleibt, erhöht sich der Wareneinsatz zwangsläufig um genau diesen Betrag.

**Beispiel:**
Gegeben sei der gleiche Sachverhalt wie im vorstehenden Beispiel, mit dem Unterschied, dass keine Lagerbuchführung existiert. Das Wareneinkaufskonto stellt sich dann wie folgt dar.

| S | Wareneinkauf | | H |
|---|---|---|---|
| | € | | € |
| Anfangsbestand | 40.000 | Private Warenentnahmen | 10.000 |
| Wareneinkäufe | 230.000 | Rücksendungen | 15.000 |
| Bezugskosten | 20.000 | Preisnachlässe | 30.000 |
| | | Endbestand gemäß Inventur | 30.000 |
| | | Saldo: Wareneinsatz | 205.000 |
| | __290.000__ | | __290.000__ |

Während im Falle des Bestehens einer Lagerbuchführung die unfreiwillige Dezimierung des Warenbestandes als **sonstiger betrieblicher Aufwand** verbucht wird, sind die gegen den Willen des Betriebsinhabers erfolgten Warenreduzierungen bei Nichtexistenz einer derartigen Einrichtung im Wareneinsatz enthalten und beeinflussen somit den Rohgewinn.

---

245  Grundsätzlich besteht jedoch die Möglichkeit, über die Ein- und Ausgangsrechnungen den (mengenmäßigen) Soll-Bestand zu bestimmen. Diese Alternative erweist sich aber bei größeren Betrieben aufgrund des damit verbundenen Arbeitsaufwandes als nicht praktikabel bzw. versagt bei Einzelhandelsunternehmen, da diese Unternehmen überwiegend an Endverbraucher veräußern und somit keine Ausgangsrechnungen erstellen.

# 6.    Kalkulation im Warenhandel

## a.    Grundlegendes

Das Sachziel von Handelsunternehmen besteht im Ein- und Verkauf von Waren, die i. d. R. unverändert und mit Gewinn zur Weiterveräußerung gelangen.[246] Die Aufgabe der **Kalkulation** (Kostenträgerstückrechnung, Selbstkostenrechnung) liegt prinzipiell darin, mit Hilfe bestimmter Verfahren[247] die **Selbstkosten bzw. den Verkaufspreis** pro betriebliche Wareneinheit für Preis- und Kostenentscheidungen zu ermitteln. Zu diesem Zwecke greift die Kalkulation auf die Daten des innerbetrieblichen Rechnungswesens (Kostenrechnung) zurück, das die auf die Kalkulationseinheiten umzulegenden Kosten zur Verfügung stellt.

In Abhängigkeit von der Marktstruktur (Verkäufer- oder Käufermarkt) ist zu unterscheiden zwischen Kalkulationen der Angebots- und der Nachfragepreise. Im ersten Fall wird der Preis durch **progressive** (vorwärts schreitende) Kalkulation ermittelt, indem von den Einzelkosten über die Gemeinkosten und den Gewinnzuschlag auf den Angebotspreis geschlossen wird. Im zweiten Fall ist der Nachfragepreis für den Unternehmer ein Datum, von dem er **retrograd** (rückwärts schreitend) auf die aufzuwendenden Werte und/oder Mengen für die einzelnen Kostenelemente und die Höhe seines gewählten Gewinnzuschlags folgert. Zum einen dient die Kalkulation in Handelsbetrieben der Preisbildung, zum anderen liegt ihre Aufgabe darin, Entscheidungshilfen für die Kostenbeeinflussung im Hinblick auf die Preisfindung zu liefern und darüber hinaus Grundlagen für die kurzfristige Erfolgsrechnung[248] zur Verfügung zu stellen.[249]

Sofern die Kostenträgerstückrechnung für Planungszwecke (z. B. der Angebotsabgabe) zeitlich vor Beginn der Leistungsbereitstellung durchgeführt wird, spricht man von einer **Vorkalkulation**. In diesem Falle erfolgt die Ermittlung der Selbstkosten auf der Grundlage von erwarteten Mengen und Preisen in Gestalt einer Plankalkulation. Mit Hilfe der **Nachkalkulation**, die erst nach Beendigung des Leistungsbereitstellungsprozesses durchgeführt wird und deshalb stets auf Istgrößen basiert, soll zum einen kontrolliert werden, ob die Planwerte der Vorkalkulation eingehalten wurden. Zum anderen dienen die Ergebnisse der Nachkalkulation der Erfolgsermittlung und -kontrolle im Rahmen der kurzfristigen Erfolgsrechnung sowie der handels- und steuerrechtlichen Bilanzierung. Schließlich bleibt der Hinweis, dass die ermittelten Daten der Nachkalkulation häufig auch die Grundlage für zukünftige Vorkalkulationen bei ähnlichen oder vergleichbaren Waren bilden.

Weiterhin ist bei der Aufstellung von Kalkulationen zu berücksichtigen, dass nur diejenigen Kosten eines Kalkulationsobjekts für bestimmte kurzfristige Entscheidungssituationen (z. B. Bestimmung optimaler Sortimente und Preisgrenzen) von Interesse sein können, die durch Dispositionen über das Kalkulationsobjekt ausgelöst werden (z. B. alle variablen Kosten; bei den fixen Gemeinkosten wird davon ausgegangen, dass sie kurzfristig nicht beeinflussbar sind). In diesem Zusammenhang lassen sich **Voll- und Teilkostenkalkulationen** unterscheiden. Während die erste Gruppe mit Hilfe bestimmter Zurechnungsschlüssel versucht, alle Kosten (d. h. auch fixe Gemeinkosten) auf die Kalkulationsobjekte zu verteilen, zielen Partialkostenkalkulationen etwa im Rahmen der Durchführung von

---

246    Vgl. *Tietz* 1993, S. 15.
247    Vgl. *Freidank* 2001d, S. 148–167.
248    Vgl. *Freidank* 2001d, S. 167–181 und S. 261–269.
249    Vgl. *Voßschulte/Baumgärtner* 1991, S. 260.

Deckungsbeitragsrechnungen[250] darauf ab, den Kalkulationseinheiten nur diejenigen Kostenarten zuzurechnen, die aus kurzfristiger Sicht dispositionsbestimmten Charakter tragen (z. B. Einzelkosten in Gestalt der Anschaffungskosten für die bezogenen Waren). Im weiteren Verlauf werden aber ausschließlich der Aufbau und Einsatz von Vollkostenkalkulationen für Preis- und Kostenentscheidungen betrachtet, da in jüngerer Zeit vor allem die Verwendbarkeit von Kostenrechnungssystemen als strategische Steuerungsinstrumente im Mittelpunkt des betriebswirtschaftlichen Interesses steht,[251] die eine Integration sämtlicher angefallener bzw. geplanter Kosten erfordern.

## b.    Kalkulationsarten

### b.a    Einzubeziehende Komponenten

Zu den Komponenten, die im Rahmen einer Handelskalkulation den Einkaufpreis für die bezogenen Waren in den Verkaufspreis überführen, zählen im Wesentlichen

- **Bezugskosten**,
- **Geschäftskosten**, d. h. im Rahmen des Handelsunternehmens anfallende Gemeinkosten (z. B. Löhne und Gehälter, Mieten, Zinsen, Abschreibungen, Steuern),
- der **Gewinn**, den der Unternehmer durch den Verkauf der Ware erzielen möchte sowie
- die an den **Provisionsverkäufer** zu zahlende **Vergütung**.

Ferner können die Beschaffungs- und Absatzpreise durch die Gewährung von Skonti und Rabatten Veränderungen erfahren. Die Aufgabe der **Handelskalkulation** besteht nun darin, den **Einkaufspreis** unter Einbeziehung von Kosten und Gewinn einerseits und eventuell auftretenden Preisnachlässen andererseits in den **Verkaufspreis** zu transformieren. Stellt man auf die Rechenziele ab, so sind drei Arten von Handelskalkulationen zu unterscheiden:

- **Progressive Kalkulation**,
- **Retrograde Kalkulation** und
- **Differenzkalkulation**.

Alle drei Kalkulationstypen können auf der Basis von **Istwerten** als **Nachkalkulationen** oder unter Zugrundelegung von **Plandaten** als **Vorkalkulationen** zur Anwendung kommen. Darüber hinaus sind **Mischformen** möglich, deren Bestandteile sowohl Ist- als auch Plancharakter tragen. Ausgehend vom Einkaufspreis wird bei der **progressiven** Kalkulation unter Berücksichtigung der oben genannten Komponenten der Verkaufspreis ermittelt. Die **retrograde** Kalkulation schlägt hingegen den umgekehrten Weg ein, d. h. vom Verkaufspreis wird auf den Einkaufspreis geschlossen. Mit Hilfe der **Differenzkalkulation** können bei gegebenem Ein- und Verkaufspreis bestimmte Komponenten des Kalkulationsschemas [z. B. die maximale Höhe des Kundenrabatts oder der bei der Veräußerung der Ware erzielte bzw. erzielbare Erfolg] bestimmt werden. **Abb. 79** verdeutlicht zusammenfassend die Vorgehensweise der drei Kalkulationsarten.

---

250  Vgl. *Tietz* 1993, S. 1151–1169.
251  Vgl. *Freidank* 2001d, S. 351–369.

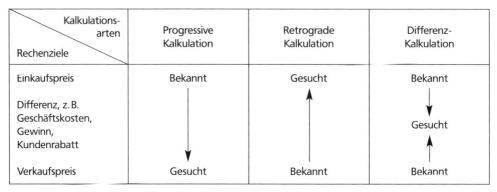

| Kalkulations-<br>arten<br>Rechenziele | Progressive<br>Kalkulation | Retrograde<br>Kalkulation | Differenz-<br>Kalkulation |
|---|---|---|---|
| Einkaufspreis | Bekannt | Gesucht | Bekannt |
| Differenz, z. B.<br>Geschäftskosten,<br>Gewinn,<br>Kundenrabatt | | | Gesucht |
| Verkaufspreis | Gesucht | Bekannt | Bekannt |

Abb. 79: Typen der Handelskalkulation

### b.b    Progressive Handelskalkulation

Wie auch **Abb. 81** verdeutlicht, stellt das Ermittlungsziel der progressiven Handelskalkulation den Verkaufspreis dar [die Bezeichnung in der Klammer gibt an, ob es sich um eine Prozentrechnung auf Hundert (a. H.), von Hundert (v. H.) oder in Hundert (i. H.) handelt].

Dem Schema zufolge ist der **Listeneinkaufspreis (brutto)** zunächst um die vom Lieferanten in Rechnung gestellte Umsatzsteuer zu berichtigen. Dies ist grundsätzlich nicht der Fall, wenn der Vorsteuerbetrag im Sinne von § 9 b Abs. 1 Satz 1 EStG bei der Umsatzsteuer nicht abgezogen werden kann und somit Kostencharakter trägt. Sofern der Lieferant einen Rabatt gewährt, wird dieser unmittelbar vom **Nettoeinkaufspreis** abgesetzt. Der sich ergebende **Zieleinkaufspreis** bildet die Bemessungsgrundlage für Skontoabzüge. Aus dieser Differenz resultiert sodann der **Bareinkaufspreis**. Um zum **Einstandspreis** der Ware zu gelangen, bedarf es der Addition der Bezugskosten. Der Rechenweg vom Listeneinkaufspreis bis hin zu den Anschaffungskosten wird auch als **Einkaufskalkulation** bezeichnet.

Die zentralen Teilbereiche des betrieblichen Rechnungswesens bilden die **Finanzbuchhaltung** und die **Kostenrechnung**. Im Gegensatz zur Buchhaltung, die die Ermittlung des Unternehmenserfolges sowie die Darstellung der Vermögens- und Schuldenstruktur unter Berücksichtigung handels- und steuerrechtlicher Vorschriften zum Gegenstand hat, besteht die Aufgabe der Kostenrechnung darin, die durch das unternehmerische Sachziel verursachten wertmäßigen Verzehre an Einsatzfaktoren festzustellen und auf die aus dem Leistungserstellungsprozess resultierenden Produkte zu verrechnen. Die unterschiedlichen Zielsetzungen der in Rede stehenden Teilbereiche des betrieblichen Rechnungswesens haben zur Konsequenz, dass der in der Kostenrechnung zu erfassende Güterverzehr nicht notwendigerweise **dem Grunde und/oder der Höhe nach** mit dem im Rahmen der Finanzbuchhaltung anzusetzenden Verbrauch korrespondieren muss. Diese Ungleichheit kommt auch in den verwendeten Termini zum Ausdruck. Während in der Buchhaltung die bewerteten Verzehre an Wirtschaftsgütern mit dem Begriff »Aufwand«[252] belegt werden, bezeichnet die Kostenrechnung die bewerteten, sachzielbezogenen Güterverzehre als »Kosten«. Mithin existieren

- **Aufwendungen**, denen in **gleicher Höhe Kosten** gegenüberstehen,
- **Aufwendungen**, denen **zwar dem Grunde, nicht aber der Höhe** nach Kosten entsprechen,

---

252    Vgl. hierzu die Ausführungen im Ersten Teil zu Gliederungspunkt IV.C.1.c.

- **Aufwendungen**, die **keine Kosten** darstellen und
- **Kosten**, die **keinen Aufwandscharakter** tragen.

Während in der Finanzbuchhaltung die gesamten Aufwendungen erfasst werden, zielt die Kalkulation darauf ab, sämtliche Kosten in die Verkaufspreise einzurechnen. Entsprechen sich Aufwendungen und Kosten sowohl dem Grunde als auch der Höhe nach, spricht man auf seiten der Buchhaltung von **Zweckaufwendungen** und in der Kostenrechnung von **Grundkosten**. Zu diesen, dem **eigentlichen Unternehmenszweck (dem Sachziel) dienenden Einsatzfaktoren** zählen im Handel beispielsweise die Personalkosten, die Miet-, Steuer- und Versicherungskosten (soweit sie durch den Handelsbetrieb veranlasst sind)[253], die Energie-, Werbe- und Warenvertriebskosten, die Provisionskosten, die Kosten der allgemeinen Verwaltung sowie die Warenbezugskosten. Folglich kann dieses Zahlenmaterial unverändert aus der Finanzbuchhaltung in die Kostenrechnung übernommen werden, wenn die Kalkulation auf **Istkostenbasis** zur Anwendung kommen soll (**Nachkalkulation**). Die historischen Werte der Buchhaltung finden jedoch dann keinen Eingang in die Kostenrechnung, sofern die Kalkulation als Vorkalkulation ausgestaltet ist und somit **Plandaten** die Berechnungsgrundlage bilden.

Um die der Nachkalkulation zugrunde liegenden Gesamt(ist)kosten der Abrechnungsperiode zu erhalten, sind anstelle der **kostenungleichen Aufwendungen** die aus der Kostenrechnung stammenden **kalkulatorischen Kosten** anzusetzen (vgl. **Abb. 80**).[254]

Während die Bezugskosten und die Verkäuferprovision den Kalkulationsobjekten **direkt** zugerechnet werden können (**Einzelkosten**) und deshalb explizit im Kalkulationsschema erscheinen, handelt es sich bei den Geschäftskosten um solche Kosten, die den einzelnen Waren nur **mittels Schlüsselung** anlastbar sind (**Gemeinkosten**). Hierzu zählen im Handel insbesondere Personalkosten, die Miet-, Steuer- und Versicherungsaufwendungen, die Energie-, Werbe- und Warenvertriebskosten,[255] die Kosten der allgemeinen Verwaltung sowie die kalkulatorischen Kosten. Warenvertriebskosten können, sofern es sich z. B. um Verpackungsmaterial oder Porto handelt, auch Einzelkostencharakter tragen. In derartigen Fällen sind die Vertriebskosten explizit im Kalkulationsschema zu erfassen. Dem **Geschäftskostenzuschlagsatz** kommt nun die Aufgabe zu, die periodischen Gemeinkosten in die Verkaufspreise des periodischen Warenabsatzes einzurechnen.

Im Rahmen der **Nachkalkulation** wird u. a. überprüft, ob mit Hilfe des bei der Vorkalkulation verwendeten (Plan-)Geschäftskostenzuschlags alle im Laufe des Geschäftsjahres tatsächlich angefallenen Gemeinkosten (Ist-Gemeinkosten) auf die im gleichen Zeitraum veräußerten Handelsprodukte verrechnet wurden. Bemessungsgrundlage des Zuschlagsatzes sind die Anschaffungskosten. Da aber die Ist-Gemeinkosten und der Ist-Wareneinsatz erst nach Ablauf des betreffenden Geschäftsjahres bekannt sind, der Zuschlagsatz zum Zwecke der **Vorkalkulation**[256] jedoch bereits zu Jahresbeginn vorliegen muss, werden entweder

---

253  Nicht hierher, sondern zu den neutralen Aufwendungen gehören aber z. B. Steuern und Versicherungsbeiträge, die durch ein im Unternehmensvermögen enthaltenes Mietwohnhaus verursacht werden, da dieses nicht dem unternehmerischen Sachziel dient.

254  Vgl. zur Ermittlung der kalkulatorischen Kosten insbesondere *Freidank* 2001d, S. 110–132.

255  Warenvertriebskosten können, sofern es sich z. B. um Verpackungsmaterial oder Porto handelt, auch Einzelkosten sein. In derartigen Fällen sind die Vertriebskosten explizit im Kalkulationsschema zu erfassen.

256  Im Zuge der Vorkalkulation werden die im Geschäftsjahr voraussichtlich anfallenden Gemeinkosten (Plan-Gemeinkosten) in die Vertriebspreise der im gleichen Zeitraum absatzgeplanten Waren (Plan-Wareneinsatz) einberechnet.

| Kostenungleiche Aufwendungen | Kalkulatorische Kosten |
|---|---|
| **Aufwendungen > oder < der ihnen entsprechenden Kosten:** | **Kosten > oder < der ihnen entsprechenden Aufwendungen (Anderskosten):** |
| Bilanzielle Abschreibungen auf das Anlagevermögen (Bemessungsgrundlage sind die Anschaffungskosten des Anlagegutes) | Kalkulatorische Abschreibungen auf das Anlagevermögen (Bemessungsgrundlage ist der Wiederbeschaffungswert des Anlagegutes)[257] |
| Berücksichtigung konkreter Einzelrisiken entsprechend den handels- und steuerrechtlichen Vorschriften (z.B. Abschreibungen auf Sachanlagevermögen oder Forderungen) | Erfassung sämtlicher mit dem eigentlichen Betriebszweck einhergehender Einzelrisiken (z.B. unfreiwillige Dezimierung von Warenvorräten) durch den Ansatz kalkulatorischer Wagnisse |
| Fremdkapitalzinsen (Berechnungsgrundlage ist das Fremdkapital) | Kalkulatorische Zinsen (Berechnungsgrundlage ist das betriebsnotwendige Kapital)[258] |
| **Aufwendungen, denen keine Kosten entsprechen (neutrale Aufwendungen):** | **Kosten, denen keine Aufwendungen entsprechen:** |
| Periodenfremde Aufwendungen (in früheren Geschäftsjahren verursacht, aber erst in der gegenwärtigen Periode in Erscheinung tretend)[259] | – |
| Bertriebsfremde Aufwendungen (Aufwendungen, die in keinem Zusammenhang mit dem unternehmerischen Sachziel stehen, z.B. Aufwendungen, die durch ein zum Unternehmensvermögen gehörendes Mietwohnhaus veranlasst sind und Spenden). Außerordentliche Aufwendungen (Aufwendungen, die für das betrachtete Unternehmen untypisch sind und unregelmäßig anfallen, z.B. Verluste aus der Veräußerung von Teilbetrieben oder wesentlichen Beteiligungen); die Qualifizierung der die angeführten Voraussetzungen erfüllenden Aufwendungen als außerordentliche Erfolgsgrößen geht der Zuordnung vor[260] | – |
| – | Kalkulatorischer Unternehmerlohn (Vergütung, die der Einzelunternehmer oder geschäftsführende Gesellschafter einer Personenhandelsgesellschaft als Geschäftsführer einer Kapitalgesellschaft erhalten würde) |
| – | Kalkulatorische Miete (Mietwert, den der Unternehmer für die von ihm für betriebliche Zwecke selbst genutzten Gebäude bei Vermietung an Dritte erzielen könnte) |

Abb. 80: Gegenüberstellung der kostenungleichen Aufwendungen und der kalkulatorischen Kosten

---

257  Bei den Abschreibungen auf das Anlagevermögen ist zwischen den bilanziellen Abschreibungen der Finanzbuchhaltung und den kalkulatorischen Abschreibungen der Kostenrechnung zu unterscheiden. Im Gegensatz zur bilanziellen Abschreibung, die von den Anschaffungskosten berechnet wird (Prinzip der nominalen Substanzerhaltung), liegt der kalkulatorischen Abschreibung als Bemessungsgrundlage der aktuelle Wiederbeschaffungswert des Gegenstands zugrunde. Die anteilige Einberechnung der Wiederbeschaffungskosten in den Warenverkaufspreis basiert auf der Überlegung, dass während der Zeit, in der das Anlagegut genutzt werden kann, über die Umsatzerlöse zumindest die Mittel in das Unternehmen zurückfließen müssen, die erforderlich sind, um nach Ablauf der Nutzungsdauer eine Reinvestition vornehmen zu können (Prinzip der realen Substanzerhaltung).

258  Die Berücksichtigung kalkulatorischer Zinsen trägt dem Umstand Rechnung, dass das zur Aufrechterhaltung der eigentlichen Betriebstätigkeit eingesetzte (betriebsnotwendige) Kapital bei einer alternativen Anlage (z.B. am Kapitalmarkt) eine bestimmte Verzinsung erbringen würde (Opportunitätskostenprinzip).

259  Soweit es sich um Zweckaufwendungen handelt, hätten diese Kosten gemäß dem Verursachungsprinzip bereits im Geschäftsjahr ihrer Entstehung Eingang in die Warenverkaufspreise finden müssen (die Kosten sind den Perioden bzw. den Produkten zuzurechnen, die sie verursacht haben). Eine nachträgliche Berücksichtigung der Grundkosten ist somit ausgeschlossen.

260  Nach Handelsrecht müssen die außerordentlichen Aufwendungen (und Erträge) in der Gewinn- und Verlustrechnung gesondert ausgewiesen werden. Für Einzelunternehmen sowie Personenhandelsgesellschaften er-

- die Gemeinkosten und der Wareneinsatz der Periode geplant und hieraus ein **durchschnittlicher Plan-Geschäftskostenzuschlagsatz** abgeleitet oder
- es wird der aus den **Daten der Vorperiode gewonnene Geschäftskostenzuschlagsatz** verwendet (dieser Vorgehensweise liegt die Annahme zugrunde, dass sich im laufenden Geschäftsjahr hinsichtlich Gemeinkosten und Wareneinsatz keine wesentlichen Veränderungen gegenüber dem Vorjahr ergeben).

Mithin vollzieht sich die Ermittlung des **durchschnittlichen Ist-Geschäftskostenzuschlagsatzes** wie folgt.

$$
\begin{array}{l}
\text{Durchschnittlicher} \\
\text{Ist-Geschäftskosten-} \\
\text{zuschlagsatz}
\end{array}
=
\frac{
\begin{array}{c}
\text{Summe der in der Periode} \\
\text{tatsächlich angefallenen} \\
\text{Gemeinkosten}
\end{array}
}{
\begin{array}{c}
\text{Summe der in der Periode zu} \\
\text{Anschaffungskosten} \\
\text{abgesetzten Waren} \\
(= \text{Ist-Wareneinsatz})
\end{array}
}
\cdot 100
$$

Während im erstgenannten Fall keine Querverbindung zwischen Finanzbuchhaltung und Kostenrechnung besteht, wird bei der zweiten Alternative der Zuschlagsatz unter Rückgriff auf die **Vorjahresdaten der Buchhaltung** ermittelt. Durch den Vergleich von Ist- und Plan-Geschäftskostenzuschlag kann festgestellt werden, ob mehr (**Istzuschlag < Planzuschlag**) oder weniger (**Istzuschlag > Planzuschlag**) Gemeinkosten auf die veräußerten Produkte verrechnet wurden, als im Geschäftsjahr tatsächlich angefallen sind.

Werden zum Einstandspreis die korrespondierend zum Zuschlagsatz ermittelten Geschäftskosten addiert, so ergibt sich der **Selbstkostenpreis** der Ware. Während die unter Zuhilfenahme des Datenmaterials vergangener Perioden quantifizierbaren Einzelrisiken im Zuge der Verrechnung kalkulatorischer Wagnisse[261] Eingang in die Warenverkaufspreise finden, soll das **allgemeine Unternehmerrisiko**, das den Betrieb als Ganzes bedroht und weder messbar noch im Voraus bestimmbar ist, durch den **Gewinnzuschlag** abgedeckt werden. Dieses globale, die Existenz des Unternehmens gefährdende Risiko, ergibt sich u. a. aus der gesamtwirtschaftlichen Entwicklung (z. B. Vorliegen einer Rezession), dem technischen Fortschritt (z. B. »Überalterung« der eigenen Produkte), verstärkt auftretender Konkurrenz (Verlust von Marktanteilen) oder Nachfrageverschiebungen (z. B. Veränderung des Konsumentenverhaltens aufgrund ökologischer Aspekte). Infolge fehlender Quantifizierbarkeit einerseits sowie dem Umstand Rechnung tragend, dass den genannten Risiken andererseits ebenfalls nicht bewertbare Chancen gegenüberstehen, kommt dem allgemeinen Unternehmensrisiko **kein Kostencharakter** zu. Mithin muss es seine Deckung in dem im Verkaufspreis enthaltenen Gewinn finden. Hierbei gilt es zu beachten, dass der Kaufmann nicht bei jeder einzelnen Warenart den gleichen Gewinnaufschlag verrechnen wird, sondern dass dieser pro Handelsartikel **variieren** kann. Die Höhe des Zuschlagsatzes hängt insbesondere von der Preiselastizität der Nachfrage nach dem Produkt sowie von den Konkurrenzpreisen ab. In aller Regel stimmt der im Rahmen der Kalkulation in die Verkaufs-

---

gibt sich diese Verpflichtung aus § 243 Abs. 2 HGB sowie für Kapitalgesellschaften und ihnen gesetzlich gleichgestellte Unternehmen zusätzlich aus § 275 Abs. 2 und Abs. 3 HGB.

261   Vgl. *Freidank* 2001d, S. 130 f.

| | | | |
|---|---|---|---|
| − | Listeneinkaufspreis (brutto) oder Bruttoeinkaufspreis<br>20 % Umsatzsteuer (Bemessungsgrundlage: Nettoeinkaufspreis) | 24.000<br>4.000 | (a. H.) |
| = | Listeneinkaufspreis (netto) oder Nettoeinkaufspreis<br>15 % Lieferantenrabatt (Bemessungsgrundlage:<br>Nettoeinkaufspreis) | 20.000<br><br>3.000 | (v. H.) |
| = | Zieleinkaufspreis<br>2 % Lieferantenskonto (Bemessungsgrundlage: Zieleinkaufspreis) | 17.000<br>340 | (v. H.) |
| = | Bareinkaufspreis | 16.660 | |
| + | Bezugskosten | 1.340 | |
| = | Anschaffungskosten oder Einstandspreis (Bezugspreis)<br>33 1/3 % Geschäftskostenzuschlag<br>(Bemessungsgrundlage: Selbstkostenpreis) | 18.000<br><br>6.000 | (v. H.) |
| = | Selbstkostenpreis | 24.000 | |
| + | 25 % Gewinnzuschlag (Bemessungsgrundlage: Selbstkostenpreis) | 6.000 | (v. H.) |
| = | Barverkaufspreis nach Abzug der Verkäuferprovision<br>5 % Verkäuferprovision (Bemessungsgrundlage:<br>Barverkaufspreis vor Abzug der Verkäuferprovision) | 30.000<br><br>1.579 | (i. H.) |
| = | Barverkaufspreis vor Abzug der Verkäuferprovision<br>2 % Kundenskonto (Bemessungsgrundlage: Zielverkaufspreis) | 31.579<br>644 | (i. H.) |
| = | Zielverkaufspreis<br>30 % Kundenrabatt (Bemessungsgrundlage: Nettoverkaufspreis) | 32.223<br>13.810 | (i. H.) |
| = | Listenverkaufspreis (netto) oder Nettoverkaufspreis<br>20 % Umsatzsteuer (Bemessungsgrundlage: Nettoverkaufspreis) | 46.033<br>9.206,6 | (v. H.) |
| = | Listenverkaufspreis (brutto) oder Bruttoverkaufspreis | 55.239,6 | |

Abb. 81: Beispiel zur progressiven Handelskalkulation (Angaben in €)

preise einbezogene Gewinnzuschlag – transformiert in einen €-Betrag und kumuliert über alle in der Periode veräußerten Waren – nicht mit dem im GuV-Konto ausgewiesenen (bilanziellen) Gewinn überein.

Dies ist darauf zurückzuführen, dass neben den Grundkosten auch die **aufwandsgleichen kalkulatorischen Kosten** Eingang in die Verkaufspreise finden und somit in den im GuV-Konto zu erfassenden Umsatzerlösen enthalten sind, während aber im GuV-Konto neben den Zweckaufwendungen die **kostenungleichen Aufwendungen** zum Ansatz gebracht werden müssen. Darüber hinaus können im Unternehmen auch **neutrale Erträge**[262] anfallen. Den Einfluss der kalkulatorischen Kosten und des Gewinnzuschlags auf den bilanziellen Erfolg verdeutlicht die nachfolgende **Abb. 82.**

Mithin kann der **bilanzielle Gewinn** folgende (kalkulatorischen) Komponenten enthalten:

- die Differenz zwischen den **bilanziellen und den kalkulatorischen Abschreibungen** [bilanzielle Abschreibung kleiner (größer) als die kalkulatorische Abschreibung führt zu Gewinnerhöhung (Gewinnminderung)],

---

262   Vgl. hierzu die Ausführungen im Ersten Teil zu Gliederungspunkt IV.C.1.f.

| S | GuV-Konto | H |
|---|---|---|
| I. Aufwendungen, die im Rahmen der gewöhn-lichen Geschäftstätigkeit des Unternehmens anfallen:<br><br><br>– Wareneinsatz (Anschaffungskosten der veräußerten Waren)<br>– Zweckaufwendungen<br>– Bilanzielle Abschreibungen<br>– Aufwendungen, verursacht durch die Berücksichtigung konkreter Einzelrisiken<br>– Fremdkapitalzinsen<br>– Periodenfremde Aufwendungen<br>– Betriebsfremde Aufwendungen | I. Erträge, die im Rahmen der gewöhnlichen Geschäftstätigkeit des Unternehmens anfallen:<br><br>– Umsatzerlöse, wobei sich die Waren-verkaufspreise aus folgenden Bestandteilen zusammensetzen:<br><br>• Wareneinsatz<br>• Grundkosten (Einzel- und Gemeinkosten)<br>• Kalkulatorische Abschreibungen<br>• Kalkulatorische Wagnisse<br>• Kalkulatorische Zinsen<br>• Kalkulatorischer Unternehmerlohn<br>• Kalkulatorische Miete<br>• Gewinnzuschlag<br><br>– Weitere aus dem unternehmerischen Sach-ziel resultierenden Erträge[263]<br>– Periodenfremde Erträge<br>– Betriebsfremde Erträge | |
| II. Aufwendungen, die außerhalb der gewöhn-lichen Geschäftstätigkeit des Unternehmens anfallen:<br><br>Außerordentliche Aufwendungen | II. Erträge, die außerhalb der gewöhnlichen Geschäftstätigkeit des Unternehmen anfallen:<br><br>Außerordentliche Erträge[264] | |
| Saldo: (Bilanzieller) Gewinn | | |

Abb. 82:  Bestandteile des bilanziellen Gewinns

- den Unterschiedsbetrag zwischen den **Aufwendungen**, die durch die Berücksichtigung **konkreter Einzelrisiken** verursacht sind, und den **kalkulatorischen Wagnissen** [Aufwendungen, verursacht durch die Berücksichtigung konkreter Einzelrisiken kleiner (größer) als die kalkulatorischen Wagnisse führt zu Gewinnerhöhung (Gewinnminderung)],
- den Saldo zwischen den **Fremdkapitalzinsen** und den **kalkulatorischen Zinsen** [Fremdkapitalzinsen kleiner (größer) als die kalkulatorischen Zinsen führt zu Gewinnerhöhung (Gewinnminderung)];
- den **kalkulatorischen Unternehmerlohn** (die Einberechnung in den Verkaufspreis bewirkt eine Erhöhung des bilanziellen Gewinns),
- den **Gewinnzuschlag** zur Deckung des allgemeinen Unternehmerrisikos (die Einbeziehung in den Verkaufspreis führt zu einer Erhöhung des bilanziellen Gewinns).

**Negativ** beeinflusst wird der Unternehmenserfolg durch die nicht in die Verkaufspreise eingerechneten neutralen Aufwendungen (periodenfremde, betriebsfremde und außerordentliche Aufwendungen). Demgegenüber verändern die weiteren aus dem unternehmerischen Sachziel resultierenden Erträge sowie die neutralen Erträge (periodenfremde, betriebsfremde

---

263  Neben den Umsatzerlösen rechnen zu den aus dem unternehmerischen Sachziel resultierenden Erträgen z. B. die Zinserträge aus Beteiligungen an anderen Unternehmen gemäß § 271 Abs. 1 Satz 1 HGB.

264  Hinsichtlich der außerordentlichen Erträge gelten die Ausführungen zu den außerordentlichen Aufwendungen analog.

und außerordentliche Erträge) den bilanziellen Erfolg **positiv**. Die Bemessungsgrundlage für den Gewinnzuschlag bildet der **Selbstkostenpreis**. Aus der Addition beider Größen ergibt sich der **Barverkaufspreis** nach Abzug der Verkäuferprovision.

Die an den Provisionsverkäufer zu zahlende Umsatzvergütung (= **Verkäuferprovision**) kann sich – entsprechend der mit dem Betriebsinhaber getroffenen Vereinbarung – einerseits als **Prozentsatz**, i. d. R. bezogen auf den offerierten Barverkaufspreis, andererseits aber auch als **Stückprovision** darstellen. Nach Hinzurechnung der Verkäuferprovision erhält man den Barverkaufspreis, zu dem der Provisionsverkäufer die Ware dem Kunden anbieten kann. Der Rechenweg von den Anschaffungskosten bis hin zum genannten **Barverkaufspreis** wird als interne Kalkulation bezeichnet.

In Anlehnung an das Kalkulationsschema ergibt sich nach Berücksichtigung des Skontos der **Zielverkaufspreis**, nach Einbeziehung des Rabatts der **Listenverkaufspreis** (netto) und nach Addition der Umsatzsteuer der **Bruttoverkaufspreis**. Dieser Rechenprozess, der beim Barverkaufspreis beginnt und beim Listenverkaufspreis (brutto) endet, wird auch als **Verkaufskalkulation** bezeichnet.

### b.c     Retrograde Kalkulation und Differenzkalkulation

Wie auch **Abb. 83** verdeutlicht, zielt die retrograde Kalkulation auf die Ermittlung des **Einkaufspreises** ab. Um die Ware am Absatzmarkt nach dieser Beispielsrechnung zu einem Bruttoverkaufspreis von 12.000 € anbieten zu können, darf der Kaufmann – unter Berücksichtigung der Daten der Verkaufskalkulation, der internen Kalkulation und der Einkaufskalkulation – das Handelsprodukt höchstens zu einem Bruttoeinkaufspreis von 7.920 € beziehen.

Sofern der Einkaufs- und der Verkaufspreis einer Ware gegeben sind, können mit Hilfe der Differenzkalkulation bestimmte **preisbildende Komponenten**, allen voran der Gewinnzuschlag oder z. B. der maximale Kundenrabatt bzw. die Mindesthöhe des Lieferantenrabatts, ermittelt werden. Im Handel kommt insbesondere der erstgenannten Preiskomponente eine erhebliche Bedeutung zu; denn die Ausprägung des Gewinnzuschlags ist eines der maßgeblichen Entscheidungskriterien dafür, ob aus strategischer Sicht eine Ware neu in das Sortiment aufgenommen, weiter in der Produktpalette geführt oder aus dem Angebotsspektrum eliminiert wird. Im Hinblick auf die Berechnung des Gewinnzuschlags ist im Rahmen der **progressiven Kalkulation der Selbstkostenpreis** und bezüglich der **retrograden Kalkulation der Barverkaufspreis** nach Abzug der Verkäuferprovision zu bestimmen. Der sich hieraus ergebende Differenzbetrag ist dann zum Selbstkostenpreis in Beziehung zu setzen; genauso vollzieht sich die Ermittlung des Kunden- oder Lieferantenrabatts.

### c.     Handelsspanne und Kalkulationsaufschlag

In ähnlicher Weise, wie die dem Kalkulationsschema zu entnehmenden Anschaffungskosten – multipliziert mit den im Laufe des Geschäftsjahres verkauften Mengen – den **Wareneinsatz** der Finanzbuchhaltung ergeben, resultieren aus den im Rahmen der Handelskalkulation errechneten Verkaufspreisen – multipliziert wiederum mit den in der Periode abgesetzten Mengen – die in der Buchhaltung zu erfassenden **Umsatzerlöse**. Mithin entspricht die Differenz zwischen dem Verkaufs- und dem Einstandspreis, summiert über alle veräußerten Produkte, dem Roherfolg (Rohgewinn bzw. Rohverlust) des Unternehmens (vgl. **Abb. 84**).

Der Roherfolg setzt sich mithin aus den Geschäftskosten, dem Gewinnzuschlag und den Verkäuferprovisionen zusammen. In der Kalkulation besteht nun die Möglichkeit, die drei

| | | |
|---|---|---|
| – | Listenverkaufspreis (brutto) oder Bruttoverkaufspreis<br>20 % Umsatzsteuer (Bemessungsgrundlage: Nettoverkaufspreis) | 12.000<br>2.000 (a. H.) |
| =<br>– | Listenverkaufspreis (netto) oder Nettoverkaufspreis<br>20 % Kundenrabatt (Bemessungsgrundlage:<br>Nettoverkaufspreis) | 10.000<br><br>2.000 (v. H.) |
| =<br>– | Zielverkaufspreis<br>2 % Kundenskonto (Bemessungsgrundlage: Zielverkaufspreis) | 8.000<br>160 (v. H.) |
| =<br>– | Barverkaufspreis vor Abzug der Verkäuferprovision<br>Verkäuferprovision (Stückprovision) | 7.840<br>240 |
| =<br>– | Barverkaufspreis nach Abzug der Verkäuferprovision<br>6 2/3 % Gewinnzuschlag<br>(Bemessungsgrundlage: Selbstkostenpreis) | 7.600<br>475 (a. H.) |
| =<br>– | Selbstkostenpreis<br>25 % Geschäftskostenzuschlag<br>(Bemessungsgrundlage: Anschaffungskosten) | 7.125<br>1.425 (a. H.) |
| =<br>– | Anschaffungskosten oder Einstandspreis (Bezugspreis)<br>Bezugskosten | 5.700<br>310 |
| =<br>+ | Bareinkaufspreis<br>2 % Lieferantenskonto (Bemessungsgrundlage: Zieleinkaufspreis) | 5.390<br>110 (i. H.) |
| =<br>+ | Zieleinkaufspreis<br>16 2/3 % Lieferantenrabatt<br>(Bemessungsgrundlage: Nettoeinkaufspreis) | 5.500<br>1.100 (i. H.) |
| =<br>+ | Listeneinkaufspreis (netto) oder Nettoeinkaufspreis<br>20 % Umsatzsteuer (Bemessungsgrundlage: Nettoeinkaufspreis) | 6.600<br>1.320 (v. H.) |
| = | Listeneinkaufspreis (brutto) oder Bruttoeinkaufspreis | 7.920 |

Abb. 83: Beispiel zur retrograden Handelskalkulation (Angaben in €)

genannten Preisbestandteile zu einem **kombinierten Aufschlagsatz** zusammenzufassen, durch dessen Anwendung unmittelbar vom Einstandspreis auf den Barverkaufspreis vor Abzug der Verkäuferprovision und umgekehrt geschlossen werden kann. In diesem Zuschlagssatz spiegelt sich der – ggf. um Skonto und Bonus zu modifizierende – **Artikel-Roherfolg** wider. Darüber hinaus lässt sich unter Berücksichtigung der den Kunden zu gewährenden Preisnachlässe (Skonto, Bonus und Rabatt) ein **erweiterter Aufschlagsatz** bestimmen, der direkt die Berechnung des **Nettoverkaufspreises** erlaubt. Wird der Unterschiedsbetrag zwischen dem Verkaufspreis und den Anschaffungskosten einer Ware, d. h.

- der **Artikel-Roherfolg** (Verkaufspreis = Barverkaufspreis vor Abzug der Verkäuferprovision) bzw.
- der **(erweiterte) Artikel-Roherfolg** zuzüglich der den Kunden beim Kauf zu gewährenden Preisnachlässe (Verkaufspreis = Nettoverkaufspreis)

zum entsprechenden Verkaufspreis in Beziehung gesetzt, so ergibt sich bei (1) die **Handelsspanne i. e. S.** und bei (2) die **Handelsspanne i. w. S.**

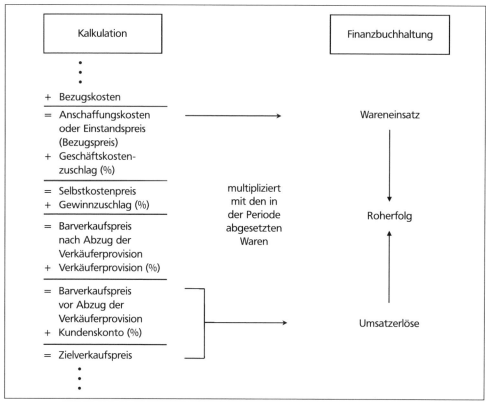

Abb. 84: Schnittstellen von Kalkulation und Finanzbuchhaltung

(1) Handelsspanne i. e. S.

$$= \frac{\left[\begin{array}{l}\text{Barverkaufspreis vor Abzug} \\ \text{der Verkäuferprovision}\end{array} - \text{Anschaffungskosten}\right] \cdot 100}{\text{Barverkaufspreis vor Abzug der Verkäuferprovision}}$$

(2) Handelsspanne i. w. S.

$$= \frac{\left[\text{Nettoverkaufspreis} - \text{Anschaffungskosten}\right] \cdot 100}{\text{Nettoverkaufspreis}}$$

Wird hingegen die Differenz zwischen Verkaufs- und Einstandspreis einer Ware ins Verhältnis zu den Anschaffungskosten gesetzt, so ergibt sich – je nach der Ausprägung des Verkaufspreises – bei (3) der **Kalkulationsaufschlag i. e. S.** oder bei (4) der **Kalkulationsaufschlag i. w. S.**

(3) Kalkulationsaufschlag i. e. S.

$$= \frac{\left[\begin{array}{l}\text{Barverkaufspreis vor Abzug} \\ \text{der Verkäuferprovision}\end{array} - \text{Anschaffungskosten}\right] \cdot 100}{\text{Anschaffungskosten}}$$

(4)  Kalkulationsaufschlag i. w. S.

$$= \frac{[\text{Nettoverkaufspreis} - \text{Anschaffungskosten}] \cdot 100}{\text{Anschaffungskosten}}$$

In diesem Zusammenhang sei darauf hingewiesen, dass aufgrund produktspezifischer Gewinnzuschläge, Verkäuferprovisionen und Preisnachlässe die Handelsspanne sowie der Kalkulationsaufschlag von Artikel zu Artikel **variieren** können. Indem die Handelsspanne i. e. S. (i. w. S.) und der Kalkulationsaufschlag i. e. S. (i. w. S.) die gleichen Bezugsgrößen aufweisen, kann bei Vorliegen eines Zuschlagssatzes der andere berechnet werden. Mithin gilt:

(5)  Handelsspanne i. e. S. (i. w. S.)

$$= \frac{\text{Kalkulationsaufschlag i. e. S. (i. w. S.)} \cdot 100}{100 + \text{Kalkulationsaufschlag i. e. S. (i. w. S.)}}$$

(6)  Kalkulationsaufschlag i. e. S. (i. w. S.)

$$= \frac{\text{Handelsspanne i. e. S. (i. w. S.)} \cdot 100}{100 - \text{Handelsspanne i. e. S. (i. w. S.)}}$$

Bedeutung erlangt die Handelsspanne u. a. bei der Ermittlung des **wertmäßigen Inventurbestands im Einzelhandel**. Da die Bestimmung der Einstandspreise der zum Bilanzstichtag sich auf Lager befindlichen Waren anhand von Eingangsrechnungen mit einem erheblichen Arbeitsaufwand verbunden sein kann, andererseits aber der Verkaufspreis (netto) und die Handelspanne eines jeden Produkts bekannt sind, geht man in der Praxis aus **Vereinfachungsgründen** regelmäßig den Weg, dass der pro Artikel sich ergebende mengenmäßige Endbestand mit dem um die Handelsspanne verminderten Verkaufspreis (netto) multipliziert wird (Verkaufswertverfahren). Der hieraus resultierende Betrag entspricht dem in das Inventar, das Schlussbilanzkonto und die Schlussbilanz zu übernehmenden **Anschaffungskosten**.[265]

Analog zu den vorstehenden Darlegungen kann auch der Saldo zwischen Umsatzerlösen und Wareneinsatz, der Roherfolg der Finanzbuchhaltung, in einen Prozentsatz (Roherfolgsatz und Roherfolgaufschlagsatz) transformiert werden. Während im **Roherfolgsatz** das Verhältnis zwischen Roherfolg und Umsatzerlösen zum Ausdruck kommt, gibt der **Roherfolgaufschlagsatz** die Beziehung zwischen Roherfolg und Wareneinsatz an.

(7)  Roherfolgsatz $\quad = \dfrac{\text{Roherfolg} \cdot 100}{\text{Umsatzerlöse}}$

(8)  Roherfolgaufschlagsatz $\quad = \dfrac{\text{Roherfolg} \cdot 100}{\text{Wareneinsatz}}$

Roherfolgsatz und Roherfolgaufschlagsatz sind **wichtige Kennzahlen zur Beurteilung der Ertragslage** eines Handelsunternehmens; denn sie geben Aufschluss darüber, mit welcher durchschnittlichen Handelsspanne (i. e. S.) bzw. mit welchem durchschnittlichen Kalkula-

---

265  Vgl. *Ellrott/Ring* 2006, Anm. 550 f. zu § 253 HGB, S. 530 f.

tionsaufschlag (i. e. S.) das Unternehmen kalkuliert.[266] Ergänzend sei angemerkt, dass beide Sätze aufgrund ihres Aussagegehalts im Rahmen der steuerlichen (Betriebs-)Prüfungstechnik als **Verprobungsmethoden** zur Anwendung kommen.[267]

## B.    Zahlungsverkehr

### 1.    Zahlungsformen

Die Begleichung **finanzieller Verpflichtungen** kann mit Hilfe verschiedener Zahlungsformen (z. B. Bargeld, Scheck, Wechsel, Überweisung) erfolgen. Abhängig davon, ob der Schuldner **Bargeld** (Banknoten und Münzen) oder **Buchgeld** (Bank- und Postgiroguthaben) zur Tilgung seiner Verbindlichkeiten verwendet und der Gläubiger Bar- oder Buchgeld im Zuge der Tilgung erhält, unterscheidet man **drei Formen des Zahlungsverkehrs:**

- **Barzahlung,**
- **halbbare Zahlung** und
- **unbare** (bargeldlose) **Zahlung.**

Von **Barzahlung** wird immer dann gesprochen, wenn der Zahlungspflichtige (Schuldner) Bargeld hingibt und der Zahlungsempfänger (Gläubiger) solches erhält. Demzufolge ist sowohl beim Schuldner als auch beim Gläubiger auf dem Kassenkonto zu buchen.

Kennzeichen des **halbbaren Zahlungsverkehrs** ist, dass eine Vertragspartei (Schuldner oder Gläubiger) über ein Bank- oder Postgirokonto verfügt, während die andere Vertragspartei Bargeld verwendet. Zu den Ausprägungen der halbbaren Zahlungen zählen im Wesentlichen der **Zahlschein** und der **Barscheck.** Bei Gebrauch eines Zahlscheins muss der Empfänger über ein Postgiro- bzw. Bankkonto verfügen. Diesem Konto wird dann der vom Zahlungspflichtigen bei der Post bzw. Bank in bar einbezahlte Betrag gutgeschrieben. Mithin wird bei der Benutzung eines Zahlscheins beim **Gläubiger** das **Postgiro-** bzw. **Bankkonto** und beim **Schuldner** das **Kassenkonto** angesprochen. Bei Verwendung eines Barschecks verhält es sich gerade umgekehrt, d. h. hier muss derjenige, der zur Begleichung einer Verbindlichkeit einen Scheck ausstellt (Schuldner), über ein Bankkonto verfügen, während der Scheckempfänger (Gläubiger) durch die Vorlage des Schecks beim kontoführenden Kreditinstitut den Scheckbetrag in bar ausbezahlt bekommt. Durch die Einlösung des Schecks wird gleichzeitig auch das **Konto des Scheckausstellers** belastet. Demnach bucht der **Zahlungspflichtige** auf dem **Bank-** und der **Zahlungsempfänger** auf dem **Kassenkonto.** Ferner besteht die Möglichkeit, jeden Barscheck durch den quer über die Vorderseite des Schecks gesetzten Vermerk »nur zur Verrechnung« in einen **Verrechnungsscheck** umzuwandeln (Art. 39 Abs. 1 ScheckG), für den dann die Ausführungen zum unbaren Zahlungsverkehr gelten. Andererseits kann jedoch ein Verrechnungsscheck nicht in einen Barscheck transformiert werden (Art. 39 Abs. 3 ScheckG).

Die **bargeldlose Zahlung** lässt sich dadurch charakterisieren, dass auf der Seite des Schuldners zur Begleichung von Verbindlichkeiten ausschließlich Buchgeld Verwendung findet und dem Gläubiger die finanziellen Mittel ebenfalls in Form von Buchgeld zugehen.

---

266    Vgl. *Schenk* 1996, S. 43–49 und S. 133–140.
267    Vgl. *Lachnit* 1992, Sp. 728–738; *Wenzig* 2004, S. 307–310.

Die Durchführung des unbaren Zahlungsverkehrs ist mithin nur dann möglich, wenn **beide Vertragsparteien**, d. h. sowohl Zahlungspflichtiger als auch Zahlungsempfänger, ein **Bank-** oder **Postgirokonto** besitzen. Zu den **Zahlungsformen**, denen in diesem Zusammenhang besondere Bedeutung zukommt, zählen der **Verrechnungsscheck**, die **Überweisung** und die **Lastschrift**. Beim Verrechnungsscheck und der Überweisung wird das **Konto des Ausstellers** (Zahlungspflichtiger) belastet und der Betrag dem **Konto des Zahlungsempfängers** gutgeschrieben. Die Lastschrift stellt hingegen der Gläubiger aus und reicht diese zur Gutschrift bei seiner Bank ein. Im Wege der zwischen den Kreditinstituten stattfindenden Verrechnung wird dann das **Konto des Zahlungspflichtigen** belastet.

## 2.     Wechselgeschäfte

### a.     Funktionen und Arten des Wechsels

Häufige Verwendung findet der Wechsel bei Warengeschäften auf Ziel, wobei ihm einerseits eine **Finanzierungs-** und **Zahlungsmittelfunktion** und andererseits eine **Sicherungsfunktion** zukommt. Die **Finanzierungsfunktion** des Wechsels besteht darin, dass dem Käufer aufgrund der von ihm eingegangenen wechselmäßigen Verpflichtung Waren ausgehändigt werden, die dieser erst zu einem späteren Zeitpunkt (bei Fälligkeit des Wechsels, z. B. nach drei Monaten) bezahlen muss. Mithin erfolgt eine **Kreditierung des Warengeschäftes** durch die Verkaufsseite. Gleichzeitig bietet der Wechsel dem Verkäufer die Möglichkeit, durch die Weitergabe an einen Gläubiger eigene Verbindlichkeiten zu begleichen (**Zahlungsmittelfunktion**) oder durch die Veräußerung an eine Bank sich Bargeld zu beschaffen.

Die **Sicherungsfunktion** kommt in den strengen Rechtsvorschriften des Wechselgesetzes zum Ausdruck, die gewährleisten, dass der Inhaber des Wechsels seine Ansprüche gegenüber den Wechselverpflichteten (Bezogener, Aussteller und Indossanten) durch **Protest** und **Rückgriff** bzw. **Wechselklage** schnell und sicher durchsetzen kann (sog. **Wechselstrenge**).[268] Da durch die vom Käufer zusätzlich eingegangene Wechselverbindlichkeit der Anspruch der Verkaufsseite aus dem Grundgeschäft (z. B. der Zahlungsanspruch aus einem Kaufvertrag) nicht untergeht, stehen dem Verkäufer nunmehr **zwei rechtlich unabhängige Ansprüche** zu: eine Waren- und eine Wechselforderung. Die Begründung einer wechselmäßigen Verpflichtung aufgrund eines vorangegangenen Lieferungs- oder Leistungsgeschäftes erfolgt zivilrechtlich also **nicht an Erfüllung Statt** (durch das Eingehen einer neuen Verbindlichkeit erlischt die alte Schuld), sondern **erfüllungshalber** (der Schuldner geht eine neue Verpflichtung ein, ohne dass dadurch die ursprüngliche Verbindlichkeit an Gültigkeit verliert).[269] Löst der Käufer den Wechsel bei Fälligkeit ein, so erlischt neben der Wechsel- auch die Warenschuld.

In Abhängigkeit von unterschiedlichen Betrachtungsweisen existieren im wesentlichen folgende Wechselarten:

- **gezogener** und **eigener Wechsel** (wechselrechtliche Betrachtungsweise),
- **Protest-** und **Prolongationswechsel** (einlösungsspezifische Betrachtungsweise),
- **Handels-** und **Finanzwechsel** (wirtschaftliche Betrachtungsweise),
- **Besitz-** und **Schuldwechsel** (bilanzielle Betrachtungsweise).

---

268  Vgl. Art. 9 Abs. 1 und Art. 15 Abs. 1 WG i. V. m. Art. 43 bis Art. 54 WG sowie Art. 28 Abs. 2 WG.
269  Vgl. § 364 Abs. 2 BGB.

Der **gezogene Wechsel** ist ein an bestimmte Formerfordernisse[270] gebundenes, schuldrechtliches Wertpapier, in dem der Gläubiger (**Aussteller**) den Schuldner (Bezogener) anweist, eine bestimmte Geldsumme an einem bestimmten Tag an den Aussteller selbst oder an eine dritte Person (**Wechselnehmer** oder **Remittent**) zu zahlen. Der Bezogene geht jedoch erst dann eine Zahlungsverpflichtung ein und wird zum Wechselschuldner, wenn er den Wechsel durch seine **Unterschrift** angenommen (akzeptiert) hat (sog. »Querschreiben« auf der linken Seite des Wechsels). Der vom Schuldner noch nicht akzeptierte Wechsel wird Tratte genannt; unterschreibt der Bezogene die **Tratte**, so bezeichnet man den Wechsel auch als **Akzept** und den Bezogenen auch als **Akzeptanten**. Durch die in der Unterschrift zum Ausdruck kommende Annahmeerklärung verpflichtet sich der Schuldner, den Wechsel bei Fälligkeit einzulösen.[271] Beim gezogenen Wechsel sind somit nachstehende Personen beteiligt:

- **der Aussteller**
  (Aussteller ist derjenige, der eine Forderung gegen den Bezogenen hat, z. B. Verkäufer oder Lieferant),
- **der Bezogene**, nach Annahme des Wechsels wird auch vom Akzeptanten oder Wechselschuldner gesprochen
  (Bezogener ist derjenige, der eine Verbindlichkeit gegenüber dem Aussteller hat, z. B. Käufer oder Kunde), und
- **der Wechselnehmer oder Remittent**
  [Wechselnehmer ist derjenige, der in der Wechselurkunde als Zahlungsempfänger (Anspruchsberechtigter) genannt ist und an den der akzeptierte Wechsel ausgehändigt wird. Remittent kann sowohl ein Dritter, z. B. ein Gläubiger des Ausstellers, als auch der Aussteller selbst sein; letzteres ist dann der Fall, wenn der Wechsel auf »**eigene Order**« lautet].

Vom gezogenen Wechsel ist der **eigene Wechsel** (Solawechsel) zu unterscheiden.[272] Der Solawechsel ist ein an bestimmte Formerfordernisse gebundenes, unbedingtes Zahlungsversprechen, durch das der Schuldner ( = **Aussteller**) sich verpflichtet, eine bestimmte Geldsumme an einem bestimmten Termin an eine andere Person ( = **Wechselnehmer** oder **Remittent**) zu zahlen. Beim eigenen Wechsel besteht somit **Personenidentität** zwischen Schuldner, Aussteller und Bezogenen. Aus diesem Grunde lautet die Wechselklausel »Gegen diesen Wechsel zahle ich …«. Mithin geht der Schuldner bereits mit der **Ausstellung** eine wechselmäßige Verpflichtung ein. Die **Abb. 85** und **Abb. 87** zeigen die Grundstrukturen des gezogenen und des eigenen Wechsels. **Abb. 86** verdeutlicht die gesetzlichen Bestandteile eines gezogenen Wechsels.

**Beispiel:**
Die Firma Systembau Stuttgart AG liefert am 25.05. 2005 an die Firma Speiser GmbH, Stuttgart, Waren im Wert von 2.000 € (einschl. 20 % Umsatzsteuer). Da die Speiser GmbH den Kaufpreis nicht sofort, sondern erst in drei Monaten bezahlen kann, die Systembau AG ihrerseits aber finanzielle Mittel benötigt, um eigene Verbindlichkeiten begleichen zu können, verständigen sich beide Vertragsparteien darauf, dass ein auf »eigene Order« ausgestellter Wechsel akzeptiert wird (Laufzeit drei Monate. Ausstellungsort ist der Wohn-

---

270   Vgl. Art. 1 und Art. 2 WG.
271   Vgl. Art. 25 Abs. 1, Art. 28 Abs. 1 WG.
272   Vgl. zum eigenen Wechsel Art. 75 bis Art. 78 WG.

sitz des Großhändlers, Zahlungsort der des Einzelhändlers. Die Bezahlung des Wechsels am Verfalltag erfolgt durch die Baden-Württembergische Bank, Stuttgart, Kto.-Nr.: 4024938 (vgl. **Abb. 86**).

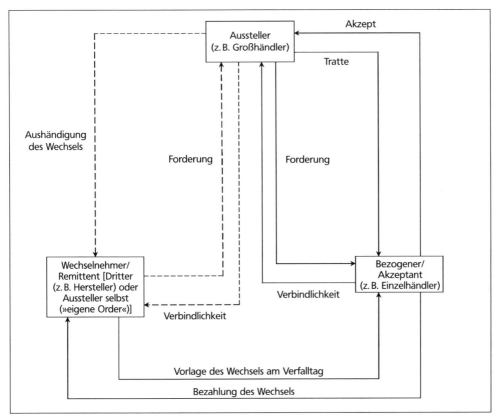

Abb. 85: Grundstruktur des gezogenen Wechsels[273]

Wie bereits angesprochen, stehen dem Remittenten mehrere Möglichkeiten offen, den Wechsel zu verwerten:

- er kann den Wechsel in seinem Portefeuille aufbewahren und dem Bezogenen am Verfalltag zur Zahlung vorlegen.
- er kann den Wechsel zur Begleichung eigener Schulden an einen seiner Gläubiger weitergeben. Die Übertragung des Wechselrechts erfolgt durch
  - die **Übereignung der Wechselurkunde**[274] und
  - einem Weitergabevermerk auf der Wechselrückseite, dem sog. **Indossament**[275] (»Für mich an die Order der Firma ...«).

---

273   Die gestrichelten Linien haben dann Gültigkeit, wenn der Wechselnehmer ein Dritter ist (z. B. Hersteller).
274   Die Übereignung der Wechselurkunde vollzieht sich nach § 929 BGB.
275   Vgl. Art. 11 Abs. 1 WG.

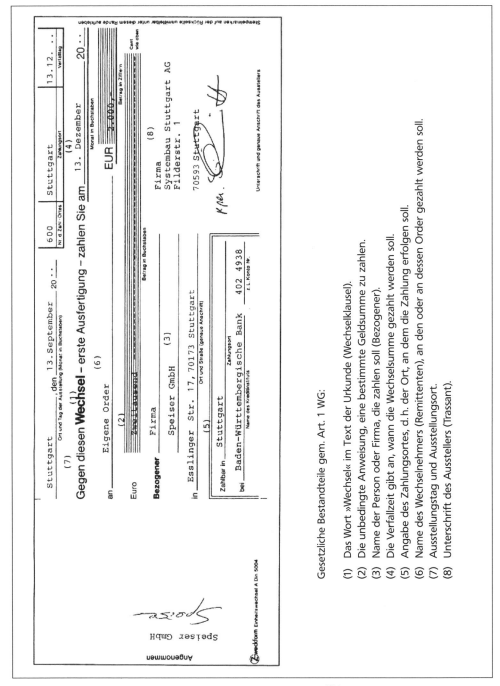

Abb. 86: Wechselformular (entsprechend dem vorstehenden Beispiel)[276]

Gesetzliche Bestandteile gem. Art. 1 WG:

(1) Das Wort »Wechsel« im Text der Urkunde (Wechselklausel).
(2) Die unbedingte Anweisung, eine bestimmte Geldsumme zu zahlen.
(3) Name der Person oder Firma, die zahlen soll (Bezogener).
(4) Die Verfallzeit gibt an, wann die Wechselsumme gezahlt werden soll.
(5) Angabe des Zahlungsortes, d. h. der Ort, an dem die Zahlung erfolgen soll.
(6) Name des Wechselnehmers (Remittenten), an den oder an dessen Order gezahlt werden soll.
(7) Ausstellungstag und Ausstellungsort.
(8) Unterschrift des Ausstellers (Trassant).

---

276 Modifiziert entnommen von *Eisele* 2002, S. 159.

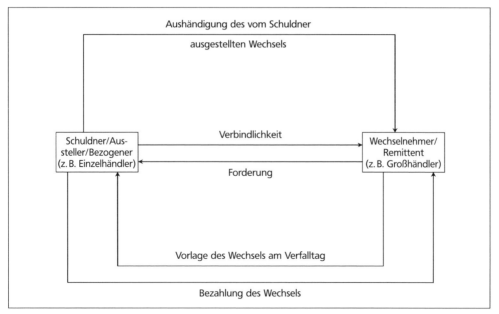

Abb. 87:  Grundstruktur des eigenen Wechsels

Die den Wechsel aushändigende Person wird Indossant und die empfangende Partei wird **Indossatar** genannt. Durch die Übertragung des Wechselrechts tritt der Indossatar an die Stelle des Indossanten und hat somit einen Anspruch auf Einlösung des Wechsels durch den Bezogenen. Bezahlt der Akzeptant den Wechsel am Verfalltag nicht, so kann der Inhaber im Rahmen des **Wechselprotestes** Rückgriff auf die in der Indossamentenkette angegebenen Vorbesitzer[277] oder den Aussteller[278] nehmen und von diesen Zahlung der Wechselsumme sowie der mit dem Protest einhergehenden Aufwendungen verlangen.[279] Die Möglichkeit des Rückgriffs steht in gleicher Weise jedem Indossanten zu, der als Wechselverpflichteter den zu Protest gegangenen Wechsel (**Protestwechsel**) eingelöst hat.[280] Eine Indossantenkette sowie die Möglichkeiten des Wechselrückgriffs zeigt **Abb. 88.**
- Er kann den Wechsel vor dem Verfalltag an eine Bank veräußern (sog. **Diskontierung**). Das Kreditinstitut zahlt als Kaufpreis jedoch nicht die volle Wechselsumme, sondern einen um den **Diskont** sowie um **Provision** und **Spesen** verminderten Betrag. Als Diskont bezeichnet man diejenigen Zinsen, die für den gewährten Wechselkredit vom Tag des Ankaufs bis zum Fälligkeitstag berechnet werden. Mit der Diskontierung, für die die oben angegebenen Übertragungs- und Haftungsregeln gelten, geht die Wechselforderung auf die Bank über.

Verfügt der Akzeptant nicht über die finanziellen Mittel, um den Wechsel am Fälligkeitstag einzulösen, muss er den Aussteller um Verlängerung der Wechselfrist bitten (sog. **Prolongation**), weil ansonsten der Wechsel zu Protest geht. Sofern sich der fällige Wechsel noch im

---

277   Vgl. Art. 43 Abs. 1 i. V. m. Art. 15 Abs. 1 WG.
278   Vgl. Art. 43 Abs. 1 i. V. m. Art. 9 Abs. 1 WG.
279   Vgl. Art. 48 Abs. 1 i. V. m. Art. 49 WG.
280   Vgl. Art. 49 WG.

**Besitz des Ausstellers** befindet, vollzieht sich die Prolongation dadurch, dass der alte Wechsel an den zur Zeit zahlungsunfähigen Bezogenen ausgehändigt wird und der Aussteller gleichzeitig einen neuen Wechsel auf ihn zieht. Ist dagegen der fällige Wechsel an einen **Gläubiger weitergegeben** oder bei einer **Bank zur Diskontierung** eingereicht worden, wird der Aussteller, um den drohenden Wechselprotest und die Kosten des Rückgriffs, die letztlich er zu tragen hat, zu vermeiden, dem Bezogenen den zur Einlösung erforderlichen Betrag vorstrecken. Die Überlassung der zur Bezahlung erforderlichen Summe erfolgt dabei gegen Akzeptierung eines **neuen Wechsels**. Den zur Vermeidung des Protestes neu ausgestellten und angenommenen Wechsel bezeichnet man auch als **Prolongationswechsel**. Die Wechselprolongation bewirkt also, dass die gegenwärtige Zahlungsunfähigkeit des Akzeptanten nicht offensichtlich wird. Da die prolongierten Wechsel ebenfalls der Strenge des Wechselgesetzes unterliegen und sie sich weder äußerlich noch inhaltlich von normalen Wechseln unterscheiden, kann der Aussteller sie im Rahmen der vorstehend erläuterten Möglichkeiten verwerten.

**Waren- oder Handelswechsel** sind Wechsel, die der **Finanzierung eines Waren- oder Dienstleistungsgeschäftes** dienen. Fehlt einer Wechselbeziehung ein derartiges Geschäft als Grundlage, so spricht man von einem **Finanzwechsel**. Aufgabe eines solchen Wechsels ist die (kurzfristige) **Kapitalbeschaffung**.

**Buchhalterisch** und **bilanziell** wird zwischen **Besitz-** und **Schuldwechsel** unterschieden. Erstere werden auch Aktivwechsel, letztere Passivwechsel genannt. Unter **Besitzwechsel** versteht man solche Wechsel, bei denen der Bilanzierende als Remittent bzw. Indossatar eine **Wechselforderung** gegen den Akzeptanten hat. Derartige Aktivwechsel sind auf dem **aktiven Bestandskonto** »Besitzwechsel«[281] oder »Wechselforderungen«[282] zu erfassen.

Dadurch, dass dem Kaufmann sowohl der Wechselanspruch als auch der Forderungsanspruch aus dem Grundgeschäft zustehen, der Zahlungsanspruch gegen den Schuldner in der Buchführung jedoch nur einmal erfasst werden darf und der Wechsel aufgrund der Wechselstrenge einen höheren Sicherheitsgrad aufweist, tritt in der Finanzbuchhaltung **an die Stelle** der Forderung aus dem Grundgeschäft (z. B. Forderungen aus Lieferungen und Leistungen) die Wechselforderung. In Abhängigkeit davon, ob

- der aus dem **Grundgeschäft** (z. B. Warenverkauf auf Ziel) sich ergebende Zahlungsanspruch bereits buchmäßig aufgezeichnet wurde oder
- das Verkaufsgeschäft und die Hereinnahme des Wechsels sich gleichzeitig vollziehen (»Ware gegen Wechsel«)

ist zu buchen:

(1) **Besitzwechsel**                            **an**          **Forderungen aus Lieferungen und Leistungen**

(2) **Besitzwechsel**                            **an**          **– Warenverkauf**
                                                                 **– Umsatzsteuer.**

Anzumerken ist, dass bei Geschäftsvorfall (2) der Zahlungsanspruch aus dem Zielverkauf auch zuerst auf dem **Forderungskonto** erfasst werden kann. Die Ausbuchung erfolgt dann gemäß Buchungssatz (1).

---

281  Vgl. Einzelhandels-Kontenrahmen (EKR), Konto-Nr. 245; Industrie-Kontenrahmen (IKR), Konto-Nr. 245.
282  Vgl. Kontenrahmen für den Groß- und Außenhandel, Konto-Nr. 153; Industrie-Kontenrahmen (IKR), Konto-Nr. 245.

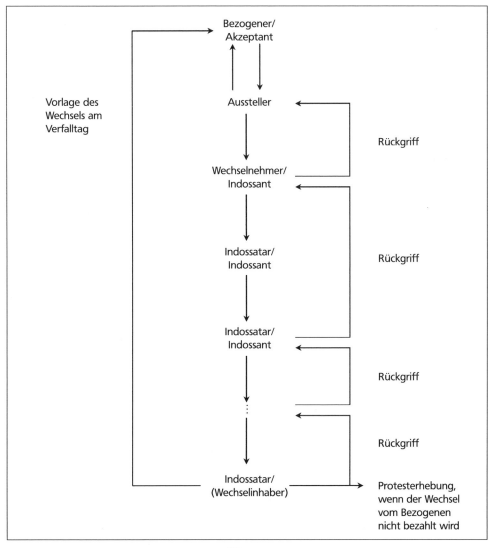

Abb. 88: Indossantenkette und Wechselrückgriff[283]

Von der buchhalterischen ist die **bilanzielle Behandlung** der Aktivwechsel zu trennen. Das Handelsrecht gestattet weder bei Einzelunternehmen und Personenhandelsgesellschaften noch bei Kapitalgesellschaften einen **gesonderten Ausweis** der Besitzwechsel im Jahresabschluss. Sofern vom Unternehmen Wechsel erfüllungshalber hereingenommen werden, tritt in der Bilanz an die Stelle des Ausweises des Wechselbestandes der Ausweis der zugrunde liegenden Forderungen (z. B. Forderungen aus Lieferungen und Leistungen bei Handelswechseln, sonstige Vermögensgegenstände bei Hereinnahme von Finanzwechseln zur Absicherung

---

283  Dem Wechselberechtigten (Inhaber bzw. Indossant) steht es frei, ob er auf den unmittelbaren oder einen beliebigen Vorbesitzer oder gleich auf den Aussteller zwecks Zahlung des Wechsels sowie Erstattung der durch den Protest verursachten Kosten zurückgreifen möchte (Sprung- oder Reihenregress).

kurzfristiger Kredite). Demzufolge sind die Beträge des in das Schlussbilanzkonto zu übernehmenden Besitzwechselkontos im Zuge der Erstellung der Schlussbilanz auf die entsprechenden Forderungsposten zu übertragen. Werden hingegen Wechsel zur kurzfristigen Geldanlage am Kapitalmarkt gekauft, sind diese – mangels eines Grundgeschäftes – unter den »**Sonstigen Wertpapieren**« zu erfassen. Auch wenn das Handelsrecht einen eigenständigen Bilanzposten »Wechsel« verbietet, so ist dennoch im Rahmen eines **Davon-Vermerks** die freiwillige Angabe der Besitzwechsel bei der jeweiligen Forderungsposition möglich.[284]

**Beispiel:**
Der Saldo des Kontos »Wechselforderungen« beträgt am Bilanzstichtag 300.000 €. Enthalten sind:

(1) Wechsel in Höhe von 60.000 €, die zur vorübergehenden Geldanlage erworben wurden,
(2) ein Wechsel über 20.000 €, der zur Absicherung eines kurzfristigen Kredits dient und
(3) Warenwechsel im Gesamtwert von 220.000 €.

Aus der Buchhaltung ergeben sich ferner folgende Daten:

(1) Bestand an Forderungen aus Lieferungen und Leistungen    430.000 €
(2) Bestand an sonstigen Vermögensgegenständen    40.000 €
(3) Bestand an sonstigen Wertpapieren    15.000 €.

(a) (Verkürzter) Inhalt des Schlussbilanzkontos:

| S | Schlussbilanzkonto | | | H |
|---|---|---|---|---|
| | € | | | € |
| – Forderungen aus Lieferungen und Leistungen | 430.000 | | | |
| – Wechselforderungen | 300.000 | | | |
| – Sonstige Vermögensgegenstände | 40.000 | | | |
| – Sonstige Wertpapiere | 15.000 | | | |

(b) (Verkürzter) Inhalt der Schlussbilanz (Angabe des zulässigen Davon-Vermerks in Klammern):

| Aktiva | Schlussbilanz | | | Passiva |
|---|---|---|---|---|
| | € | | | € |
| II. Forderungen und sonstige Vermögensgegenstände (davon Wechsel: 240.000 €) | 710.000 | | | |
| III. Wertpapiere (davon Wechsel: 60.000 €) | 75.000 | | | |

---

284   Vgl. *ADS* 1997b, Anm. 126 zu § 266 HGB, S. 138.

Werden Wechsel zur Begleichung eigener Verbindlichkeiten übertragen oder zur Bargeldbeschaffung an eine Bank veräußert, hat dies eine **Verminderung des Wechselbestandes** zur Folge. Der Wechselabgang bewirkt gleichzeitig, dass auch die Forderung aus dem Grundgeschäft nicht mehr in der Bilanz erscheint. Da jeder in der Indossamentenkette aufgeführte frühere Inhaber im Falle des Wechselprotestes zwecks Zahlung in Anspruch genommen werden kann, begründen **weitergegebene Besitzwechsel** sog. **Eventualverbindlichkeiten**. Damit der Bilanzleser einen Überblick über die Höhe der eingegangenen Haftungsverhältnisse erhält, ist der Kaufmann nach § 251 HGB verpflichtet, den Gesamtbetrag der Eventualverbindlichkeiten unter der Bilanz anzugeben.[285]

Als **Schuldwechsel** werden diejenigen Wechsel bezeichnet, bei denen sich der Bilanzierende in der Position des Wechselschuldners befindet, d. h. beim gezogenen Wechsel ist der Kaufmann Akzeptant, beim eigenen Wechsel ist er Aussteller. Passivwechsel werden auf dem **passiven Bestandskonto** »Schuldwechsel«[286] oder »Wechselverbindlichkeiten«[287] erfasst. Parallel zum Besitzwechsel, bei dem der Unternehmer einen Wechselanspruch und einen Forderungsanspruch aus dem Grundgeschäft hat, ist der Unternehmer beim Schuldwechsel eine **zweifache Verpflichtung** eingegangen. Neben der Wechselverbindlichkeit existiert auch noch die Verbindlichkeit aus dem Grundgeschäft (z. B. Verbindlichkeiten aus Lieferungen und Leistungen). Aufgrund der Wechselstrenge wird in der Finanzbuchhaltung wiederum **nur die Wechselverpflichtung** und nicht die Schuld aus dem der Wechselausstellung zugrunde liegenden Kaufvertrag aufgezeichnet. Mithin sind buchhalterisch zwei Sachverhalte zu unterscheiden:

- die aus dem Grundgeschäft (z. B. Wareneinkauf auf Ziel) sich ergebende Zahlungsverpflichtung wurde bereits **buchmäßig dokumentiert** und
- das Einkaufsgeschäft und die Annahme des Wechsels vollziehen sich **gleichzeitig** (»Ware gegen Wechsel«).

Die Buchungssätze hierzu lauten:

zu (1) **Verbindlichkeiten aus**       **an**       **Schuldwechsel**
        **Lieferungen und Leistungen**

zu (2)   – **Wareneinkauf**       **an**       **Schuldwechsel.**
       – **Vorsteuer**

Bei Geschäftsvorfall (2) kann die Zahlungsverpflichtung auch zuerst auf dem **Verbindlichkeitskonto** erfasst und dann entsprechend der Buchung (1) auf das Schuldwechselkonto übertragen werden.

Während für Besitz- und Schuldwechsel in der Buchhaltung die gleichen Aufzeichnungsregeln gelten, erfahren sie in der **Bilanz** eine unterschiedliche Behandlung. Um den Jahresabschlussadressaten den gesamten Umfang der Verpflichtungen, die der Strenge des Wechselgesetzes unterliegen, aufzuzeigen, verlangt das Handelsrecht einen **gesonderten Bilanzausweis** der eingegangenen Wechselverbindlichkeiten. Bei **Kapitalgesellschaften**, zur Veröffentlichung verpflichteten Einzelunternehmen und Personenhandelsgesellschaften (§ 5 Abs. 1 Satz 2 PublG) sowie eingetragenen Genossenschaften (§ 336 Abs. 2 Satz 1 HGB)

---

285  Darüber hinaus muss nach h. M. für am Bilanzstichtag weitergegebene, aber noch nicht eingelöste Wechsel eine Rückstellung wegen des Risikos der wechselrechtlichen Haftung gebildet werden. Vgl. *Hoyos/Ring* 2006 a, Anm. 100 zu § 249 HGB, S. 310 f.

286  Vgl. Einzelhandels-Kontenrahmen (EKR), Konto-Nr. 450.

287  Vgl. Kontenrahmen für den Groß- und Außenhandel, Konto-Nr. 176; Industrie-Kontenrahmen (IKR), Konto-Nr. 45(0).

und Kapitalgesellschaften gesetzlich gleichgestellte Unternehmen (§ 264 a HGB)erfolgt dies durch den Passivposten »Verbindlichkeiten aus der Annahme gezogener Wechsel und der Ausstellung eigener Wechsel«.[288] Nicht publizitätspflichtige Einzelunternehmen und Personenhandelsgesellschaften können anstelle dieser Bezeichnung auch den Terminus »Schuldwechsel« oder »Wechselverbindlichkeiten« verwenden.

## b.    Buchmäßige Erfassung des Wechselverkehrs

### b.a    Wechselgrundgeschäft

Die nachstehenden Ausführungen beziehen sich auf gezogene Wechsel, denen ein Waren- oder Dienstleistungsgeschäft zugrunde liegt. Darüber hinaus gilt das Gesagte ebenso für eigene Wechsel, sofern auch sie **Handelswechsel** darstellen. Wie eingangs erwähnt, kommt dem Wechsel u. a. eine Finanzierungsfunktion zu, die darin besteht, dass die Verkaufsseite das Absatzgeschäft – bis zur Fälligkeit des Wechsels – kreditiert. Der Lieferant veräußert an den Kunden also Waren oder erbringt für ihn eine Dienstleistung, die dieser sofort oder innerhalb einer bestimmten Frist bezahlen müsste; ist der Käufer hierzu augenblicklich nicht in der Lage (z. B. aufgrund eines vorübergehenden Liquiditätsengpasses), so kann er seine Zahlungsverpflichtung durch die Annahme eines gezogenen Wechsels erfüllen, wodurch dem Verkäufer gleichzeitig die Möglichkeit der **Refinanzierung** eröffnet wird.

Da mit Hilfe des Wechsels eine **Kreditierung** des Waren- oder Dienstleistungsgeschäftes erfolgt (wirtschaftlich kommt dies einer Zahlungsstundung gleich), wird der Lieferant dem Kunden in aller Regel **Zinsen** in Rechnung stellen sowie Ersatz für die durch das Wechselgeschäft ausgelösten **Aufwendungen** (Porto- und Telefonauslagen, Inkassoprovision etc.) verlangen. Während die im Rahmen des Wechselkredites anfallenden Zinsen als **Wechsel(vor)zinsen** oder **Diskont** bezeichnet werden, spricht man im Hinblick auf die mit dem Wechsel verbundenen Aufwendungen von **Wechselspesen** oder **Wechselumlaufkosten**. Wechselzinsen und Wechselspesen ergeben zusammen die **Wechselkosten**. Der Diskont berechnet sich nach folgender Formel.

$$\text{Diskont} = \frac{\text{Wechselsumme} \cdot \text{Diskontsatz} \cdot \text{(Rest)Laufzeit}}{100 \cdot 360}$$

Aus Praktikabilitätsgründen werden die Wechselumlaufkosten regelmäßig in Form einer **Pauschale** erhoben, mit der dann sämtliche Aufwendungen abgedeckt sind. Allerdings ist zu berücksichtigen, dass der Wechselschuldner nur dann Wechselzinsen zu entrichten und die Wechselspesen zu tragen hat, wenn dies zuvor zwischen den Vertragsparteien vereinbart wurde.

Hat gemäß der zwischen Verkäufer und Käufer getroffenen Vereinbarung letzterer die Wechselkosten (ganz oder teilweise) zu tragen, stehen den Beteiligten hinsichtlich der **Überwälzung** zwei Möglichkeiten offen:

- die Wechselkosten können unmittelbar in die **Wechselsumme eingerechnet werden**, d. h. der Wechsel wird auf einen entsprechend höheren Betrag ausgestellt oder
- die Wechselkosten werden dem Bezogenen vom Aussteller **gesondert in Rechnung gestellt** (auf Seiten des Kunden entsteht eine sonstige Verbindlichkeit, auf Seiten des Lieferanten eine sonstige Forderung).

---

288   Vgl. § 266 Abs. 3 Posten C.5. HGB.

**Umsatzsteuerrechtlich** werden die Wechselkosten nach Auffassung der Finanzverwaltung nicht als Folge einer steuerbefreiten Kreditgewährung i. S. d. § 4 Nr. 8 UStG behandelt. Vielmehr sind die Wechselzinsen und die Wechselspesen als **Nebenleistungen** und damit **Bestandteil der Warenlieferung** anzusehen und erhöhen dementsprechend das umsatzsteuerpflichtige Entgelt, das vom Aussteller zu versteuern ist und beim Bezogenen dem Vorsteuerabzug unterliegt.[289] Mithin bilden aus umsatzsteuerlicher Sicht Waren- und Wechselgeschäft eine **wirtschaftliche Einheit**. Unter Berufung auf die Grundsätze des *BFH*-Beschlusses vom 18.12.1980[290] findet das vorstehend Gesagte dann keine Anwendung – mit der Folge, dass die Wechselkosten das umsatzsteuerpflichtige Entgelt nicht erhöhen –, wenn zwischen der Warenlieferung und dem mit Hilfe des Wechsels vollzogenen Kreditgeschäft eine **eindeutige Trennung** vorliegt. Waren- und Kreditakt müssen also zwei selbstständige und voneinander unabhängige Vorgänge darstellen. Dies ist dann der Fall, wenn[291]

- die Lieferung (oder sonstige Leistung) und die Kreditgewährung mit den dafür aufzuwendenden Entgelten bei Abschluss des Umsatzgeschäftes **gesondert vereinbart** worden sind,[292]
- in der Vereinbarung über die Kreditgewährung auch der **Jahreszins** angegeben wird und
- die Entgelte für die Lieferung (oder sonstige Leistung) und die Kreditgewährung **getrennt abgerechnet** werden.

Sind die genannten Voraussetzungen erfüllt, ist der Wechselkredit (einschließlich der in Rechnung gestellten Wechselkosten) als gesonderte Leistung anzusehen, die nach § 4 Nr. 8 UStG als **umsatzsteuerfrei** eingestuft wird.[293] Weil in der Praxis die strikte Trennung von Waren- und Wechselgeschäft (noch) die Ausnahme darstellt, liegt den nachfolgenden Ausführungen die bisherige Auffassung von Rechtsprechung und Finanzverwaltung zugrunde.

**Beispiel:**
Großhändler G liefert an Einzelhändler E Waren im Gesamtwert von 12.000 € (einschließlich 20 % Umsatzsteuer). Da E die Lieferung nicht sofort bezahlen kann, akzeptiert er einen von G in Höhe des Rechnungsbetrages ausgestellten Wechsel (Laufzeit drei Monate). Entsprechend der zwischen den Vertragsparteien getroffenen Vereinbarung hat E Wechselzinsen in Höhe von 10 % p. a. sowie eine Wechselumlaufkostenpauschale von 65 € zu zahlen. G stellt dem E die Wechselkosten gesondert in Rechnung. Darüber hinaus wurde vereinbart, dass G sämtliche mit der Weitergabe bzw. Diskontierung einhergehende Wechselkosten auf E überwälzen kann.

Buchung des Großhändlers:

(1) Warenverkauf gegen Hereinnahme eines Wechsels:

| | | | | |
|---|---|---|---|---|
| Besitzwechsel | 12.000 € | an | – Warenverkauf | 10.000 € |
| | | | – Umsatzsteuer | 2.000 €. |

289 Vgl. *Eisele* 2002, S. 162.
290 Vgl. *BFH* 1980, S. 198–200.
291 Vgl. R 29 a Abs. 2 UStR.
292 Die nachträgliche Aufteilung des für das Umsatzgeschäft vereinbarten Entgelts in ein Entgelt für die Lieferung (oder sonstige Leistung) und ein Entgelt für die Kreditgewährung ist nicht möglich.
293 Nach § 9 Abs. 1 UStG steht dem Unternehmer jedoch die Möglichkeit offen, auf die Steuerbefreiung zu verzichten und somit auch die Kreditgeschäfte der Umsatzsteuer zu unterwerfen.

(2) Inrechnungstellung der Wechselkosten:

| Sonstige Forderungen | 438 € | an | – Diskonterträge | 300 €[294] |
| | | | – Sonstige betriebliche Erträge | 65 € |
| | | | – Umsatzsteuer | 73 €[295]. |

Weil die Wechselspesen sich aus einer Vielzahl von Einzelaufwendungen zusammenset-zen (Telefon, Porto etc.), die ihrerseits bei den betreffenden Aufwandsarten buchhalterisch erfasst werden, und aus Praktikabilitätsgründen eine Herausrechnung und Stornierung der durch den Wechsel verursachten Aufwendungen unterbleibt, ist die vom Bezogenen zu zahlende Wechselumlaufkostenpauschale als **Ertrag zu verbuchen**. Statt als sonstige betriebliche Erträge können die Wechselspesen auch auf einem **separaten Erfolgskonto** (z. B. »Pauschale Wechselumlaufkosten«) aufgezeichnet werden.

Buchungen des Einzelhändlers:

(1) Warenverkauf gegen Akzeptierung eines Wechsels:

| – Wareneinkauf | 10.000 € | an | Schuldwechsel | 12.000 €. |
| – Vorsteuer | 2.000 € | | | |

(2) Erhalt der Wechselkostenabrechnung:

| – Diskontaufwendungen | 300 € | an | Sonstige | |
| – Kosten des Geldverkehrs | 65 € | | Verbindlichkeiten | 438 €. |
| – Vorsteuer | 73 € | | | |

Die vom Bezogenen zu entrichtenden Wechselumlaufkosten zählen zu den durch bare und unbare Zahlungsvorgänge bedingten **Aufwendungen des Geldverkehrs**.[296] Sofern die Wechselkosten in die Wechselsumme eingerechnet werden, lautet der Wechsel über 12.438 € und es entsteht weder eine sonstige Forderung noch eine sonstige Verbindlichkeit; ansonsten ergeben sich keine Änderungen.

### b.b Wechseleinlösung

**Beispiel:**
In Fortsetzung des vorangegangenen Beispiels legt Großhändler G dem Einzelhändler E am Verfalltag den Wechsel zur Einlösung vor. E begleicht die Wechselsumme einschließ-lich der ihm in Rechnung gestellten Wechselkosten durch Barzahlung.

---

294  300 € = 12.000 € · 10 % · 90 / (100 · 360).
295  73 € = 0,2 · (300 € + 65 €).
296  Vgl. Einzelhandels-Kontenrahmen (EKR), Konto-Nr. 675; Kontenrahmen für den Groß- und Außenhandel, Konto-Nr. 486; Industrie-Kontenrahmen (IKR), Konto-Nr. 675.

Buchung des Großhändlers:

| Kasse | 12.438 € | an | – Besitzwechsel | 12.000 € |
| | | | – Sonstige Forderungen | 438 €. |

Buchung des Einzelhändlers:

| – Schuldwechsel | 12.000 € | an | Kasse | 12.348 €. |
| – Sonstige Verbindlichkeiten | 438 € | | | |

## b.c    Wechselweitergabe

**Beispiel:**
Nun wird unterstellt, dass Großhändler G seinerseits dem Hersteller Haus Warenlieferungen 30.000 € schuldet. Um seine Verbindlichkeiten zu begleichen, indossiert G den Wechsel an H und überweist den Differenzbetrag durch seine Bank (Restlaufzeit des Wechsels zwei Monate). Für den Wechselkredit verlangt der Hersteller Zinsen in Höhe von 10 % p. a. sowie eine Umlaufkostenpauschale von 60 €. Über die zu zahlenden Wechselkosten erhält der Großhändler eine gesonderte Abrechnung. Entsprechend der zwischen dem Groß- und dem Einzelhändler getroffenen Vereinbarung überwälzt G die ihm bei der Wechselweitergabe vom Hersteller in Rechnung gestellten Wechselkosten auf E. Am Fälligkeitstag legt der Hersteller dem Einzelhändler den Wechsel zur Einlösung vor; die Bezahlung erfolgt mittels Bankscheck.

Aus **umsatzsteuerrechtlicher Sicht** erhöhen die Wechselkosten, die – veranlasst durch die Wechselweitergabe – an den Hersteller zu zahlen sind, nachträglich das Entgelt, das der Großhändler zur Erlangung der Waren aufgewendet hat. Mithin muss H seine Umsatzsteuer und G seine Vorsteuer korrigieren. In gleicher Weise bewirkt die **Überwälzung der Wechselkosten** vom Großhändler auf den Einzelhändler eine nachträgliche Erhöhung des von E entrichteten Entgelts. Folglich sind auch hier Umsatzsteuer und Vorsteuer zu berichtigen. Hinsichtlich des vorstehenden Beispiels ist jedoch zu berücksichtigen, dass zu den Wechselkosten, die der Großhändler vom Einzelhändler erstattet bekommt, nicht die Wechselzinsen zählen, die G an den Hersteller zu leisten hat. Da der Großhändler den Wechsel nur einen Monat in Besitz hatte, stehen ihm insofern die Wechselzinsen nur anteilig zu. Dem Einzelhändler in Rechnung gestellt wurden jedoch die Zinsen für die gesamte Laufzeit des Wechsels. Insofern bewirken die an den Hersteller zu zahlenden Zinsen eine Korrektur des zu hoch ausgewiesenen Diskontertrags. Die vom Großhändler zu entrichtenden Wechselzinsen stellen einen Diskontaufwand dar.

Buchungen des Großhändlers:

(1) Schuldbegleichung durch Banküberweisung und Weitergabe des Wechsels:

| Verbindlichkeiten aus Lieferungen und Leistungen | 30.000 € | an | – Guthaben bei Kreditinstituten | 18.000 € |
| | | | – Besitzwechsel | 12.000 €. |

(2) Erhalt der Wechselkostenabrechnung vom Hersteller:

| – Diskontaufwendungen | 200 €[297] | an | Sonstige | |
|---|---|---|---|---|
| – Kosten des Geldverkehrs | 60 € | | Verbindlichkeiten | 312 €. |
| – Vorsteuer | 52 €[298] | | | |

(3) Überwälzung der Wechselumlaufkosten auf den Einzelhändler:

| Sonstige Forderungen | 72 € | an | – Kosten des Geldverkehrs | 60 € |
|---|---|---|---|---|
| | | | – Umsatzsteuer | 12 €. |

Dem Umstand Rechnung tragend, dass die Wechselspesen letztlich vom Einzelhändler zu bezahlen sind, erfolgt eine Stornierung der Kosten des Zahlungsverkehrs.

Buchungen des Einzelhändlers:

(1) Erhalt der Wechselkostenabrechnung vom Großhändler:

| – Kosten des Geldverkehrs | 60 € | an | Sonstige | |
|---|---|---|---|---|
| – Vorsteuer | 12 € | | Verbindlichkeiten | 72 €. |

(2) Wechseleinlösung am Verfalltag:

| Schuldwechsel | | an | Guthaben bei Kredit- | |
|---|---|---|---|---|
| | | | instituten | 12.000 €. |

Sofern sich der **Wechselzinssatz**, der bei der Abrechnung zwischen dem Groß- und dem Einzelhändler zugrunde liegt ($G_{Zinssatz}$), von dem Zinssatz unterscheidet, den der Hersteller dem Großhändler berechnet ($H_{Zinssatz}$), kommt es hinsichtlich der Behandlung des sich hieraus für den Großhändler ergebenden positiven ($G_{Zinssatz} > H_{Zinssatz}$) bzw. negativen ($G_{Zinssatz} < H_{Zinssatz}$) Zinseffekts auf die zwischen ihm und dem Einzelhändler **getroffenen Absprache** an. Mithin kann vereinbart werden, dass ein positiver Differenzbetrag an den Einzelhändler **rückzuerstatten** ist, während ein negativer Unterschiedsbetrag auf ihn **überwälzt** werden darf. Allerdings kann jedoch eine Übereinkunft dergestalt bestehen, dass mit den vom Großhändler in Rechnung gestellten Wechselzinsen sämtliche mit der Weitergabe bzw. Diskontierung einhergehende (positive bzw. negative) Zinsdifferenzen abgegolten sind. Entsprechende Abreden sind auch bezüglich der **Wechselspesen** möglich.

### b.d    Wechseldiskontierung

**Beispiel:**
Unter Rückgriff auf das Ausgangsbeispiel wird nun angenommen, dass Großhändler G einen Monat vor Fälligkeit den vom Einzelhändler E akzeptierten Wechsel an seine Hausbank verkauft. Das Kreditinstitut schreibt die Wechselsumme (12.000 €) unter Abzug von Diskont (10 % p. a.) und Spesen (50 €) dem Girokonto gut.[299] Gemäß der zwischen G und

---

297    200 € = 12.000 € · 10 % · 60 / (100 · 360).
298    52 € = 0,2 · (200 € + 60 €).
299    Die dem G von der Bank in Rechnung gestellten Wechselkosten sind Bestandteil der nach § 4 Nr. 8 a UStG umsatzsteuerbefreiten Kreditgewährung. Insofern belegt das Kreditinstitut die Diskontierung nicht mit Umsatzsteuer.

E getroffenen Absprache werden die durch die Diskontierung entstandenen Wechselkosten vom Großhändler auf den Einzelhändler überwälzt. Am Verfalltag löst E den von der Bank vorgelegten Wechsel durch Barzahlung ein.

Nach Auffassung von Rechtsprechung und Finanzverwaltung[300] stellen die bei der Diskontierung in Abzug gebrachten **Wechselzinsen umsatzsteuerrechtlich** eine **Entgeltsminderung** dar. Begründet wird diese Haltung damit, dass der Bezogene für die Lieferung wirtschaftlich nur das aufwende, was der Aussteller bei der vorzeitigen Einlösung des Wechsels erhalte, nämlich den um den Diskont verminderten Betrag. Dagegen sind die beim Verkauf anfallenden **Wechselspesen** Kosten des Geldverkehrs, die das umsatzsteuerpflichtige Entgelt **nicht** mindern dürfen. Die **Verringerung der steuerlichen Bemessungsgrundlage** hat zur Konsequenz, dass der Aussteller seine Umsatzsteuer und der Bezogene seinen Vorsteuerabzug berichtigen muss (§ 17 Abs. 1 UStG). Da die Wechselzinsen den aus Waren- bzw. Leistungswert und Umsatzsteuer bestehenden Rechnungsbetrag reduzieren, ist der Diskont – ähnlich dem Skonto – in eine Entgeltsminderung und eine Steuerkorrektur aufzuteilen. Für das vorstehende Beispiel ergibt sich somit:

|   | Wechselsumme | 12.000 € |
|---|---|---|
| – | Wechselzinsen | 100 €[301] |
| – | Wechselspesen | 50 € |
| = | Bankgutschrift | 11.850 €. |

Die 100 € Diskont verringern den Rechnungsbetrag und zerfallen in 83,33 € Entgeltsminderung und 16,67 € Steuerkorrektur. Die umsatzsteuerrechtliche Bemessungsgrundlage für die Warenlieferung des Großhändlers an den Einzelhändler beläuft sich somit auf 9.916,67 €; die hierauf entfallende Steuer beträgt demnach 1.983,33 €. Folglich hat G die bereits verbuchte Umsatzsteuer und E die bereits verbuchte Vorsteuer um 16,67 € zu berichtigen. Letzteres setzt allerdings voraus, dass die nachträglich eingetretene Entgeltsminderung dem Einzelhändler mitgeteilt wird. Unterlässt der Großhändler diese Mitteilung, darf er die Umsatzsteuer nicht zu seinen Gunsten korrigieren (weil sich ansonsten die an das Finanzamt abzuführende Umsatzsteuer und die von der Finanzbehörde zu erstattende Vorsteuer betragsmäßig nicht ausgleichen würden).[302]

Den vorstehenden Ausführungen zufolge kann der Verkäufer vom Käufer nur den Warenwert (10.000 €) zuzüglich der aus der reduzierten Bemessungsgrundlage resultierenden Umsatzsteuer (1.983,33 €), insgesamt also 11.384,17 € verlangen. Indem der Großhändler aber einen Wechsel über 12.000 € ausgestellt hat, schuldet er nun seinerseits dem Einzelhändler 16,67 €. In gleicher Höhe besitzt E eine Forderung gegen G. Vereinfacht ausgedrückt hat der Großhändler die 16,67 € – aufgrund der Umsatzsteuerkorrektur – nicht mehr an das Finanzamt, sondern – aufgrund des zu hoch ausgestellten Wechsels – an den Einzelhändler zu zahlen. Für den Einzelhändler verhält es sich analog, d. h. an die Stelle des Vorsteueranspruchs gegen die Finanzbehörde tritt der Forderungsanspruch gegen den Großhänd-

---

300  Vgl. R 151 Abs. 4 UStR.
301  100 € = 12.000 € · 10 % · 30 / (100 · 360).
302  Vgl. R 151 Abs. 4 UStR.

ler. Mithin kann immer dann, wenn eine Überwälzung der Wechselkosten **nicht vereinbart wurde**, der Lieferant auf die Korrektur der Umsatzsteuer sowie auf die Mitteilung an den Kunden **verzichten**, sofern dieser vorsteuerabzugsberechtigter Unternehmer ist, ohne dass dadurch eine der Vertragsparteien aufgrund der umsatzsteuerrechtlichen Behandlung des Diskonts finanzielle Nachteile erleidet. Berechnet der Lieferant dem Kunden die Wechselzinsen und die Wechselspesen weiter, so bewirkt dies wiederum einen **Anstieg des umsatzsteuerpflichtigen Entgelts**. Da sich aber die bei der Diskontierung zunächst eintretende Minderung und die durch die spätere Nachbelastung einstellende Zunahme der steuerlichen Bemessungsgrundlage hinsichtlich des Diskonts **ausgleichen**, führen letztlich nur die weiterberechneten Wechselumlaufkosten zu einer Entgelterhöhung. Im Falle einer Überwälzung der Wechselkosten entfällt Umsatzsteuer somit **nur** auf die **Wechselspesen**.

Bezogen auf das vorstehende Beispiel ist anzumerken, dass zu den Wechselkosten, die der Lieferant dem Kunden weiterberechnen kann, nicht der von der Bank in Abzug gebrachte Diskont zählt. Dadurch, dass der Großhändler dem Einzelhändler für die gesamte Laufzeit Wechselzinsen in Rechnung gestellt hat, dieser den Wechsel jedoch nur zwei Monate in Besitz hatte, wurde der von der Bank einbehaltene Diskont bereits vorweg überwälzt.

Buchungen des Großhändlers:

(1) Diskontierung des Wechsels bei der Bank:

|  |  |  |  |  |
|---|---|---|---|---|
| – Guthaben bei Kreditinstituten | 11.850 € | an | Besitzwechsel | 12.000 €. |
| – Diskontaufwendungen | 100 € |  |  |  |
| – Kosten des Geldverkehrs | 50 € |  |  |  |

(2) Aus der Diskontierung resultierende Umsatzsteuerkorrektur und Entstehen einer (sonstigen) Verbindlichkeit aufgrund des zu hoch ausgestellten Wechsels:[303]

| Umsatzsteuer |  | an | Sonstige Verbindlichkeiten | 16,67 €. |
|---|---|---|---|---|

(3) Stornierung der Umsatzsteuerkorrektur und der (sonstigen) Verbindlichkeit wegen der bereits erfolgten Diskontüberwälzung:

| Sonstige Verbindlichkeiten |  | an | Umsatzsteuer | 16,67 €. |
|---|---|---|---|---|

(4) Weiterbelastung der Wechselspesen:

|  |  |  |  |  |
|---|---|---|---|---|
| Sonstige Forderungen | 60 € | an | – Kosten des Geldverkehrs | 50 € |
|  |  |  | – Umsatzsteuer | 10 €. |

Buchungen des Einzelhändlers:

(1) Die vom Großhändler mitgeteilte Wechseldiskontierung hat eine Vorsteuerberichtigung sowie das Entstehen einer (sonstigen) Forderung aufgrund des zu hoch ausgestellten Wechsels zur Konsequenz:

| Sonstige Forderungen |  | an | Vorsteuer | 16,67 €. |
|---|---|---|---|---|

---

303 Umsatzsteuer- und Vorteuerkorrektur sind nur aus Verständnisgründen angegeben worden und zeigen auf, welche Buchungen anfallen, wenn der Großhändler dem Einzelhändler überhaupt keine Wechselkosten berechnet. Im Falle der Überwälzung sind sie und die Stornobuchungen jedoch überflüssig.

(2) Stornierung der Vorsteuerberichtigung und der (sonstigen) Forderung wegen der bereits erfolgten Diskontüberwälzung:

| | | | | |
|---|---|---|---|---|
| Vorsteuer | | an | Sonstige Forderungen | 16,67 €. |

(3) Erhalt der Wechselkostenabrechnung vom Großhändler:

| | | | | |
|---|---|---|---|---|
| – Kosten des Geldverkehrs | 50 € | an | Sonstige | |
| – Vorsteuer | 10 € | | Verbindlichkeiten | 60 €. |

(4) Wechseleinlösung am Verfalltag:

| | | | | |
|---|---|---|---|---|
| Schuldwechsel | | an | Kasse | 12.000 €. |

## b.e    Wechselprolongation

**Beispiel:**
Unter Bezugnahme auf das Ausgangsbeispiel wird jetzt angenommen, dass der Großhändler G den Wechsel in seinem Portefeuille aufbewahrt hat und ihn am Verfalltag dem Einzelhändler E zur Zahlung vorlegt. Da E sich in einem vorübergehenden Liquiditätsengpass befindet und deshalb den Wechsel nicht einlösen kann, erklärt G sich bereit, den fälligen Wechsel zu prolongieren und stellt einen neuen Wechsel (Laufzeit drei Monate) in gleicher Höhe aus (12.000 €). Für die Prolongation verlangt der Großhändler vom Einzelhändler Zinsen in Höhe von 12 % p. a. sowie eine Umlaufkostenpauschale von 60 €. Die Wechselkosten, die G dem E gesondert in Rechnung stellt, werden von diesem sofort bar bezahlt.

Wird der vom Aussteller hereingenommene und bei ihm verbliebene Wechsel prolongiert, so sind die dabei anfallenden Zinsen und Spesen als **Preiszuschläge** umsatzsteuerpflichtig, d. h. bei der Prolongation handelt es sich um eine weitere nachträgliche Stundung des Warenpreises. Folglich **erhöhen** die mit der Zahlungsfristverlängerung einhergehenden Wechselkosten, die dem Bezogenen berechnet werden, das **steuerpflichtige Entgelt**.

Sofern der Aussteller noch im Besitz des fälligen Wechsels ist, vollzieht sich die Prolongation dadurch, dass der alte Wechsel gegen einen neuen **ausgetauscht** wird. Der Großhändler gibt also den alten Wechsel an den Einzelhändler zurück und zieht gleichzeitig einen neuen Wechsel auf ihn. Weil der ursprüngliche und der prolongierte Wechsel über dieselbe Summe lauten, ist weder beim Aussteller noch beim Bezogenen eine Buchung auf dem Besitz- bzw. Schuldwechselkonto erforderlich. Lediglich **im Wechselbuch** ist der Wechselaustausch zu vermerken. Wenn jedoch die Prolongationskosten in die neue Wechselsumme mit eingerechnet werden, bedarf es einer Ausbuchung des alten und zugleich einer Einbuchung des neuen Wechsels.

Buchung des Großhändlers:

| | | | | |
|---|---|---|---|---|
| Kasse | 504 € | an | – Diskonterträge | 360 €[304] |
| | | | – Sonstige betriebliche Erträge | 60 € |
| | | | – Umsatzsteuer | 84 €[305]. |

---

303   360 € = 12.000 € · 12 % · 90 / (100 · 360).
304   84 € = 0,2 · (360 € + 60 €).

Buchung des Einzelhändlers:

| | | | | | |
|---|---|---|---|---|---|
| – Diskontaufwendungen | 360 € | an | Kasse | | 504 €. |
| – Kosten des Geldverkehrs | 60 € | | | | |
| – Vorsteuer | 84 € | | | | |

**Beispiel:**
Nun wird davon ausgegangen, dass der Großhändler G nicht mehr im Besitz des Wechsels ist, sondern diesen bei seiner Bank zur Diskontierung eingereicht hat. Unmittelbar vor dem Verfalltag bittet der Einzelhändler E aufgrund einer augenblicklichen Finanzlücke den G um eine Verlängerung der Wechselfrist. Zur Vermeidung eines Wechselprotestes und der damit verbundenen Rückgriffskosten streckt der Großhändler dem E den zur Einlösung erforderlichen Betrag (12.000 €) in bar vor. In Höhe des ausgehändigten Betrages zuzüglich der Prolongationskosten (Zinsen 12 % p. a., Umlaufkostenpauschale 60 €) zieht G einen neuen Wechsel auf den Einzelhändler (Laufzeit drei Monate).

Analog zu den vorstehenden Ausführungen stellen auch in diesem Fall die Wechselkosten umsatzsteuerlich **Preiszuschläge** dar, die eine nachträgliche **Entgelterhöhung** bewirken.

Buchung des Großhändlers:

| | | | | |
|---|---|---|---|---|
| Besitzwechsel | 12.504 € | an | – Kasse | 12.000 € |
| | | | – Diskonterträge | 360 € |
| | | | – Sonstige betriebliche | |
| | | | Erträge | 60 € |
| | | | – Umsatzsteuer | 84 €. |

Buchungen des Einzelhändlers:

(1) Akzeptierung des Prolongationswechsels:

| | | | | |
|---|---|---|---|---|
| – Kasse | 12.000 € | an | Schuldwechsel | 12.504 €. |
| – Diskontaufwendungen | 360 € | | | |
| – Kosten des Geldverkehrs | 60 € | | | |
| – Umsatzsteuer | 84 € | | | |

(2) Einlösung des alten Wechsels:

| | | | |
|---|---|---|---|
| Schuldwechsel | an | Kasse | 12.000 €. |

### b.f.    Wechselprotest

**Beispiel:**
Als letzte Variationsalternative des Beispiels wird unterstellt, dass der Wechsel vom Großhändler G zur Begleichung eigener Verbindlichkeiten an einen Gläubiger (z. B. Hersteller) weitergegeben wurde. Da der Einzelhändler E den Wechsel am Verfalltag nicht bezahlen

kann, lässt der Wechselinhaber durch einen Notar[306] Protest erheben. Für diese Amtshandlung berechnet der Notar eine Gebühr von 120 € (einschl. 20 % Umsatzsteuer), die durch Banküberweisung beglichen wird. Neben der Wechselsumme (12.000 €) und der Protestgebühr stellt der Wechselinhaber dem Großhändler im Rahmen des Rückgriffs in Rechnung: Zinsen 40 €, Auslagen 22 € und eine Vergütung über 38 €.[307] In dem sich anschließenden Wechselprozess verlangt der Großhändler vom Einzelhändler Bezahlung

– des Wechsels,
– der ihm vom Wechselinhaber belasteten Protestkosten sowie
– der eigenen Protestkosten in Höhe von 150 € (Zinsen 50 €, Auslagen 40 € und Vergütung 60 €).[308]

Aus **umsatzsteuerrechtlicher Sicht** handelt es sich bei den nach Art. 48 und Art. 49 WG zu zahlenden Protestgebühren, Zinsen, Auslagen und Vergütungen um **Schadensersatzleistungen**.[309] Mithin liegen also **nicht steuerbare** Umsätze vor. Folglich haben die auf den (unmittelbaren oder einen beliebigen) Wechselvorbesitzer weiterverrechneten Protestkosten **keine Auswirkungen auf das umsatzsteuerpflichtige Entgelt**. Der Wechselinhaber kann jedoch die ihm im Rahmen des Protests für von **dritter Seite erbrachte Leistungen** in Rechnung gestellte Umsatzsteuer als Vorsteuer geltend machen. Gleiches gilt für alle den Protestwechsel einlösenden Indossanten.

Weil protestierte Wechsel mit einem erhöhten Ausfallrisiko behaftet sind, werden sie auf einem gesonderten Konto (»**Protestwechsel**« oder »**Rückwechsel**«) erfasst. Berechnet der Rückgriffsberechtigte dem Rückgriffsverpflichteten die Wechselsumme sowie die Protestkosten weiter, entsteht – sofern keine unmittelbare Bezahlung z. B. durch Bank oder Kasse erfolgt – beim Berechtigten eine sonstige Forderung und beim Verpflichteten eine sonstige Verbindlichkeit. Zulässig ist auch, in Höhe der Wechselsumme die Forderung bzw. Verbindlichkeit aus dem Waren- oder Dienstleistungsgeschäft wieder aufleben zu lassen und nur die Protestkosten als sonstige Forderung bzw. sonstige Verbindlichkeit zu verbuchen.

Buchungen des Wechselinhabers:

(1) Protesterhebung wegen Zahlungsunfähigkeit des Einzelhändlers:

| | | | | |
|---|---|---|---|---|
| – Protestwechsel | 12.000 € | an | Besitzwechsel | 12.000 € |
| – Kosten des Geldverkehrs | 100 € | | Guthaben bei | |
| – Vorsteuer | 20 € | | Kreditinstituten | 120 €. |

(2) Rückgriff auf den Großhändler:

| | | | | |
|---|---|---|---|---|
| Sonstige Forderungen | 12.200 € | an | – Protestwechsel | 12.000 € |
| | | | – Kosten des Geldverkehrs[310] | 100 € |
| | | | – Diskonterträge | 40 € |
| | | | – Sonstige betriebliche Erträge | 60 €. |

---

306 Gemäß Art. 79 Abs. 1 WG kann der Protest nur durch einen Notar oder Gerichtsbeamten erhoben werden.
307 Vgl. Art. 48 Abs. 1 WG.
308 Vgl. Art. 28 Abs. 2 i. V. m. Art. 49 WG.
309 Vgl. R 149 Abs. 3 i. V. m. R 3 Abs. 3 UStR.
310 Vom Großhändler zu erstatten ist nur der Nettobetrag der Protestgebühr (100 €).

Die im Rahmen des Protests anfallenden Zinsen stellen auf Seiten des **Wechselberechtigten Diskonterträge** und auf Seiten des **Wechselverpflichteten Diskontaufwendungen** dar. Da die mit dem Protest verbundenen Auslagen (Telefon, Porto etc.) – ebenso wie die Wechselumlaufkosten – buchhalterisch bei den betreffenden Aufwandsarten erfasst werden und aus Praktikabilitätsgründen eine Herausrechnung und Stornierung der durch den Protest verursachten Aufwendungen unterbleibt, sind die weiterberechneten Auslagen als **Ertrag** zu erfassen.

Buchungen des Großhändlers:

(1) Erhalt der Rückgriffskostenabrechnung vom Wechselinhaber:

| | | | | |
|---|---|---|---|---|
| – Protestwechsel | 12.000 € | an | Sonstige | |
| – Diskontaufwendungen | 40 € | | Verbindlichkeiten | 12.200 €. |
| – Kosten des Geldverkehrs | 160 € | | | |

Die dem Großhändler in Rechnung gestellten Protestkosten zerfallen also in Diskontaufwendungen und Kosten des Geldverkehrs.

(2) Dem Einzelhändler werden die Wechselsumme sowie die fremden und eigenen Protestkosten in Rechnung gestellt:

| | | | | |
|---|---|---|---|---|
| Sonstige Forderungen | 12.350 € | an | – Protestwechsel | 12.000 € |
| | | | – Diskontaufwendungen | 40 € |
| | | | – Kosten des Geldverkehrs | 160 € |
| | | | – Diskonterträge | 50 € |
| | | | – Sonstige betriebliche Erträge | 100 €. |

Weil die an den Wechselinhaber bezahlten Protestkosten (200 €) auf den Einzelhändler weiterverrechnet werden, erfolgt eine Stornierung der Diskontaufwendungen und der Kosten des Zahlungsverkehrs. Sofern sich abzeichnet, dass die (sonstige) Forderung des Großhändlers ganz oder teilweise **ausfällt**, hat er diese im Wege der **Abschreibung** zu berichtigen und gleichzeitig eine **Umsatzsteuerkorrektur** vorzunehmen (§ 17 Abs. 2 UStG). Der Einzelhändler muss neben der weiterhin bestehenden Verpflichtung aus dem Schuldwechsel auch die neu hinzugekommene (sonstige) Verbindlichkeit aus den weiterbelasteten Protestkosten bilanzieren.

Im Gegensatz zum Handelswechsel dient der **Finanzwechsel** ausschließlich der (kurzfristigen) Kapitalbeschaffung und fällt somit unter die **steuerbefreiten Umsätze** des § 4 Nr. 8 UStG (Kreditgewährung). Da die Wechselkosten als Nebenleistungen der Kreditgewährung anzusehen sind und deshalb das umsatzsteuerrechtliche Schicksal der Hauptleistung teilen, ergeben sich aus den in Rechnung gestellten Wechselzinsen und -spesen **keine Auswirkungen auf die Umsatzsteuer.**

# C.      Lohn- und Gehaltsverkehr

## 1.      Komponenten des Personalaufwands

Der durch die Inanspruchnahme des Produktionsfaktors Arbeit verursachte **Personalaufwand** setzt sich aus den **Bruttoarbeitsentgelten** ( = Löhne und Gehälter) und den **sozialen Aufwendungen** zusammen. Als **Löhne und Gehälter** sind alle Ausgaben zu qualifizieren, die der Arbeitgeber im Hinblick auf künftige sowie aufgrund von gegenwärtigen oder früheren Arbeitsverhältnissen tätigt. Hierbei ist unerheblich, unter welcher Bezeichnung (Bezüge, Vergütungen, Tantiemen etc.) und in welcher Form (Geld, geldwerten Vorteilen oder Sachwerten)[311] die Ausgaben erfolgen und ob sie regelmäßig (z. B. monatliche Lohn- und Gehaltszahlungen) oder nur einmalig (z. B. 13. Monatsgehalt, Urlaubsgeld) anfallen.

Die **sozialen Aufwendungen**, die der Unternehmer zugunsten seiner Mitarbeiter erbringt, werden regelmäßig untergliedert in:[312]

*   **Gesetzliche soziale Aufwendungen**
    [hierzu zählen die Anteile des Arbeitgebers zur Sozialversicherung (Arbeitgeberanteile) sowie die Beiträge zur Berufsgenossenschaft],
*   **Freiwillige soziale Aufwendungen**
    (hierbei handelt es sich um Aufwendungen für erbrachte Unterstützungsleistungen, wie z. B. Erholungs- und Arztkostenbeihilfen, Heirats- und Geburtsbeihilfen oder Familienfürsorgezahlungen) und
*   **Aufwendungen für Altersversorgung**
    (hierher gehören die Zuführungen zu den Pensionsrückstellungen, Prämien für Direktversicherungen, die Zahlungen an Pensionskassen etc.).

Zur Auszahlung an den Arbeitnehmer gelangt jedoch nicht das tariflich festgelegte oder vertraglich vereinbarte **Bruttoarbeitsentgelt**, sondern der nach Vornahme bestimmter Abzüge verbleibende **Nettolohn**. Zu den Abgaben, die der Arbeitgeber aufgrund gesetzlicher Vorschriften vom Bruttogehalt einzubehalten und an die jeweiligen Institutionen abzuführen hat, rechnen:

*   die **Lohnsteuer**,
*   die **Kirchensteuer**,
*   der **Solidaritätszuschlag**[313] und
*   der **Anteil des Arbeitnehmers zur Sozialversicherung** (Arbeitnehmeranteil).

Das sich ergebende **Nettoarbeitsentgelt** ist – sofern der Beschäftigte einen Vertrag i. S. d. Fünften Vermögensbildungsgesetzes abgeschlossen hat – noch um die vermögenswirksamen Leistungen zu kürzen. Hieraus errechnet sich der **Auszahlungsbetrag**, der mit Hilfe eines Finanzkontos (z. B. Guthaben bei Kreditinstituten oder Kasse) dem Arbeitnehmer zur Verfügung gestellt wird.

---

311   Nach § 8 EStG zählen zu den Einnahmen des Arbeitnehmers – und somit zu den Ausgaben des Arbeitnehmers – nicht nur die Zuflüsse in Form von Geld, sondern ebenso die vom Arbeitgeber erhaltenen
      – geldwerten Vorteile (z. B. Stellung eines Dienstwagens, der vom Arbeitnehmer auch privat genutzt werden kann) und
      – Sachwerte (z. B. Arbeitnehmer kann Produkte des Arbeitgebers unentgeltlich oder zu ermäßigten Preisen beziehen).
312   Vgl. § 275 Abs. 2 Nr. 6. b) HGB.
313   Vgl. § 3 Abs. 2 a SolZG.

Bei steuerpflichtigen Personen, die Einkünfte aus nichtselbständiger Arbeit (Lohn oder Gehalt) beziehen, erfolgt die Erhebung der **Einkommensteuer** durch direkten Abzug vom Bruttoarbeitsentgelt. Die gemäß diesem Verfahren erhobene Einkommensteuer wird auch als **Lohnsteuer** bezeichnet (§ 38 Abs. 1 EStG). Als Grundlage für die Berechnung der Lohnsteuer dient dem Unternehmer die **Lohnsteuerkarte**. Diese wird von der örtlich zuständigen Gemeinde dem Arbeitnehmer ausgestellt, der sie dann an den Arbeitgeber weiterzuleiten hat. Die Lohnsteuerkarte enthält alle für die Besteuerung des Mitarbeiters relevanten Daten, wie z. B. Lohnsteuerklasse, Familienstand, Konfessionszugehörigkeit. Unter Zugrundelegung dieser Informationen ermittelt der Unternehmer anhand von **Lohnsteuertabellen** den Steuerabzug des jeweiligen Arbeitnehmers und behält diesen Betrag ein. Grundsätzlich bis spätestens zum 10. des folgenden Monats muss der Arbeitgeber die einbehaltenen Steuerbeträge an das Finanzamt abführen.[314]

Die **Kirchensteuer**, die von jedem Mitglied einer Religionsgemeinschaft zu entrichten ist, wird ebenfalls vom Arbeitgeber einbehalten und zusammen mit der Lohnsteuer an das zuständige Finanzamt abgeführt.[315] Bemessungsgrundlage für die Kirchensteuer ist die zu zahlende Lohnsteuer; der Kirchensteuersatz beträgt je nach Bundesland 8 % bzw. 9 %.

Der **Solidaritätszuschlag** wird als Ergänzungsabgabe zur Einkommen- und Körperschaftsteuer erhoben.[316] Dieser wird i. H. v. 5,5 % vom laufenden Arbeitslohn und den sonstigen Bezügen (z. B. Urlaubs- oder Weihnachtsgeld) berechnet.[317]

Zur **gesetzlichen Sozialversicherung** (**SV**) zählen die gesetzliche

- **Rentenversicherung** (§ 1 f. SGB VI),
- **Krankenversicherung** (§ 1 f. SGB V),
- **Arbeitslosenversicherung** (§ 1 f. SGB III)
- **Pflegeversicherung** (§ 1 f. SGB XI);
- **Unfallversicherung** (§ 150 f. SGB VII).

Während die Beiträge zu den vier erstgenannten Versicherungen je zur Hälfte vom Arbeitnehmer (Arbeitnehmeranteil) und vom Arbeitgeber (Arbeitgeberanteil) aufzubringen sind[318], muss der Beitrag zur Unfallversicherung (Berufsgenossenschaft) vom Unternehmer allein getragen werden.[319] Der in Abzug gebrachte Arbeitnehmeranteil ist zusammen mit dem Arbeitgeberanteil bis zu dem in der Satzung der zuständigen Krankenkasse ( = Einzugsstelle) bestimmten Tag – jedoch spätestens am drittletzten Bankarbeitstag des jeweiligen Monats – an diese abzuführen.[320] Die Einzugsstelle (Krankenkasse) nimmt dann die Verrechnung mit den anderen Versicherungsträgern vor. Die Beiträge zur Unfallversicherung hat der Unternehmer hingegen direkt an die jeweilige Berufsgenossenschaft zu entrichten.

---

314    Vgl. § 41 a Abs. 1 und Abs. 2 EStG.
315    Vgl. *Eisele* 2002, S. 245.
316    Vgl. § 1 SolZG.
317    Vgl. § 3 SolZG i. V. m. § 51 a Abs. 2 a EStG.
318    Vgl. § 168 Abs. 1 SGB VI, § 249 Abs. 1 SGB V, § 346 Abs. 1 SGB III, § 58 Abs. 1 SGB XI. Zum 19. 11. 2003 ist das sog. *Gesetz zur Modernisierung der Gesetzlichen Krankenversicherung* in Kraft getreten. Demnach wird die ehemals paritätische Finanzierung der gesetzlichen Krankenversicherung variiert. Neu hinzugekommen ist die Regelung, wonach der Arbeitnehmer einen Zuschlagsatz von 0,9 % ab dem 01. 01. 2006 mehr zu entrichten hat als der Arbeitgeber. In den nachfolgenden Übungsaufgaben wird jedoch aus Vereinfachungsgründen mit identischen Arbeitnehmer- und Arbeitgeberanteilen zur gesetzlichen Sozialversicherung gerechnet.
319    Vgl. § 150 Abs. 1 SGB VII.
320    Vgl. § 23 Abs. 1 SGB IV.

Als **vermögenswirksame Leistungen** werden diejenigen Gelder bezeichnet, die der Arbeitgeber für den Beschäftigten nach dem Gesetz zur Förderung der Vermögensbildung der Arbeitnehmer (kurz: **Vermögensbildungsgesetz**) anlegt. Zum gegenwärtigen Zeitpunkt findet das Fünfte Vermögensbildungsgesetz (5. VermBG) i.d. Fassung vom 04. 03. 1994 Anwendung. Hinsichtlich der Anlage der vermögenswirksamen Leistungen eröffnet das derzeit gültige Gesetz dem Arbeitnehmer mehrere Möglichkeiten,[321] wobei einzelne Sparformen vom Staat durch die Gewährung einer Prämie (sog. **Arbeitnehmer-Sparzulage**) gefördert werden.[322] Der Höchstbetrag, den ein Angestellter, Arbeiter oder Auszubildender im Kalenderjahr prämienbegünstigt sparen kann, beträgt unabhängig von der gewählten Anlageform 470 €.

| Anlageformen |
| --- |
| Aufwendungen zum Erwerb von Aktien, Wandelschuldverschreibungen, Geschäftsguthaben etc. |
| Aufwendungen im Sinne des Wohnungsbau-Prämiengesetzes (WoPG) und Aufwendungen zum Bau, Erwerb oder Erweiterung eines im Inland gelegenen Wohngebäudes bzw. einer Eigentumswohnung |
| Sparbeiträge auf Grund eines Sparvertrags mit einem Kreditinstitut |
| Beiträge zu Kapitalversicherungen auf den Erlebens- oder Todesfall |

Abb. 89: Anlageformen und Arbeitnehmer-Sparzulagen für vermögenswirksame Leistungen[323]

Die Arbeitnehmer-Sparzulage wird vom **Finanzamt** zunächst nur festgesetzt und Jahre später nach Ablauf der Sperrfrist ausgezahlt, ausgenommen, wenn der Bausparvertrag bereits zugeteilt oder keine Sperrfrist bestanden hat.[324] Eine Sparzulage von 18 % bzw. 9 % der erbrachten vermögenswirksamen Leistungen (maximal auf 470 €) erhält der Beschäftigte jedoch nur dann, wenn sein zu versteuerndes Einkommen 17.900 € bzw. bei Zusammenveranlagung von Ehegatten 35.800 € im Kalenderjahr nicht übersteigt (§ 13 Abs. 1 VermBG). Der Anspruch des Arbeitnehmers auf die staatliche Prämie entfällt indes mit Wirkung für die Vergangenheit, sofern die für die jeweilige Anlageform bestehende **Sperrfrist** (grds. 6 bis 7 Jahre) nicht eingehalten wird (§ 13 Abs. 5 VermBG). Innerhalb dieser Frist, deren Dauer von der gewählten Sparform abhängig ist, darf der Beschäftigte über die vermögenswirksam angelegten Gelder nicht durch Rückzahlung, Abtretung, Beleihung oder in ähnlicher Weise **verfügen**. Ein Verstoß gegen das Verfügungsverbot hat zur Folge, dass der Arbeitnehmer die aus der Anlage vermögenswirksamer Leistungen bislang erhaltene Sparzulage der Finanzbehörde in voller Höhe rückzuerstatten hat. In bestimmten Fällen (z. B. bei Berufsunfähigkeit oder Arbeitslosigkeit des Beschäftigten) lässt das 5. Vermögensbildungsgesetz[325] allerdings eine **vorzeitige Verfügung ohne Verlust der staatlichen Prämie** zu. Da die Arbeitnehmer-Sparzulage weder als steuerpflichtige Einnahme i. S. d. Einkommensteuergesetzes noch als Entgelt i. S. d. Sozialversicherung gilt, unterliegt sie weder der **Einkommensteuer- noch der**

---

321  Vgl. § 2 und § 4 bis § 9 VermBG.
322  Vgl. § 13 Abs. 2 VermBG.
323  Vgl. *Eisele* 2002, S. 249.
324  Vgl. § 14 Abs. 4 VermBG.
325  Vgl. § 4 Abs. 4 VermBG.

**Sozialabgabepflicht** (§ 13 Abs. 3 VermBG). Die vermögenswirksamen Leistungen, die der Arbeitgeber im Rahmen der Lohn- und Gehaltszahlung für den Arbeitnehmer einbehält und an das jeweilige Institut (z. B. Bank, Bausparkasse) abführt, können je nach tariflicher Vereinbarung bzw. individueller Absprache

- **allein** vom **Beschäftigten** aus seinem Nettoarbeitsentgelt,
- in voller Höhe vom **Arbeitgeber** zusätzlich zum Bruttolohn oder
- **teilweise** vom **Arbeitnehmer** und **Arbeitgeber**

gezahlt werden. Erbringt der Unternehmer ganz oder teilweise die vermögenswirksamen Leistungen für den Beschäftigten, so erhöht sich um diesen Betrag das steuer- und sozialversicherungspflichtige Bruttoarbeitsentgelt [vom Arbeitgeber aufgewendete vermögenswirksame Leistungen gelten als steuerpflichtige Einnahmen i. S. d. Einkommensteuergesetzes sowie als Entgelt i. S. d. Sozialversicherung (§ 2 Abs. 6 VermBG)]. Die vom Arbeitgeber aufgebrachten vermögenswirksamen Leistungen sind als Löhne und Gehälter zu verbuchen[326] und nicht als soziale Aufwendungen.

| Bereich des Arbeitgebers | Bereich des Arbeitnehmers |
|---|---|
| Bruttolöhne<br>+ vermögenswirksame Leistungen<br>  des Arbeitgebers | Bruttolohn/-gehalt<br>+ vermögenswirksame Leistungen<br>  des Arbeitgebers |
| = Bruttoarbeitsentgelte<br>+ gesetzliche soziale Aufwendungen<br>+ freiwillige soziale Aufwendungen<br>+ Aufwendungen für Altersversorgung | = (steuer- und sozialversicherungspflichtiges)<br>  Bruttoarbeitsentgelt<br>– Lohnsteuer<br>– Kirchensteuer<br>– Solidaritätszuschlag<br>– Arbeitnehmeranteil zur Sozialversicherung |
| | = Nettoarbeitsentgelt<br>– vermögenswirksame Leistungen |
| = Personalaufwand | = Auszahlungsbetrag |

Abb. 90: Komponenten des Personalaufwands und des Auszahlungsbetrags

Nach § 41 Abs. 1 EStG hat der Arbeitgeber für **jeden Arbeitnehmer** und jedes **Kalenderjahr** ein **Lohn-** bzw. **Gehaltskonto** zu führen. In dieses Konto sind die für die Besteuerung erforderlichen Merkmale aus der Lohnsteuerkarte zu übernehmen. Ferner müssen bei jeder Lohn- und Gehaltszahlung die Art und Höhe des Entgelts, die einbehaltene Lohnsteuer sowie weitere steuerlich relevante Daten eingetragen werden (§ 4 LStDV). Darüber hinaus bedarf es bestimmter Mindestangaben in den Lohn- und Gehaltsunterlagen für Zwecke der Sozialversicherung. Die einzelnen Lohn- und Gehaltskonten zählen – analog zu den Personenkonten des Geschäftsfreundebuchs – nicht zum Kontensystem der doppelten Buchführung, sondern werden im Rahmen einer **Nebenbuchhaltung** (Lohn- und Gehaltsbuchhaltung) geführt. Die in den Lohn- und Gehaltsbüchern aufgezeichneten individuellen Personalaufwendungen werden mittels sog. **Lohn-** und **Gehaltslisten** en bloc in die Finanzbuchhaltung übernommen.

---

326   Vgl. *Förschle* 2006c, Anm. 127 zu § 275 HGB, S. 1087.

## 2.    Verbuchung der Lohn- und Gehaltszahlungen

Im Rahmen der buchungstechnischen Erfassung des Personalaufwands wird für jede Aufwandsart grundsätzlich ein eigenes Konto eingerichtet. Die **Aufspaltung des gezahlten Arbeitsentgelts in Löhne einerseits und Gehälter andererseits** erfolgt jedoch nicht aus buchhalterischen, sondern ausschließlich aus kostenverrechnungstechnischen Gründen. Während Arbeiter einen nach geleisteten Stunden (oder Mengen) abgerechneten Lohn erhalten, beziehen Angestellte ein hiervon unabhängiges monatliches Gehalt.

Da die vom Arbeitgeber für den Arbeitnehmer einzubehaltenden Abzüge sowie die vom Unternehmer zusätzlich zum Bruttoentgelt zu erbringenden sozialen Aufwendungen im Vergleich zur Lohn- und Gehaltszahlung erst zeitlich später an die jeweiligen Institutionen abgeführt werden (Steuern i. d. R. bis zum 10. des Folgemonats und Sozialabgaben spätestens bis zum drittletzten Bankarbeitstag des jeweiligen Monats), begründen diese im Zeitpunkt der Entgeltzahlung eine **sonstige Verbindlichkeit**, die regelmäßig auf dem Unterkonto »Noch abzuführende Abgaben« bzw. auf nach Abgabearten untergliederten Unterkonten (z. B. »Verbindlichkeiten aus Steuern«, »Verbindlichkeiten im Rahmen der sozialen Sicherheit«)[327] erfasst wird.

Die **Standardbuchungssätze** für die Lohn- und Gehaltszahlung lauten:

| | | |
|---|---|---|
| Löhne bzw. Gehälter<br>(Bruttolohn/-gehalt<br>+ Vermögenswirksame<br>   Leistungen des Arbeitgebers) | an | – Guthaben bei Kreditinstituten<br>  Kasse etc.<br>  (Auszahlungsbetrag)<br>– Noch abzuführende Abgaben<br>  (Lohnsteuer,<br>   + Kirchensteuer<br>   + Solidaritätszuschlag<br>   + Arbeitnehmeranteil zur<br>     Sozialversicherung<br>   + Vermögenswirksame<br>     Leistungen) |
| Gesetzliche soziale Aufwendungen<br>(Arbeitgeberanteil zur<br>Sozialversicherung) | an | Noch abzuführende Abgaben. |

Sofern der Arbeitgeber **freiwillige soziale Leistungen** und/oder **Leistungen für die Altersversorgung** der Arbeitnehmer erbringt, ist zusätzlich zu buchen:

| | | |
|---|---|---|
| – Freiwillige soziale Aufwendungen<br>– Aufwendungen für<br>  Altersversorgung[328] | an | Guthaben bei Kreditinstituten,<br>Kasse etc./Noch abzuführende<br>Abgaben. |

Der Ausgleich der im Rahmen der Lohn- und Gehaltszahlung entstandenen sonstigen Verbindlichkeit erfolgt durch die Buchung:

| | | |
|---|---|---|
| Noch abzuführende Abgaben | an | Zahlungsmittelkonto. |

---

327  Vgl. z. B. Einzelhandels-Kontenrahmen (EKR), Kontengruppe 48; Kontenrahmen für den Groß- und Außenhandel, Kontengruppe 19; Industrie-Konten rahmen (IKR), Kontengruppe 48.

328  Handelt es sich bei den Aufwendungen für Altersversorgung um Zuführungen zu den Pensionsrückstellungen, so wird als Gegenkonto das passive Bestandskonto »Pensionsrückstellungen« angesprochen.

**Beispiel:**

Schmidt beginnt nach dem erfolgreichen Abschluss seines BWL-Studiums als Prüfungs-assistent bei einer mittelständischen Wirtschaftsprüfungsgesellschaft in Hamburg. Seiner Bezügemitteilung für Februar 2006 sind folgende Daten zu entnehmen:

- Bruttogehalt                                                                              2.942 €
- Vermögenswirksame Leistungen des Arbeitgebers                                                 37 €
- Lohnsteuer (nach Lohnsteuertabelle Stand: 01. 01. 2006)                                       539 €
- Kirchensteuer (9 % der Lohnsteuer)                                                            48 €
- Solidaritätszuschlag (5,5 % der Lohnsteuer)                                                   30 €
- Vermögenswirksame Leistungen des Arbeitnehmers                                                37 €
- Arbeitnehmeranteil zur gesetzlichen Sozialversicherung                                        663 €
- Freiwillige soziale Aufwendungen                                                              500 €
- Aufwendungen für Altersversorgung                                                             100 €.

Während die Bereitstellung des Auszahlungsbetrages und der freiwilligen sozialen Leistung (Heiratsbeihilfe) unmittelbar durch Banküberweisung erfolgt, werden die Steuern und Sozialabgaben sowie die Ausgaben für die Altersversorgung des Arbeitnehmers (Zahlung an eine Pensionskasse) erst später mittels Postgiro an die jeweiligen Institutionen abgeführt.

Buchung im Zeitpunkt der Gehaltszahlung:[329]

| Gehälter | 2.979 € | an | – Guthaben bei Kreditinstituten | 1.625 € |
| | | | – Noch abzuführende Abgaben | 1.354 € |
| Gesetzliche soziale Aufwendungen | | an | Noch abzuführende Abgaben | 663 € |
| Freiwillige soziale Aufwendungen | 500 € | an | Guthaben bei Kreditinstituten | 500 € |
| Aufwendungen für Altersversorgung | 100 € | | Noch abzuführende Abgaben | 100 €. |

In der Praxis wäre jedoch die buchmäßige Erfassung der einzelnen Löhne und Gehälter viel zu arbeitsaufwendig. Aus diesem Grunde werden die Personalaufwendungen sowie die Abzüge aller Mitarbeiter in **Lohn**- und **Gehaltslisten** zusammengestellt und nur deren Summen gebucht. **Abb. 91** zeigt die Struktur einer Lohn- und Gehaltsliste für den Abrechnungsmonat März 2006 einer Hamburger Reederei. Aus Vereinfachungsgründen werden die vermögenswirksamen Leistungen vernachlässigt.

---

329  Die untergliederte Verbuchung des gegebenen Geschäftsvorfalls soll ausschließlich dem besseren Verständnis dienen. Zulässig ist auch, obigen Sachverhalt in einem einzigen Buchungssatz abzubilden.

| Name | Steuer-klasse/ Kinder-freibeträge | Brutto-gehalt | Lohn-steuer | Kirchen-steuer | SolZ | AN-An-teil zur Sozial-versiche-rung | Netto-gehalt | AG-An-teil zur Sozial-versiche-rung | Freiwillige soziale Aufwendun-gen/Alters-versorgung |
|---|---|---|---|---|---|---|---|---|---|
| Meier | I/0 | 2.000 | 260 | 23 | 14 | 439 | 1.264 | 439 | 100 |
| Wulf | II/1 | 4.000 | 865 | – | 38 | 835 | 2.262 | 835 | – |
| Rüter | III/0 | 3.000 | 270 | 24 | 15 | 659 | 2.032 | 659 | 50 |
| Richter | IV/0 | 2.500 | 402 | 36 | 22 | 549 | 1.491 | 549 | – |
| **Summe** | | **11.500** | **1.797** | **83** | **89** | **2.482** | **7.049** | **2.482** | **150** |

Abb. 91: Aufbau und Inhalt einer vereinfachten Lohn- und Gehaltsliste (alle Werte in €)

# 3.    Buchungstechnische Erfassung von Vorschüssen

**Lohn- bzw. Gehaltsvorschüsse** sind keine Personalaufwendungen, sondern verkörpern einen dem Arbeitnehmer auf freiwilliger Basis **zinslos eingeräumten (i. d. R. kurzfristigen) Kredit**, der mit künftigen Lohn- und Gehaltszahlungen verrechnet (zurückbezahlt) wird. Demzufolge sind Vorschüsse auf dem aktiven Bestandskonto »**Sonstige Forderungen**« oder auf einem entsprechenden Unterkonto (z. B. »Lohn- und Gehaltsvorschüsse« oder »Forderungen gegen Arbeitnehmer«)[330] zu erfassen. In Höhe des bei der nächsten Abrechnung vom Arbeitgeber einbehaltenen Rückzahlungsbetrags erfolgt eine Verminderung des gewährten Kredits und somit auch der sonstigen Forderungen.

**Beispiel:**
Lohnvorschuss an den Prüfungsassistenten Müller in Höhe von 500 €. Der Vorschuss wird bar ausbezahlt und mit der nächsten Lohnzahlung vollständig verrechnet. Das Lohnkonto von Müller weist zum nächsten Abrechnungstermin folgende Eintragungen auf:

- Bruttogehalt                                                                                                      2.942 €
- Vermögenswirksame Leistungen des Arbeitgebers                                          37 €
- Lohnsteuer (nach Lohnsteuertabelle Stand: 01. 01. 2006)                             539 €
- Kirchensteuer (9 % der Lohnsteuer)                                                                     48 €
- Solidaritätszuschlag (5,5 % der Lohnsteuer)                                                      30 €
- Arbeitnehmeranteil zur gesetzlichen Sozialversicherung                               663 €
- Vermögenswirksame Leistungen des Arbeitnehmers                                      37 €.

Die Bereitstellung des Auszahlungsbetrages wird mittels Banküberweisung vorgenommen. Die einbehaltenen Abzüge sowie der Arbeitgeberanteil zur Sozialversicherung werden erst zu einem späteren Zeitpunkt an die jeweiligen Institutionen abgeführt.

---

330   Vgl. z. B. Einzelhandels-Kontenrahmen (EKR), Konto-Nr. 265; Industrie-Kontenrahmen (IKR), Konto-Nr. 265.

(1) Verbuchung des Lohnvorschusses:

| Sonstige Forderungen | | an | Kasse | 500 €. |

(2) Verbuchung der zum nächsten Abrechnungstermin anfallenden Lohnzahlung:

| Gehälter | 2.979 € | an | – Sonstige Forderungen | 500 € |
| | | | – Guthaben bei Kreditinstituten | 1.125 € |
| | | | – Noch abzuführende Abgaben | 1.354 € |
| Gesetzliche soziale Aufwendungen | | an | Noch abzuführende Abgaben | 663 €. |

## D.     Steuern, Gebühren und Beiträge

### 1.     Begriffliche Abgrenzung

Dem öffentlich-rechtlichen Gemeinwesen (Bund, Land, Gemeinde, Kirche) steht das hoheitliche Recht zu, zur Deckung seines Finanzbedarfs **Abgaben** zu erheben (vgl. **Abb. 92**). In Abhängigkeit von der Art der dafür gewährten Gegenleistung werden grundsätzlich drei Abgabeformen unterschieden:

* **Steuern**,
* **Gebühren** und
* **Beiträge**.

In § 3 Abs. 1 AO hat der Gesetzgeber den **Steuerbegriff** explizit definiert. Danach sind **Steuern** Geldleistungen, »… die nicht eine Gegenleistung für eine besondere Leistung darstellen und von einem öffentlich-rechtlichen Gemeinwesen zur Erzielung von Einnahmen allen auferlegt werden, bei denen der Tatbestand zutrifft, an den das Gesetz die Leistungspflicht knüpft«. Steuern werden also erhoben, ohne dass der zur Zahlung Verpflichtete eine konkrete Leistung von Bund, Land, Gemeinde oder Kirche erhält. Zu den wichtigsten Steuern zählen die Einkommensteuer, die Körperschaftsteuer, die Gewerbesteuer, die Kirchensteuer, die Umsatzsteuer, die Grundsteuer, die Mineralölsteuer, die Tabaksteuer sowie die Kraftfahrzeugsteuer.

Im Gegensatz zur Steuer besteht bei der Gebühr und beim Beitrag eine **kausale Verknüpfung** zwischen dem zu zahlenden Betrag einerseits und der vom Gemeinwesen erbrachten Leistung andererseits. **Gebühren** sind Geldleistungen, die zur Finanzbedarfsdeckung hoheitlich erhoben werden, und zwar als Gegenleistung

* für eine **besondere Leistung der Verwaltung** (z. B. Erteilung von Bescheinigungen, Genehmigungen und Erlaubnissen) oder
* für die **Inanspruchnahme von öffentlichen Einrichtungen und Anlagen**, etwa von Krankenhäusern, Büchereien, Häfen, Fernsprechanlagen, Schlachthöfen.[331]

---

331   Vgl. *Lang* 2005, Anm. 18 zu § 3 AO, S. 48.

Je nachdem, ob mit der Gebühr eine Leistung der Verwaltung oder die Benutzung öffentlicher Einrichtungen und Anlagen zur Abgeltung kommt, wird von Verwaltungs- oder Nutzungsgebühr gesprochen. **Beiträge** sind dagegen hoheitlich zur Finanzbedarfsdeckung erhobene **Aufwendungsersatzleistungen**. Die Erstattung der dem Gemeinwesen entstandenen Aufwendungen liegt darin begründet, dass vom Zahlungspflichtigen eine konkrete Leistung oder ein konkreter wirtschaftlicher Vorteil in Anspruch genommen wird bzw. werden kann (z. B. Erschließungskosten bei Grundstücken, Sozialversicherungsbeiträge).[332]

## 2.    Privatsteuern

Hinsichtlich ihrer buchmäßigen Behandlung lassen sich die Steuern in **Privat-** und **Betriebsteuern** sowie in **durchlaufende Steuern** einteilen. In analoger Weise können auch die Gebühren und Beiträge untergliedert werden. **Privatsteuern** sind Steuern, die nicht durch das Unternehmen veranlasst werden, sondern an die **persönliche Leistungsfähigkeit des Eigners** anknüpfen. Mithin sind sie uneingeschränkt der privaten Sphäre des Unternehmers zuzuordnen. Werden derartige Steuern aus betrieblichen Mitteln bezahlt, so liegt eine über das Privatkonto zu verbuchende **Entnahme** vor. Umgekehrt ist eine **Einlage** gegeben, wenn private Steuererstattungsansprüche mit betrieblichen Steuerschulden verrechnet werden. Zu den **Privatsteuern** zählen u. a:[333]

- die **Einkommen- und Kirchensteuer** des Unternehmers,
- die **Grund- und Kraftfahrzeugsteuer** für privat genutzte Grundstücke und Fahrzeuge sowie
- die **Erbschaft- und Schenkungssteuer** für geerbtes oder geschenktes Privatvermögen.

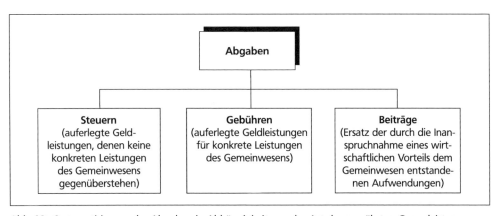

Abb. 92:  Systematisierung der Abgaben in Abhängigkeit von der Art der gewährten Gegenleistung

---

332    Vgl. *Lang* 2005, Anm. 20 zu § 3 AO, S. 49.
333    Vgl. *Eisele* 2002, S. 273.

**Beispiel:**

(1) Laut Einkommensteuerbescheid hat der Einzelunternehmer 4.900 € an das Finanzamt zu entrichten. Die Zahlung der Steuerschuld erfolgt durch Überweisung vom betrieblichen Bankkonto.

(2) Aus Versehen hat der Unternehmer für sein privates Grundstück 150 € zuviel an Grundsteuer entrichtet. Den zuviel bezahlten Betrag verrechnet die Gemeinde mit der fälligen Grundsteuer für das Betriebsgrundstück (1.300 €); der Restbetrag wird durch Postgiro beglichen.

Buchungssätze:

| | | | | |
|---|---|---|---|---|
| (1) Privatkonto | | an | Guthaben bei Kreditinstituten | 4.900 € |
| (2) Grundsteuer | 1.300 € | an | – Privatkonto | 150 € |
| | | | – Postgiro | 1.150 €. |

## 3.    Betriebsteuern

Als **Betrieb-** oder **Unternehmensteuern** werden diejenigen Steuern bezeichnet, die **durch das Unternehmen veranlasst** sind. Hierbei wird unterschieden:

(1) unmittelbar als **Aufwand** zu verbuchende Steuern, wie z. B.

- Gewerbesteuer,
- Grundsteuer für betrieblich genutzte Grundstücke,
- Kraftfahrzeugsteuer für betrieblich genutzte PKW, LKW etc.,
- Einfuhrzölle auf Verbrauchsgüter,
- in den Kaufpreisen von Verbrauchsgütern latent enthaltene Verbrauchssteuern (z. B. Mineralölsteuer);

(2) als **Anschaffungsnebenkosten** zu aktivierende Steuern, wie etwa

- die Grunderwerbsteuer beim Kauf von Betriebsgrundstücken,
- die nach § 15 Abs. 2 und Abs. 3 UStG nicht als Vorsteuer abzugsfähige Umsatzsteuer,[334]
- Einfuhrzölle auf Gebrauchsgüter (z. B. Maschinen).

Während die unter (1) aufgeführten Steuerarten erfolgsmindernd über die entsprechenden Aufwandskonten verbucht werden, sind die unter (2) aufgelisteten Steuern zusätzlich zu den jeweiligen Kaufpreisen auf den aktiven Bestandskonten zu erfassen und werden erst in den Folgeperioden durch die Vornahme von Abschreibungen in einen den Gewinn mindernden Aufwand transformiert.[335]

---

334  Vgl. § 9 b Abs. 1 EStG.
335  Bei nicht abnutzbaren Vermögensgegenständen (z. B. Grund und Boden) wirken sich die aktivierten Steuern grundsätzlich erst im Zeitpunkt der Veräußerung oder Entnahme erfolgsmindernd auf den Gewinn aus.

**Beispiel:**

(1) Begleichung der betrieblichen Kfz-Steuer durch Banküberweisung 325 €.
(2) Kauf eines Betriebsgrundstücks; der Kaufpreis (250.000 €) sowie die Grunderwerb-steuer (5.000 €) werden bar bezahlt.

Buchungssätze:

| (1) Kraftfahrzeugsteuer | an | Guthaben bei Kredit-instituten | 325 € |
| (2) Grundstücke | an | Kasse | 255.000 €. |

Rechtskräftig veranlagte, vom Unternehmer aber noch nicht bezahlte Steuern sind in der Bilanz unter dem Posten »**Sonstige Verbindlichkeiten**« auszuweisen. In der Finanzbuchhaltung wird für die Steuerschulden häufig ein **eigenes Bestandskonto** geführt, auf dem dann sämtliche Verbindlichkeiten gegenüber der Finanzbehörde (u. a. auch die einbehaltene Lohn- und Kirchensteuer) erfasst werden. Für noch nicht rechtskräftig veranlagte Betriebssteuern (ein Steuerbescheid ist noch nicht ergangen) ist i. H. d. voraussichtlichen Steuerzahlungen eine **Rückstellung für ungewisse Verbindlichkeiten** nach § 249 Abs. 1 HGB zu bilden. Hierbei ist allerdings zu beachten, dass lediglich die um die bereits geleisteten Vorauszahlungen verringerte Steuerschuld in der Bilanz als Rückstellung deklariert wird.[336]

**Beispiel:**

(1) Erhalt des Grundsteuerbescheids für das betriebliche Grundstück. Laut Steuerbe-scheid sind 400 € zu bezahlen.
(2) Die Gewerbesteuer für das laufende Geschäftsjahr beläuft sich voraussichtlich auf 9.000 €. An Vorauszahlungen wurden vierteljährlich 2.000 € geleistet (die Vorauszah-lungen sind bereits buchmäßig erfasst).

Buchungssätze:

| (1) Grundsteuer | an | Sonstige Verbindlichkeiten (Verbindlichkeiten aus Steuern) | 400 € |
| (2) Gewerbesteuer | an | (Steuer-)Rückstellungen | 1.000 €. |

In der GuV-Rechnung, die ein Bestandteil des außerhalb der Buchführung stehenden Jahresabschlusses ist, werden die im GuV-Konto aufgeführten Steuerarten zu den beiden Aufwandsposten »**Steuern vom Einkommen und vom Ertrag**« und »**Sonstige Steuern**« zusammengefasst.[337] Unter dem erstgenannten Posten (»Steuern vom Einkommen und vom

---

336 Vgl. hierzu die Ausführungen im Dritten Teil zu Gliederungspunkt I.B.4.c.b (a) (β) und im Fünften Teil zu Gliederungspunkt II.
337 Vgl. § 275 Abs. 2 Nr. 18 und Nr. 19 sowie Abs. 3 Nr. 17 und Nr. 18 HGB.

Ertrag«) ist bei Einzelunternehmen und Personengesellschaften grundsätzlich nur die **Gewerbesteuer** auszuweisen, da die auf das Jahresergebnis entfallende Einkommensteuer nicht vom Betrieb, sondern vom Geschäftsinhaber bzw. den Gesellschaftern geschuldet wird (**Privatsteuer**). Allerdings darf für Zwecke der **Veröffentlichung** in der **handelsrechtlichen GuV-Rechnung** bei diesen Posten die auf den Gewinn des Geschäftsinhabers bzw. auf die Gewinnanteile der Gesellschafter entfallende Einkommensteuer – unter entsprechender Bezeichnung – angegeben werden. Durch diese den Einzelunternehmen und Personengesellschaften eingeräumte Ausweismöglichkeit soll der Eindruck einer zu günstigen Ertragslage vermieden und die Vergleichbarkeit mit den Kapitalgesellschaften hergestellt werden. Alle anderen unmittelbar als Aufwand zu verbuchenden Betriebssteuern (Grundsteuer, Kraftfahrzeugsteuer etc.) sind in der GuV-Rechnung unter dem Posten »**Sonstige Steuern**« anzugeben.

## 4.     Durchlaufende Steuern

Das Kennzeichen **durchlaufender Steuern** besteht in ihrer Erfolgsneutralität, d. h. sie bewirken weder eine Veränderung des Betriebs- noch des Privatvermögens. Bei diesen Steuern übernimmt das Unternehmen lediglich eine **Steuerverwaltungs- und -abführungsfunktion**. Als durchlaufende Steuern zu qualifizieren sind grundsätzlich:[338]

- die **Umsatzsteuer**[339] sowie
- die vom Arbeitgeber einbehaltene **Lohn- und Kirchensteuer** sowie der Solidaritätszuschlag.[340]

In beiden Fällen trägt nicht der Unternehmer, sondern **ein Dritter** (Konsument bzw. Arbeitnehmer) die wirtschaftliche Last der Steuer.

---

338   Bei Kapitalgesellschaften zählt noch die Kapitalertragsteuer für ausgeschüttete Gewinnanteile zu den durchlaufenden Steuern. Vgl. hierzu die Ausführungen im Fünften Teil zu Gliederungspunkt II.A.
339   Vgl. hierzu die Ausführungen im Zweiten Teil zu Gliederungspunkt II.A.3.
340   Vgl. *Eisele* 2002, S. 273.

# III. Grundsätze ordnungsmäßiger Buchführung

## A. Gewinnung, Systematisierung und Rechtsverbindlichkeit

Als Zwecke der Buchführung und des aus dem Bestandsverzeichnis und den Büchern abgeleiteten Jahresabschlusses können insbesondere der Schutz der Gläubiger (Offenlegung des Schuldendeckungspotenzials) und anderen Gruppen, z. B. Aktionären (Ausweis des Ausschüttungsvolumens) sowie die Eigeninformation des Kaufmanns genannt werden. Um diesen Anforderungen zu genügen, sind eine hinreichende **Dokumentation der Geschäftstätigkeit** sowie eine fundierte **Rechenschaftslegung** erforderlich. Die Rechenschaftslegung ihrerseits bedarf einer korrekten Bestandsaufnahme des vorhandenen Vermögens und der bestehenden Schulden. Aufgrund dieser Erfordernisse wurden **Prinzipien der Dokumentation und der Rechenschaftslegung** entwickelt, die allgemein als **Grundsätze ordnungsmäßiger Buchführung (GoB)** bezeichnet werden.[341] Die angesprochenen Leitsätze sind von **allen Kaufleuten** zu beachten.

Eine abschließende Definition des Begriffs der GoB existiert weder im Handels- noch im Steuerrecht.[342] Die GoB stellen somit einen **unbestimmten Rechtsbegriff** dar, dessen inhaltliche Ausgestaltung nach der **induktiven, deduktiven** oder **hermeneutischen Methode** erfolgen kann.[343] Während das induktive Verfahren zur Gewinnung von anerkannten (handelsrechtlichen) Leitsätzen auf das Ordnungsempfinden ehrenwerter Kaufleute abstellt und folglich von den Gepflogenheiten **der Praxis** ausgeht, werden beim deduktiven Verfahren die Dokumentations- und Rechenschaftslegungsprinzipien aus den Buchführungs- und Jahresabschlusszwecken abgeleitet. Da bei der induktiven Methode die Ansichten der Kaufleute in GoB transformiert werden, birgt diese Ermittlungsform die Gefahr, dass von den bilanzierenden Unternehmern einseitig (subjektiv) festgelegte und ggf. nicht im Einklang mit dem Gesetz stehende Rechnungslegungsziele die Bildung von GoB beeinflussen. Aus diesem Grunde steht das herrschende Schrifttum der Induktion ablehnend gegenüber. Die in der Literatur überwiegend angewandte Gewinnungsmethode war aufgrund ihrer Ausrichtung an den Informationsbedürfnissen der Jahresabschlussadressaten bislang die **Deduktion**. Da zwischenzeitlich eine Reihe von ehemals »ungeschriebenen« GoB eine mehr oder weniger konkrete Kodifizierung im Handelsgesetzbuch erfahren haben, tritt neben dem – nunmehr sekundären – Erfordernis der Ermittlung von (neuen) Leitsätzen vorrangig die Notwendigkeit der **Auslegung niedergeschriebener Prinzipien**. Vor diesem Hintergrund wird in jüngerer Zeit verstärkt die Auffassung vertreten, dass die GoB nach den anerkannten juristischen Auslegungsregeln (hermeneutische Methode) zu bestimmen sind. Bei der Hermeneutik werden folgende Kriterien zur **Interpretation kodifizierter GoB** herangezogen:[344]

---

341  Vgl. *Leffson* 1987, S. 18 sowie *Baetge/Fey/Fey* 2003, Anm. 2 zu § 243 HGB, S. 2.

342  Eine mehr oder weniger präzise Umschreibung, wann (steuerrechtlich) eine ordnungsmäßige Buchführung vorliegt, enthält H 5.2 EStR. Danach ist eine Buchführung i. S. d. Steuerrechts ordnungsmäßig, wenn sie den Grundsätzen des Handelsrechts entspricht, d. h. wenn die für die kaufmännische Buchführung erforderlichen Bücher geführt werden, die Bücher und der Abschluss förmlich in Ordnung sind und der Inhalt sachlich richtig ist.

343  Beweisführung bei der induktiven Methode: Schluss vom Besonderen (Einzelfall) auf das Allgemeine; bei der deduktiven Methode: Schluss vom Allgemeinen auf das Besondere. Die Hermeneutik stellt ein wissenschaftliches Verfahren zur Auslegung und Erklärung von Texten dar.

344  Vgl. *Baetge/Kirsch* 2002, Anm. 21, S. 7.

- Wortlaut und Wortsinn der auszulegenden Vorschrift;
- Bedeutungszusammenhang der Vorschrift innerhalb des Gesetzes;
- Entstehungsgeschichte des Gesetzes;
- vom Gesetzgeber mit diesem GoB angestrebten Ziele;
- vom Gesetzgeber verfolgten Zwecke von Buchführung und Jahresabschluss;
- objektiv-teleologisch ermittelten Buchführungs- und Jahresabschlusszwecke sowie
- Verfassungskonformität des entsprechenden GoB.

Sofern jedoch ein **nicht kodifizierter GoB** zu konkretisieren bzw. ein **neuer GoB** zu ermitteln ist, entfallen die Merkmale (1), (3) und (4). Gleichzeitig treten aber andere Bestimmungsgrößen hinzu. **Abb. 93** verdeutlicht, dass im Rahmen des hermeneutischen Verfahrens sämtliche Determinanten, soweit möglich, **kumulativ** zur Auslegung bzw. Gewinnung von (handelsrechtlichen) GoB heranzuziehen sind. Wie sich **Abb. 93** entnehmen lässt, absorbiert die Hermeneutik auch Gedankengut des induktiven und deduktiven Verfahrens. Im Rahmen der hermeneutischen Auslegung kodifizierter bzw. nicht kodifizierter GoB sowie bei der Ermittlung neuer GoB ist folglich darauf zu achten, dass sich die einzelnen Grundsätze sowohl in das Gesamtsystem der GoB als auch in das System der übrigen kodifizierten Vorschriften einfügen sowie den unterschiedlichen Buchführungs- und Jahresabschlusszwecken Rechnung tragen.

In der Literatur[345] finden sich verschiedene Ansätze zur Untergliederung der GoB, von denen aber keiner den Anspruch auf **absolute Gültigkeit** erheben kann. Die nachstehende **Systematisierung** in **Abb. 94** erfolgt unter den eingangs erwähnten Gesichtspunkten der Dokumentation und der Rechenschaftslegung. Die **Grundsätze der Dokumentation** gewährleisten, dass die Eintragungen in die Bücher (Buchführung i. e. S.) und die sonst erforderlichen Aufzeichnungen sowie die Erstellung des Inventars vollständig, richtig, zeitgerecht und geordnet vorgenommen werden (§ 239 Abs. 2 HGB; § 146 Abs. 1 AO). Ebenso garantieren diese Leitsätze die Nachprüfbarkeit und sichere Aufbewahrung der Unterlagen. Die Grundsätze der Dokumentation beziehen sich mithin vorrangig auf die Buchführung i. e. S. und auf das Bestandsverzeichnis. Deshalb werden diejenigen Prinzipien, die das Führen der Bücher zum Gegenstand haben, als **Grundsätze ordnungsmäßiger Buchführung** i. e. S., und diejenigen, die das Bestandsverzeichnis betreffen, als **Grundsätze ordnungsmäßiger Inventur** bezeichnet.

Die **Grundsätze der Rechenschaftslegung** beinhalten im Wesentlichen das Erfordernis der Klarheit und Übersichtlichkeit, der Vollständigkeit, der Stetigkeit, der Richtigkeit und Willkürfreiheit, der Einzelbewertung, der Periodenabgrenzung, der Unternehmensfortführung sowie das Realisationsprinzip, das Vorsichtsprinzip und das Imparitätsprinzip. Die in Rede stehenden Leitsätze finden ausschließlich Anwendung bei der Erstellung des Jahresabschlusses und werden deshalb auch **Grundsätze ordnungsmäßiger Bilanzierung** genannt. Die **Abb. 95** zeigt eine zusammenfassende Darstellung der genannten Prinzipien.

Des Weiteren lassen sich die GoB in **formelle** und **materielle Grundsätze** unterteilen. Die **formellen** Leitsätze verlangen, dass die Bücher, das Bestandsverzeichnis sowie der Abschluss klar und übersichtlich geführt bzw. erstellt werden, damit ein sachverständiger Dritter innerhalb angemessener Zeit sich einen Überblick über die Geschäftsvorfälle und die wirtschaftliche Lage des Unternehmens verschaffen kann. Ferner bedingen diese Prin-

---

345  Vgl. z. B. *Leffson* 1987, S. 18 und S. 157–492; *Baetge/Kirsch* 2002, Rz. 56–112, S. 18–34.

zipien die **Verfügbarkeit** der genannten Unterlagen während der gesamten Aufbewahrungs-frist. Diese Anforderung spielt insbesondere bei der **EDV-Buchführung** eine wichtige Rolle (§ 239 Abs. 4 HGB, § 257 Abs. 3 HGB; § 146 Abs. 5 AO, § 147 Abs. 2 AO). Die formellen Grund-

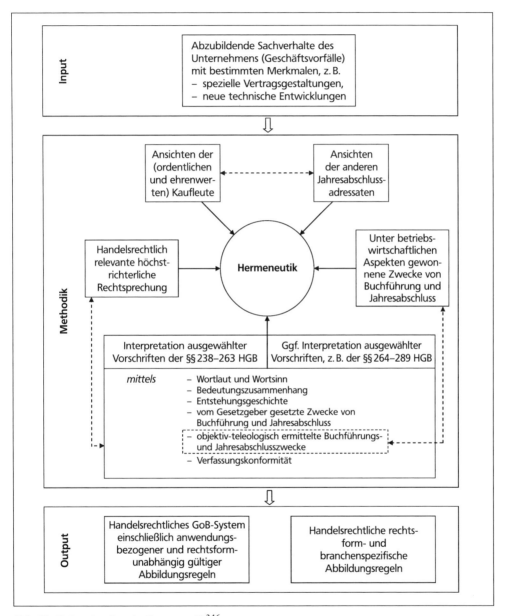

Abb. 93: Determinanten der Hermeneutik[346]

---

346  Entnommen von *Baetge/Kirsch* 2002, Rz. 26, S. 10.

sätze beziehen sich also auf die Qualität der **äußeren Form** von Buchführung i. e. S., Inventar und Abschluss. Gegenstand der **materiellen** Leitsätze sind insbesondere die Vollständigkeit und Richtigkeit der Bücher, des Bestandsverzeichnisses und des Jahresabschlusses. Demzufolge erstrecken sich diese Grundsätze auf den **Inhalt** der vorstehenden Unterlagen. Zu berücksichtigen ist allerdings, dass die formellen und materiellen GoB nicht immer eindeutig voneinander abzugrenzen sind und zwischen einzelnen GoB eine gewisse Abhängigkeit besteht.

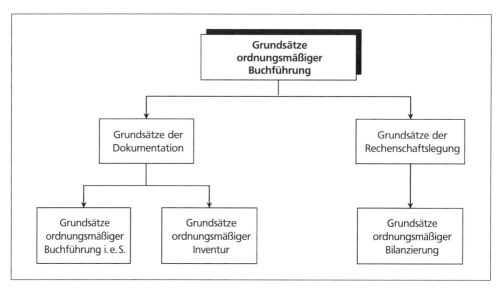

Abb. 94:  Struktur der Grundsätze ordnungsmäßiger Buchführung

|  | Grundsätze ordnungs-mäßiger Buchführung i. e. S. | Grundsätze ordnungs-mäßiger Inventur | Grundsätze ordnungs-mäßiger Bilanzierung |
|---|---|---|---|
| **Formelle Grundsätze** | – Klarheit/Übersichtlichkeit<br>– Belegprinzip<br>– Nachprüfbarkeit<br>– Zeitgerechte Verbuchung | – Klarheit/Übersichtlichkeit<br>– Einzelerfassung<br>– Nachprüfbarkeit | – Klarheit/Übersichtlichkeit<br>– Formelle Stetigkeit |
| **Materielle Grundsätze** | – Vollständigkeit<br>– Richtigkeit | – Wirtschaftliche Betrachtungsweise<br>– Vollständigkeit<br>– Richtigkeit<br>– Einzelbewertung<br>– Wirtschaftlichkeit | – Vollständigkeit<br>– Richtigkeit/Willkürfreiheit<br>– Einzelbewertung<br>– Materielle Stetigkeit<br>– Vorsichtsprinzip<br>– Realisationsprinzip<br>– Imparitätsprinzip<br>– Periodenabgrenzung<br>– Unternehmensfortführung |

Abb. 95:  Elementare formelle und materielle Grundsätze ordnungsmäßiger Buchführung

Handels- und steuerrechtlich sind die GoB **zwingend** zu beachten. Für das Handelsrecht ergibt sich dies im Hinblick auf das Führen der Bücher aus § 238 Abs. 1 HGB, für das Bestandsverzeichnis aus § 240 i. V. m. § 241 Abs. 1 HGB und für den Abschluss aus § 243 Abs. 1 HGB. Über § 140 AO bzw. § 141 Abs. 1 AO finden die handelsrechtlichen GoB auch im Steuerrecht Anwendung.[347] Ergänzend sei darauf hingewiesen, dass weder das Handels- noch das Steuerrecht[348] ein bestimmtes Buchführungssystem vorschreiben. Da die Vorschrift des § 242 HGB neben der Bilanz auch die Aufstellung einer Gewinn- und Verlustrechnung verlangt, entspricht aus handelsrechtlicher Sicht nur die **doppelte Buchführung** den GoB. Vorstehende Aussage wird damit begründet, dass sich lediglich aus der doppelten Buchhaltung die zur Diskussion stehenden Komponenten des Jahresabschlusses unmittelbar ableiten lassen, während die **einfache Buchhaltung**[349] nur zu einer Bilanz führt. Steuerrechtlich befindet sich dagegen nicht nur die doppelte, sondern ebenso die einfache Buchführung im Einklang mit den GoB, denn die originäre Buchführungspflicht nach § 141 AO verlangt **nicht** die Erstellung einer Gewinn- und Verlustrechnung.

Wie bereits angesprochen wurde, hat der Gesetzgeber eine Reihe von GoB im Handelsgesetzbuch (Drittes Buch: Handelsbücher; Erster Abschnitt: Vorschriften für alle Kaufleute, § 238 bis § 263 HGB) niedergeschrieben. Eine vollständige Kodifizierung der Grundsätze wurde seitens des Gesetzgebers bewusst unterlassen, um im Zuge der sich verändernden Realität (insbesondere im Bereich der Mechanisierung und Automatisierung des immer umfangreicher werdenden Buchungsstoffs) eine **Weiterentwicklung** bestehender sowie eine **Entwicklung neuer GoB** zu ermöglichen. Zu klären ist abschließend die Frage, inwieweit die kodifizierten und die nicht kodifizierten GoB Grundlage für die Auslegung der anderen handelsrechtlichen Rechnungslegungsnormen sind. Die GoB zählen zu den **Generalvorschriften**, während die anderen Rechnungslegungsnormen entweder General- (z. B. § 238 HGB, § 242 HGB, § 264 HGB) oder Spezialvorschriften (z. B. § 248 HGB, § 249 HGB, § 254 HGB) darstellen. Entsprechend der **Prioritätenregel** »lex specialis derogat legi generali« ergibt sich eine Rangfolge, die besagt, dass die besonderen den allgemeinen Bestimmungen vorgehen. Die Spezialvorschriften dominieren die Generalvorschriften aber **nicht uneingeschränkt**, denn die Prioritätenregel findet erst dann Anwendung, nachdem die speziellen Anordnungen unter Berücksichtigung der generellen Normen, und somit auch der GoB, ausgelegt worden sind. Mithin besteht zwischen den GoB und den besonderen gesetzlichen Weisungen folgende **Hierarchie**:[350]

- Die interpretierten **Spezialvorschriften** gehen sowohl den **kodifizierten** als auch den **nicht kodifizierten GoB** vor, sofern die ausgelegten speziellen Normen nicht mit den jeweiligen GoB in Einklang stehen.
- Immer dann, wenn gesetzliche **Spezialvorschriften fehlen**, müssen die **kodifizierten** und **nicht kodifizierten GoB** zur Rechtsergänzung **zwingend** herangezogen werden.

---

347  Für Gewerbetreibende ergibt sich die Beachtung der handelsrechtlichen GoB auch aus § 5 Abs. 1 EStG.
348  Vgl. R 5.2 EStR.
349  Vgl. zur Finanzbuchhaltung in Form der einfachen Buchführung die Ausführungen im Zweiten Teil zu Gliederungspunkt I.C.
350  Vgl. *Baetge/Kirsch* 2002, Anm. 113 f., S. 34 f.

# B.     Elementare Leitsätze in Einzeldarstellung

## 1.     Grundsätze ordnungsmäßiger Buchführung im engeren Sinne

Nachfolgend werden die wichtigsten formellen und materiellen Grundsätze ordnungsmäßiger Buchführung i. e. S., ordnungsmäßiger Inventur und ordnungsmäßiger Bilanzierung dargelegt und kurz erläutert. In diesem Zusammenhang erfolgt auch ein Hinweis, ob und wo der jeweilige Grundsatz im Gesetz verankert ist. Sofern im **Steuerrecht** keine eigenständige Kodifizierung vorgenommen wurde, gelten die im Handelsgesetzbuch niedergeschriebenen Prinzipien über § 140 bzw. § 141 Abs. 1 AO in **gleicher Weise** für die steuerrechtliche Buchführung.

Entsprechend dem **Grundsatz der Klarheit und Übersichtlichkeit** (§ 239 Abs. 2 HGB, § 146 Abs. 1 AO) müssen die Eintragungen in den Büchern und die sonst erforderlichen Aufzeichnungen »geordnet« vorgenommen werden. Das heißt, die genannten Unterlagen sind klar und übersichtlich nach einem genau festgelegten und nachprüfbaren System zu führen. Ebenso ist die Buchführung unter Zugrundelegung eines systematischen **Kontenplans** der Sache nach hinreichend tief zu gliedern, so dass die Art der auf einem Konto erfassten Geschäftsvorfälle eindeutig erkennbar ist.[351]

Das im Gesetz nicht explizit kodifizierte **Belegprinzip** verlangt, dass einerseits jede Eintragung in den Büchern nur aufgrund eines Belegs erfolgt und andererseits zu jedem Beleg eine entsprechende Eintragung existiert. Zu den Buchungsbelegen zählen nicht nur die sich aus den Geschäftsvorgängen zwangsläufig ergebenden **externen Unterlagen**, wie Eingangs- und Ausgangsrechnungen, Bankauszüge, Quittungen etc., sondern ebenso die **intern im Unternehmen erstellten Aufzeichnungen**, wie z. B. Lohn- und Gehaltslisten, Materialentnahmescheine, Umbuchungsbelege sowie Belege über Privatentnahmen.

Gemäß dem **Grundsatz der Nachprüfbarkeit** (§ 238 Abs. 1 HGB, § 145 Abs. 1 AO) müssen sich die Geschäftsvorgänge in ihrer Entstehung und Abwicklung **verfolgen** lassen. Die Buchführung muss demnach so beschaffen sein, dass sie einem sachverständigen Dritten innerhalb angemessener Zeit einen Überblick über die Geschäftsvorfälle und über die Lage des Unternehmens vermitteln kann. Aufgrund der Abhängigkeit der Nachprüfbarkeit vom Vorhandensein von Belegen sowie vom Kontensystem und der Verbuchungstechnik, steht dieser Leitsatz insbesondere im Zusammenhang mit dem Belegprinzip sowie dem Grundsatz der Klarheit und Übersichtlichkeit.

Das **Prinzip der zeitgerechten Verbuchung** (§ 239 Abs. 2 HGB; § 146 Abs. 1 AO) bringt zum Ausdruck, dass die Geschäftsvorgänge – abhängig von ihrer Art – unverzüglich bzw. **zeitnah** in den Büchern zu erfassen sind (z. B. tägliche Verbuchung der Kasseneinnahmen und -ausgaben, monatliche Verbuchung der Warenforderungen und -verbindlichkeiten[352]).

Formelle Grundsätze ordnungsmäßiger Buchführung i. e. S. finden sich ferner in § 239 Abs. 1 HGB und § 146 Abs. 3 AO (Verwendung einer lebenden Sprache, Erklärung verwendeter Abkürzungen, Symbole, Buchstaben etc.), in § 239 Abs. 3 HGB und § 146 Abs. 4 AO (Feststellbarkeit des Inhalts und des Zeitpunkts nachträglicher Eintragungsänderungen) sowie in § 257 HGB und § 147 AO (geordnete Aufbewahrung von Unterlagen). Ergänzend ist darauf hinzuweisen, dass bei Anwendung der **EDV-Buchführung** die formellen Grundsätze

---

351   Vgl. *Leffson* 1987, S. 169.
352   Vgl. R 5.2 Abs. 1 Satz 3 und Satz 4 EStR.

ordnungsmäßiger Buchführung i. e. S. eine zusätzliche Ausprägung erhalten. Insbesondere geht es in diesem Zusammenhang um die Beachtung der **Grundsätze ordnungsmäßiger Datenverarbeitung**.

Der **Grundsatz der Vollständigkeit** (§ 239 Abs. 2 HGB, § 146 Abs. 1 AO) fordert die **lückenlose und uneingeschränkte Erfassung** aller buchführungspflichtigen Geschäftsvorfälle. Buchführungspflichtig sind diejenigen Vorgänge, die das Vermögen oder den Erfolg des Unternehmens wertmäßig und/oder strukturell beeinflussen. Gleichzeitig impliziert dieser Leitsatz, dass nicht oder noch nicht buchführungspflichtige Vorgänge (z. B. schwebende Geschäfte) grundsätzlich keine Berücksichtigung in den Büchern finden dürfen. Das **Prinzip der Richtigkeit** (§ 239 Abs. 2 HGB; § 146 Abs. 1 AO) besagt, dass die den Geschäftsvorgängen zugrunde liegenden Belege und die sich hieraus ergebenden Buchungen die aufzuzeichnenden Sachverhalte dem Grunde und der Höhe nach **korrekt** wiedergeben müssen. Der in Rede stehende Leitsatz bezieht sich somit auf die **richtige Erfassung** der Vorfälle in den Belegen sowie auf die **richtige Verbuchung** der Vorgänge in den Büchern.

## 2.    Grundsätze ordnungsmäßiger Inventur

Der im Handelsgesetzbuch nicht ausdrücklich verankerte **Grundsatz der Klarheit und Übersichtlichkeit** verlangt eine klare, übersichtliche und verständliche Darstellung der Inventurergebnisse. Insbesondere müssen sich die einzelnen Positionen des Inventars durch eindeutige Bezeichnungen inhaltlich voneinander abgrenzen lassen. Des Weiteren bedingt dieser Leitsatz die Anordnung der Vermögensgegenstände und Schulden im Bestandsverzeichnis dergestalt, dass ihre spätere Zusammenfassung zu Bilanzposten ohne Schwierigkeiten möglich ist. Dem **Prinzip der Einzelerfassung** (§ 240 Abs. 1 HGB) zufolge ist jeder einzelne Vermögensgegenstand und jede einzelne Schuld im Inventar **gesondert** aufzulisten. Der Leitsatz gilt jedoch nicht für diejenigen Gegenstände, die im Bestandsverzeichnis mit einem **Festwert** (§ 240 Abs. 3 HGB) oder mit einem **Gruppenwert** (§ 240 Abs. 4 HGB) angesetzt werden dürfen.[353] Der Grund für die Zulässigkeit, bestimmte Vermögenswerte nicht einzeln, sondern als Gesamtheit zu erfassen, ist darin begründet, dass der durch die Einzelaufnahme bedingte Zeit- und Arbeitsaufwand wirtschaftlich nicht zu rechtfertigen wäre. Der im Gesetz nicht explizit niedergeschriebene **Grundsatz der Nachprüfbarkeit** fordert eine hinreichende Dokumentation von Inventur und Inventar, damit ein sachverständiger Dritter ohne Mitwirkung von Betriebsangehörigen den technischen Ablauf und das Ergebnis der Bestandsaufnahme nachvollziehen bzw. revidieren kann. Das Prinzip der Nachprüfbarkeit ist wiederum im Zusammenhang mit dem Leitsatz der Klarheit und Übersichtlichkeit zu sehen.

Das **Prinzip der wirtschaftlichen Betrachtungsweise** kommt durch die Formulierung »… seine Grundstücke, seine Forderungen und Schulden, den Betrag seines baren Geldes sowie seine sonstigen Vermögensgegenstände …« in § 240 Abs. 1 HGB zum Ausdruck und besagt, dass im Inventar – und somit auch in der Bilanz – nur diejenigen Vermögenswerte und Schulden erfasst werden dürfen, die dem Kaufmann nach wirtschaftlicher – nicht formal-juristischer – Betrachtungsweise zuzurechnen sind. Folglich ist für die Bilanzierung nicht das zivilrechtliche, sondern das wirtschaftliche Eigentum maßgeblich. Als **wirtschaftlicher Eigentümer** wird derjenige bezeichnet, der die tatsächliche Herrschaft über einen Vermö-

---

353   Vgl. hierzu die Ausführungen im Dritten Teil zu Gliederungspunkt II.D.2.

gensgegenstand in der Weise ausübt, dass er den (juristischen) Eigentümer für die gewöhnliche Nutzungsdauer von der Einwirkung auf diesen Gegenstand **ausschließen** kann (§ 39 Abs. 2 Nr. 1 AO). Zu den Geschäftsvorfällen, bei denen wirtschaftliches und zivilrechtliches Eigentum auseinander fallen, zählen z. B. die Sicherungsübereignung, Warenlieferungen unter Eigentumsvorbehalt sowie unter bestimmten Voraussetzungen Leasingverträge.[354]

Der **Grundsatz der Vollständigkeit** (§ 240 Abs. 1 HGB) verlangt die Aufzeichnung aller dem Kaufmann zuzurechnenden Vermögensgegenstände (Grundstücke, Forderungen, Bargeld etc.) und Schulden (z. B. Bank-, Waren- und Wechselverbindlichkeiten) im Bestandsverzeichnis. Eine andere Dimension erhält das vorstehende Prinzip jedoch dann, wenn das Inventar aufgrund einer **Stichprobeninventur**[355] erstellt wird. Der im Handelsgesetzbuch nicht ausdrücklich kodifizierte **Grundsatz der Richtigkeit** erfordert eine korrekte Erfassung der Vermögensgegenstände und Schulden im Bestandsverzeichnis nach Art, Menge und Wert. Hierbei ist das Attribut »richtig« nicht als absolute, sondern nur als relative Anforderung zu interpretieren, denn aufgrund menschlicher Unzulänglichkeiten bei der Bestandsaufnahme (z. B. Verzählen, Verlesen, Verschätzen) sowie aufgrund kaum vermeidbarer Mess- und Wiegefehler weist grundsätzlich jedes Inventar eine gewisse Fehlerhaftigkeit auf. Richtigkeit i. S. d. Leitsatzes liegt dann vor, wenn die einzelnen Fehler sowie die Fehler in ihrer Gesamtheit von **vernachlässigbarer Größe, d. h. nicht wesentlich** sind. Analog zum Prinzip der Vollständigkeit erhält auch der Grundsatz der Richtigkeit eine andere Ausprägung bei Anwendung der **Stichprobeninventur**.

Entsprechend dem **Prinzip der Einzelbewertung** (§ 240 Abs. 1 HGB) ist jeder einzelne Vermögensgegenstand und jeder einzelne Schuldposten für sich zu bewerten, d. h. Wertminderungen bei einigen Gegenständen (z. B. Forderungen) dürfen nicht mit Wertsteigerungen bei anderen Gegenständen (z. B. Sachanlagen) verrechnet werden. Nicht der Einzelbewertung unterliegen jedoch Vermögensgegenstände, deren individueller Wert nur unter unvertretbarem Zeit- und Arbeitsaufwand ermittelt werden könnte. Hierzu zählen insbesondere Gegenstände, deren Bewertung unter Zuhilfenahme von **Vereinfachungsverfahren** erfolgen kann (§ 240 Abs. 3 und Abs. 4 HGB).

Dem im Gesetz ebenfalls nicht explizit verankerten **Grundsatz der Wirtschaftlichkeit** zufolge soll das Bestandsverzeichnis – unter Beachtung obiger Leitsätze – gemäß dem ökonomischen Prinzip erstellt werden, d. h. die systematische Durchführung der Inventur und die ordnungsmäßige Erstellung des Inventars sollen mit möglichst geringem Mitteleinsatz erfolgen. Ausfluss dieses Grundsatzes sind die nach § 241 HGB zugelassenen **Inventurvereinfachungsverfahren**, insbesondere die mathematisch-statistischen Methoden auf der Grundlage von Stichproben.

## 3.    Grundsätze ordnungsmäßiger Bilanzierung

Im **Prinzip der Klarheit und Übersichtlichkeit** (§ 243 Abs. 2 HGB) kommt zum Ausdruck, dass die einzelnen Posten der Bilanz sowie der Gewinn- und Verlustrechnung eindeutig bezeichnet und geordnet sein müssen, damit der Jahresabschluss – auch für einen weniger

---

354    Vgl. hierzu die Ausführungen im Dritten Teil zu Gliederungspunkt I.A.2.
355    Vgl. zu den Stichprobenverfahren für die Vorratsinventur *HFA* 1/1981 i. d. F. v. 1990, S. 59–80; vgl. *HFA* 1/1990, S. 189–201.

geübten Leser – verständlich ist und einen Einblick in die wirtschaftliche Lage des Unternehmens ermöglicht. Ausdruck findet der in Rede stehende Leitsatz insbesondere in der **Ausweis- und Gliederungsvorschrift** des § 247 Abs. 1 HGB[356] sowie im **Verrechnungsverbot** des § 246 Abs. 2 HGB.

Der im Ersten Abschnitt des Dritten Buches des Handelsgesetzbuches nicht explizit kodifizierte **Grundsatz der formellen Stetigkeit** beinhaltet im Interesse der zeitlichen Vergleichbarkeit der Jahresabschlüsse die Forderung nach Beibehaltung einer einmal gewählten Gliederung von Bilanz sowie Gewinn- und Verlustrechnung, sofern nicht zwingende wirtschaftliche Gründe eine Veränderung der Ausweisstruktur bedingen. Weitere formelle Grundsätze ordnungsmäßiger Bilanzierung sind in § 243 Abs. 3 HGB (Frist für die Erstellung des Jahresabschlusses), in § 244 HGB (Erstellung des Jahresabschlusses in deutscher Sprache und in Euro), in § 245 HGB (Unterzeichnung des Jahresabschlusses) sowie in § 257 HGB (Aufbewahrungsfristen) verankert.

Nach dem **Grundsatz der Vollständigkeit** (§ 246 Abs. 1 HGB) hat der Jahresabschluss sämtliche dem Unternehmen zuzurechnende Aktiva und Passiva sowie sämtliche Aufwendungen und Erträge zu enthalten, soweit gesetzlich nichts anderes bestimmt ist. Vollständigkeit i. S. d. Bilanzierung erfordert ferner die Beachtung des **Verrechnungsverbots** und die Erfassung aller zu bilanzierenden Risiken dem Grunde nach (Bildung von Rückstellungen) sowie die vollständige Berücksichtigung der zwischen Abschlussstichtag und Tag der Aufstellung des Jahresabschlusses bekannt gewordenen Tatsachen (§ 252 Abs. 1 Nr. 4 HGB). Das in Rede stehende Prinzip der Vollständigkeit ist insbesondere im Zusammenhang mit dem gleich lautenden Leitsatz i. S. d. Grundsätze ordnungsmäßiger Buchführung i. e. S. und der Grundsätze ordnungsmäßiger Inventur zu sehen, denn der Erstellung des Jahresabschlusses liegen die Konten der Buchführung und die Positionen des Inventars zugrunde. Durch den Verweis auf die gesetzlichen Vorschriften (»soweit gesetzlich nichts anderes bestimmt ist«) wird der Grundsatz der Vollständigkeit insofern relativiert, als zum einen die **Bilanzierungsverbote** zu beachten sind [z. B. keine Aktivierung selbsterstellter immaterieller Vermögensgegenstände des Anlagevermögens (§ 248 Abs. 2 HGB)] und zum anderen dem Kaufmann **Aktivierungs- und Passivierungswahlrechte** zur Verfügung stehen,[357] die er im Rahmen der **Rechnungslegungspolitik**[358] unter Beachtung der GoB nach seinem Ermessen ausüben kann.

Der im Gesetz nicht explizit niedergeschriebene **Grundsatz der Richtigkeit und Willkürfreiheit** zielt auf die korrekte Ableitung der Bilanz und der Gewinn- und Verlustrechnung aus dem Zahlenmaterial der Buchführung und des Inventars sowie auf die den Tatbeständen entsprechende Bezeichnung der einzelnen Jahresabschlussposten ab. Des Weiteren beinhaltet dieses Prinzip, dass die zur Quantifizierung von Risiken (z. B. Garantieansprüche) erforderlichen Schätzungen und die sich hieraus ergebenden Wertansätze auf **plausiblen Annahmen** beruhen müssen. Vorstehender Leitsatz gewährleistet insofern die **intersubjektive Nachprüfbarkeit** der Wertermittlung. Ebenso sind bei der Bewertung der Vermögensgegenstände und Schulden die **wertaufhellenden Tatsachen** (§ 252 Abs. 1 Nr. 4 HGB) zu berücksichtigen. Im Terminus »Willkürfreiheit« kommt zum Ausdruck, dass die vom Kaufmann gewählten Bezeichnungen der Jahresabschlussposten und die von ihm ermittelten Wert-

---

356  Für Kapitalgesellschaften und ihnen gesetzlich gleichgestellte Unternehmen enthalten § 265 bis § 278 HGB spezielle Gliederungs- und Ausweisvorschriften.
357  Vgl. z. B. § 247 Abs. 3 HGB, § 249 Abs. 1 und Abs. 2 HGB, § 250 Abs. 1 und Abs. 3 HGB, § 255 Abs. 4 HGB.
358  Vgl. hierzu die Ausführungen im Sechsten Teil zu Gliederungspunkt II.

ansätze (insbesondere bei der Quantifizierung von Risiken) nicht willkürlicher Art sein dürfen, sondern entsprechend seiner eigenen Überzeugung ein treffendes Abbild der zugrunde liegenden Sachverhalte liefern.[359]

Der in § 252 Abs. 1 Nr. 1 HGB verankerte **Grundsatz der Bilanzidentität** fordert die Übereinstimmung der Wertansätze und der Postenbezeichnungen in der Eröffnungsbilanz des laufenden Geschäftsjahres und der Schlussbilanz des Vorjahres. Hierdurch soll sichergestellt werden, dass die Summe der periodenbezogenen (Teil-)Erfolge mit dem Totalerfolg des Unternehmens während seiner Gesamtlebensdauer übereinstimmt und mithin höhere oder niedrigere Wertansätze in einem Geschäftsjahr sich in der (den) Folgeperiode(n) entgegengesetzt auswirken (sog. **Zweischneidigkeit der Regelbilanzierung**). Bezüglich des **Prinzips der Einzelbewertung** (§ 252 Abs. 1 Nr. 3 HGB) sei auf die Ausführungen zu den Grundsätzen ordnungsmäßiger Inventur verwiesen.

Der **Grundsatz der materiellen Stetigkeit** (§ 252 Abs. 1 Nr. 6 HGB) besagt, dass bei der Erstellung von Bilanz sowie Gewinn- und Verlustrechnung die auf den vorhergehenden Jahresabschluss angewandten Bewertungsmethoden grundsätzlich **beizubehalten** sind. Die **Bewertungskontinuität** soll die Vergleichbarkeit aufeinander folgender Abschlüsse verbessern und wirkt willkürlichen Gewinn- oder Verlustverlagerungen durch einen **Wechsel der Bewertungsmethoden** entgegen. Das Prinzip der materiellen Stetigkeit kann (und sollte) jedoch dann durchbrochen werden, wenn sachliche Gründe, die voraussichtlich auch in den Folgejahren gelten, einen Wechsel der Bewertungsmethoden nahe legen bzw. bedingen (§ 252 Abs. 2 HGB). Als derartige Sachverhalte kommen z. B. in Betracht: wesentliche Veränderungen der Finanz- und Kapitalstruktur oder des Beschäftigungsgrades, Produktions- und Sortimentsumstellungen, Einleitung von Sanierungsmaßnahmen, Wahrnehmung von oder Verzicht auf steuerrechtliche Bewertungswahlrechte.[360]

Das **Vorsichtsprinzip** (§ 252 Abs. 1 Nr. 4 1. Halbsatz HGB) findet Anwendung bei der Bewertung von Aktiva und Passiva im Falle der **Unsicherheit**. Diesem Grundsatz zufolge sind Vermögensgegenstände und Schulden, deren Bilanzwerte sich nicht eindeutig aus den Büchern und Aufzeichnungen ergeben, sondern aufgrund von in die Wertermittlung einfließenden **Schätzgrößen** mehrere Ausprägungen annehmen können, im Jahresabschluss nicht mit den wahrscheinlichsten Werten (Mittelwerten), sondern mit den Beträgen anzusetzen, die die **obere Grenze** des jeweiligen Risikos bzw. Verlustes berücksichtigen. Vorsichtige Bewertung bedeutet mithin, dass der Bilanzansatz bei Aktiva unter und bei Verbindlichkeiten und Rückstellungen über dem Mittelwert liegt, d. h. der wahrscheinlichste Wert ist um eine **Vorsichtskomponente**, in der die (subjektive) Risikoeinschätzung des Bilanzierenden zum Ausdruck kommt, zu korrigieren. Aus Gründen der **Unternehmenssicherung** erfolgt eine stärkere Gewichtung der Risiken als der – den Verlustmöglichkeiten gegenüberstehenden – Chancen. Zu den Schätzgrößen, die bei Vermögensgegenständen und Schulden unterschiedliche Ausprägungen bewirken können, zählen u. a. die voraussichtliche Nutzungsdauer beim abnutzbaren Anlagevermögen, die Höhe der drohenden Verluste aus schwebenden Geschäften oder das Ausmaß des zu erwartenden Forderungsausfalls. Das Vorsichtsprinzip stellt einen übergeordneten Leitsatz dar, unter dem verschiedene Bewertungsgrundsätze, namentlich das **Realisations- und Imparitätsprinzip**, zu erfassen sind. Anzumerken bleibt, dass

---

359  Vgl. *Leffson* 1987, S. 203.
360  Zu den Gründen, bei deren Eintreten ein Wechsel der Bewertungsmethoden zulässig ist, vgl. insbesondere *HFA 3/1997*, S. 387–391.

der Grundsatz der Vorsicht es nicht rechtfertigt, durch die **willkürliche Unterbewertung** der Aktiva oder Überbewertung der Passiva **stille Reserven** zu bilden.[361]

Das **Realisationsprinzip** (die Konsequenzen dieses Grundsatzes sind in § 252 Abs. 1 Nr. 4 2. Halbsatz und in § 253 Abs. 1 HGB kodifiziert) verbietet den Ausweis **nicht realisierter Erfolge** im Jahresabschluss. Ferner bestimmt dieser Leitsatz, wie die Vorräte vom Zeitpunkt der Beschaffung bzw. Produktion bis zum Zeitpunkt des Absatzes in der Bilanz bewertet werden müssen und wann die Waren und Erzeugnisse als am Markt abgesetzt anzusehen sind (**Bestimmung des Realisationszeitpunkts**).[362] Die Ausflüsse des Prinzips lassen sich wie folgt zusammenfassen:

- Nicht realisierte **Gewinne und Verluste** – als positive bzw. negative Differenz zwischen getätigten Aufwendungen und (noch) nicht realisierten Erträgen – dürfen im Jahresabschluss nicht berücksichtigt werden.
- Die dem Unternehmen zugehenden sowie die selbsterstellten Güter und Leistungen sind im Jahresabschluss mit den **Anschaffungs- bzw. Herstellungskosten** anzusetzen, denn ein höherer Wertansatz würde zwangsläufig zum Ausweis eines nicht realisierten Gewinns führen.
- Über die Bestimmung des **Realisationszeitpunktes** dient das Realisationsprinzip einer periodengerechten Erfolgsermittlung. Erträge gelten i. d. R. dann als realisiert und sind im Jahresabschluss zu berücksichtigen, wenn das Unternehmen die geschuldete Leistung erbracht und die Gegenpartei diese angenommen hat oder die Gefahr des zufälligen Untergangs auf den Geschäftspartner übergegangen ist. **Buchhaltungstechnisch** erfolgt die Erlösrealisierung durch die Einbuchung der Ausgangsrechnung.[363]

Entsprechend dem **Imparitätsprinzip** (§ 252 Abs. 1 Nr. 4 1. Halbsatz HGB) müssen alle vorhersehbaren **Risiken und Verluste**, die bis zum Abschlussstichtag entstanden sind, im Jahresabschluss berücksichtigt werden, selbst wenn diese erst zwischen dem Abschlussstichtag und dem Tag der Aufstellung des Jahresabschlusses bekannt geworden sind (**Grundsatz der Verlustantizipation**).[364] Im Sinne einer vorsichtigen Bewertung hat der Bilanzierende mithin alle Risiken, die nach vernünftiger kaufmännischer Beurteilung zu künftigen Wertminderungen oder Verpflichtungen führen können sowie alle zu erwartenden Verluste aus noch nicht erfüllten Verträgen im Jahresabschluss des Geschäftsjahres zu erfassen, in dem die Risiken und Verluste dem Grunde nach entstanden sind. Das Imparitätsprinzip findet jedoch nur dann Anwendung, wenn sich die Risiken und Verluste einzelnen Aktiv- oder Passivposten **eindeutig zuordnen lassen** oder sich aus **konkreten schwebenden Geschäften** ergeben. Eine allgemeine Risikovorsorge ist mit Hilfe dieses Grundsatzes nicht zulässig. Der Zweck des Prinzips besteht darin, den Ausweis und die eventuell damit einhergehende Ausschüttung eines zu hohen Gewinns zu verhindern, damit im Falle des Risiko- oder Verlusteintritts ein **Substanzentzug** ausgeschlossen oder zumindest in engen Grenzen gehalten werden kann. Der Grundsatz, dass Risiken und Verluste zu **antizipieren** sind, kommt

---

361  Vgl. *ADS* 1995a, Anm. 73 zu § 252 HGB, S. 51 f.
362  Vgl. *Leffson* 1987, S. 247 und S. 251. Vor allen Dingen bei der bilanziellen Berücksichtigung langfristiger Fertigungsaufträge spielt die Auslegung des Realisationsprinzips eine wesentliche Rolle.
363  Vgl. *ADS* 1995a, Anm. 83 zu § 252 HGB, S. 57.
364  In diesem Zusammenhang ist jedoch zu beachten, dass der Gesetzgeber dem Bilanzierenden bezüglich der Berücksichtigung noch nicht realisierter Verluste in bestimmten Fällen ein Wahlrecht eingeräumt hat. Vgl. hierzu insbesondere § 249 Abs. 2 HGB (sog. Aufwandsrückstellungen) und § 253 Abs. 3 Satz 3 HGB (Antizipation künftiger Wertschwankungen).

insbesondere im **Niederstwertprinzip** (§ 253 Abs. 2 und Abs. 3 HGB) sowie in der **Passivierung drohender Verluste aus schwebenden Geschäften** (§ 249 Abs. 1 HGB) zum Ausdruck. Das Imparitätsprinzip zielt vereinfachend dargelegt darauf ab, den Ausweis nicht realisierter Verluste (ggf. wahlweise) sicherzustellen. Der Grundsatz der Verlustantizipation führt somit zu einer ungleichen (imparitätischen) Behandlung von nicht realisierten Gewinnen und Verlusten.

Das **Prinzip der Periodenabgrenzung** (§ 252 Abs. 1 Nr. 5 HGB) beinhaltet die Forderung, dass Aufwendungen und Erträge des Geschäftsjahres **unabhängig** vom Zeitpunkt der entsprechenden **Zahlungen** im Jahresabschluss zu berücksichtigen sind. Folglich hat der Kaufmann Aufwendungen und Erträge, die z. B. in einer Rechnungsperiode verursacht und somit auch dieser Periode zuzurechnen sind, ohne Berücksichtigung des Zeitpunktes der Ausgabe oder Einnahme im Abschluss dieses Wirtschaftsjahres zu erfassen. Die Notwendigkeit der Periodisierung ergibt sich aus der gesetzlichen Verpflichtung, zum Ende eines jeden Geschäftsjahres einen Jahresabschluss zu erstellen. Der Periodisierungsgrundsatz steht folglich in engem Zusammenhang mit dem Realisations- und dem Imparitätsprinzip. Während das Realisationsprinzip den Zeitpunkt bestimmt, zu dem ein Gewinn als verwirklicht anzusehen ist, nimmt das Imparitätsprinzip die periodische Zurechnung eines verursachten, aber noch nicht realisierten Verlustes vor.

Der **Grundsatz der Unternehmensfortführung** (§ 252 Abs. 1 Nr. 2 HGB), der auch als **Going-Concern-Prinzip** bezeichnet wird, besagt, dass die Aktiva und Passiva nach den in § 252 bis § 256 HGB enthaltenen Bestimmungen zu bewerten sind, wenn von der Fortführung der Unternehmenstätigkeit ausgegangen werden kann.[365] Sofern der Annahme der Unternehmensfortführung jedoch tatsächliche oder rechtliche Gegebenheiten entgegenstehen, hat die Bewertung der Vermögensgegenstände grundsätzlich unter **Veräußerungsgesichtspunkten** zu erfolgen. Dabei kann sowohl eine Einzelveräußerung aller Gegenstände als auch ein Verkauf des gesamten Betriebs bzw. einzelner Betriebsteile in Betracht kommen. Einer unterschiedlichen Bewertung der Aktiva bedarf es insofern, als die Vermögenswerte im Falle der Unternehmensauflösung einer anderen Verwendung zugeleitet werden als bei der Fortführung des Unternehmens. Während im Fortführungsfall die Aktiva nahezu ausschließlich der **betrieblichen Leistungserstellung** dienen und deshalb – entsprechend den handelsrechtlichen Regelungen – mit den (fortgeführten) Anschaffungs- bzw. Herstellungskosten zu bewerten sind, zielt die **Zerschlagung oder Auflösung** des Unternehmens auf die **Veräußerung** oder **Verschrottung** der Gegenstände ab. Demzufolge müssen die Aktiva mit ihren Verkaufs- bzw. Schrottwerten angesetzt werden. In diesem Zusammenhang ist allerdings zu beachten, dass mangels einer anders lautenden Vorschrift im Falle der **Bewertung unter Veräußerungsgesichtspunkten** prinzipiell die Bestimmungen der § 252 bis § 256 HGB sinngemäß Anwendung finden. Für die Wertermittlung bedeutet dies u. a.:[366]

- Die **Veräußerungserlöse** sind unter Berücksichtigung von Abbaukosten u. a. **vorsichtig zu schätzen**.
- **Einzelveräußerungs- oder Zeitwerte**, die über den Anschaffungs- oder Herstellungskosten liegen, dürfen **nicht berücksichtigt** werden, d. h. das Anschaffungswertprinzip besitzt weiterhin Gültigkeit.

---

365   Kapitalgesellschaften und ihnen gesetzlich gleichgestellte Unternehmen haben im Rahmen der Bewertung ergänzend § 279 bis § 283 HGB zu beachten.
366   Vgl. *ADS* 1995a, Anm. 33 zu § 252 HGB, S. 38.

- Für **Entlassungsentschädigungen, Sozialpläne** u. a. sowie für voraussichtlich nicht durch Erlöse gedeckte **Liquidationskosten** sind **Rückstellungen** zu bilden.

Zu den rechtlichen Gegebenheiten, die der Fortführung der Unternehmenstätigkeit entgegenstehen können, zählen z. B. die Eröffnung des Konkursverfahrens, das Auslaufen von Patent-, Lizenz-, Miet- oder Pachtverträgen, Einschränkungen in der Produktion infolge von Umweltschutzauflagen sowie die Auflösung und Liquidation (Abwicklung) des Unternehmens aufgrund von Satzungsvorschriften. Als tatsächliche Rahmenbedingungen, die eine Unternehmensfortführung in Frage stellen können, kommen in erster Linie solche wirtschaftlichen Schwierigkeiten in Betracht, die voraussichtlich die Geschäftsaufgabe erzwingen oder die Veräußerung von Vermögensgegenständen über das normale Maß hinaus bedingen.[367] Derartige Umstände können z. B. durch begrenzte Investitionsalternativen zwecks Erhaltung der Konkurrenzfähigkeit, eine ungenügende Eigenkapitalausstattung aufgrund fortwährender Verluste sowie den Ausfall wesentlicher Lieferanten oder Abnehmer verursacht werden.

Neben der dargestellten Konzeption finden sich in der einschlägigen Literatur weitere **Systematisierungsvorschläge** der GoB, die sich partiell nur in Einzelheiten unterscheiden, von denen aber keiner den Anspruch auf Allgemeingültigkeit erheben kann. **Abb. 96** trennt in

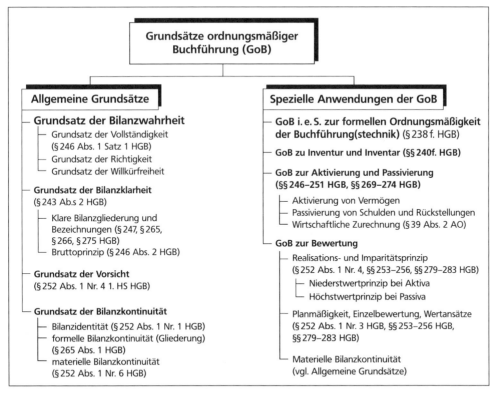

Abb. 96: Systematisierung der Grundsätze ordnungsmäßiger Buchführung

---

367   Vgl. *ADS* 1995a, Anm. 28 zu § 252 HGB, S. 37.

diesem Zusammenhang nach **allgemeinen Grundsätzen** und **speziellen Anwendungen** und stellt die wichtigsten Prinzipien noch einmal explizit heraus. Im weiteren Verlauf der Abhandlung wird auf diese einzelnen GoB noch im Detail einzugehen sein. Zu berücksichtigen ist allerdings, dass speziell kodifizierte Bilanzierungs- und Bewertungswahlrechte nach deutschem Bilanzrecht nicht durch übergeordnete, allgemeine GoB verdrängt werden können (sog. **Overriding Principle**). In der Hinsicht kann beispielsweise aus dem Vollständigkeitsprinzip (§ 246 Abs. 1 HGB) nicht abgeleitet werden, dass für bestimmte Rückstellungsarten, die nach § 249 Abs. 1 bzw. Abs. 2 HGB passiviert werden können, stets Passivierungspflicht besteht. **Die Spezialvorschriften des Handelsgesetzbuches gehen mithin den allgemeinen GoB vor**. Allerdings sind die allgemeinen GoB bei der Auslegung von Ermessensspielräumen (vgl. z. B. § 253 Abs. 1 Satz 1 1. HS HGB) heranzuziehen.[368]

---

368   Vgl. hierzu die Ausführungen im Zweiten Teil zu Gliederungspunkt III.A.

# IV. Überblick über die Aufstellungs-, Prüfungs- und Offenlegungspflichten des Jahresabschlusses und des Lageberichts

## A. Allgemeines

Das deutsche Handelsrecht knüpft die Pflichten zur Aufstellung, Prüfung und Offenlegung von Jahresabschluss sowie Lagebericht an **bestimmte Merkmale der Unternehmensgröße** (Bilanzsumme, Umsatz, Arbeitnehmer), die in § 267 HGB und § 1 PublG verankert wurden. Während sich die Größenklassifizierung des § 267 HGB auf die drei Gruppen **kleine, mittelgroße und große Kapitalgesellschaften** bezieht, fallen laut § 3 Abs. 1 PublG lediglich »… Unternehmen in der Rechtsform

1. einer Personenhandelsgesellschaft, für die kein Abschluss nach § 264 a oder § 264 b des Handelsgesetzbuches aufgestellt wird, oder des Einzelkaufmanns,
2. (gestrichen)
3. des Vereins, dessen Zweck auf einen wirtschaftlichen Geschäftsbetrieb gerichtet ist,
4. der rechtsfähigen Stiftung des bürgerlichen Rechts, wenn sie ein Gewerbe betreibt,
5. einer Körperschaft, Stiftung oder Anstalt des öffentlichen Rechts, die Kaufmann nach § 1 des Handelsgesetzbuchs sind oder als Kaufmann im Handelsregister eingetragen sind«

unter den Begriff der sog. **Großunternehmen**, wenn sie **mindestens zwei** der drei in § 1 Abs. 1 PublG genannten Merkmale an drei **aufeinander folgenden Abschlussstichtagen** übersteigen.

**Abb. 97** und **Abb. 98** geben einen Überblick über die konkreten Größenmerkmale und die Zuordnung zu den angesprochenen Unternehmenstypen. Darüber hinaus sind **börsennotierte Aktiengesellschaften**, unabhängig von den Kriterien Bilanzsumme, Umsatz und Arbeitnehmerzahl stets zur Gruppe der großen Kapitalgesellschaften zu rechnen (§ 267 Abs. 3 Satz 2 HGB).

In **Abb. 99** und **Abb. 100** werden die wichtigsten Einzelvorschriften zur Aufstellung, Prüfung und Offenlegung des Jahresabschlusses und des Lageberichts für nicht kapitalistische

| Kriterien / Typen | Bilanzsumme in Mio. € | Umsatz in Mio. € | durchschnittliche Arbeitnehmer |
|---|---|---|---|
| **Kleine Kapitalgesellschaften** (§ 267 Abs. 1 HGB) | ≤ 4,015 | ≤ 8,030 | ≤ 50 |
| **Mittelgroße Kapitalgesellschaften** (§ 267 Abs. 2 HGB) | > 4,015 ≤ 16,06 | > 8,030 ≤ 32,12 | > 50 ≤ 250 |
| **Große Kapitalgesellschaften** (§ 267 Abs. 3 Satz 1 HGB) | > 16,06 | > 32,12 | > 250 |
| **Großunternehmen** (§ 1, § 3 PublG) | > 65 | > 130 | > 5.000 |

Abb. 97: Unternehmenstypen nach den Größenmerkmalen des Handelsgesetzbuches und des Publizitätsgesetzes

| | |
|---|---|
| **Kleine Kapital-gesellschaften** | die an **zwei** aufeinander folgenden Abschlussstichtagen die unteren Grenz-werte von mindestens **zwei** der in **Abb. 97** genannten **drei Merkmale** nicht überschreiten |
| **Mittelgroße Kapital-gesellschaften** | die an **zwei** aufeinander folgenden Abschlussstichtagen die unteren Grenzwerte von mindestens **zwei** der in **Abb. 97** genannten **drei Merkmale** überschreiten und die oberen Grenzwerte von mindestens **zwei** der in **Abb. 97** genannten **drei Merkmale** nicht überschreiten |
| **Große Kapital-gesellschaften** | die an **zwei** aufeinander folgenden Abschlussstichtagen die oberen Grenzwerte von mindestens **zwei** der in **Abb. 97** genannten **drei Merkmale** überschreiten |
| **Großunternehmen gemäß PublG** | die mindestens **zwei** der in **Abb. 97** genannten **drei Merkmale** an **drei** aufein-ander folgenden Abschlussstichtagen überschreiten. |

Abb. 98: Anwendung der Größenmerkmale des Handelsgesetzbuches und des Publizitätsgesetzes

| Aufstellung, Prüfung, Offenlegung | | Nicht publizitätspflichtig | Publizitätspflichtig |
|---|---|---|---|
| **Aufstellung** | Bilanz-schema | nach GoB, klar und über-sichtlich (§ 243, § 247 HGB) | volles Schema nach § 266 HGB |
| | Schema der GuV | nach GoB, klar und über-sichtlich (§ 243 HGB) | volles Schema nach § 275 HGB |
| | Frist | innerhalb der einem ord-nungsmäßigen Geschäfts-gang entsprechenden Zeit (§ 243 Abs. 3 HGB) (d.h. binnen der nach-folgenden 12 Monate) | 3 Monate (§ 5 Abs. 1 Satz 1 PublG) |
| **Prüfungspflicht** | | nein | ja (§ 6 PublG) |
| **Offen-legung** | Bilanz-schema | keine Offenlegungs-pflicht | volles Schema nach § 266 HGB, aber Eigenkapitalausweis in einem Posten möglich (§ 9 Abs. 3 PublG) |
| | Schema der GuV | | bis auf einige Details in der Anlage zur Bi-lanz (§ 5 Abs. 5 Satz 3 PublG) nicht offen zu legen (§ 9 Abs. 2 PublG) |
| | elektro-nischer Bundes-anzeiger (§ 325 Abs. 2 HGB) | | Bilanz, Gewinn- und Verlustrechnung oder Anlage gemäß § 5 Abs. 5 Satz 3 PublG, Bestätigungsvermerk, Prüfungsbericht des Überwachungsorgans sowie ggf. Vorschlag (und Beschluss) über die Ergebnisverwen-dung sind beim Betreiber des elektroni-schen Bundesanzeigers einzureichen (§ 9 Abs. 1 und Abs. 2 PublG) |
| | Frist | keine | 12 Monate (§ 9 Abs. 1 Satz 1 PublG; § 325 Abs. 1 Satz 2 HGB); bei Börsennotierung 4 Monate (§ 9 Abs. 1 Satz 1 PublG; § 325 Abs. 4 HGB) |

Abb. 99: Aufstellungs-, Prüfungs- und Offenlegungsvorschriften für nicht kapitalistische Personenhandels-gesellschaften und Einzelunternehmen

| Aufstellung, Prüfung, Offenlegung | | Klein | Mittelgroß | Groß |
|---|---|---|---|---|
| **Aufstellung** | Bilanzschema | verkürzt (§ 266 Abs. 1 Satz 3 HGB); kein Anlagegitter und kein gesonderter Ausweis eines Disagios (§ 274 a Nr. 1 und Nr. 4 HGB) | volles Schema nach § 266 HGB | |
| | Schema der GuV | Posten 1 bis 5 bzw. 1 bis 3 und 6 dürfen zum Posten Rohergebnis zusammengefasst werden (§ 276 HGB) | | volles Schema nach § 275 HGB |
| | Frist | ordnungsmäßiger Geschäftsgang; maximal 6 Monate (§ 264 Abs. 1 Satz 3 2. HS HGB) | 3 Monate (§ 264 Abs. 1 Satz 2 HGB) | |
| **Prüfungspflicht** | | nein | ja (§ 316 Abs. 1 Satz 1 HGB) | |
| **Offenlegung** | Bilanzschema | Verkürzt nach § 266 Abs. 1 Satz 3 HGB (§ 326 Satz 1 HGB) | nur teilweise verkürzt (§ 327 Nr. 1 HGB), Zusatzpositionen auch im Anhang möglich | volles Schema nach § 266 HGB |
| | Schema der GuV | keine Offenlegungspflicht (§ 326 Satz 1 HGB) | Offenlegungspflicht, Zusammenfassung der ersten Posten zum Rohergebnis möglich (§ 276 HGB) | volles Schema nach § 275 HGB |
| | elektronischer Bundesanzeiger (§ 325 Abs. 2 HGB) | Bilanz und Anhang (§ 326 Satz 1 HGB), wobei der Anhang verkürzt nach § 288 Satz 1 und § 326 Satz 2 HGB publiziert werden kann | Bilanz, Gewinn- und Verlustrechnung, Anhang, Lagebericht, Vorschlag und Beschluss zur Ergebnisverwendung, Bestätigungs- oder Versagungsvermerk, Bericht des Aufsichtsrats, Erklärung nach § 161 AktG (§ 325 Abs. 1 Satz 3, § 327 Nr. 1 HGB), wobei mittelgroße Kapitalgesellschaften den Anhang verkürzt nach § 327 Nr. 2 HGB publizieren dürfen. Angaben über die Ergebnisverwendung können bei der GmbH ggf. unterbleiben (§ 325 Abs. 1 Satz 4 HGB) | |
| | Frist | 12 Monate (§ 325 Abs. 1 Satz 2 HGB); für börsennotierte Kapitalgesellschaften 4 Monate (§ 325 Abs. 4 HGB) | | |

Abb. 100: Aufstellungs-, Prüfungs- und Offenlegungsvorschriften für Kapitalgesellschaften und kapitalistische Personenhandelsgesellschaften

**Personenhandelsgesellschaften und Einzelunternehmen** einerseits und **Kapitalgesellschaften** andererseits überblickartig dargestellt.[369] Sofern Personenhandelsgesellschaften und Einzelunternehmen die Schwellenwerte von § 1 Abs. 1 PublG übersteigen, zählen sie zu den **publizitätspflichtigen (Groß-)Unternehmen** und müssen sich mit einigen Ausnahmen wie große Kapitalgesellschaften behandeln lassen. Andere, von § 3 Abs. 1 PublG ge-

---

369 Die Abbildungen wurden modifiziert entnommen von *Schildbach* 2004a, S. 122 f.

nannte Rechtsformen, die auch unter den Begriff der sog. Großunternehmen fallen können, bleiben im weiteren Verlauf der Abhandlung unberücksichtigt, da sie in der Praxis in aller Regel eine nur untergeordnete Rolle spielen. Darüber hinaus sind bestimmte Personenhandelsgesellschaften den Kapitalgesellschaften bezüglich Rechnungslegung, Prüfung und Offenlegung gleichgestellt. Nach § 264 a HGB handelt es sich um solche offenen Handelsgesellschaften und Kommanditgesellschaften, »… bei denen nicht wenigstens ein persönlich haftender Gesellschafter 1. eine natürliche Person oder 2. eine offene Handelsgesellschaft, Kommanditgesellschaft oder andere Personengesellschaft mit einer natürlichen Person als persönlich haftendem Gesellschafter ist oder sich die Verbindung von Gesellschaften in dieser Art fortsetzt« (§ 264 a Abs. 1 2. HS HGB). In diesen Fällen ist neben den übrigen Vorschriften des Ersten bis Fünften Unterabschnitts des Zweiten Abschnitts des Handelsgesetzbuches insbesondere § 264 c zu beachten, der spezifische Rechnungslegungsvorschriften für diese **kapitalistischen Personenhandelsgesellschaften** (Kapitalgesellschaften & Co.) enthält.

## B.    Varianten der Bilanzgliederung

Während das Handelsgesetzbuch für **Kapitalgesellschaften** in § 266 HGB detaillierte Gliederungsvorschriften bezüglich der Bilanz enthält, sind die für **nicht publizitätspflichtige Einzelunternehmen und Personenhandelsgesellschaften** maßgebenden Regelungen lediglich ansatzweise in § 247 HGB verankert worden.[370] Publizitätspflichtige Einzelunternehmen und Personenhandelsgesellschaften haben hingegen die für Kapitalgesellschaften maßgebenden Gliederungsvorschriften zu befolgen (§ 5 Abs. 1 Satz 2 PublG). Die kodifizierten Gliederungsnormen stellen nach h. M. **Mindestanforderungen** dar, die auf jeden Fall von den zur Aufstellung des Jahresabschlusses verpflichteten Unternehmen zu befolgen sind. Darüber hinaus sind weitergehende Untergliederungen, Zusätze und Modifikationen zulässig, sofern sie nicht gegen Einzelvorschriften (z. B. § 265, § 266 HGB) sowie die Generalnormen von § 243 Abs. 2 bzw. § 264 Abs. 2 HGB verstoßen. Die Gliederungsvorschriften von § 266 Abs. 2 HGB folgen dem Muster eines **Industrieunternehmens** in der Rechtsform einer **Kapitalgesellschaft**. Wirtschaftszweig- und/oder rechtsformspezifische Modifikationen (z. B. für Banken und Versicherungsunternehmen bzw. Personengesellschaften) sind deshalb möglich (z. B. § 330 HGB, § 5 Abs. 3 PublG). Die **Abb. 101** und **Abb. 102** zeigen **mögliche Bilanzgliederungen** für kleine, mittelgroße und große Kapitalgesellschaften nach den Normen des Handelsgesetzbuches.[371]

Große und mittelgroße Kapitalgesellschaften sowie publizitätspflichtige Einzelunternehmen und Personenhandelsgesellschaften haben zudem in der Bilanz (oder im Anhang) ein sog. **Anlagengitter** (§ 268 Abs. 2 Satz 1 HGB) zu erstellen, das den Adressaten des Jahresabschlusses u. a. wichtige Informationen über die **Investitionspolitik** des Unternehmens liefert.[372] Kleine Kapitalgesellschaften sind von dieser Verpflichtung befreit (§ 274 a Nr. 1 HGB).

---

370  Vgl. hierzu die Ausführungen im Zweiten Teil zu Gliederungspunkt I.B.2. und im Vierten Teil zu Gliederungspunkt II.
371  Entnommen von *Förschle/Kropp/Wöste* 1986, S. 212 und S. 182.
372  Vgl. hierzu die Ausführungen im Fünften Teil zu Gliederungspunkt III.B.3.b.

| Aktiva | Bilanz | Passiva |
|---|---|---|
| A. Aufwendungen für die Ingangsetzung und Erweiterung des Geschäftsbetriebs* <br><br> B. Anlagevermögen: <br>    I.  Immaterielle Vermögensgegenstände <br>    II.  Sachanlagen <br>    III.  Finanzanlagen <br><br> C. Umlaufvermögen: <br>    I.  Vorräte <br>    II.  Forderungen und sonstige Vermögensgegenstände (davon mit einer Restlaufzeit von über einem Jahr) <br>    III.  Wertpapiere <br>    IV.  Schecks, Kassenbestand, Bundesbank- und Postgiroguthaben, Guthaben bei Kreditinstituten <br><br> D. Abgrenzungsposten für künftige Steuerentlastungen* <br><br> E. Rechnungsabgrenzungsposten <br><br> F. Nicht durch Eigenkapital gedeckter Fehlbetrag* | A. Eigenkapital: <br>    I.  Gezeichnetes Kapital <br>    II.  Kapitalrücklage <br>    III.  Gewinnrücklagen <br>    IV.  Gewinnvortrag/Verlustvortrag <br>    V.  Jahresüberschuss/Jahresfehlbetrag <br><br> B. Sonderposten mit Rücklageanteil* <br><br> C. Rückstellungen <br><br> D. Verbindlichkeiten (davon mit einer Restlaufzeit bis zu einem Jahr) <br><br> E. Rechnungsabgrenzungsposten <br><br><br><br> *  Diese Posten sind in dem Gliederungsschema der Bilanz nach § 266 Abs. 2, 3 HGB nicht enthalten. Ihr Ausweis ergibt sich ggf. aufgrund besonderer Einzelvorschriften der Bilanz. | |

Abb. 101: Bilanz der kleinen Kapitalgesellschaft nach § 266 Abs. 1 Satz 3 HGB

# C. Gliederungsalternativen der Gewinn- und Verlustrechnung

Durch das Bilanzrichtlinien-Gesetz wurde neben dem **Gesamtkostenverfahren (GKV)** das **Umsatzkostenverfahren (UKV)** als Gestaltungsalternative der Gewinn- und Verlustrechnung (GuV) für **Kapitalgesellschaften** sowie unter das **Publizitätsgesetz fallende Unternehmen** zugelassen (§ 275 HGB i. V. m. § 5 Abs. 1 Satz 2 PublG). Allerdings bevorzugt die Mehrzahl der publizitätspflichtigen Unternehmen derzeit das GKV und nicht das **international übliche UKV**.[373] Für nicht publizitätspflichtige Einzelunternehmen und Personenhandelsgesellschaften existiert kein gesetzlich vorgeschriebenes Gliederungsschema der GuV (§ 242 Abs. 2 HGB).

Die unterschiedlichen Strukturen der GuV bei Anwendung des GKV und UKV nach § 275 Abs. 2 und Abs. 3 HGB verdeutlichen **Abb. 103** und **Abb. 104**.[374] **Kleine und mittelgroße Kapitalgesellschaften** i. S. v. § 267 Abs. 1, 2 HGB haben im Hinblick auf das GKV laut § 276 HGB die Möglichkeit, die Posten Umsatzerlöse (Posten 1.), Erhöhung oder Verminderung des Bestands an fertigen und unfertigen Erzeugnissen (Posten 2.), andere aktivierte Eigenleistungen (Posten 3.), sonstige betriebliche Erträge (Posten 4.) sowie Materialaufwand (Posten 6.) und bezüglich des UKV laut § 276 HGB die Möglichkeit, die Posten Umsatzerlöse (Posten 1.), Herstellungskosten der zur Erzielung der Umsatzerlöse erbrachten Leistungen (Posten 2.), Bruttoergebnis vom Umsatz (Posten 3.) sowie sonstige betriebliche Erträge (Posten 6.) zu einem Posten unter der Bezeichnung »**Rohergebnis**« zusammenzufassen.

---

373  Vgl. *Falterbaum/Bolk/Reiß* 2003, S. 642.

374  Entnommen von *Förschle/Kropp/Wöste* 1986, S. 184 und S. 200. Vgl. hierzu auch die Ausführungen im Dritten Teil zu Gliederungspunkt III.D.

Dieses Wahlrecht gilt für unter das Publizitätsgesetz fallende Unternehmen nicht, wenn sie beabsichtigen, ihre GuV nach § 9 PublG zu veröffentlichen (§ 5 Abs. 1 Satz 2 PublG).

Aufgrund des in § 265 Abs. 1 Satz 1 HGB verankerten Prinzips der **Darstellungsstetigkeit** ist ein beliebiger Wechsel zwischen GKV und UKV nicht möglich. Nur in Ausnahmefällen kann wegen besonderer Umstände (z. B. Änderung des Kostenrechnungssystems) ein Übergang in Betracht kommen (§ 265 Abs. 1 Satz 1 2. HS HGB). Gemäß § 265 Abs. 2 HGB sind zum Zwecke der **Vergleichbarkeit** sowohl für jeden Posten der Bilanz als auch der Gewinn- und Verlustrechnung die entsprechenden **Vorjahresbeträge** anzugeben. Zu beachten ist, dass unter den Posten »außerordentliche Erträge« und »außerordentliche Aufwendungen« laut § 277 Abs. 4 Satz 1 HGB nur solche Erträge bzw. Aufwendungen auszuweisen sind,

| Aktiva | Bilanz | Passiva |
|---|---|---|
| A. Aufwendungen für die Ingangsetzung und Erweiterung des Geschäftsbetriebs* <br><br> B. Anlagevermögen: <br>   I. Immaterielle Vermögensgegenstände: <br>     1. Konzession, gewerbliche Schutzrechte und ähnliche Rechte und Werte sowie Lizenzen an solchen Rechten und Werten <br>     2. Geschäfts- oder Firmenwert <br>     3. geleistete Anzahlungen <br>   II. Sachanlagen: <br>     1. Grundstücke, grundstücksgleiche Rechte und Bauten auf fremden Grundstücken <br>     2. Technische Anlagen und Maschinen <br>     3. Andere Anlagen, Betriebs- und Geschäftsausstattung <br>     4. Geleistete Anzahlungen und Anlagen im Bau <br>   III. Finanzanlagen: <br>     1. Anteile an verbundenen Unternehmen <br>     2. Ausleihungen an Unternehmen, mit denen ein Beteiligungsverhältnis besteht <br><br> C. Umlaufvermögen: <br>   I. Vorräte: <br>     1. Roh-, Hilfs- und Betriebsstoffe <br>     2. Unfertige Erzeugnisse, Unfertige Leistungen <br>     3. Fertige Erzeugnisse und Waren <br>     4. Geleistete Anzahlungen <br>   II. Forderungen und sonstige Vermögensgegenstände:** <br>     1. Forderungen aus Lieferungen und Leistungen <br>     2. Forderungen gegen verbundene Unternehmen <br>     3. Forderungen gegen Unternehmen, mit denen ein Beteiligungsverhältnis besteht <br>     4. Sonstige Vermögensgegenstände <br>   III. Wertpapiere: <br>     1. Anteile an verbundenen Unternehmen <br>     2. Eigene Anteile <br>     3. Sonstige Wertpapiere <br>   IV. Schecks, Kassenbestand, Bundesbank- und Postgiroguthaben, Guthaben bei Kreditinstituten <br><br> D. Abgrenzungsposten für künftige Steuerentlastungen* <br><br> E. Rechnungsabgrenzungsposten <br><br> F. Nicht durch Eigenkapital gedeckter Fehlbetrag* | A. Eigenkapital: <br>   I. Gezeichnetes Kapital <br>   II. Kapitalrücklage <br>   III. Gewinnrücklagen: <br>     1. Gesetzliche Rücklage <br>     2. Rücklage für eigene Anteile <br>     3. Satzungsmäßige Rücklagen <br>   IV. Gewinnvortrag/Verlustvortrag <br>   V. Jahresüberschuss/Jahresfehlbetrag <br><br> B. Sonderposten mit Rücklageanteil* <br><br> C. Rückstellungen: <br>   1. Rückstellungen für Pensionen und ähnliche Verpflichtungen <br>   2. Steuerrückstellungen <br>   3. Sonstige Rückstellungen <br><br> D. Verbindlichkeiten:*** <br>   1. Anleihen, davon konvertibel <br>   2. Verbindlichkeiten gegenüber Kreditinstituten <br>   3. Erhaltene Anzahlungen auf Bestellungen <br>   4. Verbindlichkeiten aus Lieferungen und Leistungen <br>   5. Verbindlichkeiten aus der Annahme gezogener Wechsel und der Ausstellung eigener Wechsel <br>   6. Verbindlichkeiten gegenüber verbundenen Unternehmen <br>   7. Verbindlichkeiten gegenüber Unternehmen, mit denen ein Beteiligungsverhältnis besteht <br>   8. Sonstige Verbindlichkeiten, davon aus Steuern davon im Rahmen der sozialen Sicherheit <br><br> E. Rechnungsabgrenzungsposten <br><br><br> \*   Diese Posten sind in dem Gliederungsschema der Bilanz nach § 266 Abs. 2, 3 HGB nicht enthalten. Ihr Ausweis ergibt sich ggf. aufgrund besonderer Einzelvorschriften der Bilanz. <br> \*\*  Vermerk der Forderungen mit einer Restlaufzeit von über einem Jahr bei jedem gesondert ausgewiesenen Posten (§ 268 Abs. 4 Satz 1 HGB). <br> \*\*\* Vermerk der Verbindlichkeiten mit einer Restlaufzeit bis zu einem Jahr bei jedem gesondert ausgewiesenen Posten (§ 268 Abs. 5 Satz 1 HGB). |

Abb. 102: Bilanz der großen und mittelgroßen Kapitalgesellschaften nach § 266 Abs. 1 Satz 2 HGB

»… die außerhalb der **gewöhnlichen Geschäftstätigkeit** der Kapitalgesellschaft anfallen« (z. B. Gewinne bzw. Verluste aus der Veräußerung ganzer Betriebe oder Beteiligungen, außerplanmäßige Abschreibungen aus Anlass außergewöhnlicher Ereignisse, einmalige Zuschüsse der öffentlichen Hand, Erträge aus dem Forderungsverzicht von Gläubigern).[375] Sofern diese Posten nicht von untergeordneter Bedeutung sind, müssen sie von großen und mittelgroßen Kapitalgesellschaften im **Anhang** erläutert werden (§ 277 Abs. 4 Satz 2, § 276 Satz 2 HGB).

| Gewinn- und Verlustrechnung | |
| --- | --- |
| GKV | UKV |
| 1. Umsatzerlöse<br>2. Erhöhung oder Verminderung des Bestands an fertigen und unfertigen Erzeugnissen<br>3. Andere aktivierte Eigenleistungen<br>4. Sonstige betriebliche Erträge<br>5. Materialaufwand:<br>  a) Aufwendungen für Roh-, Hilfs- und Betriebsstoffe und für bezogene Waren<br>  b) Aufwendungen für bezogene Leistungen<br>6. Personalaufwand:<br>  a) Löhne und Gehälter<br>  b) Soziale Abgaben und Aufwendungen für Altersversorgung und für Unterstützung, davon für Altersversorgung<br>7. Abschreibungen:<br>  a) auf immaterielle Vermögensgegenstände des Anlagevermögens und Sachanlagen sowie Aufwendungen für die Ingangsetzung und Erweiterung des Geschäftsbetriebs<br>  b) auf Vermögensgegenstände des Umlaufvermögens, soweit diese die in der Kapitalgesellschaft üblichen Abschreibungen überschreiten<br>8. Sonstige betriebliche Aufwendungen<br>9. Erträge aus Beteiligungen, davon aus verbundenen Unternehmen<br>10. Erträge aus anderen Wertpapieren und Ausleihungen des Finanzanlagevermögens, davon aus verbundenen Unternehmen<br>11. Sonstige Zinsen und ähnliche Erträge, davon aus verbundenen Unternehmen<br>12. Abschreibungen auf Finanzanlagen und auf Wertpapiere des Umlaufvermögens<br>13. Zinsen und ähnliche Aufwendungen, davon an verbundene Unternehmen<br>14. Ergebnis der gewöhnlichen Geschäftstätigkeit<br>15. Außerordentliche Erträge<br>16. Außerordentliche Aufwendungen<br>17. Außerordentliches Ergebnis<br>18. Steuern vom Einkommen und vom Ertrag<br>19. Sonstige Steuern<br>20. Jahresüberschuss/Jahresfehlbetrag | 1. Umsatzerlöse<br>2. Herstellungskosten der zur Erzielung der Umsatzerlöse erbrachten Leistungen<br>3. Bruttoergebnis vom Umsatz<br>4. Vertriebskosten<br>5. Allgemeine Verwaltungskosten<br><br>6. Sonstige betriebliche Erträge<br><br>7. Sonstige betriebliche Aufwendungen<br><br>8. Erträge aus Beteiligungen, davon aus verbundenen Unternehmen<br>9. Erträge aus anderen Wertpapieren und Ausleihungen des Finanzanlagevermögens, davon aus verbundenen Unternehmen<br>10. Sonstige Zinsen und ähnliche Erträge, davon aus verbundenen Unternehmen<br>11. Abschreibungen auf Finanzanlagen und auf Wertpapiere des Umlaufvermögens<br>12. Zinsen und ähnliche Aufwendungen, davon an verbundene Unternehmen<br>13. Ergebnis der gewöhnlichen Geschäftstätigkeit<br>14. Außerordentliche Erträge<br>15. Außerordentliche Aufwendungen<br>16. Außerordentliches Ergebnis<br>17. Steuern vom Einkommen und vom Ertrag<br>18. Sonstige Steuern<br>19. Jahresüberschuss/Jahresfehlbetrag |

Abb. 103: Gewinn- und Verlustrechnung der großen Kapitalgesellschaft nach § 275 Abs. 2 und Abs. 3 HGB

---

375  Vgl. *Förschle* 2006c, Anm. 222 zu § 275 HGB, S. 1105.

| Gewinn- und Verlustrechnung | |
|---|---|
| GKV | UKV |
| Umsatzerlöse<br>+/– Erhöhung oder Verminderung des Bestands an fertigen und unfertigen Erzeugnissen, andere aktivierte Eigenleistungen, sonstige betriebliche Erträge<br>– Materialaufwand:<br>a) Aufwendungen für Roh-, Hilfs- und Betriebsstoffe und für bezogene Waren<br>b) Aufwendungen für bezogene Leistungen | Umsatzerlöse<br>– Herstellungskosten der zur Erzielung der Umsatzerlöse erbrachten Leistungen<br>= Bruttoergebnis vom Umsatz<br>+ sonstige betriebliche Erträge |
| 1. Rohergebnis<br>2. Personalaufwand:<br>  a) Löhne und Gehälter<br>  b) soziale Abgaben und Aufwendungen für Altersversorgung und für Unterstützung, davon für Altersversorgung<br>3. Abschreibungen:<br>  a) auf immaterielle Vermögensgegenstände des Anlagevermögens und Sachanlagen sowie auf aktivierte Aufwendungen für die Ingangsetzung und Erweiterung des Geschäftsbetriebs<br>  b) auf Vermögensgegenstände des Umlaufvermögens, soweit diese die in der Kapitalgesellschaft üblichen Abschreibungen überschreiten<br>4. Sonstige betriebliche Aufwendungen<br>5. Erträge aus Beteiligungen, davon aus verbundenen Unternehmen<br>6. Erträge aus anderen Wertpapieren und Ausleihungen des Finanzanlagevermögens, davon aus verbundenen Unternehmen<br>7. Sonstige Zinsen und ähnliche Erträge, davon aus verbundenen Unternehmen<br>8. Abschreibungen auf Finanzanlagen und auf Wertpapiere des Umlaufvermögens<br>9. Zinsen und ähnliche Aufwendungen, davon an verbundene Unternehmen<br>10. Ergebnis der gewöhnlichen Geschäftstätigkeit<br>11. Außerordentliche Erträge<br>12. Außerordentliche Aufwendungen<br>13. Außerordentliches Ergebnis<br>14. Steuern vom Einkommen und vom Ertrag<br>15. Sonstige Steuern<br>16. Jahresüberschuss/Jahresfehlbetrag | 1. Rohergebnis<br>2. Vertriebskosten<br><br><br>3. allgemeine Verwaltungskosten<br><br><br>4. Sonstige betriebliche Aufwendungen<br>5. Erträge aus Beteiligungen, davon aus verbundenen Unternehmen<br>6. Erträge aus anderen Wertpapieren und Ausleihungen des Finanzanlagevermögens, davon aus verbundenen Unternehmen<br>7. Sonstige Zinsen und ähnliche Erträge, davon aus verbundenen Unternehmen<br>8. Abschreibungen auf Finanzanlagen und auf Wertpapiere des Umlaufvermögens<br>9. Zinsen und ähnliche Aufwendungen, davon an verbundene Unternehmen<br>10. Ergebnis der gewöhnlichen Geschäftstätigkeit<br>11. Außerordentliche Erträge<br>12. Außerordentliche Aufwendungen<br>13. Außerordentliches Ergebnis<br>14. Steuern vom Einkommen und vom Ertrag<br>15. Sonstige Steuern<br>16. Jahresüberschuss/Jahresfehlbetrag |

Abb. 104: Gewinn- und Verlustrechnung der kleinen und mittelgroßen Kapitalgesellschaft nach § 275 Abs. 2 und Abs. 3 i. V. m. § 276 HGB

Das (handelsrechtliche) **Betriebsergebnis** nach dem **GKV** ergibt sich aus der **Gesamtleistung** (Posten 1., 2., 3., 5., 6. und 7.) zuzüglich »sonstige betriebliche Erträge« (Posten 4.) abzüglich »sonstige betriebliche Aufwendungen« (Posten 8.). Beim **UKV** setzt sich das (handelsrechtliche) Betriebsergebnis aus dem **Umsatzergebnis** abzüglich »Vertriebskosten« (Posten 4.), allgemeine »Verwaltungskosten« (Posten 5.) und »sonstige betriebliche Aufwendungen« (Posten 7.) zuzüglich »sonstige betriebliche Erträge« (Posten 6.) zusammen. Sofern mittelgroße oder kleine Kapitalgesellschaften die **verkürzte Darstellungsmethode** der GuV wählen, ist aber zu beachten, dass das ausgewiesene Rohergebnis nach den beiden Verfah-

Abb. 105: Erfolgsspaltung der Gewinn- und Verlustrechnung nach § 275 Abs. 2 HGB (GKV)

ren voneinander abweicht und daher **nicht vergleichbar ist**. Darüber hinaus können Differenzen auch bei anderen Posten, insbesondere bei den sonstigen betrieblichen Aufwendungen, auftreten, so dass GKV und UKV erst im Posten Jahresüberschuss/-fehlbetrag materiell übereinstimmen.

**Abb. 105** und **Abb. 106** zeigen die **Erfolgsspaltung** der GuV nach dem GKV und dem UKV. Hieraus lassen sich wichtige Informationen im Rahmen der (externen) **erfolgswirtschaftlichen Rechnungslegungsanalyse** ableiten. Die im Verhältnis zum GKV geringeren Informationen des UKV über die Höhe und Struktur der einzelnen Aufwandsarten werden durch spezifische **Publizitätspflichten** zu kompensieren versucht, die für den Jahresabschluss in **Abb. 107**[376] zusammenfassend dargestellt sind. Zu beachten ist, dass publizitätspflichtige Personenhandelsgesellschaften und Einzelunternehmen gemäß § 5 Abs. 2 Satz 1 PublG keinen Anhang zu erstellen brauchen und damit die in **Abb. 107** angeführten Ausweispflichten umgehen können.

---

376  Modifiziert entnommen von *Chmielewicz* 1990, S. 23.

1. Umsatzerlöse
2. Herstellungskosten der zur Erzielung und Umsatzerlöse erbrachten Leistungen
3. Bruttoergebnis vom Umsatz
4. Vertriebskosten
5. Allgemeine Verwaltungskosten
6. Sonstige betriebliche Erträge
7. Sonstige betriebliche Aufwendungen

→ **(Betriebsergebnis)**

8. Erträge aus Beteiligungen
9. Erträge aus anderen Wertpapieren und Ausleihungen des Finanzanlagevermögens
10. Sonstige Zinsen und ähnliche Erträge
11. Abschreibungen auf Finanzanlagen und auf Wertpapiere des Umlagevermögens
12. Zinsen und ähnliche Aufwendungen

→ **± (Finanzergebnis)**

13. Ergebnis der gewöhnlichen Geschäftstätigkeit

**= Ergebnis der gewöhnlichen Geschäftstätigkeit**

14. Außerordentliche Erträge
15. Außerordentliche Aufwendungen
16. Außerordentliches Ergebnis

→ **± (Außerordentliches Ergebnis)**

17. Steuern vom Einkommen und vom Ertrag
18. Sonstige Steuern

→ **– (Steueraufwand)**

19. Jahresüberschuss/Jahresfehlbetrag

**= Jahresergebnis**

Abb. 106: Erfolgsspaltung der Gewinn- und Verlustrechnung nach § 275 Abs. 3 HGB (UKV)

| Regelung / GuV-Posten | Jahresabschluss | | | |
|---|---|---|---|---|
| | Ausweis | Aufstellung | Offenlegung | Differenzierung |
| Materialaufwand [§ 285 Nr. 8 a) HGB] | Anhang | mittelgroß und groß (§ 288 Satz 1 HGB) | groß (§ 326 Satz 2, § 327 Nr. 2 HGB) | Waren und Leistungen [§ 275 Abs. 2 Posten 5. a) und b) HGB] |
| Personalaufwand [§ 285 Nr. 8 b) HGB] | Anhang | alle | mittelgroß und groß (§ 326 Satz 2 HGB) | Löhne und Gehälter, Sozialabgaben, Altersversorgung [§ 275 Abs. 2 Posten 6. a) und b) HGB] |
| Abschreibungsaufwand für Sach- und immaterielle Anlagen (§ 268 Abs. 2 Satz 3 HGB) | Anhang oder Bilanz | alle | alle | Posten des Anlagevermögens (§ 266 Abs. 2 Posten A. HGB) |

Abb. 107: Ausweispflichten einer Kapitalgesellschaft bei Wahl des UKV

# D.    Anhang und Lagebericht

Im Gegensatz zu publizitätspflichtigen Einzelunternehmen und Personenhandelsgesellschaften sind **Kapitalgesellschaften** und ihnen gesetzlich gleichgestellte Unternehmen verpflichtet, neben der Bilanz sowie der Gewinn- und Verlustrechnung einen **Anhang** zu erstellen, der mit dem Jahresabschluss eine Einheit bildet (§ 264 Abs. 1 Satz 1 HGB). Die Vorschriften zum Anhang sind in § 284 bis § 288 HGB geregelt. Dem Anhang kommt im Zusammenwirken mit Bilanz sowie Gewinn- und Verlustrechnung die in § 264 Abs. 2 Satz 1 HGB verankerte **Jahresabschlussaufgabe** zu, unter Beachtung der GoB ein den **tatsächlichen Verhältnissen entsprechendes Bild der Vermögens-, Finanz- und Ertragslage** der Kapitalgesellschaft zu vermitteln.[377] Zunächst dient der Anhang ganz allgemein der **Erläuterung und Ergänzung** von Bilanz und GuV (**Erläuterungs- und Ergänzungsfunktion des Anhangs**). Ferner besteht für die Kapitalgesellschaft die Möglichkeit, Informationen aus Bilanz und Erfolgsrechnung in den Anhang zu verlagern (**Verlagerungsfunktion**). Schließlich sind im Falle elementarer Vorgänge (z. B. bei Änderungen von Bilanzierungs- und Bewertungsmethoden) Begründungen anzugeben (**Begründungsfunktion**). Hierdurch werden die Adressaten des Jahresabschlusses zumindest ansatzweise in die Lage versetzt, **rechnungslegungspolitische Gestaltungen** des Unternehmens beurteilen zu können.

Die speziellen Vorschriften über den Anhang in § 284 bis § 288 HGB stellen **keine abschließende Auflistung** der erforderlichen Angaben dar. In weiteren Einzelvorschriften des Handelsgesetzbuches, des Einführungsgesetzes zum Handelsgesetzbuch, des Aktiengesetzes und des Gesetzes betreffend die Gesellschaften mit beschränkter Haftung werden zusätzliche Angaben und Erläuterungen verlangt. Folgende Arten von Angaben im Anhang lassen sich unterscheiden:[378]

- **Pflichtangaben** (Erläuterungen, Angaben, Darstellungen, Aufgliederungen, Ausweise und Begründungen zur Bilanz und GuV, zu einzelnen ihrer Posten, zu ihrem Inhalt, zu den angewandten Bewertungs- und Abschreibungsmethoden sowie zu den Durchbrechungen der Ausweis- und Bewertungsstetigkeit).
- **Fakultative Angaben** (Angabewahlrecht im Anhang oder in der Bilanz bzw. in der GuV-Rechnung).
- **Zusätzliche Angaben** (zur Vermittlung eines den tatsächlichen Verhältnissen entsprechenden Bildes der Vermögens-, Finanz- und Ertragslage nach § 264 Abs. 2 Satz 2 HGB).
- **Freiwillige Angaben** (zur Gewährung zusätzlicher Informationen; z. B. Finanzrechnungen, Substanzerhaltungsrechnungen, Sozialbilanzen, Umweltberichte, Prognoserechnungen, Value Reports).

Die nachfolgende **Abb. 108**[379] zeigt eine mögliche Anhanggliederung, in die die wichtigsten Angabepflichten der §§ 284 ff. HGB und weiterer Einzelregelungen aufgenommen wurden. Von aktueller Bedeutung sind insbesondere die jüngsten Verpflichtungen zur Angabe der Honorare des Abschlussprüfers (§ 285 Satz 1 Nr. 17 HGB), zur Angabe von derivativen Finanzinstrumenten (§ 285 Satz 1 Nr. 18 HGB), zur Angabe von zu den Finanzanlagen ge-

---

377  Vgl. hierzu die Ausführungen im Fünften Teil zu Gliederungspunkt III.B.2.a.
378  Vgl. *Bieg/Kußmaul* 2006, S. 180.
379  Modifiziert entnommen von *Bieg/Kußmaul* 2006, S. 179; vgl. hierzu im Einzelnen *Coenenberg* 2005, S. 890–900.

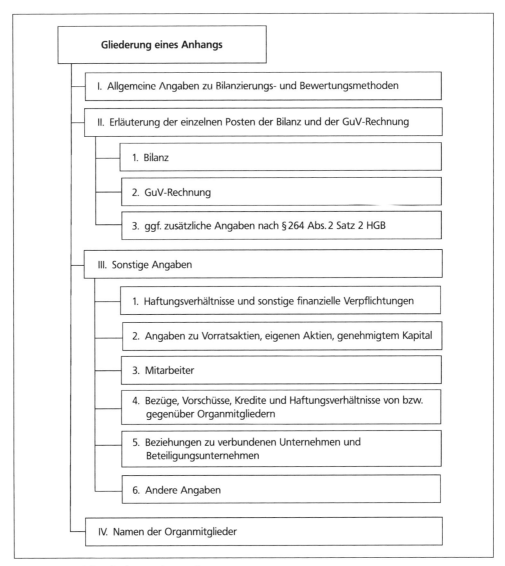

Abb. 108: Mögliche Gliederung eines Anhangs

hörenden Finanzinstrumenten[380] (§ 285 Satz 1 Nr. 19 HGB) und zur Angabe der (individuellen) Vorstands- und Aufsichtsratsvergütungen (§ 285 Satz 1 Nr. 9 a HGB).

Abweichend von publizitätspflichtigen Einzelunternehmen und Personenhandelsgesellschaften (§ 5 Abs. 2 Satz 1 PublG) sind mittelgroße und große Kapitalgesellschaften, kapitalistische Personenhandelsgesellschaften (§ 264 a Abs. 1 HGB) und eingetragene Genossen-

---

380  Mit dem Begriff »Finanzinstrumente« wird die gesamte Breite der betriebswirtschaftlichen Finanzierungsmöglichkeiten erfasst, die von originären Finanzinstrumenten (z. B. Forderungen, Verbindlichkeiten, Schuldverschreibungen) bis zu den derivativen Finanzinstrumenten (z. B. Devisenoptionen, Aktienfutures und Währungsswaps) reichen.

schaften (§ 336 Abs. 2 Satz 1 HGB) gemäß § 264 Abs. 1 Satz 1 2. HS HGB ferner verpflichtet, einen **Lagebericht** nach § 289 HGB zu erstellen.[381] Dieser ist **kein** Bestandteil des Jahresabschlusses, zielt aber ebenso wie der Anhang darauf ab, **zusätzliche Informationen** über das Unternehmen zu vermitteln.[382] Allerdings enthält der Lagebericht nicht Informationen, die sich unmittelbar auf einzelne Posten der Bilanz und/oder der Erfolgsrechnung beziehen, sondern er weist Angaben in allgemeiner (primär verbaler) Form auf, die der **Gesamtbeurteilung** der gegenwärtigen und künftigen ökonomischen Situation der Gesellschaft und ihrer Marktstellung dienen sollen.

§ 289 Abs. 1 und Abs. 3 HGB enthalten sog. **Pflichtangaben**, die den Geschäftsverlauf und die Lage des Unternehmens sowie die voraussichtliche Entwicklung mit ihren wesentlichen Chancen und Risiken betreffen (z. B. Informationen über die Auftrags-, Vermögens-, Finanz- und Ertragslage, die wirtschaftlichen Verhältnisse und die Branchenentwicklung sowie bestandsgefährdende Risiken), und in § 289 Abs. 2 HGB sog. **Sollangaben**, die sich auf Vorgänge von besonderer Bedeutung nach Schluss des Geschäftsjahres, spezifische Risikoinformationen (z. B. Ziel und Methoden des Risikomanagement, Preisänderungs-, Ausfall- und Liquiditätsrisiken), den Forschungs- und Entwicklungsbereich, bestehende Zweigniederlassungen und das Vergütungssystem der Gesellschaft beziehen. Allerdings ist zu beachten, dass nach h. M. die Soll-Vorschrift des § 289 Abs. 2 HGB **nicht** als **Wahlrecht** interpretiert werden darf. Der Verwaltung wird aber zugestanden, nach pflichtmäßigem Ermessen entscheiden zu können, auch Angaben zu unterlassen, wenn hierdurch dem Leser des Jahresabschlusses keine bedeutenden Informationen verloren gehen.[383] **Abb. 109** gibt einen zusammenfassenden Überblick über eine mögliche Gliederung des Lageberichts.

# V. Grundlagen der Erfolgsbesteuerung

## A. Einkunftsarten und Einkommensermittlung nach dem Einkommensteuergesetz

Das Einkommensteuergesetz sieht für unternehmerische und nicht unternehmerische Einkünfte unterschiedliche Bemessungsgrundlagen vor. Gemäß § 2 Abs. 2 EStG wird im Hinblick auf die Einkommensermittlung bei **natürlichen Personen** in zwei Einkunftskategorien unterschieden:

- den Maßstab für die Einkünfte aus Land- und Forstwirtschaft, Gewerbebetrieb und selbstständiger Arbeit stellt der **Gewinn** dar **(unternehmerische Einkünfte oder Gewinneinkunftsarten)**;
- den Maßstab für die übrigen vier Einkunftsarten (Einkünfte aus nichtselbstständiger Arbeit, Kapitalvermögen, Vermietung und Verpachtung und sonstiger Einkünfte) stellen die **Überschüsse** der Einnahmen über die Werbungskosten dar **(nicht unternehmerische Einkünfte oder Überschusseinkunftsarten)**.

---

381 Vgl. hierzu im Einzelnen *Freidank/Steinmeyer* 2005, S. 2512–2517; *Krawitz* 2005; *Tesch/Wißmann* 2006.
382 Vgl. stellvertretend *Lück* 2003a, Anm. 3 zu § 289 HGB, S. 2 f.
383 Vgl. im Einzelnen *ADS* 1995b, Anm. 93–127 zu § 289 HGB, S. 215–226; *Ellrott* 2006e, Anm. 60 zu § 289 HGB, S. 1329.

| Wirtschaftsbericht (§ 289 Abs. 1 Satz 1 bis 3 und Abs. 3 HGB) | Darstellung und Analyse des Geschäftsverlaufs |
| | Darstellung des Geschäftsergebnisses |
| | Darstellung und Analyse der Lage |
| | Berücksichtigung bedeutsamer finanzieller Leistungsindikatoren (z. B. Produkte und Märkte) |
| | Berücksichtigung bedeutsamer nicht finanzieller Leistungsindikatoren (z. B. Umweltbelange, Human Capital)* |
| Nachtragsbericht (§ 289 Abs. 2 Nr. 1 HGB) | Eingehen auf Vorgänge von besonderer Bedeutung nach dem Schluss des Geschäftsjahrs |
| Prognosebericht (§ 289 Abs. 1 Satz 4, Abs. 2 Nr. 2 HGB) | (Quantitative) Entwicklungsprognose mit einem Zeithorizont von zwei Jahren |
| | Sensitivitätsanalyse der Entwicklungsprognose durch Angabe von Chancen und Risiken (Unsicherheiten) |
| | Aktives Chancen- und Risikomanagement insbesondere durch den Einsatz von Finanzinstrumenten unter Bezugnahme auf die entsprechenden Anhangangaben |
| Forschungs- und Entwicklungsbericht (§ 289 Abs. 2 Nr. 3 HGB) | Darstellung bedeutsamer Forschungs- und Entwicklungsprojekte oder -vorhaben |
| Zweigniederlassungsbericht (§ 289 Abs. 2 Nr. 4 HGB) | Informationen über bestehende Zweigniederlassungen |
| Vergütungsbericht (§ 289 Abs. 2 Nr. 5 HGB) | Darstellung des Vergütungssystems für Geschäftsführungs- und Überwachungsorgane |

\* lediglich für große Kapitalgesellschaften i. S. v. § 267 Abs. 3 HGB erforderlich

Abb. 109: Mögliche Gliederung eines Lageberichts nach § 289 HGB

Grundlegender Unterschied zwischen beiden aufgezeigten Kategorien ist, dass bei den Überschusseinkunftsarten lediglich die **Quelleneinkünfte** erfasst werden, während bei den Gewinneinkunftsarten darüber hinaus auch bis zu bestimmten Grenzen die **Wertsteigerungen der Einkunftsquelle** zur Besteuerung führen [z. B. Zuschreibungen auf Wirtschaftsgüter des Betriebsvermögens bis zu den (fortgeführten) Anschaffungs- oder Herstellungskosten]. Ferner müssen **Unternehmer** den bereits **realisierten Zuwachs des Betriebsvermögens** versteuern (z. B. auf Ziel und Gewinn verkaufte Waren, die bereits an den Käufer geliefert wurden), während beim **Nichtunternehmer** derartige Wertzuwächse grundsätzlich erst im **Zeitpunkt des Zuflusses** der Besteuerung unterworfen werden (§ 11 Abs. 1 Satz 1 EStG). Andererseits führen Minderungen des Betriebsvermögens bezüglich der unternehmerischen Einkünfte schon im Zeitpunkt der Aufwandsentstehung zur Senkung der einkommensteuerlichen Bemessungsgrundlage, während diese Auswirkung bei den Überschusseinkunftsarten prinzipiell erst im **Zeitpunkt des Abflusses**, d. h. bei Leistung der Ausgabe, eintritt (§ 11 Abs. 2 Satz 1 EStG). Allerdings kann der Unternehmer durch Ausnutzung **legaler Gestaltungsmöglichkeiten** die Steuerbelastung in weitaus größerem Umfang beeinflussen als der Nichtunternehmer, da für den letzteren die Vielzahl der im Bilanzsteuerrecht verankerten Gestaltungsalternativen bei der Ermittlung des Überschusses nicht relevant sind.

**Beispiel:**

Angenommen, ein verheirateter freiberuflich tätiger Wirtschaftsprüfer hätte durch legale Gestaltung die Möglichkeit, den im Rahmen der fünfjährigen Lebensdauer seines Unternehmens anfallenden steuerrechtlichen Totalgewinn (Gewinn von der Eröffnung bis zur Aufgabe oder Veräußerung des Unternehmens) von 270.000 € nach drei Alternativen auf die einzelnen Wirtschaftsjahre zu verteilen.

Ohne Berücksichtigung von Zins- und Zeitwirkungen ist es für den Freiberufler aufgrund des Progressionstarifs am günstigsten, den Gewinn nach Alternative I möglichst gleichmäßig auf die einzelnen Wirtschaftsjahre zu verteilen (**sog. Gesetz der Normallinie**[384]). Nach dem Konzept der **Steuerbarwertminimierung**[385] sollten die steuerpflichtigen Gewinne jedoch so gestaltet werden, dass die Summe aller abgezinsten Ertragsteuerzahlungen ein Minimum erreicht, wobei die Abzinsung auf den Gegenwartswert erfolgt. Diese Vorgehensweise wird von der Überlegung getragen, dass durch entsprechende zeitliche Verlagerungen der Ertragsteuerzahlungen ein **zinsloser Kredit** erlangt werden kann, der bis zur endgültigen Steuerentrichtung zum angewandten Kalkulationszinssatz gewinnbringend anzulegen ist. Bei einer Abzinsung der Einkommensteuerzahlungen mit einem konstanten Kalkulationszinssatz von 10 % nach Steuern[386] ergibt sich ein anderes Bild. **Abb. 111** verdeutlicht, dass die Gewinnausweisreihe nach Alternative II zu wählen ist, da diese periodenbezogene Gestaltung des Totalgewinns zur niedrigsten Steuerbarwertsumme (36.607,94 €) führt.

| Jahre | Alternative I | | Alternative II | | Alternative III | |
|---|---|---|---|---|---|---|
| | Gewinn (in €) | ESt[387] (in €) | Gewinn (in €) | ESt[387] (in €) | Gewinn (in €) | ESt[387] (in €) |
| 1 | 54.000 | 9.972 | 40.000 | 5.804 | 100.000 | 27.334 |
| 2 | 54.000 | 9.972 | 41.000 | 6.084 | 70.000 | 15.372 |
| 3 | 54.000 | 9.972 | 50.500 | 8.880 | – | – |
| 4 | 54.000 | 9.972 | 65.000 | 13.612 | – | – |
| 5 | 54.000 | 9.972 | 73.500 | 16.644 | 100.000 | 27.334 |
| Summe | 270.000 | **49.860** | 270.000 | 51.024 | 270.000 | 70.040 |
| Ø ESt-Belastung | **18,47 %**[388] | | 18,89 % | | 25,94 % | |

Abb. 110: Beispiel zur Einkommensteuerbelastung ohne Zinswirkungen

---

384  Vgl. *Vogt* 1963, S. 24–28.

385  Vgl. *Marettek* 1970, S. 19–31 und die Ausführungen im Sechsten Teil zu Gliederungspunkt IV.B.2.

386  Im Kapitalwertmodell repräsentiert der Kalkulationszinssatz (i) die Rendite einer Vergleichsinvestition, die zu diesem Zinssatz angelegt werden kann. Sofern die Alternativinvestition ebenfalls steuerpflichtige Gewinne verursacht, ist auch der Kalkulationszinssatz wie folgt um den Steuereffekt zu korrigieren ($i_s$ = Kalkulationszinssatz nach Steuern, s = Ertragsteuerfaktor): $i_s = i \cdot (1 - s)$. Aufgrund der Ertragbesteuerung der Alternativanlage wird dort durch höhere Steuerauszahlungen in den einzelnen Perioden ein geringerer Kapitalwert erzielt. Infolge der Abzinsung des primären Investitionsobjekts mit dem Kalkulationszinssatz nach Steuern steigt sein Kapitalwert, da die Alternativanlage durch die Ertragbesteuerung ungünstiger wird.

387  Einkommensteuer nach Splittingtabelle gültig ab 01.01.2004; wobei angenommen wird, dass der steuerrechtliche Gewinn dem zu versteuernden Einkommen nach § 2 Abs. 5 EStG entspricht.

388  49.860 € : 270.000 € = 18,47 %.

| Jahre | Alternative I | | Alternative II | | Alternative III | |
|---|---|---|---|---|---|---|
| | ESt (in €) | Barwert (in €) | ESt (in €) | Barwert (in €) | ESt (in €) | Barwert (in €) |
| 1 | 9.972 | 9.065,45 | 5.804 | 5.276,36 | 27.334 | 24.849,09 |
| 2 | 9.972 | 8.241,32 | 6.084 | 5.028,10 | 15.372 | 12.704,13 |
| 3 | 9.972 | 7.492,11 | 8.880 | 6.671,68 | – | – |
| 4 | 9.972 | 6.811,01 | 13.612 | 9.297,18 | – | – |
| 5 | 9.972 | 6.191,83[389] | 16.644 | 10.334,62 | 27.334 | 16.974,13 |
| Summe | 49.860 | 37.801,72 | 51.024 | **36.607,94** | 70.040 | 54.527,35 |

Abb. 111: Beispiel zur Einkommensteuerbelastung mit Zinswirkungen

Nicht beeinflussbar ist nur der **Totalgewinn**, der zwischen Beginn und Ende der unternehmerischen Betätigung anfällt. Im Liquidationszeitpunkt werden sämtliche Wirtschaftsgüter zu Geld, so dass sich der Totalerfolg durch Gegenüberstellung des in Geld bestehenden Anfangs- und Endvermögens, korrigiert um die Summe der Entnahmen und Einlagen, zutreffend ermitteln lässt.[390] Da der Fiskus jedoch auf einen permanenten Eingang der Einkommensteuer angewiesen ist, knüpft das Einkommensteuergesetz nicht an den Totalgewinn, sondern an den Periodengewinn an. Im Sinne von § 4 a EStG ist der Periodengewinn als Gewinn zu definieren, der in einem Wirtschaftsjahr erzielt wird. Das Einkommensteuergesetz kennt verschiedene Gewinnermittlungsmethoden, die in **Abb. 112** im Zusammenhang dargestellt sind.[391]

# B.    Betriebsvermögensvergleich nach den handelsrechtlichen Grundsätzen ordnungsmäßiger Buchführung

Im Gegensatz zum handelsrechtlichen Jahresabschluss kommt dem steuerrechtlichen Jahresabschluss die Aufgabe zu, den Periodengewinn zu bestimmen, der die Ausgangsgröße zur Ermittlung der Einkommen- (bzw. der Körperschaft-) und der Gewerbesteuer darstellt. Das **Steuerbilanzergebnis** wird zu diesem Zweck gemäß § 5 Abs. 1 Satz 1 EStG »bei Gewerbetreibenden[392], die auf Grund gesetzlicher Vorschriften verpflichtet sind, Bücher zu führen und regelmäßig Abschlüsse zu machen, oder die ohne eine solche Verpflichtung Bücher führen und regelmäßig Abschlüsse machen ...«, aus dem handelsrechtlichen Jahresabschluss abgeleitet **(Maßgeblichkeit der Handelsbilanz für die Steuerbilanz)**. Da in § 8 Abs. 1 KStG und § 7 GewStG auf die Gewinnermittlungsvorschriften des Einkommensteuergesetzes verwiesen wird, besitzt § 5 Abs. 1 Satz 1 EStG auch für die Berechnung der Bemessungsgrundlagen von Körperschaft- und Gewerbesteuer Gültigkeit. Hieraus folgt, dass das Maßgeblich-

---

389    $6191{,}83\,€ = 9.972\,€ \cdot \dfrac{1}{(1 + 0{,}1)^5}.$

390    Vgl. hierzu die Ausführungen im Ersten Teil zu Gliederungspunkt IV.C.2.

391    Vgl. hierzu auch die Ausführungen im Dritten Teil zu Gliederungspunkt I.A.3 und zu Gliederungspunkt II.B.1.

392    Die steuerrechtliche Definition des Gewerbetreibenden und des Gewerbebetriebes findet sich in § 15 Abs. 2 Satz 1 EStG und lautet: »Eine selbstständige nachhaltige Betätigung, die mit der Absicht, Gewinn zu erzielen, unternommen wird und sich als Beteiligung am allgemeinen wirtschaftlichen Verkehr darstellt, ist Gewerbebetrieb, wenn die Betätigung weder als Ausübung von Land- und Forstwirtschaft noch als Ausübung eines freien Berufs noch als eine andere selbstständige Arbeit anzusehen ist.«

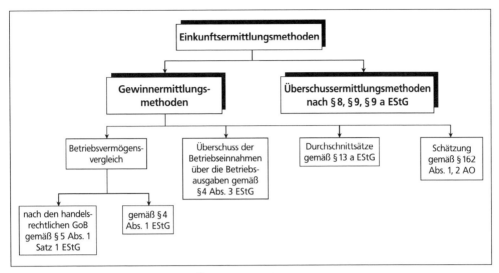

Abb. 112: Steuerrechtliche Gewinn- und Überschussermittlung

keitsprinzip u. a. bei einzelkaufmännisch geführten Gewerbebetrieben, Personenhandels-(OHG, KG)[393], Kapitalgesellschaften (GmbH, AG) und Genossenschaften zu beachten ist.

Die unterschiedlichen Zielsetzungen des Handels- und Steuerrechts stehen jedoch einer uneingeschränkten Anknüpfung bei der steuerrechtlichen Gewinnermittlung an das Ergebnis des handelsrechtlichen Jahresabschlusses entgegen. Aufgrund der vom Vorsichtsprinzip geprägten Bilanzierungs- und Bewertungsvorschriften des Handelsrechts stellt der nach diesen Normen ermittelte Gewinn **keinen Indikator der wirtschaftlichen Leistungsfähigkeit** dar.[394] Deshalb geht die steuerrechtliche Gewinnermittlung zwar vom Handelsbilanzergebnis aus, trifft aber in einigen Bereichen abweichende Sonderregelungen, die dem Begriff »**Durchbrechungen des Maßgeblichkeitsprinzips**« subsumiert werden.

Da der Gesetzgeber es vor diesem Hintergrund den Unternehmen nicht zumuten wollte, zwei unterschiedliche Jahresabschlussrechnungen zu erstellen, lässt § 60 Abs. 2 Satz 1 EStDV auch die Vorlage eines nach steuerrechtlichen Vorschriften **korrigierten handelsrechtlichen Jahresabschlusses** beim Finanzamt zu. Allerdings besteht die Möglichkeit, eine den steuerrechtlichen Vorschriften entsprechende Jahresabschlussrechnung mit der Steuererklärung einzureichen (§ 60 Abs. 2 Satz 2 EStDV).

## C.    Sonstige Verfahren der steuerrechtlichen Gewinnermittlung

**Nichtgewerbetreibende**, die verpflichtet sind, Bücher zu führen und regelmäßig Abschlüsse zu machen, oder freiwillig Bücher führen und regelmäßig Abschlüsse machen (Land- und Forstwirte sowie Freiberufler), ermitteln ihren steuerrechtlichen Gewinn aufgrund des

---

393   Diese Unternehmensformen werden von § 15 Abs. 3 Nr. 1 EStG explizit als Gewerbebetriebe klassifiziert.

394   Der Grundsatz der Besteuerung nach der wirtschaftlichen Leistungsfähigkeit stellt neben dem Sozialstaatsprinzip und dem Grundsatz der gleichmäßigen Besteuerung ein Fundamentalprinzip dar, welches das gesamte Steuerrecht durchzieht. Vgl. hierzu *Lang* 2005, Anm. 80–123, S. 82–99.

Betriebsvermögensvergleichs mit Hilfe einer **Steuerbilanz** gemäß § 4 Abs. 1 EStG. Nach h. M. benötigt auch dieser (allgemeine) Betriebsvermögensvergleich die handelsrechtlichen GoB.[395] Deshalb stimmen die Ergebnisse des speziellen und des allgemeinen Betriebsvermögensvergleichs nach § 5 Abs. 1 Satz 1 HGB bzw. § 4 Abs. 1 EStG unter sonst gleichen Bedingungen grundsätzlich überein.

Schließlich besteht für **nichtbuchführungspflichtige Unternehmer**, die auch freiwillig keine Bücher führen und regelmäßig Abschlüsse machen (Land- und Forstwirte, Freiberufler und Kleingewerbetreibende) die Möglichkeit, den Gewinn als Differenz zwischen der Summe der Betriebseinnahmen und der Betriebsausgaben einer Periode zu ermitteln (§ 4 Abs. 3 Satz 1 EStG). Unter den Begriffen Betriebseinnahmen bzw. Betriebsausgaben sind nach h. M. Zugänge bzw. Abgänge von Wirtschaftsgütern in Geld oder Geldeswert zu verstehen. Folglich stellt die Überschussmethode des § 4 Abs. 3 EStG im Grundsatz eine **Zu- und Abflussrechnung** i. S. v. § 11 EStG dar, die aber durch **einige Ausnahmeregelungen** den Charakter einer **vereinfachten Gewinnermittlungsrechnung** erhält. So sind auch bei diesem Verfahren die Anschaffungs- oder Herstellungskosten auf die Jahre der Nutzung zu verteilen (§ 4 Abs. 3 Satz 3 EStG). Darüber hinaus können unabhängig vom Zu- und Abfluss bestimmte steuerrechtliche Vergünstigungen in Anspruch genommen werden (z. B. nach § 6 Abs. 2, § 7 Abs. 2 Satz 1, § 6 c EStG). Im Gegensatz zu den Methoden nach § 4 Abs. 1 und § 5 Abs. 1 Satz 1 EStG verzichtet die Einnahmen-Überschussrechnung auf eine **periodengerechte Gewinnermittlung**. Im Verhältnis zum Betriebsvermögensvergleich ist der nach der Überschussmethode berechnete Gewinn höher, wenn der Unternehmer sein Warenlager räumt (et vice versa). Die Totalgewinne sind jedoch nach beiden Gewinnermittlungsverfahren identisch.

**Beispiel:**
Im Rahmen der dreiperiodigen Lebensdauer eines Einzelunternehmens, das von einem Gewerbetreibenden geführt wird, weisen die mengenmäßigen Warenbewegungen folgende Strukturen auf.

| Perioden | AB in Stück | Zugänge in Stück | EB in Stück | Abgänge in Stück |
|----------|-------------|------------------|-------------|------------------|
| 1 | 0 | 100 | 20 | 80 |
| 2 | 20 | 70 | 30 | 60 |
| 3 | 30 | 0 | 0 | 30 |

Abb. 113: Entwicklung des Warenbestands

Die AK für Zugänge in den Perioden 1, 2 und 3 betrugen konstant 15 € pro Stück. Veräußert wurden die Waren hingegen mit einem konstanten Netto-Verkaufspreis in Höhe von 25 € pro Stück. Die Wiederbeschaffungskosten für die auf Lager befindlichen Waren betrugen am Ende der Perioden 1, 2 und 3 durchgehend 12,50 €. Sofern man die Alternative der freiwilligen Buchführung und Abschlusserstellung berücksichtigt, ergeben sich für den Gewerbetreibenden zwei Möglichkeiten der steuerrechtlichen Gewinnermittlung. Es wurde unterstellt, dass die zuerst angeschafften Waren auch zuerst verkauft werden konnten.

---

395   Vgl. *Lang* 2005, Anm. 188, S. 271.

| Perioden | Gewinnermittlungsmethoden | |
| --- | --- | --- |
| | § 5 Abs. 1 Satz 1 EStG[396] | § 4 Abs. 3 EStG |
| 1 | 80 Stück à 25,00 €<br>− 80 Stück à 15,00 €<br>− 20 Stück à 2,50 €<br>= 750 € | 80 Stück à 25,00 €<br>− 100 Stück à 15,00 €<br>= 500 € |
| 2 | 60 Stück à 25,00 €<br>− 20 Stück à 12,50 €<br>− 40 Stück à 15,00 €<br>− 30 Stück à 2,50 €<br>= 575 € | 60 Stück à 25,00 €<br>− 70 Stück à 15,00 €<br>= 450 € |
| 3 | 30 Stück à 25,00 €<br>− 30 Stück à 12,50 €<br>= 375 € | 30 Stück à 25,00 €<br>= 750 € |
| Summe | 1.700 € | 1.700 € |

Abb. 114: Beispielhafter Vergleich steuerrechtlicher Gewinnermittlungsmethoden

Die Gewinnermittlung nach **Durchschnittssätzen** gemäß § 13 a EStG kommt nur für Land- und Forstwirte in Betracht, die nicht verpflichtet sind, Bücher zu führen und regelmäßig Abschlüsse zu machen. Der **Durchschnittssatzgewinn** des land- und forstwirtschaftlichen Betriebs ist gemäß § 13 a Abs. 3 Satz 1 EStG die Summe aus dem Grundbetrag (§ 13 a Abs. 4 EStG), den Zuschlägen für Sondernutzungen (§ 13 a Abs. 5 EStG), gesondert zu ermittelnden Gewinnteilen (§ 13 a Abs. 6 EStG), vereinnahmten Miet- und Pachtzinsen sowie Kapitalerträgen aus Kapitalanlagen von Veräußerungserlösen i. S. v. § 13 a Abs. 6 Satz 1 Nr. 2 EStG, wobei verausgabte Pachtzinsen und diejenigen Schuldzinsen und dauernden Lasten abzusetzen sind, die den Charakter von Betriebsausgaben tragen (§ 13 a Abs. 3 Satz 2 EStG). Allerdings dürfen die abzusetzenden Beträge insgesamt nicht zu einem Verlust führen (§ 13 a Abs. 3 Satz 3 EStG). **Schätzungen** zur Ermittlung des steuerrechtlichen Gewinns kommen z. B. nach § 162 Abs. 2 Satz 2 AO dann in Betracht, »... wenn der Steuerpflichtige Bücher oder Aufzeichnungen, die er nach den Steuergesetzen zu führen hat, nicht vorlegen kann oder wenn die Buchführung oder die Aufzeichnungen der Besteuerung ...« mangels sachlicher Richtigkeit nicht zugrunde gelegt werden.

# VI. Verstöße gegen gesetzliche Buchführungs- und Rechnungslegungsvorschriften[397]

**Bilanzmanipulationen** (Bilanzfälschungen und Bilanzverschleierungen) stellen allgemein **Verstöße** gegen die GoB dar, die vom Gesetzgeber als **strafrechtliche Tatbestände** gewertet werden. So sehen § 331 Nr. 1 und Nr. 4 HGB, § 400 Abs. 1 AktG, § 17 Nr. 1 PublG und

---

396   Das strenge Niederstwertprinzip gemäß § 253 Abs. 3 Satz 1 HGB ist auch für die steuerrechtliche Gewinnermittlung nach § 5 Abs. 1 Satz 1 EStG maßgebend.

397   Vgl. auch die Ausführungen im Zweiten Teil zu Gliederungspunkt I.A. und *Federmann* 2000, S. 101–113.

§ 335 b HGB im Falle von unrichtigen Darstellungen oder Verschleierungen des Jahresabschlusses und des Lageberichts **Freiheitsstrafen** bis zu drei Jahren oder **Geldstrafen** für die gesetzlichen Vertreter bzw. den Aufsichtsrat vor. Eine exakte Abgrenzung der Tatbestände »**Bilanzverschleierung**« sowie »**Bilanzfälschung**« bereitet allerdings Schwierigkeiten. Grundsätzlich wird unter Bilanzfälschung die bewusst irreführende Darstellung bestimmter Inhalte des Jahresabschlusses und/oder des Lageberichts verstanden (z. B. falsche Bewertung oder das Hinzufügen oder Weglassen von Jahresabschlussposten). Bilanzverschleierungen liegen hingegen vor, wenn an sich zulässige Jahresabschlusswerte unklar und undurchsichtig ausgewiesen werden (z. B. unrichtige Gliederung und Bezeichnung bestimmter Posten). Ferner werden **Konkursdelikte** mit **Freiheits- oder Geldstrafe** geahndet, die ihre Ursache in der Verletzung von Rechnungslegungs- und Buchführungsvorschriften haben (§ 283 bis § 283 b StGB).

Darüber hinaus sieht § 334 Abs. 1 und Abs. 1 a HGB bei bestimmten Verstößen gegen bestimmte GoB sowie Aufstellungs- und Offenlegungspflichten, die Jahresabschluss und Lagebericht betreffen, **Geldbußen** bis zu 50.000 € (§ 334 Abs. 3 HGB) vor, wenn diese Ordnungswidrigkeiten als Mitglied des vertretungsberechtigten Organs oder des Aufsichtsrats einer Kapitalgesellschaft begangen werden. Ähnliches gilt für die Eigner bzw. deren gesetzliche Vertreter von publizitätspflichtigen Einzelunternehmen und Personenhandelsgesellschaften (§ 20 PublG) sowie für kapitalistische Personenhandelsgesellschaften (§ 335 b HGB). Im Gegensatz zu den strafrechtlichen Tatbeständen der Bilanzfälschung und Bilanzverschleierung handelt es sich bei den **Ordnungswidrigkeiten nicht um kriminelle Vergehen**, sondern um eine Verletzung von Regeln, die in Form eines **Bußgeldes** entsprechend milder geahndet werden.

Ferner ziehen Verstöße gegen die GoB **bei prüfungspflichtigen Unternehmen** (z. B. nach § 316 Abs. 1 Satz 1 HGB) die **Einschränkung oder die Versagung des Testats** durch den Abschlussprüfer nach sich (§ 322 Abs. 4 HGB; § 6 Abs. 1 PublG und § 264 a Abs. 1 HGB). Zudem hat der Abschlussprüfer im Prüfungsbericht auf bei der Prüfung festgestellte Unrichtigkeiten sowie Verstöße gegen gesetzliche Vorschriften oder Regelungen des Gesellschaftsvertrags oder der Satzung einzugehen (§ 321 Abs. 1 Satz 3 HGB). Schließlich führen Verstöße gegen Vorschriften, die ausschließlich oder überwiegend zum Schutze der Gläubiger der Gesellschaft oder sonst im öffentlichen Interesse erlassen wurden, zur **Nichtigkeit des Jahresabschlusses** der Aktiengesellschaft (§ 256 Abs. 1 Nr. 1 AktG). Gleiches gilt für Verstöße gegen zwingende Bestimmungen der handelsrechtlichen Gliederungs- und Bewertungsvorschriften (§ 256 Abs. 4 und Abs. 5 AktG). Fehlerhafte handelsrechtliche Jahresabschlüsse, die aufgrund von Verstößen gegen GoB zur Nichtigkeit führen, müssen **geändert** werden, um **Rechtswirksamkeit** zu erlangen. Allerdings tritt bei derartigen Jahresabschlüssen auch ohne Berichtigung Rechtswirksamkeit dann ein, wenn die Frist, in der die Nichtigkeit nach § 256 Abs. 6 AktG geltend gemacht wird, verstrichen ist. Ansonsten besteht eine Verpflichtung zur Korrektur fehlerhafter Jahresabschlüsse grundsätzlich aus handelsrechtlicher Sicht nicht. In diesen Fällen genügt es, den Fehler im folgenden Jahresabschluss zu berichtigen.

Weiterhin können Verstöße gegen die GoB bei **börsennotierten Unternehmen** das sog. **Enforcementverfahren** nach § 342 b f. HGB bzw. § 37 p WpHG auslösen, das entweder in der ersten Stufe von der **Deutschen Prüfstelle für Rechnungslegung e. V. (DPR)** oder in der zweiten Stufe von der **Bundesanstalt für Finanzdienstleistungsaufsicht (Bafin)** durchgeführt wird. Ggf. in diesem Prozess festgestellte Verstöße gegen gesetzliche Vorschriften einschließlich der GoB und der sonstigen durch Gesetz zugelassenen Rechnungslegungsstandards (IFRS) sind gemäß § 37 q Abs. 2 WpHG von den geprüften Unternehmen **bekannt zu machen** (z. B. im elektronischen Bundesanzeiger oder in einem überregionalen Börsenblatt), wenn ein **öffentliches Interesse** an der Publikation der konstatierten Fehler besteht. Darüber hinaus teilen Prüfstelle und Bundesanstalt Tatsachen, die den Verdacht auf **Straftaten/Ordnungswidrigkeiten** im Bereich der Rechnungslegung begründen, den zuständigen Behörden mit (z. B. Staatsanwaltschaft und Börsenaufsicht). Beim Vorliegen einer **Berufspflichtverletzung** des Wirtschaftsprüfers erfolgt eine Meldung an die **Wirtschaftsprüferkammer**.

Aus **steuerrechtlicher Sicht** kann das Nichtbeachten bestimmter handels- und/oder steuerrechtlicher Ordnungsmäßigkeitsvorschriften im Rahmen der Buchhaltung zur **Schätzung der Besteuerungsgrundlagen** durch die Steuerbehörden führen (§ 162 Abs. 2 Satz 2 AO). Sofern im Rahmen der steuerrechtlichen Gewinnermittlung gegen zwingende GoB verstoßen wird, liegen **fehlerhafte Bilanzansätze** vor. Eine Korrektur ist grundsätzlich bis zur materiellen Bestandskraft der Veranlagung, d. h. bis zur Änderung des zugrunde liegenden Steuerbescheids, möglich (H 4.4 EStR). Derartige **Bilanzberichtigungen**, die ggf. zu einer Änderung der ertragsteuerlichen Bemessungsgrundlagen führen, kommen insbesondere im Rahmen von **Außenprüfungen** (§ 193 bis § 207 AO) vor, sie können aber auch aufgrund einer entsprechenden Mitteilung des Steuerpflichtigen gegenüber dem Finanzamt erfolgen (§ 4 Abs. 2 Satz 1 EStG). Darüber hinaus können auch aus steuerrechtlichem Blickwinkel in Abhängigkeit von der Art und Schwere des Verstoßes gegen **Buchführungs- und Rechnungslegungsvorschriften Freiheitsstrafen** (§ 370 AO), **Geldbußen** (§ 378 f. AO) oder **Zwangsgelder** (§ 328 bis § 335 AO) in Betracht kommen.

# Dritter Teil:

# Rechnungslegung von Einzelunternehmen

# I. Bilanzansatz dem Grunde nach (Aktivierung und Passivierung)

## A. Einführung

### 1. Bilanzierungsfähigkeit-, -pflicht und -wahlrecht

Die Frage, ob das Bilanzobjekt (Vermögensgegenstand, Bilanzierungshilfe, Rechnungsabgrenzungsposten, Eigenkapital, Verbindlichkeit und Rückstellung) dem Grunde nach in der Bilanz zwingend anzusetzen ist oder angesetzt werden darf (**Wahlrecht**), kann erst nach Prüfung der (**konkreten**) **Bilanzierungsfähigkeit** des Objektes entschieden werden. Die (konkrete) Bilanzierungsfähigkeit ist prinzipiell dann gegeben, wenn kein auf wirtschaftlichen oder rechtlichen Erwägungen basierendes **Bilanzierungsverbot** besteht. So bezieht sich das in § 246 Abs. 1 HGB fixierte **Vollständigkeitsprinzip** eindeutig auf das Unternehmens- und nicht auf das Privatvermögen der(s) Eigner(s). Mithin besteht ein grundsätzliches **Einbeziehungsverbot** für private Vermögensgegenstände und Schulden in die Unternehmensbilanz.[398] Ferner sind solche Vermögenswerte und Verbindlichkeiten nicht in die Bilanz aufzunehmen, die dem Unternehmen (**wirtschaftlich**) nicht zuzurechnen sind (z. B. unter Eigentumsvorbehalt gelieferte Waren).[399] Des Weiteren befinden sich sowohl im Handels- als auch im Steuerrecht explizit kodifizierte **Bilanzierungsverbote** (§ 248 HGB, § 249 Abs. 3 HGB; § 5 Abs. 2 bis Abs. 5 EStG). Schließlich hat der Gesetzgeber einige **Bilanzierungswahlrechte** zugelassen (z. B. § 249 Abs. 1 Satz 3 und Abs. 2 HGB, § 250 Abs. 3 HGB sowie § 255 Abs. 4 HGB),[400] deren Ausübung im **Ermessen** des Kaufmanns liegt. Wahlrechte im Bereich der Bilanzierung werden den Unternehmen vom Gesetzgeber nicht deshalb eingeräumt, um Manipulationsspielräume zu eröffnen, sondern aufgrund der Erkenntnis, dass in unterschiedlich gelagerten Fällen auch unterschiedliche Bilanzansätze möglich sein können bzw. den Unternehmen bei bestimmten Konstellationen Erleichterungen in Form sog. **Bilanzierungshilfen** eingeräumt werden müssen. Der Entscheidungsprozess im Hinblick auf die Bilanzierung dem Grunde nach wird durch **Abb. 115** verdeutlicht.

Sofern ein Objekt **bilanzierungsfähig** ist, liegt die grundsätzliche Eignung vor, um es in eine Bilanz aufnehmen zu können. Aus der Sicht der **statischen Bilanztheorie**[401] kommen lediglich **Vermögensgegenstände** (positive Wirtschaftsgüter) im juristischen Sinne (Sachen i. S. v. § 90 BGB und immaterielle Güter) für eine Aktivierung in Betracht, keinesfalls jedoch **wirtschaftliche Potenziale** wie ökonomische Vorteile, Zustände, Möglichkeiten oder Chancen (z. B. künftige Verkaufschancen eines neuen Produktes), die sich nicht in konkretisierbaren Vermögensgegenständen niedergeschlagen haben. Als Passivposten sind ferner nur **sichere oder unsichere Schulden** (negative Wirtschaftsgüter) anzusetzen, die mit großer Wahrscheinlichkeit zu Vermögensabflüssen führen. Nach der **dynamischen Bilanztheorie**[402] sollen in der Bilanz sämtliche Posten aufgenommen werden, die einer

---

398 Vgl. aber die steuerrechtlichen Ausnahmen in R 4.2 EStR.
399 Vgl. § 246 Abs. 1 HGB; § 39 Abs. 2 Nr. 1 AO.
400 Kapitalgesellschaften und ihnen gleichgestellte Unternehmen können zusätzlich die in § 269 und § 274 Abs. 2 HGB verankerten Wahlrechte (Bilanzierungshilfen) in Anspruch nehmen. Vgl. hierzu die Ausführungen im Fünften Teil zu Gliederungspunkt III.B.3.a. und III.B.3.e.
401 Vgl. hierzu *Baetge/Kirsch/Thiele* 2005, S. 12–17; *Heinen* 1994, S. 36–45 m. w. N.
402 Vgl. hierzu *Baetge/Kirsch/Thiele* 2005, S. 17–23; *Heinen* 1994, S. 45–52 m. w. N.

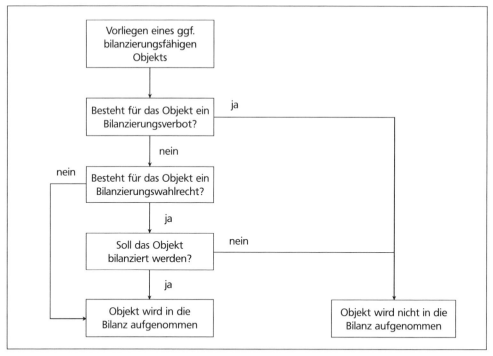

Abb. 115: Entscheidungsstufen der Bilanzierung dem Grunde nach

exakten periodengerechten Erfolgsermittlung dienen, ohne Rücksicht darauf, ob sie Vermögen oder Schulden im statischen Sinne darstellen.

Diese Betrachtungsweise des dynamischen Ansatzes führt u. a. zur Bilanzierung folgender Sachverhalte, die von der statischen Theorie nicht erfasst werden:

- **Aktivierung von Ausgaben**, die erst in späteren Perioden zu **Aufwendungen** führen, und für die keine Vermögensgegenstände im statischen Sinne erworben oder hergestellt wurden (z. B. aktive Rechnungsabgrenzungsposten).
- **Passivierung von Einnahmen**, die erst in späteren Perioden zu **Erträgen** führen, aber keine Erhöhung der Schulden nach sich ziehen (z. B. passive Rechnungsabgrenzungsposten).
- **Aufwandswirksame Passivierung künftiger Ausgaben**, für die aber keine Schulden an Dritte vorliegen oder entstehen werden (z. B. Aufwandsrückstellungen).
- **Ertragswirksame Aktivierung künftiger Einnahmen**, die sich nicht in Vermögensgegenständen konkretisiert haben (z. B. Gewinnerwartungen aus schwebenden Verträgen).

Das geltende Bilanzrecht stellt im Hinblick auf die Bilanzierungsfähigkeit bestimmter Sachverhalte eine **Kombination** aus den Ansätzen der statischen und dynamischen Bilanztheorie dar. So bestimmt § 246 Abs. 1 HGB, dass **sämtliche** Vermögensgegenstände, Schulden und Rechnungsabgrenzungsposten **(Grundsatz der Vollständigkeit)** in die Jahresbilanz aufzunehmen sind. Darüber hinaus tragen die **Rechnungsabgrenzungsposten** (§ 250 Abs. 2, 3 HGB), die **Aufwandsrückstellungen** (§ 249 Abs. 1 Nr. 1, Abs. 2 HGB) sowie die **Bilanzierungshilfen** bezüglich des derivativen Geschäfts- oder Firmenwertes (§ 255 Abs. 4 HGB), der Aufwendungen für die Ingangsetzung und Erweiterung des Geschäftsbetriebs (§ 269 HGB) und der latenten aktivischen Steuern (§ 274 Abs. 1 HGB) nach der dynamischen Theorie bilanzierungsfähigen Charakter. Aus **bilanztechnischen Gründen** dürfen ferner auf der Aktiv- bzw. Passivseite Posten eingestellt werden, die lediglich Ansätze von Aktiv- bzw. Passivposten **korrigieren** [z. B. ausstehende Einlagen auf das gezeichnete Kapital (§ 272 Abs. 1 HGB) oder Bilanzverlust/Verlustvortrag (§ 268 Abs. 1 HGB)].

## 2.    Bedeutung des wirtschaftlichen Eigentums

Im Rahmen der handels- und steuerrechtlichen Bilanzierung ist für die Zurechnung von Vermögensgegenständen zu bestimmten Personen der **wirtschaftliche Eigentümer** relevant, der aber grundsätzlich mit dem juristischen Eigentümer identisch ist. So werden etwa **Sachen** (materielle Vermögensgegenstände) dem bürgerlich-rechtlichen Eigentümer, **Forderungen und Rechte** dem Gläubiger, **sonstige wirtschaftliche Werte** (immaterielle Vermögensgegenstände) dem Inhaber oder sonst Berechtigten und **Schulden** dem rechtlichen Schuldner zugerechnet.[403] Allerdings besitzt das **wirtschaftliche Eigentum** nach den GoB aber auch derjenige, der – ohne rechtlicher Eigentümer zu sein – die **tatsächliche Herrschaft** über einen Vermögensgegenstand dergestalt ausübt, dass er den (juristischen) Eigentümer im Regelfall für die gewöhnliche Nutzungsdauer von der Einwirkung auf den Vermögensgegenstand wirtschaftlich ausschließen kann (§ 39 Abs. 2 Nr. 1 Satz 2 AO). Grundsätzlich wird die tatsächliche Sachherrschaft über einen Vermögensgegenstand von demjenigen ausgeübt, bei dem **Besitz, Gefahr** (Risiko des zufälligen Untergangs), **Nutzen** und **Lasten** der Sache liegen. Im Folgenden werden die **wichtigsten Problemfälle** im Hinblick auf die Bilanzierung nach Maßgabe des wirtschaftlichen Eigentums angeführt.[404]

(1) **Eigentumsvorbehalt:**
Der Vermögensgegenstand wird beim **Erwerber** (Vorbehaltskäufer) aktiviert (§ 246 Abs. 1 Satz 2 HGB). Eine Aktivierung beim **Vorbehaltsverkäufer** ist nur dann vorzunehmen, wenn der Eigentumsvorbehalt schon geltend gemacht wurde oder mit der Geltendmachung zu rechnen ist.

(2) **Sicherungsübereignung und Sicherungsabtretung:**
Der übereignete Vermögensgegenstand wird beim **Sicherungsgeber** (Kreditnehmer) als wirtschaftlichem Eigentümer aktiviert (§ 246 Abs. 1 Satz 2 HGB; § 39 Abs. 2 Nr. 1 Satz 2 AO). Beim **Sicherungsnehmer** (Kreditgeber) ist er nur dann zu aktivieren, wenn es sich um Bareinlagen handelt (§ 246 Abs. 1 Satz 3 HGB). Sofern **Forderungen** zu Sicherungszwecken abgetreten werden, sind diese ebenfalls beim **Sicherungsgeber** zu bilanzieren.

(3) **Treuhandverhältnisse:**
Das Treugut wird beim **Treugeber** und nicht beim **Treuhänder** aktiviert (§ 39 Abs. 2 Nr. 1 Satz 2 AO). In diesen Fällen erwirbt der Treuhänder vom Treugeber das volle zivilrechtliche Eigentum (z. B. Übernahme der Wertpapiergeschäfte von Banken für einen Kunden in eigenem Namen, aber in seinem Interesse).

---

403    Vgl. *Federmann* 2000, S. 209.
404    Vgl. *Federmann* 2000, S. 210–213.

(4) **Miete oder Pacht:**

Die Aktivierung des vermieteten bzw. verpachteten Vermögensgegenstandes erfolgt beim **Vermieter bzw. Verpächter**, da dieser wirtschaftlicher und juristischer Eigentümer ist. Vermietung und Verpachtung wird lediglich als **Nutzungsüberlassung** des betreffenden Vermögensgegenstandes an den Mieter bzw. Pächter interpretiert.

(5) **Gebäude auf fremdem Grund und Boden:**

Obwohl fest verbundene Bauten auf fremdem Grund und Boden aus zivilrechtlicher Sicht stets in das (juristische) Eigentum des Grundstückseigentümers übergehen (§ 93 f. BGB), werden Gebäude auf fremdem Grund und Boden beim **Nutzungsberechtigten** im Rahmen eines dinglichen Rechts (z. B. Erbbaurechts) oder eines Miet- oder Pachtverhältnisses bilanziert (§ 266 Abs. 2 Posten A.II.1 HGB).

(6) **Pensionsgeschäfte:**

Es handelt sich hier um den Verkauf mit Rückkaufsverpflichtung zu festen Preisen und Terminen bei Wertpapieren, mit dem Ziel, Erträge und/oder Stimmrechte dem **Pensionsnehmer** (Käufer und Rückverkäufer) zu verschaffen. Die Wertpapiere werden beim **Pensionsgeber** (Verkäufer und Rückkäufer) aktiviert.

(7) **Leasing:**

Beim **Operating-Leasing** (Mietvertrag) aktiviert der Leasinggeber (Vermieter) den Vermögensgegenstand. Im Falle des **Finanzierungs-Leasing**[405] bestehen komplexe (steuerrechtliche) Zurechnungsregeln des Vermögensgegenstandes auf den Leasinggeber oder den Leasingnehmer, die sich nach dem wirtschaftlichen Gehalt der zugrunde liegenden Verträge richten.[406] **Abb. 116**[407] gibt einen Überblick über diese Zuordnungsvorschriften, deren handelsrechtliche Gültigkeit aber umstritten ist.

# 3.    Maßgeblichkeitsprinzip bei der Aktivierung und Passivierung[408]

Die Bilanzierungsregelungen nach Handels- und Steuerrecht sind allerdings **nicht deckungsgleich**, denn das Steuerrecht ist »… allenfalls an handelsrechtliche Aktivierungsverbote und Passivierungsgebote gebunden, nicht dagegen an Bilanzierungswahlrechte«[409]. So gilt nach dem *Beschluss des Großen Senats* und der gesicherten Rechtsprechung des *BFH* folgendes: »Was handelsrechtlich aktiviert werden kann, muss steuerrechtlich grundsätzlich aktiviert werden, … was handelsrechtlich nicht passiviert werden muss, darf steuerrechtlich im allgemeinen nicht passiviert werden.«[410] Der *Große Senat* begründet seine Entscheidung mit dem Argument, dass es vor dem Hintergrund des **Gleichheitsprinzips** nicht im Belieben des Steuerpflichtigen stehen kann, »… sich durch Nichtaktivierung von Wirtschaftsgütern, die

---

405    Im Gegensatz zum Operating-Leasing liegen beim Finanzierungs-Leasing Gefahr und Investitionsrisiko beim Leasinggeber. Dieser finanziert den Vermögensgegenstand und überlässt ihn dem Leasingnehmer für eine bestimmte Leasingrate und Grundmietzeit zur Nutzung.

406    Vgl. *BMF* 1971, S. 264–266 (sog. Mobilien-Leasingerlass) und *BMF* 1972, S. 188 f. (sog. Immobilien-Leasingerlass).

407    Modifiziert entnommen von *Kloock* 1996, S. 49.

408    Vgl. zum Maßgeblichkeitsprinzip auch die Ausführungen im Dritten Teil zu Gliederungspunkt II.B.1. sowie zur Zukunft der Maßgeblichkeit im Siebenten Teil zu Gliederungspunkt III.A.2.

409    *BFH* 1969b, S. 584.

410    *BFH* 1969b, S. 584.

| Art des Gegenstands　　Leasing-Art des Leasing-Vertrags | | | Bewegliche Wirtschaftsgüter und Gebäude | | Grund und Boden |
|---|---|---|---|---|---|
| | | | Grundmietzeit 40 % bis 90 % der Nutzungsdauer (nach AfA-Tabellen) | Grundmietzeit < 40 % oder > 90 % der Nutzungsdauer | |
| Ohne Mietverlängerungs- oder Kaufoption | Spezial-Leasing (mieter-spezifische Leasinggegenstände) | | Leasingnehmer | Leasingnehmer | Leasinggeber |
| | Kein Spezial-Leasing | | Leasinggeber | | |
| Mit Kaufoption | Spezial-Leasing | | Leasingnehmer | Leasingnehmer | siehe Gebäude |
| | Kein Spezial-Leasing | Kaufpreis < Buchwert bei Verkauf | | | |
| | | Kaufpreis ≥ Buchwert bei Verkauf | Leasinggeber | | |
| Mit Mietverlängerungsoption | Spezial-Leasing | | Leasingnehmer | Leasingnehmer | Leasinggeber |
| | Kein Spezial-Leasing | Anschluss-Miete < Wertverzehr | | | |
| | | Anschluss-Miete ≥ Wertverzehr | Leasinggeber | | |

Abb. 116:　Steuerrechtliche Zurechnungsvorschriften beim Finanzierungsleasing

handelsrechtlich aktiviert werden dürfen, oder durch den Ansatz eines Passivpostens, der handelsrechtlich nicht geboten ist, ärmer zu machen, als er ist«[411]. Diese Auffassung, die zu einer vielfältigen **Durchbrechung** der in § 5 Abs. 1 Satz 1 EStG verankerten **Maßgeblichkeit der Handels- für die Steuerbilanz** geführt hat (steuerrechtlicher Bilanzierungsvorbehalt), wurde größtenteils in konkreten steuerrechtlichen Vorschriften kodifiziert (z. B. § 5 Abs. 2 bis Abs. 5 EStG).

Das in § 5 Abs. 1 Satz 1 EStG verankerte Maßgeblichkeitsprinzip gilt ohne Einschränkung für alle Posten, die nach den handelsrechtlichen GoB in der Handelsbilanz auszuweisen sind. Sie müssen auch dann in die Steuerbilanz aufgenommen werden, wenn der Unternehmer sie fälschlich nicht in seine Handelsbilanz aufgenommen hat. Das Steuerrecht folgt der **handelsrechtlichen Bilanzierungsregel**, nicht der konkreten Unternehmensbilanz (sog. **materielle Maßgeblichkeit**). Laut § 5 Abs. 1 Satz 2 EStG sind steuerrechtliche Wahlrechte bei der Gewinnermittlung in Übereinstimmung mit der handelsrechtlichen Jahresbilanz auszuüben [**umgekehrte (formelle) Maßgeblichkeit**]. Sofern der Bilanzierende die spezifischen steuerrechtlichen Ansatzwahlrechte nutzen will (z. B. die Bildung »steuerfreier« Rücklagen[412] nach § 6 b Abs. 3 EStG), müssen sie auch Eingang in den handelsrechtlichen Jahresabschluss finden. Die Voraussetzungen zur Sicherung der **steuerrechtlichen Vorteilsgewahrung** sind in § 247 Abs. 3 HGB verankert.

---

411　*BFH* 1969a, S. 293.
412　Vgl. hierzu die Ausführungen im Dritten Teil zu Gliederungspunkt I.B.5.b.

**Abb. 117** gibt einen Überblick über die wichtigsten handels- und steuerrechtlichen Bilanzansatzregeln unter Berücksichtigung des Maßgeblichkeitsprinzips, seinen Durchbrechungen
und Umkehrungen. Zu berücksichtigen ist in diesem Zusammenhang, dass die Aktivierung
handelsrechtlicher Bilanzierungshilfen im Steuerrecht abgelehnt wird, sofern nicht gleichzeitig bilanzierungsfähige Wirtschaftsgüter vorliegen. Alle in **Abb. 117** genannten Bilanz-
objekte werden im weiteren Verlauf der Abhandlung detailliert dargestellt.

# B.     Betrachtung ausgewählter Bilanz- und Erfolgsposten

## 1.     Immaterielle Vermögensgegenstände

Während das Handelsrecht von Vermögensgegenständen spricht, benutzt das Steuerrecht
den Begriff des (positiven) **Wirtschaftsguts** (§ 4 Abs. 1, § 6 Abs. 1 EStG). Vermögensgegenstände sind u. a. durch ihre **selbstständige Verkehrsfähigkeit**, d. h. ihre Einzelveräußerbarkeit, und ihre **selbstständige Bewertbarkeit** charakterisiert. Der steuerrechtliche Begriff des
Wirtschaftsguts umfasst aber auch Güter, die nicht selbstständig verkehrsfähig und bewertbar sind, aber trotzdem für das Unternehmen für mehrere Wirtschaftsjahre einen Nutzen
erbringen[413] (z. B. der derivative Geschäfts- oder Firmenwert). Vermögensgegenstände können weiterhin in **Real- und Nominalgüter** unterschieden werden, wobei die Realgüter wiederum in die Gruppen **materielle** (körperliche) und **immaterielle** (nichtkörperliche) Güter
zerfallen. Zu den materiellen Vermögensgegenständen zählen in erster Linie **Sachen** wie
etwa Grundstücke, Gebäude, Maschinen, sonstige Sachanlagen, Vorräte. Aber auch **Rechte**
werden dann den körperlichen Gegenständen subsumiert, wenn ihr materieller Wert kon-
kretisierbar ist (z. B. Beteiligungen und Erbbaurechte). Immaterielle Vermögensgegenstände
sind ebenfalls durch die Kriterien Einzelveräußerbarkeit und Einzelbewertbarkeit gekennzeichnet [z. B. Konzessionen, gewerbliche Schutzrechte (Patente, Markenzeichen, Urheberrechte und Verlagsrechte), ähnliche Rechte (z. B. Nutzungs-, Belieferungs- und Bezugsrechte)
und Lizenzen an solchen Rechten und Werten].

In diesem Zusammenhang ist darauf hinzuweisen, dass auch **EDV-Software** (Anwen-
dungs- und Systemsoftware) grundsätzlich den selbstständigen immateriellen Vermögensgegenständen subsumiert wird. Zu den **Nominalgütern** gehören neben dem Geld auch alle
auf ursprüngliche Nominalgüter (Geld) ausgerichtete Ansprüche wie z. B. Ausleihungen,
Beteiligungen, Wertpapiere und Forderungen.

Aufgrund des **Vorsichtsprinzips** dürfen immaterielle Vermögensgegenstände sowohl in
der Handels- als auch der Steuerbilanz nur dann aktiviert werden, wenn sie **entgeltlich
erworben** wurden (§ 248 Abs. 2 HGB; § 5 Abs. 2 EStG). Hieraus folgt, dass selbst geschaffene immaterielle Anlagewerte wie etwa Patente, Markenzeichen oder Software keinen bilanzierungsfähigen Charakter tragen. Die hierfür angefallenen Aufwendungen sind dann in
der Gewinn- und Verlustrechnung unter dem (den) entsprechenden Posten auszuweisen.[414]
Sofern entgeltlich erworbene immaterielle Vermögensgegenstände bestimmt sind, dauernd
dem Geschäftsbetrieb zu dienen, müssen sie im **Anlagevermögen** ausgewiesen werden
(§ 266 Abs. 2 Posten A.I.1. HGB). Im Falle der Abnutzbarkeit sind sie **planmäßig abzu-**

---

413   Vgl. *Weber-Grellet* 2006, Anm. 94–96 zu § 5 EStG, S. 358 f.
414   Vgl. zum Bilanzierungsverbot des § 248 Abs. 2 HGB detailliert *Baetge/Fey/Weber* 2003, Anm. 16 f. zu § 248 HGB,
      S. 5 f.

| Bilanzobjekte | Handelsrecht (HGB) Aktivierungs- | | | | Steuerrecht (EStG) Aktivierungs- | | |
|---|---|---|---|---|---|---|---|
| | gebot | wahlrecht | hilfe | verbot | gebot | verbot | wahlrecht |
| **1. Allgemeine Vermögensgegenstände** | § 246 (1) S. 1 | | | | § 5 (1) S. 1 | | |
| **2. Immaterielle Vermögensgegenstände** | | | | | | | |
| 2.1 nicht entgeltlich erworben | | | | § 248 (2) | | § 5 (1) S. 1 | |
| 2.2 entgeltlich erworben | § 246 (1) S. 1 | | | | § 5 (2) | | |
| **3. Geschäfts- oder Firmenwert** | | | | | | | |
| 3.1 originärer | | | | § 248 (2) | | § 5 (2) | |
| 3.2 derivativer | | | § 255 (4) | | § 5 (2) | | |
| **4. Gründungs- und Eigenkapitalbeschaffungskosten** | | | | § 248 (1) | | § 5 (1) S. 1 | |
| **5. Kosten der Ingangsetzung/ Erweiterung** | | | § 269 | | | kein WG | |
| **6. Aktive Rechnungsabgrenzungsposten** | | | | | | | |
| 6.1 Disagio/Damnum | | § 250 (3) | | | § 5 (5) S. 1 Nr. 1 | | |
| 6.2 transitorische | § 250 (1) S. 1 | | | | § 5 (5) S. 1 Nr. 1 | | |
| 6.3 als Aufwand berücksichtigte Zölle und Verbrauchsteuern | | § 250 (1) Nr. 1 | | | § 5 (5) S. 2 Nr. 1 | | |
| 6.4 als Aufwand berücksichtigte USt auf Anzahlungen | | § 250 (1) Nr. 2 | | | § 5 (5) S. 2 Nr. 2 | | |
| 6.5 antizipative | § 268 (4) S. 2 | | | | § 5 (5) S. 2* | | |
| **7. Aktivierung von Steueraufwand** | | | § 274 (2) | | | kein WG | |

\* Soweit sich aus aktiven antizipativen Rechnungsabgrenzungsposten zugrunde liegenden Geschäftsvorfällen bereits Forderungen ergeben haben, sind diese als solche zu bilanzieren (R 5.6 Abs. 3 Satz 2 EStR)

Abb. 117: Überblick über die wichtigsten handels- und steuerrechtlichen Bilanzansatzregeln

| Bilanzobjekte | Passivierungs-gebot | Passivierungs-wahlrecht | Passivierungs-hilfe | Passivierungs-verbot | Passivierungs-gebot | Passivierungs-verbot* | Passivierungs-wahlrecht |
|---|---|---|---|---|---|---|---|
| **8. Allgemeine Schulden** | § 246 (1) | | | | § 5 (1) S. 1 | | |
| **9. Rückstellungen für** | | | | | | | |
| 9.1 ungewisse Verbindlichkeiten | § 249 (1) S. 1 | | | | § 5 (1) S. 1 | | |
| 9.2 drohende Verluste aus schwebenden Geschäften | § 249 (1) S. 1 | | | | § 5 (1) S. 1 | § 5 (4 a) | |
| 9.3 Gewährleistung ohne rechtliche Verpflichtungen | § 249 (1) S. 2 | | | | § 5 (1) S. 1 | | |
| 9.4 unterlassene Instandhaltung | | | | | | | |
| 9.4.1 Nachholung innerhalb 3 Mon. | § 249 (1) S. 2 | | | | § 5 (1) S. 1 | § 5 (6) | |
| 9.4.2 Nachholung innerhalb 4 bis 12 Mon. | | § 249 (1) S. 3 | | | | | |
| 9.5 unterlassene Abraumbeseitigung; Nachholung im folgenden Gj. | § 249 (1) S. 2 | | | | § 5 (1) S. 1 | | |
| 9.6 künftige Aufwendungen, die dem Gj. aus früheren Gj. zuzurechnen sind | | § 249 (2) | | | | § 5 (6) | |
| 9.7 Pensionsaufwendungen | | | | | | | |
| 9.71 Altzusagen | | Art. 28 EGHGB | | | | | § 6 a |
| 9.72 Neuzusagen | § 249 (1) S. 1 | | | | § 5 (1) S. 1 | | |
| 9.8 für andere Zwecke | | | | § 249 (3) | | § 5 (1) S. 1 kein WG | |
| 9.9 für latente Steuern | § 274 (1) | | | | | | |
| **10. Passive Rechnungsabgrenzungsposten** | | | | | | | |
| 10.1 transitorische | § 250 (2) | | | | § 5 (5) S. 1 Nr. 2 | | |
| 10.2 antizipative | § 268 (5) S. 3 | | | | § 5 (1) S. 1** | | |
| **11. Sonderposten mit Rücklageanteil § 6 b/6 d/RfE** | | §§ 247 (3), 274 | | | § 5 (1) S. 2 | | |

\* Weitere Einschränkungen gem. § 5 Abs. 3, 4, 4 b EStG hinsichtlich Rückstellungen für Schutzrechtsverletzungen, Zuwendungen anlässlich Dienstjubiläen, Aufwendungen, die Anschaffungs- bzw. Herstellungskosten für ein WG sind sowie bestimmte kernkraftbezogene Entsorgungen.

\*\* Soweit sich aus passiven antizipativen Rechnungsabgrenzungsposten zugrunde liegenden Geschäftsvorfällen bereits Verbindlichkeiten ergeben haben, sind diese als solche zu bilanzieren (R 5.6 Abs. 3 Satz 2 EStR)

Abb. 117: Überblick über die wichtigsten handels- und steuerrechtlichen Bilanzansatzregeln (Fortsetzung)

**schreiben** (§ 253 Abs. 2 Satz 1 und 2 HGB; § 6 Abs. 1 Nr. 1 Satz 1 EStG[415]). Nicht abnutzbar sind etwa **Linienbus- und Güterverkehrskonzessionen**, weil bei ihnen die Möglichkeit besteht, sie regelmäßig zu ersetzen. Darüber hinaus können unabhängig vom Kriterium der Abnutzbarkeit auch **außerplanmäßige Abschreibungen** bzw. **Teilwertabschreibungen** auf immaterielle Vermögensgegenstände in Betracht kommen (§ 253 Abs. 2 Satz 3 HGB; § 6 Abs. 1 Nr. 1 Satz 2 und Nr. 2 Satz 2 EStG).[416]

Eine Besonderheit im Kontext der immateriellen Vermögensgegenstände stellt der **Geschäfts- oder Firmenwert** dar. Aus betriebswirtschaftlicher Sicht setzt sich der **originäre (ursprüngliche) Firmenwert** eines Unternehmens aus dem **Ertragswert**[417] abzüglich seines Substanzwerts (Summe der zu Wiederbeschaffungskosten bewerteten bilanzierungsfähigen Objekte abzüglich der Schulden) zusammen. In erster Linie beinhaltet der originäre Firmenwert zunächst Äquivalente für nicht bilanzierungsfähige immaterielle Werte wie etwa guter Ruf, Standortvorteile, Vertriebsnetz, Kundenstamm, Organisation, Human Capital. Darüber hinaus geht in ihm der **Kapitalisierungsmehrwert** auf, der sich daraus ergibt, dass die Ertragsfähigkeit der Kombination aller eingesetzten Wirtschaftsgüter ihre Reproduktionskosten übersteigt.[418] Da ein originärer Firmenwert nicht entgeltlich erworben, sondern selbst geschaffen wurde, besteht für ihn aus handels- und steuerrechtlicher Sicht ein Aktivierungsverbot (§ 248 Abs. 2 HGB; § 5 Abs. 2 EStG).[419]

Sofern aber im Falle einer **Unternehmensübernahme** die für den Kauf des Unternehmens bewirkte Gegenleistung den **Zeitwert** der einzelnen Vermögensgegenstände abzüglich der Schulden im Übernahmezeitpunkt übersteigt,[420] **darf (Aktivierungswahlrecht)** der Unterschiedsbetrag als **derivativer (abgeleiteter) Firmenwert** in die Posten des immateriellen Anlagevermögens (§ 266 Abs. 2 Posten A.I.2. HGB) des übernehmenden Unternehmens eingestellt werden (§ 255 Abs. 4 Satz 1 HGB). Ein aktivierter Firmenwert ist in jedem folgenden Geschäftsjahr (pauschal) zu mindestens 25 % oder über seine voraussichtliche Nutzungsdauer **planmäßig abzuschreiben** (§ 255 Abs. 4 Satz 2 und 3 HGB). Darüber hinaus können auch **außerplanmäßige Abschreibungen** gemäß § 253 Abs. 2 Satz 3 HGB bei negativen **Entwicklungen der Ertragslage** in Betracht kommen. Das Unternehmen ist ferner verpflichtet, die Gründe für die planmäßige Abschreibung des Firmenwerts im **Anhang** anzugeben (§ 285 Nr. 13 HGB) und die Entwicklung des Firmenwerts im **Anlagespiegel** (§ 268 Abs. 2 HGB) auszuweisen. Sofern sich das übernehmende Unternehmen entscheidet, den derivativen Firmenwert nicht zu aktivieren, wird er unmittelbar zu Lasten des Jahresergebnisses als Aufwand in der Gewinn- und Verlustrechnung unter dem Posten »Sonstige betriebliche Aufwendungen« (§ 275 Abs. 2 Nr. 8 bzw. Abs. 3 Nr. 7 HGB)

---

415  Vgl. auch R 7.1 Abs. 1 Nr. 2 EStR.
416  Vgl. hierzu die Ausführungen zur Bewertung des Anlagevermögens im Dritten Teil zu Gliederungspunkt II.C.
417  Unter dem Ertragswert eines Unternehmens wird die Summe der abgezinsten, nachhaltig erzielbaren künftigen Einnahmenüberschüsse während seiner voraussichtlichen Lebensdauer verstanden.
418  Vgl. *Wöhe* 1997, S. 695.
419  Allerdings ist zu berücksichtigen, dass der originäre Firmenwert auch negativen Charakter tragen kann (Ertragswert < Substanzwert). Die Gründe für die Existenz eines sog. *Badwill* werden primär in negativen Zukunftschancen des Unternehmens liegen. Ein negativer originärer Firmenwert ist weder in der Handels- noch in der Steuerbilanz passivierbar. Allerdings können hierdurch außerplanmäßige Abschreibungen bzw. Teilwertabschreibungen bei bestimmten Vermögensgegenständen möglich oder nötig werden. Vgl. *Weber-Grellet* 2006, Anm. 226 zu § 5 EStG, S. 375.
420  Ggf. in Anspruch genommene Bilanzierungshilfen dürfen nicht in das Vermögen des verkauften Unternehmens einbezogen werden. Ferner ist die Bewertung unabhängig von den bisherigen Bilanzwerten des übergehenden Unternehmens vorzunehmen. Vgl. *ADS* 1995a, Anm. 263–270 zu § 255 HGB, S. 419 f.

ausgewiesen, wobei der entsprechende Betrag in Gestalt eines **Davon-Vermerks** gezeigt werden sollte.[421]

Aufgrund des Aktivierungswahlrechts für den derivativen Firmenwert und seiner mangelnden Einzelverkehrsfähigkeit bzw. Einzelveräußerungsfähigkeit wird im handelsrechtlichen Schrifttum mehrheitlich von einer **Bilanzierungshilfe** und keinem Vermögensgegenstand ausgegangen,[422] obwohl z. B. das für Bilanzierungshilfen typische Merkmal der **Ausschüttungssperre** (§ 269 Satz 2 HGB, § 274 Abs. 2 Satz 3 HGB) fehlt. Zudem spricht auch der vorgesehene Ausweis unter den immateriellen Vermögensgegenständen (§ 266 Abs. 2 Posten A.I.2. HGB) gegen die Annahme einer Bilanzierungshilfe. Aus diesen Gründen wird der derivative Firmenwert, da er eindeutig weder als Vermögensgegenstand noch als Bilanzierungshilfe interpretiert werden kann, als **Wert eigener Art** angesehen.[423] Aus steuerrechtlicher Sicht stellt der derivative Firmenwert ein **immaterielles abnutzbares Wirtschaftsgut** dar, für das nach § 5 Abs. 2 EStG ein **Aktivierungsgebot** besteht und das laut § 7 Abs. 2 Satz 3 EStG über eine vorgegebene Nutzungsdauer von 15 Jahren planmäßig abzuschreiben ist.[424] Darüber hinaus sind **Teilwertabschreibungen** infolge einer Fehlmaßnahme gemäß § 6 Abs. 1 Nr. 1 Satz 2 EStG möglich.[425] Zusammenfassend lässt sich der derivative Firmenwert nach Maßgabe des Steuerrechts wie folgt interpretieren: Er setzt sich als ein **Gesamt-Wirtschaftsgut** aus einer Vielzahl von Einzelwerten zusammen (betriebliche Vorteile und Vorzüge), denen das Merkmal der Einzelveräußerbarkeit sowie der selbstständigen Bewertbarkeit und damit auch der Rang eines **immateriellen Einzel-Wirtschaftsguts** fehlt.

Ein **negativer derivativer Firmenwert** kann dann entstehen, wenn der Kaufpreis für das Unternehmen den Zeitwert der einzelnen Vermögensgegenstände abzüglich der Schulden übersteigt. Nach h. M. ist dieser Betrag, der nur in Ausnahmefällen infolge der Zahlung eines **Minderpreises** für das übergehende Unternehmen entstehen wird, als ein die kodifizierten Bilanzierungsvorschriften von § 249 und § 250 Abs. 2 HGB **ergänzendes Passivum** (passivischer Ausgleichsposten) gesondert in der Handelsbilanz auszuweisen (§ 265 Abs. 5 Satz 2 HGB). Dieser Posten darf aber erst dann gewinnerhöhend über den Erfolgsposten »Sonstige betriebliche Erträge« aufgelöst werden, wenn die der Zahlung des Minderpreises zugrunde liegenden negativen Zukunftsaussichten eingetreten sind[426] (z. B. elementare Umsatzeinbrüche bei Produkten des übernommenen Betriebes, die ihre Ursache in einem negativen Unternehmensimage haben). Die dargestellte Behandlung eines negativen derivativen Firmenwerts wird auch für die **steuerrechtliche Gewinnermittlung** akzeptiert.[427]

## 2.    Sach- und Finanzanlagen

Neben den immateriellen Vermögensgegenständen gehören die Sach- und Finanzanlagen zur Gruppe des Anlagevermögens (§ 266 Abs. 2 Posten A.II. und III. HGB). Während unter dem Begriff **Sachanlagevermögen** alle materiellen Vermögensgegenstände fallen, die bestimmt sind, dauerhaft dem Geschäftsbetrieb zu dienen (§ 247 Abs. 2 HGB), umfasst der

---

421    Vgl. *Förschle* 2006c, Anm. 171 zu § 275 HGB, S. 1095 f.
422    Vgl. *ADS* 1995a, Anm. 271 zu § 255 HGB, S. 420 f.
423    Vgl. *ADS* 1995a, Anm. 272 zu § 255 HGB, S. 421.
424    Vgl. *Weber-Grellet* 2006, Anm. 222 zu § 5 EStG, S. 374 f.
425    Vgl. im Einzelnen *Glanegger* 2006, Anm. 243 zu § 6 EStG, S. 524.
426    Vgl. *ADS* 1995a, Anm. 295 zu § 255 HGB, S. 428.
427    Vgl. *Weber-Grellet* 2006, Anm. 226 zu § 5 EStG, S. 375.

Terminus **Finanzanlagevermögen** die **langfristige** Finanzmittelverwendung von **Nominal-**
**gütern** in Form von Anteilen, Ausleihungen, Beteiligungen und Wertpapieren. Von herausragender Bedeutung ist beim Sachanlagevermögen die Unterscheidung in **abnutzbare und**
**nichtabnutzbare Vermögensgegenstände**. Gegenstände des abnutzbaren Sachanlagevermögens (z. B. Gebäude, technische Anlagen, Maschinen, Betriebs- und Geschäftsausstattung) müssen **planmäßig** über ihre betriebsgewöhnliche Nutzungsdauer **abgeschrieben**
werden (§ 253 Abs. 1 Satz 1 und 2 HGB; § 6 Abs. 1 Nr. 1 Satz 1 EStG[428]). Darüber hinaus
können sowohl beim abnutzbaren als auch beim nichtabnutzbaren Sachanlagevermögen
(z. B. Grund und Boden) **außerplanmäßige Abschreibungen bzw. Teilwertabschreibun-**
**gen** in Betracht kommen (§ 253 Abs. 2 Satz 2 HGB; § 6 Abs. 1 Nr. 1 Satz 2 und Nr. 2 Satz 2
EStG). **Finanzanlagen** gehören hingegen ausschließlich zur Gruppe des **nichtabnutzba-**
**ren Anlagevermögens**; bei ihnen sind deshalb nur **außerplanmäßige Abschreibungen**
**bzw. Teilwertabschreibungen** möglich (§ 253 Abs. 2 Satz 3 HGB; § 6 Abs. 1 Nr. 2 Satz 2
EStG).[429]

**Abb. 118** gibt einen Überblick über die Inhalte der unter den Sachanlagen auszuweisenden Einzelposten.[430] Eine Besonderheit stellt hierbei der Posten »**Anlagen im Bau**«
(§ 266 Abs. 2 Posten A.II.4. HGB) dar. Unter dem in Rede stehenden Posten müssen alle
bis zum Bilanzstichtag vom Unternehmen getätigten **Investitionen** in die Gegenstände des
Sachanlagevermögens ausgewiesen werden, die bis zu diesem Zeitpunkt noch nicht endgültig fertig gestellt wurden. Von der Aktivierung sind sämtliche Aufwendungen für Eigen-
und Fremdleistungen betroffen, die die Erstellung des Sachanlagegegenstandes ausgelöst
hat (z. B. Material-, Personal-, Abschreibungs- und Zinsaufwendungen). Sobald das Investitionsvorhaben abgeschlossen ist, d. h. der Vermögensgegenstand sich in betriebsbereitem
Zustand befindet, hat eine Umbuchung auf die betreffenden Posten des Sachanlagevermögens (z. B. Gebäude oder technische Anlagen und Maschinen) zu erfolgen. Der Gesetzgeber lässt mithin die (vorzeitige) Aktivierung von Aufwendungen zugunsten eines besseren Einblicks in die (künftige) Vermögenslage zu, obwohl erst im Fertigstellungszeitpunkt
der Vermögensgegenstand endgültig entsteht. Aus **bilanztechnischer Sicht** weist der Posten »Anlagen im Bau« Ähnlichkeiten zu den Bilanzierungshilfen von § 269 und § 274 Abs. 2
HGB auf.

Auf eine detaillierte Darstellung der Finanzanlagen wird an dieser Stelle verzichtet, da
im weiteren Verlauf der Abhandlung Beteiligungen und Anteile an verbundenen Unternehmen sowie ihre Abgrenzung noch im Einzelnen aufgezeigt werden.[431]

## 3.    Gegenstände des Umlaufvermögens

Die Gegenstände des Umlaufvermögens sind nach dem handelsrechtlichen Mindestgliederungsschemas in die vier Gruppen **Vorräte, Forderungen** und **sonstige Vermögensgegen-**
**stände, Wertpapiere** sowie **flüssige Mittel** aufzugliedern (§ 266 Abs. 2 Posten B.I., II., III.,
IV. HGB). Entscheidend für die Zuordnung eines Vermögensgegenstandes zum Umlauf-
und nicht zum Anlagevermögen ist seine **Zweckbestimmung**. So handelt es sich i. S. v.

---

428    Vgl. auch R 7.1 Abs. 1 EStR.
429    Vgl. hierzu die Ausführungen zur Bewertung des Anlagevermögens im Dritten Teil zu Gliederungspunkt II.C.
430    Vgl. *Dusemond/Heusinger/Knop* 2003, Anm. 17–39 zu § 266 HGB, S. 13–22.
431    Vgl. hierzu die Ausführungen im Fünften Teil zu Gliederungspunkt III.B.3.c.

§ 247 Abs. 2 HGB um einen Gegenstand des Umlaufvermögens, wenn er nicht dazu bestimmt ist, dauernd dem Geschäftsbetrieb zu dienen. Über den Ausweis eines Vermögensgegenstandes entscheidet im Einzelfall der **Wirtschaftszweig des Unternehmens** (z. B. Produktionsunternehmen oder Grundstückshandel) und im Zweifel der **Wille des Kauf-**

| Bezeichnung | Definition |
|---|---|
| Grundstücke (Nr. 1) | Begrenzte, durch Vermessung gebildete Teile der Erdoberfläche, für die jeweils ein eigenes Blatt im Grundbuch geführt wird; nach der wirtschaftlichen Betrachtungsweise können auch nicht im (juristischen) Eigentum des Unternehmens stehende Grundstücke zum Ausweis kommen. |
| Grundstücksgleiche Rechte (Nr. 1) | Rechte, die den Vorschriften des bürgerlichen Rechts über Grundstücke unterliegen; z. B. Erbbaurecht, Abbaurechte, Dauerwohn- und Dauernutzungsrecht. |
| Bauten (Nr. 1) | Hierzu zählen Gebäude und (unselbstständige) Gebäudeteile, die in einem einheitlichen Nutzungs- und Funktionszusammenhang mit dem Gebäude stehen (z. B. Rolltreppen, Fahrstühle, Beleuchtungs-, Sanitär- und Lüftungsanlagen (H 4.2 Abs. 5 EStR). Sie sind zusammen mit dem Gebäude zu aktivieren und einheitlich abzuschreiben. Sofern (selbstständige) Gebäudeteile besonderen Zwecken dienen und in einem von der eigentlichen Gebäudenutzung verschiedenen Nutzungs- und Funktionszusammenhang stehen, sind sie gesondert zu aktivieren und separat abzuschreiben (z. B. Ladeneinbauten, Schalterhallen, Parkplätze, Einfriedigungen, Straßen) (R 4.2 Abs. 3 EStR). |
| Bauten auf fremden Grundstücken (Nr. 1) | Ein fremdes Grundstück liegt dann vor, wenn die Bebauung auf einem gemieteten bzw. gepachteten Grundstück erfolgt. Besteht hingegen ein Erbbaurecht (grundstücksgleiches Recht), führt dies zu Bauten auf eigenem Grundstück. |
| Technische Anlagen und Maschinen (Nr. 2) | Unter diesem Posten ist das unmittelbar für die Produktion notwendige Vermögen (einschließlich Spezialreserveteile und die Erstausstattung an Ersatzteilen) auszuweisen. Ferner fallen unter diesen Posten selbstständige Gebäudeteile, die dem Betriebsprozess dienen und die in keinem einheitlichen Nutzungs- und Funktionszusammenhang mit dem Gebäude stehen (z. B. Hebebühnen, Förderbänder, Kühlanlagen, Silos, Tanks) (R 4.2 Abs. 3 Nr. 1 i. V. m. R 7.1 Abs. 3 EStR). |
| Andere Anlagen (Nr. 3) | Hier sind solche Anlagen auszuweisen, die nicht eindeutig einem anderen Posten zuzuordnen sind (z. B. EDV-Hardware, Telefon- und Videoanlagen). |
| Betriebs- und Geschäftsausstattung (Nr. 3) | Unter diesem Posten sind alle sonstigen materiellen Anlagegegenstände auszuweisen, die nicht Teil einer maschinellen Einrichtung sind (z. B. Büro- und Werkstatteinrichtungen, Fahrzeuge aller Art, Gerüst- und Schalungsteile). |
| Geleistete Anzahlungen (Nr. 4) | Es handelt sich um vom Unternehmen geleistete Anzahlungen für Gegenstände des Sachanlagevermögens, deren Lieferung bis zum Bilanzstichtag noch nicht erfolgt ist. |
| Anlagen im Bau (Nr. 4) | Hier sind (aktivierungsfähige) Aufwendungen für Eigen- und Fremdleistungen auszuweisen, die im Zusammenhang mit am Bilanzstichtag noch nicht fertig gestellten Anlagen entstanden sind. |

Abb. 118: Posten des Sachanlagevermögens

**manns**[432] (z. B. Anschaffung von edelmetallhaltigen Vermögensgegenständen zur Daueranlage oder zur Produktion von wertvollen Fertigerzeugnissen). Sofern sich die Zweckbestimmung von im Unternehmensvermögen befindlichen Gegenständen ändert, ist eine entsprechende **Umgliederung** in der Bilanz vorzunehmen (z. B. ursprünglich zu spekulativen Zwecken angeschaffte Wertpapiere sollen künftig der Daueranlage dienen). Die Gegenstände des Umlaufvermögens zählen zu den **nichtabnutzbaren Wirtschaftsgütern**. Für sie kommen deshalb grundsätzlich nur **außerplanmäßige Abschreibungen** bzw. **Teilwertabschreibungen** in Betracht (§ 253 Abs. 3 HGB; § 6 Abs. 1 Nr. 2 Satz 2 EStG).[433]

**Abb. 119** gibt einen Überblick über die Inhalte der unter dem Vorratsvermögen auszuweisenden Einzelposten,[434] die bis auf die geleisteten Anzahlungen den **materiellen Vermögensgegenständen** zu subsumieren sind. Der Ausweis geleisteter Anzahlungen ist somit sowohl im immateriellen und materiellen Anlagevermögen als auch im Umlaufvermögen vorgesehen (§ 266 Abs. 2 Posten A.I.3., A.II.4., B.I.4. HGB). Sie stellen im Grundsatz monetäre Vorleistungen im Rahmen eines **schwebenden Geschäfts** dar.[435] Je nachdem, ob das schwebende Geschäft auf den Erwerb von immateriellen Vermögensgegenständen, Sachanlagen oder Vorräten ausgerichtet ist, liegen entsprechend auszuweisende Anzahlungen solange vor, wie der Erwerb des Vermögensgegenstands vom Unternehmen noch nicht stattgefunden hat. Von diesem Zeitpunkt ab werden die Anzahlungen auf den jeweiligen Vermögensposten umgebucht. Sofern der Wert der Anzahlungen während ihrer separaten Aktivierung zum Bilanzstichtag sinkt, z. B. falls der Empfänger der Anzahlung Not leidend geworden ist oder die ausstehende Lieferung oder Leistung voraussichtlich nicht bewirkt werden wird, muss bzw. kann eine **außerplanmäßige Abschreibung** bzw. **Teilwertabschreibung** vom Anzahlungsbetrag erfolgen.

Im Gegensatz zu den primär materiellen Gegenständen des Vorratsvermögens stellen Forderungen **Nominalgüter** dar, die in die Unterposten Forderungen aus Lieferungen und Leistungen, Forderungen gegen verbundene Unternehmen sowie Forderungen gegen Unternehmen, mit denen ein Beteiligungsverhältnis besteht (§ 266 Abs. 2 Posten B.II.1., 2., 3. HGB),[436] zerfallen. Forderungen aus Lieferungen und Leistungen stellen Ansprüche auf Gegenleistungen (Umsatzerlöse, Vergütungen) dar, die **rechtlich** mit Abschluss der entsprechenden Verträge (z. B. Kauf-, Dienst-, Miet-, Pacht- und Werkverträge)[437] entstehen. In der Bilanz sind derartige Ansprüche aus gegenseitigen Verträgen nach den GoB aber erst dann auszuweisen, »… wenn die nach dem Vertrag geschuldete Leistung in der Weise erfüllt worden ist, dass der Leistende alle wesentlichen Erfüllungshandlungen vollzogen hat und wirtschaftlich wesentliche Teile der rechtlichen Gefahr (Leistungsgefahr, Preisgefahr) nicht mehr trägt«[438].

Bis zu diesem Zeitpunkt liegt ein **nichtbilanzierungsfähiges schwebendes (Verpflichtungs-)Geschäft** vor. Konkret bedeutet dieses Postulat, dass Forderungen erst dann auszuweisen sind, wenn das **Erfüllungsgeschäft** abgeschlossen ist (z. B. die Übergabe oder die Verschaffung der Verfügungsmacht der verkauften Sache).[439] Unter dem Posten »Forderungen aus Lieferungen und Leistungen« sind aber nur solche Forderungen auszuweisen, die

---

432   Vgl. *BFH* 1974d, S. 352.
433   Vgl. hierzu die Ausführungen im Dritten Teil zu Gliederungspunkt II.D.
434   Vgl. *ADS* 1997b, Anm. 97–119 zu § 266 HGB, S. 130–136.
435   Vgl. hierzu die Ausführungen im Dritten Teil zu Gliederungspunkt II.B.1.
436   Vgl. zu den Begriffen verbundene Unternehmen bzw. Unternehmen, mit denen ein Beteiligungsverhältnis besteht, die Ausführungen im Fünften Teil zu Gliederungspunkt III.B.3.c.ca.
437   Vgl. § 433 Abs. 2, § 611 Abs. 1, § 535, § 581 Abs. 1, § 631 Abs. 1 BGB.
438   *Raff* 1992, Sp. 552.
439   Vgl. hierzu die Ausführungen im Dritten Teil zu Gliederungspunkt II.B.1.

| Bezeichnung | Definition |
|---|---|
| Rohstoffe (Nr. 1) | Vorräte, die als **Hauptbestandteile** in die Erzeugnisse eingehen. Es kann sich sowohl um Stoffe der Urerzeugung (z. B. Erze, Kohle, Fette, Öle, Wolle) als auch um von anderen Unternehmen beschaffte Stoffe (z. B. zur Weiterverarbeitung bestimmte Bleche, Stoffe oder Einbauteile wie Batterien, Motoren u. a.) handeln. |
| Hilfsstoffe (Nr. 1) | Vorräte, die als **Nebenbestandteile** in die Erzeugnisse eingehen (z. B. Farbe, Leim, Schweißmaterial). |
| Betriebsstoffe (Nr. 1) | Vorräte, die bei der Produktion verbraucht werden (z. B. Schmieröle, Treib- und Brennstoffe). |
| Unfertige Erzeugnisse (Nr. 2) | Vorräte, die sich noch im Produktionsprozess befinden und das Stadium der Verkaufsfähigkeit noch nicht erreicht haben. |
| Fertige Leistungen[440] (Nr. 2) | Vorräte, die bei **Dienstleistungsunternehmen** als »in Arbeit befindliche Aufträge« oder »nicht abgerechnete Leistungen« auftreten (z. B. unfertige Bauten bei Bauunternehmen auf eigenem oder fremdem Grund und Boden). |
| Fertige Erzeugnisse (Nr. 3) | Vorräte, die den Produktionsprozess vollständig durchlaufen und das Stadium der Verkaufsfähigkeit erreicht haben. |
| Waren (Nr. 3) | Vorräte, die von Dritten bezogen wurden und ohne wesentliche Be- oder Verarbeitung weiterveräußert werden sollen. |
| Geleistete Anzahlungen (Nr. 4) | Es handelt sich um vom Unternehmen geleistete Anzahlungen für Vorräte, deren Lieferung bis zum Bilanzstichtag noch nicht erfolgt ist. |

Abb. 119: Posten des Vorratsvermögens

aus dem **Sachziel** des Unternehmens, d. h. der **Hauptumsatztätigkeit**, resultieren und damit unmittelbar zu **Umsatzerlösen** (§ 275 Abs. 2 Posten 1., Abs. 3 Posten 1. HGB) führen. Sofern sich zum Bilanzstichtag Forderungen im Bestand befinden, deren Restlaufzeit mehr als ein Jahr beträgt, dann ist der entsprechende Betrag bei jedem gesondert ausgewiesenen (Forderungs-)Posten zu vermerken. Als Restlaufzeit gilt die Dauer zwischen dem Abschlussstichtag und dem Zeitpunkt des voraussichtlichen Eingangs der Forderung.[441] Durch derartige »Davon-Vermerke« wird Außenstehenden der Einblick in die Finanzlage des Unternehmens im Rahmen einer **Liquiditätsanalyse** erleichtert. Der Posten »Sonstige Vermögensgegenstände« (§ 266 Abs. 4 Posten B.II.4. HGB) stellt eine **Sammelposition** dar, unter der alle Posten zum Ausweis kommen, die nicht gesondert ausgewiesen werden und die nicht zum Anlage- und Umlaufvermögen zählen.

Insbesondere handelt es sich um **sonstige Forderungen** (z. B. antizipative Rechnungsabgrenzungsposten, Forderungen aus dem Verkauf von Gegenständen des Anlage- und des übrigen Umlaufvermögens, Darlehensforderungen, Schadensersatz-, Zins- und Steuer-

---

440  Liegen fertige und noch nicht abgerechnete Leistungen vor, entsteht bei Auftragsarbeiten in aller Regel im Zeitpunkt der Fertigstellung der entsprechende Anspruch gegenüber dem Auftraggeber. Mithin kann eine Gewinnrealisierung angenommen werden und ein Ausweis der fertigen Leistung unter dem Posten B.II.1. »Forderungen aus Lieferungen und Leistungen« erfolgen.

441  Vgl. *ADS* 1997b, Anm. 99 zu § 268 HGB, S. 236.

erstattungsansprüche) und **andere Vermögensgegenstände** (z. B. Gegenstände des Anlage-vermögens, die entgegen ihrer ursprünglichen Zweckbestimmung für eine Weiterveräuße-rung vorgesehen sind; Geschäftsanteile an Genossenschaften).[442] Sofern der Sammelposten »Sonstige Vermögensgegenstände« in einem größeren Umfang **antizipative Forderungen**[443] enthält, die bis zum Bilanzstichtag noch nicht rechtlich entstanden sind (z. B. Steuererstat-tungs- oder Dividendenansprüche[444]), müssen sie im Anhang erläutert werden (§ 268 Abs. 4 Satz 2 HGB).

Wie im Anlagevermögen sieht der Gesetzgeber auch für das Umlaufvermögen einen se-paraten Ausweis der **Wertpapiere** vor, die in die Unterposten Anteile an verbundenen Unter-nehmen[445], eigene Anteile[446] und sonstige Wertpapiere aufzuspalten sind (§ 266 Abs. 2 Pos-ten B.III.1., 2., 3. HGB). Wertpapiere stellen ganz allgemein Urkunden über **Vermögensrechte** dar, wobei deren Ausübung an den Besitz der jeweiligen Urkunde (z. B. Aktien, Pfandbriefe, Anleihen, Obligationen, Schuldverschreibungen) geknüpft ist. Der aus dieser Urkunde Ver-pflichtete (z. B. die Aktiengesellschaft) hat nur gegen Vorlage oder Rückgabe des Wertpa-piers seiner Leistung nachzukommen (z. B. Dividenden- oder Kapitalrückzahlungen). Zu berücksichtigen ist, dass es sich bei den unter dem Posten B. III. von § 266 Abs. 2 HGB auszuweisenden Wertpapieren um solche handeln muss, die auf eine Kapitalanlage (**sog. Kapitalmarktpapiere**) abzielen. Mithin kommen Wertpapiere, die dem Zahlungsverkehr (z. B. Banknoten, Schecks), der kurzfristigen Finanzierung (z. B. Wechsel) oder der Ab-wicklung des Warenverkehrs (z. B. Konnossemente, Lade- und Lagerscheine) dienen, nicht für einen Ausweis unter diesem Posten in Betracht.[447] Ähnliches gilt für den Ausweis von Wertpapieren als Finanzanlagen unter Posten A. III. 5. von § 266 Abs. 2 HGB. Von entschei-dender Bedeutung für die Bilanzierung von Wertpapieren im Umlaufvermögen ist ihre Zweckbestimmung, die sich in aller Regel in kurzfristigen unternehmenspolitischen Dis-positionen (z. B. spekulativen Absichten) der Kapitalmarktpapiere konkretisiert. Der Pos-ten »sonstige Wertpapiere« stellt einen **Sammelposten** dar, unter dem alle jene Wertpapiere zum Ansatz kommen, die nicht einem anderen (Wertpapier-)Posten des Anlage- oder des Umlaufvermögens zuzuordnen sind. Als letzter Posten des Umlaufvermögens sind die **flüs-sigen Mittel** des Unternehmens auszuweisen, in dem (ohne Aufgliederung) Schecks, Kas-senbestand, Bundesbank- und Postgiroguthaben sowie Guthaben bei Kreditinstituten ent-halten sein können (§ 266 Abs. 2 Posten B. IV. HGB).

# 4.  Varianten der Rechnungsabgrenzung und Rückstellungen

## a.  Grundsatz der Erfolgsperiodisierung als Ausgangspunkt

Vor dem Hintergrund des Ziels einer **periodengerechten Erfolgsermittlung** kommt den Rechnungsabgrenzungen und den Rückstellungen die Aufgabe zu, Aufwendungen und Er-träge denjenigen Geschäftsjahren zuzuordnen, die ihre Entstehung **wirtschaftlich verur-**

---

442  Vgl. *Ellrott/Ring* 2006, Anm. 120–124 zu § 253 HGB, S. 146–148.
443  Vgl. hierzu die Ausführungen im Dritten Teil zu Gliederungspunkt I.B.4.b.b.a.
444  Vgl. *Ellrott/Krämer* 2006b, Anm. 95 zu § 268 HGB, S. 904.
445  Vgl. hierzu die Ausführungen im Fünften Teil zu Gliederungspunkt III.B.3.c.
446  Vgl. hierzu die Ausführungen im Fünften Teil zu Gliederungspunkt III.B.3.d.db.(d).
447  Vgl. *Hoyos/Gutike* 2006, Anm. 80–81 zu § 266 HGB, S. 839 f.

**sacht** haben.[448] Würde bezüglich der Berechnung des Periodenerfolges dagegen auf den Anfall von Ausgaben und Einnahmen abgestellt, wäre das Unternehmensergebnis **beliebig manipulierbar**, indem z. B. am Ende des Geschäftsjahres Zahlungen getätigt bzw. entgegengenommen und/oder Verbindlichkeiten eingegangen bzw. Forderungen erworben werden. Deshalb muss die Ermittlung des Periodenergebnisses **unabhängig** vom Anfall der Einnahmen und Ausgaben erfolgen. Dieses Postulat kommt in § 252 Abs. 1 Nr. 5 HGB explizit zum Ausdruck.

Unter Berücksichtigung des **Grundsatzes der Periodenabgrenzung** sind sämtliche Einnahmen und Ausgaben am Periodenende daraufhin zu überprüfen, ob sie dem abgelaufenen Geschäftsjahr wirtschaftlich als Erträge und Aufwendungen zuzurechnen sind oder nicht. Ist letzteres der Fall, besteht das Erfordernis, sie mit Hilfe besonderer Bilanzposten, die als **Rechnungsabgrenzungsposten** bezeichnet werden, denjenigen **nachfolgenden** Geschäftsjahren anzulasten, die ihre Entstehung verursacht haben (**transitorische Rechnungsabgrenzung**). Die Rechnungsabgrenzungsposten stellen keine Vermögensgegenstände im handelsrechtlichen bzw. Wirtschaftsgüter im steuerrechtlichen Sinne dar, sondern tragen lediglich den Charakter von **Verrechnungsposten**. Ihre Höhe bemisst sich nach dem (zeitlichen) Verhältnis der noch ausstehenden Gegenleistung zur erbrachten Gesamtleistung.

---

**Beispiel:**
Die Kfz-Versicherung in Höhe von 600 € für die Zeit vom 01. 10. des Geschäftsjahres 2005 bis zum 30. 09. des Geschäftsjahres 2006 wurde im Voraus mittels Banküberweisung bezahlt. Der Buchungssatz lautet:

Versicherungsaufwendungen            an      Guthaben bei Kreditinstituten      600 €.

Unter der Annahme, dass das Geschäftsjahr dem Kalenderjahr entspricht, sind am 31. 12. 2005 mit Hilfe eines aktiven Rechnungsabgrenzungspostens 450 € (Prämie für die Zeit vom 01. 01. 2006 bis 30. 09. 2006) abzugrenzen. Der Buchungssatz lautet:

Aktive Rechnungsabgrenzung          an      Versicherungsaufwendungen          450 €.

Die restlichen 150 € (= Prämie für die Zeit vom 01. 10. bis 31. 12. 2005) wurden wirtschaftlich vom Geschäftsjahr 2005 verursacht und sind diesem deshalb auch als Aufwendungen anzulasten. Da die abgegrenzte Prämie von 450 € dem Geschäftsjahr 2006 aufwandswirksam zuzurechnen ist, bedarf es am 02. 01. 2006 der Buchung:

Versicherungsaufwendungen           an      Aktive Rechnungsabgrenzung         450 €.

---

Sofern jedoch Erträge und Aufwendungen der gegenwärtigen Periode zuzuordnen sind, die erst in **späteren** Geschäftsjahren zu Einnahmen und Ausgaben führen, liegt der Fall einer **antizipativen Rechnungsabgrenzung** vor. Derartige Geschäftsvorfälle dürfen nicht als Rechnungsabgrenzungsposten ausgewiesen werden, sondern stellen **sonstige Forderungen** bzw. **sonstige Verbindlichkeiten** dar.

---

448  Auch das Realisations- und das Imparitätsprinzip regeln als Periodisierungsgrundsätze die Zurechnung von Erträgen und Aufwendungen zu bestimmten Geschäftsjahren und sind insofern elementare Postulate für eine manipulationsfreie Erfolgsermittlung. Vgl. hierzu insbesondere die Ausführungen im Zweiten Teil zu Gliederungspunkt III.B.3. und im Dritten Teil zu Gliederungspunkt II.B.1.

**Beispiel:**

Die Kfz-Versicherung in Höhe von 600 € für die Zeit vom 01. 12. des Geschäftsjahres 2005 bis zum 30. 11. des Geschäftsjahres 2006 soll erst am 15. 01. 2006 durch die Bank überwiesen werden. Wiederum unter der Annahme, dass das Geschäftsjahr dem Kalenderjahr entspricht sind am 31. 12. 2005 mit Hilfe des Kontos »Sonstige Verbindlichkeiten« 50 € (= Prämie für Dezember 2005) abzugrenzen. Buchungssatz:

Versicherungsaufwendungen          an     Sonstige Verbindlichkeiten          50 €.

Die Prämie von 50 € ist dem Geschäftsjahr 2005 aufwandswirksam zuzurechnen. Die verbleibenden 550 € (= Prämie für die Zeit vom 01. 01.–30. 11. 2006) werden wirtschaftlich vom Geschäftsjahr 2006 verursacht und sind diesem deshalb auch als Aufwendungen anzulasten. Mithin bedarf es am 15. 01. 2006 der Buchung

- Sonstige Verbindlichkeiten        50 €    an     Guthaben bei Kreditinstituten    600 €.
- Versicherungsaufwendungen      550 €

Ferner besagt das Prinzip der periodengerechten Erfolgsermittlung, dass die aus der Bildung von bestimmten **Rückstellungen** resultierenden Aufwendungen unabhängig vom späteren Zeitpunkt des eventuellen Anfalls der entsprechenden Ausgaben denjenigen Geschäftsjahren zuzurechnen sind, die ihre Entstehung ausgelöst haben. In diesen Fällen verhält sich also die **zeitliche Abfolge** von Erfolgs- und Zahlungswirkung umgekehrt wie bei den Rechnungsabgrenzungsposten.

**Beispiel:**

Ein Einzelunternehmen erwartet für das Geschäftsjahr 2006 eine Gewerbesteuerzahlung in Höhe von 19.000 €. Da mit dem entsprechenden Steuerbescheid erst im Geschäftsjahr 2007 zu rechnen ist, muss im Jahresabschluss 2006 unabhängig von der späteren Steuerzahlung eine Rückstellung gebildet werden. Der Buchungssatz lautet:

Steuern vom Einkommen          an     Steuerrückstellungen          19.000 €.
und vom Ertrag

Bei Erhalt des Steuerbescheides in 2007 muss lediglich die Rückstellung aufgelöst und die Ausgabe berücksichtigt werden, wenn die Gewerbesteuerzahlung genau in der geschätzten Höhe von 19.000 € erfolgt. Der Buchungssatz lautet:

Steuerrückstellungen          an     Guthaben bei Kreditinstituten    19.000 €.

## b.    Ausprägungen der Rechnungsabgrenzung

### b.a    Transitorische und antizipative Posten[449]

Das Handels- und Steuerrecht unterscheidet zwischen aktiven und passiven Rechnungsabgrenzungsposten. Bei der **aktiven Rechnungsabgrenzung** handelt es sich um **vor** dem Bilanzstichtag getätigte **Ausgaben**, die **Aufwand** für eine bestimmte Zeit **nach** diesem Tag dar-

---

449  Vgl. zur Unterscheidung zwischen transitorischer und antizipativer Rechnungsabgrenzung u. a. *Trützschler* 2002, Anm. 4–8 zu § 250 HGB, S. 3–5.

stellen (§ 250 Abs. 1 Satz 1 HGB, § 5 Abs. 5 Satz 1 Nr. 1 EStG). Von einer **passiven Rechnungs-abgrenzung** wird hingegen dann gesprochen, wenn dem Unternehmen **vor** dem Bilanzstichtag **Einnahmen** zufließen, die **Ertrag** für eine bestimmte Zeit **nach** diesem Tag verkörpern (§ 250 Abs. 2 HGB, § 5 Abs. 5 Satz 1 Nr. 2 EStG). Die für diese transitorischen Rechnungs-abgrenzungsposten einzurichtenden Konten stellen **Übergangskonten mit Bestandscharakter** dar, die in den Folgejahren wieder aufzulösen sind. Gemäß § 250 Abs. 1 und Abs. 2 HGB sowie § 5 Abs. 5 EStG ist die Bildung von Rechnungsabgrenzungsposten im handels- und steuerrechtlichen Jahresabschluss auf die **transitorischen Fälle** beschränkt.[450]

Entsprechend den GoB tragen transitorische Einnahmen bzw. Ausgaben jedoch nur dann **bilanzierungsfähigen Charakter**, wenn sie Ertrag bzw. Aufwand für eine **bestimmte Zeit** nach dem Abschlussstichtag darstellen.[451] Gemäß der gesicherten Rechtsprechung des *BFH* ist dies der Fall, wenn der Vorleistung des einen Vertragspartners eine **zeitbezogene Gegenleistung** der anderen Vertragspartei gegenübersteht und der Zeitraum, auf den sich die Vorleistung des einen Vertragsteils bezieht, **festliegt und nicht nur geschätzt wird** (z. B. monatliche, vierteljährliche, halbjährliche Mietvorauszahlungen). Demnach kommen die sog. **transitorischen Einnahmen bzw. Ausgaben im weiteren Sinne**, wie etwa Werbeaufwendungen und Entwicklungskosten, für einen Ausweis unter den Rechnungsabgrenzungsposten nicht in Betracht.[452] **Abb. 120** fasst die Ausprägungen der transitorischen Rechnungsabgrenzung zusammen.

| Geschäftsvorfall | Merkmal | im alten Jahr | im neuen Jahr | Bilanzposten |
|---|---|---|---|---|
| Miete, Pacht, Zinsen, Versicherungs-prämien etc. | im Voraus entrichtet | Ausgabe | Aufwand | Aktive Rechnungs-abgrenzung |
| | im Voraus erhalten | Einnahme | Ertrag | Passive Rechnungs-abgrenzung |

Abb. 120: Fälle der transitorischen Rechnungsabgrenzung

**Beispiel:**

**Aktive Rechnungsabgrenzung:**

Die Miete für die Betriebsräume von Dezember bis Februar 2006 i. H. v. 2.250 € wird bereits im November des Geschäftsjahres 2005 durch die Bank auf das Konto des Vermieters überwiesen. Unter der Prämisse, dass das Geschäftsjahr dem Kalenderjahr entspricht, sind über einen aktiven Rechnungsabgrenzungsposten 1.500 € (Miete für Januar und Februar 2006) abzugrenzen.

**Buchungen im Jahr 2005 – Erfassungsalternative I:**

| | | | | |
|---|---|---|---|---|
| (1) Mietaufwendungen | | an | Guthaben bei Kreditinstituten | 2.250 € |
| (2) Aktive Rechnungsabgrenzung | | an | Mietaufwendungen | 1.500 €. |

---

450    Zum Bilanzausweis vgl. § 266 Abs. 2 Posten C. sowie Abs. 3 Posten D. HGB.
451    Vgl. hierzu R 5.6 Abs. 2 EStR.
452    Vgl. *Ellrott/Krämer* 2006a, Anm. 22 f. zu § 250 HGB, S. 375.

Kontenmäßige Darstellung:

| S | Guthaben bei Kreditinstituten | | H |
|---|---|---|---|
| | € | | € |
| AB | | (1) | 2.250 |

| S | Aktive Rechnungsabgrenzung | | H |
|---|---|---|---|
| | € | | € |
| AB[453] | 0 | SBK (EB) | 1.500 |
| (2) | 1.500 | | |
| | 1.500 | | 1.500 |

| S | Mietaufwendungen | | H |
|---|---|---|---|
| | € | | € |
| (1) | 2.250 | (2) | 1.500 |
| | | GuV (Saldo) | |

**Buchung im Jahr 2005 – Erfassungsalternative II:**

(1) – Mietaufwendungen    750 €    an    Guthaben bei
    – Aktive Rechnungs-                       Kreditinstituten    2.250 €.
      abgrenzung    1.500 €

Kontenmäßige Darstellung:

| S | Guthaben bei Kreditinstituten | | H |
|---|---|---|---|
| | € | | € |
| AB | | (1) | 2.250 |

| S | Aktive Rechnungsabgrenzung | | H |
|---|---|---|---|
| | € | | € |
| AB | | SBK (EB) | 1.500 |
| (1) | 1.500 | | |
| | 1.500 | | 1.500 |

| S | Mietaufwendungen | | H |
|---|---|---|---|
| | € | | € |
| (1) | 750 | GuV (Saldo) | |

**Buchung im Jahr 2006:**

(1) Mietaufwendungen                 an    Aktive Rechnungs-
                                          abgrenzung    1.500 €.

Kontenmäßige Darstellung:

| S | Aktive Rechnungsabgrenzung | | H |
|---|---|---|---|
| | € | | € |
| AB | 1.500 | (1) | 1.500 |

| S | Mietaufwendungen | | H |
|---|---|---|---|
| | € | | € |
| (1) | 1.500 | GuV (Saldo) | |

---

453   Zu Beginn der Referenzperiode soll kein Anfangsbestand an aktiven Rechnungsabgrenzungsposten gegeben
     sein.

**Passive Rechnungsabgrenzung:**

Die Darlehenszinsen in Höhe von 2.400 € werden von einem Schuldner für die Zeit vom 01. 10. des Geschäftsjahres 2005 bis 30. 09. des Geschäftjahres 2006 bereits Anfang Oktober 2005 überwiesen. Da das Geschäftsjahr wieder dem Kalenderjahr entsprechen soll, sind über einen **passiven** Rechnungsabgrenzungsposten 1.800 € (9/12 von 2.400 €), die den Zinsen für die Zeit vom 01. 01. 2006–30. 09. 2006 entsprechen, abzugrenzen.

**Buchungen im Jahr 2005 – Erfassungsalternative I:**

(1) Guthaben bei        an     Zinserträge           2.400 €
Kreditinstituten

(2) Zinserträge            an     Passive Rechnungsabgrenzung         1.800 €.

Kontenmäßige Darstellung:

| S | Guthaben bei Kreditinstituten | H |
|---|---|---|
| | € | € |
| AB | | |
| (1) | 2.400 | |

| S | Passive Rechnungsabgrenzung | H |
|---|---|---|
| | € | € |
| SBK (EB) | 1.800 | AB[454]    0 |
| | | (2)     1.800 |
| | 1.800 | 1.800 |

| S | Zinserträge | H |
|---|---|---|
| | € | € |
| (2) | 1.800 | (1)     2.400 |
| GuV (Saldo) | | |

**Buchung im Jahr 2005 – Erfassungsalternative II:**

(1) Guthaben bei             an    – Zinserträge         600 €
Kreditinstituten     2.400 €           – Passive Rechnungsabgrenzung      1.800 €.

Kontenmäßige Darstellung:

| S | Guthaben bei Kreditinstituten | H |
|---|---|---|
| | € | € |
| AB | | |
| (1) | 2.400 | |

| S | Passive Rechnungsabgrenzung | H |
|---|---|---|
| | € | € |
| SBK (EB) | 1.800 | AB[456]    0 |
| | | (2)     1.800 |
| | 1.800 | 1.800 |

| S | Zinserträge | H |
|---|---|---|
| | € | € |
| GuV (Saldo) | | (1)     600 |

---

454   Zu Beginn der Rechnungsperiode 2005 soll kein Anfangsbestand an passiven Rechnungsabgrenzungsposten gegeben sein.

**Buchung im Jahr 2006:**

(1) Passive Rechnungs-                an        Zinserträge                    1.800 €.
    abgrenzung

Kontenmäßige Darstellung:

| S | Passive Rechnungsabgrenzung | H | | S | Zinserträge | H |
|---|---|---|---|---|---|---|
| | € | | € | | € | | € |
| (1) | 1.800 | AB | 1.800 | GuV (Saldo) | | (1) | 1.800 |

Für Ausgaben bzw. Einnahmen **nach** dem Bilanzstichtag, die Aufwand bzw. Ertrag für einen Zeitraum **vor** diesem Tag darstellen (**antizipative Rechnungsabgrenzung**), dürfen gemäß § 250 Abs. 1 und Abs. 2 HGB sowie § 5 Abs. 5 EStG **keine** Rechnungsabgrenzungsposten gebildet werden. Sofern sich aus den ihnen zugrunde liegenden Geschäftsvorfällen bereits **sonstige Forderungen** oder **sonstige Verbindlichkeiten** ergeben haben, sind sie als solche zu bilanzieren.[455] Die Ausprägungen der antizipativen Rechnungsabgrenzung werden durch die folgende **Abb. 121** verdeutlicht.

| Geschäftsvorfall | Merkmal | im alten Jahr | im neuen Jahr | Bilanzposten |
|---|---|---|---|---|
| Miete, Pacht, Löhne und Gehälter, Zinsen, Versicherungs-prämien etc. | noch zu erhalten | Ertrag | Einnahme | Sonstige Forderungen |
| | noch zu entrichten | Aufwand | Ausgabe | Sonstige Verbindlichkeiten |

Abb. 121: Fälle der antizipativen Rechnungsabgrenzung

**Beispiel:**

**Sonstige Forderungen:**
Das Unternehmen hat noch Mietzahlungen in Höhe von 2.000 € zu erhalten, die das abgelaufene Geschäftsjahr betreffen. Die Miete wird jedoch erst zu Beginn des nächsten Geschäftsjahres auf das Bankkonto überwiesen.

**Buchung im alten Jahr:**

(1) Sonstige Forderungen              an        Mieterträge                    2.000 €.

Kontenmäßige Darstellung:

| S | Sonstige Forderungen | H | | S | Mietverträge | H |
|---|---|---|---|---|---|---|
| | € | | € | | € | | € |
| AB | | EBK (Saldo) | | GuV (Saldo) | | (1) | 2.000 |
| (1) | 2.000 | | | | | | |

---

455  Vgl. zum Zeitpunkt des Entstehens von Forderungen und Verbindlichkeiten die Ausführungen im Dritten Teil zu Gliederungspunkt I.B.3., I.B.6. und II.B.1.

**Buchung im neuen Jahr:**

(1) Guthaben bei Kredit-     an     Sonstige Forderungen     2.000 €.
    instituten

Kontenmäßige Darstellung:

| S | Sonstige Forderungen | H |
|---|---|---|
| | € | € |
| AB | (1) | 2.000 |

| S | Guthaben bei Kreditinstituten | H |
|---|---|---|
| | € | € |
| AB | | |
| (1) | 2.000 | |

**Sonstige Verbindlichkeiten:**
Die Gehälter für den Monat Dezember des Geschäftsjahres 2005 in Höhe von 90.000 €
und die gesetzlichen sozialen Aufwendungen über 16.000 € (Arbeitgeberanteil) sowie
die einbehaltenen Abzüge (Lohn- und Kirchensteuer, Arbeitnehmeranteil und vermögenswirksame Leistungen) werden erst Anfang Januar des Geschäftsjahres 2006 durch
Banküberweisung ausbezahlt bzw. an die jeweiligen Institutionen abgeführt. Das Geschäftsjahr entspricht dem Kalenderjahr.

**Buchung im Geschäftsjahr 2005:**

(1) – Gehälter          90.000 €     an     Sonstige
    – Gesetzliche soziale                     Verbindlichkeiten          106.000 €.
      Aufwendungen     16.000 €

Kontenmäßige Darstellung:

| S | Sonstige Verbindlichkeiten | H |
|---|---|---|
| | € | € |
| SBK (Saldo) | AB | |
| | (1) | 106.000 |

| S | Gehälter | H |
|---|---|---|
| | € | € |
| (1) | 90.000 | GuV (Saldo) |

| S | Gesetzliche soziale Aufwendungen | H |
|---|---|---|
| | € | € |
| (1) | 16.000 | GuV (Saldo) |

**Buchung im Geschäftsjahr 2006:**

(1) Sonstige          an     Guthaben bei
    Verbindlichkeiten          Kreditinstituten          106.000 €.

Kontenmäßige Darstellung:

| S | Sonstige Verbindlichkeiten | | H |
|---|---|---|---|
| | € | | € |
| (1) | 106.000 | AB | |

| S | Guthaben bei Kreditinstituten | | H |
|---|---|---|---|
| | | € | € |
| AB | | (1) | 106.000 |

### b.b    Spezialfälle der aktiven Rechnungsabgrenzung

Neben den vorstehend genannten Fällen dürfen nach Handelsrecht (§ 250 Abs. 1 Satz 2 und Abs. 3 HGB) bzw. müssen nach Steuerrecht (§ 5 Abs. 5 Satz 2 EStG; H 6.10 EStR) die nachfolgend angegebenen Sachverhalte unter den aktiven Rechnungsabgrenzungsposten ausgewiesen werden.

- Als **Aufwand** berücksichtigte **Zölle und Verbrauchsteuern** (z. B. Bier-, Mineralöl- oder Tabaksteuer), soweit sie auf am Abschlussstichtag auszuweisende Vermögensgegenstände (Wirtschaftsgüter) des Vorratsvermögens entfallen;
- als **Aufwand** berücksichtigte **Umsatzsteuer** auf am Abschlussstichtag auszuweisende oder von den Vorräten offen abgesetzte Anzahlungen;
- die Differenz zwischen dem Rückzahlungs- und dem Ausgabebetrag **(Disagio, Damnum)** von Verbindlichkeiten.

Den ersten und zweiten Fällen ist gemeinsam, dass die bezeichneten Aufwendungen, deren erfolgsmäßige Neutralisierung durch die Rechtsprechung des *BFH* als unzulässig angesehen wird, nach dem Willen des Gesetzgebers keine Auswirkungen auf das Unternehmensergebnis haben können oder dürfen. Im Hinblick auf die steuerrechtliche Erfolgsermittlung besteht für diese Aufwendungen unter Durchbrechung des Maßgeblichkeitsprinzips eine **Bilanzierungspflicht** als aktive Rechnungsabgrenzungsposten (§ 5 Abs. 5 Satz 2 EStG).[456]

Der dritte Fall betrifft unmittelbar die handels- und **steuerrechtlichen Bewertungsgrundsätze für Verbindlichkeiten**. Gemäß § 253 Abs. 1 Satz 2 HGB sind diese mit ihrem Rückzahlungsbetrag anzusetzen.[457] Sofern jedoch Verbindlichkeiten mit einem Wert zur Ausgabe kommen, der unter ihrem Rückzahlungsbetrag liegt, kann oder muss der Unterschiedsbetrag in den aktiven Rechnungsabgrenzungsposten eingestellt werden. Insbesondere in Darlehensverträgen wird oft vereinbart, dass der Schuldner eine größere Summe zurückzahlen muss als er erhalten hat. Der Unterschiedsbetrag, der auch als **Darlehensabgeld, Disagio oder Damnum** bezeichnet wird, stellt im Grundsatz als vorweg entrichteter Zins eine **Vergütung für die Kapitalüberlassung** dar.[458] Aus **handelsrechtlicher Sicht** kann der Bilanzierende das Disagio einerseits unter die Rechnungsabgrenzung der Aktivseite aufnehmen und planmäßig auf die Laufzeit des Darlehens verteilen. Das als aktiver Rechnungsabgrenzungsposten bilanzierte Disagio wird dann durch die jährlich vorzunehmende Buchung »Zinsen und ähnliche Aufwendungen« an »Aktive Rechnungsabgrenzung« sukzessive aufgelöst. Andererseits besteht die Möglichkeit, den in Rede stehenden Unterschiedsbetrag **sofort**

---

[456]  Vgl. zu diesen Spezialfällen, auf die im Folgenden nicht näher eingegangen wird, im Detail *Ellrott/Krämer* 2006a, Anm. 36–57 zu § 250 HGB, S. 377–379 m. w. N. sowie *Hoyos/Ring* 2006c, Anm. 226 zu § 266 HGB, S. 859.

[457]  Vgl. hierzu die Ausführungen im Dritten Teil zu Gliederungspunkt II.B.2.d.d.c.

[458]  Vgl. *BFH* 1978a, S. 263; *BFH* 1984c, S. 714.

aufwandswirksam, ebenfalls über das Konto »Zinsen und ähnliche Aufwendungen«, zu verrechnen (§ 250 Abs. 3 Satz 1 HGB). Unter Durchbrechung des Maßgeblichkeitsprinzips ist zum Zwecke der **steuerrechtlichen Erfolgsermittlung** die **Aktivierung** des Disagios mit einer Verteilung auf die Laufzeit des Darlehens **zwingend vorgeschrieben** (H 6.10 EStR).

Beim Vorliegen eines **Fälligkeitsdarlehens** ist das Disagio **gleichmäßig** auf die Kreditlaufzeit zu verrechnen, weil der Schuldner die gesamte Darlehenssumme nach Ablauf der vertraglich fixierten Frist zurückzubezahlen hat und somit über die Ausleihungsperioden hinweg lediglich **(konstante) Zinsbelastungen** entstehen. Im Falle von **Tilgungsdarlehen** hingegen, die als Raten- oder Annuitätendarlehen vorkommen,[459] verringert sich die Zinsbelastung durch die Abnahme der Darlehensschuld im Zeitablauf. Hierbei kann das Disagio etwa mit Hilfe der **Zinsstaffelmethode** auf die Laufzeit des Kredits verteilt werden. Der **Darlehensgläubiger** muss nach h. M. die entsprechenden Buchungen unter Rückgriff auf das Konto »Passive Rechnungsabgrenzung« vornehmen.[460] Eine unmittelbare ertragswirksame Erfassung des einbehaltenen Disagios bereits in der Periode der Darlehensausgabe würde gegen das **Realisationsprinzip** verstoßen.

**Beispiel:**

Ein Unternehmen nimmt einen langfristigen Kredit zum Rückzahlungsbetrag von 50.000 € zu Beginn des Geschäftsjahres 2005 bei einem Geschäftspartner auf. Die Auszahlung des Darlehens durch Gutschrift auf dem Bankkonto erfolgt aber nur in Höhe von 47.250 €. Der Tilgungs- und Zinsbelastungsplan hat unter Zugrundelegung einer Laufzeit von 10 Jahren, eines Zinssatzes von 10 % und einer konstanten Tilgungsrate von 5.000 € p. a. das in **Abb. 122** wiedergegebene Aussehen. Die ebenfalls aufgezeigte Verteilung des Disagios nach der Zinsstaffelmethode berechnet sich pro Jahr nach folgender Formel.

$$\frac{T - t + 1}{1 + 2 + 3 + \ldots T} \cdot \text{Gesamtbetrag des Disagios}$$

| Gj. | Tilgungsbelastung in € | Zinsbelastung in € | Disagiobelastung in € | Gesamtbelastung in € |
|---|---|---|---|---|
| 2005 | 5.000 | 5.000 | 500[461] | 10.500 |
| 2006 | 5.000 | 4.500 | 450 | 9.950 |
| 2007 | 5.000 | 4.000 | 400 | 9.400 |
| 2008 | 5.000 | 3.500 | 350 | 8.850 |
| 2009 | 5.000 | 3.000 | 300 | 8.300 |
| 2010 | 5.000 | 2.500 | 250 | 7.750 |
| 2011 | 5.000 | 2.000 | 200 | 7.200 |
| 2012 | 5.000 | 1.500 | 150 | 6.650 |
| 2013 | 5.000 | 1.000 | 100 | 6.100 |
| 2014 | 5.000 | 500 | 50 | 5.550 |
| Summe | 50.000 | 27.500 | 2.750 | 80.250 |

Abb. 122: Konstante Tilgungs- und fallende Zinsbelastung in €

---

459   Bei Ratendarlehen zahlt der Schuldner neben den sinkenden Zinsen gleich bleibende Tilgungsbeträge. Annuitätendarlehen zeichnen sich dadurch aus, dass der Schuldner einen jährlich konstanten Betrag zurückbezahlt, der sich aus einem degressiven Zins- und einem progressiven Tilgungsanteil zusammensetzt.

460   Vgl. stellvertretend *Ellrott/Brendt* 2006, Anm. 254 zu § 255 HGB, S. 635 f.

461   $500 € = \dfrac{10 - 1 + 1}{1 + 2 + 3 + 4 + 5 + 6 + 7 + 8 + 9 + 10} \cdot 2.750 €.$

Sofern das Disagio unter die aktive Rechnungsabgrenzung aufgenommen werden soll und auf die Laufzeit des Darlehens verteilt wird, weisen die Buchungen beim Darlehensschuldner und Darlehensgläubiger nachstehende Strukturen auf.

**Buchungen beim Darlehensschuldner im Geschäftsjahr 2005:**

| (1) | – Guthaben bei | | an | Sonstige Verbindlich- | |
| | Kreditinstituten | 47.250 € | | keiten | 50.000 €. |
| | – Aktive Rechnungs- | | | | |
| | abgrenzung | 2.750 € | | | |

| (2) | – Sonstige Verbindlich- | | an | – Guthaben bei | |
| | keiten | 5.000 € | | Kreditinstituten | 10.000 € |
| | – Zinsen und ähnliche | | | – Aktive Rechnungs- | |
| | Aufwendungen | 5.500 € | | abgrenzung | 500 €. |

Kontenmäßige Darstellung:

| S | Guthaben bei Kreditinstituten | | H |
|---|---|---|---|
| | € | | € |
| AB | | (2) | 10.000 |
| (1) | 47.250 | | |

| S | Aktive Rechnungsabgrenzung | | H |
|---|---|---|---|
| | € | | € |
| AB[462] | 0 | (2) | 500 |
| (1) | 2.750 | SBK (EB) | 2.250 |
| | __2.750__ | | __2.750__ |

| S | Sonstige Verbindlichkeiten | | H |
|---|---|---|---|
| | € | | € |
| (2) | 5.000 | AB | 0 |
| SBK (EB) | 45.000 | (1) | 50.000 |
| | __50.000__ | | __50.000__ |

| S | Zinsen und ähnliche Aufwendungen | | H |
|---|---|---|---|
| | € | | € |
| (2) | 5.500 | GuV (Saldo) | |

**Buchung beim Darlehensschuldner im Geschäftsjahr 2014:**

| (1) | – Sonstige | | an | – Guthaben bei | |
| | Verbindlichkeiten | 5.000 € | | Kreditinstituten | 5.500 € |
| | – Zinsen und ähnliche | | | – Aktive Rechnungs- | |
| | Aufwendungen | 550 € | | abgrenzung | 50 €. |

---

462　Vorstehendem Beispiel liegt die Annahme zugrunde, dass weder bei der der aktiven Rechnungsabgrenzung noch bei den sonstigen Verbindlichkeiten ein Anfangsbestand in 2005 gegeben ist.

Kontenmäßige Darstellung:

| S | Guthaben bei Kreditinstituten | H |
|---|---|---|
| | € | € |
| AB | (1) | 5.500 |

| S | Aktive Rechnungsabgrenzung | H |
|---|---|---|
| | € | € |
| AB | 50 (1) | 50 |
| | SBK (EB) | 0 |
| | 50 | 50 |

| S | Sonstige Verbindlichkeiten | H |
|---|---|---|
| | € | € |
| (1) | 5.000 AB | 5.000 |
| SBK (EB) | 0 | |
| | 5.000 | 5.000 |

| S | Zinsen und ähnliche Aufwendungen | H |
|---|---|---|
| | € | € |
| (1) | 550 GuV (Saldo) | |

**Buchungen beim Darlehensgläubiger im Geschäftsjahr 2005:**

(1) Sonstige
    Ausleihungen          50.000 €        an      – Guthaben bei
                                                     Kreditinstituten       47.250 €
                                                   – Passive Rechnungs-
                                                     abgrenzung              2.750 €.

(2) – Guthaben bei                         an      – Sonstige
      Kreditinstituten    10.000 €                   Ausleihungen            5.000 €
    – Passive Rechnungs-                            – Zinsen und
      abgrenzung            500 €                     ähnliche Erträge        5.500 €.

Kontenmäßige Darstellung:

| S | Sonstige Ausleihungen | H |
|---|---|---|
| | € | € |
| AB[463] | 0 (2) | 5.000 |
| (1) | 50.000 SBK (EB) | 45.000 |
| | 50.000 | 50.000 |

| S | Guthaben bei Kreditinstituten | H |
|---|---|---|
| | € | € |
| AB | (1) | 47.250 |
| (2) | 10.000 | |

| S | Passive Rechnungsabgrenzung | H |
|---|---|---|
| | € | € |
| (2) | 500 AB | 0 |
| SBK (EB) | 2.250 (1) | 2.750 |
| | 2.750 | 2.750 |

| S | Zinsen und ähnliche Erträge | H |
|---|---|---|
| | € | € |
| GuV (Saldo) | (2) | 5.500 |

---

463  Analog zum Darlehensschuldner sei auch beim Darlehensgläubiger weder bei den sonstigen Ausleihungen noch bei der passiven Rechnungsabgrenzung ein Anfangsbestand gegeben.

**Buchung beim Darlehensgläubiger im Geschäftsjahr 2014:**

(1) – Guthaben bei                             an        – Sonstige Ausleihungen      5.000 €
        Kreditinstituten       5.500 €                   – Zinsen und ähnliche
      – Passive Rechnungs-                                   Erträge                   550 €.
        abgrenzung              50 €

Kontenmäßige Darstellung:

| S | Sonstige Ausleihungen | | H |
|---|---|---|---|
| | € | | € |
| AB | 5.000 | (1) | 5.000 |
| | | SBK (EB) | 0 |
| | __5.000__ | | __5.000__ |

| S | Guthaben bei Kreditinstituten | | H |
|---|---|---|---|
| | € | | € |
| AB | | | |
| (1) | 5.500 | | |

| S | Passive Rechnungsabgrenzung | | H |
|---|---|---|---|
| | € | | € |
| (1) | 50 | AB | 50 |
| SBK (EB) | 0 | | |
| | __50__ | | __50__ |

| S | Zinsen und ähnliche Erträge | | H |
|---|---|---|---|
| | € | | € |
| GuV (Saldo) | | (1) | 550 |

Wird im handelsrechtlichen Jahresabschluss auf die Bildung eines aktiven Rechnungsabgrenzungspostens verzichtet, haben die Buchungen beim Darlehensschuldner unter
sonst gleichen Bedingungen folgendes Aussehen:

**Buchungen beim Darlehensschuldner im Geschäftsjahr 2005:**

(1) – Guthaben bei                             an        Sonstige
        Kreditinstituten      47.250 €                    Verbindlichkeiten           50.000 €.
      – Zinsen und ähnliche
        Aufwendungen           2.750 €

(2) – Sonstige                                 an        Guthaben bei
        Verbindlichkeiten      5.000 €                    Kreditinstituten            10.000 €.
      – Zinsen und ähnliche
        Aufwendungen           5.000 €

Kontenmäßige Darstellung:

| S | Guthaben bei Kreditinstituten | | H |
|---|---|---|---|
| | € | | € |
| AB | | (2) | 10.000 |
| (1) | 47.250 | | |

| S | Sonstige Verbindlichkeiten | | H |
|---|---|---|---|
| | € | | € |
| (2) | 5.000 | AB | 0 |
| SBK (EB) | 45.000 | (1) | 50.000 |
| | __50.000__ | | __50.000__ |

| S | Zinsen und ähnliche Aufwendungen | H |
|---|---|---|
| | € | € |
| (1) | 2.750 GuV (Saldo) | |
| (2) | 5.000 | |

**Buchung beim Darlehensschuldner im Geschäftsjahr 2014:**

(1) – Sonstige Verbind-      an     Guthaben bei
  lichkeiten          5.000 €       Kreditinstituten          5.500 €.
  – Zinsen und ähnliche
  Aufwendungen      500 €

Kontenmäßige Darstellung:

| S | Guthaben bei Kreditinstituten | H |
|---|---|---|
| | € | € |
| AB | | (1)   5.500 |

| S | Sonstige Verbindlichkeiten | H |
|---|---|---|
| | € | € |
| (1) | 5.000 AB | 5.000 |
| SBK (EB) | 0 | |
| | 5.000 | 5.000 |

| S | Zinsen und ähnliche Aufwendungen | H |
|---|---|---|
| | € | € |
| (1) | 500 GuV (Saldo) | |

**Abb. 123** gibt abschließend einen Überblick über die handelsrechtlichen Regelungen der Rechnungsabgrenzung.[464]

## c.     Rückstellungen

### c.a     Gesetzliche Systematisierung und buchungstechnische Behandlung

Im Gegensatz zu den **Verbindlichkeiten**, die im Hinblick auf Ursache, Höhe und Fälligkeit feststehen, dienen **Rückstellungen** prinzipiell der Erfassung von

• ungewissen Verbindlichkeiten,
• drohenden Verlusten aus schwebenden Geschäften und
• bestimmten Aufwendungen, die am Bilanzstichtag zwar dem Grunde, nicht aber der Höhe und/oder der Fälligkeit nach festlegen.

Als Ausfluss des **Vorsichtsprinzips** und des **Grundsatzes der Periodenabgrenzung müssen** oder **können** für in § 249 Abs. 1 und Abs. 2 HGB genannte Zwecke Rückstellungen im

---

464   Modifiziert entnommen von *Coenenberg* 2005, S. 429.

handelsrechtlichen Jahresabschluss gebildet werden. Für andere als die hier bezeichneten Fälle schreibt § 249 Abs. 3 Satz 1 HGB explizit ein **Passivierungsverbot** vor. Eine Auflösung bereits bestehender Rückstellungen kommt nur in Betracht, soweit die ursprünglichen Gründe für deren Bildung entfallen sind (§ 249 Abs. 3 Satz 2 HGB). Die nachfolgende **Abb. 124** gibt einen grundlegenden Überblick über die **handelsrechtlich** zulässigen Rückstellungsarten.[465] Bezüglich der **Verbindlichkeits-Rückstellungen** verlangt § 249 Abs. 1 Satz 1 HGB immer dann entsprechende Passivierungen, wenn es sich um **rechtliche Verpflichtungen** handelt. Diese können sich aus dem **Zivilrecht** (z. B. Pensions- oder Garantierückstellungen) oder dem **öffentlichen Recht** (z. B. Steuerrückstellungen) ergeben. Für die steuerrechtliche Anerkennung der Verbindlichkeits-Rückstellungen wurden vom *BFH* folgende Voraussetzungen entwickelt:[466]

- das Bestehen einer Verbindlichkeit gegenüber Dritten, die dem Grund und/oder der Höhe nach ungewiss ist,
- die wirtschaftliche Verursachung oder rechtliche Entstehung bis zum Bilanzstichtag,
- die Wahrscheinlichkeit der Inanspruchnahme aus dieser Verbindlichkeit.

Neben den zivil- bzw. öffentlichrechtlichen Obliegenheiten existieren aber auch sog. **wirtschaftliche (faktische) Verpflichtungen** gegenüber Dritten, »… denen sich der Kaufmann aus tatsächlichen oder wirtschaftlichen Gründen nicht entziehen kann«[467]. Für derartige Leistungszwänge sind ebenfalls Rückstellungen zu bilden (z. B. Kulanzrückstellungen nach § 249 Abs. 1 Satz 2 Nr. 2 HGB).

Sofern bestimmte wirtschaftliche Obliegenheiten, denen der Betrieb ausgesetzt ist, nicht gegenüber Dritten, sondern gegenüber dem Unternehmen selbst bestehen, können oder müssen Aufwands-Rückstellungen infolge von **Eigenverpflichtungen** gebildet werden (z. B. Rückstellungen für Instandhaltung und Abraumbeseitigung gemäß § 249 Abs. 1 Satz 2 Nr. 1 HGB). Während aus handelsrechtlicher Sicht für Rückstellungen infolge ungewisser Verbindlichkeiten, drohender Verluste aus schwebenden Geschäften sowie unterlassener Aufwendungen für Instandhaltung und Abraumbeseitigung, soweit letztere in den ersten drei Monaten des folgenden Geschäftsjahres nachgeholt werden müssen, grundsätzlich ein **Passivierungsgebot** besteht, räumt der Gesetzgeber dem Bilanzierenden für alle anderen Aufwandsrückstellungen ein **handelsrechtliches Passivierungswahlrecht** ein (§ 249 Abs. 1 Satz 3 und Abs. 2 HGB). Im Rahmen der **steuerrechtlichen Bilanzierung** darf auf diese Alternativen allerdings nicht zurückgegriffen werden (Folge: **Ansatzverbot**), weil nach der Rechtsprechung des *BFH* die Ausübung handelsrechtlicher Passivierungswahlrechte bezüglich der steuerrechtlichen Gewinnermittlung unzulässig ist (R 5.7 Abs. 1 EStR).[468] Zudem ist der Ansatz steuerrechtlicher Rückstellungen für drohende Verluste aus schwebenden Geschäften aus fiskalpolitischen Gründen seit 1997 nicht mehr möglich (§ 5 Abs. 4 a EStG). Zuvor gebildete Drohverlustrückstellungen sind stufenweise innerhalb von maximal sechs Geschäftsjahren aufzulösen.[469]

---

465  Vgl. hierzu im Einzelnen die Ausführungen von *ADS* 1998, Anm. 1–255 zu § 249 HGB, S. 401–487; *Hoyos/Ring* 2006a; Anm. 1–116 zu § 249 HGB, S. 254–315 und Anm. 300–327 zu § 249 HGB, S. 362–367.
466  Vgl. *BFH* 1989a, S. 893; R 5.7 Abs. 2 EStR.
467  *Hoyos/Ring* 2006a; Anm. 31 zu § 249 HGB, S. 263 f.
468  Vgl. hierzu die Ausführungen im Dritten Teil zu Gliederungspunkt I.A.3.
469  Vgl. im Einzelnen *Herzig/Rieck* 1998, S. 311–315.

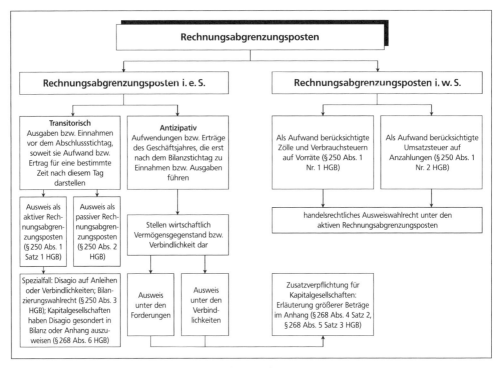

Abb. 123: Handelsrechtliche Regelungen der Rechnungsabgrenzung

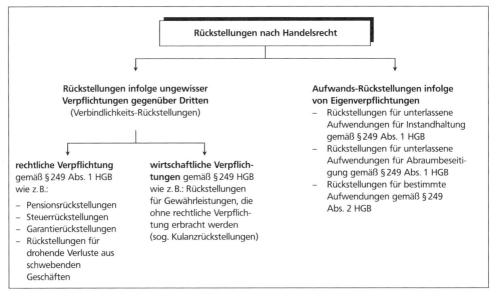

Abb. 124: Rückstellungen nach § 249 HGB[470]

---

470    Modifiziert übernommen von *Coenenberg* 2005, S. 391.

Die nur entfernte Möglichkeit einer Inanspruchnahme aus einer Verpflichtung gegenüber Dritten oder aus einer Eigenverpflichtung reicht zur Bildung einer entsprechenden Rückstellung jedoch nicht aus. Vielmehr muss diese mit einiger **Sicherheit** oder wenigstens mit einiger **Wahrscheinlichkeit** erwartet werden. Am **Abschlussstichtag** oder spätestens am Tag der **Bilanzaufstellung** muss erkennbar sein, dass Ereignisse eingetreten sind, aufgrund derer das Unternehmen ernsthaft mit einer Inanspruchnahme zu rechnen hat. Da die Höhe der künftigen Inanspruchnahme nicht genau zu bestimmen ist, schreibt § 253 Abs. 1 Satz 2 HGB vor, dass der sog. **Erfüllungsbetrag** der entsprechenden Verpflichtungen unter Berücksichtigung vernünftiger kaufmännischer Beurteilung vorsichtig zu schätzen ist.[471] Allen Rückstellungsarten ist im Hinblick auf ihre buchungstechnische Behandlung grundsätzlich gemeinsam, dass die in späteren Rechnungsperioden anfallenden Ausgaben durch Einstellung eines **Passivpostens** (Rückstellungsbildung) zu Lasten eines **Aufwandskontos** (z. B. Personal-, Steuer-, Materialaufwand oder sonstige betriebliche Aufwendungen, wenn eine endgültige Aufwandsart noch nicht feststeht) dem abgelaufenen Geschäftsjahr zugerechnet werden. Anstelle der Aufwandsbuchung kann allerdings bei der Zuführung zu den **Garantierückstellungen** auch die Erfassung bestimmter Gewährleistungsaufwendungen (z. B. Aufwendungen, die durch Vertragsrücktritte oder Kaufpreisminderungen aufgrund von Mängelrügen ausgelöst wurden) als **Erlösschmälerungen**, die dann von den Umsatzerlösen abzusetzen sind, in Betracht kommen.[472] § 247 Abs. 1 HGB verlangt für nicht publizitätspflichtige Einzelkaufleute und Personenhandelsgesellschaften, dass die Schulden gesondert ausgewiesen und hinreichend aufgegliedert werden müssen. Für die genannten Unternehmensformen dürfte im Hinblick auf den Bilanzausweis eine Aufgliederung genügen, durch die der Posten »Rückstellungen« **separat** ausgewiesen wird. Einer speziellen Aufgliederung wie bei mittleren und großen Kapitalgesellschaften, publizitätspflichtigen Einzelunternehmen und Personenhandelsgesellschaften (§ 5 Abs. 1 Satz 2 PublG) sowie eingetragenen Genossenschaften (§ 336 Abs. 2 Satz 1 HGB) in einzelne Rückstellungsarten gemäß § 266 Abs. 3 Posten B. HGB bedarf es mithin nicht.[473]

Die **Auflösung** der Rückstellungen ergibt sich zwangsläufig im Zeitpunkt der effektiven Inanspruchnahme des Unternehmens. Entstehen wider Erwarten **keine oder geringere Belastungen**, ist die Rückstellung ganz oder zum Teil über das Konto »Erträge aus der Auflösung von Rückstellungen« auszubuchen. Diese Beträge sind in der handelsrechtlichen Gewinn- und Verlustrechnung unter dem Posten »Sonstige betriebliche Erträge«[474] auszuweisen. Wurde aber die Rückstellung zu **niedrig bemessen**, dann entsteht in der Auflösungsperiode in Höhe des **Schätzungsfehlers** ein sonstiger betrieblicher Aufwand.[475]

---

**Beispiel:**
Im abgelaufenen Geschäftsjahr 2005 wurde eine Gewerbesteuer-Rückstellung in Höhe von 9.000 € gebildet. Im Folgejahr (2006) sollen aufgrund des Gewerbesteuerbescheids für das Geschäftsjahr 2005, der eine Abschlusszahlung an das Finanzamt auslöst, nachstehende Möglichkeiten zur Auflösung der Rückstellung betrachtet werden.

---

471  Vgl. hierzu die Ausführungen im Dritten Teil zu Gliederungspunkt II.B.2.c.
472  Vgl. *Förschle* 2006c, Anm. 63 zu § 275 HGB, S. 1076.
473  Zudem besteht für mittlere und große Kapitalgesellschaften, ihnen gesetzlich gleichgestellte Unternehmen und Genossenschaften eine Erläuterungspflicht der sonstigen Rückstellungen im Anhang, sofern diese einen nicht unerheblichen Umfang aufweisen (§ 285 Nr. 12 HGB i. V. m. § 336 Abs. 2 Satz 1 HGB).
474  Vgl. § 275 Abs. 2 Posten 4. bzw. Abs. 3 Posten 6. HGB.
475  Vgl. § 275 Abs. 2 Posten 8. bzw. Abs. 3 Posten 7. HGB.

(1) Überweisung einer Abschlusszahlung     9.000 €.
(2) Die Abschlusszahlung beträgt     0 €.
(3) Überweisung einer Abschlusszahlung     7.500 €.
(4) Überweisung einer Abschlusszahlung     10.000 €.

Zu (1):

(1) Gewerbesteuer-Rückstellung     an     Guthaben bei
    Kreditinstituten     9.000 €.

Kontenmäßige Darstellung:

| S | Gewerbesteuer-Rückstellung | H | | S | Guthaben bei Kreditinstituten | H |
|---|---|---|---|---|---|---|
| | € | € | | | € | € |
| (1) | 9.000 | AB 9.000 | | AB | (1) | 9.000 |

Zu (2):

(1) Gewerbesteuer-Rückstellung     an     Erträge aus der Auflösung
    von Rückstellungen     9.000 €.

Kontenmäßige Darstellung:

| S | Gewerbesteuer-Rückstellung | H | | S | Erträge aus der Auflösung von Rückstellungen | H |
|---|---|---|---|---|---|---|
| | € | € | | | € | € |
| (1) | 9.000 | AB 9.000 | | GuV (Saldo) | (1) | 9.000 |

Zu (3):

(1) Gewerbesteuer-Rückstellung     an     – Guthaben bei Kredit-
    instituten     7.500 €
    – Erträge aus der
    Auflösung von
    Rückstellungen     1.500 €.

Kontenmäßige Darstellung:

| S | Gewerbesteuer-Rückstellung | H | | S | Guthaben bei Kreditinstituten | H |
|---|---|---|---|---|---|---|
| | € | € | | | € | € |
| (1) | 9.000 | AB 9.000 | | AB | (1) | 7.500 |

| S | Erträge aus der Auflösung von Rückstellungen | H |
|---|---|---|
| | € | € |
| GuV (Saldo) | (1) | 1.500 |

Zu (4):

| (1) – Gewerbesteuer-Rückstellung | 9.000 € | an | Guthaben bei Kreditinstituten | 10.000 €. |
| – Sonstige betriebliche Aufwendungen | 1.000 € | | | |

Kontenmäßige Darstellung:

| S | Gewerbesteuer-Rückstellung | H | | S | Guthaben bei Kreditinstituten | H |
|---|---|---|---|---|---|---|
| | € | € | | | € | € |
| (1) | 9.000 | AB 9.000 | | AB | (1) | 10.000 |

| S | Sonstige betriebliche Aufwendungen | H |
|---|---|---|
| | € | € |
| (1) | 1.000 | GuV (Saldo) |

Da die Betrachtung aller möglichen Rückstellungen aus handels- und steuerrechtlicher Sicht den Rahmen dieser Abhandlung sprengen würde, beschränken sich die folgenden Ausführungen auf die Analyse der in **Abb. 124** dargestellten Rückstellungsarten.[476]

#### c.b    Rückstellungsarten im Einzelnen

#### (a)    Rückstellungen infolge ungewisser Verpflichtungen gegenüber Dritten

(α)    Pensionsrückstellungen
Sofern ein Unternehmen bestimmten Personen (z. B. Arbeitnehmern oder selbstständigen Handelsvertretern) neben den Leistungen aus der gesetzlichen Renten- oder Unfallversicherung in rechtsverbindlicher Form Zusagen über **künftige Vorsorgeleistungen** (z. B. Pensionen, Ruhegelder, Renten) erteilt hat, besteht gemäß § 249 Abs. 1 Satz 1 HGB das Erfordernis, für diese Verpflichtungen in der Handelsbilanz **Rückstellungen** zu bilden.[477] Über das Maßgeblichkeitsprinzip gilt dieses Passivierungsgebot auch für die **steuerrechtliche Gewinnermittlung**.[478] Die entsprechenden Pensionszahlungen werden bei **Eintritt des Versorgungsfalls** (z. B. Erreichen vorgesehener Altersgrenzen, Invalidität oder Tod) der betreffenden Personen fällig. In diesem Zusammenhang kann es sich um einmalige, befristete oder dauernde Zahlungen bei bzw. ab Eintritt des Versorgungsfalls an die Berechtigten (z. B. Arbeitnehmer selbst, Witwen oder Waisen) handeln.

---

476  Grundlegende Erläuterungen zu allen Rückstellungsarten finden sich etwa bei *Mayer-Wegelin/Kessler/Höfer* 2004, S. 1–174; *Hoyos/Ring* 2006a, Anm. 100 zu § 249 HGB, S. 279–311. Vgl. auch R 5.7 Absätze 1–13 EStR.
477  Allerdings sieht Art. 28 Abs. 1 Satz 1 EGHGB als Übergangsregelung ein Passivierungswahlrecht für solche laufenden Pensionen oder Anwartschaften auf eine Pension vor, bei denen der Berechtigte seinen Rechtsanspruch vor dem 01. 01. 1987 erworben hat oder bei denen sich ein vor diesem Zeitpunkt erworbener Rechtsanspruch nach dem 31. 12. 1986 erhöht.
478  Vgl. auch § 6 a EStG und R 6 a EStR.

Die Verpflichtung zur Bildung von Pensionsrückstellungen beginnt grundsätzlich in derjenigen Periode, in der die **Anwartschaften** (Pensionsverpflichtungen während eines laufenden Dienstverhältnisses) der Arbeitnehmer gegenüber dem Arbeitgeber erworben wurden.[479] Anwartschaften sind unter Berücksichtigung des allgemeinen Bewertungsprinzips des § 253 Abs. 1 Satz 2 HGB für Rückstellungen anzusetzen, d. h. in Höhe des Betrags, »... der nach vernünftiger kaufmännischer Beurteilung notwendig ist«.[480] Von entscheidender Bedeutung für die Berechnung der Pensionsrückstellungen ist zum einen die **Höhe des Zinssatzes**, mit dessen Hilfe die künftigen Verpflichtungen abzuzinsen sind. Während nach h. M. für die handelsrechtliche Bewertung von einem Rechnungszinssatz ausgegangen werden kann, der zwischen **3 % und 6 %** liegt,[481] ist der steuerrechtlichen Gewinnermittlung exakt ein Zinssatz von **6 %** zugrunde zu legen.[482] Im Rahmen der vernünftigen kaufmännischen Beurteilung sind ferner auch in Betracht kommende **biometrische Wahrscheinlichkeiten** (z. B. Sterbenswahrscheinlichkeiten und Invaliditätsrisiken) zu beachten. Die entsprechenden Beträge zur Bewertung der Pensionsrückstellungen können aus **versicherungsmathematischen Tabellen** entnommen werden, die unter Berücksichtigung der angesprochenen Wahrscheinlichkeiten berechnet wurden.[483] Als Bewertungsmethoden zur Ermittlung von Pensionsrückstellungen für **Anwartschaften** kommen das steuerrechtliche **Teilwertverfahren** sowie das nur handelsrechtlich zulässige **Gegenwartsverfahren** in Betracht.[484]

Gemäß § 6 a Abs. 3 Nr. 1 EStG ergibt sich der **Teilwert einer Pensionsverpflichtung** aus der Differenz zwischen dem Barwert der künftigen Pensionsleistungen einerseits und dem Barwert der noch zu erbringenden künftigen Jahresbeträge (bis zum Eintritt des Versorgungsfalls) andererseits. Dabei sind die Jahresbeträge (fiktive Prämien) so zu bemessen, »... dass am Beginn des Wirtschaftsjahres, in dem das Dienstverhältnis begonnen hat, ihr Barwert gleich dem Barwert der künftigen Pensionsleistungen ist« (§ 6 a Abs. 3 Nr. 1 Satz 2 EStG). Allerdings darf in den einzelnen Perioden die Pensionsrückstellung höchstens um den **Unterschied** zwischen dem Teilwert der Verpflichtung am Schluss des Wirtschaftsjahres und am Schluss des vorangegangenen Wirtschaftsjahres aufwandswirksam erhöht werden (§ 6 a Abs. 4 Satz 1 EStG). Nur in dem Wirtschaftsjahr, in dem mit der Bildung **begonnen** wurde, besteht die Möglichkeit, die Rückstellung bis zur Höhe des Teilwertes zu bilden (§ 6 a Abs. 4 Satz 2 EStG). Die der Pensionsrückstellung zugeführten Beträge werden üblicherweise auf dem Konto »Aufwendungen für Altersversorgung« erfasst und in der handelsrechtlichen Gewinn- und Verlustrechnung gemäß § 275 Abs. 2 HGB unter dem Posten 6.b) »Soziale Abgaben und Aufwendungen für Altersversorgung ...« ausgewiesen.

---

479    Der frühestmögliche Bildungszeitpunkt aus der Sicht des Steuerrechts ist das Wirtschaftsjahr, bis zu dessen Mitte der Pensionsberechtigte das 28. Lebensjahr vollendet hat (§ 6 a Abs. 2 Nr. 1 EStG).

480    Vgl. hierzu die Ausführungen im Dritten Teil zu Gliederungspunkt II.B.2.d.d.c (a).

481    Vgl. *ADS* 1995a, Anm. 310 zu § 253 HGB, S. 191.

482    Vgl. § 6 a Abs. 3 Satz 3 EStG.

483    Vgl. *WP-Handbuch* 2006, S. 310–318.

484    Vgl. zum Gegenwartsverfahren, das bei Erteilung der Pensionszusage bereits im Zeitpunkt des Diensteintritts sowie unveränderten Bedingungen während der Laufzeit der Verpflichtung im Ergebnis mit der Teilwertmethode übereinstimmt, *ADS* 1995a, Anm. 323 f. zu § 253 HGB, S. 195–198 m. w. N.

**Beispiel:**[485]

Dem am 01. 01. des Geschäftsjahres 2004 in eine Einzelunternehmung eingetretenen Geschäftsführer wurde vertraglich zugesagt, dass er mit Übergang in den Ruhestand am 31. 12. des Geschäftsjahres 2015 für zehn Jahre lang jeweils **nachschüssig** eine Pension von 6.000 € pro Jahr erhalten soll.

**Berechnung der Pensionsrückstellung für das Geschäftsjahr 2004:**

Berechnung des Rentenbarwerts, bezogen auf den Versorgungsfall zum 01. 01. 2016 ($RBW_{15}$):

$$RBW_{15} = \frac{1 - \dfrac{1}{(1 + 0{,}06)^{10}}}{0{,}06} \cdot 6.000 \,€$$

$RBW_{15} = 7{,}360087053 \cdot 6.000 \,€ = 44.160{,}52 \,€.$

Abzinsung des Rentenbarwerts ($RBW_{15}$) auf den Bilanzstichtag zum 31. 12. 2004 ($BW^I_{04}$):

$$BW^I_{04} = \frac{1}{(1 + 0{,}06)^{11}} \cdot 44.160{,}52 \,€$$

$BW^I_{04} = 0{,}526787525 \cdot 44.160{,}52 \,€ = 23.263{,}21 \,€.$

Abzinsung des Rentenbarwerts ($RBW_{15}$) auf den Eintrittszeitpunkt in das Unternehmen zum 31. 12. 2003 ($BW^{II}_{03}$):

$$BW^{II}_{03} = \frac{1}{(1 + 0{,}06)^{12}} \cdot 44.160{,}52 \,€$$

$BW^{II}_{03} = 0{,}496969363 \cdot 44.160{,}52 \,€ = 21.946{,}43 \,€.$

Umrechnung des auf den Eintrittszeitpunkt abgezinsten Rentenbarwerts ($BW^{II}_{03}$) in Jahresbeträge ($JB_{03}$), deren Barwertsumme dem Barwert der künftigen Pensionsleistungen (Rentenbarwert, bezogen auf den Versorgungsfall) entspricht:[486]

$$JB_{03} = \frac{0{,}06}{1 - \dfrac{1}{(1 + 0{,}06)^{12}}} \cdot 21.946{,}43 \,€$$

$JB_{03} = 0{,}119277029 \cdot 21.946{,}43 \,€ = 2.617{,}70 \,€.$

Die Kontrollrechnung lässt sich mit Hilfe der **Endwertberechnung** für eine nachschüssige Rente wie folgt vornehmen (EW = Endwert):

$$EW_{15} = \frac{(1 + 0{,}06)^{12} - 1}{0{,}06} \cdot 2.617{,}70 \,€$$

$EW_{15} = 16{,}8699412 \cdot 2.617{,}70 \,€ = 44.160{,}45 \,€.$

---

485  Vgl. zur Berechnung der Pensionsrückstellung auch R 6 a EStR; *Wöhe/Bilstein* 2002, S. 375–385.
486  Diese Umrechnung wird mit Hilfe des Wiedergewinnungsfaktors vorgenommen, der den reziproken Wert des Rentenbarwertfaktors darstellt.

Berechnung des Barwerts der auf die restlichen Jahre entfallenden Beträge, bezogen auf den Bilanzstichtag zum 31.12.2004 ($BW^{III}_{04}$):

$$BW^{III}_{04} = \frac{1 - \dfrac{1}{(1 + 0{,}06)^{11}}}{0{,}06} \cdot 2.617{,}70 \, €$$

$BW^{III}_{04} = 7{,}886874575 \cdot 2.617{,}70 \, € = 20.645{,}51 \, €.$

Ermittlung des Teilwerts der Pensionsverpflichtung aus der Differenz von $BW^{I}_{04}$ und $BW^{III}_{04}$ (maximale Zuführung zur Pensionsrückstellung):

|   | $BW^{I}_{04}$ | 23.263,21 € |
|---|---|---|
| − | $BW^{III}_{04}$ | − 20.645,51 € |
| = | Teilwert zum 31.12.2004 | = 2.617,70 €. |

Verbuchung der Pensionsrückstellung für das Geschäftsjahr 2004:

(1) Aufwendungen für            an      Pensionsrück-
     Altersversorgung                             stellungen              2.617,70 €.

Kontenmäßige Darstellung:

| S | Pensionsrückstellungen | | H | | S | Aufwendungen für Altersversorgung | | H |
|---|---|---|---|---|---|---|---|---|
| | | € | € | | | | € | € |
| SBK (EB) | 2.617,70 | AB | 0 | | (1) | 2.617,70 | GuV (Saldo) | |
| | | (1) | 2.617,70 | | | | | |
| | 2.617,70 | | 2.617,70 | | | | | |

**Berechnung der Pensionsrückstellung für das Geschäftsjahr 2014:**

Abzinsung des Rentenbarwerts ($RBW_{15}$) auf den Bilanzstichtag zum 31.12.2014 ($BW^{I}_{14}$):

$$BW^{I}_{14} = \frac{1}{(1 + 0{,}06)} \cdot 44.160{,}52 \, €$$

$BW^{I}_{14} = 0{,}943396226 \cdot 44.160{,}52 \, € = 41.660{,}87 \, €.$

Berechnung des Barwerts der auf die restlichen Jahre entfallenden Beträge, bezogen auf den Bilanzstichtag zum 31.12.2014 ($BW^{III}_{14}$):

$$BW^{III}_{14} = \frac{1 - \dfrac{1}{(1 + 0{,}06)}}{0{,}06} \cdot 2.617{,}70 \, €$$

$BW^{III}_{14} = 0{,}943396226 \cdot 2.617{,}70 \, € = 2.469{,}53 \, €.$

Ermittlung des Teilwerts der Pensionsverpflichtung aus der Differenz von $BW^I_{14}$ und $BW^{III}_{14}$:

|  | $BW^I_{14}$ | 41.660,87 € |
|---|---|---|
| − | $BW^{III}_{14}$ | − 2.469,53 € |
| = | Teilwert zum 31.12.2014 | = 39.191,34 €. |

**Berechnung der maximalen Zuführung zur Pensionsrückstellung:**

|  | Teilwert der Pensionsverpflichtung am 31.12.2014 | 39.191,34 € |
|---|---|---|
| − | Teilwert der Pensionsverpflichtung am 31.12.2013[487] | 34.503,43 € |
| = | aufwandswirksame Zuführung zur Pensionsrückstellung | = 4.687,91 €. |

Verbuchung der Pensionsrückstellung für das Geschäftsjahr 2004:

(1)  Aufwendungen für          an      Pensions-
     Altersversorgung                  rückstellungen        4.687,91 €.

Kontenmäßige Darstellung:

| S | Pensionsrückstellungen | | H |
|---|---|---|---|
|  | € | | € |
| SBK (EB) | 39.191,34 | AB | 34.503,43 |
|  | | (1) | 4.687,91 |
|  | 39.191,34 | | 39.191,34 |

| S | Aufwendungen für Altersversorgung | | H |
|---|---|---|---|
|  | € | | € |
| (1) | 4.687,91 | GuV (Saldo) | |

Die nachstehende **Abb. 125** zeigt die Berechnung der maximalen **Zuführungsbeträge** zur Pensionsrückstellung für die Geschäftsjahre 2003 bis 2015. Am Ende des Geschäftsjahres 2015 entspricht die Summe der in den einzelnen Perioden zugeführten Beträge genau dem **Rentenbarwert** der künftigen Pensionszahlungen an den Geschäftsführer von 44.160,52 €. Mithin ist die Rückstellungsbildung mit Erreichen des Rentenbarwertes der laufenden Pension abgeschlossen.

Die Pensionsrückstellung ist ab dem Zeitpunkt des vorgesehenen Eintritts des **Versorgungsfalls** in den folgenden Geschäftsjahren in Höhe der jeweiligen **(Renten-)Barwertdifferenzen** über das Konto »Aufwendungen für Altersversorgung« schrittweise aufzulösen. Die effektiven **Pensionszahlungen** an den Berechtigten sind dabei als **Aufwand** zu verbuchen (R 6 a Abs. 22 Satz 3 EStR).[488] Durch diese Vorgehensweise wird über alle Perioden betrachtet per Saldo die **Gesamtsumme der effektiven Pensionsleistungen** aufwandswirksam verrechnet. Nach Beendigung des Dienstverhältnisses oder nach Eintritt des Versorgungsfalls müssen demnach die **künftigen Pensionsleistungen** mit ihrem **(Renten-)Barwert** angesetzt werden, der gemäß § 6 a Abs. 3 Nr. 2 EStG dem Teilwert entspricht.[489]

---

487   34.503,4385 € = 0,88999644 · 44.160,52 € − 1,833392667 · 2.617,70 €.
488   Vgl *Ellrott/Rhiel* 2006, Anm. 235 zu § 249 HGB, S. 346.
489   Vgl. § 253 Abs. 1 Satz 2 1. HS HGB und die Ausführungen im Dritten Teil zu Gliederungspunkt II.B.2.d.d.c.(a).

| Gj. | BW$^I$ in € | BW$^{III}$ in € | Teilwert in € | Zuführungsbetrag in € |
|---|---|---|---|---|
| 2003 | 21.946,43 | 21.946,43 | 0 | – |
| 2004 | 23.263,21 | 20.645,51 | 2.617,70 | 2.617,70 |
| 2005 | 24.659,01 | 19.266,54 | 5.392,47 | 2.774,77 |
| 2006 | 26.138,55 | 17.804,83 | 8.833,72 | 2.941,25 |
| 2007 | 27.706,86 | 16.255,41 | 11.451,95 | 3.117,73 |
| 2008 | 29.369,27 | 14.613,03 | 14.756,24 | 3.304,79 |
| 2009 | 31.131,43 | 12.872,11 | 18.259,32 | 3.503,08 |
| 2010 | 32.999,31 | 11.026,73 | 21.972,58 | 3.713,26 |
| 2011 | 34.979,27 | 9.070,63 | 25.908,64 | 3.936,06 |
| 2012 | 37.078,03 | 6.997,17 | 30.080,86 | 4.172,23 |
| 2013 | 39.302,71 | 4.799,29 | 34.503,42 | 4.422,56 |
| 2014 | 41.660,87 | 2.469,53 | 39.191,33 | 4.687,91 |
| 2015 | 44.160,52 | 0 | 44.160,52 | 4.969,18 |
| Summe | – | – | – | 44.160,52 |

Abb. 125:  Berechnung der Zuführungsbeträge beim Teilwertverfahren

**Beispiel:**
Unter Rückgriff auf die Daten des vorangegangenen Beispiels zeigt die nachstehende **Abb. 126** die sukzessive Auflösung der Pensionsrückstellung in Höhe des Unterschieds-betrags zwischen dem Rentenbarwert der künftigen Pensionszahlungen am Schluss des jeweiligen Geschäftsjahres und am Schluss des vorangegangenen Geschäftsjahres. Anschließend werden die entsprechenden Buchungen für die Geschäftsjahre 2016 und 2025 dargestellt.

| Gj. | Pensions-zahlungen in € | Rentenbarwerte = Teilwerte in € | Rentenbarwert-Differenzen = Auflösungsbeträge in € | Unterschiede zwischen Pensionszahlungen und Rentenbarwert-Differenzen in € |
|---|---|---|---|---|
| 2015 | 6.000 | 44.160,52 | 0 | 0 |
| 2016 | 6.000 | 40.810,16 | 3.350,36 | 2.649,64 |
| 2017 | 6.000 | 37.258,76 | 3.551,40 | 2.448,60 |
| 2018 | 6.000 | 33.494,29 | 3.764,47 | 2.235,53 |
| 2019 | 6.000 | 29.503,95 | 3.990,34 | 2.009,66 |
| 2020 | 6.000 | 25.274,19 | 4.229,76 | 1.770,24 |
| 2021 | 6.000 | 20.790,64 | 4.483,55 | 1.516,45 |
| 2022 | 6.000 | 16.038,07 | 4.752,57 | 1.247,43 |
| 2023 | 6.000 | 11.000,36 | 5.037,71 | 962,29 |
| 2024 | 6.000 | 5.660,37 | 5.339,99 | 660,01 |
| 2025 | 6.000 | 0 | 5.660,37 | 339,63 |
| Summe | 60.000 | – | 44.160,52 | 15.839,48 |

Abb. 126:  Rentenbarwerte und Rentenbarwert-Differenzen nach Eintritt des Versorgungsfalls

**Verbuchungen für das Geschäftsjahr 2016:**

(1) Pensionsrückstellungen       an       Aufwendungen für
                                              Altersversorgung       3.350,36 €

(2) Aufwendungen für       an       Guthaben bei
     Altersversorgung                                  Kreditinstituten       6.000 €.

Kontenmäßige Darstellung:

| S | Guthaben bei Kreditinstituten | H |
|---|---|---|
|  | € |  | € |
| AB |  | (2) | 6.000 |

| S | Pensionsrückstellungen | H |
|---|---|---|
|  | € |  | € |
| (1) | 3.350,36 | AB | 44.160,52 |
| SBK (EB) | 40.810,16 |  |  |
|  | __44.160,52__ |  | __44.160,52__ |

| S | Aufwendungen für Altersversorgung | H |
|---|---|---|
|  | € |  | € |
| (2) | 6.000 | (1) | 3.350,36 |
|  |  | GuV (Saldo) |  |

**Verbuchungen für das Geschäftsjahr 2025:**

(1) Pensionsrückstellungen       an       Aufwendungen für
                                              Altersversorgung       5.660,37 €

(2) Aufwendungen für       an       Guthaben bei
     Altersversorgung                                  Kreditinstituten       6.000 €.

Kontenmäßige Darstellung:

| S | Guthaben bei Kreditinstituten | H |
|---|---|---|
|  | € |  | € |
| AB |  | (2) | 6.000 |

| S | Pensionsrückstellungen | H |
|---|---|---|
|  | € |  | € |
| (1) | 5.660,37 | AB | 5.660,37 |
| SBK (EB) | 0 |  |  |
|  | __5.660,37__ |  | __5.660,37__ |

| S | Aufwendungen für Altersversorgung | H |
|---|---|---|
|  | € |  | € |
| (2) | 6.000 | (1) | 5.660,37 |
|  |  | GuV (Saldo) |  |

(β)      Steuerrückstellungen

(β.a)    Grundlegendes[490]

In die Steuerrückstellung sind grundsätzlich alle vom Unternehmen veranlassten und geschuldeten Steuern einzubeziehen, die das abgelaufene Geschäftsjahr betreffen, Aufwandscharakter tragen und ihrer Höhe nach noch nicht exakt feststehen. Die für eine Rückstellungsbildung in der Handels- und Steuerbilanz relevante **Betriebssteuer** im Hinblick auf **Einzelunternehmen und Personenhandelsgesellschaften** stellt in erster Linie die **Gewerbesteuer** dar, da die entsprechende Abschlusszahlung vom steuerrechtlichen Gewinn abhängt, der aber bis zum Zeitpunkt der Bilanzerstellung noch nicht sicher berechenbar ist. Ähnliches gilt bezüglich der **Kapitalgesellschaften** ebenso für die Gewerbesteuer, aber auch für die **Körperschaftsteuer**.[491] Allerdings lässt das **Steuerrecht** keine aufwandswirksame Berücksichtigung sog. Steuern vom Einkommen zu, denen die Einkommen- und Körperschaftsteuer zu subsumieren sind.[492] Hieraus folgt, dass im Rahmen der steuerrechtlichen Gewinnermittlung **keine Rückstellungen** für diese beiden Steuerarten gebildet werden dürfen. Umstritten ist die Rückstellungsbildung für die Einkommensteuer in der **Handelsbilanz** von Einzelunternehmen und Personenhandelsgesellschaften, weil sie nicht vom Betrieb, sondern vom **Geschäftsinhaber** bzw. den **Gesellschaftern geschuldet** wird. Wird berücksichtigt, dass das betriebliche Ergebnis die Einkommensteuer veranlasst sowie ohne Einbeziehung dieser Steuerart die Gefahr besteht, dem Unternehmen eine vergleichsweise zu günstige Ertragslage zu unterstellen, dürften gegen eine entsprechende Rückstellungsbildung im handelsrechtlichen Jahresabschluss keine Bedenken bestehen.[493]

Darüber hinaus können Rückstellungen auch für ungewisse **steuerrechtliche Haftungsschulden** sowie für zu erwartende Nachzahlungen aufgrund **steuerrechtlicher Außenprüfungen** in Betracht kommen.[494] Schließlich muss in der **Handelsbilanz** aller Unternehmensformen eine »**Rückstellung für Steuerabgrenzung**« nach § 249 Abs. 1 Satz 1 bzw. § 274 Abs. 1 HGB gebildet werden, wenn der handelsrechtliche Jahresüberschuss vor Ertragsteuern den steuerrechtlichen Gewinn übersteigt und dieser Unterschied lediglich auf latenten Differenzen beruht, die sich in künftigen Perioden wieder ausgleichen.[495] Aufgrund ihrer herausragenden Bedeutung für die Finanzbuchhaltung wird im Folgenden die Berechnung und Verbuchung der **Gewerbesteuer-Rückstellung** bei einzelkaufmännisch geführten Unternehmen im Detail dargestellt.

(β.b)    Gewerbesteuer-Rückstellung

Laut § 5 Abs. 1 Satz 1 GewStG ist der **Einzelunternehmer** Schuldner der Gewerbesteuer. Allerdings zielt die Gewerbesteuer als **Realsteuer** ohne Berücksichtigung der wirtschaftlichen Leistungsfähigkeit des hinter dem Unternehmen stehenden Eigners auf eine Besteuerung des Objektes »Gewerbebetrieb« ab. Aus diesem Grunde trägt sie den Charakter einer **Betriebssteuer** und ist deshalb im Rahmen der Finanzbuchhaltung aus handels- und steuerrechtlicher Sicht **aufwandswirksam** zu verrechnen. Als Bemessungsgrundlagen nennt § 6 GewStG den

---

490   Vgl. hierzu auch *Marx* 1998, S. 32–195.
491   Vgl. hierzu die Ausführungen im Fünften Teil zu Gliederungspunkt II.A.
492   Vgl. § 12 Nr. 3 EStG und § 10 Nr. 2 KStG.
493   Vgl. *Förschle* 2006d, Anm. 678 f. zu § 247 HGB, S. 199 f.
494   Vgl. *ADS* 1997b, Anm. 210 zu § 266 HGB, S. 159.
495   Vgl. hierzu die Ausführungen im Fünften Teil zu Gliederungspunkt III.B.3.e.

**Gewerbeertrag**. § 7 GewStG bestimmt, dass der Gewerbeertrag, an den die Gewerbesteuer anknüpft, der nach den Vorschriften des Einkommensteuergesetzes zu ermittelnde Gewinn aus Gewerbebetrieb (der Einzelunternehmung) ist, jedoch vermehrt und vermindert um die in § 8 und § 9 GewStG bezeichneten Beträge (**gewerbesteuerliche Modifikationen**) sowie ggf. gekürzt um einen **Gewerbeverlust-Vortrag aus Vorjahren** (§ 10 a GewStG).[496]

Da der endgültige Gewerbesteuerbescheid bis zum Zeitpunkt der Bilanzaufstellung in aller Regel noch nicht vorliegt, muss der **voraussichtlichen Gewerbesteuer-Abschlusszahlung** (Gewerbesteuer-Belastung abzüglich bereits geleisteter Vorauszahlungen) durch eine Rückstellung nach § 249 Abs. 1 Satz 1 HGB Rechnung getragen werden. Die voraussichtliche Gewerbesteuer-Abschlusszahlung ist in der GuV der Einzelunternehmung unter dem Aufwandsposten 18. »Steuern vom Einkommen und vom Ertrag« (**Gewerbesteuer**) nach § 275 Abs. 2 HGB auszuweisen. Die Berechnung der Gewerbesteuer-Rückstellung muss mithin unter Berücksichtigung der während des Geschäftsjahres geleisteten, aufwandswirksam verbuchten **Gewerbesteuer-Vorauszahlungen** sowie nach Maßgabe der spezifischen Regelungen des Gewerbesteuergesetzes erfolgen. Ferner ist in diesem Zusammenhang zu beachten, dass im Rahmen der Ermittlung des **Gewerbeertrags** auch die Gewerbesteuer selbst von dieser Bemessungsgrundlage (dem Gewerbeertrag) abzugsfähig ist. Den Ausgangspunkt bei der Berechnung des Gewerbeertrags stellt stets der um steuerrechtlich nicht abziehbare Aufwendungen und steuerfreie Erträge **korrigierte Steuerbilanzerfolg vor Gewerbesteuer-Rückstellung** dar. Die folgenden **Abb. 127** und **Abb. 128** zeigen die einzelnen Schritte zur Ermittlung des Gewerbeertrags bzw. der voraussichtlichen Gewerbesteuer-Abschlusszahlung (Gewerbesteuer-Rückstellung).[497]

| |
|---|
| Korrigierter Steuerbilanzerfolg vor Gewerbesteuer-Rückstellung<br>+ Geleistete Gewerbesteuer-Vorauszahlungen (§ 19 GewStG) |
| = Korrigierter Steuerbilanzerfolg ohne Berücksichtigung der<br>  Gewerbesteuer als Aufwand<br>+ Hinzurechnungen (§ 8 GewStG)<br>– Kürzungen (§ 9 GewStG)<br>– Gewerbeverlust-Vortrag aus Vorjahren (§ 10 a GewStG)<br>– Freibetrag (§ 11 Abs. 1 Satz 3 GewStG) |
| = Gewerbeertrag vor Abzug der Gewerbesteuer<br>– Gewerbesteuer [Anwendung der Messzahlen (z. T. gestaffelt: 1 % bis 4 %, sonst 5 %) für den Gewerbeertrag und des Gewerbesteuer-Hebesatzes im Rahmen einer »auf-Hundert-Rechnung« auf den Gewerbeertrag vor Abzug der Gewerbesteuer (§ 7, § 11 Abs. 2 Nr. 1 und Abs. 3, § 16 Abs. 1 GewStG)][498]<br><br>$\dfrac{me \cdot he}{1 + me \cdot he} \cdot$ Gewerbeertrag vor Abzug der Gewerbesteuer |
| = Gewerbeertrag i. S. v. § 11 Abs. 1 GewStG[499] |

Abb. 127: Berechnung des Gewerbeertrags

496  Vgl. zu den Einzelheiten der Gewerbesteuer etwa *Montag* 2005, Rz. 1–39, S. 423–441.
497  Vgl. auch *Gerl* 1993, S. 141–145; *Pauka* 1992, S. 1837–1839; *Wüstenhöfer* 1994, S. 950–955.
498  he = Gewerbesteuer-Hebesatz in Prozent : 100; me = Messzahl für den Gewerbeertrag in Prozent : 100.
499  Der Gewerbeertrag ist auf volle 100 € nach unten abzurunden (§ 11 Abs. 1 Satz 3 GewStG).

| | |
|---|---|
| Berechnete Gewerbesteuer = voraussichtliche Gewerbesteuer-Belastung | |
| − Geleistete Gewerbesteuer-Vorauszahlungen | |
| = Voraussichtliche Gewerbesteuer-Abschlusszahlung (Gewerbesteuer-Rückstellung) | |

Abb. 128: Berechnung der Gewerbesteuer-Abschlusszahlung

**Beispiel:**

Die XY-Einzelunternehmung hat im Geschäftsjahr 2005 einen korrigierten Steuerbilanz-gewinn vor Gewerbesteuer-Rückstellung in Höhe von 168.500 € erzielt. Die während des Geschäftsjahres geleisteten, bereits aufwandswirksam verbuchten Gewerbesteuer-Voraus-zahlungen belaufen sich auf 20.000 €. Der Hebesatz der Standortgemeinde 500 %. So-wohl gewerbesteuerliche Modifikationen als auch ein Gewerbeverlust-Vortrag aus Vor-jahren sind im Rahmen der Rückstellungsberechnung nicht zu berücksichtigen.

**Berechnung des Gewerbeertrags:**

| | | |
|---|---|---:|
| | Korrigierter Steuerbilanzgewinn vor Gewerbesteuer-Rückstellung | 168.500 € |
| + | Geleistete Gewerbesteuer-Vorauszahlung | 20.000 € |
| = | Korrigierter Steuerbilanzgewinn ohne Berücksichtigung der Gewerbesteuer als Aufwand | 188.500 € |
| − | Freibetrag | 24.500 € |
| = | Gewerbeertrag vor Abzug der Gewerbesteuer | 164.000 € |
| − | Gewerbesteuer [Anwendung der Messzahl für den Gewerbeertrag (gestaffelt 1 % bis 4 %, sonst 5 %) und des Gewerbesteuer-Hebesatzes (500 %) im Rahmen einer »auf-Hundert-Rechnung« auf den Gewerbe-ertrag vor Abzug der Gewerbesteuer] | |
| | $0{,}01 \cdot 5 \cdot 12.000\,€ =\ \ \ 600\,€$ $0{,}02 \cdot 5 \cdot 12.000\,€ = 1.200\,€$ $0{,}03 \cdot 5 \cdot 12.000\,€ = 1.800\,€$ $\underline{0{,}04 \cdot 5 \cdot 12.000\,€ = 2.400\,€}$ $\phantom{0{,}04 \cdot 5 \cdot 12.000\,€} = 6.000\,€$ | 6.000 € |
| | $\dfrac{0{,}05 \cdot 5}{1 + 0{,}05 \cdot 5} \cdot 110.000\,€^{500}$ | 22.000 € |
| = | Gewerbeertrag | 136.000 €. |

**Berechnung der Gewerbesteuer-Abschlusszahlung:**

| | | |
|---|---|---:|
| | Berechnete Gewerbesteuer (6.000 € + 22.000 €) | 28.000 €[501] |
| − | Geleistete Gewerbesteuer-Vorauszahlung | 20.000 € |
| = | Voraussichtliche Gewerbesteuer-Abschlusszahlung (Gewerbesteuer-Rückstellung) | 8.000 €. |

---

500  110.000 € = 164.000 € − (12.600 € + 13.200 € + 13.800 € + 14.400 €). Der Betrag von 110.000 € stellt den ver-bleibenden Gewerbeertrag vor Abzug der Gewerbesteuer dar.

501  28.000 € = 6.000 € + 0,05 · 5 · (136.000 € − 48.000 €).

**Verbuchung der Gewerbesteuer-Vorauszahlungen und der Gewerbesteuer-Rückstellung:**

(1)  Steuern vom Einkommen          an      Guthaben bei
     und vom Ertrag                         Kreditinstituten                  20.000 €

(2)  Steuern vom Einkommen          an      Gewerbesteuer-
     und vom Ertrag                         Rückstellung                       8.000 €.

Kontenmäßige Darstellung:

| S | Guthaben bei Kreditinstituten | H | | S | Gewerbesteuer-Rückstellung | H |
|---|---|---|---|---|---|---|
| | € | € | | | € | € |
| AB | (1) | 20.000 | | SBK (Saldo) | AB | |
| | | | | | (2) | 8.000 |

| S | Steuern vom Einkommen und vom Ertrag | H |
|---|---|---|
| | € | € |
| (1) | 20.000 | GuV (Saldo) |
| (2) | 8.000 | |

Zur genauen Bestimmung der Gewerbesteuer unter Berücksichtigung der in § 11 Abs. 2 Nr. 1 GewStG vorgesehenen Stufen für den Gewerbeertrag können die folgenden Formeln Anwendung finden (he = Gewerbesteuer-Hebesatz in % : 100; GE = Gewerbeertrag vor Abzug der Gewerbesteuer und nach Minderung um den Freibetrag von 24.500 €; GewSt = Gewerbesteuer).[502]

(1)  $0 \leq GE \leq 12.000 € \cdot (1 + 0,01 \cdot he)$

$$GewSt = \frac{0,01 \cdot he}{1 + 0,01 \cdot he} \cdot GE$$

(2)  $12.000 € \cdot (1 + 0,01 \cdot he) \leq GE \leq 12.000 € \cdot (2 + 0,03 \cdot he)$

$$GewSt = \frac{0,02 \cdot he}{1 + 0,02 \cdot he} \cdot (GE - 6.000 €^{503})$$

(3)  $12.000 € \cdot (2 + 0,03 \cdot he) \leq GE \leq 12.000 € \cdot (3 + 0,06 \cdot he)$

$$GewSt = \frac{0,03 \cdot he}{1 + 0,03 \cdot he} \cdot (GE - 12.000 €)$$

(4)  $12.000 € \cdot (3 + 0,06 \cdot he) \leq GE \leq 12.000 € \cdot (4 + 0,1 \cdot he)$

$$GewSt = \frac{0,04 \cdot he}{1 + 0,04 \cdot he} \cdot (GE - 18.000 €)$$

(5)  $12.000 € \cdot (4 + 0,1 \cdot he) \leq GE$

$$GewSt = \frac{0,05 \cdot he}{1 + 0,05 \cdot he} \cdot (GE - 24.000 €)$$

---

502  Vgl. *König/Kunkel/Stegmair* 1992, S. 922.
503  $0,01 \cdot he \cdot 12.000 € + [GE - 12.000 € \cdot (1 + 0,01 \cdot he)] \cdot \frac{0,02 \cdot he}{1 + 0,02 \cdot he} \cdot (GE - x); x = 6.000.$

Gemäß R 4.9 Abs. 2 Satz 2 EStR kann die Gewerbesteuer-Rückstellung auch nach der sog. **5/6-Methode** berechnet werden. Bei dieser **Vereinfachungsregelung** wird die Abzugsfähigkeit der Gewerbesteuer von der Bemessungsgrundlage der Gewerbesteuer mit einem pauschalen Satz von 16,6$\bar{6}$ % berücksichtigt. Die **Ungenauigkeit** des Verfahrens besteht darin, dass dem Faktor von 0,83$\bar{3}$ ( = 1 – 0,16$\bar{6}$) bei unterschiedlichen Messzahlen für den Gewerbeertrag folgende durchschnittliche Gewerbesteuer-Hebesätze (he) in den einzelnen Stufen zugrunde liegen.

(1) $\dfrac{1}{1 + 0{,}01 \cdot \text{he}} = 0{,}83\bar{3}$ (he = 2.000 %)

(2) $\dfrac{1}{1 + 0{,}02 \cdot \text{he}} = 0{,}83\bar{3}$ (he = 1.000 %)

(3) $\dfrac{1}{1 + 0{,}03 \cdot \text{he}} = 0{,}83\bar{3}$ (he = 666,66 %)

(4) $\dfrac{1}{1 + 0{,}04 \cdot \text{he}} = 0{,}83\bar{3}$ (he = 500 %)

(5) $\dfrac{1}{1 + 0{,}05 \cdot \text{he}} = 0{,}83\bar{3}$ (he = 400 %)

Mithin wird etwa in der letzten Tarifstufe bei einem höheren Gewerbesteuer-Hebesatz als 400 % die Abzugsfähigkeit der Gewerbesteuer ab Gewerbeerträgen von > 24.000 € zu einem geringeren Maß berücksichtigt und damit der anteilige Rückstellungsbetrag zu hoch berechnet (et vice versa). Folglich lassen sich mit der 5/6-Methode **Steuerstundungen** erreichen, die umso höher ausfallen, je höher der Gewerbeertrag und/oder der korrigierte Steuerbilanzgewinn sowie die effektiven Gewerbesteuer-Hebesätze sind. Da dieses Verfahren zu **elementaren Ungenauigkeiten** im Hinblick auf die Schätzung der künftigen Gewerbesteuer-Abschlusszahlung führen kann, ist seine Anwendung im handelsrechtlichen Jahresabschluss umstritten.

**Beispiel:**
Unter Rückgriff auf die Daten des vorherigen Beispiels soll nun die Berechnung und Verbuchung der Gewerbesteuer-Rückstellung nach der 5/6-Methode gezeigt werden.

**Berechnung der Gewerbesteuer-Messbeträge:**

|   | | |
|---|---|---|
|   | Korrigierter Steuerbilanzgewinn vor Gewerbesteuer-Rückstellung | 168.500 € |
| + | Geleistete Gewerbesteuer-Vorauszahlung | 20.000 € |
| = | Korrigierter Steuerbilanzgewinn ohne Berücksichtigung der Gewerbesteuer als Aufwand | 188.500 € |
| – | Freibetrag | 24.500 € |
| = | Vorläufige Bemessungsgrundlage der Gewerbesteuer | 164.000 € |

Anwendung der Messzahl für den Gewerbeertrag und des Gewerbesteuer-Hebesatzes (500 %, gestaffelt 1 % bis 4 %, sonst 5 %) auf
die vorläufige Bemessungsgrundlage der Gewerbesteuer
(Messbetrag nach § 11 Abs. 1 GewStG)

| | |
|---|---|
| $0{,}01 \cdot (1 + 0{,}01 \cdot 5) \cdot 12.000\,€ =$   $126\,€$ | |
| $0{,}02 \cdot (1 + 0{,}02 \cdot 5) \cdot 12.000\,€ =$   $264\,€$ | |
| $0{,}03 \cdot (1 + 0{,}03 \cdot 5) \cdot 12.000\,€ =$   $414\,€$ | |
| $0{,}04 \cdot (1 + 0{,}04 \cdot 5) \cdot 12.000\,€ =$   $576\,€$ | |
| $= 1.380\,€$ | $1.380\,€$ |
| $+ \;\; 0{,}05 \cdot 110.000\,€^{504}$ | $5.500\,€$ |

| | |
|---|---|
| = Gewerbesteuer-Messbetrag | $6.880\,€$ |

Anwendung des Gewerbesteuer-Hebesatzes (500 %)
auf den Gewerbesteuer-Messbetrag

| | |
|---|---|
| $5 \cdot 6.680\,€$ | $34.400\,€$ |
| vorläufige Gewerbesteuer (5/6 von 34.400 €) | $28.667\,€$ |
| vorläufiger Gewerbeertrag (164.000 € – 28.667 €) | $135.333\,€$ |
| Abrundung des Gewerbeertrags nach unten auf volle 100 € | $135.300\,€.$ |

## Neuberechnung der Gewerbesteuer:

| | | |
|---|---|---|
| $0{,}01 \cdot 5 \cdot 12.000\,€$ | $=$ | $600\,€$ |
| $0{,}02 \cdot 5 \cdot 12.000\,€$ | $=$ | $1.200\,€$ |
| $0{,}03 \cdot 5 \cdot 12.000\,€$ | $=$ | $1.800\,€$ |
| $0{,}04 \cdot 5 \cdot 12.000\,€$ | $=$ | $2.400\,€$ |
| $0{,}05 \cdot 5 \cdot 87.300\,€^{505} =$ | | $21.825\,€$        $= 27.825\,€.$ |

## Berechnung der Gewerbesteuer-Abschlusszahlung:

| | |
|---|---|
|    Endgültige Gewerbesteuer nach Rundung | $= 27.825\,€$ |
| –   Geleistete Gewerbesteuer-Vorauszahlung | $= 20.000\,€$ |
| =   Voraussichtliche Gewerbesteuer-Abschlusszahlung (Gewerbesteuer-Rückstellung) | $= \;\; 7.825\,€.$ |

## Verbuchung der Gewerbesteuer-Vorauszahlungen und der Gewerbesteuer-Rückstellung:

| | | | | |
|---|---|---|---|---|
| (1) | Steuern vom Einkommen und vom Ertrag | an | Guthaben bei Kreditinstituten | $20.000\,€$ |
| (2) | Steuern vom Einkommen und vom Ertrag | an | Gewerbesteuer-Rückstellung | $7.825\,€.$ |

---

504   $110.000\,€ = 164.000\,€ - [(1 + 0{,}01 \cdot 5) \cdot 12.000\,€ + (1 + 0{,}02 \cdot 5) \cdot 12.000\,€ + (1 + 0{,}03 \cdot 5) \cdot 12.000\,€ + (1 + 0{,}04 \cdot 5) \cdot 12.000\,€]$.

505   $87.300\,€ = 135.300\,€ - 48.000\,€$.

Kontenmäßige Darstellung:

| S | Guthaben bei Kreditinstituten | H |
|---|---|---|
| | € | € |
| AB | (1) | 20.000 |

| S | Gewerbesteuer-Rückstellung | H |
|---|---|---|
| | € | € |
| SBK (Saldo) | AB | |
| | (2) | 7.825 |

| S | Steuern vom Einkommen und vom Ertrag | H |
|---|---|---|
| | € | € |
| (1) | 20.000 GuV (Saldo) | |
| (2) | 7.825 | |

## (b) Rückstellungen für Gewährleistungen

Sofern für das Unternehmen **Gewährleistungsverpflichtungen** (z. B. für kostenlose Nacharbeiten oder Ersatzlieferungen) bestehen, ist nach § 249 Abs. 1 Satz 1 HGB im Geschäftsjahr der (wirtschaftlichen) Verpflichtungsbegründung in Höhe der voraussichtlichen Inanspruchnahme eine Rückstellung zu bilden. Derartige Verpflichtungen können auf Gesetz (z. B. § 459 bis § 493 BGB, § 633 f. BGB) oder auf selbstständiger Gewährleistungszusage beruhen[506] (**Gewährleistung aufgrund rechtlicher Verpflichtung**). Allerdings verlangt das Handels- und Steuerrecht auch dann einen Rückstellungsansatz, wenn Gewährleistungen vorliegen, die **ohne rechtliche Verpflichtung** erbracht werden (sog. **Kulanzrückstellungen**). Obwohl es sich auch bei diesen faktischen Verpflichtungen um ungewisse Verbindlichkeiten handelt und damit eine Passivierung bereits von § 249 Abs. 1 Satz 1 HGB ausgelöst wird, wurde das Rückstellungsgebot für Kulanzfälle explizit in § 249 Abs. 1 Satz 2 Nr. 2 HGB aufgenommen. Allerdings kommt eine derartige Rückstellungsbildung nur dann in Betracht, wenn sich der Unternehmer, ohne dass er rechtlich zu einer Leistung gezwungen ist, aus **sittlichen und wirtschaftlichen Gründen** der Gewährleistungsverpflichtung nicht entziehen zu können glaubt.[507]

Rückstellungen für Gewährleistungen müssen grundsätzlich mit denjenigen Aufwendungen bewertet werden, die zum Zwecke der zukünftigen Erfüllung der Gewährleistungspflicht erforderlich sind.[508] Das sind etwa für die Verpflichtung zur mangelfreien Nachlieferung von Waren die jeweiligen Anschaffungskosten, ggf. zuzüglich noch entstehender Nebenkosten (z. B. Vertriebskosten). Die **Einzel-Rückstellungsbildung** ist unter Beachtung des Grundsatzes der **Wertaufhellung** (§ 252 Abs. 1 Nr. 4 Satz 1 1. HS HGB) für alle bis zur Bilanzaufstellung bekannt gewordenen Gewährleistungsfälle vorzunehmen. Darüber hinaus kann eine **Pauschalrückstellung** ergänzend passiviert werden, wenn erfahrungsgemäß mit einer gewissen Wahrscheinlichkeit der Inanspruchnahme aus Gewährleistungen gerechnet werden muss. Zur Schätzung des pauschalen Rückstellungsbetrages wird ein Prozentsatz

---

506  Vgl. *Hoyos/Ring* 2006a; Anm. 100 zu § 249 HGB, S. 292 f.

507  Vgl. *BFH* 1962, S. 113.

508  Sofern die Fertigungskapazitäten durch die künftigen Garantiearbeiten nicht blockiert werden, wird aus handelsrechtlicher Sicht aber auch (wahlweise) die Bewertung mit variablen Kosten als zulässig angesehen. Vgl. zu dieser Auffassung *ADS* 1995a, Anm. 226 zu § 253 HGB, S. 165.

vom gesamten (garantiebehafteten) Umsatz zugrunde gelegt.[509] Allerdings ist der bereinigte Jahresumsatz zuvor um diejenigen Umsätze zu kürzen, für die bereits Einzelrückstellungen gebildet wurden. Analog zu den Pauschalwertberichtigungen zu Forderungen[510] ist am Ende des Geschäftsjahres eine entsprechende erfolgswirksame **Auf- oder Abstockung der Pauschalrückstellung** vorzunehmen.

**Beispiel:**
Einzelunternehmer A schließt am 15. 11. des Geschäftsjahres 2004 mit einem Kunden einen Kaufvertrag ab, indem sich A zur Lieferung einer leichtverderblichen Ware zum Nettoverkaufspreis von 17.500 € (Anschaffungskosten 13.500 €) zu Beginn des Geschäftsjahres 2005 verpflichtet. Infolge des unbemerkten Ausfalls eines Kühlaggregates vom 30. 12. auf den 31. 12. 2004 ist mit einem voraussichtlichen Verderb der Handelsprodukte zu rechnen. Nach dem Kaufvertrag hat A im Falle eines Warenmangels für eine vollständige Ersatzlieferung zu sorgen und ferner die Zustellkosten (Vertriebskosten) in Höhe von 1.000 € zu übernehmen. Darüber hinaus rechnet A mit einer weiteren Inanspruchnahme aus Gewährleistungen, die sich auf andere, im Geschäftsjahr 2004 abgeschlossene Kaufverträge beziehen. Der Einzelunternehmer beabsichtigt, diese Risiken mit einem pauschalen Satz von 2 % auf seinen garantiebehafteten Netto-Jahresumsatz von insgesamt 600.000 € im Jahresabschluss 2004 zu berücksichtigen.

**1. Fall:**
Im Geschäftsjahr 2005 wird die Ware an den Kunden mangelfrei geliefert (der Ausfall des Kühlaggregates hatte wider Erwarten nicht den Verderb der Ware zur Folge). Obwohl zum Ende dieser Periode keine Einzelrisiken vorliegen, die eine spezielle Rückstellungsbildung erfordern, beabsichtigt A, auf den garantiebehafteten Netto-Jahresumsatz von insgesamt 750.000 € unter Beibehaltung des vorjährigen Satzes von 2 % eine Pauschalrückstellung im Jahresabschluss 2005 zu bilden.

**2. Fall:**
Im Geschäftsjahr 2005 wird die Ware an den Kunden mit erheblichen Mängeln geliefert, so dass A eine vollständige Ersatzlieferung in Höhe von 15.000 € (14.000 € Wiederbeschaffungskosten der Ware zzgl. 1.000 € Vertriebskosten) vornehmen muss. Bei der Beschaffung der Ersatzlieferung, die durch Banküberweisung bezahlt wird, fällt Umsatzsteuer von 3.000 € an. Ansonsten gelten die im ersten Fall genannten Daten.

**Buchungen in Periode 2004:**

(1) Zuführungen zu           an      Rückstellungen für
    Rückstellungen                   Gewährleistungen        14.500 €

(2) Zuführungen zu           an      Rückstellungen für
    Rückstellungen                   Gewährleistungen        12.000 €[511].

509  Vgl. *BFH* 1982, S. 105.
510  Vgl. hierzu die Ausführungen im Dritten Teil zu Gliederungspunkt II.D.3.b.
511  12.000 € = 0,02 · 600.000 €.

Kontenmäßige Darstellung:

| S | Rückstellungen für Gewährleistungen | | | H |
|---|---|---|---|---|
| | € | | € | |
| SBK (EB) | 26.500 | AB | 0 | |
| | | (1) | 14.500 | |
| | | (2) | 12.000 | |
| | 26.500 | | 26.500 | |

| S | Zuführungen zu Rückstellungen | | | H |
|---|---|---|---|---|
| | € | | € | |
| (1) | 14.500 | GuV (Saldo) | | |
| (2) | 12.000 | | | |

**Buchungen in Periode 2005 (1. Fall):**

(1) Rückstellungen für          an          Erträge aus der Auflösung
    Gewährleistungen                         von Rückstellungen          11.500 €.

Kontenmäßige Darstellung:

| S | Rückstellungen für Gewährleistungen | | | H |
|---|---|---|---|---|
| | | € | | € |
| (1) | | 11.500 | AB | 26.500 |
| SBK (EB) | | 15.000[512] | | |
| | | 26.500 | | 26.500 |

| S | Erträge aus der Auflösung von Rückstellungen | | | H |
|---|---|---|---|---|
| | | € | | € |
| GuV (Saldo) | | | (1) | 11.500 |

**Buchungen in Periode 2005 (2. Fall):**

(1) - Wareneinkauf          14.000 €     an     Guthaben bei
    - Warenvertriebskosten    1.000 €            Kreditinstituten          18.000 €
    - Vorsteuer               3.000 €

(2) - Rückstellungen für                  an     - Wareneinkauf            14.000 €
      Gewährleistungen       14.500 €             - Warenvertriebskosten    1.000 €
    - Sonstige betriebliche
      Aufwendungen              500 €

(3) Zuführungen zu                         an     Rückstellungen für
    Rückstellungen                                Gewährleistungen          3.000 €.

Kontenmäßige Darstellung:

| S | Guthaben bei Kreditinstituten | | | H |
|---|---|---|---|---|
| | € | | | € |
| AB | | (1) | | 18.000 |

| S | Vorsteuer | | | H |
|---|---|---|---|---|
| | € | | | € |
| (1) | 3.000 | | | |

---

512   15.000 € = 0,02 · 750.000 €.

| S | Wareneinkauf | | H |
|---|---|---|---|
| | € | | € |
| AB | | (2) | 14.000 |
| (1) | 14.000 | | |

| S | Rückstellungen für Gewährleistungen | | H |
|---|---|---|---|
| | € | | € |
| (2) | 14.500 | AB | 26.500 |
| SBK (EB) | 15.000 | (3) | 3.000 |
| | 29.500 | | 29.500 |

| S | Warenvertriebskosten | | H |
|---|---|---|---|
| | € | | € |
| (1) | 1.000 | (2) | 1.000 |
| | | GuV (Saldo) | |

| S | Sonstige betriebliche Aufwendungen | | H |
|---|---|---|---|
| | € | | € |
| (2) | 500 | GuV (Saldo) | |

| S | Zuführungen zu Rückstellungen | | H |
|---|---|---|---|
| | € | | € |
| (3) | 3.000 | GuV (Saldo) | |

**(c) Rückstellungen für drohende Verluste aus schwebenden Geschäften**

Als Ausfluss des **Vorsichtsprinzips** bestimmt § 249 Abs. 1 Satz 1 HGB, dass Rückstellungen für drohende Verluste aus schwebenden Geschäften gebildet werden müssen. Schwebende **Beschaffungs- und Absatzgeschäfte oder Dauerschuldverhältnisse** liegen vor, wenn ein gegenseitiger Vertrag abgeschlossen wurde, der aber vom zur Lieferung oder Leistung Verpflichteten noch nicht erfüllt worden ist. Sowohl Ansprüche als auch Verpflichtungen aus derartigen Geschäften, die sich auf Vermögensgegenstände, Dienstleistungen und Nutzungen beziehen können, dürfen **grundsätzlich** vor Erfüllung nicht bilanziert werden.[513] Liegen aber am Bilanzstichtag konkrete Anhaltspunkte vor, dass der Wert der künftigen Verbindlichkeit (z. B. vereinbarter Kaufpreis von bestellten Waren) den Wert der Gegenleistung (z. B. beizulegender Stichtagswert dieser Waren) übersteigt, ist in Höhe des Differenzbetrages (**Verpflichtungsüberschusses**) eine Rückstellung für den aus diesem Geschäft drohenden Verlust (hier beim Beschaffer) zu bilden. Mithin wird der eigentlich erst bei der künftigen Erfüllung des Geschäfts zur Realisierung kommende Verlust bereits in der Periode seiner Verursachung ausgewiesen.

Eine Drohverlustrückstellung für **schwebende Beschaffungsgeschäfte** ist aus handelsrechtlicher Sicht immer dann zu bilden, wenn die Kaufpreisschuld für das noch nicht gelieferte Wirtschaftsgut höher ist als dessen beizulegender Wert bzw. Börsen- oder Marktpreis. Für Gegenstände des Umlaufvermögens können im **handelsrechtlichen Jahresabschluss** in Analogie zu § 253 Abs. 3 Satz 3 HGB auch Rückstellungen für Wertminderungen nach dem Abschlussstichtag zum Ansatz kommen.[514] Darüber hinaus besteht die Möglichkeit,

---

513  Vgl. hierzu die Ausführungen im Dritten Teil zu Gliederungspunkt II.B.1.
514  Vgl. *ADS* 1995a, Anm. 248 zu § 253 HGB, S. 172 f.

dass **wertaufhellende Ereignisse** nach dem Bilanzstichtag bezüglich des Wertverfalls noch nicht erhaltener Vermögensgegenstände zu einer Rückstellungsbildung in der Handels- und Steuerbilanz zwingen.

**Beispiel:**
Ein Großhändler schließt am 30. 11. des Geschäftsjahres 2004 einen festen Wareneinkaufskontrakt über 10 Einheiten à 5.000 € (zuzüglich 20 % Umsatzsteuer) ab. Die Lieferung soll am 20. 01. 2005 erfolgen (Bezahlung erfolgt mittels Bankscheck). Zum 31. 12. 2004 (Bilanzstichtag) fallen die Wiederbeschaffungskosten der Ware auf 4.500 € pro Einheit.

**Berechnung und Verbuchung der Rückstellung in Periode 2004:**

|   | | |
|---|---|---:|
|   | Kaufpreisschuld (Wert der künftigen Verpflichtung) | 50.000 € |
| – | Wiederbeschaffungskosten am Bilanzstichtag (Wert der Gegenleistung) | 45.000 € |
| = | Rückstellung für drohenden Verlust aus schwebendem Geschäft (Verpflichtungsüberschuss) | 5.000 €. |

Buchungssatz:

(1)  Zuführungen zu Rückstellungen        an        Rückstellungen für drohende Verluste aus schwebenden Geschäften        5.000 €.

Kontenmäßige Darstellung:

| S | Rückstellungen für drohende Verluste aus schwebenden Geschäften | H | | S | Zuführungen zu Rückstellungen | H |
|---|---|---|---|---|---|---|
| | € | € | | | € | € |
| SBK (EB) | 5.000 | AB       0 | | (1) | 5.000 | GuV (Saldo) |
| | | (1)    5.000 | | | | |
| | 5.000 | 5.000 | | | | |

**Verbuchung des Beschaffungsgeschäftes, der Abschreibung auf den niedrigeren Zeitwert sowie der Auflösung der gebildeten Rückstellung in Periode 2005:**

(1)  – Wareneinkauf        50.000 €        an        Guthaben bei
     – Vorsteuer        10.000 €                 Kreditinstituten        60.000 €

(2)  Sonstige betriebliche                          an        Wareneinkauf        5.000 €
     Aufwendungen

(3)  Rückstellungen für                             an        Sonstige betriebliche
     drohende Verluste aus                                    Aufwendungen        5.000 €.
     schwebenden Geschäften

Kontenmäßige Darstellung:

| S | Wareneinkauf | | H |
|---|---|---|---|
| | € | | € |
| AB | | (2) | 5.000 |
| (1) | 50.000 | | |

| S | Guthaben bei Kreditinsitituten | | H |
|---|---|---|---|
| | € | | € |
| AB | | (1) | 60.000 |

| S | Vorsteuer | H |
|---|---|---|
| | € | € |
| (1) | 10.000 | |

| S | Rückstellungen für drohende Verluste aus schwebenden Geschäften | | H |
|---|---|---|---|
| | € | | € |
| (3) | 5.000 | AB | 5.000 |
| SBK (EB) | 0 | | |
| | __5.000__ | | __5.000__ |

| S | Sonstige betriebliche Aufwendungen | | H |
|---|---|---|---|
| | € | | € |
| (2) | 5.000 | (3) GuV (Saldo) | 5.000 |

Rückstellungen für drohende Verluste aus **schwebenden Absatzgeschäften** sind im handels- und steuerrechtlichen Jahresabschluss stets dann zu bilden, wenn die zur Erfüllung der Verpflichtung nach den Preis- und Kostenverhältnissen am Bilanzstichtag aufzuwendenden Selbstkosten (ohne kalkulatorische Kosten) den vereinbarten Kaufpreis übersteigen. In die noch anfallenden Selbstkosten müssen neben den Anschaffungs- oder Herstellungskosten auch die **anteiligen Verwaltungs- und Vertriebskosten** einbezogen werden.[515]

**Beispiel:**
Ein Großhändler kalkuliert die Selbstkosten (ohne kalkulatorische Kosten) wie folgt.

| | AK am 15. 12. des Geschäftsjahres 2004 | 20.000 € |
|---|---|---|
| + | noch anfallende Verwaltungs- und Vertriebskosten bis zum Verkauf | 2.500 € |
| = | Selbstkosten | 22.500 €. |

Der mit dem Kunden vertraglich vereinbarte Nettoverkaufspreis beträgt bei Lieferung am 30. 01. des Geschäftsjahres 2005 19.000 €.

**Berechnung und Verbuchung der Rückstellung in 2004:**

| | nach den Preis- und Kostenverhältnissen am Bilanzstichtag (31. 12. 2004) kalkulierte Selbstkosten (Wert der künftigen Verpflichtung) | 22.500 € |
|---|---|---|
| – | Vereinbarter Nettoverkaufspreis (Wert der Gegenleistung) | 19.000 € |
| = | Rückstellung für drohenden Verlust aus schwebendem Geschäft | 3.500 €. |

---

515 Sofern jedoch davon auszugehen ist, dass die vorliegenden Aufträge die spätere Annahme preisgünstigerer Aufträge nicht verhindern, wird aus handelsrechtlicher Sicht aber auch (wahlweise) die Bewertung der noch anfallenden Verwaltungs- und Vertriebskosten lediglich mit variablen Bestandteilen als zulässig angesehen. Vgl. zu dieser Auffassung *ADS* 1995a, Anm. 252 f. zu § 253 HGB, S. 174.

Buchungssatz:

(1) Zuführungen zu            an      Rückstellungen für drohende
Rückstellungen                        Verluste aus schwebenden
                                      Geschäften        3.500 €.

Kontenmäßige Darstellung:

| S | Rückstellungen für drohende Verluste aus schwebenden Geschäften | H | | S | Zuführungen zu Rückstellungen | H |
|---|---|---|---|---|---|---|
| | € | € | | | € | € |
| SBK (EB) | 3.500 | AB | 0 | (1) | 3.500 | GuV (Saldo) |
| | | (1) | 3.500 | | | |
| | 3.500 | | 3.500 | | | |

**Erfolgsmäßige Entwicklung in 2005:**

| | | |
|---|---|---|
| | Verbuchung des Nettoverkaufspreises bei Lieferung am 30.01.2005 | 19.000 € |
| – | Anschaffungskosten der Ware | 20.000 € |
| = | Rohverlust aus dem Absatzgeschäft | – 1.000 € |
| – | Verwaltungs- und Vertriebskosten | – 2.500 € |
| = | Reinverlust aus dem Absatzgeschäft | – 3.500 € |
| + | Auflösung der Rückstellung für drohenden Verlust aus schwebendem Geschäft | 3.500 € |
| = | Erfolgsbezogene Auswirkung des Absatzgeschäftes in 2005 | 0 €. |

Auch für sog. **Dauerschuldverhältnisse** (z. B. Miet-, Pacht-, Dienst- oder Versicherungs-verträge) sind aus handelsrechtlicher Sicht Rückstellungen für drohende Verluste aus schwe-benden Geschäften zu bilden, wenn diese nicht (mehr) ausgewogen sind, d. h. bei **Dauer-beschaffungsgeschäften** der Wert der eigenen Verpflichtung (z. B. vertraglich vereinbarte Zinsen für gemietete Geschäftsräume) den Wert des entsprechenden Gegenleistungsan-spruchs (z. B. zu aktuellen Mietzinsen bewertete Alternativobjekte) am Bilanzstichtag über-steigt. Mithin führen derartige Geschäfte stets zu einer Verlustrückstellung, sofern die gleiche Leistung mit einem niedrigeren Preis beschafft werden kann.[516] Liegen hingegen **Dauerleistungsgeschäfte** vor, ist eine Rückstellung in Höhe des Betrages zu bilden, um den der Wert der eigenen, nicht in Geld bestehenden Verpflichtung (z. B. zur Verfügung-stellung eines Mietobjektes) den Wert des monetären Gegenleistungsanspruchs (z. B. den vereinbarten Mietzins) übersteigt. Die nicht in Geld bestehende Verpflichtung ist dann mit den **tatsächlichen Aufwendungen**, die zur Bewirkung der entsprechenden Leistung erfor-derlich sind (z. B. gesamte Haus- und Grundstücksaufwendungen eines Mietobjektes), zu bewerten. Beachtet werden muss, dass nach h. M. bei der Rückstellungsbildung von dro-henden Verlusten aus schwebenden Dauerschuldverhältnissen nicht darauf abzustellen ist,

---

516    So auch m. w. N. *Hoyos/Ring* 2006a; Anm. 77 zu § 249 HGB, S. 278 f.

ob das Geschäft über seine Gesamtlaufzeit ausgewogenen Charakter trägt, sondern ob der Wert der **noch zu erbringenden Leistung** über dem Wert des Anspruchs auf Gegenleistung liegt (**Restwertbetrachtung**).[517]

### c.c    Aufwandsrückstellungen infolge von Eigenverpflichtungen

Neben sicheren und unsicheren Verpflichtungen gegenüber Dritten können auch ungewisse Verpflichtungen bestehen, die gegenüber dem Unternehmen selbst zu erfüllen sind. Unter Verfolgung des Ziels der Fortführung des Geschäftsbetriebs kann sich das Unternehmen diesen Belastungen nicht entziehen. Derartige **Eigenverpflichtungen** erstrecken sich auf künftige Ausgaben, die wirtschaftlich von abgelaufenen Geschäftsjahren verursacht wurden und der Referenzperiode über den Ansatz von Rückstellungen aufwandswirksam zugerechnet werden müssen oder können. § 249 Abs. 1 Satz 2 Nr. 1 HGB bestimmt in diesem Zusammenhang, dass für »… im Geschäftsjahr unterlassene Aufwendungen für **Instandhaltung**, die im folgenden Geschäftsjahr innerhalb von **drei Monaten**, oder für **Abraumbeseitigung**[518], die im folgenden Geschäftsjahr nachgeholt werden …«, sog. **Aufwandsrückstellungen** zu bilden sind. Auch die Vorschriften zur steuerrechtlichen Erfolgsermittlung sehen für derartige Aufwendungen eine **Rückstellungspflicht** vor. Sofern das Unternehmen jedoch plant, die Instandhaltungsaufwendungen erst nach Ablauf der dreimonatigen Frist nachzuholen, räumt das Handelsrecht durch § 249 Abs. 1 Satz 3 HGB ein **Rückstellungswahlrecht** ein, während aus steuerrechtlicher Sicht in diesen Fällen ein **Rückstellungsverbot** besteht.[519] Grundlegende Voraussetzung für eine Rückstellungsbildung bezüglich unterlassener Instandhaltung ist, dass sie im **letzten Geschäftsjahr** unterlassen wurde und die Überholungsmaßnahmen aus unternehmensinternen Gründen schon vor dem Bilanzstichtag geboten waren. Sofern die Instandhaltung bereits in einer früheren Periode hätte durchgeführt werden müssen, kann eine Rückstellung nicht mehr zum Ansatz kommen (sog. **Nachholverbot**). Instandhaltungsrückstellungen kommen insbesondere beim abnutzbaren Sachanlagevermögen vor, können aber auch bei immateriellen Vermögensgegenständen auftreten (z. B. unterlassene Pflege von Computer-Software).[520]

Ferner sieht § 249 Abs. 2 HGB ein **Wahlrecht** vor, weitere Aufwandsrückstellungen anzusetzen, die in ihrer Eigenart genau umschrieben sind und die dem abgelaufenen oder einem **früheren Geschäftsjahr** zugeordnet werden können. Im Rahmen der steuerrechtlichen Erfolgsermittlung besteht für derartige Aufwendungen ein **Passivierungsverbot**.[521] Folglich existiert aufgrund dieser Regelung **zusätzlich** die Möglichkeit, im handelsrechtlichen Jahresabschluss künftige Ausgaben für permanent und in größeren Zeitabständen anfallende **Generalüberholungen und Instandhaltungsmaßnahmen** zu passivieren, da entgegen den Instandhaltungsrückstellungen nach § 249 Abs. 1 HGB hier nicht Voraussetzung ist, dass die Reparaturen bereits in der abgelaufenen Periode hätten planmäßig vorgenommen werden müssen, sondern unterstellt wird, dass sie erst in künftigen Jahren planmäßig durchzuführen sind.[522]

Ebenso wie bei den Rückstellungen für Garantieleistung steht im Hinblick auf die Aufwandsrückstellungen häufig bei ihrer Bildung (noch) nicht fest, **welchen Aufwandsarten** sie im Ein-

---

517  Vgl. stellvertretend *ADS* 1998, Anm. 146–149 zu § 249 HGB, S. 452–454.
518  Unter Abraumbeseitigung ist insbesondere die Entfernung von Erde und Gestein bei der Gewinnung von Rohstoffen im Tagebau (z. B. im Rahmen der Braunkohlenförderung) zu verstehen. Vgl. *ADS* 1998, Anm. 180 zu § 249 HGB, S. 464.
519  Vgl. R 5.7 Abs. 11 Satz 4 EStR.
520  Vgl. *Hoyos/Ring* 2006a; Anm. 103 zu § 249 HGB, S. 312.
521  Vgl. H 5.7 Abs. 2 EStR.
522  Vgl. *Hoyos/Ring* 2006a; Anm. 316 zu § 249 HGB, S. 365.

zelnen zuzuordnen sind. Aus diesem Grunde werden die angesprochenen Rückstellungsarten zu Lasten des Sammelkontos »Sonstige betriebliche Aufwendungen« gebucht und auch unter dem gleichnamigen Posten in der Gewinn- und Verlustrechnung ausgewiesen. Bei einem späteren Eintritt der Garantie- bzw. Instandsetzungsfälle wird es hinsichtlich der Inanspruchnahme der Rückstellungen auch als zulässig angesehen, die **Primäraufwendungen** unter den jeweiligen Aufwandsposten (z. B. Material- und Personalaufwand) zum Ansatz zu bringen. Der der Rückstellungsauflösung entsprechende Betrag ist dann aber gleichzeitig in Form eines **Ausgleichspostens** unter den sonstigen betrieblichen Erträgen auszuweisen.[523]

**Beispiel:**

Eine Großhandelsunternehmung beabsichtigt im Geschäftsjahr 2005 eine Rückstellung für den in dreijährigen Abständen fälligen Außenanstrich der Betriebsgebäude in der Handelsbilanz zu bilden (der letzte Anstrich erfolgte in 2003). Gerechnet wird mit einem Instandsetzungsaufwand von 20.000 €. Die Renovierungen werden im Geschäftsjahr 2006 mit Hilfe eigener Arbeitskräfte durchgeführt, deren Einsatz effektiv 13.000 € Lohn- und 3.000 € Sozialaufwand verursacht (die Auszahlung der Löhne sowie die Abführung der einbehaltenen Abzüge erfolgt mittels Banküberweisung). Die für den Anstrich darüber hinaus entstandenen Aufwendungen in Höhe von 6.000 € beziehen sich auf Materialien (Materialentnahmen), die von einem Spezialbetrieb bereits im Geschäftsjahr 2005 für die geplanten Instandsetzungsmaßnahmen in Höhe von 9.000 € (einschließlich 20 % Umsatzsteuer) beschafft wurden.

**Buchungen in Periode 2005:**

| | | | | | |
|---|---|---|---|---|---|
| (1) | – Sonstiges Material | 7.500 € | an | Guthaben bei | |
| | – Vorsteuer | 1.500 € | | Kreditinstituten | 9.000 € |
| (2) | Sonstige betriebliche | | an | Aufwands- | |
| | Aufwendungen | | | Rückstellungen | 20.000 €. |

Kontenmäßige Darstellung:

| S | Guthaben bei Kreditinstituten | H |
|---|---|---|
| | € | € |
| AB | (1) | 9.000 |

| S | Vorsteuer | H |
|---|---|---|
| | € | € |
| (1) | 1.500 | |

| S | Sonstiges Material | H |
|---|---|---|
| | € | € |
| AB | | SBK (Saldo) |
| (1) | 7.500 | |

| S | Aufwands-Rückstellungen | H |
|---|---|---|
| | € | € |
| (1) | 20.000 | AB | 0 |
| SBK (EB) | | (2) | 20.000 |
| | 20.000 | | 20.000 |

| S | Sonstige betriebliche Aufwendungen | H |
|---|---|---|
| | € | € |
| (2) | 20.000 | GuV (Saldo) |

---

523 Vgl. *ADS* 1997b, Anm. 78 zu § 275 HGB, S. 473.

**Buchung in Periode 2006 (1. Alternative):**

| (1) | – Aufwands-Rückstellungen | 20.000 € | an | – Guthaben bei Kreditinstituten | 16.000 € |
|---|---|---|---|---|---|
| | – Sonstige betriebliche Aufwendungen | 2.000 € | | – Sonstiges Material | 6.000 €. |

Kontenmäßige Darstellung:

| S | Guthaben bei Kreditinstituten | | H |
|---|---|---|---|
| | € | | € |
| AB | | (1) | 16.000 |

| S | Sonstiges Material | | H |
|---|---|---|---|
| | € | | € |
| AB | 7.500 | (1) | 6.000 |
| | | SBK (EB) | 1.500 |
| | 7.500 | | 7.500 |

| S | Aufwands-Rückstellungen | | H |
|---|---|---|---|
| | € | | € |
| (1) | 20.000 | AB | 20.000 |
| SBK (EB) | 0 | | |
| | 20.000 | | 20.000 |

| S | Sonstige betriebliche Aufwendungen | | H |
|---|---|---|---|
| | € | | € |
| (1) | 2.000 | GuV (Saldo) | |

**Buchungen in Periode 2006 (2. Alternative):**

| (1) | – Löhne | 13.000 € | an | Guthaben bei Kreditinstituten | 16.000 € |
|---|---|---|---|---|---|
| | – Gesetzliche soziale Aufwendungen | 3.000 € | | | |
| (2) | Aufwendungen für Material | | an | Sonstiges Material | 6.000 € |
| (3) | Aufwands-Rückstellungen | | an | Sonstige betriebliche Erträge | 20.000 €. |

Kontenmäßige Darstellung:

| S | Guthaben bei Kreditinstituten | | H |
|---|---|---|---|
| | € | | € |
| AB | | (1) | 16.000 |

| S | Sonstiges Material | | H |
|---|---|---|---|
| | € | | € |
| AB | 7.500 | (2) | 6.000 |
| | | SBK (EB) | 1.500 |
| | 7.500 | | 7.500 |

| S | Aufwands-Rückstellungen | | H |
|---|---|---|---|
| | € | | € |
| (3) | 20.000 | AB | 20.000 |
| SBK (EB) | 0 | | |
| | 20.000 | | 20.000 |

| S | Aufwendungen für Material | | H |
|---|---|---|---|
| | € | | € |
| (2) | 6.000 | GuV (Saldo) | 6.000 |

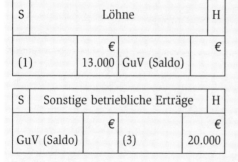

Abschließend bleibt der Hinweis, dass in der **Steuerbilanz**, abweichend von den handelsrechtlichen Regelungen, gemäß § 6 Abs. 1 Nr. 3 a. EStG u. a. folgende Bewertungsvorschriften für Rückstellungen bei ihrer Obergrenzenbestimmung zu beachten sind:[524]

- Bei der Bewertung von Rückstellungen für gleichartige Verpflichtungen sind die **Abwicklungserfahrungen** solcher Verpflichtungen zu berücksichtigen.
- **Rückstellungen für Sachleistungsverpflichtungen** (z. B. Reparaturleistungen im Rahmen von Garantieverpflichtungen) sind mit den Einzelkosten und den angemessenen Teilen der notwendigen Gemeinkosten zu bewerten.
- **Künftige Vorteile**, die mit der **Verpflichtungserfüllung** voraussichtlich verbunden sind, müssen bei der Rückstellungsbemessung mindernd berücksichtigt werden (z. B. Rückstellungen für die Beseitigung von Umweltschäden bei Grundstücken, die anschließend veräußert oder betrieblich genutzt werden sollen).
- Rückstellungen für Verpflichtungen, für deren Entstehen im wirtschaftlichen Sinne der laufende Betrieb ursächlich ist (z. B. Rückstellungen für Patentverletzungen) und Rückstellungen für die Verpflichtung, ein **Kernkraftwerk** stillzulegen, sind **natürlich anzusammeln.**

## 5.    Sonderposten mit Rücklageanteil

### a.    Begriff und Arten der Rücklagen

Rücklagen stellen im Grunde **zusätzliche Eigenkapitalbestandteile** dar, die neben einem fest angesetzten Eigen-, Grund- oder Stammkapital auf der Passivseite der Bilanz offen ausgewiesen werden oder infolge von Unter- (Aktiva) bzw. Überbewertungen (Passiva) als **stille Reserven** entstehen. Nachstehend erfolgt eine kurze Darstellung der wichtigsten Rücklagearten.

- **Gewinnrücklagen** werden aus dem **Gewinn nach Steuern** für besondere Unternehmenszwecke (z. B. Deckung eventueller Verluste oder Selbstfinanzierung) zu Lasten der Ausschüttungen an die Anteilseigner gebildet. Bei **Kapitalgesellschaften** (z. B. GmbH oder AG) ist in gesetzliche, satzungsmäßige Rücklagen, Rücklagen für eigene Anteile und andere Gewinnrücklagen zu unterscheiden (§ 272 Abs. 3 und Abs. 4 HGB).

---

524    Vgl. hierzu im Einzelnen *Glanegger* 2006, Anm. 403–409 zu § 6 EStG, S. 557–561.

- **Kapitalrücklagen** repräsentieren Eigenkapital, das bei **Kapitalgesellschaften** nicht aus dem Gewinn, sondern aus dem Unternehmen von außen zufließenden Mitteln (z. B. Zuzahlungen von Gesellschaftern) stammt (§ 272 Abs. 2 HGB).
- **Steuerfreie Rücklagen** können aufgrund bestimmter steuerrechtlicher Einzelvorschriften aus dem **Gewinn vor Steuern** gebildet werden (sog. **Sonderposten mit Rücklageanteil**; § 247 Abs. 3, § 273 HGB). Hierdurch wird ein Teil des Periodengewinns zunächst der Ertragsbesteuerung (Einkommen- oder Körperschaft- und Gewerbesteuer) entzogen. Da diese Rücklagen nach einer bestimmten Zeit wieder erfolgswirksam aufgelöst werden müssen, erfolgt die Ertragsbesteuerung in späteren Perioden. Aus diesem Grunde enthalten die steuerfreien Rücklagen, die bei konstanten Steuersätzen lediglich zu einer Steuerstundung führen, auch **Fremdkapitalbestandteile** i. H. d. bei ihrer Auflösung zu entrichtenden Ertragsteuern.[525]
- **Stille Rücklagen (Reserven)** können als **Zwangs-, Ermessens- und Willkürreserven** vorkommen. Sie werden in der Bilanz nicht offen ausgewiesen und sind erst durch **rechnungslegungsanalytische Sonderrechnungen** sichtbar zu machen. Während Zwangsreserven durch Beachtung der gesetzlichen Bilanzierungs- und Bewertungsvorschriften entstehen (z. B. Wertsteigerungen bestimmter Vermögensgegenstände über die Anschaffungskosten hinaus), resultieren Ermessensreserven aus der Ausübung von Wahlrechten (z. B. Ansatz von Wahlrückstellungen). Willkürreserven, die unzulässig sind, basieren hingegen auf Verstößen gegen Bilanzierungs- und Bewertungsnormen (z. B. Abschreibungen bestimmter Gegenstände des Anlagevermögens über ihre niedrigeren Stichtagswerte hinaus).

Bei **einzelkaufmännisch geführten Unternehmen** besitzen Gewinn- und Kapitalrücklagen in aller Regel keine Bedeutung, da hier das **variable Eigenkapitalkonto** des Eigners alle Veränderungen aufnimmt, die bei anderen Unternehmensformen diese Rücklagearten betreffen. Im Hinblick auf die steuerfreien Rücklagen ist aber auch der Einzelunternehmer gemäß § 247 Abs. 3 HGB verpflichtet, diese separat zum Eigenkapital unter der Bezeichnung »Sonderposten mit Rücklageanteil« in der Bilanz ausweisen.[526]

## b.    Steuerfreie Rücklagen

Durch die (wahlweise) Bildung steuerfreier Rücklagen wird es möglich, **Ertragsteuerzahlungen** in spätere Geschäftsjahre **zu verlagern**. Während in der Periode der Rücklagenbildung die Bemessungsgrundlage der Ertragsteuern vermindert wird, hängt die erhöhende Wirkung auf die ertragsteuerlichen Bemessungsgrundlagen in späteren Perioden davon ab, ob die Rücklagen im Jahr ihrer Auflösung unmittelbar erfolgswirksam gebucht oder aber auf neu beschaffte Vermögensgegenstände übertragen werden. Im letzten Fall tritt die Erfolgs-

---

[525]  In den Sonderposten mit Rücklageanteil kann gemäß § 281 Abs. 1 Satz 1 HGB auch der die handelsrechtlichen Abschreibungen übersteigende steuerrechtliche Teil eingestellt werden. Der auf diese Weise gebildete Wertberichtigungsposten ist aber aufzulösen, wenn die entsprechenden Gegenstände aus dem Vermögen ausscheiden oder die steuerrechtliche Wertberichtigung durch handelsrechtliche Abschreibungen ersetzt wird (§ 281 Abs. 1 Satz 3 HGB).

[526]  Kapitalgesellschaften und ihnen gesetzlich gleichgestellte Unternehmen haben den Sonderposten mit Rücklageanteil gemäß § 273 Satz 2 HGB auf der Passivseite vor den Rückstellungen auszuweisen. Darüber hinaus sind die Vorschriften, nach denen er gebildet worden ist, in der Bilanz oder im Anhang anzugeben. Ähnliches gilt für publizitätspflichtige Einzelunternehmen und Personenhandelsgesellschaften (§ 5 Abs. 1 Satz 2 PublG) sowie eingetragene Genossenschaften (§ 336 Abs. 2 Satz 1 HGB).

wirksamkeit bei abnutzbaren Wirtschaftsgütern über die Verrechnung niedrigerer planmäßiger Abschreibungen in den folgenden Nutzungsperioden und/oder erst zum Ausscheiden (Verkauf oder Entnahme) der Wirtschaftsgüter in Höhe der Differenz zwischen dem Verkaufspreis bzw. Teilwert und dem (niedrigeren) Buchwert ein. Durch die Inanspruchnahme der steuerfreien Rücklagen, die aus **wirtschaftspolitischen Gründen** eingeräumt wurden, werden folglich seitens des Gesetzgebers den Unternehmen **zinslose Steuerkredite** zur Verfügung gestellt, die erhebliche Rentabilitäts- und Liquiditätsvorteile auslösen. Darüber hinaus kann mit der Rücklagenbildung auch eine **effektive Steuerersparnis** verbunden sein, wenn die zunächst der Besteuerung entzogenen Erträge in späteren Perioden sukzessive erfasst werden und es infolge einer derartigen Erfolgsverlagerung zu einer **Minderung der Steuerprogression** kommt. Zu den wichtigsten steuerfreien Rücklagen zählen derzeit:

* Rücklage für **Zuschüsse aus öffentlichen Mitteln** (R 6.5 Abs. 4 EStR);
* Rücklage für **Beschädigung** (R 6.6 Abs. 7 EStR);
* **Steinkohlestilllegungsrücklage** (§ 3 und § 4 des Gesetzes über steuerrechtliche Maßnahmen bei der Stilllegung von Steinkohlebergwerken);
* Rücklage für **Ersatzbeschaffung** (R 6.6 Abs. 4 EStR);
* Rücklage für **Veräußerungsgewinn**e (§ 6 b Abs. 3 EStG);
* **Ansparabschreibung** zur Förderung kleiner und mittlerer Betriebe (§ 7 g Abs. 3 EStG);
* Rücklage zur **Vermeidung der Gewinnerhöhung** durch Vereinigung von Forderungen und Verbindlichkeiten beim Vermögensübergang (§ 6 Abs. 1 Satz 1 UmwStG).[527]

Alle Unternehmensformen sind vor dem Hintergrund der **umgekehrten Maßgeblichkeit** (§ 5 Abs. 1 Satz 2 EStG) dann zu einer Einstellung in den Sonderposten mit Rücklageanteil der Handelsbilanz verpflichtet, wenn das Steuerrecht oder die Einkommensteuer-Richtlinien die steuerrechtliche Anerkennung vom handelsrechtlichen Ansatz abhängig machen, oder aber die Vergünstigungsvorschriften den Ansatz in der Handelsbilanz weder positiv noch negativ regeln. Das ist z. B. **nicht** der Fall bei der Steinkohlestilllegungsrücklage. Während für nicht publizitätspflichtige Einzelunternehmen und Personenhandelsgesellschaften bezüglich dieser Rücklagen ein **Einbeziehungswahlrecht** in den Sonderposten mit Rücklageanteil besteht, liegt hingegen für **Kapitalgesellschaften**, **publizitätspflichtige Einzelunternehmen und Personenhandelsgesellschaften** (§ 5 Abs. 1 Satz 1 PublG), »**kapitalistische**« Personenhandelsgesellschaften (§ 264 a Abs. 1 HGB) sowie **eingetragene Genossenschaften** (§ 336 Abs. 2 Satz 1 HGB) ein **Passivierungsverbot** für die Handelsbilanz vor (§ 273 HGB). Die umgekehrte Maßgeblichkeit gilt auch für die **Auflösung** und **Übertragung** bestimmter Rücklagen auf die entsprechenden Wirtschaftgüter.

Allen steuerfreien Rücklagearten ist gemeinsam, dass ihre Bildung stets zu Lasten des Sammelkontos »Sonstige betriebliche Aufwendungen« bzw. des Unterkontos »Einstellungen in den Sonderposten mit Rücklageanteil« erfolgt.[528] Die Auflösung des Sonderpostens ist unter Beachtung der spezifischen steuerrechtlichen Regelungen vorzunehmen (§ 247 Abs. 3 Satz 2 HGB). Unabhängig davon, ob Sonderposten auf andere Wirtschaftsgüter übertragen

---

527    Vgl. im Detail *Hoyos/Gutike* 2006, Anm. 601–627 zu § 266 HGB, S. 189–192.

528    Kapitalgesellschaften, unter das Publizitätsgesetz fallende Einzelunternehmen und Personenhandelsgesellschaften (§ 5 Abs. 1 Satz 1 PublG), unter § 264 a HGB fallende Gesellschaften sowie eingetragene Genossenschaften (§ 336 Abs. 2 Satz 1 HGB) müssen Einstellungen in den Sonderposten und Auflösungen des Sonderpostens unter der Position »Sonstige betriebliche Aufwendungen« bzw. »Sonstige betriebliche Erträge« der Gewinn- und Verlustrechnung gesondert ausweisen oder, wenn ein Anhang zu erstellen ist, hier angeben (§ 281 Abs. 2 Satz 2 HGB).

werden, muss jede Herabsetzung des Postens auf dem Sammelkonto »Sonstige betriebliche Erträge« bzw. dem Unterkonto »Erträge aus der Auflösung von Sonderposten mit Rücklageanteil« zur Verbuchung kommen. Die ggf. anteilige Rücklagenübertragung hat dann zu Lasten des Sammelkontos »Sonstige betriebliche Aufwendungen« zu erfolgen.[529] Große und mittlere Kapitalgesellschaften (§ 288 Satz 1 HGB) und ihnen gesetzlich gleichgestellte Unternehmen sowie eingetragene Genossenschaften (§ 336 Abs. 2 Satz 1 HGB) haben im **Anhang** das Ausmaß anzugeben, in dem das Jahresergebnis durch die Bildung eines Sonderpostens mit Rücklageanteil beeinflusst wurde (§ 285 Nr. 1 1. HS HGB).

Da die Darlegung der Bildung, Auflösung und Übertragung steuerfreier Rücklagen für alle derzeit möglichen Fälle den Rahmen dieser Abhandlung sprengen würde, der buchhalterische Ablauf bei allen Rücklagearten aber im Prinzip identisch ist, beschränken sich die folgenden Ausführungen auf die **Rücklage für Ersatzbeschaffung** nach R 6.6 Abs. 4 EStR.[530] Diese steuerfreie Rücklage zielt darauf ab, **Entschädigungsgewinne** aufgrund von Ereignissen, die das Unternehmen nicht beeinflussen kann (z. B. Ausscheiden von Wirtschaftsgütern aus dem Betriebsvermögen infolge höherer Gewalt oder zur Vermeidung eines behördlichen Eingriffs) zunächst der Ertragsbesteuerung zu entziehen. Im Geschäftsjahr der Beschaffung eines neuen **(funktionsgleichen) Wirtschaftsguts** kann die Rücklage auf diesen Vermögensgegenstand übertragen werden. Allerdings ist zu berücksichtigen, dass bei Erhalt einer höheren Entschädigung bzw. Gegenleistung als der Wert des ersatzbeschafften Gegenstandes die Übertragung lediglich nach Maßgabe des Verhältnisses zwischen den Anschaffungs- oder Herstellungskosten des Ersatzwirtschaftsgutes und der erhaltenen Entschädigung bzw. Gegenleistung für das ausgeschiedene Wirtschaftsgut erfolgen kann.[531] Der nicht übertragbare Teil führt in der Auflösungsperiode unmittelbar zu einer Erhöhung der ertragsteuerlichen Bemessungsgrundlage.[532]

---

**Beispiel:**

Zu Beginn des Geschäftsjahres 2004 wurde bei der XY-Einzelunternehmung eine Verpackungsmaschine durch Brand zerstört (Buchwert = 177.500 €). Die Versicherungsgesellschaft erkannte den Schaden an und überwies im Dezember 2002 eine Entschädigung in Höhe von 200.000 €. Die Anschaffung einer funktionsgleichen Anlage erfolgte am 01. 10. 2005 zu Anschaffungskosten von 192.000 € (einschließlich 20 % Umsatzsteuer). Die neue Maschine soll zeitanteilig nach der linearen Methode abgeschrieben werden (betriebsgewöhnliche Nutzungsdauer = 8 Jahre).

**Buchungen im Geschäftsjahr 2004:**

Um die Versteuerung des Entschädigungsgewinns zu vermeiden, kann das Unternehmen nach H 6.6 Abs. 3 EStR in Höhe des Unterschiedsbetrages zwischen Entschädigung (200.000 €) und Buchwert der zerstörten Anlage (177.500 €) eine steuerfreie Rücklage bilden.

---

529  Im Hinblick auf den Ausweis in der handelsrechtlichen Gewinn- und Verlustrechnung so auch *ADS* 1997b, Anm. 24 zu § 273 HGB, S. 390.

530  Vgl. zur buchhalterischen Behandlung der einzelnen Rücklagearten etwa *Eisele* 2002, S. 403 f; *Falterbaum/Bolk/Reiß* 2003, S. 560 u. 574.

531  Sofern die Ersatzbeschaffung im gleichen Geschäftsjahr erfolgt, in dem der Entschädigungsgewinn entsteht, kann auch unmittelbar, d. h. ohne Rücklagenbildung, eine (anteilige) Übertragung auf das neue Wirtschaftsgut vorgenommen werden (H 6.6 Abs. 3 EStR).

532  Zu den Voraussetzungen und Einzelheiten der Rücklage für Ersatzbeschaffung vgl. im Detail R 6.6 Abs. 1 EStR.

| (1) Guthaben bei Kreditinstituten | 200.000 € | an | – Maschinelle Anlagen<br>– Sonstige betriebliche Erträge | 177.500 €<br><br>22.500 € |
| (2) Einstellungen in den Sonderposten mit Rücklageanteil | | an | Sonderposten mit Rücklageanteil | 22.500 €. |

Kontenmäßige Darstellung:

| S | Maschinelle Anlagen | H |
|---|---|---|
| | € | € |
| AB | (1) | 177.500 |

| S | Guthaben bei Kreditinstituten | H |
|---|---|---|
| | € | € |
| AB<br>(1) | 200.000 | |

| S | Sonderposten mit Rücklageanteil | H |
|---|---|---|
| | € | € |
| SBK (EB) | 22.500 | AB | 0 |
| | | (2) | 22.500 |
| | 22.500 | | 22.500 |

| S | Sonstige betriebliche Erträge | H |
|---|---|---|
| | € | € |
| GuV (Saldo) | | (1) | 22.500 |

| S | Einstellungen in den Sonderposten mit Rücklageanteil | H |
|---|---|---|
| | € | € |
| (2) | 22.500 | GuV (Saldo) | |

**Buchungen im Geschäftsjahr 2005:**

Laut R 6.6 Abs. 4 Satz 6 EStR ist die im Geschäftsjahr 2004 gebildete Rücklage im Wirtschaftsjahr 2005 zu übertragen, da in dieser Periode die Beschaffung einer funktionsgleichen Anlage erfolgte. Allerdings ist keine Vollübertragung möglich, da die Entschädigungszahlung über den Anschaffungskosten des Ersatzwirtschaftsguts liegt (H 6.6 Abs. 3 EStR). Die Höhe der übertragungsfähigen Rücklage errechnet sich wie folgt:

$$\frac{160.000\,€}{200.000\,€} \cdot 22.500\,€ = 18.000\,€$$

| (1) – Maschinelle Anlagen<br>– Vorsteuer | 160.000 €<br>32.000 € | an | Guthaben bei Kreditinstituten | 192.000 € |
| (2) Sonderposten mit Rücklageanteil | | an | Erträge aus der Auflösung von Sonderposten mit Rücklageanteil | 22.500 € |

(3) Sonstige betriebliche    an    Maschinelle
    Aufwendungen                      Anlagen                18.000 €

(4) Abschreibungen auf Sachanlagen    an    Maschinelle Anlagen    44.375 €.[533]

Kontenmäßige Darstellung:

| S | Maschinelle Anlagen | | H |
|---|---|---|---|
| | € | | € |
| AB | | (3) | 18.000 |
| (1) | 160.000 | (4) | 44.375 |

| S | Guthaben bei Kreditinstituten | | H |
|---|---|---|---|
| | € | | € |
| AB | | (2) | 192.000 |

| S | Vorsteuer | | H |
|---|---|---|---|
| | € | | € |
| (1) | 32.000 | | |

| S | Sonderposten mit Rücklageanteil | | H |
|---|---|---|---|
| | € | | € |
| (2) | 22.500 | AB | 22.500 |
| SBK (EB) | 0 | | |
| | 22.500 | | 22.500 |

| S | Erträge aus der Auflösung von Sonderposten mit Rücklageanteil | | H |
|---|---|---|---|
| | € | | € |
| GuV | 22.500 | (2) | 22.500 |

| S | Abschreibungen auf Sachanlagen | | H |
|---|---|---|---|
| | € | | € |
| (4) | 44.375 | GuV | 44.375 |

| S | Sonstige betriebliche Aufwendungen | | H |
|---|---|---|---|
| | € | | € |
| (1) | 18.000 | GuV (Saldo) | |

## 6.    Verbindlichkeiten

Verbindlichkeiten stellen das Gegenstück zu den auf der Aktivseite auszuweisenden Forderungen dar. Ebenso wie die Rückstellungen zählen Verbindlichkeiten zur Kategorie der Schulden, die gemäß § 246 Abs. 1 Satz 1 HGB **vollständig anzusetzen** (Passierungsgebot) und nach § 247 Abs. 1 HGB in der Bilanz **gesondert auszuweisen** sowie **hinreichend aufzugliedern** sind. Im Gegensatz zu den Rückstellungen liegen **Ursache, Höhe** und **Fälligkeit** der Schuld bei den Verbindlichkeiten fest. **Ungewisse Verbindlichkeiten** sind unter den Rückstellungen auszuweisen.[534] Verbindlichkeiten werden aufgrund eines Leistungszwangs gegenüber einem anderen **(Außenverpflichtung)**, der rechtlich begründet (zivil- oder öffentlichrecht-

---

533  Abschreibungsgrundlage sind gemäß R 7.3 Abs. 4 EStR die Anschaffungskosten (160.000 €) abzüglich der anteilig übertragenen steuerfreien Rücklagen (18.000 €). Mithin errechnen sich die planmäßigen Abschreibungen für das Geschäftsjahr 2005 zeitanteilig wie folgt: $44.375 € = \frac{142.000 €}{8 \text{ Jahre}} \cdot \frac{3}{12}$.

534  Vgl. hierzu die Ausführungen im Dritten Teil zu Gliederungspunkt I.B.4.c.c.b(a).

liche Verpflichtungen) oder der in einer faktischen, nicht einklagbaren Leistungsverpflichtung (z. B. verjährte Verbindlichkeiten, die der Kaufmann trotz der Verjährung zu begleichen beabsichtigt) bestehen kann, ausgelöst.[535] In diesem Zusammenhang ist zu berücksichtigen, dass **Verbindlichkeiten aus Lieferungen und Leistungen** zwar rechtlich mit Abschluss der entsprechenden Verträge (z. B. Kauf-, Dienst-, Miet-, Pacht- und Werkverträge)[536] entstehen, aber in der Bilanz nach den GoB erst dann zu passivieren sind, wenn die nach dem Vertrag geschuldete Leistung in der Weise erfüllt worden ist, dass der Leistende alle wesentlichen Erfüllungshandlungen vollzogen hat und wirtschaftlich wesentliche Teile der rechtlichen Gefahr (Leistungsgefahr, Preisgefahr) nicht mehr trägt. Analog zur Bilanzierung von Forderungen aus Lieferungen und Leistungen liegt bis zu diesem Zeitpunkt ein **nichtpassivierungsfähiges schwebendes (Verpflichtungs-)Geschäft** vor.[537]

Das Gliederungsschema von § 266 Abs. 3 Posten C. HGB sieht im Einzelnen folgenden separaten Ausweis der Verbindlichkeiten in **acht Gruppen** vor:

- Anleihen;
- Verbindlichkeiten gegenüber Kreditinstituten;
- Erhaltene Anzahlungen auf Bestellungen;
- Verbindlichkeiten aus Lieferungen und Leistungen;
- Verbindlichkeiten aus der Annahme gezogener Wechsel und der Ausstellung eigener Wechsel;
- Verbindlichkeiten gegenüber verbundenen Unternehmen;
- Verbindlichkeiten gegenüber Unternehmen, mit denen ein Beteiligungsverhältnis besteht;
- Sonstige Verbindlichkeiten.

Darüber hinaus sind im Zusammenhang mit der Passivierung von Verbindlichkeiten spezifische **Ausweis-** und **Angabevorschriften** zu beachten. Zunächst verbietet das **Saldierungsverbot** des § 246 Abs. 2 HGB grundsätzlich die Verrechnung von Forderungen und Verbindlichkeiten. Allerdings ist zu berücksichtigen, dass hierdurch die Aufrechnungsmöglichkeit von § 387 BGB nicht berührt wird. Mithin können Forderungen und Verbindlichkeiten, die gegenüber ein und demselben Geschäftspartner bestehen und die zum gleichen Zeitpunkt fällig sind, saldiert werden. Zudem verlangt § 268 Abs. 5 Satz 1 HGB den gesonderten Ausweis des Einzelbetrages jeder Verbindlichkeitsart in Gestalt eines »Davon-Vermerks« mit einer Restlaufzeit bis zu einem Jahr. Darüber hinaus sieht § 285 Nr. 1 a) HGB für alle Kapitalgesellschaften und ihnen gesetzlich gleichgestellte Unternehmen sowie eingetragenen Genossenschaften (§ 336 Abs. 2 Satz 1 1. HS HGB) eine Angabe des **Gesamtbetrages** der Verbindlichkeiten mit einer Restlaufzeit von mehr als fünf Jahren im **Anhang** vor. Als Restlaufzeit gilt in den beiden aufgezeigten Fällen die Dauer zwischen dem jeweiligen Bilanzstichtag und dem schuldrechtlich vereinbarten oder effektiven Begleichungszeitpunkt der Verbindlichkeit.[538] Ferner haben diese Unternehmen gemäß § 285 Nr. 1 b) HGB im Anhang den **Gesamtbetrag** der Verbindlichkeiten, die durch Pfandrecht oder ähnliche Rechte (z. B. Sicherungsübereignung oder Eigentumsvorbehalt) gesichert sind, unter Angabe von Art und Form der Sicherheiten darzulegen. Für mittelgroße und große Kapitalgesellschaften (§ 288 Satz 1 HGB) sowie eingetragene Genossenschaften (§ 336 Abs. 2 Satz 1 1. HS HGB)

---

535  Vgl. *Hoyos/Ring* 2006c, Anm. 202 und Anm. 204 zu § 266 HGB, S. 158.
536  Vgl. § 433 Abs. 2, § 611 Abs. 1, § 535, § 581 Abs. 1, § 631 Abs. 1 BGB.
537  Vgl. hierzu die Ausführungen im Dritten Teil zu Gliederungspunkt II.B.1.
538  Vgl. *ADS* 1997b, Anm. 109–111 zu § 268 HGB, S. 241.

besteht darüber hinaus gemäß § 285 Nr. 2 HGB die Verpflichtung, im Anhang die Aufgliederung der in § 285 Nr. 1 HGB verlangten Angaben für **jeden Posten der Verbindlichkeiten** nach dem vorgeschriebenen Gliederungsschema vorzunehmen, sofern sich diese Informationen nicht aus der **Bilanz** ergeben. Wenn sich diese Gesellschaften entscheiden, die erforderlichen Angaben im Anhang vorzunehmen, bietet sich die Erstellung eines sog. **Verbindlichkeitenspiegels** an, der alle relevanten Informationen nach § 285 Abs. 5 Satz 1 HGB sowie § 268 Abs. 5 Satz 1 HGB enthält. **Abb. 129** verdeutlicht beispielhaft die Strukturen eines solchen Verbindlichkeitenspiegels.[539] Durch die Angabe- und Vermerkpflichten der Verbindlichkeiten im Anhang und/oder der Bilanz werden die externen Adressaten im Rahmen einer **liquiditätsorientierten Rechnungslegungsanalyse** in die Lage versetzt, die Verbindlichkeiten in folgende **drei Fristigkeitskategorien** aufzuspalten:[540]

- Verbindlichkeiten mit einer Restlaufzeit bis zu einem Jahr (**kurzfristige Verbindlichkeiten**);
- Verbindlichkeiten mit einer Restlaufzeit zwischen einem Jahr und fünf Jahren (**mittelfristige Verbindlichkeiten**) und
- Verbindlichkeiten mit einer Restlaufzeit über fünf Jahre (**langfristige Verbindlichkeiten**).

Eine Sonderstellung unter den einzeln in der Bilanz auszuweisenden Verbindlichkeiten nehmen die **erhaltenen Anzahlungen auf Bestellungen** (§ 266 Abs. 3 Posten C. 3. HGB) ein. Unter diesem Posten sind sämtliche Vorauszahlungen von Kunden für künftige Lieferungen oder Leistungen des Unternehmens auszuweisen, die aufgrund eines bereits **geschlossenen Vertrages** entrichtet wurden. Es handelt sich mithin um Vorleistungen im Rahmen eines schwebenden Geschäfts (z. B. von Werften häufig verlangte Vorauszahlungen für die langfristige Fertigung bestellter Schiffe). Allerdings ist in diesem Zusammenhang zu berücksichtigen, dass gemäß § 268 Abs. 5 Satz 2 HGB ein **Wahlrecht** besteht, erhaltene Anzahlungen auf Bestellungen auch auf der Aktivseite offen von dem Posten Vorräte (§ 266 Abs. 2 Posten B. I. HGB) abzusetzen, wenn die Anzahlungen bestimmten Gegenständen des Vorratsvermögens **wirtschaftlich zuzuordnen** sind (z. B. auf Lager befindliche Einbauteile, die in Produkte des angezahlten Auftrags einfließen sollen).[541] Der Posten »Sonstige Verbindlichkeiten« (§ 266 Abs. 3 Posten C. 8. HGB) stellt schließlich eine **Sammelposition** dar, unter der einem vorhergehenden Posten nicht zuordnenbare Verbindlichkeiten auszuweisen sind (z. B. Steuerschulden des Unternehmens, einzubehaltende und abzuführende Steuern sowie Sozialabgaben, Verbindlichkeiten aus Zusagen im Rahmen der betrieblichen Altersversorgung gegenüber Arbeitnehmern und Pensionären, Darlehensverbindlichkeiten, die nicht gegenüber Kreditinstituten bestehen, antizipativ abgegrenzte Miet- und Pachtzinsen).[542]

Darüber hinaus wird ein separater Ausweis in Gestalt eines »Davon-Vermerks« von (sonstigen) Verbindlichkeiten aus Steuern und im Rahmen der sozialen Sicherheit verlangt. Sofern der Sammelposten »Sonstige Verbindlichkeiten« in einem größeren Umfang **antizipative Verbindlichkeiten**[543] enthält, die bis zum Bilanzstichtag noch nicht rechtlich entstanden sind (z. B. eine nicht auf Vertrag beruhende Verlustübernahme, wenn ein faktischer Zwang

---

539  Modifiziert entnommen von *Küting/Weber* 1987, S. 134.
540  Vgl. *Coenenberg* 2005, S. 375.
541  Vgl. zur Behandlung der als Aufwand berücksichtigten Umsatzsteuer auf am Abschlussstichtag auszuweisende oder von Vorräten offen abgesetzte Anzahlungen die Ausführungen im Dritten Teil zu Gliederungspunkt I.B.4. b.b.b.
542  Vgl. *Hoyos/Ring* 2006c, Anm. 246 zu § 266 HGB, S. 861 f.
543  Vgl. hierzu die Ausführungen im Dritten Teil zu Gliederungspunkt I.B.4.b.b.a.

zur Übernahme gegeben ist und der zu übernehmende Verlustbetrag feststeht[544]), müssen sie im **Anhang** erläutert werden (§ 268 Abs. 5 Satz 3 HGB).

Alle vorher dargestellten Verbindlichkeiten sind auf der Passivseite der Bilanz separat auszuweisen. Ergänzend zu dieser Schuldendarstellung verlangt der Gesetzgeber für alle Unternehmen gemäß § 251 HGB einen Vermerk **bestimmter Haftungsverhältnisse** in einem Betrag **unter (außerhalb) der Bilanz**, sofern sie nicht auf der Passivseite auszuweisen sind. Bei diesen auch als **Eventualverbindlichkeiten** bezeichneten Schulden handelt es sich um Fälle nichtpassivierungspflichtiger schwebender (Verpflichtungs-)Geschäfte, die zu einer rechtlich möglichen Inanspruchnahme des Kaufmanns führen können, mit deren Eintritt aber zum Bilanzstichtag nicht zu rechnen ist.[545] Im Einzelnen werden in § 251 Satz 1 1. HS HGB folgende Tatbestände angesprochen, die zu einer **Vermerkpflicht** führen:

- Verbindlichkeiten aus der Begebung und Übertragung von Wechseln,
- Verbindlichkeiten aus Bürgschaften sowie aus Wechsel- und Scheckbürgschaften,
- Verbindlichkeiten aus Gewährleistungsverträgen sowie
- Haftungsverhältnisse aus der Bestellung von Sicherheiten für fremde Verbindlichkeiten.

Diese Eventualverbindlichkeiten sind auch dann zu vermerken, wenn ihnen gleichwertige Rückgriffsforderungen gegenüberstehen (§ 251 Satz 2 2. HS HGB). Sofern zum Bilanzstichtag eine Inanspruchnahme des Kaufmanns aus den bestehenden Haftungsverhältnissen absehbar ist, muss anstelle des Ausweises unter der Bilanz eine **Rückstellung für ungewisse Verbindlichkeiten** gemäß § 249 Abs. 1 Satz 1 HGB gebildet werden.[546] Kapitalgesellschaften und ihnen gesetzlich gleichgestellte Unternehmen haben laut § 268 Abs. 7 1. HS HGB die in Rede stehenden Haftungsverhältnisse »… jeweils gesondert unter der Bilanz oder im Anhang unter Angabe der gewährten Pfandrechte und sonstigen Sicherheiten anzugeben …«. Sofern Eventualverbindlichkeiten bei diesen Unternehmen gegenüber verbundenen Unternehmen bestehen, müssen sie gesondert angegeben werden (§ 268 Abs. 7 2. HS HGB).

Neben den in bzw. unter der Bilanz erfassten Verbindlichkeiten haben mittelgroße und große Kapitalgesellschaften (§ 288 Satz 1 HGB), mittelgroße und große kapitalistische Personenhandelsgesellschaften sowie eingetragene Genossenschaften (§ 336 Abs. 2 Satz 1 1. HS HGB) den **Gesamtbetrag der finanziellen Verpflichtungen**, die zur Beurteilung der Finanzlage von Bedeutung sind und die aus der Bilanz nicht hervorgehen, gemäß § 285 Nr. 3 1. HS HGB im **Anhang** anzugeben.[547] Die finanziellen Verpflichtungen gegenüber verbundenen Unternehmen sind aber gesondert zu vermerken (§ 285 Nr. 3 2. HS HGB). Das Erfordernis der Angabe sonstiger finanzieller Verpflichtungen findet seine Begründung in der Generalklausel des § 264 Abs. 2 HGB, nach der der Jahresabschluss unter Beachtung der GoB neben der Vermögens- und Ertragslage ein den tatsächlichen Verhältnissen entsprechendes Bild der Finanzlage der Kapitalgesellschaft zu vermitteln hat. So zielt diese Regelung darauf ab, den am Jahresabschluss Interessierten Informationen über solche Verpflichtungen zu vermitteln, die sich **weder in der Bilanz noch in der Gewinn- und Verlustrechnung** niedergeschlagen haben, deren Angabe aber für die Beurteilung der Finanzlage des Unternehmens seitens der Adressaten des Jahresabschlusses von Bedeutung ist. Allerdings muss berücksichtigt werden, dass die Verpflichtungen nur dann anzugeben sind, sofern sie **finanziellen**

---

544   Vgl. *Ellrott/Krämer* 2006b, Anm. 108 zu § 268 HGB, S. 906.
545   Vgl. *ADS* 1998, Anm. 1 zu § 251 HGB, S. 531.
546   Vgl. hierzu die Ausführungen im Dritten Teil zu Gliederungspunkt I.B.4.c.c.b(a).
547   Vgl. im Einzelnen *Freidank* 1992, Sp. 528–536.

| (alle Werte in €) | | Restlaufzeit | | | | Sicherungen | |
|---|---|---|---|---|---|---|---|
| | | bis 1 Jahr | 1 bis 5 Jahre | über 5 Jahre | insgesamt | gesicherter Betrag | Art der Sicherung |
| 1. Anleihen<br>– davon konvertibel | 10.000 | – | 210.000 | 290.000 | 500.000 | – | |
| 2. Verbindlichkeiten gegenüber Kreditinstituten | | 100.000 | 2.695.000 | 1.300.000 | 4.095.000 | 1.300.000 | Grundschuld/ Zession |
| 3. Verbindlichkeiten aus Lieferungen und Leistungen | | 500.000 | 500.000 | 600.000 | 1.600.000 | 1.200.000 | |
| 4. Verbindlichkeiten aus der Annahme gezogener Wechsel und der Ausstellung eigener Wechsel | | 280.000 | 20.000 | – | 300.000 | – | |
| 5. Verbindlichkeiten gegenüber verbundenen Unternehmen | | 240.000 | 40.000 | 40.000 | 320.000 | – | |
| 6. sonstige Verbindlichkeiten<br>– davon aus Steuern<br>– davon im Rahmen der sozialen Sicherheit | 22.000<br>21.000 | 130.000 | 2.840.000 | 50.000 | 3.020.000 | 1.500.000 | Sicherungsübereignung |
| Insgesamt | | 1.250.000 | 6.305.000 | 2.280.000 | 9.835.000 | 4.000.000 | |

Abb. 129: Beispiel für einen Verbindlichkeitenspiegel nach § 285 Nr. 1 und Nr. 2 HGB

**Charakter** tragen, d. h. in späteren Rechnungsperioden zu **Auszahlungen** führen. Die Pflichtangaben nach § 285 Nr. 3 HGB ersetzen im Zusammenwirken mit den Vermerken und Angaben über die Fälligkeiten von Forderungen und Verbindlichkeiten gemäß § 268 Abs. 4 Satz 1, Abs. 5 HGB und § 285 Nr. 1 und 2 HGB in gewisser Weise einen **Finanzplan**, dessen Erstellung zur Vermittlung eines den tatsächlichen Verhältnissen entsprechenden Bildes der Finanzlage eigentlich erforderlich wäre.[548]

Im Prinzip handelt es sich bei den sonstigen finanziellen Verpflichtungen um nicht bereits nach den GoB als Verbindlichkeiten oder Rückstellungen in der Bilanz zum Ausweis gekommene oder nicht als Eventualverbindlichkeiten nach § 251 HGB i. V. m. § 268 Abs. 7 HGB zu vermerkende **künftige Auszahlungsverpflichtungen**, denen sich das Unternehmen auf Dauer nicht entziehen kann und die am Abschlussstichtag bereits existieren oder deren Entstehen unausweislich ist.[549] Durch diese Anhangangabe sind die handelsrechtlichen Rechnungslegungsvorschriften um eine wichtige Komponente der **dynamischen Bilanztheorie** erweitert worden. Der Gesetzgeber hat aber auf eine abschließende Aufzählung der sonstigen finanziellen Verpflichtungen bewusst verzichtet, weil er die Entwicklung von GoB in diesem Bereich nicht durch eine umfassende Definition einschränken wollte. Folgende finanzielle Verpflichtungen sind in aller Regel für die Finanzlage des Unternehmens von Bedeutung und lösen dann das Erfordernis einer Anhangangabe aus, wenn sie nicht bereits in Form von Rückstellungen oder Eventualverbindlichkeiten bilanziert bzw. vermerkt wurden:[550]

548  Vgl. *WP-Handbuch* 2006, S. 616 f.
549  Vgl. *Selchert* 1987, S. 546 f.
550  Vgl. *ADS* 1995b, Anm. 43–71 zu § 285 HGB, S. 84–92.

- **Verpflichtungen aus abgeschlossenen Verträgen**
  (z. B. Pacht- und Mietverträge),
- **Verpflichtungen aus öffentlich-rechtlichen Rechtsverhältnissen**
  (z. B. Umweltschutzauflagen),
- **andere zukünftige Verpflichtungen**
  (z. B. für notwendige Großreparaturen),
- **gesellschaftsrechtliche Verpflichtungen**
  (z. B. Verpflichtungen zur Leistung ausstehender Einlagen auf Aktien, die dem Unternehmen gehören),
- **Haftung für fremde Verbindlichkeiten**
  (z. B. Haftung des Vermögensübernehmers nach § 419 BGB bzw. § 75 AO),
- **andere sonstige Verpflichtungen**
  (z. B. Vertragsstrafen nach § 340 BGB oder Verpflichtungen aus übernommenen Treuhandschaften).

# II.    Bilanzansatz der Höhe nach (Bewertung)

## A.    Allgemeines

Neben den laufend in den Büchern zu erfassenden Vorfällen hat der Kaufmann zum Ende des Geschäftsjahres bestimmte Abschlussbuchungen vorzunehmen. In diesem Zusammenhang kann in **vorbereitende** und **eigentliche Abschlussbuchungen** unterschieden werden. Während erstere vor allem aufgrund handels- und steuerrechtlicher Bilanzierungs- und Bewertungsvorschriften durchzuführen sind, um das zum Bilanzstichtag im Zuge der Inventur ermittelte Unternehmensvermögen entsprechend den gesetzlichen Normen in der Finanzbuchhaltung auszuweisen, kommt den eigentlichen Abschlussbuchungen die Aufgabe zu, die einzelnen Bestands- und Erfolgskonten zum Zwecke der Erstellung des Schlussbilanz- sowie Gewinn- und Verlustkontos abzuschließen. Sowohl die vorbereitenden als auch die eigentlichen Abschlussbuchungen werden i. d. R. zwischen dem **Bilanzstichtag und dem Tag der Bilanzerstellung** vorgenommen. Gemäß § 243 Abs. 3 HGB haben nicht publizitätspflichtige Einzelunternehmen und Personenhandelsgesellschaften »… den Jahresabschluss innerhalb der einem ordnungsmäßigen Geschäftsgang entsprechenden Zeit aufzustellen«[551]. Nach h. M. wird diesem Postulat entsprochen, wenn die Aufstellung spätestens **12 Monate** nach Ablauf des Geschäftsjahres erfolgt.[552] Sofern das Unternehmen zusätzlich dem **Publizitätsgesetz** unterliegt, ist es verpflichtet, die Bilanz sowie die Gewinn- und Verlustrechnung in den ersten **drei Monaten** des nachfolgenden Geschäftsjahres anzufertigen (§ 5 Abs. 1 Satz 1 PublG).

Unter **Bewertung** ist allgemein das Ergebnis der Zuordnung einer in Geldeinheiten ausgedrückten Wertgröße zu einem bestimmten Bilanzobjekt (z. B. Vermögensgegenstand, Bilanzierungshilfe, Rechnungsabgrenzungsposten, Eigenkapital, Rücklage, Rückstellung oder

---

551    Zu den Aufstellungsfristen für Kapitalgesellschaften und eingetragene Genossenschaften vgl. § 264 Abs. 1 HGB und § 336 Abs. 1 Satz 2 HGB.
552    Vgl. hierzu *Förschle* 2006a, Anm. 93 zu § 243 HGB, S. 66.

Verbindlichkeit) zu verstehen.[553] Bevor jedoch über den bilanziellen Ansatz »**der Höhe nach**« (**Bewertungsansatz**) entschieden wird, ist stets zu klären, ob das Bilanzobjekt »**dem Grunde nach**« (**Bilanzierungsansatz**)[554] im Jahresabschluss zwingend ausgewiesen werden muss oder angesetzt werden darf. Während bezüglich der Vermögensgegenstände und Schulden die Entscheidung über den Bilanzierungsansatz in aller Regel bereits beim Gütererwerb bzw. zum Zeitpunkt der Forderungs- oder Verbindlichkeitenentstehung getroffen wird, erfolgt bei den anderen Bilanzobjekten (z. B. Rechnungsabgrenzungsposten, Rücklagen und Rückstellungen) eine Befassung mit dieser Thematik grundsätzlich erst nach dem Bilanzstichtag, d. h. im Rahmen der vorbereitenden Abschlussbuchungen.

Bilanzierung und Bewertung richten sich grundsätzlich nach den **Verhältnissen am Bilanzstichtag** (§ 252 Abs. 1 Nr. 3 HGB). Bei der Ermittlung des Stichtagswertes sind alle Umstände, die zum Abschlusszeitpunkt objektiv bestanden haben, zu beachten. Mithin müssen gemäß § 252 Abs. 1 Nr. 4 1. HS HGB auch Erkenntnisse verarbeitet werden, die erst zwischen dem Bilanzstichtag und dem Tag der Bilanzaufstellung bekannt geworden sind (Berücksichtigung sog. **wertaufhellender Tatsachen**). Sofern jedoch nach dem Abschlussstichtag Ereignisse eintreten (z. B. Preisänderungen), die eine zutreffendere Beurteilung der Wertverhältnisse am Bilanzstichtag gestatten, dürfen diese Erkenntnisse prinzipiell nicht zu einer Anpassung der Stichtagswerte führen. Hieraus folgt, dass sog. **wertbeeinflussende Ereignisse** im Rahmen der Bewertung grundsätzlich keine Berücksichtigung finden. Allerdings existieren einige **Durchbrechungsmöglichkeiten des Stichtagsprinzips** (z. B. § 253 Abs. 3 Satz 3 HGB), auf die noch einzugehen sein wird.

**Beispiel:**

Im Holzlager eines Kunden hat sich in der Nacht vom 20. zum 21. Dezember 2005 ein Brand ereignet, der zur völligen Zahlungsunfähigkeit des Kunden führt, da von diesem keine Feuerschutzversicherung abgeschlossen wurde. Der Gläubiger erfährt erst am 15. Januar 2006 von diesem Ereignis. Die Bilanzaufstellung für das Geschäftsjahr 2005 (= Kalenderjahr) wurde bis zu diesem Zeitpunkt noch nicht vorgenommen. Es handelt sich hier um ein wertaufhellendes Ereignis. Da die Forderung objektiv bereits am 31. Dezember 2005 uneinbringlich war, ist der Forderungsausfall im Jahresabschluss 2005 zu berücksichtigen.

# B.     Überblick über die Bewertungsvorschriften des Handels- und Steuerrechts

## 1.     Darstellung der Grundkonzeption

**Abb. 130** zeigt die grundlegende Systematik der handelsrechtlichen Bewertungsvorschriften, die auch für die **steuerrechtliche Gewinnermittlung** maßgebend ist. Diese Einzelregelungen lassen sich aus dem **Vorsichtsprinzip** ableiten, das gemäß § 252 Abs. 1 Nr. 4 1. HS HGB den Kaufmann ganz allgemein zu einer vorsichtigen Bewertung des Unternehmens-

---

553   Ähnlich *Federmann* 2000, S. 305.
554   Vgl. hierzu die Ausführungen im Dritten Teil zu Gliederungspunkt I.A.1.

vermögens verpflichtet.[555] Diesem Postulat entspringt zunächst das **Realisationsprinzip**, nach dem Erfolge (Gewinne und Verluste) nur dann ausgewiesen werden dürfen, wenn sie am Abschlussstichtag im Rahmen des Umsatzprozesses bereits verwirklicht wurden.[556] Das Realisationsprinzip regelt somit die Bewertung von Unternehmensleistungen vor und nach dem Absatz.[557] Darüber hinaus hat der Realisationsgrundsatz seinen Niederschlag in dem handels- und steuerrechtlich kodifizierten **Anschaffungs- und Herstellungskostenprinzip** gefunden, nach dem für alle Leistungen der Unternehmung bis zu ihrer Verwertung auf dem Absatzmarkt ein höherer Bilanzansatz als zu den Anschaffungs- oder Herstellungskosten, bei abnutzbaren Anlagegegenständen vermindert um planmäßige Abschreibungen, ausgeschlossen wird (§ 253 Abs. 1 Satz 1 HGB; § 6 Abs. 1 Nr. 1 und Nr. 2 EStG). Erst bei Vollzug des Umsatzprozesses ( = Realisation der Unternehmensleistungen) ist eine Bewertung mit den erzielten Preisen, unabhängig vom Zahlungszeitpunkt, zulässig. Durch die Kodifizierung des Anschaffungs- und Herstellungskostenprinzips will der Gesetzgeber verhindern, dass aufgrund eines höheren Wertansatzes **unrealisierte Gewinne** entnommen bzw. ausgeschüttet oder einer vorzeitigen Besteuerung unterworfen werden. Diese Bewertungskonvention ist folglich auf eine **Erhaltung des Nominalkapitals** der Unternehmung und damit auf eine Sicherung der den Forderungen der Gläubiger haftenden Substanz ausgerichtet.

Wie vorstehend ausgeführt wurde, zielt das aus dem Vorsichtsgrundsatz abgeleitete Realisationsprinzip darauf ab, den Ausweis noch nicht durch Umsatzprozess realisierter Erfolge zu verhindern. Über den **Zeitpunkt der Realisation** finden sich aber weder im Handels- noch im Steuerrecht entsprechende Regelungen.

Nach h. M. dürfen Forderungen (Rechte) und Verbindlichkeiten (Lasten) aus einem entgeltlich begründeten schuldrechtlichen Rechtsverhältnis nicht aktiviert bzw. passiviert werden, solange und soweit sie beiderseits noch **nicht erfüllt** sind und das **Gleichgewicht** nicht durch Vorleistungen (z. B. Anzahlungen) oder Erfüllungsrückstände **gestört** ist oder **Verluste drohen**.[558] Forderungen entstehen mithin im Zeitpunkt der Lieferung oder Leistung. Die Lieferung ist im Allgemeinen dann vollzogen, wenn der Verkäufer die Sache dem Käufer **übertragen**[559] bzw. ihm die **Verfügungsmacht** verschafft hat.[560] Erst zu diesem Zeitpunkt darf der Verkäufer den Anspruch mit der Folge der Gewinnrealisierung aktivieren. Bis zu dem in Rede stehenden Zeitpunkt liegt ein **nichtbilanzierungsfähiges schwebendes (Verpflichtungs-)Geschäft** vor. Versendet der Verkäufer die Sache auf Verlangen des Käufers an einen anderen Ort als den Erfüllungsort (sog. **Versendungskauf**), geht die Gefahr des zufälligen Untergangs gemäß § 447 Abs. 1 BGB bereits bei der Übergabe an den Spediteur, Frachtführer oder der sonst zur Ausführung der Versendung bestimmten Person oder Anstalt auf den Käufer über. **Abb. 131** verdeutlicht die Grundstruktur zur handelsrechtlichen Bilanzierung schwebender Geschäfte.

---

555   Vgl. zu einer genaueren Darstellung der Inhalte des Vorsichtsprinzips und den aus diesem Grundsatz abgeleiteten Postulaten die Ausführungen im Dritten Teil zu Gliederungspunkt II.B.2.b.

556   Das durch das Imparitätsprinzip eingeschränkte Realisationsprinzip (Verbot des Ausweises unrealisierter Gewinne) ist in § 252 Abs. 1 Nr. 4 2. HS HGB verankert.

557   Vgl. *Leffson* 1987, S. 247.

558   Vgl. *Weber-Grellet* 2006, Anm. 76 zu § 5 EStG, S. 354 f. Allerdings ist zu berücksichtigen, dass die Bildung von Drohverlustrückstellungen im Rahmen der steuerrechtlichen Gewinnermittlung nicht (mehr) zulässig ist; vgl. § 5 Abs. 4 a EStG.

559   Die Übertragung des Eigentums an beweglichen Sachen vollzieht sich gemäß § 929 BGB durch Einigung und Übergabe.

560   Die Verfügungsmacht gilt in aller Regel dann als verschafft, wenn Eigenbesitz, Gefahr, Nutzen und Lasten auf den Erwerber übergehen.

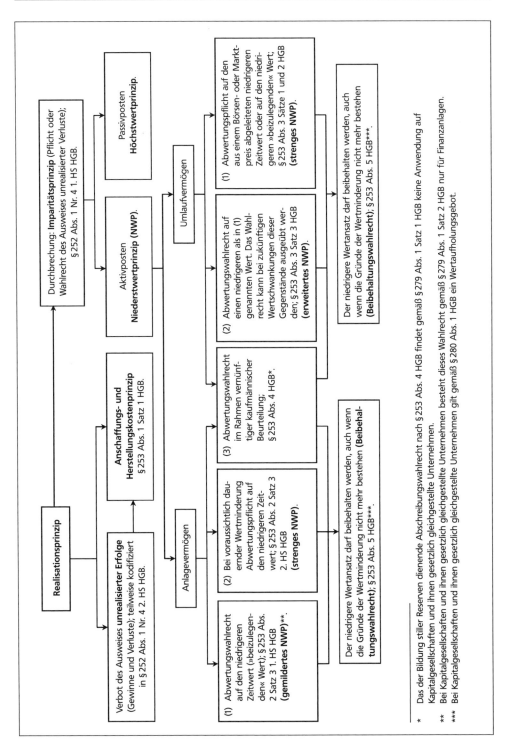

Abb. 130: Grundlegende Systematik der handelsrechtlichen Bewertungsvorschriften

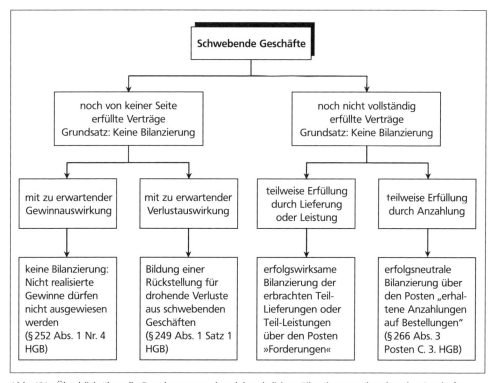

Abb. 131: Überblick über die Regelungen zur handelsrechtlichen Bilanzierung schwebender Geschäfte

**Beispiel:**
Ein Unternehmer hat Ware auf Wunsch des Käufers an dessen Wohnort versandt. Am Bilanzstichtag (31. 12. 2005) befinden sich die Produkte noch auf dem Transport. Der vereinbarte Verkaufspreis beträgt 20.000 € (zzgl. 20 % Umsatzsteuer). Es handelt sich um einen Versendungskauf, da Erfüllungsort für den Unternehmer sein Wohnsitz ist (§ 269 Abs. 1 BGB) und im Kaufvertrag keine vom Bürgerlichen Gesetzbuch abweichenden Vereinbarungen getroffen wurden. Der Verkäufer versendet mithin an einen anderen Ort als den Erfüllungsort. Der Unternehmer muss somit am 31. 12. 2005 wie folgt buchen:

| | | | |
|---|---|---|---|
| Forderungen aus Lieferungen und Leistungen 24.000 € | an | – Warenverkauf | 20.000 € |
| | | – Umsatzsteuer | 4.000 €. |

Weiterhin lässt sich aus dem Postulat der vorsichtigen Bewertung das **Imparitätsprinzip** (Ungleichheitsprinzip) ableiten. Dieser Grundsatz bringt die ungleiche Behandlung noch nicht realisierter Gewinne und Verluste zum Ausdruck. Während die buchhalterische Gewinnentstehung stets einen Realisationsakt voraussetzt, d. h. auf eine Bestätigung durch den Markt abstellt, genügt hingegen für die Antizipation von Verlusten und Risiken, dass sie **vorhersehbar** sind und auf das entsprechende Geschäftsjahr entfallen.

Das Imparitätsprinzip kommt hinsichtlich der Bewertung von Vermögensgegenständen konkret in den Niederstwertvorschriften von § 253 Abs. 2 und Abs. 3 HGB zum Ausdruck. Das **Niederstwertpostulat** besagt, dass von zwei zur Verfügung stehenden Werten der niedrigere angesetzt werden muss (**strenges Niederstwertprinzip**) oder kann (**gemildertes Niederstwertprinzip**). Im Rahmen des Bewertungsansatzes ist der **Buchwert** (z. B. in Gestalt der Anschaffungs- oder Herstellungskosten) mit dem **Zeitwert** des betreffenden Vermögensgegenstandes zu vergleichen. Aufgrund der **Maßgeblichkeit** der handelsrechtlichen Bewertungsvorschriften für die steuerrechtliche Gewinnermittlung (§ 5 Abs. 1 Satz 1 EStG) besitzen die Niederstwertnormen prinzipiell auch für die Bewertung nach § 6 Abs. 1 Nr. 1 und Nr. 2 EStG Gültigkeit. Durch die Pflicht oder das Wahlrecht des Ausweises **unrealisierter Verluste** werden überhöhte Entnahmen bzw. Ausschüttungen an die Eigner zum Zwecke der Erhaltung des Nominalkapitals vermieden, wodurch ebenfalls den Interessen der Unternehmensgläubiger Rechnung getragen wird.

Wenn die Gründe, die für eine in früheren Geschäftsjahren vorgenommene Abschreibung auf einen niedrigeren Wert verantwortlich waren, zum Abschlussstichtag nicht mehr bestehen, kann dieser niedrige Wertansatz beibehalten werden (**Beibehaltungswahlrecht**) oder aber es kann eine Zuschreibung bis zu dem aktuellen Stichtagswert, maximal jedoch nur bis zu den (fortgeführten)[561] Anschaffungs- oder Herstellungskosten, erfolgen (**Zuschreibungswahlrecht**). Diese Regelung, die aufgrund des in § 280 Abs. 1 HGB kodifizierten **Wertaufholungsgebotes** für **Kapitalgesellschaften** und ihnen gesetzlich gleichgestellte Unternehmen nicht gilt, ist in § 253 Abs. 5 HGB verankert. Im Rahmen der **steuerrechtlichen Gewinnermittlung müssen** hingegen alle Unternehmen beim Wegfall des Wertminderungsgrundes der betreffenden Gegenstände des Anlage- und des Umlaufvermögens Zuschreibungen vornehmen (§ 6 Abs. 1 Nr. 1 Satz 4 EStG, § 6 Abs. 1 Nr. 2 Satz 3 EStG, § 7 Abs. 1 Satz 7 2. HS EStG).

---

**Beispiel:**
Der Einzelunternehmer A erwirbt in spekulativer Absicht zum Ende des Geschäftsjahres 2005 Wertpapiere für sein Unternehmen in Höhe von 40.000 € (= Anschaffungskosten), die er aufgrund unveränderter Kursentwicklung mit diesem Wert im Umlaufvermögen der Periode 2005 bilanziert. Aufgrund eines elementaren Kursverfalls beträgt der Kurswert der Wertpapiere zum Bilanzstichtag 2006 lediglich 27.500 €. Allerdings erholen sich die Papiere anschließend wieder, wodurch ihr Kurswert zum Stichtag des Geschäftsjahres 2007 mit 36.000 € notiert wird. Gemäß § 253 Abs. 3 Satz 1 HGB muss der Kaufmann die Wertpapiere im Jahresabschluss 2005 auf 27.500 € abwerten.

Buchungssatz:

| Abschreibungen auf | an | Wertpapiere des | |
|---|---|---|---|
| Wertpapiere des Umlaufvermögens | | Umlaufvermögens | 12.500 €. |

---

561　Sofern bei Gegenständen des abnutzbaren Anlagevermögens eine außerplanmäßige Abschreibung wieder rückgängig gemacht wird, kann nur maximal bis zu den ursprünglichen Anschaffungs- oder Herstellungskosten, abzüglich der zwischenzeitlich anfallenden planmäßigen Abschreibungen (fortgeführte Anschaffungs- oder Herstellungskosten), zugeschrieben werden.

Kontenmäßige Darstellung des Geschäftsvorfalls:

| S | Wertpapiere des Umlauf-vermögens | | H | | S | Abschreibungen auf Wert-papiere des Umlaufvermögens | | H |
|---|---|---|---|---|---|---|---|---|
| | € | | € | | | € | | € |
| AB | 40.000 | (1) | 12.500 | | (1) | 12.500 | GuV (Saldo) | |
| | | SBK (EB) | 27.500 | | | | | |
| | 40.000 | | 40.000 | | | | | |

Für das Geschäftsjahr 2006 steht es dem Kaufmann nach § 253 Abs. 5 HGB frei, den Wert von 27.500 € beizubehalten oder aber eine Zuschreibung bis auf 36.000 € vorzunehmen. Im Falle der Ausübung des Zuschreibungswahlrechts ist wie folgt zu buchen:

Wertpapiere des                    an    Sonstige
Umlaufvermögens                          betriebliche Erträge[562]        8.500 €.

Kontenmäßige Darstellung der Zuschreibung (Wertaufholung):

| S | Wertpapiere des Umlauf-vermögens | | H | | S | Sonstige betriebliche Erträge | | H |
|---|---|---|---|---|---|---|---|---|
| | € | | € | | | € | | € |
| AB | 27.500 | SBK (EB) | 36.000 | | GuV (Saldo) | | (1) | 8.500 |
| (1) | 8.500 | | | | | | | |
| | 36.000 | | 36.000 | | | | | |

In den handels- und steuerrechtlichen Vorschriften, die die Bewertung der Verbindlichkeiten und Rückstellungen regeln, hat sich der Imparitätsgrundsatz in Gestalt des **Höchstwertprinzips** niedergeschlagen (§ 253 Abs. 1 Satz 2 HGB, § 6 Abs. 1 Nr. 3 Satz 1 EStG). So ist grundsätzlich von zwei am Abschlussstichtag zur Verfügung stehenden Schuldenwerten stets der höhere anzusetzen. Gehörten Schulden bereits am Schluss des vorangegangenen Geschäftsjahres zum Unternehmensvermögen, darf der Stichtagswert auch dann angesetzt werden, wenn er **niedriger** ist als der letztjährige Bilanzansatz (analoge Anwendung von § 253 Abs. 5 HGB bzw. § 6 Abs. 1 Nr. 3 Satz 1 EStG). Allerdings darf der **Rückzahlungsbetrag** bzw. **Erfüllungsbetrag** nicht unterschritten werden, da ansonsten ein Verstoß gegen das Realisationsprinzip vorliegt.[563]

Neben dem Realisations- und dem Imparitätsprinzip lässt sich aus dem Grundsatz der Vorsicht ferner die Verpflichtung des Kaufmanns ableiten, jeden Vermögens- und Schuldposten in der Bilanz **einzeln zu bewerten**, damit Wertminderungen nicht mit Wertsteigerungen im Zuge einer Globalbewertung der betreffenden Vermögensgegenstände und Schul-

---

562   Anstelle des Kontos Sonstige betriebliche Erträge kann auch das Unterkonto Erträge aus Zuschreibung Verwendung finden. Vgl. hierzu die Ausführungen im Dritten Teil zu Gliederungspunkt II.C.3.
563   Vgl. hierzu die Ausführungen im Dritten Teil zu Gliederungspunkt II.B.2.c.

den verrechnet werden und insofern notwendige Ab- bzw. Zuschreibungen unterbleiben.[564] Das **Prinzip der Einzelbewertung** (§ 252 Abs. 1 Nr. 3 HGB) erfordert aber nur dann eine gesonderte Bewertung, wenn dies dem Kaufmann möglich und auch wirtschaftlich vertretbar ist. Lassen die realen Verhältnisse die Ermittlung der einzelnen, auf den Inventurbestand entfallenden Wertansätze nicht zu, so bleibt nur die Möglichkeit, einen **fiktiven Wert** zu unterstellen. Diesem Problem hat der Gesetzgeber dadurch Rechnung getragen, indem er in § 256 Satz 1 HGB die Anwendung von sog. **Verbrauchsfolgeverfahren** zulässt, die auf Annahmen hinsichtlich der Reihenfolge des Verzehrs oder der Veräußerung gleichartiger Gegenstände des Vorratsvermögens beruhen. Ferner wird der Grundsatz der Einzelbewertung durch die in § 240 Abs. 3 und Abs. 4 i. V. m. § 256 Satz 2 HGB kodifizierten Verfahren der Fest- und Gruppenbewertung für bestimmte Gegenstände des Anlage- und Umlaufvermögens durchbrochen.

Darüber hinaus ist es möglich, unter Durchbrechung des Einzelbewertungsprinzips bei der Bilanzierung von **Finanzinstrumenten** das Grund- und Sicherungsgeschäft durch die Bildung einer **Bewertungseinheit** zusammenzufassen, um die gegenläufigen Erfolgsentwicklungen aufzurechnen und nur den Nettoeffekt in der Rechnungslegung zu erfassen. Hierdurch kann eine ungleiche Behandlung unrealisierter Gewinne und Verluste vermieden werden.[565]

Kraft der in § 5 Abs. 1 Satz 1 EStG verankerten **Maßgeblichkeit der Handels- für die Steuerbilanz** sind die handelsrechtlichen Bewertungsvorschriften grundsätzlich auch im Rahmen der steuerlichen Gewinnermittlung von **Gewerbetreibenden** zu beachten, »… die auf Grund gesetzlicher Vorschriften verpflichtet sind, Bücher zu führen und regelmäßig Abschlüsse zu machen, oder die ohne eine solche Verpflichtung Bücher führen und regelmäßig Abschlüsse machen …«. Das Maßgeblichkeitsprinzip wird immer dann **durchbrochen**, wenn die Normen des Steuerrechts den Ansatz eines von den handelsrechtlichen Vorschriften abweichenden Betrages im Rahmen des **steuerrechtlichen Bewertungsvorbehalts** (§ 5 Abs. 6 EStG) **zwingend** vorschreiben. Sofern Handels- und Steuerrecht unterschiedliche Wertansätze für einen Vermögensgegenstand zulassen, ist die **umgekehrte Maßgeblichkeit** zu beachten, die in allgemeiner Form in § 5 Abs. 1 Satz 2 EStG kodifiziert wurde und besagt, dass »… steuerliche Wahlrechte bei der Gewinnermittlung … in Übereinstimmung mit der handelsrechtlichen Jahresbilanz auszuüben …« sind. Mithin setzt die Inanspruchnahme spezifischer steuerrechtlicher Vergünstigungen die Übernahme der entsprechenden Steuerbilanzwerte in den handelsrechtlichen Jahresabschluss voraus. Die Möglichkeit, diese **Steuervorteile** durch korrespondierende Bewertung in der Handelsbilanz zu wahren, ergibt sich aus § 247 Abs. 3 HGB und § 254 HGB.[566] Nach dem Willen des Gesetzgebers soll durch die Umkehrung des Maßgeblichkeitsgrundsatzes erreicht werden, dass im Falle einer Inanspruchnahme steuerlicher Vergünstigungen die hiermit verbundene **Stärkung der Unternehmenssubstanz** auch auf den handelsrechtlichen Jahresabschluss mit einer entsprechenden Verminderung des Ergebnisses und somit auch des Entnahme- bzw. Ausschüttungsvolumens durchschlägt.[567]

---

564  Ähnlich *Coenenberg* 2005, S. 45.
565  Vgl. *AKEU* 1997, S. 637–642 und § 5 Abs. 1 a EStG.
566  Bei Kapitalgesellschaften und ihnen gesetzlich gleichgestellte Unternehmen ist § 254 HGB in unmittelbarem Zusammenhang mit § 279 Abs. 2 HGB zu sehen.
567  Vgl. zur kritischen Analyse der Umkehrmaßgeblichkeit aus handels- und steuerrechtlicher Sicht *Wagner* 1990, S. 3–14 sowie die Ausführungen im Siebten Teil zu Gliederungspunkt III.A.2.

## 2.    Elementare Bewertungsmaßstäbe für Vermögensgegenstände und Schulden

### a.    Anschaffungs- und Herstellungskosten

Anschaffungskosten stellen den Bewertungsmaßstab für **erworbene Vermögensgegenstände** dar. Gemäß § 255 Abs. 1 Satz 1 HGB rechnen hierzu sämtliche Aufwendungen, »… die geleistet werden, um einen Vermögensgegenstand zu erwerben und ihn in einen betriebsbereiten Zustand zu versetzen, soweit sie dem Vermögensgegenstand einzeln zugeordnet werden können«[568]. Darüber hinaus zählen auch Nebenkosten sowie nachträglich anfallende, mit dem Beschaffungsvorgang im Zusammenhang stehende Aufwendungen zu den Anschaffungskosten; Anschaffungspreisminderungen wie z. B. in Anspruch genommene Skonti, Rabatte und Boni sind hingegen abzusetzen (§ 255 Abs. 1 Sätze 2 und 3 HGB). Zu berücksichtigen ist allerdings, dass Anschaffungskostenbestandteile nur dann unter die Einbeziehungspflicht des § 255 Abs. 1 HGB fallen, wenn sie dem Vermögensobjekt direkt zurechenbar sind, d. h. **Einzelkostencharakter** tragen. Folglich kommen sog. Anschaffungsgemeinkosten wie etwa Personal- und Sachaufwendungen, die im Zusammenhang mit dem Transport eines Vermögensgegenstandes durch eigene Fahrzeuge anfallen, nicht für eine Aktivierung in Betracht. Sofern Kredite vom Erwerber aufgenommen werden, um die Anschaffung eines Vermögensgegenstandes zu ermöglichen (z. B. Bank-, Teilzahlungs- oder Wechselkredite), zählen die anfallenden **Fremdkapitalzinsen** nicht zu den Anschaffungskosten, da der Wert der beschafften Gegenstände dadurch, dass das Unternehmen den Kaufpreis nicht selbst aufbringt, sondern fremde Mittel in Anspruch nimmt, keine Erhöhung erfährt. Etwas anderes gilt allerdings dann, wenn der Käufer dem Verkäufer **Vorauszahlungen** geleistet hat, für die Fremdkapitalzinsen zu entrichten sind (Kreditaufnahme zur Bestreitung der Vorauszahlungen). In diesem Fall trägt der Abnehmer einen Teil der Anschaffungskosten (nämlich die Zinskosten) selbst, wodurch der ihm vom Lieferanten in Rechnung gestellte Anschaffungspreis einen entsprechend niedrigeren Betrag annimmt. Aus diesem Grunde nimmt die h. M. bei derartigen Konstellationen ein **Einbeziehungswahlrecht** von Fremdkapitalzinsen in die Anschaffungskosten an.[569] In Anlehnung an *Federmann* setzen sich die Anschaffungskosten nach Handels- und Steuerrecht aus den in **Abb. 132** dargelegten Komponenten zusammen.[570] Der Begriff der Anschaffungskosten ist im Handels- und Steuerrecht deckungsgleich.

Im Gegensatz zu den Anschaffungskosten repräsentieren **Herstellungskosten** den Bewertungsmaßstab für **selbsterstellte Vermögensgegenstände** (z. B. selbsterstellte Gebäude und maschinelle Anlagen, unfertige und fertige Erzeugnisse). Die Vorschriften zur Berechnung der Herstellungskosten wurden in § 255 Abs. 2 und Abs. 3 HGB kodifiziert. Für die Ermittlung der steuerrechtlichen Herstellungskosten sind die entsprechenden Verwaltungsanweisungen in R 6.3 EStR zusammengefasst worden. Da im weiteren Verlauf der Abhandlung die Berechnung der Herstellungskosten aus handels- und steuerrechtlicher Sicht detailliert dargelegt wird, entfällt an dieser Stelle eine weitere Behandlung des Sachverhalts.

Trägt die **Vorsteuer** abzugsfähigen Charakter, dann zählt sie nach § 9 b Abs. 1 Satz 1 EStG nicht zu den Anschaffungs- oder Herstellungskosten, d. h. sie weist in diesem Fall **keine**

---

568    H 6.2 EStR verweist auf § 255 Abs. 1 HGB.
569    Vgl. *ADS* 1995a, Anm. 35–39 zu § 255 HGB, S. 347 f.
570    Vgl. *Federmann* 2000, S. 318.

**Kosteneigenschaft** auf. Sofern jedoch die Abzugsfähigkeit der Vorsteuer nach den Vorschriften des Umsatzsteuergesetzes ausgeschlossen ist (z. B. bei der Ausführung steuerfreier Umsätze gemäß § 15 Abs. 2 Nr. 1 UStG), muss sie als Teil der Anschaffungskosten aktiviert werden. Im Falle einer Aktivierung der Vorsteuer hängt ihre zeitliche Auswirkung auf den Unternehmenserfolg davon ab, bei welchen Vermögensgegenständen sie in die Anschaffungs- oder Herstellungskosten einbezogen wurde. Während sich die Gewinnminderung (Verlusterhöhung) bei Waren und abnutzbaren Anlagegütern im Zeitpunkt des Verkaufs bzw. im Rahmen der planmäßigen Abschreibung niederschlägt, kommt die negative Erfolgsbeeinflussung bei Gegenständen des nichtabnutzbaren Anlagevermögens grundsätzlich erst im Falle ihrer **Veräußerung** oder **Entnahme** zur Auswirkung.

|   |   |
|---|---|
|   | **Anschaffungspreis** (Bruttorechnungsbetrag) |
| – | **Anschaffungspreisminderungen** (z. B. Skonti, Rabatte, Boni und abzugsfähige Vorsteuer gem. § 9 b Abs.1 EStG) |
| + | **Anschaffungsnebenkosten** (z. B. Bezugs-, Versicherungs-, Fundamentierungs- und Montagekosten, Kosten für Probeläufe, Grunderwerbsteuer sowie Zölle) |
| = | **Ursprüngliche Anschaffungskosten** |
| + | **Nachträgliche Anschaffungspreiserhöhungen** (z. B. spätere Änderungen des Kaufpreises im Rahmen eines Prozesses) |
| – | **Nachträgliche Anschaffungspreisminderungen** (z. B. erst zum Ende des Geschäftsjahres gewährte Rabatte und Boni) |
| + | **Nachträgliche Anschaffungsnebenkosten** (z. B. Neufestsetzung der Grunderwerbsteuer) |
| + | **Nachträgliche Aufwendungen** (z. B. spätere Reparaturen bei einem Gebäude)[571] |
| = | Anschaffungskosten |

Abb. 132: Komponenten der Anschaffungskosten

## b.    Niedrigerer Zeit- und Teilwert

Im Rahmen des **Niederstwertprinzips** kann bzw. muss der Kaufmann **(außerplanmäßige) Abschreibungen** zum Ende des Geschäftsjahres vornehmen, um die von den Verlusten betroffenen Vermögensgegenstände mit den niedrigeren Zeitwerten im Jahresabschluss auszuweisen. Für das Anlagevermögen besteht gemäß § 253 Abs. 2 Satz 3 2. HS HGB allerdings nur dann eine Abwertungsverpflichtung auf den niedrigeren beizulegenden Wert, wenn es sich um eine **voraussichtlich dauernde Wertminderung** handelt.[572] Neben diesen außerplanmäßigen Abschreibungen müssen bei abnutzbaren Gegenständen des Anlagevermögens

---

571    Der *BFH* hat für diese aktivierungspflichtigen, nachträglichen Aufwendungen den Terminus »anschaffungsnaher Aufwand« geschaffen. Gemäß § 6 Abs. 1 Nr. 1 a EStG besteht eine Aktivierungspflicht als Herstellungskosten von Aufwendungen für Instandhaltungs- und Modernisierungsmaßnahmen, die innerhalb von drei Jahren nach der Anschaffung des Gebäudes durchgeführt werden. Voraussetzung ist allerdings, dass die Aufwendungen ohne die in Rechnung gestellte Umsatzsteuer 15 % der Anschaffungskosten des Gebäudes übersteigen müssen. Vgl. im Detail R 21.1 Abs. 2 Satz 1 EStR und H 21.1 EStH; *Glanegger* 2006, Anm. 110–114 zu § 6 EStG, S. 490 f.

572    Um eine übermäßige Bildung stiller Reserven zu verhindern, wurde das anlagevermögenbezogene Abwertungswahlrecht im Falle nicht voraussichtlich dauernder Wertminderungen bei Kapitalgesellschaften und ihnen gesetzlich gleichgestellte Unternehmen auf Finanzanlagen beschränkt (§ 279 Abs. 1 Satz 1 HGB).

(z. B. Gebäude, technische Anlagen und Maschinen, Betriebs- und Geschäftsausstattung) stets auch **planmäßige Abschreibungen** vorgenommen werden (§ 253 Abs. 2 Satz 1 HGB). Folglich kann als niedrigerer beizulegender Wert von Vermögensobjekten, deren Nutzung zeitlich begrenzt ist, nur derjenige in Frage kommen, der unter dem Ansatz infolge planmäßiger Abschreibungen liegt. Im Umlaufvermögen herrscht hingegen das strenge Niederstwertprinzip vor. Sofern zum Abschlussstichtag bei einzelnen Vermögensgegenständen unter den entsprechenden Buchwerten liegende Zeitwerte festgestellt werden, ist auf die aus einem geringeren Börsen- oder Marktpreis abgeleiteten Zeitwerte bzw. auf die niedrigeren beizulegenden Werte abzuschreiben (§ 253 Abs. 3 Sätze 1 und 2 HGB). Die bewertungsrechtliche Differenzierung zwischen Umlauf- und Anlagevermögen liegt in der Absicht des Gesetzgebers begründet, für das nicht dem Unternehmen dauernd dienende Vermögen eine möglichst **zeitnahe Stichtagsbewertung** sicherzustellen. Zu beachten ist aber, dass für die Bewertung von Gegenständen des Umlaufvermögens ein Wahlrecht besteht, künftige Wertminderungen – nach h. M. bis zu maximal **zwei Jahren**[573] – zu antizipieren (§ 253 Abs. 3 Satz 3 HGB). Diese ebenfalls aus dem Vorsichtsgrundsatz ableitbare Abwertungsalternative stellt eine **Durchbrechung des Stichtagsprinzips** hinsichtlich der Bewertung für den handelsrechtlichen Jahresabschluss dar.[574] Das Wahlrecht nach § 253 Abs. 3 Satz 3 HGB wird vielfach auch als **erweitertes Niederstwertprinzip** bezeichnet.

Während der **Börsenpreis** sich nach dem an einer Börse oder im Freiverkehr festgestellten Kurs (Preis) richtet, wird unter dem **Marktpreis** derjenige Preis verstanden, »… der an einem Handelsplatz für Waren einer bestimmten Gattung von durchschnittlicher Art und Güte zu einem bestimmten Zeitpunkt im Durchschnitt gewährt wurde«[575]. In aller Regel wird sich ein niedrigerer Börsen- oder Marktpreis bei Gegenständen des Umlaufvermögens ohne Probleme ermitteln lassen. Sofern aber bezüglich der Bewertung im Anlage- und/oder Umlaufvermögen auf den vom Gesetz genannten »**beizulegenden Wert**« abzustellen ist, ergeben sich Schwierigkeiten bei seiner Konkretisierung, da die GoB ein bestimmtes Wertfindungsverfahren nicht zwingend vorschreiben.[576] Nach h. M. sind zur Ermittlung des beizulegenden Wertes verschiedene **Hilfswerte** heranzuziehen; bei der Bewertung im Anlagevermögen z. B. der Wiederbeschaffungswert, der Einzelveräußerungswert oder der Ertragswert des betreffenden Vermögensgegenstandes zum Bilanzstichtag.[577] Eine ähnliche Vorgehensweise ergibt sich für die Feststellung des beizulegenden Wertes im Umlaufvermögen. Die entsprechenden Hilfswerte sind hier vom **Beschaffungsmarkt** (z. B. für Roh-, Hilfs- und Betriebsstoffe sowie Erzeugnisse, wenn Fremdbezug möglich ist) oder vom **Absatzmarkt** (z. B. für Erzeugnisse und unfertige Leistungen sowie Wertpapiere) abzuleiten. Während im ersten Fall (Beschaffungsmarkt) der **Wiederbeschaffungs- oder Reproduktionskostenwert** in Betracht kommt, ist im zweiten Fall (Absatzmarkt) auf den **Verkaufswert** abzüglich der bis zum Absatz noch anfallenden Aufwendungen (z. B. für Verwaltung und Vertrieb) abzu-

---

573   Vgl. stellvertretend *ADS* 1995a, Anm. 557 f. zu § 253 HGB, S. 280.

574   Das Wahlrecht der Antizipation künftiger Verluste im Umlaufvermögen findet für die steuerrechtliche Gewinnermittlung jedoch keine Anerkennung, da es sich um eine nach den steuerrechtlichen Vorschriften nicht zugelassene Abweichung vom Stichtagsprinzip handelt. Bei Waren, deren Preise starken Schwankungen unterliegen, ist es auch im steuerrechtlichen Jahresabschluss zulässig, die Preisentwicklung an internationalen Märkten etwa vier bis sechs Wochen vor und nach dem Bilanzstichtag zu berücksichtigen; vgl. *BFH* 1956, S. 379 f.

575   *WP-Handbuch* 2006, S. 371.

576   Vgl. *ADS* 1995a, Anm. 454 zu § 253 HGB, S. 240 f.

577   Vgl. zur Bestimmung dieser Hilfswerte die Ausführungen von *ADS* 1995a, Anm. 457–469 zu § 253 HGB, S. 241–246.

stellen.[578] Sofern sich sowohl ein Beschaffungs- als auch ein Absatzpreis ermitteln lassen (z. B. für Handelswaren oder Erzeugnisse), ist stets der geringere zugrunde zu legen. Wenn dem strengen Niederstwertprinzip Genüge getan ist, besteht darüber hinaus bei Gegenständen des Umlaufvermögens die Möglichkeit, im Rahmen der Antizipation von Wertminderungen noch weitere Abschreibungen nach § 253 Abs. 3 Satz 3 HGB auf einen **niedrigeren Zukunftswert** vorzunehmen (**erweitertes Niederstwertprinzip**). Wie bereits erwähnt, können in diesem Zusammenhang Wertschwankungen von **bis zu zwei Jahren** antizipiert werden. Je nachdem, ob für die Konkretisierung des niedrigeren Zukunftswertes der Beschaffungs- oder Absatzmarkt maßgebend ist, kommen künftige Wiederbeschaffungs- oder Absatzpreise für eine Wertschätzung in Betracht.

---

**Beispiel:**
In Abänderung des vorherigen Beispiels wird unterstellt, dass zum Bilanzstichtag 2005 ein weiterer Kursverfall der Wertpapiere in den Geschäftsjahren 2006 und 2007 bis auf 15.000 € zu erwarten ist. In diesem Fall könnte über den geringeren Stichtagswert von 27.500 € hinaus eine zusätzliche Abschreibung von 12.500 € auf den niedrigeren Zukunftswert in Höhe von 15.000 € vorgenommen werden. Die Möglichkeit in den Folgeperioden gemäß § 253 Abs. 5 HGB auf die höheren Stichtagswerte (maximal bis zu den Anschaffungskosten) zuzuschreiben, bleibt durch diese Verlustantizipation unberührt.

---

Außer den aufgezeigten Abschreibungen bei Gegenständen des Anlage- und Umlaufvermögens nach Maßgabe des Niederstwertprinzips können Unternehmen, die keine Kapitalgesellschaften und diesen auch nicht gesetzlich gleichgestellt sind, Wertminderungen »im Rahmen vernünftiger kaufmännischer Beurteilung« berücksichtigen (§ 253 Abs. 4 HGB). Dieses zusätzliche Abwertungswahlrecht zielt darauf ab, **Einzelunternehmen und Personenhandelsgesellschaften** durch die Bildung **stiller Reserven** Möglichkeiten einzuräumen, Mittel zur Fortentwicklung und zum Fortbestand des Unternehmens (z. B. im Hinblick auf künftige Abfindungs- und Erbschaftsteuerzahlungen), zum Ausgleich von Konjunkturschwankungen oder zur Schaffung eines »Rücklagenpolsters« zum Zwecke der Selbstversicherung anzusammeln.[579] Durch die Ausübung des in Rede stehenden Abschreibungswahlrechts kann ein nach § 253 Abs. 2 bzw. Abs. 3 HGB ermittelter niedriger Wertansatz bei den betreffenden Vermögensgegenständen **unterschritten** werden.[580] Im Rahmen der **steuerrechtlichen Gewinnermittlung** sind Abschreibungen nach § 253 Abs. 4 HGB **nicht zulässig**.

Abweichend vom Handelsrecht benutzt das **Bilanzsteuerrecht** im Rahmen der Bewertung von Aktiva und Passiva den Terminus »**Teilwert**«. In § 6 Abs. 1 Nr. 1 Satz 3 EStG wird der Teilwert eines Wirtschaftsgutes als der Betrag definiert, »… den ein Erwerber des gan-

---

578  Vgl. zur Ermittlung dieser Hilfswerte ebenfalls *ADS* 1995a, Anm. 481–502 und Anm. 513–536 zu § 253 HGB, S. 250–260 und S. 264–273. Als Reproduktionskostenwert wird derjenige Hilfswert bezeichnet, der sich unter Zugrundelegung einer nach den Kostenverhältnissen des Bilanzstichtags ermittelten Vergleichskalkulation für auf Lager befindliche Erzeugnisse ergibt. Sofern dieser Reproduktionskostenwert unter den ursprünglich berechneten Herstellungskosten liegt, muss eine Abschreibung in Höhe des Unterschiedsbetrages vorgenommen werden. Vgl. hierzu auch die Ausführungen im Dritten Teil zu Gliederungspunkt III.C.

579  Vgl. *Hoyos/Schramm/Ring* 2006, Anm. 647 zu § 253 HGB, S. 546.

580  Ebenso kann die Unterschreitung eines nach § 253 Abs. 2 bzw. Abs. 3 HGB festgestellten niedrigeren Wertansatzes durch die Inanspruchnahme spezifischer steuerrechtlicher Bewertungsvergünstigungen, wie Sonderabschreibungen, erhöhte Absetzungen oder Bewertungsabschläge erfolgen, die im Rahmen der umgekehrten Maßgeblichkeit auch im handelsrechtlichen Jahresabschluss ihren Niederschlag finden müssen; vgl. hierzu auch § 254 HGB.

zen Betriebes im Rahmen des Gesamtkaufpreises für das einzelne Wirtschaftsgut ansetzen würde; dabei ist davon auszugehen, dass der Erwerber den Betrieb fortführt«. Nach der gesicherten Rechtsprechung des *BFH* findet der Teilwert – gemäß dem Verfahren der Verteilung des Gesamtkaufpreises auf die einzelnen Vermögenswerte – seine **obere Grenze** prinzipiell in den Wiederbeschaffungs- bzw. Wiederherstellungskosten und seine **untere Grenze** im Einzelveräußerungspreis (ggf. abzüglich Veräußerungskosten) zum jeweiligen Bilanzstichtag.[581] Während die Wiederbeschaffungs- bzw. Wiederherstellungskosten regelmäßig als Bewertungsmaßstab für **betrieblich notwendige** Wirtschaftsgüter in Betracht kommen, ist der Einzelveräußerungspreis bei **entbehrlichen** (z. B. nicht dauerhaft genutzten) und **jederzeit ersetzbaren** Vermögenswerten heranzuziehen. Innerhalb der aufgezeigten Grenzen liegt nun der durch **Schätzungen** festzulegende Teilwert. Allerdings scheitert eine genaue Teilwertermittlung in der Praxis vor allem an der von § 6 Abs. 1 Nr. 1 Satz 3 EStG geforderten Bestimmung des Gesamtkaufpreises sowie der Aufspaltung des Unternehmenswertes auf die einzelnen Wirtschaftsgüter. Aus diesem Grunde hat die steuerliche Rechtsprechung für bestimmte Typen von Wirtschaftsgütern sog. **Teilwertvermutungen** aufgestellt, die solange Gültigkeit besitzen, wie sie der Steuerpflichtige nicht durch konkrete Sachverhalte widerlegt.[582]

- Der Teilwert entspricht den **Anschaffungs- oder Herstellungskosten** eines Wirtschaftsgutes im Zeitpunkt des Erwerbs bzw. der Fertigstellung, sofern nicht eine Fehlmaßnahme vorliegt. Dies gilt grundsätzlich auch für die Bewertung von **nicht abnutzbaren Wirtschaftsgütern des Anlagevermögens** (z. B. Finanzanlagen) zu späteren Zeitpunkten.
- Der Teilwert entspricht bei **abnutzbaren Wirtschaftsgütern** den Anschaffungs- bzw. Herstellungskosten abzüglich der bisher angefallenen planmäßigen Abschreibungen (**fortgeführte Anschaffungs- oder Herstellungskosten**).
- Der Teilwert entspricht bei **Wirtschaftsgütern des Vorratsvermögens** (Roh-, Hilfs- und Betriebsstoffe; unfertige Erzeugnisse, unfertige Leistungen; fertige Erzeugnisse und Waren) prinzipiell den Wiederbeschaffungs- bzw. Wiederherstellungskosten.
- Der Teilwert entspricht bei **Nominalwertgütern** (z. B. Zahlungsmittel, Forderungen, Wertpapiere) in aller Regel dem Nennbetrag bzw. dem Börsen- oder Marktpreis.

Sofern der Steuerpflichtige eine von diesen Teilwertvermutungen abweichende Bewertung einzelner Vermögensgegenstände anstrebt, muss er die für die Wertminderungen erforderlichen Gründe darlegen (z. B. Fehlmaßnahmen bei einzelnen Wirtschaftsgütern oder mangelnde Rentabilität des ganzen Betriebes oder von Teilbetrieben).

Die vorstehenden Ausführungen lassen unschwer erkennen, dass der vom Bilanzsteuerrecht in § 6 Abs. 1 Nr. 1 und Nr. 2 EStG benutzte Terminus »**niedrigerer Teilwert**« **der Sache nach deckungsgleich** ist mit den von § 253 Abs. 2 und Abs. 3 HGB verwendeten Begriffen beizulegender Wert bzw. Börsen- oder Marktpreis. Wie noch zu zeigen sein wird, können sich aber der **Höhe nach Unterschiede** ergeben, weil beim Umlaufvermögen auch die zukünftigen Gewinnerwartungen des in § 6 Abs. 1 Nr. 1 Satz 3 EStG angesprochenen **fiktiven Gesamtbetriebserwerbers** Eingang in das Berechnungskalkül des Teilwertes finden müssen. So wäre ein gedachter Erwerber vor dem Hintergrund der Sicherung eines durchschnittlichen Unternehmenserfolges nur bereit, einen Preis für das zu bewertende

---

581  Vgl. etwa *BFH* 1983d, S. 34 f.
582  Vgl. mit den entsprechenden Nachweisen zur Rechtsprechung im Einzelnen *Glanegger* 2006, Anm. 229–233 zu § 6 EStG, S. 521 f.

Wirtschaftsgut zu zahlen, der den Gewinnanteil nicht enthält. Derartige Wertminderungen der betroffenen Vermögensgegenstände haben nach den handelsrechtlichen Grundsätzen einer **verlustfreien Bewertung** jedoch unberücksichtigt zu bleiben. In diesem Fall würde folglich der steuerliche Teilwert **unter** dem niedrigeren handelsrechtlichen Zeitwert nach § 253 Abs. 3 Sätze 1 und 2 HGB liegen.

Ein weiterer wichtiger Unterschied zu den handelsrechtlichen Regelungen besteht darin, dass ein niedriger Teilwert von Wirtschaftsgütern des Anlage- und des Umlaufvermögens nur dann in der Steuerbilanz angesetzt werden kann, wenn bei diesen eine **voraussichtlich dauernde Wertminderung** vorliegt (§ 6 Abs. 1 Nr. 1 Satz 2, § 6 Abs. 1 Nr. 2 Satz 2 EStG).

Sofern die Gründe, die in Vorperioden zu niedrigeren Wertansätzen bei den Gegenständen des Anlage- und Umlaufvermögens geführt haben, nicht mehr bestehen, können Unternehmen, die keine Kapitalgesellschaften und diesen auch nicht gesetzlich gleichgestellt sind, diese Werte beibehalten (Beibehaltungswahlrecht) oder eine Zuschreibung bis zu dem aktuellen Zeitwert am Bilanzstichtag, maximal aber nur bis zu den (fortgeführten) Anschaffungs- oder Herstellungskosten, vornehmen (Wertaufholungswahlrecht). Nach h. M. ist auch der Ansatz eines **Interimswertes** zwischen dem bisherigen Buch- und dem Höchstwert gemäß der Wertaufholung möglich.[583] Zu berücksichtigen ist hierbei allerdings, dass zur Vermeidung willkürlicher Bewertungen das Beibehaltungswahlrecht durch eine vorgenommene Wertaufholung erlischt. Mithin besteht – falls keine Gründe für eine erneute Abwertung vorliegen – keine Möglichkeit, in künftigen Rechnungsperioden zu dem früher einmal zulässig gewesenen niedrigeren Wertansatz zurückzukehren, wenn zwischenzeitlich eine Zuschreibung vorgenommen wurde.[584] Im Rahmen der **steuerrechtlichen Gewinnermittlung** besteht für die genannten Unternehmen aber ein **Wertaufholungsgebot**, da laut § 6 Abs. 1 Nr. 1 Satz 4 und Nr. 2 Satz 3 EStG ein niedrigerer Teilwert im Falle von Wertsteigerungen der betreffenden Wirtschaftsgüter nicht beibehalten werden darf. Im Hinblick auf Kapitalgesellschaften und ihnen gesetzlich gleichgestellte Unternehmen liegt sowohl aus handels- und steuerrechtlicher Sicht eine **Zuschreibungspflicht** vor (§ 280 Abs. 1 HGB; § 6 Abs. 1 Nr. 1 Satz 4 und Nr. 2 Satz 3 EStG), die durch § 280 Abs. 2 HGB nicht mehr unterlaufen werden kann.

## c.    Erfüllungsbetrag

In § 253 Abs. 1 Satz 2 HGB wird bestimmt, dass Verbindlichkeiten zu ihrem **Rückzahlungsbetrag** anzusetzen sind. Dieser Wert stellt denjenigen Betrag dar, der vom Unternehmen zur Begleichung der Schuld aufgebracht werden muss. Folglich ist bei der Bewertung von Verbindlichkeiten nicht auf den Ausgabebetrag, sondern auf den **Erfüllungsbetrag** abzustellen, der i. d. R. durch eine Eingangsrechnung oder einen Vertrag festgeschrieben wird. Sollte der Erfüllungsbetrag bis zum Zeitpunkt der Aufstellung des Jahresabschlusses nicht bekannt sein, muss er vorsichtig i. S. v. § 252 Abs. 1 Nr. 4 1. HS HGB geschätzt werden.[585] Sofern der Rückzahlungs- den Ausgabebetrag einer Verbindlichkeit übersteigt, besteht gemäß § 250 Abs. 3 HGB die Möglichkeit, den Unterschiedsbetrag (**Disagio oder Damnum**) in den aktiven Rechnungsabgrenzungsposten aufzunehmen und planmäßig abzuschreiben.[586]

---

583   Zur Begründung vgl. *ADS* 1995a, Anm. 606 zu § 253 HGB, S. 297 f.
584   Vgl. stellvertretend *ADS* 1995a, Anm. 607 zu § 253 HGB, S. 298.
585   Vgl. *ADS* 1995a, Anm. 72–76 zu § 253 HGB, S. 116 f.
586   Vgl. hierzu die Ausführungen im Dritten Teil zu Gliederungspunkt I.B.4.b.b.b.

Allerdings ist zu berücksichtigen, dass bestimmte Verbindlichkeiten auch Wertschwankungen unterliegen können. Dies trifft insbesondere für Schulden in fremder Währung (sog. **Valutaverbindlichkeiten**) zu. Sofern sich der Wechselkurs zum Abschlussstichtag im Verhältnis zum Einbuchungszeitpunkt erhöht hat, **muss** aufgrund des **strengen Höchstwertprinzips** die Verbindlichkeit erfolgswirksam aufgestockt werden, da ihr Erfüllungsbetrag gestiegen ist. Sollte zum nächsten Bilanzstichtag der Wechselkurs der Valutaverbindlichkeit wieder sinken, besteht in analoger Anwendung zur Bewertung der Vermögensgegenstände die Möglichkeit, den vorjährigen Bewertungsansatz **beizubehalten**, oder aber auf den gefallenen Kurswert erfolgserhöhend »abzuschreiben« (**Abschreibungswahlrecht**). Auch dürfte der Ansatz eines **Zwischenwertes** möglich sein. Zu beachten ist jedoch, dass der zum Zeitpunkt der Schuldenentstehung anzusetzende Rückzahlungsbetrag (Einbuchungsbetrag) nicht unterschritten werden darf, da ansonsten ein **Verstoß gegen das Realisationsprinzip** (§ 252 Abs. 1 Nr. 4 2. HS HGB) vorliegt. Diese aus der handelsrechtlichen Bewertungskonzeption abgeleitete Vorgehensweise wird durch die Normen des Steuerrechts bestätigt, die in § 6 Abs. 1 Nr. 3 EStG zum Ausdruck bringen, dass »Verbindlichkeiten … unter sinngemäßer Anwendung der Vorschriften der Nummer 2 anzusetzen …« sind. Mithin entspricht ein durch Kursschwankungen (dauerhaft) gestiegener Rückzahlungsbetrag dem **höheren Teilwert** der Verbindlichkeit, der bei nach § 5 Abs. 1 EStG buchführungspflichtigen Gewerbetreibenden zwingend anzusetzen ist.[587]

Während Verbindlichkeiten Schulden darstellen, die durch bereits einseitig erfüllte Verträge begründet sind (z. B. Wareneinkauf auf Ziel), dienen **Rückstellungen** gemäß § 249 Abs. 1 und Abs. 2 HGB der Erfassung von

- ungewissen Verbindlichkeiten,
- drohenden Verlusten aus schwebenden Geschäften,
- Aufwendungen, die zum Abschlussstichtag bezüglich der Höhe und/oder des Fälligkeitstermins noch nicht feststehen.

Die Berücksichtigung von Rückstellungen im Jahresabschluss stellt eine Konkretisierung des in § 252 Abs. 1 Nr. 4 1. HS HGB kodifizierten **Vorsichtsprinzips** dar. Weil die Höhe der jeweiligen Rückstellung zum Abschlussstichtag noch nicht feststeht, muss ihr Wertansatz durch Schätzung ermittelt werden. § 253 Abs. 1 Satz 2 HGB postuliert, dass diese Schätzung »nach vernünftiger kaufmännischer Beurteilung« zu erfolgen hat. Bei Rückstellungen für ungewisse Verbindlichkeiten sowie bei Rückstellungen für drohende Verluste aus schwebenden Geschäften stellt ebenfalls der **Erfüllungsbetrag**, den das Unternehmen zur Befriedigung der ungewissen Verpflichtung bzw. zur Abdeckung des Verpflichtungsüberschusses bei den Rückstellungen für drohende Verluste aus schwebenden Geschäften voraussichtlich aufbringen muss, den Bewertungsmaßstab dar.[588] Folglich darf der nach vernünftiger kaufmännischer Beurteilung zu schätzende Erfüllungsbetrag aus handels- und steuerrechtlicher Sicht weder über- noch unterschritten werden.

Auch für die Bewertung von **Haftungsverhältnissen** (§ 251 HGB) und **sonstiger finanzieller Verpflichtungen** (§ 285 Nr. 3 HGB) sind die Verhältnisse zum Bilanzstichtag maßgebend, wobei ggf. aber auch nachträglich bekannt gewordene Ereignisse (sog. **wertaufhellende Umstände**) gemäß § 252 Abs. 1 Nr. 4 HGB berücksichtigt werden müssen. Im

---

587  Vgl. zur steuerrechtlichen Bewertung von Valutaverbindlichkeiten R 6.10 und die Ausführungen im Dritten Teil zu Gliederungspunkt II.B.1.
588  Vgl. *Hoyos/Ring* 2006b, Anm. 151–153 zu § 253 HGB, S. 455 f.

Grundsatz ist auf die Vorschriften zur Bewertung von Verbindlichkeiten und Rückstellungen nach § 253 Abs. 1 HGB zurückzugreifen. So sind die Eventualverbindlichkeiten unter der Bilanz prinzipiell mit dem Betrag zu vermerken, mit dem der Kaufmann zu diesem Zeitpunkt haftet (z. B. der Bestand der »Hauptverbindlichkeiten« bei übernommenen Bürgschaften).[589] Festliegende Zahlungsverpflichtungen müssen demnach mit dem **Rückzahlungsbetrag** (Erfüllungsbetrag) abzüglich solcher Teilbeträge, die das Unternehmen wirtschaftlich nicht selbst zu leisten hat (z. B. Zuschüsse und Versicherungsentschädigungen), angesetzt werden. Analog des **Abzinsverbots** von Verbindlichkeiten im handelsrechtlichen Jahresabschluss besteht keine Möglichkeit, un- oder niedrigverzinsliche Verpflichtungen aus Dauerschuldverhältnissen oder anderen Verträgen, deren Fälligkeit erst in späteren Rechnungsperioden eintritt, zum abgezinsten Rückzahlungsbetrag anzusetzen. Dem Imparitätsprinzip folgend müssen demgegenüber künftige Zahlungsverpflichtungen in **ausländischer Währung**, die im Verhältnis zur Erstangabe zum Briefkurs gestiegene Wechselkurse am Abschlussstichtag aufweisen, mit den entsprechend höheren Erfüllungsbeträgen im **Anhang** bewertet werden. Eine Abwertung in späteren Perioden aufgrund von Kursrückgängen ist lediglich bis zu den ursprünglichen Wertansätzen der Valuta-Verpflichtungen zulässig. Sofern die Beträge der finanziellen Verpflichtungen noch nicht endgültig feststehen (z. B. bei künftigen öffentlich-rechtlichen Umweltschutzmaßnahmen), müssen sie nach vernünftiger kaufmännischer Beurteilung **geschätzt** werden. Ähnliches gilt für die Bestimmung der Laufzeiten unbefristeter finanzieller Verpflichtungen. Sollten derartige Schätzungen nicht möglich sein, bedarf es einer **verbalen Erläuterung** des Sachverhalts im Anhang.[590]

### d.    Barwert

#### d.a    Grundlegendes

Der aus der Finanzmathematik stammende Begriff des Barwerts bezeichnet ganz allgemein auf einen bestimmten Zeitpunkt abgezinste (abdiskontierte) Zahlungen. Er bringt mithin unter Berücksichtigung von Zinswirkungen den Gegenwartswert von Ein- und Auszahlungen zum Ausdruck, die erst in künftigen Rechnungsperioden anfallen. Hieraus folgt, dass der Barwert im Rahmen der bilanzrechtlichen Konventionen vor allem als Wertmaßstab für den handels- und steuerrechtlichen Ansatz lang- und mittelfristiger Forderungen, Verbindlichkeiten und Rückstellungen Relevanz besitzt, die erst in Folgeperioden zu Ein- bzw. Auszahlungen führen und bei denen sich die Verzinsungen, die sich in Zinserträgen und Zinsaufwendungen niederschlagen, nicht in marktüblicher Form, d. h. un-, niedrig- oder überverzinslich, darstellen. Wie zu zeigen sein wird, kann bei bestimmten Beschaffungsgeschäften der Barwert aber auch den Anschaffungskosten etwa für Sachanlage- und Vorratsvermögen entsprechen.

#### d.b    Bewertung von Forderungen

#### (a) Gewinnrealisierende Forderungen

Nach h. M. bildet im Falle langfristig unverzinslicher oder niedrigverzinslicher Stundung von **(gewinnrealisierenden) Warenforderungen** der Barwert die Anschaffungskosten dieser Forderungen. Aus handelsrechtlicher Sicht kann die Abdiskontierung auf der Basis des

---

589  Vgl. *Ellrott* 2006a, Anm. 7 zu § 251 HGB, S. 387.
590  Vgl. *Ellrott* 2006d, Anm. 30–32 zu § 285 HGB, S. 1243.

**landesüblichen Zinssatzes** für festverzinsliche Wertpapiere mit entsprechender Restlaufzeit erfolgen.[591] Bei der **steuerrechtlichen Gewinnermittlung** ist der Forderungsbewertung hingegen nach der Rechtsprechung und der Auffassung der Finanzverwaltung gemäß § 12 Abs. 3 BewG grundsätzlich höchstens ein Zinssatz von 5,5 % zugrunde zu legen.[592] Die Pflicht zur Abdiskontierung wird von der Auffassung getragen, dass bei einem Bilanzansatz zum Nennwert ein noch nicht realisierter zukünftiger Zinsgewinn ausgewiesen würde.[593] Bei niedrig verzinslichen Forderungen ist der Abdiskontierung die Differenz zwischen dem landesüblichen bzw. steuerrechtlichen Zinssatz und dem niedrigeren effektiven Zinssatz für den geleisteten Kapitaldienst zugrunde zu legen. Eine Abzinsung sollte stets dann vorgenommen werden, wenn der Vergleichszinssatz den Effektivzinssatz um **mehr als 1 %** überschreitet.

Demzufolge ist in Bezug auf Warenforderungen der Abdiskontierungsbetrag als **Erlösschmälerung** zu erfassen, wodurch Warenverkäufe (Umsatzerlöse) dann nur im Umfange des abgezinsten Gegenwartswerts der Forderung vorliegen. In Höhe des Zinsunterschieds entstehen während der Laufzeit der Warenforderung **Zinserträge**, die nach dem Grundsatz der periodengerechten Erfolgsermittlung durch Aufdiskontierung des Barwerts der Forderung sukzessive realisiert werden, um die jeweiligen Anschaffungskosten zum Ausweis bringen zu können.[594] Da in diesem Fall keine Entgeltminderung vorliegt und die als Erlösschmälerung erfasste Zinsdifferenz in den Folgeperioden wieder ausgeglichen wird, besteht kein Erfordernis zu einer Korrektur der Umsatzsteuer i. S. v. § 17 Abs. 1 UStG. Sofern in der Handels- und Steuerbilanz bei der Auf- und Abzinsung von Forderungen mit unterschiedlichen Zinssätzen gearbeitet wird, handelt es sich um eine **Durchbrechung des Maßgeblichkeitsprinzips** (§ 5 Abs. 1 Satz 1 EStG).

**Beispiel:**
Ein Großhändler liefert im Geschäftsjahr 2001 Waren an einen Kunden im Wert von 180.000 € (einschließlich 20 % Umsatzsteuer). Da sich der Kunde in Zahlungsschwierigkeiten befindet, wird eine zinslose Stundung der Warenforderung bis zum Ende des Geschäftsjahrs 2004 vereinbart. Der Abdiskontierung soll ein Zinssatz von 5,5 % zugrunde gelegt werden. Nach Ablauf der Stundungsfrist begleicht der Kunde seine Schuld durch Banküberweisung. **Abb. 133** zeigt die Berechnung der jeweiligen Barwerte zu den einzelnen Abschlussstichtagen.

| Abschlussstichtag | Abzinsungsfaktoren | Barwerte der Netto-Warenforderung in € |
|---|---|---|
| 2001 | 0,8516137 | 127.742,05[595] |
| 2002 | 0,8984524 | 134.767,86 |
| 2003 | 0,9478673 | 142.180,09 |
| 2004 | 1 | 150.000 |

Abb. 133: Berechnung der Barwerte

---

591   Vgl. *WP-Handbuch* 2006, S. 405.
592   Vgl. *Glannegger* 2006, Anm. 371 zu § 6 EStG, S. 552.
593   Vgl. *Ellrott/Brendt* 2006, Anm. 256 zu § 255 HGB, S. 636.
594   Vgl. *ADS* 1997b, Anm. 35 zu § 277 HGB, S. 558 f.
595   127.742,05 € = 150.000 € · $\dfrac{1}{(1 + 0,055)^3}$.

**Buchungen in Periode 2001:**

(1) Forderungen aus          an       – Warenverkauf         150.000 €
    Lieferungen und
    Leistungen    180.000 €          – Umsatzsteuer          30.000 €

(2) Erlösschmälerungen       an       Forderungen aus
                                      Lieferungen und
                                      Leistungen            22.257,95 €

(3) Warenverkauf             an       Erlösschmälerungen    22.257,95 €.

Die Erlösschmälerung im Geschäftsjahr 2001 (22.257,95 €) entspricht dem Unterschiedsbetrag zwischen der Netto-Warenforderung (150.000 €) und dem Barwert der Netto-Warenforderung (127.742,05 €).

Kontenmäßige Darstellung:

| S | Forderungen aus Lieferungen und Leistungen | | H |
|---|---|---|---|
| | € | | € |
| AB[596] | 0 | (2) | 22.257,95 |
| (1) | 180.000 | SBK (EB) | 157.742,05 |
| | 180.000 | | 180.000 |

| S | Umsatzsteuer | | H |
|---|---|---|---|
| | € | | € |
| | | (1) | 30.000 |

| S | Warenverkauf | | H |
|---|---|---|---|
| | € | | € |
| (3) | 22.257,95 | (1) | 150.000 |
| GuV[597] | 127.742,05 | | |
| | 150.000 | | 150.000 |

| S | Erlösschmälerungen | | H |
|---|---|---|---|
| | € | | € |
| (2) | 22.257,95 | (3) | 22.257,95 |

**Buchung in Periode 2002:**

Forderung aus Lieferungen    an       Zinserträge           7.025,81 €.
und Leistungen

Der Zinsertrag (7.025,81 €) ergibt sich durch Anwendung des Diskontierungssatzes auf den Barwert der Vorperiode: $7.025,81 € = 0,055 \cdot 127.742,05 €$.

---

596 Dem Beispiel liegt die Annahme zugrunde, dass der Großhändler über keine weiteren Forderungen aus Lieferungen und Leistungen verfügt.
597 Abschluss der Warenkonten nach dem Bruttoverfahren.

Kontenmäßige Darstellung:

| S | Forderungen aus Lieferungen und Leistungen | | H | | |
|---|---|---|---|---|---|
| | | € | | | € |
| AB | 157.742,05 | | SBK (EB) | 164.767,86 | |
| (1) | 7.025,81 | | | | |
| | 164.767,86 | | | 164.767,86 | |

| S | Zinserträge | | H |
|---|---|---|---|
| | | € | € |
| Guv (Saldo) | | (1) | 7.025,81 |

**Buchung in Periode 2003:**

| Forderung aus Lieferungen und Leistungen | an | Zinserträge | 7.412,23 €. |
|---|---|---|---|

Kontenmäßige Darstellung:

| S | Forderungen aus Lieferungen und Leistungen | | H | | |
|---|---|---|---|---|---|
| | | € | | | € |
| AB | 164.767,86 | | SBK (EB) | 172.180,09 | |
| (1) | 7.412,23[598] | | | | |
| | 172.180,09 | | | 172.180,09 | |

| S | Zinserträge | | H |
|---|---|---|---|
| | | € | € |
| Guv (Saldo) | | (1) | 7.412,23 |

**Buchungen in Periode 2004:**

| (1) Forderungen aus Lieferungen und Leistungen | an | Zinserträge | 7.819,91 €. |
|---|---|---|---|

Damit entsprechen die Anschaffungskosten der Forderung wieder dem (unabgezinsten) ursprünglichen Nettowert am Anfang der Periode 2001 (127.742,05 € + 7.025,81 € + 7.412,23 € + 7.819,91 € = 150.000 €).

| (2) Guthaben bei Kreditinstituten | an | Forderungen aus Lieferungen und Leistungen | 180.000 €. |
|---|---|---|---|

Kontenmäßige Darstellung:

| S | Forderungen aus Lieferungen und Leistungen | | H | | |
|---|---|---|---|---|---|
| | | € | | | € |
| AB | 172.180,09 | | (2) | 180.000 | |
| (1) | 7.819,91 | | SBK (EB) | 0 | |
| | 180.000 | | | 180.000 | |

| S | Zinserträge | | H |
|---|---|---|---|
| | | € | € |
| Guv (Saldo) | | (1) | 7.819,91 |

---

598   7.412,23 € = 0,055 · 134.767,86 €.

| S | Guthaben bei Kreditinstituten | H |
|---|---|---|
| | € | € |
| AB (2) | 180.000 | |

## (b) Darlehensforderungen

Eine andere Betrachtungsweise ergibt sich hingegen bei der Bewertung **langfristig unverzinslicher bzw. niedrigverzinslicher Darlehensforderungen**, die in der Bilanz als Finanzanlagen unter dem Posten »Sonstige Ausleihungen« auszuweisen sind (§ 266 Abs. 2 Posten A. III. 6. HGB). Diese **nicht gewinnrealisierenden Forderungen** gelten als mit dem **Auszahlungsbetrag** angeschafft. Die Un- bzw. Unterverzinslichkeit betrifft hier den niedrigeren beizulegenden Wert, der gemäß § 253 Abs. 2 Satz 3 HGB im Rahmen des **gemilderten Niederstwertprinzips** angesetzt werden kann, da es sich aufgrund der Erhöhung des niedrigen Bilanzwertes in den Folgeperioden nicht um eine dauernde Wertminderung der Darlehensforderung handelt.[599] Da ein niedrigerer Teilwert in der Steuerbilanz gemäß § 6 Abs. 1 Nr. 2 Satz 2 EStG nur im Falle einer voraussichtlich dauernden Wertminderung anzusetzen ist, bleibt mithin kein Raum, eine Abwertung der unverzinslichen bzw. niedrigverzinslichen Darlehensforderung in Höhe des Zinsanteils in der Steuerbilanz vorzunehmen. Bei Ausübung des Abwertungswahlrechts besteht jedoch für Einzelunternehmen und Personenhandelsgesellschaften, die Kapitalgesellschaften nicht gesetzlich gleichgestellt sind, aufgrund des in § 253 Abs. 5 verankerten **Beibehaltungswahlrechts** keine handelsrechtliche Verpflichtung, die Darlehensforderung sukzessive aufzuzinsen. Sofern eine Zuschreibung nicht erfolgt, ergibt sich die entsprechende Gewinnrealisierung erst im Geschäftsjahr des **Darlehensrückflusses**. Während der Abzinsungsbetrag unter dem Aufwandsposten »Abschreibungen auf Finanzanlagen« auszuweisen ist, müssen die Zuschreibungen wiederum als Zinserträge verbucht werden. Allerdings dürfte ein beliebiger handelsrechtlicher Wechsel zwischen Beibehaltung und Aufzinsung des niedrigeren beizulegenden Werts der einzelnen Forderungen dem Prinzip der **Methodenstetigkeit** (§ 252 Abs. 1 Nr. 6 HGB) widersprechen.

**Beispiel:**
In Abänderung des vorherigen Beispiels wird nun unterstellt, dass es sich nicht um eine Waren-, sondern um eine Darlehensforderung handelt. Der bilanzierende Großhändler möchte aus rechnungslegungspolitischen Gründen eine Abwertung dieser Forderung in der Handelsbilanz vornehmen [die Gewährung von Krediten zählt gemäß § 4 Nr. 8. a) UStG zu den steuerbefreiten Umsätzen].

**Buchungen in Periode 2001:**

| | | | | |
|---|---|---|---|---|
| (1) Sonstige Ausleihungen | | an | Guthaben bei Kreditinstituten | 150.000,00 € |
| (2) Abschreibungen auf Finanzanlagen | | an | Sonstige Ausleihungen | 22.257,95 €. |

---

599   Vgl. *Ellrott/Brendt* 2006, Anm. 257 zu § 255 HGB, S. 636 f.

Sofern der Großhändler auf die sukzessive Aufzinsung des niedrigeren beizulegenden Werts zurückgreift, entspricht die buchhalterische Behandlung in der Handels- und Steuerbilanz der bereits gezeigten Vorgehensweise. Erfolgt jedoch die Gewinnrealisierung im handelsrechtlichen Jahresabschluss erst im Geschäftsjahr des Darlehensrückflusses, so werden in Periode 2004 die folgenden Buchungen erforderlich, während in den Perioden 2002–2003 keine Buchungen vorzunehmen sind.

**Buchungen in Periode 2004:**

| (1) Sonstige Ausleihungen | an | Zinserträge | 22.257,95 € |
|---|---|---|---|
| (2) Guthaben bei Kreditinstituten | an | Sonstige Ausleihungen | 150.000 €. |

Sofern Überverzinslichkeit, z. B. infolge eines sinkenden Marktzinsniveaus, vorliegt, steht das Realisierungsprinzip einer Aufdiskontierung der Nominalwerte der betreffenden Forderungen entgegen.

### d.c    Bewertung von Verbindlichkeiten

#### (a) Un- und niedrigverzinsliche Verbindlichkeiten

Ein zur Forderungsbewertung analoger Bilanzansatz **unverzinslicher oder niedrigverzinslicher Verbindlichkeiten** ist grundsätzlich unzulässig, da die entsprechende Abdiskontierung des **Rückzahlungsbetrags** (§ 253 Abs. 1 Satz 2 HGB), der dem **Erfüllungsbetrag** zur Begleichung der Schuld entspricht, eine Antizipation künftiger Erträge bedeuten würde, die das **Realisationsprinzip** jedoch ausschließt (§ 252 Abs. 1 Nr. 4 2. HS HGB). Mithin bleibt für eine Abzinsung (langfristiger) Verbindlichkeiten in Gestalt eines niedrigeren Barwerts auf der Passivseite oder durch die Aktivierung des Abdiskontierungsbetrags unter dem Rechnungsabgrenzungsposten grundsätzlich kein Raum.[600] Eine Abzinsung von Verbindlichkeiten wird aber immer dann erforderlich, wenn in ihren Erfüllungsbeiträgen **verdeckte Zinszahlungen** enthalten sind, da andernfalls ein **schwebendes Kreditgeschäft** in Gestalt noch nicht entstandener Zinsen passiviert würde. Darüber hinaus schreibt § 6 Abs. 1 Nr. 3 Satz 1 und Satz 2 EStG unabhängig von einem immanenten Zinsanteil zwingend vor, dass Verbindlichkeiten, deren Laufzeit **mehr als 12 Monate** beträgt, die **unverzinslich** sind und die nicht auf einer **Anzahlung** oder **Vorleistung** beruhen, in der Steuerbilanz mit einem Zinssatz von 5,5 % abzuzinsen sind. Bei derartigen Konstellationen sind sowohl die Verbindlichkeiten als auch die Anschaffungskosten der bezogenen Vermögensgegenstände zum Barwert anzusetzen.[601] Die Verbindlichkeit ist dann in den Folgejahren um die jeweiligen Zinsaufwendungen sukzessive aufzustocken. Dies gilt, mit umgekehrten Vorzeichen, auch für die bilanzielle Behandlung von Forderungen, in deren Nominalwerten verdeckte Zinszahlungen enthalten sind. Allerdings wird es im Schrifttum auch als zulässig erachtet, den Unterschiedsbetrag zwischen dem Rückzahlungsbetrag und dem Barwert der Verbindlichkeit gemäß § 250 Abs. 3 Satz 1 HGB in den **aktiven Rechnungsabgrenzungsposten** aufzunehmen und im Umfange der jeweiligen Barwertdifferenzen in den Fol-

---

600   Vgl. *Hoyos/Ring* 2006b, Anm. 63 zu § 253 HGB, S. 443 f.; *Glanegger* 2006, Anm. 401 zu § 6 EStG, S. 557.
601   Vgl. *Hoyos/Ring* 2006b, Anm. 66 zu § 253 HGB, S. 445.

geperioden auf die Laufzeit der Verbindlichkeit zu verteilen.[602] Bei dieser Alternative wird die un- oder niedrigverzinsliche Verbindlichkeit nicht zu ihrem Barwert, sondern zu ihrem Rückzahlungsbetrag passiviert. Die erfolgsbezogenen Auswirkungen beider Möglichkeiten sind aber **identisch**.

Bei Rückstellungen für ungewisse Verbindlichkeiten sowie Rückstellungen für drohende Verluste aus schwebenden Geschäften (§ 249 Abs.1 Satz 1 HGB) stellt ebenfalls der **Erfüllungsbetrag** den Bewertungsmaßstab dar, den es nach vernünftiger kaufmännischer Beurteilung gemäß § 253 Abs. 1 Satz 2 1. HS HGB zu schätzen gilt. Aber auch bezüglich der Bewertung unverzinslicher oder niedrigverzinslicher Rückstellungen für ungewisse Verbindlichkeiten sowie für drohende Verluste aus schwebenden Geschäften steht das **Realisationsprinzip** grundsätzlich einem Barwertansatz entgegen, sofern im Erfüllungsbetrag **keine Zinsen** enthalten sind; § 253 Abs. 1 Satz 2 2. HS HGB besitzt in diesem Zusammenhang lediglich klarstellenden Charakter.[603] Allerdings weist § 6 Abs. 1 Nr. 3a.e) EStG in diesem Zusammenhang darauf hin, dass **Verpflichtungsrückstellungen** mit einem Zinssatz von 5,5 % nach den für Verbindlichkeiten geltenden Vorschriften (§ 6 Abs. 1 Nr. 3 Satz 2 EStG) abzudiskontieren sind.

Die Ausnahme vom grundsätzlichen Verbot des Barwertansatzes für Schuldposten hat ihren Niederschlag im Rahmen der Bewertung von **Rentenverpflichtungen** gefunden, für die eine Gegenleistung nicht mehr zu erwarten ist. § 253 Abs. 1 Satz 2 1. HS HGB fordert in diesem Zusammenhang, dass derartige Verpflichtungen mit ihrem **Barwert** zu passivieren sind. Renten stellen aus der Sicht der Berechtigten auf Lebenszeit (**Leibrente**) oder auf eine bestimmte Zeit (**Zeitrente**) eingeräumte selbstständige Rechte dar, deren Erträge aus regelmäßig wiederkehrenden **gleichmäßigen** Leistungen bestehen. Mit der vom Gesetzgeber geforderten Bedingung einer nicht mehr zu erwartenden Gegenleistung soll lediglich zum Ausdruck gebracht werden, dass der Bewertungsansatz für Anwartschaften noch tätiger Mitarbeiter bei den vorstehend genannten Rentenverpflichtungen nicht zulässig ist. Pensionsanwartschaften aus einem laufenden Dienstverhältnis sind entsprechend den allgemeinen bilanzrechtlichen Vorschriften zur **Rückstellungsbewertung** anzusetzen.

Die in Rede stehende Gegenleistung des Berechtigten kann z. B. beim Eintritt des Versorgungsfalls und sofortiger Rentenzahlung oder beim Ausscheiden eines Arbeitnehmers unter Aufrechterhaltung der Anwartschaft nicht mehr erwartet werden. Ähnliches gilt, falls die Gegenleistung durch den Vertragspartner bereits erbracht wurde, wie etwa im Falle der Übereignung bestimmter Vermögensgegenstände gegen eine **Leib- oder Zeitrente**. Der Barwert einer Rentenverpflichtung ist unter Berücksichtigung der wiederkehrenden Leistung, der Zinseszinsen und ggf. von Sterbetafeln (bei Leibrenten) nach **versicherungsmathematischen Grundsätzen** zu ermitteln. Der Abzinsungssatz beträgt aus steuerrechtlicher Sicht bei den **Pensionsverpflichtungen** 6 % (§ 6 a Abs. 3 Satz 3 EStG), während er sich bei den sonstigen Rentenverpflichtungen auf 5,5 % (§ 13 Abs. 1 BewG) beläuft. Als Mindestzinssatz wird für den handelsrechtlichen Jahresabschluss nach h. M. auch eine **Untergrenze** von 3 % akzeptiert.[604] An die Stelle des durch Abzinsung ermittelten Barwerts tritt die **Ablösesumme** der Rentenverpflichtung, wenn eine solche durch vertragliche Vereinbarung oder nach § 1199 BGB festgelegt wurde.

---

602　Vgl. *ADS* 1995a, Anm. 65 zu § 250 HGB, S. 508.
603　Vgl. *Hoyos/Ring* 2006b, Anm. 161 zu § 253 HGB, S. 460 f.
604　Vgl. *ADS* 1995a, Anm. 170 zu § 253 HGB, S. 147.

**Beispiel:**

Ein Einzelunternehmer erwirbt zu Beginn des Geschäftsjahrs 2001 ein Grundstück gegen eine jährlich zu zahlende (nachschüssige) Zeitrente von 6.000 €. Als Laufzeit der regelmäßig wiederkehrenden Leistung werden 12 Jahre vereinbart. Der Abzinsung ist der steuerrechtliche Satz von 5,5 % zugrunde zu legen ($K_{01}$ = Kaufzeitpunkt). Nach der allgemein bekannten Formel zur Ermittlung des Barwerts im Falle einer nachschüssigen Rente berechnet sich der Rentenbarwert (RBW) für das Beispiel wie folgt.[605]

$$RBW_{12} = \frac{1 - \dfrac{1}{(1 + 0{,}055)^{12}}}{0{,}055} \cdot 6.000\,€$$

$RBW_{12} = 8{,}6185 \cdot 6.000\,€ = 51.711\,€.$

Der Betrag von 8,6185 wird auch als Rentenbarwertfaktor oder in der Terminologie des Steuerrechts als Vervielfältiger bezeichnet. **Abb. 134** zeigt die Berechnung der Rentenbarwerte sowie der Zins- und Tilgungsanteile für die Laufzeit von 12 Jahren. Der jährliche Zinsteil entspricht dem Unterschiedsbetrag zwischen der zu zahlenden Rente und dem Tilgungsanteil der Rente; letzterer ergibt sich als Differenz der periodenbezogenen Barwerte.

| Kaufzeit-punkt/ Abschluss-stichtage | Renten-barwert-faktor | Rentenbarwert in € | | Zinsanteil in € | Tilgungsanteil in € |
|---|---|---|---|---|---|
| $K_{01}$ | 8,6185 | $RBW_{12}$ = | 51.711,00 | – | – |
| 01 | 8,0925 | $RBW_{11}$ = | 48.555,00 | 2.844,00 | 3.156,00 |
| 02 | 7,5376 | $RBW_{10}$ = | 45.225,60 | 2.670,60 | 3.329,40 |
| 03 | 6,9522 | $RBW_{9}$ = | 41.713,20 | 2.487,60 | 3.512,40 |
| 04 | 6,3346 | $RBW_{8}$ = | 38.007,60 | 2.294,40 | 3.705,60 |
| 05 | 5,6830 | $RBW_{7}$ = | 34.098,00 | 2.090,40 | 3.909,60 |
| 06 | 4,9955 | $RBW_{6}$ = | 29.973,00 | 1.875,00 | 4.125,00 |
| 07 | 4,2703 | $RBW_{5}$ = | 25.621,80 | 1.648,80 | 4.351,20 |
| 08 | 3,5052 | $RBW_{4}$ = | 21.031,20 | 1.409,40 | 4.590,60 |
| 09 | 2,6979 | $RBW_{3}$ = | 16.187,40 | 1.156,20 | 4.843,80 |
| 10 | 1,8463 | $RBW_{2}$ = | 11.077,80 | 890,40 | 5.109,60 |
| 11 | 0,9479 | $RBW_{1}$ = | 5.687,40 | 609,60 | 5.390,40 |
| 12 | 0 | $RBW_{0}$ = | 0 | 312,60 | 5.687,40 |
| Summe | – | | – | 20.289,00 | 51.711,00 |

Abb. 134: Barwerte, Zins- und Tilgungsanteile

Mit fortschreitender Laufzeit der Rente nehmen die Zinsanteile aufgrund der kontinuierlich steigenden Tilgung der Rentenverpflichtung ab. Die Summe der Tilgungsanteile (51.711 €) entspricht dem Rentenbarwert zum Zeitpunkt des Grundstückserwerbs. Addiert man die Summen der Zins- und Tilgungsanteile, so ergibt sich der Gesamtbetrag der Rentenzahlungen in Höhe von 72.000 €.

---

605   Vgl. *WP-Handbuch* 2006, S. 412.

**Buchung bei Erwerb des Grundstücks zu Beginn der Periode 2001:**

Nach h. M. entspricht der berechnete Rentenbarwert von 51.711 € den Anschaffungskosten des Grundstücks.[606]

Buchungssatz:

(1) Grundstücke                         an    Sonstige
                                              Verbindlichkeiten            51.711 €.

Kontenmäßige Darstellung:

| S | Grundstücke | | H |
|---|---|---|---|
| | € | | € |
| AB | | | |
| (1) | 51.711 | | |

| S | Sonstige Verbindlichkeiten | | H |
|---|---|---|---|
| | | € | € |
| | | AB[607] | 0 |
| | | (1) | 51.711 |

**Verbuchung der am Ende der Periode 2001 zu leistenden Rentenzahlung:**

(1) – Sonstige Verbind-               an    Guthaben bei
      lichkeiten         3.156 €              Kreditinstituten            6.000 €.
    – Zinsaufwendungen   2.844 €

Kontenmäßige Darstellung:

| S | Sonstige Verbindlichkeiten | | H |
|---|---|---|---|
| | € | | € |
| (1) | 3.156 | AB | 0 |
| SBK (EB) | 48.555 | Zugang $K_{01}$ | 51.711 |
| | 51.711 | | 51.711 |

| S | Guthaben bei Kreditinstituten | | H |
|---|---|---|---|
| | € | | € |
| AB | | (1) | 6.000 |

| S | Zinsaufwendungen | | H |
|---|---|---|---|
| | € | | € |
| (1) | 2.844 | GuV (Saldo) | |

**Verbuchung der am Ende der Periode 2012 zu leistenden Rentenzahlung:**

(1) – Sonstige                        an    Guthaben bei
      Verbindlichkeiten  5.687,40 €          Kreditinstituten            6.000 €.
    – Zinsaufwendungen    312,60 €

---

606  Vgl. *ADS* 1995a, Anm. 65 zu § 255 HGB, S. 354.
607  Dem Beispiel liegt die Annahme zugrunde, dass der Einzelunternehmer keine weiteren sonstigen Verbindlichkeiten eingegangen ist.

Eine der Ausnahme des Barwertansatzes vergleichbare Konstellation liegt bei Verbindlichkeiten vor, deren Rückzahlungsbetrag den Ausgabebetrag **übersteigt** und die Differenz (Disagio, Damnum) eine **Überlassungsvergütung** für das erhaltene Kapital darstellt. Gemäß § 250 Abs. 3 HGB kann der Unterschiedsbetrag unter den aktiven Rechnungsabgrenzungsposten ausgewiesen und über die Laufzeit der Verbindlichkeit abgeschrieben werden. Aus steuerrechtlicher Sicht besteht hingegen **Aktivierungspflicht** (H 6.10 EStR).

### (b) Überverzinsliche Verbindlichkeiten

Sofern für längerfristige Verbindlichkeiten, etwa infolge eines sinkenden Marktzinsniveaus, Überverzinslichkeit vorliegt, bedarf es aus handelsrechtlicher Sicht i. d. R. nach den Grundsätzen der Behandlung drohender Verluste aus schwebenden Geschäften gemäß § 249 Abs. 1 Satz 1 HGB der Rückstellungsbildung in Höhe des **Barwerts der Mehrzinsen**. Ein schwebendes Geschäft liegt hinsichtlich der künftigen Kapitalrückzahlung und der Zinszahlungen vor.[608] Der rückzustellende Betrag errechnet sich »… aus der Differenz zwischen dem Barwert der vereinbarten Zinszahlungen für die passivierte Verbindlichkeit und dem Barwert der in einer mehrjährigen Betrachtung des Kapitalmarkts für eine vergleichbare Verbindlichkeit höchstens zu entrichtenden Zinsen«[609]. Die gebildete Rückstellung für drohende Verluste aus schwebenden Geschäften ist unter sonst gleichen Bedingungen in Höhe der Barwertdifferenzen der Rückstellungsbeträge in den Folgeperioden sukzessive ertragswirksam aufzulösen.

Eine handelsrechtliche Aufwertung des Bilanzansatzes der Verbindlichkeit kommt nach h. M. nicht in Betracht, da auch überverzinsliche Verbindlichkeiten zu ihren **Rückzahlungsbeträgen** nach § 253 Abs. 1 Satz 2 1. HS HGB anzusetzen sind. Für die **Steuerbilanz** wird hingegen der Ansatz eines (nachhaltig) höheren Teilwerts als des Erfüllungsbetrags der hochverzinslichen Verbindlichkeit zugelassen.[610] Dabei soll sich der Teilwert aus dem Barwert der Kapitalschuld, abdiskontiert zum marktüblichen Zinssatz, zuzüglich des Barwerts der bis zum Fälligkeitszeitpunkt zu erbringenden Zinsleistung zusammensetzen. Eine Rückstellung für drohende Verluste aus schwebenden Geschäften kommt hingegen wegen des **Passivierungsverbots** von § 5 Abs. 4 a EStG in der Steuerbilanz nicht in in Betracht. Unter sonst gleichen Bedingungen ist die Verbindlichkeit in Höhe der **Barwertdifferenzen** der Teilwerte in den Folgeperioden sukzessive ertragswirksam abzustocken.

**Beispiel:**
Die Laufzeit eines Kredits in Höhe von 50.000 €, der zu Beginn des Geschäftsjahrs 2004 aufgenommen wurde, beträgt 4 Jahre. Laut Vertrag ist der Kredit mit 10 % nachschüssig zu verzinsen. Ein Disagio bei der Anzahlung der Kreditsumme wurde nicht einbehalten. Zum Bilanzstichtag des Geschäftsjahrs 2004 ist der marktübliche Zinssatz für vergleichbare Kredite nachhaltig auf 8 % gesunken. Die Kreditsumme wird am Ende des Geschäftsjahrs 2007 zurückgezahlt. Die Rückstellung für drohende Verluste aus schwebenden (Kredit-)Geschäften berechnet sich für die Handelsbilanz nach den Verhältnissen am Bilanzstichtag 2004 wie folgt:

---

608   Vgl. *Hoyos/Ring* 2006b, Anm. 60 zu § 253 HGB, S. 442 f.
609   *ADS* 1995a, Anm. 79 zu § 253 HGB, S. 118.
610   Vgl. *Glanegger* 2006, Anm. 400–402 zu § 6 EStG, S. 556 f.

Barwert der Zinszahlungen für die passivierte
Verbindlichkeit zum effektiven Zinssatz von 10 %
2,48685 · 5.000 € =                                                           12.434,25 €

– Barwert der Zinszahlungen für eine vergleichbare
   Verbindlichkeit zum marktüblichen niedrigeren Zinssatz von 8 %
   2,57710 · 4.000 € =                                                        10.308,40 €

= Rückstellungsbetrag                                                          2.125,85 €.

**Buchungen in der Periode 2004:**

| | | | | |
|---|---|---|---|---|
| (1) Guthaben bei Kreditinstituten | | an | Verbindlichkeiten gegenüber Kreditinstituten | 50.000,00 € |
| (2) Zinsaufwendungen | 7.125,85 € | an | – Guthaben bei Kreditinstituten | 5.000,00 € |
| | | | – Rückstellungen für drohende Verluste aus schwebenden Geschäften | 2.125,85 €. |

**Buchungen in der Periode 2005:**

| | | | |
|---|---|---|---|
| (1) Zinsaufwendungen | an | Guthaben bei Kreditinstituten | 5.000,00 €. |
| (2) Rückstellungen für drohende Verluste aus schwebenden Geschäften | an | Sonstige betriebliche Erträge | 581,19 €[611]. |

**Buchungen in der Periode 2007:**

| | | | |
|---|---|---|---|
| (1) Verbindlichkeiten gegenüber Kreditinstituten | an | Guthaben bei Kreditinstituten | 50.000,00 € |
| (2) Zinsaufwendungen | an | Guthaben bei Kreditinstituten | 5.000,00 € |
| (3) Rückstellungen für drohende Verluste aus schwebenden Geschäften | an | Sonstige betriebliche Erträge | 841,73 €. |

Der in der Periode 2004 antizipierte Zinsverlust in Höhe von 2.125,85 € führt in den Perioden 2005 bis 2007 in Gestalt sonstiger betrieblicher Erträge zu einer Minderung der Zinsaufwendungen (2.125,85 € = 581,19 € + 702,93 € + 841,73 €).

Der Teilwert der überverzinslichen Verbindlichkeit als Wertansatz für die Steuerbilanz errechnet sich nach den Verhältnissen am Bilanzstichtag 2004 wie folgt:

---

611   581,19 € = 2.125,85 € – (1,73554 · 5.000 € – 1,78326 · 4.000 €).

Barwert der Kapitalschuld zum marktüblichen
niedrigeren Zinssatz von 8 %
0,793832 · 50.000 € =                                                    39.691,60 €

+ Barwert der bis zum Fälligkeitszeitpunkt zu erbringenden
   Zinsleistungen zum marktüblichen niedrigeren Zinssatz von 8 %
   2,57710 · 5.000 € =                                                   12.885,50 €

= Teilwert                                                               52.577,10 €.

**Buchungen in der Periode 2004:**

| | | | |
|---|---|---|---|
| (1) Guthaben bei<br>Kreditinstituten | an | Verbindlichkeiten gegen-<br>über Kreditinstituten | 50.000,00 € |
| (2) Zinsaufwendungen | an | Guthaben bei<br>Kreditinstituten | 5.000,00 € |
| (3) Sonstige betrieb-<br>liche Aufwendungen | an | Verbindlichkeiten gegen-<br>über Kreditinstituten | 2.577,10 €.[612] |

**Buchungen in der Periode 2005:**

| | | | |
|---|---|---|---|
| (1) Zinsaufwendungen | an | Guthaben bei<br>Kreditinstituten | 5.000,00 € |
| (2) Verbindlichkeiten<br>gegenüber Kreditinstituten | an | Sonstige betriebliche<br>Erträge | 793,85 €.[613] |

**Buchungen in der Periode 2007:**

| | | | |
|---|---|---|---|
| (1) Zinsaufwendungen | an | Guthaben bei<br>Kreditinstituten | 5.000,00 € |
| (2) Verbindlichkeiten<br>gegenüber Kreditinstituten | an | Sonstige betrieb-<br>liche Erträge | 925,95 € |
| (3) Verbindlichkeiten<br>gegenüber Kreditinstituten | an | Guthaben bei<br>Kreditinstituten | 50.000,00 €. |

Die in der Periode 2004 vorgenommene Aufwertung der Verbindlichkeit in Höhe von
2.577,10 € führt in den Perioden 2005 bis 2007 in Gestalt sonstiger betrieblicher Erträge
zu einer Minderung der Zinsaufwendungen (2.577,10 € = 793,85 € + 857,30 € + 925,95 €).

Die Grundsätze ordnungsmäßiger Buchführung sind bezüglich des Bilanzansatzes von Forderungen und Verbindlichkeiten zum Barwert vom Gesetzgeber nur **teilweise kodifiziert**
worden. So finden sich lediglich in § 253 Abs. 1 Satz 2 HGB konkrete Hinweise auf eine Bewertung von **Rentenverpflichtungen** und **Rückstellungen** mit dem Barwert. Wie gezeigt

---

612   2.577,10 € = 52.577,10 € – 50.000 €.
613   793,85 € = 52.577,10 € – (0,857339 · 50.000 € + 1,78326 · 5.000 €).

wurde, haben sich jedoch sowohl für die Bewertung un- bzw. unterverzinslicher Forderungen als auch un-, unter- und überverzinslicher Verbindlichkeiten **nicht kodifizierte Regelungen** herauskristallisiert, die primär aus den Prinzipien der Vorsicht und der periodengerechten Erfolgsermittlung abzuleiten sind. Allerdings stimmen die jeweiligen handels- und steuerrechtlichen Bewertungsvorschriften in einigen Teilbereichen nicht überein, so dass hierdurch im handelsrechtlichen Jahresabschluss der Ausweis **latenter Steuern** nach § 274 HGB ausgelöst werden kann.[614] Darüber hinaus bestehen im Zusammenhang mit der Bewertung von Forderungen und Verbindlichkeiten zum Barwert einige **Wahlrechte**, die zur Durchsetzung **rechnungslegungspolitischer Ziele** zu nutzen sind.

## 3.    Bedeutung des Stetigkeitsprinzips für die Bewertung

### a.    Grundlegendes zur Bilanzkontinuität

Im Rahmen der Prinzipien der **Bilanzverknüpfung**, die im Schrifttum in die **Bilanzidentität** (§ 252 Abs. 1 Nr. 1 HGB) und die **Bilanzkontinuität** aufgespalten werden,[615] hat vor allem das Postulat der **Bilanzkontinuität**, das darauf abzielt, die formelle und materielle Vergleichbarkeit aufeinander folgender Jahresabschlüsse durch die Beibehaltung einmal gewählter Ausweis- und Bewertungsmethoden sicherzustellen, eine breite und kontroverse Diskussion erfahren. Von dieser Betrachtung war insbesondere die **materielle Bilanzkontinuität (Bewertungsstetigkeit)** betroffen, die für alle Unternehmen durch § 252 Abs. 1 Nr. 6 HGB fordert, dass die auf den vorhergehenden Jahresabschluss angewandten Bewertungsmethoden beibehalten werden sollen und nur in begründeten Ausnahmefällen gemäß § 252 Abs. 2 HGB von dem Grundsatz der Methodenstetigkeit abgewichen werden darf. Einen Überblick über die gesetzlichen **Grundlagen des Stetigkeitsprinzips** gibt **Abb. 135.**

Die materielle Bilanzkontinuität beinhaltet grundsätzlich nicht nur die Bewertungs-Methodenstetigkeit, sondern auch die Stetigkeit im Hinblick auf die Ausübung von **Ansatzwahlrechten**. Jedoch hat der Gesetzgeber durch § 252 Abs. 1 Satz 1 HGB Stetigkeit nur bei der Bewertung der im Jahresabschluss ausgewiesenen Vermögensgegenstände und Schulden vorgeschrieben, womit sich das Stetigkeitsgebot von § 252 Abs. 1 Nr. 6 HGB nach h. M. **nicht auf Bilanzierungsmethoden** (Ansatzwahlrechte) bezieht; allerdings ist das **Willkürverbot** zu beachten.[616] Ein Spielraum für willkürliche Gestaltungen des Jahresabschlusses wäre etwa dann gegeben, wenn ein Bilanzierungsfall regelmäßig auftritt und das entsprechende Ansatzwahlrecht von Jahr zu Jahr unterschiedlich ausgeübt würde. Keine Bedenken dürften aber für Fälle bestehen, die völlig unregelmäßig auftreten, wie z. B. der Rückgriff auf eine Bilanzierungshilfe für Ingangsetzungsaufwendungen (§ 269 HGB), obwohl in zurückliegenden Geschäftsjahren ein entsprechender Posten im Jahresabschluss nicht gebildet wurde.[617]

Die **formelle Bilanzkontinuität** (Ausweis- oder Darstellungsstetigkeit) wurde in § 265 Abs. 1 Satz 1 HGB verankert. Dieses Postulat bringt zum Ausdruck, dass die Form der Darstellung, insbesondere die Gliederung aufeinander folgender Jahresabschlüsse,

---

614  Vgl. hierzu die Ausführungen im Fünften Teil zu Gliederungspunkt III.B.3.e.
615  Vgl. etwa *Heinen* 1994, S. 175–177.
616  Vgl. stellvertretend *ADS* 1995a, Anm. 110 zu § 252 HGB, S. 66.
617  Vgl. *Leffson* 1987, S. 445.

beizubehalten ist, »… soweit nicht in Ausnahmefällen wegen besonderer Umstände Abweichungen erforderlich sind …«. Treten derartige Differenzen auf, so besteht für die betroffenen Unternehmen gemäß § 265 Abs. 1 Satz 2 HGB die Verpflichtung, diese im Anhang anzugeben und zu begründen. Das Prinzip der Darstellungsstetigkeit beeinflusst in hohem Maße die **Flexibilität** des Einsatzes der Ausweiswahlrechte, da in diesen Fällen der Gestaltungsspielraum mit der erstmaligen Ausübung des Wahlrechts grundsätzlich ausgeschöpft ist.

Infolgedessen erfordert die Bindungswirkung der formellen Bilanzkontinuität für die Rechnungslegungspolitik der Folgejahre unter Berücksichtigung langfristiger Zielsetzungen einen **spezifischen (strategischen) Planungsaufwand** hinsichtlich der erstmaligen

|  | Definition | Rechtsquelle | Rechtsform | Abweichungen | Publizität |
|---|---|---|---|---|---|
| **Ansatz-Methoden-stetigkeit** | Die auf den vorhergehenden Jahresabschluss angewandten **Bilanzierungsmethoden** sollen beibehalten werden. | Nicht geregelt, da die Stetigkeit gem. § 252 Abs. 1 Satz 1 HGB nur »bei der Bewertung der im Jahresabschluss ausgewiesenen Vermögensgegenstände und Schulden« vorgeschrieben ist. | Alle Unternehmen | In aller Regel möglich, jedoch ist das Willkürverbot zu beachten. | Angabe und Erläuterung von Änderungen der Bilanzierungsmethoden im Anhang; gesonderte Darstellung des Einflusses des Methodenwechsels auf die Vermögens-, Finanz- und Ertragslage im Anhang (§ 284 Abs. 2 Nr. 3 HGB, § 336 Abs. 2 Satz 1 1. HS HGB, § 340 a Abs. 1 i. V. m. Abs. 2 HGB, § 341 a Abs. 1 i. V. m. Abs. 2 HGB, § 5 Abs. 2 Satz 2 PublG, § 264 a Abs. 1 HGB). |
| **Bewertungs-Methoden-stetigkeit** | Die auf den vorhergehenden Jahresabschluss angewandten **Bewertungsmethoden** sollen beibehalten werden. | § 252 Abs. 1 Nr. 6 HGB | Alle Unternehmen | Nur in begründeten Ausnahmefällen möglich (§ 252 Abs. 2 HGB). | Angabe und Erläuterung von Änderungen der Bewertungsmethoden im Anhang; gesonderte Darstellung des Einflusses des Methodenwechsles auf die Vermögens-, Finanz- und Ertragslage im Anhang (§ 284 Abs. 2 Nr. 3 HGB, § 336 Abs. 2 Satz 1 1. HS HGB, § 340 a Abs. 1 i. V. m. Abs. 2 HGB, § 341 a Abs. 1 i. V. m. Abs. 2 HGB, § 5 Abs. 2 Satz 2 PublG, § 264 a Abs. 1 HGB). |
| **Darstel-lungs-stetigkeit** | Die Form **der Darstellung,** insbesondere die **Gliederung** aufeinanderfolgender Bilanzen und Gewinn- und Verlustrechnungen ist beizubehalten. | § 265 Abs. 1 Satz 1 HGB | AG, KGaA, GmbH, eingetragene Genossenschaften, Kreditinstitute (§ 340 a Abs. 1 i. V. m. Abs. 2 HGB), Versicherungsunternehmen (§ 341 a Abs. 1 i. V. m. Abs. 2 HGB), alle Unternehmen nach PublG (§ 265 Abs. 1 Satz 1 HGB; § 336 Abs. 2 Satz 1 1. HS HGB, § 5 Abs. 1 Satz 1 PublG) und sog. »kapitalistische« Personenhandelsgesellschaften (§ 264 a Abs. 1 HGB) | Nur in Ausnahmefällen wegen besonderer Umstände möglich (§ 265 Abs. 1 Satz 1 HGB). | Angabe und Erläuterung der Abweichungen im Anhang (§ 265 Abs. 1 Satz 2 HGB, § 336 Abs. 2 Satz 1 1. HS HGB, § 340 a Abs. 1 i. V. m. Abs. 2 HGB, § 341 a Abs. 1 i. V. m. Abs. 2 HGB, § 5 Abs. 2 Satz 2 PublG, § 264 a Abs. 1 HGB). |

Abb. 135: Grundlagen des Stetigkeitsprinzips

Aufstellung von Jahresabschluss und Lagebericht.[618] Jedoch stellt die Aufnahme neuer Gliederungsposten und zusätzlicher Angaben in Anhang und Lagebericht, die über das gesetzlich geforderte Mindestmaß hinausgehen, keine Durchbrechungen der formellen Stetigkeit dar, so dass einer umfassenden **rechnungslegungspolitischen Selbstdarstellung** keine Grenzen gesetzt sind. Darüber hinaus bietet § 265 Abs. 1 HGB in Ausnahmefällen die Möglichkeit, auf andere Gliederungs-, Erläuterungs- oder Berichterstattungsalternativen in den Folgejahren überzugehen. Derartige Abweichungen sind aber nur dann vorzunehmen, wenn gegenüber dem Vorjahr gewichtige Änderungen der Verhältnisse eingetreten sind.[619]

## b.     Grundsatz der Bewertungs-Methodenstetigkeit

Im Hinblick auf die bilanzielle Bewertung bringt der Begriff der Methodenstetigkeit das sukzessive Vorgehen des Bewertenden zum Ausdruck, mit dem Ziel, den einzelnen Vermögensgegenständen einen konventionalisierten Wert beizumessen. Unter dem Terminus Bewertungsmethode sind somit alle **Abgrenzungs-, Ermittlungs- und Berechnungsschritte** zu verstehen, die zur Festlegung des Bilanzansatzes unter Berücksichtigung der handelsrechtlichen Wertkategorien führen (z. B. Anschaffungs- und Herstellungskosten, niedrigerer Zeitwert, Abschreibungs- und Verbrauchsfolgeverfahren).[620] Dem Bilanzierenden wird hierbei **Freiheit** in der Wahl der Bewertungsmethode zugestanden, jedoch muss das gewählte Verfahren mit den GoB übereinstimmen und ein den tatsächlichen Verhältnissen entsprechendes Bild der Vermögens-, Finanz- und Ertragslage im Sinne von § 264 Abs. 2 Satz 1 HGB vermitteln.[621] Nach der engen Auslegung des Prinzips der Bewertungs-Methodenstetigkeit sind nicht nur bereits im vorhergehenden Jahresabschluss anzusetzende Vermögensgegenstände und Schulden nach einer identischen Bewertungsmethode zu bilanzieren, sondern auch zwischenzeitlich angeschaffte oder hergestellte art- und funktionsgleiche Bewertungsobjekte, sofern gleichartige Vermögensgegenstände und Schulden unter vergleichbaren Umständen im Vorjahresabschluss zu bewerten waren. Hieraus folgt, dass etwa bei der Wahl der linearen Abschreibungsmethode für das gesamte abnutzbare Anlagevermögen im Vorjahresabschluss auch bezüglich des aktuellen Jahresabschlusses sämtliche im laufenden Jahr angeschaffte Anlagegüter linear abzuschreiben sind. Die Bewertungs-Methodenstetigkeit besitzt als materieller GoB prinzipiell auch für die **steuerrechtliche Gewinnermittlung** Gültigkeit (R 6.9 Abs. 5 Satz 3; H 6.9 EStR).[622]

Das aus dem **Vergleichbarkeitspostulat** abgeleitete Prinzip der Bewertungs-Methodenstetigkeit verpflichtet mithin den Kaufmann, art- und funktionsgleiche Bewertungsobjekte nicht nach unterschiedlichen Methoden zu bewerten, sofern nicht ein **sachlicher Grund**

---

618  Zu berücksichtigen ist, dass der Grundsatz der Darstellungskontinuität nicht nur für die Bilanz sowie die Gewinn- und Verlustrechnung gilt, sondern auch Anhang und Lagebericht von den Darstellungsgrundsätzen des § 265 HGB betroffen sind, da die Bezeichnung des 1. Unterabschnitts des 2. Abschnitts im Handelsgesetzbuch neben dem Begriff »Jahresabschluss« auch den Terminus »Lagebericht« enthält. Vgl. *Ellrott* 2006e, Anm. 10 zu § 289 HGB, S. 1320.

619  In diesem Zusammenhang ist insbesondere die Unterschreitung der in § 267 HGB genannten Größenklassen anzuführen, die stets zur Inanspruchnahme der entsprechenden Ausweiserleichterungen berechtigen.

620  Vgl. *HFA* 1997, S. 387.

621  Vgl. *ADS* 1995a, Vorbemerkungen zu §§ 252–256 HGB, Anm. 16–22, S. 7–9.

622  Zusätzlich ist zu beachten, dass durch das Steuerreformgesetz 1990 aufgrund der Einfügung von Nr. 2 a in § 6 Abs. 1 EStG bezüglich des Lifo-Verfahrens ein speziell steuerrechtlich bedingtes Stetigkeitsgebot verankert wurde.

vorliegt. Gemäß § 252 Abs. 2 HGB kann in **begründeten Ausnahmefällen** von dem in Rede stehenden Prinzip abgewichen werden. Darüber hinaus weist auch die Pflicht zur Angabe, Begründung und Darstellung der Änderung der Bilanzierungs- und Bewertungsmethoden im Anhang gemäß § 284 Abs. 2 Nr. 3 HGB auf die Möglichkeit der Durchbrechung des Stetigkeitspostulats hin. Grundsätzlich sollte das Prinzip der Methodenstetigkeit erst dann aufgegeben werden, wenn die Verhältnisse in den einzelnen Geschäftsjahren sich wesentlich geändert haben und ohne Wechsel des Bewertungsverfahrens der Jahresabschluss kein den tatsächlichen Verhältnissen der Vermögens-, Finanz- und Ertragslage entsprechendes Bild vermitteln würde (z. B. Übergang von einer Divisions- auf eine Zuschlagskalkulation in der Kostenrechnung, wodurch eine exaktere Verrechnung der Gemeinkosten auf die Erzeugniseinheiten im Rahmen der Herstellungskostenbewertung vorgenommen werden kann). Zu einer Aufgabe der angewandten Bewertungsprinzipien können neben außer- und innerbetrieblichen Gründen (z. B. Änderungen des Kostenrechnungssystems, die Einfluss auf die Ermittlung der Herstellungskosten haben), auch Reformen der bilanzrechtlichen Vorschriften und höchstrichterliche Entscheidungen berechtigen.[623] Die vorstehenden Ausführungen verdeutlichen, dass für das Unternehmen ein relativ **großer Ermessensspielraum** besteht, der zur Begründung eines Methodenwechsels genutzt werden kann.

Im Rahmen der **Umkehrung des Maßgeblichkeitsprinzips**[624] stellt sich die Frage, ob von der Bewertungs-Methodenstetigkeit im Hinblick auf die Übernahme steuerrechtlicher Bewertungsmethoden abgewichen werden kann, die zum Zwecke ihrer steuerrechtlichen Anerkennung in der Handelsbilanz anzusetzen sind. Dies wird von der h. M. bejaht,[625] da es sich bei Ausnützung steuerrechtlicher Bewertungserleichterungen um Durchbrechungen der handelsrechtlichen Bewertungsgrundsätze handelt und die Aufrechterhaltung der materiellen Bilanzkontinuität zu einer **Konterkarierung der umgekehrten Maßgeblichkeit** führen würde. Sofern steuerrechtliche Bewertungsmethoden zur Erlangung einer möglichst günstigen Besteuerung, beispielsweise zur Rettung eines Verlustvortrages, eingesetzt werden, ist ein Abgehen vom Stetigkeitsprinzip aber nur dann zulässig, »… wenn die steuerbilanzpolitischen Maßnahmen entsprechende handelsbilanzpolitische zwingend voraussetzen«[626]. Die mit diesen Abweichungen von der Bewertungsstetigkeit verbundenen Verzerrungen des handelsrechtlichen Jahresabschlusses sind durch die Angabepflicht in der Bilanz und/oder im **Anhang** gemäß § 281 Abs. 2 Satz 2 und § 285 Nr. 5 HGB vom Gesetzgeber aufzufangen versucht worden.

Zusammenfassend lassen sich folgende Gründe nennen, die zu einer **Durchbrechung** des Prinzips der Bewertungs-Methodenstetigkeit gemäß § 252 Abs. 2 HGB berechtigen: »…

- wenn die Abweichung durch eine Änderung der rechtlichen Gegebenheiten (insbesondere Änderung von Gesetz und Satzung, Änderung der Rechtsprechung) veranlasst wurde,
- wenn die Abweichung unter Beachtung der Grundsätze ordnungsmäßiger Buchführung ein besseres Bild der Vermögens-, Finanz- und Ertragslage vermitteln soll,
- wenn die Abweichung dazu dient, Bewertungsvereinfachungsverfahren in Anspruch zu nehmen,

---

623   Vgl. *Leffson* 1987, S. 438 f.
624   Vgl. hierzu die Ausführungen im Dritten Teil zu Gliederungspunkt II.B.1. sowie zur Zukunft der (umgekehrten) Maßgeblichkeit die Ausführungen im Siebenten Teil zu Gliederungspunkt III.A.2.
625   Vgl. etwa *ADS* 1995a, Anm. 113 zu § 252 HGB, S. 67; *Winkeljohann/Geißler* 2006, Anm. 64 zu § 252 HGB, S. 419.
626   *Schneeloch* 1987, S. 408.

- wenn die Abweichung im Jahresabschluss zur Anpassung an konzerneinheitliche Bilanzierungsrichtlinien erfolgt,
- wenn mit der Abweichung der Konzernabschluss an international anerkannte Grundsätze angepasst wird oder
- wenn die Abweichung erforderlich ist, um steuerliche Ziele zu verfolgen«[627].

## C.     Bewertung des Anlagevermögens

### 1.     Methoden zur Berücksichtigung der planmäßigen Wertminderungen des abnutzbaren Anlagevermögens

#### a.     Grundlegendes

Gemäß § 253 Abs. 2 Satz 1 HGB und § 6 Abs. 1 Nr. 1 Satz 1 EStG sind Gegenstände des abnutzbaren Anlagevermögens (z. B. Lizenzen, Gebäude, Maschinen, Fahrzeuge, Betriebs- und Geschäftsausstattung) in der Bilanz mit den Anschaffungs- oder Herstellungskosten, vermindert um **planmäßige Abschreibungen**, die steuerrechtlich als Absetzungen für Abnutzung (AfA) bezeichnet werden, anzusetzen. Ziel der aufwandswirksamen Verrechnung von planmäßigen Abschreibungen ist es, den **ordentlichen Werteverzehr** des abnutzbaren Anlagevermögens zu erfassen. Den mit bestimmten Abschreibungsmethoden zu berücksichtigenden Wertminderungen können verschiedene Ursachen zugrunde liegen, die in aller Regel nicht exakt eruierbar sind, sondern auf **Hypothesen** beruhen. Im Grundsatz basieren die bilanziellen Abschreibungen auf den nachstehend genannten Ursachen des planmäßigen Verzehrs abnutzbarer Anlagegüter.[628]

- **Abnutzungsbedingter Verschleiß** durch Gebrauch;
- **Substanzbedingte Wertminderungen**, die z. B. bei Bergwerken, Kies- und Sandgruben, Ölfeldern oder Steinbrüchen vorkommen;
- **Natürlicher (ruhender) Verschleiß** wie etwa Verwittern, Verrosten, Verdunsten, Zersetzen, Fäulnis;
- **Technische Überholung**, die z. B. durch neue Erfindungen, Einführung neuer Werkstoffe oder Weiterentwicklung von Maschinen hervorgerufen wird;.
- **Wirtschaftliche Überholung**. Dieser Wertminderungstyp kann etwa durch Modewechsel oder Geschmacksveränderungen bewirkt werden, die zu einem Absatzrückgang und damit auch zu einer Verkürzung der Nutzungsdauer der entsprechenden Betriebsmittel führen. Technisch können die in Rede stehenden Anlagen durchaus noch nutzungsfähig sein, während sie wirtschaftlich bereits veraltet sind;
- **Fristablauf**. Die Nutzungsdauer ist z. B. bei Patenten, Lizenzen, Konzessionen oder Urheberrechten vertraglich befristet. Nach Ablauf der Frist liegt eine wirtschaftliche Erschöpfung der Kapazitäten dieser Anlagegüter vor, die es während der Nutzungsdauer planmäßig in Form von Abschreibungen zu berücksichtigen gilt.

Die bilanziellen (planmäßigen) Abschreibungen erscheinen auf der Aufwandseite des GuV-Kontos und erfahren somit eine Aufrechnung gegen die ausgewiesenen Erträge, wodurch

---

627  *HFA* 1997, S. 389. Vgl. zu weiteren Abweichungsgründen *ADS* 1995a, Anm. 113 zu § 252 HGB, S. 67 f.
628  Vgl. *Kosiol* 1979, S. 142 f.

der Periodengewinn entsprechend negativ beeinflusst wird. Mithin werden in Höhe der bilanziellen Abschreibungen Ertragsbestandteile bei der Unternehmung gebunden und diese unterliegen somit nicht der **Besteuerung bzw. der Ausschüttung an die Eigner**. Nach Ablauf der Nutzungsdauer der einzelnen Anlagegegenstände sollen so viele Mittel innerhalb der Unternehmung angesammelt worden sein, dass eine **Ersatzbeschaffung der Anlagegüter** möglich wird. Dieser Forderung nach **Erhaltung der Unternehmenssubstanz** kann aber aufgrund inflatorischer Preisentwicklungen nur in seltenen Fällen nachgekommen werden, weil die Abschreibungen laut den maßgeblichen Bewertungsvorschriften für den handels- und steuerrechtlichen Jahresabschluss auf der Basis der **(historischen) Anschaffungs- oder Herstellungskosten** zu bemessen sind. Aufgrund der **nominellen Erhaltungskonzeption des Bilanzrechts** werden diejenigen Teile des Periodengewinns, die in Zeiten steigender Preise zur Sicherung des Unternehmenskapitals erforderlich wären (**sog. Scheingewinne**), der Besteuerung und Ausschüttung unterworfen, so dass eine substanzielle (mengenmäßige) Kapitalerhaltung mit Hilfe des handels- und steuerrechtlichen Jahresabschlusses nicht realisierbar ist. **Abb. 136** verdeutlicht diese Problematik in Form einer kontenmäßigen Darstellung. Aus den genannten Gründen kommt der **Kostenrechnung** die Aufgabe zu, über eine entsprechende **inflationsorientierte Ermittlung** der in die Kalkulation eingehenden Kostenarten die reale Wiederbeschaffung der Produktionsfaktoren über den Absatzmarkt sicherzustellen. So gehen die kalkulatorischen Abschreibungen in die Selbstkosten der Erzeugnisse ein, um die Berücksichtigung des Verzehrs abnutzbarer Anlagegüter im **Absatzpreis** sicherzustellen. Aus dem Gesagten ergibt sich zwangsläufig das Erfordernis, bei der Bemessung der kalkulatorischen Abschreibungen von den **Wiederbeschaffungswerten der Betriebsmittel** auszugehen. Der Rückfluss der kalkulatorischen Abschreibungen im Rahmen des Umsatzprozesses hängt allerdings von den Verkaufspreisen der Erzeugnisse ab, die am Absatzmarkt erzielt werden.[629]

Zu Beginn der Nutzungszeit hat das Unternehmen für jedes Anlagegut einen **Plan** zu erstellen, in dem die Anschaffungs- oder Herstellungskosten auf die Geschäftsjahre verteilt werden, in denen der Vermögensgegenstand voraussichtlich genutzt werden kann (§ 253 Abs. 2 Satz 2 HGB).[630] Die Bestimmung der Nutzungsdauern der einzelnen Anlagegüter hat in diesem Zusammenhang auf dem Schätzungswege zu erfolgen. Bilanzsteuerrechtlich sind die **betriebsgewöhnlichen Nutzungsdauern** für bewegliche abnutzbare Wirtschaftsgüter allgemein und branchenspezifisch in sog. **AfA-Tabellen** vorgeschrieben, die vom Bundesministerium der Finanzen und den Finanzministern bzw. -senatoren her-

| S | Gewinn- und Verlustkonto | | H |
|---|---|---|---|
| Aufwendungen zu Anschaffungs- oder Herstellungskosten | Aufwendungen zu Wiederbeschaffungskosten | Verkaufserlöse | |
| Scheingewinn | | | |
| Leistungsgewinn (echter Gewinn) | | | |

Abb. 136: Schein- und Leistungsgewinne im Falle steigender Wiederbeschaffungspreise

---

629  Vgl. hierzu die Ausführungen im Zweiten Teil zu Gliederungspunkt II.A.6.b.
630  Zur notwendigen Änderung des Abschreibungsplans aufgrund neuer Erkenntnisse oder sich ändernder Verhältnisse vgl. *ADS* 1995a, Anm. 418–438 zu § 253 HGB, S. 229–237.

ausgegeben werden.[631] Diese Tabellen dienen steuerrechtlich als Richtlinien zur Bemessung der betriebsgewöhnlichen Nutzungsdauern, von denen nur in **begründeten Ausnahmefällen** abgewichen werden darf. Allerdings sind diese Nutzungsdauern nicht für den handelsrechtlichen Jahresabschluss bindend. So können etwa aus der Sicht des Vorsichtsprinzips (§ 252 Abs. 1 Nr. 4 1. HS HGB) kürzere Abschreibungszeiträume in Betracht kommen.[632] Schließlich besteht noch die Möglichkeit, die Anschaffungs- oder Herstellungskosten nach unterschiedlichen Methoden auf die Jahre der Nutzung zu verteilen. Je nachdem, ob die Zeit oder die Leistung die dominierende Entwertungsursache darstellt, wird in **Zeit- und Leistungs-(Mengen-)abschreibungen** unterschieden. Dem Unternehmen steht es im Rahmen der nachfolgend dargestellten Restriktionen frei, das für seine Zwecke geeignete Abschreibungsverfahren auszuwählen.

## b. Varianten der Zeitabschreibung

Der **linearen Abschreibungsmethode** liegt die Annahme zugrunde, dass der Verzehr abnutzbarer Anlagegüter sich **in Abhängigkeit vom Zeitablauf** vollzieht und die **Abschreibungsbeträge pro Periode** ($q_t$) für die gesamte Nutzungsdauer (T) der Betriebsmittel **Konstanz aufweisen**. Dieses Verfahren ist aus handels- und steuerrechtlicher Sicht grundsätzlich für alle abnutzbaren Anlagegüter zulässig (§ 253 Abs. 2 Satz 2 HGB, § 7 Abs. 1 Satz 1 EStG).[633] Bei der Festlegung der planmäßigen Abschreibungsbasis muss, ebenso wie bei den anderen Abschreibungsverfahren, ein eventuell am Ende der Nutzungsdauer verbleibender **Rest- oder Schrottwert** ($R_T$) Berücksichtigung finden, da nur der planmäßig zu erwartende Verzehr der Anlagegüter in die Erfolgsrechnung einfließen darf. Von den Anschaffungs- bzw. Herstellungskosten der abzuschreibenden Betriebsmittel (AK) müssen deshalb zunächst ggf. entstehende Rest- oder Schrottwerte abgesetzt werden. Für die lineare Abschreibung gelten somit folgende Beziehungen ($w_t$ = Abschreibungsprozentsatz pro Periode):

(1) $\quad AK - R_T = \sum\limits_{t=1}^{T} q_t$

(2) $\quad q_t = \dfrac{AK - R_T}{T}$

(3) $\quad w_t = \dfrac{q_t}{AK - R_T} \cdot 100 \quad$ oder

(4) $\quad w_t = \dfrac{1}{T} \cdot 100 \quad$ oder

(5) $\quad w_t = \dfrac{1}{T - t + 1} \cdot R_{t-1}$

(6) $\quad q_t = \dfrac{w_t}{100} \cdot (AK - R_T) \quad$ für $t = 1, 2, \ldots, T$ und $q_t, w_t$ = const.

---

631  Vgl. *BdF* 2000.
632  Vgl. *ADS* 1995a, Anm. 379 zu § 253 HGB, S. 215 f.
633  Zu beachten ist, dass hinsichtlich der linearen Abschreibung für Gebäude Sonderregelungen existieren (§ 7 Abs. 4, Abs. 5 und Abs. 5 a EStG).

Die Anwendung der linearen Methode führt zu einer kontinuierlichen Minderung der Anschaffungs- und Herstellungskosten und damit zu einer **Gleichbelastung** der Nutzungsperioden mit Abschreibungsaufwendungen.

Im Gegensatz zur linearen Form geht die **degressive Methode** von **sinkenden Abschreibungsbeträgen** aus, unterstellt aber auch eine **funktionale Beziehung zwischen dem Betriebsmittelverzehr und dem Zeitablauf**. Diese Abschreibung findet primär dann Anwendung, wenn

- die Zeitwerte der Wirtschaftsgüter nicht linear, sondern aufgrund **technischer oder wirtschaftlicher Überholung** in den ersten Jahren schneller als in späteren fallen;
- die Gebrauchsfähigkeit der Anlagen in den ersten Nutzungsperioden höher ist als in den folgenden;
- in späteren Jahren mit **ansteigenden Reparatur- und Instandhaltungsaufwendungen** gerechnet werden muss. Diese Vorgehensweise zielt darauf ab, die gesamten Anlagekosten ( = Summe an Abschreibungen und Reparaturen) gleichmäßig auf die einzelnen Nutzungsjahre zu verteilen und/oder
- eine Minderung der ertragsteuerrechtlichen Bemessungsgrundlagen in den ersten Perioden der betriebsgewöhnlichen Nutzungsdauer angestrebt wird.

Die in Rede stehende Abschreibungsform kann grundsätzlich als **digital-degressives** oder als **geometrisch-degressives Verfahren** in der Finanzbuchhaltung zum Einsatz kommen. Allerdings ist aus steuerrechtlicher Sicht die Anwendung der **digital-degressiven Methode** gegenwärtig **nicht zulässig** und die Wahl des geometrisch-degressiven Verfahrens (sog. Buchwertmethode) an spezifische Einzelvorschriften geknüpft. Das digital-degressive Verfahren geht, ebenso wie die lineare Abschreibung, bei der Bemessung der fallenden Quoten stets von der Abschreibungsbasis $AK - R_T$ aus. Für diese Methode lassen sich nachstehende Beziehungen herausstellen:

(1)  $AK - R_T = \sum\limits_{t=1}^{T} q_t$

(2)  $q_t = (T - t + 1) \cdot \dfrac{AK - R_T}{1 + 2 + 3 + \ldots + T}$

(3)  $w_t = \dfrac{q_t}{AK - R_T} \cdot 100$

(4)  $q_t = \dfrac{w_t}{100} \cdot (AK - R_T)$    für $t = 1, 2, \ldots, T$ und $q_t$, $w_t \neq$ const.

Das **Buchwertverfahren** als geometrisch-degressive Methode berechnet die entsprechenden Abschreibungsquoten hingegen durch Anwendung eines **konstanten Prozentsatzes** auf die jeweiligen Restbuchwerte wodurch die Abschreibungsbeträge pro Nutzungsperiode mit stets kleiner werdenden Raten fallen. Da bei diesem Verfahren immer vom jeweiligen Restbuchwert ausgegangen wird, kann sich für die geometrisch-degressiv abgeschriebenen Anlagegüter am Ende der Nutzungsdauer **niemals ein Restwert von Null** ergeben. Abschreibungsbeträge und -prozentsätze lassen sich nun wie folgt errechnen.

(1)  $q_t = \dfrac{w_t}{100} \cdot R_{t-1}$

(2) $w_t = \dfrac{q_t}{R_{t-1}} \cdot 100$    für t = 1, 2, …, T mit $R_0$ = AK und $q_t \neq$ const, $w_t$ = const.

Weil der Abschreibungsbetrag einer Nutzungsperiode beim Buchwertverfahren immer $(1 - w_t : 100) \cdot$ Abschreibung der Vorperiode beträgt, ergibt sich der Restwertbuchwert am Ende der Nutzungsdauer bei gegebenem Abschreibungsprozentsatz aus

(3) $R_T = \left[1 - \dfrac{w_t}{100}\right]^T \cdot$ AK.

Durch Umstellen der Formel errechnet sich der **Abschreibungsprozentsatz** dann nach

(4) $w_t = \left[1 - \sqrt[T]{\dfrac{R_T}{AK}}\right] \cdot 100.$

**Beispiel:**
Ein Industrieunternehmen möchte mit Hilfe der Buchwertabschreibungsmethode den Werteverzehr einer Fertigungsanlage, die zu Beginn der Periode t = 01 zu 110.000 € angeschafft wurde und 8 Perioden genutzt werden soll, vollständig in der Finanzbuchhaltung erfassen. Laut Auskunft eines Sachverständigen wird der Schrottwert der angesprochenen Anlage nach Ablauf der Nutzungsdauer noch 20.000 € betragen.

Zunächst gilt es, den entsprechenden Abschreibungsprozentsatz zu errechnen.

(1) $w_t = \left[1 - \sqrt[8]{\dfrac{20.000}{110.000}}\right] \cdot 100.$

(2) $w_t = 19,1919\%$

Der Abschreibungsplan für diese Anlage hat dann folgendes Aussehen.

| t | $q_t$ in € | $R_t$ in € |
|---|---|---|
| t = 01 | 21.111,09 | 88.888,91 |
| t = 02 | 17.059,47 | 71.829,44 |
| t = 03 | 13.785,43 | 58.044,01 |
| t = 04 | 11.139,75 | 46.904,26 |
| t = 05 | 9.001,82 | 37.902,44 |
| t = 06 | 7.242,20 | 30.628,24 |
| t = 07 | 5.878,14 | 24.750,10 |
| t = 08 | 4.750,01 | 20.000,00 |
| $\sum\limits_{t=1}^{8} q_t$ | 90.000,00 | – |

Abb. 137: Abschreibungsbeträge und Restbuchwerte

Aus **steuerrechtlicher Sicht** ist die Anwendung des Buchwertverfahrens auf die Erfassung von Wertminderungen bei **beweglichen** abnutzbaren Wirtschaftsgütern beschränkt (§ 7 Abs. 2 Satz 1 EStG).[634] Hierbei darf die Höhe des (degressiven) Abschreibungsprozentsatzes ($w^d$) bei Anlagegütern, die nach 31. 12. 2000 angeschafft oder hergestellt worden sind, gemäß § 7 Abs. 2 Satz 2 2. HS EStG höchstens das Zweifache des bei der linearen Abschreibung in Betracht kommenden Prozentsatzes ($w^l$) betragen **und** den Absolutbetrag von 20 % nicht übersteigen. Es lässt sich nachweisen, dass bei einer betriebsgewöhnlichen Nutzungsdauer von bis zu 10 Jahren das Zweifache der linearen AfA über dem Satz von 20 % liegt. Mithin greift die zusätzliche Begrenzung des Degressionssatzes auf maximal 20 %, wenn die Nutzungsdauer weniger als 10 Jahre beträgt. Für Wirtschaftsgüter, die nach dem 31. 12. 2005 und vor dem 01. 01. 2008 beschafft oder hergestellt werden, darf die degressive Abschreibung höchstens das Dreifache des bei der linearen Abschreibung in Betracht kommenden Prozentsatzes betragen und den Absolutbetrag von 30 % nicht übersteigen (§ 7 Abs. 2 Satz 3 EStG).[635]

(1)  $20\,\% \geq w^d \leq 2 \cdot w^l$

(2)  $20\,\% \geq w^d \leq 2 \cdot \dfrac{100}{T}$

(3)  $20\,\% \leq 2 \cdot \dfrac{100}{T}$  mit $0 < T \leq 10$.

In **Abb. 138** sind die steuerrechtlichen Restriktionen des Buchwertverfahrens beispielhaft dargestellt.

|  | 5 Jahre | 9 Jahre | 16 Jahre |
|---|---|---|---|
| Lineare Abschreibung | $w^l = \dfrac{1}{5} \cdot 100 = 20\,\%$ | $w^l = \dfrac{1}{9} \cdot 100 = 11{,}\overline{1}\,\%$ | $w^l = \dfrac{1}{16} \cdot 100 = 6{,}25\,\%$ |
| Buchwert-abschreibung | $20\,\% < 2 \cdot 20\,\%$ $w^d \leq 20\,\%$ | $20\,\% < 2 \cdot 11{,}\overline{1}\,\%$ $w^d \leq 20\,\%$ | $20\,\% > 2 \cdot 6{,}25\,\%$ $w^d \leq 12{,}5\,\%$ |

Abb. 138: Restriktionen des Buchwertverfahrens

Im Grundsatz verbietet das Prinzip der **Bewertungs-Methodenstetigkeit** (§ 252 Abs. 1 Nr. 6 HGB)[636] den Wechsel eines einmal gewählten Abschreibungsverfahrens. Allerdings lässt § 7 Abs. 3 Satz 1 EStG als **Ausnahmeregelung** den Übergang von der Buchwertabschreibung auf die lineare Methode zu, um damit der Entstehung eines Restbuchwertes im Falle der Beibehaltung des Buchwertverfahrens entgegenzuwirken.[637] Unter Beachtung der Regelung von § 7 Abs. 3 Satz 2 EStG, nach der »... sich die Absetzung für Abnutzung vom Zeitpunkt des Übergangs an nach dem dann noch vorhandenen Restwert und der Restnutzungs-

---

634  Allerdings können Gebäude und Gebäudeteile unter bestimmten Voraussetzungen nach einem speziellen degressiven Quotenverfahren abgeschrieben werden (§ 7 Abs. 4, Abs. 5 und Abs. 5 a EStG).

635  Bei Wirtschaftsgütern, die vor dem 01. Januar 2001 angeschafft oder hergestellt worden sind, gelten die gleichen Beschränkungen des maximal möglichen Degressionssatzes (§ 7 Abs. 2 Satz 2 2. HS EStG). Im Folgenden wird ein Abschreibungshöchstsatz von 20 % unterstellt.

636  Vgl. hierzu die Ausführungen im Dritten Teil zu Gliederungspunkt II.B.3.b.

637  Der Übergang von der degressiven auf die lineare Abschreibungsverfahren wird nicht als Methodenänderung qualifiziert, da dieser Wechsel von der gesamten Bewertungsmethode bereits von vornherein vorgesehen und damit dem Verfahren immanent ist. Vgl. *HFA* 1997, S. 388.

dauer des einzelnen Wirtschaftsguts …«bemisst, bietet sich ein Wechsel von derjenigen Nutzungsperiode ab an, von der die lineare Abschreibung höher ist als die Fortführung der degressiven Methode.[638] Dieser **optimale Übergangszeitpunkt** lässt sich wie folgt berechnen:

(1) $\quad q_t^d = \dfrac{w_t^d}{100} \cdot R_{t-1}$

(2) $\quad q_t^l = \dfrac{1}{T - t + 1} \cdot R_{t-1}$

(3) $\quad \dfrac{1}{T - t + 1} \cdot R_{t-1} = \dfrac{w_t^d}{100} \cdot R_{t-1} \quad$ für t = 1, 2, …, T und $w_t^d = \text{const.}$

Löst man die Gleichung nach t auf, ergibt sich das Jahr, ab dem der Übergang von der degressiven auf die lineare Methode für die verbleibende Restnutzungsdauer zu höheren Abschreibungsbeträgen führt ($t^{ü}$). Zu berücksichtigen ist, dass der rechte Ausdruck der Formel aufgerundet werden muss.

(4) $\quad t^{ü} = T + 1 - \dfrac{100}{w_t^d}$

**Beispiel:**
Unterstellt man, dass im Hinblick auf das vorherige Beispiel kein Schrottwert zu berücksichtigen ist, aber der Degressionssatz von $w_t^d$ = 19,1919 % beibehalten werden soll, dann hätte der Abschreibungsplan unter Einbeziehung des Wechsels zur linearen Methode das in nachstehender **Abb. 139** dargestellte Aussehen. Der optimale Übergangszeitpunkt auf die lineare Abschreibung errechnet sich wie nachstehend gezeigt.

$$t^{ü} = 8 + 1 - \frac{100}{19,1919} = 3,7895.$$

Ab Periode t = 04 führt die Wahl der linearen Methode mithin zu höheren Abschreibungsbeträgen als die Fortführung des Buchwertverfahrens.

| t | $q_t$ in € | $R_t$ in € |
|---|---|---|
| t = 01 | 21.111,09 | 88.888,91 |
| t = 02 | 17.059,47 | 71.829,44 |
| t = 03 | 13.785,43 | 58.044,01 |
| t = 04 | 11.139,75 | 46.904,26 |
| t = 05 | 11.726,065 | 35.178,195 |
| t = 06 | 11.726,065 | 23.452,13 |
| t = 07 | 11.726,065 | 11.726,065 |
| t = 08 | 11.726,065 | 0,00 |
| $\sum\limits^{8} q_t$ | 110.000,00 | – |

Abb. 139: Übergang von der degressiven auf die lineare Abschreibungsmethode

---

638  Sofern auf den Übergang von der degressiven auf die lineare Methode verzichtet wird, ist der nach Ablauf der vorletzten Nutzungsperiode sich ergebende Restbuchwert im letzten Nutzungsjahr in voller Höhe als Abschreibung zu verbuchen.

Die **progressive Abschreibung** stellt das Gegenstück zum degressiven Verfahren dar, denn sie berechnet die planmäßige Abnutzung der Vermögensgegenstände in **Abhängigkeit vom Zeitablauf anhand steigender Abschreibungsquoten**. Analog zur degressiven Abschreibung kann die progressive Methode in **digitaler** oder **geometrischer Ausprägung** zum Einsatz kommen. Im Folgenden soll nur auf das digital-progressive Verfahren eingegangen werden, da die Darstellung und Anwendung der geometrisch-progressiven Methode sich grundsätzlich in umgekehrter Form zum geometrisch-degressiven Ansatz vollzieht. Zu berücksichtigen ist jedoch, dass es eine dem Buchwertabschreibungsverfahren analoge geometrisch-progressive Methode, die einen konstanten Abschreibungsprozentsatz aufweist, nicht geben kann, da die progressive Abschreibung im Zeitablauf steigende Quoten voraussetzt, die aber durch Anwendung eines konstanten Satzes auf fallende Restbuchwerte nicht zu ermitteln sind. Für das **digital-progressive Verfahren** gelten nachstehende Beziehungen.

(1) $\quad AK - R_T = \sum\limits_{t=1}^{T} q_t$

(2) $\quad q_t = t \cdot \dfrac{AK - R_T}{1 + 2 + 3 + \ldots + T}$

(3) $\quad w_t = \dfrac{q_t}{AK - R_T} \cdot 100$

(4) $\quad q_t = \dfrac{w_t}{100} \cdot (AK - R_T) \quad$ für $t = 1, 2, \ldots, T$ und $q_t, w_t \neq$ const.

Die progressive Abschreibung[639] findet primär zur Erfassung des **gebrauchsbedingten Verschleißes** von Anlagegütern Verwendung, die erst langsam in ihre volle Kapazitätsauslastung hinein wachsen. Einen zusammenfassenden Überblick über die möglichen Varianten der Zeitabschreibung vermittelt **Abb. 140**.

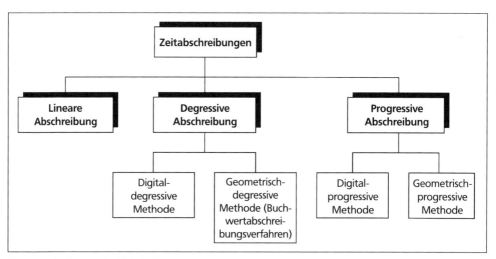

Abb. 140: Verfahren der Zeitabschreibung

---

[639] Steuerrechtlich wird die progressive Abschreibungsmethode weder im Einkommensteuergesetz sowie in der Einkommensteuer-Durchführungsverordnung noch in den Einkommensteuer-Richtlinien erwähnt. Nach h. M. darf sie deshalb nur dann im Rahmen der steuerrechtlichen Bilanzierung Anwendung finden, wenn sie sich im Ergebnis mit der Leistungsabschreibung deckt. Vgl. *ADS* 1995a, Anm. 403 zu § 253 HGB, S. 226.

## c.    Leistungsabschreibung

Die Anwendung der **Leistungs- oder Mengenabschreibung** setzt voraus, dass der **Gebrauchsverschleiß** oder die **substanzbedingten Wertminderungen** die elementaren Entwertungsursachen darstellen, während der natürliche Verzehr und die technische und wirtschaftliche Überholung keinen nennenswerten Einfluss ausüben. Die Leistungsabschreibung basiert auf der Annahme, dass die **Höhe des Betriebsmittelverzehrs durch die Anzahl der ausgebrachten oder abgebauten Einheiten einer Rechnungsperiode** ($x_t$) bestimmt wird. Der Abschreibungsbetrag pro Periode richtet sich deshalb nach der entsprechenden Jahresleistung des Vermögensgegenstandes. An die Stelle der betriebsgewöhnlichen Nutzungsdauer tritt die voraussichtliche betriebsgewöhnliche Gesamtleistung. Steuerrechtlich ist der Einsatz dieses Verfahrens auf **abnutzbare bewegliche Wirtschaftsgüter** beschränkt und erfordert, dass der Steuerpflichtige »… den auf das einzelne Jahr entfallenden Umfang der Leistung nachweist« (§ 7 Abs. 1 Satz 6 2. HS EStG).[640] Ferner gestattet das Bilanzsteuerrecht z. B. bei Bergbauunternehmen und Steinbrüchen zur Erfassung des Substanzverzehrs auch die Wahl der **Substanzabschreibung**, die der Leistungsabschreibung entspricht (§ 7 Abs. 6 EStG). Das auch als **Absetzung für Substanzverringerung (AfS)** bezeichnete Verfahren ermittelt die jährlichen Abschreibungsbeträge unter Zugrundelegung der Periodenförderung und des geschätzten Gesamtvolumens des abbaubaren Vorkommens. Die für die Leistungs-(Substanz-)abschreibung geltenden Beziehungen lauten allgemein wie folgt.

(1)  $AK - R_T = \sum_{t=1}^{T} q_t$

(2)  $q_t = (AK - R_T) \cdot \dfrac{x_t}{\sum_{t=1}^{T} x_t}$

(3)  $w_t = \dfrac{x_t}{\sum_{t=1}^{T} x_t} \cdot 100$

(4)  $q_t = \dfrac{w_t}{100} \cdot (AK - R_T)$    für t = 1, 2, …, T und $q_t$, $w_t \neq$ const.

> **Beispiel:**
> **Abb. 141** zeigt die rechentechnische Anwendung der dargestellten Abschreibungsmethoden für ein abnutzbares bewegliches Anlagegut, das eine Nutzungsdauer von fünf Rechnungsperioden bzw. eine Gesamtausbringungsmenge von 5.000 Einheiten aufweist und mit Anschaffungskosten von 30.000 € zu Beginn der Periode 01 erworben wurde. Ein Schrottwert fällt am Ende der Nutzungszeit nicht an.

Aus **handelsrechtlicher Sicht** sind nach h. M. auch **Kombinationsformen** zwischen der linearen und der leistungsbezogenen Abschreibung dergestalt möglich, dass die lineare Methode zur Erfassung des nicht abnutzungsbedingten Verschleißes als Mindestabschreibung zugrunde gelegt wird.

---

640  »Der Nachweis kann z. B. bei einer Maschine durch ein die Anzahl der Arbeitsvorgänge registrierendes Zählwerk, einen Betriebsstundenzähler oder bei einem Kraftfahrzeug durch den Kilometerzähler geführt werden.« R 7.4 Abs. 5 Satz 4 EStR.

**Beispiel:**

Eine Unternehmung möchte den planmäßigen Werteverzehr einer vollautomatischen Fertigungsanlage, die am Anfang der Periode t = 01 mit einem Wert von 100.000 € angeschafft wurde, zu 60 % durch eine Leistungs- und zu 40 % durch eine lineare Zeitabschreibung erfassen. Es liegen nachstehende Daten vor:

(1) Nutzungsdauer            8 Perioden
(2) Gesamtkapazität        50.000 Stück
(3) Leistung in t = 04      7.500 Stück.

Der sich aus der Kombination von Leistungs- und Zeitabschreibung ergebende Werteverzehr ist für die Periode t = 04 folgendermaßen zu ermitteln.

$$q_4 = \frac{100.000\,€}{50.000\ \text{Stück}} \cdot 7.500\ \text{Stück} \cdot 0,6 + \frac{100.000\,€}{8\ \text{Perioden}} \cdot 0,4$$

$$q_4 = 9.000\,€ + 5.000\,€$$

$$q_4 = 14.000\,€.$$

| t | lineare Abschreibung $(w_t=20\,\%)$* | | digital-degressive Abschreibung | | geometrisch-degressive Abschreibung [Buchwertverfahren $(w_t=20\,\%)$*] | | digital-progressive Abschreibung | | Leistungsabschreibung | | |
|---|---|---|---|---|---|---|---|---|---|---|---|
| | $q_t$ | $R_t$ | $q_t$ | $R_t$ | $q_t$ | $R_t$ | $q_t$ | $R_t$ | $x_t$ | $q_t$ | $R_t$ |
| t=01 | 6.000 | 24.000 | 10.000 | 20.000 | 6.000 | 24.000 | 2.000 | 28.000 | 500 | 6.000 | 24.000 |
| t=02 | 6.000 | 18.000 | 8.000 | 12.000 | 7.200 | 16.800 | 4.000 | 24.000 | 600 | 7.200 | 16.800 |
| t=03 | 6.000 | 12.000 | 6.000 | 6.000 | 5.040 | 11.760 | 6.000 | 18.000 | 400 | 4.800 | 12.000 |
| t=04 | 6.000 | 6.000 | 4.000 | 2.000 | 2.352 | 9.408 | 8.000 | 10.000 | 450 | 5.400 | 6.600 |
| t=05 | 6.000 | 0 | 2.000 | 0 | 9.408 | 0 | 10.000 | 0 | 550 | 6.600 | 0 |
| $\sum_{t=1}^{5} q_t$ | 30.000 | – | 30.000 | – | 30.000 | – | 30.000 | – | 2.500 | 30.000 | – |
| AK | 30.000 | | 30.000 | | 30.000 | | 30.000 | | 30.000 | | |

\*   $w_t = \dfrac{6.000\,€}{30.000\,€} \cdot 100 = 20\,\%$.

\*\* Da das Zweifache des linearen Abschreibungsprozentsatzes den steuerrechtlich maximal zulässigen Degressionssatz von 20 % übersteigt, bildet letzterer die Obergrenze.

Abb. 141: Beispielhafte Darstellung unterschiedlicher Abschreibungsverfahren (alle Werte in €)

## d.      Verbuchung der planmäßigen Abschreibungen

In Abhängigkeit von der Art des Anlagegutes [immaterielle Vermögensgegenstände (z. B. Patente, Lizenzen, Urheberrechte) oder Sachanlagen (Gebäude, technische Anlagen und Maschinen, Betriebs- und Geschäftsausstattung etc.)] sind die planmäßigen Abschreibungen als **Aufwendungen** auf der Sollseite des Kontos »Abschreibungen auf immaterielle Vermögensgegenstände« bzw. »Abschreibungen auf Sachanlagen« zu erfassen. Die Gegenbuchung kann entweder unmittelbar auf dem betreffenden Anlagekonto erfolgen (**direkte Methode**) oder aber auf dem passiven Bestandskonto »Wertberichtigungen zu immateriellen Vermögensgegenständen« bzw. »Wertberichtigungen zu Sachanlagen« vorgenommen werden (**indirekte Methode**). Allerdings ist für Kapitalgesellschaften, »kapitalistische« Personenhandelsgesellschaften (§ 264 a Abs. 1 HGB), unter das Publizitätsgesetz fallende Unternehmen (§ 5 Abs. 1 Satz 2 PublG) und eingetragene Genossenschaften (§ 336 Abs. 2 Satz 1 HGB) die Anwendung der indirekten Methode im Jahresabschluss aufgrund von § 268 Abs. 2 HGB **nicht zulässig**. Da diese Gliederungsvorschrift indes nur formelle Bedeutung für den Bilanzausweis besitzt, kann in der Finanzbuchhaltung dennoch indirekt abgeschrieben werden. Lediglich im Rahmen der vorbereitenden Abschlussbuchungen muss dann eine Richtigstellung des Abschreibungsausweises nach Maßgabe des direkten Verfahrens erfolgen.

---

**Beispiel:**
Unter Zugrundelegung der Daten aus **Abb. 141** hätte die Verbuchung der Abschreibungen für die Perioden t = 01 und t = 05 nach dem direkten und indirekten Verfahren folgendes Aussehen, wenn die lineare Abschreibungsmethode gewählt wird (die Konten »Technische Anlagen und Maschinen« sowie »Wertberichtigungen zu Sachanlagen« weisen zu Beginn der Periode 01 keine Anfangsbestände auf).

**Direkte Abschreibung:**

Buchung in Periode t = 01:

| (1) | Abschreibungen auf Sachanlagen | an | Technische Anlagen und Maschinen | 6.000 €. |
|---|---|---|---|---|

Kontenmäßige Darstellung:

| S | Technische Anlagen und Maschinen | | H | | | S | Abschreibungen auf Sachanlagen | | H |
|---|---|---|---|---|---|---|---|---|---|
| | € | | € | | | | € | | € |
| AB | 0 | (1) | 6.000 | | | (1) | 6.000 | GuV (Saldo) | |
| Zugang | 30.000 | SBK (EB) | 24.000 | | | | | | |
| | 30.000 | | 30.000 | | | | | | |

Buchung in Periode t = 05:

| (1) | Abschreibungen auf Sachanlagen | an | Technische Anlagen und Maschinen | 6.000 €. |
|---|---|---|---|---|

Kontenmäßige Darstellung:

| S | Technische Anlagen und Maschinen | H | | S | Abschreibungen auf Sachanlagen | H |
|---|---|---|---|---|---|---|
| | € | € | | | € | € |
| AB | 6.000 | (1) 6.000 | | (1) | 6.000 | GuV (Saldo) |
| | | SBK (EB) 0 | | | | |
| | 6.000 | 6.000 | | | | |

**Indirekte Methode:**

Buchung in Periode t = 01:

(1) Abschreibungen          an     Wertberichtigungen
    auf Sachanlagen                zu Sachanlagen          6.000 €.

Kontenmäßige Darstellung:

| S | Technische Anlagen und Maschinen | H | | S | Abschreibungen auf Sachanlagen | H |
|---|---|---|---|---|---|---|
| | € | € | | | € | € |
| AB | 0 | SBK (EB) 30.000 | | (1) | 6.000 | GuV (Saldo) |
| Zugang | 30.000 | | | | | |
| | 30.000 | 30.000 | | | | |

| S | Wertberichtigungen zu Sachanlagen | H |
|---|---|---|
| | € | € |
| SBK (EB) | 6.000 | AB 0 |
| | | (1) 6.000 |
| | 6.000 | 6.000 |

Buchung in Periode t = 05:

(1) Abschreibungen          an     Wertberichtigungen
    auf Sachanlagen                zu Sachanlagen          6.000 €.

Auflösung der Wertberichtigung und gleichzeitige Ausbuchung des abnutzbaren Anlagegutes nach Ablauf der Nutzungsdauer; Buchungssatz:

(3) Wertberichtigungen          an     Technische Anlagen
    zu Sachanlagen                     und Maschinent          30.000 €.

Kontenmäßige Darstellung:

| S | Technische Anlagen und Maschinen | | H |
|---|---|---|---|
| | € | | € |
| AB | 30.000 | (2) | 30.000 |
| | | SBK (EB) | 0 |
| | 30.000 | | 30.000 |

| S | Abschreibungen auf Sachanlagen | | H |
|---|---|---|---|
| | € | | € |
| (1) | 6.000 | GuV (Saldo) | |

| S | Wertberichtigungen zu Sachanlagen | | H |
|---|---|---|---|
| | € | | € |
| (2) | 30.000 | AB | 24.000 |
| SBK (EB) | 0 | (1) | 6.000 |
| | 30.000 | | 30.000 |

Das Beispiel verdeutlicht, dass bei der indirekten Buchungsmethode dem Bilanzleser über den Posten »Wertberichtigungen« die auf das abnutzbare Anlagevermögen bis zum Stichtag vorgenommenen planmäßigen Abschreibungen in **kumulierter Form** gezeigt werden. Da aber ein von Kapitalgesellschaften und ihnen gesetzlich gleichgestellte Unternehmen zu erstellender **Anlagespiegel** diese Angaben ebenfalls vermittelt,[641] führt das Verbot des indirekten Abschreibungsausweises im Jahresabschluss bei den genannten Unternehmensformen zu **keinen Informationsdefiziten**. Allerdings ist darauf zu achten, dass bei einem vorzeitigen Ausscheiden (z. B. durch Veräußerung oder Entnahme) eines indirekt abgeschriebenen abnutzbaren Vermögensgegenstandes die zwischenzeitlich gebildete Wertberichtigung im Wege der Verrechnung mit dem betreffenden Anlagekonto **aufgelöst** werden muss, um den gegenwärtigen Restbuchwert zu erhalten (BS: Wertberichtigungen zu … an Anlagekonto). Ferner bedarf es einer Auflösung der gebildeten Wertberichtigung und Ausbuchung des abnutzbaren Anlagegutes stets dann, wenn die der Abschreibungsberechnung zugrunde gelegte betriebsgewöhnliche Nutzungsdauer verstrichen ist. Die jährlichen Abschreibungsbeträge sind sowohl bei der direkten als auch der indirekten Methode **zeitanteilig** bis zum Ende des Monats zu berechnen, in dem das Anlagegut veräußert oder aus dem Betriebsvermögen entnommen wird.[642] Sofern der (Netto-)Verkaufspreis bzw. der (Netto-)Entnahmewert nicht dem Buchwert des Anlagegutes entspricht, entsteht ein **außerplanmäßiger Veräußerungserfolg**, der entweder auf dem Konto »Sonstige betriebliche Erträge« bzw. auf dem Unterkonto »Erträge aus dem Abgang von Anlagevermögen«[643] [(Netto-)Verkaufspreis bzw. (Netto-)Entnahmewert > Buchwert] oder »Sonstige betriebliche Aufwendungen« bzw. auf dem Unterkonto »Verluste aus dem Abgang von Anlagevermögen« [(Netto-)Verkaufspreis bzw. (Netto-)Entnahmewert < Buchwert] zu erfassen ist.

---

641　Vgl. hierzu die Ausführungen im Fünften Teil zu Gliederungspunkt III.B.3.b.
642　Vgl. R 7.4 Abs. 8 EStR.
643　Unter Ertrag im vorstehenden Sinne ist der Buchgewinn, d. h. die Differenz zwischen dem (Netto-)Verkaufspreis und dem betragsmäßig geringeren Restbuchwert zum Zeitpunkt des Abgangs, zu verstehen.

**Beispiel:**

Die Anschaffungskosten einer Maschine, die am 02. 01. des Geschäftsjahres 2001 erworben wurde, betragen 16.000 €. Der nach dem linearen Verfahren abzuschreibende Vermögensgegenstand (betriebsgewöhnliche Nutzungsdauer = 8 Jahre) wird am 27. 09. der Rechnungsperiode 2003 zu einem Preis von 15.000 € (einschließlich 20 % Umsatzsteuer) veräußert. Der Verkaufspreis wird unmittelbar auf das betriebliche Bankkonto überwiesen.

**Buchungen bei direkter Abschreibung in der Periode 2003:**

| | | | | |
|---|---|---|---|---|
| (1) Abschreibungen auf Sachanlagen | | an | Maschinen und maschinelle Anlagen | 1.500 €[644] |
| (2) Guthaben bei Kreditinstituten | 15.000 € | an | – Maschinen und maschinelle Anlagen | 10.500 € |
| | | | – Sonstige betriebliche Erträge | 2.000 € |
| | | | – Umsatzsteuer | 2.500 €. |

Kontenmäßige Darstellung:

| S | Technische Anlagen und Maschinen | | H |
|---|---|---|---|
| | € | | € |
| AB | 12.000 | (1) | 1.500 |
| | | (2) | 10.500 |
| | | SBK (EB) | 0 |
| | 12.000 | | 12.000 |

| S | Abschreibungen auf Sachanlagen | | H |
|---|---|---|---|
| | € | | € |
| (1) | 1.500 | GuV (Saldo) | |

| S | Guthaben bei Kreditinstituten | | H |
|---|---|---|---|
| | € | | € |
| AB (2) | 15.000 | | |

| S | Umsatzsteuer | | H |
|---|---|---|---|
| | € | | € |
| | | AB | |
| | | (2) | 2.500 |

| S | Sonstige betriebliche Erträge | | H |
|---|---|---|---|
| | € | | € |
| GuV (Saldo) | | (2) | 2.000 |

---

644   $1.500 \, € = \dfrac{9 \text{ Monate}}{12 \text{ Monate}} \cdot \dfrac{16.000 \, €}{8 \text{ Jahre}}$

**Buchungen bei indirekter Abschreibung in der Periode 2003:**

| | | | | |
|---|---|---|---|---|
| (1) | Abschreibungen auf Sachanlagen | an | Wertberichtigungen zu Sachanlagen | 1.500 € |
| (2) | Wertberichtigungen zu Sachanlagen | an | Maschinen und maschinelle Anlagen | 5.500 € |
| (3) | Guthaben bei Kreditinstituten   15.000 € | an | – Maschinen und maschinelle Anlagen | 10.500 € |
| | | | – Sonstige betriebliche Erträge | 2.000 € |
| | | | – Umsatzsteuer | 2.500 €. |

Kontenmäßige Darstellung:

| S | Maschinen und maschinelle Anlagen | | H |
|---|---|---|---|
| | € | | € |
| AB | 16.000 | (2) | 5.500 |
| | | (3) | 10.500 |
| | | SBK (EB) | 0 |
| | 16.000 | | 16.000 |

| S | Abschreibungen auf Sachanlagen | | H |
|---|---|---|---|
| | € | | € |
| (1) | 1.500 | GuV (Saldo) | |

| S | Wertberichtigungen zu Sachanlagen | | H |
|---|---|---|---|
| | € | | € |
| (2) | 5.500 | AB | 4.000 |
| SBK (EB) | 0 | (1) | 1.500 |
| | 5.500 | | 5.500 |

| S | Guthaben bei Kreditinstituten | | H |
|---|---|---|---|
| | | € | € |
| AB | | | |
| (3) | | 15.000 | |

| S | Umsatzsteuer | | H |
|---|---|---|---|
| | | € | € |
| | | AB | |
| | | (3) | 2.500 |

| S | Sonstige betriebliche Erträge | | H |
|---|---|---|---|
| | | € | € |
| GuV (Saldo) | | (3) | 2.000 |

**Beispiel:**

In Abänderung des letzten Beispiels wird nun unterstellt, dass die Maschine zu einem Preis von 9.600 € (einschließlich 20 % Umsatzsteuer) verkauft wurde.

**Buchungen bei direkter Abschreibung in der Periode 2003:**

(1) Abschreibungen                    an        Maschinen und
    auf Sachanlagen                             maschinelle Anlagen        1.500 €

(2) – Guthaben bei                    an        – Maschinen und
      Kreditinstituten    9.600 €                 maschinelle Anlagen    10.500 €
    – Sonstige betrieb-                            Umsatzsteuer            1.600 €.
      liche Aufwendungen  2.500 €

Kontenmäßige Darstellung:

| S | Maschinen und maschinelle Anlagen | | | H |
|---|---|---|---|---|
| | € | | | € |
| AB | 12.000 | (1) | | 1.500 |
| | | (2) | | 10.500 |
| | | SBK (EB) | | 0 |
| | 12.000 | | | 12.000 |

| S | Abschreibungen auf Sachanlagen | | H |
|---|---|---|---|
| | € | | € |
| (1) | 1.500 | GuV (Saldo) | |

| S | Guthaben bei Kreditinstituten | | H |
|---|---|---|---|
| | € | | € |
| AB | | | |
| (2) | 9.600 | | |

| S | Umsatzsteuer | | H |
|---|---|---|---|
| | € | | € |
| | | AB | |
| | | (3) | 1.600 |

| S | Sonstige betriebliche Aufwendungen | | H |
|---|---|---|---|
| | € | | € |
| (2) | 2.500 | GuV (Saldo) | |

**Buchungen bei indirekter Abschreibung in der Periode 2003:**

(1) Abschreibungen                    an        Wertberichtigungen
    aus Sachanlagen                             zu Sachanlagen              1.500 €

(2) Wertberichtigungen                an        Maschinen und
    zu Sachanlagen                              maschinelle Anlagen        5.500 €

(3) – Guthaben bei                    an        – Maschinen und
      Kreditinstituten    9.600 €                 maschinenelle Anlagen  10.500 €
    – Sonstige betrieb-                          – Umsatzsteuer            1.600 €.
      lich Aufwendungen   2.500 €

Kontenmäßige Darstellung:

| S | Maschinen und maschinelle Anlagen | | H |
|---|---|---|---|
| | € | | € |
| AB | 16.000 | (2) | 5.500 |
| | | (3) | 10.500 |
| | | SBK (EB) | 0 |
| | __16.000__ | | __16.000__ |

| S | Abschreibungen auf Sachanlagen | | H |
|---|---|---|---|
| | € | | € |
| (1) | 1.500 | GuV (Saldo) | |

| S | Wertberichtigungen zu Sachanlagen | | H |
|---|---|---|---|
| | € | | € |
| (2) | 5.500 | AB | 4.000 |
| SBK (EB) | 0 | (1) | 1.500 |
| | __5.500__ | | __5.500__ |

| S | Guthaben bei Kreditinstituten | | H |
|---|---|---|---|
| | | € | € |
| AB | | | |
| (3) | 9.600 | | |

| S | Umsatzsteuer | | H |
|---|---|---|---|
| | € | | € |
| | | AB | |
| | | (3) | 1.600 |

| S | Sonstige betriebliche Aufwendungen | | H |
|---|---|---|---|
| | € | | € |
| (3) | 2.500 | GuV (Saldo) | |

Sofern Vermögensgegenstände über ihre planmäßige betriebsgewöhnliche Nutzungsdauer hinaus vom Unternehmen zur Leistungserstellung verwendet werden, sind sie nach den GoB unter Zugrundelegung des Vollständigkeitsprinzips (§ 246 Abs. 1 Satz 1 HGB) mit einem **Erinnerungswert** von 1 € im Inventar und im Jahresabschluss anzusetzen. In diesem Fall wäre im Hinblick auf das vorangegangene Beispiel in der Periode t = 05 jeweils lediglich ein Betrag von 5.999 € als Abschreibung zu verbuchen gewesen, um das Anlagegut mit einem Endbestandswert von 1 € im Schlussbilanzkonto auszuweisen. Allerdings reicht es nach h. M. aus, diesen symbolischen Wert nicht für jeden einzelnen Vermögensgegenstand, sondern für einen entsprechenden **Sammelposten** (z. B. technische Anlagen und Maschinen oder geringwertige Wirtschaftsgüter) anzusetzen.[645]

Wie vorstehend gezeigt wurde, muss die Höhe der planmäßigen Abschreibungen grundsätzlich **jahresbezogen** berechnet werden. Wenn ein abnutzbarer Vermögensgegenstand allerdings während des Geschäftsjahres dem Anlagevermögen zugeführt wird, ist die Abschreibung vom Beginn des Monats an zu ermitteln, in dem die Unternehmung das Anlagegut angeschafft oder hergestellt hat (sog. zeitanteilige Berechnung der Abschreibungsbeiträge = **pro rata temporis**).[646]

---

645  Vgl. etwa *Federmann* 2000, S. 326.
646  Vgl. § 7 Abs. 1 Satz 4 EStG; R 7.4 Abs. 2 EStR.

**Beispiel:**
Die betriebsgewöhnliche Nutzungsdauer eines am 18. 12. des Geschäftsjahres 2005 für 6.000 € angeschafften Personal-Computers beträgt 5 Jahre. Im Falle der linearen Abschreibung berechnet sich der Abschreibungsbetrag für Periode 2005 nach der zeitanteiligen Methode aus

$$\frac{6.000\,€}{5\ \text{Jahre}} \cdot \frac{1\ \text{Monat}}{12\ \text{Monate}} = 100\,€.$$

Im letzten Nutzungsjahr (Periode 2010) lassen sich die Abschreibungsbeträge nach der zeitanteiligen Methode ermitteln aus

$$\frac{6.000\,€}{5\ \text{Jahre}} \cdot \frac{11\ \text{Monate}}{12\ \text{Monate}} = 1.100\,€.$$

## e.    Steuerrechtliche Spezialregelungen

Wie bereits im Rahmen der vorstehenden Ausführungen herausgestellt wurde, enthält das **Bilanzsteuerrecht** bezüglich der Berechnung der planmäßigen Abschreibungen (Absetzungen für Abnutzung) eine Vielzahl von **Spezialvorschriften**, die größtenteils von der höchstrichterlichen steuerrechtlichen Rechtsprechung entwickelt wurden. **Abb. 142** fasst die wichtigsten Anweisungen im Hinblick auf die Anwendung der Regel-AfA beim abnutzbaren Anlagevermögen zusammen. Zu berücksichtigen ist, dass diese Regelungen, sofern es sich um steuerrechtliche Wahlrechte handelt, im Rahmen der Umkehrung des Maßgeblichkeitsprinzips (§ 5 Abs. 1 Satz 2 EStG) auch Eingang in den **handelsrechtlichen Jahresabschluss** finden können. Darüber hinaus sind fast alle der in Rede stehenden steuerrechtlichen Spezialvorschriften zwischenzeitlich zu anerkannten **GoB** geworden, wodurch einer Übernahme in die Handelsbilanz nichts entgegensteht.

Gemäß § 7 EStG i. V. m. R 7.1 Abs. 1 EStR sind Absetzungen für Abnutzung bei beweglichen und unbeweglichen Wirtschaftsgütern des Anlagevermögens vorzunehmen. Zu den beweglichen Anlagegütern zählen laut R 7.1 Abs. 2 bis Abs. 4 EStR **körperliche Wirtschaftsgüter** (Sachen i. S. v. § 90 BGB), **Betriebsvorrichtungen** und **Scheinbestandteile (§ 95 BGB)**. Betriebsvorrichtungen stellen **selbstständige Gebäudeteile** dar, die dem Betriebsprozess dienen und nicht in einem einheitlichen Nutzungs- und Funktionszusammenhang mit dem Gebäude stehen (R 4.2 Abs. 3 i. V. m. R 7.1 Abs. 3 EStR). Ähnliches gilt für sog. Scheinbestandteile, die als zu einem vorübergehenden Zweck in ein Gebäude eingefügte bewegliche Wirtschaftsgüter definiert werden (R 4.2 Abs. 3 i. V. m. R 7.1 Abs. 4 EStR). Bewegliche Wirtschaftsgüter des Anlagevermögens können unter Berücksichtigung der Beschränkungen von § 7 Abs. 1 und Abs. 2 EStG grundsätzlich **linear, geometrisch-degressiv oder leistungsbezogen** abgeschrieben werden (R 7.4 Abs. 5 EStR). Darüber hinaus besteht die Möglichkeit, den **linearen AfA-Satz** bei **schichtabhängigen Anlagegütern** in Doppelschicht um 25 % und um 50 % in Dreifachschicht zu erhöhen.[647] Ferner kann der Steuerpflichtige im Rahmen der planmäßigen Abschreibung beweglicher abnutzbarer Wirtschaftsgüter des Anlagevermögens von der degressiven auf die lineare Methode **übergehen** (§ 7 Abs. 3 EStG).

---

647   Vgl. *BdF* 2000, S. 2.

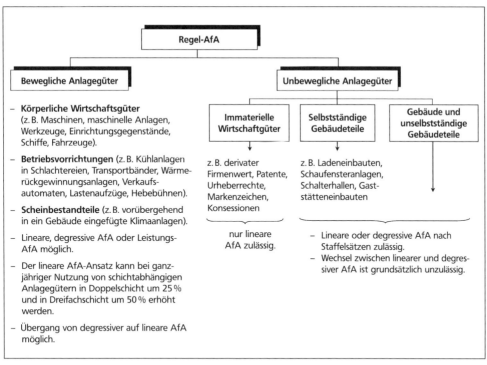

Abb. 142: Regel-AfA beim abnutzbaren Anlagevermögen gemäß § 7 EStG

Zu den unbeweglichen abnutzbaren Wirtschaftsgütern des Anlagevermögens gehören laut H 7.1 Abs. 1 EStR **immaterielle Wirtschaftsgüter**[648], **selbstständige Gebäudeteile** sowie **Gebäude** und **unselbstständige Gebäudeteile**. Immaterielle Wirtschaftsgüter sind, soweit sie abnutzbar sind, **stets linear abzuschreiben**, da § 7 Abs. 2 EStG nur für bewegliche Anlagegüter gilt. Unbewegliche **selbstständige Gebäudeteile** dienen **besonderen Zwecken** und stehen mithin in einem von der eigentlichen Gebäudenutzung **verschiedenen Nutzungs- und Funktionszusammenhang** (R 4.2 Abs. 3 i. V. m. Abs. 5 EStR). Sie sind **gesondert zu aktivieren** und planmäßig linear oder degressiv nach § 7 Abs. 4 bzw. Abs. 5 und Abs. 5 a EStG abzuschreiben. Unbewegliche **unselbstständige Gebäudeteile** müssen hingegen einheitlich mit dem Gebäude, zu dem sie gehören, linear oder degressiv laut § 7 Abs. 4 bzw. Abs. 5 EStG abgeschrieben werden (R 7.4 Abs. 6 Satz 2 EStR). Unselbstständigkeit wird nach der steuerrechtlichen Rechtsprechung angenommen, wenn der Gebäudeteil der **eigentlichen Nutzung als Gebäude dient** (R 4.2 Abs. 5 Satz 1 EStR) (z. B. Bäder und Duschen eines Hotels, Fahrstuhl- und Belüftungsanlagen). Sowohl bei den selbstständigen als auch bei den unselbstständigen Gebäudeteilen und Gebäuden ist ebenfalls ein **Wechsel** zwischen der linearen AfA nach § 7 Abs. 4 EStG und der degressiven AfA gemäß § 7 Abs. 5 EStG grundsätzlich unzulässig.[649] Die Abschreibungsbeträge sind ebenfalls **zeitanteilig** (pro rata temporis) zu berechnen (R 7.4 Abs. 2 EStR).

---

648 Vgl. hierzu die Ausführungen im Dritten Teil zu Gliederungspunkt I.B.1.
649 Vgl. H 7.4 EStR und *Glanegger* 2006, Anm. 154 zu § 7 EStG, S. 693 f.

## 2.    Weitere Abschreibungsmöglichkeiten

Neben den planmäßigen Abschreibungen müssen oder können beim Vorliegen bestimmter Voraussetzungen auch **außerplanmäßige Abschreibungen** auf abnutzbare und nichtabnutzbare Gegenstände des Anlagevermögens vorgenommen werden (§ 253 Abs. 2 Satz 3 HGB, § 6 Abs. 1 Nr. 1 Satz 2 EStG). Bei **Gewerbetreibenden** schlägt die handelsrechtliche Abwertungsverpflichtung im Falle **voraussichtlich dauernder Wertminderung** aufgrund des Maßgeblichkeitsprinzips (§ 5 Abs. 1 Satz 1 EStG) auch auf die steuerrechtliche Gewinnermittlung durch. Sofern eine nur **vorübergehende Wertminderung** vorliegt (z. B. Kursschwankungen bei Finanzanlagen), kann zwar in der Handelsbilanz eine außerplanmäßige Abschreibung nach § 253 Abs. 2 Satz 3 1. HS HGB vorgenommen werden, die aber für die steuerrechtliche Gewinnermittlung keine Anerkennung findet, da § 6 Abs. 1 Nr. 1 Satz 3 EStG eine Teilwertabschreibung nur noch im Falle einer voraussichtlich dauernden Wertminderung zulässt. Zusätzlich zu der steuerrechtlichen **Teilwertabschreibung** bzw. den **Absetzungen für außergewöhnliche technische oder wirtschaftliche Abnutzung** (**AfaA**) gemäß § 7 Abs. 1 Satz 7 EStG existieren weitere Abschreibungsmöglichkeiten, die ihre gesetzliche Verankerung aber ausschließlich im Steuerrecht haben. **Abb. 143** zeigt die wichtigsten steuerrechtlichen Abwertungsalternativen für das Anlagevermögen, die in **Sonderabschreibungen**, **erhöhte Absetzungen** und **Bewertungsabschläge** unterschieden werden können. Im Rahmen der **Umkehrung des Maßgeblichkeitsprinzips** (§ 5 Abs. 1 Satz 2 EStG) bedarf es einer Berücksichtigung dieser Abschreibungen auch im handelsrechtlichen Jahresabschluss, wenn sie steuerrechtliche Anerkennung finden sollen. Die Voraussetzung für diese **Steuervorteilswahrung** wird durch § 254 HGB geschaffen.

Während die Sonderabschreibung **neben der Regel-AfA** vorgenommen werden kann, tritt die erhöhte Absetzung **an deren Stelle**. Hierbei sind folgende **Restriktionen** zu beachten:

- Bei Inanspruchnahme von **Sonderabschreibungen** kann gemäß § 7 a Abs. 4 EStG die **Regel-AfA** grundsätzlich nur nach § 7 Abs. 1 oder Abs. 4 EStG (lineare AfA, Leistungs-AfA oder AfaA) vorgenommen werden.[650]
- **Sonderabschreibungen und erhöhte Absetzungen** sind nach § 7 a Abs. 5 EStG **nicht gleichzeitig** möglich (**Kumulationsverbot**).
- Bei Geltendmachung von **erhöhten Absetzungen** muss gemäß § 7 a Abs. 3 EStG **mindestens** die AfA nach § 7 Abs. 1 oder Abs. 4 EStG angesetzt werden.

Ebenso wie Sonderabschreibungen und erhöhte Absetzungen stellen auch Bewertungsabschläge **subventionelle Vergünstigungen** bezüglich des Ansatzes der Höhe nach dar, deren Inanspruchnahme an das Vorhandensein der in den Einzelvorschriften genannten Bedingungen geknüpft ist. Da Bewertungsabschläge nicht unter das Kumulationsverbot des § 7a Abs. 5 EStG fallen, können die in Rede stehenden steuerrechtlichen Vergünstigungen bei der Bewertung von Wirtschaftsgütern des Anlagevermögens **neben** Sonderabschreibungen und erhöhten Absetzungen Berücksichtigung finden (R 7 a Abs. 1 Satz 3 EStR). Besondere Bedeutung kommt in diesem Zusammenhang der **Sofortabschreibungsmöglichkeit**

---

650  Eine Ausnahme gilt nach § 7 g Abs. 1 EStG für die Bewertung von Anlagegütern kleiner und mittlerer Betriebe (vgl. auch R 7 g Abs. 9 EStR).

sog. **geringwertiger Wirtschaftsgüter** nach § 6 Abs. 2 EStG zu. Sofern nachfolgende Voraussetzungen erfüllt sind, können derartige Anlagegüter im Jahr der Anschaffung, Herstellung oder Einlage in voller Höhe als **Abschreibungsaufwand** verbucht werden.

- es muss sich um **bewegliche, abnutzbare Wirtschaftsgüter des Anlagevermögens** handeln;
- die Anschaffungs- oder Herstellungskosten (bzw. die Teilwerte in den Fällen der Einlage) dürfen **410 € nicht übersteigen**;
- die Wirtschaftsgüter müssen **selbstständig bewertbar und abnutzbar** sein;
- die geringwertigen Wirtschaftsgüter müssen in einem **besonderen Verzeichnis** erfasst werden.

Nicht zulässig ist es, im Jahr der Anschaffung, Herstellung oder Einlage lediglich einen Teil des Gegenstandswertes unmittelbar als Aufwand abzusetzen und den Restbetrag auf die betriebsgewöhnliche Nutzungsdauer zu verrechnen. Hat das Unternehmen von der Sofortabschreibung keinen Gebrauch gemacht, so kann es diese in einem späteren Wirtschaftsjahr **nicht mehr nachholen** (R 6.13 Abs. 4 Satz 1 EStR). Die Zu- und Abgänge der geringwertigen Wirtschaftsgüter müssen grundsätzlich auf einem **besonderen Bestandskonto** zur Verbuchung kommen (R 6.13 Abs. 2 Satz 1 EStR), dessen Saldo im Rahmen der vorbereitenden Abschlussbuchungen bis auf einen Erinnerungswert von 1 € an das Konto »Abschreibungen auf Sachanlagen« abgegeben wird.

| Vorschrift | Art |
|---|---|
| | **Sonderabschreibungen auf:** |
| § 7 f EStG | Anlagegüter privater Krankenhäuser |
| § 7 g EStG | Anlagegüter kleiner und mittlerer Betriebe |
| § 81 EStDV | Anlagegüter im Kohlen- und Erzbergbau |
| § 82 f EStDV | Handelsschiffe, Seefischereischiffe sowie Luftfahrzeuge. |
| | **Erhöhte Absetzungen für:** |
| § 7 b EStG | Ein- und Zweifamilienhäuser sowie Eigentumswohnungen |
| § 7 c EStG | Baumaßnahmen an Gebäuden zur Schaffung neuer Mietwohnungen |
| § 7 h EStG | Modernisierungs- und Instandsetzungsmaßnahmen bei Gebäuden in Sanierungsgebieten und städtebaulichen Entwicklungsbereichen |
| § 7 i EStG | Baudenkmäler |
| § 7 k EStG | Wohnungen mit Sozialbindung |
| § 82 a EStDV | Energiesparmaßnahmen |
| § 82 g EStDV | Baumaßnahmen i. S. d. Bundesbaugesetzes und des Städtebauförderungsgesetzes |
| § 7 SchutzbauG | Schutzräume. |
| | **Bewertungsabschläge im Rahmen der:** |
| § 6 b EStG | Übertragung von Veräußerungsgewinnen |
| R 6.5 EStR | Inanspruchnahme von Investitionszuschüssen |
| R 6.6 EStR | Übertragung von stillen Reserven bei Ersatzbeschaffungen |
| § 6 Abs. 2 EStG | Sofortabschreibung geringwertiger Wirtschaftsgüter. |

Abb. 143: Überblick über die wesentlichen steuerrechtlichen Abschreibungsmöglichkeiten für das Anlagevermögen[651]

---

[651] In Anlehnung an *Küting* 1989, S. 214.

**Beispiel:**

Anschaffung einer Schreibmaschine zum Listenpreis von 415 € (zzgl. 20 % Umsatzsteuer). Der Rechnungsbetrag wird sofort unter Abzug eines 2 %igen Skontos bar bezahlt.

Buchungssätze:

| | | | | |
|---|---|---|---|---|
| (1) – Geringwertige | | an | Kasse | 488,04 € |
| Wirtschaftsgüter | 406,70 € | | | |
| – Vorsteuer | 81,34 € | | | |
| (2) Abschreibungen | | an | Geringwertige | |
| auf Sachanlagen | | | Wirtschaftsgüter | 406,70 €. |

Kontenmäßige Darstellung:

| S | Geringwertige Wirtschaftsgüter | | | H |
|---|---|---|---|---|
| | € | | € | |
| AB | 1,00 | (2) | 406,70 | |
| (1) | 406,70 | SBK (EB) | 1,00 | |
| | __407,70__ | | __407,70__ | |

| S | Abschreibungen auf Sachanlagen | | | H |
|---|---|---|---|---|
| | € | | € | |
| (2) | 406,70 | | | |

| S | Vorsteuer | | | H |
|---|---|---|---|---|
| | € | | € | |
| (1) | 81,34 | | | |

| S | Kasse | | | H |
|---|---|---|---|---|
| | € | | € | |
| AB | | (1) | 488,04 | |

Je nachdem, welche Gegenstände des Anlagevermögens von außerplanmäßigen Abschreibungen, Sonderabschreibungen, erhöhten Absetzungen und Bewertungsabschlägen betroffen sind, kommen für die Erfassung des Werteverzehrs **unterschiedliche Aufwandskonten** in Betracht (z. B. »Abschreibungen auf immaterielle Vermögensgegenstände«, »Abschreibungen auf Sachanlagen«, »Abschreibungen auf geringwertige Wirtschaftsgüter«, »Abschreibungen auf Finanzanlagen«). Kapitalgesellschaften und ihnen gesetzlich gleichgestellte Unternehmen haben darüber hinaus gemäß § 281 Abs. 1 Satz 1 HGB auch die Möglichkeit, die die handelsrechtlichen (planmäßigen und außerplanmäßigen) Abschreibungen übersteigenden steuerrechtlichen Mehrabschreibungen in den »**Sonderposten mit Rücklageanteil**« einzustellen; die Gegenbuchung erfolgt auf dem Konto »Sonstige betriebliche Aufwendungen«. Der auf diese Weise gebildete **Wertberichtigungsposten** ist aber aufzulösen, wenn die entsprechenden Gegenstände aus dem Unternehmensvermögen ausscheiden oder die steuerrechtliche Wertberichtigung durch handelsrechtliche Abschreibungen ersetzt wird (§ 281 Abs. 1 Satz 3 HGB).

## 3.    Zuschreibungen

§ 253 Abs. 5 HGB sieht ein **Zuschreibungswahlrecht** vor, das ausgeübt werden kann, wenn die Gründe, die für die ursprünglich vorgenommenen Abschreibungen auf Gegenstände des Anlage- und Umlaufvermögens verantwortlich waren, nicht mehr bestehen. Für Kapitalgesellschaften und ihnen gesetzlich gleichgestellte Unternehmen gilt im handelsrechtlichen Jahresabschluss prinzipiell ein **Wertaufholungsgebot** (§ 280 Abs. 1 HGB), das infolge der für alle Unternehmen geltenden **steuerrechtlichen Zuschreibungspflicht** im Falle von Wertsteigerungen der betroffenen Wirtschaftsgüter (§ 6 Abs. 1 Nr. 1 Satz 4, § 6 Abs. 1 Nr. 2 Satz 3 EStG und § 7 Abs. 1 Satz 7 2. HS EStG) nicht mehr durch § 280 Abs. 2 HGB unterlaufen werden kann.

Die Zuschreibung (Wertaufholung) kann grundsätzlich bis zu dem aktuellen Zeitwert am Bilanzstichtag erfolgen, maximal allerdings nur bis zu den ursprünglichen **Anschaffungs- oder Herstellungskosten**. Bei abnutzbaren Gegenständen des Anlagevermögens besteht jedoch nur die Möglichkeit, höchstens bis zu den **fortgeführten Anschaffungs- oder Herstellungskosten** (ursprüngliche Anschaffungs- oder Herstellungskosten abzüglich zwischenzeitlich angefallene planmäßige Abschreibungen) zuzuschreiben. Nach h. M. ist aber auch der Ansatz eines **Interimswertes** zulässig, der zwischen dem bisherigen Buchwert und dem Maximalwert aufgrund der Wertaufholung liegt. Berücksichtigt werden muss aber, dass sowohl Wertaufholungen als auch außerplanmäßige Abschreibungen beim abnutzbaren Anlagevermögen **Änderungen des Abschreibungsplans** bewirken, da jetzt die Verteilung eines höheren bzw. niedrigeren Betrages auf die restliche betriebsgewöhnliche Nutzungsdauer zu erfolgen hat. Zuschreibungen sind in der Finanzbuchhaltung auf dem Konto »Sonstige betriebliche Erträge« bzw. dem Unterkonto »Erträge aus Zuschreibungen von Gegenständen des Anlagevermögens« zu erfassen und in der außerhalb des Kontensystems stehenden handelsrechtlichen Gewinn- und Verlustrechnung als »Sonstige betriebliche Erträge« auszuweisen.

**Beispiel:**
Eine als einzelkaufmännisches Unternehmen geführte Schiffswerft, die aufgrund des Publizitätsgesetzes verpflichtet ist, ihre Jahresabschlüsse zu veröffentlichen (§ 9 PublG), blickt auf mehrere Verlustperioden zurück. Daher ist sie an der Ausnutzung aller Bilanzierungshilfen und Bewertungsspielräume bis zur handelsrechtlichen Höchstgrenze interessiert, um ihre wirtschaftlichen Verhältnisse im günstigsten Licht erscheinen zu lassen. Im Geschäftsjahr 2001 hatte das Unternehmen eine zur Ausführung eines Kundenauftrags angeschaffte Spezialmaschine, deren Buchwert zum 31. 12. 2001 nach Vornahme einer planmäßigen linearen Abschreibung von 3.500 € bei 31.500 € lag, außerplanmäßig voll abschreiben müssen, da infolge des plötzlichen Wegfalls dieses besonderen Kunden durch Konkurs nicht mehr mit dem Einsatz der Maschine gerechnet werden konnte und eine andere Verwertungsmöglichkeit nicht gegeben war. Die ursprünglichen Anschaffungskosten zum 02. 01. 2001 betrugen 35.000 € (betriebsgewöhnliche Nutzungsdauer = 10 Jahre). Im Dezember des Geschäftsjahres 2004 tritt völlig überraschend ein neuer Interessent an entsprechenden Schiffsbauteilen auf, wodurch die Maschine in den letzten Dezembertagen des Jahres 2004 wieder in Betrieb genommen wurde.

Hinsichtlich der Bewertung ist die Vorschrift des § 280 Abs. 1 HGB relevant. Das Unternehmen muss eine handelsrechtliche Zuschreibung in Höhe von 21.000 € bis zu den fortgeführten Anschaffungskosten vornehmen. Eine analoge Vorgehensweise verlangt § 7 Abs. 1 Satz 7 EStG für die steuerrechtliche Gewinnermittlung. Im Folgenden sind die den Geschäftvorfall betreffenden erforderlichen Berechnungen und Buchungen angeführt.

| | Tatsächlicher Abschreibungsverlauf mit Zuschreibung in Periode 2004 | Ursprünglicher Abschreibungsplan |
|---|---|---|
| Anschaffungskosten 02.01.2001 | 35.000 € | 35.000 € |
| − Planmäßige Abschreibung (AfA) 2001 | 3.500 € | 3.500 € |
| − Außerplanmäßige Abschreibung (AfaA) in 2001 | 31.500 € | − |
| = Buchwert zum 31.12.2001 | 0 €* | 31.500 € |
| − Planmäßige Abschreibungen (AfA) 2002 bis 2004 | − | 10.500 € |
| + Zuschreibung im Dezember 2004 | 21.000 € | − |
| = Buchwert zum 31.12.2004 | 21.000 € (Bilanzansatz) | 21.000 € |

\* Bilanzansatz

Abb. 144: Entwicklung der fortgeführten Anschaffungskosten

**Buchung im Geschäftsjahr 2004:**

(1) Maschinen und                an        Erträge aus Zuschreibungen
    maschinelle Anlagen                    von Gegenständen des
                                           Anlagevermögens        21.000 €.

Kontenmäßige Darstellung:

| S | Maschinen und maschinelle Anlagen | H |
|---|---|---|
| | € | € |
| AB[652] | 0 | SBK (EB) 21.000 |
| (1) | 21.000 | |
| | 21.000 | 21.000 |

| S | Erträge aus Zuschreibungen von Gegenständen des Anlagevermögens | H |
|---|---|---|
| | € | € |
| GuV (Saldo) | (1) | 21.000 |

**Abb. 145** gibt einen zusammenfassenden Überblick über die handelsrechtlichen Normen zur Bewertung des Anlagevermögens.[653]

# D.    Bewertung des Umlaufvermögens

## 1.    Grundlegendes

Nach § 253 Abs. 1 Satz 1 HGB bzw. § 6 Abs. 1 Nr. 2 Satz 1 EStG **sind** die Gegenstände des Umlaufvermögens (z. B. Vorräte, Forderungen und Wertpapiere) mit den Anschaffungs- oder Herstellungskosten bzw. nach Maßgabe des **strengen Niederstwertprinzips** (§ 253 Abs. 3

---

652   Es wird angenommen, dass die einzelkaufmännisch geführte Schiffswerft über keine weiteren Maschinen und maschinellen Anlagen verfügt.
653   Modifiziert entnommen von *Küting/Weber* 1987, S. 109.

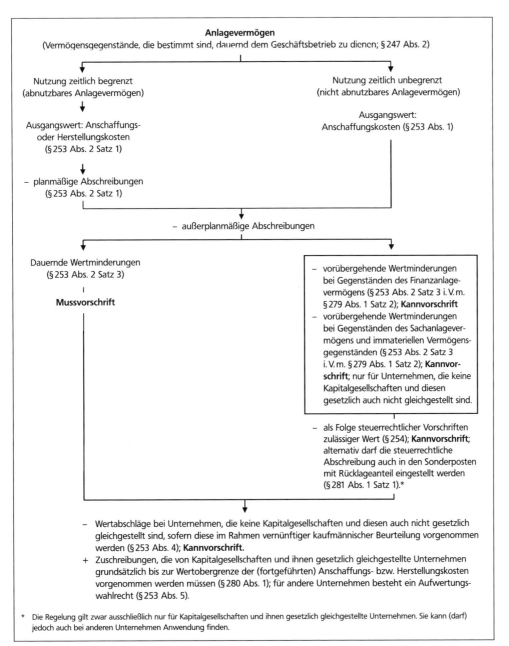

**Anlagevermögen**
(Vermögensgegenstände, die bestimmt sind, dauernd dem Geschäftsbetrieb zu dienen; § 247 Abs. 2)

Nutzung zeitlich begrenzt
(abnutzbares Anlagevermögen)

Nutzung zeitlich unbegrenzt
(nicht abnutzbares Anlagevermögen)

Ausgangswert: Anschaffungs-
oder Herstellungskosten
(§ 253 Abs. 2 Satz 1)

Ausgangswert:
Anschaffungskosten (§ 253 Abs. 1)

– planmäßige Abschreibungen
(§ 253 Abs. 2 Satz 1)

– außerplanmäßige Abschreibungen

Dauernde Wertminderungen
(§ 253 Abs. 2 Satz 3)

**Mussvorschrift**

– vorübergehende Wertminderungen
bei Gegenständen des Finanzanlagevermögens (§ 253 Abs. 2 Satz 3 i. V. m.
§ 279 Abs. 1 Satz 2); **Kannvorschrift**
– vorübergehende Wertminderungen
bei Gegenständen des Sachanlagevermögens und immateriellen Vermögensgegenständen (§ 253 Abs. 2 Satz 3
i. V. m. § 279 Abs. 1 Satz 2); **Kannvorschrift**; nur für Unternehmen, die keine
Kapitalgesellschaften und diesen
gesetzlich auch nicht gleichgestellt sind.

– als Folge steuerrechtlicher Vorschriften
zulässiger Wert (§ 254); **Kannvorschrift**;
alternativ darf die steuerrechtliche
Abschreibung auch in den Sonderposten
mit Rücklageanteil eingestellt werden
(§ 281 Abs. 1 Satz 1).*

– Wertabschläge bei Unternehmen, die keine Kapitalgesellschaften und diesen auch nicht gesetzlich
gleichgestellt sind, sofern diese im Rahmen vernünftiger kaufmännischer Beurteilung vorgenommen
werden (§ 253 Abs. 4); **Kannvorschrift.**
+ Zuschreibungen, die von Kapitalgesellschaften und ihnen gesetzlich gleichgestellte Unternehmen
grundsätzlich bis zur Wertobergrenze der (fortgeführten) Anschaffungs- bzw. Herstellungskosten
vorgenommen werden müssen (§ 280 Abs. 1); für andere Unternehmen besteht ein Aufwertungs-
wahlrecht (§ 253 Abs. 5).

* Die Regelung gilt zwar ausschließlich nur für Kapitalgesellschaften und ihnen gesetzlich gleichgestellte Unternehmen. Sie kann (darf)
jedoch auch bei anderen Unternehmen Anwendung finden.

Abb. 145: Bewertung des Anlagevermögens nach dem Handelsgesetzbuch

Sätze 1 und 2 HGB, § 6 Abs. 1 Nr. 2 Satz 2 EStG) mit dem niedrigen beizulegenden Wert anzusetzen.

In Abhängigkeit davon, welche Gegenstände des Umlaufvermögens von gegebenenfalls
vorzunehmenden Abschreibungen betroffen sind, ist auf den entsprechenden **Aufwandskonten** wie »Aufwendungen für Waren«, »Aufwendungen für Material«, »Abschreibungen

auf Forderungen« oder »Abschreibungen auf Wertpapiere des Umlaufvermögens« zu buchen. Im Rahmen des handelsrechtlichen Jahresabschlusses haben Kapitalgesellschaften und ihnen gesetzlich gleichgestellte Unternehmen diejenigen Abschreibungen auf Gegenstände des Umlaufvermögens, die die in der Unternehmung **üblichen Abschreibungen übersteigen**, separat auszuweisen.[654] Ferner können diese Unternehmen die die handelsrechtlichen Abschreibungen auf Gegenstände des Umlaufvermögens übersteigenden **steuerrechtlichen Mehrabschreibungen** in den Sonderposten mit Rücklageanteil einstellen (§ 281 Abs. 1 Satz 1 HGB); die Gegenbuchung erfolgt wiederum auf dem Konto »Sonstige betriebliche Aufwendungen« bzw. auf einem entsprechenden Unterkonto. Zuschreibungen auf Gegenstände des Umlaufvermögens sind auf dem Konto »Sonstige betriebliche Erträge« bzw. auf einem diesbezüglichen Unterkonto zu verbuchen und in der handelsrechtlichen Gewinn- und Verlustrechnung unter diesem (Ober-)Posten auszuweisen. **Außerplanmäßige Veräußerungserfolge** bei Gegenständen des Umlaufvermögens (z. B. beim Kauf und Verkauf von Wertpapieren) müssen analog zum Anlagevermögen auf dem Konto »Sonstige betriebliche Aufwendungen« bzw. »Sonstige betriebliche Erträge« oder auf geeigneten Unterkonten erfasst und in der handelsrechtlichen Erfolgsrechnung ebenfalls unter diesen (Ober-)Posten ausgewiesen werden. **Abb. 146** gibt einen zusammenfassenden Überblick über die handelsrechtlichen Normen zur Bewertung des Umlaufvermögens.[655]

## 2.     Bewertungsmethoden für das Umlaufvermögen

Im Zuge einer leichteren Erstellung des Inventars und/oder des Jahresabschlusses lassen das Handels- und Steuerrecht **spezielle Bewertungsmethoden** zur Ermittlung der Anschaffungs- oder Herstellungskosten für bestimmte Gegenstände des Umlauf- und auch des Anlagevermögens zu (§ 256 i. V. m. § 240 Abs. 3 und Abs. 4 HGB; § 6 Abs. 1 Nr. 2 a EStG; R 6.8 Absätze 3 und 4 EStR sowie R 6.9 EStR). Bei diesen **Bewertungsvereinfachungsverfahren** handelt es sich um **Durchbrechungen des Einzelbewertungsprinzips**; mit Hilfe des in § 252 Abs. 1 Nr. 3 HGB verankerten Grundsatzes der Einzelbewertung soll verhindert werden, dass Wertminderungen einzelner Vermögensgegenstände nicht mit Wertsteigerungen, die bei anderen Gegenständen eingetreten sind, zur Verrechnung kommen.[656]

So ist es häufig im Rahmen der Bewertung gleicher Vermögensgegenstände, die zu unterschiedlichen Zeitpunkten und zu unterschiedlichen Preisen erworben wurden und bei denen zwischenzeitlich Abgänge stattgefunden haben, unmöglich, nach dem Grundsatz der Einzelbewertung vorzugehen. Bei **gleichartigen Gegenständen des Vorratsvermögens** (z. B. Roh-, Hilfs- und Betriebsstoffe, Erzeugnisse und Waren) können gemäß § 256 Satz 1 HGB bestimmte **Fiktionen** über die Reihenfolge des Verbrauchs oder der Veräußerung für die **Bilanzbewertung** herangezogen werden (z. B. Lifo-, Fifo-, Hifo- und Lofo-Methode). Nach h. M. wird die Gleichartigkeit von Vermögensgegenständen primär durch die Merkmale Zugehörigkeit zur gleichen Warengattung oder Gleichheit in der Verwendbarkeit oder Funktion (Funktionsgleichheit) bestimmt.[657] Für Zwecke der **Inventar- und der Bilanz-**

---

654   Vgl. § 275 Abs. 2 Posten 7. b) HGB.
655   Modifiziert entnommen von *Küting/Weber* 1987, S. 111.
656   Vgl. *ADS* 1995a, Anm. 48 zu § 252 HGB, S. 44.
657   Vgl. *Winkeljohann/Philipps* 2006, Anm. 136 zu § 240 HGB, S. 40.

**bewertung** können darüber hinaus nach § 240 Abs. 4 i. V. m. § 256 Satz 2 HGB gleichartige Vermögensgegenstände des Vorratsvermögens sowie andere gleichartige oder annähernd gleichwertige **bewegliche Gegenstände des Anlage- und des Umlaufvermögens** (z. B. Forderungen, Wertpapiere und Wechsel) zu einer Gruppe zusammengefasst und mit dem

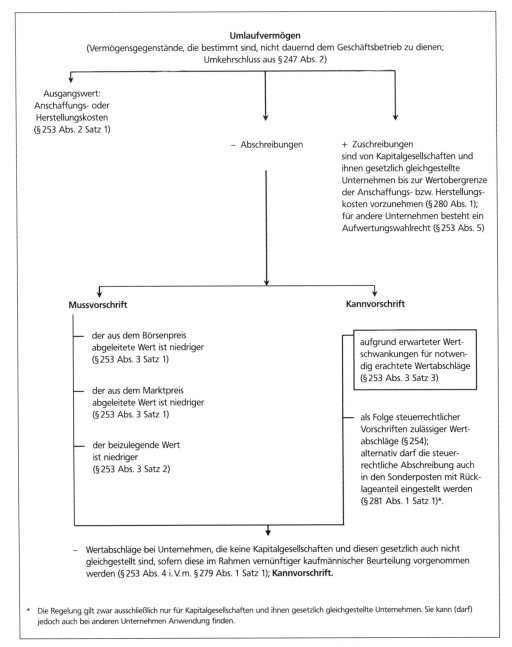

Abb. 146: Bewertung des Umlaufvermögens nach dem Handelsgesetzbuch

**gewogenen Durchschnittswert** angesetzt werden (**sog. Gruppenbewertung**). Annähernde Gleichwertigkeit besagt, dass die Anschaffungs- oder Herstellungskosten der in der Gruppenbewertung zusammengefassten Vermögensgegenstände nicht elementar voneinander abweichen dürfen. So wird etwa ein Spielraum von 20 % zwischen dem höchsten und niedrigsten Wert noch als vertretbar angesehen.[658] Allerdings sind aus steuerrechtlicher Sicht nicht alle genannten Bewertungsvereinfachungsverfahren (**Sammelbewertungsmethoden**) uneingeschränkt zulässig. Einen Überblick über Inhalt, Aufgaben und Anwendung dieser Methoden gibt **Abb. 148**.[659]

Die Sammelbewertungsmethoden können als **permanente Verfahren** oder als sog. **Periodenverfahren** durchgeführt werden. Im ersten Fall wird eine fortlaufende Erfassung der jeweils separat zu bewertenden Abgänge während des gesamten Geschäftsjahres vorgenommen. Dieses Verfahren setzt mithin eine laufende mengen- und wertmäßige Erfassung aller Zu- und Abgänge voraus. Bei der periodischen Wertermittlung hingegen wird der gesamte Bestand lediglich zum Ende des Geschäftsjahres bewertet. Zu beachten ist, dass das **strenge Niederstwertprinzip** die Unternehmung zu einer Abwertung zwingen kann, wenn der nach einer der vorstehend dargestellten Vereinfachungsmethoden ermittelte Bestandswert über dem zwingend anzusetzenden niedrigeren Zeitwert nach § 253 Abs. 3 Sätze 1 und 2 HGB liegt.

**Beispiel:**
In einem Handelsunternehmen liegen folgende Zu- und Abgänge gleichartiger Waren während eines Geschäftsjahres vor, wobei diese Vorräte nicht nach beschafften Partien gelagert sind. Ferner werden nachstehende Preisentwicklungen der Anschaffungskosten unterstellt (ME = Mengeneinheiten, WE = Wareneinsatz, ZB = Zwischenbestand). Die Wiederbeschaffungskosten am Bilanzstichtag (31. 12.) entsprechen den jeweiligen Anschaffungskosten des letzten Zugangs (08. 08.).

|         |                      |        |   | (1)   | (2)   | (3)   |
|---------|----------------------|--------|---|-------|-------|-------|
| 01. 01. | Anfangsbestand (AB)  | 100 ME | à | 16 €  | 27 €  | 17 €  |
| 10. 02. | Zugang (Z)           | 40 ME  | à | 17 €  | 20 €  | 16 €  |
| 03. 04. | Abgang (Ag)          | 120 ME |   |       |       |       |
| 25. 06. | Zugang               | 90 ME  | à | 20 €  | 17 €  | 27 €  |
| 08. 08. | Zugang               | 60 ME  | à | 27 €  | 16 €  | 20 €  |
| 15. 12. | Abgang               | 70 ME  |   |       |       |       |
| 31. 12. | Endbestand (EB)      | 100 ME |   |       |       |       |

Abb. 147: Alternative Preisentwicklungen der Anschaffungskosten

---

658  Vgl. *Winkeljohann/Philipps* 2006, Anm. 137 zu § 242 HGB, S. 40.
659  In Anlehnung an *Wöhe* 1997, S. 500 f.

| Verfahren | Inhalt | Aufgaben | Anwendung |
|---|---|---|---|
| Einzel-bewertung | Vermögensgegenstände und Schulden sind gemäß § 252 Abs. 1 Nr. 3 HGB grundsätzlich einzeln zu bewerten | Ermittlung des Werts, des Vermögens und der Schulden sowie des Perioden-erfolges | In Handels- und Steuerbilanz prinzipiell bei allen Wirtschaftsgütern, für die keine Sonderbewertungsvorschriften gelten |
| Lifo-Methode (Last-in-first-out) | Die zuletzt beschafften bzw. hergestellten Güter gelten buchtechnisch als zuerst veräußert bzw. verbraucht | In Zeiten steigender Kosten niedrigst mögliche Endbestandsbewertung, niedriger Gewinnausweis, Beitrag zur Substanzerhaltung | In Handels- und Steuerbilanz zulässig, soweit kein Verstoß gegen strenges Niederstwertprinzip (§ 256 Satz 1 HGB; § 6 Abs. 1 Nr. 2 a EStG; R 6.9 EStR) |
| Fifo-Methode (First-in-first-out) | Die zuerst beschafften bzw. hergestellten Güter gelten buchtechnisch als zuerst veräußert bzw. verbraucht. Der Endbestand wird mit den Kosten der zuletzt gekauften bzw. hergestellten Güter bewertet | In Zeiten sinkender Kosten niedrigst mögliche Endbestandsbewertung, niedriger Gewinnausweis, Beitrag zur Substanzerhaltung | In Handelsbilanz zulässig (§ 256 Satz 1 HGB), soweit kein Verstoß gegen strenges Niederstwertprinzip. In Steuerbilanz unzulässig gemäß R 6.9 Abs. 1 EStR, bei Nachweis der Verbrauchsfolge anerkannt |
| Hifo-Methode (Highest-in-first-out) | Die mit den höchsten Kosten beschafften bzw. hergestellten Güter gelten buchtechnisch als zuerst veräußert bzw. verbraucht | Entspricht dem Prinzip kaufmännischer Vorsicht. Der Betrieb würde bei Einzelbewertung ebenso handeln | In Handelsbilanz zulässig (§ 256 Satz 1 HGB), in Steuerbilanz unzulässig (R 6.9 Abs. 1 EStR) |
| Lofo-Methode (Lowest-in-first-out) | Die mit den niedrigsten Kosten beschafften bzw. hergestellten Güter gelten buchtechnisch als zuerst veräußert bzw. verbraucht | Widerspricht dem Prinzip kaufmännischer Vorsicht, hoher Gewinnausweis | In Handelsbilanz nach h. M. nicht zulässig (Verstoß gegen das Vorsichtsprinzip)[660], in Steuerbilanz unzulässig (R 6.9 Abs. 1 EStR) |
| Gruppen-bewertung | Gleichartige Vermögensgegenstände des Vorratsvermögens sowie andere gleichartige oder annähernd gleichwertige bewegliche Vermögensgegenstände und Schulden können zu einer Gruppe zusammengefasst und mit dem Durchschnittswert angesetzt werden | Vereinfachung der Aufstellung von Inventar und Bilanz. Ermittlung des Endbestandswerts, wenn keine getrennte Lagerung der einzelnen beschafften bzw. hergestellten Partien erfolgt | In Handelsbilanz nach § 256 Satz 2 i. V. m. § 240 Abs. 4 HGB, in Steuerbilanz gemäß R 6.8 Abs. 4 EStR zulässig, soweit kein Verstoß gegen strenges Niederstwertprinzip |
| Fest-bewertung | Vermögensgegenstände des Sachanlagevermögens sowie Roh-, Hilfs- und Betriebsstoffe dürfen mit gleichbleibender Menge und Wert angesetzt werden, wenn Bestand sich in Größe, Wert und Zusammensetzung wenig verändert | Vereinfachung der Aufstellung von Inventar und Bilanz. Bei steigenden Preisen infolge zunehmender Unterbewertung Mittel zur Substanzerhaltung | In Handelsbilanz nach § 256 Satz 2 i. V. m. § 240 Abs. 3 HGB, in Steuerbilanz gemäß R 5.4 Abs. 4 und H 6.8 EStR zulässig |

Abb. 148: Bewertungsmethoden für bestimmte Gegenstände des Umlauf- und des Anlagevermögens

---

660   Vgl. stellvertretend *ADS* 1995a, Anm. 73 zu § 256 HGB, S. 455.

**(1)    Steigende Anschaffungskosten**
**(1.1)    Gruppenbewertungs-Methode**
**(1.1.1)  Periodenbezogene Gruppenbewertungs-Methode**

| S | Wareneinkauf | | H |
|---|---|---|---|
| | € | | € |
| AB          100 ME à    16 € =    1.600 | WE (Ag)  190 ME  à  19,66 € = | | 3.734 |
| Z            40 ME à    17 € =      680 | SBK (EB) 100 ME  à  19,66 € = | | 1.966 |
| Z            90 ME à    20 € =    1.800 | | | |
| Z            60 ME à    27 € =    1.620 | | | |
| | 5.700 | | 5.700 |

$$\frac{5.700\,€}{290\ ME} = 19,66\,€/ME\ (=\text{ gewogener Durchschnittswert})$$

**(1.1.2)  Permanente Gruppenbewertungs-Methode**

|   | | | | | | |
|---|---|---|---|---|---|---|
|     | AB  | 100 ME | à | 16,00 € | = | 1.600,00 € |
| +   | Z   |  40 ME | à | 17,00 € | = |   680,00 € |
| =   | ZB  | 140 ME | à | 16,29 € | = | 2.280,00 € |
| −   | Ag  | 120 ME | à | 16,29 € | = | 1.954,80 € |
| +   | Z   |  90 ME | à | 20,00 € | = | 1.800,00 € |
| +   | Z   |  60 ME | à | 27,00 € | = | 1.620,00 € |
| =   | ZB  | 170 ME | à | 22,03 € | = | 3.745,20 € |
| −   | Ag  |  70 ME | à | 22,03 € | = | 1.542,20 € |
| =   | EB  | 100 ME | à | 22,03 € | = | 2.203,00 € |

| S | Wareneinkauf | | H |
|---|---|---|---|
| | € | | € |
| AB          100 ME à    16 € =    1.600,00 | WE (Ag)  120 ME  à  16,29 € = | | 1.954,80 |
| Z            40 ME à    17 € =      680,00 | WE (Ag)   70 ME  à  22,03 € = | | 1.542,20 |
| Z            90 ME à    20 € =    1.800,00 | SBK (EB) 100 ME  à  22,03 € = | | 2.203,00 |
| Z            60 ME à    27 € =    1.620,00 | | | |
| | 5.700,00 | | 5.700,00 |

**(1.2)    Lifo-Methode**
**(1.2.1)  Periodenbezogene Lifo-Methode**

| S | Wareneinkauf | | H |
|---|---|---|---|
| | € | | € |
| AB          100 ME à    16 € =    1.600 | WE (Ag)   60 ME  à    27 € = | | 1.620 |
| Z            40 ME à    17 € =      680 | WE (Ag)   90 ME  à    20 € = | | 1.800 |
| Z            90 ME à    20 € =    1.800 | WE (Ag)   40 ME  à    17 € = | |   680 |
| Z            60 ME à    27 € =    1.620 | SBK (EB) 100 ME  à    16 € = | | 1.600 |
| | 5.700 | | 5.700 |

## (1.2.2)  Permanente Lifo-Methode

|      | AB | 100 ME | à | 16 € | = | 1.600 € |
|------|----|--------|---|------|---|---------|
| +    | Z  | 40 ME  | à | 17 € | = | 680 €   |
| −    | Ag | 40 ME  | à | 17 € | = | 680 €   |
| −    | Ag | 80 ME  | à | 16 € | = | 1.280 € |
| =    | ZB | 20 ME  | à | 16 € | = | 320 €   |
| +    | Z  | 90 ME  | à | 20 € | = | 1.800 € |
| +    | Z  | 60 ME  | à | 27 € | = | 1.620 € |
| −    | Ag | 60 ME  | à | 27 € | = | 1.620 € |
| −    | Ag | 10 ME  | à | 20 € | = | 200 €   |
| =    | EB | 20 ME  | à | 16 € | = | 320 €   |
|      | EB | 80 ME  | à | 20 € | = | 1.600 € |

| S |        |     |        |     |   | Wareneinkauf |          |     |        |     |   | H |
|---|--------|-----|--------|-----|---|--------------|----------|-----|--------|-----|---|---|
|   |        |     |        |     | € |              |          |     |        |     | € |   |
| AB | 100 ME | à | 16 € | = | 1.600 | WE (Ag) | 40 ME | à | 17 € | = | 680 |   |
| Z  | 40 ME  | à | 17 € | = | 680   | WE (Ag) | 80 ME | à | 16 € | = | 1.280 |   |
| Z  | 90 ME  | à | 20 € | = | 1.800 | WE (Ag) | 60 ME | à | 27 € | = | 1.620 |   |
| Z  | 60 ME  | à | 27 € | = | 1.620 | WE (Ag) | 10 ME | à | 20 € | = | 200 |   |
|    |        |   |      |   |       | SBK (EB) | 20 ME | à | 16 € | = | 320 |   |
|    |        |   |      |   |       | SBK (EB) | 80 ME | à | 20 € | = | 1.600 |   |
|    |        |   |      |   | 5.700 |          |       |   |      |   | 5.700 |   |

## (1.3)    Fifo-Methode
## (1.3.1)  Periodenbezogene Fifo-Methode

| S |        |     |        |     |   | Wareneinkauf |          |     |        |     |   | H |
|---|--------|-----|--------|-----|---|--------------|----------|-----|--------|-----|---|---|
|   |        |     |        |     | € |              |          |     |        |     | € |   |
| AB | 100 ME | à | 16 € | = | 1.600 | WE (Ag) | 100 ME | à | 16 € | = | 1.600 |   |
| Z  | 40 ME  | à | 17 € | = | 680   | WE (Ag) | 40 ME  | à | 17 € | = | 680 |   |
| Z  | 90 ME  | à | 20 € | = | 1.800 | WE (Ag) | 50 ME  | à | 20 € | = | 1.000 |   |
| Z  | 60 ME  | à | 27 € | = | 1.620 | SBK (EB) | 40 ME | à | 20 € | = | 800 |   |
|    |        |   |      |   |       | SBK (EB) | 60 ME | à | 27 € | = | 1.620 |   |
|    |        |   |      |   | 5.700 |          |       |   |      |   | 5.700 |   |

### (1.3.2) Permanente Fifo-Methode

|     |        |        |   |       |   |   |          |
|-----|--------|--------|---|-------|---|---|----------|
|     | AB     | 100 ME | à | 16 €  | = | = | 1.600 €  |
| +   | Z      | 40 ME  | à | 17 €  | = | = | 680 €    |
| −   | Ag     | 100 ME | à | 16 €  | = | = | 1.600 €  |
| −   | Ag     | 20 ME  | à | 17 €  | = | = | 340 €    |
| =   | ZB     | 20 ME  | à | 17 €  | = | = | 340 €    |
| +   | Z      | 90 ME  | à | 20 €  | = | = | 1.800 €  |
| +   | Z      | 60 ME  | à | 27 €  | = | = | 1.620 €  |
| −   | Ag     | 20 ME  | à | 17 €  | = | = | 340 €    |
| −   | Ag     | 50 ME  | à | 20 €  | = | = | 1.000 €  |
| =   | EB     | 40 ME  | à | 20 €  | = | = | 800 €    |
|     | EB     | 60 ME  | à | 27 €  | = | = | 1.620 €  |

| S |  | Wareneinkauf |  |  |  |  |  | H |
|---|---|---|---|---|---|---|---|---|
|   |   | € |   |   |   |   |   | € |
| AB | 100 ME à | 16 € = | 1.600 | WE (Ag) | 100 ME à | 16 € = | | 1.600 |
| Z  | 40 ME à  | 17 € = | 680   | WE (Ag) | 20 ME à  | 17 € = | | 340   |
| Z  | 90 ME à  | 20 € = | 1.800 | WE (Ag) | 20 ME à  | 17 € = | | 340   |
| Z  | 60 ME à  | 27 € = | 1.620 | WE (Ag) | 50 ME à  | 20 € = | | 1.000 |
|    |          |        |       | SBK (EB) | 40 ME à | 20 € = | | 800   |
|    |          |        |       | SBK (EB) | 60 ME à | 27 € = | | 1.620 |
|    |          |        | **5.700** |     |          |        | | **5.700** |

### (1.4)  Lofo-Methode/Hifo-Methode

Die Lifo-Methode und die Hifo-Methode entsprechen in ihrer periodenbezogenen und permanenten Form infolge **monoton steigender Beschaffungsmarktpreise** den Ergebnissen der Fifo-Methode bzw. der Lifo-Methode.

### (2)     Sinkende Anschaffungskosten
### (2.1)   Gruppenbewertungs-Methode
### (2.1.1) Periodenbezogene Gruppenbewertungsmethode

| S |  | Wareneinkauf |  |  |  |  | H |
|---|---|---|---|---|---|---|---|
|   |   | € |   |   |   |   | € |
| AB | 100 ME à | 27 € = | 2.700 | WE (Ag) | 190 ME à 20,66 € = | 3.924,48 |
| Z  | 40 ME à  | 20 € = | 800   | WE (Ag) | 100 ME à 4,66 € = | 465,52 |
| Z  | 90 ME à  | 17 € = | 1.530 | SBK (EB) | 100 ME à 16,00 € = | 1.600,00 |
| Z  | 60 ME à  | 16 € = | 960   |  |  |  |
|    |          |        | **5.990** |  |  | **5.990** |

$$\frac{5.990 \,€}{290 \, ME} = 20,66 \,€/ME \;(= \text{gewogener Durchschnittswert})$$

## (2.1.2) Permanente Gruppenbewertungs-Methode

```
    AB   100 ME   à   27    €   =   2.700,00 €
+   Z     40 ME   à   20    €   =     800,00 €
─────────────────────────────────────────────
=   ZB   140 ME   à   25    €   =   3.500,00 €
−   Ag   120 ME   à   25    €   =   3.000,00 €
+   Z     90 ME   à   17    €   =   1.530,00 €
+   Z     60 ME   à   16    €   =     960,00 €
─────────────────────────────────────────────
=   ZB   170 ME   à   17,59 €   =   2.990,00 €
−   Ag    70 ME   à   17,59 €   =   1.231,00 €
─────────────────────────────────────────────
=   EB   100 ME   à   17,59 €   =   1.759,00 €
```

| S | Wareneinkauf | | | | | H |
|---|---|---|---|---|---|---|
| | | € | | | | € |
| AB | 100 ME à 27 € = | 2.700,00 | WE (Ag) | 120 ME à 25,00 € = | 3.000,00 |
| Z | 40 ME à 20 € = | 800,00 | WE (Ag) | 70 ME à 17,59 € = | 1.231,00 |
| Z | 90 ME à 17 € = | 1.530,00 | WE (Ag) | 100 ME à 1,59 € = | 159,00 |
| Z | 60 ME à 16 € = | 960,00 | SBK (EB) | 100 ME à 16,00 € = | 1.600,00 |
| | | 5.990,00 | | | 5.990,00 |

## (2.2) Lifo-Methode
## (2.2.1) Periodenbezogene Lifo-Methode

| S | Wareneinkauf | | | | | H |
|---|---|---|---|---|---|---|
| | | € | | | | € |
| AB | 100 ME à 27 € = | 2.700 | WE (Ag) | 60 ME à 16 € = | 960 |
| Z | 40 ME à 20 € = | 800 | WE (Ag) | 90 ME à 17 € = | 1.530 |
| Z | 90 ME à 17 € = | 1.530 | WE (Ag) | 40 ME à 20 € = | 800 |
| Z | 60 ME à 16 € = | 960 | WE (Ag) | 100 ME à 11 € = | 1.100 |
| | | | SBK (EB) | 100 ME à 16 € = | 1.600 |
| | | 5.990 | | | 5.990 |

## (2.2.2) Permanente Lifo-Methode

```
    AB   100 ME   à   27 €   =   2.700 €
+   Z     40 ME   à   20 €   =     800 €
−   Ag    40 ME   à   20 €   =     800 €
−   Ag    80 ME   à   27 €   =   2.160 €
──────────────────────────────────────
=   ZB    20 ME   à   27 €   =     540 €
+   Z     90 ME   à   17 €   =   1.530 €
+   Z     60 ME   à   16 €   =     960 €
−   Ag    60 ME   à   16 €   =     960 €
−   Ag    10 ME   à   17 €   =     170 €
──────────────────────────────────────
=   EB    20 ME   à   27 €   =     540 €
    EB    80 ME   à   17 €   =   1.360 €
```

| S | Wareneinkauf | | | | | | | | H |
|---|---|---|---|---|---|---|---|---|---|
| | | | | € | | | | | € |
| AB | 100 ME | à | 27 € | = | 2.700 | WE (Ag) | 40 ME | à | 20 € | = | 800 |
| Z | 40 ME | à | 20 € | = | 800 | WE (Ag) | 80 ME | à | 27 € | = | 2.160 |
| Z | 90 ME | à | 17 € | = | 1.530 | WE (Ag) | 60 ME | à | 16 € | = | 960 |
| Z | 60 ME | à | 16 € | = | 960 | WE (Ag) | 10 ME | à | 17 € | = | 170 |
| | | | | | | WE (Ag) | 20 ME | à | 11 € | = | 220 |
| | | | | | | WE (Ag) | 80 ME | à | 1 € | = | 80 |
| | | | | | | SBK (EB) | 100 ME | à | 16 € | = | 1.600 |
| | | | | | 5.990 | | | | | | 5.990 |

**(2.3)   Fifo-Methode**
**(2.3.1)  Periodenbezogene Fifo-Methode**

| S | Wareneinkauf | | | | | | | | H |
|---|---|---|---|---|---|---|---|---|---|
| | | | | € | | | | | € |
| AB | 100 ME | à | 27 € | = | 2.700 | WE (Ag) | 100 ME | à | 27 € | = | 2.700 |
| Z | 40 ME | à | 20 € | = | 800 | WE (Ag) | 20 ME | à | 20 € | = | 400 |
| Z | 90 ME | à | 17 € | = | 1.530 | WE (Ag) | 20 ME | à | 20 € | = | 400 |
| Z | 60 ME | à | 16 € | = | 960 | WE (Ag) | 50 ME | à | 17 € | = | 850 |
| | | | | | | WE (Ag) | 40 ME | à | 1 € | = | 40 |
| | | | | | | SBK (EB) | 100 ME | à | 16 € | = | 1.600 |
| | | | | | 5.990 | | | | | | 5.990 |

**(2.3.2)  Permanente Fifo-Methode**

| | | | | | | | |
|---|---|---|---|---|---|---|---|
| | AB | 100 ME | à | 27 € | | = | 2.700 € |
| + | Z | 40 ME | à | 20 € | | = | 800 € |
| − | Ag | 100 ME | à | 27 € | | = | 2.700 € |
| − | Ag | 20 ME | à | 20 € | | = | 400 € |
| = | ZB | 20 ME | à | 20 € | | = | 400 € |
| + | Z | 90 ME | à | 17 € | | = | 1.530 € |
| + | Z | 60 ME | à | 16 € | | = | 960 € |
| − | Ag | 20 ME | à | 20 € | | = | 400 € |
| − | Ag | 50 ME | à | 17 € | | = | 850 € |
| = | EB | 40 ME | à | 17 € | | = | 680 € |
| | EB | 60 ME | à | 16 € | | = | 960 € |

| S | Wareneinkauf | | | | | | | | H |
|---|---|---|---|---|---|---|---|---|---|
| | | | | € | | | | | € |
| AB | 100 ME | à | 27 € | = | 2.700 | WE (Ag) | 100 ME | à | 27 € | = | 2.700 |
| Z | 40 ME | à | 20 € | = | 800 | WE (Ag) | 20 ME | à | 20 € | = | 400 |
| Z | 90 ME | à | 17 € | = | 1.530 | WE (Ag) | 20 ME | à | 20 € | = | 400 |
| Z | 60 ME | à | 16 € | = | 960 | WE (Ag) | 50 ME | à | 17 € | = | 850 |
| | | | | | | WE (Ag) | 40 ME | à | 1 € | = | 40 |
| | | | | | | SBK (EB) | 100 ME | à | 16 € | = | 1.600 |
| | | | | | 5.990 | | | | | | 5.990 |

## (2.4)   Lofo-Methode/Hifo-Methode

Die Lofo-Methode und die Hifo-Methode entsprechen in ihrer periodenbezogenen und permanenten Form infolge **monoton fallender Beschaffungsmarktpreise** den Ergebnissen der Lifo-Methode bzw. der Fifo-Methode.

## (3)      Variierende Anschaffungskosten
## (3.1)    Gruppenbewertungs-Methode
## (3.1.1)  Periodenbezogene Gruppenbewertungsmethode

| S | Wareneinkauf | | | | | | | | H |
|---|---|---|---|---|---|---|---|---|---|
| | | | | € | | | | | € |
| AB | 100 ME | à | 17 € | = | 1.700,00 | WE (Ag) | 190 ME | à | 20,59 € | = | 3.911,38 |
| Z | 40 ME | à | 16 € | = | 640,00 | WE (Ag) | 100 ME | à | 0,59 € | = | 58,62 |
| Z | 90 ME | à | 27 € | = | 2.430,00 | SBK (EB) | 100 ME | à | 20,00 € | = | 2.000,00 |
| Z | 60 ME | à | 20 € | = | 1.200,00 | | | | | | |
| | | | | | 5.970,00 | | | | | | 5.970,00 |

$$\frac{5.970 \,€}{290 \text{ ME}} = 20,59 \,€/\text{ME} \;(= \text{gewogener Durchschnittswert})$$

## (3.1.2)  Permanente Gruppenbewertungs-Methode

|   | AB | 100 ME | à | 17 | € | = | 1.700,00 € |
|---|---|---|---|---|---|---|---|
| + | Z | 40 ME | à | 15 | € | = | 600,00 € |
| = | ZB | 140 ME | à | 16,43 € | | = | 2.300,00 € |
| − | Ag | 120 ME | à | 16,43 € | | = | 1.971,43 € |
| + | Z | 90 ME | à | 27 | € | = | 2.430,00 € |
| + | Z | 60 ME | à | 20 | € | = | 1.200,00 € |
| = | ZB | 170 ME | à | 23,29 € | | = | 3.958,57 € |
| − | Ag | 70 ME | à | 23,29 € | | = | 1.630,00 € |
| = | EB | 100 ME | à | 23,29 € | | = | 2.328,57 € |

| S | Wareneinkauf | | | | | | | | H |
|---|---|---|---|---|---|---|---|---|---|
| | | | | € | | | | | € |
| AB | 100 ME à | 17 € = | 1.700,00 | WE (Ag) | 120 ME à | 16,43 € = | 1.971,60 |
| Z | 40 ME à | 16 € = | 640,00 | WE (Ag) | 70 ME à | 23,29 € = | 1.630,30 |
| Z | 90 ME à | 27 € = | 2.430,00 | WE (Ag) | 100 ME à | 3,68 € = | 368,10 |
| Z | 60 ME à | 20 € = | 1.200,00 | SBK (EB) | 100 ME à | 20,00 € = | 2.000,00 |
| | | | 5.970,00 | | | | 5.970,00 |

### (3.2.1) Periodenbezogene Lifo-Methode

| S | Wareneinkauf | | | | | | | | H |
|---|---|---|---|---|---|---|---|---|---|
| | | | | € | | | | | € |
| AB | 100 ME à | 17 € = | 1.700 | WE (Ag) | 60 ME à | 20 € = | 1.200 |
| Z | 40 ME à | 16 € = | 640 | WE (Ag) | 90 ME à | 17 € = | 2.430 |
| Z | 90 ME à | 27 € = | 2.430 | WE (Ag) | 40 ME à | 16 € = | 640 |
| Z | 60 ME à | 20 € = | 1.200 | SBK (EB) | 100 ME à | 17 € = | 1.700 |
| | | | 5.970 | | | | 5.970 |

### (3.2.2) Permanente Lifo-Methode

|     | AB    | 100 ME | à | 17 € | = | 1.700 € |
|-----|-------|--------|---|------|---|---------|
| +   | Z     | 40 ME  | à | 16 € | = | 640 €   |
| –   | Ag    | 40 ME  | à | 16 € | = | 640 €   |
| –   | Ag    | 80 ME  | à | 17 € | = | 1.360 € |
| =   | ZB    | 20 ME  | à | 17 € | = | 340 €   |
| +   | Z     | 90 ME  | à | 27 € | = | 2.430 € |
| +   | Z     | 60 ME  | à | 20 € | = | 1.200 € |
| –   | Ag    | 60 ME  | à | 20 € | = | 1.200 € |
| –   | Ag    | 10 ME  | à | 27 € | = | 270 €   |
| =   | EB    | 20 ME  | à | 17 € | = | 340 €   |
|     | EB    | 80 ME  | à | 27 € | = | 2.160 € |

| S | Wareneinkauf | | | | | | | | H |
|---|---|---|---|---|---|---|---|---|---|
| | | | | € | | | | | € |
| AB | 100 ME à | 17 € = | 1.700 | WE (Ag) | 40 ME à | 16 € = | 640 |
| Z | 40 ME à | 16 € = | 640 | WE (Ag) | 80 ME à | 17 € = | 1.360 |
| Z | 90 ME à | 27 € = | 2.430 | WE (Ag) | 60 ME à | 20 € = | 1.200 |
| Z | 60 ME à | 20 € = | 1.200 | WE (Ag) | 10 ME à | 27 € = | 270 |
| | | | | WE (Ag) | 80 ME à | 7 € = | 560 |
| | | | | SBK (EB) | 20 ME à | 17 € = | 340 |
| | | | | SBK (EB) | 80 ME à | 20 € = | 1.600 |
| | | | 5.970 | | | | 5.970 |

**(3.3)   Fifo-Methode**
**(3.3.1)  Periodenbezogene Fifo-Methode**

| S | | | | Wareneinkauf | | | | | H |
|---|---|---|---|---|---|---|---|---|---|
| | | | | € | | | | | € |
| AB | 100 ME à | 17 € = | 1.700 | WE (Ag) | 100 ME à | 17 € = | 1.700 |
| Z | 40 ME à | 16 € = | 640 | WE (Ag) | 40 ME à | 16 € = | 640 |
| Z | 90 ME à | 27 € = | 2.430 | WE (Ag) | 50 ME à | 27 € = | 1.350 |
| Z | 60 ME à | 20 € = | 1.200 | WE (Ag) | 40 ME à | 7 € = | 280 |
| | | | | SBK (EB) | 100 ME à | 20 € = | 2.000 |
| | | | __5.970__ | | | | __5.970__ |

**(3.3.2)  Permanente Fifo-Methode**

|     | AB  | 100 ME | à | 17 € | = | 1.700 € |
|-----|-----|--------|---|------|---|---------|
| +   | Z   | 40 ME  | à | 16 € | = | 640 €   |
| −   | Ag  | 100 ME | à | 17 € | = | 1.700 € |
| −   | Ag  | 20 ME  | à | 16 € | = | 320 €   |
| =   | ZB  | 20 ME  | à | 16 € | = | 320 €   |
| +   | Z   | 90 ME  | à | 27 € | = | 2.430 € |
| +   | Z   | 60 ME  | à | 20 € | = | 1.200 € |
| −   | Ag  | 20 ME  | à | 16 € | = | 320 €   |
| −   | Ag  | 50 ME  | à | 27 € | = | 1.350 € |
| =   | EB  | 40 ME  | à | 27 € | = | 1.080 € |
|     | EB  | 60 ME  | à | 20 € | = | 1.200 € |

| S | | | | Wareneinkauf | | | | | H |
|---|---|---|---|---|---|---|---|---|---|
| | | | | € | | | | | € |
| AB | 100 ME à | 17 € = | 1.700 | WE (Ag) | 100 ME à | 17 € = | 1.700 |
| Z | 40 ME à | 16 € = | 640 | WE (Ag) | 20 ME à | 16 € = | 320 |
| Z | 90 ME à | 27 € = | 2.430 | WE (Ag) | 20 ME à | 16 € = | 320 |
| Z | 60 ME à | 20 € = | 1.200 | WE (Ag) | 50 ME à | 27 € = | 1.350 |
| | | | | WE (Ag) | 40 ME à | 7 € = | 280 |
| | | | | SBK (EB) | 100 ME à | 20 € = | 2.000 |
| | | | __5.970__ | | | | __5.970__ |

**(3.4)     Lofo-Methode**
**(3.4.1)  Periodenbezogene Lofo-Methode**

| S | Wareneinkauf | | | | | | | | H |
|---|---|---|---|---|---|---|---|---|---|
| | | | | € | | | | | € |
| AB | 100 ME | à | 17 € = | 1.700 | WE (Ag) | 40 ME | à | 16 € = | 640 |
| Z | 40 ME | à | 16 € = | 640 | WE (Ag) | 100 ME | à | 17 € = | 1.700 |
| Z | 90 ME | à | 27 € = | 2.430 | WE (Ag) | 50 ME | à | 20 € = | 1.000 |
| Z | 60 ME | à | 20 € = | 1.200 | WE (Ag) | 90 ME | à | 7 € = | 630 |
| | | | | | SBK (EB) | 100 ME | à | 20 € = | 2.000 |
| | | | | 5.970 | | | | | 5.970 |

**(3.4.2)  Permanente Lofo-Methode**

|  | AB | 100 ME | à | 17 € | = | 1.700 € |
|---|---|---|---|---|---|---|
| + | Z | 40 ME | à | 16 € | = | 640 € |
| − | Ag | 40 ME | à | 16 € | = | 640 € |
| − | Ag | 80 ME | à | 17 € | = | 1.360 € |
| = | ZB | 20 ME | à | 17 € | = | 340 € |
| + | Z | 90 ME | à | 27 € | = | 2.430 € |
| + | Z | 60 ME | à | 20 € | = | 1.200 € |
| − | Ag | 20 ME | à | 17 € | = | 340 € |
| − | Ag | 50 ME | à | 20 € | = | 1.000 € |
| = | EB | 90 ME | à | 27 € | = | 2.430 € |
|  | EB | 10 ME | à | 20 € | = | 200 € |

| S | Wareneinkauf | | | | | | | | H |
|---|---|---|---|---|---|---|---|---|---|
| | | | | € | | | | | € |
| AB | 100 ME | à | 17 € = | 1.700 | WE (Ag) | 40 ME | à | 16 € = | 640 |
| Z | 40 ME | à | 16 € = | 640 | WE (Ag) | 80 ME | à | 17 € = | 1.360 |
| Z | 90 ME | à | 27 € = | 2.430 | WE (Ag) | 20 ME | à | 17 € = | 340 |
| Z | 60 ME | à | 20 € = | 1.200 | WE (Ag) | 50 ME | à | 20 € = | 1.000 |
| | | | | | WE (Ag) | 90 ME | à | 7 € = | 630 |
| | | | | | SBK (EB) | 100 ME | à | 20 € = | 2.000 |
| | | | | 5.970 | | | | | 5.970 |

**(3.5)   Hifo-Methode**
**(3.5.1)  Periodenbezogene Hifo-Methode**

| S | | | | Wareneinkauf | | | | | H |
|---|---|---|---|---|---|---|---|---|---|
| | | | | € | | | | | € |
| AB | 100 ME à | 17 € = | 1.700 | WE (Ag) | 90 ME à | 27 € = | | | 2.430 |
| Z | 40 ME à | 16 € = | 640 | WE (Ag) | 30 ME à | 20 € = | | | 600 |
| Z | 90 ME à | 27 € = | 2.430 | WE (Ag) | 30 ME à | 20 € = | | | 600 |
| Z | 60 ME à | 20 € = | 1.200 | WE (Ag) | 40 ME à | 17 € = | | | 680 |
| | | | | SBK (EB) | 60 ME à | 17 € = | | | 1.020 |
| | | | | SBK (EB) | 40 ME à | 16 € = | | | 640 |
| | | | 5.970 | | | | | | 5.970 |

**(3.5.2)  Permanente Hifo-Methode**

|   | AB  | 100 ME | à | 17 € | = | 1.700 € |
|---|-----|--------|---|------|---|---------|
| + | Z   | 40 ME  | à | 16 € | = | 640 €   |
| – | Ag  | 100 ME | à | 17 € | = | 1.700 € |
| – | Ag  | 20 ME  | à | 16 € | = | 320 €   |
| = | ZB  | 20 ME  | à | 16 € | = | 320 €   |
| + | Z   | 90 ME  | à | 27 € | = | 2.430 € |
| + | Z   | 60 ME  | à | 20 € | = | 1.200 € |
| – | Ag  | 70 ME  | à | 27 € | = | 1.890 € |
| = | EB  | 20 ME  | à | 16 € | = | 320 €   |
|   | EB  | 60 ME  | à | 20 € | = | 1.200 € |
|   | EB  | 20 ME  | à | 27 € | = | 540 €   |

| S | | | | Wareneinkauf | | | | | H |
|---|---|---|---|---|---|---|---|---|---|
| | | | | € | | | | | € |
| AB | 100 ME à | 17 € = | 1.700 | WE (Ag) | 100 ME à | 17 € = | | | 1.700 |
| Z | 40 ME à | 16 € = | 640 | WE (Ag) | 20 ME à | 16 € = | | | 320 |
| Z | 90 ME à | 27 € = | 2.430 | WE (Ag) | 70 ME à | 27 € = | | | 1.890 |
| Z | 60 ME à | 20 € = | 1.200 | WE (Ag) | 20 ME à | 7 € = | | | 140 |
| | | | | SBK (EB) | 20 ME à | 16 € = | | | 320 |
| | | | | SBK (EB) | 80 ME à | 20 € = | | | 1.600 |
| | | | 5.970 | | | | | | 5.970 |

Das vorstehende Beispiel verdeutlicht, dass bei **kontinuierlich steigenden Beschaffungs-marktpreisen** das periodenbezogene Lifo- bzw. Hifo-Verfahren zur Verrechnung des **höchsten Aufwandspotentials** führt (Wareneinsatz = 4.100 €). Mithin werden in diesem Fall die **meisten Scheingewinne** einer Ausschüttung bzw. Besteuerung zum Zwecke der **Substanzerhaltung** entzogen. Legt man aber die Anschaffungskosten des letzten Zugangs pro Mengeneinheit (nach Sachverhalt 27 €) als Wiederbeschaffungskosten zugrunde, dann wird deutlich, dass durch einen etwaigen Rückfluss des Wareneinsatzes über den Absatzmarkt die Wiederbeschaffung der verkauften Waren [zu der gemäß Beispiel insgesamt 5.130 € (= 27 €/ME · 190 ME) nötig wären] nicht zu realisieren ist. Im Ergebnis führt somit auch die Bewertung des Wareneinsatzes nach dem Lifo- bzw. Hifo-Verfahren zu einem nominellen Verlust der Unternehmenssubstanz [bezogen auf das Beispiel in Höhe von 1.030 € (= 5.130 € – 4.100 €), da 30 Mengeneinheiten (= 1.030 € : 27 €/ME) der verkauften Waren nicht wiederbeschafft werden können]. Eine Analyse der Ergebnisse bei **monoton fallenden Beschaffungsmarktpreisen** bringt die **Dominanz** des **strengen Niederstwertprinzips** zum Ausdruck. Hieraus folgt, dass bei einer derartigen Preisentwicklung auf die häufig umfangreichen Rechenoperationen zur Ermittlung der relevanten Aufwands- und Bestandswerte nach den aufgezeigten Sammelbewertungsverfahren **verzichtet** werden kann. **Abb. 149** fasst die Ergebnisse der vorstehend gezeigten Bewertungsoperationen tabellarisch zusammen.

Für bestimmte Gegenstände des **Sachanlagevermögens** (z. B. Bestecke, Geschirr und Wäsche in gastronomischen Betrieben; Gerüst- und Schalungsteile im Baugewerbe) sowie für **Roh-, Hilfs- und Betriebsstoffe** besteht schließlich die Möglichkeit, diese Wirtschaftsgüter sowohl bei der Inventur als auch im Rahmen der Bilanzbewertung mit einem **Festwert** (konstante Menge · konstanter Wert) anzusetzen (§ 240 Abs. 3 i. V. m. § 256 Satz 2 HGB; R 5.4 Abs. 4 EStR, H 6.8 EStR).[661] Die in Rede stehende Regelung stellt eine periodische Erleichterung der Verpflichtung zur jährlichen Bestandsaufnahme und hinsichtlich der Bewertung eine Ausnahme zum allgemeinen Prinzip der Einzelbewertung dar.[662] Das Festwertverfahren ist gemäß § 240 Abs. 3 HGB jedoch nur dann zulässig, wenn die betroffenen Vermögensgegenstände

- **regelmäßig ersetzt** werden,
- ihr Gesamtwert für das Unternehmen von **nachrangiger Bedeutung** ist,[663]
- ihr Bestand in seiner Größe, seinem Wert und seiner Zusammensetzung nur **geringen Veränderungen** unterliegt und
- eine regelmäßige körperliche Bestandsaufnahme durchgeführt wird.[664]

Stellt der Kaufmann im Rahmen der zyklischen Bestandsaufnahme (i. d. R. alle drei Jahre)[665] fest, dass der ermittelte Inventurwert **mengen- und/oder wertmäßig** vom alten Festwert

---

661  Während bei den Roh-, Hilfs- und Betriebsstoffen die jeweiligen Anschaffungs- oder Herstellungskosten als konstanter Wert zugrunde zu legen sind, müssen beim abnutzbaren Anlagevermögen zusätzlich planmäßige Abschreibungen berücksichtigt werden. In der Praxis wird dem altersmäßigen Mischungsverhältnis der zu einem Festwert zusammengefassten abnutzbaren Anlagegegenstände bei der erstmaligen Anwendung dieses Verfahrens aus Vereinfachungsgründen durch einen prozentualen Abschlag auf die Anschaffungs- oder Herstellungskosten Rechnung getragen.
662  Vgl. *Winkeljohann/Philipps* 2006, Anm. 72 zu § 240 HGB, S. 34.
663  Grundsätzlich wird davon ausgegangen, dass die mit einem Festwert erfassten Vermögensgegenstände solange von nachrangiger Bedeutung sind, wie ihr Gesamtwert einen bestimmten Prozentsatz (z. B. 10 %) der Bilanzsumme nicht übersteigt.
664  Vgl. zu diesen Voraussetzungen im Einzelnen *Winkeljohann/Philipps* 2006, Anm. 82–93 zu § 240 HGB, S. 35 f.
665  Gemäß R 5.4 Abs. 4 Satz 1 EStR ist für Gegenstände des beweglichen Anlagevermögens, die zulässigerweise mit einem Festwert angesetzt wurden, »… im Regelfall an jedem dritten, spätestens aber an jedem fünften Bilanzstichtag eine körperliche Bestandsaufnahme vorzunehmen«.

| Preis-entwicklung | Bewertungsmethode | Wert des EB pro ME nach gewählter Methode | Marktwert am Bilanzstichtag pro ME | zulässiger Bilanzansatz pro ME | Wareneinsatz (WE) | | |
|---|---|---|---|---|---|---|---|
| | | | | | nach gewählter Methode | zusätzliche WE aufgrund des strengen NWP | gesamter Wareneinsatz |
| steigende Preise | periodenbezogene Gruppenbewertungs-Methode | 20 | 27 | 19,66 | 3.734 | – | 3.734 |
| | permanente Gruppenbewertungs-Methode | 22,03 | 27 | 22,03 | 3.497 | – | 3.497 |
| | periodenbezogene Lifo-Methode | 16 | 27 | 16 | 4.100 | – | 4.100 |
| | permanente Lifo-Methode | 16/20 | 27 | 16/20 | 3.780 | – | 3.780 |
| | periodenbezogene Fifo-Methode | 20/27 | 27 | 20/27 | 3.280 | – | 3.280 |
| | permanente Fifo-Methode | 20/27 | 27 | 20/27 | 3.280 | – | 3.280 |
| | periodenbezogene Lofo-Methode | 20/27 | 27 | 20/27 | 3.280 | – | 3.280 |
| | permanente Lofo-Methode | 20/27 | 27 | 20/27 | 3.280 | – | 3.280 |
| | periodenbezogene Hifo-Methode | 16 | 27 | 16 | 4.100 | – | 4.100 |
| | permanente Hifo-Methode | 16/20 | 27 | 16/20 | 3.780 | – | 3.780 |
| sinkende Preise | periodenbezogene Gruppenbewertungs-Methode | 20,66 | 16 | 16 | 3.924,48 | 465,52 | 4.390 |
| | permanente Gruppenbewertungs-Methode | 17,59 | 16 | 16 | 4.231 | 159 | 4.390 |
| | periodenbezogene Lifo-Methode | 27 | 16 | 16 | 3.290 | 1.100 | 4.390 |
| | permanente Lifo-Methode | 27/17 | 16 | 16 | 4.090 | 300 | 4.390 |
| | periodenbezogene Fifo-Methode | 17/16 | 16 | 16 | 4.350 | 40 | 4.390 |
| | permanente Fifo-Methode | 17/16 | 16 | 16 | 4.350 | 40 | 4.390 |
| | periodenbezogene Lofo-Methode | 27 | 16 | 16 | 3.290 | 1.100 | 4.390 |
| | permanente Lofo-Methode | 27/17 | 16 | 16 | 4.090 | 300 | 4.390 |
| | periodenbezogene Hifo-Methode | 17/16 | 16 | 16 | 4.350 | 40 | 4.390 |
| | permanente Hifo-Methode | 17/16 | 16 | 16 | 4.350 | 40 | 4.390 |
| variierende Preise | periodenbezogene Gruppenbewertungs-Methode | 20,59 | 20 | 20 | 3.911,38 | 58,62 | 3.970 |
| | permanente Gruppenbewertungs-Methode | 23,29 | 20 | 20 | 3.601,90 | 368,10 | 3.970 |
| | periodenbezogene Lifo-Methode | 17 | 20 | 17 | 4.270 | – | 4.270 |
| | permanente Lifo-Methode | 17/27 | 20 | 17/20 | 3.470 | 560 | 4.030 |
| | periodenbezogene Fifo-Methode | 27/20 | 20 | 20 | 3.690 | 280 | 3.970 |
| | permanente Fifo-Methode | 27/20 | 20 | 20 | 3.690 | 280 | 3.970 |
| | periodenbezogene Lofo-Methode | 27/20 | 20 | 20 | 3.340 | 630 | 3.970 |
| | permanente Lofo-Methode | 27/20 | 20 | 20 | 3.340 | 630 | 3.970 |
| | periodenbezogene Hifo-Methode | 17/16 | 20 | 17/16 | 4.310 | – | 4.310 |
| | permanente Hifo-Methode | 16/20/27 | 20 | 16/20 | 3.910 | 140 | 4.050 |

Abb. 149: Zusammenfassung der Bewertungsergebnisse (alle Werte in €)

abweicht, so ist grundsätzlich eine **erfolgswirksame Anpassung** des Altwerts vorzunehmen (**Auf- oder Abstockung**). Allerdings können in diesem Zusammenhang die folgenden steuerrechtlichen **Vereinfachungsregelungen** zur Anwendung kommen (R 5.4 Abs. 4 Sätze 2 bis 5 EStR), auf die auch im Rahmen des handelsrechtlichen Jahresabschlusses zurückgegriffen werden kann.

| | | | |
|---|---|---|---|
| (1) Ermittelter Bestand | > 110 % Festwert (alt) | → | **Aufstockungspflicht** |
| (2) Ermittelter Bestand | > 100 % Festwert (alt) | → | **Aufstockungswahlrecht** |
| und | < 110 % Festwert (alt) | → | |
| (3) Ermittelter Bestand | < 100 % Festwert (alt) | → | **Herabsetzungspflicht** (aufgrund des strengen Niederstwertprinzips) |

Sofern im Fall (2) eine entsprechende ertragswirksame Aufstockung unterbleibt, werden der Unternehmung bei steigenden Wiederbeschaffungspreisen durch die vorgenommene Unterbewertung des Endbestandes Mittel zum Zwecke der **Erhaltung der Unternehmenssubstanz** im Wege der Besteuerung bzw. Ausschüttung nicht entzogen.

Hinsichtlich des **Festwerts von Roh-, Hilfs- und Betriebsstoffen** werden die laufenden Zugänge der Rechnungsperiode auf dem Konto »Aufwendungen für Roh-, Hilfs- und Betriebsstoffe« erfasst. Im Falle einer Aufstockungspflicht bzw. der Ausübung des Aufstockungswahlrechts infolge von Mehrmengen und/oder Wertanpassungen ist aus **steuerrechtlicher Sicht** der bisherige Festwert »… so lange um die Anschaffungs- oder Herstellungskosten der im Festwert erfassten und nach dem Bilanzstichtag des vorangegangenen Wirtschaftsjahres angeschafften oder hergestellten Wirtschaftsgüter aufzustocken, bis der neue Festwert erreicht ist«[666]. Durch diese Regelung wird sichergestellt, dass die periodenbezogene Erfolgserhöhung infolge der Aufstockung des Altwerts nicht über die jeweiligen Vermögenszugänge des laufenden Geschäftsjahres hinaus vorgenommen werden muss. In den Folgeperioden ist dann eine **sukzessive Erhöhung** durchzuführen, bis der neue Festwert erreicht wird. Die Aufstockung des Festwerts führt in diesem Fall zu einer **Kürzung** der Erfolgsposition »Aufwendungen für Roh-, Hilfs- und Betriebsstoffe«.

**Beispiel:**
Der Festwert für Hilfsstoffe, gebildet zum 31. 12. des Geschäftsjahres 2002, beträgt in der Ertragsteuerbilanz einer Einzelunternehmung 7.500 €. Zum 31. 12. der Periode 2005 erfolgt eine Neuaufnahme des Bestandes mit einem Betrag von 8.000 €. In den Geschäftsjahren 2005 und 2006 wurden Hilfsstoffe im Wert von 1.000 € bzw. 900 € angeschafft. Da die Abweichung zwischen dem alten Festwert und dem ermittelten Inventurwert aber nicht mehr als 10 % beträgt, besteht ein Aufstockungswahlrecht.

**Keine Aufstockung des Festwerts:**

**Buchungen in Periode 2005:**

| | | | | |
|---|---|---|---|---|
| (1) Festwertkonto Hilfsstoffe | an | Guthaben bei Kreditinstituten | | 1.000 €. |
| (2) Aufwendungen für Hilfsstoffe | an | Festwertkonto Hilfsstoffe | | 1.000 €. |

---

666   R 5.4 Abs. 4 Satz 3 EStR.

Kontenmäßige Darstellung:

| S | Festwertkonto Hilfsstoffe | | H |
|---|---|---|---|
| | € | | € |
| AB | 7.500 | (2) | 1.000 |
| (1) | 1.000 | SBK (EB) | 7.500 |
| | 8.500 | | 8.500 |

| S | Guthaben bei Kreditinstituten | | H |
|---|---|---|---|
| | € | | € |
| AB | | (1) | 1.000 |

| S | Aufwendungen für Hilfsstoffe | | H |
|---|---|---|---|
| | € | | € |
| (2) | 1.000 | GuV (Saldo) | |

**Buchungen in Periode 2006:**

| | | | | |
|---|---|---|---|---|
| (1) Festwertkonto Hilfsstoffe | an | Guthaben bei Kreditinstituten | 900 € |
| (2) Aufwendungen für Hilfsstoffe | an | Festwertkonto Hilfsstoffe | 900 €. |

Kontenmäßige Darstellung:

| S | Festwertkonto Hilfsstoffe | | H |
|---|---|---|---|
| | € | | € |
| AB | 7.500 | (2) | 900 |
| (1) | 900 | SBK (EB) | 7.500 |
| | 8.400 | | 8.400 |

| S | Guthaben bei Kreditinstituten | | H |
|---|---|---|---|
| | € | | € |
| AB | | (1) | 900 |

| S | Aufwendungen für Hilfsstoffe | | H |
|---|---|---|---|
| | € | | € |
| (2) | 900 | GuV (Saldo) | |

**Aufstockung des Festwerts:**

**Buchungen in Periode 2005:**

| | | | | |
|---|---|---|---|---|
| (1) Festwertkonto Hilfsstoffe | an | Guthaben bei Kreditinstituten | 1.000 € |
| (2) Aufwendungen für Hilfsstoffe | an | Festwertkonto Hilfsstoffe | 500 €. |

Kontenmäßige Darstellung:

| S | Festwertkonto Hilfsstoffe | | H |
|---|---|---|---|
| | € | | € |
| AB | 7.500 | (2) | 500 |
| (1) | 1.000 | SBK (EB) | 8.000 |
| | _8.500_ | | _8.500_ |

| S | Guthaben bei Kreditinstituten | | H |
|---|---|---|---|
| | € | | € |
| AB | | (1) | 1.000 |

| S | Aufwendungen für Hilfsstoffe | | H |
|---|---|---|---|
| | € | | € |
| (2) | 500 | GuV (Saldo) | |

**Buchungen in Periode 2006:**

(1) Festwertkonto      an      Guthaben bei
      Hilfsstoffe                               Kreditinstituten     900 €

(2) Aufwendungen für      an      Festwertkonto
      Hilfsstoffe                               Hilfsstoffe     900 €.

Kontenmäßige Darstellung:

| S | Festwertkonto Hilfsstoffe | | H |
|---|---|---|---|
| | € | | € |
| AB | 8.000 | (2) | 900 |
| (1) | 900 | SBK (EB) | 8.000 |
| | _8.900_ | | _8.900_ |

| S | Guthaben bei Kreditinstituten | | H |
|---|---|---|---|
| | € | | € |
| AB | | (1) | 900 |

| S | Aufwendungen für Hilfsstoffe | | H |
|---|---|---|---|
| | € | | € |
| (2) | 900 | GuV (Saldo) | |

**Beispiel:**

Unterstellt man nun, dass die Neuaufnahme des Bestands zum 31. 12. des Geschäftsjahres 2005 zu einem Wert von 9.000 € geführt hat, dann besteht in jedem Fall eine Verpflichtung zur Aufstockung des Festwerts. Allerdings darf die periodische Erhöhung nur
bis zum Umfang der im Geschäftsjahr 2005 angefallenen Hilfsstoffzugänge durchgeführt
werden. Da der neue Festwert noch nicht erreicht ist, bedarf es im Geschäftsjahr 2006
weiterer Aufstockungen.

**Buchung in Periode 2005:**

(1) Festwertkonto                        an      Guthaben bei
      Hilfsstoffe                               Kreditinstituten     1.000 €.

Kontenmäßige Darstellung:

| S | Festwertkonto Hilfsstoffe | | H |
|---|---|---|---|
| | € | | € |
| AB | 7.500 | SBK (EB) | 8.500 |
| (1) | 1.000 | | |
| | 8.500 | | 8.500 |

| S | Guthaben bei Kreditinstituten | | H |
|---|---|---|---|
| | | € | | € |
| AB | | (1) | 1.000 |

| S | Aufwendungen für Hilfsstoffe | | H |
|---|---|---|---|
| | € | | € |
| | | GuV (Saldo) | |

**Buchungen in Periode 2006:**

(1) Festwertkonto
    Hilfsstoffe                  an      Guthaben bei
                                         Kreditinstituten          900 €

(2) Aufwendungen für             an      Festwertkonto
    Hilfsstoffe                          Hilfsstoffe               400 €.

Kontenmäßige Darstellung:

| S | Festwertkonto Hilfsstoffe | | H |
|---|---|---|---|
| | € | | € |
| AB | 8.500 | (2) | 400 |
| (1) | 900 | SBK (EB) | 9.000 |
| | 9.400 | | 9.400 |

| S | Guthaben bei Kreditinstituten | | H |
|---|---|---|---|
| | | € | | € |
| AB | | (1) | 900 |

| S | Aufwendungen für Hilfsstoffe | | H |
|---|---|---|---|
| | € | | € |
| (2) | 400 | GuV (Saldo) | |

Im Falle einer **Herabsetzungspflicht** des Festwerts infolge wert- und/oder mengenmäßiger Minderungen aufgrund des **strengen Niederstwertprinzips** ist der Unterschiedsbetrag zwischen Alt- und Neuwert ebenfalls auf dem Konto »Aufwendungen für Roh-, Hilfs- und Betriebsstoffe« zu verbuchen.

Bei **Gegenständen des Anlagevermögens**, die als Festwert geführt werden, sind die entsprechenden Buchungen in analoger Form durchzuführen. Dabei wird ein einmal ermittelter Festwert grundsätzlich beibehalten. Anstelle der Abgänge und der planmäßigen Abschreibungen werden die aktivierungspflichtigen Aufwendungen für Ersatzbeschaffungen (Zugänge) erfolgswirksam verbucht. Der Ausweis dieser Beträge ist nach h. M. entweder auf dem Konto »Aufwendungen für Roh-, Hilfs- und Betriebsstoffe« oder »Sonstige betriebliche Aufwendungen« bei Kürzung um die jeweils aktivierten Zugänge zulässig. Gegebenenfalls vorzunehmende **Festwerterhöhungen** führen dann zu einer Korrektur der in Rede stehenden Aufwandsposten. Bei **Abstockungen des Festwerts** sind die entsprechenden Beträge ebenfalls auf dem Konto »Aufwendungen für Roh-, Hilfs- und Betriebsstoffe« bzw. »Sonstige betriebliche Aufwendungen« zu erfassen.[667]

**Beispiel:**

Ein einzelkaufmännisch geführtes Bauunternehmen hat für aufeinander abgestimmte Gerüstteile im Geschäftsjahr 2005 im steuerrechtlichen Jahresabschluss einen Festwert in Höhe von 40.000 € gebildet, der 40 % der ursprünglichen Anschaffungskosten beträgt (betriebsgewöhnliche Nutzungsdauer = 5 Jahre). Zum 31. 12. des Geschäftsjahres 2008 wird für diese Vermögensgegenstände ein neuer Festwert in Höhe von 37.500 € (40 % der Anschaffungskosten) ermittelt. In den Perioden 2008 und 2009 werden Ersatzbeschaffungen für die Gerüstteile in Höhe von 25.000 € bzw. 37.500 € getätigt. Da die Abweichung zwischen dem alten Festwert und dem zum 31. 12. 2008 ermittelten Inventurwert mehr als 10 % beträgt, wird eine Aufstockung des Altwerts erforderlich.

**Buchung in Periode 2008:**

(1) Festwertkonto Betriebs-
    und Geschäftsausstattung                an    Guthaben bei
                                                   Kreditinstituten          25.000 €.

Kontenmäßige Darstellung:

| S | Festwertkonto Betriebs- und Geschäftsausstattung | | H |
|---|---|---|---|
| | € | | € |
| AB | 40.000 | SBK (EB) | 65.000 |
| (1) | 25.000 | | |
| | 65.000 | | 65.000 |

| S | Guthaben bei Kreditinstituten | | H |
|---|---|---|---|
| | € | | € |
| AB | | (1) | 25.000 |

| S | Sonstige betriebliche Aufwendungen | | H |
|---|---|---|---|
| | € | | € |
| | | GuV (Saldo) | |

**Buchungen in Periode 2009:**

(1) Festwertkonto Betriebs-
    und Geschäftsausstattung                an    Guthaben bei
                                                   Kreditinstituten          37.500 €

(2) Sonstige betriebliche
    Aufwendungen                            an    Festwertkonto
                                                   Betriebs- und
                                                   Geschäftsausstattung      27.500 €.

---

667    Vgl. stellvertretend *Förschle* 2006c, Anm. 119 zu § 275 HGB, S. 1085.

Kontenmäßige Darstellung:

| S | Festwertkonto Betriebs- und Geschäftsausstattung | | H |
|---|---|---|---|
| | € | | € |
| AB | 65.000 | (2) | 27.500 |
| (1) | 37.500 | SBK (EB) | 75.000 |
| | 102.500 | | 102.500 |

| S | Guthaben bei Kreditinstituten | | H |
|---|---|---|---|
| | € | | € |
| AB | | (1) | 37.500 |

| S | Sonstige betriebliche Aufwendungen | | H |
|---|---|---|---|
| | € | | € |
| (2) | 27.500 | GuV (Saldo) | |

Zu beachten ist, dass Kapitalgesellschaften und ihnen gesetzlich gleichgestellte Unternehmen bei Rückgriff auf die Methode der **Gruppenbewertung** nach § 240 Abs. 4 HGB und/oder die **Methoden der Sammelbewertung** nach § 256 Satz 1 HGB gemäß § 284 Abs. 2 Nr. 4 HGB **im Anhang** die Unterschiedsbeträge pauschal für die jeweilige Gruppe ausweisen müssen, »... wenn die Bewertung im Vergleich zu einer Bewertung auf der Grundlage des letzten vor dem Abschlussstichtag bekannten Börsenkurses oder Marktpreises einen erheblichen Unterschied aufweist«. Diese Angabepflicht zielt darauf ab, die durch die Anwendung von Bewertungsvereinfachungsverfahren für das Anlage- und/oder das Umlaufvermögen ermittelten Bilanzwerte im Vergleich zur Tagespreisbewertung sichtbar zu machen.[668] Allerdings kann bezüglich des Umlaufvermögens nur dann eine Angabepflicht ausgelöst werden, wenn der Börsen- oder Marktpreis erheblich über den infolge der angewandten Vereinfachungsverfahren ermittelten Bilanzwerte liegt, da anderenfalls gemäß § 253 Abs. 3 Satz 1 HGB das **strenge Niederstwertprinzip** zu einer Bilanzierung des niedrigeren Börsen- oder Marktpreises zwingt, wodurch sich kein Unterschiedsbetrag ergäbe. Ähnliches gilt für die betreffende(n) Bewertungsgruppe(n) des Anlagevermögens, wenn es sich um nachhaltige Wertminderungen gemäß § 253 Abs. 2 Satz 3 2. HS HGB handelt.

## 3.    Buchungsalternativen im Rahmen der Forderungsbewertung

### a.    Bewertungs- und Ausweisfragen

Aus handels- und steuerrechtlicher Sicht sind auch die Forderungen mit den **Anschaffungskosten** bzw. dem **niedrigeren Stichtagswert** (beizulegender Wert bzw. Teilwert) im Jahresabschluss anzusetzen (§ 253 Abs. 1 Satz 1 und Abs. 3 Satz 2 HGB, § 6 Abs. 1 Nr. 2 Sätze 1 und 2 EStG). Den Anschaffungskosten entspricht bei Forderungen des Umlaufvermögens grundsätzlich ihr **Nennwert**. Im Falle unverzinslicher oder niedrigverzinslicher Forderungen

---

668   Vgl. *Ellrott* 2006c, Anm. 180 zu § 284 HGB, S. 1219.

stellt hingegen der **Barwert** die Anschaffungskosten dar. Vor dem Hintergrund des strengen Niederstwertprinzips müssen Forderungen jedoch dann auf den zum Bilanzstichtag bestehenden niedrigeren Zeitwert abgeschrieben werden, wenn sie uneinbringlich sind (**endgültige Forderungsausfälle**) oder aber mit einiger Wahrscheinlichkeit ausfallen werden (**mutmaßliche Forderungsausfälle**). Darüber hinaus können gemäß § 253 Abs. 3 Satz 3 HGB für den handelsrechtlichen Jahresabschluss Abschreibungen wegen künftiger Wertschwankungen bestimmter Forderungen in Betracht kommen (**erweitertes Niederstwertprinzip**). Unabhängig von der Abschreibungsverpflichtung ist jedoch die **Korrektur der Umsatzsteuer** zu behandeln. Eine erfolgsneutrale Berichtigung der entsprechenden Umsatzsteuerverbindlichkeit ist nach § 17 Abs. 2 Nr. 1 UStG allerdings nur im Falle der **Uneinbringlichkeit**, d. h. bei endgültigen Forderungsausfällen, zulässig. Sofern sich später eine höhere Werthaltigkeit einer berichtigten Forderung herausstellt als ursprünglich angenommen, kann eine **Zuschreibung** bei Unternehmen, die keine Kapitalgesellschaften und diesen gesetzlich auch nicht gleichgestellt sind, in der Handelsbilanz unterbleiben (§ 253 Abs. 5 HGB), während in der Steuerbilanz für alle Unternehmen eine Aufwertung vorzunehmen ist (§ 6 Abs. 1 Nr. 2 Satz 3 EStG).

Im Rahmen der **Buchungstechnik** hat sich in der Praxis folgende Vorgehensweise durchgesetzt: Endgültige Forderungsausfälle sind **direkt**, mutmaßliche hingegen **indirekt**, d. h. über ein **Wertberichtigungs-(Delkredere-)konto**, zu erfassen.[669] Obwohl der handelsbilanzielle Ausweis indirekter Abschreibungen für Kapitalgesellschaften und ihnen gesetzlich gleichgestellte Unternehmen aufgrund von § 268 Abs. 2 HGB nicht zulässig ist, kann dennoch in der Finanzbuchhaltung bezüglich der Forderungsbewertung weiter **indirekt abgeschrieben** werden. Allerdings muss dann bei der Erstellung des Jahresabschlusses durch entsprechende vorbereitende Abschlussbuchungen eine Korrektur des Abschreibungsausweises nach Maßgabe des direkten Verfahrens erfolgen. Die abzuschreibenden Beträge sind auf dem **Aufwandskonto** »Abschreibungen auf Forderungen« zu verbuchen, das seinerseits in der handelsrechtlichen Gewinn- und Verlustrechnung unter der Position »Sonstige betriebliche Aufwendungen« (§ 275 Abs. 2 Posten 8. HGB) zum Ausweis kommt. Die vorstehend genannten Unternehmensformen haben die über das übliche Maß hinausgehenden Forderungsabschreibungen auf einem entsprechend bezeichneten Aufwandskonto zu verbuchen und in der handelsrechtlichen Erfolgsrechnung unter der Position »Abschreibungen auf Vermögensgegenstände des Umlaufvermögens, soweit diese die … üblichen Abschreibungen überschreiten« [§ 275 Abs. 2 Posten 7. b) HGB] auszuweisen. Wenn aufgrund höherer Werthaltigkeit von in früheren Perioden berichtigten Forderungen **Zuschreibungen** vorgenommen werden, sind diese auf dem Konto »Sonstige betriebliche Erträge« bzw. auf einem diesbezüglichen Unterkonto (z. B. »Erträge aus Zuschreibungen«) aufzuzeichnen. Ähnliches gilt für die Erträge aus der Auflösung von Wertberichtigungen zu Forderungen.

## b.    Direkte und indirekte Abschreibung

Wie bereits erwähnt wurde, kommt bei **endgültigen Forderungsausfällen** nur die **direkte Abschreibungsmethode** zur Anwendung. In diesem Fall ist lediglich der Nettobetrag der Forderung erfolgswirksam auszubuchen, während gleichzeitig eine erfolgsneutrale **Berichtigung der Umsatzsteuer** vorgenommen werden muss.

---

669  Die Methode der direkten Abschreibung ist in gleicher Weise auch bei voraussichtlichen Forderungsausfällen möglich.

**Beispiel:**
Der gesamte Forderungsbestand einer Einzelunternehmung beträgt zum 31. 12. des Geschäftsjahres 2003 57.500 € (einschließlich 20 % Umsatzsteuer). Von diesem Betrag sind nachweislich 3.000 € (inkl. 20 % Umsatzsteuer) uneinbringlich.

Buchungssatz:

| (1) | – Abschreibungen auf Forderungen | 2.500 € | an | Forderungen aus Lieferungen und |  |
|-----|-----|-----|-----|-----|-----|
|  | – Umsatzsteuer | 500 € |  | Leistungen | 3.000 €. |

Kontenmäßige Darstellung:

| S | Forderungen aus Lieferungen und Leistungen | | H | |
|---|---|---|---|---|
|  | € |  | € | |
| AB | | Ag | | |
| Z | | (1) | 3.000 | |
|  | | SBK (EB) | 54.500 | |
|  | 57.500 | | 57.500 | |

| S | Abschreibungen auf Forderungen | | H |
|---|---|---|---|
|  | € |  | € |
| (1) | 2.500 | GuV (Saldo) | |

| S | Umsatzsteuer | | H |
|---|---|---|---|
|  | € |  | € |
| (1) | 500 | AB | |

Bei der **indirekten Buchungsmethode** erfolgt die Erfassung der Wertminderung durch die Bildung eines **Wertberichtigungspostens**. Im Rahmen des **Einzelwertberichtigungsverfahrens** wird zum Zwecke der Feststellung des mutmaßlichen Ausfalls jede Forderung einzeln untersucht. Sofern der Stichtagswert der betreffenden Forderung unter deren Anschaffungskosten bzw. dem letztjährigen Bilanzansatz liegt, muss eine Abwertung mit dem Buchungssatz »Abschreibungen auf Forderungen« an »Einzelwertberichtigungen zu Forderungen« erfolgen. Da der Forderungsausfall aber noch nicht endgültig feststeht (Schätzung), darf zu diesem Zeitpunkt **keine Berichtigung der Umsatzsteuer** vorgenommen werden.

**Beispiel:**
Großhändler G hat gegenüber den nachstehend genannten Kunden Forderungen aus Warenverkäufen, bei denen in angegebener Höhe mit mutmaßlichen Forderungsausfällen zu rechnen ist.[670]

---

670  Es wird angenommen, dass zu Beginn des Geschäftsjahres kein Bestand an Forderungen aus Lieferungen und Leistungen vorhanden ist und außer den genannten Warenverkäufen sich in den Perioden keine weiteren Absatzgeschäfte ereignet haben.

| Kunden | Forderungsbetrag (einschließlich 20 % Umsatzsteuer) | Mutmaßlicher Forderungsausfall | |
|---|---|---|---|
| | | prozentual | absolut |
| Meyer | 6.000 € | 10 % | 600 € |
| Schulz | 15.000 € | 20 % | 3.000 € |
| Albers | 9.000 € | 5 % | 450 € |
| Summe | 30.000 € | – | 4.050 € |

Abb. 150: Forderungsbeträge und Forderungsausfälle

Die bei **konkreten voraussichtlichen Forderungsausfällen** zu bildende **Einzelwertberichtigung** errechnet sich wie folgt.

| 10 % von | 6.000 € | = | 600 € | – 100 € USt | = | 500 € |
|---|---|---|---|---|---|---|
| 20 % von | 15.000 € | = | 3.000 € | – 500 € USt | = | 2.500 € |
| 5 % von | 9.000 € | = | 450 € | – 75 € USt | = | 375 € |
| | | | | | = | 3.375 €. |

Buchungssatz:

(1) Abschreibungen auf         an      Einzelwertberichtigungen
    Forderungen                   zu Forderungen        3.375 €.

Kontenmäßige Darstellung:

| S | Forderungen aus Lieferungen und Leistungen | | H |
|---|---|---|---|
| | € | | € |
| AB | 0 | SBK (EB) | 30.000 |
| Z | 6.000 | | |
| Z | 15.000 | | |
| Z | 9.000 | | |
| | 30.000 | | 30.000 |

| S | Abschreibungen auf Forderungen | | H |
|---|---|---|---|
| | € | | € |
| (1) | 3.375 | GuV (Saldo) | |

| S | Einzelwertberichtigungen zu Forderungen | | H |
|---|---|---|---|
| | € | | € |
| SBK (EB) | 3.375 | (1) | 3.375 |

Unternehmen, die nicht berechtigt sind, Wertberichtigungsposten in der Bilanz auszuweisen, müssen im Rahmen des Abschlusses **zusätzlich** buchen:

Wertberichtigung        an      Forderungen aus
zu Forderungen               Lieferungen und Leistungen.

Folglich werden die »Forderungen aus Lieferungen und Leistungen« im Jahresabschluss mit dem um den mutmaßlichen Forderungsausfall korrigierten Betrag von 26.625 € (30.000 € – 3.375 €) angesetzt.

Im Hinblick auf den **Zahlungseingang** ursprünglich einzelwertberichtigter Forderungen sind **drei Fälle** zu unterscheiden:

(1) es geht **exakt** der wertberichtigte Forderungsbetrag ein;
(2) es geht **weniger** als der wertberichtigte Forderungsbetrag ein;
(3) es geht **mehr** als der wertberichtigte Forderungsbetrag ein.

In diesen Fällen müssen stets die entsprechenden **Umsatzsteuerverbindlichkeiten korrigiert werden**, da nun die Entgeltsminderung endgültig feststeht. Gleiches gilt, wenn Informationen vorliegen, dass die Forderung teilweise oder vollständig uneinbringlich wird.

**Beispiel:**
Unter Bezugnahme auf die Daten des vorherigen Beispiels sollen nun die drei genannten Fälle dargestellt werden.

**Zu (1):**
Im Geschäftsjahr gehen von den Kunden Meyer, Schulz und Albers Forderungen in Höhe von 25.950 € ( = 30.000 € – 1,2 · 3.375 €) auf dem Bankkonto ein.

Buchungssätze:

(1) Auflösung der gebildeten Einzelwertberichtigung unter gleichzeitiger Ausbuchung des anteiligen Forderungsbetrages:

| Einzelwertberichtigungen zu Forderungen | an | Forderungen aus Lieferungen und Leistungen | 3.375 € |
|---|---|---|---|

(2)
| – Guthaben bei Kreditinstituten | 25.950 € | an | Forderungen aus Lieferungen und | |
|---|---|---|---|---|
| – Umsatzsteuer | 675 €[671] | | Leistungen | 26.625 €. |

Kontenmäßige Darstellung:

| S | Forderungen aus Lieferungen und Leistungen | | H |
|---|---|---|---|
| | € | | € |
| AB | 30.000 | (1) | 3.375 |
| | | (2) | 26.625 |
| | | SBK (EB) | 0 |
| | 30.000 | | 30.000 |

| S | Einzelwertberichtigungen zu Forderungen | | H |
|---|---|---|---|
| | | € | € |
| (1) | 3.375 | AB | 3.375 |
| SBK (EB) | 0 | | |
| | 3.375 | | 3.375 |

---

671   675 € = 0,2 · (25.000 € – 21.625 €).

| S | Guthaben bei Kreditinstituten | H | | S | Umsatzsteuer | H |
|---|---|---|---|---|---|---|
| | € | € | | | € | € |
| AB (2) | 25.950 | | | (2) | 675 | AB |

**Zu (2):**

Der Forderungseingang der genannten Kunden beträgt lediglich 9.000 €.

Buchungssätze:

(1) Auflösung der gebildeten Einzelwertberichtigung unter gleichzeitiger Ausbuchung des anteiligen Forderungsbetrages:

| Einzelwertberichtigungen zu Forderungen | an | Forderungen aus Lieferungen und Leistungen | 3.375 € |

(2) – Guthaben bei Kreditinstituten 9.000 €
– Umsatzsteuer 3.500 €[672]
– Abschreibungen auf Forderungen 14.125 €[673]

an Forderungen aus Lieferungen und Leistungen 26.625 €.

Kontenmäßige Darstellung:

| S | Forderungen aus Lieferungen und Leistungen | H | | S | Einzelwertberichtigungen zu Forderungen | H |
|---|---|---|---|---|---|---|
| | € | € | | | € | € |
| AB | 30.000 | (1) 3.375 | | (1) | 3.375 | AB 3.375 |
| | | (2) 26.625 | | SBK (EB) | 0 | |
| | | SBK (EB) 0 | | | | |
| | | | | | 3.375 | 3.375 |
| | 30.000 | 30.000 | | | | |

| S | Guthaben bei Kreditinstituten | H | | S | Umsatzsteuer | H |
|---|---|---|---|---|---|---|
| | € | € | | | € | € |
| AB (2) | 9.000 | | | (2) | 3.500 | AB |

| S | Abschreibungen auf Forderungen | H |
|---|---|---|
| | € | € |
| (2) | 14.125 | GuV (Saldo) |

---

672   3.500 € = 0,2 · (25.000 € – 7.500 €).
673   14.125 € = 25.000 € – 7.500 € – 3.375 €.

**Zu (3):**
Der Forderungseingang der genannten Kunden beträgt wider Erwarten 28.800 €.

Buchungssätze:

(1) Auflösung der gebildeten Einzelwertberichtigung unter gleichzeitiger Ausbuchung des anteiligen Forderungsbetrages:

| Einzelwertberichtigungen zu Forderungen | an | Forderungen aus Lieferungen und Leistungen | 3.375 € |
|---|---|---|---|

(2)

| – Guthaben bei Kreditinstituten | 28.800 € | an | – Forderungen aus Lieferungen und Leistungen | 26.625 € |
|---|---|---|---|---|
| – Umsatzsteuer | 200 €[674] | | – Sonstige betriebliche Erträge | 2.375 €[675]. |

Kontenmäßige Darstellung:

| S | Forderungen aus Lieferungen und Leistungen | | H |
|---|---|---|---|
| | € | | € |
| AB | 30.000 | (1) | 3.375 |
| | | (2) | 26.625 |
| | | SBK (EB) | 0 |
| | 30.000 | | 30.000 |

| S | Einzelwertberichtigungen zu Forderungen | | H |
|---|---|---|---|
| | | € | € |
| (1) | 3.375 | AB | 3.375 |
| SBK (EB) | 0 | | |
| | 3.375 | | 3.375 |

| S | Guthaben bei Kreditinstituten | | H |
|---|---|---|---|
| | € | | € |
| AB | | | |
| (2) | 28.800 | | |

| S | Umsatzsteuer | | H |
|---|---|---|---|
| | € | | € |
| (2) | 200 | AB | |

| S | Sonstige betriebliche Erträge | | H |
|---|---|---|---|
| | € | | € |
| GuV (Saldo) | | (2) | 2.375 |

Ergänzend zu dem Verfahren der Einzelwertberichtigung muss die Methode der **Pauschalwertberichtigung** zur Anwendung kommen. Hierbei wird auf den gesamten Forderungsbestand oder nur auf bestimmte Forderungsgruppen ein **pauschaler Prozentsatz** angewandt, mit dessen Hilfe das **allgemeine Kreditrisiko** berücksichtigt werden soll. Der angesprochene

---

674   200 € = 0,2 · (25.000 € – 24.000 €).
675   2.375 € = 3.375 € – 25.000 € + 24.000 €.

Pauschalsatz ist unter Zugrundelegung der ungünstigsten Prognose hinsichtlich des in den Forderungen latent enthaltenen Ausfallrisikos zu schätzen.[676] Da bei Forderungen an **öffentlich-rechtliche Körperschaften** (z. B. Bund, Land, Gemeinde) ein allgemeines Kreditrisiko grundsätzlich nicht besteht, sind diese aus der Bemessungsgrundlage zur Berechnung der Pauschalwertberichtigung (Bruttobetrag der Forderungen abzüglich enthaltener Umsatzsteuer) zu eliminieren.[677] Dasselbe gilt für bereits während des Geschäftsjahres endgültig abgeschriebene sowie einzelwertberichtigte Forderungen.

Zum Bilanzstichtag werden der Anfangs- und der Endbestand des pauschal gebildeten Wertberichtigungspostens einander gegenübergestellt. Durch die erfolgswirksame Buchung des Differenzbetrags wird das Wertberichtigungskonto dann dem aktuellen Stand angepasst (**Auf- oder Abstockung**). Die entsprechenden Buchungssätze lauten wie folgt:

(1) Anfangsbestand < Endbestand (Aufstockung):

**Abschreibungen auf**        an        **Pauschalwertberichtigungen**
**Forderungen**                       **zu Forderungen.**

(2) Anfangsbestand > Endbestand (Abstockung):

**Pauschalwertberichtigungen**    an        **Sonstige betriebliche**
**zu Forderungen**                      **Erträge.**

---

**Beispiel:**
Der Bestand aller Forderungen eines Unternehmens beträgt zum 31. 12. des Geschäftsjahres 2003 270.000 € (einschließlich 20 % Umsatzsteuer). Als Prozentsatz zur Berücksichtigung des allgemeinen Kreditrisikos, das den gesamten Forderungsbestand bedroht, wird ein Wert von 3 % zugrunde gelegt. Der Wertberichtigungsposten errechnet sich wie nachstehend gezeigt.

| | |
|---|---|
| Gesamter Forderungsbestand (inkl. 20 % Umsatzsteuer) | 270.000 € |
| – 20 % Umsatzsatzsteuer | 45.000 € |
| = Bemessungsgrundlage der Pauschalwertberichtigung | 225.000 €. |

Der im Schlussbilanzkonto anzusetzende Pauschalwertberichtigungsbetrag beträgt 6.750 € ( = 0,03 · 225.000 €).

Buchungssatz:

(1) Abschreibungen auf         an        Pauschalwert-
       Forderungen                      berichtigungen
                                        zu Forderungen        6.750 €.

---

676   Vgl. ebenso *Ellrott/Ring* 2006, Anm. 586 zu § 253 HGB, S. 536.
677   Vgl. *BFH* 1968c, S. 18 f.

Kontenmäßige Darstellung:

| S | Forderungen aus Lieferungen und Leistungen | | H |
|---|---|---|---|
| | € | | € |
| AB | | Ag | |
| Zugänge | | SBK (EB) | 270.000 |
| | | | |

| S | Abschreibungen zu Forderungen | | H |
|---|---|---|---|
| | € | | € |
| (1) | 6.750 | GuV (Saldo) | |

| S | Pauschalwertberichtigungen zu Forderungen | | H |
|---|---|---|---|
| | € | | € |
| | | AB | 0 |
| SBK (EB) | <u>6.750</u> | (1) | <u>6.750</u> |

Am Ende des Geschäftsjahres beträgt der gesamte Forderungsbestand 228.000 € (einschließlich 20 % Umsatzsteuer). Allerdings beinhaltet dieser Betrag eine Forderung gegen eine Gebietskörperschaft in Höhe von 84.000 € (inkl. 20 % Umsatzsteuer). Der Wertberichtigungsposten lässt sich nunmehr wie folgt ermitteln:

|  | Gesamtbestand der Forderungen (einschließlich 20 % Umsatzsteuer) | 228.000 € |
|---|---|---|
| − | Forderung gegen die Gebietskörperschaft | 84.000 € |
| | | 144.000 € |
| − | 20 % Umsatzsatzsteuer | 24.000 € |
| = | Bemessungsgrundlage der Pauschalwertberichtigung | 120.000 €. |

Der im Schlussbilanzkonto anzusetzende Pauschalwertberichtigungsbetrag beträgt 3.600 € (0,03 · 120.000 €).

Buchungssatz:

| (1) Pauschalwertberichtigungen zu Forderungen | an | Sonstige betriebliche Erträge | 3.150 €[678]. |
|---|---|---|---|

---

678   3.150 € = 6.750 € − 3.600 €.

Kontenmäßige Darstellung:

| S | Forderungen aus Lieferungen und Leistungen | | H |
|---|---|---|---|
| | € | | € |
| AB | 270.000 | Ag | |
| Z | | SBK (EB) | |

| S | Sonstige betriebliche Erträge | | H |
|---|---|---|---|
| | | € | € |
| GuV (Saldo) | | (1) | 3.150 |

| S | Pauschalwertberichtigungen zu Forderungen | | H |
|---|---|---|---|
| | € | | € |
| (1) | 3.150 | AB | 6.750 |
| SBK (EB) | 3.600 | | |
| | 6.750 | | 6.750 |

Schließlich besteht die Möglichkeit, sowohl die einzel- als auch die pauschalwertberichtigungspflichtigen Beträge buchungstechnisch auf einem Wertberichtigungskonto zu erfassen (**gemischtes Verfahren**). Bei dieser handels- und steuerrechtlich zulässigen Methode ist wiederum zu berücksichtigen, dass Forderungen, die in der Referenzperiode **einzeln** bewertet sind (aufgrund direkter Abschreibung oder Einzelwertberichtigung) **nicht** in die Bemessungsgrundlage zur Berechnung der Pauschalwertberichtigung einbezogen werden dürfen. Endgültige Forderungsausfälle sind auch bei Anwendung des gemischten Verfahrens über die Aufwandskategorie »Abschreibungen auf Forderungen« auszubuchen. Die Anpassung des Bestandes auf dem Konto »Wertberichtigungen zu Forderungen« wird bei der **Nettomethode** durch die Auf- bzw. Abstockung am Ende des Geschäftsjahres vorgenommen. In diesem Fall bleiben jedoch die den entsprechenden Auf- bzw. Abstockungsbeträgen zugrunde liegenden Ursachen (z. B. Einzelwertberichtigungen, Ausfälle und Korrekturen einzeln bewerteter Forderungen sowie Änderung der Pauschalwertberichtigung) verborgen. Bei der **Bruttoverbuchung** hingegen werden die jeweiligen Komponenten auf den entsprechenden Erfolgskonten sichtbar; der Endbestand auf dem Wertberichtigungskonto ergibt sich dann als Saldo.

**Beispiel:**
Der gesamte Forderungsbestand eines Unternehmens beträgt zum 31. 12. des Geschäftsjahres 2006 54.000 € (einschließlich 20 % Umsatzsteuer). Der Endbestand des Wertberichtigungskontos belief sich zum 31. 12. des Geschäftsjahres 2005 auf einen Wert von 3.500 €. Dieser Betrag beinhaltet Einzelwertberichtigungen für mutmaßliche Forderungsausfälle der Kunden Gottlieb und Schüler in Höhe von 1.000 € bzw. 500 €. Die den Einzelwertberichtigungen zugrunde liegenden Forderungen sind noch im Gesamtforderungsbestand zum 31. 12. 2006 enthalten und belaufen sich bei Gottlieb auf 4.800 € und bei Schüler auf 6.000 € (jeweils inkl. 20 % Umsatzsteuer). Allerdings liegen Informationen vor, dass diese Forderungen zum 31. 12. 2006 endgültig mit 18,75 % (Gottlieb) und 12 % (Schüler) ausfallen werden. Als Prozentsatz zur Berechnung der Pauschalwertberichtigung wird ein Wert von 4 % für das Geschäftsjahr 2006 als angemessen erachtet.

Der Wertberichtigungsbetrag zum 31. 12. 2006 errechnet sich wie folgt:

| | |
|---|---:|
| Gesamter Forderungsbestand zum 31. 12. 2006 | 54.000 € |
| – direkt abgeschriebener Teil der Forderung gegen den Kunden Gottlieb (0,1875 € · 4.800 €) | 900 € |
| – direkt abgeschriebener Teil der Forderung gegen den Kunden Schüler (0,12 · 6.000 €) | 720 € |
| | 52.380 € |
| – 20 % Umsatzsteuer | 8.730 € |
| = Bemessungsgrundlage der Pauschalwertberichtigung zum 31. 12. 2006 | 43.650 € |
| Pauschalwertberichtigungsbetrag zum 31. 12. 2006 (0,04 · 43.650 €) | 1.746 € |
| – Wertberichtigung zum 31. 12. 2005 | 3.500 € |
| = Abstockungsbetrag des Wertberichtigungspostens          (–) | 1.754 €. |

Buchungssätze:

(1) Aufwandswirksame Berichtigung des Forderungsbestands um die endgültigen Forderungsausfälle bei den Kunden Gottlieb und Schüler (einschließlich der erforderlichen Umsatzsteuerkorrektur):

| | | | | |
|---|---:|---|---|---:|
| – Abschreibungen auf Forderungen | 1.350 € | an | Forderungen aus Lieferungen und | |
| – Umsatzsteuer | 270 € | | Leistungen | 1.620 € |

(2) Erfassung des Abstockungsbetrags als sonstigen betrieblichen Ertrag:

| | | |
|---|---|---:|
| Wertberichtigungen zu Forderungen | an    Sonstige betriebliche Erträge | 1.754 €. |

Kontenmäßige Darstellung:

| S | Forderungen aus Lieferungen und Leistungen | | H |
|---|---|---|---|
| | € | | € |
| AB | | Ag | |
| Z | | (1) | 1.620 |
| | | SBK (EB) | 52.380 |

| S | Abschreibungen auf Forderungen | | H |
|---|---|---|---|
| | € | | € |
| (1) | 1.350 | GuV (Saldo) | |

| S | Wertberichtigungen zu Forderungen | | H |
|---|---|---|---|
| | € | | € |
| (2) | 1.754 | AB | 3.500 |
| SBK (EB) | 1.746 | | |
| | 3.500 | | 3.500 |

| S | Umsatzsteuer | | H |
|---|---|---|---|
| | € | | € |
| (1) | 270 | AB | |

| S | Sonstige betriebliche Erträge | | H |
|---|---|---|---|
| | € | | € |
| GuV (Saldo) | | (2) | 1.754 |

Der Abstockungsbetrag von 1.754 € lässt sich in folgende Komponenten zerlegen:

|   | | |
|---|---|---|
| | Betrag, der sich auf den endgültigen Ausfall der im Geschäftsjahr 2005 einzelwertberichtigten Forderungen bezieht | 1.350 € |
| + | Betrag, der sich auf die im Verhältnis zum endgültigen Forderungsausfall zu hohe Einzelwertberichtigung bezieht [1.500 € (05) – 1.350 € (06)] | 150 € |
| + | Betrag, der sich auf die gesunkene Pauschalwertberichtigung bezieht [2.000 € (05) – 1.746 € (06)] | 254 € |
| = | erfolgswirksame Abstockung | 1.754 €. |

Alternativ könnte aber auch folgende Bruttoverbuchung vorgenommen werden.

Buchungssätze:

| | | | | | |
|---|---|---|---|---|---|
| (1) | – Abschreibungen auf Forderungen | 1.350 € | an | Forderungen aus Lieferungen und | |
| | – Umsatzsteuer | 270 € | | Leistungen | 1.620 € |
| (2) | Wertberichtigungen zu Forderungen | | an | Sonstige betriebliche Erträge | 1.350 € |
| (3) | Wertberichtigungen zu Forderungen | | an | Sonstige betriebliche Erträge | 150 € |
| (4) | Wertberichtigungen zu Forderungen | | an | Sonstige betriebliche Erträge | 254 €. |

Kontenmäßige Darstellung:

| S | Forderungen aus Lieferungen und Leistungen | | H |
|---|---|---|---|
| | € | | € |
| AB | | Ag | |
| Z | | (1) | 1.620 |
| | | SBK (EB) | 52.380 |

| S | Abschreibungen auf Forderungen | | H |
|---|---|---|---|
| | € | | € |
| (1) | 1.350 | GuV (Saldo) | |

| S | Wertberichtigungen zu Forderungen | | H |
|---|---|---|---|
| | | € | € |
| (2) | 1.350 | AB | 3.500 |
| (3) | 150 | | |
| (4) | 254 | | |
| SBK (EB) | 1.746 | | |
| | 3.500 | | 3.500 |

| S | Umsatzsteuer | | H |
|---|---|---|---|
| | | € | € |
| (1) | 270 | AB | |

| S | Sonstige betriebliche Erträge | | H |
|---|---|---|---|
| | | € | € |
| GuV (Saldo) | | (2) | 1.350 |
| | | (3) | 150 |
| | | (4) | 254 |

# E.    Bewertung von Entnahmen und Einlagen

## 1.    Grundlegendes

Unter dem Terminus »**Entnahmen**« sind alle Vermögensgegenstände und geldwerten Vorteile zu verstehen, die der Eigner für **betriebsfremde Zwecke** während des Geschäftsjahres dem Unternehmen entnommen bzw. zu Lasten des Unternehmens in Anspruch genommen hat (z. B. finanzielle Mittel, Sachen, Nutzungen und Leistungen).[679] Da die durch Entnahmen bewirkte Eigenkapitalminderung nicht aus der Geschäftstätigkeit des Unternehmens resultiert, sondern Folge privat veranlasster Transaktionen des Inhabers ist, müssen die Entnahmen im Rahmen des **Betriebsvermögensvergleichs**[680] storniert werden. Andernfalls würde der Periodenerfolg um genau diesen Betrag zu niedrig ausgewiesen. **Einlagen** stellen demgegenüber alle Vermögensgegenstände und geldwerten Vorteile dar, die der Eigner dem Unternehmen während des Geschäftsjahres von **außen** zugeführt hat (§ 4 Abs. 1 Satz 5 EStG). Bar-, Sach-, Nutzungs- und Leistungseinlagen ziehen Erhöhungen des Eigenkapitals nach sich, die jedoch wiederum nicht aus der Geschäftstätigkeit hervorgegangen sind und deshalb beim Betriebsvermögensvergleich in Abzug gebracht werden müssen, da andernfalls in den Periodenerfolg nicht betrieblich erwirtschaftete Werte einfließen würden.

Während Bar- und Sachentnahmen den Charakter von **Substanzentnahmen** tragen (dem Unternehmen werden Vermögensgegenstände für betriebsfremde Zwecke entzogen), lässt sich die Entnahme von Nutzungen und Leistungen (z. B. private Inanspruchnahme eines im Unternehmensvermögen befindlichen Fahrzeugs bzw. die Verwendung betrieblicher Arbeits-

---

679    Vgl. § 4 Abs. 1 Satz 2 EStG.
680    Vgl. hierzu die Ausführungen im Zweiten Teil zu Gliederungspunkt I.B.2.

kräfte für den Bau des privaten Bungalows) als **Aufwands(korrektur)entnahme** klassifizieren.[681] Umgekehrt bewirken Bar- und Sacheinlagen eine Mehrung der Unternehmenssubstanz; ebenso können Nutzungs- und Leistungseinlagen (z. B. Vornahme betrieblich bedingter Fahrten mit einem privaten PKW bzw. der Einsatz privater Hausangestellter für betriebliche Arbeiten) als **Aufwands(korrektur)einlagen** bezeichnet werden. Den vorstehenden Ausführungen lässt sich entnehmen, dass die eingangs vorgenommene grundlegende Zuordnung von Entnahmen und Einlagen zur Gruppe derjenigen Geschäftsvorfälle, die das Eigenkapital erfolgsneutral verändern, nicht mehr aufrecht zu erhalten ist.[682] Dies gilt insbesondere für **Nutzungs- und Leistungsentnahmen sowie für Nutzungs- und Leistungseinlagen**, aber auch für **Sachentnahmen**, wenn sie mit einem vom Buchwert abweichenden Betrag angesetzt werden müssen.

**Beispiel:**
Das Eigenkapital eines Unternehmens beträgt zu Beginn des Geschäftsjahres 150.000 € und am Ende 130.000 €. Außer der Entnahme eines Grundstücks und der Einlage barer Mittel in Höhe von 25.000 € sind keine weiteren Geschäftsvorfälle in der Periode angefallen. Es sollen drei Fälle betrachtet werden:

(1) Entnahme des Grundstücks zum Buchwert      von 45.000 €,
(2) Entnahme des Grundstücks zum Marktwert     von 60.000 €,
(3) Entnahme des Grundstücks zum Marktwert     von 35.000 €.

Die nachfolgende **Abb. 151** zeigt die erfolgsmäßigen Auswirkungen der drei Fälle.

Fall (1) bringt zum Ausdruck, dass die Veränderung des Eigenkapitals während der Periode im Umfange von – 45.000 € (Grundstücksentnahme) und + 25.000 € (Bareinlage) in voller Höhe durch die Berücksichtigung der Entnahme und der Einlage kompensiert (storniert) wird und damit keine Auswirkung auf den Unternehmenserfolg hat. In den Fällen (2) und (3) wird hingegen die Eigenkapitalverminderung aufgrund der Entnahme in Höhe der Differenz zwischen Markt- und Buchwert des Grundstücks über- bzw. unterkompensiert, wodurch im Fall (2) ein Unternehmensgewinn und im Fall (3) ein Unternehmensverlust entsteht. Nachfolgend ist für den Fall (2) der buchungstechnische Ablauf wiedergegeben, wobei aus Vereinfachungsgründen unterstellt wird, dass das Unternehmen über kein Fremdkapital verfügt und das Eigenkapital am Anfang der Periode sich je zur Hälfte auf die Bilanzposten »Grundstücke« und »Kasse« verteilt.

| Komponenten des Eigenkapitalvergleichs (alle Werte in €) | Fall (1) | Fall (2) | Fall (3) |
|---|---|---|---|
| Eigenkapital am Ende der Periode | 130.000 | 130.000 | 130.000 |
| – Eigenkapital am Anfang der Periode | 150.000 | 150.000 | 150.000 |
| + Wert der Entnahmen | 45.000 | 60.000 | 35.000 |
| – Wert der Einlagen | 25.000 | 25.000 | 25.000 |
| = Unternehmenserfolg | 0 | + 15.000 | – 10.000 |

Abb. 151: Erfolgsermittlung durch Eigenkapitalvergleich

---

681   Vgl. *Hey* 2005, Rz. 180, S. 689.
682   Vgl. hierzu die Ausführungen im Zweiten Teil zu Gliederungspunkt I.B.2. und I.B.3.e.

Buchungssätze:

| (1) Privatkonto | 60.000 € | an | – Grundstücke | 45.000 € |
|---|---|---|---|---|
| | | | – Sonstige betriebliche Erträge | 15.000 € |
| (2) Kasse | | an | Privatkonto | 25.000 € |
| (3) Sonstige betriebliche Erträge | | an | GuV-Konto | 15.000 € |
| (4) GuV-Konto | | an | Eigenkapital | 15.000 € |
| (5) Eigenkapital | | an | Privatkonto | 35.000 € |
| (6) Schlussbilanzkonto | | an | Grundstücke | 30.000 € |
| (7) Schlussbilanzkonto | | an | Kasse | 100.000 € |
| (8) Eigenkapital | | an | Schlussbilanzkonto | 130.000 €. |

Kontenmäßige Darstellung:

| S | Grundstücke | | H |
|---|---|---|---|
| | € | | € |
| AB | 75.000 | (1) | 45.000 |
| | | (6) SBK | 30.000 |
| | 75.000 | | 75.000 |

| S | Kasse | | H |
|---|---|---|---|
| | € | | € |
| AB | 75.000 | (7) SBK | 100.000 |
| (2) | 25.000 | | |
| | 100.000 | | 100.000 |

| S | Eigenkapital | | H |
|---|---|---|---|
| | € | | € |
| (5) Privat | 35.000 | AB | 150.000 |
| (8) SBK | 130.000 | (4) Ge-winn | 15.000 |
| | 165.000 | | 165.000 |

| S | Privatkonto | | H |
|---|---|---|---|
| | € | | € |
| (1) | 60.000 | (2) | 25.000 |
| | | (5) Eigen-kapital | 35.000 |
| | 60.000 | | 60.000 |

| S | Sonstige betriebliche Erträge | | H |
|---|---|---|---|
| | € | | € |
| (3) GuV | 15.000 | (1) | 15.000 |

| S | Gewinn- und Verlustkonto | | H |
|---|---|---|---|
| | € | | € |
| (4) Ge-winn | 15.000 | (3) Sonstige betrieb-liche Erträge | 15.000 |

| S | Schlussbilanzkonto | | H |
|---|---|---|---|
| | € | | € |
| (6) Grundstücke | 30.000 | (8) Eigenkapital | 130.000 |
| (7) Kasse | 100.000 | | |
| | 130.000 | | 130.000 |

## 2.     Steuerrechtliche Spezialregelungen

Im **Handelsrecht** existieren keine Regelungen, die sich auf die Bewertung von Einlagen und Entnahmen beziehen. Nach h. M. sind **Sacheinlagen** im handelsrechtlichen Jahresabschluss höchstens mit ihrem **Zeitwert** zu bilanzieren. Allerdings können die eingebrachten Gegenstände z. B. bei Personengesellschaften nach Maßgabe der Vereinbarungen zwischen den Gesellschaftern auch mit einem unter dem Verkehrswert (Zeitwert) liegenden Betrag angesetzt werden. Grundsätzlich gilt der Zeitwert ebenfalls als Bewertungsmaßstab für den bilanziellen Ansatz von **Sachentnahmen**. Aber auch hier können spezifische Vereinbarungen der Gesellschafter eine abweichende Bewertung bedingen.[683] Im Gegensatz zum Handelsrecht ist die Bewertung von Entnahmen und Einlagen aufgrund spezieller Zielsetzungen im **Bilanzsteuerrecht** explizit geregelt. Deshalb dürfen von diesen Vorschriften abweichende handelsrechtliche Wertansätze gemäß § 5 Abs. 6 EStG bei der steuerrechtlichen Gewinnermittlung keine Berücksichtigung finden (**Durchbrechung des Maßgeblichkeitsprinzips**). Darüber hinaus existieren im **Umsatzsteuerrecht** in Bezug auf bestimmte Entnahmearten spezifische Einzelregelungen, die im Rahmen der Finanzbuchhaltung berücksichtigt werden müssen.

§ 6 Abs. 1 Nr. 4 Satz 1 EStG bestimmt, dass **Entnahmen** grundsätzlich mit dem **Teilwert** anzusetzen sind. Dem Teilwert entspricht der Betrag, den ein Erwerber des ganzen Betriebes im Rahmen des Gesamtkaufpreises für das einzelne Wirtschaftsgut ansetzen würde (§ 6 Abs. 1 Nr. 1 Satz 3 1. HS EStG). Da der **fiktive Unternehmenserwerber** für ein Wirtschaftsgut regelmäßig den Betrag zu zahlen bereit wäre, den dieser für den Gegenstand auf dem Beschaffungsmarkt aufwenden müsste, deckt sich der Teilwert grundsätzlich mit den **aktuellen Wiederbeschaffungskosten**. Hintergrund der angesprochenen Entnahmeregelung ist die Absicht des Gesetzgebers, Wertänderungen von Wirtschaftsgütern (Buchwert ≠ Teilwert), die während ihrer Zugehörigkeit zum Betriebsvermögen entstanden sind, auch in dieser Sphäre ertragsteuerlich zu erfassen.[684] Bei den **Barentnahmen** stimmt der Teilwert stets mit dem Nennbetrag der dem Betrieb entzogenen finanziellen Mittel überein.

**Beispiel:**

(1) Entnahme von 2.500 € aus der Geschäftskasse des Unternehmens für private Zwecke.
(2) Begleichung einer privaten Schuld in Höhe von 3.200 € durch Überweisung vom betrieblichen Bankkonto.

Buchungssätze:

| | | | |
|---|---|---|---|
| (1) Privatkonto | an | Kasse | 2.500 € |
| (2) Privatkonto | an | Guthaben bei Kreditinstituten | 1.600 €. |

---

683  Vgl. stellvertretend *Förschle/Hoffmann* 2006a, Anm. 190 zu § 247 HGB, S. 155 f.
684  Allerdings existieren einige Ausnahmeregelungen vom Prinzip des Teilwertansatzes. So ist in folgenden Fällen eine Bewertung zum Buchwert mit der Konsequenz einer erfolgsneutralen Entnahme möglich:
(1) Bei Verfolgung gesellschaftspolitischer Zwecke im Falle unentgeltlicher Überlassung von Wirtschaftsgütern an bestimmte (steuerbefreite) Institutionen; dies gilt jedoch nicht für Nutzungs- und Leistungsentnahmen (§ 6 Abs. 1 Nr. 4 Sätze 4 und 5 EStG).
(2) Bei Abgabe von Wirtschaftsgütern eines Unternehmens an ein anderes Unternehmen desselben Steuerpflichtigen, wenn die Versteuerung der stillen Reserven (Teilwert > Buchwert) im übernehmenden Betrieb gesichert ist (§ 6 Abs. 5 Satz 1 EStG).

Kontenmäßige Darstellung der Geschäftsvorgänge:

| S | Kasse | | H |
|---|---|---|---|
| | € | | € |
| AB | | (1) | 2.500 |

| S | Guthaben bei Kreditinstituten | | H |
|---|---|---|---|
| | € | | € |
| AB | | (2) | 1.600 |

| S | Privatkonto | | H |
|---|---|---|---|
| | € | | € |
| (1) | 2.500 | Eigenkapi- | 2.500 |
| (2) | 1.600 | tal (Saldo) | |

**Sachentnahmen** (z. B. Grundstücke, Maschinen, Waren, Wertpapiere) können sowohl **erfolgsneutrale** als auch **erfolgswirksame Geschäftsvorfälle** darstellen. Die Erfolgsbezogenheit hängt davon ab, ob der auf dem Bestandskonto ausgewiesene Buchwert dem Teilwert des entnommenen Gegenstandes entspricht oder von ihm abweicht. Sofern im letzteren Fall der Teilwert den Buchwert übersteigt, entsteht ein **Ertrag**, der auf dem Konto »Sonstige betriebliche Erträge« zu erfassen ist. Liegt hingegen der Teilwert unter dem Buchwert, ergibt sich ein **Aufwand**, der auf dem Konto »Sonstige betriebliche Aufwendungen« aufgezeichnet werden muss. Eine Möglichkeit zur Erfassung der unentgeltlichen Wertabgabe (**Aufzeichnungsalternative I**) besteht darin, das Privatkonto mit dem Teilwert der entnommenen Wirtschaftsgüter zuzüglich der gegebenenfalls darauf entfallenden Umsatzsteuer zu belasten. Im Falle der Konstellation Teilwert ≠ Buchwert erfolgen die Gegenbuchungen auf

- **dem betreffenden Bestandskonto** (Ausbuchung der entnommenen Sache zum Buchwert),
- **dem Umsatzsteuerkonto** (im Falle der unentgeltlichen Wertabgabe[685] bemisst sich gemäß § 10 Abs. 4 Nr. 1 UStG die Umsatzsteuer nach dem Einkaufspreis zuzüglich der Nebenkosten für den Gegenstand oder für einen gleichartigen Gegenstand oder mangels eines Einkaufspreises nach den Selbstkosten, jeweils bezogen auf den Entnahmezeitpunkt, d. h. die umsatzsteuerliche Bemessungsgrundlage bilden grundsätzlich die Wiederbeschaffungskosten und somit der Teilwert der entnommenen Sache),
- **dem Erfolgskonto** (Verbuchung des Unterschiedsbetrages zwischen Teil- und Buchwert).

Bei Anwendung der **Aufzeichnungsalternative II**, mit der den umsatzsteuerrechtlichen Aufzeichnungspflichten nach § 22 Abs. 2 Nr. 3 UStG Rechnung getragen wird, werden die Gegenbuchungen

- auf **dem Hilfskonto »Unentgeltliche Wertabgaben/...«** (Aufzeichnung der umsatzsteuerlichen Bemessungsgrundlage, die – wie vorstehend bereits ausgeführt – grundsätzlich dem Teilwert entspricht) und
- auf **dem Umsatzsteuerkonto**

---

685   Vgl. hierzu die Ausführungen im Zweiten Teil zu Gliederungspunkt II.A.3.c.c.b.

vorgenommen.[686] Anschließend erfolgt eine Umbuchung des Betrages vom Hilfskonto »Unentgeltliche Wertabgaben/…« auf das betreffende Bestandskonto und – sofern sich Abweichungen zwischen dem Buch- und Teilwert des entnommenen Gegenstandes ergeben – auf das entsprechende Erfolgskonto.

**Beispiel:**

Am 31. 12. des Geschäftsjahres 2004 wird für private Zwecke ein PKW aus dem Betriebsvermögen entnommen, dessen Buchwert 6.000 € beträgt. Der Teilwert, der der umsatzsteuerlichen Bemessungsgrundlage entspricht, liegt im Entnahmezeitpunkt bei 7.000 €.

**Buchung entsprechend der Aufzeichnungsalternative I:**

| (1) Privatkonto | 8.400 € | an | – Betriebs- und Geschäftsausstattung | 6.000 € |
| | | | – Umsatzsteuer | 1.400 € |
| | | | – Sonstige betriebliche Erträge | 1.000 €. |

Kontenmäßige Darstellung:

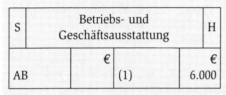

**Buchung entsprechend der Aufzeichnungsalternative II:**

| (1) Privatkonto | 8.400 € | an | – Unentgeltliche Wertabgabe/Regelsteuersatz | 7.000 € |
| | | | – Umsatzsteuer | 1.400 € |
| (2) Unentgeltliche Wertabgabe/Regelsteuersatz | 7.000 € | an | – Betriebs- und Geschäftsausstattung | 6.000 € |
| | | | – Sonstige betriebliche Erträge | 1.000 €. |

---

686  Nach § 22 Abs. 2 Nr. 3 UStG ist der Unternehmer verpflichtet, die Bemessungsgrundlagen für die unentgeltliche Wertabgabe – ebenfalls aufgegliedert nach steuerpflichtigen und steuerfreien Umsätzen sowie nach Steuersätzen – aufzuzeichnen. Sollen die Aufzeichnungspflichten im Rahmen der Finanzbuchhaltung erfüllt werden, so hat der Unternehmer zur Erfassung der Bemessungsgrundlagen – unterschiedlich besteuerte Bestände der unentgeltlichen Wertabgaben vorausgesetzt – Hilfskonten zu führen.

Kontenmäßige Darstellung:

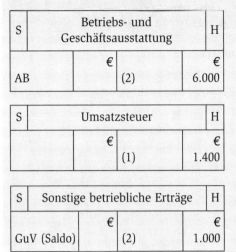

| S | Betriebs- und Geschäftsausstattung | | H |
|---|---|---|---|
| | € | | € |
| AB | | (2) | 6.000 |

| S | Privatkonto | | H |
|---|---|---|---|
| | | € | € |
| (1) | 8.400 | Eigenkapital (Saldo) | |

| S | Umsatzsteuer | | H |
|---|---|---|---|
| | € | | € |
| | | (1) | 1.400 |

| S | Unentgeltliche Wertabgabe/ Regelsteuersatz | | H |
|---|---|---|---|
| | € | | € |
| (2) | 7.000 | (1) | 7.000 |

| S | Sonstige betriebliche Erträge | | H |
|---|---|---|---|
| | € | | € |
| GuV (Saldo) | | (2) | 1.000 |

Während im Falle von **Nutzungsentnahmen** nicht das Wirtschaftsgut selbst dem Betrieb entzogen wird, sondern der Gegenstand lediglich zur Realisierung von außerhalb des Unternehmens liegenden Zwecken (teilweisen) Einsatz findet, spricht man von **Leistungsentnahmen** dann, wenn im Betrieb beschäftigte Arbeitnehmer in der Privatsphäre des Inhabers Tätigkeiten verrichten. Wie eingangs erwähnt wurde, tragen sowohl die Nutzungs- als auch die Leistungsentnahmen den Charakter von **Aufwands(korrektur)entnahmen**, denn durch die Entnahmebuchungen werden die bereits in der Finanzbuchhaltung zum Ansatz gekommenen Aufwendungen in Höhe des auf die private Nutzung bzw. Inanspruchnahme entfallenden Anteils an den Gesamtkosten (i. S. v. Selbstkosten) berichtigt. Der die Nutzung (im Falle der Nutzungsentnahme) bzw. Inanspruchnahme (in Falle der Leistungsentnahme) betreffende Anteil an den Selbstkosten entspricht sowohl der umsatzsteuerlichen Bemessungsgrundlage als auch grundsätzlich dem Teilwert.[687] Analog zur Verbuchung der Sachentnahmen kann auch die Erfassung von Nutzungs- und Leistungsentnahmen nach Aufzeichnungsalternative I oder II erfolgen.

**Beispiel:**
Zum Betriebsvermögen eines Kaufmanns gehört ein PKW, der am 31. 12. des Geschäftsjahres 2008 mit 8.000 € und am 31. 12. der Periode 2009 mit 4.000 € zu Buche stand. Die im Wirtschaftsjahr 2009 neben den planmäßigen Abschreibungen (4.000 €) angefallenen Aufwendungen für das Fahrzeug [Benzin, Öl, Reparaturen, Kfz-Versicherung, Kfz-Steuer (150 €)] belaufen sich auf 3.000 €. Die Gesamtfahrleistung des PKW in der Periode 09 betrug 40.000 km, wovon 10.000 km auf Privatfahrten entfielen. Entsprechend den Fahrleistungen errechnet sich der private Nutzungsanteil mit

$$\frac{10.000\,\text{km}}{40.000\,\text{km}} \cdot 110 = 25\,\%.$$

---

687    Vgl. hierzu *Glanegger* 2006, Anm. 414 f. zu § 6 EStG, S. 562 f.

Mithin sind von den gesamten PKW-Aufwendungen 1.750 € (0,25 · 7.000 €) als Nutzungsentnahme auszubuchen. Darüber hinaus ist das Privatkonto zusätzlich mit der hierauf entfallenden Umsatzsteuer von 350 € (20 % von 1.750 €) zu belasten.[688]

**Buchungen gemäß der Aufzeichnungsalternative I:**

| | | | | | |
|---|---|---|---|---|---|
| (1) | Abschreibungen auf Sachanlagen | | an | Betriebs- und Geschäftsausstattung | 4.000 € |
| (2) | – Betriebliche Steuern<br>– Sonstige betriebliche Aufwendungen[689]<br>– Vorsteuer[690] | 150 €<br><br>2.850 €<br>280 € | an | Kasse und/oder Guthaben bei Kreditinstituten | 3.280 € |
| (3) | Privatkonto | 2.100 € | an | – Abschreibungen auf Sachanlagen<br>– Betriebliche Steuern<br>– Sonstige betriebliche Aufwendungen<br>– Umsatzsteuer | 1.000 €<br>37,50 €<br><br>712,50 €<br>350 €. |

Kontenmäßige Darstellung (ohne Finanzkonto):

| S | Betriebs- und Geschäftsausstattung | | H |
|---|---|---|---|
| | | € | € |
| AB | 8.000 | (1) | 4.000 |
| | | SBK (EB) | 4.000 |
| | 8.000 | | 8.000 |

| S | Vorsteuer | | H |
|---|---|---|---|
| | | € | € |
| (2) | 280 | | |

| S | Umsatzsteuer | | H |
|---|---|---|---|
| | | € | € |
| | | AB | |
| | | (3) | 350 |

| S | Privatkonto | | H |
|---|---|---|---|
| | | € | € |
| (3) | 2.100 | Eigenkapital (Saldo) | |

| S | Abschreibungen auf Sachanlagen | | H |
|---|---|---|---|
| | | € | € |
| (1) | 4.000 | (3) | 1.000 |
| | | GuV (Saldo) | |

| S | Betriebliche Steuern | | H |
|---|---|---|---|
| | | € | € |
| (2) | 150 | (3) | 37,50 |
| | | GuV (Saldo) | |

---

688   Vgl. § 10 Abs. 4 Nr. 2 UStG.

689   Vorstehendem Beispiel liegt die Annahme zugrunde, dass außer den Abschreibungen und der Kfz-Steuer sämtliche im Zusammenhang mit dem Fahrzeug angefallenen Kosten auf dem Konto »Sonstige betriebliche Aufwendungen« erfasst werden.

690   Die Vorsteuer auf die getätigten umsatzsteuerpflichtigen Aufwendungen soll sich auf 280 € belaufen.

| S | Sonstige betriebliche Aufwendungen | | H |
|---|---|---|---|
| | €| | €|
| (2) | 2.850 | (3) GuV (Saldo) | 712,50 |

**Buchungen gemäß der Aufzeichnungsalternative II:**

| | | | | |
|---|---|---|---|---|
| (1) | Abschreibungen auf Sachanlagen | an | Betriebs- und Geschäftsausstattung | 4.000 € |

(2)
- Betriebliche Steuern 150 €
- Sonstige betriebliche Aufwendungen 2.850 €
- Vorsteuer 280 €

an Kasse und/oder Guthaben bei Kreditinstituten 3.280 €

(3) Privatkonto 2.100 € an
- Unentgeltliche Wertabgabe/Regelsteuersatz 1.750 €
- Umsatzsteuer 350 €

(4) Unentgeltliche Wertabgabe/Regelsteuersatz 1.750 € an
- Abschreibungen auf Sachanlagen 1.000 €
- Betriebliche Steuern 37,50 €
- Sonstige betriebliche Aufwendungen 712,50 €.

Kontenmäßige Darstellung (ohne Finanzkonto):

| S | Betriebs- und Geschäftsausstattung | | H |
|---|---|---|---|
| | €| | €|
| AB | 8.000 | (1) | 4.000 |
| | | SBK (EB) | 4.000 |
| | 8.000 | | 8.000 |

| S | Vorsteuer | | H |
|---|---|---|---|
| | €| | €|
| (2) | 280 | | |

| S | Umsatzsteuer | | H |
|---|---|---|---|
| | €| | €|
| | | AB | |
| | | (3) | 350 |

| S | Privatkonto | | H |
|---|---|---|---|
| | €| | €|
| (3) | 2.100 | Eigenkapital (Saldo) | |

| S | Abschreibungen auf Sachanlagen | | H |
|---|---|---|---|
| | €| | €|
| (1) | 4.000 | (4) | 1.000 |
| | | GuV (Saldo) | |

| S | Betriebliche Steuern | | H |
|---|---|---|---|
| | €| | €|
| (2) | 150 | (4) | 37,50 |
| | | GuV (Saldo) | |

| S | Sonstige betriebliche Aufwendungen | | H |
|---|---|---|---|
| | € | | € |
| (2) | 2.850 | (4) | 712,50 |
| | | GuV (Saldo) | |

| S | Unentgeltliche Wertabgabe/ Regelsteuersatz | | H |
|---|---|---|---|
| | € | | € |
| (4) | 1.750 | (3) | 1.750 |

Gemäß § 6 Abs. 1 Nr. 5 EStG sind **Einlagen** grundsätzlich mit dem im Zeitpunkt der Zuführung maßgebenden **Teilwert** anzusetzen. Hintergrund dieser Regelung ist, dass in der Privatsphäre entstandene Wertsteigerungen bei Vermögensgegenständen nicht in den betrieblichen Bereich verlagert werden sollen und damit der Ertragsbesteuerung unterliegen. Allerdings können als Einlagewert höchstens die **Anschaffungs- oder Herstellungskosten** zum Ansatz kommen, wenn (**Fall 1**) der Zeitraum zwischen der Zuführung des Wirtschaftsgutes zum Betriebsvermögen und der Anschaffung bzw. Herstellung ≤ 3 Jahre ist oder (**Fall 2**) das zugeführte Wirtschaftsgut eine wesentliche Beteiligung i. S. d. § 17 Abs. 1 EStG darstellt. Das Ziel dieser Ausnahmeregelung besteht im **Fall 1** darin, dem Steuerpflichtigen zu erschweren, Wirtschaftsgüter bei niedrigen Marktpreisen anzuschaffen bzw. herzustellen oder zu entnehmen und nach Wertsteigerungen zum höheren Teilwert in das Betriebsvermögen (wieder) einzulegen. Im Rahmen einer anschließenden sofortigen Veräußerung wären mithin keine Erträge der Erfolgsbesteuerung zu unterwerfen. Darüber hinaus soll ein Unterlaufen der Besteuerung von privaten Spekulationsgewinnen i. S. d. § 23 Abs. 1 Nr. 1 EStG verhindert werden. Das Abweichen vom Teilwertansatz im **Fall 2** zielt darauf ab, zu vermeiden, dass durch die Einlage einer derartigen Beteiligung in das Betriebsvermögen mit anschließender Veräußerung die sich aus § 17 EStG ergebende Steuerpflicht für Veräußerungsgewinne der zum Privatbereich gehörenden wesentlichen Beteiligungen umgangen wird.[691]

Darüber hinaus lässt § 6 Abs. 1 Nr. 5 Satz 3 EStG die Einlage zum Buchwert zu, wenn das Wirtschaftsgut vor der Zuführung aus einem Betriebsvermögen (desselben) Steuerpflichtigen (zum Buchwert) entnommen wurde, weil dann die Versteuerung ggf. bestehender stiller Reserven sichergestellt ist.

Unproblematisch ist die Bewertung und Verbuchung von **Bareinlagen** (Zuführung finanzieller Mittel aus dem Privatvermögen des Unternehmers), da der Nennbetrag dieser Gelder stets mit den Anschaffungskosten übereinstimmt, die wiederum dem Teilwert entsprechen.

**Beispiel:**

(1) Bareinlage des Inhabers in die Geschäftskasse des Unternehmens 2.500 €.
(2) Einlage des Kaufmanns in Höhe von 6.000 € durch Überweisung auf das betriebliche Bankkonto.

Buchungssätze:

(1) Kasse                          an      Privatkonto                2.500 €

(2) Guthaben bei Kreditinstituten  an      Privatkonto                6.000 €.

---

691  Vgl. hierzu *Glanegger* 2006, Anm. 430–438 zu § 6 EStG, S. 570–572.

Kontenmäßige Darstellung:

| S | Kasse | | H |
|---|---|---|---|
| | € | | € |
| AB (1) | 2.500 | | |

| S | Guthaben bei Kreditinstituten | | H |
|---|---|---|---|
| | € | | € |
| AB (2) | 6.000 | | |

| S | Kasse | | H |
|---|---|---|---|
| | € | | € |
| Eigenkapital (Saldo) | (1) | 2.500 | |
| | (2) | 6.000 | |

Von **Sacheinlagen** wird dann gesprochen, wenn dem Unternehmen Gegenstände wie z. B. Grundstücke, Maschinen, Waren oder Wertpapiere durch den Eigner zugeführt werden. Bei vom Teilwert abweichenden Wertansätzen gemäß § 6 Abs. 1 Nr. 5 Satz 1 2. HS EStG ist im Hinblick auf die Einlage **abnutzbarer Wirtschaftsgüter** darauf zu achten, dass die Anschaffungs- oder Herstellungskosten um Absetzungen für Abnutzung nach § 7 EStG, erhöhte Abnutzungen und Sonderabschreibungen **zu kürzen sind**, die auf den Zeitraum zwischen Anschaffung oder Herstellung und der Einlage entfallen (§ 6 Abs. 1 Nr. 5 Satz 2 EStG; R 6.12 Satz 2 EStR).

**Beispiel:**
Ein Einzelunternehmer legt am 01. 12. des Geschäftsjahres 2006 einen PKW in sein Betriebsvermögen ein, den er am 01. 06. des Wirtschaftsjahres 2005 zunächst für private Zwecke angeschafft hatte. Die Anschaffungskosten des Fahrzeugs betrugen am 01. 06. 2005 23.000 € (einschließlich 20 % Umsatzsteuer). Das linear abzuschreibende Fahrzeug weist eine betriebsgewöhnliche Nutzungsdauer von vier Jahren auf. Der Teilwert des Fahrzeugs beträgt zum Einlagezeitpunkt 15.000 €.

Zunächst sind die fortgeführten Anschaffungskosten nach § 6 Abs. 1 Nr. 5 Satz 2 EStG zu berechnen. Da der Einzelunternehmer die ihm privat in Rechnung gestellte Umsatzsteuer von 3.000 € nicht als Vorsteuer abziehen konnte, gehört dieser Betrag gemäß § 9 b Abs. 1 Satz 1 EStG bei der Einlage in das Betriebsvermögen zu den Anschaffungskosten (R 9 b Abs. 1 Satz 1 EStR).

|   | Private Anschaffungskosten | 23.000 € |
|---|---|---|
| − | Planmäßige Abschreibungen vom 01. 06. 2005 – 01. 12. 2006 $\frac{23.000\,€}{48\ \text{Monate}} \cdot 18\ \text{Monate}$ | 8.625 € |
| = | Fortgeführte Anschaffungskosten | 14.375 € |

Der PKW ist mit einem Wert von 14.375 € einzulegen, da gemäß § 6 Abs. 1 Nr. 5 Satz 1 2. HS EStG **höchstens** die (fortgeführten) Anschaffungskosten zum Ansatz kommen dürfen, die hier den Teilwert (15.000 €) **unterschreiten**, und die private Anschaffung **weniger als drei Jahre** vor der Einlage ins Betriebsvermögen zurückliegt.

Die Verbuchung für das Wirtschaftsjahr 2006 unter Berücksichtigung der planmäßigen Abschreibung für das am 01. 12. 2006 eingebrachte Fahrzeug stellt sich wie nachstehend angegeben dar.

Buchungssätze:

(1) Betriebs- und          an    Privatkonto              14.375 €
    Geschäftsausstattung

(2) Abschreibungen auf      an    Betriebs- und Geschäfts-
    Sachanlagen                  ausstattung             479,17 €.[692]

Kontenmäßige Darstellung:

| S | Betriebs- und Geschäftsausstattung | | H |
|---|---|---|---|
| | € | | € |
| (1) | 14.375 | (2) | 479,17 |

| S | Privatkonto | | H |
|---|---|---|---|
| | | € | € |
| Eigenkapital (Saldo) | (1) | | 14.375 |

| S | Abschreibungen auf Sachanlagen | | H |
|---|---|---|---|
| | € | | € |
| (2) | 479,17 | GuV (Saldo) | |

Immer dann, wenn nicht das Wirtschaftsgut selbst dem Betrieb zugeführt wird, sondern der private Gegenstand lediglich zur Realisierung unternehmerischer Zwecke (teilweise) Verwendung findet (z. B. Nutzung des privaten PKW zu 10 % auch für betrieblich bedingte Fahrten), handelt es sich um **Nutzungseinlagen**. Sofern vom Eigner privat beschäftigte Personen zur Ausführung unternehmerischer Aufgaben zum Einsatz kommen, spricht das Einkommensteuergesetz hingegen von **Leistungseinlagen** (z. B. Einsatz einer Hausgehilfin zur Reinigung des Lagers). Sowohl Nutzungs- als auch Leistungseinlagen sind nach h. M. nicht mit ihrem Teilwert, sondern mit den **tatsächlichen Aufwendungen** zu bewerten.[693] Derartige Einlagen tragen den Charakter von **Aufwands(korrektur)einlagen**, da durch sie die ursprünglich ersparten Betriebsausgaben mittels der Buchung »Aufwandskonto an Privatkonto« dem Unternehmen belastet werden.

---

692  Da die gesamte betriebsgewöhnliche Nutzungsdauer von vier Jahren durch den Gebrauch des PKW im privaten Bereich auf 30 Monate reduziert worden ist, berechnet sich die planmäßige Abschreibung für 2006 aus $\frac{14.375\,€}{30\,\text{Monate}} \cdot 1\,\text{Monat} = 479,17\,€$.

693  Vgl. stellvertretend *Glanegger* 2006, Anm. 440 zu § 6 EStG, S. 572.

**Beispiel:**

Die privat angestellte Haushaltshilfe reinigt regelmäßig auch die Geschäftsräume eines Einzelunternehmers. Sie benötigt von ihrer gesamten Arbeitszeit insgesamt 15 % für diese betrieblichen Reinigungsarbeiten. Die monatlichen Personalaufwendungen für die Hausgehilfin betragen 1.750 €. Auf den folgenden Konten ist die Korrekturbuchung für das gesamte Geschäftsjahr (12 Kalendermonate) dargestellt.

Buchungssatz:

(1)  Personalaufwendungen               an        Privatkonto               3.150 €[694].

Kontenmäßige Darstellung:

| S | Personalaufwendungen | | H |
|---|---|---|---|
| | € | | € |
| (1) | 3.150 | GuV (Saldo) | |

| S | Privatkonto | | H |
|---|---|---|---|
| | | € | € |
| Eigenkapital (Saldo) | | (1) | 3.150 |

Zusammenfassend bleibt festzuhalten, dass **Entnahmen** und **Einlagen** sowohl **erfolgsneutrale** als auch **erfolgswirksame Geschäftsvorgänge** darstellen können. Während die auf dem Privatkonto erfassten Entnahme- und Einlagearten stets eine erfolgsneutrale Variation des Eigenkapitals bewirken, führen die über das Gewinn- und Verlustkonto verbuchten Entnahme- und Einlagehandlungen zu erfolgswirksamen Änderungen des Eigenkapitals. Hieraus folgt, dass Privatentnahmen und Privateinlagen, sofern sie zur Kategorie der erfolgswirksamen Geschäftsvorfälle zählen, sowohl eine **erfolgsneutrale** (Buchung auf dem Privatkonto) als auch gleichzeitig eine **erfolgswirksame** (Buchung auf einem Erfolgskonto) **Eigenkapitalvariation** nach sich ziehen.

   **Abb. 152** gibt abschließend einen Überblick über die steuerrechtlichen Normen zur Bewertung des Betriebsvermögens.

---

694   3.150 € = 0,15 · 12 · 1.750 €.

| Wirtschaftsgut/ Vorgang | Bewertung | Rechtsgrundlage |
|---|---|---|
| Abnutzbares Anlagevermögen | (1) AK-AfA.<br>(2) Niedrigerer TW: kann bzw. muss (NWP).<br>(3) Höherer TW: kann, aber maximal bis zur Höhe AK-AfA.<br>(4) Ausnahme: GWG (Sofortabschreibung möglich). | § 6 Abs. 1 Nr. 1 Satz 1 EStG<br>§ 6 Abs. 1 Nr. 1 Satz 2 EStG<br>§ 6 Abs. 1 Nr. 1 Satz 4 EStG<br><br>§ 6 Abs. 2 EStG |
| Nichtabnutzbares Anlagevermögen | (1) AK.<br>(2) Niedrigerer TW: kann bzw. muss (NWP).<br>(3) Höherer TW: kann, aber maximal nur bis zur Höhe der AK. | § 6 Abs. 1 Nr. 2 Satz 1 EStG<br>§ 6 Abs. 1 Nr. 2 Satz 2 EStG<br>§ 6 Abs. 1 Nr. 2 Satz 3 EStG |
| Umlaufvermögen | (1) AK.<br>(2) Niedrigerer TW: muss (NWP).<br>(3) Höherer TW: kann, aber maximal nur bis zur Höhe der AK. | § 6 Abs. 1 Nr. 2 Satz 1 EStG<br>§ 6 Abs. 1 Nr. 2 Satz 2 EStG<br>§ 6 Abs. 1 Nr. 2 Satz 3 EStG |
| Verbindlichkeiten | (1) AK (= Rückzahlungsbetrag) bei Verbindlichkeiten mit einer Laufzeit < 12 Monaten und bei Verbindlichkeiten, die verzinslich sind oder auf einer Anzahlung oder Vorleistung beruhen.<br>Bei allen anderen Verbindlichkeiten: BW.<br>(2) Höherer TW: muss (HWP).<br>(3) Niedrigerer TW: muss, aber nur bis zu AK/BW. | § 6 Abs. 1 Nr. 3 Satz 2 EStG<br><br><br><br><br>§ 6 Abs. 1 Nr. 3 Satz 1 EStG<br>analog zu § 6 Abs. 1 Nr. 2 EStG<br>– " – |
| Rückstellungen | (1) AK (= Erfüllungsbetrag) für Rückstellungen denen keine Verpflichtungen zugrunde liegen.<br>Rückstellungen für Verpflichtungen: BW.<br>(2) Höherer TW: muss (HWP).<br>(3) Niedrigerer TW: kann, aber nur bis AK/BW. | § 253 Abs. 1 Satz 2 HGB<br><br><br>§ 6 Abs. 1 Nr. 3 a. e) EStG<br>analog zu § 6 Abs. 1 Nr. 3 EStG<br>– " – |
| Entnahmen | (1) TW.<br>(2) Ausnahme: Buchwert.<br><br>– bei Verfolgung gesellschaftspolitischer Zwecke;<br>– Buchwertfortführung möglich, wenn Versteuerung der stillen Reserven bei Wiedereinlage in einen anderen Betrieb desselben Steuerpflichtigen gesichert ist. | § 6 Abs. 1 Nr. 4 Satz 1 EStG<br><br>§ 6 Abs. 1 Nr. 4 Satz 4 EStG<br><br>§ 6 Abs. 5 Satz 1 EStG |
| Einlagen | (1) TW.<br>(2) Höchstens jedoch AK (ggf. – AfA):<br><br>– bei Anschaffung oder Herstellung innerhalb der letzten 3 Jahre;<br>– bei wesentlicher Beteiligung an KapG gemäß § 17 EStG.<br>(3) Buchwert bei vorheriger Buchwertentnahme aus einem anderen Betrieb desselben Steuerpflichtigen. | § 6 Abs. 1 Nr. 5 Satz 1 1. HS EStG<br>§ 6 Abs. 1 Nr. 5 Satz 1 2. HS EStG<br><br><br><br><br>§ 6 Abs. 1 Nr. 5 Satz 3 EStG |

Abb. 152: Übersicht über die grundlegenden steuerrechtlichen Bewertungsvorschriften

# III. Besonderheiten der Rechnungslegung von Industrieunternehmen

## A. Einführung

Industrielle Leistungserstellungsprozesse sind im Grundsatz dadurch charakterisiert, dass Roh-, Hilfs- und Betriebsstoffe unter Einsatz menschlicher Arbeitskraft und von Betriebsmitteln in **unfertige Erzeugnisse, fertige Erzeugnisse und/oder aktivierte Eigenleistungen**[695] umgeformt werden. Sofern die selbsterstellten Güter am Bilanzstichtag (noch) nicht veräußert worden sind, müssen die Aufwendungen für die Herstellung (**Herstellungskosten**) in der Jahresbilanz aktiviert werden. Der Umfang dieser Aktivierung wirkt sich gleichzeitig auf die Vermögens- und Ertragslage der Industrieunternehmung aus, da jeder Ansatz in der Bilanz zu einem höheren Bestandsausweis und mithin zu einer **Entlastung des Periodenergebnisses** von Aufwendungen führt. Aufgrund der Aktivierung werden die durch Aufwendungen für die Herstellung bewirkten Ergebnisminderungen bis zum Verkauf bzw. der Nutzung im eigenen Unternehmen in der Gewinn- und Verlustrechnung **neutralisiert**. Allerdings ist zu beachten, dass eine vollständige Kompensation nur bei einer Aktivierung der gesamten für die Herstellung der selbsterstellten Vermögensgegenstände angefallenen Aufwendungen möglich ist. Da § 255 Absätze 2 und 3 HGB bzw. R 6.3 EStR nicht die Einbeziehung der gesamten Herstellungskosten in die bilanziellen Wertansätze der Erzeugnisse bzw. der aktivierbaren innerbetrieblichen Leistungen verlangen, besteht mithin die Möglichkeit, den Erfolg im Rahmen der **Rechnungslegungspolitik** zielgerichtet zu beeinflussen.

Werden die im Jahresabschluss mit Herstellungskosten bewerteten **Erzeugnisse** in der nächsten Periode veräußert, dann führen die ursprünglich aktivierten Aufwandsbestandteile nun zu einer **Belastung des Periodenergebnisses**. Allerdings stehen diesen Aufwendungen die aus dem Verkauf resultierenden Umsatzerlöse gegenüber. Ähnliches gilt für **unfertige Erzeugnisse**, die in der nachfolgenden Periode zu fertigen Erzeugnissen weiterverarbeitet und auch veräußert werden. In diesem Fall schlagen sich die in der Vorperiode aktivierten Herstellungskosten sowie die in der Referenzperiode noch angefallenen Produktionsaufwendungen ergebnismindernd nieder. Werden ursprünglich aktivierte unfertige Erzeugnisse zu (un-)fertigen Erzeugnissen weiterverarbeitet, jedoch nicht abgesetzt, so muss oder kann eine **Nachaktivierung** derjenigen Herstellungskostenbestandteile erfolgen, die in der Referenzperiode entstanden sind. Diese Maßnahme führt wiederum zu einer Entlastung des Periodenergebnisses in Höhe der angefallenen Produktionsaufwendungen. Im Hinblick auf die aktivierten Herstellungskosten von **innerbetrieblichen Leistungen** erfolgt die Aufwandsverrechnung in den Perioden hier regelmäßig über **planmäßige** und/oder **außerplanmäßige Abschreibungen** gemäß § 253 Abs. 2 Satz 3 HGB.

Jedoch ist bezüglich der unfertigen und/oder fertigen Erzeugnisse zu beachten, dass sowohl **Entlastungen des Ergebnisses** durch Lagerproduktionen in Gestalt der aktivierten Herstellungskostenbestandteile als auch **Belastungen des Ergebnisses** infolge von Verkäu-

---

695 Dem Terminus »aktivierte Eigenleistungen« werden diejenigen selbsterstellten Vermögensgegenstände subsumiert, die nicht zum Verkauf bestimmt sind, sondern als sog. aktivierbare innerbetriebliche Leistungen (z. B. selbsterstellte Anlagen sowie aktivierbare Überholungs- und Reparaturaufwendungen) wieder in den Produktionsprozess einfließen. Da sie dazu bestimmt sind, dem Geschäftsbetrieb dauerhaft zu dienen, muss ein Ausweis im (Sach-)Anlagevermögen erfolgen.

fen ursprünglich aktivierter Erzeugnisse vorliegen können. In diesem Fall ist der wertmäßige Saldo aus beiden Konstellationen in der Gewinn- und Verlustrechnung zu berücksichtigen. Überwiegen am Ende der Rechnungsperiode die bewerteten Lagerproduktionen, so wird von einer **Bestandserhöhung** (Endbestand > Anfangsbestand), andernfalls von einer **Bestandsverminderung** (Endbestand < Anfangsbestand) gesprochen.

Aufgrund der vorstehend angeführten Kriterien unterscheidet sich die Finanzbuchhaltung in Industrieunternehmen elementar von dem Buchführungssystem der Handelsbetriebe. Zunächst bedarf es **spezifischer Bestandskonten** für Roh-, Hilfs- und Betriebsstoffe, unfertige Erzeugnisse und fertige Erzeugnisse. Gemäß des für Kapitalgesellschaften und ihnen gesetzlich gleichgestellte Unternehmen vorgeschriebenen **Mindestgliederungsschemas** der Jahresbilanz (§ 266 Abs. 1 HGB), das industriellen Leistungserstellungsprozessen folgt, werden diese Posten dem Terminus »Vorräte« im Umlaufvermögen subsumiert.

Im **Industrie-Kontenrahmen (IKR)**, der eine buchhalterische Gestaltungsempfehlung des Bundesverbandes der Deutschen Industrie darstellt und im Wesentlichen der Gliederungsstruktur des handelsrechtlichen Jahresabschlusses folgt, werden die das Vorratsvermögen betreffenden Bestandskonten in der Klasse 2 erfasst.[696] Die Klassen 5, 6 und 7 enthalten hingegen die **Ertrags- und Aufwandskonten**, wobei insbesondere folgende Gruppen die Besonderheit der Industriebuchhaltung dokumentieren.

| | | |
|---|---|---|
| (1) | 50/51 | Umsatzerlöse; |
| (2) | 52 | Erhöhung oder Verminderung des Bestandes an unfertigen und fertigen Erzeugnissen; |
| (3) | 53 | Andere aktivierte Eigenleistungen; |
| (4) | 60/61 | Aufwendungen für Roh-, Hilfs- und Betriebsstoffe sowie bezogene Leistungen; |
| (5) | 62/63/64/66 | Personalaufwand; |
| (6) | 65 | Abschreibungen. |

In der **Ergebnisrechnung**, für die Klasse 8 vorgesehen ist, fällt weiter auf, dass das Gewinn- und Verlustkonto entweder nach dem **Gesamtkosten- oder dem Umsatzkostenverfahren** geführt werden kann. Dieser Wahlmöglichkeit entsprechen auch die für Kapitalgesellschaften und die ihnen gesetzlich gleichgestellte Unternehmen in § 275 Abs. 2 und Abs. 3 HGB vorgesehenen **Mindestgliederungsschemata** der in **Staffelform** zu erstellenden handelsrechtlichen Gewinn- und Verlustrechnung. Insbesondere der Struktur des Umsatzkostenverfahrens wird durch die Untergliederung in die Kontengruppen **81 Herstellungskosten, 82 Vertriebskosten, 83 Allgemeine Verwaltungskosten** und **84 Sonstige betriebliche Aufwendungen** entsprochen.

Die **Kosten- und Leistungsrechnung** wird im Rahmen des IKR **getrennt** von der Finanzbuchhaltung in der Klasse 9 durchgeführt. Um von den Erfolgskomponenten Aufwand und Ertrag der Finanzbuchhaltung auf die Termini Kosten und Leistungen der Betriebsbuchhaltung überleiten zu können,[697] bedarf es spezifischer **Abgrenzungskorrektur- und Verrechnungskonten**, die sich in Klasse 9 befinden. Bei den weiteren Betrachtungen zum Finanz-

---

696  Im Gegensatz zum Gemeinschaftskontenrahmen der Industrie folgt der IKR dem Zweikreissystem, indem er die Finanzbuchhaltung einerseits und die Kosten- und Leistungsrechnung andererseits getrennt in zwei Rechnungskreisen durchführt. Vgl. zur buchhalterischen Organisation von Finanz- und Betriebsbuchhaltung als Ein- oder Zweikreissystem im Detail *Eisele* 2002, S. 582– 587; *Freidank* 2001d, S. 24–29 und S. 178–181; *Titze* 1978, S. 217–222.

697  Vgl. zur Abgrenzung der Termini die Ausführungen im Ersten Teil zu Gliederungspunkt IV.C.1.c.

buchhaltungssystem von Industrieunternehmen ist zu beachten, dass die Begriffe Kosten und Leistungen auch Eingang in spezifische gesetzliche Vorschriften gefunden haben, die sich auf das extern orientierte Rechnungswesen beziehen. Allerdings handelt es sich hier nur um solche Kosten- und Leistungsarten, denen aus mengen- und/oder wertmäßiger Sicht **Aufwendungen** bzw. **Erträge** in gleicher Höhe zugrunde liegen. Hieraus folgt, dass **kalkulatorische Anderskosten** bzw. **Andersleistungen** nur in Höhe der ihnen entsprechenden Aufwendungen und Erträge, **kalkulatorische Zusatzkosten** bzw. **Zusatzleistungen** hingegen überhaupt keinen Eingang in die Finanzbuchhaltung und damit in den Jahresabschluss finden dürfen.[698]

Vereinfachend lässt sich die Struktur der Finanzbuchhaltung im IKR so wie in **Abb. 153** gezeigt darstellen.[699] Diese verdeutlicht, dass aus dem Eröffnungsbilanzkonto zunächst die Anfangsbestände auf die Bestandskonten der Klassen 0, 1, 2, 3 und 4 übernommen werden. Die aus **erfolgswirksamen Geschäftsvorfällen** resultierenden Aufwendungen und Erträge sind auf den entsprechenden **Erfolgskonten** der Klassen 5, 6 und 7 zu erfassen. Der **Abschluss** der Erfolgs- und Bestandskonten über das Gewinn- und Verlustkonto bzw. das Schlussbilanzkonto wird in der **Kontenklasse 8** vorgenommen. Der erwirtschaftete Gewinn der Rechnungsperiode ist nicht bestandserhöhend auf dem Eigenkapitalkonto verbucht worden, sondern separat auf dem Schlussbilanzkonto zum Ausweis gekommen. Eine derartige Vorgehensweise wird insbesondere bei Unternehmen relevant, die aufgrund vertraglicher Vereinbarung oder gesetzlicher Vorschriften verpflichtet sind, **feste Kapitalkonten** (z. B. Personenhandelsgesellschaften und Kapitalgesellschaften) zu führen.

# B.    Bilanzrechtliche Herstellungskosten und ihre Zurechnung auf die Erzeugniseinheiten

Bezüglich der Zurechenbarkeit unterschiedlicher Kostenarten auf einen Kostenträger (z. B. Erzeugnisse) wird zwischen **Einzel- und Gemeinkosten** unterschieden. Während **Einzelkosten** (z. B. Fertigungsmaterial) **direkt** dem Kalkulationsobjekt zurechenbar sind, gelingt eine produktbezogene Zurechnung von Gemeinkosten (z. B. Abschreibungen, Mieten, Gehälter) nur auf **indirektem Wege** mit Hilfe mehr oder weniger genauer Verteilungsgrößen, da diese Kostenarten nicht ausschließlich durch das Entstehen einer Erzeugniseinheit, sondern durch den gesamten Leistungserstellungsprozess verursacht werden. In aller Regel wird das Problem der Gemeinkostenzurechnung in der Praxis durch eine **Kostenstellenrechnung** gelöst. Hier werden die Gemeinkostenarten direkt (**Stelleneinzelkosten**) oder indirekt anhand von Schlüsselgrößen (**Stellengemeinkosten**) betrieblichen Abrechnungsbereichen (Kostenstellen) angelastet. Unter Berücksichtigung funktionaler Gliederungskriterien in der industriellen Unternehmung hat sich in diesem Zusammenhang eine Unterscheidung in **Material-, Fertigungs-, Verwaltungs- und Vertriebskostenstellen** durchgesetzt. Entsprechend der Zurechnung der Gemeinkostenarten auf diese Hauptkostenstellen wird dann in **Material-, Fertigungs-, Verwaltungs- und Vertriebsgemeinkosten** unterschieden.

Zum Zwecke der beschriebenen Gemeinkostenverteilung bevorzugt die Praxis den **Betriebsabrechnungsbogen (BAB)**, der in der Vertikalen alle Kostenarten und in der Horizon-

---

698  Vgl. zu den kalkulatorischen Kosten auch die Ausführungen im Ersten Teil zu Gliederungspunkt IV.C.1.c. und IV.C.1.f.

699  Modifiziert übernommen von *Titze* 1978, S. 219.

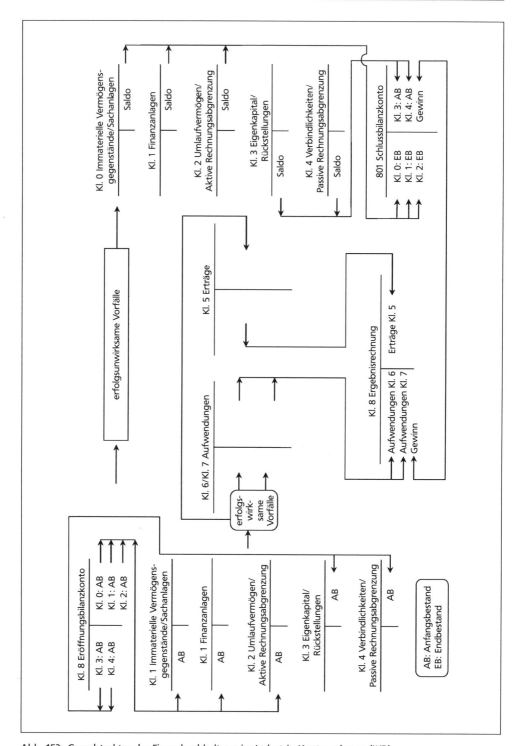

Abb. 153: Grundstruktur der Finanzbuchhaltung im Industrie-Kontenrahmen (IKR)

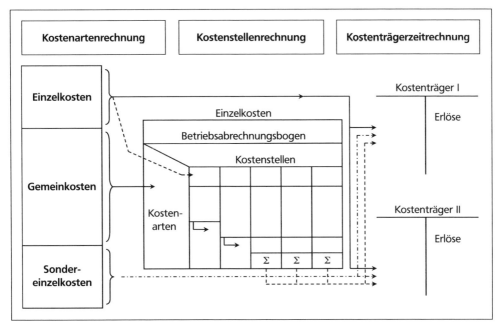

Abb. 154: Grundstruktur einer Betriebsabrechnung

talen alle Kostenstellen enthält.[700] Die Zurechnung der in den Hauptkostenstellen angefallenen Gemeinkostensummen auf die Erzeugniseinheiten kann dann nach Maßgabe des Anteils
der Gemeinkosten an dem Betrag bestimmter Einzelkostenarten oder aber der Beanspru-
chung der einzelnen Kostenstellen durch die Produkte vorgenommen werden. **Abb. 154** zeigt
die grundlegende Verknüpfung von Kostenarten-, Kostenstellen- und Kostenträgerrechnung
in einem Industrieunternehmen.[701] Während der **Kostenartenrechnung** die Aufgabe zukommt, sämtliche während einer Periode angefallenen Kosten zu erfassen, lastet die **Kostenstellenrechnung** den einzelnen betrieblichen Bereichen diejenigen Gemeinkosten an, die dort
zum Zwecke der Leistungserstellung entstanden sind. Im Rahmen der **Kostenträgerzeit-
rechnung** oder **kurzfristigen Erfolgsrechnung**[702] werden sämtliche Einzel- und Gemeinkosten den Leistungen einer Periode zugerechnet und den Umsatzerlösen gegenübergestellt.
Die kurzfristige Erfolgsrechnung ermittelt als Instrument der Kosten- und Leistungsrechnung
im Gegensatz zu der nach § 275 Abs. 1 HGB in aller Regel **jährlich** zu erstellenden Gewinn-
und Verlustrechnung den Betriebserfolg zum Zwecke kurzfristiger Planungs- und Steuerungsmaßnahmen für **kürzere Abrechnungszeiträume** (z. B. Quartale, Monate, Wochen).

Die Terminologie des **Handels- und Steuerrechts** zur Berechnung der Herstellungskosten folgt im Grundsatz den vorstehend angeführten Unterscheidungen in Einzel- und Gemeinkosten.[703] In **Abb. 155** sind die dort verwendeten Einzel- und Gemeinkostentermini

---

700   Vgl. zum Aufbau eines Betriebsabrechnungsbogens *Freidank* 2001d, S. 135–147.
701   Modifiziert übernommen von *Schönfeld/Möller* 1995, S. 52. Obwohl zu Kalkulationszwecken die Einzelkosten
      an der Kostenstellenrechnung vorbeifließen können, werden sie häufig aber doch im Betriebsabrechnungs-
      bogen erfasst, damit für die jeweiligen Betriebsbereiche ebenfalls hinsichtlich dieser Kosten eine Wirtschaft-
      lichkeitskontrolle möglich wird.
702   Vgl. Kontengruppe 88 in Klasse 8 des Industrie-Kontenrahmens (IKR).
703   Vgl. § 255 Abs. 2 HGB und R 6.3 Absätze 1 bis 4 EStR.

zusammenfassend definiert und den korrespondierenden Begriffen des innerbetrieblichen Rechnungswesens zugeordnet worden.[704]

Die nachfolgende **Abb. 156** gibt einen grundlegenden Überblick über diejenigen Kategorien der Herstellungskosten, für die aus handels- und steuerrechtlicher Sicht eine **Aktivierungspflicht**, ein **Aktivierungsverbot** und ein **Aktivierungswahlrecht** bestehen. Während die **Untergrenze** des **handelsrechtlichen Herstellungskostenansatzes** bei den **Material- und Fertigungseinzelkosten** zu ziehen ist, verlangen die **steuerrechtlichen Vorschriften** darüber hinaus eine Aktivierung der **Material- und Fertigungsgemeinkosten**. Da für die Verwaltungsgemeinkosten ein Einbeziehungswahlrecht und für die Vertriebskosten, die erst beim Absatz der Produkte anfallen, ein Einbeziehungsverbot in die handels- und steuerrechtlichen Herstellungskosten unfertiger und fertiger Erzeugnisse sowie aktivierbarer innerbetrieblicher Leistungen besteht, stimmen die **Obergrenzen** nach Handels- und Steuerrecht überein.

Zu berücksichtigen ist weiterhin, dass die terminologische Einengung auf den zur Herstellung angemessenen (notwendigen) Aufwand eine Einbeziehung **neutraler Aufwandsbestandteile**, die weder sachziel- noch periodenbezogenen oder ordentlichen Charakter tragen, in die bilanzrechtlichen Herstellungskosten verbietet. Mithin kommen etwa folgende Abschreibungen für eine Aktivierung nicht in Betracht: auf Reserveanlagen, nicht benutzte oder stillgelegte Anlagen, außerplanmäßige Abschreibungen nach § 253 Abs. 2 Satz 3 HGB sowie Teilwertabschreibungen, steuerrechtliche Sonderabschreibungen, erhöhte Absetzungen und Bewertungsabschläge.[705] Ähnliches gilt für Abschreibungen auf Finanzanlagen und auf Wertpapiere des Umlaufvermögens, Buchverluste aus dem Abgang von Gegenständen des Anlage- und Umlaufvermögens sowie sämtliche periodenfremden und außerordentlichen Aufwendungen (z. B. Verluste aus der Auflösung von Rückstellungen und Entschädigungszahlungen aufgrund von Massenentlassungen). Da im System der Kosten- und Leistungsrechnung keine neutralen Aufwendungen zur Verrechnung kommen, können die Kalkulationssätze dann unkorrigiert zum Zwecke der Herstellungskostenermittlung übernommen werden, wenn sie **pagatorischer Natur** sind, d. h. Kosten nur bis zur Höhe der ihnen gegenüberstehenden Aufwendungen Eingang in das innerbetriebliche Rechnungswesen gefunden haben. Andernfalls sind die die entsprechenden Aufwendungen übersteigenden **Anders- und/oder Zusatzkosten** aus den kalkulatorischen Ergebnissen zu eliminieren.

Der **Kostenträgerstückrechnung** (Selbstkostenrechnung, Kalkulation) kommt im System der Kosten- und Leistungsrechnung die Aufgabe zu, die Selbstkosten und die Herstell(ungs)kosten pro erstellte Produkteinheit zu ermitteln. Während die Selbstkosten pro Stück zum Zwecke von **Preis- und Kostenentscheidungen** benötigt werden, dienen die Herstell(ungs)kosten pro Einheit der **Bestandsbewertung** in der kurzfristigen Erfolgsrechnung sowie im handels- und steuerrechtlichen Jahresabschluss. Am weitesten verbreitet ist vor allem bei Serien- und Einzelfertigungsprozessen zum Zwecke der Stückkostenermittlung die **elektive Zuschlagkalkulation mit Rückgriff auf die Kostenstellenrechnung**.[706] Dieses Verfahren unterstellt ein **proportionales Verhältnis** zwischen bestimmten Einzel- und Gemeinkostenarten, indem davon ausgegangen wird, dass die Höhe der Material- bzw. Fertigungsgemeinkosten eines Produktes vom Umfang des Fertigungsmaterials bzw. der Fertigungslöhne und die Höhe seiner Verwaltungs- und Vertriebsgemeinkosten vom Umfang

---

704  Vgl. *ADS* 1995a, Anm. 142–216 zu § 255 HGB, S. 380–403.
705  Vgl. *ADS* 1995a, Anm. 191 zu § 255 HGB, S. 396.
706  Vgl. zu anderen Kalkulationsmethoden, die primär bei Massen-, Sorten- und Kuppelproduktion oder im Rahmen einer Prozesskostenrechnung zur Anwendung kommen, *Freidank* 2001d, S. 148–174 u. 355–364.

| Bezeichnung | Definition |
|---|---|
| Materialeinzelkosten (Fertigungsmaterial) | Zu dieser Kategorie zählen die unmittelbar zur Herstellung unfertiger und fertiger Erzeugnisse sowie aktivierbarer Eigenleistungen verbrauchten **Roh-, Hilfs- und Betriebsstoffe** und in Anspruch genommenen Leistungen (z. B. Energieleistungen), sofern der Verbrauch und die Inanspruchnahme den Produkten direkt zurechenbar sind. |
| Fertigungseinzelkosten (Fertigungslöhne) | Zu dieser Kategorie zählen die bei der Fertigung des Produktes angefallenen und direkt zurechenbaren Kosten, soweit sie nicht den Charakter von Sonderkosten der Fertigung tragen. In erster Linie handelt es sich um die der Fertigung dienenden **Personalkosten.** |
| Sonderkosten der Fertigung (Sondereinzelkosten der Fertigung) | Zu dieser Kategorie zählen die bei der Fertigung einzelner **Produktarten** angefallenen und direkt zurechenbaren Kosten (z. B. Kosten für Spezialwerkzeuge, Versuche, Konstruktionen und Lizenzgebühren). |
| Vertriebskosten [Sonder(einzel)kosten des Vertriebes] | Zu dieser Kategorie zählen die beim Vertrieb einzelner **Produktarten** angefallenen und direkt zurechenbaren Kosten (z. B. Frachtkosten, Zölle, Provisionen, Versicherungen und Verpackungen). |
| Materialgemeinkosten | Zu dieser Kategorie zählen die Kosten des **Materialbereichs** (z. B. die Kosten der Einkaufsabteilung, Warenannahme, Material- und Rechnungsprüfung, Lagerhaltung, Materialverwaltung, -bewachung und -versicherung sowie für den innerbetrieblichen Transport), sofern sie nicht als Materialkosten den Produkten direkt zurechenbar sind und nicht den Charakter von Fertigungs- oder Verwaltungsgemeinkosten tragen. |
| Fertigungs- gemeinkosten | Zu dieser Kategorie zählen die Kosten des **Fertigungsbereichs** (z. B. Abschreibungen auf Produktionsanlagen, Kosten für Instandhaltung, Arbeitsvorbereitung, Lohnbüro, Fertigungskontrolle, Personal, Verwaltung, Disposition), sofern sie nicht als Fertigungskosten den Produkten direkt zurechenbar sind und nicht den Charakter von Material- oder Verwaltungsgemeinkosten tragen. |
| Allgemeine Verwaltungskosten (Verwaltungs- gemeinkosten) | Zu dieser Kategorie zählen die Kosten des **Verwaltungsbereichs** (z. B. Gehälter und Löhne für Rechnungswesen, Rechenzentrum, interne Revision, Geschäftsleitung, Ausbildungswesen; darüber hinaus Abschreibungen und sonstige Gemeinkosten, wie etwa Porti-, Fernsprech-, Energie-, Instandhaltungs- und Reinigungskosten), sofern sie nicht als Gemeinkosten des Material-, Fertigungs- und Vertriebsbereichs zu behandeln sind. |
| Vertriebskosten (Vertriebs- gemeinkosten) | Zu dieser Kategorie zählen die Kosten des **Vertriebsbereichs** (z. B. alle Personal- und Sachkosten der Werbe- und Marketingabteilung, des Vertreternetzes sowie der Fertigungswaren- und Vertriebsläger; darüber hinaus Kosten der Werbung, Absatzförderung und Marktforschung, Verkäufer- und Kundenschulung sowie Reisekosten), sofern sie nicht als Vertriebskosten bestimmten Produktarten direkt zurechenbar sind. |

Abb. 155: Einzel- und Gemeinkostenkategorien

seiner Herstellkosten abhängt. Da die Sondereinzelkosten der Fertigung und des Vertriebs häufig lediglich bestimmten Produktarten und nicht den Produkteinheiten zugerechnet werden können, sind im Rahmen der Kalkulation die entsprechenden Sonderkosten dann durch die Stückzahlen der herzustellenden Produktart zu dividieren. **Abb. 157** zeigt zusammen-

| Kostenkategorien | Handelsbilanz | Steuerbilanz |
|---|---|---|
| Fertigungsmaterial<br>+ Fertigungslohn<br>+ Sondereinzelkosten der Fertigung | Pflicht<br>= Untergrenze | Pflicht<br>= Untergrenze |
| + Materialgemeinkosten<br>+ Fertigungsgemeinkosten | Wahlrecht | |
| + Verwaltungsgemeinkosten | Wahlrecht | Wahlrecht |
| = Obergrenze der Herstellungskosten | | |
| Sondereinzelkosten des Vertriebs | Verbot | Verbot |
| Vertriebsgemeinkosten | Verbot | Verbot |

Abb. 156: Bilanzrechtliche Herstellungskosten nach § 255 Abs. 2 HGB und R 6.3 Abs. 1 EStR

fassend das Kalkulationsschema der elektiven Zuschlagskalkulation.[707] In diesem Kontext ist zu beachten, dass der aus dem System der Kosten- und Leistungsrechnung stammende Begriff »**Herstellkosten**«, im Gegensatz zum bilanziellen Terminus »**Herstellungskosten**«, der die Obergrenze des handels- und steuerrechtlichen Wertansatzes für Erzeugnisbestände und selbsterstellte Anlagen repräsentiert, nicht die Verwaltungsgemeinkosten mit einschließt.

| Fertigungsmaterial | Material-kosten | Herstellkosten | Selbstkosten | Netto-Angebots-preis |
|---|---|---|---|---|
| Materialgemeinkosten (in %, bezogen auf das Fertigungsmaterial) | Material-kosten | | | |
| Fertigungslohn | Fertigungs-kosten | | | |
| Fertigungsgemeinkosten (in %, bezogen auf den Fertigungslohn, für jede Fertigungshauptstelle separat) | Fertigungs-kosten | | | |
| Sondereinzelkosten der Fertigung | Fertigungs-kosten | | | |
| Verwaltungsgemeinkosten (in %, bezogen auf die Herstellkosten) | Verwaltungs- und Vertriebskosten | | | |
| Vertriebsgemeinkosten (in %, bezogen auf die Herstellkosten) | Verwaltungs- und Vertriebskosten | | | |
| Sondereinzelkosten des Vertriebs | Verwaltungs- und Vertriebskosten | | | |
| Gewinnzuschlag (in %, bezogen auf die Selbstkosten) | | | | |

Abb. 157: Schema der elektiven Zuschlagkalkulation mit Rückgriff auf die Kostenstellenrechnung

---

707   Modifiziert übernommen von *Schönfeld/Möller* 1995, S. 176.

Die einzelnen Gemeinkostenzuschlagsätze sind zum Zwecke der **Herstell(ungs)kosten- bzw. der Selbstkostenkalkulation** aus dem BAB abzuleiten. Hier wird davon ausgegangen, dass die Verrechnung der Gemeinkostensumme der Materialstelle auf der Grundlage der gesamten Kosten für das Fertigungsmaterial erfolgt, die Fertigungshauptstellen die gesammelten Gemeinkostensummen jeweils in Prozentsätzen auf Basis des dort angefallenen Fertigungslohns überwälzen und die Kosten des Verwaltungs- und Vertriebsbereichs den Produkteinheiten in Prozentsätzen auf die Herstellkosten zugerechnet werden. Mithin lassen sich **mindestens** folgende **vier Zuschlagsätze** ermitteln.

(1) Zuschlagsatz für die Material-  gemeinkosten (in %) $= \dfrac{\text{Summe Materialgemeinkosten aus BAB}}{\text{Summe des Fertigungsmaterials}} \cdot 100$

(2) Zuschlagsatz für die Fertigungs-  gemeinkosten (in %) $= \dfrac{\text{Summe Fertigungsgemeinkosten aus BAB}}{\text{Summe des Fertigungslohns}} \cdot 100$

(3) Zuschlagsatz für die Verwal-  tungsgemeinkosten (in %) $= \dfrac{\text{Summe Verwaltungsgemeinkosten aus BAB}}{\text{Summe der Herstellkosten}} \cdot 100$

(4) Zuschlagsatz für die Vertriebs-  gemeinkosten (in %) $= \dfrac{\text{Summe Vertriebsgemeinkosten aus BAB}}{\text{Summe der Herstellkosten}} \cdot 100$

## C.    Retrograde Bewertung und Niederstwertprinzip

Sofern in Industrieunternehmen keine Kostenträgerstückrechnung existiert, sind die Herstellungskosten zur Bestandsbewertung unfertiger und fertiger Erzeugnisse indirekt durch Abzug der **Bruttospanne** von den Netto-Verkaufspreisen zu ermitteln (Verkaufswertverfahren). In dieser Bruttospanne, die im Warenhandel mit den Begriffen »Handelsspanne« oder »Roherfolgsatz« belegt wird, müssen im Hinblick auf die Bewertung fertiger Erzeugnisse **zumindest** die nicht aktivierbaren Vertriebskosten sowie der durchschnittliche Gewinnanteil enthalten sein.[708]

> **Beispiel:**
> Im Rechnungswesen eines Industrieunternehmens werden am Ende des Geschäftsjahres 2005 folgende Erfolgskomponenten ausgewiesen.
>
> (1) Gesamte Selbstkosten         600.000 €
> (2) davon Vertriebskosten        138.000 €
> (3) Gesamte Umsatzerlöse         660.000 €
>
> Die Bruttospanne errechnet sich dann aus $\dfrac{198.000\,\text{€}}{660.000\,\text{€}} \cdot 100 = 30\,\%$.[709]
>
> Somit sind die bilanziellen Herstellungskosten für 80 Stück auf Lager befindlicher fertiger Erzeugnisse, die zu einem Netto-Verkaufspreis von 75 € angeboten werden, wie folgt zu ermitteln:
>
> $(1 - 0,3) \cdot 75\,\text{€} \cdot 80 \text{ Stück} = 4.200\,\text{€}.$

---

708  Vgl. hierzu die Ausführungen im Zweiten Teil zu Gliederungspunkt II.A.6.b.
709  198.000 € = 660.000 € − (600.000 € − 138.000 €).

Auch **unfertige Erzeugnisse** können nach dem vorstehend dargestellten Verkaufswertverfahren zu Herstellungskosten bewertet werden. Allerdings kommen dann höchstens diejenigen Kostenbestandteile für eine Aktivierung in Betracht, die dem **Fertigstellungsgrad** dieser Produkte entsprechen.

**Beispiel:**
Nun wird angenommen, dass es sich bei den zu bewertenden 80 Erzeugnissen um unfertige Produkte handelt, die einen Fertigstellungsgrad von 60 % aufweisen. Nunmehr berechnen sich die gesamten Herstellungskosten wie im Folgenden gezeigt:

$(1 - 0{,}3) \cdot 0{,}6 \cdot 75\,€ \cdot 80$ Stück $= 2.520\,€$.

Zu berücksichtigen ist aber, dass die zum Bilanzstichtag ermittelten Bestände unfertiger und fertiger Erzeugnisse sowie aktivierbarer Eigenleistungen nur dann mit den ermittelten Stück-Herstellungskosten zu bewerten sind, wenn sie über den in § 253 Abs. 2 Satz 3 2. HS und Abs. 3 Satz 1 oder Satz 2 HGB genannten Alternativwerten liegen. Mithin erfordert das **strenge Niederstwertprinzip** in Verbindung mit der Kalkulation des handels- und steuerrechtlichen Herstellungskostenansatzes stets einen **Niederstwerttest**, um den zulässigen Bilanzansatz für selbsterstellte Anlagen und Erzeugnisbestände berechnen zu können. Diese Vorgehensweise lässt sich, wie in **Abb. 158** gezeigt, darstellen.

Während für die Ableitung der Zeitwerte für Roh-, Hilfs- und Betriebsstoffe auf die aus dem **Beschaffungsmarkt** abgeleiteten **Wiederbeschaffungskosten** (zuzüglich Nebenkosten) zurückzugreifen ist, stellen im Rahmen des Niederstwerttests zur Bestimmung der Alternativwerte für unfertige und fertige Erzeugnisse nach h. M. die vom **Absatzmarkt** über-

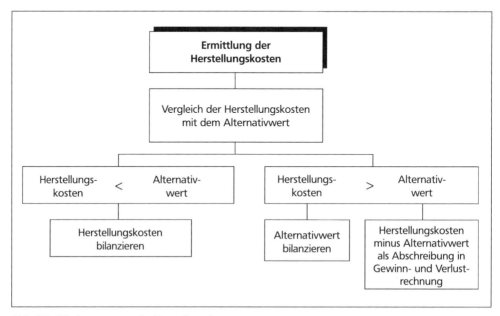

Abb. 158: Niederstwerttest der Herstellungskosten

nommenen **Verkaufspreise** (abzüglich der bis zum Verkauf noch anfallenden Kosten) den Vergleichsmaßstab dar. Nach dem **Prinzip der verlustfreien Bewertung** soll hierdurch der auf den voraussichtlichen Netto-Verkaufspreis der Erzeugnisse vorzunehmende Wertabschlag antizipiert werden. Hinsichtlich der Bestimmung des Alternativwertes für unfertige Erzeugnisse erfordert dieser Grundsatz, dass vom Verkaufspreis neben den bis zur Veräußerung noch anfallenden Kosten auch die zukünftigen Herstellungskosten bis zum Ende des Fertigungsprozesses zu subtrahieren sind. Im Gegensatz zur retrograden Wertermittlung bei Anwendung des Verkaufswertverfahrens ist jedoch ein Gewinnzuschlag **nicht** zu berücksichtigen, da diese zusätzliche Verlustantizipation dazu führen würde, dass die Erzeugnisse in dem/den folgenden Geschäftsjahr(en) mit der Konsequenz einer **Gewinnrealisierung** veräußert werden könnten.[710] Nach der gesicherten Rechtsprechung des *BFH* ist bei der Ermittlung des niedrigeren steuerlichen Teilwerts aber auch ein **Gewinnzuschlag** mit einzubeziehen, da aus der Sicht des Teilwertgedankens der in § 6 Abs. 1 Nr. 1 Satz 3 EStG angesprochene fiktive Gesamtbetriebserwerber nur bereit wäre, für die betrachteten fertigen Erzeugnisse einen Preis zu zahlen, von dem der durchschnittliche Gewinn bereits abgezogen wurde.[711]

# D.     Gesamt- und Umsatzkostenverfahren als alternative Formen der Gewinn- und Verlustrechnung

## 1.     Gesamtkostenverfahren

Industrieunternehmen steht es frei, die nach § 242 Abs. 2 HGB, § 264 Abs. 1 Satz 1 HGB, § 5 Abs. 1 Satz 1 PublG bzw. § 336 Abs. 2 Satz 1 HGB zu fertigende Gewinn- und Verlustrechnung auf der Basis des **Gesamtkostenverfahrens** (GKV) oder des **international üblichen Umsatzkostenverfahrens** (UKV) aufzustellen. Die unterschiedlichen Bestandteile der Gewinn- und Verlustrechnung nach dem GKV und UKV sind in § 275 Abs. 2 sowie Abs. 3 HGB näher aufgeführt. Wie noch zu zeigen sein wird, führen GKV und UKV bei Zugrundelegung **identischer Prämissen** hinsichtlich der Aufwands- und Ertragserfassung zum **gleichen Jahreserfolg**. Allerdings bestehen elementare Unterschiede im Hinblick auf den Ausweis einzelner Erfolgskomponenten. Diesen Abweichungen muss bereits beim Aufbau der Finanzbuchhaltung Rechnung getragen werden.

Beim **GKV** werden im Prinzip die nach bestimmten Arten gegliederten gesamten Aufwendungen den Umsatzerlösen und sonstigen Erträgen einer Periode gegenübergestellt. Den Bestandsveränderungen, die in Gestalt von **Bestandserhöhungen** oder **Bestandsverminderungen** bei den Erzeugnissen auftreten können, kommt im Prinzip die Aufgabe zu, die gesamten Aufwendungen der Klassen 6 und 7 den Umsatzerlösen der Periode **anzupassen**. Im Falle einer Bestandserhöhung liegt der Endbestand auf den Erzeugniskonten über dem Anfangsbestand. Diese Konstellation bedeutet, dass **mengen- und/oder wertmäßig** mehr auf Lager produziert als abgesetzt bzw. weiterverarbeitet wurde. Die gesam-

---

710   Vgl. zur Bestimmung des Alternativwerts für unfertige und fertige Erzeugnisse im Einzelnen *ADS* 1995a, Anm. 513–530 zu § 253 HGB, S. 264–271.

711   Vgl. im Detail *Glanegger* 2006, Anm. 233 zu § 6 EStG, S. 522.

ten Aufwendungen sind folglich im Verhältnis zu den verbuchten Umsatzerlösen zu hoch, da sie auch Elemente enthalten, die sich auf die vorgenommenen Lageraufstockungen beziehen. Mithin müssen Bestandserhöhungen unfertiger und/oder fertiger Erzeugnisse stets ausgleichend als **Ertragskomponenten** auf die Habenseite des Gewinn- und Verlustkontos abgebucht werden. Bei einer **Bestandsverminderung** liegt auf den Erzeugniskonten der Endbestand unter dem Anfangsbestand. In diesem Falle wurde **mengen- und/oder wertmäßig** weniger produziert als an fertigen Erzeugnissen verkauft bzw. an unfertigen Erzeugnissen in den weiteren Herstellungsprozess gegeben. Im Verhältnis zu den verbuchten Umsatzerlösen sind die gesamten Aufwendungen der Periode somit zu niedrig, da die Umsatzerlöse fertige Erzeugnisse enthalten, die aus Produktionen der Vorperiode(n) resultieren. Folglich sind Bestandsverminderungen unfertiger und/oder fertiger Erzeugnisse stets ausgleichend als **Aufwandskomponenten** auf die Sollseite des Gewinn- und Verlustkontos zu verbuchen.

Auf dem Konto »**Andere aktivierte Eigenleistungen**« sind primär selbsterstellte Gegenstände des Anlagevermögens sowie aktivierte Großreparaturen zu verbuchen.[712] Diese Leistungen repräsentieren die infolge der Aktivierung entstandenen Bestandserhöhungen auf den entsprechenden Anlagekonten und stellen gleichzeitig einen Gegenposten zu den angefallenen Aufwendungen dar. Zu berücksichtigen ist, dass der Betrag der anderen aktivierten Eigenleistungen nicht Ertragscharakter trägt, da es sich in diesem Falle lediglich um eine **Vermögensumschichtung** handelt. So erfolgt beispielsweise bei der Aktivierung selbsterstellter Anlagen eine Transformation von liquiden Mitteln (Ausgaben für Löhne, Gehälter und Material) und Vorräten (Materialentnahmen) auf die entsprechenden Anlagekonten.[713] Sofern absatzbestimmte Erzeugnisse im **Sachanlagevermögen** ausgewiesen werden sollen (z. B. Verwendung eigener Fahrzeuge eines Automobilherstellers zur dauernden Nutzung im Unternehmen), schlagen sich dann die als andere Eigenleistungen zu aktivierenden Produktwerte bestandsmindernd auf dem Konto »Fertige Erzeugnisse« nieder. In **Abb. 159** ist die Grundstruktur des **GKV** zusammenfassend dargestellt. Hier wurde angenommen, dass die Bestandserhöhung der unfertigen Erzeugnisse im Ergebnis von der Bestandsverminderung der fertigen Erzeugnisse überkompensiert wird.

**Beispiel:**
Die Eröffnungsbilanz eines einzelkaufmännischen Industrieunternehmens, das drei unterschiedliche Erzeugnisse (A, B, C) herstellt, hat am 01. 01. des Geschäftsjahres 2006 folgendes Aussehen. Der Posten »Grundstücke und Gebäude« beinhaltet bebaute Grundstücke und Betriebsgebäude mit Buchwerten von 160.000 € bzw. 107.500 €. Die unter dem Posten »Rückstellungen« ausgewiesenen Beträge beziehen sich ausschließlich auf gebildete Aufwandsrückstellungen.

---

712  Darüber hinaus kommen noch nach § 269 HGB aktivierte Aufwendungen für die Ingangsetzung und Erweiterung des Geschäftsbetriebs für einen Ausweis unter »Andere aktivierte Eigenleistungen« in Betracht. Vgl. hierzu die Ausführungen im Fünften Teil zu Gliederungspunkt III.B.3.a.
713  Vgl. *ADS* 1997b, Anm. 59 zu § 275 HGB, S. 464.

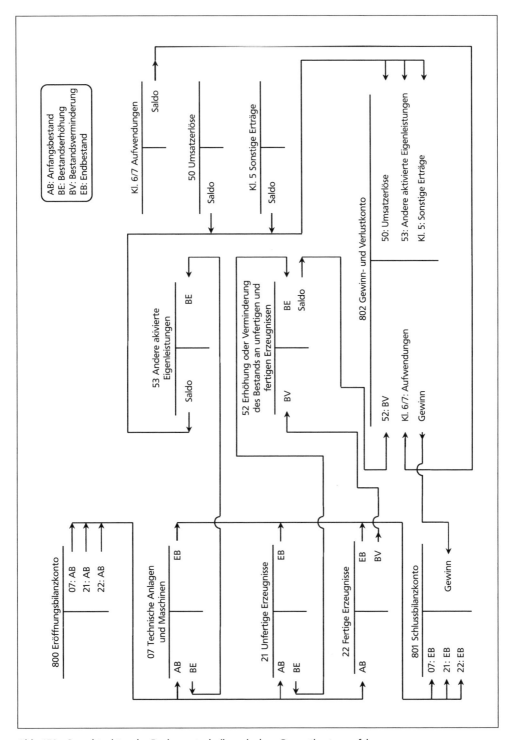

Abb. 159: Grundstruktur der Buchungstechnik nach dem Gesamtkostenverfahren

| Aktiva | Eröffnungsbilanz zum 01.01.2006 | | Passiva | |
|---|---|---|---|---|
| | | € | | € |
| A. Anlagevermögen | | | A. Eigenkapital | 850.000 |
|   I. Sachanlagen | | | | |
|     1. Grundstücke und | | | B. Rückstellungen | 100.000 |
|       Bauten | 267.500 | | | |
|     2. Technische Anlagen | | | C. Verbindlichkeiten | |
|       und Maschinen | 450.000 | |     1. Verbindlichkeiten | |
|     3. Betriebs- und | | |       gegenüber Kredit- | |
|       Geschäftsausstattung | 200.000 | |       instituten | 315.000 |
|   II. Finanzanlagen | | |     2. Verbindlichkeiten aus | |
|     1. Beteiligungen | 47.500 | |       Lieferungen und | |
|     2. Wertpapiere | | |       Leistungen | 145.000 |
|       des Anlagevermögens | 27.500 | | | |
| | | | D. Rechnungsabgrenzungs- | |
| B. Umlaufvermögen | | |    posten | 40.000 |
|   I. Vorräte | | | | |
|     1. Roh-, Hilfs- und | | | | |
|       Betriebsstoffe | 160.000 | | | |
|     2. fertige Erzeugnisse | 89.500 | | | |
|     3. Forderungen aus | | | | |
|       Lieferungen und | | | | |
|       Leistungen | 78.000 | | | |
|   II. Guthaben bei Kredit- | | | | |
|     instituten | 130.000 | | | |
| | 1.450.000 | | | 1.450.000 |

## Laufende Buchungen:

(1) Der passive Rechnungsabgrenzungsposten (40.000 €), der im Geschäftsjahr 2005 ausschließlich für im Voraus erhaltene Miete gebildet wurde, ist aufzulösen.

Buchungssatz:
490 Passive Rechnungs-        an   54   Sonstige betrieb-
abgrenzung                            liche Erträge     40.000 €.

(2) Laut Entnahmescheinen sind folgende Materialien in die Fertigung gegeben worden.
    Rohstoffe         90.000 €
    Hilfsstoffe       35.000 €
    Betriebsstoffe   20.000 €

Buchungssatz:
60   Aufwendungen für       an   200   Roh-, Hilfs- und
     Roh-, Hilfs- und                      Betriebsstoffe     145.000 €.
     Betriebsstoffe

(3) Verkauf von fertigen Erzeugnissen in Höhe von 600.000 € (einschl. 20 % USt) gegen Banküberweisung unter Abzug eines 2 %igen Skontos von 12.000 €.

Buchungssatz:

| | | | | |
|---|---|---|---|---|
| 280 Guthaben bei | | an | 500 Umsatzerlöse | 500.000 € |
| Kreditinstituten | 588.000 € | | | |
| 5001 Erlösberichti- | | | 480 Umsatzsteuer | 98.000 €. |
| gungen | 10.000 € | | | |

(4) Einkauf von Rohstoffen auf Ziel in Höhe von 72.000 € (einschl. 20 % USt).

Buchungssatz:

| | | | | |
|---|---|---|---|---|
| 200 Roh-, Hilfs und | | an | 44 Verbindlichkeiten aus | |
| Betriebsstoffe | 60.000 € | | Lieferungen und | |
| 260 Vorsteuer | 12.000 € | | Leistungen | 72.000 €. |

(5) Bruttolöhne und -gehälter in Höhe von 75.000 € bzw. 115.000 € werden unter Abzug von Lohnsteuer (57.000 €) und Sozialversicherung (Arbeitgeber- und Arbeitnehmeranteil je 7.500 €) überwiesen.

Buchungssatz:

| | | | | |
|---|---|---|---|---|
| 62 Löhne | 75.000 € | an | 280 Guthaben bei | |
| | | | Kreditinstituten | 125.500 € |
| 63 Gehälter | 115.000 € | | 483 Sonstige Verbindlich- | |
| | | | keiten gegenüber | |
| | | | Finanzbehörden | 57.000 € |
| 64 Soziale | | | 484 Verbindlichkeiten | |
| Abgaben | 7.500 € | | gegenüber Sozial- | |
| | | | versicherungsträgern | 15.000 €. |

(6) Begleichung der Verbindlichkeiten gegenüber Sozialversicherungsträgern und Finanzbehörden [vgl. Geschäftsvorfall (5)] durch Banküberweisung.

Buchungssatz:

| | | | | |
|---|---|---|---|---|
| 483 Sonstige Verbindlich- | | an | 280 Guthaben bei | |
| keiten gegenüber | | | Kreditinstituten | 72.000 €. |
| Finanzbehörden | 57.000 € | | | |
| 484 Verbindlichkeiten | | | | |
| gegenüber Sozial- | | | | |
| versicherungs- | | | | |
| trägern | 15.000 € | | | |

(7) Verkauf einer linear abgeschriebenen Fertigungsanlage durch Banküberweisung in Höhe von 51.000 € (einschl. 20 % USt) am 01.08.2005. Die Anlage stand am 01.01. 2006 mit 81.000 € zu Buche und wurde Anfang Januar 2004 in Betrieb genommen. Während die Anschaffungskosten 108.000 € betrugen, beläuft sich die betriebsgewöhnliche Nutzungsdauer auf 8 Jahre.

Buchungssatz:

| 280 | Guthaben bei Kreditinstituten | 51.000 € | an | 07 | Technische Anlagen und Maschinen | 81.000 € |
| 650 | Abschreibungen auf Sachanlagen | 7.875 € | | 480 | Umsatzsteuer | 8.500 €. |
| 696 | Verluste aus dem Abgang von Vermögensgegenständen | 30.625 € | | | | |

**Abschlussangaben:**

(8) Die planmäßigen Abschreibungen betragen [ohne Abschreibungen aus Geschäftsvorfall (7)]

| auf Betriebsgebäude | 30.000 €, |
| auf technische Anlagen und Maschinen | 70.000 €, |
| auf Betriebs- und Geschäftsausstattung | 45.000 €. |

Buchungssatz:

| 652 | Abschreibungen auf Sachanlagen | 145.000 € | an | 053 | Betriebsgebäude | 30.000 € |
| | | | | 07 | Technische Anlagen und Maschinen | 70.000 € |
| | | | | 08 | Betriebs- und Geschäftsausstattung | 45.000 €. |

(9) Bestimmte Wertpapiere des Anlagevermögens, die Anfang des Jahres 2006 mit ihren Anschaffungskosten von 27.500 € zu Buch standen, sind während des Geschäftsjahres zunächst um 4.000 € im Wert gestiegen, später jedoch voraussichtlich dauerhaft auf 18.500 € gesunken.

Buchungssatz:

| 740 | Abschreibungen auf Finanzanlagen | | an | 150 | Wertpapiere des Anlagevermögens | 9.000 €. |

(10) Eine im Vorjahr gebildete Rückstellung für unterlassene Instandhaltung in Höhe von 37.500 € wurde im Geschäftsjahr 2006 nicht in Anspruch genommen und ist deshalb aufzulösen.

Buchungssatz:

| 399 | Sonstige Rückstellungen für Aufwendungen | | an | 54 | Sonstige betriebliche Erträge | 37.500 €. |

(11) Ermittlung/Abführung der Umsatzsteuer-Zahllast durch Banküberweisung an das Finanzamt.

Buchungssätze:

| (11a) | 480 | Umsatzsteuer | | an | 260 | Vorsteuer | 12.000 € |
| (11b) | 480 | Umsatzsteuer | | an | 280 | Guthaben bei Kreditinstituten | 94.500 €. |

(12) Die Zahlen der innerbetrieblichen Abrechnung zeigen für das Geschäftsjahr 2006 folgendes Aussehen.

|   | Fertigungsmaterial | 100.000 € |
|---|---|---|
| + | Materialgemeinkosten laut BAB | 40.000 € |
| + | Fertigungslohn | 76.500 € |
| + | Fertigungsgemeinkosten laut BAB | 122.400 € |
| = | Herstellkosten | 338.900 € |
| + | Verwaltungsgemeinkosten laut BAB | 84.725 € |
| + | Vertriebsgemeinkosten laut BAB | 71.750 € |
| = | Selbstkosten | 495.375 €. |

Bei der Aufstellung des BAB wurden weder Anders- noch Zusatzkosten verrechnet. Die Summe der Selbstkosten in Höhe von 495.375 € (176.500 € Einzelkosten und 318.875 € Gemeinkosten) setzt sich aus nachstehenden Aufwandsarten zusammen.

|   | 60 | Aufwendungen für Roh-, Hilfs- und Betriebsstoffe | 145.000 € |
|---|---|---|---|
| + | 62 | Löhne | 75.000 € |
| + | 63 | Gehälter (davon 28.500 € Verwaltungsgemeinkosten) | 115.000 € |
| + | 64 | Soziale Abgaben (davon 1.875 € Verwaltungsgemeinkosten) | 7.500 € |
| + | 65 | Abschreibungen (davon 41.125 € Verwaltungsgemeinkosten) | 152.875 € |
| = |  | Selbstkosten | 495.375 €. |

**Abb. 160** gibt Auskunft über den Anfangsbestand (AB in Stück), die Erzeugnisbewegungen (Zugänge/Abgänge in Stück), die Herstellungskosten pro Stück des Anfangsbestands (kh/AB) und die mengenmäßigen Inventurwerte (EB in Stück).

Während mit dem Terminus »Zugänge« die Produktionsmengen des Geschäftsjahres umschrieben werden, bringt der Begriff »Abgänge« die mengenmäßigen Umsätze des Geschäftsjahres zum Ausdruck. In der betrachteten Industrieunternehmung werden stets

| Erzeugnisse/Andere aktivierte Eigenleistungen | AB in Stück | kh/AB in € | Zugänge in Stück | Abgänge in Stück | EB in Stück | |
|---|---|---|---|---|---|---|
| | | | | | Erzeugnisse | Andere aktivierte Eigenleistungen |
| A | 400 | 110 | 1.200 | 1.300 | 300 | – |
| B | 500 | 45 | 2.600 | 2.600 | 500 | – |
| C | 200 | 115 | 1.400 | 1.500 | 100 | – |
| B | – | – | 200 | – | – | 200 |

Abb. 160: Bestandsveränderungen im Geschäftsjahr 2006

zunächst die Lagerbestände aus der/den Vorperiode(n) veräußert, bevor auf die Produktion der Referenzperiode zurückgegriffen wird. Diese Verbrauchsfolge bedeutet für das Erzeugnis B, dass die im Geschäftsjahr 2006 abgesetzten 2.600 Stück im Umfange von 500 Stück aus dem Anfangsbestand und in Höhe von 2.100 Stück aus der Fertigung des Geschäftsjahres 2006 stammen. Folglich resultieren die im Endbestand befindlichen 500 Stück von Erzeugnis B aus der Produktion der Referenzperiode. Darüber hinaus wurden 200 Einheiten des Erzeugnisses B hergestellt, die im Sachanlagevermögen der Bilanz unter dem Posten »Betriebs- und Geschäftsausstattung« als Eigenleistungen auszuweisen sind.

Zum Zwecke der Bestandsbewertung der Erzeugnisse bzw. der anderen aktivierten Eigenleistungen bedarf es der Kalkulation ihrer Stück-Herstellungskosten. Unter der Annahme, dass die Unternehmung eine Bestandsbewertung zu Herstellkosten (Untergrenze der steuerrechtlichen Herstellungskosten) im Jahresabschluss wünscht, das Fertigungsmaterial (Materialeinzelkosten) der Erzeugnisse A, B und C sich auf 25 €, 10 € sowie 30 € pro Stück beläuft und die Fertigungslöhne (Fertigungseinzelkosten) pro Stück 20 €, 7,50 € sowie 22,50 € betragen, dann sind unter Rückgriff auf die elektive Zuschlagkalkulation folgende Rechenschritte erforderlich.

$$\text{Zuschlagsatz Materialgemeinkosten} \quad = \frac{40.000\,\text{€}}{100.000\,\text{€}} \cdot 100 = 40\,\%$$

$$\text{Zuschlagsatz Fertigungsgemeinkosten} \quad = \frac{122.400\,\text{€}}{76.500\,\text{€}} \cdot 100 = 160\,\%$$

$$\text{Zuschlagsatz Verwaltungsgemeinkosten} \quad = \frac{84.725\,\text{€}}{338.900\,\text{€}} \cdot 100 = 25\,\%$$

| Kostenarten (in €) | Erzeugnisse/andere aktivierte Eigenleistungen | | | Summe |
| --- | --- | --- | --- | --- |
| | A | B | C | |
| Fertigungsmaterial | 25,00 | 10,00 | 30,00 | 100.000,00 |
| + Materialgemeinkosten (40 %) | 10,00 | 4,00 | 12,00 | 40.000,00 |
| + Fertigungslohn | 20,00 | 7,50 | 22,50 | 76.500,00 |
| + Fertigungsgemeinkosten (160 %) | 32,00 | 12,00 | 36,00 | 122.400,00 |
| = Herstellkosten | 87,00 | 33,50 | 100,50 | 338.900,00 |
| + Verwaltungsgemeinkosten (25 %) | 21,75 | 8,375 | 25,125 | 84.725,00 |
| = Herstellungskosten | 108,75 | 41,875 | 125,625 | 423.625,00[714] |

Abb. 161: Kalkulation der Herstellungskosten

Die Kalkulation der handels- und steuerrechtlichen Obergrenze der Herstellungskosten wäre unter der vorgegebenen Zielsetzung entbehrlich. Nunmehr können die Herstellungskosten für die Endbestände der Erzeugnisse A, B und C berechnet werden.

---

714   423.625 € = 108,75 € · 1.200 Stück + 41,875 € · 2.800 Stück + 125,625 € · 1.400 Stück.

| | | |
|---|---|---|
| Herstellungskosten Erzeugnis A: | 300 Stück · 87,00 € | = 26.100 € |
| + Herstellungskosten Erzeugnis B: | 500 Stück · 33,50 € | = 16.750 € |
| + Herstellungskosten Erzeugnis C: | 100 Stück · 100,50 € | = 10.050 € |
| = Herstellungskosten des Erzeugnisbestands | | = 52.900 €. |

Die Herstellungskosten der anderen aktivierten Eigenleistungen errechnen sich aus 200 Stück · 33,50 € = 6.700 €.

Buchungssätze:[715]

| | | | | | | |
|---|---|---|---|---|---|---|
| (12a) | 08 | Betriebs- und Geschäftsausstattung | an | 53 | Andere aktivierte Eigenleistungen | 6.700 € |
| (12b) | 801 | Schlussbilanzkonto | an | 220 | Fertige Erzeugnisse | 52.900 €. |

Die Buchwerte der übrigen Bestandskonten stimmen mit den Inventurwerten überein.

Die buchhalterische Ermittlung des Jahreserfolges nach dem Gesamtkostenverfahren sowie die Erstellung des Schlussbilanzkontos sind auf den folgenden Seiten gezeigt. Der Anfangsbestand (89.500 €) auf dem Konto 220 »Fertige Erzeugnisse« übersteigt den Endbestand (52.900 €) um 36.600 €. Diese Bestandsverminderung bringt zum Ausdruck, dass per Saldo die (mit Herstellungskosten) bewerteten Zugänge die (mit Herstellungskosten) bewerteten Abgänge (Umsätze) unterschreiten. Dies lässt sich wie folgt nachweisen.

**Abgänge:**

| | | |
|---|---|---|
| Erzeugnis A: 400 Stück · 110,00 € + 900 Stück · 87,00 € | = 122.300 € | |
| Erzeugnis B: 500 Stück · 45,00 € + 2.100 Stück · 33,50 € | = 92.850 € | |
| Erzeugnis C: 200 Stück · 115,00 € + 1.300 Stück · 100,50 € | = 153.650 € | |
| | = 368.800 €. | |

**Zugänge:**

| | | |
|---|---|---|
| Erzeugnis A: 1.200 Stück · 87,00 € | = 104.400 € | |
| Erzeugnis B: 2.600 Stück · 33,50 € | = 87.100 € | |
| Erzeugnis C: 1.400 Stück · 100,50 € | = 140.700 € | |
| | = 332.200 € | – 332.200 € |
| | | = 36.600 €. |

Kontenmäßige Darstellung:

| S | 051 Bebaute Grundstücke | | H |
|---|---|---|---|
| | € | | € |
| AB | 160.000 | (27) 801 | 160.000 |

| S | 053 Betriebsgrundstücke | | H |
|---|---|---|---|
| | € | | € |
| AB | 107.500 | (8) | 30.000 |
| | | (28) 801 | 77.500 |
| | 107.500 | | 107.500 |

---

715  Im Hinblick auf die anderen aktivierten Eigenleistungen wird unterstellt, dass die Aktivierung erst am Bilanzstichtag erfolgte, wodurch die Erfassung planmäßiger Abschreibungen für das Geschäftsjahr 2006 vernachlässigt werden kann.

| S | 07 Technische Anlagen und Maschinen | H | | |
|---|---|---|---|---|
| | € | | | € |
| AB | 450.000 | (7) | | 81.000 |
| | | (8) | | 70.000 |
| | | (29) 801 | | 299.000 |
| | 450.000 | | | 450.000 |

| S | 08 Betriebs- und Geschäfts-ausstattung | H | | |
|---|---|---|---|---|
| | € | | | € |
| AB | 200.000 | (8) | | 45.000 |
| (12a) 53 | 6.700 | (30) 801 | | 161.700 |
| | 206.700 | | | 206.700 |

| S | 13 Beteiligungen | H | |
|---|---|---|---|
| | € | | € |
| AB | 47.500 | (31) 801 | 47.500 |

| S | 150 Wertpapiere des Anlagevermögens | H | | |
|---|---|---|---|---|
| | € | | | € |
| AB | 27.500 | (9) | | 9.000 |
| | | (32) 801 | | 18.500 |
| | 27.500 | | | 27.500 |

| S | 200 Roh-, Hilfs- und Betriebsstoffe | H | | |
|---|---|---|---|---|
| | € | | | € |
| AB | 160.000 | (2) | | 145.000 |
| (4) | 60.000 | (33) 801 | | 75.000 |
| | 220.000 | | | 220.000 |

| S | 220 Fertige Erzeugnisse | H | | |
|---|---|---|---|---|
| | € | | | € |
| AB | 89.500 | (12b) 801 | | 52.900 |
| | | (15) 5202 | | 36.600 |
| | 89.500 | | | 89.500 |

| S | 240 Forderungen aus Lieferungen und Leistungen | H | |
|---|---|---|---|
| | € | | € |
| AB | 78.000 | (34) 801 | 78.000 |

| S | 260 Vorsteuer | H | |
|---|---|---|---|
| | € | | € |
| (4) | 12.000 | (11a) 480 | 12.000 |

| S | 280 Guthaben bei Kreditinstituten | H | | |
|---|---|---|---|---|
| | € | | | € |
| AB | 130.000 | (5) | | 125.500 |
| (3) | 588.000 | (6) | | 72.000 |
| (7) | 51.000 | (11b) | | 94.500 |
| | | (35) 801 | | 477.000 |
| | 769.000 | | | 769.000 |

| S | 300 Eigenkapital | H | | |
|---|---|---|---|---|
| | € | | | € |
| (36) 801 | 852.600 | AB | | 850.000 |
| | | (26) 802 | | 2.600 |
| | 852.600 | | | 852.600 |

| S | 399 Sonstige Rückstellungen für Aufwendungen | H |
|---|---|---|
| | € | € |
| (10) | 37.500 | AB | 100.000 |
| (37) 801 | 62.500 | | |
| | 100.000 | | 100.000 |

| S | 42 Verbindlichkeiten gegenüber Kreditinstituten | H |
|---|---|---|
| | € | € |
| (38) 801 | 315.000 | AB | 315.000 |

| S | 44 Verbindlichkeiten aus Lieferungen und Leistungen | H |
|---|---|---|
| | € | € |
| (39) 801 | 217.000 | AB | 145.000 |
| | | (4) | 72.000 |
| | 217.000 | | 217.000 |

| S | 480 Umsatzsteuer | H |
|---|---|---|
| | € | € |
| (11a) 260 | 12.000 | (3) | 98.000 |
| (11b) | 94.500 | (7) | 8.500 |
| | 106.500 | | 106.500 |

| S | 483 Sonstige Verbindlichkeiten gegenüber Finanzbehörden | H |
|---|---|---|
| | € | € |
| (6) | 57.000 | (5) | 57.000 |

| S | 484 Verbindlichkeiten gegenüber Sozialversicherungsträgern | H |
|---|---|---|
| | € | € |
| (6) | 15.000 | (5) | 15.000 |

| S | 490 Passive Rechnungsabgrenzung | H |
|---|---|---|
| | € | € |
| (1) | 40.000 | AB | 40.000 |

| S | 500 Umsatzerlöse | H |
|---|---|---|
| | € | € |
| (13) 5001 | 10.000 | (3) | 500.000 |
| (14) 802 | 490.000 | | |
| | 500.000 | | 500.000 |

| S | 5001 Erlösberichtigungen | H |
|---|---|---|
| | € | € |
| (3) | 10.000 | (13) 500 | 10.000 |

| S | 5002 Bestandsveränderungen an fertigen Erzeugnissen | H |
|---|---|---|
| | € | € |
| (15) 220 | 36.600 | (16) 802 | 36.600 |

| S | 53 Andere aktivierte Eigenleistungen | H |
|---|---|---|
| | € | € |
| (17) | 6.700 | (12a) | 6.700 |

| S | 54 Sonstige betriebliche Erträge | H |
|---|---|---|
| | € | € |
| (18) 802 | 77.500 | (1) | 40.000 |
| | | (10) | 37.500 |
| | 77.500 | | 77.500 |

| S | 60 Aufwendungen für Roh-, Hilfs- und Betriebsstoffe | | H |
|---|---|---|---|
| | € | | € |
| (2) | 145.000 | (19) 802 | 145.000 |

| S | 62 Löhne | | H |
|---|---|---|---|
| | € | | € |
| (5) | 75.000 | (20) 802 | 75.000 |

| S | 63 Gehälter | | H |
|---|---|---|---|
| | € | | € |
| (5) | 115.000 | (21) 802 | 115.000 |

| S | 64 Soziale Abgaben | | H |
|---|---|---|---|
| | € | | € |
| (5) | 7.500 | (22) 802 | 7.500 |

| S | 652 Abschreibungen auf Sachanlagen | | H |
|---|---|---|---|
| | € | | € |
| (7) | 7.875 | (23) 802 | 152.875 |
| (8) | 145.000 | | |
| | 152.875 | | 152.875 |

| S | 696 Verluste aus dem Abgang von Vermögensgegenständen | | H |
|---|---|---|---|
| | € | | € |
| (7) | 30.625 | (24) 802 | 30.625 |

| S | 740 Abschreibungen auf Finanzanlagen | | H |
|---|---|---|---|
| | € | | € |
| (9) | 9.000 | (25) 802 | 9.000 |

| S | 801 Schlussbilanzkonto | | | | | | H |
|---|---|---|---|---|---|---|---|
| | | | € | | | | € |
| (27) | 051 | Bebaute Grundstücke | 160.000 | (36) | 300 | Eigenkapital | 852.600 |
| (28) | 053 | Betriebsgrundstücke | 77.500 | (37) | 399 | Sonstige Rück- | |
| (29) | 07 | Technische Anlagen | | | | stellungen für | |
| | | und Maschinen | 299.000 | | | Aufwendungen | 62.500 |
| (30) | 08 | Betriebs- und | | (38) | 42 | Verbindlichkeiten | |
| | | Geschäftsausstattung | 161.700 | | | gegenüber | |
| (31) | 13 | Beteiligungen | 47.500 | | | Kreditinstituten | 315.000 |
| (32) | 150 | Wertpapiere des | | (39) | 44 | Verbindlichkeiten | |
| | | Anlagevermögens | 18.500 | | | aus Lieferungen | |
| (33) | 200 | Roh-, Hilfs- und | | | | und Leistungen | 217.000 |
| | | Betriebsstoffe | 75.000 | | | | |
| (12b) | 220 | Fertige Erzeugnisse | 52.900 | | | | |
| (34) | 240 | Forderungen aus | | | | | |
| | | Lieferungen und | | | | | |
| | | Leistungen | 78.000 | | | | |
| (35) | 280 | Guthaben bei | | | | | |
| | | Kreditinstituten | 477.000 | | | | |
| | | | 1.447.100 | | | | 1.447.100 |

| S | 802 Gewinn- und Verlustkonto nach dem GKV | | | | H |
|---|---|---|---|---|---|
| | | € | | | € |
| (16) 5202 | Bestandsveränderungen an fertigen Erzeugnissen | 36.600 | (14) 500 | Umsatzerlöse | 490.000 |
| | | | (17) 53 | Andere aktivierte Eigenleistungen | 6.700 |
| (19) 60 | Aufwendungen für Roh-, Hilfs- und Betriebsstoffe | 145.000 | (18) 54 | Sonstige betriebliche Erträge | 77.500 |
| (20) 62 | Löhne | 75.000 | | | |
| (22) 63 | Gehälter | 115.000 | | | |
| (22) 64 | Soziale Abgaben | 7.500 | | | |
| (23) 652 | Abschreibungen auf Sachanlagen | 152.875 | | | |
| (24) 696 | Verluste aus dem Abgang von Vermögensgegenständen | 30.625 | | | |
| (25) 740 | Abschreibungen auf Finanzanlagen | 9.000 | | | |
| (26) | Gewinn 300 | 2.600 | | | |
| | | 574.200 | | | 574.200 |

Die Struktur der Gewinn- und Verlustrechnung nach dem GKV in Staffelform ist in § 275 Abs. 2 HGB kodifiziert.[716] Das **Betriebsergebnis** setzt sich aus der **Gesamtleistung** (Posten 1., 2., 3., 5., 6. und 7.) zuzüglich sonstiger betrieblicher Erträge (Posten 4.) und abzüglich sonstiger betrieblicher Aufwendungen (Posten 8.) zusammen.[717] Zu beachten ist, dass unter den Posten 15. (außerordentliche Erträge) und 16. (außerordentliche Aufwendungen) nur solche Erträge und Aufwendungen auszuweisen sind, die außerhalb der **gewöhnlichen Geschäftstätigkeit** der Unternehmung anfallen (§ 277 Abs. 4 Satz 1 HGB). Als Beispiele können etwa Gewinne bzw. Verluste aus der Veräußerung ganzer Betriebe oder Beteiligungen, außerplanmäßige Abschreibungen aus Anlass außergewöhnlicher Ereignisse, einmalige Zuschüsse der öffentlichen Hand und Erträge aus dem Forderungsverzicht von Gläubigern genannt werden.[718] Der Posten **Jahresüberschuss/Jahresfehlbetrag** (Posten 20.) entspricht bei Einzelunternehmen und Personenhandelsgesellschaften den Termini **Gewinn/Verlust**.

---

716  Vgl. hierzu die Ausführungen im Zweiten Teil zu Gliederungspunkt IV.C.
717  Kleine und mittelgroße Kapitalgesellschaften sowie kleine und mittelgroße »kapitalistische« Personenhandelsgesellschaften (§ 264 a Abs. 1 Satz 1 HGB) im Sinne von § 267 Abs. 1 bzw. Abs. 2 HGB und eingetragene Genossenschaften (§ 336 Abs. 2 Satz 1 HGB) können gemäß § 276 HGB die Posten Nr. 1 bis Nr. 5 zu einem Posten unter der Bezeichnung »Rohergebnis« zusammenfassen. Vgl. hierzu auch die Ausführungen im Zweiten Teil zu Gliederungspunkt IV.C.
718  Vgl. *Förschle* 2006c, Anm. 222 zu § 275 HGB, S. 1105.

**Beispiel:**

Unter Zugrundelegung der abgebildeten Gewinn- und Verlustrechnung in Kontenform lässt sich nun die entsprechende Erfolgsrechnung in Staffelform nach dem GKV gemäß § 275 Abs. 2 HGB fertigen. Nach h. M. genügt es bei der Aufstellung der Gewinn- und Verlustrechnung in Staffelform nicht, lediglich die von § 275 Abs. 2 HGB (Posten 14. und Posten 17.) vorgeschriebenen Zwischensummen anzugeben, sondern gemäß des in § 243 Abs. 2 HGB verankerten Prinzips der Klarheit und Übersichtlichkeit sollte die Gewinn- und Verlustrechnung sinnvoll durch Vorspalten gegliedert und ausgewiesene Zwischensummen mit einem Vorzeichen versehen sein, um zu dokumentieren, ob es sich um einen Aufwands- oder Ertragsüberschuss handelt.[719]

| | | |
|---|---:|---:|
| 1. Umsatzerlöse | 490.000 € | |
| 2. Verminderung des Bestands an fertigen Erzeugnissen | 36.600 € | |
| | | (+) 453.400 € |
| 3. Andere aktivierte Eigenleistungen | | 6.700 € |
| 4. Sonstige betriebliche Erträge | | 77.500 € |
| | | (+) 537.600 € |
| 5. Materialaufwand: a) Aufwendungen für Roh-, Hilfs- und Betriebsstoffe | 145.000 € | |
| 6. Personalaufwand: a) Löhne und Gehälter | 190.000 € | |
| b) soziale Abgaben | 7.500 € | |
| 7. Abschreibungen: a) auf Sachanlagen | 152.875 € | |
| 8. Sonstige betriebliche Aufwendungen | 30.625 € | |
| | | − 526.000 € |
| | | (+) 11.600 € |
| 9. Abschreibungen auf Finanzanlagen | | 9.000 € |
| 10. Ergebnis der gewöhnlichen Geschäftstätigkeit = Jahresüberschuss (Gewinn) | | (+) 2.600 €. |

Unter Berücksichtigung der Erfolgsspaltung der vorstehenden Gewinn- und Verlustrechnung lassen sich folgende Kennzahlen ableiten:

| | |
|---|---:|
| – Gesamtleistung | − 35.275 €[720] |
| – Betriebsergebnis | + 11.600 €[721] |
| – Finanzergebnis | − 9.000 € |
| – außerordentliches Ergebnis | 0 € |
| – Jahresergebnis (Erfolg) | + 2.600 €. |

---

719   Vgl. *ADS* 1997b, Anm. 39 zu § 275 HGB, S. 456–458.

720   −35.275 € = 490.000 € − 36.600 € + 6.700 € − 145.000 € − 190.000 € − 7.500 € − 152.875 €.

721   11.600 € = −35.275 € + 77.500 € − 30.625 €.

## 2.    Umsatzkostenverfahren

Anders als beim GKV werden beim UKV den **Umsatzerlösen** der Periode die zu **Herstellungskosten bewerteten veräußerten Produkte** des Rechnungszeitraums auf dem Gewinn- und Verlustkonto gegenübergestellt, und zwar unabhängig davon, ob die Herstellungskosten in der/den Vorperiode(n) oder aber in der Referenzperiode angefallen sind. Im Gegensatz zum GKV kann das UKV nicht unmittelbar aus den Kontenplänen der Finanzbuchhaltung abgeleitet werden, da die betrieblichen Aufwendungen laut § 275 Abs. 3 HGB **funktional** nach den Bereichen **Herstellung, Vertrieb und allgemeine Verwaltung** zu gliedern sind. Die Zuordnung der Aufwandsarten zu den genannten Funktionsbereichen wird erleichtert, wenn im Unternehmen eine ausgebaute **Kostenstellen- und Kostenträgerrechnung** vorliegt.

Abb. 162 zeigt die grundlegende Buchungsstruktur bei Anwendung des **UKV**. Die gesamten, in den Kontenklassen 6 und 7 des IKR erfassten Aufwendungen müssen zunächst in **Herstellungskosten, Vertriebskosten, allgemeine Verwaltungskosten, sonstige betriebliche Aufwendungen sowie sonstige Aufwendungen** aufgespalten und auf die entsprechenden Konten der Klasse 8 verbucht werden. Als Herstellungskosten sind zunächst **sämtliche** Aufwendungen des Geschäftsjahres zu erfassen, die im **Herstellungsbereich** der Unternehmung entstanden sind. Folglich kommen für eine Abbuchung auf das Ergebniskonto 83 »Allgemeine Verwaltungskosten« nur solche Aufwandsbestandteile in Betracht, die weder zu den Herstellungs- noch zu den Vertriebskosten der Periode zählen. Zu diesen **nicht herstellungsbezogenen Verwaltungskosten** gehören grundsätzlich alle Material- und Personalaufwendungen sowie Abschreibungen aus dem **Verwaltungsbereich**. Dieses werden primär die in der Hauptkostenstelle »Verwaltung« erfassten Gemeinkostenbeträge sein. Darüber hinaus ist darauf zu achten, dass auf dem Konto 81 »Herstellungskosten« alle planmäßigen und auch außerplanmäßigen Abschreibungen zu erfassen sind, sofern sie auf Vermögensgegenstände des **Herstellungsbereichs** entfallen. Mithin stimmen der Herstellungskostenbegriff der Bilanz gemäß § 255 Abs. 2 und 3 HGB und der Herstellungskostenbegriff der Erfolgsrechnung nach dem UKV **nicht** überein. Das Konto 84 »Sonstige betriebliche Aufwendungen« sammelt diejenigen Aufwendungen, die nicht den Funktionsbereichen Herstellung, Verwaltung und Vertrieb zugeordnet werden können. Ähnliches gilt für die in der Kontenklasse 7 angeführten sonstigen Aufwandskonten. Anschließend sind die mit **bilanziellen Herstellungskosten** bewerteten selbsterstellten Anlagen und Bestandsveränderungen unfertiger und fertiger Erzeugnisse wie folgt zu verbuchen, wobei per Saldo eine Bestandsverminderung der Erzeugnisse unterstellt wird.

| 07 | Technische Anlagen und Maschinen | an | 81 | Herstellungskosten |
|----|----------------------------------|----|----|--------------------|
| 81 | Herstellungskosten | an | 52 | Erhöhung oder Verminderung des Bestands an fertigen und unfertigen Erzeugnissen |

Der sich auf dem Konto 81 »Herstellungskosten« ergebende Saldo, der mit dem Terminus »Herstellungskosten der zur Erzielung der Umsatzerlöse erbrachten Leistungen« (§ 275 Abs. 3 Posten 2. HGB) vom Gesetzgeber belegt wird, ist auf das Konto 803 »Gewinn- und Verlust« zu verbuchen. Somit umfasst dieser Posten alle Aufwendungen des Herstellungsbereichs im Geschäftsjahr, sofern sie nicht aktiviert werden (**Bestandserhöhungen**), zuzüglich derjenigen Aufwendungen, mit denen bisher aktivierte und im Geschäftsjahr abgesetzte fertige Erzeugnisse bzw. weiter verarbeitete unfertige Erzeugnisse in der Vorperiode bilan-

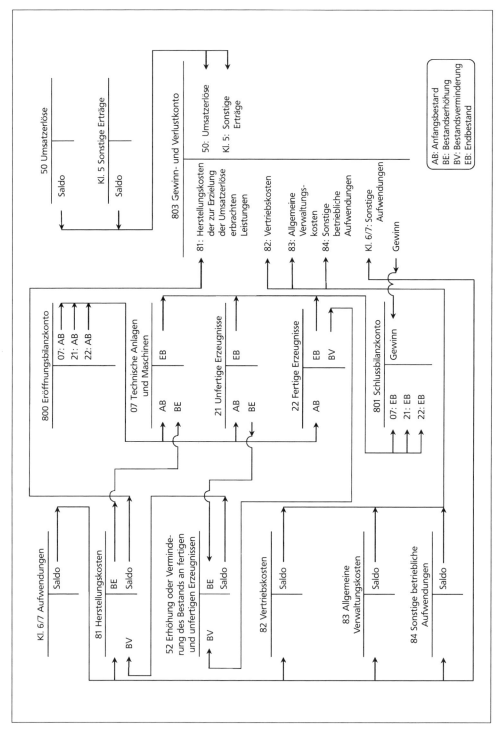

Abb. 162: Grundstruktur der Buchungstechnik nach dem Umsatzkostenverfahren

ziert waren (**Bestandsverminderungen**). Die sich auf den Ergebniskonten 82, 83 und 84 ergebenden Salden sind sodann auf das Gewinn- und Verlustkonto zu verbuchen. Es werden Aufwendungen für **mengenmäßige Zugänge** von aktivierten Eigenleistungen und Bestandserhöhungen vom Konto 81 »Herstellungskosten« auf die entsprechenden Bestandskonten gebucht. Etwas anderes gilt für **Zuschreibungen** auf Vermögensgegenstände des Herstellungsbereichs, die ähnlich wie beim GKV, unter Posten 6. »sonstige betriebliche Erträge« zu erfassen sind.[722] Sofern Verwaltungsgemeinkosten der Rechnungsperiode in die bilanziellen Herstellungskosten selbsterstellter Anlagen und Erzeugnisbestände gemäß § 255 Abs. 2 Satz 4 HGB bzw. R 6.3 Abs. 4 Satz 1 EStR einbezogen wurden, sind die auf die Endbestände entfallenden Aufwandsbestandteile aus dem Sammelkonto 83 **herauszubuchen**, damit unter dem Posten 5. »allgemeine Verwaltungskosten« der Gewinn- und Verlustrechnung nach § 275 Abs. 3 HGB nur diejenigen Verwaltungsaufwendungen zum Ausweis kommen, die sich zum einen auf die während des Geschäftsjahres produzierten und abgesetzten Erzeugnisse beziehen und die zum anderen nicht in der Jahresbilanz erscheinen. Der entsprechende Buchungssatz lautet dann wie folgt:[723]

07   **Technische Anlagen und Maschinen   an   83   Allgemeine Verwaltungskosten.**
21   **Unfertige Erzeugnisse**
22   **Fertige Erzeugnisse**

Folglich werden die in den Herstellungskosten von verkauften Erzeugnissen aus **Vorjahresbeständen** ggf. enthaltenen Verwaltungsgemeinkosten im Rahmen des Postens »Herstellungskosten der zur Erzielung der Umsatzerlöse erbrachten Leistungen« erfasst. Auf die gleiche Art und Weise sind Teile der bilanziellen Herstellungskosten (z. B. Material- und Fertigungsgemeinkosten) zu behandeln, die aus **handelsrechtlicher Sicht** nicht in die Bilanzansätze von Eigenleistungen und Erzeugnisbeständen einbezogen werden. Der **nicht aktivierte Unterschiedsbetrag** zu den Vollkosten wird dann nach h. M. im Falle von Bestandsveränderungen innerhalb des Postens »Herstellungskosten der zur Erzielung der Umsatzerlöse erbrachten Leistungen« ausgewiesen.[724]

Beim UKV setzt sich das **Betriebsergebnis** aus dem Umsatzergebnis (Posten 3.), abzüglich Vertriebskosten (Posten 4.), allgemeiner Verwaltungskosten (Posten 5.) und sonstiger betrieblicher Aufwendungen (Posten 7.) zuzüglich sonstiger betrieblicher Erträge (Posten 6.) zusammen.[725] Allerdings können **Unterschiede** zu bestimmten Posten und Zwischenergebnissen im Verhältnis zum GKV auftreten. Wie gezeigt wurde, sind beim UKV lediglich diejenigen Aufwendungen, die nicht den genannten Funktionsbereichen Herstellung, Vertrieb und allgemeine Verwaltung zuzuordnen sind, in den übrigen, nach Aufwandsarten unterschiedenen Posten der Erfolgsrechnung auszuweisen. Hierdurch besteht die Möglichkeit, dass bei identisch bezeichneten Aufwandsarten **inhaltliche Abweichungen** gegenüber dem GKV auftreten können. Werden z. B. aktivierungsfähige Steuern und Zinsen in den Posten 2. des UKV einbezogen, so stimmen beide Methoden der Erfolgsrechnung noch nicht im Er-

---

722   Vgl. *Förschle* 2006c, Anm. 300 f. zu § 275 HGB, S. 1119.
723   Ähnliches gilt bei der Aktivierung (sonstiger) betrieblicher Aufwendungen als Herstellungskosten nach § 255 Abs. 2 und Abs. 3 HGB (z. B. Fremdkapitalzinsen).
724   Vgl. *ADS* 1997b, Anm. 223 zu § 275 HGB, S. 528 f.
725   Sofern kleine und mittelgroße Kapitalgesellschaften sowie kleine und mittelgroße »kapitalistische« Personenhandelsgesellschaften (§ 264 a Abs. 1 Satz 1 HGB) oder eingetragene Genossenschaften (§ 336 Abs. 2 Satz 1 HGB) die verkürzte Darstellungsmethode nach § 276 HGB wählen, ist zu beachten, dass die ausgewiesenen Rohergebnisse nach GKV und UKV differieren. Vgl. zur verkürzten Darstellung der Gewinn- und Verlustrechnung die Ausführungen im Zweiten Teil zu Gliederungspunkt IV.C.

gebnis der gewöhnlichen Geschäftstätigkeit, und damit auch nicht im Betriebs- und Finanzergebnis, sondern nur im Jahresergebnis überein.[726] Weiterhin werden außerplanmäßige Abschreibungen auf Vermögensgegenstände des Herstellungsbereichs (z. B. technische Anlagen und Maschinen sowie Vorräte) und Verluste beim Abgang dieser Wirtschaftsgüter beim GKV unter den Posten 7. bzw. 8. des Gliederungsschemas nach § 275 Abs. 2 HGB erfasst, während diese Aufwendungen im Rahmen des UKV in den Posten 2. »Herstellungskosten der zur Erzielung der Umsätze erbrachten Leistungen« eingehen. Da sich bei derartigen Konstellationen lediglich ein Austausch in den Posten des Betriebsergebnisses abspielt, stimmen in diesen Fällen das Betriebs- und Finanzergebnis sowie das Ergebnis der gewöhnlichen Geschäftstätigkeit überein.

**Beispiel:**
Die Daten des vorstehenden Beispiels zum GKV sollen nun unter folgenden Prämissen geändert werden.

(1)  Buchhalterische Ermittlung des Jahreserfolgs für den Geschäftsgang nach dem UKV.

(2)  Erstellung der entsprechenden Erfolgsrechnung in Staffelform gemäß § 275 Abs. 3 HGB.

(3)  Darstellung der geänderten Struktur der Erfolgsrechnung unter Zugrundelegung des UKV, wenn die bilanzielle Bestandsbewertung der Erzeugnisse und der anderen Eigenleistungen (3.1) mit der Untergrenze der handelsrechtlichen Herstellungskosten und (3.2) mit der Obergrenze der handelsrechtlichen Herstellungskosten vorgenommen würde.

(4)  Erstellung der Erfolgsrechnung in Staffelform nach dem GKV (§ 275 Abs. 2 HGB) unter Zugrundelegung der unter (3) angesprochenen modifizierten Bestandsbewertung.

Zu (1):
Bis zum Buchungsansatz (11b) ist die Buchungstechnik im Verhältnis zum GKV identisch. Dann werden aber folgende spezifische Abschlussbuchungen zusätzlich notwendig.

| | | | | | | | |
|---|---|---|---|---|---|---|---|
| (12a) | 08 | Betriebs- und Geschäftsausstattung | | an | 81 | Herstellungskosten | 6.700 € |
| (12b) | 801 | Schlussbilanzkonto | | an | 220 | Fertige Erzeugnisse | 52.900 € |
| (16) | 81 | Herstellungskosten | 369.525 € | an | 60 | Aufwendungen für Roh-, Hilfs- und Betriebsstoffe | 145.000 € |
| | 82 | Vertriebskosten | 71.750 € | | | | |
| | 83 | Allgemeine Verwaltungskosten | 84.725 € | | 62 | Löhne | 75.000 € |
| | | | | | 63 | Gehälter | 115.000 € |
| | | | | | 64 | Soziale Abgaben | 7.500 € |
| | | | | | 65 | Abschreibungen auf Sachanlagen | 152.875 € |
| | | | | | 696 | Verluste aus dem Abgang von Vermögensgegenständen | 30.625 € |
| (17) | 5202 | Bestandsveränderungen an fertigen Erzeugnissen | | an | 220 | Fertige Erzeugnisse | 36.600 €. |

---

726  Vgl. *Förschle* 2006c, Anm. 31 zu § 275 HGB, S. 1067 f.

Der sich auf dem Konto 81 »Herstellungskosten« ergebende Saldo von 399.425 €, der dem Posten 2. der Gewinn- und Verlustrechnung »Herstellungskosten der zur Erzielung der Umsatzerlöse erbrachten Leistungen« entspricht, setzt sich mithin aus den zu bilanziellen Herstellungskosten bewerteten Abgängen (368.800 €) zuzüglich den Verlusten aus dem Abgang von Vermögensgegenständen (30.625 €) zusammen.

Kontenmäßige Darstellung:

| S | 051 Bebaute Grundstücke | | H |
|---|---|---|---|
| | € | | € |
| AB | 160.000 | (24) 801 | 160.000 |

| S | 053 Betriebsgrundstücke | | H |
|---|---|---|---|
| | | € | € |
| AB | 107.500 | (8) | 30.000 |
| | | (25) 801 | 77.500 |
| | 107.500 | | 107.500 |

| S | 07 Technische Anlagen und Maschinen | | H |
|---|---|---|---|
| | € | | € |
| AB | 450.000 | (7) | 81.000 |
| | | (8) | 70.000 |
| | | (26) 801 | 299.000 |
| | 450.000 | | 450.000 |

| S | 08 Betriebs- und Geschäftsausstattung | | H |
|---|---|---|---|
| | € | | € |
| AB | 200.000 | (8) | 45.000 |
| (12a) 81 | 6.700 | (27) 801 | 161.700 |
| | 206.700 | | 206.700 |

| S | 13 Beteiligungen | | H |
|---|---|---|---|
| | € | | € |
| AB | 47.500 | (28) 801 | 47.500 |

| S | 150 Wertpapiere des Anlagevermögens | | H |
|---|---|---|---|
| | € | | € |
| AB | 27.500 | (9) | 9.000 |
| | | (29) 801 | 18.500 |
| | 27.500 | | 27.500 |

| S | 200 Roh-, Hilfs- und Betriebsstoffe | | H |
|---|---|---|---|
| | € | | € |
| AB | 160.000 | (2) | 145.000 |
| (4) | 60.000 | (30) 801 | 75.000 |
| | 220.000 | | 220.000 |

| S | 220 Fertige Erzeugnisse | | H |
|---|---|---|---|
| | € | | € |
| AB | 89.500 | (12b) 801 | 52.900 |
| | | (17) 5202 | 36.600 |
| | 89.500 | | 89.500 |

| S | 240 Forderungen aus Lieferungen und Leistungen | | H |
|---|---|---|---|
| | € | | € |
| AB | 78.000 | (31) 801 | 78.000 |

| S | 260 Vorsteuer | | H |
|---|---|---|---|
| | | € | € |
| (4) | 12.000 | (11a) 260 | 12.000 |

| S | 280 Guthaben bei Kreditinstituten | | H |
|---|---|---|---|
| | € | | € |
| AB | 130.000 | (5) | 125.500 |
| (3) | 588.000 | (6) | 72.000 |
| (7) | 51.000 | (11b) | 94.500 |
| | | (32) 801 | 477.000 |
| | 769.000 | | 769.000 |

| S | 300 Eigenkapital | | H |
|---|---|---|---|
| | | € | € |
| (33) 801 | 852.600 | AB | 850.000 |
| | | (23) 803 | 2.600 |
| | 852.600 | | 852.600 |

| S | 399 Sonstige Rückstellungen für Aufwendungen | | H |
|---|---|---|---|
| | € | | € |
| (10) | 37.500 | AB | 100.000 |
| (34) 801 | 62.500 | | |
| | 100.000 | | 100.000 |

| S | 42 Verbindlichkeiten gegenüber Kreditinstituten | | H |
|---|---|---|---|
| | € | | € |
| (35) 801 | 315.000 | AB | 315.000 |

| S | 44 Verbindlichkeiten aus Lieferungen und Leistungen | | H |
|---|---|---|---|
| | € | | € |
| (36) 801 | 217.000 | AB | 145.000 |
| | | (4) | 72.000 |
| | 217.000 | | 217.000 |

| S | 480 Umsatzsteuer | | H |
|---|---|---|---|
| | | € | € |
| (11a) 260 | 12.000 | (3) | 98.000 |
| (11b) | 94.500 | (7) | 8.500 |
| | 106.500 | | 106.500 |

| S | 483 Sonstige Verbindlichkeiten gegenüber Finanzbehörden | | H |
|---|---|---|---|
| | € | | € |
| (6) | 57.000 | (5) | 57.000 |

| S | 484 Verbindlichkeiten gegenüber Sozialversicherungsträgern | | H |
|---|---|---|---|
| | € | | € |
| (6) | 15.000 | (5) | 15.000 |

| S | 490 Passive Rechnungsabgrenzung | | H |
|---|---|---|---|
| | € | | € |
| (1) | 40.000 | AB | 40.000 |

| S | 500 Umsatzerlöse | | H |
|---|---|---|---|
| | | € | € |
| (13) 5001 | 10.000 | (3) | 500.000 |
| (14) 803 | 490.000 | | |
| | 500.000 | | 500.000 |

| S | 5001 Erlösberichtigungen | | H |
|---|---|---|---|
| | € | | € |
| (3) | 10.000 | (13) 500 | 10.000 |

| S | 5202 Bestandsveränderungen an fertigen Erzeugnissen | | H |
|---|---|---|---|
| | € | | € |
| (17) 220 | 36.600 | (18) 81 | 36.600 |

| S | 54 Sonstige betriebliche Erträge | | H |
|---|---|---|---|
| | € | | € |
| (15) 803 | 77.500 | (1) | 40.000 |
| | | (10) | 37.500 |
| | 77.500 | | 77.500 |

| S | 60 Aufwendungen für Roh-, Hilfs- und Betriebsstoffe | | H |
|---|---|---|---|
| | € | | € |
| (2) | 145.000 | (16) | 145.000 |

| S | 62 Löhne | | H |
|---|---|---|---|
| | € | | € |
| (5) | 75.000 | (16) | 75.000 |

| S | 63 Gehälter | | H |
|---|---|---|---|
| | € | | € |
| (5) | 115.000 | (16) | 115.000 |

| S | 64 Soziale Abgaben | | H |
|---|---|---|---|
| | € | | € |
| (5) | 7.500 | (16) | 7.500 |

| S | 652 Abschreibungen auf Sachanlagen | | H |
|---|---|---|---|
| | € | | € |
| (7) | 7.875 | (16) | 152.875 |
| (8) | 145.000 | | |
| | 152.875 | | 152.875 |

| S | 696 Verluste aus dem Abgang von Vermögensgegenständen | | H |
|---|---|---|---|
| | € | | € |
| (7) | 30.625 | (16) | 30.625 |

| S | 740 Abschreibungen auf Finanzanlagen | | H |
|---|---|---|---|
| | € | | € |
| (9) | 9.000 | (19) 803 | 9.000 |

| S | 81 Herstellungskosten | | H |
|---|---|---|---|
| | € | | € |
| (16) | 369.525 | (12a) 81 | 6.700 |
| (18) 81 | 36.600 | (20) 803 | 399.425 |
| | 406.125 | | 406.125 |

| S | 82 Vertriebskosten | | H |
|---|---|---|---|
| | € | | € |
| (16) | 71.750 | (21) 803 | 71.750 |

| S | 83 Allgemeine Verwaltungskosten | | H |
|---|---|---|---|
| | € | | € |
| (16) | 84.725 | (22) 803 | 84.725 |

| S | | 801 Schlussbilanzkonto | | | | | H |
|---|---|---|---|---|---|---|---|
| | | | € | | | | € |
| (24) | 051 | Bebaute Grundstücke | 160.000 | (33) | 300 | Eigenkapital | 852.600 |
| (25) | 053 | Betriebsgrundstücke | 77.500 | (34) | 399 | Sonstige Rück- | |
| (26) | 07 | Technische Anlagen | | | | stellungen für | |
| | | und Maschinen | 299.000 | | | Aufwendungen | 62.500 |
| (27) | 08 | Betriebs- und | | (35) | 42 | Verbindlichkeiten | |
| | | Geschäftsausstattung | 161.700 | | | gegenüber | |
| (28) | 13 | Beteiligungen | 47.500 | | | Kreditinstituten | 315.000 |
| (29) | 150 | Wertpapiere des | | (36) | 44 | Verbindlichkeiten | |
| | | Anlagevermögens | 18.500 | | | aus Lieferungen | |
| (30) | 200 | Roh-, Hilfs- und | | | | und Leistungen | 217.000 |
| | | Betriebsstoffe | 75.000 | | | | |
| (12b) | 220 | Fertige Erzeugnisse | 52.900 | | | | |
| (31) | 240 | Forderungen aus | | | | | |
| | | Lieferungen und | | | | | |
| | | Leistungen | 78.000 | | | | |
| (32) | 280 | Guthaben bei | | | | | |
| | | Kreditinstituten | 477.000 | | | | |
| | | | 1.447.100 | | | | 1.447.100 |

| S | | 803 Gewinn- und Verlustkonto nach dem UKV | | | | | H |
|---|---|---|---|---|---|---|---|
| | | | € | | | | € |
| (19) | 740 | Abschreibungen auf | | (14) | 500 | Umsatzerlöse | 490.000 |
| | | Finanzanlagen | 9.000 | (15) | 54 | Sonstige betriebliche | |
| (20) | 81 | Herstellungskosten der | | | | Erträge | 77.500 |
| | | zur Erzielung der Um- | | | | | |
| | | satzerlöse erbrachten | | | | | |
| | | Leistungen | 399.425 | | | | |
| (21) | 82 | Vertriebskosten | 71.750 | | | | |
| (22) | 83 | Allgemeine | | | | | |
| | | Verwaltungskosten | 84.725 | | | | |
| (23) | 300 | Gewinn | 2.600 | | | | |
| | | | 567.500 | | | | 567.500 |

Zu (2):

| | | | |
|---|---|---|---|
| 1. | Umsatzerlöse | | 490.000 € |
| 2. | Herstellungskosten der zur Erzielung der Umsatzerlöse erbrachten Leistungen | | 399.425 € |
| 3. | Bruttoergebnis vom Umsatz | ( + ) | 90.575 € |
| 4. | Vertriebskosten | | 71.750 € |
| 5. | Allgemeine Verwaltungskosten | | 84.725 € |
| 6. | Sonstige betriebliche Erträge | | 77.500 € |
| | | ( + ) | 11.600 € |
| 7. | Abschreibungen auf Finanzanlagen | | 9.000 € |
| 8. | Ergebnis der gewöhnlichen Geschäftstätigkeit = Jahresüberschuss (Gewinn) | ( + ) | 2.600 €. |

Unter Berücksichtigung der Erfolgsspaltung der vorstehenden Gewinn- und Verlustrechnung lassen sich folgende Kennzahlen ableiten:

| | | |
|---|---|---|
| – | Betriebsergebnis | + 11.600 €[727] |
| – | Finanzergebnis | – 9.000 € |
| – | außerordentliches Ergebnis | 0 € |
| – | Jahresergebnis (Erfolg) | + 2.600 €. |

Zu (3):

(3.1): Bestandsbewertungen mit der Untergrenze der handelsrechtlichen Herstellungskosten

| | | |
|---|---|---|
| | Herstellungskosten Erzeugnis A: 300 Stück · 45 € | = 13.500 € |
| + | Herstellungskosten Erzeugnis B: 500 Stück · 17,5 € | = 8.750 € |
| + | Herstellungskosten Erzeugnis C: 100 Stück · 52,5 € | = 5.250 € |
| = | Herstellungskosten des Erzeugnisbestands | = 27.500 €. |

Die Herstellungskosten der anderen aktivierten Eigenleistungen errechnen sich aus 200 Stück · 17,5 € = 3.500 €.

| | | | |
|---|---|---|---|
| 1. | Umsatzerlöse | | 490.000 € |
| 2. | Herstellungskosten der zur Erzielung der Umsatzerlöse erbrachten Leistungen | | 428.025 €[728] |
| 3. | Bruttoergebnis vom Umsatz | ( + ) | 61.975 € |
| 4. | Vertriebskosten | | 71.750 € |
| 5. | Allgemeine Verwaltungskosten | | 84.725 € |
| 6. | Sonstige betriebliche Erträge | | 77.500 € |
| | | (–) | 17.000 € |
| 7. | Abschreibungen auf Finanzanlagen | | 9.000 € |
| 8. | Ergebnis der gewöhnlichen Geschäftstätigkeit = Jahresfehlbetrag (Verlust) | (–) | 26.000 €. |

---

727 11.600 € = 490.000 € – 399.425 € – 71.750 € – 84.725 € + 77.500 €.
728 428.025 € = 399.425 € + 52.900 € – 27.500 € + 6.700 € – 3.500 €.

Der im Verhältnis zu (2) anfallende Ergebnisunterschied von – 28.600 € entspricht den nicht aktivierten Material- und Fertigungsgemeinkosten.[729] Dieser Differenzbetrag ist unter dem Posten 2. auszuweisen.

(3.2):   Bestandsbewertungen mit der Obergrenze der handelsrechtlichen Herstellungs-
        kosten

> Herstellungskosten Erzeugnis A: 300 Stück · 108,75 € = 32.625,00 €
> Herstellungskosten Erzeugnis B: 500 Stück ·  41,875 € = 20.937,50 €
> Herstellungskosten Erzeugnis C: 100 Stück · 125,625 € = 12.562,50 €

= Herstellungskosten des Erzeugnisbestands        = 66.125,00 €.

Die Herstellungskosten der anderen aktivierten Eigenleistungen errechnen sich aus 200 Stück · 41,875 € = 8.375 €.

| | | |
|---|---|---|
| 1. | Umsatzerlöse | 490.000 € |
| 2. | Herstellungskosten der zur Erzielung der Umsatzerlöse erbrachten Leistungen | 399.425 € |
| 3. | Bruttoergebnis vom Umsatz | ( + ) 90.575 € |
| 4. | Vertriebskosten | 71.750 € |
| 5. | Allgemeine Verwaltungskosten | 69.825 € |
| 6. | Sonstige betriebliche Erträge | 77.500 € |
| | | ( + ) 26.500 € |
| 7. | Abschreibungen auf Finanzanlagen | 9.000 € |
| 8. | Ergebnis der gewöhnlichen Geschäftstätigkeit = Jahresüberschuss (Gewinn) | ( + ) 17.500 €. |

Der im Verhältnis zu (2) anfallende Ergebnisunterschied von + 14.900 € entspricht den aktivierten Teilen der allgemeinen Verwaltungskosten[730]. Die jetzt unter dem Posten 5. ausgewiesenen Aufwendungen von 69.825 € stellen mithin die auf die in der Rechnungsperiode produzierten und abgesetzten Erzeugnisse entfallenden allgemeinen Verwaltungskosten dar. Dies lässt sich wie folgt nachweisen:

> Allgemeine Verwaltungskosten Erzeugnis A:
> 900 Stück · 21,75 €                                  = 19.575,00 €
> + Allgemeine Verwaltungskosten Erzeugnis B:
> 2.100 Stück · 8,375 €                                = 17.587,50 €
> + Allgemeine Verwaltungskosten Erzeugnis C:
> 1.300 Stück · 25,125 €                               = 32.662,50 €

= Allgemeine Verwaltungskosten des Erzeugnisabgangs   = 69.825,00 €.

---

729   – 28.600 € = 27.500 € + 3.500 € – 52.900 € – 6.700 €.
730   14.900 € = 66.125 € + 8.375 € – 52.900 € – 6.700 €.

Zu (4):

(4.1): Gewinn- und Verlustrechnung nach GKV bei einer Bestandsbewertung mit der
Untergrenze der handelsrechtlichen Herstellungskosten

| | | | |
|---|---|---|---|
| 1. | Umsatzerlöse | 490.000 € | |
| 2. | Verminderung des Bestands an fertigen Erzeugnissen | 62.000 €[731] | |
| | | | (+)  428.000 € |
| 3. | Andere aktivierte Eigenleistungen | | 3.500 € |
| 4. | Sonstige betriebliche Erträge | | 77.500 € |
| | | | (+)  509.000 € |
| 5. | Materialaufwand a) Aufwendungen für Roh-, Hilfs- und Betriebsstoffe | 145.000 € | |
| 6. | Personalaufwand a) Löhne und Gehälter | 190.000 € | |
| | b) soziale Abgaben | 7.500 € | |
| 7. | Abschreibungen a) auf Sachanlagen | 152.875 € | |
| 8. | Sonstige betriebliche Aufwendungen | 30.625 € | |
| | | | –  526.000 € |
| | | | (–)  17.000 € |
| 9. | Abschreibungen auf Finanzanlagen | | 9.000 € |
| 10. | Ergebnis der gewöhnlichen Geschäftstätigkeit = Jahresfehlbetrag (Verlust) | | (–)  26.000 €. |

(4.2): Gewinn- und Verlustrechnung nach GKV bei einer Bestandsbewertung mit der
Obergrenze der Herstellungskosten

| | | | |
|---|---|---|---|
| 1. | Umsatzerlöse | 490.000 € | |
| 2. | Verminderung des Bestands an fertigen Erzeugnissen | 23.375 €[732] | |
| | | | (+)  466.625 € |
| 3. | andere aktivierte Eigenleistungen | | 8.375 € |
| 4. | Sonstige betriebliche Erträge | | 77.500 € |
| | | | (+)  552.500 € |
| 5. | Materialaufwand b) Aufwendungen für Roh-, Hilfs- und Betriebsstoffe | 145.000 € | |

---

731  62.000 € = 400 Stück · 110 € + 900 Stück · 45 € + 500 Stück · 45 € + 2.100 Stück · 17,5 € + 200 Stück · 115 € + 1.300 Stück · 52,5 € – 1.200 Stück · 45 € – 2.600 Stück · 17,5 € – 1.400 Stück · 52,5 €.

732  23.375 € = 400 Stück · 110 € + 900 Stück · 108,75 € + 500 Stück · 45 € + 2.100 Stück · 41,875 € + 200 Stück · 115 € + 1.300 Stück · 125,625 € – 1.200 Stück · 108,75 € – 2.600 Stück · 41,875 € – 1.400 Stück · 125,625 €.

6.  Personalaufwand
    a) Löhne und Gehälter             190.000 €
    b) soziale Abgaben                  7.500 €
7.  Abschreibungen
    a) auf Sachanlagen                152.875 €
8.  Sonstige betriebliche Aufwendungen  30.625 €

                                    –   526.000 €
                                  ( + )  26.500 €

9.  Abschreibungen auf Finanzanlagen     9.000 €

10. Ergebnis der gewöhnlichen Geschäfts-
    tätigkeit = Jahresüberschuss (Gewinn)  ( + )  17.500 €.

# Vierter Teil:

# Rechnungslegung
# von Personenhandelsgesellschaften

# I. Für die Rechnungslegung maßgebende Normen des Handels- und Steuerrechts

Neben der Einzelunternehmung zählen als wichtigste Formen die Gesellschaft bürgerlichen Rechts (GbR), die Partnerschaftsgesellschaft (PartG), die Offene Handelsgesellschaft (OHG), die Kommanditgesellschaft (KG) und die stille Gesellschaft zur Gruppe der Personenunternehmen.[733] Die genannten **Personengesellschaften** können als auf vertraglicher Grundlage beruhende zweckorientierte Vereinigungen von mindestens zwei natürlichen und/oder juristischen Personen definiert werden (z. B. gemeinsame Praxen von Freiberuflern, Zusammenschlüsse von Kaufleuten oder größeren Unternehmen, die nur für einen vorübergehenden Zweck gegründet wurden). Die GbR stellt die **Grundausprägung** der Personengesellschaft dar. Die gesetzlichen Regelungen finden sich in § 705 bis § 740 BGB.[734]

Nach § 6 Abs. 1 HGB besitzen Personenhandelsgesellschaften als Formkaufleute **Kaufmannseigenschaft**. Folglich gelten für die OHG und KG im Hinblick auf die Finanzbuchhaltung zunächst die im Ersten Abschnitt des Dritten Buchs des Handelsgesetzbuches (§ 238 bis § 261 HGB) niedergelegten Vorschriften. Sofern die in Rede stehenden Unternehmensformen zwei der in § 1 Abs. 1 PublG genannten Schwellenwerte an drei aufeinander folgenden Abschlussstichtagen überschreiten, sind darüber hinaus i. V. m. § 3 Abs. 1 Nr. 1 PublG die in § 5 bis § 10 PublG verankerten erweiterten Rechnungslegungsnormen, die Bezug auf die für Kapitalgesellschaften maßgebenden Vorschriften nehmen, ergänzend heranzuziehen.[735] Ähnliches gilt nach § 264 a HGB für **besondere OHG und KG**, »… bei denen nicht wenigstens ein persönlich haftender Gesellschafter 1. eine natürliche Person oder 2. eine Offene Handelsgesellschaft, Kommanditgesellschaft oder andere Personengesellschaft mit einer natürlichen Person als persönlich haftendem Gesellschafter ist oder sich die Verbindung von Gesellschaften in dieser Art fortsetzt« (§ 264 a Abs. 1 2. HS HGB). In diesen Fällen ist neben den übrigen Vorschriften des Ersten bis Fünften Unterabschnitts des Zweiten Abschnitts des Handelsgesetzbuches insbesondere § 264 c HGB zu beachten, der spezifische Rechnungslegungsvorschriften für diese »**kapitalistischen**« **Personenhandelsgesellschaften** (Kapitalgesellschaften & Co.) enthält.[736] Schließlich existieren im Ersten und Zweiten Abschnitt des Zweiten Buchs des Handelsgesetzbuches (§ 120 bis § 122 HGB und § 167 bis 169 HGB) einige **dispositive** Vorschriften für die Verteilung des Jahreserfolgs, die Auszahlung von Gewinnanteilen und die Entnahmen. Neben bzw. anstelle diesen(r) kodifizierten Normen müssen im Rahmen der Finanzbuchhaltung von Personenhandelsgesellschaften die Bestimmungen des **Gesellschaftsvertrags** beachtet werden. Die folgenden Ausführungen konzentrieren sich auf die **Standardfälle** der Personenhandelsgesellschaf-

---

733 Häufig werden auch sog. Bruchteilsgemeinschaften, die in § 741 bis § 758 BGB geregelt sind, zur Gruppe der Personengesellschaften gerechnet. Bei diesen Gemeinschaften steht jedem Teilhaber das Recht zu, über Vermögensgegenstände oder Sondervermögen anteilsmäßig frei zu verfügen (z. B. Wohnungseigentümer- oder Patentgemeinschaften). Im Gegensatz zu BGB-Außengesellschaft, OHG und KG weisen Bruchteilsgemeinschaften kein Gesamthandsvermögen auf.

734 Vgl. hierzu die Ausführungen im Ersten Teil zu Gliederungspunkt II.B. und detailliert zu den Besonderheiten von Personen(handels)gesellschaften u. a. IDW RS HFA 7, S. 1–15.

735 Vgl. hierzu die Ausführungen im Zweiten Teil zu Gliederungspunkt IV.A.

736 Vgl. im Einzelnen *Hoffmann* 2000a, S. 837–844; *IDW RS HFA 7*, S. 1–15; *Klatte* 2000, S. 645–652; *Marten/Meyer* 2000, S. 299–325; *Strobel* 1994, S. 1293–1300; *Strobel* 1999a, S. 1025–1028; *Strobel* 1999b, S. 1713–1715; *Strobel* 1999c, S. 583–588; *Strobel* 1999d, S. 1054–1058; *Strobel* 2000, S. 53–59.

ten in der Rechtsform der OHG oder der KG, bei denen sich der Gesellschafterkreis **ausschließlich aus natürlichen Personen** zusammensetzt.

Ferner ist zu berücksichtigen, dass die steuerrechtlichen Erfolgsermittlungsvorschriften spezifische Gestaltungen der Finanzbuchhaltung auslösen können. So stellen aus **einkommensteuerrechtlicher Sicht** OHG und KG keine Steuerobjekte dar, sondern die Gesellschafter unterliegen als **natürliche Personen (Mitunternehmer)** gemäß § 15 Abs. 1 Nr. 2 EStG mit den gewerblichen Einkünften aus diesen Unternehmen **(Mitunternehmerschaften)** der Besteuerung. Neben den Erfolgsanteilen, die den Mitunternehmern aufgrund gesetzlicher oder vertraglicher Regelung aus dem Jahresergebnis der Personengesellschaft zuzurechnen sind, zählt § 15 Abs. 1 Nr. 2 EStG auch »… die Vergütungen, die der Gesellschafter von der Gesellschaft für seine Tätigkeit im Dienst der Gesellschaft oder für die Hingabe von Darlehen oder für die Überlassung von Wirtschaftsgütern bezogen hat«, zu den gewerblichen Einkünften aus der Mitunternehmerschaft. **Sondervergütungen** stellen Beträge dar, die die Gesellschafter

* für Tätigkeiten im Dienst der Gesellschaft (z. B. Gehälter für Geschäftsführertätigkeit),
* für die Überlassung von Wirtschaftsgütern an die Gesellschaft (Miete, Pacht) und
* für die Hingabe von Darlehen an die Gesellschaft (Zinsen) bezogen haben.[737]

Sondervergütungen werden aus **handelsrechtlicher Sicht** als Aufwendungen behandelt, dürfen aber den auf die Gesellschafter zu verteilenden **steuerrechtlichen Gesamtgewinn**, der gemäß § 7 i. V. m. § 2 Abs. 1 Satz 2 GewStG auch der **Gewerbesteuer** unterliegt, nicht mindern. Die in Rede stehende Regelung ist konsequent, da § 15 Abs. 1 Nr. 2 EStG davon ausgeht, dass die zu gewerblichen Einkünften erklärten Vergütungen auf einem Beitrag zur Gesellschaft beruhen und damit zu ihrem steuerrechtlichen Gewinn gehören.

Die zivilrechtlich im Eigentum der Gesellschafter stehenden Wirtschaftsgüter, die der Gesellschaft zur Nutzung überlassen wurden, stellen **kein Gesamthandsvermögen** der Unternehmung dar und dürfen deshalb auch nicht in der Handels- und Steuerbilanz ausgewiesen werden. Derartige Wirtschaftsgüter werden unter dem Terminus »**Sonderbetriebsvermögen**« subsumiert. Die das Sonderbetriebsvermögen betreffenden Wertänderungen sowie persönliche Aufwendungen und Erträge der Gesellschafter, die durch das Beteiligungsverhältnis veranlasst werden (sog. **Sonderbetriebsausgaben bzw. -einnahmen**), dürfen aber keinen Eingang in die handelsrechtliche Gewinn- und Verlustrechnung finden. Unter Berücksichtigung der aufgezeigten spezifischen steuerrechtlichen Regelungen empfiehlt sich zur Erfassung etwaiger Leistungsbeziehungen zwischen Gesellschaft und Gesellschaftern die Führung entsprechender **Sonderkonten**, aus denen ggf. für jeden betroffenen Mitunternehmer eine separate **Sonder-Bilanz** bzw. **Sonder-Erfolgsrechnung** neben dem Gesamthandels-Jahresabschluss zum Stichtag abgeleitet werden kann. Sofern darüber hinaus für bestimmte Gesellschafter eine von den handelsrechtlichen Vorschriften abweichende steuerrechtliche Bewertung des Gesamthandsvermögens der Gesamthands-

---

737 Die Klassifizierung der Sondervergütungen als gewerbliche Einkünfte liegt darin begründet, dass verhindert werden soll, Mitunternehmern die Möglichkeit einzuräumen, gewerbliche Leistungen als separate Arbeitsleistungen und/oder als Akte der Vermögensverwaltung zu behandeln und damit eine Umschichtung auf andere Einkunftsarten (z. B. selbstständige/nichtselbstständige Arbeit, Kapitalvermögen oder Vermietung und Verpachtung) vornehmen zu können, die dem Einkommen-, aber nicht der Gewerbesteuer unterliegen. Darüber hinaus zielt die in Rede stehende Regelung darauf ab, den Mitunternehmer einem Einzelgewerbetreibenden anzunähern.

gemeinschaft erforderlich wird (z. B. bei Inanspruchnahme personenbezogener Bewertungsvergünstigungen oder im Falle des Eintritts neuer Mitunternehmer), bietet es sich ebenfalls an, diese Wertdifferenzen auf gesellschafterbezogenen Spezialkonten zu erfassen, die dann zu sog. **Ergänzungs-Jahresabschlüssen** zum Stichtag zusammengefasst werden. Sonder- und Ergänzungsbilanzen stellen mithin neben der handelsrechtlichen Gesellschaftsbilanz gefertigte **steuerrechtliche Zusatzrechnungen** für einzelne Mitunternehmer dar.

# II.     Handelsrechtliche Buchungs- und Abschlusstechnik

## A.     Erfassung des Eigenkapitals bei der Offenen Handelsgesellschaft

### 1.     Variable Kapitalkonten

Aus § 120 Abs. 2 HGB ist abzuleiten, dass das Gesetz für jeden Gesellschafter lediglich die Führung eines einzigen **variablen Kapitalkontos** vorsieht, dessen jeweiliger Bestand (Kapitalanteil) sich aus der ersten Einlage (und ggf. weiteren Einlagen) zuzüglich den Gewinngutschriften und abzüglich den Verlustbelastungen und Entnahmen errechnet. Mithin stellt nach dieser Vorschrift der Endbestand auf dem Kapitalkonto den aktuellen Kapitalanteil des betreffenden Gesellschafters dar, der Einfluss auf

- die **Gewinnverteilung** (§ 121 Abs. 1 HGB),
- das **Entnahmerecht** (§ 122 HGB) und
- die **Verteilung des Liquidationsvermögens** (§ 155 Abs. 1 HGB) hat.

Zu berücksichtigen ist jedoch, dass der Gesellschaftsvertrag gemäß § 109, § 145 Abs. 1 HGB im Hinblick auf die Gewinnverteilung, das Entnahmerecht und/oder die Verteilung des Liquidationsvermögens auch von diesen Regelungen abweichen kann. **Abb. 163** gibt einen Überblick über die für die OHG geltenden **dispositiven** Vorschriften der Erfolgsbeteiligung und des Entnahmerechts. Die dort angeführten Regelungen beziehen sich auf die im **letzten** Jahresabschluss festgestellten (positiven) Kapitalanteile der Gesellschafter. Nicht zu verwechseln sind die Kapitalanteile hingegen mit den **Kapitaleinlagen**, die aufgrund des Gesellschaftsvertrages als Bar-, Sach-, Nutzungs-, Leistungseinlagen oder durch das Stehen lassen von Gewinnanteilen erbracht werden können. Sofern Gesellschafter ihre vertraglich festgelegte Einlageverpflichtung nicht erfüllt haben, liegen **ausstehende Einlagen** vor, die Ansprüche der Gesellschaft gegenüber den Gesellschaftern begründen. Werden diese von der Gesellschaft (z. B. durch Gesellschafterbeschluss) **eingefordert**, müssen die betroffenen Mitunternehmer ihren Verpflichtungen unverzüglich nachkommen. Da bei der Führung variabler Kapitalkonten jeweils per Saldo nur der durch Einlagen/Entnahmen und/oder Erfolge im Zeitablauf veränderte Kapitalanteil ausgewiesen wird, kommen etwaige ausstehende Einlagen in der Jahresbilanz **nicht** separat als Korrekturposten auf der Aktiv- oder Passivseite der Jahresbilanz zum Ansatz.

| | |
|---|---|
| **Gewinnbeteiligung** (§ 121 Abs. 1 bis Abs. 3 HGB) | (1) Jeder Gesellschafter erhält zunächst vom Jahresgewinn eine 4 %ige Verzinsung seines am Ende des letzten Geschäftsjahrs festgestellten (positiven) Kapitalanteils zuzüglich einer zeitanteiligen 4 %igen Verzinsung der Einlagen abzüglich einer zeitanteiligen 4 %igen Verzinsung der Entnahmen.<br>(2) Vom Jahresgewinn wird die Summe der nach (1) vorgenommenen Verzinsung abgezogen und der Restgewinn auf die Gesellschafter gleichmäßig (»nach Köpfen«) verteilt.<br>(3) Reicht der Jahresgewinn nicht aus, um die in (1) beschriebene 4 %ige Verzinsung zu realisieren, so ist die Verteilung mit einem unter 4 % liegenden Prozentsatz vorzunehmen, dessen Anwendung den Jahresgewinn erschöpft. |
| **Verlustbeteiligung** (§ 121 Abs. 3 HGB) | Der Jahresverlust wird im gleichen Verhältnis (»nach Köpfen«) auf die Gesellschafter verteilt. |
| **Entnahmerecht** (§ 122 Abs. 1 und Abs. 2 HGB) | (1) Jeder Gesellschafter kann bis zu 4 % seines am Ende des letzten Geschäftsjahrs festgestellten (positiven) Kapitalanteils entnehmen.<br>(2) Wurden Gesellschaftern zum Ende des letzten Geschäftsjahrs Gewinnanteile zugewiesen, die den nach (1) berechneten Betrag übersteigen, dann können auch diese Überschüsse entnommen werden, »… soweit es nicht zum offenbaren Schaden der Gesellschaft gereicht …«, d. h., der Entzug sich lediglich auf entbehrliche Betriebsmittel beschränkt.<br>(3) Das Gewinnentnahmerecht kann lediglich im Laufe des Geschäftsjahrs ausgeübt werden, das dem Jahr folgt, auf den sich der festgestellte Jahresabschluss bezieht. Mithin erlischt es mit der Feststellung des nächsten Jahresabschlusses.[738]<br>(4) Ansonsten ist ein Gesellschafter nicht befugt, ohne Einwilligung anderer Gesellschafter seinen Kapitalanteil durch weitere Gewinn- und Kapitalentnahmen zu vermindern. |

Abb. 163: Erfolgsbeteiligung und Entnahmerecht bei der OHG

Zur Erfassung der Einlagen und Entnahmen während des Geschäftsjahres werden darüber hinaus pro Gesellschafter Privatkonten als **Unterkonten** der jeweiligen Kapitalkonten geführt. Die zum Ende des Geschäftsjahres ermittelten Erfolgsanteile werden hingegen direkt vom Gewinn- und Verlustkonto, ggf. durch Zwischenschaltung eines **Ergebnisverwendungskontos,** auf die variablen Kapitalkonten der Gesellschafter gebucht, wenn sie als Stromgrößen das Kapital der Personenhandelsgesellschaft verändern. So stellen etwa Gewinnansprüche der Mitunternehmer **unabdingbare Forderungsrechte** der Gesellschafter an die Gesellschaft dar. Mithin liegt in Höhe der von § 122 Abs. 1 HGB genannten Entnahmerechte, sofern sie noch geltend gemacht werden können, **kein Eigenkapital** der Unternehmung vor. Diese Ansprüche dürfen nicht mit künftigen Verlusten zur Verrechnung kommen und sind deshalb als **Verbindlichkeiten** gegenüber den Gesellschaftern in der handelsrechtlichen Jahresbilanz **gesondert auszuweisen.**[739] Folglich muss die Verbu-

---

738  Vgl. *Hopt* 2006, Anm. 10 zu § 122 HGB, S. 582. Während die Aufstellung des Jahresabschlusses als Anfertigung eines unterschriftsreifen Entwurfs zum Bilanzstichtag mittels des (der) zur Geschäftsführung befugten Gesellschafter(s) zu definieren ist, wird mit der Feststellung des Jahresabschlusses durch in aller Regel sämtliche Gesellschafter ein Rechtsgeschäft umschrieben, das zum einen das Rechtsverhältnis der Gesellschafter untereinander konkretisiert und zum anderen die Grundlage für den nächsten Jahresabschluss schafft. Vgl. *Emmerich* 1996, Anm. 8 f. zu § 120 HGB, S. 147.

739  Vgl. *IDW RS HFA 7*, Anm. 44, S. 11; § 264 c Abs. 1 HGB.

chung von gesetzlich und vertraglich freigegebenen Gewinnanteilen nicht, wie § 120 Abs. 2 HGB vermuten lässt, über die Kapitalkonten, sondern über entsprechende Verbindlichkeitskonten erfolgen. Ähnliches gilt für Ansprüche der Gesellschaft gegenüber den Gesellschaftern auf Einzahlung von Verlustanteilen, die als **Forderungen** in der Handelsbilanz der Personenhandelsgesellschaft zu erfassen sind. Allerdings ist zu berücksichtigen, dass für die Gesellschafter nach der gesetzlichen Regelung keine Verpflichtung besteht, etwaige Verlustbeteiligungen durch Nachschüsse auszugleichen. Sofern Gewinnanteile nicht entnommen werden, z. B. um die im Gesellschaftsvertrag festgelegte Einlagenverpflichtung zu erfüllen oder negative Kapitalanteile auszugleichen, gehören sie zum Eigenkapital und sind mithin auf die entsprechenden Kapitalkonten zu verbuchen.[740]

Üben die Gesellschafter im nächsten Geschäftsjahr ihr Entnahmerecht aus, indem sie in bestimmten Abständen Mittel für ihren Lebensunterhalt entnehmen, so lauten die sich auf die im letzten Jahresabschluss als **Verbindlichkeiten** erfassten Gewinnansprüche beziehenden Buchungen grundsätzlich:

**Verbindlichkeiten gegenüber Gesellschaftern    an    Finanzkonten.**

Sofern Entnahmen getätigt werden, die sich auf Mittel beziehen, die im letzten Jahresabschluss als **Eigenkapital** pro Gesellschafter erfasst wurden, sind die Buchungen prinzipiell wie folgt zu formulieren:

**Privatkonten    an    Finanzkonten.**[741]

Hieraus folgt, dass bei der Feststellung der Kapitalanteile der Gesellschafter zum Ende des Geschäftsjahres i. S. v. § 120 Abs. 2 HGB nur die über die Privatkonten verbuchten Gewinn- und/oder Kapitalentnahmen korrigierend zu erfassen sind.

Nach h. M. bestehen keine Bedenken, die auf den einzelnen Kapitalkonten ermittelten Endbestände in der Jahresbilanz zu **einem Posten** zusammenzufassen sowie positive und negative Kapitalanteile aufzurechnen.[742] Wenn die in Rede stehende Saldierungsalternative nicht zur Anwendung kommt, sind etwaige negative Kapitalanteile wahlweise einzeln oder zusammengefasst auf der Aktivseite als **letzte Position**, z. B. unter der Bezeichnung »Nicht durch Vermögenseinlagen gedeckter Verlustanteil persönlich haftender Gesellschafter«, auszuweisen, sofern keine Zahlungsverpflichtung der (des) Gesellschafter(s) gegenüber der Gesellschaft besteht.[743] **Abb. 164** gibt die Struktur der Abschlusstechnik unter Einbeziehung von zwei OHG-Gesellschaftern (A und B), die jeweils zu Beginn des Geschäftsjahres ein positives und ein negatives Kapitalkonto aufweisen, wieder. Während Gesellschafter A seinen Gewinnanteil in voller Höhe zu entnehmen beabsichtigt, belässt B den ihm zustehenden Jahresgewinn im Unternehmen, um sein negatives Kapitalkonto auszugleichen. Die zum Ende des Geschäftsjahres festzustellenden Kapitalanteile der Gesellschafter A und B entsprechen folglich den Endbeständen auf ihren Kapitalkonten. Sie bringen darüber hinaus das **aktuelle Beteiligungsverhältnis** der Gesellschafter am Bilanzvermögen der OHG zum Ausdruck.

---

740  Nach der gesetzlichen Regelung des § 122 Abs. 1 HGB ist beim Vorliegen eines negativen Kapitalanteils die Entnahme von Gewinnen nicht möglich.
741  Zu berücksichtigen ist aber, dass der Mittelentzug auch durch Sach-, Nutzungs- und Leistungsentnahmen erfolgen kann. In diesen Fällen müssen die Gegenbuchungen dann auf den entsprechenden Anlage- bzw. Aufwandskonten erfolgen. Vgl. hierzu die Ausführungen im Dritten Teil zu Gliederungspunkt II.E.1.
742  Vgl. § 264 c Abs. 2 Satz 2 2. HS HGB.
743  Vgl. § 264 c Abs. 2 Satz 5 HGB; ähnlich *IDW RS HFA 7*, Anm. 39, S. 10.

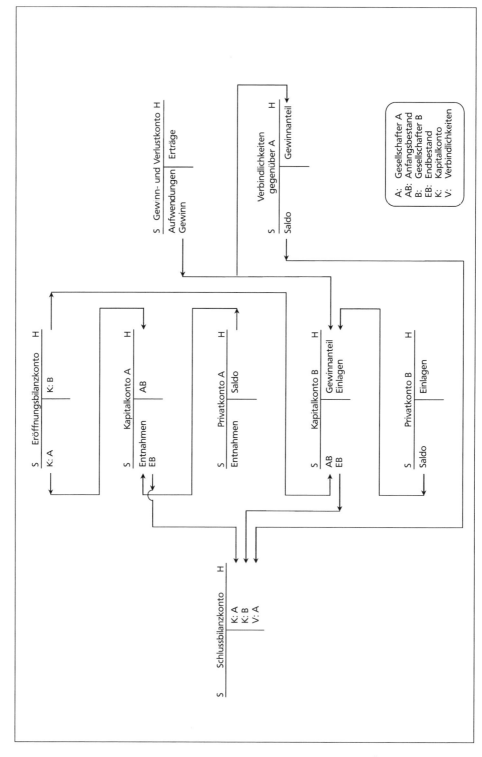

Abb. 164: Abschlusstechnik beim Vorliegen variabler Kapitalkonten

**Beispiel:**

In der XY-OHG betragen die zum 31. 12. des Geschäftsjahres 2005 bisher per Saldo getätigten Einlagen ( = Kapitalanteile) 24.000 € für Gesellschafter X und 30.000 € für Gesellschafter Y. Laut Gesellschaftsvertrag belaufen sich die zu leistenden Pflichteinlagen aber auf 25.000 € bzw. 40.000 €. Das Privatkonto des X weist am 31. 12. des Geschäftsjahres 2005 Entnahmen in Höhe von 7.500 €, das des Y in Höhe von 9.000 € aus, die beide am 30. 09. des laufenden Geschäftsjahres unter Einwilligung des jeweils anderen Gesellschafters getätigt haben. Der Jahresgewinn im Umfange von 45.000 € soll nach der gesetzlichen Regelung des § 121 HGB verteilt werden. Die Gesellschafter beabsichtigen, nur den Betrag des Jahresgewinns zu entnehmen, der nach Deckung ihrer laut Gesellschaftsvertrag zu erbringenden Pflichteinlagen übrig bleibt.

| Gesellschafter | Kapitalanteile am 31.12.2004 | Anteilige 4 %ige Verzinsung | Gewinnrest | Gewinnanteile |
|---|---|---|---|---|
| X | 24.000 € | 885 €[744] | 21.502,50 € | 22.387,50 € |
| Y | 30.000 € | 1.110 €[745] | 21.502,50 € | 22.612,50 € |
| Summe | 54.000 € | 1.995 € | 43.005 € | 45.000 € |

Abb. 165: Verteilung des Jahresgewinns für das Geschäftsjahr 2005

Kontenmäßige Darstellung:

| S | Gewinn- und Verlustkonto der XY-OHG zum 31. 12. 2005 | H |
|---|---|---|
| | € | € |
| (3) Gewinn | 45.000 | |

| S | Kapitalkonto X | | | H |
|---|---|---|---|---|
| | | € | | € |
| (1) | | 7.500 | AB | 24.000 |
| (4) SBK (EB) | | 25.000 | (3)[746] | 8.500 |
| | | 32.500 | | 32.500 |

| S | Privatkonto X | | H |
|---|---|---|---|
| | | € | € |
| Entnahmen | 7.500 | (1) | 7.500 |

| S | Verbindlichkeiten gegenüber X | | H |
|---|---|---|---|
| | | € | € |
| (6) SBK (EB) | 13.887,50 | (3) | 13.887,50 |

| S | Kapitalkonto Y | | | H |
|---|---|---|---|---|
| | | € | | € |
| (2) | | 9.000 | AB | 30.000 |
| (5) SBK (EB) | | 40.000 | (3) | 19.000 |
| | | 49.000 | | 49.000 |

| S | Privatkonto Y | | H |
|---|---|---|---|
| | | € | € |
| Entnahmen | 9.000 | (2) | 9.000 |

744  885 € = 0,04 · 24.000 € – 3/12 · 0,04 · 7.500 €.
745  1.110 € = 0,04 · 30.000 € – 3/12 · 0,04 · 9.000 €.
746  8.500 € = 25.000 € – (24.000 € – 7.500 €).

| S | Verbindlichkeiten gegenüber Y | H | | |
|---|---|---|---|---|
| | | € | | € |
| (7) SBK (EB) | 3.612,50 | (3) | | 3.612,50 |

| S | Schlussbilanzkonto der XY-OHG zum 31. 12. 2005 | | H |
|---|---|---|---|
| | | | € |
| | (4) | Kapitalkonto X | 25.000,00 |
| | (5) | Kapitalkonto Y | 40.000,00 |
| | (6) | Verbindlichkeiten gegenüber X | 13.887,50 |
| | (7) | Verbindlichkeiten gegenüber Y | 3.612,50 |

## 2.    Feste und variable Kapitalkonten

In der Praxis weichen jedoch die Gesellschaftsverträge häufig von der gesetzlichen Vorstellung variabler Kapitalkonten ab, indem vereinbart wird, dass feste Kapitalanteile **auf Dauer** für die Verteilung der Rechte und Pflichten der Gesellschafter maßgebenden Charakter besitzen sollen. Derartige Regelungen zielen auf eine Sicherung des Einfluss-, Rechte- und Pflichtenverhältnisses der Gesellschafter gegen rasche, u. U. unerwartete Änderungen ab, die das Einvernehmen stören können.[747] Die festgelegten Kapitalanteile entsprechen in aller Regel den von den Gesellschaftern aufzubringenden Kapitaleinlagen und werden auf sog. **Festkonten (Kapitalkonto I)** als unveränderbare Beträge geführt. Solange die Gesellschafter ihren Einlageverpflichtungen nicht oder nicht in voller Höhe nachgekommen sind, müssen die entsprechenden Differenzbeträge folglich als Korrekturgrößen auf aktiven Bestandskonten, die als **ausstehende Einlagen** bezeichnet werden, zur Verbuchung kommen.[748] In der Jahresbilanz der OHG sind diese Posten entsprechend dem Ausweis des Festkapitals, entweder pro Gesellschafter oder kumulativ, unter der Postenbezeichnung »ausstehende Einlagen« auf der Aktivseite **vor dem Anlagevermögen** auszuweisen. Die davon eingeforderten Beträge sollten separat vermerkt werden. Darüber hinaus besteht die Möglichkeit, die noch nicht eingeforderten ausstehenden Einlagen auf der Passivseite vom Festkapital offen abzusetzen. Bereits eingeforderte, aber noch nicht eingezahlte ausstehende Einlagen sollten bei dieser Alternative unter den **Forderungen** ausgewiesen und entsprechend bezeichnet werden.[749]

Neben dem Festkonto wird darüber hinaus für jeden Gesellschafter ein **variables Kapitalkonto (Kapitalkonto II)** geführt,[750] auf dem Gewinngutschriften, Verlustbelastungen, Entnahmen und Einlagen zur Verbuchung kommen, die nicht den festen Kapitalanteil verändern sollen.[751] Der effektive Kapitalanteil pro Gesellschafter, der sein Beteiligungsver-

---

747    Vgl. *Hopt* 2006, Anm. 14 f. zu § 120 HGB, S. 575.
748    Entnahmen auf bereits eingezahlte Teile des Festkapitals ziehen eine Erhöhung der ausstehenden Einlagen nach sich.
749    Vgl. auch § 272 Abs. 1 Satz 2 und Satz 3 HGB und die Ausführungen im Fünften Teil zu Gliederungspunkt III.B.3.d.d.b(c).
750    Das Kapitalkonto II wird auch als Privatkonto, übriges oder bewegliches Kapitalkonto bezeichnet.
751    Zur getrennten Erfassung der Entnahmen und/oder Einlagen ist es auch möglich, als Unterkonto ein Privatkonto pro Gesellschafter zu führen.

hältnis am Bilanzvermögen der Unternehmung zum Ausdruck bringt, ergibt sich dann erst durch Addition von Kapitalkonto I und II. Die Endbestände der einzelnen Kapitalkonten II können ebenfalls pro Gesellschafter oder zusammengefasst unter dem Posten »**übriges oder bewegliches Kapital**« in der Jahresbilanz auf der Passivseite zum Ausweis kommen.[752] Sofern der Gesellschaftsvertrag die Bildung von **Rücklagen** vorsieht oder Rücklagen aufgrund von Beschlüssen der Gesellschafter zu passivieren sind, gehören sie wie das Festkapital und das übrige oder bewegliche Kapital zum Eigenkapital der Unternehmung und sollten separat ausgewiesen werden.[753] **Sonderposten mit Rücklageanteil** gemäß § 247 Abs. 3 HGB sind stets getrennt vom Eigenkapital anzusetzen.[754] Unter Berücksichtigung ausstehender Einlagen auf das Festkapital ergeben sich im Falle eines zusammenfassenden Eigenkapitalausweises somit die in **Abb. 166** und **Abb. 167** gezeigten Alternativen. Die hinter einzelnen Bilanzposten angeführten Beträge sollen die unterschiedlichen Strukturen der Ausweismöglichkeiten verdeutlichen. Der bereits eingezahlte Teil auf das Festkapital beträgt mithin in beiden Fällen 80.000 €.

Zu berücksichtigen ist aber, dass auf dem Kapitalkonto II lediglich solche Beträge verbucht werden dürfen, die **keine unentziehbaren Forderungsrechte** der Gesellschafter gegenüber der Gesellschaft darstellen und folglich mit künftigen Verlusten zur Verrechnung kommen können (z. B. nicht entnommene Gewinnanteile oder zusätzliche Einlagen). Somit ist die Verbuchung gesetzlich oder vertraglich freigegebener Gewinnanteile nicht über die einzelnen Kapitalkonten II, sondern über entsprechende **Verbindlichkeitskonten** vorzunehmen. Ähnliches gilt für vertraglich durch Nachschüsse ausgleichspflichtige Verlustzuweisungen, die **Forderungen** der Gesellschaft an die Gesellschafter darstellen und deshalb nicht mit künftigen Gewinnen verrechnet werden dürfen. Zu den Schuldverhältnissen zwischen den Mitunternehmern und der Gesellschaft, die nicht im Gesellschafterverhältnis selbst begründet sind, gehören darüber hinaus z. B. Ansprüche aus Dienst-,

| Erste Alternative | | |
|---|---|---|
| Aktiva | Jahresbilanz | Passiva |
| A.   Ausstehende Einlagen    20<br>   – Davon eingefordert    5 | A.   Eigenkapital:<br>   I.   Gesellschafterkapital:<br>      1. Festkapital<br>      2. Übriges oder<br>         bewegliches Kapital | <br><br>100<br><br>25 |
|  |   II.   Rücklagen:<br>      1. Vertragsmäßige<br>         Rücklagen<br>      2. Andere Rücklagen | <br><br>15<br>20 |

Abb. 166: Erste Alternative des Eigenkapitalausweises bei der OHG[755]

---

752 Durch Verlustzuweisungen und/oder Entnahmen, die das Festkapital nicht berühren, kann das Kapitalkonto II auch negativ werden. Für den Ausweis in der Jahresbilanz gilt dann das bereits zu den variablen Kapitalkonten Ausgeführte sinngemäß.
753 Vgl. § 264 c Abs. 2 Satz 1 und Satz 8 HGB sowie die Ausführungen im Fünften Teil zu Gliederungspunkt III.B.3.d.d.c(c).
754 Vgl. im Einzelnen die Ausführungen im Dritten Teil zu Gliederungspunkt I.B.5.
755 Alle Beträge in T €.

| Zweite Alternative | | |
|---|---|---|
| Aktiva | Jahresbilanz | Passiva |
| A. Anlagevermögen<br>B. Umlaufvermögen<br>    ⋮<br>    II. Forderungen:<br>    ⋮<br>       4. Eingefordertes, noch<br>          nicht eingezahltes<br>          Festkapital      5 | A. Eigenkapital:<br>   I. Gesellschafterkapital:<br>      1. Festkapital      100<br>        – Nicht eingeforderte<br>          Ausstehende Einlagen  15<br>        = Eingefordertes<br>          Festkapital      85<br>      2. Übriges oder<br>        bewegliches Kapital    25<br><br>   II. Rücklagen:<br>      1. Vertragsmäßige Rücklagen  15<br>      2. Andere Rücklagen    20 |

Abb. 167: Zweite Alternative des Eigenkapitalausweises bei der OHG[756]

Miet-, Pacht- und Darlehensverträgen für Geschäftsführertätigkeit, Überlassung von Vermögensgegenständen sowie Hingabe von Darlehen. Diese auf das Verhältnis zum Gesellschafter hinweisenden Leistungsbeziehungen sollten über **separate Verbindlichkeits- bzw. Forderungskonten** verbucht werden. Verbindlichkeiten gegenüber Gesellschaftern bzw. Forderungen an die Gesellschafter sind dann in der Jahresbilanz entweder gesondert oder im Rahmen eines »**Davon-Vermerks**« auszuweisen.[757]

**Beispiel:**
- Der Gesellschafter A berechnet der AB-OHG Zinsen für ein von ihm privat gewährtes Darlehen.

  Buchungssatz:
  Zinsaufwendungen          an    Verbindlichkeiten gegenüber Gesellschafter A.

- Laut vertraglicher Vereinbarung erhält Gesellschafter B für die Übernahme der Geschäftsführung in der AB-OHG eine entsprechende Vergütung.

  Buchungssatz:
  Gehälter          an    Verbindlichkeiten gegenüber Gesellschafter B.

- Gesellschafter A wohnt in einem zum Gesamthandsvermögen gehörenden Haus der AB-OHG und hat vereinbarungsgemäß laufend Miete an die Unternehmung zu entrichten.[758]

  Buchungssatz:
  Forderungen gegenüber    an    Mieterträge.
  Gesellschafter A

---

756  Alle Beträge in T €.
757  Vgl. § 264 c Abs. 1 Satz 1 HGB.
758  Die Vermietung von Grundstücken und den mit ihnen verbundenen (wesentlichen) Bestandteilen ist gemäß § 4 Nr. 12. a) UStG von der Umsatzsteuer befreit. Vgl. auch R 76 Abs. 3 UStR.

- Aufgrund eines Vertrags zwischen der AB-OHG und Gesellschafter B nutzt dieser regelmäßig einen zum Gesamthandsvermögen gehörenden PKW für Privatfahrten und zahlt dafür monatlich einen festen Mietzins an die Unternehmung.

  Buchungssatz:
  Forderungen gegenüber    an    Mieterträge[759]
  Gesellschafter B                Umsatzsteuer.

**Abb. 169** zeigt zusammenfassend die Abschlusstechnik im Falle fester und variabler Kapitalkonten bei einer OHG mit zwei Gesellschaftern (A und B) unter Zugrundelegung der oben dargelegten bilanziellen Ausweisalternative für das Eigenkapital. Während Gesellschafter A seiner Pflichteinlage schon vollständig nachgekommen ist, weist Gesellschafter B zu Beginn des Geschäftsjahres noch ausstehende Einlagen auf, die aber zum Ende des Geschäftsjahres eingefordert wurden. Gesellschafter A beabsichtigt, den ihm zustehenden Gewinnanteil in voller Höhe zu entnehmen. Demgegenüber tilgt Gesellschafter B mit seinem Gewinnanteil zunächst seine ausstehenden Einlagen auf das Festkapital und gleicht darüber hinaus sein negatives Kapitalkonto II aus. Den verbleibenden Gewinn belässt B im Unternehmen. Die effektiven Kapitalanteile der Gesellschafter A und B am Bilanzvermögen der OHG ergeben sich in diesem Falle jeweils durch die Addition der Endbestände auf den Kapitalkonten I und II. Abschließend sei angemerkt, dass bei **publizitätspflichtigen Personenhandelsgesellschaften** in der Rechtsform der OHG gemäß § 9 Abs. 3 PublG **für Zwecke der Offenlegung** »… die Kapitalanteile der Gesellschafter, die Rücklagen, ein Gewinnvortrag und ein Gewinn unter Abzug der nicht durch Vermögenseinlagen gedeckten Verlustanteile von Gesellschaftern, eines Verlustvortrags und eines Verlustes in einem Posten »Eigenkapital« ausgewiesen werden…« dürfen.

**Beispiel:**
Es wird nun unterstellt, dass Gesellschafter X und Y feste Kapitalanteile in Höhe der Pflichteinlagen von 25.000 € bzw. 40.000 € vereinbart haben, die unabhängig von der Höhe der geleisteten Einlagen der Verzinsung im Rahmen der Gewinnverteilung nach § 121 HGB unterliegen sollen. Weiterhin wird angenommen, dass sämtliche ausstehen-

| Gesellschafter | Feste Kapitalanteile am 31.12.2004 | Anteilige 4%ige Verzinsung | Gewinnrest | Gewinnanteile |
|---|---|---|---|---|
| X | 25.000 € | 1.000 €[760] | 21.200 € | 22.200 € |
| Y | 40.000 € | 1.600 €[761] | 21.200 € | 22.800 € |
| Summe | 65.000 € | 2.600 € | 42.400 € | 45.000 € |

Abb. 168: Verteilung des Jahresgewinns für das Geschäftsjahr 2005

---

759  In diesen Fällen handelt es sich nicht um Nutzungsentnahmen, sondern um schuldrechtliche Beziehungen zwischen der Gesellschaft und ihren Gesellschaftern, die wie mit fremden Dritten möglich und buchungstechnisch auch so zu behandeln sind.
760  1.000 € = 0,04 · 25.000 €.
761  1.600 € = 0,04 · 40.000 €.

den Einlagen von der Gesellschaft bereits eingefordert wurden. Die Gesellschafter beabsichtigen, nur den Betrag des Jahresgewinns zu entnehmen, der nach Deckung ihrer ausstehenden Einlagen auf das Festkapital sowie ihrer durch Entnahmen negativ gewordenen Kapitalkonten II übrig bleibt. Der buchhalterische Ablauf soll nach Maßgabe der in **Abb. 166** dargestellten ersten bilanziellen Ausweisalternative für das Eigenkapital gestaltet werden.

Kontenmäßige Darstellung:

| S | Gewinn- und Verlustkonto der XY-OHG zum 31.12.2005 | H |
|---|---|---|
| | € | € |
| (1) Gewinn | 45.000 | |

| S | Kapitalkonto I X | H |
|---|---|---|
| | € | € |
| (2) SBK (EB) | 25.000 | AB | 25.000 |

| S | Kapitalkonto II X | H |
|---|---|---|
| | € | € |
| Entnahmen | 7.500 | (1) | 7.500 |

| S | Ausstehende Einlagen X | H |
|---|---|---|
| | € | € |
| AB | 1.000 | (1) | 1.000 |

| S | Verbindlichkeiten gegenüber X | H |
|---|---|---|
| | € | € |
| (4) SBK (EB) | 13.700 | (1) | 13.700 |

| S | Kapitalkonto I Y | H |
|---|---|---|
| | € | € |
| (3) SBK (EB) | 40.000 | AB | 40.000 |

| S | Kapitalkonto II Y | H |
|---|---|---|
| | € | € |
| Entnahmen | 9.000 | (1) | 9.000 |

| S | Ausstehende Einlagen Y | H |
|---|---|---|
| | € | € |
| AB | 10.000 | (1) | 10.000 |

| S | Verbindlichkeiten gegenüber Y | H |
|---|---|---|
| | € | € |
| (5) SBK (EB) | 3.800 | (1) | 3.800 |

| S | Schlussbilanzkonto der XY-OHG zum 31.12.2005 | | H |
|---|---|---|---|
| | | | € |
| (2) | Kapitalkonto I X | | 25.000 |
| (3) | Kapitalkonto I Y | | 40.000 |
| (4) | Verbindlichkeiten gegenüber X | | 13.700 |
| (5) | Verbindlichkeiten gegenüber Y | | 3.800 |

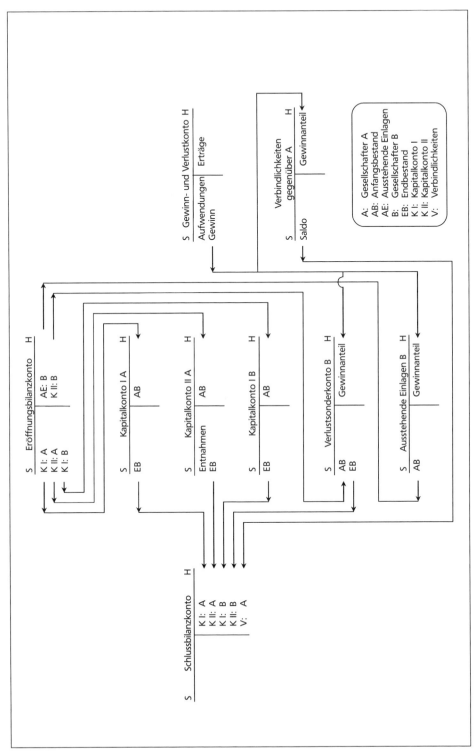

Abb. 169: Abschlusstechnik beim Vorliegen fester und variabler Kapitalkonten

# B.    Besonderheiten bei der Kommanditgesellschaft

## 1.    Gesetzliche Grundlagen

Im Hinblick auf die Erfassung des Eigenkapitals für die voll haftenden Gesellschafter einer KG gilt das vorstehend zur OHG Ausgeführte analog (§ 161 Abs. 2 HGB). Folglich besteht auch hier die Möglichkeit, für die Komplementäre entsprechend der gesetzlichen Regelung ausschließlich **variable Kapitalkonten** zu führen oder aber auf die dargelegte **Kombination aus festen und variablen Kapitalkonten** zurückzugreifen. Allerdings ist zu berücksichtigen, dass die vom Gesetz vorgesehene Erfolgsverteilungs- und Entnahmeregelungen für die KG von den für die OHG maßgebenden Vorschriften des § 121f. HGB abweichen. In **Abb. 170** sind diese nach § 163 HGB **dispositiven Normen** zusammenfassend dargestellt. Unterschiede bestehen im Verhältnis zur OHG zum einen in Bezug auf die Erfolgsverteilung, die nicht »nach Köpfen«, sondern in einem den Umständen nach »**angemessenen Verhältnis der Anteile**« vorzunehmen ist. Im **Gewinnfall** sind nach Abzug der Vorwegdividende von bis zu 4 % Verzinsung der Kapitalanteile im Hinblick auf die Bestimmung des angemessenen Verteilungsschlüssels sämtliche Umstände einschließlich der Verhältnisse aller Gesellschafter zu berücksichtigen.

So wird nach h. M. ein **Gewinnvoraus** an die Komplementäre in Gestalt einer Risikoprämie für ihre unbeschränkte Haftung und an die geschäftsführenden Gesellschafter als Entgelt für ihren Arbeitseinsatz als angemessen angesehen. Der nach Abzug des Gewinnvoraus verbleibende Restgewinn soll dann im Verhältnis der Kapitalanteile zugerechnet werden. Allerdings sind im Gegensatz zur Bestimmung der Vorzugsdividende etwaige Verlustminderungen auf die Kapitalanteile nicht zu berücksichtigen, da ansonsten bei negativen Kapitalkonten jede Gewinnverteilung für die Zukunft ausgeschlossen sein würde. Ausgangspunkt für die Aufspaltung des Restgewinns können dann nur die **effektiv erbrachten Pflichteinlagen**[762] ohne Verlustabzug sein.[763] Im **Verlustfall** liegt es nahe, die Verteilung nach Maßgabe der vertraglichen Pflichteinlagen vorzunehmen. Häufig werden die relevanten Gewinn- und Verlustverteilungsschlüssel jedoch im Gesellschaftsvertrag eindeutig festgelegt, so dass die mit Anwendung der gesetzlichen Regelung verbundenen Interpretationen eines »angemessenen Verhältnisses der Anteile« in der Praxis nur selten auftreten.

Ferner ist zu beachten, dass gemäß § 167 Abs. 2 HGB der dem Kommanditisten zustehende Jahresgewinn seinem Kapitalanteil nur solange zugeschrieben wird, bis die im Gesellschaftsvertrag festgelegte Pflichteinlage (**bedungene Einlage**[764]) erreicht ist. In aller Regel – und hieran knüpfen auch die nachfolgenden Ausführungen an – stimmt die Pflichteinlage mit dem Betrag überein, auf den sich die Haftung nach § 171 Abs. 1 HGB beschränken lässt (**Hafteinlage**) und der laut § 162 Abs. 1 HGB in das Handelsregister ein-

---

762    Im Sinne von tatsächlich geleisteten Einlagen.
763    Vgl. *Horn* 1996, Anm. 3 f. zu § 168 HGB, S. 55 f.
764    Bedungene Einlage und Pflichteinlage sind allerdings nur dann deckungsgleich, wenn keine ausstehenden Einlagen existieren.

| | |
|---|---|
| **Gewinnbeteiligung** (§ 168 i. V. m. § 121 Abs. 1 bis Abs. 2 HGB) | (1) Jeder Gesellschafter erhält zunächst vom Jahresgewinn eine 4 %ige Verzinsung seines am Ende des letzten Geschäftsjahrs festgestellten (positiven) Kapitalanteils zuzüglich einer zeitanteiligen 4 %ige Verzinsung der Einlagen abzüglich einer zeitanteiligen 4 %ige Verzinsung der Entnahmen. <br>(2) Vom Jahresgewinn wird die Summe der nach (1) vorgenommenen Verzinsung abgezogen und der Restgewinn auf die Gesellschafter in einem den Umständen nach angemessenen Verhältnis der Anteile verteilt. <br>(3) Reicht der Jahresgewinn nicht aus, um die in (1) beschriebene 4 %ige Verzinsung zu realisieren, so ist die Verteilung mit einem unter 4 % liegenden Prozentsatz vorzunehmen, dessen Anwendung den Jahresgewinn erschöpft. |
| **Verlustbeteiligung** (§ 168 Abs. 2 HGB) | Der Jahresverlust wird in einem den Umständen nach angemessenen Verhältnis der Anteile auf die Gesellschafter verteilt. |
| **Entnahmerecht des Komplementärs** (§ 161 Abs. 2 i. V. m. § 122 HGB) | (1) Jeder Komplementär kann bis zu 4 % seines am Ende des letzten Geschäftsjahrs festgestellten (positiven) Kapitalanteils entnehmen. <br>(2) Wurden Komplementären zum Ende des letzten Geschäftsjahrs Gewinnanteile zugewiesen, die den nach (1) berechneten Betrag übersteigen, dann können auch diese Überschüsse entnommen werden, »… soweit es nicht zum offenbaren Schaden der Gesellschaft gereicht …«, d. h. der Entzug sich lediglich auf entbehrliche Betriebsmittel beschränkt. <br>(3) Wird das Entnahmerecht bis zur Feststellung des Abschlusses für das Jahr, für das es ausgeübt werden kann, nicht geltend gemacht, verfällt es. <br>(4) Ansonsten ist ein Gesellschafter nicht befugt, ohne Einwilligung anderer Gesellschafter seinen Kapitalanteil durch weitere Gewinn- und Kapitalentnahmen zu vermindern. |
| **Entnahmerecht des Kommanditisten** (§ 169 HGB) | (1) Der Kommanditist hat nur Anspruch auf die Entnahme des ihm zustehenden Gewinns. Dies gilt ohne die Einschränkung von § 122 Abs. 1 HGB, dass dies nicht zum offenbaren Schaden der Gesellschaft gereichen darf.[765] <br>(2) Wird das Entnahmerecht bis zur Feststellung des Abschlusses für das Jahr, für das es ausgeübt werden kann, nicht geltend gemacht, so verfällt es grundsätzlich nur, wenn der Kommanditist auf eine Gewinnentnahme verzichtet. <br>(3) Sofern der Kapitalanteil des Kommanditisten durch Verlust unter seine geleistete Einlage (Pflichteinlage – ausstehende Einlage) herabgemindert ist, kann er keine Auszahlung des ihm zustehenden Gewinns fordern. Sein Gewinnentnahmerecht lebt folglich erst wieder nach der Verlusttilgung auf. <br>(4) Ferner besteht kein Gewinnentnahmerecht, wenn durch die Gewinnauszahlung der Kapitalanteil des Kommanditisten unter seine geleistete Einlage sinken würde. |

Abb. 170:  Erfolgsbeteiligung und Entnahmerecht bei der KG

---

765  Vgl. *Horn* 1996, Anm. 6 zu § 169 HGB, S. 558.

zutragen ist.[766] Auch wenn gesetzlich für den Kommanditisten nur ein (variables) Kapitalkonto gefordert wird, empfiehlt es sich bisweilen, **zwei Konten** einzurichten. Zum einen ein die Pflichteinlage aufnehmendes Kapitalkonto I (**Pflichtkapitalkonto**), auf dem das durch Einlagen und Entnahmen sowie Gewinn- und Verlustzuweisungen veränderbare Pflichtkapital ausgewiesen wird, zum anderen ein Kapitalkonto II (**zusätzliches Kapitalkonto**), das diejenigen Eigenkapitalveränderungen aufnimmt, die die Pflichteinlage des Kommanditisten nicht berühren. Daneben ist für jeden in der Haftung beschränkten Gesellschafter – zur Erfassung seiner entnahmefähigen Gewinnansprüche – ein **Verbindlichkeitskonto** (Gewinn-Entnahmekonto) zu führen.

## 2.     Kapitalkonten des Kommanditisten

Die Wahl des Charakters der für den Kommanditisten in Betracht kommenden Kapitalkonten ist vor dem Hintergrund ihres Ausweises in der Bilanz der KG zu entscheiden. So soll mit Hilfe des **Kapitalkontos I** den Adressaten des Jahresabschlusses gezeigt werden, ob bzw. in welcher Höhe die Kommanditisten ihre gemäß Gesellschaftsvertrag zu erbringenden **(Pflicht-)Einlagen** – auch mit haftungsbefreiender Wirkung – **geleistet** haben. In diesem Zusammenhang gilt es allerdings zu berücksichtigen, dass für den Kommanditisten gemäß § 167 Abs. 3 HGB **keine Nachschusspflicht** existiert, Verluste über seine Pflichteinlage hinaus auszugleichen.[767] Entgegen dem Wortlaut von § 167 Abs. 3 HGB bedeutet nach h. M. die dort erwähnte Beschränkung der Verlustbeteiligung auf den Kapitalanteil jedoch nicht, dass dieser kein negatives Vorzeichen annehmen kann.[768] Mithin empfiehlt es sich, die Pflichteinlage auf dem **Kapitalkonto I** als **festen Betrag** auszuweisen und ggf. noch nicht erbrachte oder zurückgezahlte Einlagen, die die Pflichteinlage schmälern, als **ausstehende Einlagen** auf einem entsprechenden aktiven Bestandskonto pro Kommanditist zu erfassen. Sofern die ausstehenden Einlagen getilgt werden sollen oder müssen, wenn es sich also um eingeforderte ausstehende Einlagen handelt, kann dies durch **Kapitaleinlagen** oder das **Stehen lassen von Gewinnanteilen** geschehen. Gewinne, die nach Deckung der eingeforderten ausstehenden Einlagen übrig bleiben, sind im Falle einer geplanten Entnahme auf ein spezielles

---

766    Nach h. M. ist für die Bilanzierung der Kapitalanteile eines Kommanditisten die gesellschaftsrechtlich zu erbringende Einlage (Pflichteinlage) und nicht die die Haftungsbeschränkung widerspiegelnde Hafteinlage maßgeblich. Vgl. stellvertretend *ADS* 1998, Anm. 72 zu § 247 HGB, S. 353. Sofern Pflicht- und Hafteinlage deckungsgleich sind, wird ein entsprechender Vermerk der Haftsumme i. S. v. § 171 Abs. 1 HGB in der Bilanz der KG für nicht erforderlich erachtet (bzw. verbietet sich unter bestimmten Voraussetzungen sogar). Weichen dagegen Pflicht- und Hafteinlage betragsmäßig voneinander ab, erscheint es aus informatorischen Gründen geboten, die Höhe der Pflicht- und Hafteinlage – in Analogie zu den Eventualverbindlichkeiten i. S. v. § 251 HGB – unter der Bilanz auszuweisen.

767    Der Ausschluss der Nachschusspflicht, d. h. der Verpflichtung, Verluste über die gesellschaftsvertraglich festgelegte Einlage hinaus auszugleichen, betrifft das Verhältnis des Kommanditisten zur Gesellschaft sowie zu den anderen Gesellschaftern und damit das Innenverhältnis. Hiervon zu unterscheiden ist die im Außenverhältnis, und damit im Verhältnis zu den Gläubigern der Gesellschaft bestehende Haftung des Kommanditisten; diese ist auf die im Handelsregister eingetragene Hafteinlage beschränkt.

768    Allerdings kann der Kommanditist laut der dispositiven gesetzlichen Regelung Gewinnanteile gemäß § 169 Abs. 1 Satz 2 HGB erst wieder dann erhalten, auch wenn er seine Einlagepflicht bereits in voller Höhe erfüllt hat, nachdem sämtliche Verluste getilgt wurden. Im Außenverhältnis haftet der Kommanditist nach § 172 Abs. 4 Satz 2 HGB auch für entnommene Gewinne, wenn »... sein Kapitalanteil durch Verlust unter den Betrag der geleisteten Einlage herabgemindert ist, oder ... durch die Entnahme der Kapitalanteil unter den bezeichneten Betrag herabgemindert wird«. Vgl. in diesem Zusammenhang auch § 264 c Abs. 2 Satz 7 HGB.

**Verbindlichkeitskonto** (Gewinn-Entnahmekonto) zu verbuchen. Sollen sie aber als Eigenkapital im Unternehmen verbleiben, so müssen sie dem zusätzlichen Kapitalkonto des Kommanditisten (**Kapitalkonto II**) gutgeschrieben werden, da nach dem vertraglich abdingbaren Regelungsmodell von § 167 Abs. 2 HGB eine Gewinngutschrift über die Pflichteinlage hinaus nicht möglich ist. Folglich besteht auch für den Kommanditisten die Alternative, ihm – wie im System fester Kapitalkonten bezüglich der voll haftenden Gesellschafter – Gewinne außerhalb seines festen Kapitalanteils (= Pflichteinlage) zuzurechnen. Aufgrund der nicht bestehenden Nachschusspflicht sollten **Verlustanteile**, die ggf. nach Verrechnung mit einem auf dem zusätzlichen Kapitalkonto befindlichen Bestand verbleiben, einem separaten **Kommandit-Verlustkonto** (Verlustsonderkonto) belastet werden, weil eine bestandserhöhende Berücksichtigung auf dem Konto »ausstehende Einlagen« zumindest aus buchhalterischer Sicht zur Verlustbeteiligung des Kommanditisten über seine rückständige Einlage hinaus führen würde. Da es sich nicht um eine Forderung der Gesellschaft gegenüber dem Gesellschafter handelt, sondern der Saldo auf dem Verlustkonto (negativen) **Eigenkapitalcharakter** trägt, muss er entweder als letzter Posten auf der Aktivseite der Jahresbilanz nach den Rechnungsabgrenzungsposten als »**Kommanditverlust**« oder »**Verlustanteil**« separat ausgewiesen oder aber vom festen Betrag der Pflichteinlage offen abgesetzt werden.[769]

Weist ein Kommanditist z. B. ein Verlustkonto sowie ausstehende Einlagen auf, die bereits eingefordert sind, und will dieser Gesellschafter auf ihn entfallende Gewinnanteile eines Geschäftsjahres entnehmen, so müssen nach der dispositiven gesetzlichen Regelung des § 169 Abs. 1 Satz 2 HGB zunächst der **Kommanditverlust** und dann die **ausstehenden Einlagen** getilgt werden, bevor eine Gewinnentnahme in Höhe des Restbetrages zulässig wird. Bei nicht eingeforderten ausstehenden Einlagen besteht hingegen nach dem Ausgleich eines ggf. vorhandenen Verlustes die Möglichkeit, Gewinne auch ohne vorherige Tilgung der Pflichteinlage zu entnehmen.[770]

**Abb. 171** unterstellt, dass für den Komplementär A ein fixes und ein variables Kapitalkonto bei vollständiger Erfüllung seiner Einlageverpflichtung geführt werden. Die Pflichteinlage des Kommanditisten B kommt bei ausstehenden Einlagen, die bereits eingefordert wurden, sowie im Falle eines Kommanditverlustes ebenfalls als fester Betrag zum Ansatz. Während der Komplementär A beabsichtigt, seinen Gewinnanteil im Unternehmen zu belassen, muss der Kommanditist nach den abdingbaren gesetzlichen Vorschriften zunächst seinen Verlust und seine ausstehenden Einlagen tilgen, bevor er Gewinne entnehmen kann. Dieser Restbetrag ist dann als Verbindlichkeit gegenüber B zu verbuchen.

Sofern die Kommanditisten ihre Einlageverpflichtung in voller Höhe erfüllt haben und darüber hinaus Mittel in Form von Einlagen sowie Gewinnen in die Unternehmung einbringen, sind diese Beträge unter dem Posten 2. des Kommanditkapitals als **übriges oder bewegliches Kapital** auszuweisen. An das Kommanditkapital kann sich darüber hinaus der Posten III. »**Rücklagen**« anschließen, wenn aufgrund vertraglicher Regelungen oder infolge von Gesellschafterbeschlüssen entsprechende Beträge thesauriert werden sollen. Ferner besteht auch bei der KG die Möglichkeit, Kapitalanteile der Komplementäre und der Kommanditisten zu jeweils einem Posten mit entsprechender Bezeichnung in der Jahresbilanz zusammenzufassen.

---

769  Vgl. § 264 c Abs. 2 Satz 6 i. V. m. Satz 5 HGB. Ein aktivischer Ausweis des Verlustanteils kann unabhängig davon erfolgen, ob die (feste) Pflichteinlage durch Verluste aufgezehrt ist oder nicht.

770  Vgl. *Horn* 1996, Anm. 6 zu § 169 HGB, S. 558.

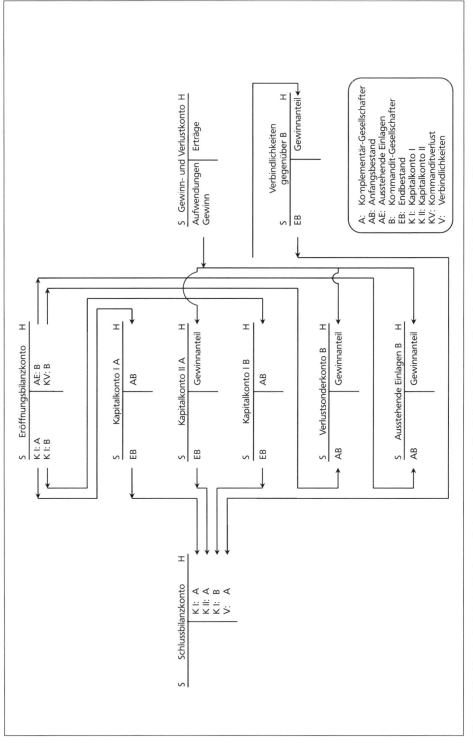

Abb. 171 Abschlusstechnik beim Vorliegen fester und variabler Kapitalkonten für den Komplementär und den Kommanditisten

Allerdings ist darauf zu achten, dass Komplementär- und Kommanditkapital getrennt zum Ausweis kommen.[771] Im Falle der **Offenlegung** besteht für **publizitätspflichtige Kommanditgesellschaften** gemäß § 9 Abs. 3 PublG jedoch die Möglichkeit, das Eigenkapital in **einem Posten** auszuweisen.

Die **Abb. 172** und **Abb. 173** verdeutlichen unter Zugrundelegung der für Kapitalgesellschaften zulässigen Wahlrechte nach § 272 Abs. 1 Satz 2 und Satz 3 HGB die Ausweisalternativen des Eigenkapitals bei einer KG,[772] wobei unterstellt wurde, dass ausstehende

| Erste Alternative | | |
|---|---|---|
| Aktiva | Jahresbilanz | Passiva |
| A. Ausstehende Hafteinlagen          5 | A. Eigenkapital: | |
| – Davon eingefordert          2 | I. Komplementärkapital: | |
| B. Anlagevermögen | 1. Festkapital | 25 |
| C. Umlaufvermögen | 2. Übriges oder bewegliches Kapital | 12,5 |
| D. Rechnungsabgrenzungsposten | II. Kommanditkapital: | |
| E. Kommanditverlust          1,5 | 1. Hafteinlagen | 15 |
| | 2. Übriges oder bewegliches Kapital | 4 |
| | III. Rücklagen: | |
| | 1. Vertragsmäßige Rücklagen | 6 |
| | 2. Andere Rücklagen | 4,5 |

Abb. 172: Erste Alternative des Eigenkapitalausweises bei der KG[773]

| Zweite Alternative | | |
|---|---|---|
| Aktiva | Jahresbilanz | Passiva |
| A. Anlagevermögen | A. Eigenkapital: | |
| B. Umlaufvermögen | I. Komplementärkapital: | |
| • | 1. Festkapital | 25 |
| • | 2. Übriges oder bewegliches Kapital | 12,5 |
| • | II. Kommanditkapital: | |
| II. Forderungen: | 1. Pflichteinlagen | 15 |
| • | – Nicht eingeforderte | |
| • | ausstehende Einlagen | 3 |
| • | = Eingeforderte Hafteinlagen | 12 |
| 4. Eingeforderte, noch | – Verlust | 1,5 |
| nicht eingezahlte | = Pflichtkapital | 10,5 |
| Pflichteinlagen          22 | 2. Übriges oder bewegliches Kapital | 4 |
| | III. Rücklagen: | |
| | 1. Vertragsmäßige Rücklagen | 6 |
| | 2. Andere Rücklagen | 4,5 |

Abb. 173: Zweite Alternative des Eigenkapitalausweises bei der KG[773]

---

771   Vgl. *IDW RS HFA 7*, Anm. 39, S. 10; § 264 c Abs. 2 Satz 2 und 6 HGB.
772   Vgl. hierzu die Ausführungen im Fünften Teil zu Gliederungspunkt III.B.3.d.d.b(c).
773   Alle Beträge in T €.

Einlagen nur für das Kommanditkapital bestehen. Die hinter den einzelnen Bilanzposten angeführten Beträge sollen wiederum die unterschiedlichen Strukturen der Ausweismöglichkeiten zum Ausdruck bringen. Während das bilanzielle Pflichtkapital der Kommanditisten in beiden Fällen 10.500 € beträgt, beläuft sich das eingeforderte, eingezahlte Pflichtkapital jeweils auf 10.000 €. Unter der Annahme, dass Pflicht- und Hafteinlage deckungsgleich sind, haften die Kommanditisten im Außenverhältnis den Gläubigern in Höhe der noch nicht geleisteten Einlagen (5.000 €) unmittelbar.

**Beispiel:**
Nun wird angenommen, dass es sich bei der im vorhergehenden Beispiel angesprochenen Gesellschaft um eine KG (mit X als Kommanditist und Y als Komplementär) handelt. Der Jahresgewinn soll nach der Vorschrift des § 168 HGB verteilt werden, wobei laut Gesellschaftsvertrag für die Zuweisung des Restgewinns ein Verhältnis von 1 : 2 als angemessen gilt. Bei der Gewinnverteilung ist zu berücksichtigen, dass die ausstehenden Einlagen bereits von der Gesellschaft eingefordert wurden. Während für den Komplementär Y ein variables Kapitalkonto geführt wird, weist das Pflichtkapitalkonto des Kommanditisten X festen Charakter auf. Die von X zu leistende Pflichteinlage beträgt 25.000 € und entspricht der Hafteinlage. Die Gesellschafter vereinbaren, jeweils nur 50 % des Jahresgewinns zu entnehmen, der nach Deckung ihrer laut Gesellschaftsvertrag zu erbringenden Pflichteinlagen übrig bleibt. Der buchhalterische Ablauf soll nach Maßgabe der in **Abb. 172** dargestellten ersten bilanziellen Ausweisalternative für das Eigenkapital gestaltet werden.

| Gesellschafter | Kapitalanteile am 31.12.2004 | Anteilige 4 %ige Verzinsung | Gewinnrest | Gewinnanteile | Kapitalanteile am 31.12.2005 |
|---|---|---|---|---|---|
| X | 24.000 € | 885 €[774] | 14.335 € | 15.220 € | 28.360 € |
| Y | 30.000 € | 1.110 €[775] | 28.670 € | 29.780 € | 45.390 € |
| Summe | 54.000 € | 1.995 € | 43.005 € | 45.000 € | 73.750 € |

Abb. 174: Verteilung des Jahresgewinns für das Geschäftsjahr 2005

Kontenmäßige Darstellung:

| S | Gewinn- und Verlustkonto der XY-KG zum 31.12.2005 | H | | S | Kapitalkonto I X | H |
|---|---|---|---|---|---|---|
| | € | € | | | € | € |
| (2) Gewinn | 45.000 | | | (3) SBK (EB) 25.000 | AB | 25.000 |

---

774  885 € = 0,04 · 24.000 € – 3/12 · 0,04 · 7.500 €.
775  1.110 € = 0,04 · 30.000 € – 3/12 · 0,04 · 9.000 €.

| S | Kapitalkonto II X | | H |
|---|---|---|---|
| | € | | € |
| (4) SBK (EB) | 3.360 | (2) | 3.360 |

| S | Ausstehende Einlagen X | | H |
|---|---|---|---|
| | € | | € |
| AB | 1.000 | (2) | 8.500 |
| Entnahme | 7.500 | | |
| | 8.500 | | 8.500 |

| S | Verbindlichkeiten gegenüber X | | H |
|---|---|---|---|
| | € | | € |
| (6) SBK (EB) | 3.360 | (2) | 3.360 |

| S | Kapitalkonto Y | | H |
|---|---|---|---|
| | € | | € |
| (1) | 9.000 | AB | 30.000 |
| (5) SBK (EB) | 45.390 | (2) | 24.390 |
| | 54.390 | | 54.390 |

| S | Privatkonto Y | | H |
|---|---|---|---|
| | € | | € |
| Entnahmen | 9.000 | (1) | 9.000 |

| S | Verbindlichkeiten gegenüber Y | | H |
|---|---|---|---|
| | € | | € |
| (7) | 5.390 | (2) | 5.390 |

| S | Schlussbilanzkonto der XY-KG zum 31.12.2005 | | | H |
|---|---|---|---|---|
| | | € | | € |
| | (3) | Kapitalkonto I X | | 25.000 |
| | (4) | Kapitalkonto II X | | 3.360 |
| | (5) | Kapitalkonto Y | | 45.390 |
| | (6) | Verbindlichkeiten gegenüber X | | 3.360 |
| | (7) | Verbindlichkeiten gegenüber Y | | 5.390 |

# C.    Darstellung des Erfolgsausweises

Da den Gesellschaftern von Personenhandelsgesellschaften im Gegensatz zu den Anteilseignern von Kapitalgesellschaften weitergehende **Informations- und Kontrollrechte** zustehen (§ 118 Abs. 1, § 166 Abs. 1 HGB), können an die gemäß § 242 Abs. 2 HGB zu fertigende Gewinn- und Verlustrechnung nicht die gleichen qualitativen Anforderungen gestellt werden wie bei Kapitalgesellschaften. Unter Berücksichtigung von Unternehmensgröße und Gesellschafterzahl müssen die Mitunternehmer aber zumindest in der Lage sein, sich mit Hilfe der Gewinn- und Verlustrechnung über die **wesentlichen Erfolgsquellen** und ggf. vorgenommenen **Bilanzierungs- und Bewertungsmaßnahmen** ausreichend zu informieren. Dabei werden die in § 275 bis § 278 HGB kodifizierten Ausweis- und Gliederungsvorschriften für **Kapitalgesellschaften** im Grundsatz auch eine **Leitlinie für den Erfolgsausweis** bei Personenhandelsgesellschaften darstellen.[776] Jedoch können nach h. M. nicht

---

776   Vgl. *Förschle* 2006d, Anm. 672 f. zu § 247 HGB, S. 198 f.

publizitätspflichtige und nicht »kapitalistische« Personenhandelsgesellschaften die Gewinn- und Verlustrechnung wahlweise in **Konto- oder Staffelform** erstellen,[777] wobei in Abhängigkeit von bestimmten Geschäftszweigen (z. B. Unternehmen der Bauindustrie, Reedereien, Bergbau- und Dienstleistungsbetriebe) auch andere als die in § 275 Abs. 2 und Abs. 3 HGB dargelegten Gliederungssystematiken zur Anwendung kommen können.[778]

Allerdings gelten für Personenhandelsgesellschaften einige Besonderheiten, die sich auf den Steuer- und den Ergebnisausweis beziehen. Laut § 275 Abs. 2 Posten 18. und Abs. 3 Posten 17. HGB sind die Steuern vom Einkommen und vom Ertrag in der Erfolgsrechnung zu zeigen. Hierbei muss es sich nach h. M. um solche Steueraufwendungen handeln, die das Unternehmen als **Steuerschuldner** zu entrichten hat.[779] Grundsätzlich ist bei Personenhandelsgesellschaften unter dem in Rede stehenden Posten mithin nur die **Gewerbesteuer** auszuweisen, weil Schuldner der auf den gewerblichen Gewinn gemäß § 15 Abs. 1 Nr. 2 EStG zu entrichtenden Einkommensteuer die **einzelnen Mitunternehmer** sind. Da ohne die Einbeziehung der Einkommensteuer in die Ergebnisrechnung die Ertragslage im Vergleich mit Kapitalgesellschaften zu günstig dargestellt wird, kann nach h. M. **für Veröffentlichungszwecke** unter dem Posten »Steuern vom Einkommen und vom Ertrag« ein Betrag für die Einkommensteuer der Anteilseigner durch eine entsprechende Rückstellungsbildung ausgewiesen werden.[780] Jedoch bleibt zu beachten, dass aus **bilanzsteuerrechtlicher Sicht** die Einkommensteuer aufgrund von § 12 Nr. 3 EStG **trotz betrieblicher Veranlassung** den nichtabzugsfähigen Aufwendungen subsumiert wird. Mithin darf sie den **Steuerbilanzgewinn** der Personenhandelsgesellschaft **nicht mindern**.[781]

Im Rahmen der handelsrechtlichen Bilanzerstellung wurde stets von einem **immanenten Ausweis des Erfolgsergebnisses** der Personenhandelsgesellschaft ausgegangen. Bei dieser Vorgehensweise sind mithin nur die Endbestände der Gesellschafter- bzw. der Rücklagenkonten nach Erfolgsverbuchung zum Ausweis gekommen. Darüber hinaus wird es aber als zulässig angesehen, das Jahresergebnis auch in unverteilter Form **offen bilanziell** zu zeigen oder im Rahmen der Veränderung der Kapitalanteile in einer Vorspalte zum Eigenkapital anzuführen.[782] Aufgrund der vorstehenden Ausführungen kann dieser Auffassung im Grundsatz nur dann gefolgt werden, wenn bis zum **Zeitpunkt der Bilanzerstellung (noch) keine bindenden Regelungen** (z. B. durch fehlenden Gesellschafterbeschluss) und/ oder **Vorschläge der Unternehmensleitung** über die Verwendung des Jahresergebnisses vorliegen (z. B. bezüglich der Tilgung von Verlusten und ausstehenden Einlagen, Gewinnentnahmen und Rücklagendotierungen).[783]

Unabhängig vom Ausweis des Erfolgsergebnisses in der Bilanz ergibt sich aus § 242 Abs. 2 HGB für die Gewinn- und Verlustrechnung die Notwendigkeit der exakten Unterscheidung zwischen **Ergebnisentstehung und -verwendung**. Hieraus kann abgeleitet werden, dass das handelsrechtliche Jahresergebnis stets aus der Erfolgsrechnung der Per-

---

777    Vgl. etwa *ADS* 1998, Anm. 86 zu § 247 HGB, S. 358.
778    Vgl. auch § 265 Abs. 6 HGB.
779    Vgl. *ADS* 1997b, Anm. 184 zu § 275 HGB, S. 513. Gemäß § 5 Abs. 5 Satz 2 PublG besteht für publizitätspflichtige Personenhandelsgesellschaften aber die Möglichkeit, den Steueraufwand unter dem Posten »sonstige Aufwendungen« auszuweisen.
780    Vgl. etwa *Förschle* 2006d, Anm. 678 zu § 247 HGB, S. 199; § 264 c Abs. 3 Satz 2 HGB.
781    Die Ausführungen zur Einkommensteuer gelten in Analogie ebenso für den als Zuschlagsteuer zur Einkommensteuer erhobenen Solidaritätszuschlag.
782    Vgl. *IDW RS HFA 7*, Anm. 45, S. 11 f.
783    Vgl. auch *IDW RS HFA 7*, Anm. 36 f., S. 9 f. Unter Berücksichtigung von § 268 Abs. 1 und § 270 Abs. 1 HGB handelt es sich in diesen Fällen um eine Bilanzerstellung vor Verwendung des Jahresergebnisses. Vgl. auch § 264 c Abs. 2 Satz 1 HGB und die Ausführungen im Fünften Teil zu Gliederungspunkt III.B.d.d.d(a).

sonenhandelsgesellschaft hervorgehen muss und nicht durch die den Gesellschaftern zustehenden Gewinn- oder Verlustanteile eine Minderung bzw. Erhöhung erfahren darf.[784] Sofern einzelnen Gesellschaftern von der Unternehmung Leistungsentgelte aufgrund **besonderer Vereinbarungen** für Tätigkeiten oder Nutzungsüberlassungen gewährt werden, kommt mithin nur ein Ausweis dieser Vergütungen unter den entsprechenden **Aufwandspositionen** in Betracht, da der **Bereich der Ergebnisentstehung** angesprochen ist. Wie noch zu zeigen sein wird, werden die in Rede stehenden (Vorab-)Vergütungen aufgrund vertraglicher Regelungen häufig aber erst im Rahmen der Erfolgsverteilung berücksichtigt.[785] Bei derartigen Konstellationen wird vorgeschlagen, dies im Jahresabschluss zu vermerken, um einer zu positiven Beurteilung der Ertragslage der Personenhandelsgesellschaft entgegenzuwirken. Damit den Adressaten der Erfolgsrechnung der Personenhandelsgesellschaft ein im Sinne von § 243 Abs. 2 HGB möglichst klares und übersichtliches Bild der Erfolgsrechnung gegeben wird, empfiehlt es sich, auf **freiwilliger Basis**[786] in Anlehnung an die für Kapitalgesellschaften geltenden Vorschriften von § 268 Abs. 1 Satz 2 HGB bzw. § 158 Abs. 1 AktG die Ergebnisverwendung zu gestalten.

---

**Beispiel:**
Unter Zugrundelegung der Daten des vorhergehenden Beispiels und in Anlehnung an § 275 Abs. 2 HGB i. V. m. § 268 Abs. 1 Satz 2 HGB und § 158 Abs. 1 AktG könnte die Gewinn- und Verlustrechnung der XY-KG folgende Struktur aufweisen.

|   | | | |
|---|---|---|---|
| 20. | Jahresüberschuss | 45.000 € | → Ergebnisentstehung |
| − 21. | Tilgung ausstehender Pflichteinlagen | 8.500 € | → Ergebnisverwendung |
| − 22. | Tilgung ausstehender Komplementäreinlagen | 19.000 € | → Ergebnisverwendung |
| − 23. | Einstellungen in das Kommanditkapital | 3.360 € | → Ergebnisverwendung |
| − 24. | Einstellungen in das Komplementärkapital | 5.390 € | → Ergebnisverwendung |
| = 25. | Gewinnentnahmen der Gesellschafter | 8.750 € | → Ergebnisverwendung |

---

## D.  Spezialregelungen für publizitätspflichtige Personenhandelsgesellschaften

Sofern Personenhandelsgesellschaften gemäß § 1 Abs. 1 PublG für den Ablauf **eines Geschäftsjahres** und für die **zwei darauf folgenden Abschlussstichtage** mindestens **zwei** der folgenden Größenkategorien überschreiten, müssen diese Unternehmen (§ 3 Abs. 1 Nr. 1 PublG) spezifische **Aufstellungs-, Prüfungs- und Offenlegungsvorschriften** des Jahresabschlusses beachten. Die angesprochenen Auflagen treten ein, wenn

- die **Bilanzsumme** der Jahresbilanz **65 Mio. €** übersteigt,
- die **Umsatzerlöse** des Geschäftsjahres **130 Mio. €** überschreiten,
- das Unternehmen im Geschäftsjahr durchschnittlich mehr als **5.000 Arbeitnehmer** beschäftigt hat.[787]

---

784   Vgl. *Förschle* 2006d, Anm. 688 zu § 247 HGB, S. 201 f.
785   Vgl. hierzu die Ausführungen im Vierten Teil zu Gliederungspunkt III.A.2.
786   So auch *Ellrott/Krämer* 2006b, Anm. 3 zu § 268 HGB, S. 886.
787   Zu Einzelheiten bezüglich der Ermittlung dieser Größenkriterien vgl. § 1 Abs. 2 PublG.

So schreibt § 5 Abs. 1 Satz 2 PublG i. V. m. § 266 und § 275 HGB die Verwendung der für **große Kapitalgesellschaften** vorgesehenen Gliederungsschemata der Bilanz sowie der Gewinn- und Verlustrechnung in Konto- bzw. Staffelform vor. Branchenbezogene Abweichungen von diesen Gliederungssystematiken i. S. v. § 265 Abs. 6 HGB sind aber zulässig. Sofern bezüglich der Gewinn- und Verlustrechnung die Gliederung nach § 275 HGB zur Anwendung kommt, besteht laut § 5 Abs. 5 Satz 2 PublG die Möglichkeit, diejenigen Steuern, die das **Unternehmen als Steuerschuldner** zu entrichten hat (z. B. die Gewerbesteuer sowie die betrieblich bedingte Grund- und Kfz-Steuer) unter den sonstigen betrieblichen Aufwendungen auszuweisen. Allerdings existieren für publizitätspflichtige Personenhandelsgesellschaften einige **Erleichterungen** hinsichtlich der Bekanntmachung im elektronischen **Bundesanzeiger**. So ist für Zwecke der Offenlegung der bilanzielle **Eigenkapitalausweis** gemäß § 9 Abs. 3 PublG in **einem Posten** zulässig. Ferner braucht die **Gewinn- und Verlustrechnung** grundsätzlich **nicht publiziert** zu werden (§ 9 Abs. 2 PublG). Jedoch verlangt § 5 Abs. 5 Satz 3 PublG dann **ersatzweise** in Form einer **Anlage zur Bilanz** folgende Angaben:

- Umsatzerlöse i. S. v. § 277 Abs. 1 HGB,
- Erträge aus Beteiligungen,
- Löhne, Gehälter, sozialen Abgaben sowie Aufwendungen für Altersversorgung und Unterstützung,
- Bewertungs- und Abschreibungsmethoden einschließlich wesentlicher Änderungen,
- Zahl der Beschäftigten.

Zu berücksichtigen ist aber, dass gemäß § 6 Abs. 1 PublG der **Jahresabschluss** und der **Lagebericht**[788] (soweit freiwillig erstellt) publizitätspflichtiger Personenhandelsgesellschaften durch einen **Abschlussprüfer** geprüft werden müssen. Abschlussprüfer i. S. v. § 319 Abs. 1 Satz 1 HGB sind Wirtschaftsprüfer und Wirtschaftsprüfungsgesellschaften, die den Jahresabschluss unter Einbeziehung der Buchführung laut § 317 Abs. 1 Satz 2 HGB darauf zu prüfen haben, »... ob die **gesetzlichen Vorschriften** und sie ergänzende Bestimmungen des **Gesellschaftsvertrags** ... beachtet worden sind«. Der ggf. freiwillig erstellte Lagebericht ist ferner gemäß § 317 Abs. 2 Satz 1 HGB darauf zu prüfen, ob er mit dem Jahresabschluss sowie mit den bei der Prüfung gewonnenen Erkenntnissen des Abschlussprüfers in Einklang steht »... und ob der Lagebericht insgesamt eine zutreffende Vorstellung von der Lage des Unternehmens ... vermittelt«. Ferner ist zu prüfen, »... ob die Chancen und Risiken der künftigen Entwicklungen zutreffend dargestellt sind« (§ 317 Abs. 2 Satz 2 HGB). Schließlich haben die Abschlussprüfer über das Resultat der Prüfung **schriftlich zu berichten** (§ 321 HGB) und in Abhängigkeit von dem abschließenden Ergebnis der Prüfung einen **Bestätigungsvermerk** (**Testat**) zu erteilen, diesen einzuschränken oder zu versagen (§ 322 HGB). Da die weiteren Aufstellungsvorschriften von § 5 PublG, die sich auf den Jahresabschluss und den Lagebericht beziehen, grundsätzlich an die für **Kapitalgesellschaften geltenden Regelungen** der §§ 264 ff. HGB anknüpfen, wird an dieser Stelle auf eine eingehende Betrachtung verzichtet.[789]

---

788  Vgl. zum Lagebericht § 5 Abs. 2 Satz 1 PublG i. V. m. § 289 HGB sowie die Ausführungen im Zweiten Teil zu Gliederungspunkt IV.D.
789  Vgl. hierzu die Ausführungen im Fünften Teil zu Gliederungspunkt III.

# III.  Erfolgsbesteuerung

## A.  Grundlegendes zur Technik der Besteuerung

### 1.  Anknüpfungspunkte von Einkommen- und Gewerbesteuer

Wie bereits dargelegt wurde, unterwirft das Einkommensteuergesetz nicht die Personenhandelsgesellschaften selbst der Einkommensteuerpflicht, sondern die hinter den Unternehmen stehenden Gesellschafter.[790] Diese vom Steuerrecht als **Mitunternehmer**[791] bezeichneten Personen sind i. S. v. § 2 Abs. 1 Nr. 2 i. V. m. § 15 Abs. 1 Nr. 2 EStG mit ihren **Anteilen am Gewinn** der Personenhandelsgesellschaft und den **Sondervergütungen**, welche die Mitunternehmer für die Überlassung von Arbeitskraft, Kapital oder Wirtschaftsgütern von der Gesellschaft bezogen haben, einkommensteuerpflichtig. Sofern den Mitunternehmern **Verluste** zugewiesen werden, tragen diese bei der Ermittlung der Bemessungsgrundlage für die tarifliche Einkommensteuer bis auf die Regelungen in § 15 Abs. 4 EStG grundsätzlich **ausgleichs- oder abzugsfähigen Charakter**.

Führt ein Verlustausgleich mit positiven Einkünften aus weiteren Gewerbebetrieben des Mitunternehmers (interner oder horizontaler Ausgleich) dazu, dass im Rahmen der sog. **Mindestbesteuerung** (§ 2 Abs. 3 EStG) ein nicht ausgleichsfähiger Verlustteil aus gewerblichen Einkünften verbleibt, kann dieser nicht ausgleichsfähige Verlustteil unter Berücksichtigung der in § 10 d EStG festgelegten, auf die Mindestbesteuerung Bezug nehmenden Normen vom Gesamtbetrag der Einkünfte (§ 2 Abs. 4 EStG) des unmittelbar vorangegangenen Veranlagungszeitraums (Verlustrücktrag) oder der folgenden Veranlagungszeiträume (**Verlustvortrag**) abgezogen werden. Allerdings kommen die angesprochenen Verlustausgleichs- und Verlustabzugsalternativen beim Kommanditisten laut § 15 a Abs. 1 EStG dann nicht zur Anwendung, soweit für ihn durch die Verlustzuweisung ein negatives Kapitalkonto entsteht oder sich erhöht bzw. soweit die Summe der in das Handelsregister eingetragenen Hafteinlage nicht ausreichend Deckung für den Fehlbetrag aufweist. Ihm wird aber von § 15 a Abs. 2 EStG ersatzweise die Möglichkeit eingeräumt, den nicht ausgleichs- oder abzugsfähigen Verlust (sog. verrechenbarer Verlust) mit Gewinnen späterer Jahre aus seiner Beteiligung an der Kommanditgesellschaft steuermindernd zu verrechnen.

Der Erfolg der Personenhandelsgesellschaft ist auf der **ersten Stufe** nach Maßgabe einer aus dem **handelsrechtlichen Jahresabschluss** abgeleiteten **Steuerbilanz** festzustellen und unter Berücksichtigung des **relevanten Erfolgsverteilungsschlüssels** den einzelnen Mitunternehmern zuzurechnen. Auf einer **zweiten Stufe** wird sodann pro Gesellschafter die Ermittlung der **Sondervergütungen** gemäß § 15 Abs. 1 Nr. 2 Satz 1 2. HS EStG sowie der **Erfolge der Sonder-Jahresabschlussrechnungen** vorgenommen. Die Resultate aus beiden Stufen werden abschließend zum gewerblichen Erfolg für jeden Mitunternehmer einzeln zusammengefasst. Diese in **zwei Stufen** ablaufende Ermittlung der Mitunternehmereinkünfte besitzt auch für die Berechnung der Bemessungsgrundlage der **Gewerbesteuer** Bedeutung.[792]

---

790  Vgl. hierzu die Ausführungen im Vierten Teil zu Gliederungspunkt I.
791  Vgl. zu Voraussetzungen und Kriterien der Mitunternehmerschaft *Niehus/Wilke* 2002, S. 40–62.
792  Vgl. zur Besteuerung der Personengesellschaften *Schreiber* 2005, S. 203–240.

Im Gegensatz zur Einkommensteuer, die von den einzelnen Gesellschaftern geschuldet wird, ist im Hinblick auf die **Gewerbesteuer** die Personenhandelsgesellschaft gemäß § 5 Abs. 1 Satz 3 GewStG **Steuerschuldner**. Als Besteuerungsgrundlage für die Gewerbesteuer wird von § 6 GewStG der **Gewerbeertrag** genannt. § 7 GewStG bestimmt, dass der Gewerbeertrag, der die Bemessungsgrundlage für die Gewerbesteuer bildet, den nach den Vorschriften des Einkommensteuergesetzes zu ermittelnden Gewinn aus dem Gewerbebetrieb entspricht, vermehrt und vermindert um die in § 8 f. GewStG bezeichneten Beträge. Allerdings ist nicht nur der Gewinn der Personenhandelsgesellschaft als Ausgangswert der Ermittlung des Gewerbeertrags zugrunde zu legen, sondern nach der gesicherten Rechtsprechung des *BFH* muss von der Summe der gewerblichen Einkünfte aller Mitunternehmer, d. h. **einschließlich der Sonderbilanzierungserfolge**, ausgegangen werden.[793] Sofern der nach § 8 f. GewStG korrigierte Betrag der gewerblichen Einkünfte ein negatives Vorzeichen annimmt, liegt i. S. v. § 10 a GewStG ein **Gewerbeverlust** vor, der **zeitlich unbegrenzt** auf die nachfolgenden Erhebungszeiträume **vorgetragen** werden kann.[794]

Gemäß § 35 Abs. 1 Nr. 2 EStG können Mitunternehmer in Höhe des **1,8-fachen** des jeweils für den dem Veranlagungszeitraum entsprechenden Erhebungszeitraum festgesetzten **anteiligen Gewerbesteuer-Messbetrags** eine **pauschale Anrechnung der Gewerbesteuer** auf ihre individuelle Einkommensteuer, soweit sie auf Einkünfte aus Gewerbebetrieb entfällt, vornehmen. »Der Anteil eines Mitunternehmers am Gewerbesteuer-Messbetrag richtet sich nach seinem Anteil am Gewinn der Mitunternehmerschaft nach Maßgabe des allgemeinen Gewinnverteilungsschlüssels; Vorabgewinnanteile sind nicht zu berücksichtigen« (§ 35 Abs. 2 Satz 2 EStG). In Abhängigkeit vom Hebesatz kann diese Vorgehensweise zu einer unvollständigen Entlastung von der Gewerbesteuer oder zu einer Überkompensation bei der Anrechnung auf die Einkommensteuer führen.

Die durch das Wirtschaftsjahr verursachte Gewerbesteuer stellt aus **handels- und steuerrechtlicher** Sicht **Aufwand** dar, der den Gewinn der Personenhandelsgesellschaft schmälert. Da der endgültige Gewerbesteuerbescheid bis zum Zeitpunkt der Bilanzaufstellung in aller Regel noch nicht vorliegt, muss die **voraussichtliche Gewerbesteuerabschlusszahlung** (voraussichtliche Gewerbesteuerbelastung abzüglich geleisteter Vorauszahlungen) durch eine **Rückstellung** nach § 249 Abs. 1 Satz 1 HGB berücksichtigt werden.[795] Etwaige Anrechnungen der Gewerbesteuer auf die Einkommensteuer spielen in diesem Zusammenhang keine Rolle, da durch die Gewerbesteuerrückstellung der Steuerbelastung des Unternehmens Rechnung getragen werden soll. Sowohl die gemäß § 19 GewStG zu leistenden **Vorauszahlungen** als auch die auf den **Gewerbeertrag** entfallende voraussichtliche Abschlusszahlung sind in der handelsrechtlichen Gewinn- und Verlustrechnung der Personenhandelsgesellschaft unter dem Aufwandsposten »Steuern vom Einkommen und vom Ertrag« auszuweisen.[796]

---

793  Vgl. R 39 Abs. 2 GewStR m. w. N.

794  Dabei können nur Verluste in Höhe von 1 Mio. € uneingeschränkt vorgetragen werden; der 1 Mio. € übersteigende Gewerbeertrag kann nur noch um 60 % der verbliebenen Verluste gekürzt werden (§ 10 a Abs. 1 Satz 1 und 2 GewStG).

795  Vgl. hierzu die Ausführungen im Dritten Teil zu Gliederungspunkt I.B.4.c.c.b(a)(β).

796  Vgl. etwa *Förschle* 2006c, Anm. 238–241 zu § 275 HGB, S. 1108 f. Sofern bei Anwendung des Umsatzkostenverfahrens die Gewerbesteuer in den Posten »Herstellungskosten der zur Erzielung der Umsatzerlöse erbrachten Leistungen« einbezogen wird, ist auch ein Ausweis dieser Steuerart unter dem Posten 2. der handelsrechtlichen Gewinn- und Verlustrechnung nach § 275 Abs. 3 HGB möglich.

## 2.    Stufen der steuerrechtlichen Erfolgsermittlung

Zunächst muss auf der **ersten Stufe** untersucht werden, ob der nach § 5 Abs. 1 Satz 1 EStG aus der handelsrechtlichen **Gesamthandsbilanz** abgeleitete Erfolg mit den Bilanzierungs- und Bewertungsnormen des Steuerrechts übereinstimmt. Differenzen sind in aller Regel auf die in § 5 Abs. 2 bis Abs. 6 EStG verankerten **bilanzsteuerrechtlichen Spezialvorschriften** zurückzuführen, die ein Abweichen von den handelsrechtlichen Vorschriften immer dann fordern, wenn das Steuerrecht zwingend andere Bilanzansätze verlangt. So werden z. B. Aufwendungen für Rückstellungen, die nach § 249 Abs. 1 und Abs. 2 HGB gebildet wurden, aber im Rahmen der steuerrechtlichen Erfolgsermittlung keine Berücksichtigung finden dürfen,[797] dem handelsrechtlichen Gewinn als steuerrechtliche Korrekturen **hinzugerechnet**. Ähnliches gilt für nach § 253 Abs. 2 bis Abs. 4 HGB vorgenommene bestimmte Abschreibungen auf Gegenstände des Anlage- und Umlaufvermögens, die steuerrechtlich keine Anerkennung finden. Allerdings ist auch in Ausnahmefällen die **Kürzung** des handelsrechtlichen Gewinns möglich, wenn etwa nach § 247 Abs. 3 HGB in der Handelsbilanz auf die Passivierung eines Sonderpostens mit Rücklageanteil verzichtet wurde, obwohl bei der steuerrechtlichen Erfolgsermittlung die entsprechende steuerfreie Rücklage in Anspruch genommen werden soll.

Der sich nach der angesprochenen Korrektur ergebende **Steuerbilanzerfolg** der Personenhandelsgesellschaft ist sodann **außerhalb des Jahresabschlusses** um **nicht abziehbare Aufwendungen** i. S. v. § 4 Abs. 5 EStG sowie um **steuerfreie Erträge** zu berichtigen. Das auf die vorstehende Art und Weise korrigierte Steuerbilanzergebnis muss abschließend den Mitunternehmern unter Berücksichtigung des **gesellschaftsrechtlichen Erfolgsverteilungsschlüssels** zugerechnet werden. Darüber hinaus sind im Rahmen der ersten Stufe steuerrechtliche Wertergänzungen zu den Inhalten der Steuerbilanz der Personenhandelsgesellschaften mitunternehmerbezogen zu erfassen. Die Aufstellung entsprechender **Ergänzungs-Jahresabschlüsse** wird immer dann erforderlich, wenn aufgrund bestimmter Ereignisse (z. B. Gesellschafterwechsel, Umwandlungen, Inanspruchnahme individueller Bewertungsvergünstigungen) lediglich einem oder einigen Gesellschaftern Wertanteile von Wirtschaftsgütern des Gesamthandsvermögens zugerechnet werden. Das Gesamtergebnis der ersten Stufe stellt den **steuerrechtlichen Erfolg der Personenhandelsgesellschaft** dar. Die aus den Ergänzungs-Jahresabschlüssen abgeleiteten Gewinne oder Verluste gehören aus einkommensteuerrechtlicher Sicht zu den in § 15 Abs. 1 Nr. 2 Satz 1 1. HS EStG angesprochenen **Erfolgsanteilen der Gesellschafter**.

Auf der **zweiten Stufe** der steuerrechtlichen Erfolgsermittlung wird die Berechnung der Sondervergütungen sowie der **Ergebnisse der Sonder-Jahresabschlüsse** vorgenommen. Allerdings werden nach der gesicherten Rechtsprechung des *BFH* von § 15 Abs. 1 Nr. 2 Satz 1 2. HS EStG nur solche dort genannten Vergütungen erfasst, die infolge **zivilrechtlicher Verträge** zwischen Gesellschaft und Gesellschaftern durch das **Mitunternehmerverhältnis veranlasst** werden.[798] Diese Sondervergütungen gehören zum **gewerblichen Erfolg der betreffenden Mitunternehmer** und damit zum **steuerrechtlichen Gesamterfolg der Personenhandelsgesellschaft**.

---

797    Vgl. H 5.7 Abs. 1 EStR.
798    Vgl. *Wacker* 2005, Rz. 562 zu § 15 EStG, S. 1180. Eine dem Gesellschafter gewährte Vergütung ist durch das Mitunternehmerverhältnis veranlasst, sofern die honorierte Leistung unter Zugrundelegung einer wirtschaftlichen Betrachtungsweise als Beitrag zur Realisierung des Gesellschaftsziels anzusehen ist.

Ausgenommen von der vorstehend dargelegten Behandlung sollen lediglich solche den Mitunternehmern gewährten Vergütungen sein, die nur **zufällig** oder **vorübergehend** mit der Gesellschaftereigenschaft zusammentreffen (z. B. das gezahlte Honorar an einen Rechtsanwalt für die einmalige Führung eines von einer OHG betriebenen Prozesses, an der er geringfügig beteiligt ist). Zu berücksichtigen ist allerdings, dass **Vergütungen**, die der Mitunternehmer an die Gesellschaft für Leistungen oder Nutzungsüberlassungen **entrichtet, grundsätzlich nicht** unter die Vorschrift des § 15 Abs. 1 Nr. 2 EStG fallen. Folglich sind die aus dieser Rechtsbeziehung im steuerrechtlichen Jahresabschluss der Personenhandelsgesellschaft erfassten **Erträge** der **Besteuerung** zu unterwerfen. Sofern das Unternehmen aber unentgeltlich für einen Gesellschafter tätig wird, liegt eine **Entnahme** vor, die nach den allgemeinen bilanzsteuerrechtlichen Grundsätzen des § 6 Abs. 1 Nr. 4 EStG aufwandsmindernd zu behandeln ist.

Allerdings ist mit den in § 15 Abs. 1 Nr. 2 EStG genannten **Erfolgsanteilen** und **Sondervergütungen** der Umfang der gewerblichen Einkünfte der Mitunternehmer nicht abschließend umschrieben. Aus dem Kontext der Vorschriften über die Besteuerung des Mitunternehmers lässt sich ableiten, dass auch **persönliche Aufwendungen und Erträge der Gesellschafter**, die durch das Gesellschaftsverhältnis verursacht bzw. bedingt sind, als sog. **Sonderbetriebsausgaben** bzw. **Sonderbetriebseinnahmen** bei der Ermittlung der gewerblichen Erfolge Berücksichtigung finden müssen.[799] In den **Sonderbilanzen** für die einzelnen Mitunternehmer werden die **den Gesellschaftern gehörenden**, jedoch der **Gesamthand zur Verfügung** gestellten und für betriebliche Zwecke der Unternehmung genutzten aktiven und passiven Wirtschaftsgüter als **Sonderbetriebsvermögen** erfasst. Die entsprechenden **Sonder-Gewinn- und Verlustrechnungen** enthalten neben den **Wertänderungen** des Sonderbetriebsvermögens auch die erwähnten **Sonderaufwendungen** und -**erträge** der Gesellschafter, die wirtschaftlich durch ihre Beteiligung an der Mitunternehmerschaft veranlasst sind.

Zu den Sonderbetriebsausgaben gehören insbesondere alle das Sonderbetriebsvermögen betreffenden Aufwendungen (z. B. Finanzierungs-, Reparatur- und Steueraufwendungen), **die nicht die Gesamthand** belasten, sondern vom **Mitunternehmer allein** getragen werden müssen. Allerdings braucht ein unmittelbarer Zusammenhang zum Sonderbetriebsvermögen **nicht unbedingt** zu bestehen. So werden z. B. auch Kreditzinsen zur Finanzierung der Beteiligung an der Mitunternehmerschaft oder Aufwendungen, die im Rahmen von Prozessen gegen Gesellschafter anfallen, den (sonstigen) **Sonderbetriebsausgaben** subsumiert.[800] Zur Gruppe der Sonderbetriebseinnahmen rechnen zunächst die oben angeführten **Tätigkeits- und Nutzungsvergütungen (Sondervergütungen)** sowie auch den Mitunternehmern von Dritter Seite zufließende Erträge **(sonstige Sonderbetriebseinnahmen)**, die mit ihrer Gesellschafterstellung im Zusammenhang stehen (z. B. Gewinnausschüttungen, die der Kommanditist einer GmbH & Co. KG von der Komplementär-GmbH erhält).

Die aus den **Sonder-Jahresabschlüssen** der einzelnen Gesellschafter abgeleiteten **Sondererfolge** sind zum Zwecke der Ermittlung der **gewerblichen Einkünfte** pro Gesellschafter nach § 15 Abs. 1 Nr. 2 EStG den schon vorher festgestellten **Anteilen am steuerrechtlichen Erfolg** der Personenhandelsgesellschaft **hinzuzurechnen**. Fasst man nun den

799   Vgl. *Wacker* 2005, Rz. 640–652 zu § 15 EStG, S. 1193–1195.
800   Vgl. *Wacker* 2005, Rz. 645 zu § 15 EStG, S. 1193 f.; H 4.7 EStR.

steuerrechtlichen Erfolg der Personenhandelsgesellschaft **(Ergebnis der ersten Stufe)** und die **Erfolge** aus den **Sonder-Jahresabschlüssen (Ergebnis der zweiten Stufe)** zusammen, dann ergibt sich **der steuerrechtliche Gesamterfolg der Mitunternehmerschaft**, an den die **Gewerbesteuer** anknüpft. In **Abb. 175** ist für eine Personenhandelsgesellschaft mit zwei Mitunternehmern (A und B) die für ertragsteuerrechtliche Zwecke erforderliche Erfolgsermittlung noch einmal umfassend dargestellt.

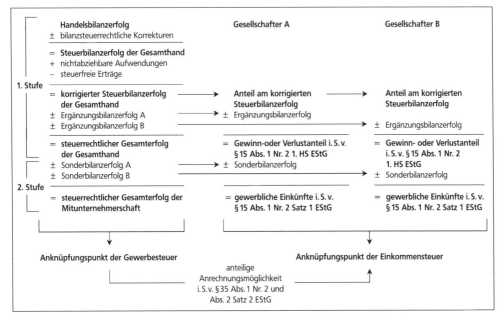

Abb. 175: Ertragsteuerrechtliche Erfolgsermittlung bei Personenhandelsgesellschaften

# B.    Auswirkungen des Ertragsteuerrechts auf den Jahresabschluss

## 1.    Ermittlung des Steuerbilanzerfolgs

Die Ermittlung des Steuerbilanzgewinns bzw. -verlusts der Personenhandelsgesellschaft kann grundsätzlich auf **drei unterschiedliche Arten** erfolgen:

- Das Unternehmen erstellt lediglich **einen Jahresabschluss** nach **handelsrechtlichen Vorschriften** und **korrigiert** den entsprechenden Erfolg bei abweichenden steuerrechtlichen Regelungen außerhalb dieses Rechnungssystems (§ 60 Abs. 2 Satz 1 EStDV).
- Das Unternehmen fertigt sowohl **einen handelsrechtlichen als auch einen steuerrechtlichen Jahresabschluss** (§ 60 Abs. 2 Satz 2 EStDV) an. In diesem Fall erübrigt sich eine externe Korrektur des Handelsbilanzerfolgs, da im Rahmen der Finanzbuchhaltung bereits die relevanten bilanzsteuerrechtlichen Abweichungen **buchhalterisch** berücksichtigt wurden und mithin der die Gesamthand betreffende Steuerbilanzerfolg vorliegt.

- Das Unternehmen erstellt nur einen **(Einheits-)Jahresabschluss**,[801] der sowohl **handels- als auch steuerrechtlichen Vorschriften** entspricht. Auch in diesem Fall ist eine externe Erfolgskorrektur des Steuerbilanzerfolges bis auf die Berücksichtigung nichtabziehbarer Aufwendungen und steuerfreier Erträge nicht erforderlich, weil bereits in der Finanzbuchhaltung nach Maßgabe steuerrechtlicher Normen gebucht wurde. Allerdings wird die Aufstellung eines Einheits-Jahresabschlusses nur noch in **Ausnahmefällen** möglich sein, da durch die Änderungen des Bilanzsteuerrechts, die nicht mit den handelsrechtlichen Grundsätzen ordnungsmäßiger Buchführung korrespondieren (z. B. § 5 Abs. 4 a, § 6 Abs. 1 Nr. 3 a EStG), eine handels- und steuerrechtlich identische Bilanzierung zum gegenwärtigen Zeitpunkt weitgehend ausgeschlossen ist.

Zu berücksichtigen ist, dass aufgrund des Prinzips der **umgekehrten Maßgeblichkeit** (§ 5 Abs. 1 Satz 2 EStG) steuerrechtliche **Wahlrechte** in aller Regel auch im handelsrechtlichen Jahresabschluss ausgeübt werden müssen, wenn sie bilanzsteuerrechtlich Anerkennung finden sollen.[802] Sofern die Personenhandelsgesellschaft den Steuerbilanzerfolg mit Hilfe derartiger Wahlrechte beeinflussen will, **erübrigt** sich mithin eine **steuerrechtliche Berichtigung**, da die in Rede stehenden Auswirkungen bereits im Handelsbilanzergebnis enthalten sind. Somit beziehen sich die oben angesprochenen bilanzsteuerrechtlichen Korrekturen auf die folgenden **beiden Falltypen**:

- Rückgriff auf Bilanzierungs- und Bewertungsansätze im handelsrechtlichen Jahresabschluss, die bilanzsteuerrechtlich **nicht zulässig** sind;
- Inanspruchnahme steuerrechtlicher Wahlrechte, die in Durchbrechung des Prinzips der **umgekehrten Maßgeblichkeit** im handelsrechtlichen Jahresabschluss nicht ausgeübt werden brauchen und auch nicht ausgeübt wurden.

Im Falle der Aufstellung eines **separaten steuerrechtlichen Jahresabschlusses** wurden die den vorstehend angesprochenen Typen zu subsumierenden Korrekturen bereits **buchhalterisch vorgenommen**, womit der Steuerbilanzerfolg als Saldogröße auf dem Gewinn- und Verlustkonto erscheint. In aller Regel bezieht sich **die Erfolgsverteilungsabrede auf das Handelsbilanzergebnis**, da diese Maßgröße unter Verfolgung des Ziels der **Unternehmenserhaltung** als Indikator zur Bemessung der dem Unternehmen maximal entziehbaren Mittel besser geeignet erscheint als der Steuerbilanzgewinn. Aus **steuerrechtlicher Sicht** sind Differenzen zwischen Handels- und Steuerbilanz den Gesellschaftern unter Berücksichtigung des vereinbarten **Erfolgsverteilungsschlüssels** zuzurechnen.[803] Hierdurch besteht die Möglichkeit, dass in einzelnen Perioden die handelsrechtliche Gewinnausschüttung von den der Besteuerung unterworfenen Erträgen **abweichen** kann. Aufgrund des **Zweischneidigkeitsprinzips** der Bilanzierung werden sich derartige Differenzen zwischen **Handels- und Steuerbilanz** grundsätzlich im Zeitablauf aber wieder **ausgleichen**.[804]

---

801   Diese Form wurde in der Vergangenheit vor allem von nicht offenlegungspflichtigen Personenhandelsgesellschaften gewählt, um die nach § 60 Abs. 2 Satz 1 EStDV erforderliche Anpassung der Wertansätze der Handelsbilanz an die steuerrechtlichen Normen zu vermeiden.
802   Aus handelsrechtlicher Sicht wird der Grundsatz der umgekehrten Maßgeblichkeit durch § 247 Abs. 3 und § 254 HGB sichergestellt.
803   Vgl. H 15.8 Abs. 3 EStR.
804   Ähnlich *Brönner/Bareis* 1991, Anm. 915 zu R III, S. 698.

**Beispiel:**

An der AB-OHG mit Sitz in Hamburg sind die Gesellschafter A und B mit jeweils 50 % am Vermögen und am Erfolg des Unternehmens beteiligt. Laut Gesellschaftsvertrag erhält Mitunternehmer A für die Übernahme der Geschäftsführung einen Vorabgewinn von 60.000 €. Diese Sondervergütung wurde im Rahmen der Erfolgsermittlung noch nicht gebucht. Der Handelsbilanzgewinn vor Bildung der Gewerbesteuer-Rückstellung beträgt für das Wirtschaftsjahr ( = Kalenderjahr) 2005 35.000 €. Die während des Wirtschaftsjahres geleisteten und bereits verbuchten Gewerbesteuervorauszahlungen belaufen sich auf 90.000 €.

Der Handelsbilanzgewinn muss aufgrund der nachstehenden steuerrechtlichen Spezialregelungen korrigiert werden.

- In der Handelsbilanz wurde der Endbestand von fertigen Erzeugnissen nach § 255 Abs. 2 HGB zu Einzelkosten bewertet, während bei der steuerrechtlichen Gewinnermittlung auch die anteiligen Material- und Fertigungsgemeinkosten gemäß R 6.3 Abs. 1 EStR mindestens aktiviert werden müssen. Der Unterschiedsbetrag beläuft sich auf 128.000 €.
- Ferner ist in der handelsrechtlichen Jahresabschlussrechnung das Disagio für ein Tilgungsdarlehen in Höhe von 31.500 € gemäß § 250 Abs. 3 Satz 1 HGB in voller Höhe aufwandswirksam verrechnet worden. Laut H 6.10 EStR ist das Disagio in der Steuerbilanz als Rechnungsabgrenzungsposten auf die Laufzeit des Darlehens zu verteilen, die drei Jahre beträgt. Das Darlehen wurde Anfang des Jahres 2005 aufgenommen.
- In der Handelsbilanz wurde eine Rückstellung für unterlassene Instandhaltung in Höhe von 73.500 € nach § 249 Abs. 1 Satz 3 HGB gebildet, die Mitte des folgenden Geschäftsjahres nachgeholt werden soll. Gemäß H 5.7 Abs. 11 EStR sind aus bilanzsteuerrechtlicher Sicht derartige Rückstellungen nicht zulässig.
- Der Steuerbilanzgewinn soll durch die Bildung einer steuerfreien Rücklage in Höhe von 18.000 € gemindert werden, die aufgrund spezieller steuerrechtlicher Regelungen nicht in den Sonderposten mit Rücklageanteil der Handelsbilanz gemäß § 247 Abs. 3 HGB einbezogen werden braucht und auch nicht einbezogen wurde.
- Im Geschäftsjahr 2005 sind Werbegeschenke im Wert von insgesamt 24.000 € (brutto) an dreihundert Kunden verschickt worden, die im handelsrechtlichen Jahresabschluss aufwandswirksam zur Verbuchung kamen. § 4 Abs. 5 Nr. 1 EStG bestimmt aber, dass diese betrieblich veranlassten Aufwendungen den Steuerbilanzgewinn nicht mindern dürfen.

Zur Ermittlung des korrigierten Steuerbilanzgewinns nach Maßgabe von § 60 Abs. 2 Satz 1 EStDV bedarf es nun der in **Abb. 176** gezeigten Vorgehensweise.

Da außer der Vorabvergütung, die im handelsrechtlichen Jahresabschluss nicht aufwandswirksam gebucht wurde, keine weiteren Sonderbilanzierungs- und auch keine Ergänzungsbilanzierungserfolge vorliegen, kann zum Zwecke der Berechnung der Gewerbesteuer-Rückstellung an den korrigierten Steuerbilanzgewinn von 663.500 € angeknüpft werden. In diesem Zusammenhang sei unterstellt, dass der Hebesatz für die Standortgemeinde 400 % beträgt sowie keine Hinzurechnungen und Kürzungen nach § 8, § 9 GewStG zu beachten sind. Die während des Wirtschaftsjahres geleisteten und bereits

| Handelsbilanzgewinn vor Gewerbesteuer-Rückstellung | | 435.000 € |
|---|---|---|
| ± Bilanzsteuerrechtliche Korrekturen | + | 128.000 € |
| | + | 21.000 €[805] |
| | + | 73.500 € |
| | – | 18.000 € |
| = Steuerbilanzgewinn vor Gewerbesteuer-Rückstellung | = | 639.500 € |
| ± Außerbilanzielle Korrekturen (Nichtabziehbare Aufwendungen) | + | 24.000 €[806] |
| = Korrigierter Steuerbilanzgewinn vor Gewerbesteuer-Rückstellung | = | 663.500 €. |

Abb. 176: Berechnung des Steuerbilanzgewinns

aufwandswirksam verbuchten Gewerbesteuer-Vorauszahlungen betrugen 90.000 €. Die Berechnung des Gewerbeertrags sowie der Gewerbesteuer-Rückstellung wird nachfolgend gezeigt.[807]

| Korrigierter Steuerbilanzgewinn vor Gewerbesteuer-Rückstellung | 663.500 € |
|---|---|
| + Geleistete Gewerbesteuer-Vorauszahlungen (§ 19 GewStG) | 90.000 € |
| = Korrigierter Steuerbilanzgewinn ohne Berücksichtigung der Gewerbesteuer als Aufwand | 753.500 € |
| – Freibetrag (§ 11 Abs. 1 Satz 3 Nr. 1 GewStG) | 24.500 € |
| = Gewerbeertrag vor Abzug der Gewerbesteuer | 729.000 € |
| – Gewerbesteuer [Anwendung der Messzahlen (z. T. gestaffelt 1 % bis 4 %, sonst 5 %) für den Gewerbeertrag und des Gewerbesteuer-Hebesatzes (400 %) im Rahmen einer »auf-Hundert-Rechnung« auf den Gewerbeertrag vor Abzug der Gewerbesteuer (§ 7, § 11 Abs. 2 Nr. 1, § 16 Abs. 1 GewStG)] | |
| $\begin{aligned} 0{,}01 \cdot 4 \cdot 12.000\,€ &= 480\,€ \\ 0{,}02 \cdot 4 \cdot 12.000\,€ &= 960\,€ \\ 0{,}03 \cdot 4 \cdot 12.000\,€ &= 1.440\,€ \\ 0{,}04 \cdot 4 \cdot 12.000\,€ &= 1.920\,€ \\ &= 4.800\,€ \end{aligned}$ | 4.800 € |
| $\dfrac{0{,}05 \cdot 4}{1 + 0{,}05 \cdot 4} \cdot 676.200\,€^{[808]}$ | 112.700 € |
| = Gewerbeertrag i. S. v. § 11 Abs. 2 GewStG[809] | 611.500 €. |

Abb. 177: Berechnung des Gewerbeertrags

---

805  21.000 € = 31.500 € – (31.500 € : 3 Jahre).
806  Die auf den nichtabziehbaren Betriebsausgaben lastenden Umsatzsteuerbeträge sind gemäß § 15 Abs. 1 a Nr. 1 UStG vom Vorsteuerabzug ausgeschlossen. Nach § 12 Nr. 3 EStG dürfen diese Vorsteuerbeträge auch nicht bei der Einkünfteermittlung abgezogen werden und sind insoweit – zusammen mit den Nettobeträgen der Aufwendungen – im Rahmen der steuerrechtlichen Gewinnermittlung wieder hinzuzurechnen.
807  Vgl. hierzu die Ausführungen im Dritten Teil zu Gliederungspunkt I.B.4.c.c.b(a)(β)(β.b).
808  676.200 € = 729.000 € – (12.480 € + 12.960 € + 13.440 € + 13.920 €). Der Betrag von 676.200 € stellt den verbleibenden Gewerbeertrag vor Abzug der Gewerbesteuer dar.
809  Der Gewerbeertrag ist auf volle 100 € nach unten abzurunden (§ 11 Abs. 1 Satz 3 GewStG).

Die Gewerbesteuer-Rückstellung nach § 249 Abs. 1 Satz 1 HGB für das Wirtschaftsjahr 2005 berechnet sich nun aus folgenden Komponenten.

| | |
|---|---|
| Berechnete Gewerbesteuer (4.800 € + 112.700 €) | 117.500 €[810] |
| – Geleistete Gewerbesteuer-Vorauszahlungen | 90.000 € |
| = Voraussichtliche Gewerbesteuer-Abschlusszahlung (Gewerbesteuer-Rückstellung) | = 27.500 € |

Mithin lautet die noch für den handelsrechtlichen Jahresabschluss vorzunehmende Buchung:

| | | | |
|---|---|---|---|
| Steuern vom Einkommen und vom Ertrag | an | Gewerbesteuer-Rückstellung | 27.500 €. |

Die Richtigkeit des Betrags der voraussichtlichen Gewerbesteuer-Abschlusszahlung lässt sich durch die nachfolgende Kontrollrechnung überprüfen.

| | |
|---|---|
| Korrigierter Steuerbilanzgewinn nach Gewerbesteuer-Rückstellung der Gesamthand | 636.000 € |
| – Freibetrag nach § 11 Abs. 1 Satz 3 Nr. 1 GewStG | 24.500 € |
| = Vorläufige Bemessungsgrundlage der Gewerbesteuer | 611.500 € |
| Steuermessbetrag Gewerbeertrag (§ 11 Abs. 1 GewStG) $0{,}01 \cdot 12.000\,€ \quad = \quad 120\,€$ $0{,}02 \cdot 12.000\,€ \quad = \quad 240\,€$ $0{,}03 \cdot 12.000\,€ \quad = \quad 360\,€$ $0{,}04 \cdot 12.000\,€ \quad = \quad 480\,€$ $0{,}05 \cdot 563.500\,€^{[811]} = 28.175\,€$ $\qquad\qquad\qquad = 29.375\,€$ | 29.375 € |
| = Steuermessbetrag (§ 14 GewStG) | 29.375 € |
| Anwendung des Hebesatzes (400 %) auf den einheitlichen Steuermessbetrag (§ 16 Abs. 1 GewStG) $4 \cdot 29.375\,€$ | 117.500 € |
| – Geleistete Gewerbesteuer-Vorauszahlungen | 90.000 € |
| = Voraussichtliche Gewerbesteuer-Abschlusszahlung | 27.500 €. |

Abb. 178: Berechnung der Gewerbesteuer-Abschlusszahlung

Unterstellt man, dass die handelsrechtliche Gewinnverteilung nach Maßgabe des Handelsbilanzergebnisses vorgenommen wird und die Gesellschafter beabsichtigen, die Vorabvergütung sowie die entsprechenden Erfolgsanteile in voller Höhe zu entnehmen, dann müssten die Verbuchungen wie folgt vorgenommen werden:

| | | | |
|---|---|---|---|
| Gewinn- und Verlustkonto 407.500 €[812] | an | – Verbindlichkeiten gegenüber Gesellschafter A | 233.750 €[813] |
| | | – Verbindlichkeiten gegenüber Gesellschafter B | 173.750 €. |

---

810  $117.500\,€ = \dfrac{0{,}05 \cdot 4}{1 + 0{,}05 \cdot 4} \cdot [729.000\,€ - (2 \cdot 12.000\,€)]$.

811  $563.500\,€ = 611.500\,€ - (4 \cdot 12.000\,€)$.

812  $407.500\,€ = 435.000\,€ - 27.500\,€$ (Gewerbesteuer-Rückstellung).

813  $233.750\,€ = 173.750\,€ + 60.000\,€$ (Vorabgewinn).

Nun ist die ertragsteuerrechtliche Gewinnermittlung und -verteilung der OHG vorzunehmen. Obwohl im Wirtschaftsjahr 2005 lediglich 407.500 € an die Gesellschafter ausgeschüttet werden, unterliegt der Ertragsbesteuerung dieser Periode ein Betrag von 636.000 €. Der Differenzbetrag zwischen korrigiertem Steuerbilanzgewinn und ausgeschüttetem Handelsbilanzgewinn in Höhe von 228.500 € wird in den Folgejahren aufgrund des Zweischneidigkeitsprinzips jedoch nur im Umfang von 204.500 € ausgeglichen, da die nichtabziehbaren Aufwendungen (24.000 €) in der Periode 2005 außerhalb der Steuerbilanz korrigiert wurden.

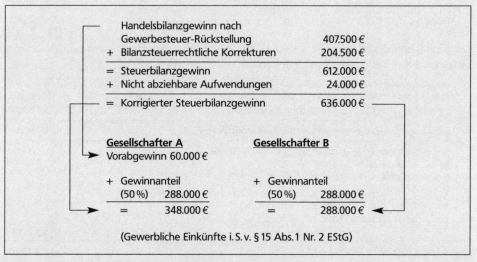

Abb. 179: Ertragsteuerrechtliche Gewinnermittlung und -verteilung

Die Anrechnung der Gewerbesteuer auf die individuelle Einkommensteuer der Gesellschafter A und B stellt sich gemäß § 35 EStG wie folgt dar.[814]

|  | Gesellschafter A | Gesellschafter B |
|---|---|---|
| Gewerbliche Einkünfte (§ 15 Abs. 1 Nr. 2 EStG) | 348.000 € | 288.000 € |
| = Summe der Einkünfte (§ 2 Abs. 3 EStG) | 348.000 € | 288.000 € |
| = Zu versteuerndes Einkommen (§ 2 Abs. 5 EStG) | 348.000 € | 288.000 € |
| = Vorläufige Einkommensteuer (§ 32 a EStG) | 147.755 €[815] | 120.755 €[816] |

814   Gemäß § 32 a EStG wurde ein Einkommensteuersatz von 45 % angenommen.
815   147.755 € = 0,45 · 348.000 € − 8.845 €.
816   120.755 € = 0,45 · 288.000 € − 8.845 €.

| – Anteiliges Anrechnungsvolumen (§ 35 EStG) | | | |
|---|---|---|---|
| Gewerbesteuer-Messbetrag | 29.375 € | | |
| Anrechnungsfaktor | 1,8 | | |
| Anrechnungsvolumen | 52.875 €[817] | 26.437,5 € | 26.437,5 € |
| = Festzusetzende Einkommensteuer | | 121.317,5 € | 121.317,5 €. |

Das Beispiel verdeutlicht einerseits, dass die pauschale Anrechnung der Gewerbesteuer auf die Einkommensteuer der beiden Gesellschafter mit insgesamt 52.875 € aufgrund des Hebesatzes von 400 % lediglich zu einer unvollständigen Kompensation der gesamten Gewerbesteuerbelastung von 117.500 € führt.[818] Andererseits kommt die höhere wirtschaftliche Gewerbesteuerbelastung von Gesellschafter B im Verhältnis zu Gesellschafter A zum Ausdruck, die durch die Zurechnung des Vorabgewinns von 60.000 € entsteht. Allerdings wird Gesellschafter B infolge der Inanspruchnahme des gleichen Anrechnungsbetrages auf die Einkommensteuer in ähnlicher Weise wie Gesellschafter A entlastet. Diese Kompensationswirkung muss künftig bei einem zivilrechtlichen Ausgleich zwischen den Gesellschaftern für die höhere Gewerbesteuerbelastung aufgrund der Zurechnung von Vorabgewinnen Berücksichtigung finden. Ein Berichtigungsbedarf ergibt sich aber stets dann, wenn die Gewerbesteuer, wie im vorstehenden Beispiel verdeutlicht, nur unvollständig kompensiert wird, oder Anrechnungsüberhänge entstehen, die bei den Gesellschaftern keine Reduktion der Einkommensteuer nach sich ziehen.

## 2.    Erstellung von Sonder-Jahresabschlüssen

Sofern in einer Personenhandelsgesellschaft **umfangreiches Sonderbetriebsvermögen** vorliegt und **ausgeprägte Leistungsbeziehungen** zwischen Mitunternehmern und Gesellschaft bestehen, die Tätigkeits- und Nutzungsvergütungen i. S. v. § 15 Abs. 1 Nr. 2 Satz 1 2. HS EStG zur Folge haben, empfiehlt sich die Aufstellung von **Sonder-Jahresabschlüssen** für die betroffenen Gesellschafter. In diesen **Zusatzrechnungen** zum Gesamthands-Jahresabschluss sind die **aktiven und passiven Wirtschaftsgüter des Sonderbetriebsvermögens**, die mit ihnen zusammenhängenden **Aufwendungen und Erträge** sowie die **Sonderaufwendungen und -erträge** der Mitunternehmer zu erfassen. Dabei müssen die **allgemeinen bilanzsteuerrechtlichen Prinzipien** einschließlich der **GoB** unter Berücksichtigung einer **korrespondierenden Bilanzierung** zwischen Sonder-Jahresabschluss und steuerrechtlichem Jahresabschluss der Gesamthand beachtet werden.[819] Ansonsten

---

817 Die Aufteilung des Gewerbesteuer-Messbetrags erfolgt bei Personenhandelsgesellschaften (Mitunternehmerschaften) gemäß § 35 Abs. 2 Satz 2 EStG nach Maßgabe des »allgemeinen Gewinnverteilungsschlüssels«, wobei hierunter die (gesellschaftsvertragliche) Beteiligung am Vermögen der Gesellschaft zu verstehen ist.

818 Im Rahmen der Kompensation der Gewerbesteuerbelastung gilt es allerdings zu berücksichtigen, dass durch den Betriebsausgabenabzug der Gewerbesteuer in Höhe der hierauf entfallenden (individuellen) Einkommensteuer stets eine Entlastung (Kompensation) erfolgt. Bezogen auf das vorstehende Beispiel beträgt diese Entlastung bei A und B jeweils 26.437,5 € [(117.500 € : 2) · 0,45]. Die pauschale Anrechnung der Gewerbesteuer auf die Einkommensteuer nach § 35 EStG soll eine zusätzliche Verminderung der bislang definitiv verbliebenen Gewerbesteuerbelastung bewirken.

819 Vgl. *Wacker* 2005, Rz. 475 zu § 15 EStG, S. 1165.

stellt die den Sonder-Jahresabschlussrechnungen zugrunde liegende Finanzbuchhaltung aber einen vom Rechnungssystem des Gesellschafts-Jahresabschlusses **abgekoppelten Kreis** dar. Die aus den Sonder-Gewinn- und Verlustrechnungen abgeleiteten Erfolge sind bei Ermittlung der **gewerbe- und einkommensteuerrechtlichen Bemessungsgrundlage** zu berücksichtigen.

Ziel der Erstellung von Sonder-Jahresabschlüssen ist es, die den Gesellschaftern zuzuordnenden Sondererfolge zu ermitteln. Diese setzen sich aus den erfolgsbezogenen Änderungen des Sonderbetriebsvermögens und dem Saldo aus Sonderbetriebsaufwendungen und -erträgen zusammen. Hieraus ist abzuleiten, dass **alle Wertänderungen** an den Wirtschaftsgütern des Sonderbetriebsvermögens unmittelbar auf den entsprechenden **Bestandskonten** zu verbuchen sind. **Sonderbetriebsaufwendungen** müssen aber als **Einlagen** erfasst werden, da der Mitunternehmer sie **privat** trägt und mithin **keine** erfolgswirksame Minderung seines Sonderbetriebsvermögens eintritt (z. B. Reparaturaufwendungen für eine der Personenhandelsgesellschaft überlassene Immobilie). Ähnliches gilt für **Sonderbetriebserträge**, die als **Entnahmen** zu buchen sind, weil sie das **Privat- und nicht das Sonderbetriebsvermögen** erhöhen (z. B. an den Mitunternehmer gezahlte Vergütungen für die vermietete Immobilie).

Aufgrund der aufgezeigten Buchungstechnik **erübrigt** sich zum Zwecke der Ermittlung des steuerrechtlichen Gesamterfolgs der Personenhandelsgesellschaften eine **separate Hinzurechnung** der in der Gesamthandsbilanz als Aufwendungen erfassten Sondervergütungen, da diese bereits in dem **Sondererfolg** pro Gesellschafter enthalten sind. Sofern **Vorsteueransprüche** im Zusammenhang mit **Sonderbetriebsaufwendungen** bzw. **Umsatzsteuerverpflichtungen** durch Vermietung und Verpachtung von Sonderbetriebsvermögen an die Personenhandelsgesellschaft entstehen, sind diese entsprechend in der **Sonderbilanz** auszuweisen. Der Gesellschafter wird folglich in diesem Falle durch eigene, nachhaltige Tätigkeit zur Erzielung von Einnahmen Unternehmer i. S. v. § 2 Abs. 1 UStG.[820]

Die **Sonder-Jahresabschlüsse** müssen **neben** dem **steuerrechtlichen Gesamthands-Jahresabschluss** entsprechend **fortgeführt** werden, bis die im Sonderbetriebsvermögen enthaltenen Wirtschaftsgüter **ausscheiden** oder **voll abgeschrieben** sind. Sofern Sonderbetriebsvermögen **nicht** (mehr) vorliegt, aber trotzdem (noch) Sonderbetriebsaufwendungen und -erträge anfallen, empfiehlt es sich, diese nicht im Rahmen eines doppelten (Sonder-)Buchhaltungssystems zu erfassen, sondern durch **einfache Korrekturen außerhalb des Gesamthands-Jahresabschlusses** zu berücksichtigen.

---

**Beispiel:**

In Erweiterung des letzten Beispiels wird nun unter sonst gleichen Daten angenommen, dass Gesellschafter B der OHG zu Beginn des Geschäftsjahres 2005 nachstehende Wirtschaftsgüter zur Nutzung überlässt, deren Einlage in das Sonderbetriebsvermögen am 01.01.2005 erfolgt.

- B vermietet der OHG ein unbebautes Privatgrundstück, das er am 01.05. des Geschäftsjahres 2003 zu Anschaffungskosten von 120.000 € erworben hatte. Die Grundstücksaufwendungen für das Jahr 2005 betragen 14.400 € (einschl. 20 % Umsatzsteuer) und werden durch B von seinem privaten Bankkonto bezahlt. Die mit der OHG vereinbarte Miete für die Nutzungsüberlassung des Grundstücks beläuft sich

---

820   Vgl. im Detail R 6 Abs. 4 und R 213 UStR.

auf 1.800 € (einschl. 20 % Umsatzsteuer[821]) monatlich. Die Anschaffungskosten des Grundstücks entsprechen zu Beginn des Geschäftsjahrs 2005 genau seinem Teilwert. Der Einheitswert des Grundstücks zuzüglich der von § 121a BewG geforderten 40 %igen Erhöhung beläuft sich auf 41.667 €.

- Ferner vermietet B der OHG einen PKW, der am 01.01. des Geschäftsjahres 2004 zu Anschaffungskosten von 30.000 € privat erworben wurde. Die betriebsgewöhnliche Nutzungsdauer des Fahrzeugs, das linear abgeschrieben wird, beträgt fünf Jahre. Die Aufwendungen für die Nutzung des PKW belaufen sich neben den planmäßigen Abschreibungen auf 3.000 € (einschl. 20 % Umsatzsteuer), die B ebenfalls über sein privates Bankkonto bezahlte. Die von der OHG dem Gesellschafter B monatlich überwiesene Miete für die Nutzung des PKW beträgt 900 € (einschl. 20 % Umsatzsteuer).
- Schließlich gewährt Gesellschafter B der OHG ein privates Darlehen zum Nennwert in Höhe von 150.000 € zu einem Zinssatz von 8 %.

Die erforderlichen Buchungssätze lauten:

(1) – Grundstücks-
    aufwendungen        12.000 €    an    Privat-Sonderkonto B    14.400 €.
    – Vorsteuer          2.400 €

(2) Abschreibungen
    auf Sachanlagen       6.000 €    an    Fuhrpark              6.000 €.

(3) – PKW-Aufwendungen    2.500 €    an    Privat-Sonderkonto B    3.000 €.
    – Vorsteuer            500 €

(4) Privat-Sonderkonto B  32.400 €    an    – Mieterträge        27.000 €
                                            – Umsatzsteuer        5.400 €.

(5) Privat-Sonderkonto B  12.000 €    an    Zinserträge          12.000 €.

Die entsprechende Sonderbilanz des Gesellschafters B hat zum 01.01. des Wirtschaftsjahres 2005 das nachfolgend gezeigte Aussehen.

| Aktiva | Sonderbilanz B zum 01.01.2005 | | | Passiva |
|---|---|---|---|---|
| | | € | | € |
| A. Anlagevermögen: | | | A. Sonderkapital | 294.000 |
|   I. Grundstücke | | 120.000 | | |
|   II. Fuhrpark | | 24.000[822] | | |
|   III. Sonstige Ausleihungen | | 150.000 | | |
| | | 294.000 | | 294.000 |

---

821    Verzicht auf die – bei der Vermietung von Grundbesitz mögliche – Steuerbefreiung des § 4 Nr. 12.a) UStG nach § 9 UStG, um vor dem Hintergrund des § 15 Abs. 2 Nr. 1 UStG den Vorteil des Vorsteuerabzugs ausnutzen zu können.

822    Bei der Bewertung des PKW ist die Regelung des § 6 Abs. 1 Nr. 5 Satz 2 EStG zu beachten, nach der das Fahrzeug mit seinen fortgeführten Anschaffungskosten in das Sonderbetriebsvermögen eingelegt werden muss. Die Berechnung der bis zum Einlagezeitpunkt zu berücksichtigenden planmäßigen Abschreibungen wurde zeitanteilig vorgenommen. Somit lässt sich der Einlagewert von 24.000 € ermitteln aus 30.000 € – (30.000 € : 5 Jahre).

Auf den nachstehenden Konten sind die das Sonderbetriebsvermögen und die Sondererfolge des Mitunternehmers B betreffenden Buchungen zusammenfassend dargestellt.

| S | Unbebaute Grundstücke | | H |
|---|---|---|---|
| | € | | € |
| AB | 120.000 | (14) SBK (EB) | 120.000 |

| S | Fuhrpark | | H |
|---|---|---|---|
| | € | | € |
| AB | 24.000 | (2) | 6.000 |
| | | (15) SBK (EB) | 18.000 |
| | 24.000 | | 24.000 |

| S | Vorsteuer | | H |
|---|---|---|---|
| | € | | € |
| (1) | 2.400 | (16) | 2.900 |
| (3) | 500 | | |
| | 2.900 | | 2.900 |

| S | Sonstige Ausleihungen | | H |
|---|---|---|---|
| | € | | € |
| AB | 150.000 | (18) SBK (EB) | 150.000 |

| S | Sonderkapital B | | H |
|---|---|---|---|
| | € | | € |
| (12) | 27.000 | AB | 294.000 |
| (13) SBK (EB) | 285.500 | (11) | 18.500 |
| | 312.500 | | 312.500 |

| S | Privat-Sonderkonto B | | H |
|---|---|---|---|
| | € | | € |
| (4) | 32.400 | (1) | 14.400 |
| (5) | 12.000 | (3) | 3.000 |
| | | (12) | 27.000 |
| | 44.400 | | 44.400 |

| S | Umsatzsteuer | | H |
|---|---|---|---|
| | € | | € |
| (16) | 2.900 | (4) | 5.400[823] |
| (17) SBK (EB) | 2.500 | | |
| | 5.400 | | 5.400 |

| S | Grundstücksaufwendungen | | H |
|---|---|---|---|
| | € | | € |
| (1) | 12.000 | (6) GuV | 12.000 |

| S | Abschreibungen auf Sachanlagen | | H |
|---|---|---|---|
| | € | | € |
| (2) | 6.000 | (7) GuV | 6.000 |

| S | PKW-Aufwendungen | | H |
|---|---|---|---|
| | € | | € |
| (3) | 2.500 | (8) GuV | 2.500 |

---

823  5.400 € = (300 € + 150 €) · 12.

| S | Mieterträge | | H |
|---|---|---|---|
| | € | | € |
| (9) GuV | 27.000 | (4) | 27.000[824] |

| S | Zinserträge | | H |
|---|---|---|---|
| | € | | € |
| (10) GuV | 12.000 | (5) GuV | 12.000[825] |

| S | Sonder-Gewinn- und Verlustkonto B zum 31. 12. 2005 | | H |
|---|---|---|---|
| | | € | € |
| (6) Grundstücksaufwendungen | | 12.000 | (9) Mieterträge 27.000 |
| (7) Abschreibungen auf Sachanlagen | | 6.000 | (10) Zinserträge 12.000 |
| (8) PKW-Aufwendungen | | 2.500 | |
| (11) Sondergewinn B | | 18.500 | |
| | | 39.000 | 39.000 |

| S | Sonder-Schlussbilanzkonto B zum 31. 12. 2005 | | H |
|---|---|---|---|
| | | € | € |
| (14) Unbebaute Grundstücke | | 120.000 | (13) Sonderkapital B 285.500 |
| (15) Fuhrpark | | 18.000 | (17) Umsatzsteuer 2.500 |
| (18) Sonstige Ausleihungen | | 150.000 | |
| | | 288.000 | 288.000 |

Auch die Erfolgsermittlung durch Betriebsvermögensvergleich nach § 4 Abs. 1 Satz 1 EStG führt zum gleichen Sondergewinn.

|  | | |
|---|---|---|
| | Sonderbetriebsvermögen B am Ende des Wirtschaftsjahres | 285.500 € |
| − | Sonderbetriebsvermögen zu Beginn des Wirtschaftsjahres | 294.000 € |
| + | Entnahmen B | 44.400 €[826] |
| − | Einlagen B | 17.400 €[827] |
| = | Sondergewinn B | 18.500 €. |

Aufgrund des Sondergewinns von Gesellschafter B für das Wirtschaftsjahr 2005 bedarf es einer Neuberechnung der Gewerbesteuer-Rückstellung. In diesem Zusammenhang ist zu berücksichtigen, dass der ursprünglich unterstellte Handelsbilanzgewinn vor Gewerbesteuer-Rückstellung von 435.000 € nun aufgrund der an B gezahlten Sondervergütungen in Höhe von 39.000 €[828] auf 396.000 € sinken muss. Nachfolgend wird die geänderte Berechnung des Gewerbeertrags sowie der Gewerbesteuer-Rückstellung dargelegt.

---

824    27.000 € = (1.500 € + 750 €) · 12.
825    12.000 € = 0,08 · 150.000.
826    44.400 € = 32.400 € + 12.000 €.
827    17.400 € = 14.400 € + 3.000 €.
828    39.000 € = (1.500 € + 750 €) · 12 + 0,08 · 150.000 €.

| | |
|---|---:|
| Korrigierter Steuerbilanzgewinn vor Gewerbesteuer-Rückstellung | 624.500 €[829] |
| + Geleistete Gewerbesteuer-Vorauszahlungen (§ 19 GewStG) | 90.000 € |
| = Korrigierter Steuerbilanzgewinn ohne Berücksichtigung der Gewerbesteuer als Aufwand | 714.500 € |
| + Sondergewinn Gesellschafter B (R 39 Abs. 2 Satz 1 GewStR) | 18.500 € |
| − Kürzungen (§ 9 Nr. 1 Satz 1 GewStG) $0{,}012 \cdot 41.667 €$ | 500 € |
| − Freibetrag (§ 11 Abs. 1 Satz 3 Nr. 1 GewStG) | 24.500 € |
| = Gewerbeertrag vor Abzug der Gewerbesteuer | 708.000 € |
| − Gewerbesteuer [Anwendung der Messzahlen (z. T. gestaffelt 1 % bis 4 %, sonst 5 %) für den Gewerbeertrag und des Gewerbesteuer-Hebesatzes (400 %) im Rahmen einer »auf-Hundert-Rechnung« auf den Gewerbeertrag vor Abzug der Gewerbesteuer (§ 7, § 11 Abs. 2 Nr. 1, § 16 Abs. 1 GewStG)] | |
| $\quad 0{,}01 \cdot 4 \cdot 12.000 € = \phantom{0}480 €$ | |
| $\quad 0{,}02 \cdot 4 \cdot 12.000 € = \phantom{0}960 €$ | |
| $\quad 0{,}03 \cdot 4 \cdot 12.000 € = 1.440 €$ | |
| $\quad 0{,}04 \cdot 4 \cdot 12.000 € = 1.920 €$ | |
| $\qquad\qquad\qquad\; = 4.800 €$ | 4.800 € |
| $\dfrac{0{,}05 \cdot 4}{1 + 0{,}05 \cdot 4} \cdot 655.200 €^{[830]}$ | 109.200 € |
| = Gewerbeertrag i. S. v. § 11 Abs. 2 GewStG | 594.000 €. |

Abb. 180: Modifizierte Berechnung des Gewerbeertrags

Nunmehr lässt sich der geänderte Betrag der Gewerbesteuer-Rückstellung ermitteln.

| | |
|---|---:|
| Berechnete Gewerbesteuer (4.800 € + 109.200 €) | 114.000 €[831] |
| − Geleistete Gewerbesteuer-Vorauszahlungen | 90.000 € |
| = Voraussichtliche Gewerbesteuer-Abschlusszahlung (Gewerbesteuer-Rückstellung) | 24.000 € |

Die entsprechenden Buchungssätze zur Erfassung der Gewerbesteuer-Rückstellung sowie der Gewinnverteilung lauten jetzt für den handelsrechtlichen Jahresabschluss wie folgt:

(1) Steuern vom Einkommen und vom Ertrag      an   Gewerbesteuer-Rückstellung      24.000 €

(2) Gewinn- und Verlustkonto   372.000 €[832]      an   – Verbindlichkeiten gegenüber Gesellschafter A      216.000 €[833]
                                                                      – Verbindlichkeiten gegenüber Gesellschafter B      156.000 €.

Der Betrag der voraussichtlichen Gewerbesteuer-Abschlusszahlung in Höhe von 24.000 € lässt sich durch die in **Abb. 181** dargestellte modifizierte Kontrollrechnung überprüfen.

---

829   624.500 € = 435.000 € + 228.500 € − 39.000 €.

830   655.200 € = 708.000 € − (12.480 € + 12.960 € + 13.440 € + 13.920 €).

831   $114.000 € = \dfrac{0{,}05 \cdot 4}{1 + 0{,}05 \cdot 4} \cdot [708.000 € - (2 \cdot 12.000 €)]$.

832   372.000 € = 435.000 € − 39.000 € − 24.000 €.

833   216.000 € = 156.000 € + 60.000 € (Vorabgewinn).

| | |
|---|---:|
| Korrigierter Steuerbilanzgewinn nach Gewerbesteuer-Rückstellung der Gesamthand | 600.500 € |
| + Sondergewinn Gesellschafter B (R 39 Abs. 2 Satz 1 GewStR) | 8.500 € |
| – Kürzungen (§ 9 Nr. 1 Satz 1 GewStG) | 500 € |
| – Freibetrag (§ 11 Abs. 1 Satz 3 GewStG) | 24.500 € |
| = Vorläufige Bemessungsgrundlage der Gewerbesteuer | 594.000 € |

Steuermessbetrag Gewerbeertrag (§ 11 Abs. 1 GewStG)

$$0{,}01 \cdot 12.000\,€ = 120\,€$$
$$0{,}02 \cdot 12.000\,€ = 240\,€$$
$$0{,}03 \cdot 12.000\,€ = 360\,€$$
$$0{,}04 \cdot 12.000\,€ = 480\,€$$
$$\underline{0{,}05 \cdot 546.000\,€^{834} = 27.300\,€}$$
$$= 28.500\,€$$

| | |
|---|---:|
| | 28.500 € |
| = Steuermessbetrag (§ 14 GewStG) | 28.500 € |
| Anwendung des Gewerbesteuer-Hebesatzes (400 %) auf den Steuermessbetrag (§ 16 Abs. 1 GewStG) $4 \cdot 28.500\,€$ | 114.000 € |
| – Geleistete Gewerbesteuer-Vorauszahlungen | 90.000 € |
| = Voraussichtliche Gewerbesteuer-Abschlusszahlung | 24.000 €. |

Abb. 181: Modifizierte Berechnung der Gewerbesteuer-Abschlusszahlung

**Abb. 182** zeigt abschließend die nach den Änderungen der Ausgangsdaten relevante er-tragsteuerrechtliche Gewinnermittlung und -verteilung.

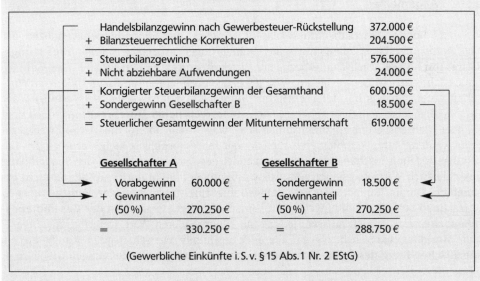

Abb. 182: Modifizierte ertragsteuerrechtliche Gewinnermittlung und -verteilung

---

834    $546.000\,€ = 594.000\,€ - (4 \cdot 12.000\,€)$.

Die Anrechnung der Gewerbesteuer auf die individuelle Einkommensteuer der Gesellschafter A und B stellt sich gemäß § 35 EStG für den modifizierten Fall wie folgt dar.[835]

|  | | Gesellschafter A | Gesellschafter B |
|---|---|---|---|
| Gewerbliche Einkünfte (§ 15 Abs. 1 Nr. 2 EStG) | | 330.250,00 € | 288.750,00 € |
| = Summe der Einkünfte (§ 2 Abs. 3 EStG) | | 330.250,00 € | 288.750,00 € |
| = Zu versteuerndes Einkommen (§ 2 Abs. 5 EStG) | | 330.250,00 € | 288.750,00 € |
| = Vorläufige Einkommensteuer (§ 32 a EStG) | | 139.767,50 €[836] | 121.092,50 €[837] |
| − Anteiliges Anrechnungsvolumen (§ 35 EStG) | | | |
| Gewerbesteuer-Messbetrag | 28.500 € | | |
| Anrechnungsfaktor | 1,8 | | |
| = Anrechnungsvolumen | 51.300 € | 25.650,00 € | 25.650,00 € |
| = Festzusetzende Einkommensteuer | | 114.117,50 € | 95.442,50 €. |

# 3.    Erstellung von Ergänzungs-Jahresabschlüssen

## a.    Allgemeines

Während **Sonder-Jahresabschlüsse** darauf abzielen, das Sonderbetriebsvermögen der Mitunternehmer darzustellen bzw. seine Veränderungen aufzuzeigen, sollen **Ergänzungs-Jahresabschlüsse** gesellschafterbezogene Wertkorrekturen zu den Inhalten des Gesamthands-Jahresabschlusses erfassen. Wie gezeigt wurde, enthalten Sonderbilanzen Wirtschaftsgüter, die aus **handelsrechtlicher Sicht** nicht zum Gesellschaftsvermögen der Personenhandelsgesellschaft gehören, nach **steuerrechtlicher Interpretation** jedoch dem (Sonder-)Betriebsvermögen zuzurechnen sind, weil sie für unternehmerische Zwecke genutzt werden. Mithin komplettieren auch Sonder-Jahresabschlüsse steuerrechtlich den Gesamthands-Jahresabschluss der Personenhandelsgesellschaft, indem in der Sonderbilanz ausschließlich Wirtschaftsgüter zum Ausweis kommen, die in der **Hauptbilanz nicht erscheinen**. Die im Rahmen von Ergänzungs-Jahresabschlussrechnungen vorgenommenen Korrekturen beziehen sich hingegen auf Wirtschaftsgüter, die **auch in der Gesamthandsbilanz** angesetzt werden müssen, jedoch mit einem anderen Wert. Derartige steuerrechtliche Wertdifferenzen in Bezug auf alle oder bestimmte Wirtschaftsgüter resultieren aus **spezifischen Ereignissen**, die dazu führen, dass lediglich einem oder einigen Gesellschaf-

---

835    Gemäß § 32 a EStG wurde ein Einkommensteuersatz von 45 % angenommen.
836    $139.767,5 € = 0,45 \cdot 330.250 € − 8.845 €$.
837    $121.092,50 € = 0,45 \cdot 288.750 € − 8.845 €$.

tern Wertanteile am Unternehmensvermögen zuzurechnen sind. Im Folgenden wird die grundlegende Erstellung und Fortführung steuerrechtlicher Ergänzungs-Jahresabschlüsse in **zwei ausgewählten Fällen** aufgezeigt.[838]

### b.     Veräußerung eines Mitunternehmeranteils an einen Dritten (Gesellschafterwechsel)

In diesem Fall übernimmt ein neuer Mitunternehmer unter Zustimmung der anderen Eigner den Anteil des ausscheidenden Gesellschafters. Der Austretende wird grundsätzlich in Höhe des Buchwerts und des positiven Unterschiedsbetrags zwischen Teil- und Buchwert (i. d. R. stille Reserven, nicht bilanzierungsfähige immaterielle Wirtschaftsgüter und ein ggf. vorhandener Firmenwert) seiner Gesellschaftsbeteiligung von dem übernehmenden Mitunternehmer entschädigt. Der den Buchwert übersteigende Mehrbetrag stellt i. d. R. **aktivierungspflichtige Anschaffungskosten**[839] dar und ist im Verhältnis der erworbenen Anteilsrechte wirtschaftsgutbezogen dem neuen Mitunternehmer anhand einer **positiven Ergänzungsbilanz** zuzurechnen, da es sich bei dem Differenzbetrag nicht um Anschaffungskosten der Gesamthand handelt. Die Ergänzungsbilanz muss in den Folgejahren, ggf. in Kombination mit einer Ergänzungs-Gewinn- und Verlustrechnung, **fortgeführt** werden. Unter einer Fortführung ist die **künftige Weiterentwicklung** der Ergänzungsbilanzwerte nach Maßgabe steuerrechtlicher Vorschriften zu verstehen. Hierdurch wird u. a. sichergestellt, dass aufgrund des Zweischneidigkeitseffekts der Bilanzierung **erfolgsbezogene Auswirkungen** der erstmaligen Erstellung von Ergänzungs-Jahresabschlüssen in den Folgeperioden zum Ausgleich kommen. Nach h. M. sind auf die in der Gesamthands- und Ergänzungsbilanz ausgewiesenen Wirtschaftsgüter prinzipiell **einheitliche Abschreibungsmethoden** anzuwenden, damit die in beiden Bilanzen angesetzten Werte gleichzeitig aufgezehrt werden.

Die aus diesen Ergänzungs-Jahresabschlüssen resultierenden Gewinne oder Verluste sind in die **ertragsteuerrechtliche Erfolgsermittlung** der Personenhandelsgesellschaft einzubeziehen. Hieraus folgt, dass Ergänzungsbilanzerfolge sowohl bei der Berechnung der **gewerblichen Einkünfte** der betroffenen Mitunternehmer nach § 15 Abs. 1 Nr. 2 EStG als auch bei der Ermittlung des **Gewerbeertrags bzw. -verlusts** berücksichtigt werden müssen.

---

**Beispiel:**[840]
An einer OHG, deren Wirtschaftsjahr dem Kalenderjahr entspricht, waren drei Mitunternehmer laut Gesellschaftsvertrag bisher wie folgt beteiligt: A mit 50 %, B und C mit jeweils 25 %. Die zum 31. 12. des Wirtschaftsjahrs 2005 erstellte Gesamthands-

---

838  Vgl. zu anderen Fällen etwa *Brönner/Bareis* 1991, Anm. 941–983, S. 706–722; *Falterbaum/ Bolk/Reiß* 2003, S. 1216–1254; *Marx* 1994, S. 191–203; *Mienert* 1988, S. 929–936.

839  In Ausnahmefällen kann die Mehrabfindung, die einem ausscheidenden Mitunternehmer über den Buchwert seines Kapitalanteils zuzüglich anteiliger stiller Reserven und eines Firmenwerts hinaus gezahlt wird, auch als sofort abzugsfähige Betriebsausgabe behandelt werden. Allerdings muss es sich dann um einen (lästigen) Gesellschafter handeln, der den Bestand und das Gedeihen der Unternehmung durch permanente Störungen des Betriebs ernsthaft gefährdet und für einen bereits absehbaren Zeitpunkt in Frage stellt. Vgl. *Wacker* 2005, Rz. 487 zu § 16 EStG, S. 1380.

840  Das Beispiel wurde modifiziert übernommen von *Falterbaum/Bolk/Reiß* 2003, S. 1235 f.

bilanz, die variable Kapitalanteile der Gesellschafter ausweist, hat das nachstehende Aussehen.[841]

Mit Vertrag vom 21.12. des Wirtschaftsjahres 2005 veräußerte Mitunternehmer C seinen Anteil an den Neu-Gesellschafter D in Höhe von 500.000€. Die Gesellschafter A und B stimmten dem Verkauf unter der Voraussetzung zu, dass D den von C erworbenen Kapitalanteil in unveränderter Höhe übernimmt. Folglich ändert sich die Struktur der Gesamthandsbilanz bis auf die Zusammensetzung des Eigenkapitals nicht. Der Gesellschafterwechsel soll zum 01.01. des Kalenderjahrs 2006 wirksam werden. Zum Zwecke der Ermittlung eines angemessenen Kaufpreises haben C und D einen Wirtschaftsprüfer mit der Wertfindung beauftragt, der unter Aufdeckung sämtlicher stiller Reserven, der Berücksichtigung nicht bilanzierungsfähiger immaterieller Einzelwirtschaftsgüter (selbst geschaffene Patente) sowie eines (originären) Firmenwerts die im Folgenden gezeigte Abfindungsbilanz der ABC-OHG erstellt hat.

| Aktiva | Schlussbilanz der ABC-OHG zum 31.12.2005 | | Passiva |
|---|---|---|---|
| | € | | € |
| A. Anlagevermögen: | | A. Eigenkapital: | |
|   I. Grundstücke | 100.000 |   I. Gesellschafter A | 950.000 |
|   II. Gebäude | 360.000 |   II. Gesellschafter B | 290.000 |
|   III. Maschinen und maschinelle Anlagen | 90.000 |   III. Gesellschafter C | 200.000 |
|   IV. Andere Anlagen, Betriebs- und Geschäftsausstattung | 85.000 | B. Verbindlichkeiten: | |
| | |   I. Verbindlichkeiten aus Lieferungen und Leistungen | 150.000 |
| B. Umlaufvermögen: | |   II. Sonstige Verbindlichkeiten | 15.000 |
|   I. Vorräte | 400.000 |     – davon aus Steuern 15.000€ | |
|   II. Forderungen aus Lieferungen und Leistungen | 600.000 | C. Rechnungsabgrenzungsposten | 35.000 |
|   III. Guthaben bei Kreditinstituten | 5.000 | | |
| | 1.640.000 | | 1.640.000 |

---

[841] Im Falle variabler Kapitalkonten gilt es allerdings zu berücksichtigen, dass sich die Beteiligungsverhältnisse ausschließlich auf die im Betriebsvermögen enthaltenen stillen Reserven und nicht auf das gesamte Unternehmensvermögen beziehen, denn der gesellschafterindividuelle Anteil am bilanziellen (Rein-)Vermögen spiegelt sich im jeweiligen (variablen) Kapitalanteil wider.

| Aktiva | Abfindungsbilanz der ABC-OHG zum 31.12.2005 | | Passiva |
|---|---|---|---|
| | | € | € |
| A. Anlagevermögen: | | | A. Eigenkapital: |
| I. Immaterielle Vermögensgegenstände: | | | I. Gesellschafter A — 1.550.000[842] |
| 1. Patente | 249.000 | | II. Gesellschafter B — 590.000[843] |
| 2. Firmenwert | 486.000 | | III. Gesellschafter C — 500.000[844] |
| II. Sachanlagen: | | | B. Verbindlichkeiten: |
| 1. Grundstücke | 300.000 | | I. Verbindlichkeiten aus Lieferungen und Leistungen — 150.000 |
| 2. Gebäude | 400.000 | | |
| 3. Maschinen und maschinelle Anlagen | 150.000 | | II. Sonstige Verbindlichkeiten — 15.000 |
| 4. Andere Anlagen, Betriebs- und Geschäftsausstattung | 100.000 | | – davon aus Steuern 15.000 € |
| 5. Geringwertige Wirtschaftsgüter | 50.000 | | |
| B. Umlaufvermögen: | | | C. Rechnungsabgrenzungsposten — 35.000 |
| I. Vorräte | 500.000 | | |
| II. Forderungen aus Lieferungen und Leistungen | 600.000 | | |
| III. Guthaben bei Kreditinstituten | 5.000 | | |
| | 2.840.000 | | 2.840.000 |

Mit der Mehrzahlung von Gesellschafter D an den ausscheidenden Gesellschafter C in Höhe von 300.000 € (500.000 € – 200.000 €) sind in Höhe der prozentualen Beteiligung von 25 % stille Reserven (116.250 €) und immaterielle Wirtschaftsgüter (183.750 €) erworben worden, die Mitunternehmer D in einer positiven Ergänzungsbilanz wie folgt auszuweisen hat.[845]

---

842  1.550.000 € = 950.000 € + [0,5 · (2.640.000 € – 1.440.000 €)].

843  590.000 € = 290.000 € + [0,25 · (2.640.000 € – 1.440.000 €)].

844  500.000 € = 200.000 € + [0,25 · (2.640.000 € – 1.440.000 €)].

845  Gesellschafter C dagegen hat den Veräußerungsgewinn in Höhe von 300.000 € (500.000 € – 200.000 €) als Einkünfte aus Gewerbebetrieb gemäß § 16 Abs. 1 Nr. 2 EStG zu versteuern. Den Veräußerungs-Freibetrag von 45.000 € nach § 16 Abs. 4 EStG erhält Gesellschafter C jedoch nur dann, wenn er das 55. Lebensjahr vollendet hat oder im sozialversicherungsrechtlichen Sinne dauernd berufsunfähig ist. Da Veräußerungsgewinne i. S. d. § 16 EStG zu den außerordentlichen Einkünften des § 34 EStG zählen, kann Gesellschafter C – sofern er das 55. Lebensjahr vollendet hat oder im sozialversicherungsrechtlichen Sinne dauernd berufsunfähig ist – beantragen, dass der Veräußerungsgewinn ermäßigt besteuert wird. Der Veräußerungsgewinn unterliegt indes nicht der Gewerbesteuer (R 38 Abs. 3 Satz 3 und R 39 Abs. 1 Nr. 1 GewStR).

| Aktiva | Ergänzungsbilanz Gesellschafter D zum 01.01.2006 | | Passiva |
|---|---|---|---|
| | € | | € |
| A.  Anlagevermögen: | | A.  Mehrkapital | |
|   I.  Immaterielle | |     Gesellschafter D | 300.000 |
|     Vermögensgegenstände: | | | |
|     1. Patente | 62.250 | | |
|     2. Firmenwert | 121.500 | | |
|   II.  Sachanlagen: | | | |
|     1. Grundstücke | 50.000 | | |
|     2. Gebäude | 10.000 | | |
|     3. Maschinen und maschinelle Anlagen | 15.000 | | |
|     4. Andere Anlagen, Betriebs- und Geschäftsausstattung | 3.750 | | |
|     5. Geringwertige Wirtschaftsgüter | 12.500 | | |
| B.  Umlaufvermögen: | | | |
|   I.  Vorräte | 25.000 | | |
| | 300.000 | | 300.000 |

In Bezug auf die Fortführung der Ergänzungsbilanz und zum Zwecke der Ermittlung des Ergänzungsbilanzerfolgs von Gesellschafter D im Rahmen eines Ergänzungs-Jahresabschlusses für das Wirtschaftsjahr 2006 seien folgende Informationen gegeben.

- Von den am 01.01. des Wirtschaftsjahrs 2006 auf Lager befindlichen Vorräten (fertige Erzeugnisse) wurden bis zum Jahresende 75 % verkauft.
- Die betriebsgewöhnliche Nutzungsdauer der linear abzuschreibenden Patente (R 7.4 Abs. 3 Satz 1 i. V. m. R 7.1 Abs. 1 Nr. 2 EStR) beträgt noch vier Jahre.
- Der Firmenwert ist nach § 7 Abs. 1 Satz 3 EStG abzuschreiben.
- Die Grundstücke sind zum 31.12. des Wirtschaftsjahrs 2006 noch in vollem Umfang vorhanden.
- Die Betriebsgebäude sollen linear mit einem Satz von 3 % abgeschrieben werden (§ 7 Abs. 4 Nr. 1 EStG).
- Die Restnutzungsdauern der ebenfalls linear abzuschreibenden Wirtschaftsgüter des übrigen Sachanlagevermögens betragen für Maschinen und maschinelle Anlagen drei Jahre und für andere Anlagen, Betriebs- und Geschäftsausstattung vier Jahre.
- Die geringwertigen Wirtschaftsgüter sind ähnlich wie in der Gesamthandsbilanz sofort gemäß § 6 Abs. 2 EStG abzuschreiben.
- Zum Bilanzstichtag liegen keine Anhaltspunkte für handels- oder steuerrechtlich vorzunehmende Wertkorrekturen der in der Ergänzungsbilanz ausgewiesenen Wirtschaftsgüter vor.

Auf den nachstehenden Konten wird der Gesellschafter D betreffende buchhalterische Ablauf zusammenfassend dargestellt.

| S | Patente | | H |
|---|---|---|---|
| | € | | € |
| AB | 62.250 | (2) | 15.562,50[846] |
| | | (8) | 46.687,50 |
| | | SBK (EB) | |
| | 62.250 | | 62.250,00 |

| S | Firmenwert | | H |
|---|---|---|---|
| | € | | € |
| AB | 121.500 | (2) | 8.100[847] |
| | | (9) | |
| | | SBK (EB) | 113.400 |
| | 121.500 | | 121.500 |

| S | Grundstücke | | H |
|---|---|---|---|
| | € | | € |
| | | (10) | |
| AB | 50.000 | SBK (EB) | 50.000 |

| S | Gebäude | | H |
|---|---|---|---|
| | € | | € |
| AB | 10.000 | (3) | 300[848] |
| | | (11) | |
| | | SBK (EB) | 9.700 |
| | 10.000 | | 10.000 |

| S | Maschinen und maschinelle Anlagen | | H |
|---|---|---|---|
| | € | | € |
| AB | 15.000 | (3) | 5.000[849] |
| | | (12) | |
| | | SBK (EB) | 10.000 |
| | 15.000 | | 15.000 |

| S | Andere Anlagen, Betriebs- und Geschäftsausstattung | | H |
|---|---|---|---|
| | € | | € |
| AB | 3.750 | (3) | 937,50[850] |
| | | (13) | |
| | | SBK (EB) | 2.812,50 |
| | 3.750 | | 3.750 |

| S | Geringwertige Wirtschaftsgüter | | H |
|---|---|---|---|
| | € | | € |
| AB | 12.500 | (3) | 12.500[851] |

| S | Vorräte | | H |
|---|---|---|---|
| | € | | € |
| AB | 25.000 | (1) | 18.750[852] |
| | | (14) | |
| | | SBK (EB) | 6.250 |
| | 25.000 | | 25.000 |

---

846  15.562,50 € = 62.250 € : 4 Jahre.
847  8.100 € = 121.500 € : 15 Jahre.
848  300 € = 0,03 · 10.000 €.
849  5.000 € = 15.000 € : 3 Jahre.
850  937,50 € = 3.750 € : 4 Jahre.
851  Auf die Berücksichtigung eines Erinnerungswerts wird verzichtet.
852  18.750 € = 0,75 · 25.000 €.

| S | Mehrkapital Gesellschafter D | | H |
|---|---|---|---|
| | € | | € |
| (7) | 61.150 | AB | 300.000 |
| (15) | | | |
| SBK (EB) | 238.850 | | |
| | 300.000 | | 300.000 |

| S | Bestandsveränderungen an fertigen Erzeugnissen | | H |
|---|---|---|---|
| | € | | € |
| (1) | 18.750 | (3) GuV | 18.750 |

| S | Abschreibungen auf immaterielle Gegenstände des Anlagevermögens | | H |
|---|---|---|---|
| | € | | € |
| (2) | 23.662,50 | (5) GuV | 23.662,50 |

| S | Abschreibungen auf Sachanlagen | | H |
|---|---|---|---|
| | € | | € |
| (3) | 18.737,50 | (6) GuV | 18.737,50 |

| Soll | Ergänzungs-Gewinn- und Verlustkonto Gesellschafter D zum 31.12.2006 | | Haben |
|---|---|---|---|
| | € | | € |
| (4) Bestandsveränderungen an fertigen Erzeugnissen | 18.750 | (7) Ergänzungsverlust D | 61.150 |
| (5) Abschreibungen auf immaterielle Gegenstände des Anlagevermögens | 23.662,50 | | |
| (6) Abschreibungen auf Sachanlagen | 18.737,50 | | |
| | 61.150 | | 61.150 |

| Soll | Ergänzungs-Schlussbilanzkonto Gesellschafter D zum 31.12.2006 | | Haben |
|---|---|---|---|
| | € | | € |
| (8) Patente | 46.687,50 | (15) Mehrkapital D | 238.850 |
| (9) Firmenwert | 113.400 | | |
| (10) Grundstücke | 50.000 | | |
| (11) Gebäude | 9.700 | | |
| (12) Maschinen und maschinelle Anlagen | 10.000 | | |
| (13) Andere Anlagen, Betriebs- und Geschäftsausstattung | 2.812,50 | | |
| (14) Vorräte | 6.250 | | |
| | 238.850 | | 238.850 |

| Aktiva | Ergänzungsbilanz Gesellschafter D zum 31. 12. 2006 | | Passiva |
|---|---|---|---|
| | | € | € |
| A.  Anlagevermögen: | | | A.  Mehrkapital Gesellschafter D    238.850 |
| I.  Immaterielle Vermögensgegenstände: | | | |
| 1. Patente | | 46.687,50 | |
| 2. Firmenwert | | 113.400 | |
| II.  Sachanlagen: | | | |
| 1. Grundstücke | | 50.000 | |
| 2. Gebäude | | 9.700 | |
| 3. Maschinen und maschinelle Anlagen | | 10.000 | |
| 4. Andere Anlagen, Betriebs- und Geschäftsausstattung | | 2.812,50 | |
| B.  Umlaufvermögen: | | | |
| I.  Vorräte | | 6.250 | |
| | | 238.850 | 238.850 |

## c.  Eintritt eines Gesellschafters in eine bestehende Personengesellschaft (Gesellschaftereintritt)

Sofern ein neuer Mitunternehmer in eine bestehende Personenhandelsgesellschaft aufgenommen wird, muss dieser in Höhe des Teilwerts seines zu übernehmenden Kapitalanteils, der in aller Regel über dem Buchwert liegt, eine entsprechende **Einlage** leisten. Zum Zwecke der Bestimmung seines aktuellen Beteiligungswerts am Unternehmensvermögen und damit der zu leistenden Einlage, ist unter Aufdeckung sämtlicher stiller Reserven, der Berücksichtigung (nicht bilanzierungsfähiger) immaterieller Wirtschaftsgüter und ggf. eines (originären) Firmenwerts eine **Eintrittsbilanz** der Gesellschaft zu erstellen. Da der eintretende Mitunternehmer somit zur Erlangung seiner Beteiligung mehr aufwenden muss, als ihm – bei Buchwertfortführung – in der künftigen Gesamthandsbilanz an Kapital eingeräumt wird, hat der über den Buchwert seines Kapitalanteils hinaus zu zahlende Mehrbetrag, ähnlich wie beim Gesellschafterwechsel, in einer **positiven Ergänzungsbilanz** zum Ausweis zu kommen.

Während aus steuerrechtlicher Sicht beim **Neu-Gesellschafter** die Anschaffung eines Mitunternehmeranteils vorliegt, handelt es sich bezüglich der **Alt-Gesellschafter** hingegen um die **partielle Veräußerung** eines Bruchteils ihrer Mitunternehmeranteile an den Eintretenden. Sofern die jeweiligen Kapitalanteile der Alt-Mitunternehmer in der Eintrittsbilanz **über** den in der für das letzte Wirtschaftsjahr aufgestellten Gesamthandsbilanz ohne Berücksichtigung des Gesellschaftereintritts ausgewiesenen Kapitalanteile liegen, entsteht ein **Veräußerungsgewinn**, andernfalls ein **Veräußerungsverlust**. Derartige Veräußerungserfolge gehören gemäß § 16 Abs. 1 Nr. 2 EStG zu den Einkünften aus Gewerbebetrieb.[853] Nach der gesicherten Rechtsprechung des *BFH* handelt es sich bei der darge-stellten Konstellation des Eintritts um den Fall der **Einbringung von Mitunternehmeran-teilen** der Alt-Gesellschafter in eine neue erweiterte Personengesellschaft, auf den § 24 UmwStG anzuwenden ist.[854] Laut § 24 Abs. 2 UmwStG besteht für die veräußernden Alt-Gesellschafter ein Wahlrecht, ihre Anteile zum **Buchwert** fortzuführen, zum **Teilwert** an-zusetzen oder zu einem zwischen **Buch- und Teilwert** liegenden **Interimswert** in der künftigen Gesamthandsbilanz auszuweisen. Allerdings können die Alt-Gesellschafter die Besteuerung ggf. entstehender Veräußerungsgewinne im Falle des Teil- oder Interimswer-tes durch die Aufstellung **negativer Ergänzungsbilanzen** zunächst verhindern.[855] Auf-grund der zwingenden Fortführungspflicht auch dieser Bilanzen, ggf. unter Einbezug ne-gativer Ergänzungs-Gewinn- und Verlustrechnungen, erfolgt eine sukzessive Auflösung und Besteuerung der stillen Reserven in den anschließenden Perioden.[856] Der buchhalte-rische Aufbau und Ablauf negativer Ergänzungs-Jahresabschlüsse ist analog den positiven Systemen zu gestalten, jedoch auf umgekehrten Kontenseiten. Mithin führen negative Er-gänzungs-Jahresabschüsse in aller Regel zu einem gesellschafterbezogenen **Ergänzungs-gewinn**.

---

**Beispiel:**

Unter Rückgriff auf die Ausgangsdaten des vorhergehenden Beispiels wird nun unter-stellt, dass die drei OHG-Gesellschafter A, B und C beschlossen haben, den neuen Mit-unternehmer D mit Wirkung zum 01.01. des Kalenderjahres 2006 aufzunehmen. In Ab-änderung des Ausgangsbeispiels sollen sich die Kapitalanteile der Gesellschafter zum 31.12.2005 nunmehr jedoch auf nachstehende Beträge belaufen: 720.000 € (A), 360.000 € (B) und 360.000 € (C). Laut Gesellschaftsvertrag wurde vereinbart, dass das Beteiligungsverhältnis von A, B, C und D am Unternehmensvermögen künftig folgende Struktur aufweisen soll: 40 %, 24 %, 24 % und 12 %. Ferner verpflichtet sich Neu-Ge-sellschafter D, seine Einlage in Höhe des Teilwerts der Beteiligung Anfang des Wirt-schaftsjahrs 2006 in bar zu leisten. Die entsprechende Eintrittsbilanz nimmt unter Auf-deckung sämtlicher stiller Reserven, der Berücksichtigung (nicht bilanzierungsfähiger) immaterieller Einzelwirtschaftsgüter (selbst geschaffene Patente) sowie eines (origina-ren) Firmenwerts nachstehendes Aussehen an.

Die Einlageverpflichtung des Neu-Gesellschafters D errechnet sich wie folgt.

|   | | | |
|---|---|---|---|
| (1) | Künftiger Teilwert des Eigenkapitals der ABCD-OHG | 3.000.000 € | (100 %) |
| − (2) | Bisheriger Teilwert des Eigenkapitals der ABC-OHG | 2.640.000 € | ( 88 %) |
| = (3) | Teilwert der Beteiligung von Gesellschafter D an der ABCD-OHG | 360.000 € | ( 12 %). |

---

853  Der Veräußerungsgewinn unterliegt gemäß R 38 Abs. 3 Satz 3 und R 39 Abs. 1 Nr. 1 GewStR indes nicht der Gewerbesteuer; dementsprechend mindert ein Verlust auch nicht den Gewerbeertrag (R 38 Abs. 3 Satz 5 GewStR).

854  Vgl. *Wacker* 2005, Rz. 562 zu § 16 EStG, S. 1438.

855  Vgl. *BMF* 1998, S. 107.

856  Die über negative Ergänzungsbilanzen realisierten Gewinne unterliegen jedoch als laufende Gewinne der Ge-werbesteuer.

| Aktiva | Eintrittsbilanz der ABCD-OHG zu Teilwerten zum 01.01.2006 | | Passiva |
|---|---|---|---|
| | € | | € |
| A. Ausstehende Einlagen | 360.000 | A. Eigenkapital:<br>   I. Gesell-<br>      schafter A | 1.200.000[857] |
| B. Anlagevermögen:<br>   I. Immaterielle<br>      Vermögens-<br>      gegenstände: | |    II. Gesell-<br>       schafter B<br>   III. Gesell- | 720.000[858] |
|      1. Patente | 249.000 |        schafter C | 720.000 |
|      2. Firmenwert | 486.000 |    IV. Gesell- | |
|    II. Sachanlagen: | |        schafter D | 360.000 |
|      1. Grundstücke | 300.000 | | |
|      2. Gebäude | 400.000 | B. Verbindlichkeiten: | |
|      3. Maschinen und<br>       maschinelle<br>       Anlagen | 150.000 |    I. Verbindlich-<br>      keiten aus<br>      Lieferungen | |
|      4. Andere Anlagen,<br>       Betriebs- und<br>       Geschäfts- | |       und Leistungen<br>   II. Sonstige<br>      Verbind- | 150.000 |
|        ausstattung | 100.000 |       lichkeiten | 15.000 |
|      5. Geringwertige<br>       Wirtschaftsgüter | 50.000 |       – davon aus<br>      Steuern<br>      15.000 € | |
| C. Umlaufvermögen:<br>   I. Vorräte | 500.000 | C. Rechnungs- | |
|    II. Forderungen<br>      aus Lieferungen<br>      und Leistungen | 600.000 |    abgrenzungsposten | 35.000 |
|    III. Guthaben<br>      bei Kreditinstituten | 5.000 | | |
| | 3.200.000 | | 3.200.000 |

Die zu Buchwerten aufgestellte Eintrittsbilanz, die künftig als Eröffnungsbilanz der ABCD-OHG fortgeführt wird, hat hingegen zum 01.01. des Wirtschaftsjahrs 2006 nachstehendes Aussehen.

---

857   1.200.000 € = 0,4 · 3.000.000 €.
858   720.000 € = 0,24 · 3.000.000 €.

| Aktiva | Eintrittsbilanz der ABCD-OHG zu Buchwerten zum 01.01.2006 | | Passiva |
|---|---|---|---|
| | € | | € |
| A.  Ausstehende Einlagen | 360.000 | A.  Eigenkapital: | |
| B.  Anlagevermögen: | | I.   Gesell- | |
|    I.   Grundstücke | 100.000 |     schafter A | 720.000[859] |
|   II.  Gebäude | 360.000 | II.  Gesell- | |
|  III. Maschinen und | |     schafter B | 432.000[860] |
|     maschinelle Anlagen | 90.000 | III. Gesell- | |
|  IV.  Andere Anlagen, | |     schafter C | 432.000 |
|     Betriebs- und | | IV.  Gesell- | |
|     Geschäftsausstattung | 85.000 |     schafter D | 216.000[861] |
| C.  Umlaufvermögen: | | | |
|    I.   Vorräte | 400.000 | B.  Verbindlichkeiten: | |
|   II.  Forderungen | | I.   Verbindlich- | |
|     aus Lieferungen | |     keiten aus | |
|     und Leistungen | 600.000 |     Lieferungen | |
|  III. Guthaben | |     und Leistungen | 150.000 |
|     bei Kreditinstituten | 5.000 | II.  Sonstige | |
| | |     Verbind- | |
| | |     lichkeiten | 15.000 |
| | |     – davon aus | |
| | |     Steuern | |
| | |     15.000 € | |
| | | C.  Rechnungs- | |
| | |     abgrenzungsposten | 35.000 |
| | **2.000.000** | | **2.000.000** |

Allerdings kann der Teilwert von 360.000 € nicht als Eigenkapitalkomponente von Gesellschafter D in der Gesamthandsbilanz der OHG ausgewiesen werden, da er in Höhe von 144.000 €[862] anteilige stille Reserven und immaterielle Wirtschaftsgüter enthält, die nur dem Mitunternehmer D im Rahmen einer positiven Ergänzungsbilanz wie im Folgenden gezeigt zuzuordnen sind.

---

859    720.000 € = 0,4 · (1.640.000 € + 360.000 € – 200.000 €).
860    432.000 € = 0,24 · (1.640.000 € + 360.000 € – 200.000 €).
861    216.000 € = 0,12 · (1.640.000 € + 360.000 € – 200.000 €).
862    144.000 € = 360.000 € – 216.000 €.

| Aktiva | Ergänzungsbilanz Gesellschafter D zum 01.01.2006 | | Passiva |
|---|---|---|---|
| | | € | € |
| A. Anlagevermögen: | A. Mehrkapital Gesellschafter D | | 144.000 |
| I. Immaterielle Vermögensgegenstände: | | | |
| 1. Patente | 29.880[863] | | |
| 2. Firmenwert | 58.320 | | |
| II. Sachanlagen: | | | |
| 1. Grundstücke | 24.000 | | |
| 2. Gebäude | 4.800 | | |
| 3. Maschinen und maschinelle Anlagen | 7.200 | | |
| 4. Andere Anlagen, Betriebs- und Geschäftsausstattung | 1.800 | | |
| 5. Geringwertige Wirtschaftsgüter | 6.000 | | |
| B. Umlaufvermögen: | | | |
| I. Vorräte | 12.000 | | |
| | 144.000 | | 144.000 |

Unter Zugrundelegung der im Rahmen des vorangegangenen Beispiels angeführten Informationen weist die fortgeführte Ergänzungsbilanz von Gesellschafter D zum 31.12. des Wirtschaftsjahrs 2006 das im Folgenden gezeigte Bild auf. Der Ergänzungsbilanzverlust für diese Periode beträgt mithin 29.352 € (144.000 € – 114.648 €).[864] Es ist unschwer zu erkennen, dass die Alt-Gesellschafter A, B und C zum einen in Höhe von 10 % bzw. jeweils 1 % zugunsten des neu eintretenden Mitunternehmers D auf Anteile an den ursprünglichen Buchwerten (172.800 €)[865] sowie den stillen Reserven und den immateriellen Wirtschaftsgütern (144.000 €)[866] verzichten, zum anderen in Höhe von 40 % bzw. jeweils 24 % an der von Gesellschafter D zu leistenden Bareinlage partizipieren. Für Gesellschafter A stellt sich somit in der Eintritts-(Eröffnungs-)bilanz ein Eigenkapital von 720.000 € ein, wodurch sich für diesen Mitunternehmer im Vergleich zur Schlussbilanz der ABC-OHG zum 31.12.2005 keine Veränderung ergibt, d. h. für Gesellschafter A entsteht weder ein Veräußerungsgewinn noch ein Veräußerungsverlust. Demgegenüber ergeben sich für die Gesellschafter B und C Veräußerungsgewinne in Höhe von je 72.000 €[867].

---

863 29.880 € = 0,12 · 249.000 € ( = Beteiligungsquote · Stille Reserven).
864 Auf die Darstellung des vollständigen buchungstechnischen Ablaufs wird verzichtet. Vgl. das Ausgangsbeispiel im Vierten Teil zu Gliederungspunkt III.B.3.b.
865 172.800 € = 0,12 · 1.440.000 €.
866 144.000 € = 0,12 · 1.200.000 €.
867 72.000 € = 432.000 € – 360.000 €.

Die Aufnahme eines neuen Gesellschafters in eine bereits bestehende Personenhandelsgesellschaft kann u. a. darin begründet sein, dass sich die Alt-Gesellschafter durch das finanzielle und persönliche Engagement des Eintretenden neue wirtschaftliche Impulse für das Unternehmen versprechen. **Abb. 183** zeigt die Berechnung der Veräußerungserfolge der drei Alt-Gesellschafter gemäß § 16 Abs. 1 Nr. 2 EStG. Per Saldo ergibt sich genau der Betrag von 144.000 €, den der eintretende Mitunternehmer D in seiner positiven Ergänzungsbilanz zum 01. 01. des Wirtschaftsjahrs 2006 als Mehrkapital ausgewiesen hat.

| Aktiva | Ergänzungsbilanz Gesellschafter D zum 31. 12. 2006 | | Passiva |
|---|---|---|---|
| | € | | € |
| A.  Anlagevermögen: | | A.  Mehrkapital | |
|   I.  Immaterielle | |     Gesell- | 114.648 |
|     Vermögensgegenstände: | |     schafter D | |
|     1. Patente | 22.410[868] | | |
|     2. Firmenwert | 54.432[869] | | |
|   II.  Sachanlagen: | | | |
|     1. Grundstücke | 24.000 | | |
|     2. Gebäude | 4.656[870] | | |
|     3. Maschinen und | | | |
|       maschinelle Anlagen | 4.800[871] | | |
|     4. Andere Anlagen, Betriebs- | | | |
|       und Geschäftsausstattung | 1.350[872] | | |
| B.  Umlaufvermögen: | | | |
|   I.  Vorräte | 3.000[873] | | |
| | 114.648 | | 114.648 |

| Berechnungskomponenten | Gesellschafter | | | Summe |
|---|---|---|---|---|
| | A | B | C | |
| Wert der eingebrachten Anteile laut Eintritts-(Eröffnungs-)bilanz zum 01. 01. 2006[874] | 720.000 € | 432.000 € | 432.000 € | 1.584.000 € |
| − Wert der eingebrachten Anteile laut Gesamthandsbilanz zum 31. 12. 2005[875] | 720.000 € | 360.000 € | 360.000 € | 1.440.000 € |
| = Veräußerungserfolg absolut | 0 € | 72.000 € | 72.000 € | 144.000 € |
| Veräußerungserfolg prozentual | 0 % | 50 % | 50 % | 100 % |

Abb. 183: Ermittlung der Veräußerungserfolge

868 22.410 € = 29.880 € − 29.880 € : 4 Jahre.
869 54.432 € = 58.320 € − 58.320 € : 15 Jahre.
870 4.656 € = 4.800 € − 0,03 · 4.800 €.
871 4.800 € = 7.200 € − 7.200 € : 3 Jahre.
872 1.350 € = 1.800 € − 1.800 € : 4 Jahre.
873 3.000 € = 12.000 € − 0,75 · 12.000 €.
874 Vgl. die Eintrittsbilanz der ABCD-OHG zu Buchwerten zum 01. 01. 2006.
875 Vgl. die Schlussbilanz der ABC-OHG zu Buchwerten zum 31. 12. 2005.

Für die Gesellschafter B und C besteht aber jeweils die Möglichkeit, die Besteuerung der Veräußerungsgewinne durch die Erstellung negativer Ergänzungsbilanzen mit Minderkapitalien von je 72.000 € wie im Folgenden gezeigt zunächst zu verhindern. Wird auf die Fertigung negativer Ergänzungsbilanzen verzichtet, so tritt eine Sofortversteuerung der Veräußerungsgewinne gemäß § 16 Abs. 1 Nr. 2 EStG ein. Mangels Ansatz des eingebrachten Betriebsvermögens in der Bilanz der ABCD-OHG mit dem Teilwert können nach § 24 Abs. 3 Satz 2 UmwStG auf die gesellschafterindividuellen Veräußerungserfolge (Einbringungsgewinne) auch nicht die Begünstigungsvorschriften von § 16 Abs. 4 und § 34 EStG angewandt werden.

| Aktiva | Ergänzungsbilanz Gesellschafter B zum 01.01.2006[876] | | Passiva |
|---|---|---|---|
| | € | | € |
| A. Minderkapital Gesellschafter B | 72.000 | A. Anlagevermögen: I. Immaterielle Vermögensgegenstände: | |
| | | 1. Patente | 14.940[877] |
| | | 2. Firmenwert | 29.160 |
| | | II. Sachanlagen: | |
| | | 1. Grundstücke | 12.000 |
| | | 2. Gebäude | 2.400 |
| | | 3. Maschinen und maschinelle Anlagen | 3.600 |
| | | 4. Andere Anlagen, Betriebs- und Geschäftsausstattung | 900 |
| | | 5. Geringwertige Wirtschaftsgüter | 3.000 |
| | | B. Umlaufvermögen: I. Vorräte | 6.000 |
| | 72.000 | | 72.000 |

Damit stellt sich die Ermittlung der einkommensteuerlichen Bemessungsgrundlagen für die partielle Veräußerung der Mitunternehmeranteile der Gesellschafter B und C gemäß § 24 Abs. 3 Satz 1 UmwStG wie folgt dar.

---

[876] Aufgrund identischer Beteiligungsverhältnisse treffen die Ausführungen für Gesellschafter B auch für Gesellschafter C zu.

[877] 14.940 € = 0,5 · 0,12 · 249.000 €.

| Berechnungskomponenten (alle Werte in €) | Gesellschafter | | Summe |
| --- | --- | --- | --- |
| | A | B | |
| Wert der eingebrachten Anteile laut Eintritts-(Eröffnungs-)bilanz zum 01.01.2006 | 432.000 € | 432.000 € | 864.000 € |
| – Minderkapital der Ergänzungsbilanzen zum 01.01.2006 | 72.000 € | 72.000 € | 144.000 € |
| – Wert der eingebrachten Anteile laut Gesamthandsbilanz zum 31.12.2005 | 360.000 € | 360.000 € | 720.000 € |
| Veräußerungsgewinn i.S.v. § 16 Abs. 1 Nr. 2 EStG | 0 € | 0 € | 0 € |

Abb. 184: Ermittlung der einkommensteuerlichen Bemessungsgrundlagen für das Wirtschaftsjahr 2005

Die Mitunternehmer B und C haben allerdings die negativen Ergänzungsbilanzen zwingend fortzuführen. Hierdurch wird die sukzessive Versteuerung der Veräußerungsgewinne mit Einkommen- und Gewerbesteuer in den Folgeperioden sichergestellt. Nachstehend wird der den negativen Ergänzungs-Jahresabschluss des Gesellschafters B betreffende buchhalterische Ablauf für das Wirtschaftsjahr 2006 im Einzelnen dargelegt.[878] Es zeigt sich, dass der Ergänzungsbilanzgewinn dieser Periode für Mitunternehmer B 14.676 € (72.000 € – 57.324 €) beträgt.

| S | Patente | | H |
| --- | --- | --- | --- |
| | € | | € |
| (2) | 3.735[879] | AB | 14.940 |
| (8) | | | |
| SBK (EB) | 11.205 | | |
| | 14.940 | | 14.940 |

| S | Firmenwert | | H |
| --- | --- | --- | --- |
| | € | | € |
| (2) | 1.944[880] | AB | 29.160 |
| (9) | | | |
| SBK (EB) | 27.216 | | |
| | 29.160 | | 29.160 |

| S | Grundstücke | | H |
| --- | --- | --- | --- |
| | € | | € |
| (10) | | | |
| SBK (EB) | 12.000 | AB | 12.000 |

| S | Gebäude | | H |
| --- | --- | --- | --- |
| | € | | € |
| (3) | 72[881] | AB | 2.400 |
| (11) | | | |
| SBK (EB) | 2.328 | | |
| | 2.400 | | 2.400 |

---

878  Angesichts identischen Sachverhalts stellt sich im Hinblick auf die negative Ergänzungs-Jahresabschlussrechnung des Gesellschafters C der gleiche buchhalterische Ablauf ein.
879  3.735 € = 14.940 € : 4 Jahre.
880  1.944 € = 29.160 € : 15 Jahre.
881  72 € = 0,03 · 2.400 €.

| S | Maschinen und maschinelle Anlagen | | H |
|---|---|---|---|
| | € | | € |
| (3) | 1.200[882] | AB | 3.600 |
| (12) | | | |
| SBK (EB) | 2.400 | | |
| | 3.600 | | 3.600 |

| S | Andere Anlagen, Betriebs- und Geschäftsausstattung | | H |
|---|---|---|---|
| | € | | € |
| (3) | 225[883] | AB | 900 |
| (13) | | | |
| SBK (EB) | 657 | | |
| | 900 | | 900 |

| S | Geringwertige Wirtschaftsgüter | | H |
|---|---|---|---|
| | € | | € |
| (3) | 3.000[884] | AB | 3.000 |

| S | Vorräte | | H |
|---|---|---|---|
| | € | | € |
| (1) | 4.500 | AB | 6.000 |
| (14) | | | |
| SBK (EB) | 1.500 | | |
| | 6.000 | | 6.000 |

| S | Minderkapital Gesellschafter B | | H |
|---|---|---|---|
| | € | | € |
| AB | 72.000 | (7) | 14.676 |
| | | (15) | |
| | | SBK (EB) | 57.324 |
| | 72.000 | | 72.000 |

| S | Bestandsveränderungen an fertigen Erzeugnissen | | H |
|---|---|---|---|
| | € | | € |
| (4) | 4.500 | (1) | 4.500[875] |

| S | Abschreibungen auf immaterielle Gegenstände des Anlagevermögens | | H |
|---|---|---|---|
| | € | | € |
| (5) | 5.679 | (2) | 5.679 |

| S | Abschreibungen auf Sachanlagen | | H |
|---|---|---|---|
| | € | | € |
| (6) | 4.497 | (3) | 4.497 |

882    1.200 € = 3.600 € : 3 Jahre.
883    225 € = 900 € : 4 Jahre.
884    Auf die Berücksichtigung eines Erinnerungswerts von 1 € wird verzichtet.
885    4.500 € = 0,75 · 6.000 €.

| Soll | Ergänzungs-Gewinn- und Verlustkonto Gesellschafter B zum 31.12.2006 | | Haben |
|---|---|---|---|
| | € | | € |
| (7) Ergänzungsverlust B | 14.676 | (4) Bestandsveränderungen an fertigen Erzeugnissen | 4.500 |
| | | (5) Abschreibungen auf immaterielle Gegenstände des Anlagevermögens | 5.679 |
| | | (6) Abschreibungen auf Sachanlagen | 4.497 |
| | 14.676 | | 14.676 |

| Soll | Ergänzungs-Schlussbilanzkonto Gesellschafter B zum 31.12.2006 | | Haben |
|---|---|---|---|
| | € | | € |
| (15) Minderkapital B | 57.324 | (8) Patente | 11.205 |
| | | (9) Firmenwert | 27.216 |
| | | (10) Grundstücke | 12.000 |
| | | (11) Gebäude | 2.328 |
| | | (12) Maschinen und maschinelle Anlagen | 2.400 |
| | | (13) Andere Anlagen, Betriebs- und Geschäftsausstattung | 675 |
| | | (14) Vorräte | 1.500 |
| | 57.324 | | 57.324 |

| Aktiva | Ergänzungsbilanz Gesellschafter B zum 01.01.2006868 | | Passiva |
|---|---|---|---|
| | € | | € |
| A. Minderkapital Gesellschafter B | 57.324 | A. Anlagevermögen: I. Immaterielle Vermögensgegenstände: | |
| | | 1. Patente | 11.205 |
| | | 2. Firmenwert | 27.216 |
| | | II. Sachanlagen: | |
| | | 1. Grundstücke | 12.000 |
| | | 2. Gebäude | 2.328 |
| | | 3. Maschinen und maschinelle Anlagen | 2.400 |
| | | 4. Andere Anlagen, Betriebs- und Geschäftsausstattung | 675 |
| | | B. Umlaufvermögen: I. Vorräte | 1.500 |
| | 57.324 | | 57.324 |

# IV. Zusammenfassung

Obwohl durch die Änderungen des Handelsgesetzbuches infolge des **Kapitalgesellschaf-ten- und Co.-Richtlinie-Gesetzes (KapCoRiLiG)** Besonderheiten der handelsrechtlichen Rechnungslegung von **kapitalistischen Personenhandelsgesellschaften**, die vor allem das Eigenkapital betreffen, grundlegend in § 264 c HGB kodifiziert wurden, bleiben den-noch eine Vielzahl offener Fragen. Dies gilt insbesondere für Personenhandelsgesellschaf-ten, die nicht unter die Regelungen der §§ 264 a ff. HGB fallen. Voraussetzung für eine ord-nungsmäßige Erfassung der vielfältigen Veränderungen des Eigenkapitals stellt zunächst eine entsprechende **Organisation der Finanzbuchhaltung** dar, wie die angeführten Bei-spiele deutlich gezeigt haben.

Aus **handelsrechtlicher Sicht** dürfen ausschließlich die Geschäftsvorfälle des **Gesell-schaftsvermögens (Gesamthandsvermögens)** Eingang in das Kontensystem der Buch-führung und damit in den Jahresabschluss finden. Im Rahmen der buchungstechnischen Erfassung und bilanziellen Abbildung des Gesamthandsvermögens stellt sich bei Perso-nenhandelsgesellschaften regelmäßig die Frage nach der **Kontenstruktur** sowie den **Aus-weismöglichkeiten** des Eigenkapitals in der Jahresbilanz. Ausgehend von den gesell-schaftsvertraglichen Regelungen betreffend die durch die zu leistenden **Kapitaleinlagen (Pflichteinlagen)** determinierten (festen) Beteiligungsverhältnisse, wodurch die Teilhabe am Gewinn und Verlust sowie am Vermögen festgeschrieben wird, folgt aus pragmati-schen Erwägungen heraus die konten- und bilanzmäßige Eigenkapitalstruktur von Per-sonenhandelsgesellschaften regelmäßig nicht der dispositiven gesetzlichen Norm des sog. **Einkontenmodells**[886]. Vielmehr haben sich in der Praxis die sog. **Mehrkontenmodelle** durchgesetzt, die sich zumindest durch die Führung fester und variabler Kapitalkonten auszeichnen. Diese die Kapitalkonten der voll haftenden Gesellschafter widerspiegelnde Zusammensetzung des Eigenkapitals lässt sich auch auf die Kapitalkonten der Komman-ditisten einer KG übertragen.

Aus **steuerrechtlicher Sicht** wird die Rechnungslegung von Personenhandelsgesell-schaften – und damit einhergehend die Buchführungs- und Abschlusstechnik – maßgeblich durch das Rechtsinstitut der **Mitunternehmerschaft** determiniert. Das steuerrechtliche Ge-bilde der Mitunternehmerschaft bedingt, dass die Vorgänge des Gesamthandsvermögens als auch die Geschäftsvorfälle des gesellschafterindividuellen **Sonderbetriebsvermögens** sowie die des gesellschafterindividuellen **Vermögens aus Ergänzungsbilanzen** zunächst in jeweils **gesonderten Buchungskreisen** erfasst werden. Im Rahmen der sich anschlie-ßenden ertragsteuerlichen Erfolgsermittlung sind dann die einzelnen Ergebnisse zum Ge-samterfolg der Mitunternehmerschaft zu addieren und den betreffenden Gesellschaftern zuzuweisen.

In diesem Zusammenhang konnte gezeigt werden, dass der **Steuerbilanzerfolg** von Personenhandelsgesellschaften, der den Ausgangspunkt zur Ermittlung der Bemessungs-grundlagen von **Einkommen- und Gewerbesteuer** darstellt, zunächst unter Berücksichti-gung spezifischer Berichtigungen aus dem handelsrechtlichen Jahresergebnis abgeleitet wird. Für einkommensteuerliche Zwecke werden den einzelnen Gesellschaftern die An-teile am korrigierten Steuerbilanzerfolg der Gesamthand nach Maßgabe des vertraglich vereinbarten **Erfolgsverteilungsschlüssels** zugerechnet. Im Rahmen der **ersten Stufe** zur

---

886 Das heißt Einrichtung und Führung nur eines variablen Kapitalkontos pro Gesellschafter.

Ermittlung des steuerrechtlichen Erfolgs der Gesamthand sind aber ggf. vorliegende **Ergänzungsbilanzerfolge**, die z. B. durch Gesellschafterwechsel und -eintritte ausgelöst werden können, zusätzlich in die ertragsteuerlichen Bemessungsgrundlagen einzubeziehen. Sofern zivilrechtlich im Eigentum einzelner Mitunternehmer stehende Wirtschaftsgüter dem Unternehmen zur Nutzung überlassen werden, sind diese als **Sonderbetriebsvermögen** in sog. **Sonderbilanzen** gesellschafterbezogen zu erfassen. Die das Sonderbetriebsvermögen betreffenden Wertänderungen sowie persönliche Aufwendungen und Erträge einzelner Gesellschafter, die durch das Beteiligungsverhältnis veranlasst wurden, sind im Rahmen der **zweiten Stufe** zum Zwecke der Ermittlung des steuerrechtlichen Gesamterfolgs der Mitunternehmerschaft, an den die Gewerbesteuer anknüpft, als Sonderbilanzerfolge dem steuerrechtlichen Gesamterfolg der Gesamthand hinzuzurechnen. Aus einkommensteuerlicher Sicht müssen die Sondererfolge im Hinblick auf die Ermittlung der **gewerblichen Einkünfte** pro Gesellschafter zu den schon vorher festgestellten Anteilen am steuerrechtlichen Gesamterfolg der Personenhandelsgesellschaft addiert werden. Im Falle umfangreicher Leistungsbeziehungen zwischen Mitunternehmern sowie Unternehmen und/oder komplexen gesellschafterbezogenen Wertkorrekturen empfiehlt sich die Fertigung **separater Sonder- bzw. Ergänzungs-Jahresabschlüsse,** die dann neben der die Gesamthand betreffenden Bilanz sowie Gewinn- und Verlustrechnung aufzustellen bzw. fortzuführen sind.

An den dargestellten Grundsätzen der steuerrechtlichen Rechnungslegung von Personenhandelsgesellschaften wurde auch nach den Reformen des deutschen Steuerrechts prinzipiell festgehalten. Allerdings führen die vielfältigen **Durchbrechungen des Maßgeblichkeitsprinzips**[887] dazu, dass sich die in der Bilanzierungspraxis bislang vorherrschende Erstellung einer – sowohl den handels- als auch den steuerrechtlichen Vorschriften genügenden – **(Einheits-)Bilanz** in einer zunehmenden Anzahl von Fällen nicht mehr verwirklichen lassen wird. Hierdurch dürfte auch im Hinblick auf das **Gesamthandsvermögen** die Möglichkeit einer simultanen Buchführung und Rechnungslegung nach Handels- und Steuerrecht Einschränkungen erfahren. Grundsätzlich unabhängig von der Ermittlung der ertragsteuerrechtlichen Bemessungsgrundlagen von Personenhandelsgesellschaften stellt sich hingegen die durch das **Steuersenkungsgesetz (StSenkG)** vom 14. 07. 2000 mögliche **Anrechnung der Gewerbesteuer** dar. So können Mitunternehmer gemäß § 35 Abs. 1 Nr. 2 EStG in Höhe des **1,8-fachen** des jeweils für den dem Veranlagungszeitraum entsprechenden Erhebungszeitraum festgestellten **anteiligen Gewerbesteuer-Messbetrags** eine **pauschale Anrechnung der Gewerbesteuer** auf ihre individuelle Einkommensteuer, soweit sie auf Einkünfte aus Gewerbebetrieb entfällt, vornehmen. Wie gezeigt wurde, besteht aber die Möglichkeit, dass **Ungleichgewichte** in der Einkommensteuerentlastung zwischen einzelnen Mitunternehmern auftreten, wenn die Gewerbesteuer nur unvollständig kompensiert wird oder Anrechnungsüberhänge entstehen, die bei den Gesellschaftern keine Reduktion der Einkommensteuer nach sich ziehen. In diesen Fällen muss ein **zivilrechtlicher Ausgleich** zwischen den Mitunternehmern geschaffen werden.

---

887 Exemplarisch sei das handelsrechtliche Passivierungsgebot betreffend die Rückstellungen für drohende Verluste aus schwebenden Geschäften nach § 249 Abs. 1 Satz 1 HGB genannt; steuerrechtlich besteht für derartige Rückstellungen nach § 5 Abs. 4 a EStG ein Passivierungsverbot.

# Fünfter Teil:

# Rechnungslegung
# von Kapitalgesellschaften

# I. Für die Rechnungslegung maßgebende Normen des Handels- und Steuerrechts

Ebenso wie Personenhandelsgesellschaften besitzen auch Kapitalgesellschaften als Form-kaufleute gemäß § 6 Abs. 1 HGB **Kaufmannseigenschaft.** Mithin gelten für die im Folgenden zu betrachtenden Ausprägungen der GmbH und der AG zunächst die im Ersten Abschnitt des Dritten Buchs des Handelsgesetzbuches (§ 238 bis § 263 HGB) niedergelegten Vorschriften.[888] Darüber hinaus sieht das Handelsrecht für **Kapitalgesellschaften Spezialregelungen** vor, die im Zweiten Abschnitt des Dritten Buchs des Handelsgesetzbuches (§ 264 bis § 335 b HGB) verankert sind. Wie bereits gezeigt wurde, macht der Gesetzgeber die Anwendungspflicht bestimmter Normen jedoch von der Zugehörigkeit der betreffenden Kapitalgesellschaft zu spezifischen Größenklassen abhängig, die in § 267 HGB niedergelegt sind.[889] Schließlich finden sich im Gesetz betreffend die Gesellschaften mit beschränkter Haftung (GmbHG) und im Aktiengesetz (AktG) einige Vorschriften zur **Erfolgsverwendung** und zum **Erfolgsausweis**, die teilweise **dispositiven Charakter** tragen und diese Normen ergänzen.

Kapitalgesellschaften unterliegen als juristische Personen des privaten Rechts mit sämtlichen Einkünften der **Körperschaftsteuer,** sofern sie ihre Geschäftsleitung oder ihren Sitz im Inland haben (§ 1 Abs. 1 Nr. 1 KStG) und auch keine Steuerbefreiungen nach § 5 Abs. 1 KStG vorliegen.[890] Die Bemessungsgrundlage für die **Körperschaftsteuer** ist nach § 7 Abs. 1 und Abs. 2, § 8 Abs. 1 KStG i. V. m § 5 Abs. 1 EStG unter Berücksichtigung körperschaft- und bilanzsteuerrechtlicher Spezialregelungen aus dem handelsrechtlichen Jahresergebnis abzuleiten **(Maßgeblichkeitsprinzip).** Allerdings werden die an die hinter der Kapitalgesellschaft stehenden natürlichen Personen **ausgeschütteten Gewinnanteile** nach § 20 Abs. 1 Satz 1 EStG als Einkünfte aus Kapitalvermögen zur Hälfte der Einkommensteuer unterworfen [§ 3 Nr. 40.d) EStG] (sog. **Halbeinkünfteverfahren).** Mit Wirkung zum 01. 01. 2001 wurde das Anrechnungs- durch das Halbeinkünfteverfahren ersetzt. Hiernach wird künftig die Dividende neben einem **definitiven Körperschaftsteuersatz von 25 %** auf Unternehmensebene **zur Hälfte mit dem Einkommensteuersatz** des Anteilseigners belegt. Mit dieser Reform des Steuerrechts entfällt die dem Anrechnungsverfahren immanente Spaltung des Körperschaftsteuersatzes mit zuletzt 40 % auf einbehaltene und 30 % auf ausgeschüttete Gewinne.[891]

Ebenso wie Personenhandelsgesellschaften unterliegen auch Kapitalgesellschaften laut § 2 Abs. 2 Satz 1 GewStG der **Gewerbesteuer,** sofern sie im Inland betrieben werden (§ 2 Abs. 1 Satz 1 GewStG) und keine Befreiungen nach § 3 GewStG existieren. Gemäß § 7 GewStG muss die Bemessungsgrundlage für die **Gewerbesteuer** unter Beachtung gewerbe-, körperschaft- und bilanzsteuerrechtlicher Spezialregelungen ebenfalls aus dem handelsrechtlichen Jahresergebnis der Kapitalgesellschaft abgeleitet werden. Somit stellen auch bei Kapitalgesellschaften die **handelsrechtlichen Grundsätze ordnungsmäßiger Buchführung** den Ausgangspunkt zur Berechnung der Bemessungsgrundlagen für die **Steuern vom Einkommen** (Körperschaftsteuer) und die **Steuern vom Ertrag** (Gewerbesteuer) dar.

---

888  Vgl. hierzu die Ausführungen im Zweiten Teil zu Gliederungspunkt I.A.1.
889  Vgl. hierzu die Ausführungen im Zweiten Teil zu Gliederungspunkt IV.A.
890  Nachfolgend wird bezüglich der Körperschaft stets von einer unbeschränkten Steuerpflicht der Kapitalgesellschaften ausgegangen.
891  Vgl. im Einzelnen *Freidank* 2000a, S. 91–95.

# II.     Grundlagen der Erfolgsbesteuerung

## A.     Körperschaftsteuer

Laut § 7 Abs. 1 KStG stellt das **zu versteuernde Einkommen** die Bemessungsgrundlage für die Körperschaftsteuer bei Kapitalgesellschaften dar. **Abb. 185** zeigt unter Rückgriff auf die § 8 bis § 10 KStG wie im Einzelnen diese auch als **körperschaftsteuerrechtliches Einkommen** bezeichnete Bemessungsgrundlage prinzipiell zu ermitteln ist. Aufgrund der vielfältigen Durchbrechungen des Maßgeblichkeitsprinzips sowie der außerhalb der Steuerbilanz zu berücksichtigenden einkommen- und körperschaftsteuerrechtlichen Modifikationen weisen das handelsrechtliche Jahresergebnis und das körperschaftsteuerrechtliche Einkommen in aller Regel keine Identität auf.

Da neben den hinter der Kapitalgesellschaft stehenden Anteilseignern auch das Unternehmen selbst als juristische Person besteuert wird, werden im Gegensatz zu der Personenhandelsgesellschaft Vergütungen, die ein Anteilseigner für seine Arbeitsleistung als Geschäftsführer oder als Zinsen, Mieten oder Pachterträge für die Überlassung von Darlehen bzw. Wirtschaftsgüter an die Kapitalgesellschaft erhält, auch aus **ertragsteuerrechtlicher Sicht** als Aufwendungen (abzugsfähige Betriebsausgaben) behandelt. Ferner findet eine Korrektur des Steuerbilanzerfolgs um Sondervergütungen bzw. Sonder- und/oder Ergänzungsbilanzerfolge nicht statt, weil Kapitalgesellschaften **kein Sonderbetriebsvermögen** aufweisen und anteilseignerbezogene Wertkorrekturen zu den Inhalten der Steuerbilanz wegen der eigenständigen Steuerpflicht juristischer Personen nicht vorkommen können. Gleiches gilt für die Bemessungsgrundlage der **Gewerbesteuer**, die auch bei Kapitalgesellschaften aus dem Steuerbilanzerfolg abgeleitet wird.

| | |
|---|---|
| | Handelsrechtliches Jahresergebnis |
| ± | Abweichungen der Handels- von der Ertragsteuerbilanz |
| = | Steuerbilanzerfolg |
| ± | Erfolgskorrekturen aufgrund einkommensteuerrechtlicher Vorschriften (§ 8 Abs. 1 KStG i. V. m. § 3, § 4 Abs. 5 EStG) |
| + | Nicht abziehbare Steueraufwendungen, wie z. B. Körperschaftsteuer (§ 10 Nr. 2 KStG) |
| + | Andere nicht abziehbare Aufwendungen (§ 9 Abs. 1 Nr. 2, § 10 Nr. 1 bis 4 KStG) |
| + | Verdeckte Gewinnausschüttungen (§ 8 Abs. 3 KStG) |
| − | Verdeckte Einlagen |
| − | Gewinnanteile und Geschäftsführervergütungen der persönlich haftenden Gesellschafter einer KGaA (§ 9 Abs. 1 Nr. 1 KStG) |
| = | Korrigierter Steuerbilanzerfolg |
| − | Verlustabzug (§ 8 Abs. 4 KStG i. V. m. § 10 d EStG) |
| = | Zu versteuerndes (körperschaftsteuerrechtliches) Einkommen |

Abb. 185: Berechnung der körperschaftsteuerrechtlichen Bemessungsgrundlage

Sofern das körperschaftsteuerrechtliche Einkommen **positiv** ist,[892] d. h. wenn für die grundsätzlich jährliche Besteuerungsperiode (§ 7 Abs. 3 KStG) ein **steuerrechtlicher Gewinn** ermittelt wurde, beträgt die Körperschaftsteuer **bei unbeschränkt steuerpflichtigen Kapitalgesellschaften** gemäß § 23 Abs. 1 KStG 25 % des zu versteuernden (körperschaftsteuerrechtlichen) Einkommens.[893]

Gemäß § 36 bis § 40 KStG sind für eine bestimmte Zeitspanne **Sondervorschriften** für den Übergang vom Anrechnungs- auf das Halbeinkünfteverfahren zu beachten. So können für einen begrenzten Zeitraum nach altem Recht erzielte thesaurierte Gewinne gemäß den Vorschriften des Anrechnungsverfahrens ausgeschüttet werden. Auf der Ebene des Anteilseigners erfolgt eine Besteuerung dieser Gewinne nach den Vorschriften des Anrechnungsverfahrens. Darüber hinaus besteht innerhalb des Übergangszeitraumes unter Rückgriff auf ein **modifiziertes Anrechnungsverfahren** die Möglichkeit, thesaurierte Altgewinne auszuschütten. In dieser Übergangszeit werden ausgeschüttete versteuerte Altrücklagen mit einer Vorbelastung von 30 % (statt 25 %) beim Anteilseigner im Halbeinkünfteverfahren besteuert.[894] Infolgedessen mindert sich die Körperschaftsteuer bei Ausschüttungen aus den mit 40 % Körperschaftsteuer vorbelasteten Gewinnrücklagen grundsätzlich um einen Wert von 1/6[895] (§ 37 Abs. 1 Satz 2 und Abs. 3 Satz 1 KStG)[896]. Nunmehr kann unter ausschließlicher Betrachtung einer ausschüttungsbedingten Körperschaftsteuerminderung im Falle des modifizierten Anrechnungsverfahrens die körperschaftsteuerrechtliche Gesamtbelastung nach folgender Formel berechnet werden [A 40 Ausschüttungen aus mit 40 % vorbelasteten Gewinnrücklagen; KSt = Körperschaftsteuerbelastung; sd = definitiver Körperschaftsteuerfaktor; zvE = zu versteuerndes (körperschaftsteuerrechtliches) Einkommen].[897]

$$KSt = sd \cdot zvE - 1/6 \cdot A\,40.$$

---

**Beispiel:**

Eine Aktiengesellschaft beabsichtigte im Wirtschaftsjahr vor der Körperschaftsteuerreform, aus dem Steuerbilanzgewinn vor Körperschaftsteuer in Höhe von 750.000 €, der dem zu versteuernden Einkommen entspricht, eine Bardividende von 350.000 € auszu-

---

892   Im Falle eines steuerlichen Verlusts, d. h. eines negativen körperschaftsteuerrechtlichen Einkommens, kann dieser Betrag gemäß § 10 d EStG i. V. m. § 8 Abs. 4 KStG in beschränktem Umfang zurück- oder vorgetragen werden.

893   Aus Gründen der Übersichtlichkeit und Vereinfachung bleibt im Folgenden der Solidaritätszuschlag (§ 2 Nr. 3 SolZG) unberücksichtigt. Dieser Zuschlag beträgt z. Z. 5,5 % der festgesetzten Körperschaftsteuer und der Körperschaftsteuer-Vorauszahlungen (§ 3 Abs. 1 Nr. 1 und Nr. 2, § 4 SolZG).

894   Vgl. hierzu im Detail *Frotscher/Maas* 2005, Anm. 1–69 zu § 36 KStG, Anm. 1–42 zu § 37 KStG, Anm. 1–45 zu § 38 KStG; *Ott* 2001, S. 8–20.

895   Der Quotient von 1/6 bringt den nach altem Recht auf die Ausschüttungen (60 %) bezogenen relativen Steueranteil zum Ausdruck, um den die mit 40 % Körperschaftsteuer vorbelasteten Gewinne zu reduzieren sind (40 % – 30 %), wodurch die ausgeschütteten Gewinne im Ergebnis nur mit 30 % Körperschaftsteuer belegt wurden (§ 23 Abs. 1, § 27 Abs. 1 KStG a. F.). Hieraus folgt, dass nach dem Anrechnungsverfahren ein gespaltener Körperschaftsteuersatz existierte; einbehaltene (thesaurierte) steuerrechtliche Gewinne wurden mit 40 %, ausgeschüttete Gewinne hingegen mit 30 % Körperschaftsteuer belastet.

896   Allerdings gelten Besonderheiten, sofern eine Kapitalgesellschaft an einer anderen beteiligt ist und von dieser Gewinnausschüttungen erhält, die nach § 8 b Abs. 1 KStG bei der empfangenen Kapitalgesellschaft nicht der Körperschaftsteuer unterliegen. In diesem Falle wird nach § 37 Abs. 3 KStG die Körperschaftsteuerminderung in Höhe von 1/6 der Ausschüttung auf der Ebene der empfangenen Kapitalgesellschaft neutralisiert. Hierdurch wird beabsichtigt, die Realisierung des Körperschaftsteuerguthabens durch Gewinnausschüttungen innerhalb eines Konzerns zu verhindern.

897   Im Folgenden wird stets von einer definitiven Körperschaftsteuerbelastung von 25 % nach § 23 Abs. 1 KStG ausgegangen.

schütten. Die Körperschaftsteuerbelastung (KSt) berechnet sich nach altem Körperschaftssteuerrecht wie folgt.

$$KSt = 0,4 \cdot 750.000 \, € - 1/7 \cdot 350.000 \, €$$
$$KSt = 300.000 \, € - 50.000 \, €$$
$$KSt = 250.000 \, €.$$

Die Ermittlung des verbleibenden ungemildert belasteten Eigenkapitals (EK 40), das in den Folgeperioden zur Ausschüttung kommen kann und zunächst den Gewinnrücklagen zugeführt wird, stellt sich wie nachstehend gezeigt dar.

|   | | | |
|---|---|---|---|
| | Steuerbilanzgewinn vor Körperschaftsteuer | | 750.000 € |
| – | Tarifbelastung der Körperschaftsteuer (0,4 · 750.000 €) | | 300.000 € |
| = | Ungemildert belastetes Eigenkapital (EK 40) | | 450.000 € |
| | Bardividende | 350.000 € | |
| – | Körperschaftsteuerminderung (1/7 · 350.000 €) | 50.000 € | |
| = | Entnahme aus EK 40 für Ausschüttung | 300.000 € | 300.000 € |
| = | Verbleibendes ungemildert belastetes Eigenkapital (EK 40) | | 150.000 € |

Die gesamte Körperschaftsteuerbelastung auf den Steuerbilanzgewinn vor Körperschaftsteuer (250.000 €) lässt sich somit in einen ausschüttungsbezogenen (150.000 €)[898] und einen einbehaltenen Teil (100.000 €)[899] aufspalten. Der ausschüttungsbezogene Teil dieser Körperschaftsteuerbelastung beträgt 30 % des vom Steuerbilanzgewinn vor Körperschaftsteuer für die Speisung der Bardividende erforderlichen Betrags in Höhe von 500.000 €.[900] Das zur Realisierung der Ausschüttung von 350.000 € erforderliche ungemildert belastete Eigenkapital (EK 40) lässt sich wie folgt errechnen:

$$EK \, 40 = 6/7 \cdot 350.000 \, € = 300.000 \, €.[901]$$

Somit kann die Körperschaftsteuerbelastung auch ermittelt werden aus:

$$KSt = 0,4 \cdot 750.000 \, € - 1/6 \cdot 300.000 \, €$$
$$KSt = 300.000 \, € - 50.000 \, €$$
$$KSt = 250.000 \, €.$$

Das Körperschaftsteuerguthaben beträgt somit 1/6 der Körperschaftsteuer von 40 % belasteten Eigenkapitals von 150.000 € ( = 25.000 €).

In einem Wirtschaftsjahr nach der Körperschaftsteuerreform, aber noch innerhalb des Übergangszeitraums, erzielt die Aktiengesellschaft einen Steuerbilanzgewinn vor Körperschaftsteuer in Höhe von 2.000.000 €, der vollständig ausgeschüttet werden soll. Zusätzlich sollen die mit 40 % Körperschaftsteuer vorbelasteten restlichen Gewinnrücklagen [ungemildert belastetes Eigenkapital (EK 40)] in Höhe von 150.000 € zuzüglich

---

898  150.000 € = 3/7 · 350.000 €.
899  100.000 € = 0,4 · (750.000 € – 350.000 € – 150.000 €).
900  150.000 € = 0,3 · (1 + 3/7) · 350.000 €.
901  6/7 = 70/70 – 10/70 = 60/70.

der durch ihre Ausschüttung ausgelösten Körperschaftsteuerminderung an die Anteilseigner abfließen.

Die Körperschaftsteuerbelastung berechnet sich nach neuem Körperschaftsteuerrecht unter Berücksichtigung des modifizierten Anrechnungsverfahrens wie folgt:

KSt = 0,25 · 2.000.000 € – 1/6 · 150.000 €

KSt = 500.000 € – 25.000 €

KSt = 475.000 €.

Somit ergibt sich folgende Rechnung:

|  | | |
|---|---|---:|
| | Steuerbilanzgewinn vor Körperschaftsteuer | 2.000.000 € |
| – | Definitivbelastung der Körperschaftsteuer (0,25 · 2.000.000 €) | 500.000 € |
| = | Steuerbilanzgewinn nach Definitiv-Körperschaftsteuer | 1.500.000 € |
| + | Ausschüttung aus den mit 40 % Körperschaftsteuer vorbelasteten Gewinnrücklagen | 150.000 € |
| + | Körperschaftsteuerminderung (1/6 · 150.000 €) | 25.000 € |
| = | Bardividende | 1.675.000 €. |

Während die Ausschüttungen aus dem Steuerbilanzgewinn des Wirtschaftsjahres mit 25 % Körperschaftsteuer vorbelastet sind, beträgt die Belastung der Ausschüttungen aus den anderen Gewinnrücklagen der Vorperioden 30 %.[902]

Allerdings können sich während des Übergangszeitraumes nach den modifizierten Anrechnungsverfahren auch **Körperschaftsteuererhöhungen** ergeben, wenn bei den Ausschüttungen aus Gewinnrücklagen auf solche Beträge zurückgegriffen wird, die nach altem Recht zur Kategorie des nicht belasteten Eigenkapitals als sonstige Vermögensmehrungen (z. B. steuerfreie Erträge und Einlagen) (EK 02) zählten (§ 38 Abs. 1 und Abs. 2 KStG). Laut § 38 Abs. 2 Satz 1 KStG erhöht sich dann die Körperschaftsteuer um 3/7 des Betrages einer Ausschüttung aus unbelastet vorhandenen Altrücklagen. Die zuvor entwickelte Formel ist dann wie folgt abzuändern (A0 = Ausschüttungen aus unbelasteten Gewinnrücklagen).

KSt = sd · zvE – 1/6 · A 40 + 3/7 · A0.[903]

**Beispiel:**

Unterstellt man nun, dass die Aktiengesellschaft im letzten Wirtschaftsjahr vor der Körperschaftsteuerreform eine Bardividende von 595.000 € anstrebte, so reichte das ungemildert belastete Eigenkapital nicht aus, um diese Ausschüttung zu speisen. Dies lässt sich durch die folgende Rechnung nachweisen.

---

902   $30 \% = \dfrac{(100.000\,€ - 25.000\,€)}{250.000\,€} \cdot 100.$

903   Die durch das Glied 3/7 · A0 bewirkte Körperschaftsteuererhöhung war nach altem Recht deshalb erforderlich, um die Ausschüttungsbelastung von 30 % herzustellen. Hierdurch konnten die Anteilseigner den Anrechnungsanspruch von 3/7 auf diese Ausschüttungen bei der Einkommensteuer gemäß § 36 Abs. 2 Nr. 3 EStG a. F. geltend machen.

|   | Steuerbilanzgewinn vor Körperschaftsteuer | 750.000 € |
| − | Tarifbelastung der Körperschaftsteuer (0,4 · 750.000 €) | 300.000 € |
| = | ungemildert belastetes Eigenkapital (EK 40) | 450.000 € |
| + | Körperschaftsteuerminderung (1/6 · 450.000 €) | 75.000 € |
| = | mögliche Bardividende aus EK 40 (0,7 · 750.000 €) | 525.000 €. |

Um die Bardividende von 595.000 € zu realisieren, werden folglich noch 70.000 € an mit 0 % Körperschaftsteuer vorbelasteten Ausschüttungen benötigt, die auch in Gestalt steuerfreier Erträge (EK 02) im Umfang von insgesamt 240.000 € vorhanden sind. In diesem Fall errechnet sich die gesamte Körperschaftsteuerbelastung wie folgt:

$$KSt = 0,4 \cdot 750.000\,€ - 1/6 \cdot 450.000\,€ + 3/7 \cdot 70.000\,€$$
$$KSt = 300.000\,€ - 75.000\,€ + 30.000\,€$$
$$KSt = 255.000\,€.$$

Das zum Zwecke der restlichen Bardividende von 70.000 € erforderliche unbelastete Eigenkapital (EK 02) lässt sich wie nachstehend gezeigt berechnen:

$$EK\ 02 = (1 + 3/7) \cdot 70.000\,€^{[904]}$$
$$EK\ 02 = 100.000\,€.$$

Die folgende Kontrollrechnung verdeutlicht zusammenfassend die Ermittlung der gewünschten Bardividende.

|   | Steuerbilanzgewinn vor Körperschaftsteuer | 750.000 € |
| − | Körperschaftsteuer | 255.000 € |
| + | Unbelastetes Eigenkapital (EK 02) | 100.000 € |
| = | Gewünschte Bardividende | 595.000 € |

In einem Wirtschaftsjahr nach der Körperschaftsteuerreform, aber noch innerhalb des Übergangszeitraums. erzielte die Aktiengesellschaft einen Steuerbilanzgewinn vor Körperschaftsteuer in Höhe von 2.000.000 €, der vollständig ausgeschüttet werden soll. Zusätzlich sollen die mit 0 % Körperschaftsteuer vorbelasteten restlichen anderen Gewinnrücklagen [unbelastetes Eigenkapital (EK 02)] von 140.000 €[905] in maximaler Höhe an die Anteilseigner abfließen.

Die Körperschaftsteuerbelastung berechnet sich nach neuem Körperschaftsteuerrecht unter Berücksichtigung des modifizierten Anrechnungsverfahrens wie folgt:

$$KSt = 0,25 \cdot 2.000.000\,€ + 3/7 \cdot 98.000\,€^{[906]}$$
$$KSt = 500.000\,€ + 42.000\,€$$
$$KSt = 542.000\,€.$$

Somit ergibt sich folgende Rechnung.

---

904    70.000 € = 7/10 · 100.000 €.
905    140.000 € = 240.000 € − 100.000 €.
906    98.000 € = $\dfrac{140.000\,€}{(1 + 3/7)}$.

| | Steuerbilanzgewinn vor Körperschaftsteuer | 2.000.000 € |
|---|---|---|
| − | Definitivbelastung der Körperschaftsteuer (0,25 · 2.000.000 €) | 500.000 € |
| = | Steuerbilanzgewinn nach Definitiv-Körperschaftsteuer | 1.500.000 € |
| + | Entnahme der mit 0 % Körperschaftsteuer vorbelasteten Gewinnrücklagen | 140.000 € |
| − | Körperschaftsteuererhöhung (3/7 · 98.000 €) | 42.000 € |
| = | Bardividende | 1.598.000 €. |

Während die Ausschüttungen aus dem Steuerbilanzgewinn des Wirtschaftsjahres mit 25 % Körperschaftsteuer vorbelastet sind, beträgt die Belastung der Ausschüttungen aus den Gewinnrücklagen der Vorperioden 30 %.[907]

Zu beachten ist ferner, dass gemäß § 43 Abs. 1 Nr. 1 EStG an Anteilseigner **ausgeschüttete Gewinnanteile** (§ 20 Abs. 1 Nr. 1 EStG) mit einer **20 %igen Kapitalertragsteuer** belegt werden (§ 43 a Abs. 1 Nr. 1 EStG). Die Kapitalertragsteuer wird von den **Anteilseignern** als **Gläubiger** der Kapitalerträge geschuldet und entsteht in dem Zeitpunkt, in dem die Kapitalerträge den Gläubigern zufließen (§ 44 Abs. 1 Satz 1 und 2 EStG). Der Kapitalgesellschaft kommt als **Schuldner** der Kapitalerträge die Aufgabe zu, den Abzug für Rechnung der Anteilseigner und die Abführung der Kapitalertragsteuer an das Finanzamt vorzunehmen (§ 44 Abs. 1 Satz 3 und Satz 5 EStG). Die Kapitalgesellschaft haftet grundsätzlich für den **Quellenabzug** und die Abführung der Kapitalertragsteuer an das Finanzamt (§ 44 Abs. 5 Satz 1 EStG). Allerdings wird Steuerpflichtigen, die zur Einkommen- oder Körperschaftsteuer veranlagt werden, die Kapitalertragsteuer auf Antrag im Rahmen des Veranlagungsverfahrens angerechnet (§ 31 Abs. 1 KStG i. V. m. § 36 Abs. 2 Nr. 2 EStG). Die Realisierung des Anspruchs setzt aber die Vorlage einer **Steuerbescheinigung** nach § 36 Abs. 2 Nr. 2 Satz 2 EStG i. V. m. § 31 Abs. 1 KStG beim Finanzamt voraus, auf der die anrechenbare Kapitalertragsteuer ausgewiesen ist. Diese Bescheinigung kann von der ausschüttenden **Kapitalgesellschaft** oder von einem **Kreditinstitut** erteilt werden (§ 45 a Abs. 2 und Abs. 3 EStG). Eine derartige Gutschriftsanzeige wird immer dann von einem Kreditinstitut ausgestellt, wenn dieses für Rechnung der Gesellschaft die Auszahlung der Gewinnanteile an die Anteilseigner übernimmt. Zur Verdeutlichung des Halbeinkünfteverfahrens bei Vollausschüttung des Steuerbilanzgewinns nach Körperschaftsteuer ohne Rückgriff auf ggf. vorhandene Altrücklagen zeigt das folgende Beispiel in **Abb. 186** die Besteuerung der Kapitalgesellschaft und des Anteilseigners, der eine natürliche Person sein soll, mit Körperschaft- bzw. Einkommensteuer. Hier wird u. a. verdeutlicht, dass die Kapitalertragsteuer eine **Vorauszahlung** auf die Einkommensteuer des Anteilseigners darstellt und damit **ohne Einfluss auf die Gesamtsteuerbelastung** ist, die sich aus Körperschaft- und Einkommensteuer zusammensetzt.[908] Anteilseigner, die selbst körperschaftsteuerpflichtig sind, vereinnahmen **erhaltene Gewinnausschüttungen** körperschaftsteuerfrei, da Dividenden gemäß § 8 b Abs. 1 KStG nicht in die Bemessungsgrundlage der Körperschaftsteuer einbezogen werden (Vermeidung einer **Mehrfachbesteuerung** mit Körperschaftsteuer).

---

907   $30 \% = \dfrac{42.000 €}{140.000 €} \cdot 100.$

908   Die Gesamtsteuerbelastung berechnet sich in diesem Beispiel wie folgt: 900.000 € · [0,25 + (1−0,25) · 0,5 · 0,35] = 343.125 €.

| Besteuerung auf Gesellschaftsebene | |
|---|---:|
| Steuerbilanzgewinn vor Körperschaftsteuer | 900.000 € |
| − Definitivbelastung der Körperschaftsteuer (0,25 · 900.000 €) | 225.000 € |
| = Bardividende (0,75 · 900.000 €) | 675.000 € |
| − Kapitalertragsteuer (0,20 · 675.000 €) | 135.000 € |
| = Vorläufige Nettodividende | 540.000 € |
| **Besteuerung auf Ebene des Anteilseigners** | |
| Bardividende | 675.000 € |
| − Hälfte der Bardividende (0,5 · 675.000 €) | 337.500 € |
| = Zu versteuernder Betrag | 337.500 € |
| Belastung mit Einkommensteuer (gemäß § 32 a EStG wurde ein Einkommensteuersatz von 35 % angenommen) (0,35 · 337.500 €) | 118.125 € |
| − Einbehaltene Kapitalertragsteuer | 135.000 € |
| = Anrechnungsanspruch des Anteilseigners | 16.875 € |
| Nettodividende (900.000 € − 225.000 € − 118.125 € = 540.000 € + 16.875 €) | 556.875 € |

Abb. 186: Beispielhafte Darstellung des Halbeinkünfteverfahrens im Falle einer Vollausschüttung des Steuerbilanzgewinns

Schließlich bleibt der Hinweis, dass die Kapitalgesellschaft auf die Körperschaftsteuer auch **Vorauszahlungen** zu leisten hat (§ 31 Abs. 1 KStG i. V. m. § 37 EStG). Die Höhe der Vorauszahlungen richtet sich nach dem voraussichtlich zu versteuernden Einkommen, dem Körperschaftsteuertarif und der Verwendung sog. Altrücklagen im Rahmen der Ausschüttungsplanung der Gesellschaft. Allerdings werden die geleisteten Körperschaftsteuer-Vorauszahlungen auf die festzusetzende Körperschaftsteuer angerechnet (§ 31 Abs. 1 KStG i. V. m. § 36 Abs. 2 Nr. 1 EStG). Abweichend von § 36 Abs. 2 EStG besteht die Anrechnungsreihenfolge im Rahmen des Körperschaftsteuerbescheides in folgenden Schritten.

- Festzusetzende Körperschaftsteuer
- Anrechenbare Kapitalertragsteuer
= Verbleibende Körperschaftsteuer
- Vierteljährlich geleistete Körperschaftsteuer-Vorauszahlungen
= Noch zu zahlende/erstattende Körperschaftsteuer.

Da der endgültige Körperschaftsteuerbescheid bis zum Zeitpunkt der Bilanzaufstellung noch nicht vorliegt, muss die **voraussichtliche Körperschaftsteuerabschlusszahlung** (Voraussichtliche Körperschaftsteuer – Anrechenbare Kapitalertragsteuer – Geleistete Vorauszahlungen) durch eine **Rückstellung** gemäß § 249 Abs. 1 Satz 1 HGB im handelsrechtlichen Jahresabschluss berücksichtigt werden. In der handelsrechtlichen Gewinn- und Verlustrechnung sind die Körperschaftsteueraufwendungen unter dem Posten »**Steuern vom Einkommen und vom Ertrag**« (§ 275 Abs. 2 Posten 18. bzw. Abs. 3 Posten 17. HGB) auszuweisen, da diese Beträge von der Kapitalgesellschaft als Steuerschuldner an die Finanzbehörde zu entrichten sind. Ferner verlangt § 285 Nr. 6 HGB **Anhangangaben** darüber, »in welchem Umfang die Steuern vom Einkommen und vom Ertrag das Ergebnis der gewöhnlichen Geschäftstätigkeit und das außerordentliche Ergebnis belasten«. Da die Körperschaftsteuer nach § 10 Nr. 2 KStG zu den ertragsteuerrechtlich **nicht abziehbaren Steueraufwendungen** zählt, müssen die handelsrechtlich für die Körperschaftsteuer-Vorauszahlungen und die Körperschaftsteuer-Rückstellung angesetzten Aufwendungen **außerhalb der Bilanz** zum Zwecke der Ermittlung des körperschaftsteuerrechtlichen Einkommens dem Steuerbilanzerfolg korrigierend hinzugerechnet werden. Im Falle einer **voraussichtlichen Körperschaftsteuererstattung**, die z. B. auf einer Auflösung von Altrücklagen basieren kann, ist aus handelsrechtlicher Sicht eine Forderung zu bilanzieren, die jedoch nicht zu einer Erhöhung des körperschaftsteuerrechtlichen Einkommens führen darf. Der hieraus resultierende **Steuerertrag** sollte durch Untergliederung oder Änderung der Bezeichnung des Postens »Steuern vom Einkommen und vom Ertrag« zum Ausdruck gebracht werden.[909]

# B.  Gewerbesteuer

**Abb. 187** zeigt zusammenfassend die Berechnung des Gewerbeertrags bei Kapitalgesellschaften, die sich geringfügig von der Ermittlung bei Einzelunternehmen und Personenhandelsgesellschaften unterscheidet. So steht Kapitalgesellschaften zum einen **nicht** der **Freibetrag** nach § 11 Abs. 1 Satz 3 Nr. 1 GewStG in Höhe von 24.500 € zu. Zum anderen ist bei Kapitalgesellschaften stets auf den Gewerbeertrag eine **konstante Steuermesszahl** von 5 % anzuwenden (§ 11 Abs. 2 Nr. 2 GewStG). Wie bereits dargestellt wurde, kann die Gewerbesteuer-Rückstellung gemäß R 4.9 Abs. 2 Satz 2 EStR nach der sog. **5/6-Methode** berechnet werden. Bei dieser **Vereinfachungsregelung** wird die Abzugsfähigkeit der Gewerbesteuer von ihrer eigenen Bemessungsgrundlage mit einem pauschalen Satz von 1/6 berücksichtigt. Die **Ungenauigkeit** des Verfahrens besteht darin, dass dem Bruch von 1/6 bei einer Messzahl für den Gewerbeertrag von 5 % ein durchschnittlicher Gewerbesteuer-Hebesatz von 400 % bei Kapitalgesellschaften zugrunde liegt. Dies lässt sich wie folgt nachweisen.

$$\frac{1}{1 + 0{,}05 \cdot 4} = \frac{5}{6}$$

Mithin wird bei einem höheren effektiven Gewerbesteuer-Hebesatz als 400 % die Abzugsfähigkeit der Gewerbesteuer in einem zu geringen Maße berücksichtigt und damit der Rückstellungsbetrag zu hoch berechnet (et vice versa). Folglich lassen sich mit der 5/6-Methode bei Gewerbesteuer-Hebesätzen von > 400 % **Steuerstundungen** erreichen, die umso höher ausfallen, je höher der Gewerbeertrag und/oder der korrigierte Steuerbilanzgewinn vor Gewerbesteuer-Rückstellung sind. Da dieses Verfahren zu **elementaren Ungenauigkeiten** im Hinblick auf die Schätzung der künftigen Gewerbesteuer-Abschlusszahlung führen kann, ist seine Anwendung im **handelsrechtlichen Jahresabschluss** umstritten. Ansonsten gelten bezüglich der **Gewerbesteuer-Rückstellung** für die Kapitalgesellschaft

---

909   Vgl. *Förschle* 2006c, Anm. 254 zu § 275 HGB, S. 1110.

die bereits bei den Einzelunternehmen und Personenhandelsgesellschaften dargelegten Regelungen aus handels- und steuerrechtlicher Sicht analog.

| | |
|---|---|
| | Korrigierter Steuerbilanzerfolg vor Gewerbesteuer-Rückstellung |
| + | Geleistete Gewerbesteuer-Vorauszahlungen (§ 19 GewStG) |
| = | Korrigierter Steuerbilanzerfolg ohne Berucksichtigung der Gewerbesteuer als Aufwand |
| + | Hinzurechnungen (§ 8 GewStG) |
| – | Kürzungen (§ 9 GewStG) |
| – | Gewerbeverlust-Vortrag aus Vorjahren (§ 10 a GewStG) |
| = | Gewerbeertrag vor Abzug der Gewerbesteuer |
| – | Gewerbesteuer [Anwendung der Messzahl von 5 % für den Gewerbeertrag und des Gewerbe-steuer-Hebesatzes im Rahmen einer »auf-Hundert-Rechnung« auf den Gewerbeertrag vor Abzug der Gewerbesteuer (§ 7, § 11 Abs. 2 Nr. 2 und Abs. 3, § 16 Abs. 1 GewStG)][910] $$\frac{m \cdot he}{1 + m \cdot he} \cdot \text{Gewerbeertrag vor Abzug der Gewerbesteuer}$$ |
| = | Gewerbeertrag i. S. v. § 11 Abs. 1 GewStG[911] |

Abb. 187: Berechnung des Gewerbeertrags bei Kapitalgesellschaften

# III.   Handelsrechtliche Spezialregelungen

## A.    Größenabhängige Klassifizierung von Kapitalgesellschaften als Ausgangspunkt für die Aufstellung, Prüfung sowie Offenlegung von Jahresabschluss und Lagebericht

In Abhängigkeit von den in § 267 HGB niedergelegten **Größenklassenmerkmalen** (Bilanzsumme, Umsatzerlöse, Arbeitnehmer) werden Kapitalgesellschaften in **kleine, mittelgroße** und **große Unternehmen** eingeteilt, wobei gemäß § 267 Abs. 4 Satz 1 HGB die Rechtsfolgen der Merkmale bezüglich Aufstellung, Prüfung und Offenlegung des **Jahresabschlusses** (Bilanz, Gewinn- und Verlustrechnung, Anhang) und des **Lageberichts** (§ 264 Abs. 1 HGB) nur dann eintreten, wenn sie an den Abschlussstichtagen von **zwei aufeinander folgenden Geschäftsjahren** über- oder unterschritten werden.[912]

**Abb. 100** zeigt die für kleine, mittelgroße und große Kapitalgesellschaften maßgebenden Aufstellungs-, Prüfungs- sowie Offenlegungspflichten des Jahresabschlusses und des Lageberichts. Aus der Darstellung geht hervor, dass für kleine und/oder mittelgroße Kapitalgesellschaften **Erleichterungen** im Hinblick auf Rechnungslegung, Prüfung und Publizität geschaffen wurden. Zusätzlich finden sich größenabhängige Erleichterungen für kleine Kapitalgesellschaften bezüglich der Aufstellung des Jahresabschlusses in § 274 a, § 276 Satz 2 und § 288 Satz 1 HGB. § 316 Abs. 1 Satz 1 HGB legt fest, dass der **Jahresabschluss** und

---

910    he = Gewerbesteuer-Hebesatz in Prozent : 100; me = Messzahl für den Gewerbeertrag in Prozent : 100.

911    Der Gewerbeertrag ist auf volle 100 € nach unten abzurunden (§ 11 Abs. 1 Satz 3 GewStG).

912    Vgl. hierzu im Einzelnen die Ausführungen im Zweiten Teil zu Gliederungspunkt IV.A. und *Knop* 2005, Rz. 1–16 zu § 267 HGB, S. 1–6.

der **Lagebericht** von mittelgroßen und großen Kapitalgesellschaften zu prüfen ist. Grundsätzlich können **Abschlussprüfer** für Kapitalgesellschaften i. S. v. § 319 Abs. 1 Satz 1 HGB nur Wirtschaftsprüfer und Wirtschaftsprüfungsgesellschaften sein, die den Jahresabschluss unter Einbeziehung der Buchführung laut § 317 Abs. 1 Satz 2 HGB darauf zu prüfen haben, »… ob die gesetzlichen Vorschriften und die sie ergänzende Bestimmungen des Gesellschaftsvertrags oder der Satzung beachtet worden sind«. Der **Lagebericht** ist ferner gemäß § 317 Abs. 2 Satz 1 HGB darauf zu prüfen, ob er mit dem Jahresabschluss sowie mit den bei der Prüfung gewonnenen Erkenntnissen des Abschlussprüfers in Einklang steht » … und ob der Lagebericht insgesamt eine zutreffende Vorstellung von der Lage des Unternehmens … vermittelt«. Schließlich haben die Abschlussprüfer über das Resultat der Prüfung **schriftlich zu berichten** (§ 321 HGB) und in Abhängigkeit von dem abschließenden Ergebnis einen **Bestätigungsvermerk (Testat)** zu erteilen, diesen einzuschränken oder zu versagen (§ 322 Abs. 1 und Abs. 4 HGB). Allerdings ist zu beachten, dass **mittelgroße Gesellschaften mit beschränkter Haftung** auch von **vereidigten Buchprüfern** und **Buchprüfungsgesellschaften** geprüft werden können (§ 319 Abs. 1 Satz 2 HGB).

Im Gegensatz zu publizitätspflichtigen Einzelunternehmen und nichtkapitalistischen Personenhandelsgesellschaften (§ 5 Abs. 2 Satz 1 PublG) sind **mittelgroße und große Kapitalgesellschaften** unabhängig von ihrer Größenklassifizierung verpflichtet, neben der Bilanz sowie der Gewinn- und Verlustrechnung einen **Anhang** zu erstellen, der mit dem Jahresabschluss eine Einheit bildet (§ 264 Abs. 1 HGB). Ferner haben mittelgroße und große Kapitalgesellschaften gemäß § 264 Abs. 1 HGB einen **Lagebericht** zu erstellen. Dieser ist **kein** Bestandteil des Jahresabschlusses, zielt aber ebenso wie der Anhang darauf ab, **zusätzliche Informationen** über die Kapitalgesellschaft zu vermitteln.

# B.    Besonderheiten bezüglich der Erstellung des Jahresabschlusses

## 1.    Grundlegende Systematisierung

Im Vergleich zu den für alle Kaufleute – und damit auch für Kapitalgesellschaften – geltenden Rechnungslegungsvorschriften (§ 238 bis § 263 HGB) wurden in den § 264 bis § 289 HGB für Kapitalgesellschaften (zusätzliche) **Spezialregelungen** bezüglich der Erstellung des Jahresabschlusses kodifiziert. Diese Sondervorschriften tragen zum einen dem **spezifischen Charakter** von Kapitalgesellschaften Rechnung, zum anderen zielen sie aufgrund des im Vergleich zu Einzelunternehmen und Personenhandelsgesellschaften erhöhten Interesses bestimmter **Koalitionsteilnehmer** (z. B. Anteilseigner, Gläubiger, Kunden, Lieferanten, Arbeitnehmer und ihre Vertreter, Öffentlichkeit) an Unternehmensinformationen auf eine **Verbesserung der Rechnungslegungsqualität** ab. Allerdings ist zu beachten, dass Einzelunternehmen und/oder Personenhandelsgesellschaften dann auch **bestimmte**, nur für Kapitalgesellschaften geltende Spezialregelungen im Rahmen der Aufstellung des Jahresabschlusses anwenden müssen, wenn sie die im PublG festgelegten Größenklassenmerkmale überschreiten (§ 1 Abs. 1, § 3 Abs. 1, § 5 Abs. 1 PublG) oder zur Rechtsform der »kapitalistischen« Personenhandelsgesellschaft zählen (§ 264 a HGB).

Die in § 264 bis § 289 HGB sowie im Aktiengesetz und im Gesetz betreffend die Gesellschaften mit beschränkter Haftung für Kapitalgesellschaften hinsichtlich der Erstellung des

Jahresabschlusses kodifizierten Sondervorschriften lassen sich in **allgemeine und spezifische Regelungen** unterscheiden. Während die allgemeinen Regelungen primär grundlegende Rechnungslegungsprinzipien enthalten, beziehen sich die spezifischen Vorschriften einerseits auf den Ansatz und die Bewertung einzelner Posten des Jahresabschlusses. Andererseits finden sich Spezialregelungen, die auf den Ausweis und die Erläuterung der Posten des Jahresabschlusses abzielen. Aus Gründen der Systematik werden nachstehend zunächst die allgemeinen, für Kapitalgesellschaften geltenden Rechnungslegungsvorschriften dargestellt. Anschließend erfolgt dann eine Beleuchtung **ausgewählter postenspezifischer Regelungen**, wobei in diesem Zusammenhang auf Ansatz-, Bewertungs- und/oder Ausweisbesonderheiten der analysierten Posten eingegangen wird.

## 2.    Allgemeine Regelungen

### a.    Generalklausel des § 264 Abs. 2 Satz 1 HGB

Die zentrale Rechnungslegungsnorm findet sich in § 264 Abs. 2 Satz 1 HGB, in dem ausgeführt wird, dass der Jahresabschluss der Kapitalgesellschaft »... unter Beachtung der Grundsätze ordnungsmäßiger Buchführung ein den **tatsächlichen Verhältnissen entsprechendes Bild der Vermögens-, Finanz- und Ertragslage** der Kapitalgesellschaft zu vermitteln« hat.[913] Sofern besondere Umstände die Vermittlung des in Rede stehenden Bildes verhindern, bedarf es zusätzlicher Angaben im **Anhang** (§ 264 Abs. 2 Satz 2 HGB). Im Vergleich mit dem für alle Kaufleute geltenden Aufstellungsgrundsatz für den Jahresabschluss (§ 243 Abs. 1 HGB) müssen **Kapitalgesellschaften** zusätzlich gewährleisten, dass der Jahresabschluss ein den tatsächlichen Verhältnissen entsprechendes Bild der Vermögens-, Finanz- und Ertragslage des Unternehmens vermittelt.[914] Diese Ergänzung der allgemeinen Rechnungslegungsgrundsätze stellt einen Ausfluss des angelsächsischen Konzepts des »**True and Fair View**« (das Erfordernis eines wahrheitsgetreuen und gerechten Bildes) dar, demzufolge von den gesetzlichen Bestimmungen abzuweichen ist, wenn diese den »True and Fair View« von Bilanz sowie Gewinn- und Verlustrechnung nicht herzustellen vermögen und auch durch eine Berichterstattung, etwa im Anhang, der Mangel nicht geheilt werden kann.[915] **Abb. 188** gibt einen Überblick über die Inhalte der in § 264 Abs. 2 HGB genannten Begriffe Vermögens-, Finanz- und Ertragslage.[916]

Durch den Hinweis in § 264 Abs. 2 Satz 1 HGB auf die GoB stellt der deutsche Gesetzgeber aber eindeutig klar, dass der Jahresabschluss **nicht** absolut »True and Fair« zu sein braucht,[917] da die Einzelvorschriften und die GoB **in jedem Fall** vor der Generalklausel des den tatsächlichen Verhältnissen entsprechenden Bildes der Vermögens-, Finanz- und Ertragslage zu beachten sind. Folglich wird der Anwendungsbereich der in Rede stehen-

---

913    Vgl. zu den Grundsätzen ordnungsmäßiger Buchführung die Ausführungen im Zweiten Teil zu Gliederungspunkt III.

914    Während publizitätspflichtige Einzelunternehmen und »nichtkapitalistische« Personenhandelsgesellschaften dieses zusätzliche Rechnungslegungspostulat nicht beachten brauchen (§ 5 Abs. 1 Satz 2 PublG), besitzt es für »kapitalistische« Personenhandelsgesellschaften (§ 264 a Abs. 1 HGB), eingetragene Genossenschaften (§ 336 Abs. 2 Satz 1 HGB), Kreditinstitute (§ 340 a Abs. 1 1. HS HGB) und Versicherungsunternehmen (§ 341 a Abs. 1 HGB) Gültigkeit.

915    Vgl. *ADS* 1997b, Anm. 38 zu § 264 HGB, S. 13.

916    Vgl. *Winkeljohann/Schellhorn* 2006, Anm. 37 f. zu § 264 HGB, S. 755 f.

917    Vgl. *Baetge/Commandeur* 2003, Anm. 32 zu § 264 HGB, S. 17.

| Vermögenslage | Die Vermögenslage soll Auskunft über das Verhältnis zwischen dem Vermögen und den Schulden eines Unternehmens geben. Das zentrale Instrument zur Darstellung der Vermögenslage ist die Bilanz, die zu einem Stichtag gefertigt wird. Darüber hinaus besitzen bestimmte Anhanginformationen Bedeutung, die Angaben zur Bewertung in der Bilanz enthalten. |
|---|---|
| Finanzlage | Die Finanzlage soll über Mittelherkunft und -verwendung sowie deren Fristigkeit informieren. Ferner kommt ihr die Aufgabe zu, Auskunft über die Liquidität des Unternehmens und seinen Möglichkeiten zu geben, ob bzw. in welchem Umfang eingegangene Verpflichtungen zukünftig voraussichtlich erfüllt werden können. Das wichtigste Instrument zur Darstellung der Finanzlage ist die Bilanz mit den ergänzenden Angaben im Anhang. Aber auch aus der Gewinn- und Verlustrechnung können wichtige Informationen zur Einschätzung der Finanzlage entnommen werden, da durch sie in aller Regel Rückschlüsse auf die künftigen Veränderungen bestimmter Bilanzposten möglich sind. |
| Ertragslage | Die Ertragslage soll darüber informieren, in welchem Umfang und aus welchen Gründen das Unternehmensvermögen innerhalb eines Zeitabschnitts Veränderungen unterworfen wurde. Das zentrale Instrument zur Darstellung der Ertragslage ist die Gewinn- und Verlustrechnung. Daneben besitzen zahlreiche Anhangangaben zur Beurteilung der Ertragslage einen hohen Stellenwert. |

Abb. 188: Abgrenzung der Termini Vermögens-, Finanz- und Ertragslage

den, von Kapitalgesellschaften zusätzlich zu beachtenden Generalnorm durch Einzelvorschriften und die GoB **eingeschränkt**.

**Beispiel:**
Obwohl eine Bewertung fertiger Erzeugnisse mit Teil-Herstellungskosten im Vergleich zu einem Vollkostenansatz nicht ein den tatsächlichen Verhältnissen entsprechendes Bild der Vermögens- und Ertragslage widerspiegelt, ist eine solche Bewertung aufgrund der Einzelvorschrift von § 255 Abs. 2 HGB zulässig.

Nach h. M. kommt der Generalklausel des § 264 Abs. 2 Satz 1 HGB die Aufgabe zu, **Lücken zu schließen und Zweifelsfragen zu klären**, welche die für die Rechnungslegung maßgebenden Einzelvorschriften offenlassen.[918] In diesem Zusammenhang stellt sich im Verhältnis zu den Einzelvorschriften und den GoB die Frage nach der **Reihenfolge der Rechtsanwendung**.[919] Unter Berücksichtigung der schon angesprochenen **Subsidiaritätsfunktion** des § 264 Abs. 2 Satz 1 HGB ergibt sich folgende grundlegende Reihung.[920]

- **Spezialnormen für bestimmte Geschäftszweige**
  (z. B. Formblattverordnung für Banken gemäß § 265 Abs. 4 HGB i. V. m. § 340 Abs. 1 Satz 2 HGB und RechKredV);

---

918  Vgl. z. B. *ADS* 1997b, Anm. 59 zu § 264 HGB, S. 19–21; *Winkeljohann/Schellhorn* 2006, Anm. 25 zu § 264 HGB, S. 751.
919  Vgl. hierzu die Ausführungen im Zweiten Teil zu Gliederungspunkt III.A.
920  Vgl. *Winkeljohann/Schellhorn* 2006, Anm. 33 zu § 264 HGB, S. 754.

- **Spezialnormen für bestimmte Rechtsformen**
  (z. B. Rücklagenbildung für Aktiengesellschaften nach § 150 AktG);
- **Spezialnormen für Kapitalgesellschaften**
  (§ 264 bis § 288 HGB mit Ausnahme von § 264 Abs. 2 HGB);
- **kodifizierte GoB, die für alle Kaufleute gelten**
  (z. B. § 248, § 249, § 254 HGB);
- **nicht kodifizierte GoB, die für alle Kaufleute gelten**
  (z. B. vorzeitige Erfolgsrealisierung bei langfristigen Fertigungsaufträgen[921]);
- **Generalnorm von § 264 Abs. 2 Satz 1 HGB**
  (ggf. in Form der Angabepflicht nach § 264 Abs. 2 Satz 2 HGB).

Die Berichtspflicht im Anhang gemäß § 264 Abs. 2 Satz 2 HGB wird aber nur dann ausgelöst, wenn **besondere Umstände** vorliegen, die die angesprochene Abweichung verursachen. Sofern die Diskrepanz zwischen dem Ergebnis der Anwendung der Einzelvorschriften und den tatsächlichen Verhältnissen **erheblich** (wesentlich) im Hinblick auf die **Gesamteinschätzung** der Vermögens-, Finanz- und Ertragslage des jeweiligen Unternehmens ist, liegen nach der Interpretation im Schrifttum besondere Umstände vor, die zu einer Angabepflicht zwingen.[922] Allerdings werden Konstellationen, die eine Berichtspflicht im Anhang auslösen, aus zwei Gründen nur in seltenen Fällen auftreten.[923]

- Zum einen muss es sich um **nicht unerhebliche** Diskrepanzen handeln, die einen Jahresabschluss betreffen, der ansonsten **vollumfänglich** mit den gesetzlichen Einzelvorschriften und den sonstigen GoB in Einklang steht.
- Ferner existiert eine Vielzahl von **Einzelvorschriften**, die unabhängig von § 264 Abs. 2 Satz 2 HGB eine Angabepflicht beinhalten (§ 265 Abs. 1 bis Abs. 4, Abs. 7, § 268 Abs. 2 bis Abs. 7, § 273 Satz 2 2. HS, § 274 Abs. 1 Satz 1, Abs. 2 Satz 2, § 277 Abs. 4 Satz 2, § 280 Abs. 3, § 281 Abs. 2 Satz 2 2. HS, § 284, § 285, § 286 Abs. 3 Satz 3, § 287, § 288 HGB) und mithin dazu beitragen, ein den tatsächlichen Verhältnissen entsprechendes Bild der Vermögens-, Finanz- und Ertragslage zu vermitteln.

Als typische Ausnahmefälle, die zu einer Angabepflicht im Anhang nach § 264 Abs. 2 Satz 2 HGB führen, sind etwa zu nennen:

- Aufgrund der **nicht** vorliegenden Voraussetzungen für die vorzeitige Erfolgsrealisierung aus langfristigen Fertigungsaufträgen (z. B. mangels eindeutiger Aufspaltung des Auftrags in Teilleistungen)[924] können zukünftige positive Gewinnerwartungen nicht im Jahresabschluss berücksichtigt werden.
- Ein wesentlicher Teil des Unternehmensgewinns stammt von einer in einem ausländischen Staat gelegenen Betriebsstätte und enthält wegen der hohen Inflationsrate in diesem Staat erhebliche Scheingewinne.

In beiden Fällen werden verbale Angaben und ggf. auch Zahleninformationen im Anhang erforderlich, die zur Vermittlung des den tatsächlichen Verhältnissen entsprechenden Bildes, vor allem der Ertragslage, beitragen sollen.

---

921  Vgl. hierzu *Freidank* 1989, S. 1197–1204; *Krawitz* 1997, S. 886 f.
922  Vgl. *ADS* 1997b, Anm. 101 zu § 264 HGB, S. 33; *Winkeljohann/Schellhorn* 2006, Anm. 49 zu § 264 HGB, S. 758.
923  Vgl. *Winkeljohann/Schellhorn* 2006, Anm. 49 f. zu § 264 HGB, S. 758.
924  Vgl. hierzu *Freidank* 1989, S. 1199–1204.

## b. Formvorschriften für den Jahresabschluss

In § 265 HGB wurden allgemeine Grundsätze verankert, die sich auf die **Gliederung des Jahresabschlusses** beziehen. Allerdings dürfte ein Großteil dieser Vorschriften zwischenzeitlich den Charakter allgemeiner **GoB** tragen, so dass sie dann auch von allen rechnungslegenden Unternehmen zu beachten sind.[925] Im Einzelnen werden von § 265 HGB folgende Sachverhalte erfasst:[926]

- **Darstellungsstetigkeit** (Abs. 1);
- Angabe von **Vorjahresbeträgen** in Bilanz sowie Gewinn- und Verlustrechnung (Abs. 2);
- Vermerk der **Mitzugehörigkeit** von Bilanzposten (Abs. 3);
- Beachtung von Gliederungsvorschriften beim Vorliegen **mehrerer Geschäftszweige** (Abs. 4);
- **Erweiterung der Gliederungsschemata** für die Bilanz sowie die Gewinn- und Verlustrechnung nach § 266 und § 275 HGB (Abs. 5);
- **Änderung der Gliederung und Bezeichnung** bestimmter Posten in der Bilanz sowie der Gewinn- und Verlustrechnung (Abs. 6);
- **Zusammenfassung** bestimmter Posten in Bilanz sowie in Gewinn- und Verlustrechnung (Abs. 7);
- **Ausweis von Leerposten** in bestimmten Fällen (Abs. 8).

Die vorstehend genannten Detailregelungen zielen darauf ab, die in § 243 Abs. 2 und § 264 Abs. 2 Satz 1 HGB verankerten Aufstellungsgrundsätze für den Jahresabschluss zu konkretisieren. Von besonderer Bedeutung ist in diesem Zusammenhang das Postulat der **Darstellungsstetigkeit** (§ 265 Abs. 1 HGB). Die auch als **formelle Bilanzkontinuität** bezeichnete Darstellungs- oder Ausweisstetigkeit bringt zum Ausdruck, dass die Form der Darstellung, insbesondere die Gliederung aufeinander folgender Jahresabschlüsse beizubehalten ist, »… soweit nicht in Ausnahmefällen wegen besonderer Umstände Abweichungen erforderlich sind« (§ 265 Abs. 1 Satz 1 2. HS HGB). Treten derartige Differenzen auf (z. B. infolge eines Wechsels des Mutterunternehmens und Anpassung an dessen Ausweissystematik oder Veränderungen des Produktionsprogramms[927]), so besteht gemäß § 265 Abs. 1 Satz 2 HGB die Verpflichtung, diese im **Anhang** anzugeben und zu begründen. Die formelle Bilanzkontinuität zielt mithin darauf ab, die **formelle Vergleichbarkeit** mehrerer Jahresabschlüsse durch die Beibehaltung einmal gewählter Ausweismethoden sicherzustellen.

Das Prinzip der Darstellungsstetigkeit beeinflusst im hohen Maße die **Flexibilität** des Einsatzes der Ausweiswahlrechte (z. B. Wahl des Gesamtkosten- oder des Umsatzkostenverfahrens nach § 275 Abs. 1 Satz 1 HGB oder die Inanspruchnahme größenabhängiger Erleichterungen für die Aufstellung des Jahresabschlusses gemäß § 266 Abs. 1 Satz 3, § 276 HGB). Infolgedessen erfordert die Bindungswirkung der formellen Bilanzkontinuität für die Rechnungslegungspolitik der Folgejahre unter Berücksichtigung langfristiger Zielsetzungen einen spezifischen (strategischen) **Planungsaufwand** hinsichtlich der erstmaligen Aufstellung von Jahresabschluss und Lagebericht. Zu berücksichtigen ist in diesem Zu-

---

925 Diese grundlegenden Regelungen gelten mithin auch für (publizitätspflichtige) Einzelunternehmen und »nichtkapitalistische« Personenhandelsgesellschaften (§ 5 Abs. 1 Satz 2 PublG), »kapitalistische« Personenhandelsgesellschaften (§ 264 a Abs. 1 HGB), eingetragene Genossenschaften (§ 336 Abs. 2 Satz 1 HGB), Kreditinstitute (§ 340 a Abs. 1 1. HS HGB) und Versicherungsunternehmen (§ 341 a Abs. 1 HGB) maßgebend.

926 Vgl. *ADS* 1997b, Anm. 1 zu § 265 HGB, S. 49.

927 Vgl. *Winkeljohann/Geißler* 2006, Anm. 2 f. zu § 265 HGB, S. 817.

sammenhang, dass der Grundsatz der Darstellungskontinuität nicht nur für die Bilanz sowie die Gewinn- und Verlustrechnung gilt, sondern auch **Anhang** und **Lagebericht** vom
Ausweisprinzip des § 265 Abs. 1 HGB betroffen sind, da die Bezeichnung des Ersten Unterabschnitts des Zweiten Abschnitts im Handelsgesetzbuch neben dem Begriff »Jahresabschluss« auch den Terminus »Lagebericht« enthält.[928] Allerdings führt die Aufnahme neuer
Gliederungsposten und zusätzlicher Angaben in Anhang und Lagebericht, die über das gesetzlich geforderte Mindestmaß hinausgehen, nicht zu einer Durchbrechung der formellen Stetigkeit,[929] so dass einer umfassenden rechnungslegungspolitischen Selbstdarstellung
des Unternehmens keine Grenzen gesetzt sind.

Die allgemeinen Formvorschriften für den Jahresabschluss werden ergänzt durch eine
Vielzahl **postenorientierter Spezialregelungen** (z. B. § 266, § 268, § 277, § 284, § 285 HGB),
deren umfassende Darstellung den Charakter eines einführenden Lehrbuchs sprengen
würde. Aus diesem Grund beschränken sich die nachfolgenden Ausführungen auf ausgewählte Posten, denen üblicherweise herausragende Bedeutung im Rahmen der Rechnungslegung von Kapitalgesellschaften zukommt.

### c.   Abweichende Bewertungsvorschriften für Vermögensgegenstände

Im Verhältnis zu den für alle Kaufleute geltenden Bewertungsvorschriften (§ 252 bis § 256
HGB) sind bei Kapitalgesellschaften einige grundlegende Sonderregelungen zu beachten,
die in § 279 bis § 283 HGB kodifiziert sind und ausschließlich für **Vermögensgegenstände**
gelten.[930] Zunächst schließt § 279 Abs. 1 Satz 1 HGB den Rückgriff auf das prinzipiell mögliche Abwertungswahlrecht nach § 253 Abs. 4 HGB aus. Darüber hinaus sind außerplanmäßige Abschreibungen auf Gegenstände des **Anlagevermögens** bei vorübergehenden
Wertminderungen gemäß § 253 Abs. 2 Satz 3 HGB nur bei **Finanzanlagen**, d. h. nicht bei
immateriellen Vermögensgegenständen und Sachanlagen möglich (§ 279 Abs. 1 Satz 2 HGB).
Demgegenüber dürfen Kapitalgesellschaften niedrigere Wertansätze bei Gegenständen des
**Anlage- und Umlaufvermögens**, die infolge (zulässiger) außerplanmäßiger Abschreibungen nach § 253 Abs. 2 Satz 3 bzw. Abs. 3 HGB in Vorperioden entstanden sind, nicht beibehalten, wenn sich zum Bilanzstichtag herausstellt, dass die ursprünglichen Gründe für
diese Wertminderungen nicht mehr bestehen (§ 280 Abs. 1 Satz 1 HGB). Bei Gegenständen des abnutzbaren Anlagevermögens dürfen diese zwingend ansetzbaren **Zuschreibungen** aber nur bis zur Höhe der **fortgeführten Anschaffungs- oder Herstellungskosten**
vorgenommen werden (§ 280 Abs. 1 Satz 1 HGB). Sowohl die Einschränkungen bei den
Abschreibungsmöglichkeiten als auch die Verpflichtung zur Wertaufholung wurden deshalb vom Gesetzgeber kodifiziert, weil die Möglichkeiten zur **Bildung stiller Reserven** bei
Kapitalgesellschaften im Interesse der Gewinnausschüttungsansprüche der Anteilseigner
begrenzt werden sollten. Außerplanmäßige Abschreibungen auf das Anlagevermögen gemäß § 253 Abs. 2 Satz 3 HGB und Abschreibungen auf das Umlaufvermögen gemäß § 253

---

928  Vgl. *Ellrott* 2006e, Anm. 13 zu § 289 HGB, S. 1320 f.

929  Vgl. hierzu im Einzelnen *Winkeljohann/Geißler* 2006, Anm. 15 zu § 265 HGB, S. 821 f.; *Ellrott* 2006c, Anm.
     80–82 zu § 284 HGB, S. 1206 f. und *Ellrott* 2006e, Anm. 112 zu § 289 HGB, S. 1339 f.

930  Während publizitätspflichtige Einzelunternehmen und »nichtkapitalistische« Personenhandelsgesellschaften
     sowie eingetragene Genossenschaften diese Sonderregelungen nicht zu beachten brauchen (§ 5 Abs. 1 Satz 2
     PublG; § 336 Abs. 2 Satz 1 2. HS HGB), gilt für »kapitalistische« Personenhandelsgesellschaften (§ 264 a Abs. 1
     HGB), Kreditinstitute (§ 340 a Abs. 1 HGB) und Versicherungsunternehmen (§ 341 a Abs. 1 HGB) eine grund-
     legende Anwendungspflicht.

Abs. 3 Satz 3 HGB sind bei Kapitalgesellschaften in der Gewinn- und Verlustrechnung gesondert auszuweisen oder im Anhang anzugeben (§ 277 Abs. 3 Satz 1 HGB).

Allerdings konnte auf eine aus handelsrechtlicher Sicht zwingend vorzunehmende Zuschreibung nach § 280 Abs. 1 HGB in der Vergangenheit verzichtet werden, »… wenn der niedrigere Wertansatz bei der steuerrechtlichen Gewinnermittlung beibehalten werden kann und wenn Voraussetzung für die Beibehaltung ist, dass der niedrigere Wertansatz auch in der Bilanz beibehalten wird« (§ 280 Abs. 2 HGB). Da aufgrund der **Umkehrung des Maßgeblichkeitsgrundsatzes** steuerrechtliche Wahlrechte bei der Gewinnermittlung in Übereinstimmung mit der Handelsbilanz auszuüben sind (§ 5 Abs. 1 Satz 2 EStG), führte der Verzicht auf eine steuerrechtliche Zuschreibung generell zur Beibehaltungsmöglichkeit des niedrigeren Wertansatzes im handelsrechtlichen Jahresabschluss. Folglich wurde das **Wertaufholungsgebot** des § 280 Abs. 1 HGB vor dem Hintergrund des ursprünglich geltenden Steuerrechts grundsätzlich durch das **Wertbeibehaltungswahlrecht** des § 280 Abs. 2 HGB durchbrochen. Allerdings verlangte § 280 Abs. 3 HGB, dass die aus steuerrechtlichen Gründen unterlassenen Zuschreibungen im Anhang anzugeben und **hinreichend zu begründen** waren.

Für Kapitalgesellschaften und ihnen gesetzlich gleichgestellte Unternehmen besteht infolge der **steuerrechtlichen Zuschreibungspflicht** (§ 6 Abs. 1 Nr. 1 Satz 4 und Nr. 2 Satz 3, § 7 Abs. 1 Satz 7 2. HS EStG), die durch das **Steuerentlastungsgesetz (StEntlG) 1999/2000/ 2002** in das deutsche Bilanzsteuerrecht aufgenommen wurde, auch eine handelsrechtliche Wertaufholungsverpflichtung, die nicht mehr durch § 280 Abs. 2 HGB unterlaufen werden kann. Allerdings darf nach § 52 Abs. 16 Satz 3 1. HS EStG der Gewinn, der aus der Zuschreibungspflicht resultiert, im ersten Jahr nach seiner Entstehung zu vier Fünfteln in eine den **steuerrechtlichen Gewinn mindernde Rücklage** eingestellt werden. Diese ist in den folgenden vier Jahren mit jeweils **mindestens einem Viertel** gewinnerhöhend aufzulösen (§ 52 Abs. 16 Satz 3 2. HS EStG). Das Prinzip der **umgekehrten Maßgeblichkeit** (§ 5 Abs. 1 Satz 2 EStG) verlangt eine analoge Vorgehensweise im handelsrechtlichen Jahresabschluss (§ 247 Abs. 3 HGB).

Auch bei Kapitalgesellschaften sind im Rahmen der **Umkehrung des Maßgeblichkeitsprinzips** Abschreibungen im handelsrechtlichen Jahresabschluss über § 253 Abs. 2 und Abs. 3 HGB hinaus nach § 254 HGB möglich, soweit es sich um **steuerrechtlich bedingte Abschreibungen** (Teilwertabschreibungen, AfaA, Sonderabschreibungen, erhöhte Absetzungen, Bewertungsabschläge)[931] handelt. Allerdings besagt § 279 Abs. 2 HGB, dass Abschreibungen nach § 254 HGB nur dann in den handelsrechtlichen Jahresabschluss der Kapitalgesellschaft aufgenommen werden dürfen, »… als das Steuerrecht ihre Anerkennung bei der steuerrechtlichen Gewinnermittlung davon abhängig macht, dass sie sich aus der Bilanz ergeben«. Da aber § 5 Abs. 1 Satz 2 EStG eine grundsätzliche Ausübung steuerrechtlicher Wahlrechte in Übereinstimmung mit der Handelsbilanz fordert, ergeben sich aus § 279 Abs. 2 HGB im Vergleich zu Einzelunternehmen und »nichtkapitalistischen« Personenhandelsgesellschaften **keine Einschränkungen** der Abschreibungsmöglichkeiten bei Kapitalgesellschaften. Vor dem Hintergrund des gegenwärtig gültigen Steuerrechts läuft die Restriktion von § 279 Abs. 2 HGB bezüglich der handelsrechtlichen Übernahme steuerrechtlicher Abschreibungen leer. **Abb. 189** zeigt zusammenfassend die für Kapitalgesellschaften maßgebenden handelsrechtlichen Bewertungsvorschriften.[932]

---

931  Vgl. hierzu die Ausführungen im Dritten Teil zu Gliederungspunkt II.B.2.b. und II.C.2.
932  Vgl. hierzu auch die Ausführungen im Dritten Teil zu Gliederungspunkt II.B.1.

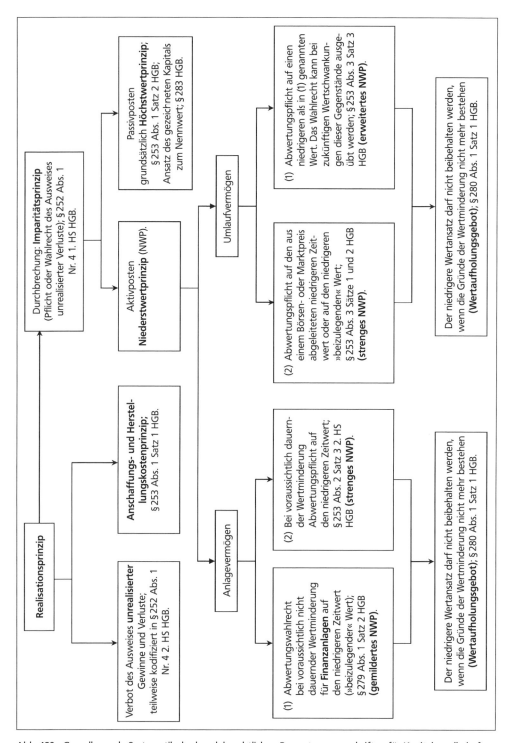

Abb. 189: Grundlegende Systematik der handelsrechtlichen Bewertungsvorschriften für Kapitalgesellschaften

Kapitalgesellschaften haben darüber hinaus gemäß § 281 Abs. 1 Satz 1 HGB auch die Möglichkeit, die die handelsrechtlichen (planmäßigen und außerplanmäßigen) Abschreibungen übersteigenden steuerrechtlichen Mehrabschreibungen in den »**Sonderposten mit Rücklageanteil**« einzustellen.[933] Der auf diese Weise gebildete **Wertberichtigungsposten** ist aber aufzulösen, wenn die betreffenden Gegenstände aus dem Unternehmensvermögen ausscheiden oder die steuerrechtliche Wertberichtigung durch handelsrechtliche Abschreibungen ersetzt wird (§ 281 Abs. 1 Satz 3 HGB). »Erträge aus der Auflösung des Sonderpostens mit Rücklageanteil« sind in dem Posten »sonstige betriebliche Erträge«, »Einstellungen in den Sonderposten mit Rücklageanteil« sind in dem Posten »sonstige betriebliche Aufwendungen« der Gewinn- und Verlustrechnung **gesondert auszuweisen** oder im **Anhang anzugeben** (§ 281 Abs. 2 Satz 2 HGB). Zu berücksichtigen ist ferner, dass in der Bilanz oder im Anhang die Vorschriften anzugeben sind, nach denen die Wertberichtigung gebildet wurde (§ 281 Abs. 1 Satz 2 HGB). Sofern sich derjenige Betrag der Abschreibungen, der **allein nach steuerrechtlichen Vorschriften** im Geschäftsjahr vorgenommen wurde, nicht aus der Bilanz oder der Gewinn- und Verlustrechnung ergibt, verlangt § 281 Abs. 2 Satz 1 HGB die getrennte Angabe der auf das Anlage- und das Umlaufvermögen entfallenden (steuerrechtlichen) Abschreibungen im **Anhang**. Unabhängig davon, wo die nach steuerrechtlichen Vorschriften im Jahresabschluss vorgenommenen Abschreibungen zum Ausweis kommen, müssen sie im Anhang **hinreichend begründet** werden (§ 281 Abs. 2 Satz 1 HGB). Allerdings geht diese Begründungspflicht nicht soweit, dass im Einzelnen die rechnungslegungspolitischen Ziele zu nennen sind, die mit dem Rückgriff auf steuerrechtliche Abschreibungen verfolgt werden. Verlangt wird nach h. M. lediglich die Angabe der jeweiligen steuerrechtlichen Vorschriften.[934]

## 3.     Ausgewählte postenspezifische Regelungen

### a.     Aufwendungen für die Ingangsetzung und Erweiterung des Geschäftsbetriebs

Für Kapitalgesellschaften wird die Aktivierung von Aufwendungen für die Ingangsetzung des Geschäftsbetriebs und dessen Erweiterung im handelsrechtlichen Jahresabschluss wahlweise zugelassen (§ 269 HGB).[935] Da es sich bei diesen Aufwendungen um keine Vermögensgegenstände i. S. v. § 246 Abs. 1 Satz 1 HGB handelt, werden sie im Gesetz ausdrücklich dem Terminus »**Bilanzierungshilfe**« subsumiert. Im Grundsatz zielt eine Bilanzierungshilfe auf die Vermeidung oder Verringerung eines Verlustausweises, einer Unterbilanz oder sogar einer (bilanziellen) Überschuldung in der Anlauf- oder Erweite-

---

933   Auf dieses Ausweiswahlrecht können auch »kapitalistische« Personenhandelsgesellschaften (§ 264 a Abs. 1 HGB), publizitätspflichtige Einzelunternehmen und Personenhandelsgesellschaften (§ 5 Abs. 1 Satz 2 PublG), eingetragene Genossenschaften (§ 336 Abs. 2 Satz 1 HGB), Kreditinstitute (§ 340 a Abs. 1 HGB) und Versicherungsunternehmen (§ 341 a Abs. 1 HGB) zurückgreifen.

934   Vgl. z. B. *ADS* 1997b, Anm. 72 zu § 281 HGB, S. 664.

935   Dieses Wahlrecht kann aber auch von »kapitalistischen« Personenhandelsgesellschaften (§ 264 a Abs. 1 HGB), publizitätspflichtigen Einzelunternehmen und Personenhandelsgesellschaften (§ 5 Abs. 1 Satz 2 PublG), eingetragenen Genossenschaften (§ 336 Abs. 2 Satz 1 HGB), Kreditinstituten (§ 340 a Abs. 1 HGB) und Versicherungsunternehmen (§ 341 a Abs. 1 HGB) angewandt werden. Nach h. M. können ebenfalls nicht publizitätspflichtige Einzelunternehmen und Personenhandelsgesellschaften auf die Bilanzierungshilfe, die als allgemeiner GoB angesehen wird, zurückgreifen. Vgl. z. B. *ADS* 1997b, Anm. 7 zu § 269 HGB, S. 252.

rungsphase des Unternehmens mittels Aktivierung andernfalls zu berücksichtigender Periodenaufwendungen ab.[936] Der besondere Charakter dieses Postens, der vor dem Anlagevermögen auszuweisen und von mittelgroßen und großen Kapitalgesellschaften im **Anhang** zu erläutern ist (§ 269 Satz 1 2. HS, § 274 a Nr. 5 HGB), zeigt sich auch in der für ihn kodifizierten **Ausschüttungssperre** (§ 269 Satz 2 HGB). Hiernach sind Gewinnausschüttungen nur dann zulässig, wenn nach der Ausschüttung jederzeit auflösbare Gewinnrücklagen i. S. v. § 266 Abs. 3 Posten A. III. HGB – zuzüglich eines Gewinn- und abzüglich eines Verlustvortrages – in dem Umfange übrig bleiben, der dem aktivierten Betrag der Ingangsetzungs- und Erweiterungsaufwendungen entspricht. Diese Regelung trägt mit zum **Gläubigerschutz** bei, da hierdurch verhindert werden soll, dass das bilanzielle Vermögen der Kapitalgesellschaft unter das gezeichnete Kapital und die gesetzlich oder satzungsmäßig gebundenen Rücklagen absinkt.

Die in Rede stehenden Ingangsetzungs- und Erweiterungskosten des Geschäftsbetriebes müssen zunächst laut § 269 Satz 1 1. HS HGB **bilanzierungsunfähigen Charakter** tragen, d. h. sie dürfen weder Anschaffungs- oder Herstellungskosten aktivierungsfähiger Vermögensgegenstände darstellen noch als Rechnungsabgrenzungsposten bilanzierungsfähig sein. Während die Ingangsetzungsaufwendungen durch die **Gründung des Unternehmens**, insbesondere den Aufbau der Innen- und Außenorganisation ausgelöst werden, fallen Erweiterungskosten nicht bei der erstmaligen Ingangsetzung, sondern im Rahmen einer sprunghaften **Ausweitung des Geschäftsbetriebs** an. Ansonsten entsprechen sich beide Aufwandsarten.[937] Allerdings ist zu berücksichtigen, dass spezifische Aufwendungen für die **Gründung des Unternehmens** (z. B. Beratungsgebühren, Notariatskosten, Genehmigungsgebühren, Kosten für die Gründungsprüfung) sowie Aufwendungen für die **Beschaffung von Eigenkapital** (z. B. Emissionskosten, Kosten der Börseneinführung, Kosten einer Kapitalerhöhung) keine Aufwendungen für die Ingangsetzung und Erweiterung des Geschäftsbetriebes darstellen und deshalb auch **nicht aktiviert** werden dürfen (§ 248 Abs. 1 HGB).

Das Aktivierungswahlrecht für Ingangsetzungs- und Erweiterungsaufwendungen besteht aber nur in dem Geschäftsjahr, in dem sie entstanden sind, wobei dem Bilanzierenden die Möglichkeit obliegt, lediglich Teile dieser Aufwendungen zu aktivieren.[938] Aus **steuerrechtlicher Sicht** besteht für Ingangsetzungs- und Erweiterungsaufwendungen aber ein **Aktivierungsverbot**, da es sich nicht um Wirtschaftsgüter handelt. Folglich weichen Handels- und Ertragsteuerbilanz im Falle einer Aktivierung dieser Aufwendungen voneinander ab **(Durchbrechung des Maßgeblichkeitsprinzips)**. Als typische Beispiele für aktivierungsfähige Ingangsetzungs- und Erweiterungsaufwendungen können etwa genannt werden:[939]

- Aufwendungen für Personalbeschaffung und -schulung;
- Aufwendungen für den Aufbau von Beschaffungs- und Absatzwegen;
- Aufwendungen für Organisationsgutachten, Marktanalysen und Einführungswerbung;
- Aufwendungen für selbsterstellte immaterielle Vermögensgegenstände, insbesondere EDV-Programme.

Gemäß § 282 HGB müssen die für die Ingangsetzung und Erweiterung des Geschäftsbetriebes aktivierten Beträge in jedem folgenden Geschäftsjahr zu mindestens 25 % durch **Abschreibungen** getilgt werden. Vor dem Hintergrund, dass auch ein Teil der Ingangset-

---

936    Vgl. *ADS* 1997b, Anm. 8 zu § 269 HGB, S. 253.
937    Vgl. *ADS* 1997b, Anm. 11 zu § 269 HGB, S. 254.
938    Vgl. *Winkeljohann/Lawall* 2006b, Anm. 7 zu § 269 HGB, S. 915.
939    Vgl. *ADS* 1997b, Anm. 12–14 zu § 269 HGB, S. 254–256; *Commandeur* 2003a, Anm. 49 zu § 269 HGB, S. 15.

zungs- und Erweiterungsaufwendungen aktiviert werden kann, ist es nach h. M. zulässig, **bereits im ersten Geschäftsjahr**, in dem der Geschäftsbetrieb aufgenommen oder erweitert wird, mit der Abschreibung zu beginnen.[940] Aus dem 25 %igen Mindestabschreibungssatz ergibt sich, dass die Abschreibungsdauer auf **höchstens 4 Jahre** nach der Aktivierung begrenzt ist. Sofern mit der Abschreibung bereits im Jahr der Aktivierung begonnen wird, verlängert sich die Abschreibungsdauer auf maximal 5 Jahre bei einem Mindestabschreibungssatz von dann 20 %. Im Falle der Wahl eines Abschreibungsstatus in der ersten Periode von > 25 % bzw. > 20 % liegen am Ende der Nutzungsdauer zwangsläufig Abschreibungssätze vor, die die genannten Untergrenzen unterschreiten, da sich stets eine Summe von 100 % ergeben muss. Die in § 282 HGB kodifizierte Abschreibungsrestriktion ist deshalb so zu verstehen, dass immer dann, wenn die Abschreibungsmasse in den einzelnen Perioden noch größer als 25 % bzw. 20 % der aktivierten Aufwendungen für die Ingangsetzung und Erweiterung des Geschäftsbetriebes ist, mindestens 25 % bzw. 20 % abzuschreiben sind. **Abb. 190** gibt Beispiele für zulässige und unzulässige Abschreibungspläne bezüglich aktivierter Aufwendungen für die Ingangsetzung und Erweiterung des Geschäftsbetriebs.

Wie bereits erwähnt wurde, sind ggf. aktivierte Aufwendungen in der Jahresbilanz unter der Postenbezeichnung »Aufwendungen für die Ingangsetzung und Erweiterung des Geschäftsbetriebs« **vor dem Anlagevermögen** auszuweisen und von mittelgroßen und großen Kapitalgesellschaften im **Anhang** zu erläutern (§ 269 Satz 1 2. HS, § 274 a Nr. 5 HGB). Die Erläuterungspflicht hat sich nach h. M. darauf zu erstrecken, durch welche Maßnahmen die betreffenden Aufwendungen ausgelöst wurden, welcher Art die Aufwendungen sind, wie sich der aktivierte Gesamtbetrag auf die Aufwandsarten verteilt und wie der Posten abgeschrieben wird.[941]

| Perioden | 2002 | 2003 | 2004 | 2005 | 2006 | Beurteilung |
|---|---|---|---|---|---|---|
| Abschreibungs-beginn in der Aktivierungs-periode | 20 % | 20 % | 20 % | 20 % | 20 % | zulässig |
| | 30 % | 40 % | 20 % | 10 % | - | zulässig |
| | 40 % | 15 % | 15 % | 15 % | 15 % | unzulässig |
| | 20 % | – | 60 % | 10 % | 10 % | unzulässig |
| Abschreibungs-beginn in der ersten Periode nach der Aktivierung | – | 25 % | 25 % | 25 % | 25 % | zulässig |
| | – | 50 % | 30 % | 20 % | – | zulässig |
| | – | 100 % | – | – | – | zulässig |
| | – | 30 % | 25 % | 20 % | 25 % | unzulässig |
| | – | 50 % | 20 % | 15 % | 15 % | unzulässig |

Abb. 190: Zulässige und unzulässige Abschreibungspläne nach § 282 HGB

---

940  Vgl. etwa *ADS* 1997b, Anm. 5 zu § 282 HGB, S. 666; *Winkeljohann/Lawall* 2006c, Anm. 3 zu § 282 HGB, S. 1186 f.; *Commandeur* 2003b, Anm. 4 zu § 282 HGB, S. 2.
941  Vgl. z. B. *Winkeljohann/Lawall* 2006b, Anm. 12 zu § 269 HGB, S. 916.

Gemäß § 268 Abs. 2 Satz 1 i. V. m. § 274 a Nr. 1 HGB ist zudem von mittelgroßen und großen Kapitalgesellschaften die Entwicklung dieses Postens in der Bilanz oder im Anhang anzugeben (**Anlagespiegel**). Während die Erträge aus der Aktivierung beim **Gesamtkostenverfahren** (§ 275 Abs. 2 HGB) unter dem Posten 3. »Andere aktivierte Eigenleistungen« auszuweisen sind, wird beim **Umsatzkostenverfahren** (§ 275 Abs. 3 HGB) empfohlen, die direkte Aktivierung über eine Kürzung der entsprechenden Aufwandsposten vorzunehmen.[942] Die **Periodenabschreibungen** auf den Posten »Aufwendungen für die Ingangsetzung und Erweiterung des Geschäftsbetriebs« sind beim **Gesamtkostenverfahren** unter dem Posten 7.a) »Abschreibungen auf immaterielle Vermögensgegenstände des Anlagevermögens und Sachanlagen sowie auf aktivierte Aufwendungen für die Ingangsetzung und Erweiterung des Geschäftsbetriebs« (§ 275 Abs. 2 HGB) auszuweisen. Im Falle eines Rückgriffs auf das **Umsatzkostenverfahren** kommt ein Ausweis unter dem Posten 7. »Sonstige betriebliche Aufwendungen« in Betracht, sofern nicht eine Zuordnung zu den Funktionsbereichen (Herstellung, Vertrieb und/oder Verwaltung) vorgenommen werden muss.[943] Die letzte Alternative wird immer dann relevant, wenn auch die Aktivierung über die Kürzung der drei genannten funktionsorientierten Aufwandsarten erfolgt ist. Ferner verlangt § 268 Abs. 2 Satz 3 HGB, dass die Abschreibungen des Geschäftsjahres auf den Posten »Aufwendungen für die Ingangsetzung und Erweiterung des Geschäftsbetriebs« entweder in der Bilanz bei diesem Posten zu vermerken »… oder im Anhang in einer der Gliederung des Anlagevermögens entsprechenden Aufgliederung anzugeben« sind. Darüber hinaus sind die **kumulierten Abschreibungen** bei dem in Rede stehenden Posten im **Anlagespiegel** nach § 268 Abs. 2 Satz 2 HGB zu zeigen.

## b.    Anlagespiegel

Laut § 268 Abs. 2 Satz 1, § 274 a Nr. 1 HGB haben mittelgroße und große Kapitalgesellschaften »in der Bilanz oder im Anhang … die Entwicklung der einzelnen Posten des Anlagevermögens und des Postens ›Aufwendungen für die Ingangsetzung und Erweiterung des Geschäftsbetriebs‹ darzustellen«.[944] In einem solchen **Anlagespiegel**[945] oder **Anlagengitter** »… sind, ausgehend von den gesamten Anschaffungs- und Herstellungskosten, die Zugänge, Abgänge, Umbuchungen und Zuschreibungen des Geschäftsjahres sowie die Abschreibungen in ihrer gesamten Höhe gesondert aufzuführen« (§ 268 Abs. 2 Satz 2 HGB). Aufgrund der Erleichterungsvorschrift des § 266 Abs. 1 Satz 3 HGB brauchen **kleine Kapitalgesellschaften** im Falle der freiwilligen Aufstellung eines Anlagespiegels lediglich die Entwicklung der Bilanzpostengruppen »Immaterielle Vermögensgegenstände«, »Sachanlagen« und »Finanzanlagen« im Anlagespiegel darzulegen. Der Anlagespiegel vermittelt den Adressaten des Jahresabschlusses vor allem wichtige Informationen über die **Investitionspolitik** des Unternehmens.

---

942   Vgl. *ADS* 1997b, Anm. 19 zu § 269 HGB, S. 258.
943   Vgl. *ADS* 1997b, Anm. 18 f. zu § 282 HGB, S. 670.
944   Die folgenden Ausführungen beziehen sich auf das Anlagevermögen, sind aber analog auf den Posten »Aufwendungen für die Ingangsetzung und Erweiterung des Geschäftsbetriebs« anzuwenden.
945   Der Anlagespiegel muss auch von »kapitalistischen« Personenhandelsgesellschaften (§ 264 a Abs. 1 HGB), publizitätspflichtigen Einzelunternehmen und Personenhandelsgesellschaften (§ 5 Abs. 1 Satz 2 PublG), eingetragenen Genossenschaften (§ 336 Abs. 2 Satz 1 HGB), Kreditinstituten (§ 340 a Abs. 1 HGB) und Versicherungsunternehmen (§ 341 a Abs. 1 HGB) erstellt werden.

**Abb. 191** zeigt eine mögliche Alternative zur Gestaltung des Anlagespiegels mit Hilfe eines neunspaltigen Schemas.[946] Hierbei werden nach Angabe der gesamten (historischen) Anschaffungs- bzw. Herstellungskosten, die sich auf das zu Beginn des Geschäftsjahrs vorhandene Anlagevermögen beziehen, zunächst die **Zu- und Abgänge** als wertmäßige Änderungen angeführt. Anschließend folgen die **Umbuchungen**, die Informationen über erfolgsneutrale Umgruppierungen innerhalb des Anlagevermögens vermitteln. Letztlich werden die **Zu- und Abschreibungen** als wertmäßige Variationen der einzelnen Posten des Anlagevermögens dargelegt. Zudem sind die Abschreibungen des Geschäftsjahres, die gemäß § 268 Abs. 2 Satz 3 HGB auch alternativ im Anhang in einer der Gliederung des Anlagevermögens entsprechenden Aufgliederung angegeben werden können, mit in den Anlagespiegel aufgenommen worden. Weiterhin wurde auch der Angabepflicht von § 265 Abs. 2 Satz 1 HGB durch die Aufnahme der Spalten (7) und (8) Genüge getan.

Von entscheidender Bedeutung ist, dass in den Spalten (2), (3), (4), (5) und (9) jeweils nur die **Veränderungen des Geschäftsjahres** erfasst werden. So fallen Zugänge grundsätzlich nur in dem Geschäftsjahr an, in dem das Anlagevermögen mengenmäßig erweitert wird. Die mengenmäßigen Erhöhungen sind mit den entsprechenden Anschaffungs- bzw. Herstellungskosten auszuweisen. Bei Abgängen handelt es sich um mengenmäßige Verringerungen des Anlagevermögens, die z. B. infolge von Verkäufen oder Vernichtung entstehen. Da der Anlagespiegel auf dem **Bruttoprinzip** fußt, müssen auch die Abgänge des Geschäftsjahres in Höhe der ehemals historischen Anschaffungs- bzw. Herstellungskosten gezeigt werden. Die zum Abgangszeitpunkt auf den ausscheidenden Vermögensgegenstand entfallenden (kumulierten) Abschreibungen sind deshalb aus der Abschreibungsspalte zu eliminieren. Folglich setzen sich die als Abgang auszuweisenden Anschaffungs- und Herstellungskosten aus dem Restbuchwert zuzüglich der kumulierten Abschreibungen und abzüglich ggf. in den Vorperioden erfolgter Zuschreibungen zusammen. Zudem ist zu berücksichtigen, dass wertlose Gegenstände, die tatsächlich nicht mehr genutzt werden (z. B. bei Zerstörung, Verschrottung), stets als **Abgang** zu behandeln sind, wenn der Vermögensgegenstand endgültig aus der **Verfügungsmacht** des Unternehmens ausgeschieden ist.[947] Im Gegensatz zu den Zu- und Abgängen informieren Umbuchungen über erfolgte **Ausweisänderungen** im Anlagevermögen (z. B. vom Posten »Geleistete Anzahlungen und Anlagen im Bau« zum Posten »Technische Anlagen und Maschinen«). Sie sind ebenfalls mit den gesamten (historischen) Anschaffungs- bzw. Herstellungskosten auszuweisen.

| (1) | (2) | (3) | (4) | (5) | (6) | (7) | (8) | (9) |
|---|---|---|---|---|---|---|---|---|
| Anschaffungs-/ Herstellungskosten 01.01. Gj. | Zu-gänge | Ab-gänge | Umbu-chungen | Zuschrei-bungen | Kumulierte Abschreibungen | 31.12. Gj. | 31.12. Vj. | Abschrei-bungen Gj. |
| (Aufgliederung nach den einzelnen Posten des Anlagevermögens und den Aufwendungen für die Ingangsetzung und Erweiterung des Geschäftsbetriebs) | | | | | | | | |

Abb. 191: Struktur des Anlagespiegels[948]

---

946 Die Abbildung wurde modifiziert übernommen von *ADS* 1997b, Anm. 45 zu § 268 HGB, S. 215 f. Vgl. zu weiteren Gestaltungsmöglichkeiten *ADS* 1997b, Anm. 43–68 zu § 268 HGB, S. 214–224; *Hoyos/Huber* 2006, Anm. 10–20 zu § 268 HGB, S. 889–893.

947 Vgl. *ADS* 1997b, Anm. 56 zu § 268 HGB, S. 219.

948 Gj. = Geschäftsjahr; Vj. = Vorjahr.

Deshalb müssen auch ggf. zwischenzeitlich angefallene Abschreibungen innerhalb des Anlagespiegels umgegliedert werden. Im Rahmen der Zuschreibungsspalte kommen die wertmäßigen Erhöhungen des Anlagevermögens **während** des Geschäftsjahres zum Ausweis. Demgegenüber müssen in der kumulierten Abschreibungsspalte alle wertmäßigen Verminderungen des Anlagevermögens angeführt werden, die vom Zeitpunkt der Aktivierung bis zum jeweiligen Abschlussstichtag angefallen sind (planmäßige, außerplanmäßige und steuerrechtlich zulässige Abschreibungen). Sofern die steuerrechtlichen Abschreibungen passivisch, d. h. im Rahmen des **Sonderpostens mit Rücklageanteil** nach § 281 Abs. 1 Satz 1 HGB ausgewiesen werden, sind im Anlagespiegel ausschließlich die **handelsrechtlichen Abschreibungen** zu zeigen.[949] Schließlich können in Spalte (9) die Abschreibungen des Geschäftsjahres zum Ausweis kommen. Nach h. M. sind hiermit alle in der Berichtsperiode vorgenommenen sowie in der Gewinn- und Verlustrechnung ausgewiesenen Abschreibungen gemeint.[950]

---

**Beispiel:**
Die XY-GmbH hat zu Beginn des Geschäftsjahres 2001 Maschinen und Betriebs- und Geschäftsausstattung zu Anschaffungskosten in Höhe von 800.000 € bzw. 1.200.000 € erworben. Die betriebsgewöhnliche Nutzungsdauer der Vermögensgegenstände, die linear abgeschrieben werden sollen, beträgt einheitlich 8 Jahre. Im Geschäftsjahr 2002 leistet das Unternehmen eine Anzahlung auf eine weitere Maschine in Höhe von 300.000 € (einschl. 20 % USt), die zu Beginn des Geschäftsjahres 2003 geliefert und mit Anschaffungskosten in Höhe von 600.000 € aktiviert wird.[951] Diese Maschine soll unter Zugrundelegung einer betriebsgewöhnlichen Nutzungsdauer von 6 Jahren ebenfalls linear abgeschrieben werden. Am 31. 12. des Geschäftsjahres 2004 stellt sich heraus, dass aufgrund des Ausfalls eines Spezialkunden diese Maschine voraussichtlich nicht mehr genutzt werden kann und eine außerplanmäßige Abschreibung in Höhe des Restbuchwerts von 400.000 € gemäß § 253 Abs. 2 Satz 3 2. HS HGB erforderlich wird. Wider Erwarten tritt aber zum Ende des Geschäftsjahres 2005 ein neuer ausländischer Kunde an das Unternehmen heran, wodurch die in Rede stehende Maschine wieder voll genutzt werden kann, so dass gemäß 280 Abs. 1 Satz 1 HGB eine Zuschreibung bis zu den fortgeführten Anschaffungskosten in Höhe von 300.000 € vorgenommen werden muss. Zum Ende des Geschäftsjahres 2006 werden die zu Beginn des Geschäftsjahres 2001 angeschafften Maschinen mit einem Veräußerungserlös von 360.000 € (einschließlich 20 % USt) verkauft. Die folgenden **Abb. 192** bis **Abb. 197** zeigen die Entwicklung des Anlagevermögens vom Geschäftsjahr 2001 bis zum Geschäftsjahr 2006 in Form des neunspaltigen Anlagespiegels. Dabei wurde unterstellt, dass die XY-GmbH zu den mittelgroßen Kapitalgesellschaften i. S. v. § 267 Abs. 2 HGB zählt.

---

949     Vgl. *ADS* 1997b, Anm. 64 zu § 268 HGB, S. 222.
950     Vgl. z. B. *ADS* 1997b, Anm. 68 zu § 268 HGB, S. 223 f.
951     Der entsprechende Buchungssatz lautet: Technische Anlagen und Maschinen (600.000 €) an Geleistete Anzahlungen (250.000 €) und Finanzkonto (350.000 €).

| Posten des Sachanlage-vermögens | Anschaf-fungs-kosten | Zu-gänge | Ab-gänge | Umbu-chun-gen | Zu-schrei-bungen | kumulierte Abschrei-bungen | 31.12. Gj. | 31.12. Vj. | Abschrei-bungen Gj. |
|---|---|---|---|---|---|---|---|---|---|
| Technische Anlagen und Maschinen | – | 800 | – | – | – | 100 | 700 | – | 100 |
| Betriebs- und Ge-schäftsaus-stattung | – | 1.200 | – | – | – | 150 | 1.050 | – | 150 |

Abb. 192: Anlagespiegel für das Geschäftsjahr 2001 in T €

| Posten des Sachanlage-vermögens | Anschaf-fungs-kosten | Zu-gänge | Ab-gänge | Umbu-chun-gen | Zu-schrei-bungen | kumulierte Abschrei-bungen | 31.12. Gj. | 31.12. Vj. | Abschrei-bungen Gj. |
|---|---|---|---|---|---|---|---|---|---|
| Technische Anlagen und Maschinen | 800 | – | – | – | – | 200 | 600 | 700 | 100 |
| Betriebs- und Ge-schäftsaus-stattung | 1.200 | – | – | – | – | 300 | 900 | 1.050 | 150 |
| Geleistete Anzahlun-gen | – | 250 | – | – | – | – | 250 | – | – |

Abb. 193: Anlagespiegel für das Geschäftsjahr 2002 in T €

| Posten des Sachanlage-vermögens | Anschaf-fungs-kosten | Zu-gänge | Ab-gänge | Umbu-chun-gen | Zu-schrei-bungen | kumulierte Abschrei-bungen | 31.12. Gj. | 31.12. Vj. | Abschrei-bungen Gj. |
|---|---|---|---|---|---|---|---|---|---|
| Technische Anlagen und Maschinen | 800 | 350 | – | + 250 | – | 400 | 1.000 | 600 | 200 |
| Betriebs- und Ge-schäftsaus-stattung | 1.200 | – | – | – | – | 450 | 750 | 900 | 150 |
| Geleistete Anzahlun-gen | 250 | – | – | – 250 | – | – | – | 250 | – |

Abb. 194: Anlagespiegel für das Geschäftsjahr 2003 in T €

| Posten des Sachanlage-vermögens | Anschaffungskosten | Zugänge | Abgänge | Umbuchungen | Zuschreibungen | kumulierte Abschreibungen | 31.12. Gj. | 31.12. Vj. | Abschreibungen Gj. |
|---|---|---|---|---|---|---|---|---|---|
| Technische Anlagen und Maschinen | 1.400 | – | – | – | – | 1.000 | 400 | 1.000 | 600 |
| Betriebs- und Geschäftsausstattung | 1.200 | – | – | – | – | 600 | 600 | 750 | 150 |

Abb. 195: Anlagespiegel für das Geschäftsjahr 2004 in T €

| Posten des Sachanlage-vermögens | Anschaffungskosten | Zugänge | Abgänge | Umbuchungen | Zuschreibungen | kumulierte Abschreibungen | 31.12. Gj. | 31.12. Vj. | Abschreibungen Gj. |
|---|---|---|---|---|---|---|---|---|---|
| Technische Anlagen und Maschinen | 1.400 | – | – | – | 300 | 1.100 | 600 | 400 | 100 |
| Betriebs- und Geschäftsausstattung | 1.200 | – | – | – | – | 750 | 450 | 600 | 150 |

Abb. 196: Anlagespiegel für das Geschäftsjahr 2005 in T €

| Posten des Sachanlage-vermögens | Anschaffungskosten | Zugänge | Abgänge | Umbuchungen | Zuschreibungen | kumulierte Abschreibungen | 31.12. Gj. | 31.12. Vj. | Abschreibungen Gj. |
|---|---|---|---|---|---|---|---|---|---|
| Technische Anlagen und Maschinen | 1.400 | – | 800 | – | – | 400 | 200 | 600 | 200 |
| Betriebs- und Geschäftsausstattung | 1.200 | – | – | – | – | 900 | 300 | 450 | 150 |

Abb. 197: Anlagespiegel für das Geschäftsjahr 2006 in T €

## c.    Beteiligungen und Anteile an verbundenen Unternehmen

### c.a    Ausweis und Bewertung

Beteiligungen werden von § 271 Abs. 1 Satz 1 HGB definiert als »... Anteile an anderen Unternehmen, die bestimmt sind, dem eigenen Geschäftsbetrieb durch Herstellung einer **dauernden Verbindung** zu jenen Unternehmen zu dienen«. Kapitalgesellschaften haben Beteiligungen gemäß § 266 Abs. 2 HGB unter dem Posten A. III. 3. im **Finanzanlagevermögen** auszuweisen. Im Zweifelsfall gelten als Beteiligungen Anteile an einer Kapitalgesellschaft, deren Nennbeträge **20 % des Nennkapitals** dieser Gesellschaft überschreiten (§ 271 Abs. 1 Satz 3 HGB). Die Berechnung des Grenzwerts ist unter Berücksichtigung von § 16 Abs. 2 und Abs. 4 AktG vorzunehmen (§ 271 Abs. 1 Satz 4 HGB), wobei aber die Mitgliedschaft an einer eingetragenen Genossenschaft nicht als Beteiligung im Sinne des Dritten Buches des Handelsgesetzbuches gilt (§ 271 Abs. 1 Satz 5 HGB). Sofern die Beteiligungsabsicht **widerlegt** wird, sind die Anteile unter dem Posten A. III. 5. »Wertpapiere des Anlagevermögens« (§ 266 Abs. 2 HGB) auszuweisen, wenn es sich um Wertpapiere handelt. Andernfalls kommt ein Ausweis unter einem gesonderten Posten des Finanzanlagevermögens in Betracht.[952]

Als Beteiligungen gelten nicht nur Anteile, die in Wertpapieren (z. B. Aktien) **verbrieft** sind (§ 271 Abs. 1 Satz 2 HGB). Darüber hinaus werden von § 271 Abs. 1 HGB auch Anteile in **unverbriefter Form** (z. B. GmbH-Anteile und Anteile an Personenhandelsgesellschaften) erfasst. Sofern i. S. v. § 271 Abs. 1 HGB ein Beteiligungsverhältnis vorliegt, können neben dem schon erwähnten separaten Ausweis des Postens »Beteiligungen« ggf. noch folgende Ausweisverpflichtungen im Jahresabschluss relevant werden.[953]

(1) **Aktivseite:**
- Ausleihungen[954] an Unternehmen, mit denen ein Beteiligungsverhältnis besteht (§ 266 Abs. 2 Posten A. III. 4. HGB);
- Forderungen gegen Unternehmen, mit denen ein Beteiligungsverhältnis besteht (§ 266 Abs. 2 Posten B. II. 3. HGB).

(2) **Passivseite:**
Verbindlichkeiten gegenüber Unternehmen, mit denen ein Beteiligungsverhältnis besteht (§ 266 Abs. 3 Posten C. 7. HGB).

(3) **Gewinn- und Verlustrechnung:**
Erträge aus Beteiligungen, davon aus verbundenen Unternehmen (§ 275 Abs. 2 Posten 9. bzw. Abs. 3 Posten 8. HGB).

(4) **Anhang:**
Laut § 285 Nr. 11 HGB sind neben Name und Sitz anderer Unternehmen, von denen die Kapitalgesellschaft mindestens 20 % der Anteile besitzt, ferner » ... die Höhe des Anteils am Kapital, das Eigenkapital und das Ergebnis des letzten Geschäftsjahrs dieser Unternehmen anzugeben, für das ein Jahresabschluss vorliegt ...«. Allerdings dürfen diese Angaben gemäß § 287 Satz 1 HGB auch **alternativ** durch eine gesonderte Aufstellung des Anteilbesitzes gemacht werden. Diese sog. **Beteiligungsliste**, auf deren gesonderte Aufstellung und den Ort ihrer Hinterlegung im Anhang hinzuweisen ist (§ 287 Satz 3 HGB), zählt mit zu den Bestandteilen des Anhangs (§ 287 Satz 2 HGB).

---

952 Die Vorschrift des § 271 Abs. 1 HGB ist auch für »kapitalistische« Personenhandelsgesellschaften (§ 264 a Abs. 1 HGB), publizitätspflichtige Einzelunternehmen und Personenhandelsgesellschaften (§ 5 Abs. 1 Satz 2 PublG), eingetragene Genossenschaften (§ 336 Abs. 2 Satz 1 HGB), Kreditinstitute (§ 340 a Abs. 1 HGB) und Versicherungsunternehmen (§ 341 a Abs. 1 HGB) maßgebend. Sofern auch andere (nicht publizitätspflichtige) Kaufleute den Posten »Beteiligungen« freiwillig im Jahresabschluss aufführen, haben auch sie die Regelungen des § 271 Abs. 1 HGB zu beachten. Vgl. *ADS* 1997b, Anm. 3 zu § 271 HGB, S. 272.

953 Vgl. *ADS* 1997b, Anm. 4 zu § 271 HGB, S. 272 f.

954 Im Gegensatz zu den unter dem Posten »Finanzanlagen« genannten Posten »Anteile ...« und »Wertpapiere ...« stellen »Ausleihungen ...« langfristige Finanzforderungen dar, die i. S. v. § 247 Abs. 2 HGB dazu bestimmt sind, dauernd dem Geschäftsbetrieb zu dienen (z. B. langfristige Darlehen, Hypotheken, Grund- und Rentenschulden).

Mit den angeführten separaten Ausweisvorschriften wird vom Gesetzgeber das Ziel verfolgt, den Adressaten des Jahresabschlusses unternehmerische **Verflechtungen** und **Abhängigkeitsverhältnisse** gesondert aufzuzeigen, die über die Absicht einer nachhaltigen Kapitalanlage gegen angemessene Verzinsung hinausgehen. Als **Indizien** für derartige Beteiligungsabsichten können z. B. personelle Verflechtungen, interdependente Produktionsprogramme, gemeinsame Forschungs- und Entwicklungsaktivitäten sowie gegenseitige Lieferungs- und Abnahmeverträge genannt werden, wobei das Ziel der unternehmerischen Einflussnahme **nicht** erfüllt zu sein braucht.[955]

Im Zusammenhang mit der Darstellung von Beteiligungen muss auf den gesonderten Ausweis des Postens A. III. 1. »**Anteile an verbundenen Unternehmen**« (§ 266 Abs. 2 HGB) eingegangen werden. Dieser Posten stellt einen **Spezialfall** des separaten Ausweises von Beteiligungen in der Jahresbilanz dar. Sofern die das Anlagevermögen kennzeichnende dauerhafte Besitzabsicht widerlegt wird, kommt ein Ausweis unter dem Posten B. III. 1. »**Anteile an verbundenen Unternehmen**« im Umlaufvermögen (§ 266 Abs. 2 HGB) in Betracht. Gemäß § 271 Abs. 2 HGB werden **verbundene Unternehmen** im Sinne des Dritten Buchs des Handelsgesetzbuches als solche Unternehmen definiert, die als **Mutter- oder Tochterunternehmen** nach § 290 HGB in einen **Konzernabschluss** einzubeziehen sind.[956] Sofern die Unternehmen unter der **einheitlichen Leitung** einer Kapitalgesellschaft als Mutterunternehmen mit Sitz im Inland stehen und dem Mutterunternehmen eine **Beteiligung** nach § 271 Abs. 1 HGB an dem oder den anderen unter der einheitlichen Leitung stehenden Unternehmen (Tochterunternehmen) gehört, wird nach § 290 Abs. 1 HGB die Verpflichtung zur Aufstellung eines Konzernabschlusses von den gesetzlichen Vertretern der Muttergesellschaft ausgelöst. Darüber hinaus besteht für das Mutterunternehmen stets die Verpflichtung zur Aufstellung eines Konzernabschlusses, wenn im Hinblick auf ein Tochterunternehmen ein in § 290 Abs. 2 Nr. 1 bis Nr. 3 HGB genanntes **konzernspezifisches Merkmal** vorliegt.[957] In **Abb. 198** ist der Begriff der verbundenen Unternehmen nach § 271 Abs. 2 HGB noch einmal zusammenfassend dargestellt.[958]

Im Einzelnen lassen sich folgende Ausweisregelungen im Jahresabschluss anführen, die alle an die Erfüllung des Tatbestands »verbundene Unternehmen« anknüpfen.[959]

(1) **Bilanz:**
- Anteile an verbundenen Unternehmen im Finanzanlagevermögen
  (§ 266 Abs. 2 Posten A. III. 1. HGB);
- Ausleihungen an verbundene Unternehmen im Finanzanlagevermögen
  (§ 266 Abs. 2 Posten A. III. 2. HGB);
- Forderungen gegen verbundene Unternehmen
  (§ 266 Abs. 2 Posten B. II. 2. HGB);
- Anteile an verbundenen Unternehmen im Umlaufvermögen
  (§ 266 Abs. 2 Posten B. III. 1. HGB);
- Verbindlichkeiten gegenüber verbundenen Unternehmen
  (§ 266 Abs. 3 Posten C. 6. HGB).

---

955  Vgl. *Coenenberg* 2005, S. 228.
956  Die in § 15 AktG verankerte abweichende Definition des Begriffs »verbundene Unternehmen« besitzt für die Erstellung des Jahresabschlusses von Kapitalgesellschaften, auch für Aktiengesellschaften, keine Relevanz. Vgl. *ADS* 1997b, Anm. 32 zu § 271 HGB, S. 283.
957  Aufgrund des Hinweises in § 5 Abs. 1 Satz 2 PublG besitzt die Definition des Begriffs »verbundene Unternehmen« in § 271 Abs. 2 HGB auch für publizitätspflichtige Einzelunternehmen und Personenhandelsgesellschaften Bedeutung. Vgl. hierzu *Hoyos/Gutike* 2006, Anm. 33–35 zu § 266 HGB, S. 937 f.
958  Die Abbildung wurde modifiziert übernommen von *Coenenberg* 2005, S. 230.
959  Vgl. *ADS* 1997b, Anm. 33 zu § 271 HGB, S. 284.

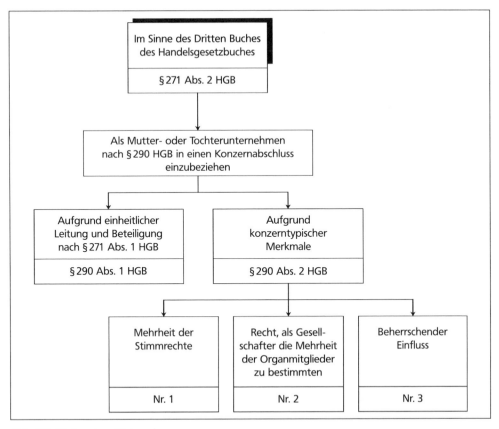

Abb. 198: Verbundene Unternehmen

**(2) Gewinn- und Verlustrechnung:**
- Erträge aus Beteiligungen, davon aus verbundenen Unternehmen
  (§ 275 Abs. 2 Posten 9. bzw. Abs. 3 Posten 8. HGB);
- Erträge aus anderen Wertpapieren und Ausleihungen des Finanzanlagevermögens, davon aus verbundenen Unternehmen
  (§ 275 Abs. 2 Posten 10. bzw. Abs. 3 Posten 9. HGB);
- Sonstige Zinsen und ähnliche Erträge, davon aus verbundenen Unternehmen
  (§ 275 Abs. 2 Posten 11. bzw. Abs. 3 Posten 10. HGB);
- Zinsen und ähnliche Aufwendungen, davon an verbundene Unternehmen
  (§ 275 Abs. 2 Posten 13. bzw. Abs. 3 Posten 12. HGB).

**(3) Angaben unter der Bilanz und/oder im Anhang:**[960]
- Angabe der Haftungsverhältnisse nach § 251 HGB gegenüber verbundenen Unternehmen unter der Bilanz oder im Anhang (§ 268 Abs. 7 2. HS HGB);
- Angabe der sonstigen finanziellen Verpflichtungen, davon gegenüber verbundenen Unternehmen (§ 285 Nr. 3 2. HS HGB).

---

960   Vgl. hierzu die Ausführungen im Dritten Teil zu Gliederungspunkt I.B.6.

**Abschreibungen** auf Beteiligungen oder Anteile an verbundenen Unternehmen gemäß § 253 Abs. 2 Satz 3 und Abs. 3 sowie § 254 i. V. m. § 279 HGB sind unter dem Posten Posten 12. (§ 275 Abs. 2 HGB) bzw. unter Posten 11. (§ 275 Abs. 3 HGB) »Abschreibungen auf Finanzanlagen und auf Wertpapiere des Umlaufvermögens« auszuweisen. Allerdings müssen derartige außerplanmäßige Abschreibungen gesondert ausgewiesen oder im Anhang angegeben werden (§ 277 Abs. 3 Satz 1 HGB). **Zuschreibungen** auf die genannten Gegenstände des Finanzanlagevermögens oder des Umlaufvermögens sind unter dem Posten Nr. 4 (§ 275 Abs. 2 HGB) bzw. Nr. 6 (§ 275 Abs. 3 HGB) »Sonstige betriebliche Erträge« auszuweisen.

---

**Beispiel:**

Die XY-AG beabsichtigt, zu einem wichtigen Zulieferunternehmen, der Z-AG, eine dauernde Verbindung durch den Erwerb einer Beteiligung i. S. v. § 271 Abs. 1 HGB aufzubauen. Zu diesem Zwecke erwirbt die XY-AG im Geschäftsjahr 2005 ein Aktienpaket der Z-AG von 3.000 Stück zum Kurswert von 85 € (Nennwert 50 €) pro Stück. Die Hausbank berechnet 3 % Nebenkosten auf den Kurswert, die sie der XY-AG für den Kauf in Rechnung stellt.

Buchungssatz:
(1) Beteiligungen            an      Verbindlichkeiten
                                     gegenüber Kreditinstituten         262.650 €.[961]

Zum 31. 12. des Geschäftsjahres 2005 ist der Kurswert der Aktien der Z-AG auf 75 € pro Stück gefallen. Die XY-AG nimmt deshalb eine außerplanmäßige Abschreibung gemäß § 253 Abs. 2 Satz 3 HGB i. V. m. § 279 Abs. 1 Satz 2 HGB vor.

Buchungssatz:
(2) Abschreibungen auf       an      Beteiligungen                      30.900 €.[962]
    Finanzanlagen

Kontenmäßige Darstellung:

| S | Beteiligungen | | H | | S | Verbindlichkeiten gegenüber Kreditinstituten | | H |
|---|---|---|---|---|---|---|---|---|
| | € | | € | | | € | | € |
| (1) | 262.650 | (2) | 30.900 | | SBK (EB) | | AB | |
| | | SBK (EB) | 231.750 | | | | (1) | 262.650 |
| | 262.650 | | 262.650 | | | | | |

---

961    262.650 € = 1,03 · 3.000 Stück · 85 €/Stück (inkl. 7.650 € Anschaffungsnebenkosten i. S. v. § 255 Abs. 1 Satz 2 HGB).
962    30.900 € = 1,03 · 3.000 Stück · (85 € – 75 €).

| S | Abschreibungen auf Finanzanlagen | | H |
|---|---|---|---|
| | € | | € |
| (2) | 30.900 | GuV (Saldo) | |

Die außerplanmäßigen Abschreibungen in Höhe von 30.900 € müssen gemäß § 277 Abs. 3 Satz 1 HGB in der Gewinn- und Verlustrechnung unter dem Posten »Abschreibungen auf Finanzanlagen und auf Wertpapiere« des Umlaufvermögens gesondert ausgewiesen oder im Anhang angegeben werden.

Zum 31. 12. des Geschäftsjahres 2006 ist der Kurswert der Aktien der Z-AG wieder auf 80 € gestiegen. Aufgrund der Verpflichtung zur Wertaufholung gemäß § 280 Abs. 1 HGB, die nicht mehr durch § 280 Abs. 2 HGB unterlaufen werden kann, muss die XY-AG eine Zuschreibung vornehmen.

Buchungssatz:
(1) Beteiligungen            an      Sonstige betriebliche Erträge            15.450 €[963].

Kontenmäßige Darstellung:

| S | Beteiligungen | | H |
|---|---|---|---|
| | € | | € |
| AB | 231.750 | SBK (EB) | 247.200 |
| (1) | 15.450 | | |
| | 247.200 | | 247.200 |

| S | Sonstige betriebliche Erträge | | H |
|---|---|---|---|
| | | € | € |
| GuV (Saldo) | | (1) | 15.450 |

### c.b    Erträge aus Beteiligungen sowie anrechenbare Kapitalertrag- und Körperschaftsteuer

Erträge aus Beteiligungen oder Anteilen an verbundenen Unternehmen sind grundsätzlich unter dem Posten 9. (§ 275 Abs. 2 HGB) bzw. Posten 8. (§ 275 Abs. 3 HGB) der Gewinn- und Verlustrechnung auszuweisen. Sofern die Erträge aber von Kapitalgesellschaften in Form von **Gewinnausschüttungen** stammen, müssen einige Besonderheiten beachtet werden. Die Erfassung der Netto-Dividenden, d. h. der Bardividenden abzüglich der Kapitalertragsteuer, ist grundsätzlich im Jahr des Ausschüttungsbeschlusses[964] vorzunehmen, da hierdurch ein Rechtsanspruch gegenüber der ausschüttenden Kapitalgesellschaft begründet wird (sog. phasengleiche Gewinnvereinnahmung).[965] Der entsprechende Buchungssatz zur Erfassung der Netto-Dividende lautet dann:

---

963  15.450 € = 1,03 · 3.000 Stück · (80 € – 75 €).
964  A. A. sind etwa *Falterbaum/Bolk/Reiß* 2003, S. 314 f., die ohne Begründung Nettoertrag, einzubehaltende Kapitalertragsteuer und anzurechnende Körperschaftsteuer zusammen bereits im Geschäftsjahr des Ausschüttungsbeschlusses als Ertrag erfassen wollen.
965  Allerdings kann nach h. M. die Forderung auf den Beteiligungsertrag unter bestimmten Voraussetzungen vorzeitig aktiviert werden, auch wenn der Anspruch zum Bilanzstichtag noch nicht entstanden ist, aber mit

| **Forderungen gegen**<br>**verbundene Unternehmen**<br>**bzw. Unternehmen, mit denen ein**<br>**Beteiligungsverhältnis besteht** | **an** | **Erträge aus Beteiligungen.** |
|---|---|---|

Der Prozentsatz der Ausschüttungen wird bei Kapitalgesellschaften in aller Regel auf das Nennkapital berechnet (z. B. 8 % Dividende auf das Grundkapital von 40 Mio. € = 3,2 Mio. €). Wie bereits dargelegt wurde, hat die ausschüttende Kapitalgesellschaft auf die abfließenden Gewinnanteile (Bardividende) 20 % **Kapitalertragsteuer** einzubehalten, die bei der beteiligten Kapitalgesellschaft im Rahmen der Körperschaftsteuerveranlagung angerechnet wird.[966] Im Gegensatz zum Anspruch auf die Netto-Dividende entstehen die Anrechnungsansprüche bezüglich der Kapitalertragsteuer, die als Forderungen (sonstige Vermögensgegenstände) zu erfassen ist, erst im Zeitpunkt der **tatsächlichen Ausschüttung**. Demnach ist nach erfolgter Ausschüttung wie nachstehend gezeigt zu buchen:

| **Guthaben bei**<br>**Kreditinstituten** | **an** | **Forderungen gegen verbundene**<br>**Unternehmen bzw. Forderungen**<br>**gegen Unternehmen, mit denen**<br>**ein Beteiligungsverhältnis besteht** |
|---|---|---|
| **Sonstige**<br>**Vermögensgegenstände** | **an** | **Erträge aus Beteiligungen.** |

Sofern der Ausschüttungsbeschluss und die Ausschüttung in der gleichen Periode erfolgen, wird im Ergebnis auf dem Konto »Erträge aus Beteiligungen« die **Brutto-Ausschüttung** (Bruttodividende) verbucht und damit auch in die Bemessungsgrundlage der Körperschaftsteuer der beteiligten Kapitalgesellschaft einbezogen. Das auf dem Konto »Sonstige Vermögensgegenstände« zunächst als Forderung erfasste Kapitalertragsteuerguthaben wird dann mit der festzusetzenden Körperschaftsteuer der Periode verrechnet. **Erträge aus anderen Wertpapieren** (§ 275 Abs. 2 Posten 10. bzw. Abs. 3 Posten 9. HGB), die durch im Anlage- oder Umlaufvermögen gehaltene Wertpapiere (§ 266 Abs. 2 Posten A. III. 5. bzw. Posten B. III. 1. HGB) ausgelöst werden, sind bei Kapitalgesellschaften analog zu den vorstehend aufgezeigten Regelungen bezüglich der Erträge aus Beteiligungen buchhalterisch zu erfassen.

---

**Beispiel:**

Die Hauptversammlung der angesprochenen Z-AG beschließt im Juli des Geschäftsjahrs 2006 für die Periode 2005 eine Ausschüttung von 7 % auf das Grundkapital, die im September 2006 erfolgen soll. Die Beteiligungserträge (Bardividende) der XY-AG betragen mithin 10.500 €[967]. Allerdings beläuft sich die Forderung gegenüber der Z-AG lediglich auf die Nettodividende von 8.400 € (10.500 € abzüglich 20 % Kapitalertragsteuer)[968].

---

Sicherheit entstehen wird. Vgl. hierzu *Ellrott/Krämer* 2006b, Anm. 120 f. zu § 268 HGB, S. 845 f. Entgegen langjähriger Rechtsprechung des *BFH* lehnt der *Große Senat des BFH* dagegen in einem Beschluss die phasengleiche Bilanzierung der Dividendenansprüche ab. Vgl. *BFH* 2000b. S. 636.

966  Vgl. hierzu die Ausführungen im Fünften Teil zu Gliederungspunkt II.A.
967  10.500 € = 0,07 · 3.000 Stück · 50 €/Stück.
968  8.400 € = 10.500 € – 2.100 €.

Die Anrechnungsansprüche bezüglich der Kapitalertragsteuer von 2.100 € werden auf dem Konto »Sonstige Vermögensgegenstände« im Zeitpunkt der Ausschüttung erfasst. Buchungen bei der XY-AG:

| | | | | |
|---|---|---|---|---|
| (1) Forderungen gegen Unternehmen, mit denen ein Beteiligungsverhältnis besteht | an | Erträge aus Beteiligungen | | 8.400 € |
| (2) Guthaben bei Kreditinstituten | an | Forderungen gegen Unternehmen, mit denen ein Beteiligungsverhältnis besteht | | 8.400 € |
| (3) Sonstige Vermögensgegenstände | an | Erträge aus Beteiligungen | | 2.100 €. |

Kontenmäßige Darstellung:

| S | Forderungen gegen Unternehmen, mit denen ein Beteiligungsverhältnis besteht | H | | S | Sonstige Vermögensgegenstände | H |
|---|---|---|---|---|---|---|
| | € | € | | | € | € |
| (1) | 8.400 | (2)  8.400 | | AB (3) | 2.100 | |

| S | Guthaben bei Kreditinstituten | H | | S | Erträge aus Beteiligungen | H |
|---|---|---|---|---|---|---|
| | € | € | | | € | € |
| AB (2) | 8.400 | | | GuV (Saldo) | (1)  8.400 (3)  2.100 | |

Sofern **Einzelunternehmen oder Personenhandelsgesellschaften** Beteiligungen an Kapitalgesellschaften im Betriebsvermögen halten, stellt sich die Frage, wie die Anrechnungsansprüche für die Kapitalertragsteuer buchhalterisch zu behandeln sind. Obwohl der in Rede stehende Anspruch grundsätzlich eine **Minderung der Einkommensteuer** des Einzelunternehmers bzw. der Gesellschafter bewirkt und damit in der **Privatsphäre** Anrechnung findet, gehört er bis zum Zeitpunkt seiner persönlichen Verwendung zum Betriebsvermögen (Gesamthandsvermögen) des Unternehmens.[969] Folglich muss deshalb der Kapitalertragsteueranrechnungsanspruch als **Entnahme** auf dem **Privatkonto** bzw. dem **Kapitalkonto II** erfasst werden, wobei in Personenhandelsgesellschaften eine Aufteilung nach Maßgabe des Beteiligungsverhältnisses auf die einzelnen Gesellschafter erfolgen muss. In Erweiterung der vorstehend dargestellten Buchungstechnik wäre im Zeitpunkt

---

969   Vgl. auch *Falterbaum/Bolk/Reiß* 2003, S. 321.

der Geltendmachung der persönlichen Anrechnungsansprüche gegenüber dem Finanzamt wie folgt zu buchen:[970]

| **Privatkonto bzw.** | **an** | **Sonstige Vermögens-** |
|---|---|---|
| **Kapitalkonto II** | | **gegenstände.** |

## d.  Eigenkapital

### d.a  Überblick über die Komponenten des Eigenkapitals

Das Eigenkapital setzt sich gemäß § 266 Abs. 3 A., § 268 Abs. 1 Satz 2 und § 272 Abs. 1 bis Abs. 3 HGB aus folgenden **Hauptkomponenten** zusammen:

- **Gezeichnetes Kapital,**
- **Kapitalrücklage,**
- **Gewinnrücklagen,**
- **Gewinnvortrag/Verlustvortrag,**
- **Jahresüberschuss/Jahresfehlbetrag.**

Als positiver Unterschiedsbetrag zwischen den Aktiv- und Schuldposten repräsentiert das Eigenkapital im Prinzip den in Geldeinheiten bewerteten Teil des Unternehmensvermögens, der den **Anteilseignern** der Kapitalgesellschaft zusteht. Aufgrund der **spezifischen Unternehmensverfassung** der GmbH und der AG können die Gesellschafter bzw. Aktionäre jedoch nur im Rahmen gesetzlicher Vorschriften, vertraglicher Vereinbarungen und/oder mehrheitlicher Beschlussfassungen über das Eigenkapital verfügen. Die vorstehend gezeigte Aufspaltung des Eigenkapitals in die fünf Elementarkomponenten stellt mithin einen Ausfluss dieser Spezialregelungen dar. **Abb. 199** zeigt unter Berücksichtigung der für Kapitalgesellschaften (GmbH, AG) geltenden Vorschriften **sämtliche Komponenten** des Eigenkapitals, die nachfolgend im Detail dargestellt und analysiert werden.[971]

Sofern aber die Schuldposten die Aktivposten übersteigen, liegt eine **Überschuldungssituation** des Unternehmens vor, die dadurch gekennzeichnet ist, dass durch Verluste das Eigenkapital vollständig aufgezehrt wurde und darüber hinaus das Vermögen nicht mehr ausreicht, die Ansprüche der Gläubiger zu befriedigen. Bei dieser Konstellation trägt das Eigenkapital negativen Charakter und muss unter der Bezeichnung »**Nicht durch Eigenkapital gedeckter Fehlbetrag**« als letzter Posten auf der Aktivseite der Bilanz ausgewiesen werden (§ 268 Abs. 3 HGB). Bei Einzelunternehmen haftet der Eigner über sein eingelegtes Eigenkapital hinaus mit seinem **Privatvermögen** für die Verbindlichkeiten seines Unternehmens. Ähnliches gilt für die unbeschränkt haftenden **natürlichen Personen** von Handelsgesellschaften (§ 128 i. V. m. § 161 Abs. 2 HGB). Aufgrund der unbeschränkten Haftung des genannten Personenkreises gegenüber den Gläubigern führt die Überschuldung bei diesen Rechtsformen **nicht zur Insolvenz** des Unternehmens. Demgegenüber zieht die Überschuldung bei juristischen Personen (z. B. GmbH und AG) und bei Personenhandelsgesellschaften (OHG, KG), die ausschließlich juristische Personen als persönlich haftende Gesellschafter aufweisen, die **Insolvenz** nach sich (§ 19 InsO; § 92 Abs. 2 Satz 2 AktG; § 64 Abs. 1 GmbHG; § 130 a Abs. 1 Satz 1, § 177 a Satz 1 HGB). Diese Regelung basiert

---

970  Vgl. hierzu die Ausführungen im Vierten Teil zu Gliederungspunkt II.A.
971  Die Abbildung wurde modifiziert übernommen von *Coenenberg* 2005, S. 287.

| Aktivseite | Passivseite |
|---|---|
| A.  Ausstehende Einlagen auf das gezeichnete Kapital, davon eingefordert (§ 272 Abs. 1 Satz 2 HGB) <br><br> • <br> • <br><br> B.  Umlaufvermögen <br>  • <br>  • <br><br>  II.  Forderungen und sonstige Vermögensgegenstände: <br>  • <br>  • <br><br>    4.  Eingeforderte ausstehende Einlagen auf das gezeichnete Kapital (§ 272 Abs. 1 Satz 3 HGB) <br>      oder <br>      Eingeforderte Nachschüsse von Gesellschaftern einer GmbH (§ 42 Abs. 2 GmbHG) <br><br>  III.  Wertpapiere <br>  • <br>  • <br><br>    2.  Eigene Anteile <br> • <br> • <br> E.  Nicht durch Eigenkapital gedeckter Fehlbetrag (§ 268 Abs. 3 HGB) | A.  Eigenkapital: <br>  I.  Gezeichnetes Kapital (§ 272 Abs. 1 HGB i. V. m. § 152 Abs. 1 AktG, § 42 Abs. 1 GmbHG) <br>  II.  Kapitalrücklage (§ 272 Abs. 2 HGB i. V. m. § 152 Abs. 2 AktG) <br>    1.  Eingefordertes Nachschusskapital bei der GmbH (§ 42 Abs. 2 Satz 3 GmbHG) <br>  III.  Gewinnrücklagen: (§ 272 Abs. 3 und Abs. 4 i. V. m. § 266 Abs. 3 HGB) <br>    1.  Gesetzliche Rücklage (§ 150 AktG) <br>    2.  Rücklage für eigene Anteile (§ 272 Abs. 4 HGB) <br>    3.  Satzungsmäßige Rücklagen <br>    4.  Andere Gewinnrücklagen <br>  IV.  Gewinnvortrag/Verlustvortrag (§ 266 Abs. 3 HGB) <br>  V.  Jahresüberschuss/Jahresfehlbetrag (§ 266 Abs. 3 HGB) <br>  VI.  Bilanzgewinn/Bilanzverlust, davon Ergebnisvortrag gemäß § 268 Abs. 1 HGB (als Alternative zu den Posten des Eigenkapitals A. IV. und A. V.) <br> B.  Sonderposten mit Rücklageanteil (§ 273 i. V. m. § 247 Abs. 3 HGB) |

Abb. 199: Komponenten des Eigenkapitals

auf der lediglich beschränkten Haftung der Anteilseigner. Im Überschuldungsfall sollen zumindest die Ansprüche der Gläubiger partiell gesichert werden, wenn schon mehr als das Eigenkapital verloren ist. Zum Zwecke des **Anteilseignerschutzes** obliegt dem Vorstand einer AG darüber hinaus die Verpflichtung, unverzüglich die Hauptversammlung einzuberufen und zu informieren, wenn sich bei Aufstellung der Jahresbilanz oder einer Zwischenbilanz ergibt oder bei pflichtmäßigem Ermessen anzunehmen ist, dass ein **Verlust** besteht, der mindestens **50 % des Grundkapitals** beträgt (§ 92 Abs. 1 AktG). Ähnliches gilt für die GmbH, wenn mindestens die Hälfte des Stammkapitals verloren ist (§ 49 Abs. 3 GmbHG).

### d.b    Gezeichnetes Kapital

### (a)    Allgemeines

Die **AG** hat gemäß § 1 Abs. 2 AktG ein in Aktien zerlegtes **Grundkapital**, das laut § 152 Abs. 1 Satz 1 AktG als gezeichnetes Kapital in der Bilanz auszuweisen ist. Das gesamte Grundkapital muss auf einen Mindestnennbetrag von **50.000 €** lauten (§ 7 AktG). Der Mindestnennbetrag der einzelnen Aktie beträgt hingegen **1 €** (§ 8 Abs. 2 Satz 1 AktG). Sofern höhere Aktiennennbeträge ausgegeben werden, müssen sie **auf volle €** lauten (§ 8 Abs. 2

Satz 4 AktG). Der Gesamtbetrag der Aktien muss mit dem Grundkapital übereinstimmen. Die **GmbH** hat hingegen ein in Stammeinlagen zerlegtes **Stammkapital**, das in der Bilanz ebenfalls als gezeichnetes Kapital auszuweisen ist (§ 42 Abs. 1 GmbHG). Gemäß § 5 Abs. 1 GmbHG muss das Stammkapital mindestens **25.000 €** betragen.[972] Allerdings kann der Betrag der Stammeinlage für die einzelnen Gesellschafter verschieden bestimmt werden, wobei er aber in € durch fünfzig teilbar sein muss (§ 5 Abs. 3 Satz 1 und 2 GmbHG). Der Gesamtbetrag der Stammeinlagen hat dem Stammkapital zu entsprechen (§ 5 Abs. 3 Satz 3 GmbHG).

In der **Satzung** bzw. im **Gesellschaftsvertrag** ist der Betrag des gezeichneten Kapitals (Grund- bzw. Stammkapital) festgelegt (§ 23 Abs. 3 Nr. 3 AktG; § 3 Abs. 1 Nr. 3 GmbHG). Variationen sind nur unter Berücksichtigung der Normen über die **Kapitalerhöhung** und **Kapitalherabsetzung** möglich (§ 182 bis § 240 AktG; § 55 bis § 59 GmbHG). Zum Zwecke der **Kapitalsicherung** dürfen bei der AG den Aktionären die geleisteten Einlagen auf das Grundkapital (§ 57 Abs. 1 Satz 1 AktG) und bei der GmbH den Gesellschaftern das zur Erhaltung des Stammkapitals erforderliche Unternehmensvermögen (§ 30 Abs. 1 GmbHG) nicht vor Auflösung der Gesellschaft zurückgewährt bzw. ausgezahlt werden. Ferner wird in § 272 Abs. 1 Satz 1 HGB das gezeichnete Kapital als das Kapital definiert, »… auf das die Haftung der Gesellschafter für Verbindlichkeiten der Kapitalgesellschaft gegenüber den Gläubigern beschränkt ist«. Diese misslungene gesetzliche Formulierung lässt aber unberücksichtigt, dass die Anteilseigner einer Kapitalgesellschaft gegenüber den Gläubigern des Unternehmens grundsätzlich nicht persönlich haften, sondern gemäß § 1 Abs. 1 Satz 2 AktG und § 13 Abs. 2 GmbHG nur das Gesellschaftsvermögen als Haftungspotenzial den Gläubigern zur Verfügung steht.[973] Sofern Aktionäre bzw. Gesellschafter ihren vertraglich festgelegten Einlageverpflichtungen (noch) nicht nachgekommen sind und die ausstehenden Einlagen auf das gezeichnete Kapital von der Unternehmensleitung bereits eingefordert wurden, besteht lediglich ein einklagbarer Anspruch der Gesellschaft gegenüber dem (den) betreffenden Anteilseigner(n) (§ 63 bis 66 AktG; § 19 bis § 28 GmbHG).

In aller Regel bestimmt sich der bilanzielle Ausweis des gezeichneten Kapitals nach Maßgabe der Höhe der am jeweiligen Abschluss-Stichtag gültigen **Handelsregistereintragung** des Grund- oder Stammkapitals (§ 39 Abs. 1 Satz 1 AktG; § 10 Abs. 1 Satz 1 GmbHG). Das gezeichnete Kapital ist dann zum **Nennbetrag** zu bewerten (§ 283 HGB), der dem **Nennwert des Grund- bzw. des Stammkapitals** entspricht, das wiederum aus den in der Satzung bzw. im Gesellschaftsvertrag niedergelegten Bestimmungen entnommen werden kann. Laut § 9 Abs. 2 AktG ist aber die Ausgabe von Aktien zu einem höheren Betrag als dem Nennwert möglich. Die Differenz zwischen dem höheren Betrag und dem Nennwert (Agio) ist jedoch in die **Kapitalrücklage** einzustellen (§ 272 Abs. 2 Nr. 1 HGB), wodurch das Grundkapital auch in diesem Fall zum Nennwert ausgewiesen wird. Folglich stellt § 283 HGB klar, dass bei Kapitalgesellschaften ein Ansatz des gezeichneten Kapitals mit einem **unter dem Nennwert** liegenden Betrag nicht zulässig ist und damit Jahresfehlbeträge nicht zu einer Minderung des Grund- oder Stammkapitals führen, sondern gesondert auszuweisen sind (§ 266 Abs. 3 Posten A.V. HGB). Folglich wird eine automatische Verlustdeckung, die zu Lasten des gezeichneten Kapitals geht, verhindert. Diese Bewertungsvorschrift vermeidet im Grundsatz den Abfluss ausschüttbarer Ergebnisse zu Lasten des Grund- oder

---

972  Allerdings plant die Bundesregierung, den Mindestbetrag des Stammkapitals auf 10.000 € zu senken, vgl. *MoMiG-RefE* 2006.

973  Vgl. *ADS* 1997b, Anm. 10 zu § 272 HGB, S. 315.

Stammkapitals. Sie trägt somit ebenfalls zu einer **Erhaltung des Kapitals** bei, das vor Auflösung der Gesellschaft ohne vorangehende Kapitalherabsetzung nicht ʹan die Anteilseigner verteilt werden darf.[974]

> **Beispiel:**
> Eine Kapitalgesellschaft weist am 01.01. des Geschäftsjahres 2005 ein gezeichnetes Kapital in Höhe von 400.000 € (Nennbetrag) und am 31.12. des Geschäftsjahres 2005 einen Jahresfehlbetrag in Höhe von 100.000 € auf. Für das Geschäftsjahr 2006 liegt hingegen ein Jahresüberschuss von 150.000 € vor. Eine Kapitalherabsetzung oder -erhöhung wird in den beiden Perioden nicht vorgenommen. **Abb. 200** zeigt die Wirkungen einer Bewertung des gezeichneten Kapitals zum Nennwert und unter Nennwert auf die Höhe der ausschüttbaren Ergebnisse in beiden Geschäftsjahren.

| Komponenten des Jahresabschlusses | Bewertung zum Nennwert (zulässig) | Bewertung unter Nennwert (unzulässig) |
|---|---|---|
| Gezeichnetes Kapital 01.01.2005 | 400.000 € | 400.000 € |
| – Jahresfehlbetrag 2005 | – 100.000 € | – 100.000 € |
| Gezeichnetes Kapital 31.12.2005 | 400.000 € | 300.000 € |
| Bilanzverlust 2005 | – 100.000 € | 0 € |
| Gezeichnetes Kapital 01.01.2006 | 400.000 € | 300.000 € |
| Jahresüberschuss 2006 | 150.000 € | 150.000 € |
| – Verlustvortrag 2005 | – 100.000 € | – 0 € |
| = Bilanzgewinn 2006 | = 50.000 € | = 150.000 € |
| Gezeichnetes Kapital 31.12.2006 | 400.000 € | 300.000 € |
| Abfluss des gezeichneten Kapitals an die Anteilseigner | 0 € | 100.000 € |

Abb. 200: Alternativen zur Bewertung des gezeichneten Kapitals

**(b)     Besondere Vermerk- und Angabepflichten für Aktiengesellschaften**

Das Aktiengesetz sieht für das Grundkapital als gezeichnetes Kapital spezifische **Vermerk- und Angabepflichten** vor. So bestimmt § 152 Abs. 1 Satz 2 AktG zunächst, dass die Gesamtnennbeträge der Aktien jeder Gattung gesondert anzugeben sind. Gemäß § 11 Satz 1 AktG können Aktien verschiedene Rechte gewähren, insbesondere bei der Verteilung des Gewinns und des Gesellschaftsvermögens. § 12 Abs. 1 AktG nennt explizit zwei Aktiengat-

---

974   Vgl. *ADS* 1997b, Anm. 1 und Anm. 8 zu § 283 HGB, S. 671 und S. 673 f.

tungen, die unterschiedliche Rechte gewähren und für Zwecke des Bilanzausweises je Gattung zu einem Gesamtnennbetrag zusammenzufassen sind.

- **Aktien mit Stimmrecht (Stammaktien)** (§ 12 Abs. 1 Satz 1 AktG);
- **Vorzugsaktien ohne Stimmrecht** (§ 12 Abs. 1 Satz 2 AktG).

Im Gegensatz zu den Stammaktien ist bezüglich der zweiten Aktiengattung zwar das Stimmrecht in der Hauptversammlung ausgeschlossen, dafür werden sie aber bei der Gewinnausschüttung bevorzugt behandelt. Darüber hinaus können aber auch als **besondere Aktiengattung** Vorzugsaktien mit Stimmrecht geschaffen werden, die vor allem einen Vorteil bei der Verteilung des Abwicklungserlöses (§ 271 Abs. 2 AktG) oder des Gewinns (§ 60 AktG) gewähren. Aktien, die ein **Mehrstimmrecht** einräumen, sind nach § 12 Abs. 2 Satz 1 AktG grundsätzlich unzulässig. Allerdings wird **keine Gattungsverschiedenheit** begründet bei Inhaber- und (vinkulierten) Namensaktien (§ 10 Abs. 1 AktG), durch eine Verschiedenheit des Nenn- oder des Ausgabebetrages (§ 9 Abs. 2 AktG), durch Unterschiede in der Einlageart (Sach- oder Bareinlage) (§ 27 AktG) oder durch Verschiedenheit in der Höhe der auf die Aktien geleisteten Einzahlungen (§ 36 a AktG).

Darüber hinaus bestimmt § 152 Abs. 1 Satz 3 AktG, dass **bedingtes Kapital** zu vermerken ist. Eine bedingte Kapitalerhöhung (§ 192 bis § 201 AktG) liegt dann vor, wenn die Hauptversammlung eine Erhöhung des Grundkapitals beschließt, die aber nur soweit durchgeführt werden soll, wie von dem seitens der Gesellschaft auf die neuen Aktien (Bezugsaktien) eingeräumten Umtausch- oder Bezugsrecht Gebrauch gemacht wird (§ 192 Abs. 1 AktG). Nach Eintragung der Beschlussfassung in das Handelsregister (§ 196 AktG) und Ausgabe der Bezugsaktien erhöht sich das gezeichnete Kapital (§ 200 AktG) und vermindert sich das vermerkte bedingte Kapital jeweils um den Nennbetrag der ausgegebenen Aktien.

Die Darstellungsart des gattungsbezogenen Aktienausweises im Rahmen des Postens »Gezeichnetes Kapital« ist aber im Einzelnen nicht vorgeschrieben. Unter Berücksichtigung der Vermerkpflicht des bedingten Kapitals wird im Schrifttum z. B. der in **Abb. 201** gezeigte Ausweis vorgeschlagen.[975] Die jeweiligen Angaben können aus der Satzung entnommen werden, in der gemäß § 23 Abs. 3 Nr. 4 AktG Zahl und Nennbetrag der Aktien, ggf. getrennt nach einzelnen Gattungen, aufzuführen sind.

Sofern sich die Zahl und der Nennbetrag der Aktien jeder Gattung nicht aus der Bilanz ergeben, sind hierüber Angaben im **Anhang** zu machen (§ 160 Abs. 1 Nr. 3 1. HS AktG). Weiterhin werden gesonderte Anhangangaben erforderlich über Aktien, die bei einer **bedingten Kapitalerhöhung** oder einem **genehmigten Kapital** (§ 202 bis § 206 AktG) im Geschäftsjahr gezeichnet wurden (§ 160 Abs. 1 Nr. 3 2. HS AktG). Es handelt sich in diesem Zusammenhang um weitergehende Angaben über Zahl und Nennbetrag der neuen Aktien, ggf. gesondert für jede Aktiengattung. Da der Betrag des genehmigten Kapitals im Gegensatz zum **bedingten Kapital** nicht aus der Bilanz entnommen werden kann, müssen laut § 160 Abs. 1 Nr. 4 AktG auch Angaben im Anhang über den Nennbetrag des genehmigten Kapitals gemacht werden, um der den der Vorstand das Grundkapital aufgrund einer Satzungsermächtigung durch Ausgabe neuer Aktien innerhalb von höchstens fünf Jahren gegen Einlagen erhöhen darf (§ 202 Abs. 1 AktG). Außerdem ist nach h. M. auch über den **Inhalt des Ermächtigungsbeschlusses** mit den Bedingungen für die Aktienausgabe zu berichten. Sofern die Ausgabe der Aktien im Geschäftsjahr erfolgt ist, müssen im Anhang ebenfalls

---

975    Vgl. z. B. *ADS* 1997a, Anm. 16 zu § 152 AktG, S. 254.

| | | 31.12.2005 | 31.12.2006 |
| --- | --- | --- | --- |
| | | € | € |
| **A. Eigenkapital** | | | |
| I. | Gezeichnetes Kapital | | |
| | 1. Stammaktien | | |
| | (… Stimmen) | Nennbetrag | Nennbetrag |
| | 2. Vorzugsaktien ohne Stimmrecht | | |
| | (… Stimmen) | Nennbetrag | Nennbetrag |
| | 3. Vorzugsaktien mit Stimmrecht | | |
| | (… Stimmen) | Nennbetrag | Nennbetrag |
| | | Σ Nennbeträge | Σ Nennbeträge |
| | Bedingtes Kapital | | (Nennbetrag) |

Abb. 201: Ausweisalternative für das Grundkapital

die näheren **Bedingungen der Emission** dargelegt werden (z. B. Anlass für die Ausgabe, der Zeitpunkt, Ausgabe gegen Bar- oder Sacheinlagen, Angaben zum Bezugsrecht).[976] Der Betrag, um den das Grundkapital um das genehmigte Kapital im Geschäftsjahr erhöht wurde, lässt sich aus den Anhangsangaben gemäß § 160 Abs. 1 Nr. 3 2. HS AktG entnehmen.

### (c)    Ausstehende Einlagen und Nachschüsse

Für den Ausweis ausstehender Einlagen auf das gezeichnete Kapital stellt das Handelsgesetzbuch der Kapitalgesellschaft **zwei grundlegende Alternativen** zur Verfügung. So besteht zunächst die Möglichkeit, die ausstehenden Einlagen als **gesonderten Posten** zum gezeichneten Kapital auf der Aktivseite vor dem Anlagevermögen auszuweisen und zu bezeichnen **(Bruttoausweis)**. Der Betrag der ausstehenden Einlagen, der bereits von der Gesellschaft eingefordert, aber von den Zeichnern der Anteile noch nicht geleistet wurde, muss dann als sog. »**Davon-Vermerk**« separat zum Ausweis kommen (§ 272 Abs. 1 Satz 2 2. HS HGB). Anstelle des »Davon-Vermerks« kann aber auch der eingeforderte und der nicht eingeforderte Teil der ausstehenden Einlagen auf das gezeichnete Kapital getrennt ausgewiesen werden.[977] Sofern sich die ausstehenden Einlagen ausschließlich auf nicht eingeforderte Beträge beziehen, handelt es sich lediglich um einen **Korrekturposten** zum gezeichneten Kapital. Der in Rede stehende Bilanzposten trägt aber dann vollständig oder teilweise den Charakter eines **Vermögenswerts**, wenn die ausstehenden Einlagen von der Gesellschaft eingefordert wurden. In diesem Fall muss auf die für **Forderungen** maßgebenden Bilanzierungs- und Bewertungsvorschriften zurückgegriffen werden.

Demgegenüber können aber auch die nicht eingeforderten ausstehenden Einlagen von dem Posten »Gezeichnetes Kapital« offen auf der Passivseite abgesetzt werden (§ 272 Abs. 1 Satz 3 1. HS HGB). Bei Anwendung dieses **Nettoausweises** »… ist der verbleibende Betrag als Posten ›Eingefordertes Kapital‹ in der Hauptspalte der Passivseite auszuweisen und ist

---

976  Vgl. *ADS* 1997a, Anm. 50 zu § 160 AktG, S. 285; *Ellrott* 2006c, Anm. 74 zu § 284 HGB, S. 1205 f.
977  Vgl. etwa *Küting/Kessler/Hayn* 2003, Anm. 35 zu § 272 HGB, S. 21.

außerdem der eingeforderte, aber noch nicht eingezahlte Betrag unter den Forderungen gesondert auszuweisen und entsprechend zu bezeichnen« (§ 272 Abs. 1 Satz 3 2. HS HGB). Es ist offensichtlich, dass die Methode des Bruttoausweises im Vergleich zu der des Nettoausweises unter sonst gleichen Bedingungen zu einer **Verlängerung der Bilanzsumme** führt.

---

**Beispiel:**

Die XY-AG weist ein gezeichnetes Kapital von 250.000 € auf, von dem 200.000 € bereits eingezahlt wurden. Die ausstehenden Einlagen in Höhe von 50.000 € sind bereits zu 80 % von der Gesellschaft eingefordert worden. Die folgenden **Abb. 202** und **Abb. 203** zeigen die beiden Ausweismöglichkeiten nach § 272 Abs. 1 Satz 2 und 3 HGB für die Bilanz der XY-AG.

| Aktiva | Bilanz XY-AG | | Passiva |
|---|---|---|---|
| | T € | | T € |
| Variante 1: | | | |
| A.  Ausstehende Einlagen | A.  Eigenkapital | | |
| auf das gezeichnete Kapital | 50 | | |
| – Davon eingefordert (40) | | I.  Gezeichnetes Kapital | 250 |
| | | | |
| Variante 2: | | | |
| A.  Ausstehende Einlagen | | | |
| auf das gezeichnete Kapital | | | |
| – eingefordert    40 | | | |
| – nicht eingefordert   10 | 50 | | |

Abb. 202: Bruttoausweis gemäß § 272 Abs. 1 Satz 2 HGB

| Aktiva | Bilanz XY-AG | | Passiva |
|---|---|---|---|
| | T € | | T € |
| • | A.  Eigenkapital | | |
| • | | | |
| • | I.  Gezeichnetes | | |
| B.  Umlaufvermögen | Kapital | | 250 |
| • | – Nicht eingeforderte | | |
| • | ausstehende Einlagen | | 10 |
| • | = Eingefordertes | | |
| II.  Forderungen und | Kapital | | 240 |
| sonstige Vermögens- | | | |
| gegenstände | | | |
| • | | | |
| • | | | |
| • | | | |
| 4.  Eingefordertes, | | | |
| noch nicht ein- | | | |
| gezahltes Kapital | 40 | | |

Abb. 203: Nettoausweis gemäß § 272 Abs. 1 Satz 3 HGB

Allerdings existiert bei der AG im Hinblick auf die Ausgabe von Aktien vor ihrer Einzahlung eine wichtige **Schutzvorschrift**. So müssen Anteile stets auf den Namen lauten (d. h. **Namensaktien** sein), »... wenn sie vor der vollen Leistung des Nennbetrags oder des höheren Ausgabebetrags ausgegeben werden« (§ 10 Abs. 2 Satz 1 AktG). Hierdurch wird sichergestellt, dass aufgrund der Eintragung im Aktienbuch (§ 67 Abs. 1 AktG) stets nachzuvollziehen ist, wer noch ausstehende Einlagen zu erbringen hat. Folglich können ausstehende Einlagen bei der AG nur für die Ausgabe von Namens-, nicht aber für die von Inhaberaktien (§ 10 Abs. 1 AktG) auftreten. Wenn Aktionäre den von der Gesellschaft eingeforderten Betrag nicht rechtzeitig einzahlen, müssen sie ihn mit 5 % **verzinsen** (§ 63 Abs. 2 Satz 1 AktG). Darüber hinaus können **Schadensersatzansprüche** (§ 63 Abs. 2 Satz 2 AktG) und in der Satzung festgelegte **Vertragsstrafen** (§ 63 Abs. 3 AktG) relevant werden.

Ferner ist bei der AG zu beachten, dass laut § 36 a Abs. 1 AktG im Falle von **Bareinlagen** der eingeforderte Betrag mindestens 25 % des Nennwerts der Aktien umfassen muss. Sofern die Aktien zu einem höheren Wert als den Nennbetrag ausgegeben werden (§ 9 Abs. 2 AktG), muss der eingeforderte Betrag auch den Mehrbetrag (Agio) enthalten. Andernfalls kann im Rahmen der Gründung oder einer späteren Kapitalerhöhung (§ 188 Abs. 2 Satz 1 AktG) keine Anmeldung zur Eintragung in das Handelsregister erfolgen (§ 36 Abs. 2 AktG). Die übrigen Beträge werden vom Vorstand nach **pflichtmäßigem Ermessen eingefordert** (§ 63 Abs. 1 Satz 1 AktG). Gemäß § 272 Abs. 2 Nr. 1 HGB ist das in Rede stehende Agio als **Kapitalrücklage** auszuweisen (§ 266 Abs. 3 Posten A. II. HGB). Sofern die Aktionäre verpflichtet sind, **Sacheinlagen** zu leisten (§ 27 AktG), ist zu berücksichtigen, dass diese stets **vollständig** zu erbringen sind (§ 36 a Abs. 2 Satz 1 AktG). In der Satzung muss u. a. der Gegenstand der Sacheinlage (z. B. Grundstücke, Gebäude, Maschinen, Forderungen, Wertpapiere) und der **Nennbetrag** der bei der Sacheinlage zu gewährenden Aktien festgelegt werden (§ 27 Abs. 1 Satz 1 AktG). Der Wert der Sacheinlage hat dabei **mindestens** den Nennbetrag der für sie emittierten Aktien zu erreichen. Ansonsten handelt es sich um eine **verbotene Unterpariausgabe** gemäß § 9 Abs. 1 AktG. Liegt der Wert der Sacheinlage über dem Nennbetrag der ausgegebenen Aktien, so ist der Unterschiedsbetrag (Agio) ebenfalls in die **Kapitalrücklage** einzustellen, da die AG ansonsten bereits bei ihrer Gründung **stille Reserven** bilden könnte.

Die Aufbringung der **Stammeinlagen** bei der **GmbH** wird ebenfalls durch bestimmte Schutzvorschriften (§ 19 und § 24 GmbHG) sichergestellt. Ferner darf die Anmeldung zur Eintragung in das Handelsregister erst dann erfolgen, wenn auf jede in Geld aufzubringende Stammeinlage **mindestens 25 %** des im Gesellschaftsvertrag festgelegten Einlagebetrages (§ 3 Abs. 1 Nr. 4 GmbHG) eingezahlt wurde (§ 7 Abs. 2 Satz 1 GmbHG). **Sacheinlagen** müssen bereits vor der Anmeldung der Gesellschaft dergestalt bewirkt werden, dass die Geschäftsführer der GmbH über sie frei verfügen können (§ 7 Abs. 3 GmbHG). Der Gegenstand der Sacheinlage und der Betrag der Stammeinlage, auf die sich die Sacheinlage bezieht, müssen im Gesellschaftsvertrag festgelegt werden (§ 5 Abs. 4 Satz 1 GmbHG). Sofern der Wert einer Sacheinlage nicht den Betrag der dafür übernommenen Sacheinlage erreicht, hat der Gesellschafter in Höhe des Fehlbetrages eine **Bareinlage** zu leisten (§ 9 Abs. 1 GmbHG). Darüber hinaus muss auf das **gesamte Stammkapital** mindestens soviel eingezahlt werden, »... dass der Gesamtbetrag der eingezahlten Geldeinlagen zuzüglich des Gesamtbetrags der Stammeinlagen, für die Sacheinlagen zu leisten sind, die Hälfte des Mindeststammkapitals gemäß § 5 Abs. 1 erreicht« (§ 7 Abs. 2 Satz 2 GmbHG). Die Einzahlung der Resteinlagen kann durch den im Gesellschaftsvertrag festgelegten Zeitpunkt oder durch einen besonderen Gesellschafterbeschluss (§ 46 Nr. 2 GmbHG) ausgelöst werden. Laut § 20 GmbHG sind GmbH-Gesellschafter, die die auf ihre Stammeinlagen eingeforderten Beträge verspätet leisten, ebenfalls zur Entrichtung von **Verzugszinsen** in Höhe von 4 % nach § 288 Abs. 1 Satz 1 BGB verpflichtet.[978]

Obwohl nicht explizit geregelt, besteht auch bei der GmbH die Möglichkeit, Stammeinlagen zu einem höheren Betrag als ihren Nennwert auszugeben, wobei der Unterschiedsbetrag (Agio) ebenfalls in die **Kapitalrücklage** nach § 272 Abs. 2 Nr. 1 HGB einzustellen ist. Analog zu diesem Ergebnis sind Unterpariausgaben von Stammeinlagen unzulässig. Allerdings existiert für die GmbH keine dem Aktiengesetz gleich lautende Vorschrift, nach der bei Bareinlagen auf die ausgegebenen Aktien mindestens 25 % des Nennbetrags und das **gesamte Agio** eingezahlt werden müssen, um eine Anmeldung zur Eintragung in das Handelsregister vornehmen zu können (§ 36 Abs. 1 i. V. m. § 36 a Abs. 1 AktG). Folglich ist eine vollständige oder auch teilweise Leistung des Aufgelds nicht erforderlich, wodurch sich bei der GmbH neben ausstehenden Einlagen auf das gezeichnete Kapital auch **ausstehende Einlagen auf Agiobeträge** ergeben können. Im Schrifttum wird vorgeschlagen, diese Beträge in einem **gesonderten Bilanzposten** auszuweisen, da § 272 Abs. 1 Satz 2 und Satz 3 HGB Agiobeträge als Komponenten der ausstehenden Einlagen auf das gezeichnete Kapital ausschließt.[979]

§ 26 Abs. 1 GmbHG sieht schließlich die Möglichkeit vor, im **Gesellschaftsvertrag** zu bestimmen, »… dass die Gesellschafter über den Betrag der Stammeinlagen hinaus die Einforderung von weiteren Einzahlungen (Nachschüssen) beschließen können«. Mit dieser Regelung wird der Zweck verfolgt, der Gesellschaft eine **flexiblere Anpassung des Eigenkapitals** zu ermöglichen, ohne den umständlicheren Weg einer Kapitalerhöhung wählen zu müssen.[980] In diesem Zusammenhang kann der Gesellschaftsvertrag eine **beschränkte** und eine **unbeschränkte Nachschusspflicht** in Form von Geldeinlagen vorsehen (§ 26 Abs. 3, § 27, § 28 GmbHG). Sofern ein entsprechender Gesellschaftsbeschluss vorliegt und auch den Gesellschaftern kein sog. **Abandonrecht** (Aufgaberecht) zusteht, sich von der Zahlung des auf den Geschäftsanteil eingeforderten Nachschusses zu befreien (§ 42 Abs. 2 Satz 1 i. V. m. § 27 GmbHG), ist der nachzuschießende Betrag »… auf der Aktivseite unter den Forderungen gesondert unter der Bezeichnung ›Eingeforderte Nachschüsse‹ auszuweisen, soweit mit der Zahlung gerechnet werden kann« (§ 42 Abs. 2 Satz 2 GmbHG). Um die der Gesellschaft aus dem Nachschusskapital zustehenden Werte vom verteilungsfähigen Gewinn auszuschließen, weil andernfalls das eigentliche Ziel der Nachschussverpflichtung, das in einer Erleichterung der Kapitalbeschaffung besteht, unterlaufen würde, muss gleichzeitig mit dem Forderungsansatz auf der Passivseite in dem Posten »**Kapitalrücklage**« ein Posten mit der Bezeichnung »**Eingeforderte Nachschüsse**« gebildet werden (§ 42 Abs. 2 Satz 3 GmbHG). Allerdings sieht § 30 Abs. 2 Satz 1 GmbHG die Möglichkeit einer **Rückzahlung** der geleisteten Nachschüsse an die Gesellschafter gemäß Beschlussfassung nach § 46 Nr. 3 GmbHG vor, »… soweit sie nicht zur Deckung eines Verlustes am Stammkapital erforderlich sind …«. Indem das Nachschusskapital als Kapitalrücklage zu deklarieren ist, mithin das Stammkapital unverändert bleibt, bedingen folglich Nachschussrückzahlungen auch keine Kapitalherabsetzung nach § 58 GmbHG.

---

978   Vgl. *ADS* 1997b, Anm. 59 zu § 272 HGB, S. 332.
979   Vgl. im Einzelnen *Küting/Kessler/Hayn* 2003, Anm. 36 zu § 272 HGB, S. 21 f.
980   Vgl. *Emmerich* 2002, Anm. 1 zu § 26 GmbHG, S. 911.

**Beispiel:**

Die verkürzte und vorläufige Bilanz der XY-GmbH zeigt für das Geschäftsjahr 2006 folgendes Bild.

| Aktiva | Bilanz zum 31.12.2006 | | | Passiva |
|---|---|---|---|---|
| | | € | | € |
| A. Anlagevermögen | | | A. Eigenkapital | |
|   I.  Grundstücke | 150.000 | |   I.  Gezeichnetes Kapital | 290.000 |
|   II. Gebäude | 90.000 | |   II. Kapitalrücklage für | |
|   III. Betriebs- und Geschäfts- | | |      Nachschusskapital | 25.000 |
|      ausstattung | 65.000 | |   III. Jahresfehlbetrag | – 15.000 |
| B. Umlaufvermögen | | | B. Verbindlichkeiten | |
|   I.  Waren | 115.000 | |   I.  Verbindlichkeiten gegen- | |
|   II. Forderungen aus Liefe- | | |      über Kreditinstituten | 55.000 |
|      rungen und Leistungen | 30.000 | |   II. Verbindlichkeiten | |
|   III. Guthaben bei | | |      aus Lieferungen und | |
|      Kreditinstituten | 50.000 | |      Leistungen | 145.000 |
| | __500.000__ | | | __500.000__ |

Im Geschäftsjahr 2005 hatte die XY-GmbH eine Kapitalrücklage für eingefordertes Nachschusskapital in Höhe von 25.000 € gebildet, das auch in dieser Periode von den Gesellschaftern vollständig eingezahlt wurde. Bereits im August des Geschäftsjahres 2006 haben die Gesellschafter gemäß § 46 Nr. 1 und Nr. 3 GmbHG die vollständige Rückgewährung des eingeforderten Nachschusskapitals von 25.000 € und die Vollausschüttung eines etwaigen Jahresüberschusses beschlossen. Die Beträge sollen im Februar des Geschäftsjahres 2007 an die Anteilseigner ausgezahlt werden.

Unter Berücksichtigung von § 30 Abs. 2 Satz 1 GmbHG, § 268 Abs. 1 Satz 1 und § 270 Abs. 1 Satz 1 HGB werden zum Zwecke einer Bilanzaufstellung unter vollständiger Verwendung des Jahresergebnisses folgende Abschlussbuchungen erforderlich.

(1) Kapitalrücklage für     an   Entnahmen aus
    Nachschusskapital         Kapitalrücklagen              25.000 €

(2) Entnahmen aus         an   – Jahresergebniskonto      15.000 €
    Kapitalrücklagen   25.000 €      – Sonstige Verbindlichkeiten   10.000 €

(3) Sonstige Verbindlichkeiten   an   Schlussbilanzkonto           10.000 €

Kontenmäßige Darstellung:

| S | Kapitalrücklage für Nachschusskapital | H | | S | Entnahmen aus Kapitalrücklagen | H |
|---|---|---|---|---|---|---|
| | € | € | | | € | € |
| (1) | __25.000__ | AB   __25.000__ | | (2) | __25.000__ | (1)   __25.000__ |

| S | Jahresergebniskonto | | H |
|---|---|---|---|
| | € | | € |
| Jahres-fehlbetrag | 15.000 | (2) | 15.000 |

| S | Sonstige Verbindlichkeiten | | H |
|---|---|---|---|
| | | € | € |
| (3) | | (2) | 10.000 |
| SBK (EB) | 10.000 | | |

| S | Schlussbilanzkonto (verkürzt) | | | H |
|---|---|---|---|---|
| | € | | | € |
| Grundstücke | 150.000 | Gezeichnetes Kapital | 290.000 | |
| Gebäude | 90.000 | Verbindlichkeiten | | |
| Betriebs- und | | gegenüber Kreditinstituten | 55.000 | |
| Geschäftsausstattung | 65.000 | Verbindlichkeiten aus | | |
| Waren | 115.000 | Lieferungen und Leistungen | 145.000 | |
| Forderungen aus Lieferungen | | (3) Sonstige Verbindlichkeiten | 10.000 | |
| und Leistungen | 30.000 | | | |
| Guthaben bei Kreditinstituten | 50.000 | | | |
| | 500.000 | | 500.000 | |

Die damit seitens der Geschäftsführer aufgestellte und den Gesellschaftern zum Zwecke der Feststellung des Jahresabschlusses vorgelegte verkürzte Bilanz (§ 42 a Abs. 1 Satz 1 GmbHG) hat dann nachstehendes Aussehen.

| Aktiva | Bilanz zum 31. 12. 2006 | | Passiva |
|---|---|---|---|
| | € | | € |
| A. Anlagevermögen | | A. Eigenkapital | |
|   I.  Grundstücke | 150.000 |   I.  Gezeichnetes Kapital | 290.000 |
|   II. Gebäude | 90.000 | | |
|   III. Betriebs- und | | | |
|       Geschäfts- | | | |
|       ausstattung | 65.000 | | |
| B. Umlaufvermögen | | B. Verbindlichkeiten | |
|   I.  Waren | 115.000 |   I.  Verbindlichkeiten | |
|   II. Forderungen aus | |      gegenüber | |
|      Lieferungen | |      Kreditinstituten | 55.000 |
|      und Leistungen | 30.000 |   II. Verbindlichkeiten | |
|   III. Guthaben bei | |      aus Lieferungen | |
|      Kreditinstituten | 50.000 |      und Leistungen | 145.000 |
| | |   III. Sonstige | |
| | |      Verbindlichkeiten | 10.000 |
| | 500.000 | | 500.000 |

Die Überweisung des (restlichen) Nachschusskapitals an die Gesellschafter wäre Ende Februar des Geschäftsjahres 2007 wie folgt zu verbuchen.

Sonstige Verbindlichkeiten     an     Guthaben bei Kreditinstituten     10.000 €

#### (d) Eigene Anteile

Eigene Anteile liegen vor, wenn sich im Eigentum der bilanzierenden AG oder GmbH eigene Aktien oder Geschäftsanteile befinden. Sie sind unter dem Posten B. III. 2 auf der Aktivseite auszuweisen (§ 266 Abs. 2 HGB). Zum einen können eigene Anteile als **Korrekturposten** zum Grund- bzw. Stammkapital, d. h. als negatives Eigenkapital, angesehen werden. Zum anderen tragen eigene Anteile aber auch den Charakter **echter Vermögenswerte**, wenn sie z. B.

- den Arbeitnehmern der Gesellschaft als Belegschaftsaktien zum Erwerb angeboten werden sollen (§ 71 Abs. 1 Nr. 2 AktG) oder
- der Abfindung von Aktionären im Rahmen von Unternehmenszusammenschlüssen dienen (§ 71 Abs. 1 Nr. 3 AktG).[981]

In § 71 bis § 71 e AktG und § 33 GmbHG ist der Erwerb eigener Anteile im Einzelnen geregelt. Während bei der AG der Gesamtnennbetrag der eigenen Aktien grundsätzlich **10 % des Grundkapitals** nicht überschreiten darf (§ 71 Abs. 2 Satz 1 AktG) und ein Erwerb eigener Aktien prinzipiell nur nach voller Leistung des Nenn- oder höheren Ausgabebetrags zugelassen wird (§ 71 Abs. 2 Satz 3 AktG), ist der GmbH der Erwerb eigener Geschäftsanteile dann untersagt, wenn die Stammeinlage noch nicht vollständig eingezahlt wurde (§ 33 Abs. 1 GmbHG). Ferner darf die GmbH eigene Anteile, auf welche die Einlagen vollständig geleistet sind, nur erwerben, »... sofern der Erwerb aus dem über den Betrag des Stammkapitals hinaus vorhandenen Vermögen geschehen und die Gesellschaft die nach § 272 Abs. 4 des Handelsgesetzbuchs vorgeschriebene Rücklage für eigene Anteile bilden kann, ohne das Stammkapital oder eine nach dem Gesellschaftsvertrag zu bildende Rücklage zu mindern, die nicht zu Zahlungen an die Gesellschafter verwandt werden darf« (§ 33 Abs. 2 Satz 1 GmbHG). Eine ähnliche Regelung existiert auch für die AG (§ 71 Abs. 2 Satz 2 AktG). Hieraus folgt, dass sowohl bei der AG als auch der GmbH der Erwerb eigener Anteile an das Vorhandensein entsprechender Kapital- oder anderer Gewinnrücklagen geknüpft ist.[982] Mithin soll zum Zwecke der **Kapitalerhaltung** der Erwerb eigener Aktien oder Gesellschaftsanteile nur aus Mitteln geschehen, die über das vorhandene Grund- bzw. Stammkapital hinaus vorhanden sind.[983]

Um zu verhindern, dass durch die Ausschüttung des den eigenen Anteilen gegenüberstehenden Eigenkapitals an die Gesellschafter eine Aufzehrung des Grund- oder Stammkapitals erfolgt, muss gemäß § 272 Abs. 4 Satz 1 HGB eine Rücklage für eigene Anteile gebildet werden, deren Höhe »dem auf der Aktivseite der Bilanz für die eigenen Anteile anzusetzenden Betrag entspricht«. Diese Rücklage, die eine **Ausschüttungssperre** zum Zwecke des **Gläubigerschutzes** bewirkt, ist aus dem Jahresüberschuss sowie vorhande-

---

981  Vgl. *Coenenberg* 2005, S. 233.
982  Vgl. *Küting/Kessler/Hayn* 2003, Anm. 49 zu § 272 HGB, S. 26.
983  Vgl. *Westermann* 1993, Anm. 2 zu § 33 GmbHG, S. 1182.

nen, frei verfügbaren Gewinnrücklagen zu bilden (§ 272 Abs. 4 Satz 3 AktG). Eine Auflösung kommt nur dann in Betracht, »… soweit die eigenen Anteile ausgegeben, veräußert oder eingezogen werden oder soweit nach § 253 Abs. 3 auf der Aktivseite ein niedrigerer Betrag angesetzt wird« (§ 272 Abs. 4 Satz 2 HGB). Einstellungen aus dem Jahresüberschuss des Geschäftsjahres in die Rücklage für eigene Anteile und Entnahmen aus dieser sind nach § 152 Abs. 3 Nr. 2 und Nr. 3 AktG in der Bilanz oder im **Anhang** gesondert anzugeben.

### d.c    Offene Rücklagen

### (a)    Allgemeines

Offene Rücklagen stellen in der Bilanz der Kapitalgesellschaft neben dem fest angesetzten Grund- bzw. Stammkapital **offen ausgewiesene** (zusätzliche) **Eigenkapitalbestandteile** dar. Im Gegensatz zum gezeichneten Kapital, das nur bei Kapitalerhöhungen bzw. -herabsetzungen Veränderungen unterworfen wird, sind die Posten der offenen Rücklagen in aller Regel häufiger von Variationen betroffen. **Abb. 204** gibt einen Überblick über die Komponenten der offenen Rücklagen bei Kapitalgesellschaften, die in die beiden Gruppen **Kapitalrücklage und Gewinnrücklagen** zerfallen. § 158 Abs. 1 AktG schreibt vor, dass Rücklagenveränderungen, die die **Ergebnisverwendung** betreffen, bei der AG über eine Fortführung der Gewinn- und Verlustrechnung zum Ausweis zu bringen sind. Allerdings können diese Angaben auch alternativ im **Anhang** gemacht werden (vgl. **Abb. 205**).[984]

Für die GmbH ist eine analoge Darstellung der Ergebnisverwendung nicht vorgeschrieben. Nach h. M. steht es der GmbH aber frei, die Ergebnisverwendung ebenso wie bei der AG zu dokumentieren.[985] Allerdings ist § 29 GmbHG zu beachten. Die **Abb. 206** bis **Abb. 208** zeigen drei unterschiedliche buchhalterische Abläufe unter Zugrundelegung des Regelfalls der Bilanzaufstellung bei **teilweiser Verwendung des Jahresergebnisses** nach § 268 Abs. 1 i. V. m. § 270 Abs. 2 HGB. Die Standardfälle können in der Praxis aber auch in Kombinationsformen auftreten (z. B. Verlustvortrag, Jahresüberschuss und Rücklagenentnahme und/oder Rücklageneinstellungen). Zu berücksichtigen ist, dass die Veränderung der Gewinnrücklagen infolge des körperschaftsteuerrechtlichen Übergangszeitraumes nach dem **modifizierten Anrechnungsverfahren** zusätzliche **Körperschaftsteuerwirkungen** auslösen kann, die dann wiederum über den Posten »Steuern vom Einkommen und Ertrag« (§ 275 Abs. 2 Posten 18. bzw. Abs. 3 Posten 17. HGB) zu einer Beeinflussung des **handelsrechtlichen Jahresergebnisses** führen. Aus Gründen der Übersichtlichkeit bleiben aber zunächst Körperschaftsteuerauswirkungen, die im Rahmen der Ergebnisverwendung hervorgerufen werden, unberücksichtigt.

### (b)    Kapitalrücklage

Die Kapitalrücklage repräsentiert im Grundsatz Eigenkapitalkomponenten, die nicht aus dem Gewinn, sondern aus von außen zufließenden Mitteln resultieren. Prinzipiell handelt es sich um ein Agio oder agioähnliche und sonstige Zuzahlungen der Gesellschafter. Darüber hinaus werden im Falle der **vereinfachten Kapitalherabsetzung** bei der AG bestimmte Einstellungen in die Kapitalrücklage erforderlich (§ 229, § 230, § 232 AktG). Da die Spei-

---

984    Im Folgenden wird bezüglich der Postennummerierung vom Gesamtkostenverfahren nach § 275 Abs. 2 HGB ausgegangen.

985    Vgl. z. B. *ADS* 1997a, Anm. 32 zu § 158 AktG, S. 274.

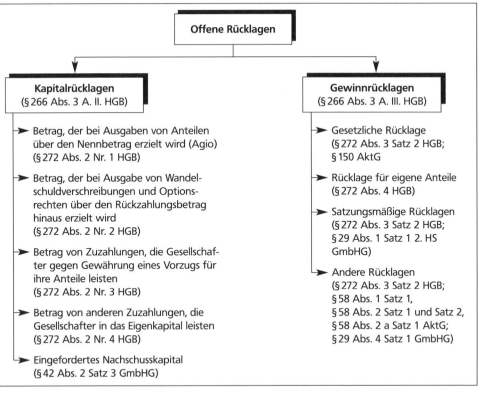

Abb. 204: Komponenten der offenen Rücklagen

20. Jahresüberschuss/Jahresfehlbetrag
21. Gewinnvortrag/Verlustvortrag aus dem Vorjahr[986]
22. Entnahmen aus der Kapitalrücklage
23. Entnahmen aus Gewinnrücklagen
    a) aus der gesetzlichen Rücklage
    b) aus der Rücklage für eigene Aktien
    c) aus satzungsmäßigen Rücklagen
    d) aus anderen Gewinnrücklagen
24. Einstellungen in Gewinnrücklagen
    a) in die gesetzliche Rücklage
    b) in die Rücklage für eigene Aktien
    c) in satzungsmäßige Rücklagen
    d) in andere Gewinnrücklagen
25. Bilanzgewinn/Bilanzverlust

Abb. 205: Darstellung der Ergebnisverwendung bei der AG

---

986 In den Gewinnvortrag werden i. d. R. nur an die Aktionäre nicht verteilungsfähige Spitzenbeträge des Bilanzgewinns eingestellt. Es handelt sich um solche Beträge, die nicht ausreichen, die Dividende um 1 % zu erhöhen. Vgl. *ADS* 1997a, Anm. 39 zu § 174 AktG, S. 409. Die Ausschüttungsquote wird grundsätzlich auf der
Basis des Grundkapitals berechnet (§ 60 Abs. 1 AktG). Sofern aber ausstehende Einlagen auf das Grundkapital
vorliegen, erhalten diejenigen Aktionäre, die bereits ihre Einlagen geleistet haben, eine 4 %ige Vorabdivi-
dende auf die eingezahlten Teile des Grundkapitals (§ 60 Abs. 2 Satz 1 AktG).

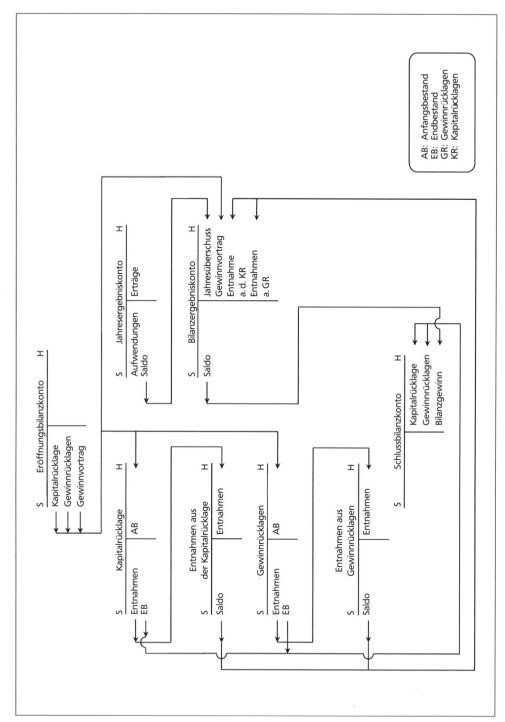

Abb. 206: Grundlegende Abschlusstechnik der Ergebnisverwendung bei Gewinnvortrag, Jahresüberschuss, Rücklagenentnahme und Bilanzgewinn

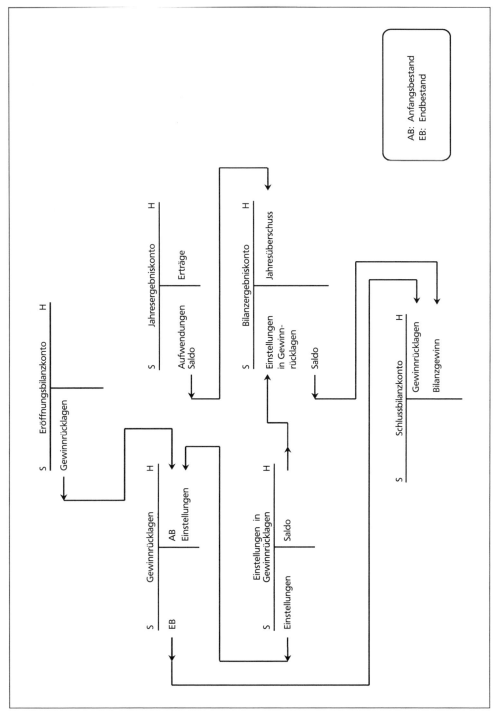

Abb. 207: Grundlegende Abschlusstechnik der Ergebnisverwendung bei Jahresüberschuss, Dotierung der Gewinnrücklagen und Bilanzgewinn

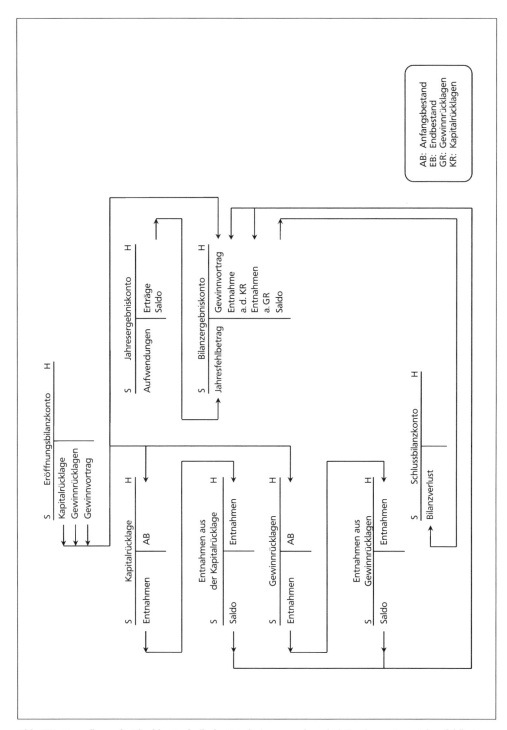

Abb. 208: Grundlegende Abschlusstechnik der Ergebnisverwendung bei Gewinnvortrag, Jahresfehlbetrag, Rücklagenentnahme und Bilanzverlust

sung der Kapitalrücklage nicht aus dem Jahresüberschuss erfolgt, schreibt das Aktiengesetz – im Gegensatz zur Behandlung von Gewinnrücklagen – vor, dass lediglich **Entnahmen aus der Kapitalrücklage** über die Gewinn- und Verlustrechnung zu berücksichtigen sind (§ 158 Abs. 1 Posten 2. AktG). Somit lautet der entsprechende Buchungssatz, der zu einer Veränderung des handelsrechtlichen Bilanzergebnisses führt:

**Kapitalrücklage**          an          **Entnahmen aus der**
                                                  **Kapitalrücklage.**

Anschließend sind dann die Entnahmen aus der Kapitalrücklage wie folgt auf das Bilanzergebniskonto umzubuchen:

**Entnahmen aus der**          an          **Bilanzergebniskonto.**
**Kapitalrücklage**

Während die Konten für die Kapitalrücklage und die Gewinnrücklagen den **passiven Bestandskonten** zuzuordnen sind, stellen die aus § 158 Abs. 1 AktG abgeleiteten Konten **aktienrechtliche Verrechnungskonten** für die Überleitung vom Jahresergebniskonto auf das Bilanzergebniskonto dar.

Aus ertragsteuerrechtlicher Sicht trägt die Bildung von Kapitalrücklagen **Einlagecharakter**. Hieraus folgt, dass im Falle der Einstellungen in Kapitalrücklagen keine körperschaft- und gewerbesteuerrechtlichen Wirkungen entstehen. Sofern im handelsrechtlichen Jahresabschluss Kapitalrücklagen z. B. zum Zwecke der Verlustdeckung oder einer Kapitalerhöhung (§ 150 Abs. 2 und Abs. 3 AktG) aufgelöst werden, dürfen diese Beträge ebenfalls nicht in die ertragsteuerrechtlichen Bemessungsgrundlagen einbezogen werden, da die handelsrechtliche Entnahme aus Kapitalrücklage das steuerrechtliche Gewinn- oder Verlustergebnis nicht berührt.[987] § 152 Abs. 2 AktG bestimmt, dass die **Entwicklung der Kapitalrücklage** bei der AG im handelsrechtlichen Jahresabschluss dokumentiert werden muss. So sind bezüglich des Postens »Kapitalrücklage« entweder in der Bilanz oder im **Anhang** der Betrag, der während des Geschäftsjahres eingestellt wurde und/oder der Betrag, der für das Geschäftsjahr entnommen wird, gesondert anzugeben.

### (c)          Gewinnrücklagen

#### (α)          Gesetzliche Rücklage

Im Gegensatz zur Kapitalrücklage werden Gewinnrücklagen aus dem **Gewinn nach Steuern** für besondere Unternehmenszwecke (z. B. Deckung eventueller Verluste, Selbstfinanzierung) zu Lasten der Ausschüttungen an die Anteilseigner gebildet. Die erste, von § 266 Abs. 3 Posten A. III. 1. bzw. § 272 Abs. 3 Satz 2 HGB genannte Rücklagengruppe stellt die **gesetzliche Rücklage** dar. Während die Bildung einer gesetzlichen Rücklage für die AG zwingend vorgeschrieben ist (§ 150 Abs. 1 AktG), die als **gesetzlicher Reservefond** dem Schutz der Gläubiger dient[988], kennt das Gesetz betreffend die Gesellschaften mit beschränkter Haftung eine solche Regelung nicht. In § 150 Abs. 2 AktG ist genau festgelegt, wie der jährliche Zuführungsbetrag und der Gesamtbetrag der gesetzlichen Rücklage zu berechnen sind. Zunächst sind 5 % des um einen Verlustvortrag (VV) aus dem Vorjahr geminderten Jahresüberschusses einzustellen. Bezeichnet man die periodenbezogenen Einstellungen in die gesetzliche Rücklage mit REINg und den Jahresüberschuss nach erfolgs-

---

987   Vgl. hierzu im Einzelnen *Förschle/Hoffmann* 2006b, Anm. 82–85 zu § 272 HGB, S. 991 f.
988   Vgl. *ADS* 1997a, Anm. 16 zu § 150 AkfG, S. 232.

abhängigen Aufwendungen (z. B. Ertragsteuern, Tantiemen) mit Jnach, so ergibt sich folgende Formel:

REINg = 0,05 · (Jnach – VV).

Damit den Aktionären nicht der gesamte Jahresüberschuss durch Rücklageneinstellungen vorenthalten werden kann, bestimmt § 150 Abs. 2 AktG, dass die Zuführungspflicht dann endet, wenn die (bereits gebildete) gesetzliche Rücklage und die Kapitalrücklage nach § 272 Abs. 2 Nr. 1 bis Nr. 4 HGB den zehnten oder den in der Satzung festgelegten höheren Teil des Grundkapitals erreichen. Folglich können die im letzten Dotierungsjahr zwingend vorzunehmenden Zuführungen zur gesetzlichen Rücklage auch unter dem Betrag liegen, der sich nach der vorstehenden Formel ergibt. Laut § 158 Abs. 1 Posten 4. a) AktG sind Einstellungen in die gesetzliche Rücklage immer über die Gewinn- und Verlustrechnung vorzunehmen. Die entsprechenden Buchungssätze lauten dann wie folgt:

| | | |
|---|---|---|
| **(1) Jahresergebniskonto** (Jahresüberschuss) | **an** | **Bilanzergebniskonto** |
| **(2) Einstellungen in die Gesetzliche Rücklage** | **an** | **Gesetzliche Rücklage** |
| **(3) Bilanzergebniskonto** | **an** | **Einstellungen in die Gesetzliche Rücklage.** |

Gemäß § 150 Abs. 3 und Abs. 4 AktG dürfen die gebildete gesetzliche Rücklage und die Kapitalrücklage nur für ganz bestimmte Zwecke verwandt werden. In diesem Zusammenhang sind **zwei Fälle** zu unterscheiden. Wenn die gesetzliche Rücklage und die Kapitalrücklage nach § 272 Abs. 2 Nr. 1 bis Nr. 3 HGB zusammen **nicht** den zehnten oder den in der Satzung bestimmten höheren Teil des Grundkapitals **übersteigen**, dann dürfen sie nur für folgende Zwecke Verwendung finden (§ 150 Abs. 3 Nr. 1 und Nr. 2 AktG) **(Fall 1)**:

- **zum Ausgleich eines Jahresfehlbetrags**, sofern dieser weder durch einen Gewinnvortrag aus dem Vorjahr gedeckt ist, noch durch Auflösung anderer Gewinnrücklagen kompensiert werden kann;
- **zum Ausgleich eines Verlustvortrages** aus dem Vorjahr, sofern dieser weder durch einen Jahresüberschuss gedeckt ist, noch durch Auflösung anderer Gewinnrücklagen kompensiert werden kann.

Hieraus ergibt sich für den Fall 1 beim Vorliegen eines **Jahresfehlbetrags** das Erfordernis, diesen nach h. M. durch Rückgriff auf die nachstehenden Alternativen in der angeführten **Reihenfolge** zu kompensieren:[989]

- Ausgleich durch einen Gewinnvortrag aus dem Vorjahr;
- Auflösung satzungsmäßiger Rücklagen;
- Auflösung anderer Gewinnrücklagen;
- Auflösung der gesetzlichen Rücklage und/oder der Kapitalrücklage.[990]

Obwohl § 150 Abs. 3 Nr. 1 AktG von der Auflösung anderer Gewinnrücklagen spricht, wird davon ausgegangen, dass das Gesetz bei der Deckung eines Jahresfehlbetrages zunächst

---

989   Vgl. etwa *ADS* 1997a, Anm. 52–58 zu § 150 AktG, S. 241 f.
990   Die Entnahmereihenfolge zwischen der gesetzlichen Rücklage und der Kapitalrücklage ist beliebig.

auf **alle sonstigen auflösbaren Gewinnrücklagen** abzielt, wobei die Rücklage für eigene Anteile aufgrund ihres spezifischen Bildungszwecks und der fehlenden Bezugnahme in § 272 Abs. 4 Satz 2 HGB auf den Ausgleich eines Jahresfehlbetrags **nicht** für die in Rede stehende Verlustkompensation verwandt werden darf. Sofern ein **Verlustvortrag** aus dem Vorjahr vorliegt, ist die oben angeführte Ausgleichsreihenfolge ebenfalls mit dem Unterschied anzuwenden, dass vorrangig ein Jahresüberschuss zur Verlustverrechnung zu verwenden ist, bevor auf die folgenden Alternativen sukzessive zurückgegriffen wird. Bei Existenz eines Jahresfehlbetrags und eines Gewinnvortrags aus dem Vorjahr müssten unter Berücksichtigung aller möglichen Ausgleichsalternativen und der Regelungen in § 158 Abs. 1 AktG folgende Buchungen vorgenommen werden:

(1) **Bilanzergebniskonto**      **an**      **Jahresergebniskonto (Jahresfehlbetrag)**

(2) **Eröffnungsbilanzkonto**      **an**      **Bilanzergebniskonto (Gewinnvortrag)**

(3) **Satzungsmäßige Rücklage**      **an**      **Entnahmen aus Satzungsmäßigen Rücklagen**

(4) **Andere Gewinnrücklagen**      **an**      **Entnahmen aus Anderen Gewinnrücklagen**

(5) **Gesetzliche Rücklage**      **an**      **Entnahmen aus der Gesetzlicher Rücklage**

(6) **Kapitalrücklage**      **an**      **Entnahmen aus der Kapitalrücklage**

(7) **– Entnahmen aus Satzungsmäßigen Rücklagen**      **an**      **Bilanzergebniskonto.**
     **– Entnahmen aus Anderen Gewinnrücklagen**
     **– Entnahmen aus der Gesetzlichen Rücklage**
     **– Entnahmen aus der Kapitalrücklage**

**Beispiel:**
Die XY-AG weist zum Ende des Geschäftsjahrs 2005 einen Jahresüberschuss von 2,5 Mio. €, einen Verlustvortrag aus dem Vorjahr in Höhe von 600.000 € und gesetzliche Rücklagen (vor Dotierung) im Umfang von 2,1 Mio. € auf. Andere Rücklagen wurden bisher nicht gebildet. Das Grundkapital beträgt 2,2 Mio. €. Satzungsmäßige Bestimmungen für eine Erweiterung der Dotierungsobergrenze für die gesetzliche Rücklage gemäß § 150 Abs. 2 AktG liegen nicht vor.

Der Einstellungsbetrag in die gesetzliche Rücklage ist wie folgt zu berechnen:

REINg = 0,05 · (2.500.000 € – 600.000 €) = 95.000 €.

Da die Gesetzliche Rücklage nach Einstellung dieses Betrags (2.195.000 €) nicht 10 % des Grundkapitals (2.200.000 €) übersteigt, ist die Dotierung zwingend.

Die entsprechenden Abschlussbuchungen in 2005 lauten dann:

| | | | |
|---|---|---|---|
| (1) Jahresergebniskonto | an | Bilanzergebniskonto | 2.500.000 € |
| (2) Bilanzergebniskonto | an | Ergebnisvortragskonto | 600.000 € |
| (3) Einstellungen in die Gesetzliche Rücklage | an | Gesetzliche Rücklage | 95.000 € |
| (4) Bilanzergebniskonto | an | Einstellungen in die Gesetzliche Rücklage | 95.000 €. |

Kontenmäßige Darstellung:

| S | Jahresergebniskonto | | H |
|---|---|---|---|
| | € | Σ Erträge | € |
| Σ Auf-wen-dungen (1) | 2.500.000[991] | | |

| S | Bilanzergebniskonto | | H |
|---|---|---|---|
| | | € | € |
| (2) | 600.000 | (1) | 2.500.000 |
| (4) | 95.000 | | |
| SBK (EB) | 1.805.000 | | |
| | 2.500.000 | | 2.500.000 |

| S | Ergebnisvortragskonto | | H |
|---|---|---|---|
| | € | | € |
| | 600.000[992] | (2) | 600.000 |

| S | Einstellungen in die Gesetzliche Rücklage | | H |
|---|---|---|---|
| | € | | € |
| (3) | 95.000 | (4) | 95.000 |

| S | Gesetzliche Rücklage | | H |
|---|---|---|---|
| | € | | € |
| SBK (EB) | 2.195.000 | AB | 2.100.000 |
| | | (3) | 95.000 |
| | 2.195.000 | | 2.195.000 |

Die von § 158 Abs. 1 AktG geforderte staffelmäßige Fortführung der Gewinn- und Verlustrechnung nach dem Posten »Jahresüberschuss« lässt sich aus der vorstehenden kontenmäßigen Darstellung ableiten, wobei angenommen wurde, dass die Aufstellung der Gewinn- und Verlustrechnung nach dem Gesamtkostenverfahren gemäß § 275 Abs. 2 HGB vorgenommen wurde.

| | | |
|---|---|---|
| 20. Jahresüberschuss | | 2.500.000 € |
| 21. Verlustvortrag aus dem Vorjahr | | 600.000 € |
| 22. Einstellungen in die Gesetzliche Rücklage | | 95.000 € |
| 23. Bilanzgewinn | | 1.805.000 € |

---

991  Der Betrag von 2.500.000 € stellt den Unterschied zwischen den auf dem Jahresergebniskonto verbuchten Aufwendungen und Erträgen dar.

992  Der Verlustvortrag aus dem Vorjahr wurde wie folgt auf das Ergebnisvortragskonto verbucht: Ergebnisvortragskonto an Eröffnungsbilanzkonto 600.000 €.

Die Angaben können wahlweise in der Gewinn- und Verlustrechnung oder im Anhang gemacht werden.

Unterstellt man, dass die XY-AG im darauf folgenden Geschäftsjahr 2006 einen Jahresfehlbetrag in Höhe von 2.800.000 € erwirtschaftet, dann müssten nachstehende Abschlussbuchungen vorgenommen werden.

| (1) | Bilanzergebniskonto | an | Jahresergebniskonto | 2.800.000 € |
| (2) | Gesetzliche Rücklage | an | Entnahmen aus der Gesetzlichen Rücklage | 2.195.000 € |
| (3) | Entnahmen aus der Gesetzlichen Rücklage | an | Bilanzergebniskonto | 2.195.000 €. |

Kontenmäßige Darstellung:

| S | Jahresergebniskonto | | H |
|---|---|---|---|
| | | | € |
| Σ Aufwendungen | Σ Erträge (1) | | 2.800.000 |

| S | Bilanzergebniskonto | | H |
|---|---|---|---|
| | € | | € |
| (1) | 2.800.000 | (3) | 2.195.000 |
| | | SBK(EB) | 605.000 |
| | 2.800.000 | | 2.800.000 |

| S | Entnahmen aus der Gesetzlichen Rücklage | | H |
|---|---|---|---|
| | € | | € |
| (3) | 2.195.000 | (2) | 2.195.000 |

| S | Gesetzliche Rücklage | | H |
|---|---|---|---|
| | € | | € |
| (2) | 2.195.000 | AB | 2.195.000 |

Die staffelmäßige Fortführung der Gewinn- und Verlustrechnung nach dem Posten »Jahresfehlbetrag« gemäß § 158 Abs. 1 AktG hat dann folgendes Aussehen.

| 20. | Jahresfehlbetrag | 2.800.000 € |
| 21. | Entnahmen aus der Gesetzlichen Rücklage | 2.195.000 € |
| 22. | Bilanzverlust | 605.000 €. |

Sofern die Gesetzliche Rücklage und die Kapitalrücklagen nach § 272 Abs. 2 Nr. 1 bis Nr. 4 HGB zusammen aber den zehnten oder den in der Satzung bestimmten höheren Teil des Grundkapitals übersteigen, kann der übersteigende Betrag[993] nur zu folgenden Zwecken verwandt werden (§ 150 Abs. 4 Nr. 1 bis Nr. 3 AktG) **(Fall 2)**.

- »**zum Ausgleich eines Jahresfehlbetrags**, soweit er nicht durch einen Gewinnvortrag aus dem Vorjahr gedeckt ist;

---

[993] Ein derartiger übersteigender Betrag kann sich nur aufgrund von Einstellungen in die Kapitalrücklage ergeben, da die Dotierung der gesetzlichen Rücklage genau auf den in § 150 Abs. 2 AktG genannten Wert begrenzt ist.

- **zum Ausgleich eines Verlustvortrags** aus dem Vorjahr, soweit er nicht durch einen Jahresüberschuss gedeckt ist;«
- **zur Kapitalerhöhung** aus Gesellschaftsmitteln nach § 207 bis § 220 AktG.

Allerdings dürfen die erste und zweite Alternative zur Verlustkompensation nicht zum Zuge kommen, wenn gleichzeitig Gewinnrücklagen zur **Gewinnausschüttung** aufgelöst werden (§ 150 Abs. 4 Satz 2 AktG). Bei einer solchen Konstellation sind ein Jahresfehlbetrag (soweit dieser nicht durch einen Gewinnvortrag aus dem Vorjahr gedeckt ist) und ein Verlustvortrag aus dem Vorjahr (soweit dieser nicht durch einen Jahresüberschuss gedeckt ist) **vorrangig** durch Entnahmen aus noch anderen auflösbaren Gewinnrücklagen (außer der Rücklage für eigene Anteile) auszugleichen. Durch diese Vorschrift soll mithin eine Gewinnausschüttung zu Lasten der gesetzlichen Rücklage vermieden werden. Der Unterschied zwischen den Regelungen des § 150 Abs. 3 und Abs. 4 AktG besteht darin, dass ein Jahresfehlbetrag (soweit er nicht durch einen Gewinnvortrag aus dem Vorjahr gedeckt ist) und ein Verlustvortrag aus dem Vorjahr (soweit er nicht durch einen Jahresüberschuss gedeckt ist) auch dann von dem in Rede stehenden übersteigenden Betrag nach § 150 Abs. 4 Satz 1 AktG gedeckt werden dürfen, wenn noch andere auflösbare Gewinnrücklagen (außer der Rücklage für eigene Anteile) vorhanden sind, aber nicht gleichzeitig durch Gewinnausschüttung aufgelöst werden.[994]

(β)     Rücklage für eigene Anteile

Auf die Bildung und Auflösung der Rücklage für eigene Anteile gemäß § 272 Abs. 4 HGB wurde schon prinzipiell eingegangen. Die Ausführungen an dieser Stelle können sich deshalb auf den Hinweis beschränken, dass wegen des besonderen Charakters der Rücklage für eigene Anteile ihre Bildung auch dann vorgenommen werden muss, wenn hierdurch ein **Bilanzverlust** entsteht. Allerdings ist die gesetzliche Rücklage unabhängig von dieser Regelung zu bilden, wenn vor Dotierung der Rücklage für eigene Anteile ein Jahresüberschuss vorlag. Ausgangspunkt für die gesetzliche Rücklagenbildung stellt stets § 150 Abs. 2 AktG dar, der als Berechnungsgrundlage den Jahresüberschuss abzüglich eines Verlustvortrags aus dem Vorjahr **vor jeglicher Rücklagenzuführung** nennt. Folglich erhöht sich bei derartigen Konstellationen ein Bilanzverlust.[995] Die Bildung und Auflösung der Rücklage für eigene Anteile ist ebenfalls gemäß § 158 Abs. 1 AktG über die Gewinn- und Verlustrechnung vorzunehmen.

(γ)     Satzungsmäßige Rücklagen

Die Bildung von auf Satzung oder Gesellschaftsvertrag beruhender Rücklagen gemäß § 266 Abs. 3 Posten A. III. 3. bzw. § 272 Abs. 3 Satz 2 HGB kann für die AG und auch die GmbH in Betracht kommen. Derartige zweckgebundene oder freie Rücklagen sind aus dem Jahresüberschuss nach Maßgabe der in der Satzung oder im Gesellschaftsvertrag festgelegten Vereinbarungen vom **Vorstand** bzw. der **Geschäftsführung** zu Lasten des ausschüttbaren Bilanzgewinns zu bilden (§ 29 Abs. 1 Satz 1 GmbHG). Darüber hinaus kann die Satzung oder der Gesellschaftsvertrag vorsehen, dass die **Haupt- bzw. die Gesellschafterversammlung** die Möglichkeit besitzen, Beträge des ausschüttungsfähigen Gewinns in die satzungsmäßige Rücklage einzustellen (§ 58 Abs. 3 Satz 2 AktG; § 29 Abs. 2 GmbHG). Unter Berück-

---

[994]  Vgl. *ADS* 1997a, Anm. 64 zu § 150 AktG, S. 243.
[995]  Vgl. *ADS* 1997a, Anm. 41 zu § 150 AktG, S. 238.

sichtigung von § 158 Abs. 1 AktG sind bei der Bildung von satzungsmäßigen Rücklagen grundsätzlich die folgenden Buchungssätze anzuwenden:

(1) **Einstellungen in**          an       **Satzungsmäßige**
    **Satzungsmäßige**                     **Rücklagen**
    **Rücklagen**

(2) **Bilanzergebniskonto**       an       **Einstellungen in**
                                           **Satzungsmäßige Rücklagen.**

(δ)      Andere Gewinnrücklagen
Die Vorschriften über die Dotierung anderer Gewinnrücklagen i. S. v. § 266 Abs. 3 Posten A. III. 4. bzw. § 272 Abs. 3 Satz 2 HGB sind für die AG in § 58 AktG detailliert geregelt. Stellt die **Hauptversammlung** den Jahresabschluss fest[996] (§ 173 Abs. 1 AktG), dann **darf** aus dem Jahresüberschuss (Wahlrecht) aufgrund einer **Satzungsbestimmung** höchstens die Hälfte des Jahresüberschusses in die anderen Gewinnrücklagen eingestellt werden (§ 58 Abs. 1 Satz 2 AktG).[997] Die maximale Dotierung der anderen Gewinnrücklagen lässt sich in diesem Fall nach folgender Formel ermitteln (REINa = Einstellungen in andere Gewinnrücklagen).

$$REINa = 0,5 \cdot (Jnach - VV - REINg).$$

Die Ausgangsgröße, der Jahresüberschuss, darf nur um solche Komponenten gekürzt werden, für deren Verwendung ein **gesetzlicher Zwang** bzw. ein **unabdingbares Erfordernis** besteht (§ 58 Abs. 1 Satz 3 AktG).[998]

Stellen **Vorstand und Aufsichtsrat** gemäß § 172 AktG den Jahresabschluss fest (Regelfall), so können sie bis zu 50 % des Jahresüberschusses (Wahlrecht) in die anderen Gewinnrücklagen einstellen (§ 58 Abs. 2 Satz 1 AktG). Die Satzung der Gesellschaft kann sie jedoch auch »... zur Einstellung eines größeren oder kleineren Teils des Jahresüberschusses ermächtigen« (§ 58 Abs. 2 Satz 2 AktG). Allerdings dürfen Vorstand und Aufsichtsrat aufgrund einer solchen **Satzungsermächtigung** keine Beträge einstellen, »... wenn die anderen Gewinnrücklagen die Hälfte des Grundkapitals übersteigen oder soweit sie nach der Einstellung die Hälfte übersteigen würden« (§ 58 Abs. 2 Satz 3 AktG). Vor der Bildung der anderen Gewinnrücklagen ist auch in diesem Falle der Jahresüberschuss um diejenigen Beträge, die den **gesetzlichen Rücklagen** zuzuführen sind und um einen **Verlustvortrag** aus dem Vorjahr zu kürzen (§ 58 Abs. 2 Satz 4 AktG).

Durch die grundsätzlich hälftige Regelung von § 58 Abs. 1 und Abs. 2 AktG bezüglich der Entscheidungsbefugnis über die Verwendung des (restlichen) Jahresüberschusses kommt die sog. **Kompetenzabgrenzungsfunktion** des aktienrechtlichen Jahresabschlusses zum Ausdruck. Während maximal 50 % des (restlichen) Jahresüberschusses von der **Unternehmensleitung** in Form von **Gewinnthesaurierungen** einbehalten werden können, entscheiden die Aktionäre über die Verwendung des um einen Verlustvortrag aus dem Vorjahr und um die vorgenommenen Einstellungen in die Gewinnrücklagen gekürzten Jahresüberschus-

---

996  Mit der Feststellung des Jahresabschlusses ist die Genehmigung des aufgestellten Jahresabschlusses durch das gesetzlich oder gesellschaftsvertraglich vorgesehene Organ gemeint (z. B. Haupt- oder Gesellschafterversammlung bzw. Vorstand und Aufsichtsrat).

997  Sofern die Hauptversammlung den Jahresabschluss feststellt, darf sie grundsätzlich »... nur die Beträge in Gewinnrücklagen einstellen, die nach Gesetz oder Satzung einzustellen sind« (§ 173 Abs. 2 Satz 2 AktG).

998  Vgl. *ADS* 1997a, Anm. 14 zu § 58 AktG, S. 158 f.

ses (§ 174 Abs. 1 AktG). Unter Berücksichtigung von § 158 Abs. 1 AktG sind bei der Bildung anderer Gewinnrücklagen grundsätzlich die folgenden Buchungssätze anzuwenden:

(1) Einstellungen in    an    Andere
    Andere Gewinnrücklagen         Gewinnrücklagen

(2) Bilanzergebniskonto    an    Einstellungen in
                                 Andere Gewinnrücklagen.

---

**Beispiel:**

Die X-AG hat ein Grundkapital in Höhe von 550.000 €, gesetzliche Rücklagen von 48.500 €, andere Gewinnrücklagen von 245.000 €, einen Verlustvortrag aus dem Vorjahr von 10.000 € und einen Jahresüberschuss von 25.000 €. Auf den folgenden Konten sind die Buchungen für die Verwendung des Jahresüberschusses unter Berücksichtigung der gesetzlichen Regelungen von § 150 Abs. 2 und § 58 Abs. 2 AktG durchgeführt, wenn Vorstand und Aufsichtsrat möglichst hohe Einstellungen in die anderen Gewinnrücklagen wünschen und den Jahresabschluss feststellen. Die Satzung der X-AG enthält keine Regelungen bezüglich der Dotierung der anderen Gewinnrücklagen:

(1) REINg = $0,05 \cdot (25.000\,€ - 10.000\,€) = 750\,€$
(2) REINa = $0,5 \cdot (25.000\,€ - 10.000\,€ - 750\,€) = 7.125\,€$.

Kontenmäßige Darstellung:

| S | Ergebnisvortragskonto | | H |
|---|---|---|---|
| | € | | € |
| | 10.000[999] | (1) | 10.000 |

| S | Jahresergebniskonto | | H |
|---|---|---|---|
| | € | | € |
| (2) | 25.000[1000] | | 25.000 |

| S | Bilanzergebniskonto | | H |
|---|---|---|---|
| | € | | € |
| (1) | 10.000 | (2) | 25.000 |
| (3) | 750 | | |
| (4) | 7.125 | | |
| (5) | 7.125 | | |
| | 25.000 | | 25.000 |

| S | Einstellungen in Gewinnrücklagen | | H |
|---|---|---|---|
| | € | | € |
| (6) | 750 | (3) | 750 |
| (7) | 7.125 | (4) | 7.125 |
| | 7.825 | | 7.825 |

| S | Gesetzliche Rücklage | | H |
|---|---|---|---|
| | € | | € |
| (8) EB | 49.250 | AB | 48.500 |
| | | (6) | 750 |
| | 49.250 | | 49.250 |

| S | Andere Gewinnrücklagen | | H |
|---|---|---|---|
| | € | | € |
| (9) EB | 252.125 | AB | 245.000 |
| | | (7) | 7.125 |
| | 252.125 | | 252.125 |

---

999    Der Verlustvortrag aus dem Vorjahr wurde wie folgt auf das Ergebnisvortragskonto verbucht: Ergebnisvortragskonto an Eröffnungsbilanzkonto 10.000 €.

1000    Der Betrag von 25.000 € stellt den Unterschied zwischen den auf dem Jahresergebniskonto verbuchten Aufwendungen und Erträge dar.

| S | Schlussbilanz(konto) der X-AG zum 31. 12. 2005 | | H |
|---|---|---|---|
| | | € | € |
| A. Anlagevermögen | A. Eigenkapital | | |
| | I. Gezeichnetes Kapital | | 550.000 |
| B. Umlaufvermögen | II. Gewinnrücklagen | | |
| | (8)   1. Gesetzliche Rücklage | | 49.250 |
| C. Rechnungsabgrenzungs- | (9)   2. Andere Gewinn- | | |
| posten | rücklagen | | 252.125 |
| | (5) III. Bilanzgewinn | | 7.125 |
| | | | |
| | B. Rückstellungen | | |
| | | | |
| | C. Verbindlichkeiten | | |
| | | | |
| | D. Rechnungsabgrenzungs- | | |
| | posten | | |
| | | | |

Darüber hinaus besteht für den Vorstand und Aufsichtsrat die Möglichkeit, den **Eigenkapitalanteil** von Wertaufholungen des Anlage- und Umlaufvermögens sowie von Sonderposten mit Rücklageanteil, die gemäß § 273 Satz 1 HGB im handelsrechtlichen Jahresabschluss nicht gebildet werden dürfen, in die anderen Gewinnrücklagen einzustellen (§ 58 Abs. 2a Satz 1 AktG). Ähnliches gilt für die Geschäftsführer einer GmbH, die mit Zustimmung des Aufsichtsrats oder der Gesellschafter eine entsprechende Dotierung der anderen Gewinnrücklagen vornehmen können. Während es sich bei den Wertaufholungen um Zuschreibungen auf Aktivposten handelt, die nach § 280 Abs. 1 HGB zwingend unter Inkaufnahme der entsprechenden Ertragsteuerbelastung vorzunehmen sind[1001], beziehen sich die Wertaufholungen der genannten Sonderposten auf diejenigen Fälle, in denen das Steuerrecht im Rahmen der Durchbrechung der umgekehrten Maßgeblichkeit auf einen Ansatz der steuerfreien Rücklagen verzichtet.[1002] Bei der Bestimmung des Eigenkapitalanteils der steuerrechtlich wirksamen Zuschreibung bzw. der im steuerrechtlichen Jahresabschluss gebildeten Rücklage wird die Ertragsteuerbelastung grds. **individuell** ermittelt. Die ehemals im Schrifttum geführte Diskussion, eine pauschale Ermittlung wahlweise zu gestat-

---

1001   Hierdurch besteht die Möglichkeit, Zuschreibungserträge, die nicht von Einnahmen begleitet werden, in Höhe des Eigenkapitalanteils zunächst der Ausschüttung zu entziehen. Der auf diese Erträge entfallende Fremdkapitalanteil, der dem Fiskus zusteht, mindert in Form der Steuern vom Einkommen und vom Ertrag (Körperschaft- und Gewerbesteuer) den Jahresüberschuss und steht damit auch nicht für Ausschüttungszwecke zur Verfügung.

1002   Sofern eine derartige steuerfreie Rücklage in der Steuerbilanz gebildet wird, übersteigt der handelsrechtliche Jahresüberschuss vor Ertragsteuern die ertragsteuerliche Bemessungsgrundlage. Nach § 274 Abs. 1 HGB ist in diesem Falle eine Rückstellung in Höhe der voraussichtlichen Steuerbelastung zu bilden. Durch die zusätzliche Thesaurierung des Eigenkapitalanteils wird im Ergebnis der Bilanzgewinn um genau denjenigen Betrag gemindert, der entstehen würde, wenn diese Rücklage auch im handelsrechtlichen Jahresabschluss gebildet worden wäre.

ten, verstößt nach h. M. gegen die Generalnorm des § 264 Abs. 2 HGB.[1003] Der Kapitalgesellschaft wird jedoch die Alternative eingeräumt, den Eigenkapitalanteil in maximalem Umfang oder in Höhe eines Zwischenwertes in die anderen Gewinnrücklagen einzustellen, wobei jedoch der unausgeschöpfte Betrag später nicht nachgeholt werden kann.[1004] Infolgedessen besteht im Rahmen dieses **Gewinnverwendungswahlrechts** ein beträchtlicher Ermessensspielraum zur Bestimmung der Höhe des Eigenkapitalanteils. Als Besonderheit ist in diesem Zusammenhang zu berücksichtigen, dass bei Aktiengesellschaften Vorstand und Aufsichtsrat bzw. die Hauptversammlung den Eigenkapitalanteil ohne Anrechnung auf die Restriktionen von § 58 Abs. 1 und Abs. 2 AktG in die anderen Gewinnrücklagen einstellen dürfen. Durch die Bildung anderer Gewinnrücklagen in Höhe des Eigenkapitalanteils wird mithin der aus steuerwirksamen Zuschreibungen und nicht von der Umkehrmaßgeblichkeit erfassten Rücklagenbildungen resultierende Gewinn, der nicht dem Fiskus zusteht, zunächst der Ausschüttung an die Anteilseigner entzogen. Im Hinblick auf die Zuschreibungen im Anlage- und Umlaufvermögen besteht folglich die Möglichkeit, die hieraus entspringende Erhöhung des Jahresergebnisses zu thesaurieren.

---

**Beispiel:**

Eine AG musste in Höhe von 120.000 € in der Handels- und Steuerbilanz eine Zuschreibung auf Gegenstände des Vorratsvermögens nach § 280 Abs. 1 Satz 1 HGB vornehmen. Unter Zugrundelegung eines durchschnittlichen Ertragsteuersatzes von 40 % errechnet sich der sog. Eigenkapitalanteil (EKA) wie folgt.

$$EKA = (1 - 0.4) \cdot 120.000\,€ = 72.000\,€.$$

Die Dotierung der anderen Gewinnrücklagen in Höhe des Eigenkapitalanteils könnte im handelsrechtlichen Jahresabschluss dann wie nachstehend gezeigt vorgenommen werden:

(1) Einstellungen in        an      Andere Gewinnrücklagen      72.000 €
     Andere Gewinnrücklagen

(2) Bilanzergebniskonto        an      Einstellungen in
                                          Andere Gewinnrücklagen      72.000 €.

---

§ 58 Abs. 2a AktG und § 29 Abs. 4 GmbHG enthalten keine Regelungen, wann die gebildeten Gewinnrücklagen aufzulösen sind. Da diese Position einerseits nicht den Charakter einer Korrekturgröße zu den Beträgen der werterholten Vermögensgegenstände trägt bzw. andererseits nicht ein Substitut zur Durchsetzung steuerrechtlicher Vergünstigungen darstellt, sondern eindeutig darauf ausgerichtet ist, die aus Zuschreibungen und steuerrechtlichen Rücklagenbildungen resultierenden Eigenkapitalanteile der Gewinnverwendung zur Verfügung zu stellen, kann die Auflösung der in Rede stehenden Beträge nur im Rahmen der **Verfügungskompetenz der zuständigen Gesellschaftsorgane** erfolgen. Somit sind auch hier die allgemeinen Regelungen anzuwenden, die für die Auflösung des Bilanzpostens »Andere Gewinnrücklagen« gelten. Zur Steuerung der Gewinnrücklagen und damit

---

1003   Vgl. *Winkeljohann/Taetzner* 2006, Anm. 41 zu § 280 HGB, S. 1179.
1004   Vgl. *Winkeljohann/Taetzner* 2006, Anm. 39 und 46 zu § 280 HGB, S. 1179 f.

des Bilanzgewinns und der Ausschüttungen stehen dem Management von Kapitalgesellschaften mithin folgende **Wahlrechte** zusätzlich zur Verfügung.

- Einstellung des Eigenkapitalanteils in die Gewinnrücklagen oder nicht;
- Bestimmung der Höhe des Eigenkapitalanteils im Rahmen des Ermessensspielraumes;
- Auflösung der gebildeten Gewinnrücklage oder nicht.

Aus steuerrechtlicher Sicht ist die Bildung und Auflösung der Wertaufholungsrücklage allerdings **ohne Bedeutung**, da es sich um ein **Gewinnverwendungswahlrecht** handelt, das keinen Einfluss auf die Höhe der ertragsteuerlichen Bemessungsgrundlagen hat.

Schließlich besteht für die Haupt- bzw. die Gesellschafterversammlung bei der **Beschlussfassung** über die **Verwendung des Bilanzgewinns** die Möglichkeit, weitere Beträge in die Gewinnrücklage einzustellen oder als Gewinn auf das neue Geschäftsjahr vorzutragen (§ 58 Abs. 3 Satz 1 AktG; § 29 Abs. 2 GmbHG). Darüber hinaus kann die Hauptversammlung aufgrund einer **Satzungsermächtigung** auch eine andere Verwendung des Bilanzgewinns als die Einstellung in die Gewinnrücklagen oder die Verteilung unter die Aktionäre beschließen (§ 58 Abs. 3 Satz 2 AktG). Ähnliches gilt für die GmbH (§ 29 Abs. 2 GmbHG).

Abschließend zu den **Gewinnrücklagen** bleibt zum einen der Hinweis, dass die Posten in der Bilanz oder im **Anhang** der AG nach Maßgabe folgender Untergliederung anzugeben sind (§ 152 Abs. 3 AktG):

- Beträge, die die **Hauptversammlung** aus dem **Bilanzgewinn** des **Vorjahres** eingestellt hat;
- Beträge, die aus dem **Jahresüberschuss** des **Geschäftsjahres** (von der Hauptversammlung oder vom Vorstand und Aufsichtsrat) eingestellt werden;
- Beträge, die für das **Geschäftsjahr** entnommen werden.

Sofern sich die AG unter Berücksichtigung der Angabepflicht bezüglich der Bewegungen von Kapitalrücklagen gemäß § 152 Abs. 2 AktG für die Ausweisalternative im **Anhang** entscheidet, bietet sich eine zusammenfassende Darstellung in einem sog. **Rücklagenspiegel** an, die in **Abb. 209** gezeigt wird.[1005] Bei der GmbH können diese Angaben unterbleiben, da entsprechende Vorschriften nicht existieren. Im Rahmen einer umfassenden **Selbstdarstellungspolitik** empfiehlt es sich aber, freiwillige Angaben über die Ergebnisverwendung in Bilanz oder Anhang zu publizieren.[1006] Weiterhin ist zu berücksichtigen, dass die Dotierung der Gewinnrücklagen teilweise aus Gewinnen vorgenommen werden, die der Körperschaftsteuer unterliegen, d. h. aus sog. **versteuerten Rücklagen** stammen. Allerdings dürfen sowohl Zuführungen zu den Gewinnrücklagen als auch Entnahmen von versteuerten Gewinnrücklagen den Steuerbilanzerfolg nicht beeinflussen. Ausgangsgröße zur Ermittlung des körperschaftsteuerrechtlichen Einkommens ist stets das **handelsrechtliche Jahresergebnis**.

### d.d     Jahres-, Bilanzergebnis und Ausschüttung

### (a)     Grundlegendes

Von der **Ergebnisermittlung** durch Gegenüberstellung sämtlicher Aufwendungen und Erträge einer Periode ist die **Ergebnisverwendung** (Verlusttilgung, Rücklageneinstellungen, Ausschüttung) zu unterscheiden. Während das **Jahresergebnis** (Jahresüberschuss/Jahresfehlbetrag) den Saldo von Aufwendungen und Erträgen zum Ausdruck bringt, zeigt

---

1005    Die Abbildung wurde modifiziert übernommen von *Weber* 1990, Anm. 18 zu § 58, § 150 AktG, S. 2215.
1006    Vgl. *Förschle/Hoffmann* 2006b, Anm. 100 zu § 272 HGB, S. 995.

| Komponenten der Rücklagenbewegungen | Kapital-rücklage | Gewinnrücklagen | | | | | Bilanz-gewinn |
|---|---|---|---|---|---|---|---|
| | | Gesetz-liche Rücklage | Rücklage für eigene Aktien | Satzungs-mäßige Rück-lagen | Andere | |
| Vortrag zum 31.12. des Vorjahres | ••• | ••• | ••• | ••• | ••• | |
| Einstellung durch die Hauptversammlung aus dem Bilanzgewinn des Vorjahres | | + ••• | + ••• | + ••• | + ••• | |
| Gewinn-/Verlustvortrag | | | | | | ± ••• |
| Jahresüberschuss/-fehlbetrag | | | | | | ± ••• |
| Entnahmen | − ••• | − ••• | − ••• | − ••• | − ••• | + ••• |
| Einstellungen | + ••• | + ••• | + ••• | + ••• | + ••• | − ••• |
| Stand am 31.12. des laufenden Jahres | ••• | ••• | ••• | ••• | ••• | ••• |

Abb. 209: Beispielhafte Darstellung eines Rücklagenspiegels

das **Bilanzergebnis** (Bilanzgewinn/Bilanzverlust) die Weiterführung des Jahresergebnisses unter Berücksichtigung der Verrechnung eines **Ergebnisvortrags** (Gewinn- oder Verlustvortrag) aus dem Vorjahr, **Rücklagenentnahmen und/oder -einstellungen**. Im Rahmen der Ergebnisverwendung ist darauf zu achten, dass keine Teile des Jahresergebnisses an die Anteilseigner fließen, die von der Gewinnausschüttung ausgeschlossen sind. Derartige **Ausschüttungssperren** bestehen etwa für

- die Aktivierung **der Kosten für die Ingangsetzung und Erweiterung des Geschäftsbetriebes** (§ 269 HGB),
- die Aktivierung der sog. **latenten Steuern** (§ 274 Abs. 2 HGB).

Darüber hinaus können Ausschüttungssperren in gesetzlichen, satzungsmäßigen oder vertraglichen Bestimmungen über die Dotierungspflichten von Gewinnrücklagen begründet sein.

Im Hinblick auf die Darstellung der Verwendung des Jahresergebnisses spielen die vom Handelsrecht vorgesehenen **Aufstellungsmöglichkeiten der Bilanz** von Kapitalgesellschaften eine entscheidende Rolle. Wie **Abb. 210** zeigt, kann die Jahresbilanz grundsätzlich vor oder nach Verwendung des Jahresergebnisses von den Gesellschaftsvertretern nach § 264 Abs. 1 HGB aufgestellt werden. Im ersten Fall wurden noch **keine Maßnahmen** getroffen, die die Entwicklung vom Jahres- zum Bilanzergebnis berühren. Die Begründung für eine derartige Vorgehensweise kann etwa darin liegen, dass bis zum Zeitpunkt der Bilanzaufstellung noch keine Entscheidungen über die Ergebnisverwendung vorliegen. Diese Konstellation ist für eine GmbH typisch, da i. d. R. die Gesellschafter erst nach diesem Zeitpunkt den Jahresabschluss feststellen (§ 42 a Abs. 1 Satz 1 GmbHG) und über die Ergebnisverwendung beschließen (§ 42 a Abs. 2 Satz 1 2. HS GmbHG). In dem vor Verwendung des Jahresergebnisses aufgestellten Jahresabschluss erscheint dann auf der Passivseite im Rahmen des Eigenkapitalausweises neben dem Ergebnis ggf. auch ein Ergebnisvortrag aus

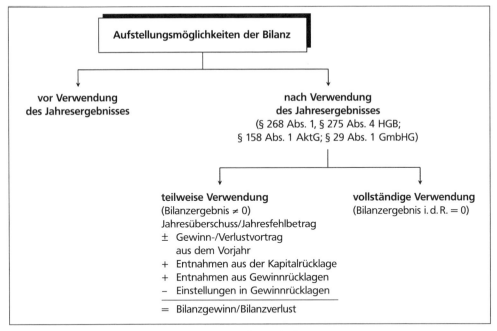

Abb. 210: Verwendung des Jahresergebnisses und Bilanzaufstellung

dem Vorjahr, aber nicht das Bilanzergebnis. Der entsprechende **Körperschaftsteueraufwand** und damit die **Körperschaftsteuerrückstellung** sind von der zur Aufstellung des Jahresabschlusses der GmbH verpflichteten Geschäftsführung gemäß § 278 Satz 1 2. HS HGB auf der Basis des **Vorschlags über die Ergebnisverwendung** zu berechnen, der von Gesellschaftern oder der Geschäftsführung gemacht werden kann (vgl. **Abb. 211**).

Sofern der Gesellschafterbeschluss über die Ergebnisverwendung von dem Vorschlag abweicht, braucht der Jahresabschluss **nicht geändert** zu werden (§ 278 Satz 2 HGB). Die entsprechenden Variationen der Posten der Bilanz (z. B. Rücklagendotierungen) sowie der Gewinn- und Verlustrechnung sind dann im **Jahresabschluss der Folgeperiode** zu berücksichtigen.

§ 268 Abs. 1 HGB unterscheidet auf der Basis der Aufstellungsmöglichkeit der Bilanz nach Verwendung des Jahresergebnisses in **zwei weitere Alternativen**, die dadurch gekennzeichnet sind, dass bereits Maßnahmen getroffen wurden, die die Entwicklung vom Jahres- zum Bilanzergebnis berühren. Der Fall der **teilweisen Verwendung** des Jahresergebnisses ist für die **aktienrechtliche Ergebnisverteilung** typisch. Wie gezeigt wurde, be-

|   | Jahresüberschuss/Jahresfehlbetrag |
|---|---|
| + | Entnahmen aus der Kapitalrücklage |
| + | Entnahmen aus Gewinnrücklagen |
| – | Einstellungen in Gewinnrücklagen |
| – | Auszuschüttender Betrag |
| = | Gewinn-/Verlustvortrag auf neue Rechnung |

Abb. 211: Beispiel für einen Ergebnisverwendungsvorschlag bei der GmbH

stehen für die Verwaltung der AG die Verpflichtungen und/oder die Wahlrechte, über einen Teil des Jahresüberschusses (z. B. Verlusttilgung, Dotierung von gesetzlichen Rücklagen und anderen Gewinnrücklagen) und über in Vorjahren gebildete Gewinnvorträge, Kapital- und/oder Gewinnrücklagen zu verfügen. Sofern nach diesen Eingriffen in die Ergebnisverwendung ein **Bilanzgewinn** verbleibt, haben die Aktionäre über seine weitere Verwendung in der Hauptversammlung zu beschließen, wobei sie an den festgestellten Jahresabschluss gebunden ist (§ 174 Abs. 1 AktG). Falls ein **Bilanzverlust** entsteht, wird dieser als Verlustvortrag aus dem Vorjahr auf die neue Rechnung vorgetragen. § 268 Abs. 1 Satz 2 HGB bringt vor dem Hintergrund der Bilanzaufstellung bei teilweiser Verwendung des Jahresergebnisses zum Ausdruck, dass »… an die Stelle der Posten ›Jahresüberschuss/Jahresfehlbetrag‹ und ›Gewinnvortrag/Verlustvortrag‹ der Posten ›Bilanzgewinn/Bilanzverlust‹ …«, tritt und »… ein vorhandener Gewinn- oder Verlustvortrag in den Posten ›Bilanzgewinn/Bilanzverlust‹ einzubeziehen und in der Bilanz oder im Anhang gesondert anzugeben« ist. Darüber hinaus muss die Gewinn- und Verlustrechnung nach dem Posten Jahresüberschuss/Jahresfehlbetrag laut der Gliederungsvorschrift von § 158 Abs. 1 AktG fortgeführt werden. Dem Vorstand obliegt bei einem positiven Ergebnis die Verpflichtung, dem Aufsichtsrat einen **Vorschlag** zur Verwendung des Bilanzgewinns vorzulegen, den er der Hauptversammlung machen will (§ 170 Abs. 2 Satz 1 AktG). **Abb. 212** zeigt die von § 170 Abs. 2 Satz 2 AktG vorgesehene Gliederungsvariante des Gewinnverwendungsvorschlags.

Die Berechnung des **Körperschaftsteueraufwands** bzw. der **Körperschaftsteuerrückstellung** ist gemäß § 278 Satz 1 2. HS HGB auf der **Grundlage des Gewinnverwendungsvorschlags** vorzunehmen. Wie bereits erwähnt wurde, ist die Hauptversammlung aber nicht an den Gewinnverwendungsvorschlag des Vorstands gebunden, sondern sie kann »… weitere Beträge in Gewinnrücklagen einstellen oder als Gewinn vortragen« (§ 58 Abs. 3 Satz 1 AktG). Allerdings wurde in § 254 Abs. 1 AktG eine Sperre gegen **missbräuchliche Thesaurierungen** verankert, nach der Gewinnverwendungsbeschlüsse angefochten werden können, wenn aus einem verwendungsfähigen Gewinn nicht mindestens 4 % Dividende zur Ausschüttung kommen und die Einstellungen in die Gewinnrücklage bzw. der Gewinnvortrag auf die neue Rechnung »… bei vernünftiger kaufmännischer Beurteilung nicht notwendig ist, um die Lebens- und Widerstandsfähigkeit der Gesellschaft …« zu sichern. Das Recht der Haupt- oder Gesellschafterversammlung, über die Verwendung des (Bilanz-)Ergebnisses zu entscheiden (§ 174 Abs. 1 AktG; § 29 Abs. 2 GmbHG), stellt aber keine Verwendung des Jahresergebnisses nach § 268 Abs. 1 HGB dar.[1007] Hieraus folgt, dass von dem in Rede stehenden Recht der Haupt- oder Gesellschafterversammlung nur solche Vorgänge betroffen sind, die nicht im Zuge der Aufstellung des Jahresabschlusses zu berücksichtigen sind.[1008]

Beschließt nun die Hauptversammlung gemäß § 174 Abs. 1 Satz 1 AktG abweichend von dem Gewinnverwendungsvorschlag des Vorstands eine legale (teilweise) Zuführung des Bilanzgewinns aus dem steuerrechtlichen Ergebnis zu den Gewinnrücklagen und/oder zum Gewinnvortrag, dann entstand nach dem **Anrechnungsverfahren** durch die nun höhere Tarifbelastung der Körperschaftsteuer ein zusätzlicher Aufwand (§ 174 Abs. 2 Nr. 5 AktG). Laut § 174 Abs. 3 AktG war dieser **zusätzliche Aufwand** jedoch nicht in dem Jahresabschluss, über den die Hauptversammlung bezüglich der Verwendung des Bilanzgewinns Beschluss fasst, zu berücksichtigen, sondern erst im nächsten Jahresabschluss.

1007   Vgl. zur Gewinnverteilung im Falle ausstehender Einlagen auf das Grundkapital § 60 Abs. 2 AktG.
1008   Vgl. *ADS* 1997b, Anm. 15 zu § 268 HGB, S. 201.

1. Verteilung an die Aktionäre
2. Einstellung in Gewinnrücklagen
3. Gewinnvortrag
4. Bilanzgewinn

Abb. 212: Struktur des aktienrechtlichen Gewinnverwendungsvorschlags

Ähnliches galt für (zusätzliche) Dotierungen der Gewinnrücklagen und/oder Gewinnvorträge, die von der Hauptversammlung abweichend vom Gewinnverwendungsvorschlag des Vorstands vorgenommen wurden. Aufgrund des seit dem 01.01.2001 geltenden Körperschaftsteuerrechts, das von einem definitiven Körperschaftsteuersatz in Höhe von 25 % ausgeht (§ 23 Abs. 1 KStG), kann ein Körperschaftsteueraufwand infolge **zusätzlicher Gewinnthesaurierungen** durch die Hauptversammlung künftig nicht mehr auftreten. Die entsprechenden Buchungen, die unmittelbar nach der Hauptversammlung durchzuführen sind, lauten dann wie folgt:

**Ergebnisverwendungskonto**[1009]    an    –  **Gewinnrücklagen**
                                              **(Rücklageneinstellungen)**
                                        –  **Bilanzergebniskonto**
                                              **(Gewinnvortrag).**

Mithin verbleibt auf der Sollseite des Ergebnisverwendungskontos als Saldo derjenige Betrag, den die Hauptversammlung zur Ausschüttung an die Aktionäre freigegeben hat (**Bardividende**). Jedoch ist zu beachten, dass die an den Fiskus ggf. abzuführende **Kapitalertragsteuer** nicht an die Aktionäre ausgeschüttet wird, sondern bis zur Abführung an das Finanzamt auf dem Konto »**Sonstige Verbindlichkeiten**« verbleibt. Ähnliches gilt für die **Nettodividende** (Bardividende – Kapitalertragsteuer), die ebenfalls bis zur Überweisung an die Aktionäre auf dem Konto »Sonstige Verbindlichkeiten« zu erfassen ist.[1010] Infolgedessen wird das Ergebnisverwendungskonto durch die nachstehende Buchung zum Ausgleich gebracht:

**Ergebnisverwendungskonto**    an    **Sonstige Verbindlichkeiten**
                                      **(Kapitalertragsteuer und**
                                      **Nettodividende).**

Allerdings kann auch die Konstellation eintreten, dass der Vorstand (zusätzliche) Dotierungen der Gewinnrücklagen und Gewinnvorträge vorgeschlagen hat, denen die Hauptversammlung in ihrem Gewinnverwendungsbeschluss aber nicht folgt. In diesem Fall war nach dem **Anrechnungsverfahren** die im Jahresabschluss ausgewiesene **Körperschaftsteuerbelastung** zu hoch und musste korrigiert werden. Der zusätzliche »Körperschaftsteuerertrag« war analog zu § 170 Abs. 2 Nr. 1 bis 3 AktG entweder auszuschütten, in die Gewinnrücklagen einzustellen oder in den Gewinnvortrag zu übernehmen.[1011] Infolge der Reform des Körperschaftsteuerrechts kann es auch keinen zusätzlichen Körperschaftsteuerertrag mehr geben, der infolge eines Beschlusses der Hauptversammlung entsteht, mehr als den

---

1009    Der Betrag auf der Habenseite des Ergebnisverwendungskontos entspricht dem vom Vorstand zur Ausschüttung vorgeschlagenen Bilanzgewinn. Dieser Betrag wurde wie folgt verbucht: Eröffnungsbilanzkonto an Ergebnisverwendungskonto.
1010    Vgl. *Hoyos/Ring* 2006c, Anm. 246 zu § 266 HGB, S. 861 f.
1011    Vgl. *ADS* 1997b, Anm. 196 zu § 275 HGB, S. 518 f.; *ADS* 1997a, Anm. 47 zu § 174 AktG, S. 411 f.

vorgeschlagenen Bilanzgewinn an die Anteilseigner auszuschütten. Analog zur vorstehend dargestellten Situation einer (zusätzlichen) Gewinnthesaurierung durch die Hauptversammlung wäre dann wie folgt zu buchen:

| | | | |
|---|---|---|---|
| (1) | – **Gewinnrücklagen** (**Rücklagenentnahmen**) | **an** | **Ergebnisverwendungskonto** |
| | – **Bilanzergebniskonto** (**Korrektur Gewinnvortrag**) | | |
| (2) | **Ergebnisverwendungskonto** | **an** | **Sonstige Verbindlichkeiten** (**Kapitalertragsteuer und Nettodividende**). |

Der am Beispiel der aktienrechtlichen Rechnungslegung beschriebene Fall der Bilanzaufstellung unter Berücksichtigung der teilweisen Verwendung des Jahresergebnisses kann aber auch bei der **GmbH** auftreten. Sofern etwa der Gesellschaftsvertrag die Geschäftsführung nach § 29 Abs. 1 Satz 1 2. HS GmbHG ermächtigt, Rücklageneinstellungen vorzunehmen oder bereits Gesellschafterbeschlüsse im Hinblick auf Rücklagendotierungen vor der Erstellung des Jahresabschlusses und des Gewinnverwendungsbeschlusses vorliegen,[1012] gelten die vorstehenden Ausführungen analog. Die Gesellschafter haben dann gemäß § 29 Abs. 1 Satz 2 GmbHG Anspruch auf den **Bilanzgewinn**. Darüber hinaus können aber auch die Gesellschafter der GmbH auf der Basis des von der Geschäftsführung für die Ausschüttung unterstellten Bilanzgewinns im Rahmen ihres **Ergebnisverwendungsbeschlusses** Beträge in Gewinnrücklagen einstellen oder als Gewinn auf die neue Rechnung vortragen, wenn der Gesellschaftsvertrag nichts anderes bestimmt (§ 29 Abs. 2 GmbHG). Der zu diesem Zeitpunkt i. d. R. festgestellte Jahresabschluss braucht dann aber nicht mehr geändert zu werden (§ 278 Satz 2 HGB).

Schließlich sieht § 268 Abs. 1 Satz 1 HGB auch den Fall vor, dass die Bilanz von Kapitalgesellschaften unter Berücksichtigung der **vollständigen Verwendung des Jahresergebnisses** aufgestellt werden kann. Bei einer derartigen Konstellation verbleibt **grundsätzlich** im Rahmen der Ergebnisverwendung weder ein Bilanzgewinn noch ein Bilanzverlust, weil das Jahresergebnis und/oder vorgenommene Rücklagenentnahmen den entsprechenden Bilanzposten zugeschrieben wurden. Folglich tauchen auf der Passivseite einer Bilanz, die unter Berücksichtigung der vollständigen Verwendung des Jahresergebnisses aufgestellt wurde, die Posten Jahres- und Bilanzergebnis in aller Regel nicht auf. Die Gewinn- und Verlustrechnung endet dann entsprechend mit dem Posten **Jahresüberschuss/Jahresfehlbetrag**.[1013] Als Gründe können etwa die Ausgleichspflicht eines Jahresfehlbetrags durch Rücklagenauflösung, die Deckung eines Verlustvortrags durch einen Jahresüberschuss sowie satzungsmäßige Ermächtigungen zur Einstellung in Gewinnrücklagen bei der AG genannt werden, die zu einem Bilanzergebnis in Höhe von Null führen. Darüber hinaus besteht im Hinblick auf die GmbH auch die Möglichkeit, dass die Gesellschafter bereits **vor Auf- und Feststellung des Jahresabschlusses** über die Ergebnisverwendung beschlossen haben, wodurch das gesamte Jahresergebnis mit dem Zeitpunkt der Beschlussfassung als verwendet gilt. In diesem Fall sind die vorgesehenen Netto-Ausschüttungen als **Verbindlichkeiten gegenüber den Gesellschaftern** auszuweisen (§ 42 Abs. 3 GmbHG).[1014]

---

1012  Vgl. *Ahrenkiel* 2002, Anm. 7 zu § 10, S. 540.
1013  Zu Ausnahmen vgl. *ADS* 1997b, Anm. 33 zu § 268 HGB, S. 213 f.
1014  Vgl. *Ellrott/Krämer* 2006b, Anm. 8 zu § 268 HGB, S. 888 f.

Allerdings können sich nachträgliche Änderungen des Körperschaftsteuerergebnisses infolge abweichender Hauptversammlungsbeschlüsse von den Gewinnverwendungsvorschlägen des Vorstandes künftig ergeben, wenn zur Speisung höherer Ausschüttungen als von der Unternehmensleitung vorgesehen, innerhalb des vom Körperschaftsteuergesetz vorgesehenen Übergangszeitraumes nach dem **modifizierten Anrechnungsverfahren** auf mit Körperschaftsteuer vorbelastete oder unbelastete Gewinnrücklagen zurückgegriffen wird. Sofern mit 40 % vorbelastete Altgewinne zur Verwendung kommen, entsteht durch den Hauptversammlungsbeschluss ein »Körperschaftsteuerertrag« in Höhe der Körperschaftsteuerminderung, der wie folgt zusätzlich zu verbuchen wäre:

(1) – **Entnahmen aus Gewinnrücklagen**      an      **Ergebnisverwendungskonto**[1015]
       **(Rücklagenentnahmen)**
    – **Steuerrückstellungen**
       **(Korrektur Körperschaftsteueraufwand)**

(2) **Ergebnisverwendungskonto**      an      **Sonstige Verbindlichkeiten**
                                                    **(Kapitalertragsteuer und**
                                                    **Nettodividende).**

---

**Beispiel:**
Unterstellt man bezüglich der zuvor angesprochenen Aktiengesellschaft[1016], dass die Auflösung der mit 40 % Körperschaftsteuer vorbelasteten Gewinnrücklagen nach der Körperschaftsteuerreform, aber noch innerhalb des Übergangszeitraums, in Höhe von 150.000 € durch einen abweichenden Hauptversammlungsbeschluss erfolgt wäre, dann hätte unter Berücksichtigung einer 20 %igen Kapitalertragsteuer auf die zusätzliche Bardividende (175.000 €) von 35.000 € die entsprechende Buchung folgendes Aussehen:

(1) – Entnahmen aus
       Gewinnrücklagen      150.000 €     an     Ergebnisverwendungskonto     175.000 €
    – Steuerrückstellungen     25.000 €

(2) Ergebnisverwendungskonto            an     Sonstige Verbindlichkeiten     175.000 €.

---

Wird hingegen auf unbelastete Altgewinne zum Zwecke der zusätzlichen Ausschüttungsspeisung zurückgegriffen, dann entsteht ein zusätzlicher Körperschaftsteueraufwand i. S. v. § 174 Abs. 2 Nr. 5 AktG. In diesem Fall wäre wie folgt zu buchen:

Entnahmen aus      an     – Ergebnisverwendungskonto
Gewinnrücklagen                (Kapitalertragsteuer und Nettodividende)[1017]
                           – Steuerrückstellung (zusätzlicher Körperschaftsteueraufwand).

---

**Beispiel:**
Nun soll im Hinblick auf das vorstehende Beispiel angenommen werden, dass die Auflösung der mit 0 % Körperschaftsteuer vorbelasteten Gewinnrücklagen nach der Körperschaftsteuerreform, aber noch innerhalb des Übergangszeitraums, in Höhe von 140.000 €

---

1015   In diesem Fall wird die Ausschüttung um die Körperschaftsteuerminderung erhöht.
1016   Vgl. hierzu das Beispiel im Fünften Teil zu Gliederungspunkt II.A.
1017   In diesem Fall wird die Ausschüttung um die Körperschaftsteuererhöhung gemindert.

durch einen abweichenden Hauptversammlungsbeschluss erfolgt wäre. Unter Berücksichtigung einer 20 %igen Kapitalertragsteuer auf die zusätzliche Bardividende (98.000 €) von 19.600 € lauten die entsprechenden Buchungen wie folgt:

(1) Entnahmen aus
Gewinnrücklagen 140.000 €     an     – Ergebnisverwendungskonto     98.000 €
                                     – Steuerrückstellungen             42.000 €.

### (b)     Ergebnisabhängige Aufwendungen

(α)     Definition und Ermittlung

Die Berechnungsgrundlage für die Bestimmung sog. ergebnisabhängiger Aufwendungen (z. B. Tantiemen sowie Körperschaft- und Gewerbesteuer)[1018], das Jahres- oder Bilanzergebnis, ist erst dann bekannt, wenn die Höhe dieser Aufwendungen vorliegt. Da die in Rede stehenden Aufwendungen das Ergebnis mindern, sie aber erst feststehen, wenn das Ergebnis vorliegt, bietet es sich an, ihre Ermittlung mit Hilfe eines **Gleichungssystems** vorzunehmen, durch das der Erfolg und die ergebnisabhängigen Aufwendungen simultan zu berechnen sind. Wie im weiteren Verlauf der Abhandlung zu zeigen sein wird, können diese linearen Gleichungssysteme zur Erfassung erfolgsabhängiger Aufwendungen auch im Rahmen **handelsbilanzieller Gestaltungsprozesse** für Kapitalgesellschaften Verwendung finden. Darüber hinaus kann der **Abschlussprüfer** das simultane Gleichungssystem nutzen, um die ausgewiesenen erfolgsabhängigen Aufwendungen zu überprüfen. Zu diesen Zwecken braucht er lediglich die entsprechenden Variablen (z. B. Ertragsteuersätze, steuerrechtliche Modifikationen, Ausschüttung) in das Gleichungssystem einzusetzen, um die handelsrechtlich relevanten Erfolgsgrößen ggf. mit Hilfe eines **Tabellenkalkulationsprogramms** zu ermitteln.[1019]

(β)     Aufstellung interdependenter Gleichungssysteme

Geht man von einem vorläufigen Jahresüberschuss vor Ertragsteuern (vJvor) und Tantiemenaufwendungen (TA) aus, dann lässt sich der handelsrechtliche Jahresüberschuss (Jnach) wie folgt definieren (KSt = Körperschaftsteuer; GewSt = Gewerbesteuer):

(1) vJvor – KSt – GewSt – TA = Jnach oder
(2) Jnach + KSt + GewSt + TA = vJvor.

Die Größe vJvor ist der laufenden Buchhaltung der Kapitalgesellschaft zu entnehmen. Sie setzt sich grundlegend aus dem vorläufigen Erfolgssaldo des extern orientierten Rechnungswesens nach Vornahme sämtlicher Abschlussbuchungen (ohne ergebnisabhängige Aufwendungen) zusammen. Unterstellt man, dass auf das zu versteuernde Einkommen (zvE) die Definitivbelastung von sd = 25 % zur Anwendung gelangt (§ 23 Abs. 1 KStG), dann gilt für den Übergangszeitraum bezüglich des modifizierten Anrechnungsverfahrens infolge von Körperschaftsteueränderungen bei Ausschüttung aus mit 40 % vorbelasteten Gewinnrücklagen (A 40) bzw. aus mit 0 % vorbelasteten Gewinnrücklagen (A 0):

---

1018   Tantiemen-Aufwendungen für die Geschäftsleitung (Vorstand, Geschäftsführung) und/oder den Aufsichtsrat sind unter dem Posten 6.a) von § 275 Abs. 2 HGB auszuweisen.
1019   Vgl. *Freidank* 1999, S. 811–820; *Freidank* 2004a, S. 447–469.

(3) $KSt = \frac{1}{4} \cdot zvE - \frac{1}{6} \cdot A\,40 + \frac{3}{7} \cdot A\,0.$

Aufgrund der vielfältigen Durchbrechungen des Maßgeblichkeitsprinzips sowie der zu berücksichtigenden einkommen- und körperschaftsteuerrechtlichen Modifikationen sind handelsrechtlicher Jahresüberschuss (Jnach) und zu versteuerndes körperschaftsteuerrechtliches Einkommen (zvE) **nicht identisch**. Diese Abweichungen sind in **Abb. 213** mit der Größe ka gekennzeichnet worden.

Unter Berücksichtigung der Änderungsgröße ka ergibt sich sodann:

(4) $KSt = \frac{1}{4} \cdot (Jnach + ka) - \frac{1}{6} \cdot A\,40 + \frac{3}{7} \cdot A\,0.$

Wie **Abb. 213** zeigt, ist in dem Differenzbetrag ka die KSt selbst enthalten, die aber in dem aufzustellenden interdependenten Gleichungssystem veränderlichen Charakter tragen muss. Wird von der Änderungsgröße ka nun die KSt abgezogen, errechnet sich der konstante Ausdruck

(5) $ka^* = ka - KSt,$

der dann diejenigen Abweichungen zwischen Jnach und zvE erfasst, die nicht die Körperschaftsteuer betreffen. Auf Grund dieser Modifikation ergibt sich nun für Gleichung (4)

(6) $KSt = \frac{1}{4} \cdot (Jnach + ka^* + KSt) - \frac{1}{6} \cdot A\,40 + \frac{3}{7} \cdot A\,0$ oder nach Umformung

(7) $KSt = -\frac{1}{3} \cdot Jnach + KSt = \frac{1}{3} \cdot ka^* - \frac{2}{9} \cdot A\,40 + \frac{4}{7} \cdot A\,0.$

Um zur Bemessungsgrundlage der Gewerbesteuer (GewSt), dem Gewerbeertrag (GE) (§ 7 GewStG), zu gelangen, muss das körperschaftsteuerrechtliche Einkommen vor Verlustabzug noch um bestimmte gewerbesteuerrechtliche Modifikationen sowie den Abzug eines ggf. vorgetragenen Gewerbeverlustes (ga) korrigiert werden. Dies lässt sich wie in **Abb. 214** gezeigt darstellen (Vk = körperschaftsteuerrechtlicher Verlustabzug gemäß § 8 Abs. 4 KStG

| | Handelsrechtliches Jahresergebnis (Jnach) | |
|---|---|---|
| ± | Abweichungen der Handels- von der Ertragsteuerbilanz | |
| = | Steuerbilanzerfolg | |
| ± | Erfolgskorrekturen aufgrund einkommensteuerrechtlicher Vorschriften (§ 8 Abs. 1 KStG i. V. m. § 3, § 4 Abs. 5 EStG) | |
| + | Nicht abziehbare Steueraufwendungen, wie z. B. Körperschaftsteuer (§ 10 Nr. 2 KStG) | |
| + | Andere nicht abziehbare Aufwendungen (§ 9 Abs. 1 Nr. 2, § 10 Nr. 1, 3, 4 KStG) | |
| + | Verdeckte Gewinnausschüttungen (§ 8 Abs. 3 KStG) | ka |
| – | Verdeckte Einlagen | |
| – | Gewinnanteile und Geschäftsführervergütungen der persönlich haftenden Gesellschafter einer KGaA (§ 9 Abs. 1 Nr. 1 KStG) | |
| = | Korrigierter Steuerbilanzerfolg | |
| – | Verlustabzug (§ 8 Abs. 4 KStG i. V. m. § 10 d EStG) (Vk) | |
| = | Zu versteuerndes (körperschaftsteuerrechtliches) Einkommen (zvE) | |

Abb. 213: Berechnung der körperschaftsteuerrechtlichen Bemessungsgrundlage

|   | Zu versteuerndes körperschaftsteuerrechtliches Einkommen vor Verlustabzug |   |
|---|---|---|
| ± | Gewerbesteuerrechtliche Modifikationen (§ 8, § 9 GewStG) | } ga |
| − | Verlustabzug (§ 10 a GewStG) | |
| = | Gewerbeertrag (GE) | |

Abb. 214: Berechnung der gewerbesteuerrechtlichen Bemessungsgrundlage

i. V. m. § 10 d EStG; he = Hebesatz der Standortgemeinde in % : 100; me = Steuermesszahl Gewerbeertrag in % : 100).

Für die GewSt, die vom Gewerbeertrag berechnet wird, gilt

(8) $\text{GewSt} = \text{me} \cdot \text{he} \cdot \text{GE}$

und unter Einbeziehung des oben entwickelten Formelapparates

(9)  $\text{GewSt} = \text{me} \cdot \text{he} \cdot (\text{Jnach} + \text{ka}^* + \text{KSt} + \text{Vk} + \text{ga})$ oder

(10) $- \text{me} \cdot \text{he} \cdot \text{Jnach} - \text{me} \cdot \text{he} \cdot \text{KSt} + \text{GewSt} = \text{me} \cdot \text{he} \cdot (\text{ka}^* + \text{Vk} + \text{ga})$.

Im Hinblick auf die **ergebnisabhängigen Tantiemen** wird davon ausgegangen, dass sie entweder direkt oder indirekt vom Jahresüberschuss aufgrund gesetzlicher Regelungen oder vertraglicher Vereinbarungen wie folgt zu berechnen sind.

|   | Jahresüberschuss (Jnach) |
|---|---|
| ± | Veränderungen aufgrund von Tantiemenvereinbarungen (ta) |
| = | Bemessungsgrundlage für Tantiemen (TB) |

Abb. 215: Ermittlung der Bemessungsgrundlage für Tantiemen

Unter Berücksichtigung eines Faktors tb, der auf die Bemessungsgrundlage TB für die Tantiemen anzuwenden ist, ergibt sich sodann

(11) $\text{TA} = \text{tb} \cdot \text{TB} = \text{tb} \cdot (\text{Jnach} + \text{ta})$ mit $0 \leq \text{tb} \leq 1$  oder

(12) $- \text{tb} \cdot \text{Jnach} + \text{TA} = \text{tb} \cdot \text{ta}$.

$$
\begin{bmatrix}
1 & 1 & 1 & 1 \\
-\dfrac{1}{3} & 1 & 0 & 0 \\
-\text{me}\cdot\text{he} & -\text{me}\cdot\text{he} & 1 & 0 \\
-\text{tb} & 0 & 0 & 1
\end{bmatrix}
\cdot
\begin{bmatrix}
\text{Jnach} \\
\text{KSt} \\
\text{GewSt} \\
\text{TA}
\end{bmatrix}
=
\begin{bmatrix}
\text{vJvor} \\
\dfrac{1}{3}\cdot\text{ka}^* - \dfrac{2}{9}\cdot\text{A}40 + \dfrac{4}{7}\cdot\text{A}0 \\
\text{me}\cdot\text{he}\cdot(\text{ka}^* + \text{Vk} + \text{ga}) \\
\text{tb}\cdot\text{ta}
\end{bmatrix}
$$

Abb. 216: Simultanes Gleichungssystem in Matrizenschreibweise

Die Formeln (2), (7), (10) und (12), die ergebnisabhängigen Aufwendungen repräsentieren, sind dergestalt formuliert worden, dass eine **direkte Abhängigkeit vom Jahresüberschuss** besteht. Diese Beziehungen lassen sich zusammenfassend durch das in **Abb. 216** dargestellte simultane Gleichungssystem zum Ausdruck bringen.

**Beispiel:**

Die vorläufige Gewinn- und Verlustrechnung einer unbeschränkt körperschaftsteuerpflichtigen GmbH zeigt nach dem Handelsrecht folgendes Aussehen.

| S | Vorläufige Gewinn- und Verlustrechnung zum 31.12.2005[1020] | | | H |
|---|---|---|---|---|
| | | T € | | T € |
| Diverse Aufwendungen | | 1.900 | Umsatzerlöse | 2.400 |
| Körperschaftsteueraufwand | | 230 | Diverse Erträge | 640 |
| Gewerbesteueraufwand | | 95 | | |
| Vorläufiger Erfolgssaldo | | 815 | | |
| | | 3.040 | | 3.040 |

Abb. 217: Ausgangsdaten für die Ermittlung der ergebnisabhängigen Aufwendungen

Es liegen weiterhin folgende Informationen vor.

(1) Die Differenz zwischen Jnach und zvE beträgt (ohne KSt selbst) 150 T €.     $ka^* = 150$

(2) Nach dem Gewinnverwendungsvorschlag der Geschäftsführung sollen neben dem Jahresüberschuss andere Gewinnrücklagen in Höhe von 540 T € an die Gesellschafter ausgeschüttet werden, die mit 40 % Körperschaftsteuer vorbelastet sind.[1021]     $A\,40 = 540$

(3) Der Gewerbesteuerhebesatz der Standortgemeinde beträgt 425 %, die Steuermesszahl für den Gewerbeertrag nach § 11 Abs. 2 GewStG 5 %. Ein körperschaftsteuerrechtlicher Verlustabzug gemäß § 8 Abs. 4 KStG i. V. m. § 10 d EStG liegt nicht vor.     $he = 4{,}25$ $me = 0{,}05$ $sg = 0{,}17526$[1022] $Vk = 0$

(4) Die gewerbesteuerrechtlichen Modifikationen nach § 8 f. GewStG betragen 90 T €.     $ga = 90$

(5) Die Tantieme für die Geschäftsführung beträgt 12 % des in der Handelsbilanz ausgewiesenen Jahresüberschusses.     $TA = 0$ $tb = 0{,}12$

(6) Aus den vorliegenden Werten errechnet sich der vorläufige Jahresüberschuss (vJvor) mit 1.140 T €.     $vJvor = 1140$[1023]

---

1020  Beim Körperschaft- und Gewerbesteueraufwand handelt es sich um Vorauszahlungen, die nach § 31 Abs. 1 KStG i. V. m. § 37 EStG bzw. § 19 GewStG während des Geschäftsjahres geleistet worden sind.

1021  Es wird unterstellt, dass für einen Rückgriff auf sog. Altrücklagen keine körperschaftsteuerrechtlichen Beschränkungen bestehen.

1022  $sg = \dfrac{me \cdot he}{1 + me \cdot he} = \dfrac{0{,}05 \cdot 4{,}25}{1 + 0{,}05 \cdot 4{,}25} = 0{,}17526.$

1023  vJvor (1.140 T €) = vorläufiger Erfolgssaldo (815 T €) + KSt-Vorauszahlung (230 T €) + GewSt-Vorauszahlung (95 T €).

Setzt man nun die vorliegenden Zahlenwerte in das simultane Gleichungssystem von **Abb. 216** ein, dann ergibt sich die folgende Darstellung.

$$
\begin{bmatrix}
1 & 1 & 1 & 1 \\
-0{,}333\overline{3} & 1 & 0 & 0 \\
-0{,}2125 & -0{,}2125 & 1 & 1 \\
-0{,}12 & 0 & 0 & 0
\end{bmatrix}
\cdot
\begin{bmatrix}
\text{Jnach} \\
\text{KSt} \\
\text{GewSt} \\
\text{TA}
\end{bmatrix}
=
\begin{bmatrix}
1140 \\
-70 \\
51 \\
0
\end{bmatrix}
$$

Abb. 218: Beispielhafte Darstellung des Gleichungssystems in Matrizenschreibweise

Zur Berechnung der Ausgangsmatrizen sowie zur Lösung des simultanen Gleichungssystems bietet sich der Einsatz von Personal-Computern unter Rückgriff auf Tabellenkalkulationsprogramme an. In diesem Zusammenhang empfiehlt sich unter Berücksichtigung der hier entwickelten Modellstrukturen der Aufbau spezifischer Arbeitsblattdateien, die dann durch Eingabe bestimmter Ausgangsdaten beliebig variiert und über die in aller Regel integrierte Berechnungsfunktion für simultane Gleichungssysteme schnell und übersichtlich gelöst werden können. Das formulierte Gleichungssystem führt in dem hier angeführten Beispielsfall zu folgenden Ergebnissen:

Jnach  = 675,936 T€  
KSt    = 155,312 T€[1024]  
GewSt = 227,640 T€[1025]  
TA     =  81,112 T€.[1026]

|   |   |   |
|---|---|---:|
|   | Umsatzerlöse | 2.400.000 T€ |
| + | Diverse Erträge | 640.000 T€ |
| − | Diverse Aufwendungen | 1.900.000 T€ |
| − | Tantiemenaufwand | 81.112 T€ |
| − | Steuern vom Einkommen und vom Ertrag | |
|   | (1) Körperschaftsteuer | 155.312 T€ |
|   | (2) Gewerbesteuer | 227.640 T€ |
| = | Jahresüberschuss | 675.936 T€ |
| + | Entnahmen aus anderen Gewinnrücklagen | 540.000 T€ |
| = | Bilanzgewinn | 1.215.936 T€ |

Abb. 219: Endgültige Gewinn- und Verlustrechnung zum 31.12.2005 nach Ermittlung der ergebnisabhängigen Aufwendungen

1024  KSt = 0,25 · (1.140 T€ + 150 T€ − 227,640 T€ − 81,112 T€) − 1/6 · 540 T€ = 155,312 T€.  
1025  GewSt = 0,17526 · (1.140 T€ + 150 T€ + 90 T€ − 81,112 T€) = 227,640 T€.  
1026  TA = 0,12 · 675,936 T€ = 81,112 T€.

Nunmehr lässt sich die (verkürzte) handelsrechtliche Gewinn- und Verlustrechnung des Jahresabschlusses vor Verwendung des Jahresergebnisses in Staffelform wie in **Abb. 219** gezeigt aufstellen. Der Gewinnverwendungsvorschlag der Geschäftsführung, der den Gesellschaftern zur Beschlussfassung vorgelegt wird (§ 29 Abs. 2 GmbHG) und auf dessen Grundlage auch der Körperschaftsteueraufwand von 155,312 T € berechnet wurde (§ 278 Satz 1 2. HS HGB), beinhaltet neben dem Jahresüberschuss (675,936 T €) mithin Entnahmen aus anderen Gewinnrücklagen in Höhe von 540 T €.

(γ)    Erweiterung des Gleichungssystems im Hinblick auf Tantiemenvereinbarungen und Rücklagenvariationen nach aktienrechtlichem Vorbild

Sofern die spezifischen Bemessungsgrundlagen für **Vorstands- und Aufsichtsratstantiemen** gemäß aktienrechtlicher Regelung z. B. nach § 113 Abs. 3 AktG Berücksichtigung finden sollen, muss zunächst das vorstehend entwickelte simultane Gleichungssystem entsprechend erweitert werden. Dabei ist zu beachten, dass die Tantiemen für Aufsichtsratsmitglieder laut § 10 Nr. 4 KStG nur zur Hälfte bei der Ermittlung des körperschaftsteuerrechtlichen Einkommens abgezogen werden dürfen. Unter Berücksichtigung der Vorstands- (TAvor) sowie der Aufsichtsratstantiemen (TAauf) errechnet sich der Jahresüberschuss nunmehr aus

(1) $vJvor - KSt - GewSt - TAvor - TAauf = Jnach$ oder

(2) $Jnach + KSt + GewSt + TAvor + TAauf = vJvor.$

Besteht die Erfolgsbeteiligung des Vorstands in einem Anteil am Jahresgewinn, dann könnte die Tantieme wie folgt berechnet werden, wenn der Jahresüberschuss zuvor um solche Komponenten gekürzt wird, für deren Verwendung ein gesetzlicher Zwang oder ein unabdingbares Erfordernis besteht (avor = Anteil des Vorstands am korrigierten Jahresüberschuss; REINgs = nach Gesetz oder Satzung vorzunehmende Rücklageneinstellungen[1027]; VV = Verlustvortrag aus dem Vorjahr).

(3) $TAvor = avor \cdot (Jnach - VV - REINgs)$ mit $0 \le avor \le 1$

Die Rücklageneinstellung REINgs lässt sich in einen gesetzlichen (REINg) und einen satzungsmäßig (REINs) zu dotierenden Teil aufspalten.

(4) $REINgs = REINg + REINs.$

§ 150 Abs. 2 AktG verlangt, dass pro Geschäftsjahr 5 % des um einen Verlustvortrag aus dem Vorjahr geminderten Jahresüberschusses in die gesetzliche Rücklage einzustellen ist, es sei denn, die gesetzlich oder satzungsmäßig vorgeschriebene Dotierungshöhe ist bereits durch eine niedrigere Rücklagenzuführung zu erreichen. Geht man vom **Regelfall** der Feststellung des Jahresabschlusses durch Vorstand und Aufsichtsrat aus,[1028] so lässt sich zusammenfassend schreiben (REINn = niedrigere Rücklageneinstellung nach § 150 Abs. 2 AktG; r = Dotierungsfaktor der gesetzlichen Rücklage).

---

1027    Hierzu zählen keine Rücklagenzuführungen in Höhe des Eigenkapitalanteils im Sinne von § 58 Abs. 2 a AktG, da diese stets auf freiwilliger Basis vorgenommen werden.

1028    Damit bleibt der Ausnahmefall der satzungsmäßigen Rücklagendotierung gemäß § 58 Abs. 1 Satz 1 AktG im Folgenden unberücksichtigt.

(5) $REINgs = r \cdot 0,05 \cdot (Jnach - VV) + (1 - r) \cdot REINn + REINs$
    mit $r = 1$ bei $0,05 \cdot (Jnach - VV) < REINn$ und
    $r = 0$ bei $0,05 \cdot (Jnach - VV) \geq REINn$.

Setzt man Formel (5) in Gleichung (3) ein, dann ergibt sich nach einigen Umformungen folgender Ausdruck für die Vorstandsantieme.

(6) $TAvor = (1 - 0,05 \cdot r) \cdot avor \cdot Jnach + [(0,05 \cdot r - 1) \cdot VV + (r - 1) \cdot REINn - REINs]$
    $\cdot avor$ oder

(7) $-(1 - 0,05 \cdot r) \cdot avor \cdot Jnach + TAvor = [(0,05 \cdot r - 1) \cdot VV + (r - 1) \cdot REINn - REINs] \cdot$
    $avor$.

Im Gegensatz zur Erfolgsbeteiligung des Vorstands berechnet sich die Aufsichtsratsantieme nach § 113 Abs. 3 Satz 1 AktG durch die Anwendung eines konstanten Anteils (aauf) auf den Bilanzgewinn, der zuvor um einen Betrag von mindestens 4 % auf den geringsten Ausgabebetrag der Aktien geleisteten Einlagen (Aus) zu kürzen ist (aauf = Anteil des Aufsichtsrats am korrigierten Bilanzgewinn; GV = Gewinnvortrag aus dem Vorjahr; RENT = Entnahmen aus Rücklagen; REINa = Einstellungen in andere Gewinnrücklagen gemäß § 58 Abs. 2 AktG; REINü = übrige Einstellungen in Gewinnrücklagen).

(8) $TAauf = aauf \cdot (Jnach - VV + GV + RENT - REINgs - REINa - REINü - 0,04 \cdot Aus)$
    mit $0 \leq aauf \leq 1$

Das Glied REINa lässt sich unter Berücksichtigung der Vorschrift von § 58 Abs. 2 AktG noch weiter präzisieren. Da bei der Feststellung des Jahresabschlusses durch Vorstand und Aufsichtsrat höchstens 50 % des Differenzbetrages aus Jahresüberschuss einerseits und Verlustvortrag sowie Zuführungen zur gesetzlichen Rücklage andererseits in die anderen Gewinnrücklagen eingestellt werden kann, gilt (dm = Dispositionsanteil des Managements):[1029]

(9) $REINa = dm \cdot [Jnach - r \cdot 0,05 \cdot (Jnach - VV) + (1 - r) \cdot REINn - VV]$
    mit $0 \leq dm \leq 0,5$.[1030]

Integriert man nun Formel (9) in Gleichung (8), so ergibt sich nach einigen Umformungen

(10) $-[(1 - dm) \cdot (1 - 0,05 \cdot r) \cdot aauf] \cdot Jnach + TAauf = \{[1 - dm] \cdot (0,05 \cdot r - 1) \cdot VV +$
    $GV + RENT + (dm - 1) \cdot [(1 - r) \cdot REINn] - [REINs + REINü + 0,04 \cdot Aus]\} \cdot aauf.$

Da gemäß § 10 Nr. 4 KStG die Aufsichtsratsantieme nur zur Hälfte die Bemessungsgrundlage der Körperschaftsteuer mindern darf, ist darauf zu achten, dass der Ausdruck $1/2 \cdot$ TA auf neben der Größe ka* separat berücksichtigt werden muss. Somit gilt nun

(11) $KSt = \frac{1}{3} \cdot (Jnach + ka^* + \frac{1}{2} \cdot TAauf) - \frac{2}{9} \cdot A\,40 + \frac{4}{7} \cdot A\,0$ oder

(12) $-\frac{1}{3} \cdot Jnach + KSt - \frac{1}{6} \cdot TAauf) = \frac{1}{3} \cdot ka^* - \frac{2}{9} \cdot A\,40 + \frac{4}{7} \cdot A\,0.$

---

1029    Da nur der tatsächlich verfügbare Teil des Jahresüberschusses der Rücklagendotierung nach § 58 Abs. 2 AktG zugrunde gelegt werden kann, müssen die Einstellungen in die gesetzliche Rücklage sowie die Tilgung eines Verlustvortrages zuvor vom Jahresüberschuss abgezogen werden (§ 58 Abs. 2 Satz 4 AktG). Dies gilt nicht für die Zuführung zur Kapitalrücklage, weil sie weder aus dem Jahresüberschuss gespeist wird noch in diesen einfließt. Vgl. *ADS* 1997a, Anm. 16 zu § 58 AktG, S. 159.

1030    Sofern der Ausnahmefall einer höheren Dotierung der anderen Gewinnrücklagen auf Grund einer Satzungsermächtigung gemäß § 58 Abs. 2 Satz 2 AktG vorliegt, kann der Dispositionsanteil des Managements bei der Ermittlung von REINa auch die Obergrenze von 0,5 übersteigen.

Um zur Bemessungsgrundlage der Gewerbesteuer (GewSt), dem Gewerbeertrag (GE) (§ 7 GewStG), zu gelangen, muss auch hier das körperschaftsteuerrechtliche Einkommen vor Verlustabzug noch um bestimmte gewerbesteuerrechtliche Modifikationen sowie den Abzug eines ggf. vorgetragenen Gewerbeverlustes (ga) korrigiert werden (Vk = körperschaftsteuerrechtlicher Verlustabzug gemäß § 8 Abs. 4 KStG i. V. m. § 10 d EStG).

Für die GewSt, die vom Gewerbeertrag berechnet wird, gilt

(13) GewSt = me · he · GE

und unter Einbeziehung des oben entwickelten Formelapparates

(14) GewSt = me · he · (Jnach + ka* + KSt + Vk + ga) oder

(15) – me · he · Jnach – me · he · KSt + GewSt = me · he · (ka* + Vk + ga).

Die Formeln (2), (7), (10), (12) und (15), die die ergebnisabhängigen Aufwendungen repräsentieren, sind dergestalt formuliert worden, dass eine direkte Abhängigkeit vom Jahresüberschuss besteht. Diese Beziehungen lassen sich wiederum zusammenfassend durch das in **Abb. 220** dargestellte simultane Gleichungssystem zum Ausdruck bringen.

$$
\begin{bmatrix}
1 & 1 & 1 & 1 & 1 \\[4pt]
-\dfrac{1}{3} & 1 & 0 & 0 & -\dfrac{1}{6} \\[4pt]
-me\cdot he & -me\cdot he & 1 & 0 & 0 \\[4pt]
-(1-0{,}05\cdot r)\cdot avor & 0 & 0 & 1 & 0 \\[4pt]
-(1-dm)\cdot(1-0{,}05\cdot r)\cdot aauf & 0 & 0 & 0 & 1
\end{bmatrix}
\cdot
\begin{bmatrix}
\text{Jnach} \\[4pt] \text{KSt} \\[4pt] \text{GewSt} \\[4pt] \text{TAvor} \\[4pt] \text{TAauf}
\end{bmatrix}
=
\begin{bmatrix}
vJvor \\[4pt]
\dfrac{1}{3}\cdot ka^* - \dfrac{2}{9}\cdot A40 + \dfrac{4}{7}\cdot A0 \\[4pt]
me\cdot he\cdot (ka^* + Vk + ga) \\[4pt]
[(0{,}05\cdot r - 1)\cdot VV + (r-1)\cdot REINn - REINs]\cdot avor \\[4pt]
\{(1-dm)\cdot(0{,}05\cdot r - 1)\cdot VV + GV + RENT + \\
(dm-1)\cdot[(1-r)\cdot REINn] - [REINs + REINü + \\
0{,}04\cdot Aus]\}\cdot aauf
\end{bmatrix}
$$

Abb. 220: Simultanes Gleichungssystem in Matrizenschreibweise bei aktienrechtlicher Ergebnisverwendung

**Beispiel:**
Die verkürzte vorläufige Erfolgsrechnung einer unbeschränkt körperschaftsteuerpflichtigen AG, bei der Vorstand und Aufsichtsrat den Jahresabschluss feststellen, zeigt nach Handelsrecht folgendes Aussehen.

| S | Vorläufige Gewinn- und Verlustrechnung zum 31.12.2005[1031] | | H |
|---|---|---|---|
| | T€ | | T€ |
| Diverse Aufwendungen | 1.900 | Umsatzerlöse | 2.400 |
| Körperschaftsteueraufwand | 230 | Diverse Erträge | 640 |
| Gewerbesteueraufwand | 95 | | |
| Verlustvortrag aus dem Vorjahr | 80 | | |
| Vorläufiger Erfolgssaldo | 735 | | |
| | 3.040 | | 3.040 |

Abb. 221: Ausgangsdaten für die Ermittlung der ergebnisabhängigen Aufwendungen

1031  Beim Körperschaft- und Gewerbesteueraufwand handelt es sich um Vorauszahlungen, die nach § 31 Abs. 1 KStG i. V. m. § 37 EStG bzw. § 19 GewStG während des Geschäftsjahres geleistet worden sind.

Es liegen weiterhin folgende Informationen vor.

(1) Der Saldo der Abweichungen zwischen Jahresüberschuss und körperschaftsteuerpflichtigem Einkommen (ohne KSt selbst) beträgt 150 T€.

ka* = 150

(2) Die gesetzliche Rücklage ist nach der Regelung des § 150 Abs. 2 AktG zu dotieren. Zu berücksichtigen ist, dass die gesetzlich vorgeschriebene Dotierungshöhe bereits bei einer Einstellung von 15 T€ erreicht wird. Darüber hinaus sieht die Satzung eine Dotierung der Gewinnrücklagen mit einem Betrag von 50 T€ aus dem Jahresüberschuss vor. In die anderen Gewinnrücklagen soll der höchstmögliche Betrag gemäß § 58 Abs. 2 AktG eingestellt werden, wobei eine Satzungsermächtigung zur Dotierung eines höheren Teils als 50 % des Jahresüberschusses nicht existiert. Neben dem Jahresüberschuss sollen andere Gewinnrücklagen in Höhe von 540 T€ an die Aktionäre ausgeschüttet werden, die mit 40 % Körperschaftsteuer vorbelastet sind.[1032]

VV = 80
r = 0
REINn = 15
REINs = 50
REINü = 0
dm = 0,5
RENT = 0
A 40 = 540

(3) Der Gewerbesteuerhebesatz der Standortgemeinde beträgt 425 %, die Steuermesszahl für den Gewerbeertrag nach § 11 Abs. 2 GewStG 5 %. Ein körperschaftsteuerrechtlicher Verlustabzug gemäß § 8 Abs. 4 KStG i. V. m. § 10 d EStG liegt nicht vor.

he = 4,25
me = 0,05
sg = 0,17526
Vk = 0

(4) Die gewerbesteuerrechtlichen Modifikationen nach § 8 f. GewStG betragen 90 T€.

ga = 90

(5) Die Vorstands- und Aufsichtsratstantiemen sind nach vorstehend entwickelten Formeln unter Berücksichtigung der Regelung von § 113 Abs. 3 AktG mit einem Prozentsatz von 6 % bzw. 4 % zu berechnen. Die auf den geringsten Ausgabebetrag der Aktien geleisteten Einlagen betragen 1.200 T€.

avor = 0,06
aauf = 0,04
Aus = 1.200

(6) Aus den vorliegenden Werten errechnet sich der vorläufige Jahresüberschuss mit 1.140 T€.[1033]

vJvor = 1.140

Setzt man nun die vorliegenden Zahlenwerte in das simultane Gleichungssystem von **Abb. 220** ein, dann ergibt sich das in **Abb. 222** gezeigte Aussehen.

Die Lösung des Gleichungssystems führt zu folgenden Ergebnissen:

Jnach  = 684,188 T€
KSt    = 162,974 T€
GewSt  = 231,022 T€
TAvor  =  32,352 T€
TAauf  =  29,464 T€.

---

[1032]  Es wird unterstellt, dass für einen Rückgriff auf sog. Altrücklagen keine körperschaftsteuerrechtlichen Beschränkungen bestehen.

[1033]  vJvor (1.140 T€) = vorläufiger Erfolgssaldo (735 T€) + KSt-Vorauszahlungen (230 T€) + GewSt-Vorauszahlungen (95 T€) + Verlustvortrag aus dem Vorjahr (80 T€).

$$
\begin{bmatrix}
1 & 1 & 1 & 1 & 1 \\
-0,333\overline{3} & 1 & 0 & 0 & -0,166\overline{6} \\
-0,2125 & -0,2125 & 1 & 0 & 0 \\
-0,06 & 0 & 0 & 1 & 0 \\
-0,02 & 0 & 0 & 0 & 1
\end{bmatrix}
\cdot
\begin{bmatrix}
J_{nach} \\
KSt \\
GewSt \\
TAvor \\
TAauf
\end{bmatrix}
=
\begin{bmatrix}
1.140 \\
-70 \\
51 \\
-8,7 \\
15,78
\end{bmatrix}
$$

Abb. 222: Beispielhafte Darstellung des Gleichungssystems in Matrizenschreibweise

Die aus diesen Resultaten abgeleitete verkürzte handelsrechtliche Gewinn- und Verlustrechnung in Staffelform nach § 158 Abs. 1 AktG hat nachfolgendes Aussehen:

|   |   |   |
|---|---|---|
|   | Umsatzerlöse | 2.400,000 |
| + | Diverse Erträge | 640,000 |
| – | Diverse Aufwendungen | 1.900,000 |
| – | Tantiemenaufwand | |
|   | (1) Vorstand | 32,352[1034] |
|   | (2) Aufsichtsrat | 29,464[1035] |
| – | Steuern vom Einkommen und vom Ertrag | |
|   | (1) Körperschaftsteuer | 162,974[1036] |
|   | (2) Gewerbesteuer | 231,022[1037] |
| = | Jahresüberschuss | 684,188 |
| – | Verlustvortrag aus dem Vorjahr | 80,000 |
| + | Entnahmen aus Gewinnrücklagen | |
|   | (1) aus anderen Gewinnrücklagen | 540,000 |
| – | Einstellungen in Gewinnrücklagen | |
|   | (1) in die gesetzliche Rücklage | 15,000 |
|   | (2) in satzungsmäßige Rücklagen | 50,000 |
|   | (3) in andere Gewinnrücklagen | 294,594[1038] |
| = | Bilanzgewinn | 784,594 |

Abb. 223: Endgültige Gewinn- und Verlustrechnung zum 31.12.2005 nach Ermittlung der ergebnisabhängigen Aufwendungen in T€

## e. Latente Steuern

### e.a Allgemeines

Latente Steuern im Sinne von § 274 HGB stellen **Ertragsteuern** (Körperschaft- und Gewerbesteuer) dar, die **fiktive steuerrechtliche Belastungen** bei **vorübergehenden Abweichungen (zeitlich begrenzte Differenzen)** zwischen Handels- und Ertragsteuerbilanz er-

---

1034 TAvor = 0,06 · (684,188 T€ – 80 T€ – 15 T€ – 50 T€) = 32,352 T€.
1035 TAauf = 0,04 · (784,594 T€ – 0,04 · 1.200 T€) = 29,464 T€.
1036 KSt = 0,25 · (1.140 T€ + 150 T€ – 231,022 T€ – 32,352 T€ – 0,5 · 29,464 T€) – 1/6 · 540 T€ = 162,974 T€.
1037 GewSt = 0,05 · 4,25 · (1.140 T€ + 150 T€ + 90 T€ – 32,352 T€ – 29,464 T€ – 231,022 T€) = 231,022 T€.
1038 REINa = 0,5 · (684,188 T€ – 80 T€ – 15 T€) = 294,594 T€.

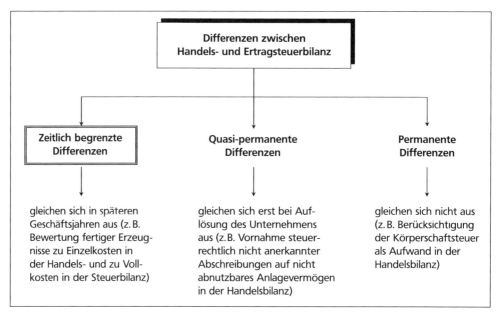

Abb. 224: Zeitlich begrenzte Differenzen als Ausgangspunkt für die Steuerabgrenzung nach § 274 HGB

fassen sollen. Abweichungen, die erst bei Auflösung der Unternehmung ausgeglichen werden (**quasi permanente Differenzen**, wie z. B. steuerrechtlich nicht anerkannte Abschreibungen auf nicht abnutzbares Anlagevermögen) oder die aufgrund steuerfreier Erträge, steuerrechtlich nicht abziehbarer Aufwendungen (§ 4 Abs. 5 EStG i. V. m. § 10 KStG) und verdeckter Gewinnausschüttungen (§ 8 Abs. 3 KStG) entstehen (sog. **permanente Differenzen**), sind nach h. M. **nicht** in die Abgrenzung einzubeziehen (vgl. **Abb. 224**).[1039]

Diese auf die Betrachtung der GuV abzielende Methode wird auch als **Timing-Konzept** und die ermittelten Abweichungen werden als **Timing-Differences** bezeichnet. Es ist offensichtlich, dass die Abweichungen im Erfolgsausweis zwischen Handels- und Ertragsteuerbilanz aufgrund von **Durchbrechungen des Maßgeblichkeitsprinzips** entstehen. Die Bilanzierung latenter Ertragsteuern im handelsrechtlichen Jahresabschluss zielt auf eine periodengerechte Abgrenzung des Steueraufwands sowie auf einen zutreffenden Ausweis des Vermögens ab.[1040]

Wie auch **Abb. 225** verdeutlicht, unterscheidet § 274 HGB zwei grundlegende Fälle. Sofern der im handelsrechtlichen Jahresabschluss ausgewiesene **effektive Ertragsteueraufwand** des Geschäftsjahres im Verhältnis zum handelsrechtlichen Jahresergebnis (vor Ertragsteuern) zu niedrig ist, weil die handelsrechtlichen Erfolgserhöhungen nicht Eingang in den steuerrechtlichen Gewinn gefunden haben und auch nicht finden durften, dann ist in der **Handelsbilanz** nach § 249 Abs. 1 Satz 1 HGB eine **Rückstellung** in Höhe der voraussichtlichen **Ertragsteuerbelastung** zu bilden, die in der Bilanz oder im **Anhang** gesondert ausgewiesen werden muss (§ 274 Abs. 1 Satz 1 HGB). Anstelle der Einbeziehung der latenten Ertragsteuern in die **Steuerrückstellung** besteht auch die Möglichkeit, den passivischen Posten **gesondert** in der Handelsbilanz als »**Rückstellungen für latente**

---

1039   Vgl. etwa *ADS* 1997b, Anm. 16 zu § 274 HGB, S. 400–402; *Hoyos/Fischer* 2006, Anm. 3 zu § 274 HGB, S. 1037 f.
1040   Vgl. *ADS* 1997b, Anm. 11 zu § 274 HGB, S. 398.

| Passivischer Abgrenzungsposten (Abs. 1) | | Aktivischer Abgrenzungsposten (Abs. 2) | |
|---|---|---|---|
| (1) | Ertragsteueraufwand in der Handelsbilanz zu **niedrig**, weil steuerrechtlicher Gewinn < handelsrechtliches Jahresergebnis (vor Ertragsteuern). | (1) | Ertragsteueraufwand in der Handelsbilanz zu **hoch**, weil steuerrechtlicher Gewinn > handelsrechtliches Ergebnis (vor Ertragsteuern). |
| (2) | Der **niedrigere Ertragsteueraufwand** muss sich in späteren Jahren wieder ausgleichen. | (2) | Der **höhere Ertragsteueraufwand** muss sich in späteren Jahren wieder ausgleichen. |
| (3) | **Rückstellung** in Höhe der voraussichtlichen **Ertragsteuerbelastung ist** zu bilden. | (3) | **Aktiver Abgrenzungsposten darf** in Höhe der voraussichtlichen **Ertragsteuerentlastung** gebildet werden. |
| (4) | Rückstellung ist **aufzulösen**, wenn höhere Ertragsteuerbelastung eintritt oder mit ihr voraussichtlich nicht mehr zu rechnen ist. | (4) | Posten ist **aufzulösen**, sobald die Ertragsteuerentlastung eintritt oder mit ihr voraussichtlich nicht mehr zu rechnen ist. |
| (5) | Beispiele: | (5) | Beispiele: |
| (5.1) | Vorratsbewertung nach Fifo in der Handelsbilanz bei bilanzsteuerrechtlicher Durchschnittsbewertung im Falle steigender Preise. | (5.1) | Ansatz der Herstellungskosten in der Handelsbilanz zu Einzelkosten; während in der Steuerbilanz darüber hinaus die notwendigen Material- und Fertigungsgemeinkosten zu aktivieren sind. |
| (5.2) | Vornahme progressiver Abschreibungen in der Handelsbilanz, die steuerrechtlich grundsätzlich nicht zulässig sind. | (5.2) | Nichtaktivierung eines Disagios in der Handelsbilanz gemäß § 250 Abs. 3 Satz 1 HGB. |
| (5.3) | Bildung einer Rücklage nach dem Gesetz über steuerliche Maßnahmen bei der Stilllegung von Steinkohlenbergwerken ohne Aufnahme in den handelsrechtlichen Sonderposten mit Rücklageanteil (§ 273 Satz 1 HGB).[1041] | (5.3) | Vornahme von Abschreibungen wegen zukünftigen Wertschwankungen im Umlaufvermögen nach § 253 Abs. 3 Satz 2 HGB. |
| (5.4) | Inanspruchnahme einer Bilanzierungshilfe für Instandsetzungs- und Erweiterungsaufwendungen nach § 269 HGB. | (5.4) | Ansatz handelsrechtlicher Rückstellungen nach § 249 Abs. 1 und Abs. 2 HGB, die bilanzsteuerrechtlich nicht anerkannt werden. |

Abb. 225: Unterschiede zwischen Handels- und Steuerbilanz nach § 274 HGB bei isolierter Betrachtungsweise

Steuern« auszuweisen. Sofern eine Einbeziehung in die Steuerrückstellung erfolgt, sind die in **Abb. 226** gezeigten Ausweisalternativen möglich.[1042]

Die künftige Ertragsteuerbelastung tritt aufgrund des **Zweischneidigkeitsprinzips** der Bilanzierung ein, da in der Steuerbilanz in den Folgejahren eine Erfolgserhöhung zwangsläufig stattfindet, so dass sich der ursprünglich niedrigere Ertragsteueraufwand jetzt wieder ausgleicht. Gemäß § 274 Abs. 1 Satz 1 HGB ist die Rückstellung dann aufzulösen. Die Berücksichtigung einer Rückstellung für latente Ertragsteuern im Rahmen der steuerrechtlichen Gewinnermittlung ist aber nicht möglich. Zum einen lässt sich diese Auffassung mit dem Verbot der steuerwirksamen Berücksichtigung der **Körperschaftsteuer** gemäß

---

1041 Gemäß § 3 Abs. 5 des Gesetzes über steuerliche Maßnahmen bei der Stilllegung von Steinkohlenbergwerken 1967, S. 205, braucht eine derartige Rücklage nicht in die Handelsbilanz aufgenommen zu werden, um steuerrechtliche Anerkennung zu finden (Durchbrechung des in § 5 Abs. 1 Satz 2 EStG verankerten Grundsatzes der Umkehrmaßgeblichkeit).
1042 Vgl. *ADS* 1997b, Anm. 56 zu § 274 HGB, S. 428 f.

| Ausweis in der Bilanz | Erläuterungspflichten im Anhang |
|---|---|
| Gesonderter Ausweis | Keine Angaben erforderlich |
| Einbeziehung in die Steuerrückstellung mit<br>– Untergliederung oder<br>– »Davon-Vermerk« | Keine über die allgemeine Erläuterungspflichten nach § 284 HGB hinausgehenden Angaben erforderlich |
| Einbeziehung in die Steuerrückstellung | Allgemeine Erläuterungspflichten nach § 284 HGB und betragsmäßige Angabe im Anhang |

Abb. 226: Ausweisalternativen latenter Ertragsteuern nach § 274 Abs. 1 Satz 1 HGB

§ 10 Nr. 2 KStG begründen. Im Hinblick auf die latente **Gewerbsteuer** wie auch bei der Körperschaftsteuer kann das Argument angeführt werden, dass das Institut der latenten Steuerbelastung nicht die Merkmale eines negativen Wirtschaftsguts erfüllt, da die latenten Steuern nicht im abgelaufenen Wirtschaftsjahr verursacht wurden.[1043]

Sofern der im handelsrechtlichen Jahresabschluss ausgewiesene Jahresüberschuss vor Ertragsteuern aber unter dem steuerrechtlich maßgebenden Gewinn liegt, übersteigt die effektive Ertragsteuerbelastung die sich auf der Grundlage des niedrigeren Handelsbilanzgewinns ergebende fiktive Steuerschuld. Aufgrund von **Durchbrechungen des Maßgeblichkeitsprinzips** dürfen in diesem Falle handelsrechtliche Erfolgssenkungen nicht in die steuerrechtliche Gewinnermittlung übernommen werden, wodurch das Jahresergebnis vor Ertragsteuern niedriger als der steuerrechtliche Gewinn ist. Bei dieser Konstellation besteht ein **Wahlrecht**, auf der Aktivseite der **Handelsbilanz** in Höhe der künftigen **Ertragsteuerentlastung** als Bilanzierungshilfe einen **Abgrenzungsposten** zu bilden, wenn sich der zunächst höhere Ertragsteueraufwand des Geschäftsjahres aufgrund des **Zweischneidigkeitsprinzips** der Bilanzierung in den Folgejahren wieder ausgleicht (§ 274 Abs. 2 Satz 1 HGB).

Ebenso wie die Rückstellung für latente Steuern ist auch der aktivische Abgrenzungsposten unter entsprechender Bezeichnung in der Bilanz vor dem Rechnungsabgrenzungsposten auszuweisen und im **Anhang** zu erläutern (§ 274 Abs. 2 Satz 2 HGB).

Im Gegensatz zur passivischen Steuerabgrenzung, die neben der Vermittlung eines den tatsächlichen Verhältnissen entsprechenden Bildes der Vermögens-, Finanz- und Ertragslage darauf abzielt, in Höhe des Rückstellungsbetrages für die latenten Steuern eine Ausschüttung zu verhindern (d. h. Gewinneinbehaltung, um künftige Ertragsteuerverpflichtungen erfüllen zu können), soll der Ansatz einer Bilanzierungshilfe für aktivische latente Steuern nach dem Willen des Gesetzgebers ausschließlich die Bildung von steuerrechtlich nicht **zulässigen Aufwandsrückstellungen** erleichtern, weil hierdurch »... das Jahresergebnis nur in Höhe des zurückgestellten Betrages und nicht auch noch in Höhe der darauf zu bezahlenden Steuern belastet wird«[1044]. Den Anteilseignern kann durch den Rückgriff auf die Aktivierungshilfe folglich ein besseres Ergebnis gezeigt werden, an dem sie aber, sofern die **Ausschüttungssperre** (von § 274 Abs. 2 Satz 3 HGB) greift, nicht partizipieren. Wie auch bei dem Aktivierungswahlrecht von Aufwendungen für die Ingangsetzung und Erweiterung des Geschäftsbetriebs (§ 269 HGB) führt der Bilanzierungsansatz aktiver Ertragsteuern zu einer Ergebniserhöhung und damit zu einer Verbesserung der Eigenkapitalsituation der Unternehmung.

---

1043   Vgl. *Federmann* 2000, S. 293.
1044   BT-Drucks. 1985, S. 107.

In den Folgeperioden tritt dann im Hinblick auf den aktivierten Abgrenzungsposten eine Ergebnisminderung ein, da er gemäß § 274 Abs. 2 Satz 4 HGB aufgelöst werden muss, »… sobald die Steuerentlastung eintritt oder mit ihr voraussichtlich nicht mehr zu rechnen ist«. Da der Abgrenzungsposten »aktivische latente Steuern« für die effektive Ertragsteuerbelastung ohne Bedeutung ist und auch als Bilanzierungshilfe nicht den Charakter eines Wirtschaftsguts trägt, bleibt er in der **Steuerbilanz** unberücksichtigt.

Zu beachten ist, dass bei **Kapitalgesellschaften** und **ihnen gesetzlich gleichgestellte Unternehmen** nach h. M. grundsätzlich entweder der **Saldo zwischen aktiven und passiven latenten Ertragsteuern** als Abgrenzungsposten **(Nettomethode)** ausgewiesen oder aber die gleichzeitig zu erwartende Ertragsteuerbelastung und -entlastung **gesondert** in einem **Passiv- und Aktivposten (Bruttomethode)** bilanziert werden kann.[1045] Für nicht publizitätspflichtige **Einzelunternehmen und Personengesellschaften** gilt hingegen die Rückstellungspflicht für die künftige Ertragsteuerbelastung nach § 249 Abs. 1 Satz 1 HGB. Eine Saldierungsmöglichkeit liegt für diese Unternehmungen nicht vor, weil dann sowohl gegen das **Realisationsprinzip** als auch das **Saldierungsverbot** (§ 246 Abs. 2 HGB) verstoßen würde. Darüber hinaus besteht für diese Unternehmen keine Möglichkeit, einen separaten aktivischen Abgrenzungsposten zu bilden.

Im Hinblick auf Kapitalgesellschaften sind für die Berechnung des aktiven und/oder passiven Ausgleichspostens nach h. M. folgende Ertragsteuersätze zur Erfassung der **künftigen** Ertragsteuerbe- oder -entlastung möglich:

- Bei der **Gewerbesteuer** je nach Hebesatz und unter Berücksichtigung ihres Betriebsausgabencharakters;
- Bei der **Körperschaftsteuer** nach Maßgabe des Halbeinkünfteverfahrens der Definitivsteuersatz, ggf. unter Berücksichtigung des Solidaritätszuschlages; darüber hinaus können im Hinblick auf den Übergangszeitraum bei Rückgriff auf das modifizierte Anrechnungsverfahren auch Pauschal- oder Mischsteuersätze (z. B. orientiert an der künftigen Ausschüttungsplanung) in Betracht kommen.[1046]

Der pro Rechnungsperiode abzugrenzende Betrag ergibt sich durch Multiplikation der **Abgrenzungsbemessungsgrundlage** mit dem **Abgrenzungssteuersatz**. Der errechnete abzugrenzende Betrag muss dann noch auf seine effektive Be- oder Entlastungswahrscheinlichkeit (z. B. im Hinblick auf künftige Verlustperioden und steuerrechtliche Verlustabzüge) überprüft und ggf. korrigiert werden.

Die **Verbuchungen** bezüglich der latenten Ertragsteuern sind **grundsätzlich** wie folgt vorzunehmen.[1047]

**(1) Passivische Abgrenzung**

    **(1.1) Zeitpunkt der Entstehung des Differenzbetrags:**

| | | |
|---|---|---|
| Steuern vom Einkommen und vom Ertrag | an | Steuerrückstellungen (oder Rückstellungen für latente Steuern). |

    **(1.2) Auflösung der Rückstellung:**

| | | |
|---|---|---|
| Steuerrückstellungen (oder Rückstellungen für latente Steuern) | an | Steuern vom Einkommen und vom Ertrag. |

---

1045     Vgl. etwa *ADS* 1997b, Anm. 22 zu § 274 HGB, S. 404 f.; *Hoyos/Fischer* 2006, Anm. 10 f. zu § 274, S. 1040 f.
1046     Vgl. hierzu die Ausführungen im Fünften Teil zu Gliederungspunkt II.A.
1047     Vgl. *Eisele* 2002, S. 426 f.

**(2) Aktivische Abgrenzung**

    **(2.1) Zeitpunkt der Entstehung des Differenzbetrags:**

| Aktivischer Abgrenzungs-<br>posten für latente Steuern | an | Steuern vom Einkommen<br>und vom Ertrag. |
|---|---|---|

    **(2.2) Auflösung des Abgrenzungspostens:**

| Steuern vom Einkommen<br>und vom Ertrag | an | Aktivischer Ausgleichsposten<br>für latente Steuern. |
|---|---|---|

In der Gewinn- und Verlustrechnung sind nach § 275 Abs. 2 bzw. Abs. 3 HGB diese »**Steuererträge**« als **Korrekturposition** in die Posten 18. bzw. 17. einzubeziehen. Übersteigt der Betrag der Steuerabgrenzung den effektiven Ertragsteueraufwand der Periode, dann ist die Postenbezeichnung z. B. in »Zukünftige Entlastungen der Steuern vom Einkommen und vom Ertrag« zu ändern.

### e.b     Ermittlung der Abgrenzungsbemessungsbasis

Nach der h. M. resultiert das Gesamtvolumen der passivierungspflichtigen bzw. aktivierungsfähigen latenten Steuern aus einer **Gesamtbetrachtung**[1048], der die oben beschriebene **Nettomethode** zugrunde liegt. Bemessungsgrundlage sind lediglich nur die als **zeitlich begrenzte Differenzen** zwischen den Wertansätzen der Handels- und Steuerbilanz geltenden Abweichungen. Dem Prinzip der Gesamtbetrachtung entspricht folgende Vorgehensweise:

- Vergleich der zum Abschlussstichtag bestehenden summierten **Abweichungen der Ansätze von Handels- und Steuerbilanz** (ggf. gegliedert nach einzelnen Bilanzposten). Hieraus folgt, dass grundsätzlich das handelsrechtliche Ergebnis vor Ertragsteuern und das körperschaftsteuerpflichtige Einkommen gegenüberzustellen sind.

- Aussonderung derjenigen Abweichungen, die **permanente** und **quasi-permanente Differenzen** repräsentieren. Darüber hinaus besteht nach h. M. ein **Wahlrecht**, solche Differenzen abzuspalten, die zwar zu einem zeitlichen Unterschied zwischen Handels- und Steuerbilanzergebnis führen, aber keinen Schuldcharakter und damit auch **keine voraussichtliche Ertragsteuerbelastung** nach sich ziehen. Diese Konstellation liegt z. B. bei der Aktivierung von Ingangsetzungs- und Erweiterungsaufwendungen als Bilanzierungshilfe nach § 269 HGB vor, die aus bilanzsteuerrechtlicher Sicht aufwandswirksam verrechnet werden müssen. Im Ergebnis lässt sich die Abgrenzungsbemessungsgrundlage für die latenten Ertragsteuern wie in **Abb. 227** gezeigt darstellen.

Um sicherzustellen, dass beim Wegfall der sachlichen Grundlagen der Ertragsteuerabgrenzung die gebildeten Posten zum richtigen Zeitpunkt zur Auflösung kommen, sollte ein **Differenzenspiegel** geführt werden, aus dem der Eintritt von Steuerbelastungen und -entlastung der einzelnen Sachverhalte im Zeitablauf hervorgeht. Sofern durch den kompensatorischen Effekt aktivischer latenter Ertragsteuern **wesentliche** latente Steuerrückstellungen unterbleiben, und die hiermit verbundenen Steuerbelastungen nachfolgender Geschäftsjahre bereits wirksam wurden, ehe die zukünftigen Steuerentlastungen sich niederschlagen, so sind zusätzliche Angaben im **Anhang** nach § 264 Abs. 2 Satz 2 und § 285 Nr. 3 HGB erforderlich.

---

1048  Vgl. *ADS* 1997b, Anm. 21 zu § 274 HGB, S. 404 und die Ausführungen im Fünften Teil zu Gliederungspunkt III.B.3.e.e.a.

| | Handelsbilanzergebnis vor Ertragsteuern |
|---|---|
| ± | Permanente und quasi-permanente Differenzen |
| = | Bereinigtes Handelsbilanzergebnis |
| – | Körperschaftsteuerpflichtiges Einkommen |
| = | Nicht permanente Unterschiede (Bemessungsgrundlage). |

Abb. 227: Berechnung der Bemessungsgrundlage für latente Ertragsteuern

### e.c    Festlegung des Abgrenzungssteuersatzes

Die **zukünftigen** Ertragsteuerbelastungen bzw. Ertragsteuerentlastungen ergeben sich durch Multiplikation der Abgrenzungsbemessungsgrundlage pro Periode mit einem festzulegenden Ertragsteuersatz, der die Wirkungen der **Körperschaft- und Gewerbesteuer** berücksichtigt. Der Faktor für die Gewerbesteuer ist unter Beachtung der Steuermesszahl für den Gewerbeertrag (§ 11 Abs. 2 Nr. 2 GewStG), dem Hebesatz der Standortgemeinde (§ 16 Abs. 1 GewStG) und der Abzugsfähigkeit der Gewerbesteuer als Betriebsausgabe von ihrer eigenen Bemessungsgrundlage wie folgt zu berechnen. Die **5/6-Methode** gemäß R 4.9 Abs. 2 Satz 2 EStR kann in diesem Zusammenhang nicht zur Anwendung kommen, da es sich um ein steuerrechtliches **Vereinfachungsverfahren** zur Berechnung der Gewerbesteuerrückstellung und nicht um eine nach den GoB anerkannte Bilanzierungsmethode handelt.

$$sg = \frac{me \cdot he}{1 + me \cdot he} \text{ mit}$$

sg  = Faktor für die Gewerbesteuer
me = Steuermesszahl für den Gewerbeertrag in % : 100
he = Hebesatz der Standortgemeinde in % : 100

Im Hinblick auf die Körperschaftsteuer bietet es sich an, den **Definitivsteuersatz** von 25 % (§ 23 Abs. 1 KStG), ggf. zuzüglich des Solidaritätszuschlages, zugrunde zu legen. Unter Berücksichtigung der Abzugsfähigkeit der Gewerbesteuer als Betriebsausgabe von der Bemessungsgrundlage der Körperschaftsteuer gilt:

s  = sg + sd · (1 – sg) mit
s  = Abgrenzungssteuerfaktor
sd = Definitivsteuersatz in % : 100.

Umstritten war in der Literatur die Frage, ob die Steuerabgrenzungsposten **abzuzinsen**, d. h. zu ihrem **Barwert** in der Handelsbilanz anzusetzen sind. Da der Wortlaut des Gesetzes auf die voraussichtlichen Ertragsteuerbe- bzw. -entlastungen abstellt, die mit dem **späteren Geldabfluss** im Zusammenhang stehen, kann hinsichtlich der passivischen und aktivischen Steuerabgrenzung keine Abzinsung in Betracht kommen.[1049] Im Gegensatz zum passivischen Posten, der primär **Schuldcharakter** trägt, erfüllt der aktivische Posten ausschließlich **Abgrenzungsfunktionen**. Da die Abzinsungsregelungen lediglich für die Bewertung von Vermögensgegenständen und nicht für Abgrenzungsposten relevant sind, kommt auch für den aktivischen Posten aus dieser Sichtweise kein Ansatz zum Barwert in Betracht.[1050]

---

1049   Vgl. *Hoyos/Fischer* 2006, Anm. 17 zu § 274 HGB, S. 1042.
1050   Vgl. *ADS* 1997b, Anm. 33 zu § 274 HGB, S. 418.

**Beispiel:**

Aufgrund der Bewertung fertiger Erzeugnisse in der Handelsbilanz einer GmbH zu Einzelkosten und in der Steuerbilanz zu mindestens ansetzbaren Herstellungskosten gemäß R 6.3 Abs. 1 EStR übersteigt der steuerrechtliche Gewinn das handelsrechtliche Ergebnis vor Ertragsteuern im ersten Geschäftsjahr um 90.000 €. Unterstellt man eine Vollausschüttung des Ergebnisses in der Verkaufsperiode der Erzeugnisse, dann könnte der aktivische Abgrenzungsposten (AP) gemäß § 274 Abs. 2 HGB bei einem Gewerbesteuer-Hebesatz von 300 % und Vernachlässigung des Solidaritätszuschlags wie folgt berechnet werden.

$$(1)\ 0{,}1667 + 0{,}25 \cdot (1 - 0{,}1667) = 0{,}3750 \text{ mit } 0{,}1667 = \frac{0{,}05 \cdot 4}{1 + 0{,}05 \cdot 4}$$

$$(2)\ AP = 90.000\,€ \cdot 0{,}3750 = 33.750\,€$$

Der Buchungssatz zur Erfassung dieser aktivischen Steuerabgrenzung lautet dann wie folgt:

| Aktivischer Abgrenzungsposten für latente Steuern[1051] | an | Steuern vom Einkommen und vom Ertrag | 33.750 €. |
|---|---|---|---|

Sofern der Steuerabgrenzung ein **konstanter Ertragsteuersatz** zugrunde gelegt wird, ergibt sich der Jahresbetrag der latenten Steuerabgrenzung bei Anwendung der Nettomethode durch Multiplikation des Ertragsteuersatzes mit den Veränderungen der kumulierten nicht permanenten Ergebnisunterschiede. Allerdings ist zu berücksichtigen, dass bei Variationen des Steuersatzes im Falle einer laufenden Aktivierung und/oder Passivierung des Abgrenzungspostens der **Jahresbetrag der latenten Ertragsteuern** durch die in **Abb. 228** dargestellte Nebenrechnung ermittelt werden muss.[1052] Der Jahresbetrag der latenten Ertragsteuern entspricht mithin der Veränderung des **kumulierten Steuerabgrenzungspostens**.

Sofern auf die Aktivierung latenter Ertragsteuern in Ausübung des **Wahlrechts** von § 274 Abs. 2 Satz 1 HGB **verzichtet** wird, können der Abgrenzung nicht die latenten Ertragsteuern auf nicht permanente Ergebnisunterschiede des laufenden Geschäftsjahres zugrunde gelegt werden, da auch die Auflösung aktivischer Abgrenzungsbeträge im Rahmen der Verrechnung latenter Ertragsteuern unberücksichtigt bleibt. In diesem Fall muss der Jahresbetrag der latenten Ertragsteuern aus der **Veränderung der kumulierten nicht per-**

|   | Latente Ertragsteuern auf nicht permanente Ergebnisunterschiede des laufenden Geschäftsjahres |
|---|---|
| ± | Korrektur der kumulierten Ertragsteuerabgrenzung der Vorjahre bei Änderungen des Ertragsteuersatzes |
| = | Jahresbetrag der latenten Ertragsteuern |

Abb. 228: Berechnung des Jahresbetrags der latenten Ertragsteuern

---

1051 Sofern der Steuerabgrenzungsbetrag den effektiven Ertragsteueraufwand der Periode übersteigt, müsste die Buchung lauten: Aktivischer Abgrenzungsposten für latente Steuern an zukünftige Entlastungen der Steuern vom Einkommen und vom Ertrag.

1052 Vgl. *Baumann/Spanheimer* 2003, Anm. 30 f. zu § 274 HGB, S. 11–13.

manenten Ergebnisunterschiede abgeleitet werden. Wie im Folgenden zu zeigen sein wird, bietet sich bei einem Verzicht auf die Aktivierung latenter Ertragsteuern die Verwendung der **Bruttomethode** an.[1053] Bei einer derartigen Zielsetzung ist lediglich ein **passivischer Abgrenzungsposten** bilanzierungspflichtig. Während seine Erhöhung zu einem latenten Steueraufwand führt, bringt eine Verminderung einen latenten Steuerertrag mit sich.

**Beispiel:**[1054]
Bei einer unbeschränkt ertragsteuerpflichtigen Kapitalgesellschaft sind im Rahmen eines Planungszeitraumes von fünf Geschäftsjahren in den ersten drei Perioden folgende Sachverhalte angefallen, die zu unterschiedlichen Gewinnausweisen in Handels- und Steuerbilanz geführt haben (Messzahl Gewerbeertrag = 5 %; Hebesatz der Standortgemeinde = 500 %). Im ersten Geschäftsjahr haben keine Abweichungen gegenüber Vorjahren bestanden.

1. Geschäftsjahr:
(1) Bildung einer Rücklage in der Steuerbilanz, die nach § 273 Satz 1 HGB nicht Eingang in den Sonderposten mit Rücklageanteil der Handelsbilanz finden darf. Die Rücklage in Höhe von 42.000 € wird im 5. Geschäftsjahr gewinnerhöhend aufgelöst.
(2) Bildung einer Rückstellung für unterlassene Instandhaltung nach § 249 Abs. 1 Nr. 1 HGB in der Handelsbilanz, die Mitte des folgenden Geschäftsjahrs nachgeholt werden soll. Gemäß R 5.7 Abs. 11 Satz 4 EStR sind steuerrechtlich derartige Rückstellungen nicht zulässig. Die gebildete Rückstellung in Höhe von 60.000 € wird in der Periode 2 nicht in Anspruch genommen und deshalb nach § 249 Abs. 3 Satz 2 HGB aufgelöst.
(3) Bildung einer Aufwandsrückstellung nach § 249 Abs. 2 HGB in der Handelsbilanz mit einem Wert von 25.000 € für eine Großreparatur, die im zweiten Jahr genau in Höhe des zurückgestellten Betrages vorgenommen wird. Rückstellungen dieser Art werden steuerrechtlich nicht anerkannt (H 5.7 Abs. 3 EStR).

2. Geschäftsjahr:
(4) Ansatz der Herstellungskosten von fertigen Erzeugnissen in der Handelsbilanz nach § 255 Abs. 2 HGB zu Einzelkosten, während in der Steuerbilanz diese Wirtschaftsgüter zum Mindestansatz gemäß R 6.3 Abs. 1 EStR bilanziert werden. Der Unterschiedsbetrag beläuft sich auf 36.000 €. Der Abbau dieser Lagerbestände erfolgt in den Perioden 3 bis 5 sukzessive zu gleichen Teilen.
(5) Sofortige aufwandswirksame Verrechnung eines Disagios für ein Tilgungsdarlehen in Höhe von 27.000 € nach § 250 Abs. 3 Satz 1 HGB. Gemäß H 6.10 EStR ist das Disagio in der Steuerbilanz als Rechnungsabgrenzungsposten auf die Laufzeit des Darlehens zu verteilen, die drei Jahre beträgt.

3. Geschäftsjahr:
(6) Aktivierung von Aufwendungen für die Erweiterung des Geschäftsbetriebs nach § 269 HGB in der Handelsbilanz. Die angesprochenen Aufwendungen in Höhe von 80.000 € werden gemäß § 282 HGB in den folgenden beiden Geschäftsjahren durch

1053   Vgl. *Baumann/Spanheimer* 2003, Anm. 48 zu § 274 HGB, S. 17.
1054   Das Beispiel wurde modifiziert übernommen von *Breithecker* 1989, S. 76 f.

Abschreibungen von 30 % und 70 % getilgt. In der Steuerbilanz darf ein entsprechender Aktivposten für diese Bilanzierungshilfe nicht zum Ansatz kommen, da kein Wirtschaftsgut vorliegt und damit diese Aufwendungen von einem steuerrechtlichen Aktivierungsverbot betroffen sind.

(7) Vornahme einer außerplanmäßigen Abschreibung auf Betriebsgrundstücke nach § 253 Abs. 2 Satz 3 HGB in der Handelsbilanz von 140.000 €, die steuerrechtlich nicht anerkannt wird. Mit der Veräußerung der Betriebsgrundstücke ist erst bei Liquidation der Kapitalgesellschaft zu rechnen.

Legt man für die Berechnung der Abgrenzungsposten den körperschaftsteuerlichen Definitivsteuersatz von 25 % unter Berücksichtigung der Gewerbesteuer bei einem Hebesatz von 500 % und unter Vernachlässigung des Solidaritätszuschlags zugrunde, dann errechnet sich der (konstante) Abgrenzungssteuersatz wie folgt.

(1) $\quad s = 0,2 + 0,25 \cdot (1 - 0,2) = 0,4$ mit

(2) $\quad sg = \dfrac{0,05 \cdot 5}{1 + 0,05 \cdot 5} = 0,2$

Die Differenzenspiegel nach der Netto- und Bruttomethode mit den Jahresbeträgen der latenten Ertragsteuern befinden sich in **Abb. 229.** Anschließend sind die Beträge des Beispiels für das 2. Geschäftsjahr auf den entsprechenden Konten verbucht worden. Dabei wurde zunächst unterstellt, dass die Kapitalgesellschaft stets beabsichtigt, auch eine laufende Aktivierung latenter Ertragsteuern nach § 274 Abs. 2 Satz 1 HGB vorzunehmen (umfassende Ertragsteuerabgrenzung). Anschließend wird die Verbuchung für das 2. und 5. Geschäftsjahr bei einem Verzicht auf die Aktivierung latenter Ertragsteuern verdeutlicht (partielle Ertragsteuerabgrenzung).

Verbuchungen für das 2. Geschäftsjahr nach der Nettomethode bei umfassender Ertragsteuerabgrenzung:

Buchungssätze:

(1) Steuern vom Einkommen und vom Ertrag — an — Aktivischer Abgrenzungsposten für latente Steuern — 17.200 €

(2) Steuern vom Einkommen und vom Ertrag — an — Rückstellungen für latente Steuern — 8.800 €.

Kontenmäßige Darstellung:

| S | Aktivischer Abgrenzungsposten für latente Steuern | H |
|---|---|---|
| | € | € |
| AB | 17.200 (1) | 17.200 |

| S | Rückstellungen für latente Steuern | H |
|---|---|---|
| | € | € |
| SBK (EB) | 8.800 (2) | 8.800 |

| S | Steuern vom Einkommen und vom Ertrag | H |
|---|---|---|
| | € | € |
| (1) | 17.200 GuV | |
| (2) | 8.800 (Saldo) | |

**Nettomethode**

| Methoden | Sachverhalte | 1. Jahr | 2. Jahr | 3. Jahr | 4. Jahr | 5. Jahr | Summe |
|---|---|---|---|---|---|---|---|
| | (1) | + 42.000 | – | – | – | – 42.000 | 0 |
| | (2) | – 60.000 | + 60.000 | – | – | – | 0 |
| | (3) | – 25.000 | + 25.000 | – | – | – | 0 |
| | (4) | – | – 36.000 | + 12.000 | + 12.000 | + 12.000 | 0 |
| | (5) | – | – 27.000 | + 9.000 | + 9.000 | + 9.000 | 0 |
| | (6) | – | – | + 80.000* | – 24.000 | – 56.000 | 0 |
| | (7) | – | – | [–140.000]** | – | – | [–140.000] |
| Netto-methode | | – 43.000 | + 22.000 | +101.000 | – 3.000 | – 77.000 | 0 |
| | **Jahresbetrag der latenten Ertragsteuern** | | | | | | |
| | aktivisch | 17.200*** | 8.800 | – | – | 30.800 | 49.200 |
| | passivisch | – | – | 40.400 | 1.200 | – | 49.200 |

**Bruttomethode**

| Sachverhalte | 1. Jahr aktivisch | 1. Jahr passivisch | 2. Jahr aktivisch | 2. Jahr passivisch | 3. Jahr aktivisch | 3. Jahr passivisch | 4. Jahr aktivisch | 4. Jahr passivisch | 5. Jahr aktivisch | 5. Jahr passivisch | Summe |
|---|---|---|---|---|---|---|---|---|---|---|---|
| (1) | – | + 42.000 | – | – | – | – | – | – | – 42.000 | – | 0 |
| (2) | – 60.000 | – | – | + 60.000 | – | – | – | – | – | – | 0 |
| (3) | – 25.000 | – | – | + 25.000 | – | – | – | – | – | – | 0 |
| (4) | – | – | – 36.000 | – | – | + 12.000 | – | + 12.000 | – | + 12.000 | 0 |
| (5) | – | – | – 27.000 | – | – | + 9.000 | – | + 9.000 | – | + 9.000 | 0 |
| (6) | – | – | – | – | – | + 80.000 | – 24.000 | – | – 56.000 | – | 0 |
| (7) | – | – | – | – | – | [– 140.000] | – | – | – | – | [–140.000] |
| | – 85.000 | + 42.000 | – 63.000 | + 85.000 | – | +101.000 | – 24.000 | + 21.000 | – 98.000 | + 21.000 | 0 |
| **Jahresbetrag der latenten Ertragsteuern** | | | | | | | | | | | |
| aktivisch | 34.000**** | | 25.200 | | | | 9.600 | | 39.200 | | 108.000 |
| passivisch | 16.800***** | | 34.000 | | | 40.460 | 8.400 | | 8.400 | | 108.000 |

–   = steuerrechtlicher Gewinn > handelsrechtliches Ergebnis (vor Ertragsteuern) → aktivische Abgrenzung (40 %)

+   = steuerrechtlicher Gewinn < handelsrechtliches Ergebnis (vor Ertragsteuern) → passivische Abgrenzung (40 %)

\*   Einbeziehung in die Steuerabgrenzung ist umstritten.

\*\*   Keine Einbeziehung in die Steuerabgrenzung, da es sich um quasi permanente Differenzen handelt.

\*\*\* 17.200 € = 0,4 · 43.000 €.    \*\*\*\* 34.000 € = 0,4 · 85.000 €.    \*\*\*\*\* 16.800 € = 0,4 · 42.000 €.

Abb. 229: Beispiele für einen Differenzenspiegel (alle Werte in €)

Latente Ertragsteuern auf nicht permanente Unterschiede
für das 2. Geschäftsjahr (0,4 · 63.000 €)      25.200 €

+   Korrektur der kumulierten Ertragsteuerabgrenzung
der Vorjahre bei Konstanz des Abgrenzungssteuersatzes
(0,4 · 85.000 €)      34.000 €

=   Jahresbetrag der latenten Ertragsteuern      8.800 €.

Verbuchungen für das 2. Geschäftsjahr nach der Bruttomethode bei umfassender Ertragsteuerabgrenzung:

Buchungssätze:

(1) Steuern vom Einkommen    an    Aktivischer Abgrenzungsposten
     und vom Ertrag                  für latente Steuern      8.800 €

(2) Steuern vom Einkommen    an    Rückstellungen für
     und vom Ertrag                  latente Steuern      17.200 €.

Kontenmäßige Darstellung:

| S | Aktivischer Abgrenzungsposten für latente Steuern | H | | |
|---|---|---|---|---|
| | € | | | € |
| AB | 34.000 | EB | | 25.200 |
| | | (1) | | 8.800 |
| | __34.000__ | | | __34.000__ |

| S | Steuern vom Einkommen und vom Ertrag | H | |
|---|---|---|---|
| | € | | € |
| (1) | 8.800[1055] | GuV | |
| (2) | 17.200[1056] | (Saldo) | |

| S | Rückstellungen für latente Steuern | H | |
|---|---|---|---|
| | € | | € |
| EB (SBK) | 34.000 | AB | 16.800 |
| | | (2) | 17.200 |
| | __34.000__ | | __34.000__ |

Verbuchungen für das 2. Geschäftsjahr bei partieller Ertragsteuerabgrenzung:

Buchungssatz:

(1) Steuern vom Einkommen    an    Rückstellungen für latente Steuern    8.800 €.
     und vom Ertrag

---

1055    8.800 € = 0,4 · (63.000 € – 85.000 €).
1056    17.200 € = 0,4 · (85.000 € – 42.000 €).

Kontenmäßige Darstellung:

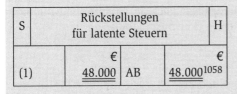

| S | Rückstellungen für latente Steuern | H | | S | Steuern vom Einkommen und vom Ertrag | H |
|---|---|---|---|---|---|---|
| | € | € | | | € | € |
| EB | 8.800 | AB    0 | | (1) | 8.800 | GuV |
| | | (1)    8.800[1057] | | | | (Saldo) |
| | 8.800 | 8.800 | | | | |

Verbuchungen für das 5. Geschäftsjahr bei partieller Ertragsteuerabgrenzung:

Buchungssatz:

(1) Rückstellungen für        an    Steuern vom Einkommen
    latente Steuern                  und vom Ertrag                    48.000 €.

Kontenmäßige Darstellung:

| S | Rückstellungen für latente Steuern | H | | S | Steuern vom Einkommen und vom Ertrag | H |
|---|---|---|---|---|---|---|
| | € | € | | | € | € |
| (1) | 48.000 | AB    48.000[1058] | | GuV (Saldo) | (1) | 48.000[1059] |

## e.d    Steuerabgrenzung in Verlustperioden

Unter Berücksichtigung der steuerrechtlichen Vorschriften über den **Verlustabzug** nach § 8 Abs. 4 KStG i. V. m. § 10 d EStG bedürfen die vorstehenden Ausführungen zu den latenten Ertragsteuern einiger Modifikationen. Nach den gültigen Regelungen ist bei der Ermittlung des körperschaftsteuerrechtlichen Einkommens ein begrenzter **Verlustrücktrag** auf das unmittelbar vorangegangene Jahr im Umfang von 511.500 € möglich (§ 10 d Abs. 1 Satz 1 EStG).[1060] Sofern Verluste nach dieser Regelung nicht mit positiven Ergebnissen der Vergangenheit ausgeglichen werden können, besteht die Möglichkeit, sie nach § 10 d Abs. 2 EStG mit korrigierten Steuerbilanzgewinnen in den folgenden Jahren bis zu einem Gesamtbetrag von 1 Million € unbegrenzt, darüber hinaus bis zu 60 % des 1 Million € übersteigenden Gesamtbetrages zu verrechnen (**Verlustvortrag**).[1061] Durch die beiden dargestellten Alternativen des steuerrechtlichen Verlustabzugs ändert sich das Verhältnis zwischen handelsrechtlichem Jahresergebnis und körperschaftsteuerrechtlichem Einkommen. Sofern diese Variationen zeitlich begrenzte Differenzen zwischen Handels- und Steuerbilanz betreffen, sind sie auch im Rahmen der Ertragsteuerabgrenzung nach § 274 HGB zu berücksichtigen.

---

1057    8.800 € = 0,4 · 22.000 €.
1058    48.000 € = 49.200 € – 0,4 · 3.000 €.
1059    48.000 € = 0,4 · (77.000 € + 43.000 €).
1060    Während ein Verlustrücktrag bei der Gewerbesteuer nicht möglich ist, können Gewerbeverluste zeitlich unbegrenzt, aber nur in bestimmten Höhen, vorgetragen werden (§ 10 a Satz 1 GewStG).
1061    Eine ähnliche Regelung besteht für den Vortrag eines Gewerbeverlustes (§ 10 a Satz 2 GewStG).

Die Möglichkeit eines steuerrechtlichen **Verlustrücktrags** löst in der Referenzperiode einen **Steuererstattungsanspruch** gegenüber der Finanzbehörde aus, der sich im handelsrechtlichen Jahresabschluss als **Forderung** und **effektiver Steuerertrag** niederschlägt. Im Hinblick auf den Ausweis von Steuerlatenzen ist zu berücksichtigen, dass sich das Verhältnis zwischen handelsrechtlichem Ergebnis und körperschaftsteuerrechtlichem Einkommen für die **Vergangenheit** ändert.

Folglich müssen in früheren Jahren bilanzierte Steuerabgrenzungsposten aufgelöst werden, sofern sie auf zeitlichen Differenzen basieren, die sich in der Verlustperiode umkehren. Darüber hinaus werden im Verlustjahr latente Ertragsteuern auf neu auftretende zeitliche Ergebnisunterschiede gebildet. Hierdurch wird sichergestellt, dass der mit der Bilanzierung latenter Ertragsteuern verbundene **Zweischneidigkeitseffekt** auch bei einem Verlustausweis in der Referenzperiode für die Zukunft aufrecht erhalten werden kann. Ziel der **Neuberechnung** der aktivischen oder passivischen Steuerabgrenzungsposten muss es sein, den Jahresbetrag der latenten Ertragsteuern in der Verlustperiode auf der Grundlage der zeitlichen Differenzen zwischen dem steuerrechtlichen Verlust und dem Handelsbilanzergebnis zu bilden. Der Abgrenzungsposten für die latenten Ertragsteuern muss dann dem kumulierten Betrag der zeitlichen Unterschiede entsprechen. Folglich kommt in der Erfolgsrechnung nicht der steuerrechtliche, sondern der **buchmäßige Rücktragseffekt** zum Ausdruck.[1062] Im Ergebnis korrespondiert die Behandlung eines Verlustrücktrags bezüglich der Bilanzierung von Steuerlatenzen mit der Rechnungslegung dieser Posten in Gewinnsituationen.

---

**Beispiel:**

In Abänderung des vorstehenden Beispiels wird nun auf der Basis des Nettoverfahrens bei partieller Steuerabgrenzung unterstellt, dass im 5. Geschäftsjahr eine Verlustsituation auftritt, die zu einem rücktragsfähigen Steuerbilanzergebnis von 50.000 € führt. In diesem Fall sind die in den Vorperioden gebildeten Abgrenzungsposten auf zeitliche Unterschiede in Höhe von 48.000 €[1063] vollständig aufzulösen. Darüber hinaus kann ein aktivischer Ausgleichsposten im Umfange von 30.800 €[1064] gebildet werden.

Buchungssätze:

| | | | | |
|---|---|---|---|---|
| (1) Rückstellungen für latente Steuern | an | Steuern vom Einkommen und vom Ertrag | | 48.000 € |
| (2) Aktivische Abgrenzungsposten für latente Steuern | an | Steuern vom Einkommen und vom Ertrag | | 30.800 €. |

Kontenmäßige Darstellung:

| S | Rückstellungen für latente Steuern | | H |
|---|---|---|---|
| | € | | € |
| (1) | 48.000 | AB | 48.000 |

| S | Steuern vom Einkommen und vom Ertrag | | H |
|---|---|---|---|
| | € | | € |
| GuV (Saldo) | | (1) | 48.000 |
| | | (2) | 30.800 |

---

1062  Vgl. *Baummann/Spanheimer* 2003, Anm. 39 f. zu § 274 HGB, S. 1643 f.
1063  48.000 € = 8.800 € + 40.400 € − 1.200 €.
1064  30.800 € = 0,4 · 77.000 €.

| S | Aktivistischer Abgrenzungs-<br>posten für latente Steuern | H |
|---|---|---|
| | € | € |
| (2) | 30.800 | EB (SBK) | 30.800 |

Der Jahresbetrag der aktivischen latenten Ertragsteuern von 30.800 € wurde mithin auf der Grundlage des Unterschiedsbetrags der zeitlichen Differenzen zwischen steuerrechtlichem Verlust (50.000 €)[1065] und handelsrechtlichem Fehlbetrag (127.000 €)[1066] gebildet. Zudem entspricht der Saldo auf dem Konto «Steuern vom Einkommen und vom Ertrag» in Höhe von 78.800 €[1067] dem buchmäßigen Rücktragseffekt des steuerrechtlichen Verlustes von 50.000 €.

Sofern eine Kompensation steuerrechtlicher Verluste mit Gewinnen der Vorperioden nicht möglich ist, können die (Rest-)Beträge auf zukünftige Jahre innerhalb der Grenzen von § 10 d Abs. 2 EStG bzw. § 10 a Satz 2 GewStG vorgetragen werden. Zu berücksichtigen ist, dass lediglich die Existenz eines Verlustvortrags noch **keinen Anspruch** auf Steuererstattung gegenüber der Finanzbehörde auslöst. Eine Minderung der Ertragsteuern tritt folglich erst in der(n) Folgeperiode(n) ein, wenn eine Saldierung mit positiven steuerrechtlichen Ergebnissen erfolgt. Im Hinblick auf den Ausweis von Steuerlatenzen im handelsrechtlichen Jahresabschluss müssen beim Vorliegen steuerrechtlicher Verlustvorträge in vergangenen Jahren gebildete Steuerabgrenzungsposten **vorzeitig aufgelöst werden**, sofern aufgrund der Verlustverrechnung in künftigen Jahren voraussichtlich kein effektiver Ertragsteueraufwand anfallen wird. Ähnliches gilt für steuerrechtliche Verluste, die aufgrund **prognostischer Beurteilung** in späteren Geschäftsjahren anfallen werden. Abgeleitet wird diese Auflösungspflicht passivischer und aktivischer Steuerabgrenzungsposten aus § 274 Abs. 1 Satz 2 und Abs. 2 Satz 4 HGB, wonach eine Auflösung zu erfolgen hat, wenn die Steuerbelastung oder -entlastung eintritt oder mit ihr voraussichtlich nicht mehr zu rechnen ist.[1068] Gebildete Abgrenzungsposten sind grundsätzlich in Höhe des **Ertragsteuereffektes** aus dem Verlustvortrag aufzulösen.

**Beispiel:**
In Abänderung des vorstehenden Beispiels wird nun unterstellt, dass bei Rückgriff auf das Nettoverfahrens und partieller Steuerabgrenzung im 3. Geschäftsjahr ein steuerrechtlicher Verlust von 50.000 € auftritt, der nur vorgetragen werden kann. Die am Ende des 3. Geschäftsjahres gebildete Rückstellung für latente Steuern in Höhe von 40.400 €[1069] ist nun in Höhe des Ertragsteuereffektes aus dem Verlustvortrag von 20.000 €[1070] aufzulösen.

Buchungssätze:

| | | | | |
|---|---|---|---|---|
| (1) Steuern vom Einkommen und vom Ertrag | an | Rückstellungen für latente Steuern | | 40.400 € |
| (2) Rückstellung für latente Steuern | an | Steuern vom Einkommen und vom Ertrag | | 20.000 €. |

---

1065   50.000 € = 42.000 € – 9.000 € – 83.000 €.
1066   127.000 € = 12.000 € – 56.000 € – 83.000 €.
1067   78.800 € = 0,4 · 197.000 €.
1068   Vgl. *Hoyos/Fischer* 2006, Anm. 64 zu § 274 HGB, S. 1050.
1069   40.400 € = 0,4 · 101.000 €.
1070   20.000 € = 0,4 · 50.000 €.

Kontenmäßige Darstellung:

| S | Rückstellungen für latente Steuern | | H |
|---|---|---|---|
| | € | | € |
| (2) | 20.000 | AB | 8.800 |
| EB (SBK) | 29.200 | (1) | 40.400 |
| | 49.200 | | 49.200 |

| S | Steuern vom Einkommen und vom Ertrag | | H |
|---|---|---|---|
| | € | | € |
| (1) | 40.400 | (2) | 20.000 |
| | | GuV (Saldo) | |

# IV.  Erweiterte Rechnungslegungsinformationen

## A.  Überblick

Neben den gesetzlich vorgeschriebenen **Mindestanforderungen** bezüglich der durch Bilanz, Gewinn- und Verlustrechnung, Anhang und Lagebericht vermittelten Rechnungslegungsinformationen veröffentlichen viele Kapitalgesellschaften eine Vielzahl von Zusatzdaten. Diese zusätzlichen Publikationen werden vor allem bei großen international agierenden Publikumsgesellschaften im Rahmen einer **unternehmenswertsteigernden (offensiven) Rechnungslegungspolitik** von der Zielsetzung getragen, die (Finanz-)Kommunikation zwischen Unternehmen und den Anteilseignern zu optimieren (Investor Relations oder Shareholder Relations), um den Aktionären und potenziellen Investoren eine angemessene Bewertung des Unternehmens am Kapitalmarkt zu ermöglichen. Darüber hinaus sind viele dieser Zusatzinformationen im Rahmen der **internationalen Rechnungslegung** zwischenzeitlich verbindlich und unterliegen ebenfalls der **Prüfungspflicht** durch den Abschlussprüfer gemäß § 316 Abs. 1 HGB. Ferner schreibt der Gesetzgeber zwingend vor, dass der **Konzernabschluss** neben der Konzernbilanz, der Konzern-GuV und dem Konzernanhang eine **Kapitalflussrechnung** und einen **Eigenkapitalspiegel** enthalten muss. Schließlich besteht ein Wahlrecht zur **Segmentberichterstattung**. Infolge der internationalen Harmonisierungsbestrebungen im Rahmen der externen Rechnungslegung wird ebenfalls der Ausbau des **Financial Accounting** zu einem umfassenden **Business Reporting** mit Hilfe der wertorientierten Berichterstattung (sog. **Value Reporting**) diskutiert.[1071] In diesem Zusammenhang wurden Konzepte entwickelt, die im Kern versuchen, den Unterschied zwischen dem buchmäßigen Eigenkapital und dem vom Kapitalmarkt abgeleiteten Unternehmenswert, der sich z. B. in Gestalt des **Börsen- oder Zukunftserfolgswertes** ermitteln lässt, durch eine spezifische Berichterstattung über immaterielle Werte, die nicht bilanzierungsfähigen Charakter tragen (z. B. **Innovation-, Human-, Supplier-, Investor- und Process Capital**) zu erklären.[1072] Es bietet sich an, derartige Informatinen im **Lagebericht** oder ggf. in einem separaten Teil des Geschäftsberichts darzustellen.[1073]

---

1071   Vgl. hierzu die Ausführungen im Siebenten Teil zu Gliederungspunkt II.B.
1072   Vgl. *AKEU* 2002b, S. 2339.
1073   Vgl. zur bilanziellen Berücksichtigung selbst erstellter immaterieller Vermögenswerte die Ausführungen im Siebenter Teil zu Gliederungspunkt III.B.1.a.

Im Folgenden wird ein kurzer Überblick über die wichtigsten Instrumente zur Verbesserung der Rechnungslegungsqualität gegeben. Während **Finanzierungsrechnungen**, denen die Aufgabe zukommt, Informationen über die Investitions- und Finanzierungsaktivitäten des Unternehmens zu vermitteln, in Form von **Bewegungsbilanzen, Kapitalfluss- und Cash Flow-Rechnungen** schon seit langem erstellt wurden oder zumindest im Prüfungsbericht des Abschlussprüfers nach § 321 HGB Berücksichtigung fanden, wird auf detaillierte **Segmentberichterstattungen**[1074], **Eigenkapitalspiegel, Wertschöpfungsrechnungen**[1075] und/oder **ökologische Rechnungslegungsinformationen**[1076] (**Umwelt-Reporting**; **Nachhaltigkeitsberichte**) erst vermehrt seit Ende der 90er Jahre des 20. Jahrhunderts im Rahmen der Rechnungslegung von Kapitalgesellschaften zurückgegriffen. Allerdings ist zu berücksichtigen, dass bestimmte **segmentorientierte Angaben** bereits durch § 295 Nr. 4 HGB im **Anhang** zwingend vorgeschrieben sind. Wichtig ist in diesem Zusammenhang der Hinweis, dass vor allem die Spielarten von Finanzierungsrechnungen häufig auch von externen Adressaten im Rahmen der **Rechnungslegungsanalyse** verwendet werden, um einen detaillierteren Einblick in die Finanzlage der Kapitalgesellschaft zu erhalten. Dies gilt vor allen Dingen für **Cash Flow-Analysen** und **Kapitalflussrechnungen**.[1077]

Der durch Jahresabschluss und/oder Lagebericht induzierte jährliche Informationsfluss ist insbesondere bei börsennotierten Kapitelgesellschaften durch **unterjährige Publikationsinstrumente** wie z. B. Zwischen-, Quartalsberichte, Aktionärsbriefe, Ad hoc-Publizität und sonstige Medienmitteilungen zu ergänzen. Besondere Bedeutung kommt in diesem Zusammenhang den **Zwischenberichten**[1078] zu, die gemäß § 40 Abs. 1 BörsG von Emittenten, deren Aktien zum Börsenhandel am amtlichen Markt zugelassen sind, mindestens einmal während des Geschäftsjahres veröffentlicht werden müssen. Der Zwischenbericht zielt im Kontext des **Aktionärsschutzes** mithin darauf ab, den Adressaten regelmäßige, anlagerelevante Informationen zwischen den Jahresabschlussstichtagen zur Verfügung zu stellen.[1079] Darüber hinaus unterliegen Emittenten von Wertpapieren, die zum Handel an einer inländischen Börse zugelassen sind oder für die eine solche Zulassung beantragt wurde, der sog. **Ad hoc-Publizität**.[1080] So müssen diese gemäß § 15 Abs. 1 Satz 1 WpHG Insiderinformationen, welche den Insider unmittelbar betreffen, unverzüglich veröffentlichen. Eine Insiderinformation wird in § 13 Abs. 1 Satz 1 WpHG als »konkrete Information über nicht öffentlich bekannte Umstände« definiert, »die sich auf einen oder mehrere Emittenten von Insiderpapieren oder auf die Insiderpapiere selbst beziehen und die geeignet sind, im Falle ihres öffentlichen Bekanntwerdens den Börsen- oder Marktpreis der Insiderpapiere erheblich zu beeinflussen«. Der Gesetzgeber zielt mit der

---

1074 Vgl. grundlegend zur Segmentberichterstattung *Coenenberg* 2005, S. 838–872; *Alvarez* 2004; *Coenenberg* 2001a, S. 593–606; *Feldkämper* 2003, S. 1453–1457; *Hacker* 2003a, S. 50–54; *Hacker* 2003b, S. 1270–1272; *Knorr/Wittich* 2002, S. 375–378.

1075 Vgl. *Haller* 1998, S. 261–265.

1076 Vgl. zur ökologischen Rechnungslegung (und Prüfung) insbesondere *Freidank* 1998b, S. 313–366; *Fischbach* 1997.

1077 Vgl. zur Erstellung von Kapitalflussrechnungen grundlegend *Coenenberg* 2005, S. 743–837; *Coenenberg* 2001b, S. 311–320; *Coenenberg/Meyer* 2003, S. 335–383; *Scheffler* 2002, S. 295–300; *Schirmeister* 2000, S. 639–666.

1078 Vgl. ausführlich zur Zwischenberichterstattung *Alvarez/Wotschofsky* 2000, S. 1789–1796; *Alvarez/Wotschofsky* 2003; *Beck* 2005, S. 1477–1479; *Buchheim* 2003, S. 241–248; *Coenenberg* 2005, S. 924–946; *Knorr* 2001, S. 1–6; *Strieder* 2001, S. 112–116; *Strieder/Ammedick* 2004, S. 2679–2683.

1079 Vgl. *Coenenberg* 2005, S. 924.

1080 Vgl. zur Ad hoc-Publizität *Büche* 2005; *Kissner* 2002; *Struck* 2003.

Ad hoc-Publizität darauf ab, die mit den veröffentlichten Jahresabschlüssen, Lage- und Zwischenberichten übermittelten Informationen für aktuelle und potenzielle Anleger insbesondere beim Auftreten **außergewöhnlicher Ereignisse** zu ergänzen.

**Abb. 230** gibt einen Überblick über bedeutende Rechnungsinstrumente, die auf die Vermittlung erweiterter Informationen über Bilanz, GuV, Anhang und Lagebericht hinaus abstellen. Dabei wird einerseits in Instrumente unterschieden, die üblicherweise als jährliche Ergänzung im Rahmen von Jahresabschluss und Lagebericht **freiwillig** oder **zwingend** erstellt werden (**jährliche Instrumente**), und andererseits in Instrumente, die zwischen Jahresabschluss und Lagebericht zu fertigen sind (**unterjährliche Instrumente**). Aufgrund ihrer herausragenden Bedeutung im Rahmen der zusätzlichen (freiwilligen) Rechnungslegung für Einzelunternehmen werden im Folgenden die Finanzierungsrechnungen im Detail dargestellt.

# B.    Finanzierungsrechnungen

## 1.    Bewegungsbilanzen

Bewegungs- oder Veränderungsbilanzen zielen darauf ab, durch Gegenüberstellung der aus zwei aufeinander folgenden Handelsbilanzen abgeleiteten **Veränderungen der Aktiv- und Passivseite** Aussagen über die bilanzielle **Mittelherkunft** und **Mittelverwendung** des Unternehmens im abgelaufenen Geschäftsjahr abzuleiten. Dabei werden Zunahmen der Bilanzposten der Passivseite als **Eigen- und/oder Fremdfinanzierungen** (Mittelherkunft) bzw. Abnahmen der Bilanzposten der Passivseite als **Definanzierungen** (Mittelverwendung) interpretiert. Demgegenüber werden Zunahmen der Bilanzposten der Aktivseite als **Brutto-Investitionen** (Mittelverwendung) und Abnahmen der Bilanzposten der Passivseite als **Desinvestitionen einschließlich Abschreibungen** (Mittelherkunft) bezeichnet. Prinzipiell ist eine Bewegungsbilanz auf die Analyse der bilanziellen Bestandsveränderungen ausgerichtet, die im Ergebnis Informationen über die Entwicklung der **Finanz- und Investitionslage** des Unternehmens geben soll. Während Passivzunahmen und Aktivabnahmen im Einzelnen zeigen, aus welchen Quellen die Mittelerhöhungen der Periode resultieren (Eigen-, Fremdfinanzierung, erfolgsneutrale und erfolgswirksame Reduzierungen von Vermögensgegenständen), signalisieren Aktivzunahmen und Passivabnahmen wie die aufgebrachten und erwirtschafteten Mittel im letzten Geschäftsjahr verwendet wurden (Brutto-Investitionen in Vermögensgegenstände, Aufbau des Forderungsbestandes, Schuldentilgung, Senkung des Eigenkapitals). Da bilanzielle Mittelherkünfte sich in Form von bilanziellen Mittelverwendungen niederschlagen, führt auch eine Bewegungsbilanz stets zur Summengleichheit. **Abb. 231** gibt einen Überblick über die grundlegende Struktur einer Bewegungsbilanz.

Im Grundsatz sollen Bewegungsbilanzen den Adressaten in komprimierter Form folgende Erkenntnisse über die **finanzwirtschaftliche Unternehmensentwicklung** liefern:[1081]
- Informationen über zeitraumbezogene **Veränderungen der Liquidität**;
- Verdeutlichung der **Finanz- und Investitionspolitik** während des Geschäftsjahres;
- Darstellung der **Änderungen von Bilanz- und Finanzstruktur**.

---

1081    Vgl. *Lachnit* 1993, Sp. 184–189.

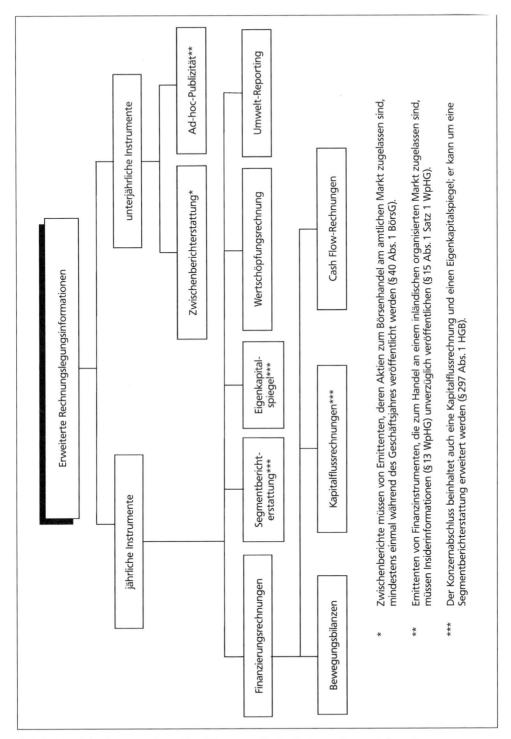

Abb. 230: Wichtige Instrumente zur Vermittlung erweiterter Rechnungslegungsinformationen

| Mittelverwendung | Mittelherkunft |
|---|---|
| Zunahmen der Bilanzposten der Aktivseite (Bruttoinvestitionen) | Zunahmen der Bilanzposten der Passivseite (Eigen- und Fremdfinanzierung) |
| Abnahmen der Bilanzposten der Passivseite (Definanzierung) | Abnahmen der Bilanzposten der Aktivseite (Vermögensabbau einschließlich Abschreibungen) |
| Summe Bestandsveränderungen | Summe Bestandsveränderungen |

Abb. 231: Aufbau einer Bewegungsbilanz

Allerdings wird die Verwendbarkeit der Bewegungsbilanz als Instrument zur externen Analyse der Finanzlage durch folgende Mängel erheblich **eingeschränkt**:[1082]

- Es wird keine Abgrenzung der postenorientierten Bestandsveränderungen nach Maßgabe ihrer **Liquiditätswirksamkeit** vorgenommen. So werden etwa auch Bewertungsmaßnahmen in die Analyse der Mittelherkünfte und Mittelverwendungen einbezogen, die nicht auf Finanzmittelvariationen basieren.
- Durch die grundsätzliche Analyse der Netto-Veränderungen der einzelnen Bilanzposten während des abgelaufenen Geschäftsjahres kommen die Variationen durch einzelne Geschäftsvorfälle nur unzureichend zum Ausdruck. Folglich werden die **gesamten finanziellen Bewegungen** innerhalb der Rechnungsperiode nicht in die Betrachtung einbezogen.
- Schließlich nimmt die Bewegungsbilanz auch Veränderungen von Bilanzposten auf, die weder auf **liquiditäts- noch auf erfolgswirksamen Geschäftsvorfällen** beruhen. So werden bestimmte Vorgänge sowohl als Mittelzu- als auch als Mittelabfluss in gleicher Höhe ausgewiesen, obwohl hiermit keine Liquiditätswirksamkeit verbunden ist. Der Nachteil einer solchen Aufblähung der Bewegungsbilanz ist jedoch gering, da sich die Auswirkungen derartiger Konstellation im Ergebnis ausgleichen.[1083]

**Beispiel:**[1084]
Die verkürzten Handelsbilanzen der Geschäftsjahre 2005 und 2006 sowie die verkürzte GuV des Geschäftsjahres 2006 einer Aktiengesellschaft weisen die in **Abb. 232** und **Abb. 233** gezeigten Bilder auf. Die nachfolgende **Abb. 234** verdeutlicht die Ableitung der Grundstruktur einer nach dem Nettoprinzip erstellten Bewegungsbilanz aus den angeführten beiden Handelsbilanzen für das Geschäftsjahr 2006.

Im Hinblick auf eine nähere Analyse der **Liquiditätslage** des Unternehmens bietet es sich an, die Mittelherkünfte weiter nach Verfügungs- und Bindungsdauer zu gliedern, womit die

---

1082    Vgl. *Küting/Weber* 2004, S. 167 f.
1083    So wird etwa die Aufnahme eines Bankkredites zum Zwecke des Kaufs einer maschinellen Anlage sowohl in Form einer Passivzunahme (Mittelherkunft) als auch in Gestalt einer Aktivzunahme (Mittelverwendung) ausgewiesen.
1084    Das Beispiel, das im weiteren Verlauf noch zur Ableitung einer Kapitalflussrechnung verwendet wird, wurde modifiziert entnommen von *Mansch/Stolberg/Von Wysocki* 1995, S. 199–203.

| Bilanzposten in T € | Gj. 2005 | Veränderungen | Gj. 2006 |
|---|---|---|---|
| **Aktiva** | | | |
| A. Anlagevermögen: | | | |
|    I.  Sachanlagen | 5.800 | – 100 | 5.700 |
|    II.  Finanzanlagen | 1.200 | 300 | 1.500 |
| | **7.000** | **200** | **7.200** |
| B. Umlaufvermögen | | | |
|    I.  Vorräte | 2.000 | 200 | 2.200 |
|    II.  Forderungen | | | |
|       1.  Forderungen aus Lieferungen und Leistungen | 7.000 | 300 | 7.300 |
|       2.  Sonstige Vermögensgegenstände | 5.000 | – 500 | 4.500 |
| | **14.000** | **0** | **14.000** |
|    III.  Wertpapiere | 3.000 | 500 | 3.500 |
|    IV.  Flüssige Mittel | 1.000 | – 100 | 900 |
| | **4.000** | **400** | **4.400** |
| Bilanzsumme | **25.000** | **600** | **25.600** |
| **Passiva** | | | |
| A. Eigenkapital: | | | |
|    I.  Gezeichnetes Kapital | 900 | 100 | 1.000 |
|    II.  Kapitalrücklage | 2.600 | 100 | 2.700 |
|    III.  Gewinnrücklagen | 2.700 | – 100 | 2.600 |
|    IV.  Bilanzgewinn | 700 | – 200 | 500 |
| | **6.900** | **– 100** | **6.800** |
| B. Rückstellungen: | 8.000 | 1.000 | 9.000 |
| C. Verbindlichkeiten: | | | |
|    1.  Anleihen | 100 | – 100 | 0 |
|    2.  Verbindlichkeiten gegenüber Kreditinstituten | 4.500 | – 400 | 4.100 |
|    3.  Verbindlichkeiten aus Lieferungen und Leistungen | 2.500 | 100 | 2.600 |
|    4.  Sonstige Verbindlichkeiten | 3.000 | 100 | 3.100 |
|       (davon – Zinsen | (30) | (10) | (40) |
|           – Steuern) | (100) | (– 50) | (50) |
| | **18.100** | **700** | **18.800** |
| Bilanzsumme | **25.000** | **600** | **25.600** |

Abb. 232: Verkürzte Handelsbilanzen der Geschäftsjahre 2005 und 2006

Möglichkeit besteht, Variationen zwischen den **Fristigkeitsgruppen als Liquiditätsänderungen** zu interpretieren. Bei dieser Analyse soll untersucht werden, ob das Prinzip der fristenkongruenten Finanzierung eingehalten wurde. **Abb. 235**[1085] zeigt die nach Fristigkeits-

---

1085   Vgl. *Lachnit* 1993, Sp. 186.

| Posten der Gewinn- und Verlustrechnung | in T € |
|---|---|
| 1. Umsatzerlöse | 28.200 |
| 2. Erhöhung des Bestands an fertigen Erzeugnissen | 200 |
| 3. Andere aktivierte Eigenleistungen | 200 |
| 4. Sonstige betriebliche Erträge | 400 |
| 5. Materialaufwand | – 12.500 |
| 6. Personalaufwand | – 12.000 |
| 7. Abschreibungen auf Sachanlagen | – 1.500 |
| 8. Sonstige betriebliche Aufwendungen | – 2.400 |
| 9. Erträge aus Beteiligungen | 100 |
| 10. Zinsaufwendungen | – 500 |
| 11. Zinserträge | 400 |
| 13. Ergebnis der gewöhnlichen Geschäftstätigkeit | 600 |
| 14. Steuern vom Einkommen und vom Ertrag | – 200 |
| 15. Jahresüberschuss | 400 |
| 16. Entnahmen aus Gewinnrücklagen | 100 |
| 17. Bilanzgewinn | 500 |

Abb. 233: Verkürzte Gewinn- und Verlustrechnung des Geschäftsjahres 2006

| Mittelverwendung | in T € | Mittelherkunft | in T € |
|---|---|---|---|
| AKTIVZUNAHMEN (Brutto-Investitionen und Vermögensaufbau) | | PASSIVZUNAHMEN (Eigen-und Fremdfinanzierung) | |
| A. Anlagevermögen:<br>  II. Finanzanlagen | 300 | A. Eigenkapital:<br>  I. Gezeichnetes Kapital<br>  II. Kapitalrücklage | 100<br>100 |
| B. Umlaufvermögen:<br>  I. Vorräte<br>  II. Forderungen<br>    1. Forderungen aus Lieferungen und Leistungen<br>  III. Wertpapiere | 200<br><br>300<br>500 | B. Rückstellungen:<br><br>C. Verbindlichkeiten:<br>  3. Verbindlichkeiten aus Lieferungen und Leistungen<br>  4. Sonstige Verbindlichkeiten | 1.000<br><br><br>100<br>100 |
| PASSIVABNAHMEN (Definanzierung) | | AKTIVABNAHMEN (Deinvestitionen einschließlich Abschreibungen und Vermögensabbau) | |
| A. Eigenkapital:<br>  III. Gewinnrücklagen<br>  IV. Bilanzgewinn | 100<br>200 | A. Anlagevermögen:<br>  I. Sachanlagen | 100 |
| C. Verbindlichkeiten:<br>  1. Anleihen<br>  2. Verbindlichkeiten gegenüber Kreditinstituten | 100<br><br>400 | B. Umlaufvermögen:<br>  II. Forderungen<br>    2. Sonstige Vermögensgegenstände<br>  IV. Flüssige Mittel | <br><br>500<br>100 |
| Summe Bestandsveränderungen | 2.100 | Summe Bestandsveränderungen | 2.100 |

Abb. 234: Bewegungsbilanz für das Geschäftsjahr 2006

| Mittelverwendung | in T € | Mittelherkunft | in T € |
|---|---|---|---|
| **1. Mittel- und langfristige Verwendungen und Herkünfte** | | | |
| Zunahme Sachanlagen | 1.400 | Abschreibungen auf Sachanlagen | 1.500 |
| Zunahme Finanzanlagen | 300 | Zunahme gezeichnetes Kapital | 100 |
| Abnahme Gewinnrücklagen | 100 | Zunahme Kapitalrücklage | 100 |
| Dividendenzahlungen (Bilanzgewinn 2005) | 700 | Bilanzgewinn 2006 | 500 |
| Abnahme Anleihen | 100 | Zunahme Rückstellungen | 1.000 |
| Abnahme Verbindlichkeiten gegenüber Kreditinstituten | 400 | | |
| Mittel- und langfristige Verwendungen | 3.000 | Mittel- und langfristige Herkünfte | 3.200 |
| **1. Kurzfristige Verwendungen und Herkünfte** | | | |
| Zunahmen Vorräte | 200 | Abnahme sonstige Vermögens- gegenstände | 500 |
| Zunahme Forderungen aus Lieferungen und Leistungen | 300 | Abnahme Flüssige Mittel | 100 |
| Zunahme Wertpapiere | 500 | Zunahme Verbindlichkeiten aus Lieferungen und Leistungen | 100 |
| | | Zunahme sonstige Verbindlichkeiten | 100 |
| Kurzfristige Verwendungen | 1.000 | Kurzfristige Herkünfte | 800 |
| Summe Mittelverwendung | 4.000 | Summe Mittelherkunft | 4.000 |

Abb. 235: Nach Fristigkeitsgraden gegliederte Bewegungsbilanz für das Geschäftsjahr 2006

gesichtspunkten unter Zugrundelegung des **Bruttoprinzips** umgegliederte Bewegungsbilanz. Die Darstellung verdeutlicht, dass in der abgelaufenen Rechnungsperiode annähernd ein Fristengleichgewicht zwischen Herkünften und Verwendungen bestanden hat. Darüber hinaus konnten in einer Größenordnung von 200 T € längerfristige Finanzmittel für kurzfristige Verwendungen eingesetzt werden. Hiermit hat sich die Liquiditätslage, gemessen in den Veränderungen von Vermögen und Kapital, im vergangenen Geschäftsjahr verbessert.

Darüber hinaus ist es möglich, die Bewegungsbilanz derart zu strukturieren, dass die Quellen, aus denen die Finanzmittel beschafft werden und die Schwerpunkte der Mittelverwendung sichtbar werden. Für die Unterteilung der Mittelherkünfte bietet sich eine Gliederung nach den **Finanzierungsarten** an (z. B. Eigen-, Fremdfinanzierung, Finanzierung aus Umsatz oder Vermögensabbau). Im Hinblick auf den Verwendungsbereich empfiehlt sich eine Gliederung nach Maßgabe des **Anlage-, Umlaufvermögens** einerseits und des **Eigen- und Fremdkapitals** andererseits. **Abb. 236** zeigt die zum Zwecke einer Analyse der **Finanzpolitik** des Unternehmens nach Maßgabe des **Bruttoprinzips** umgegliederte Bewegungsbilanz. Hier kommt zum Ausdruck, dass die beträchtlichen Investitionen im Anlagevermögen (1.700 T €) und die umfangreichen Aufstockungen des Umlaufvermögens (1.000 T €) vollständig durch selbst erwirtschaftete Finanzmittel in Gestalt des Cash Flow (2.900 T €) gedeckt werden.[1086]

---

1086 Vgl. *Lachnit* 1993, Sp. 187 f; zum Begriff und den unterschiedlichen Arten des Cash Flow vgl. die Ausführungen im Fünften Teil zu Gliederungspunkt IV.A.B.2.

| Mittelverwendung | | in T € | Mittelherkunft | | in T € |
|---|---|---|---|---|---|
| **A. Investitionen:** | | | **A. Selbst erwirtschaftete** | | |
| 1. Zunahme Sachanlagen | 1.400 | | **Finanzmittel:** | | |
| 2. Zunahme Finanzanlagen | 300 | 1.700 | 1. Jahresüberschuss | 400 | |
| | | | 2. Abschreibungen auf | | |
| **B. Betriebsmittelerhöhungen:** | | | Sachanlagen | 1.500 | |
| 1. Zunahme Vorräte | 200 | | 3. Zunahme Rückstellungen | 1.000 | 2.900 |
| 2. Zunahme Forderungen | | | | | |
| aus Lieferungen und | | | **B. Deinvestition:** | | |
| Leistungen | 300 | | 1. Abnahme sonstige | | |
| 3. Zunahme Wertpapiere | 500 | 1.000 | Vermögensgegenstände | | 500 |
| **C. Abnahme Gewinnrücklagen:** | | 100 | **C. Abnahme Flüssige Mittel:** | | 100 |
| **D. Dividendenzahlungen** | | 700 | **D. Eigenfinanzierung:** | | |
| (Bilanzgewinn 2005): | | | 1. Zunahme gezeichnetes | | |
| | | | Kapital | 100 | |
| **E. Fremdkapitaltilgung:** | | | 2. Zunahme Kapitalrücklage | 100 | |
| 1. Abnahme Anleihen | 100 | | 3. Entnahmen aus anderen | | |
| 2. Abnahme Verbindlich- | | | Gewinnrücklagen | 100 | 300 |
| keiten gegenüber | | | | | |
| Kreditinstituten | 400 | 500 | **E. Fremdfinanzierung:** | | |
| | | | 1. Zunahme Verbindlich- | | |
| | | | keiten aus Lieferungen | | |
| | | | und Leistungen | 100 | |
| | | | 2. Zunahme sonstige | | |
| | | | Verbindlichkeiten | 100 | 200 |
| **Summe Mittelverwendung** | | **4.000** | **Summe Mittelherkunft** | | **4.000** |

Abb. 236: Nach Arten der finanziellen Quellen und Verwendungen gegliederte Bewegungsbilanz für das Geschäftsjahr 2006

Im Rahmen der Mittelherkünfte spielte die Eigen- und Fremdfinanzierung mit insgesamt 500 T € im abgelaufenen Geschäftsjahr lediglich eine untergeordnete Rolle. Darüber hinaus war das Unternehmen im Hinblick auf die Mittelverwendung in der Lage, neben Dividendenzahlungen an die Aktionäre für das Geschäftsjahr 2005 in Höhe von 700 T € Tilgungen des langfristigen Fremdkapitals im Umfange von 500 T € vorzunehmen.

Schließlich kann die Bewegungsbilanz dazu eingesetzt werden, die **Änderungen der Bilanz- und Finanzstruktur** in der vergangenen Rechnungsperiode näher zu analysieren. Zu diesem Zwecke ist die Bewegungsbilanz dergestalt umzugliedern, dass die Möglichkeit besteht, Aussagen über die Veränderung der Zusammensetzung von Vermögen und Kapital im jeweiligen Betrachtungszeitraum vornehmen zu können.[1087] **Abb. 237** verdeutlicht eine derartige Umgestaltung der Bewegungsbilanz nach den **Beständeschichten** Anlage-, Umlaufvermögen sowie Eigen- und Fremdkapital unter Zugrundelegung des **Bruttoprinzips**. Im Fremdkapitalbereich fällt die elementare Nettoaufstockung von 700 T € ins Auge, die im Wesentlichen durch die Zunahme der Rückstellungsbildung im Umfange von 1.000 T €

---

1087    Vgl. *Lachnit* 1993, Sp. 188 f.

| Mittelverwendung | | in T€ | Mittelherkunft | | in T€ |
|---|---|---|---|---|---|
| **A. Aktivzunahmen:** | | | **B. Aktivabnahmen:** | | |
| I. Anlagevermögen | | | I. Anlagevermögen | | |
| 1. Sachanlagen (Investition) | 1.400 | | 1. Sachanlagen (Abschreibungen) | 1.500 | |
| 2. Finanzanlage (Investition) | 300 | 1.700 | | | 1.500 |
| | | | II. Umlaufvermögen | | |
| II. Umlaufvermögen | | | 1. Sonstige Vermögens-gegenstände | 500 | |
| 1. Vorräte | 200 | | 2. Flüssige Mittel | 100 | |
| 2. Forderungen aus Lieferungen und Leistungen | 300 | | | | 600 |
| 3. Wertpapiere | 500 | 1.000 | **B. Passivzunahme:** | | |
| | | | I. Eigenkapital | | |
| **B. Passivabnahmen:** | | | 1. Gezeichnetes Kapital | 100 | |
| I. Eigenkapital | | | 2. Kapitalrücklage | 100 | |
| 1. Gewinnrücklagen | 100 | | 3. Bilanzgewinn 2006 | 500 | |
| 2. Dividendenzahlungen (Bilanzgewinn 2005) | 700 | | | | 700 |
| | | 800 | II. Fremdkapital | | |
| | | | 1. Rückstellungen | 1.000 | |
| II. Fremdkapital | | | 2. Verbindlichkeiten aus Lieferungen und Leistungen | 100 | |
| 1. Anleihen | 100 | | 3. Sonstige Verbindlichkeiten | 100 | |
| 2. Verbindlichkeiten gegenüber Kreditinstituten | 400 | 500 | | | 1.200 |
| Summe Mittelverwendung | | 4.000 | Summe Mittelherkunft | | 4.000 |

Abb. 237: Nach Beständeschichten gegliederte Bewegungsbilanz für das Geschäftsjahr 2006

bedingt ist. Beim Eigenkapitalbereich sind Mittelherkünfte und Mittelverwendungen bis auf eine Differenz von 100 T€ nahezu ausgeglichen. Die Investitionen im Sachanlagever-mögen (1.400 T€) haben hingegen nicht ausgereicht, um die in Form von Abschreibun-gen als Mittelherkünfte interpretierten Wertminderungen (1.500 T€) zu kompensieren, so dass die im Ergebnis zu verzeichnende Ausweitung des Anlagevermögens (200 T€) auf Investitionen in Finanzanlagen basiert. Das Umlaufvermögen ist durch einen beträcht-lichen Bestandsaufbau gekennzeichnet, wobei auffällt, dass sich die Liquiditätslage durch die Abnahme der flüssigen Mittel um 100 T€ geringfügig verschlechtert hat.

## 2.    Cash Flow-Rechnungen

Im Grundsatz wird der Cash Flow als Überschuss der betrieblichen Einzahlungen über die betrieblichen Auszahlungen einer Rechnungsperiode definiert. Hieraus folgt, dass diese **Fi-nanzierungskennzahl** einerseits einen Indikator zur Beurteilung der **Zahlungsfähigkeit (Innenfinanzierungskraft)** und damit des **dynamischen Schuldendeckungspotenzials** des Unternehmens liefert. Andererseits stellt der Cash Flow aber auch eine **Erfolgskenn-zahl** dar, da hierdurch angezeigt wird, welchen Umfang das unmittelbar für Investitionen sowie den **Fremd- und Eigenkapitaldienst** (Zinsen, Tilgungen und Ausschüttungen) verwendbare, aus der laufenden (operativen) Tätigkeit des Unternehmens resultierende Ergebnis annimmt. Wie **Abb. 238** verdeutlicht, lassen sich aus diesen Verwendungsmöglichkeiten des Cash Flow die Begriffe **Operativer Cash Flow**, **Brutto Cash Flow** und **Netto Cash Flow** ableiten.

Zur Ermittlung des operativen Cash Flow bestehen zwei grundsätzliche Möglichkeiten. Während bei der **direkten Methode** Einzahlungen, die in der Periode gleichzeitig zu Erträgen geführt haben, und Auszahlungen, die den Aufwendungen der Periode entsprechen, gegenübergestellt werden, leitet die **indirekte Methode** den operativen Cash Flow aus dem **Jahresergebnis** der externen Rechnungslegung ab, indem dieses zunächst um solche Komponenten korrigiert wird, die **nicht zahlungswirksam** sind (z. B. Ab- und Zuschreibungen sowie Rückstellungsveränderungen). Ferner sind in die **Überleitungsrechnung** Bestandsveränderungen bei Posten des Nettoumlaufvermögens (z. B. Vorratsvermögen und Forderungen sowie Verbindlichkeiten aus Lieferungen und Leistungen) korrigierend einzubeziehen, die nicht die **Investitionstätigkeit** (z. B. Auszahlungen für Investitionen in das Anlagevermögen) oder die **Finanzierungstätigkeit** (z. B. Einzahlungen aus Kapitalerhöhungen) betreffen. Da die direkte Ermittlung des Cash Flow sehr aufwändig ist und keine unmittelbare Verbindung zum Jahresabschluss herstellt, wird im Rahmen der externen Rechnungslegung die indirekte Methode bevorzugt.

**Abb. 239** zeigt zusammenfassend die einzelnen Schritte zur Überleitung des Jahresergebnisses zum operativen Cash Flow einer Rechnungsperiode.

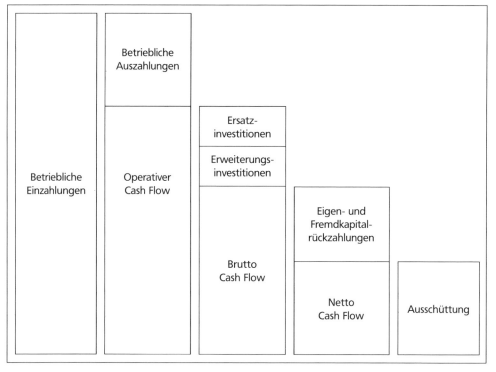

Abb. 238: Definitionen des Cash Flow

| 1. | | **Jahresüberschuss/-fehlbetrag** |
|----|-----|----|
| 2. | +/− | Abschreibungen/Zuschreibungen auf Gegenstände des Anlagevermögens |
| 3. | +/− | Veränderung der Rückstellungen |
| 4. | +/− | Veränderung der sonstigen zahlungsunwirksamen Aufwendungen/Erträge |
| 5. | −/+ | Veränderung aus dem Abgang von Gegenständen des Anlagevermögens |
| 6. | −/+ | Veränderung der Vorräte, der Forderungen aus Lieferungen und Leistungen sowie anderer Aktiva, die nicht der Investitions- oder Finanzierungstätigkeit zuzuordnen sind |
| 7. | +/− | Veränderung der Verbindlichkeiten aus Lieferungen und Leistungen sowie anderer Passiva, die nicht der Investitions- oder Finanzierungstätigkeit zuzuordnen sind |
| 8. | = | **Cash Flow aus laufender Geschäftstätigkeit** |

Abb. 239: Überleitungsschema zur indirekten Ermittlung des Cash Flow nach DRS 2[1088]

## 3.    Kapitalflussrechnung

Die Zielsetzung der Kapitalflussrechnung besteht darin, den Adressaten der Rechnungslegung **finanzielle Informationen** zu vermitteln, die dem Jahresabschluss und den Lagebericht nicht oder nur mittelbar entnommen werden können. Insbesondere wird beabsichtigt, externe Koalitionsteilnehmer durch die differenzierte Darstellung von Zahlungsgrößen in die Lage zu versetzen, sich über die Möglichkeiten des Unternehmens ein Bild zu verschaffen, **Zahlungsüberschüsse** zu erwirtschaften, **Investitionen** zu tätigen, **Schulden** zu tilgen, **Ausschüttungen** herzustellen und **kreditwürdig** zu bleiben. Darüber hinaus sollen Unterschiede zwischen dem Jahresergebnis und Zahlungsvorgängen, die diesem zugrunde liegen, erklärt sowie Auskunft über Auswirkungen von **zahlungswirksamen** und **zahlungsunwirksamen Investitions- und Finanzierungsvorgängen** auf die Finanzlage des Unternehmens gegeben werden. Obwohl die Kapitalflussrechnung im Kontext der externen Rechnungslegung **vergangenheitsorientierten Charakter** trägt, kann sie aber auch auf Planbasis zur internen Liquiditäts-, Investitions- und Finanzierungssteuerung eingesetzt werden.

Laut DRS 2 sind die Zahlungsströme getrennt nach den **Cash Flows** aus der **laufenden Geschäftstätigkeit**, aus der **Investitionstätigkeit** (einschließlich Deinvestitionen) und aus der **Finanzierungstätigkeit** darzustellen.[1089] Wie **Abb. 240** zeigt, muss die Summe der Cash Flows aus diesen drei Tätigkeitsbereichen unter zusätzlicher Berücksichtigung der **wechselkursbedingten** und **sonstigen Wertänderungen der Fondsbestände** der Änderung des **Finanzmittelfonds** in der Berichtsperiode entsprechen. Von entscheidender Bedeutung für die Aussagekraft und Interpretierbarkeit einer Kapitalflussrechnung ist die **Abgrenzung des Finanzmittelfonds**. Dieser stellt die Zusammenfassung mehrerer Bilanzposten zu einer buchhalterischen Einheit dar, für den Änderungen infolge von Zu- und Abflüssen in der Kapitalflussrechnung beschrieben werden sollen. Nach DRS 2 sind nur **Zahlungsmittel und Zahlungsmittel-Äquivalente** in den Finanzmittelfonds einzubeziehen.[1090] Zum Finanzmittelfonds gehören somit die **liquiden Mittel** i. S. v. § 266 Abs. 2 Posten B. IV. HGB, also **Kassenbestände, Bundesbank- und Postbankguthaben, Guthaben bei Kreditinsti-**

---

1088   Vgl. DRS 2, S. 27.
1089   Vgl. DRS 2, S. 47–49.
1090   Vgl. DRS 2, S. 21 f.

| | | |
|---|---|---|
| 1. | | Jahresüberschuss/Jahresfehlbetrag |
| 2. | +/– | Abschreibungen/Zuschreibungen auf Gegenstände des Anlagevermögens |
| 3. | +/– | Veränderung der Rückstellungen |
| 4. | +/– | Veränderung der sonstigen zahlungsunwirksamen Aufwendungen/Erträge (z. B. Veränderungen des Sonderpostens mit Rücklageanteil, Erträge aus der Auflösung passivierter Investitionszuschüsse, Abschreibungen auf Wertpapiere des Umlaufvermögens und auf ein aktiviertes Disagio) |
| 5. | –/+ | Veränderungen aus dem Abgang von Gegenständen des Anlagevermögens |
| 6. | –/+ | Veränderung der Vorräte, der Forderungen aus Lieferungen und Leistungen sowie anderer Aktiva, die nicht der Investitions- und Finanzierungstätigkeit zuzuordnen sind (z. B. geleistete Anzahlungen für Vorräte, sonstige Vermögensgegenstände, aktive Rechnungsabgrenzungsposten) |
| 7. | +/– | Veränderungen der Verbindlichkeiten aus Lieferungen und Leistungen sowie anderer Passiva, die nicht der Investitions- und Finanzierungstätigkeit zuzuordnen sind (z. B. erhaltene Anzahlungen für Warenlieferungen, sonstige Verbindlichkeiten, passive Rechnungsabgrenzungsposten) |
| 8. | = | **Cash Flow aus laufender Geschäftstätigkeit** |
| 9. | | Einzahlungen aus Abgängen (z. B. Verkaufserlöse, Tilgungsbeträge) von Gegenständen des Anlagevermögens (Restbuchwerte der Abgänge erhöht um Gewinne und vermindert um Verluste aus dem Anlagenabgang) |
| 10. | – | Auszahlungen für Investitionen in das Anlagevermögen |
| 11. | = | **Cash Flow aus der Investitionstätigkeit** |
| 12. | | Einzahlungen aus Kapitalerhöhungen und Zuschüssen der Gesellschafter |
| 13. | – | Auszahlungen an Gesellschafter (Dividenden, Kapitalrückzahlungen, andere Ausschüttungen) |
| 14. | + | Einzahlungen aus der Begebung von Anleihen und aus der Aufnahme von (Finanz-)Krediten |
| 15. | – | Auszahlungen für die Tilgung von Anleihen und (Finanz-)Krediten |
| 16. | = | **Cash Flow aus der Finanzierungstätigkeit** |
| 17. | | Zahlungswirksame Veränderungen des Finanzmitttelfonds (Summe der Zeilen 8., 11. und 16.) |
| 18. | +/– | Wechselkursbedingte und sonstige Wertveränderungen des Finanzmittelfonds |
| 19. | + | Finanzmittelfonds am Anfang der Periode |
| 20. | = | **Finanzmittelfonds am Ende der Periode** |

Abb. 240: Vereinfachte Struktur einer Kapitalflussrechnung bei indirekter Berechnung der Cash Flows aus laufender Geschäftstätigkeit nach DRS 2

**tuten und Schecks**. Diese Bestände sind nur geringfügigen Einlösungsrisiken ausgesetzt, weisen eine kurzfristige Veräußerbarkeit auf oder haben eine Restlaufzeit von maximal drei Monaten. Die aufgeführten Bilanzposten sollten deshalb nur dann in den Finanzmittelfonds einbezogen werden, wenn sie dazu dienen, kurzfristigen Zahlungsverpflichtungen nachzukommen und **nicht als Finanzinvestitionen** gehalten werden. Unter Beachtung des Stetigkeitsgrundsatzes besteht die Möglichkeit, **weitere Posten** (z. B. **kurzfristig veräußerbare Wertpapiere**) in den Fonds zu integrieren. Auch **jederzeit fällige Bankver-**

**bindlichkeiten** können in Abweichung vom Bruttoprinzip, mit einem negativen Vorzeichen versehen, in den Finanzmittelfonds einbezogen werden. In derartigen Fällen werden **gesonderte Informationen** über die Zusammensetzung des Finanzmittelfonds im **Anhang** erforderlich.

Für die Darstellung der Mittelzuflüsse/-abflüsse aus laufender Geschäftstätigkeit besteht innerhalb der Kapitalflussrechnung ein **Wahlrecht** zwischen der **direkten** und der **indirekten Methode**, wobei letzterer aufgrund ihrer Verbindung zum Jahresabschluss und der einfacheren Erstellung der Vorzug gegeben wird. Hierbei fällt auf, dass im Rahmen der in **Abb. 240** dargestellten Überleitungsrechnung die Cash Flows aus Investitions- und Finanzierungstätigkeit nach der direkten Methode erstellt werden.

Wie schon im Rahmen der indirekten Ermittlung des operativen Cash Flow (Zeile 8.) gezeigt, wird bei der Überleitungsmethode die Ausgangsgröße Jahresergebnis in Gestalt einer **Rückrechnung** um zahlungsunwirksame Erfolgsgrößen korrigiert sowie um fondswirksame, nicht in der Erfolgsrechnung sowie im Investitions- und Finanzierungsbereich erfasste Vorgänge ergänzt. Um zum **Cash Flow aus der Investitionstätigkeit** (Zeile 11.) zu gelangen, bedarf es anschließend der Berücksichtigung von Einzahlungen aus dem Abgang von immateriellen Vermögensgegenständen, Sach- und Finanzanlagen, sofern diese **fondswirksamen Charakter** tragen. Korrespondierend zu dieser Vorgehensweise müssen Auszahlungen für Investitionen in das Anlagevermögen abgezogen werden, wenn sie den **Finanzmittelfonds** verändert haben. Der **Cash Flow aus der Finanzierungstätigkeit** (Zeile 16.) ergibt sich, wenn solche Ein- und Auszahlungen erfasst werden, welche derartige fondsbezogene Veränderungen des Eigen- und Fremdkapitals betreffen, die nicht bereits innerhalb des Bereichs der laufenden Geschäftstätigkeit erfasst wurden. Den Abschluss der Kapitalflussrechnung bildet die **Finanzmittelnachweisrechnung**, die als **Bestandsrechnung** die Entwicklung der Finanzmittelfonds einer Rechnungsperiode dokumentiert. Zunächst wird durch Zeile 17. »Zahlungswirksame Veränderung des Finanzmittelfonds« gezeigt, aus welchen Quellen die Zu- und Abflüsse der Periode stammen (laufende Geschäfts-, Investitions- und Finanzierungstätigkeit). Innerhalb einer Periode kann der Finanzmittelbestand jedoch auch durch **Änderungen der Umrechnungskurse** (Finanzmittelfonds beinhaltet Fremdwährungsposten) oder durch **Wertänderungen** (Finanzmittelfonds beinhaltet z.B. Wertpapiere) (Zeile 18.) **zahlungsunwirksam** variiert werden. Aufgrund der **fehlenden Zahlungswirksamkeit** sind derartige umrechnungs- und wertbedingte Bestandsveränderungen folgerichtig im Finanzmittelnachweis zu korrigieren. Die Finanzmittelnachweisrechnung schließt mit dem **Finanzmittelfonds am Ende der Periode** (Zeile 20.) ab, wobei dieser, ebenso wie der **Finanzmittelfonds am Anfang der Periode** (Zeile 19.), nicht zwangsläufig mit den entsprechenden Bilanzbeständen übereinstimmen muss, da die Kapitalflussrechnung nicht den handelsrechtlichen (oder internationalen) Bewertungsvorschriften zu folgen braucht.

Im Ergebnis ergänzt die Kapitalflussrechnung die vom Jahresabschluss und vom Lagebericht gegebenen Informationen zur Finanzlage des Unternehmens, indem sie die erfolgswirtschaftlichen Kennzahlen (z.B. das Jahresergebnis) in eine finanzwirtschaftliche Darstellung (z.B. Cash Flow aus laufender Geschäftstätigkeit) transformiert. Im Gegensatz zu einer Cash Flow-Rechnung, die ausschließlich Aussagen über die **Innenfinanzierungskraft** und damit über die Herkunft finanzieller Mittel zulässt, ist die Kapitalflussrechnung darüber hinaus in der Lage, externen Adressaten Informationen über **Außenfinanzierungsvorgänge** und die **Verwendung** finanzieller Mittel zu liefern, da sie den gesamten **Saldo** des **Finanzmittelfonds** einer Periode erfasst und erklärt.

**Beispiel:**

Auf Basis der im vorstehenden Beispiel verwendeten verkürzten Handelsbilanzen der Geschäftsjahre 2005 und 2006 sowie der verkürzten GuV des Geschäftsjahres 2006 einer AG ist im Folgenden in **Abb. 241** eine Kapitalflussrechnung erstellt worden. Der Finanzmittelfonds setzt sich aus Wertpapieren und flüssigen Mitteln zusammen. Neben den allgemeinen Daten aus dem Jahresabschluss ist zu berücksichtigen, dass der zahlungswirksame Verkaufserlös aus Abgängen von Gegenständen des Anlagevermögens 150 T € und der Restbuchwert 100 T € beträgt.[1091]

| | | |
|---|---|---:|
| 1. | Jahresüberschuss | 400 |
| 2. | Abschreibungen auf Gegenstände des Anlagevermögens | 1.500 |
| 3. | Zunahmen der Rückstellungen | 1.000 |
| 4. | Gewinn aus dem Abgang von Gegenständen des Anlagevermögens | – 50 |
| 5.a) | Zunahme der Vorräte | – 200 |
| 5.b) | Zunahme der Forderungen aus Lieferungen und Leistungen | – 300 |
| 5.c) | Abnahme der Sonstigen Forderungen | 500 |
| 6.a) | Zunahme der Verbindlichkeiten aus Lieferungen und Leistungen | 100 |
| 6.b) | Zunahme der Sonstigen Verbindlichkeiten | 100 |
| **7.** | **Cash Flow aus laufender Geschäftstätigkeit** | **3.050** |
| 8. | Einzahlungen aus Abgängen von Gegenständen des Anlagevermögens | 150 |
| 9.a) | Auszahlungen für Investitionen in das Sachanlagevermögen | – 1.400 |
| 9.b) | Auszahlungen für Investitionen in das Finanzanlagevermögen | – 300 |
| **10.** | **Cash Flow aus der Investitionstätigkeit** | **– 1.550** |
| 11. | Einzahlungen aus Kapitalerhöhungen | 100 |
| 12. | Auszahlungen an Gesellschafter (Dividende 2005) | – 700 |
| 13.a) | Auszahlungen für die Tilgung von Anleihen | – 100 |
| 13.b) | Auszahlungen für die Tilgung von (Finanz-)Krediten (Veränderung der Verbindlichkeiten gegenüber Kreditinstituten) | – 400 |
| **14.** | **Cash Flow aus der Finanzierungstätigkeit** | **– 1.100** |
| 15. | Zahlungswirksame Veränderung des Finanzmittelfonds (Summe der Zeilen 7., 10., 14.) | 400 |
| 16. | Wechselkursbedingte und sonstige Wertänderungen des Finanzmittelfonds | – |
| 17. | Finanzmittelfonds am Anfang der Periode | 4.000 |
| **18.** | **Finanzmittelfonds am Ende der Periode**[1092] | **4.400** |

Abb. 241: Kapitalflussrechnung bei indirekter Berechnung der Cash Flows aus laufender Geschäftstätigkeit (alle Werte in T €)

Die in **Abb. 241** dargestellte Kapitalflussrechnung dokumentiert, dass die AG im Geschäftsjahr 02 einen positiven Cash Flow aus laufender Geschäftstätigkeit in Höhe von 3.050 T € erwirtschaftet hat. Diese finanziellen Mittel wurden in Höhe von 1.550 T € für

---

1091    Modifiziert entnommen von *Mansch/Stolberg/Von Wysocki* 1995, S. 199–203.
1092    Finanzmittelfonds = Wertpapiere (3.500 T €) und flüssige Mittel (900 T €).

Investitionsauszahlungen in das Anlagevermögen und in Höhe von 1.100 T € für Auszahlungen zum Zwecke von Fremdkapitaltilgungen verwandt. Die zahlungswirksame Veränderung des Finanzmittelfonds (400 T €) entspricht dem Jahresüberschuss, der in der nächsten Periode ausgeschüttet werden kann. Darüber hinaus lässt sich die Verwendung des gesamten operativen Cash Flow wie folgt dokumentieren:

|   |                                                    |              |
|---|----------------------------------------------------|--------------|
|   | Operativer Cash Flow                               | 3.050 T €    |
| – | Zahlungsfehlbeträge aus Investitionstätigkeit      | – 1.550 T €  |
| = | Brutto Cash Flow                                   | 1.500 T €    |
| – | Zahlungsfehlbeträge aus Finanzierungstätigkeit     | – 1.100 T €  |
| = | Netto Cash Flow ( = Ausschüttung)                  | = 400 T €.   |

# Sechster Teil:

# Rechnungslegungspolitik von Kapitalgesellschaften

# I. Rechnungslegungspolitik als derivative Partialpolitik

## A. Einführende Systematisierung

Im Schrifttum herrscht weitgehend Übereinstimmung, dass die in das Zielsystem integrierte Rechnungslegungspolitik derivativen Charakter trägt und vorrangigen Zielen anderer Teilpolitiken dient.[1093] Um die elementaren **Oberziele Maximierung des Shareholder Value** und **Existenzsicherung** zu verwirklichen, bedient sich die Unternehmensleitung bestimmter Instrumente, die zunächst unmittelbar zur Realisierung spezifischer Unterziele eingesetzt werden. Die Rechnungslegungspolitik trägt in diesem Zusammenhang direkt zur **Erreichung finanz- und publizitätspolitischer Zielsetzungen** bei, womit ihre konkreten Handlungsziele in erster Linie aus der **Finanz- und Publizitätspolitik abzuleiten** sind.[1094] Darüber hinaus haben neuere Untersuchungen im Bereich der empirischen Zielforschung gezeigt, dass **persönliche Motive der Ersteller des Jahresabschlusses** (z. B. Maximierung des eigenen Wohlstands) bei bestimmten Unternehmensstrukturen entscheidenden Einfluss auf die Wirkungsrichtung der Rechnungslegungspolitik haben können.[1095] Somit bestimmen in diesem Falle nicht mehr (ausschließlich) die unmittelbar vorgelagerten Zielsetzungen der Finanz- oder Publizitätspolitik den Charakter der Rechnungslegungspolitik, sondern die **individuellen Nutzenvorstellungen der Unternehmensleitung**. Da das persönliche Ansehen des Managements untrennbar mit der allgemeinen Beurteilung des Unternehmens verbunden ist, wird zwischen den persönlichen Zielen der Führungsinstanzen und den aus den Oberzielen der Unternehmenspolitik abgeleiteten rechnungslegungspolitischen Unterzielen i. d. R. weitgehend Deckungsgleichheit bestehen. Mithin erstrecken sich die in der Realität zu beobachtenden Zielbeziehungen der Rechnungslegungspolitik, die es nachfolgend im Einzelnen herauszustellen gilt, um operationale Ansatzpunkte für den Instrumentenkatalog zu erhalten, auf

- Beeinflussung der finanzwirtschaftlichen Situation der Unternehmung (**Finanzziele**);
- Selbstdarstellung der Unternehmung durch gezielte Informationspolitik (**Publizitätsziele**);
- Durchsetzung persönlicher Ziele des Managements (**Individualziele**).[1096]

Allerdings ist zu berücksichtigen, dass in der Realität die genannten Zielstrukturen nie isoliert anzutreffen sind, sondern in einem **Mischungsverhältnis** von der Unternehmensleitung angestrebt werden. Innerhalb dieses verfolgten **Zielsystems** können dann jedoch **Konflikte** auftreten, wenn die Erreichung eines Ziels die Realisation eines anderen behindert oder vollkommen ausschließt.

---

1093 In einem marktwirtschaftlichen Wirtschaftssystem muss das Gewinnmotiv, das sich in seinen unterschiedlichen Ausprägungen vom Angemessenheitsprinzip über den Gewinnglättungsgrundsatz bis hin zum Gewinnmaximierungsprinzip spannt, nach wie vor als primäres Oberziel angesehen werden. Auf die am Shareholder Value ausgerichtete Unternehmenspolitik wird detailliert im Siebenten Hauptteil eingegangen.

1094 Allerdings beeinflussen auch Entscheidungen anderer Teilpolitiken (z. B. im Bereich Beschaffungs-, Produktions- und Absatzpolitik) den Umfang und die Struktur des Jahresabschlusses und des Lageberichts. Jedoch haben sie, im Gegensatz zur Finanzierungs- und Publizitätspolitik, keine unmittelbaren Auswirkungen auf die rechnungslegungspolitischen Zielsetzungen und können deshalb nachfolgend unberücksichtigt bleiben.

1095 Vgl. hierzu die Ausführungen im Sechsten Teil zu Gliederungspunkt I.D.

1096 Ähnlich *Heinhold* 1984a, S. 389.

# B.     Aus der Finanzpolitik abgeleitete Zielsetzungen

## 1.     Allgemeines

Die Finanzpolitik ist im Grundsatz darauf ausgerichtet, die **Zahlungsfähigkeit** der Unternehmung in jeder betrieblichen Situation sicherzustellen und sonstige finanzielle Anforderungen, die in anderen Partialpolitiken ausgelöst werden, bestmöglich zu erfüllen.[1097] Der Rechnungslegungspolitik kommt in diesem Zusammenhang die Funktion zu, den Abfluss erwirtschafteter Mittel aus der Unternehmung zu steuern [Ausschüttungen, Tantiemen, (Ertrag-)Steuern, Kapitalerhaltung] sowie den Ausweis der Vermögens- und Kapitalstruktur (Kreditwürdigkeit, Liquidität) durch Dispositionen zu beeinflussen.[1098] Im Zentrum der rechnungslegungspolitischen Instrumente stehen somit die **Ergebnis- bzw. Rücklagenregulierung** einerseits sowie die Gestaltung der **Vermögens- und/oder Kapitalstruktur** andererseits.

## 2.     Beeinflussung finanzieller Ansprüche der Unternehmenseigner

In den Rahmen des Mitteleinsatzes, der der Unternehmensleitung zur Verwirklichung der genannten Finanzziele zur Verfügung steht, fällt zunächst »... die Beeinflussung der Ansprüche derjenigen, denen ein Recht an der Gewinnpartizipation zusteht«[1099]. Die wichtigsten Forderungen dieser Art, die an eine Kapitalgesellschaft herangetragen werden, sind die **Gewinnansprüche** der Anteilseigner, ggf. des Managements und des Aufsichtsrates (§ 113 AktG; § 52 Abs. 1 GmbHG) sowie **Ertragsteueransprüche des Fiskus**.

Zwischen den Kleinaktionären einer Aktiengesellschaft und der Unternehmensleitung ist vor dem Hintergrund der Ergebnisbeeinflussung ein klassischer **Interessenkonflikt** zu konstatieren. So steht der häufig anzutreffenden Langfristigkeitsbetrachtung des Vorstands mit dem Blick auf die Zukunftssicherung[1100] und dem damit verbundenen Wunsch nach hohen Gewinnthesaurierungen das üblicherweise unterstellte monetäre Interesse der Kleinaktionäre auf kurzfristige Barausschüttungen gegenüber. Zur Realisierung dieser vom Vorstand angestrebten Zielsetzungen sieht das Aktiengesetz einen breiten Spielraum vor, da das Mitspracherecht der Anteilseigner erst dann beginnt, wenn der Bilanzgewinn bereits fixiert wurde (§ 58, § 174 AktG).

Stellen Vorstand und Aufsichtsrat den Jahresabschluss fest (Regelfall), kann die Unternehmensleitung aufgrund des Mitbestimmungsrechts der Hauptversammlung hinsichtlich mindestens der Hälfte des Jahresüberschusses (§ 58 Abs. 2 AktG) jedoch nicht unbedingt sicher sein, ob die Anteilseigner ihrem Vorschlag über die Verwendung des Bilanzgewinns (§ 170 Abs. 2 AktG) zustimmen und damit die beabsichtigte Dividendenhöhe zur Ausschüttung gelangt.[1101] Stehen die Interessenlage der Aktionäre und die Mehrheitsverhältnisse

---

1097     Vgl. *Marettek* 1970, S. 15.
1098     Vgl. *Heinhold* 1984a, S. 390.
1099     *Ludewig* 1966, S. 51.
1100     Diese Absicht kann sich z. B. in der realen Kapitalerhaltung niederschlagen, die darauf ausgerichtet ist, Scheingewinne nicht der Ausschüttung bzw. der Ertragbesteuerung zu unterwerfen. Ferner können langfristige Ziele der Wachstumsfinanzierung durch planmäßige Thesaurierungen erwirtschafteter Gewinne verfolgt werden.
1101     Vgl. hierzu die Ausführungen im Fünften Teil zu Gliederungspunkt III.B.3.d.d.c(c)(δ).

einer gewünschten, ggf. minimalen Gewinnausschüttung (z. B. zum Zwecke der Selbstfinanzierung[1102]) entgegen, dann wird der Vorstand bestrebt sein, den Jahresüberschuss durch den Einsatz rechnungslegungspolitischer Maßnahmen möglichst niedrig auszuweisen, um einen entsprechend geringeren Mittelabfluss in der gegenwärtigen Rechnungsperiode zu realisieren. Die mit dieser Vorgehensweise verbundenen finanziellen Vorteile können aber u. U. **negative Publizitätswirkungen** auslösen.

Mit der **Feststellung des Jahresabschlusses** haben die Gesellschafter einer GmbH die von der Geschäftsführung aufzustellenden Rechnungslegungsobjekte (Bilanz, Gewinn- und Verlustrechnung, Anhang, Lagebericht) für verbindlich erklärt und somit ihren rechnungslegungspolitischen Spielraum ausgeübt (§ 42 a Abs. 2 Satz 1, § 46 Nr. 1 GmbHG). Die Gesellschafter besitzen aber aufgrund ihres **Weisungsrechts** (§ 37 Abs. 1 GmbHG) erhebliche Einwirkungsmöglichkeiten, die **Gewinnregulierungs- und Ausschüttungspolitik** der GmbH zu beeinflussen. Insbesondere bei Gesellschaften mit unsicheren Mehrheitsverhältnissen wird die Geschäftsführung bestrebt sein, die Anteilseigner von der betriebswirtschaftlichen Notwendigkeit angemessener Thesaurierungen zu überzeugen, um bestimmte finanzpolitische Ziele durchsetzen zu können. Darüber hinaus besteht die Möglichkeit, die Gewinnverwendung durch **gesellschaftsvertragliche Bestimmungen** ganz oder teilweise zu regeln.[1103] Da sowohl die Kompetenz bezüglich der Feststellung des Jahresabschlusses als auch die Zuständigkeit über die Ergebnisverwendung dispositiven Charakter tragen, können die Gesellschafter der GmbH auch anderen Organen (z. B. der Geschäftsführung oder ggf. dem Aufsichtsrat) diese Aufgaben zedieren. Somit wären vertragliche Regelungen im Hinblick auf die Feststellung des Jahresabschlusses und die Verwendung des Jahresergebnisses nach **aktienrechtlichem Vorbild** denkbar. Hierdurch würde dem Management der GmbH ein breiter Spielraum zur (autonomen) finanzpolitisch orientierten Ergebnis- und Ausschüttungsbeeinflussung eingeräumt.

## 3. Sicherstellung externer Finanzierungsmöglichkeiten

Im Hinblick auf die bestmögliche Erreichung finanzieller Zielsetzungen können die rechnungslegungspolitischen Aktivitäten, neben der Gestaltung des Mittelabflusses, auch auf den Bereich der **Außenfinanzierung** abgestellt sein. Zur Sicherung externer Finanzierungsalternativen, die auf Kapitalerhöhungen **(Beteiligungsfinanzierung)** und/oder Krediten fremder Kapitalgeber **(Kreditfinanzierung)** basieren können, wird die Unternehmensleitung nicht unbedingt bestrebt sein, die Höhe der Ausschüttungen zu minimieren. In diesem Zusammenhang kommt der Zahlung einer angemessenen Dividende, die in einer längerfristigen Stabilisierung der Ausschüttungshöhe eine spezielle Ausprägung finden kann, zentrale Bedeutung zu.[1104] Hierdurch soll bei den genannten Koalitionsteilnehmern

---

1102  Die Selbstfinanzierung kann einerseits in Gestalt einer steuerrechtlich endgültigen Gewinnthesaurierung aus versteuerten offenen und/oder stillen Rücklagen vorgenommen werden. Andererseits ist aber auch die Selbstfinanzierung aus offenen und/oder stillen Rücklagen möglich, die für eine begrenzte Zeitspanne der Unternehmung ertragsteuerfrei zur Verfügung stehen (vorläufige Gewinnthesaurierung).

1103  Vgl. hierzu die Ausführungen im Fünften Teil zu Gliederungspunkt III.B.3.d.d.c(c).

1104  Von absoluter Stabilisierung wird gesprochen, wenn die Zielträger den Gewinn über eine längere Zeitspanne verstetigen. Erfolgt hingegen eine Bindung der Höhe des ausgeschütteten Gewinns an bestimmte Maßstäbe (z. B. Wachstumsraten oder unternehmensbezogene Präferenzen), dann wird relative Stabilisierungspolitik betrieben. Sofern Gewinnausschüttungen ohne Bezug auf ein bestimmtes finanzpolitisches Ziel vorgenommen werden, liegt eine »Politik der freien Hand« vor. Vgl. *Harder* 1962, S. 76.

der Eindruck einer soliden Unternehmensentwicklung erweckt werden. Darüber hinaus stellen sowohl **die Verstetigung der Ausschüttungen** sowie die **Stabilisierung des Ergebnisbildes** über mehrere Rechnungsperioden wichtige Instrumente dar, die im Rahmen der **Kurspflege** zum Einsatz kommen können.

Eine wesentliche Rolle im Hinblick auf die Möglichkeiten der Außenfinanzierung spielt ferner die Gestaltung der **horizontalen** und **vertikalen Bilanzstruktur**, die vor allem bei **Kreditwürdigkeitsprüfungen** als Beurteilungskriterium von Banken herangezogen wird. Da der Jahresabschluss in jeder Beziehung den Eindruck einer sicheren Lage und bestmöglichen Finanzpolitik der Unternehmung hervorrufen soll, was zunächst für das Strukturbild als Ganzes, weiterhin aber auch für Art und Umfang jedes einzelnen Jahresabschlusspostens gilt, kann durch den rechnungslegungspolitischen Mitteleinsatz ebenfalls eine zielgerichtete Beeinflussung der **Struktur des Jahresabschlusses** erreicht werden. Weil sich das Interesse der Gläubiger in aller Regel auf die termingerechte Rückzahlung der vertraglich vereinbarten Kreditsumme richtet, muss es Ziel der Unternehmensleitung sein, die aus der Jahresabschlussrechnung abgeleiteten **Kennzahlen** bezüglich der **Vermögens- und Kapitalstruktur**, der **Deckungsrelationen**, der **Erfolgsquellen**, der **Rentabilität**, der **Liquidität** und/oder der **Umschlagshäufigkeit** möglichst weitgehend den Erwartungshaltungen der Kreditgeber anzupassen.

## 4.   Regulation öffentlich-rechtlicher Ansprüche

Im Rahmen der Verfolgung finanzieller Absichten kann der Zielplan der handelsrechtlichen Rechnungslegungspolitik aber auch eindeutig auf die **Regulierung der Ertragsteuerzahlungen** ausgerichtet sein, die langfristig unter Beachtung des **Zinseffektes** durch Verlagerung der Körperschaft- und Gewerbesteuerabflüsse möglichst niedrig gehalten werden sollen. Rechnungslegungspolitisches Handeln in der Ertragsteuerbilanz mit dem Ziel der bewussten Beeinflussung des steuerrechtlichen Erfolgsausweises ist jedoch nur im Rahmen der speziell kodifizierten Bilanzierungs- und Bewertungswahlrechte des (Bilanz-)Steuerrechts unter Berücksichtigung des in § 5 Abs. 1 Satz 1 EStG verankerten **Maßgeblichkeitsprinzips** möglich. Weiterhin bindet der sog. **umgekehrte Maßgeblichkeitsgrundsatz** den Entscheidungsträger an die Vorgehensweise in der handelsrechtlichen Jahresabschlussrechnung (§ 5 Abs. 1 Satz 2 EStG). Allerdings kann hieraus nicht gefolgert werden, dass eine autonome steuerrechtliche Rechnungslegungspolitik nicht existiert und somit die mit der Steuerbilanz angestrebten Ziele denen der Handelsbilanz zu subsumieren sind. Vielmehr besagt diese Beziehung nur, dass das **Ziel der relativen Ertragsteuerminimierung** dominiert und die (Wert-)Ansätze im handelsrechtlichen Jahresabschluss nach der in Rede stehenden Zielsetzung auszuwählen sind.

Aufgrund des **umgekehrten Maßgeblichkeitsprinzips** werden somit Entscheidungen hinsichtlich der Wertansätze in der Handelsbilanz auch durch finanzielle Ziele der Steuerbilanzpolitik beeinflusst. Rückwirkungen gehen von der steuerrechtlichen Jahresabschlusspolitik auf die Gewinnverwendungspolitik der Handelsbilanz etwa dann aus, wenn unter Liquiditätsgesichtspunkten die zeitliche Verlagerung des zu besteuernden Gewinns vorteilhafter erscheint, andererseits aber im handelsrechtlichen Jahresabschluss Ergebnisüberschüsse im Hinblick auf Rücklagenerhöhungen oder Dividendenausschüttungen ausgewiesen werden sollen. Wie aus den vorstehenden Ausführungen zu entnehmen ist, besteht bezüglich des aufgezeigten Verhältnisses zwischen Handels- und Ertragsteuerbilanz insbesondere bei publizitätspflichtigen Unternehmen die Gefahr, dass **Zielkonflikte** auftreten können. In diesen Fällen müssen die Verantwortlichen eine Entscheidung über die **Rangfolge** der **angestrebten rechnungslegungspolitischen Ziele** aus handels- und steuerrechtlicher Sicht aufstellen.

Abschließend zum Bereich der Finanzpolitik bleibt zu konstatieren, dass im Zentrum der rechnungslegungspolitischen Instrumente zur Realisierung finanzieller Zielsetzungen die Regulierung des Jahresergebnisses sowie seiner Verwendung, d. h. der Ausschüttungen und der offenen Rücklagen, steht. Somit erscheint es gerechtfertigt, in diesem Zusammenhang auch von **gewinnorientierter Rechnungslegungspolitik** zu sprechen.

## C.    Aus der Publizitätspolitik abgeleitete Zielsetzungen

Die Publizitätspolitik zielt im Prinzip darauf ab, die aktuellen und potenziellen Koalitionsteilnehmer über den Stand und die Entwicklung der Unternehmung in Bezug auf ihre **Wirtschaftskraft, Vermögens- und Kapitalstruktur, Liquidität, Rentabilität, Auftragshöhe** und ihre **sozialen und ökologischen Leistungen** zu **informieren**.[1105] Objekte dieser Partialpolitik sind in erster Linie der Jahresabschluss und der Lagebericht sowie alle nicht normierten Medien.[1106] Im Rahmen des gesetzlichen Spielraumes haben die Verantwortlichen die Möglichkeit, durch den zieladäquaten Einsatz der erwähnten Informationsmittel die Adressaten zu Reaktionen zu bewegen, die für das Unternehmen von Vorteil sind. Nachstehend erfolgt eine Diskussion **grundlegender Strategien der Publizitätspolitik**, die in der Realität häufig von den betrieblichen Entscheidungsträgern verfolgt werden.[1107]

Zunächst ist eine **offensive** oder **aktive Politik** anzutreffen, die den Koalitionsteilnehmern Unternehmensinformationen über das gesetzlich geforderte Mindestmaß hinaus vermittelt. Die Aktivitäten sind in aller Regel dann sehr ausgeprägt, wenn die Gesellschaft um Aufnahme neuen Kapitals bemüht ist oder Ansehensverluste in der Öffentlichkeit vermeiden will. Dieser »**Hang zur Offenheit**« ist aber auch vielfach darauf ausgerichtet, die Öffentlichkeit auf besondere Sozialleistungen oder auf umweltbezogene Investitionen hinzuweisen oder negative Informationen (z. B. hohe Verschuldungsgrade oder Bilanzverluste) durch extreme Publizitätsanstrengungen zu kompensieren bzw. von diesen nachteiligen Ergebnissen abzulenken. Das Motiv, mit Hilfe einer publizitätsbezogenen Rechnungslegungspolitik bestimmte Posten des Jahresabschlusses und daraus gebildete Kennzahlen besonders zu betonen, kann ferner von der Absicht der Unternehmensleitung getragen werden, externe Finanzierungsmöglichkeiten sicherzustellen. Insofern müssen sich die Publizitätspolitik sowie die auf eine zielorientierte Beeinflussung von (Finanz-)Kennzahlen ausgerichtete Finanzpolitik ergänzen.

---

1105    Ähnlich *Mellerowicz* 1978, S. 494.

1106    Darüber hinaus können z. B. auch Hauptversammlungsreden von Vorstand und Aufsichtsrat sowie Stellungnahmen und Interviews dieser Organe in Presse, Funk und Fernsehen als Mittel der Publizitätspolitik planmäßig eingesetzt werden.

1107    Das Ausmaß der Publizitätspolitik wird zu großen Teilen von der Unternehmensform, den Mehrheitsverhältnissen sowie der Art der Unternehmensfinanzierung abhängen. So sind z. B. Großaktionäre, Gesellschafter einer GmbH und Hauptkreditgeber nicht unmittelbar auf die (normierten) Veröffentlichungen der Unternehmung angewiesen, sondern beziehen ihre Informationen über interne Unterlagen der Gesellschaft.

Eine **defensive** oder **passive Publizitätspolitik** wird hingegen von den Entscheidungs-trägern betrieben, um Kapitalgebern und/oder Anteilseignern detaillierte Informationen vorzuenthalten. Der »**Hang zum Verschweigen**« ist häufig sehr ausgeprägt, wenn das Erfolgs-ergebnis negativen Charakter trägt. Im Rahmen der Legalität kommt somit nur das zur Veröffentlichung, was beim besten Willen nicht mehr zu verbergen ist.[1108] Aber auch bei positiven Jahresergebnissen kann die Unternehmensleitung beabsichtigen, die erwähnte Strategie zu verfolgen. Die Motive, eine gute wirtschaftliche Situation nicht zu kennzeichnen, können darin begründet liegen, dass die Verwaltung Kritik an ihren Entscheidungen (z. B. eine zu hohe Selbstfinanzierungsquote) vermeiden oder Außenstehenden, wie z. B. Konkurrenten, die durch Analysen und Vergleiche der Jahresabschlüsse und Lageberichte ihre Stellung im Markt zu bestimmen versuchen, gezielt Informationen nicht übermitteln will.[1109] Herausragende Bedeutung besitzt in diesem Zusammenhang insbesondere die ziel-gerichtete Unterschreitung der im Handelsgesetzbuch genannten unterschiedlichen **Größen-klassenmerkmale** von Kapitalgesellschaften,[1110] mit der Absicht, **publizitätsbezogene Er-leichterungen** zu erlangen und/oder die **Prüfungspflicht zu umgehen**. Darüber hinaus kann die Informationspolitik auch auf eine **vollständige Publizitäts- und Prüfungsvermei-dung** abgestellt sein, die z. B. durch Unternehmensumwandlung in eine nicht veröffentli-chungspflichtige Personengesellschaft zu realisieren ist.

## D.    Ableitung rechnungslegungspolitischer Zielsetzungen aus den individuellen Nutzenvorstellungen des Managements

Das ältere Schrifttum beschränkt sich weitgehend auf eine Ableitung rechnungslegungs-politischer Ziele aus den beiden unternehmerischen Subsystemen der Finanz- und Publi-zitätspolitik. Erst seit den sechziger Jahren des vorigen Jahrhunderts finden sich, bedingt durch die ausgeprägten Aktivitäten zur empirischen Rechnungslegungsforschung[1111] auch Ansätze, die persönliche Motive der Ersteller des Jahresabschlusses mit in den Zielkatalog einbeziehen. Primär wird in diesem Zusammenhang auf die Steigerung des **persönlichen Nutzens des Managements** hinsichtlich **Wohlstandsmaximierung**, **Arbeitsplatzsicher-heit**, **Macht- und Prestigestreben**, **Rechtfertigung** gegenüber internen Überwachungs-instanzen sowie Zufriedenheit der Gesellschafter eingegangen,[1112] das durch eine plan-mäßige Beeinflussung des Gewinnausweises individuelle Ziele durchzusetzen versucht. Dieses Verhalten lässt sich zum einen damit begründen, dass das persönliche Ansehen der Unternehmensleitung mit der allgemeinen Beurteilung der Gesellschaft verbunden ist und zum anderen daraus erklären, dass die Bezüge des Managements entscheidend vom rea-lisierten Unternehmensergebnis abhängen.[1113] Die aus den vorstehenden Überlegungen abgeleitete **Glättungshypothese**[1114] des publizierten Gewinns und dessen Steigerungsra-ten seitens der Ersteller des Jahresabschlusses konnte sowohl für den angloamerikanischen

---

1108    Vgl. *Pougin* 1969, S. 7.
1109    Vgl. *Sandig* 1966, S. 268.
1110    Vgl. hierzu die Ausführungen im Zweiten Teil zu Gliederungspunkt IV.A.
1111    Vgl. zu den Zielen, Ansätzen, Methoden und Entwicklungstendenzen der empirischen Rechnungslegungs-forschung *Coenenberg* 1998, S. 545–566; *Coenenberg/Haller* 1993, Sp. 507–513.
1112    Vgl. z. B. *Gordon* 1964, S. 261 f.; *Halbinger* 1980, S. 122–128; *Monson/Downs* 1965, S. 225; *Münstermann* 1970, S. 257 f.
1113    Vgl. *Coenenberg/Schmidt/Werhand* 1983, S. 323 f.
1114    Vgl. *Fischer/Haller* 1993, S. 35–39; *Gordon* 1964, S. 262.

als auch für den deutschen Rechnungslegungsbereich weitgehend durch die empirische Bilanzforschung, insbesondere bezüglich **managerkontrollierter Unternehmen**[1115], nachgewiesen werden.

Ferner ist es denkbar, dass das **Management** eine **individuelle Gewinnpolitik** betreibt, die nicht auf die Glättung des Bilanzergebnisses, sondern etwa auf seine Maximierung abzielt. Vor allem bei Aktiengesellschaften könnte diese Vorgehensweise dann nahe liegen, wenn die Bezüge des Vorstands an den Gewinnausweis geknüpft sind. Wird auch noch den Aufsichtsratsmitgliedern eine gewinnabhängige Vergütung für ihre Tätigkeit gewährt (§ 113 AktG), so lässt sich aus dieser Konstellation die durchaus realistische Folgerung ziehen, dass beide Organe, die den Jahresabschluss in aller Regel feststellen, eine gemeinsame, den persönlichen Nutzen steigernde Gewinnpolitik betreiben können, die auf eine Maximierung ihrer Bezüge ausgerichtet ist.

Neben der Beeinflussung des Gewinnausweises können sich die Aktivitäten der Unternehmensleitung zum Zwecke der Durchsetzung persönlicher Absichten aber auch auf andere Zielgrößen wie z. B. die **Struktur des Jahresabschlusses**, den **Anhang** oder den **Lagebericht** beziehen. Zur Abgrenzung von der externen Wirkungsrichtung der Rechnungslegungspolitik werden die aus den individuellen Nutzenvorstellungen des Managements resultierenden Gestaltungen dem Bereich der **internen Rechnungslegungspolitik** subsumiert.

Zusammenfassend lassen sich somit folgende elementare **Handlungsziele der Rechnungslegungspolitik** herausstellen:

- **Gestaltung des Jahresergebnisses** und/oder des **Ausschüttungsvorschlages** mit der Absicht, die Ansprüche der am Gewinn partizipierenden Gruppen zu beeinflussen und/oder individuelle Zielvorstellungen des Managements durchzusetzen.
- **Gestaltung der Struktur des Jahresabschlusses**, um bestimmte Relationen auszuweisen, an die externe Kreditgeber die Vergabe von Krediten knüpfen.
- **Beeinflussung von Jahresabschluss** (einschließlich Anhang), **Lagebericht** sowie aller nicht normierter Medien, um bestimmte Adressatengruppen **mittels Informationen** zu Reaktionen zu bewegen, die für die Unternehmung und/oder das Management von Vorteil sind.

Um die aus den der Rechnungslegungspolitik vorgelagerten Teilpolitiken abgeleiteten Zielsetzungen bestmöglich realisieren zu können, sollten die Entscheidungträger die angestrebten rechnungslegungspolitischen Sachverhalte möglichst **operational** formulieren (z. B. Maximierung oder Minimierung des Jahresüberschusses, 6 % Dividendenausschüttungen oder Anlagedeckungsgrad > 1).

Aus der oben dargelegten Dreiteilung der Zielstruktur ergibt sich, dass die Rechnungslegungspolitik auch in eine **handels- und steuerrechtliche Normenpolitik** einerseits und in eine **Informationspolitik** andererseits aufgespalten werden kann. Im weiteren Verlauf der Abhandlung wird insbesondere die Normenpolitik im Vordergrund der Betrachtungen stehen, da dieser Bereich, der durch die offiziellen Dokumentationsmedien Jahresabschluss und Lagebericht repräsentiert wird, das Kernstück der handels- und steuerrechtlichen Rechnungslegungspolitik darstellt.

---

1115　Den managerkontrollierten Unternehmen werden im Allgemeinen solche Kapitalgesellschaften subsumiert, bei denen mindestens 75 % des Grund-(Stamm-)kapitals gestreut ist. Von eigentümerkontrollierten Unternehmen wird hingegen dann gesprochen, wenn mindestens 25 % des Grund-(Stamm-)kapitals in den Händen einer Person oder Personengruppe liegt. Vgl. etwa *Coenenberg/Schmidt/Werhand* 1983, S. 330.

# E.    Zielkonflikte und Ungewissheit

Die vorstehenden Ausführungen haben gezeigt, dass die planmäßige Gestaltung des Erfolgsausweises, der Jahresabschlussstruktur, des Anhangs, des Lageberichts sowie anderer nicht normierter Medien sowohl unter finanz- und publizitätspolitischen Gesichtspunkten als auch unter der Verfolgung persönlicher Ziele des Managements vorgenommen werden kann. Dabei muss der **Zielplan der Rechnungslegungspolitik**, wie alle anderen Partialpläne der Unternehmenspolitik, auf die Erfüllung eines gemeinsamen **Oberziels** abgestimmt sein. Wie schon angedeutet wurde, besteht innerhalb des Zielsystems der Rechnungslegungspolitik jedoch die Möglichkeit des Auftretens von **Konfliktsituationen**, wenn die Verwirklichung eines Ziels die Realisierung ein oder mehrere Ziele bzw. Zielbündel behindert oder ausschließt. Im Gegensatz zu sich gegenseitig ausschließenden oder sich in ihrer Realisation behindernden Zielen (**Zielantinomie und Zielkonkurrenz**) stellen neutrale, fördernde und deckungsgleiche Ziele (**Zieldifferenz, Zielkomplementarität und Zielidentität**) keine Probleme bezüglich der Koordination auf ein gemeinsames Oberziel dar.[1116] Beispielsweise korrespondiert der Ausweis eines möglichst geringen Jahresüberschusses zum Zwecke der Substanzerhaltung mit der Absicht der Ertragsteuerminimierung. So liegt etwa Zielantinomie dann vor, wenn ein bestimmtes Verhältnis von Eigen- und Fremdkapital nur durch den Verzicht auf eine Unterbewertung von Aktivvermögen zu erreichen ist und hierdurch der Jahresüberschuss zum Zwecke einer Dividendenminimierung nicht entsprechend niedrig gestaltet werden kann. Ferner konkurrieren hohe Jahresüberschüsse und Ertragsteuerminimierungen ebenso wie möglichst geringe Lohnabschlüsse und hohe geplante Ausschüttungsquoten.

Eine **Lösung von Konfliktsituationen** der vorstehend beschriebenen Art ergibt sich aus der Beurteilung des allerdings häufig unsicheren Beitrags zur Realisierung der der Rechnungslegungspolitik unmittelbar übergeordneten Finanz-, Publizitäts- und Individualziele. In diesem Zusammenhang besteht zum einen die Möglichkeit, auf Methoden zurückzugreifen, die im Schrifttum unter dem Begriff der **Mehrfachzielsetzungen** diskutiert werden.[1117] Zur Konfliktlösung sind dann komplexe Bewertungen der Erfüllungsbeiträge rechnungslegungspolitischer Unterziele im Hinblick auf die Erreichung vorgelagerter Oberziele notwendig, die sowohl die Wertvorstellungen des Entscheidungsträgers als auch die **Risikoeinschätzung** berücksichtigen. Anstelle der Methode der Zielbewertung bzw. Zielgewichtung kann als Lösungstechnik ferner der praktikablere Weg des **Setzens von Prioritäten** bezüglich der Auswahl bestimmter Handlungsziele gewählt werden,[1118] wodurch die vorstehend angesprochenen komplexen Bewertungsoperationen in aller Regel zu umgehen sind.

Die an der Unternehmung interessierten Koalitionsteilnehmer stellen unterschiedliche, teilweise konträre Anforderungen an das Unternehmen. Entsprechend diesen Rollenerwartungen werden die Entscheidungsträger bestrebt sein, die Rechnungslegungspolitik zu gestalten. Sind bestehende Konflikte zwischen einzelnen Gruppen (z. B. Groß- und Kleinak-

---

1116    Vgl. zu der hier angesprochenen Zielordnung *Bauer* 1981, S. 114–122.
1117    Vgl. hierzu den Überblick bei *Kupsch* 1979, S. 51–62 sowie im Einzelnen *Dinkelbach* 1969, S. 55–70.
1118    So könnte etwa seitens der Entscheidungsträger der Dividendenminimierung Vorrang vor anderen Handlungszielen zum Zwecke der Sicherstellung von Finanzierungsalternativen eingeräumt werden. Damit wäre der Zielkonflikt zur Handlungsalternative »Erhöhung des Jahresüberschusses«, um eine vom externen Kreditgeber geforderte Jahresabschlussrelation auszuweisen, die Voraussetzung für eine Kreditvergabe darstellt, vermieden.

tionären oder Kreditgebern und Arbeitnehmervertretern) durch den Einsatz des rechnungslegungspolitischen Instrumentariums nicht oder nur partiell zu lösen, so liegen zwei Tendenzaussagen bezüglich des Verhaltens der Unternehmensleitung nahe. Zum einen wird häufig vom Management die »**Strategie eines begrenzten Konflikts**« verfolgt, die darauf abzielt, nicht erfüllbare oder nicht erfüllte Interessen bewusst zu publizieren und ggf. durch den Instrumentaleinsatz die Beeinträchtigungen dieser Interessen besonders herauszustellen. Um trotz allem im Ergebnis zu einem harmonischen Konzept zwischen den Adressaten der Rechnungslegung zu gelangen, versuchen Unternehmensleitungen bei dieser Konstellation häufig, durch flankierende publizitätspolitische Maßnahmen die angesprochenen Divergenzen zu kompensieren.

Besteht jedoch keine Möglichkeit, ggf. vorliegende Konflikte zwischen den einzelnen Interessengruppen durch den Instrumentaleinsatz auszugleichen, so ist vielfach zu beobachten, dass die Entscheidungsträger eine »**Strategie der dramatischen Umkehr**« betreiben. In diesem Zusammenhang wird etwa durch planmäßige Überhöhung eines Bilanzverlustes in einer Notsituation öffentliche Hilfe z. B. in Gestalt von Subventionen mobilisiert. Ferner ist es möglich, den negativen Erfolgsbeitrag einer ausscheidenden Unternehmensleitung anzulasten, wodurch eine ggf. zukünftig durchzusetzende Verbesserung des Unternehmensergebnisses noch eindrucksvoller im Hinblick auf die Qualität des neuen Managements erscheint. Außerdem kann es vor dem Hintergrund eines dramatisch überhöhten Bilanzverlustes für die Entscheidungsträger leichter sein, unpopuläre Maßnahmen gegenüber allen Koalitionsteilnehmern durchzusetzen (z. B. Teilbetriebsstilllegungen und Entlassungen, Vergleiche mit Kreditgebern, Verhinderung von Unternehmensverbindungen und -zusammenschlüssen).

Neben der Problematik des Auftretens von Zielkonflikten muss die Unternehmensleitung hinsichtlich der Realisation bestimmter rechnungslegungspolitischer Absichten mit einer Anzahl **unsicherer Umweltfaktoren** rechnen, die sich ihrer Einflussnahme entziehen, andererseits aber die Konsequenzen ihrer Aktionen mitbestimmen. So können die Entscheidungsträger nicht unbedingt sicher sein, ob die potenziellen Informationsempfänger auch die erhofften Reaktionen zeigen. Möglicherweise werden Sachverhalte von den einzelnen Koalitionsteilnehmern unterschiedlich beurteilt, eventuell auch Informationen gegen die Interessen der Unternehmung und/oder des Managements verwendet. Ein hoher Bilanzgewinn würde etwa von den am Gewinn partizipierenden Gruppen anders eingeschätzt als von Lieferanten, Kunden und Arbeitnehmern, die ihn zum Anlass von Forderungen an die Gesellschaft nehmen könnten. Scheiden hingegen die Informationsempfänger als Umweltfaktoren aus, und ist das rechnungslegungspolitische Ziel lediglich auf die Gestaltung des Jahresabschlusses und des Lageberichtes abgestellt, so wird die Unsicherheit auf die Frage verlagert, in welcher Qualität das entsprechende Unterziel die Absichten der der Rechnungslegungspolitik vorgelagerten Finanz-, Publizitäts- und/oder Individualpolitik des Managements vertritt. Weiterhin besteht die Möglichkeit, dass die beabsichtigten Ergebnisse der Gestaltungen der Rechnungslegung durch **Reformen der handels- und steuerrechtlichen Vorschriften** in Frage gestellt werden können. Aus ertragsteuerlicher Sicht liegt die Ungewissheit darüber hinaus in der Stetigkeit der Steuerrechtsprechung sowie in der Beständigkeit der Rechtsauffassung der Finanzverwaltung. Neben diesen beiden Unsicherheitsfaktoren spielt die Frage nach der Einschätzung der **zukünftigen wirtschaftlichen Unternehmensentwicklung** eine wichtige Rolle, da ohne die Existenz hinreichender Eintreffenswahrscheinlichkeiten der zu beeinflussenden Zielgrößen eine solche Rechnungslegungspolitik leer läuft.

Nachdem die elementaren rechnungslegungspolitischen Zielsetzungen herausgestellt worden sind, bedarf es nun der Charakterisierung des **Instrumentariums**, mit dessen Hilfe die Entscheidungsträger ihre Vorstellungen zu realisieren versuchen. Im Folgenden beschränken sich die Ausführungen auf einen Überblick über die grundlegenden handels- und steuerrechtlichen Maßnahmen, da vor allem im Dritten und Fünften Teil der Abhandlung bereits auf die handels- und steuerrechtlichen **Darstellungsalternativen** im Detail eingegangen wurde.

# II. Rechnungslegungspolitisches Instrumentarium

## A. Grundlegende Strukturierung

Im Schrifttum findet sich eine Vielzahl von Systematisierungsvorschlägen zum Zwecke der Strukturierung des rechnungslegungspolitischen Instrumentariums.[1119] Zur grundlegenden Gliederung wird dabei häufig auf die Unterscheidung in **Darstellungsgestaltungen** (Wahlrechte und Ermessensspielräume) einerseits sowie zielorientierte **Sachverhaltsgestaltungen** andererseits zurückgegriffen. Das Spektrum der sachverhaltsgestaltenden Maßnahmen reicht aus handels- und steuerrechtlicher Sicht von der Unternehmungsgründung über mögliche Umwandlungen, Vor-Bilanzstichtags-Dispositionen bis hin zur Betriebsaufgabe oder -veräußerung. Im Gegensatz zu diesen Gestaltungsalternativen betreffen die Darstellungsmaßnahmen, zu denen primär die **Bilanzierungs-, Bewertungs-** und **Ausweiswahlrechte** sowie die **Ermessensspielräume** zählen, permanente und nicht gelegentliche, situative und nicht konstitutive Entscheidungen.[1120] Ferner beziehen sich die zu fällenden Entscheidungen bezüglich der Sachverhaltsgestaltungen nicht nur auf die Wertkomponente(n) der Zielgröße(n), sondern beeinflussen auch das **Mengengerüst** der Vermögens-, Kapital- und Erfolgspositionen des Jahresabschlusses. Darüber hinaus lassen sich sachverhaltsgestaltende Alternativen dadurch charakterisieren, dass ihre Verwirklichung entweder einen gesetzlichen Tatbestand erfüllt, an den handels- und/oder steuerrechtliche Konsequenzen geknüpft sind, oder aber dessen Realisierung vermeidet, während die Darstellungsparameter des rechnungslegungspolitischen Operationsbereiches die in Rede stehende Tatbestanderfüllung oder -vermeidung voraussetzt.[1121]

**Abb. 242** gibt einen grundlegenden Überblick über die Systematik des Instrumentenkatalogs der handels- und steuerrechtlichen Rechnungslegungspolitik.

Es stellt sich in diesem Zusammenhang die Frage, ob die existierenden Gestaltungsalternativen vollständig dem (strategischen) Instrumentarium der Rechnungslegungspolitik zu subsumieren sind. Im Rahmen der Sachverhaltsgestaltungen kann aber nur dann von Rechnungslegungspolitik gesprochen werden, wenn die Aktivitäten der Entscheidungsträger ausschließlich und überwiegend auf die Objekte der Rechnungslegung abzielen, da es

---

1119    Vgl. etwa *Bauer* 1981, S. 279–460; *Freidank* 1982a, S. 340 f.; *Heinhold* 1984b, S. 449; *Küting* 1996, S. 941; *Waschbusch* 1994, S. 812.

1120    Vgl. *Börner/Krawitz* 1977, S. 34.

1121    Vgl. *Mann* 1973, S. 114.

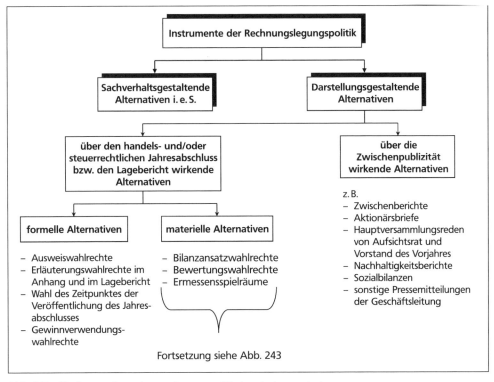

Abb. 242: Gliederung des rechnungslegungspolitischen Instrumentariums

sich anderenfalls um Maßnahmen handelt, die im Bereich des Zielsystems der Unternehmenspolitik unmittelbar der Realisierung höher angesiedelter Zwecke dienen. Mithin fallen alle sachverhaltsgestaltenden Maßnahmen, die von der Unternehmensleitung mit der Absicht der Beeinflussung des Jahresabschlusses, des Lageberichts sowie anderer nicht normierter Medien der Rechnungslegung vorgenommen werden, in den Instrumentalkatalog der Rechnungslegungspolitik. Im Gegensatz zu den Darstellungsparametern kommen diese Alternativen (**Sachverhaltsgestaltungen im engeren Sinne**) in aller Regel schon vor dem Bilanzstichtag zum Einsatz. Es können sich jedoch **Wechselwirkungen** zwischen Maßnahmen vor oder nach dem Bilanzstichtag ergeben, als die Verwaltung in Kenntnis der rechnungslegungspolitischen Alternativen, die sich nach dem Bilanzstichtag anbieten (Darstellungsparameter), vorbeugende Maßnahmen im Laufe der Rechnungsperiode ergreift oder unterlässt.

## B.  Sachverhaltsgestaltende Alternativen

Sachverhaltsgestaltende Maßnahmen des rechnungslegungspolitischen Instrumentariums beziehen sich im Gegensatz zu den darstellungsgestaltenden Alternativen nicht auf die Abbildung, sondern auf die **Beeinflussung der wirtschaftlichen und rechtlichen Realität**, deren Erfassung und (zielorientierte) Darstellung jeweils zu den einzelnen Bilanzstichtagen erfolgt. Dabei muss die zieladäquate Gestaltung unmittelbar auf die normierten und/oder nicht normierten Objekte der Rechnungslegung (z. B. Jahresabschluss, Lagebericht, Zwischenberichte, Nachhaltigkeitsberichte) ausgerichtet sein. Während die Darstellungsparameter einer Systematisierung zugänglich sind, besteht bezüglich der Sachverhaltsgestaltungen nur die Möglichkeit, die für den **konkreten Einzelfall** relevanten Alternativen beispielhaft darzulegen, um den Problemaufbau sichtbar zu machen. Prinzipiell handelt es sich um Beeinflussungen der **Bilanz- und/oder Erfolgsstruktur sowie der Erfolgshöhe**, die durch geschäftliche Transaktionen (z. B. Verkauf von Wirtschaftsgütern, um die Erfolgs- und Liquiditätslage zu verbessern; Abschluss von Pensionsgeschäften; Sale and Lease Back; Anschaffung noch nicht benötigter abnutzbarer Wirtschaftsgüter, um Abschreibungspotenzial zu schaffen)[1122] vorgenommen werden. Die Bedeutung der Sachverhaltsgestaltungen liegt aus publizitätspolitischer Sicht vor allem darin, dass die Auswirkungen dieser Maßnahmen dem Leser und Analytiker des Jahresabschlusses **nicht erkennbar sind**, falls nicht Angaben im Anhang eine Erläuterung vorsehen.[1123] Mithin kann bei einem Rückgriff auf die in Rede stehenden Instrumente zur Durchsetzung spezifischer Jahresabschlussziele von **verdeckter Rechnungslegungspolitik**[1124] gesprochen werden.

Den sachverhaltsgestaltenden Maßnahmen sind auch diejenigen **temporalen Instrumente** zu subsumieren, die sich auf die Wahl des Bilanzstichtages beziehen, da hierdurch ebenfalls die wirtschaftliche und rechtliche Realität beeinflusst wird. Die entsprechenden Normen des Handels- und Steuerrechts[1125] schreiben keine Identität von Geschäfts-(Wirtschafts-)jahr, das eine Dauer von 12 Monaten nicht überschreiten darf, und Kalenderjahr vor. Damit besteht vor allem bei **Saisonunternehmen** durch eine zielgerichtete Stichtagswahl die Möglichkeit, die Struktur des Bestands-, Liquiditäts- und/oder Erfolgsausweises im Jahresabschluss materiell zu steuern. So liegen in aller Regel am Saisonende tendenziell geringe Lagerbestände aber hohe Gewinne und Liquiditätsquoten vor, während zu Saisonbeginn aufgrund hoher Lagerbestände relativ große Abwertungsspielräume bestehen sowie eine verhältnismäßig höhere Verschuldung zu verzeichnen ist.[1126] Darüber hinaus können im Rahmen der Umstellung auf ein anderes Wirtschaftsjahr spezifische **steuerrechtliche Vorteile** mit Auswirkung auf die Gewinnermittlung erreicht werden.[1127] Allerdings sind dem Wahlrecht hinsichtlich des Bilanzstichtages zunächst aus steuerrechtlicher Sicht Grenzen gesetzt, da ein Wechsel des Wirtschaftsjahres auf eine vom Kalenderjahr abweichende Zeitspanne gemäß § 4 a Abs. 1 Nr. 2 Satz 2 EStG nur im **Einvernehmen mit dem Finanzamt** vorgenommen werden kann, wobei die Behörde einer rein steuerrechtlichen bedingten Verlegung nicht zuzustimmen braucht. Aber auch in Bezug auf den handelsrechtlichen Jahresabschluss ist aus **Kontinuitätsgründen** ein beliebiger und willkürlicher Wechsel des Geschäftsjahres nach h. M. zulässig.[1128]

---

1122    Vgl. im Detail *Selchert* 1996, S. 1933–1940.

1123    Als Beispiel für eine derartige Offenlegung sachverhaltsgestaltender Maßnahmen ist die Schaffung der Voraussetzungen für die Bildung einer Aufwandsrückstellung gemäß § 249 Abs. 2 HGB zu nennen, die nach § 285 Nr. 12 HGB unter bestimmten Voraussetzungen im Anhang zu erläutern ist. Allerdings sind kleine Kapitalgesellschaften gemäß § 288 Satz 1 HGB von der Angabepflicht befreit, während die gesetzlichen Vertreter mittelgroßer Kapitalgesellschaften den Anhang ohne Berücksichtigung der angesprochenen Angaben zum Handelsregister einreichen können (§ 327 Nr. 2 HGB).

1124    Vgl. hierzu *Ludewig* 1987, S. 431.

1125    Vgl. § 240 Abs. 2 HGB i. V. m. § 242 Abs. 1 und Abs. 2 HGB; § 4 a EStG; § 8 b EStDV; R 4 a EStR.

1126    Vgl. *Heinhold* 1984a, S. 449; *Kottke* 1978a, S. 92.

1127    Vgl. zum zielgerichteten Einsatz der Wahl des Bilanzstichtages aus steuerrechtlicher Sicht im Einzelnen *Kottke* 1978a, S. 92–107; *ders.* 1978b, S. 502–506.

1128    Vgl. etwa *Winkeljohann/Philipps* 2006, Anm. 63 zu § 240 HGB, S. 33, die an gleicher Stelle darauf hinweisen, dass bei Kapitalgesellschaften die Verlagerung des Geschäftsjahres außerdem eine Satzungsänderung

Wie schon dargelegt wurde, können Sachverhaltsgestaltungen neben ihrem unmittelbaren Einfluss auf die einzelnen Zielgrößen aber auch **indirekte Wirkungen** über das Instrumentarium der operativen Rechnungslegungspolitik auslösen. So wird durch sachverhaltsgestaltende Maßnahmen häufig bewusst oder unbewusst Manövriermasse für den Einsatz von Aktionsparametern geschaffen, auf die zum relevanten Zeitpunkt zurückgegriffen werden kann. Aus dieser Verknüpfung der beiden Instrumentalgruppen resultiert zwangsläufig die Forderung nach einer Einbeziehung der sachverhaltsgestaltenden Instrumente in eine **strategische rechnungslegungspolitische Planungskonzeption.**[1129] Allerdings sind in diesem Zusammenhang neben dem **Unsicherheitsaspekt** einige Probleme zu berücksichtigen, die der pragmatischen Durchsetzung eines solchen Ansatzes entgegenstehen bzw. seine Realisation zumindest erschweren dürften. Zunächst spielt die Tatsache eine Rolle, dass Sachverhaltsgestaltungen in aller Regel zu einem Zeitpunkt erfolgen, an dem rechnungslegungspolitische Ziele und Notwendigkeiten häufig noch nicht eindeutig definiert sind. Darüber hinaus werden in der Praxis der Rechnungslegungspolitik den Entscheidungsträgern eine Vielzahl von Sachverhalten **unbekannt** sein, die zu einer möglichen Erweiterung des operativen Instrumentenkatalogs führen, da diejenigen Instanzen, die Verträge aushandeln und abschließen, prinzipiell die Rechnungslegungspolitik weder betreiben noch Kenntnis von den angestrebten Zielsetzungen besitzen.

Darüber hinaus kommen insbesondere Sachverhaltsgestaltungen im Hinblick auf den formellen Bereich der Rechnungslegungspolitik Bedeutung zu, die sich auf Unterschreitung der in § 267 Abs. 1 bis Abs. 3 HGB genannten **Größenklassenmerkmale** (Bilanzsumme, Umsatzerlöse, Arbeitnehmer) für mittelgroße und große Kapitalgesellschaften beziehen, um die **Prüfungs- sowie Offenlegungspflicht zu vermeiden oder bestimmte publizitätsbezogene Erleichterungen zu erlangen.**[1130] Allerdings weist die Kriterienbeeinflussung durch Sachverhaltsadaption einen begrenzten Wirkungsgrad auf und besitzt in aller Regel nur dann Relevanz, wenn eine Kapitalgesellschaft mit der **Bilanzsumme** die angesprochenen kritischen Werte geringfügig überschreitet. Eine vollständige Vermeidung der Prüfungs- und Publizitätspflicht kann ausschließlich durch eine Umwandlung in eine nicht veröffentlichungspflichtige Personengesellschaft erreicht werden, wobei allerdings eine Ertragsbesteuerung der aufzudeckenden **stillen Reserven** anfällt. Wie nachgewiesen wurde,[1131] muss angesichts der in aller Regel hohen Steuerbelastung des Transformationsvorganges der Vermeidungsvorteil für die Kapitalgesellschaft schon beträchtlich sein, wenn sich das Unternehmen dennoch zu einer Umwandlung entschließt. Vor allem aufgrund der Versteuerung der stillen Reserven sowie der dann auftretenden **Haftungsproblematik** ist zu vermuten, dass bei Verfolgung einer **defensiven Veröffentlichungsstrategie** Gestaltungsalternativen im Vordergrund der Betrachtungen stehen werden, die unter Weiterführung der Rechtsform einer Kapitalgesellschaft auf eine Vermeidung der Prüfungspflicht und/oder Verminderung der Publizität abzielen werden.[1132] Tiefgreifende Merkmalskorrekturen der oben genannten

---

und Anmeldung zum Handelsregister bedingt. Mithin fällt die Wahl des Bilanzstichtages kaum noch in den Bereich der verdeckten Rechnungslegungspolitik.

1129    Vgl. im Detail *Packmohr* 1984, S. 13–25.
1130    Vgl. hierzu die Ausführungen im Zweiten Teil zu Gliederungspunkt IV.A.
1131    Vgl. *Lachnit/Freidank* 1986, S. 1081–1089.
1132    Allerdings besteht auch die Möglichkeit, die Publizitätspflichten durch eine Negierung der gesetzlichen Offenlegungsvorschriften zu umgehen. Bei einer Missachtung dieser Verpflichtungen kann die Festsetzung eines Zwangsgeldes aber nur dann gemäß § 335 Satz 2 HGB erfolgen, wenn dies ein Gesellschafter, Gläubiger oder (Gesamt-)Betriebsrat beim Registergericht beantragt. Werden dem Personenkreis freiwillig die gewünschten Informationen verschafft, so ist die Veröffentlichungspflicht zu umgehen, wenn anderenfalls durch die Offenlegung des Jahresabschlusses elementare Nachteile, z. B. bezüglich der Konkurrenz, zu befürchten sind.

Schwellenwerte sind beispielsweise durch **Betriebsaufspaltung** unter Beibehaltung des Anlagevermögens und Verpachtung der sonstigen Wirtschaftsgüter an eine nicht publizitätspflichtige Tochtergesellschaft oder **Einbringung des gesamten Geschäftsbetriebs** zum Buchwert in eine Tochtergesellschaft mit einer nicht offenlegungspflichtigen Rechtsform zu realisieren.[1133]

## C.    Darstellungsgestaltende Alternativen

Wie auch **Abb. 242** verdeutlicht, lässt sich die Gruppe der **darstellungsgestaltenden Instrumente** zunächst in solche Alternativen unterscheiden, die über den offiziellen handels- und/oder steuerrechtlichen Jahresabschluss bzw. den Lagebericht wirken. In den Bereich der **materiellen Rechnungslegungspolitik**, die sich auf die Beeinflussung der Höhe des Vermögens und des Erfolges der Unternehmung bezieht, fallen die **Bilanzansatz-** und die **Bewertungswahlrechte** sowie die **Ermessensspielräume**.[1134] Dem Terminus materielle Darstellungs- bzw. Aktionsparameter sind zum einen alle Maßnahmen zu subsumieren, die sich entweder auf die Bilanzierung dem Grunde (**Bilanzansatzwahlrechte**) oder der Höhe nach (**Bewertungswahlrechte**) beziehen. Im Gegensatz zu den Wahlrechten, bei denen im Prinzip objektiv unterscheidbare Alternativen existieren, wird zum anderen von **Ermessensspielräumen** dann gesprochen, wenn eine handelsrechtliche und/oder steuerrechtliche Vorschrift so ungenau definiert ist, »... dass entweder ein gegebener Sachverhalt nicht eindeutig unter einen bestimmten Tatbestand fällt (**Subsumtionsspielraum**) oder einem gegebenen Tatbestand eine bestimmte Rechtsfolge nicht eindeutig zugeordnet werden kann (**Konklusionsspielraum**)«[1135]. **Abb. 243** gibt einen Überblick über die Systematik der materiellen Darstellungsalternativen.[1136] Weiterhin zählen diejenigen Darstellungsparameter, die sich auf die Präsentation der äußeren Form des Jahresabschlusses (Ausweispolitik), seine Bekanntgabe und die Berichterstattung über den Abschluss beziehen, zur **formellen Rechnungslegungspolitik**. Darüber hinaus besteht für die Unternehmensleitung von Kapitalgesellschaften aus formeller Sicht die Möglichkeit, durch den zielgerichteten Einsatz der vom Handelsrecht vorgesehenen, die Ausschüttung betreffende Alternativen bestimmte angestrebte Sachverhalte der Finanz-, Publizitäts- und Individualpolitik des Managements zu realisieren.[1137] Zum Bereich der darstellungsgestaltenden Instrumente sind aber auch diejenigen Alternativen zu rechnen, die über die **Zwischenpublizität** wirken. Diese Instrumente kommen schon vor der Erstellung von Jahresabschluss und Lagebericht zum Einsatz und übermitteln den Koalitionsteilnehmern häufig Informationen, die über die nor-

---

1133    Zu berücksichtigen ist aber, dass für Mutter- und Tochtergesellschaft gemäß § 290 Abs. 1 und Abs. 2 HGB dann ein Konzernabschluss und -lagebericht zu erstellen ist, sofern für beide Unternehmen zumindest zwei der drei in § 293 Abs. 1 HGB genannten Größenkriterien überschritten werden.

1134    In diesem Sinne trägt auch das Spektrum der sachverhaltsgestaltenden Maßnahmen (im engeren Sinne) materiellen Charakter.

1135    *Bauer* 1981, S. 767.

1136    Auf eine Einzeldarstellung sämtlicher Wahlrechte und Ermessensspielräume wird an dieser Stelle verzichtet, da vor allem im Dritten Teil und Fünften Teil auf die materielle Darstellungsalternativen detailliert eingegangen wurde.

1137    Da durch den Einsatz von Alternativen der Gewinnverwendungspolitik sich lediglich der Ausweis des Eigenkapitals im Jahresabschluss ändert, tragen diese Wahlrechte grundsätzlich formellen Charakter. Sofern die Variation des Bilanzgewinns bzw. der Gewinnrücklagen aber körperschaftsteuerrechtliche Konsequenzen nach sich ziehen (z. B. bei Ausschüttungen aus sog. Altrücklagen), wird darüber hinaus die Höhe des Vermögens sowie des Erfolgs der Kapitalgesellschaft beeinflusst. Aus diesem Blickwinkel könnten die Gewinnverwendungswahlrechte auch den materiellen rechnungslegungspolitischen Alternativen subsumiert werden.

mierten Medien (Jahresabschluss, Lagebericht) erst später offiziell dokumentiert werden.

Die formellen und materiellen Darstellungsparameter unterscheiden sich von den sachverhaltsgestaltenden Alternativen grundlegend dadurch, dass sie erst **nach dem Bilanzstichtag** zum Einsatz gelangen und somit von einem festliegenden Mengengerüst der einzelnen Jahresabschlussposten ausgehen müssen. Die Aktivitäten im Rahmen der Rechnungslegungspolitik sind folglich primär auf die Ausnutzung der handels- und steuerrechtlichen **Abbildungsspielräume** abgestellt. Wahlrechte liegen mithin immer dann vor, wenn die Verwirklichung eines Sachverhalts nicht zwingend eine Rechtsfolge auslöst, sondern die Entscheidungsträger entweder die Wahl haben, welche von mindestens zwei rechtlichen Konsequenzen in der Handels- oder der Ertragsteuerbilanz zur Anwendung kommen soll, oder hinsichtlich der freiwilligen Veröffentlichungsalternativen festlegen können, bestimmte Darstellungskonsequenzen eintreten zu lassen oder jegliche Publizitätswirkung zu vermeiden.

Besondere Relevanz kommt im Rahmen der formellen Darstellungsparameter den **Ausweiswahlrechten** im Jahresabschluss sowie den **Erläuterungswahlrechten** im Anhang und im Lagebericht zu, mit deren Hilfe Qualität und Quantität der an die Adressaten übermittelten Informationen zieladäquat gesteuert werden können. Insbesondere besteht die Möglichkeit, durch den Einsatz der in Rede stehenden formellen Wahlrechte auf die für den externen Analytiker bedeutende zwischenbetriebliche **Vergleichbarkeit** der Jahresabschlussdaten sowie das **Strukturbild** von Bilanz sowie Gewinn- und Verlustrechnung planmäßig einzuwirken.

Darüber hinaus können einige der Ausweiswahlrechte zur (erfolgsneutralen) Senkung des kritischen **Bilanzsummenwerts** im Sinne von § 267 HGB eingesetzt werden. Neben den wahlweise möglichen Erleichterungen hinsichtlich der **Jahresabschlussgliederung** (§ 266 Abs. 1, § 276 HGB), den **Berichtspflichten im Anhang** (§ 274 a, § 288 HGB) sowie den **Offenlegungspflichten** (§ 326, § 327 HGB) für mittelgroße und/oder kleine Kapitalgesellschaften kommt insbesondere den folgenden formellen Darstellungsalternativen ein herausragender rechnungslegungspolitischer Stellenwert zu.[1138]

- Aufstellung des Jahresabschlusses vor, nach vollständiger oder partieller Ergebnisverwendung (§ 268 Abs. 1 HGB);[1139]
- Ausweiswahlrecht für erhaltene Anzahlungen auf Vorräte unter den Verbindlichkeiten oder als offene Absetzung vom Posten »Vorräte« (§ 268 Abs. 5 Satz 2 HGB);
- Ausweiswahlrechte zwischen Bilanz/Gewinn- und Verlustrechnung sowie Anhang;[1140]
- (Netto-)Ausweis des gezeichneten Kapitals im Falle nicht eingeforderter ausstehender Einlagen (§ 272 Abs. 1 Satz 2 und 3 HGB);[1141]
- wahlweiser Rückgriff auf das Gesamt- oder Umsatzkostenverfahren bezüglich der Gliederung der Gewinn- und Verlustrechnung (§ 275 HGB);[1142]

---

1138    Vgl. *Coenenberg* 1986, S. 1582.
1139    Allerdings ist eine wahlweise Aufstellung des Jahresabschlusses vor Verwendung des Jahresergebnisses nur dann möglich, wenn bei der Kapitalgesellschaft eine Verpflichtung zur Einstellung in die Gewinnrücklagen laut Gesetz, Satzung oder Gesellschaftsvertrag nicht besteht. Vgl. hierzu die Ausführungen im Fünften Teil zu Gliederungspunkt III.B.3.d.d.d(a).
1140    Zu nennen wären hier beispielsweise der alternative Ausweis des Anlagespiegels (§ 268 Abs. 2 HGB), des Disagios (§ 268 Abs. 6 HGB), der Haftungsverhältnisse (§ 268 Abs. 7 HGB) und bestimmter (außerplanmäßiger) Abschreibungen (§ 277 Abs. 3 HGB).
1141    Vgl. hierzu die Ausführungen im Fünften Teil zu Gliederungspunkt III.B.3.d.d.b(c).
1142    Allerdings werden bei Anwendung des Umsatzkostenverfahrens zusätzliche Angaben zu den Material- und Personalaufwendungen im Anhang gemäß § 285 Nr. 8 HGB erforderlich. Vgl. hierzu auch die Ausführungen im Zweiten Teil zu Gliederungspunkt IV.C. und im Dritten Teil zu Gliederungspunkt III.D.2.

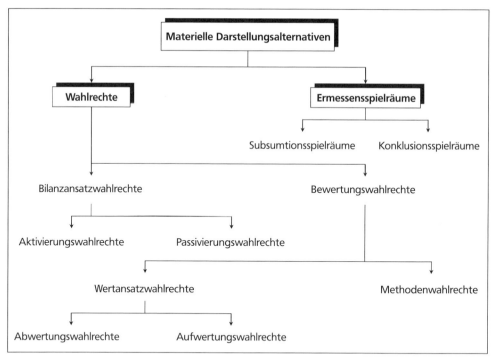

Abb. 243: Gliederungssystematik von Wahlrechten und Ermessensspielräumen

- Ausweiswahlrecht steuerrechtlicher Sonderabschreibungen in direkter oder indirekter Form unter dem Sonderposten mit Rücklageanteil (§ 281 Abs. 1 HGB).[1143]

Darüber hinaus ergeben sich für alle Kapitalgesellschaften, unabhängig von der Zugehörigkeit zu bestimmten Größenklassen nach § 267 HGB Gestaltungsmöglichkeiten dadurch, dass im Hinblick auf die Bilanz (§ 266 Abs. 5 HGB), die Gewinn- und Verlustrechnung, den Anhang (§ 284 bis § 288 HGB) und den Lagebericht (§ 289 HGB) vom Gesetzgeber nur eine **Mindestgliederung** bzw. ein **Mindestinhalt** festgelegt worden sind. Wie die rechnungslegende Praxis zeigt, werden häufig Jahresabschlussinformationen in den **Anhang** verlagert. Die Motive für eine möglichst umfangreiche Veröffentlichung des Anhangs können z. B. auf der Strategie des Managements basieren, externe Koalitionsteilnehmer von detaillierten Analysen abzuhalten oder bestehende Zielkonflikte durch flankierende publizitätspolitische Maßnahmen auszugleichen. Ferner kann eine ausgeprägte Publizitätspolitik in der ständig wachsenden Bedeutung des Zugriffs externer Koalitionsteilnehmer auf in elektronischen Datenbanken gespeicherte Jahresabschlussinformationen begründet sein. Hierdurch besteht für die veröffentlichende Kapitalgesellschaft die Möglichkeit, das in Rede stehende Medium für Zwecke der unternehmerischen Selbstdarstellung zu nutzen.

Allerdings muss beim Einsatz der vorstehend angesprochenen formellen Wahlrechte das in § 265 Abs. 1 HGB verankerte Postulat der **Darstellungsstetigkeit** berücksichtigt werden. Nach diesem Prinzip ist die Form der Darstellung, speziell die Gliederung aufeinander fol-

---

1143    Vgl. hierzu die Ausführungen im Fünften Teil zu Gliederungspunkt III.B.2.c.

gender Jahresabschlussrechnungen, beizubehalten, »… soweit nicht in Ausnahmefällen wegen besonderer Umstände Abweichungen erforderlich sind« (§ 265 Abs. 1 Satz 1 2. HS HGB).[1144] Etwaige Abweichungen müssen im **Anhang** dargelegt und begründet werden.

Zum Kreis der formellen Darstellungsparameter sind weiterhin diejenigen Publizitäts-alternativen zu rechnen, die sich auf die **Wahl des Zeitpunkts der Veröffentlichung des Jahresabschlusses** beziehen. So müssen Kapitalgesellschaften gemäß § 325 Abs. 1 Satz 2 bzw. Abs. 4 Satz 1 HGB ihren Veröffentlichungspflichten vor Ablauf von **zwölf Monaten bzw. vier Monaten nach Abschlussstichtag** nachkommen. Mit dem Einsatz dieses zeitlichen Instruments sind speziell publizitätspolitische Zielsetzungen zu realisieren. Insbesondere bei **börsennotierten Kapitalgesellschaften** besteht die Möglichkeit, das Verhalten bestimmter Adressatengruppen zu beeinflussen, wenn die Veröffentlichung des Jahresabschlusses Auswirkung auf die **Kursentwicklung** hat. Allerdings sind die Unternehmen aufgrund privatrechtlicher Vereinbarungen häufig gezwungen, kürzere Veröffentlichungszeiträume einzuhalten. Ferner kann einerseits durch eine frühzeitige Offenlegung ggf. ein positiver Eindruck über die publizierende Unternehmung bei externen Lesern und Analysten des Jahresabschlusses erzeugt werden. Andererseits können in Bezug auf die Ergebnisse der **Konkurrenzforschung** aber auch Gründe dafür sprechen, den Jahresabschluss so spät wie möglich zu veröffentlichen, um den Konkurrenten Informationen über die eigene wirtschaftliche Situation möglichst lange vorzuenthalten.[1145]

In das Spektrum der formellen Darstellungsparameter fallen grundsätzlich auch die Alternativen zur **Beeinflussung der Gewinnverwendung**, die primär auf die Einbehaltung oder Ausschüttung der Gewinne abzielen.[1146] Darüber hinaus besteht ferner die Möglichkeit, bestimmte Personengruppen wie Vorstand, Geschäftsführung, Aufsichtsrat und/oder Arbeitnehmer am Gewinn zu beteiligen. Während die materiellen darstellungsgestaltenden Alternativen[1147] in erster Linie zur unmittelbaren Steuerung des Jahres- und Bilanzergebnisses eingesetzt werden, beziehen sich Aktionsparameter der Gewinnverwendungspolitik primär auf die zielgerichtete Beeinflussung des **Bilanzgewinns** und damit auf die **Ausschüttungen** bzw. die **Gewinnrücklagen**. In diesem Zusammenhang ist zu berücksichtigen, dass sowohl die Wahlrechte als auch die Ermessensspielräume auf die **Gewinnverwendungspolitik** einwirken, da sie die Höhe des ausschüttbaren Gewinns mit beeinflussen. Allerdings wird der Aktionsraum der Gewinnverwendungspolitik vor allem bei Aktiengesellschaften durch gesetzliche Normierungen in beträchtlichem Ausmaß eingeschränkt. Darüber hinaus besteht die Möglichkeit, dass sowohl bei Aktiengesellschaften als auch bei Gesellschaften mit beschränkter Haftung die Gewinnverwendung durch **satzungsbezogene bzw. gesellschaftsrechtliche Bestimmungen** geregelt ist und somit der gewinnpolitische Entscheidungsspielraum des Managements (zusätzlichen) Einengungen unterworfen sein kann.

Wie noch im Einzelnen zu zeigen sein wird, sind die elementaren Zielgrößen, der **Jahresüberschuss** bzw. der **Bilanzgewinn**, bestimmte **Kennzahlenniveaus** sowie ggf. die **Bilanzsumme**, primär durch den Einsatz der **materiellen Darstellungsparameter** und

---

1144   Vgl. hierzu die Ausführungen im Dritten Teil zu Gliederungspunkt II.B.3.
1145   Vgl. *Kerth/Wolf* 1993, S. 287 f.
1146   Vgl. hierzu die Ausführungen im Fünften Teil zu Gliederungspunkt III.B.3.d.d.d.
1147   Da bezüglich der die Ausschüttung betreffende Darstellungsparameter prinzipielle, objektiv unterscheidbare Alternativen existieren, sind die Maßnahmen der Gewinnverwendungspolitik der Gruppe der Wahlrechte und nicht dem Bereich der Ermessensspielräume zu subsumieren.

**spezifischer sachverhaltsgestaltender Maßnahmen** zu steuern.[1148] Die formellen Alternativen besitzen hingegen ihren Stellenwert in erster Linie als **flankierende Instrumente** zur Durchsetzung von mit der angesprochenen Normenpolitik verfolgten Zielsetzungen oder als **Kompensationsmaßnahmen** zum Ausgleich von **Konfliktsituationen** im Bereich der **Publizitätspolitik**. Da die mit den Instrumenten der Zwischenpublizität verfolgten Ziele des Managements sich letztendlich, ggf. in korrigierter Form, in den normierten Dokumentationsinstrumenten Jahresabschluss und Lagebericht niederschlagen, wird im Folgenden auf eine separate Berücksichtigung der über die Zwischenpublizität wirkenden Alternativen verzichtet.

Vornehmlich im Bereich der materiellen Alternativen wird im Schrifttum häufig eine weitere Unterscheidung in **handelsrechtliche Wahlrechte** einerseits und **steuerrechtliche Wahlrechte** andererseits vorgenommen. Aufgrund der vielfältigen Durchbrechungen des Maßgeblichkeitsprinzips, die durch den in § 5 Abs. 6 EStG verankerten steuerrechtlichen Bewertungsvorbehalt, spezifische Verwaltungsvorschriften sowie die höchstrichterliche Finanzrechtsprechung bewirkt werden, verfügen die Verantwortlichen bei der Aufstellung des handelsrechtlichen Jahresabschlusses im Vergleich zur steuerrechtlichen Gewinnermittlung über ein **wesentlich größeres Wahlrechtsspektrum**.

Sieht das Bilanzsteuerrecht aber spezifische Bilanzansatz-, Bewertungswahlrechte oder Ermessensspielräume vor, so bleibt das Maßgeblichkeitsprinzip im Grundsatz unberührt. Hieraus folgt, dass beim Rückgriff auf steuerrechtliche Wahlrechte von Wirkungen der Ertragsteuerbilanz auf die Handelsbilanz auszugehen ist, da ohne eine entsprechende Vorgehensweise im handelsrechtlichen Jahresabschluss die in Rede stehenden Bilanzierungs- und Bewertungserleichterungen (erhöhte Abschreibungen, Sonderabschreibungen, Bewertungsabschläge, Bewertungsfreiheiten, steuerfreie Rücklagen) nicht zum Einsatz kommen könnten. Aufgrund der Existenz dieser **Umkehrung des Maßgeblichkeitsprinzips** kann es einerseits bei der Erstellung von zwei getrennten Bilanzen dann zu Zielkonflikten kommen, wenn zum Zwecke der Ertragsteuerminimierung ein Rückgriff auf steuerrechtliche Wahlrechte geboten erscheint, deren zwangsläufige Auswirkungen auf den handelsrechtlichen Jahresabschluss aber nicht mit speziellen Zielsetzungen, die durch eine planmäßige Beeinflussung der Handelsbilanz erreicht werden sollen, korrespondieren. Andererseits besteht aber auch die Möglichkeit, dass mit Hilfe des steuerrechtlichen Bewertungspotenzials die Durchsetzung handelsrechtlicher Ziele zu verwirklichen ist. Dies wird insbesondere beim Vorliegen von **Zieldifferenzen**, **Zielkomplementaritäten** oder **Zielidentitäten** bezüglich handelsrechtlicher und steuerrechtlicher Absichten der Fall sein.

Beim Einsatz des rechnungslegungspolitischen Instrumentariums zur Verwirklichung der gesetzten Handlungsziele darf von den Entscheidungsträgern nicht unbeachtet bleiben, dass bestimmte Alternativen – hier sind vor allem die **Bewertungswahlrechte** zu nennen – nicht nur Einfluss auf den Jahresabschluss der Referenzperiode haben, sondern auch die Rechnungslegung der **Folgeperioden** tangieren. Diese **Sekundärwirkungen** können die Realisation unternehmerischer Zielsetzungen in künftigen Perioden sowohl positiv als auch negativ beeinflussen und sind deshalb im Rahmen eines **mehrperiodigen rechnungslegungspolitischen Entscheidungskalküls** mit zu berücksichtigen.

---

1148    Vgl. hierzu die Ausführungen im Sechsten Teil zu Gliederungspunkt V.

# III.   Grenzen der Rechnungslegungspolitik

Nach nahezu übereinstimmender Meinung ist von Rechnungslegungspolitik nur dann zu sprechen, wenn sich die Entscheidungträger bei ihren zielgerichteten Gestaltungen im Rahmen der vom **Gesetzgeber zugestandenen Spielräume** bewegen.[1149] Insofern werden die Grenzen der Rechnungslegungspolitik überschritten, wenn die Entscheidungträger Gestaltungen wählen, die nicht mit den Grundsätzen ordnungsmäßiger Buchführung korrespondieren, gegen zwingende Normen des Handels- und Steuerrechts verstoßen oder nicht mit der Satzung bzw. dem Gesellschaftsvertrag der Kapitalgesellschaft in Einklang stehen.[1150] In diesem Zusammenhang sei darauf hingewiesen, dass der Gesetzgeber gemäß § 331 Nr. 1 HGB unrichtige Wiedergaben und/oder Verschleierungen des Jahresabschlusses und des Lageberichts ausdrücklich unter Strafe stellt.[1151]

Bei **prüfungspflichtigen Unternehmungen**[1152] kann der angesprochene Spielraum der Rechnungslegungspolitik jedoch weiter eingeschränkt werden. Insbesondere im Hinblick auf die Inanspruchnahme von Auslegungsspielräumen, die bei unbestimmten Rechtsbegriffen vorliegen, wäre die Annahme unrealistisch, dass die Unternehmensleitung lediglich daran interessiert sei, Rechnungslegungspolitik im Rahmen der gesetzlich zulässigen Bandbreite zu betreiben, sondern auch daran, die **Gesetzmäßigkeit ihrer Rechnungslegung testiert zu bekommen**.[1153] Sollten Abweichungen zwischen Abschlussprüfer und den Verantwortlichen in der Auffassung über die Ausübung der angesprochenen Spielräume bestehen und gelingt es dem Management nicht, den Prüfer von der Gesetzmäßigkeit der gewählten Alternative zu überzeugen,[1154] so kann dies zu einer erheblichen Einschränkung des rechnungslegungspolitischen Instrumentariums der Unternehmensleitung führen, die die Realisation der gesetzten Ziele in Frage stellt oder eine Änderung des Zielplans erfordert. Hieraus folgt, dass kleine Kapitalgesellschaften, die nicht der handelsrechtlichen Prüfungspflicht unterliegen, tendenziell ein **breiteres Spektrum** an rechnungslegungspolitischen Alternativen aufweisen als mittlere und/oder große Kapitalgesellschaften. Neben den angesprochenen Vorteilen bezüglich der Vermeidung der Prüfungspflicht können **kleine** und auch **mittlere Kapitalgesellschaften** auf Erleichterungen bei der Aufstellung und der Veröffentlichung des Jahresabschlusses sowie des Lageberichtes zurückgreifen. Hierdurch besteht für die Entscheidungträger prinzipiell die Möglichkeit, den **Informationsfluss** an die Adressaten in **quantitativer**, aber auch in **qualitativer Hinsicht planmäßig zu steuern**. Somit muss der rechnungslegungspolitische Alternativenkatalog von Kapitalgesellschaften im Rahmen der sachverhaltsgestaltenden Maßnahmen auch **Instrumente** zur

---

1149   Vgl. etwa *Heinhold* 1984a, S. 388; *Lücke* 1969, S. 2287; *Packmohr* 1984, S. 1 f.; *Pougin* 1969, S. 6; *Sieben/Barion/Maltry* 1993, Sp. 230; *Wöhe* 1997, S. 58.

1150   Verstöße gegen Verwaltungsvorschriften, insbesondere gegen die Steuerrichtlinien, stellen nach der hier dargelegten Definition keine Grenzüberschreitungen dar, da ihnen der Rechtsnormcharakter fehlt. Allerdings ist im Einzelfall zu prüfen, ob die entsprechende (norminterpretierende) Anweisung nicht (bereits) die Qualität eines Grundsatzes ordnungsmäßiger Buchführung erlangt hat.

1151   Vgl. hierzu die Ausführungen im Zweiten Teil zu Gliederungspunkt VI.

1152   Vgl. hierzu die Ausführungen im Zweiten Teil zu Gliederungspunkt IV.A.

1153   Vgl. *Selchert* 1978, S. 221.

1154   Allerdings wird auch der Abschlussprüfer grundsätzlich daran interessiert sein, den Bestätigungsvermerk (§ 322 Abs. 1 HGB) zu erteilen, weil er ansonsten bei der Einschränkung oder gar Verweigerung des Testats mit negativen Konsequenzen bei der künftigen Prüfungserteilung rechnen muss. Aufgrund dieser Konstellation wird sich bei den angesprochenen unterschiedlichen Auffassungen wohl in der Regel ein Kompromiss zwischen Prüfer und Unternehmensleitung ergeben.

Realisierung der Ziele »**Vermeidung der Prüfungspflicht**« und/oder »**Ausnutzung von Publizitätserleichterungen**« enthalten. Für die im weiteren Verlauf der Abhandlung zu betrachtenden Modelle resultiert aus dieser künftigen Erweiterung des Zielplans und des Instrumentariums der Rechnungslegungspolitik die Forderung, die in Rede stehenden prüfungs- und/oder publizitätsbezogenen Aspekte in die Ansätze zu integrieren.

# IV. Modellansätze einer planmäßigen Rechnungslegungspolitik

## A. Total- und Partialmodelle

### 1. Rechnungslegungspolitische Modellbildungen im Rahmen der Unternehmensplanung

Unter dem Terminus **Planungsrechnungen** können im betriebswirtschaftlichen Sinne ganz allgemein sämtliche Verfahren zusammengefasst werden, die durch Verarbeitung quantitativer Daten unter Berücksichtigung operational formulierter Ziele charakterisiert sind und der Vorbereitung von Entschlüssen im Rahmen unternehmerischer Entscheidungsprozesse dienen.[1155] Um die für die Gestaltungsaufgabe relevanten vielfältigen Verknüpfungen aller Einflussgrößen auf die als wesentlich erachteten Komponenten zu reduzieren, bietet es sich an, auf **Planungsmodelle** zurückzugreifen. Allerdings braucht der praxisorientierte Aussagewert formulierter Modelle durch diese **Komplexreduktionen** nicht notwendigerweise beeinträchtigt zu werden, wenn die ausgeschlossenen Bestimmungsgrößen in Bezug auf das Planungsziel nur von untergeordneter Bedeutung sind. Sofern die unterstellten Prämissen weitgehend Deckungsgleichheit mit der betrieblichen Realität aufweisen, sind die Planungsmodelle mithin in der Lage, dem Entscheidungsträger[1156] die Konsequenzen der von ihm zu fassenden Entschlüsse zu signalisieren. Lassen sich die den Modellbildungen zugrunde gelegten Problemstrukturen darüber hinaus **mathematisch-funktional** abbilden sowie die Funktionsparameter **hinreichend quantifizieren**, dann sind die formulierten Entscheidungsmodelle, »… die in erster Näherung als formale Darstellungen von Entscheidungsproblemen aufgefasst werden können«[1157], rechentechnischen Lösungen zugänglich.

**Gesamtplanungsmodelle** zielen im Grundsatz darauf ab, die Parameter der laufenden Produktion, die Investitionen und das Finanzierungsprogramm im Rahmen **eines mehrperiodigen Totalmodells** möglichst **simultan** festzulegen.[1158] Derartige Modellansätze wurden in den 60er und 70er Jahren des 20. Jahrhunderts insbesondere unter **Einbeziehung**

---

1155 Vgl. *Brockhoff* 1981, Sp. 1309.

1156 Während der Entscheidungsträger oder Zielartikulant die verfolgten unternehmerischen Absichten formuliert, trifft der Zielträger nach h. M. die zur Zielerreichung notwendigen Maßnahmen. Vgl. etwa *Bauer* 1981, S. 111. Eine derartige Abgrenzung schließt aber die Personenidentität von Entscheidungs- und Zielträger nicht aus.

1157 *Dinkelbach* 1993, Sp. 524.

1158 Vgl. *Koch* 1993, Sp. 3253.

**der Steuer(bilanz)politik** entwickelt.[1159] Ohne die Einzelheiten und Unterschiede dieser auf eine Abbildung und Optimierung des gesamten Entscheidungsfeldes der Unternehmung ausgerichteten Konzeptionen näher darzulegen, kann als Beurteilungsergebnis dieser Forschungsprojekte herausgestellt werden, dass sich die in Rede stehenden sachlichen und zeitlichen simultanen Totalmodelle jedoch **nicht als praktikabel** erwiesen haben. Insbesondere die Schwierigkeiten im Hinblick auf eine explizite Abbildung des gesamten Entscheidungsfeldes, die aus Informations-, Formulierungs- und/oder Lösungsgründen **nicht möglich** bzw. aus Wirtschaftlichkeitsgründen **nicht zweckmäßig** ist, haben im Schrifttum primär zur Erkenntnis geführt, dass den Erfordernissen der Praxis im Hinblick auf eine aussagefähige Steuerbilanzplanung am ehesten durch die **Konzipierung möglichst vereinfachender Partialmodelle**[1160] entsprochen wird. Eine ähnliche Vorgehensweise dürfte aus den gleichen Motiven sowie unter Berücksichtigung der starken Verknüpfungen zwischen handels- und steuerrechtlichem Jahresabschluss auch für den Bereich der handelsrechtlichen Rechnungslegungspolitik nahe liegend sein.

Ein **Rückgriff auf Teilmodelle** im Rahmen der **Steuerbilanzplanung** braucht jedoch notwendigerweise nicht eine Beschränkung des Planungshorizonts auf eine Periode bedeuten. Wie noch zu zeigen sein wird, basieren die neueren Konzepte der Steuerbilanzpolitik primär auf einer **mehrperiodigen Betrachtung**, wobei in aller Regel **Zinseffekte** und **Progressionswirkungen** der Ertragsteuern in die Kalküle der Partialplanung einbezogen werden. Im Gegensatz zu den steuerbilanzpolitischen Modellen beruhen die Konzeptionen **der handelsrechtlichen Rechnungslegungspolitik** primär auf **einperiodig ausgerichteten Ansätzen**.[1161] Es ist zu vermuten, dass diese Einschränkungen aus folgenden **Praktikabilitätsgründen** vorgenommen werden:

- Die gegensätzlichen Konsequenzen des rechnungslegungspolitischen Instrumentariums sind in den Folgeperioden, über längere Zeiträume betrachtet, immer wieder durch den **Einsatz neuer Instrumente** zu überlagern;
- durch die zeitliche Reduktion des Planungsansatzes auf eine Rechnungsperiode kann seine **Sicherheit** erheblich gesteigert werden;
- die Gestaltung von Zahlungsreihen unter Einbeziehung von **Zins- und Steuerwirkungen** spielt im Rahmen der handelsrechtlichen Rechnungslegungspolitik nur eine untergeordnete Rolle;
- durch zusätzliche Einbeziehung der **Flexibilität** in das rechnungslegungspolitische Kalkül lassen sich periodenübergreifende Wirkungen erfolgswirksamer Wahlrechte und Ermessensspielräume tendenziell steuern.[1162]

## 2.     Rückgriff auf Partialmodelle

Soll der Planungsprozess durch eine Aufspaltung in betriebliche Teilmodelle praktikabler gestaltet werden, so gilt es zunächst, die einheitliche Zielgröße in **Subziele** zu zergliedern, die je für sich Entscheidungskriterium des entsprechenden Partialmodells sein können.

---

1159   Vgl. hierzu vor allem die Arbeiten von *Haberstock* 1984, S. 468–482 sowie die deutsche und angloamerikanische Literaturauswertung zu diesem Problemkreis von *Heinhold* 1979, S. 77–87. Vgl. ferner die Ausführungen von *Gratz* 1982, S. 28–83 und *Rückle* 1983, S. 27–52, S. 173–184.

1160   *Rückle* 1983, S. 186.

1161   Eine Ausnahme bilden die Arbeiten von *Johänntgen-Holthoff* 1985, *Krauß* 1987 und *Reibis* 2005.

1162   Vgl. hierzu die Ausführungen im Sechsten Teil zu Gliederungspunkt IV.B.2.

Allerdings muss sichergestellt sein, dass die Zielfunktion des Teilmodells mit der übergeordneten Zielfunktion des gesamten unternehmerischen Entscheidungsfeldes korrespondiert. Je genauer die Abstimmung bezüglich abgeleiteter Zielfunktion und Nebenbedingungen gelingt, desto näher wird das mit dem Partialmodell ermittelte **Suboptimum** an dem **Totaloptimum** liegen.[1163] Wie bereits gezeigt wurde, sind die konkreten rechnungslegungspolitischen Handlungsziele für Kapitalgesellschaften aus der Finanz-, Publizitäts- und/oder Individualpolitik des Managements abzuleiten, die im Rahmen der unternehmerischen Zielhierarchie der Rechnungslegungspolitik unmittelbar übergeordnet sind.

Zum Zwecke der Koordination der abgeleiteten Subziele und Nebenbedingungen mit den zur Verfügung stehenden Aktionsparametern einer Zielhierarchie stehen zwei methodisch unterschiedliche Wege zur Verfügung.[1164] Im Falle der **simultanen Koordination** erfolgt eine gleichzeitige Festlegung aller Aktionsparameter, welche die Zielfunktion und die einzuhaltenden Nebenbedingungen betreffen. Sofern sich die formulierte **Zielfunktion** und/oder die einzelnen **Nebenbedingungen** nicht widersprechen, ist der entwickelte Partialansatz grundsätzlich einer **Optimallösung** zugänglich.[1165] Bei der **sukzessiven** oder **sequenziellen Koordination** werden hingegen alle relevanten Aktionsparameter nacheinander ohne Berücksichtigung einer sachlichen Reihenfolge zur Zielrealisation eingesetzt. Diese Vorgehensweise ist im Gegensatz zur simultanen Planung dadurch gekennzeichnet, dass mittels **Probieren** eine **hinreichend gute Lösung** für das Teilmodell gesucht werden soll.[1166] Auf beide Kooperationsalternativen, die zur Lösung rechnungslegungspolitischer Entscheidungsmodelle sowohl in ein- als auch in mehrperiodigen Ausprägungen auftreten, wird im weiteren Verlauf des Sechsten Teils noch einzugehen sein.

# B.    Formulierung des Zielplans

## 1.    Zieloperationalisierung und Zielausmaß

Bevor im Einzelnen praktikable rechnungslegungspolitische Partialmodelle analysiert werden, bedarf es einiger methodologischer Betrachtungen, welche die Struktur des Zielplans und des Entscheidungsfeldes betreffen. Wie schon ausgeführt wurde, besitzt die Rechnungslegungspolitik im hierarchischen Zielsystem der Unternehmenspolitik dienende Funktion gegenüber anderen übergeordneten Teilpolitiken. Trotz ihres derivativen Charakters weist die Rechnungslegungspolitik dennoch einen **autonomen Zielplan** und ein **autonomes**

---

1163    Die Qualität des aufgestellten Partialmodells ist jedoch nur durch Vergleich mit den Resultaten, die das Totalmodell liefern würde, zu beurteilen. Wäre aber ein Gesamtplanungsmodell erstellt worden, so würde das entsprechende Teilmodell nicht mehr benötigt werden. Infolgedessen müssen die Entscheidungsträger bei der Formulierung des Partialmodells häufig auf Plausibilitätsüberlegungen zurückgreifen, die zweckmäßigerweise dann vor dem Hintergrund eines zumindest groben Totalmodells aufzustellen sind. Vgl. *Rückle* 1983, S. 185.

1164    Vgl. hierzu *Marettek* 1970, S. 10–15.

1165    Einer Optimallösung können aber auch die zugrunde gelegten mathematischen Methoden sowie die nur beschränkt vorhandenen Kapazitäten von Datenverarbeitungsanlagen entgegenstehen.

1166    Allerdings wird hierdurch nicht ausgeschlossen, dass das auf diese Art und Wiese ermittelte Ergebnis auch der Optimallösung des Partialmodells entsprechen kann.

**Entscheidungsfeld** auf. Mithin können rechnungslegungspolitische Modellansätze als klar abgrenzbare Partialmodelle formuliert werden. Zunächst sind aus dem unternehmerischen Zielsystem **operationale Handlungsziele** abzuleiten, welche die Absichten der vorgelagerten Finanz-, Publizitäts- und Individualpolitik des Managements bestmöglich repräsentieren. Dieses Kriterium der **Operationalisierbarkeit** bedeutet für die in Rede stehenden Subziele, dass **Messvorschriften** existieren, die eine **Überprüfung der Zielerreichungsgrade** gestatten.[1167] Da die folgenden Darlegungen auf die Konzipierung operationalisierbarer Entscheidungsmodelle abgestellt sind, müssen die Ausprägungen der **Unterziele** eindeutig **quantifizierbar** sein (z. B. Maximierung oder Minimierung des Jahresüberschusses; Ausschüttungen = 60 % des Jahresüberschusses; Gesamtkapitalrendite > 8 %). Eine derartige Formulierung des Zielerreichungsgrades in Gestalt der Zielfunktion bzw. einzuhaltender Nebenbedingungen ist aber nur auf der Grundlage **kardinaler Messvorschriften** mittels Verhältnis- oder Intervallskalen möglich.[1168] Hieraus folgt, dass in aussagefähige Partialplanungsmodelle ausschließlich diejenigen Zielgrößen einfließen können, die sich mit hinreichender Genauigkeit quantifizieren lassen. **Insbesondere nichtmonetäre Zielsetzungen**, die primär im Rahmen der **Publizitätspolitik** verfolgt werden, sind deshalb nur ansatzweise oder überhaupt nicht zu berücksichtigen.

Zur operationalen Umschreibung des angestrebten Zielausmaßes bieten sich die Ausprägungen der **Extremierung, Fixierung** und **Satisfizierung** an.[1169] Im Falle einer Extremierung beabsichtigt der Entscheidungsträger entweder eine Minimierung oder Maximierung der formulierten Zielfunktion (z. B. Minimierung der ertragsteuerlichen Bemessungsgrundlagen oder Maximierung der Ausschüttungen). Bei der Fixierung sind seine Aktivitäten hingegen auf die Realisierung einer bestimmten Zielausprägung abgestellt (z. B. Ausweis eines Bilanzgewinns exakt in der Höhe des Vorjahres). Strebt der Entscheidungsträger nach einer Satisfizierung seiner Zielgrößen, so definiert er lediglich ein gewisses Anspruchsniveau in Gestalt eines befriedigenden Zielausmaßes (z. B. Senkung der Bilanzsumme unter einen kritischen Wert).

Die vorstehenden Ausführungen lassen unschwer erkennen, dass alle angesprochenen Zielausprägungen, sofern sie hinreichend operational definiert sind, sich ohne Schwierigkeiten entweder in Form einer **Zielfunktion (als Primärziele)** und/oder als **Nebenbedingungen (als Sekundärziele)** in mathematisch formulierte Entscheidungsmodelle integrieren lassen. Hierdurch wird es möglich, Mehrfachzielsetzungen[1170] des Entscheidungsträgers, die zueinander in Konkurrenz stehen können (z. B. Maximierung des Bilanzgewinns und Realisierung bestimmter Kennzahlenniveaus), in Partialmodelle einzubeziehen und einer optimalen Gesamtlösung zuzuführen. Berücksichtigt man darüber hinaus, dass ein Ausdruck, der formal richtig für Nebenbedingungen festgelegt wurde, ohne weiteres bei Vari-

---

1167  Vgl. *Albach* 1961, S. 357.

1168  Vgl. *Kupsch* 1979, S. 73.

1169  Vgl. *Hauschildt* 1977, S. 13. Sind die Aktivitäten des Entscheidungsträgers lediglich auf eine möglichst gute Annäherung an eine bestimmte Zielgröße ausgerichtet (z. B. Ausweis eines Jahresüberschusses, der annähernd die Höhe des Vorjahres erreicht), so liegt Approximierung vor. Da in diesem Falle eine eindeutige Quantifizierung des Zielausmaßes nicht möglich ist, besitzt die Approximierungsalternative keine Relevanz.

1170  Sofern zur Lösung rechnungslegungspolitischer Entscheidungsmodelle auf mathematische Optimierungsverfahren zurückgegriffen wird, kann in die Zielfunktion pro Modellansatz jeweils nur eine Zielgröße einbezogen werden. Auch die vorgelegten Forschungsarbeiten zur sog. Zielprogrammierung (Goal Programming) führen nicht zu weitergehenden Lösungen hinsichtlich der Wirkung mehrfacher Ziele auf identische Alternativmengen, da hier die Zielproblematik lediglich in den Bereich der Zielgewichtungskoeffizienten verlagert wird. So auch *Heinhold* 1979, S. 231 f.

ation des Partialmodells als Zielfunktion übernommen werden kann,[1171] dann besteht im Hinblick auf die modellorientierte Behandlung rechnungslegungspolitischer Absichten als Primär- oder Sekundärziel grundsätzlich vollkommene Austauschbarkeit.

## 2.    Abgrenzung der Zielzeit

Da sowohl der handels- als auch der steuerrechtliche Jahresabschluss bzw. die steuerrechtliche Ergänzungsrechnung nach § 60 Abs. 2 EStDV auf einen Stichtag zu erstellen sind, tragen rechnungslegungspolitische Zielsetzungen stets **zeitpunktbezogenen Charakter**. Allerdings müssen die Verantwortlichen beim zieladäquaten Einsatz des Instrumentariums berücksichtigen, dass bestimmte Maßnahmen nicht nur die Referenzperiode tangieren **(Primäreffekte)**, sondern aufgrund des **Prinzips der Bilanzidentität** gemäß § 252 Abs. 1 Nr. 1 HGB auch möglicherweise konträre Folgewirkungen in der Zukunft haben **(Sekundäreffekte)**, die ggf. die Realisation der in späteren Perioden angestrebten Handlungsziele gefährden können.

Besitzen die Zielträger einen genauen Kenntnisstand über den **Flexibilitätsgrad** ihres Instrumentenkatalogs, dann sind sie in der Lage zu beurteilen, in welchem Ausmaß rechnungslegungspolitische Entscheidungen der Referenzperiode den Spielraum für spätere Zeitabschnitte einschränken oder erweitern. Nachfolgend werden die wichtigsten **Flexibilitätskriterien** angeführt, nach denen sich das Instrumentarium differenzieren lässt:[1172]

- **Reversibilität**: Kann die Auswirkung des Instruments in späteren Perioden rückgängig gemacht werden?
- **Zeitliche Flexibilität**: Ist das Instrument zu einem bestimmten oder zu mehreren Zeitpunkten einsetzbar?
- **Quantitative Flexibilität**: Kann der Einsatz des einzelnen Instruments dosiert werden oder ist lediglich eine Entweder-Oder-Entscheidung möglich?
- **Analogie-Flexibilität**: Folgt aus der Behandlung über den Einsatz des Instruments eine analoge Vorgehensweise für ähnliche Fälle in der gleichen oder in späteren Perioden?

In aller Regel spricht jedoch die **Unsicherheit** der Komponenten des Zielplans und des Entscheidungsfeldes gegen die Entwicklung mehrperiodiger Planungsansätze. So besteht stets Ungewissheit im Hinblick auf das Eintreten der von der wirtschaftlichen Entwicklung abhängigen künftigen Zielgrößen der Rechnungslegungspolitik vor Einsatz des Instrumentariums sowie in Bezug auf das Potenzial der künftig zur Verfügung stehenden Gestaltungsobjekte. Auch unter Berücksichtigung der Tatsache, dass häufig die Möglichkeit gegeben ist, unerwünschte, ergebnisbezogene Sekundärwirkungen in Kenntnis der Flexibilität des Instrumentariums durch den Einsatz neuer Alternativen kurzfristig zu kompensieren, besteht die Lösung des Planungsproblems für die rechnungslegende Praxis nicht ausschließlich in einer Konzipierung von **einperiodigen deterministischen Entscheidungsmodellen**, die auf bereits realisierten Zielgrößen vor Einsatz des Instrumentariums der Rechnungslegungspolitik basieren und deshalb von der Prämisse vollkommener Sicherheit

---

1171    Vgl. *Rückle* 1983, S. 188.
1172    Vgl. *Siegel* 1982, S. 181, dessen Systematisierung auf den Ausführungen von *Börner/Krawitz* 1977, S. 107–115, beruht. Vgl. zur detaillierten Analyse der Flexibilität aus steuerbilanzpolitischer Sicht *Eigenstetter* 1998, S. 449–501.

ausgehen,[1173] sondern es bedarf darüber hinaus auch einer Planung künftiger rechnungslegungspolitischer Zielgrößen unter Einbeziehung des **periodenübergreifenden Instrumentaleinsatzes.**[1174]

Im Folgenden werden in knapper Form die wichtigsten Charakteristika der vorliegenden **steuerrechtlich ausgerichteten Entscheidungsmodelle** herausgestellt. Der Zielplan der **firmenbezogenen Steuerbilanzpolitik**[1175] von Kapitalgesellschaften ist in aller Regel darauf ausgerichtet, durch den Einsatz der steuerrechtlichen Manövriermasse[1176] möglichst wenig Ertragsteuern (Körperschaft- und Gewerbesteuer) an die Finanzbehörden abführen zu müssen und darüber hinaus dies so spät wie möglich zu tun. Die Prämisse, alle Ertragsteuerzahlungen in die Zukunft zu verlagern, basiert auf der Überlegung, dass jede Verzögerung der Steuerentrichtung einen Zinsgewinn bedeutet. Nach dem Konzept der **Steuerbarwertminimierung**[1177] sollen die steuerpflichtigen Gewinne des Planungszeitraumes so gestaltet werden, dass die Summe aller auf den Gegenwartszeitpunkt abgezinsten Ertragsteuerzahlungen ein Minimum ergibt. Liegen proportionale Ertragsteuertarife vor, so ist die Manövriermasse **möglichst früh** einzusetzen, um die Steuerlast in die **Zukunft zu verlagern.** Durch den späteren Ausweis der Gewinne und dem damit verbundenen **zinslosen Steuerkredit** werden liquide Mittel sowohl für Ausschüttungs- als auch für Ertragsteuerzahlungen gespart. Darüber hinaus erhöhen sich die späteren Ausschüttungen um die durch die gewinnbringende Anlage des zinslosen Kredits erwirtschafteten Zinsen. Es ist offensichtlich, dass das Unternehmensvermögen durch das Konzept der Steuerbarwertminimierung im Zeitablauf zu maximieren ist.[1178] Die subjektiven Einstellungen der Entscheidungsträger zu den angestrebten Zielgrößen sind im Rahmen dieses Mehrzeitpunktmodells nach h. M. mit dem **Zinssatz nach Steuern** zu erfassen.[1179] Der **Kalkulationszinssatz** übernimmt mithin die Funktion, alle (Ertrag-)Steuerzahlungen auf den Gegenwartszeitpunkt (t = 0) **abzuzinsen** und folglich **vergleichbar zu machen.** Im Schrifttum existieren differierende Vorschläge, die sich auf die Länge des steuerrechtlichen Planungszeitraumes beziehen. Aus den dort vorgetragenen unterschiedlichen Argumenten lässt sich der Schluss ziehen, dass es keine generellen Regeln für die Festlegung der Planungsdauer geben kann. Im Allgemeinen wird jedoch die Ungewissheit über die künftige Unternehmensentwicklung die Länge des Planungszeitraumes begrenzen.

---

1173  Allerdings kann die Ungewissheit bei diesen Modellen auf die Frage verlagert werden, ob der Wirtschaftsprüfer und/oder die Finanzverwaltung den geplanten Gestaltungen des handels- und/oder steuerrechtlichen Jahresabschlusses folgen.

1174  So auch *Bauer* 1981, S. 182–187; *Jacobs/Dyck/Zimmerer* 1988, S. 97.

1175  Im Gegensatz zu einer anteilseignerorientierten Steuerbilanzpolitik werden bei einer firmenbezogenen Betrachtungsweise die (steuerrechtlichen) Interessen der Gesellschafter nicht berücksichtigt, da sie keinen Einfluss auf die Willensbildung in der Unternehmung haben.

1176  Als Manövriermasse wird speziell im Rahmen der Steuerbilanzpolitik die Summe aller Maßnahmen zum Zwecke der zeitlichen Verlagerung des Gewinns bezeichnet. Vgl. etwa *Wagner/Dirrigl* 1980, S. 277.

1177  Vgl. *Marettek* 1970, S. 19–31.

1178  Das von *Heigl* vorgelegte Konzept der Nettogewinnmaximierung (vgl. *Heigl* 1971, S. 127–138) zielt hingegen darauf ab, die Summe aller abgezinsten Gewinne nach Ertragsteuern (Barwerte der Nettogewinne nach Steuern) zu maximieren. Hintergrund des Ansatzes ist die Überlegung, dass die Anteilseigner eines Unternehmens primär an demjenigen Betrag interessiert sind, der ihnen als Nettozahlungen nach Ertragsteuern zufließt. Im Hinblick auf proportionale Ertragsteuersätze muss folglich die Manövriermasse so spät wie möglich zum Einsatz kommen, denn je später Aufwendungen verrechnet werden, desto früher werden Gewinne ausgewiesen und fließen Zahlungen an Anteilseigner ab. Für eine praktikable firmenbezogene Steuerbilanzpolitik kann die in Rede stehende Konzeption jedoch keine Relevanz besitzen, da bei einem Einsatz der Manövriermasse zum Zwecke der Vorverlagerung von Gewinnen diese Aktion keine unmittelbaren Auswirkungen auf die liquiden Mittel für Ausschüttungs- und Gewinnsteuerzahlungen hat.

1179  Vgl. hierzu die Ausführungen im Zweiten Teil zu Gliederungspunkt V.A.

**Beispiel:**[1180]

Geht man davon aus, dass eine unbeschränkt ertragsteuerpflichtige Kapitalgesellschaft im Rahmen eines Planungszeitraumes von fünf Jahren lediglich die in **Abb. 244** angeführten zwei Alternativen besitzt (Fälle A und B), durch den Einsatz der Manövriermasse (Summe aller steuerrechtlich erfolgswirksamen Alternativen) den gesamten steuerpflichtigen Plangewinn von 250.000 € auf die einzelnen Rechnungsperioden zu verteilen, dann zeigt sich, dass bei einem möglichst frühen Einsatz der Manövriermasse (Fall B) die Summe aller abgezinsten Ertragsteuerzahlungen ( = 61.543 €) ihr Minimum erreicht. Die optimale Gewinnausweisreihe wird für die einzelnen Perioden durch die Werte in der Spalte $B_t$ (Fall B) ausgewiesen.

| Perioden (t) | Fall A | | | Fall B | | |
|---|---|---|---|---|---|---|
| | $B_t$ | $E_t = s \cdot B_t$ | $BW_t = q^{-t} \cdot E_t$ | $B_t$ | $E_t = s \cdot B_t$ | $BW_t = q^{-t} \cdot E_t$ |
| t = 1 | 50.000 | 17.390 | 16.101 | – | – | – |
| t = 2 | 50.000 | 17.390 | 14.909 | – | – | – |
| t = 3 | 50.000 | 17.390 | 13.804 | – | – | – |
| t = 4 | 50.000 | 17.390 | 12.782 | 125.000 | 43.475 | 31.954 |
| t = 5 | 50.000 | 17.390 | 11.836 | 125.000 | 43.475 | 29.589 |
| Σ | 250.000 | 86.950 | 69.432 | 250.000 | 86.950 | 61.543 |

Abb. 244: Darstellung der Steuerbarwertminimierung (alle Werte in €)

Das Beispiel verdeutlicht, dass die mehrperiodige Bilanz- und Ausschüttungsplanung bei **Publikumsgesellschaften** im Falle **proportionaler Tarife** der Ertragsteuern trivial ist, »... denn diese maximieren bei gegebenen Ausschüttungen über eine strenge Aufwandsvorverlagerung und damit Steuernachverlagerung ihren Kapital- oder Endwert«[1181].

Eine Steuerbilanzplanung unter **Durchgriff auf die Sphäre der Anteilseigner** wird immer dann erforderlich, wenn die Interessen der Gesellschafter ihren Niederschlag in der Unternehmenspolitik und damit auch in den steuerpolitischen Entscheidungen des Managements finden.[1182] Für derartige **personenbezogene** bzw. **eigentümerkontrollierte Kapitalgesellschaften** liegt es nahe zu unterstellen, dass die Anteilseigner danach streben, ihr persönliches Endvermögen nach Steuern im Zeitablauf zu maximieren.[1183] Dieses Ziel lässt

---

1180   Dem Beispiel liegt ein Zinssatz nach Steuern von 8 % sowie ein kombinierter Körperschaft- und Gewerbesteuerfaktor (s) von 0,3478 zugrunde [0,3478 = 0,25 · (1 – 0,1304) + 0,1304; 0,1304 = 0,05 · 3 : (1 + 0,05 · 3)]. Der Solidaritätszuschlag bleibt unberücksichtigt.

1181   *Haase* 1986, S. 1, Fußnote 2. Jedoch darf nicht übersehen werden, dass aufgrund der externen Vorgabe des Gesamtgewinns und des Kalkulationszinssatzes das Ergebnis einer Steuerbarwertminimierung (partiell) beeinträchtigt wird. So erhöhen die Wiedereinlagezinsen, die aus dem zinslosen Ertragsteuerkredit resultieren, den Gesamtgewinn des Planungszeitraumes.

1182   Vgl. *Heigl/Melcher* 1974, S. 71.

1183   Allerdings besteht auch die Möglichkeit, dass bei einer derartigen Kontrollkonstellation die Gesellschafter in Ausnahmefällen das Ziel einer unternehmensbezogenen Vermögensmaximierung verfolgen. Der Zielplan muss dann darauf ausgerichtet sein, sämtliche erwirtschafteten Gewinne in der Kapitalgesellschaft zu insich grundsätzlich dann realisieren, wenn es gelingt, den Gewinnausweis und damit die Ausschüttungen der Kapitalgesellschaft bei gegebenen Zahlungsüberschüssen so zu gestalten, dass die Grenzsteuerend- bzw. Grenzsteuerbarwerte für jede Periode des Planungszeitraumes identisch sind.[1184] Die angesprochene Optimierungsregel fußt auf dem Konzept der Steuerbarwertminimierung, nach dem im Falle **progressiver Ertragsteuertarife** die Vorverrechnung des Aufwandspotenzials begrenzt wird, da die später zum Ausweis kommenden höheren Periodengewinne eine überproportionale Ertragsteuerbelastung verursachen. Die kombinatorische Berücksichtigung von Zins- und Progressionseffekt führt zu einem **Minimum der Steuerbarwertsumme**, wenn die der gesuchten (optimalen) Gewinnausweisreihe entsprechenden Grenzsteuerbarwerte der einzelnen Planungsperioden gleich groß sind.[1185]

Da jedoch bei der **personenbezogenen Kapitalgesellschaft** häufig eine lediglich begrenzt variierbare Manövriermasse vorliegt, kann vielfach eine Anpassung des steuerrechtlichen Gewinnausweises an die aus der Sicht der Anteilseigner optimale Ausschüttungsreihe nicht realisiert werden. Im Gegensatz zu Personengesellschaften besteht aber durch die Rückgriffsmöglichkeit auf die Aktionsparameter der **Gewinnverwendungspolitik** die Alternative, »... Abweichungen zwischen vorgegebener Gewinnausweisreihe und der einkommensteuerlich optimalen Verteilung ihrer Ausschüttungen durch körperschaftsteuerwirksame Rücklagenbewegungen auszugleichen«[1186]. Im Gegensatz zum Standardmodell der firmenbezogenen Steuerbilanzplanung muss darüber hinaus **unterschiedlichen Verzinsungsalternativen** auf der Anteilseigner- und Unternehmensebene Rechnung getragen werden. Die existierenden Konzeptionen der mehrperiodigen Ausschüttungspolitik sind in der Lage, die interdependenten Wirkungen der Einkommen-, Kirchen-, Körperschaft- und Gewerbesteuer sowie unterschiedliche Anlagealternativen **simultan** zu erfassen und einer optimalen Lösung zuzuführen. Entscheidende Impulse für die anteilseignerbezogene Steuerbilanzplanung wurden insbesondere durch die Möglichkeit der Berücksichtigung von **Renditedifferenzen** zwischen interner Wiederanlage in der Unternehmung und externer (privater) Wiederanlage durch den Gesellschafter gegeben.

Die vorgestellten mehrperiodigen Grundkonzepte der firmenbezogenen und anteilseignerorientierten Steuerbilanzpolitik sind immer weiter verfeinert worden. So wurden **Sukzessiv- und auch Simultanmodelle** etwa unter Einbeziehung **unvollkommener Kapitalmärkte** mit unterschiedlichen Zinsen und beschränkter Aufteilbarkeit der Manövriermasse sowie unter Berücksichtigung von Verlustabzugs- und/oder Wiedereinlagemöglichkeiten der Gesellschafter entwickelt.[1187] Allen Modellen ist gemeinsam, dass sie nur dann einsetzbar sind, wenn über den gesamten Planungszeitraum eine vernünftig begründete **Vorausbestimmung der Unternehmensergebnisse** bzw. der **sonstigen Einkünfte der Anteilseigner**

---

vestieren. Die Gestaltung der optimalen Gewinnausweisreihe kann in diesem Falle nach dem vorstehend entwickelten Standardmodell zur firmenbezogenen Steuerbilanzpolitik erfolgen, das auf dem Konzept der Steuerbarwertminimierung basiert.

1184  Sofern jedoch unterschiedliche Anlagealternativen auf Gesellschafter- und Unternehmensebene in das Kalkül aufgenommen werden, ändert sich die in Rede stehende Optimierungsbedingung. Vgl. hierzu *Eigenstetter* 1997, S. 225–286; *Wagner/Dirrigl* 1980, S. 301–305.

1185  Ein praktikables Verfahren zur Bestimmung der Grenzsteuerbarwerte ist von *Günther* 1980 (S. 31–50) vorgelegt worden. Andere Lösungsansätze wurden von *Marettek* 1970, S. 19–31, *Okraß* 1973, S. 492–510 und *Siegel* 1972, S. 65–80, entwickelt.

1186  *Haase* 1986, S. 2.

1187  Vgl. hierzu den Überblick bei *Wagner/Dirrigl* 1980, S. 296–311; *Breithecker* 1986, S. 2196–2198; *Eigenstetter* 1997; *Haase* 1986, S. 1–6; *Haberstock* 1984, S. 464–482; *Heinhold* 1981, S. B 213–B 241; *Heinhold* 1982, S. 846–861; *Müller-Kröncke* 1974; *Scheffler* 1998, S. 407–448; *Siegel* 1982, S. 171–206.

sowie der **Manövriermasse** möglich ist. Die Prämissen dürften in der betrieblichen Realität jedoch äußerst selten anzutreffen sein.

Zusammenfassend kann im Hinblick auf die mehrperiodigen Modelle der Steuerbilanzplanung nicht erwartet werden, dass für einen unterstellten Mindestplanungszeitraum z. B. Steuersätze, steuerrechtliche Förderungsmaßnahmen, Progressionsfaktoren, Zinssätze, Gesellschafterstruktur, Liquiditätsbedürfnisse, Investitionsmöglichkeiten sowie andere, die Zielsetzung der Vermögensendwertmaximierung determinierende Faktoren konstant bleiben.[1188] Die im Schrifttum existierenden Ansätze zur firmen- und anteilseignerbezogenen Steuerbilanzpolitik stellen mithin Lösungsalternativen dar, die nur bei **rigoroser Einschränkung** der vielfältigen steuerrechtlichen und betriebswirtschaftlichen Einflussgrößen sowie hinreichend sicheren Daten der Planungsvariablen zu aussagefähigen Entscheidungswerten führen.

## C.    Betriebswirtschaftliche Voraussetzungen für den Einsatz rechnungslegungspolitischer Entscheidungsmodelle

Die Aufstellung von Entscheidungsmodellen bezüglich der Rechnungslegungspolitik ist im Prinzip darauf ausgerichtet, **Handlungsempfehlungen** über den Einsatz des Instrumentariums in Abhängigkeit von einer operational formulierten Zielfunktion zu geben. Wie bereits dargestellt wurde, wird das rechnungslegungspolitische Instrumentarium üblicherweise in **sachverhaltsgestaltende** (z. B. Vor-Bilanzstichtag-Dispositionen) und **darstellungsgestaltende Alternativen** (z. B. formelle Alternativen, wie etwa Ausweis-, Erläuterungs- und Informationswahlrechte sowie materielle Alternativen, wie Bilanzierungs-, Bewertungswahlrechte und Ermessensspielräume) unterschieden. Der nachfolgend angeführte Katalog bringt zusammenfassend diejenigen Prämissen zum Ausdruck, die bei der Konzipierung rechnungslegungspolitischer Entscheidungsmodelle zu berücksichtigen sind und deshalb auch für die Entwicklung eines entsprechenden **Expertensystems**[1189] besondere Bedeutung besitzen.

(1) Insbesondere die Schwierigkeiten im Hinblick auf eine explizite Abbildung des gesamten unternehmerischen Entscheidungsfeldes haben zu der Erkenntnis geführt, dass den Erfordernissen der Praxis bezüglich einer aussagefähigen Planung der Rechnungslegungsobjekte unter Aufgabe des Prinzips einer »**größtmöglichen Simultanoptimierung**«[1190] am ehesten durch die Konzipierung möglichst vereinfachender rechnungslegungspolitischer Teilmodelle entsprochen wird (**Kriterium des Rückgriffs auf Partialmodelle**).

(2) Die Lösung ein- und mehrperiodiger rechnungslegungspolitischer Partialmodelle kann durch einen einzigen, alle materiellen Instrumente und den gesamten Zielplan simultan umfassenden Ansatz oder aber auf der Grundlage einer sukzessiven Koordination der zur Verfügung stehenden materiellen Instrumente und zunächst unvollständig formulierter Zielpläne schrittweise erfolgen. Im Falle der Sequenzialplanung muss

---

1188    Vgl. *Packmohr* 1984, S. 35 sowie zur Kritik am Modell der Steuerbarwertminimierung auch *Packmohr* 1998, S. 503–541.

1189    Vgl. hierzu *Freidank* 1993, S. 312–323; *Jacobs* 1990, S. 227–246; *Jacobs/Dyck/Zimmerer* 1988, S. 93–105.

1190    Vgl. hierzu *Bäuerle* 1989, S. 175–181.

sichergestellt sein, dass durch systematisches Probieren zumindest eine hinreichend gute Lösung gefunden werden kann **(Kriterium des Erreichens einer zumindest hinreichend guten Lösung)**.

(3) Der Entscheidungsträger muss in der Lage sein, mit hinreichender Sicherheit beurteilen zu können, ob zum einen die Adressaten die beabsichtigten Reaktionen zeigen und zum anderen die Auswirkungen des rechnungslegungspolitischen Instrumentariums ggf. durch Reformen der handels- und steuerrechtlichen Konventionen in Frage gestellt sein könnten **(Kriterium der hinreichenden Sicherheit)**.

(4) Aufgrund der in aller Regel vorliegenden Ungewissheit im Hinblick auf die Vorausbestimmung der Unternehmensergebnisse bzw. der sonstigen (steuerrechtlichen) Einkünfte der Anteilseigner sollten aus pragmatischer Sicht Mehrzeitpunktentscheidungsmodelle nur bei hinreichend sicheren Erwartungen formuliert werden **(Kriterium der pragmatischen Begrenzung des Planungshorizonts)**.

(5) Aus dem Zielsystem der Unternehmenspolitik müssen sich eindeutig quantifizierbare materielle Handlungsziele für die Rechnungslegungspolitik ableiten lassen, welche die Absichten der übergeordneten Teilpolitiken (z. B. Finanz-, Publizitäts- und Individualpolitik des Managements) bestmöglichst repräsentieren **(Kriterium der Quantifizierbarkeit von Handlungszielen)**.

(6) Im Falle der Verfolgung mehrerer zueinander in Konkurrenz stehender oder sich gegenseitig ausschließender Handlungsziele muss es möglich sein, derartige Konflikte durch Zielgewichtung oder durch Aufstellung einer Rangordnung (z. B. Primär- und Sekundärziele) zu lösen **(Kriterium der Konfliktlösbarkeit)**.

(7) Zur Realisierung der angestrebten Zielsetzungen müssen dem Entscheidungsträger alle zur Zielerreichung relevanten sachverhalts- und darstellungsgestaltenden (formellen und materiellen) Instrumente zur Verfügung stehen **(Kriterium der Vollständigkeit des Instrumentariums)**.

(8) Um konträre Sekundärwirkungen des Instrumentaleinsatzes beurteilen und ggf. kompensieren zu können, muss der Entscheidungsträger weiterhin den Flexibilitätsgrad der einzelnen rechnungslegungspolitischen Alternativen kennen **(Kriterium der Kenntnis der Flexibilität des Instrumentariums)**.

# V. Simultan- und Sequenzialmodelle für die handelsrechtliche Rechnungslegungspolitik

## A. Grundlegendes

Während zur Lösung mehrperiodiger steuerbilanzpolitischer Sachverhalte eine Vielzahl unterschiedlicher Entscheidungsmodelle vorgelegt wurde, erbringt eine Literaturdurchsicht bis ca. 1985 in dieser Richtung im Hinblick auf speziell **handelsbilanzpolitisch ausge-richtete Modellansätze** ein vergleichsweise dürftiges Ergebnis.[1191] Obwohl schon relativ früh das Erfordernis einer optimalen Rechnungslegungspolitik »… mittels einer gewinnde-terminierten Zielfunktion unter strukturellen Nebenbedingungen«[1192] erkannt wurde, hat sich die betriebswirtschaftliche Forschung mit der Entwicklung anwendungsorientierter handelsrechtlicher Planungsmodelle erst in jüngerer Zeit eingehend beschäftigt.[1193] Es ist zu vermuten, dass die zurückhaltende Auseinandersetzung mit den Aspekten einer **simul-tanen ein- und mehrperiodigen Jahresabschlussplanung,** die zudem auch noch **IT-gestützt** ist, zu großen Teilen in dem mangelnden Interesse der Praxis begründet liegt, der-artige Methoden im Rahmen einer zielgerichteten Rechnungslegungspolitik einzusetzen. Zum einen werden jahresabschlussbezogene Gestaltungen vor allem bei kleinen und mit-telständischen Unternehmen häufig in Form **sequenzieller Entscheidungsprozesse** ablau-fen. Zum anderen dürfte aber auch die immer noch ablehnende Haltung vieler Praktiker gegen einen Rückgriff auf mathematische Methoden dafür verantwortlich sein, dass sich die simultane Optimierung im Bereich der anwendungsorientierten Rechnungslegungs-politik bisher nicht durchsetzen konnte.

Aus **methodologischer Sicht** sind simultane Planungsansätze dadurch gekennzeich-net, dass alle Komponenten des Entscheidungsmodells **(Zielplan und Entscheidungsfeld)** gleichzeitig festgelegt werden. Durch diese Vorgehensweise wird es möglich, unter Rück-griff auf unterschiedliche Ausprägungen der Zielfunktion und unter Beachtung von Res-triktionen eine Optimallösung zu ermitteln, die im Rahmen von Planungsprozessen der Entscheidungsvorbereitung dient. Allerdings ist zu berücksichtigen, dass derartige rech-nungslegungspolitische Modellansätze lediglich **Sub- oder Partialoptima** für die formu-lierten Planungsprobleme liefern. Wie schon ausgeführt wurde, liegt diese Einschränkung in den vielfältigen praktischen Schwierigkeiten begründet, die einer simultanen Gesamt-unternehmensplanung mit dem Ziel der Ermittlung eines **Totaloptimums** entgegenste-hen.[1194]

Zur Lösung simultaner Planungs- und Koordinierungsaufgaben greift die Betriebswirt-schaftslehre in aller Regel auf die mathematischen Methoden des **Operations Research** zurück. Die Verwendung der Mathematik als formale Sprache zwingt zum einen zu einer eindeutigen Problemformulierung und bietet zum anderen in Kombination mit dem Ein-

---

1191   Vgl. hierzu etwa *Bender* 1980; *Johänntgen-Holthoff* 1985; *Münstermann* 1970, S. 256–290; *Schweitzer* 1972, S. 43–154.
1192   *Berger* 1965, S. 136.
1193   Vgl. *Freidank* 1990a; *Freidank* 1990b, S. 141–158; *Freidank* 1998c, S. 107–143; *Freidank* 2004b; *Hahn/Schnei-der* 1998, S. 333–400; *Freidank* 2001a, S. 1–22; *Kloock* 1989, S. 141–158; *Krog* 1998b, S. 273–331; *Reibis* 2005; *Seelbach/Fischer*, S. 231–271.
1194   Vgl. *Brockhoff* 1981, Sp. 1311.

satz der elektronischen Datenverarbeitung den Vorteil, auch Probleme mit einem minimalen Zeitaufwand durchzurechnen, die bisher praktisch als unlösbar galten. Sofern die Anzahl der Zielgrößen und Aktionsparameter gewisse Grenzen nicht übersteigt, können optimale Ergebnisse aber auch auf simultanem Wege, **ohne Rückgriff** auf mathematische Methoden der Optimalplanung, ermittelt werden. Lösungen zu beiden Möglichkeiten der Simultanplanung werden im weiteren Verlauf der Abhandlung vorgestellt.

Da die Entscheidungsträger vor Beginn der Entscheidungsfindung ihre Präferenzen in Gestalt der **Zielfunktion** und bestimmter **Nebenbedingungen** fixiert haben, läuft der eigentliche Entscheidungsprozess im Rahmen simultaner Planungsmodelle ohne weiteres Eingreifen dieser Personengruppe ab. Mithin bestimmt sich die Optimallösung »von selbst« und kann beispielsweise den Programmdurchläufen von Datenverarbeitungsanlagen entnommen werden.[1195] Gleichzeitig werden alle einbezogenen relevanten Aktionsparameter, unter Berücksichtigung sämtlicher Interdependenzen zwischen den Komponenten des Modellansatzes, simultan festgelegt.

Häufig besteht in der betrieblichen Realität bei den Entscheidungsträgern aber Unklarheit vor allem über die Höhe und Art der anzustrebenden Zielgrößen sowie über die Vielzahl von **Kausalbeziehungen** und **Interdependenzen** zwischen den Bestandteilen des Planungsansatzes. In diesen Fällen suchen die Entscheidungsträger die Lösung des Modells nicht simultan für alle Ziele und nicht gleichzeitig für mehrere (bestmögliche) Aktionsparameter, sondern **sukzessiv**, indem sie unterschiedliche Alternativen eines stark vereinfachten Zielplans vergleichen und auf eine Vereinbarkeit mit ihren Nutzenvorstellungen überprüfen. Die Lösung des Modells ist dann erreicht, wenn die Entscheidungsträger eine oder mehrere Alternativen gefunden haben, die sich mit ihren **Anspruchsniveaus** decken. Im Gegensatz zu den simultanen Konzeptionen sind **sequenzielle Entscheidungsmodelle** mithin dadurch gekennzeichnet, dass der Rechnungslegungspolitiker von einem grob formulierten Zielplan ausgeht, indem er anstelle expliziter Präferenzen ausschließlich Anspruchsniveaus bezüglich einzelner angestrebter Sachverhalte formuliert und eine angemessene Lösung durch sukzessives Testen ermittelt.[1196] Die Auswahl der zur Befriedigung seiner Anspruchsniveaus führenden erforderlichen Aktionsparameter erfolgt durch schrittweises Probieren, bis eine hinreichend gute Lösung gefunden ist. Anstelle eines einzigen, alle Aktionsparameter und den gesamten Zielplan simultan umfassenden Ansatzes wird im Rahmen sequenzieller Entscheidungsmodelle mithin versucht, auf der Grundlage einer sukzessiven Koordination der zur Verfügung stehenden Aktionsparameter und zunächst nicht vollständig formulierter Zielpläne schrittweise zu einem endgültigen optimalen Jahresabschluss zu gelangen.

**Abb. 245** zeigt in Form eines Ablaufdiagramms die Struktur sequenzieller Entscheidungsprozesse. Durch die dort dargestellten Rückkoppelungsmöglichkeiten zum Zielplan bei nicht vorhandenen und/oder hinreichend teilbaren Aktionsparametern sowie im Falle organisatorischer und kommunikationstechnischer Schwierigkeiten zwischen den Entscheidungsträgern der Rechnungslegungspolitik wird die zieladäquate Gestaltung des Jahresabschlusses transparenter und praktikabler.

---

1195   Vgl. *Bender* 1980, S. 163.
1196   Vgl. *Sieben/Matschke/König* 1981, Sp. 235.

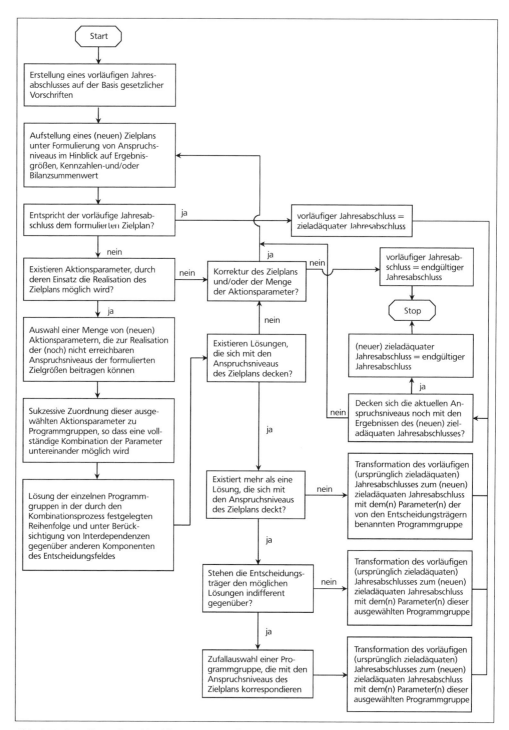

Abb. 245:  Grundlegendes Ablaufdiagramm im Falle sequenzieller rechnungslegungspolitischer
Entscheidungsprozesse

# B.    Modellansätze ohne Rückgriff auf mathematische Optimierungsverfahren

## 1.    Skizzierung der Konzeptionen

Allen simultanen Modellansätzen ist gemeinsam, dass sie Lösungen zum Zwecke der Entscheidungsvorbereitung durch Rückgriff auf **mathematische Optimierungsmethoden** liefern. Sofern die interdependenten Beziehungen der Variablen von Zielplan und Entscheidungsfeld jedoch überschaubar sind, besteht aber auch die Möglichkeit, mittels **Anwendung manueller Rechenverfahren** die relevanten Entscheidungswerte zu ermitteln. Dies bedeutet jedoch nicht, dass die im Folgenden präsentierten Modellansätze sich nicht für Datenverarbeitungsanlagen programmieren lassen oder durch den Einsatz von Tabellenkalkulationsprogrammen einer optimalen Lösung zuzuführen sind. Die angesprochenen Konzeptionen tragen im Grundsatz ebenfalls den Charakter von Simultanmodellen, da auch hier alle Komponenten des Zielplans und des Entscheidungsfeldes gleichzeitig festgelegt werden, und die Verantwortlichen der Rechnungslegungspolitik den Ergebnissen der einzelnen Programmgruppen dann diejenigen Werte zum Zwecke einer zieladäquaten Transformation des vorläufigen Jahresabschlusses entnehmen können, die mit ihren zu Beginn des Entscheidungsprozesses formulierten Nutzenvorstellungen korrespondieren. Die Struktur der in Rede stehenden Modellansätze wird im Folgenden auf der Basis der **Einheitsbilanzierung** verdeutlicht. Im Rahmen der zielgerichteten Umformung des Jahresabschlusses können sowohl **erfolgswirksame** als auch **erfolgsneutrale Aktionsparameter** zum Einsatz kommen.

Zur Berücksichtigung der in diesem Zusammenhang anfallenden Ertragsteuerwirkungen wird wiederum auf die entsprechenden Koeffizienten der **Teilsteuerrechnung**[1197] zurückgegriffen, mit deren Hilfe sämtliche Körperschaft- und Gewerbesteuerbelastungen und deren Interdependenzen planmäßig durch Multifaktoren zu erfassen sind.

Der Zielplan des Ansatzes kann auf die **Extremierung** oder **Fixierung** bestimmter **Ergebnisgrößen** (Jahresüberschuss, Bilanzgewinn) sowie auf die Einhaltung **ausgewählter Kennzahlen- und/oder Bilanzsummenniveaus** ausgerichtet werden. Allerdings sind auch andere Ausprägungen der rechnungslegungspolitischen Zielstruktur zu berücksichtigen. Die zur Verfügung stehenden Aktionsparameter werden so zu Programmgruppen zusammengefasst, dass eine vollständige Kombination der Wahlrechte und Ermessensspielräume untereinander möglich wird. Dabei muss auch die **Unterlassungsalternative** Eingang in die Menge der möglichen Kombinationen finden. Diese Vorgehensweise bedeutet, dass beispielsweise im Falle von vier zur Verfügung stehenden Aktionsparametern 16 Zusammenstellungen möglich sind und mithin auch 16 Programmgruppen gebildet werden müssen. Für die entsprechenden Programmansätze sind nun unter Berücksichtigung der operational formulierten Zielgrößen die entsprechenden Entscheidungswerte zu ermitteln. Nach Beendigung des Rechenvorganges ist der vorläufige Jahresabschluss auf der Basis derjenigen Programmgruppe zum optimalen Jahresabschluss zu **transformieren**, die mit dem ursprünglich aufgestellten Zielplan des Entscheidungsträgers korrespondiert. Zur übersichtlichen Ermittlung und Präsentation der angesprochenen Werte empfiehlt sich die Aufstellung von **rechnungslegungspolitischen Entscheidungstabellen**, deren Aufbau und Auswertung nachfolgend beispielhaft gezeigt wird.

---

1197    Vgl. *Rose* 1973; 1979, S. 293–308; *Scheffler* 1991, S. 69–75; *Kußmaul* 2006, S. 455–460.

## 2.    Beispielhafte Verdeutlichung

Der vorläufige Jahresabschluss einer unbeschränkt ertragsteuerpflichtigen Kapitalgesellschaft, die in der Rechtsform der AG geführt wird, hat das in **Abb. 246** gezeigte Aussehen. Der vorläufige Jahresüberschuss vor Ertragsteuern (vJvor) der Referenzperiode t = 1, der mit der vorläufigen ertragsteuerrechtlichen Bemessungsgrundlage (vB) vor Abzug der Gewerbesteuer korrespondiert, beträgt 90.000 €. Unter Berücksichtigung des Ziels der Unternehmensleitung, nur den Jahresüberschuss in voller Höhe auszuschütten, berechnen sich die vorläufige Ertragsteuerbelastung (vE) und der vorläufige Bilanzgewinn (vBI) wie folgt, wenn der Gewerbesteuerhebesatz der Standortgemeinde 450 %, die Steuermesszahl 5 % beträgt und der Solidaritätszuschlag unberücksichtigt bleibt.

$$s \quad = sg + sd \cdot (1 - sg) \text{ mit } sg = \frac{me \cdot he}{1 + me \cdot he}$$

$$s \quad = 0,1837 + 0,25 \cdot (1 - 0,1837) = 0,3878$$

$$vE \quad = s \cdot vB$$

$$vE \quad = 0,3878 \cdot 90.000 \, € = 34.902 \, €$$

$$vBI = (1 - s) \cdot vJvor$$

$$vBI = (1 - 0,3878) \cdot 90.000 \, € = 55.098 \, €.$$

(1)  Zielplan:
Zur Realisierung eines Investitionsvorhabens benötigt die angesprochene AG Fremdfinanzierungsmittel, die aber nur dann zu beschaffen sind, wenn die beiden folgenden Jahresabschlusskennzahlen sich in den angegebenen Wertebereichen bewegen.
(1.1)  Anlagedeckungsgrad:

$$\frac{\text{Anlagevermögen}}{\text{(gezeichnetes Kapital + offene Rücklagen + langfristiges Fremdkapital)}} \leq 1.$$

(1.2)  Elastizitätsgrad: $\dfrac{\text{Anlagevermögen}}{\text{Umlaufvermögen}} \leq 1.$

Zur Sicherstellung weiterer externer Finanzierungsmöglichkeiten beabsichtigt die Unternehmensleitung ferner, den Jahresüberschuss, der in voller Höhe an die Anteilseigner ausgeschüttet werden soll, zu **maximieren**. Schließlich möchten die Entscheidungsträger im Hinblick auf die Realisation der formulierten Handlungsziele die Anzahl der rechnungslegungspolitischen Eingriffe so **gering wie möglich** halten.

(2)  Entscheidungsfeld:
Um die angestrebten Zielsetzungen zu realisieren, stehen den Verantwortlichen lediglich vier Aktionsparameter zur Verfügung.
(2.1)  Umbuchung der anderen Wertpapiere des Anlagevermögens in Höhe von 25.000 € in das Umlaufvermögen.
(2.2)  Bewertung der gebildeten Rückstellungen für Garantiezusagen ohne bestimmte Gemeinkostenbestandteile mit 36.000 € anstelle des vorgenommenen Bilanzansatzes zu Vollkosten (106.000 €) (§ 253 Abs. 1 Satz 2 HGB i. V. m. § 249 Abs. 1 Satz 1 HGB).

| Aktiva | Vorläufige Einheitsbilanz zum 31.12. t = 1 | | Passiva | |
|---|---|---|---|---|
| | in T € | | in T € | |
| A. Anlagevermögen: | | A. Eigenkapital: | | |
| I. Sachanlagen: | | I. Gezeichnetes Kapital | 200 | |
| 1. Grundstücke | 120 | | | |
| 2. Technische Anlagen und Maschinen | 140 | II. Gewinnrücklagen: | | |
| | | 1. Gesetzliche Rücklagen | 35 | |
| 3. Betriebs- und Geschäfts- ausstattung: | | 2. Andere Gewinnrücklagen | 20 | |
| a. Geringwertige Wirtschaftsgüter | 15 | III. Bilanzgewinn | 55,098 | |
| b. Andere Vermögens- gegenstände | 40 | B. Rückstellungen: | | |
| II. Finanzanlagen: | | I. Ertragsteuerrückstellungen (ku) | 34,902 | |
| 1. Beteiligungen | 50 | | | |
| 2. Wertpapiere des Anlage- vermögens | 25 | II. Sonstige Rückstellungen: | | |
| | | 1. Für Verluste aus schwebenden Geschäften (la) | 34 | |
| B. Umlaufvermögen: | | 2. Für Garantiezusagen (la) | 106 | |
| I. Vorräte: | | C. Verbindlichkeiten: | | |
| 1. Roh-, Hilfs- und Betriebsstoffe | 70 | 1. Verbindlichkeiten aus LuL [davon mit einer Restlaufzeit bis zu einem Jahr (ku) = 60] (la) = 15 | 75 | |
| 2. Fertige Erzeugnisse | 60 | | | |
| II. Forderungen aus Lieferungen und Leistungen | 80 | 2. Erhaltene Anzahlungen (ku) | 130 | |
| III. Kassenbestand, Guthaben bei Kreditinstituten | 90 | | | |
| | 690 | | 690 | |

Abb. 246: Ausgangsbilanz für die rechnungslegungspolitische Gestaltung[1198]

(2.3) Bewertung des aus der abgelaufenen Rechnungsperiode resultierenden Bestands an fertigen Erzeugnissen mit vollen Herstellungskosten (160.000 €) anstatt der durchgeführten Bewertung zu Teil-Herstellungskosten (60.000 €), die im vorläufigen Jahresabschluss ohne Einbeziehung der Verwaltungsgemeinkosten (100.000 €) zum Ansatz gekommen sind (§ 255 Abs. 2 Satz 4 HGB).

(2.4) Sofortabschreibung geringwertiger Wirtschaftsgüter des Anlagevermögens nach § 6 Abs. 2 EStG.

Zur Auswahl stehen mithin sechzehn Alternativprogramme [sechzehn Kombinationen zwischen den Aktionsparametern (2.1), (2.2), (2.3), und (2.4)]. Dieser Sachverhalt wird

---

1198 Die hinter den einzelnen Passivposten vermerkten Buchstaben zeigen an, ob der jeweilige Posten zu den langfristigen (la) oder kurzfristigen (ku) Rückstellungen oder Verbindlichkeiten im Rahmen der Rechnungs- legungsanalyse zählt.

| Aktions-parameter | Programmgruppen | | | | | | | | | | | | | | | |
|---|---|---|---|---|---|---|---|---|---|---|---|---|---|---|---|---|
| | 1 | 2 | 3 | 4 | 5 | 6 | 7 | 8 | 9 | 10 | 11 | 12 | 13 | 14 | 15 | 16 |
| (2.1) | 0 | 1 | 0 | 0 | 0 | 1 | 0 | 0 | 1 | 0 | 1 | 0 | 1 | 1 | 1 | 1 |
| (2.2) | 0 | 0 | 1 | 0 | 0 | 1 | 1 | 0 | 1 | 1 | 0 | 1 | 0 | 0 | 1 | 1 |
| (2.3) | 0 | 0 | 0 | 1 | 0 | 0 | 1 | 1 | 1 | 1 | 0 | 0 | 1 | 1 | 0 | 1 |
| (2.4) | 0 | 0 | 0 | 0 | 1 | 0 | 0 | 1 | 0 | 1 | 1 | 1 | 0 | 1 | 1 | 1 |

Abb. 247: Kombination der Aktionsparameter

noch einmal durch **Abb. 247** in Gestalt einer 0-1-Darstellung verdeutlicht. Während die Ziffer »0« die jeweilige Unterlassungsalternative zum Ausdruck bringt, dokumentiert die Ziffer »1« den entsprechenden Wahlrechtseinsatz innerhalb der einzelnen Programmgruppen.[1199]

Die rechnerischen Ergebnisse der 16 möglichen Programmgruppen bezüglich der vier verfolgten Ziele zeigt **Abb. 248**. Unter Berücksichtigung der von der Unternehmensleitung angestrebten Zielsetzungen ist Programmgruppe 4 zu wählen, da hier mit einem rechnungslegungspolitischen Eingriff [Aktionsparameter (2.3)] sowohl der Anlagedeckungs-

| Programm-gruppen | Aktionsparameter (in €) | | | Jvor=B (in €) | E=s·B (in €) | Ziel 1 Anlage-deckungs-grad ≤ 1 | Ziel 2 Elastizi-täts-grad ≤ 1 | Ziel 3 BI → Max! (in €) | Ziel 4 Anzahl der Ein-griffe → Min! |
|---|---|---|---|---|---|---|---|---|---|
| | vJvor (in €) | erfolgs-wirksam | erfolgs-neutral | | | | | | |
| 1 | 90.000 | | | 90.000 | 34.902 | 0,9512 | 1,3 | 55.098 | 0 |
| 2 | 90.000 | | 25.000 | 90.000 | 34.902 | 0,8902 | 1,1231 | 55.098 | 1 |
| 3 | 90.000 | 70.000 | | 160.000 | 62.048 | 1,1471 | 1,3 | 97.952 | 1 |
| 4 | 90.000 | 100.000 | | 190.000 | 73.682 | 0,9512 | 0,975 | 116.318 | 1 |
| 5 | 90.000 | –15.000 | | 75.000 | 29.085 | 0,9146 | 1,25 | 45.915 | 1 |
| 6 | 90.000 | 70.000 | 25.000 | 160.000 | 62.048 | 1,073 | 1,123 | 97.952 | 2 |
| 7 | 90.000 | 170.000 | | 260.000 | 100.828 | 1,147 | 0,975 | 159.172 | 2 |
| 8 | 90.000 | 85.000 | | 175.000 | 67.865 | 0,9146 | 0,9375 | 107.135 | 2 |
| 9 | 90.000 | 170.000 | 25.000 | 260.000 | 100.828 | 1,074 | 0,859 | 159.172 | 3 |
| 10 | 90.000 | 155.000 | | 245.000 | 95.011 | 1,1029 | 0,9375 | 149.989 | 3 |
| 11 | 90.000 | –15.000 | 25.000 | 75.000 | 29.085 | 0,854 | 1,077 | 45.915 | 2 |
| 12 | 90.000 | 55.000 | | 145.000 | 56.231 | 1,1029 | 1,25 | 88.769 | 2 |
| 13 | 90.000 | 100.000 | 25.000 | 190.000 | 73.682 | 0,9205 | 0,8588 | 116.318 | 2 |
| 14 | 90.000 | 85.000 | 25.000 | 175.000 | 67.865 | 0,8337 | 0,8235 | 107.135 | 3 |
| 15 | 90.000 | 55.000 | 25.000 | 145.000 | 56.231 | 1,0294 | 1,0769 | 88.769 | 3 |
| 16 | 90.000 | 155.000 | 25.000 | 245.000 | 95.011 | 1,0242 | 0,8235 | 149.989 | 4 |

Abb. 248: Rechnungslegungspolitisches Entscheidungstableau

---

1199   Eine ähnliche Darstellung findet sich bei *Sieben/Schildbach* 1994, S. 97.

grad als auch der Elastizitätsgrad einen Wert von < 1 aufweisen sowie der Jahresüberschuss sein Maximum erreicht. Die nach dieser optimalen Programmgruppe umgestaltete Einheitsbilanz befindet sich in **Abb. 249**.

| Aktiva | Zieloptimale Einheitsbilanz zum 31.12. t = 1 | | Passiva | |
|---|---|---|---|---|
| | in T € | | | in T € |
| A. Anlagevermögen: | | | A. Eigenkapital: | |
| I. Sachanlagen: | | | I. Gezeichnetes Kapital | 200 |
| 1. Grundstücke | | 120 | | |
| 2. Technische Anlagen und Maschinen | | 140 | II. Gewinnrücklagen: | |
| 3. Betriebs- und Geschäftsausstattung: | | | 1. Gesetzliche Rücklagen | 35 |
| | | | 2. Andere Gewinnrücklagen | 20 |
| a. Geringwertige Wirtschaftsgüter | | 15 | III. Bilanzgewinn | 116,318 |
| b. Andere Vermögensgegenstände | | 40 | B. Rückstellungen: | |
| II. Finanzanlagen: | | | I. Ertragsteuerrückstellungen (ku) | 73,682 |
| 1. Beteiligungen | | 50 | II. Sonstige Rückstellungen: | |
| 2. Wertpapiere des Anlagevermögens | | 25 | 1. Für Verluste aus schwebenden Geschäften (la) | 34 |
| | | | 2. Für Garantiezusagen (la) | 106 |
| B. Umlaufvermögen: | | | C. Verbindlichkeiten: | |
| I. Vorräte: | | | 1. Verbindlichkeiten aus LuL | 75 |
| 1. Roh-, Hilfs- und Betriebsstoffe | | 70 | [davon mit einer Restlaufzeit bis zu einem Jahr (ku) = 60] (la) = 15 | |
| 2. Fertige Erzeugnisse | | 160 | 2. Erhaltene Anzahlungen (ku) | 130 |
| II. Forderungen aus Lieferungen und Leistungen | | 80 | | |
| III. Kassenbestand, Guthaben bei Kreditinstituten | | 90 | | |
| | | 790 | | 790 |

Abb. 249: Transformation auf der Basis von Programmgruppe 4

# 3.    Ausbaumöglichkeiten und Anwendungsbezug

Die beispielhaft entwickelte simultane Grundkonzeption dürfte prinzipiell ohne Schwierigkeiten zu verfeinern und an modifizierte Zielpläne und/oder Aktionsräume anzupassen sein. Dies ist sowohl möglich im Hinblick auf die **Art der Zielfunktion** (z. B. Erfolgsgrößen, Kennzahlentypen und die Bilanzsumme) als auch auf deren **Höhe**, indem etwa Extremierungs-, Fixierungs- oder Satisfizierungsziele verfolgt werden können. Die mit den unterschiedlichen Transformationsprozessen verbundenen interdependenten Ertragsteuerwirkungen sind mit den dargelegten **Multifaktoren** für geplante Ausschüttungen und/oder Thesaurierungen des Jahresüberschusses zumindest näherungsweise zu erfassen. Wenn darüber hinaus für Ausschüttungszwecke (zusätzlich) auf Entnahmen aus Altrücklagen zurückgegriffen werden soll, lassen sich hierdurch ggf. ausgelöste **Körperschaftsveränderungen** ebenfalls mit Hilfe entsprechender Multifaktoren bei der Bestimmung der Ertragsteuerbelastung berücksichtigen.[1200] Sofern steuerrechtlich ausgerichtete Zielpläne vorliegen, die optimale Gewinn- bzw. Ausschüttungsreihen nach den Konzepten der **mehrperiodigen Steuerbilanzplanung** enthalten, so besteht ferner die Möglichkeit, den der Referenzperiode entsprechenden Zielwert als **Fixierungsgröße** in das Modell einfließen zu lassen, und sämtliche Aktionsparameter nach dem oben beschriebenen Muster dergestalt zu kombinieren, dass zumindest eine Programmgruppe ermittelt werden kann, die dann den zur Realisierung des steuerrechtlichen Zielplans erforderlichen Manövriermasseneinsatz zur Verfügung stellt.

Zum Zwecke einer optimalen Gestaltung des Jahresabschlusses bieten sich die dargestellten rechnungslegungspolitischen Planungsalternativen insbesondere beim Vorliegen nur **weniger Einzelziele** sowie **überschaubarer Mengen von Aktionsparametern** an. Besteht beispielsweise beim Einsatz bestimmter Parameter die Möglichkeit, wahlweise Zwischenwerte anzusetzen, dann kann das Modell aufgrund der wachsenden Kombinationsalternativen schnell einen solchen **Komplexitätsgrad** annehmen, dass die Lösung durch die Anwendung manueller Rechenverfahren nicht mehr praktikabel erscheint. Der mit der Zunahme rechnungslegungspolitischer Zielsetzungen und der Anzahl von Aktionsparametern steigende Verarbeitungsaufwand zur Ermittlung optimaler Programmgruppen dürfte aber dann durch den Einsatz von Datenverarbeitungsanlagen, insbesondere bei Rückgriff auf **Tabellenkalkulationsprogramme**, ohne große Schwierigkeiten zu bewältigen sein.

## C.    Beispiel zur sequenziellen rechnungslegungspolitischen Gestaltung

Der Ablauf eines sequenziellen Entscheidungsprozesses soll nun anhand des vorstehenden Beispiels zur simultanen Planung des Jahresabschlusses beschrieben werden.[1201] In Abänderung des dort formulierten Zielplans wird jedoch unter sonst gleichen Bedingungen angenommen, dass die Unternehmensleitung den Jahresüberschuss nicht zu maximieren beabsichtigt, sondern lediglich ein Niveau dieser Ergebnisgröße von ≥ 80.000 € anstrebt. Folgt man dem dargestellten Ablaufdiagramm[1202], so führt zunächst ein Vergleich des vorläufigen Jahresabschlusses[1203] mit dem formulierten Zielplan zu keiner Deckungsgleichheit. Aus der Gesamtzahl der zur Verfügung stehenden Aktionsparameter, durch deren Einsatz die Realisation des Zielplans möglich werden könnte, wählen die Entscheidungsträger nun etwa die Parameter (2.1) und (2.2) aus. Mithin kann folgende Zuordnungstabelle aufgestellt werden, die zu den aufgezeigten vier Programmgruppen führt (vgl. **Abb. 250**).

Die Lösung der Programmgruppen lässt sich aus dem rechnungslegungspolitischen Entscheidungstableau entnehmen.[1204] Die entsprechenden Ergebnisse werden durch die dort angeführten Programme 1, 2, 3 und 6 repräsentiert. Es zeigt sich, dass alle mög-

---

1200    Vgl. hierzu die Ausführungen im Fünften Teil zu Gliederungspunkt II.A.
1201    Vgl. hierzu die Ausführungen im Sechsten Teil zu Gliederungspunkt V.B.2.
1202    Vgl. hierzu **Abb. 245** im Sechsten Teil zu Gliederungspunkt V.A.
1203    Vgl. hierzu **Abb. 246** im Sechsten Teil zu Gliederungspunkt V.B.2.
1204    Vgl. hierzu **Abb. 248** im Sechsten Teil zu Gliederungspunkt V.B.2.

| Aktions- | Programmgruppen | | | |
|---|---|---|---|---|
| parameter | 1 | 2 | 3 | 4 |
| (2.1) | 0 | 1 | 0 | 1 |
| (2.2) | 0 | 0 | 1 | 1 |

Abb. 250: Verknüpfung von Aktionsparametern zu Programmgruppen (1. Durchlauf)

lichen Lösungen keine Deckungsgleichheit mit den Anspruchsniveaus des Zielplans aufweisen. Für die Entscheidungsträger bestehen nun drei Möglichkeiten. Sollen Zielplan und/oder die Menge der eingesetzten Aktionsparameter **nicht korrigiert** werden, so bleiben nur die Alternativen, den vorläufigen Jahresabschluss als endgültigen zu übernehmen oder aber unter Rückgriff auf die besseren Ergebnisse von Programm 2, 3 oder 6 zum **nicht zieloptimalen Jahresabschluss** zu transformieren. Falls aber die Anspruchsniveaus der Unternehmensleitung einer Revision unterworfen werden, ist ein **neu formulierter Zielplan** in den Entscheidungsprozess einzugeben. Beabsichtigt das Management hingegen, den alten Zielplan beizubehalten und nur die Menge der zum Einsatz kommenden Aktionsparameter zu korrigieren, sind neue Parameter auszuwählen sowie eine weitere Kombinationstabelle aufzustellen. Dieser Weg wird bezüglich des nun fortzusetzenden Beispiels beschritten, indem als nächster Parameter die Alternative (2.4) integriert wird (vgl. **Abb. 251**).

Die aufgrund der Einbeziehung von Parameter (2.4) planmäßig anfallenden Resultate werden durch die dort aufgelisteten Programmgruppen 1, 2, 3, 5, 6, 11, 12 und 15 repräsentiert. Bei einem Vergleich mit dem Zielplan zeigt sich, dass keine Programmgruppe mit den Anspruchsniveaus des Zielplans korrespondiert. Sofern sich die Verantwortlichen entscheiden, ihren Zielplan dergestalt zu korrigieren, dass

- keine Beschränkungen bezüglich der rechnungslegungspolitischen Eingriffe mehr gelten und
- beide angestrebten Kennzahlenniveaus lediglich in dem Bereich $\leq 1{,}1$ liegen sollen,

dann korrespondiert **Programmgruppe 15** nun mit der modifizierten Zielstruktur. Somit wird der vorläufige Jahresabschluss durch den Einsatz der Parameter (2.1), (2.2) und (2.4) **zum zieladäquaten Jahresabschluss** transformiert. Das entsprechende Ergebnis befindet sich in **Abb. 252**.

| Aktions- | Programmgruppen | | | | | | | |
|---|---|---|---|---|---|---|---|---|
| parameter | 1 | 2 | 3 | 4 | 5 | 6 | 7 | 8 |
| (2.1) | 0 | 1 | 0 | 0 | 1 | 0 | 1 | 1 |
| (2.2) | 0 | 0 | 1 | 0 | 1 | 1 | 1 | 0 |
| (2.4) | 0 | 0 | 0 | 1 | 0 | 1 | 1 | 1 |

Abb. 251: Verknüpfung von Aktionsparametern zu Programmgruppen (2. Durchlauf)

| Aktiva | Zieloptimale Einheitsbilanz zum 31.12. t = 1 | | Passiva |
|---|---|---|---|
| | in T € | | in T € |
| A. Anlagevermögen: | | A. Eigenkapital: | |
| I. Sachanlagen: | | I. Gezeichnetes Kapital | 200 |
| 1. Grundstücke | 120 | | |
| 2. Technische Anlagen | | II. Gewinnrücklagen: | |
| und Maschinen | 140 | 1. Gesetzliche Rücklagen | 35 |
| 3. Betriebs- und | | 2. Andere Gewinnrücklagen | 20 |
| Geschäftsausstattung | 40 | | |
| | | III. Bilanzgewinn | 88,769 |
| II. Finanzanlagen: | | | |
| 1. Beteiligungen | 50 | B. Rückstellungen: | |
| B. Umlaufvermögen: | | I. Ertragsteuer- | |
| | | rückstellungen (ku) | 56,231 |
| I. Vorräte: | | | |
| 1. Roh-, Hilfs- und | | II. Sonstige Rückstellungen: | |
| Betriebsstoffe | 70 | 1. Für Verluste aus schwe- | |
| 2. Fertige Erzeugnisse | 60 | benden Geschäften (la) | 34 |
| | | 2. Für Garantiezusagen (la) | 36 |
| II. Forderungen aus | | | |
| Lieferungen und Leistungen | 80 | C. Verbindlichkeiten: | |
| III. Wertpapiere | 25 | 1. Verbindlichkeiten aus LuL | |
| | | [davon mit einer Restlauf- | |
| IV. Kassenbestand, Guthaben | | zeit bis zu einem Jahr | |
| bei Kreditinstituten | 90 | (ku) = 60] (la) = 15 | 75 |
| | | 2. Erhaltene Anzahlungen (ku) | 130 |
| | 675 | | 675 |

Abb. 252: Transformation auf der Basis von Programmgruppe 15

# D.    Modellansätze mit Rückgriff auf mathematische Simultanverfahren

## 1.    Modelle auf der Basis quadratischer Matrizen

### a.    Transformation des Grundansatzes zur Erfassung ergebnisabhängiger Aufwendungen

Wird zum Zwecke der Realisierung bestimmter rechnungslegungspolitischer Ziele das zur Verfügung stehende Instrumentarium, das sowohl mit den handels- als auch den steuer-rechtlichen Vorschriften in Einklang steht, adäquat eingesetzt, so nimmt der **vorläufige Jahresüberschuss (vJvor)** den Charakter einer durch die Rechnungslegungspolitik beeinflussbaren Größe an.[1205] Soll ein Jahresüberschuss in bestimmter Höhe publiziert werden, dann müssen die Entscheidungsträger wissen, in welchem Umfang der vorläufige Jahresüberschuss zu ändern ist, um unter Beachtung der ergebnisabhängigen Aufwendungen den angestrebten **Soll-Jahresüberschuss (sJnach)** exakt zum Ausweis bringen zu können. Durch Variation der oben beschriebenen formalen Abhängigkeiten zwischen Jahresabschluss und ergebnisabhängigen Aufwendungen können die dort entwickelten Formeln nun so transformiert werden, dass sie im Rahmen rechnungslegungspolitischer Gestaltungsprozesse verwendbar sind.[1206]

(1) Vorläufiger Jahresüberschuss (vJvor) in Abhängigkeit vom Jahresüberschuss (Jnach):

    (1.1)  $vJvor = f\,(Jnach)$

    (1.2)  $vJvor = Jnach + KSt + GewSt + TA$ oder

    (1.3)  $vJvor - KSt - GewSt - TA = Jnach.$

(2) Gewerbesteueraufwand (GewSt) in Abhängigkeit vom vorläufigen Jahresüberschuss:

    (2.1)  $GewSt = f\,(vJvor)$

    (2.2)  $GewSt = me \cdot he \cdot (vJvor - KSt - GewSt - TA + ka^* + KSt + Vk + ga)$ oder

    (2.3)  $GewSt = \dfrac{me \cdot he}{1 + me \cdot he} \cdot (vJvor - TA + ka^* + Vk + ga)$

        mit $sg = \dfrac{me \cdot he}{1 + me \cdot he}$ gilt auch

    (2.4)  $GewSt = sg \cdot (vJvor - TA + ka^* + Vk + ga)$ oder

    (2.5)  $-sg \cdot vJvor + GewSt + sg \cdot TA = sg \cdot (ka^* + Vk + ga).$

(3) Körperschaftsteueraufwand (KSt) in Abhängigkeit vom vorläufigen Jahresüberschuss:

    (3.1)  $KSt = f\,(vJvor)$

    (3.2)  $KSt = \dfrac{1}{4} \cdot (vJvor - GewSt - TA + ka^*) - \dfrac{1}{6} \cdot A\,40 + \dfrac{3}{7} \cdot A\,0.$

Ersetzt man die GewSt durch den Ausdruck (2.4), dann erhält man:

    (3.3)  $KSt = \dfrac{1}{4} \cdot [vJvor - sg \cdot (vJvor - TA + ka^* + Vk + ga) - TA + ka^*]$

        $-\dfrac{1}{6} \cdot A\,40 + \dfrac{3}{7} \cdot A\,0$ oder nach einigen Umformungen

    (3.4)  $-\dfrac{1}{4} \cdot (1 - sg) \cdot vJvor + KSt + \dfrac{1}{4} \cdot (1 - sg) \cdot TA = \dfrac{1}{4} \cdot (1 - sg) \cdot ka^* - \dfrac{1}{4}$

        $\cdot sg \cdot (Vk + ga) - \dfrac{1}{6} \cdot A\,40 + \dfrac{3}{7} \cdot A\,0.$

---

1205  vJvor = vorläufiger Jahresüberschuss vor ergebnisabhängigen Aufwendungen und vor Manövriermasseneinsatz.

1206  Vgl. hierzu die Ausführungen im Fünften Teil zu Gliederungspunkt III.B.3.d.d.d(b)(β) und *Freidank* 2001b, S. 1031–1037; *Freidank* 2004a, S. 456–469.

(4) Tantiemenaufwand (TA) in Abhängigkeit vom vorläufigen Jahresüberschuss:

(4.1)  TA = f (vJvor)

(4.2)  TA = tb · (vJvor − KSt − GewSt − TA + ta).

Für KSt und GewSt werden nun die Ausdrücke (3.4) und (2.4) eingesetzt.

(4.3)  $TA = tb \cdot \{vJvor - [\frac{1}{4} \cdot (1-sg) \cdot vJvor - \frac{1}{4} \cdot (1-sg) \cdot TA + \frac{1}{4} \cdot (1-sg)$

$\cdot TA + \frac{1}{4} \cdot (1-sg) \cdot ka^* - \frac{1}{4} \cdot sg \cdot (Vk + ga) - \frac{1}{6} \cdot A\,40 + \frac{3}{7} \cdot A\,0]$

$- [sg \cdot (vJvor - TA + ka^* + Vk + ga)] - TA + ta\}$

oder nach einigen Umformungen

(4.4)  $-tb \cdot \frac{3}{4} \cdot (1-sg) \cdot vJvor + [1 + tb \cdot \frac{3}{4} \cdot (1-sg)] \cdot TA = -tb \cdot [(\frac{1}{4} + \frac{3}{4} \cdot sg)$

$\cdot ka^* + \frac{3}{4} \cdot sg \cdot (Vk + ga) - \frac{1}{6} \cdot A\,40 + \frac{3}{7} \cdot A\,0 - ta].$

Das transformierte Gleichungssystem kann nun zum Zwecke **rechnungslegungspolitischer Gestaltungsprozesse** genutzt werden. So besteht die Möglichkeit, anstelle der Größen Jnach bestimmte angestrebte Sollwerte (Soll-Jahresüberschuss und Soll-Ausschüttung) einzusetzen. Die Lösung des Gleichungssystems weist dann die Ergebnisse für vJ[1207], KSt, GewSt und TA aus, die sich nach Einsatz der erfolgswirksamen Instrumente ergeben würden. Die zu diesem Zwecke benötigte Manövriermasse errechnet sich durch Gegenüberstellung des ursprünglichen vorläufigen Jahresergebnisses und des vorläufigen Jahresergebnisses, das in Gestalt der Lösungswerte des simultanen Planungsansatzes ausgewiesen wird. **Abb. 253** zeigt noch einmal eine zusammenfassende Darstellung des umgestellten Gleichungssystems in Matrizenschreibweise, in das die Gleichungen (1.3), (2.5), (3.4) und (4.4) Eingang gefunden haben.

$$
\begin{bmatrix}
1 & -1 & -1 & -1 \\
-\frac{1}{4} \cdot (1-sg) & 1 & 0 & \frac{1}{4} \cdot (1-sg) \\
-sg & 0 & 1 & sg \\
-tb \cdot \frac{3}{4} \cdot (1-sg) & 0 & 0 & [1 + tb \cdot \frac{3}{4} \cdot (1-sg)]
\end{bmatrix}
\cdot
\begin{bmatrix}
vJ \\ KSt \\ GewSt \\ TA
\end{bmatrix}
=
\begin{bmatrix}
Jnach \\
\frac{1}{4} \cdot (1-sg) \cdot ka^* - \frac{1}{4} \cdot sg \cdot (Vk+ga) - \frac{1}{6} \cdot A\,40 + \frac{3}{7} \cdot A\,0 \\
sg \cdot (ka^* + Vk + ga) \\
-tb \cdot [(\frac{1}{4} + \frac{3}{4} \cdot sg) \cdot ka^* + \frac{3}{4} \cdot sg \cdot (Vk+ga) - \frac{1}{6} \cdot A\,40 + \frac{3}{7} \cdot A\,0 - ta]
\end{bmatrix}
$$

Abb. 253: Transformiertes Gleichungssystem in Matrizenschreibweise

---

1207  vJ = vorläufiger Jahresüberschuss vor ergebnisabhängiger Aufwendungen nach Manövriermasseneinsatz.

**Beispiel:**[1208]

In Erweiterung des Ausgangsbeispiels wird nun unterstellt, dass die Geschäftsführung der GmbH vorschlägt, exakt einen Soll-Jahresüberschuss von 600 T € zur Sicherstellung der geplanten Ausschüttungen zum Ausweis zu bringen, ohne auf Entnahmen aus anderen Gewinnrücklagen zurückzugreifen. Erfolgswirksame Wahlrechte stehen in ausreichendem Umfang zur Verfügung. Die Ausgangsmatrizen nehmen dann das in **Abb. 254** gezeigte Bild an.

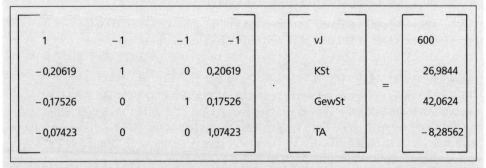

Abb. 254: Beispielhafte Darstellung des transformierten Gleichungssystems in Matrizenschreibweise

Die Lösung ergibt nachstehende Werte:

$$
\begin{aligned}
\text{vJ} &= 1.153,64 \ \text{T} € \\
\text{KSt} &= 250,00 \ \text{T} €^{1209} \\
\text{GewSt} &= 231,63 \ \text{T} €^{1210} \\
\text{TA} &= 72,00 \ \text{T} €^{1211}.
\end{aligned}
$$

Die entsprechende zieloptimale Erfolgsrechnung, zu deren Erstellung 13,64 T € ( = 1.153,64 T € – 1.140 T €) positive Manövriermasse eingesetzt werden muss, hat dann folgendes Aussehen:

|   | Umsatzerlöse | 2.400,00 T € |
|---|---|---|
| + | diverse Erträge | 640,00 T € |
| + | Manövriermasseneinsatz | 13,64 T € |
| – | diverse Aufwendungen | 1.900,00 T € |
| – | Tantiemenaufwand | 72,00 T € |
| – | Steuern vom Einkommen und vom Ertrag |  |
|   | (1) Körperschaftsteuer | 250,00 T € |
|   | (2) Gewerbesteuer | 231,63 T € |
| = | Jahresüberschuss ( = geplante Ausschüttung) | 600,00 T €. |

---

1208  Vgl. hierzu die Ausführungen im Fünften Teil zu Gliederungspunkt III.B.3.d.d.d(b)(β).
1209  250,00 T € = 0,25 · (1.153,64 T € + 150 T € – 231,63 T € – 72,00 T €).
1210  231,63 T € = 0,17526 · (1.153,64 T € + 150 T € + 90 T € – 72,00 T €).
1211  72,00 T € = 0,12 · 600 T €.

## b.    Extremierungsansätze

Neben der dargestellten Fixierung der Zielgröße kann aber auch eine **Extremierung** von **Jnach** auf der Basis des **Grundansatzes** zur Erfassung ergebnisabhängiger Aufwendungen betrieben werden.[1212] Zu diesem Zwecke sind lediglich diejenigen zur Verfügung stehenden erfolgswirksamen Aktionsparameter in Erfahrung zu bringen, mit deren Hilfe der in der vorläufigen Erfolgsrechnung ausgewiesene Jahresüberschuss bis an seine Grenzbereiche zu beeinflussen ist. Anhand dieser Daten müssen dann die Ober- und Untergrenzen des vorläufigen Jahresüberschusses wie folgt berechnet werden:

(1) vJ (Max) = vJvor + Summe aller gewinnerhöhenden Aktionsparameter
(2) vJ (Min) = vJvor − Summe aller gewinnsenkenden Aktionsparameter.

---

**Beispiel:**
Unterstellt man, dass für angesprochene Geschäftsführung der GmbH die Möglichkeit besteht, den vorläufigen Jahresüberschuss von 1.140 T € durch Manövriermasseneinsatz auf höchstens 1.800 T € zu steigern und auf mindestens 700 T € zu senken, dann errechnen sich nach Eingabe für vJ (Max) von 1.800 T € bzw. vJ (Min) von 700 T € in das simultane Gleichungssystem nachstehende Lösungswerte.

| (1) Maximierungsansatz: | (2) Minimierungsansatz: |
|---|---|
| sJnach = 972,193 T € | sJnach  = 338,795 T € |
| KSt     = 374,064 T €[1213] | KSt     = 162,932 T €[1214] |
| GewSt = 337,08  T €[1215] | GewSt = 157,617 T €[1216] |
| TA     = 116,663 T €.[1217] | TA       =  40,656 T €.[1218] |

---

Eine weitere Senkung der Ertragsteuern könnte vorgenommen werden, wenn auf Alt-Gewinnrücklagen zurückgegriffen wird, die mit 40 % Körperschaftsteuer vorbelastet sind, da sich hierdurch zusätzliche **Körperschaftsteuerminderungen** ermäßigend auf den Körperschaftsteueraufwand der Planungsperiode auswirken. Die Nutzung des Anrechnungsanspruchs der Körperschaftsteuer im Hinblick auf eine Ausschüttung von mit 40 % vorbelasteten Gewinnrücklagen innerhalb des körperschaftsteuerrechtlichen Übergangszeitraums nach Einführung des Halbeinkünfteverfahrens ist grundsätzlich dann von Vorteil, wenn der persönliche Einkommensteuersatz der Anteilseigner 46,15 % überschreitet. In diesem Fall liegt die ertragsteuerrechtliche Gesamtbelastung der Ausschüttung (30 %ige Körperschaftsteuer und hälftige Einkommensteuer) unter der persönlichen Einkommensteuerbelastung der Anteilseigner [sa = 0,3 + 0,5 · sa (1 − 0,3); sa = 0,4615].[1219] Im Hinblick auf Ausschüttungen aus mit 0 % Körperschaftsteuer vorbelasteten Gewinn- oder Kapitalrücklagen ist zu

---

1212   Vgl. hierzu die Ausführungen im Fünften Teil zu Gliederungspunkt III.B.3.d.d.d(b)(β).
1213   374,064 T € = 0,25 · (1.800 T € + 150 T € − 337,08 T € − 116,663 T €).
1214   162,932 T € = 0,25 · (700 T € + 150 T € − 157,617 T € − 40,656 T €).
1215   337,08 T € = 0,17526 · (1.800 T € + 150 T € + 90 T € − 116,663 T €).
1216   157,617 T € = 0,17526 · (700 T € + 150 T € + 90 Te − 40,656 T €).
1217   116,663 T € = 0,12 · 972,193 T €.
1218   40,656 T € = 0,12 · 338,795 T €.
1219   Vgl. *Scheffler* 2003b, S. 170−172.

empfehlen, diese Gewinnanteile erst nach Ablauf der körperschaftsteuerrechtlichen Übergangsfrist den Anteilseignern zur Verfügung zu stellen, da dann auf der Ebene der Kapitalgesellschaft Körperschaftsteuererhöhungen vermieden werden können.

### c.   Ergebnis

Die formulierten Matrizenmodelle repräsentieren mit ihren Erweiterungsmöglichkeiten **rechnungslegungspolitische Planungsalternativen**, die vor allem für Kapitalgesellschaften von Interesse sein dürften, deren Zielplan lediglich auf die Beeinflussung des Jahresergebnisses, der Ausschüttungen und/oder der Ertragsteuern ausgerichtet ist. Neben der Maximierung oder Minimierung dieser Zielgrößen mit Hilfe des Grundmodells bzw. des erweiterten Simultanmodells können die transformierten Planungsansätze im Rahmen einer **Ergebnisglättungspolitik** oder einer **mehrperiodigen Ertragsteuerplanung** dazu benutzt werden, den bestimmten Erfolgen oder optimalen Gewinnausweis- bzw. Ausschüttungsreihen entsprechenden Manövriermasseneinsatz pro Rechnungsperiode in Erfahrung zu bringen, indem der durch die Programmplanung berechnete und damit benötigte vorläufige Jahresüberschuss nach Einsatz des Instrumentariums (vJ) dem vorläufigen Ist-Jahresüberschuss (vJvor) des extern orientierten Rechnungswesens gegenübergestellt wird. Ein Vergleich der beispielhaft angeführten Erfolgsrechnungen verdeutlicht, welche Entscheidungshilfe die Matrizenmodelle bieten bzw. welche **Fehlentscheidungen** im Hinblick auf Ergebnis, Ertragsteuerbelastung und Ausschüttung eine lediglich intuitive oder manuell ausgerichtete Rechnungslegungspolitik auslösen kann. Allerdings ist zu berücksichtigen, dass die vorgestellten Simultanansätze versagen müssen, wenn zur Beeinflussung bestimmter Zielgrößen Wahlrechte herangezogen werden sollen, die **ertragsteuerrechtlich keine Anerkennung** finden. Ferner ist das Konzept nicht in der Lage, die Einhaltung bestimmter angestrebter **Kennzahlen- und Bilanzsummenniveaus** zu sichern. Sofern der Zielplan und das Entscheidungsfeld von Kapitalgesellschaften derartige Erweiterungen enthalten, muss auf **komplexere simultane Optimierungsmodelle** zurückgegriffen werden.

Die entwickelten Matrizenmodelle liefern in ihren unterschiedlichen Ausprägungen Hinweise für den Einsatz **IT-gestützter Lösungen**. Insbesondere können in diesem Zusammenhang **Tabellenkalkulationsprogramme** Verwendung finden, die auf Personal-Computern ablauffähig sind und in aller Regel integrierte Funktionen zur Berechnung simultaner Gleichungssysteme enthalten. Zur Vermeidung von Rechenproblemen, die im Rahmen von Programmsimulationen bei der jeweiligen Neuermittlung einzelner Koeffizienten auftreten, empfiehlt sich der Aufbau **spezifischer Arbeitsblattdateien**, mit deren Hilfe die gewünschten Eingabewerte der Ausgangsmatrizen problemlos ermittelt werden können. Darüber hinaus besteht die Möglichkeit, die Matrizenmodelle in **menügesteuerte Softwarepakete** zu integrieren, die dann in der Lage sein müssen, nach Eingabe der vorläufigen Erfolgsrechnung, angestrebter Zielgrößen sowie der zur Verfügung stehenden Manövriermasse die optimale Gewinn- und Verlustrechnung der Kapitalgesellschaft zu ermitteln.

## 2.   Modelle auf der Basis der mathematischen Optimalplanung

### a.   Einleitung

Die relativ geringe Beschäftigung mit den Einsatzmöglichkeiten mathematischer Methoden bei der Konzipierung eines optimalen handels- und/oder steuerrechtlichen Jahresabschlusses liegt überwiegend in der Zurückhaltung der Praxis begründet, Verfahren des

Operations Research im Rahmen einer **zielorientierten Rechnungslegungspolitik** zu verwenden. Einerseits läuft die Gestaltung des Jahresabschlusses vor allem bei kleineren Unternehmen i. d. R. als **sequenzieller** und nicht als simultaner Entscheidungsprozess ab. Andererseits dürfte aber auch die immer noch ablehnende Haltung vieler Praktiker gegen den Einsatz der Mathematik dafür verantwortlich sein, dass sich die simultane Optimierung im Bereich der anwendungsorientierten Rechnungslegungspolitik bisher nicht durchsetzen konnte.

Der EDV-Fortschritt bietet mit dem Personal Computer und benutzerfreundlicher Software leistungsfähige technische Grundlagen für den Einsatz von rechnungslegungspolitischen Optimierungsmodellen, so dass die **betriebswirtschaftliche Modellkonzipierung** inzwischen den **Engpass** darstellt. Vor diesem Hintergrund werden im Folgenden **IT-gestützte Optimierungsmodelle** vorgestellt, die zum Zwecke der Gestaltung der Einheitsbilanz unter Berücksichtigung der für Kapitalgesellschaften elementaren Zielgrößen und Aktionsparameter eingesetzt werden können. Durch Variationen der ergebnisbezogen definierten Zielfunktion sowie bestimmter Kennzahlen und/oder Bilanzsummenniveaus, die als Nebenbedingungen zu formulieren sind, bieten die auf einem **gemischt-ganzzahligen Optimierungsansatz** basierenden Planungsmodelle die Möglichkeit, mit Hilfe eines Personal Computers die Optimallösungen für die wichtigsten rechnungslegungspolitischen Entscheidungsprobleme zu liefern. Die folgenden Ausführungen beschränken sich auf die Formulierung eines Planungsansatzes zum Zwecke der Erstellung eines einheitlichen Jahresabschlusses, der sowohl handels- als auch steuerrechtlichen Vorschriften genügt. Damit steht als Manövriermasse zur Erreichung der gesetzten rechnungslegungspolitischen Größen aber nur noch die Schnittmenge handels- und steuerrechtlicher Wahlrechte zur Verfügung.

Den Erfordernissen der betrieblichen Praxis bezüglich einer aussagefähigen Planung des handels- und/oder steuerrechtlichen Jahresabschlusses wird am ehesten durch die Entwicklung möglichst **vereinfachender Partialmodelle** entsprochen, die aufgrund der Unsicherheit hinsichtlich der Vorausbestimmung der Unternehmensergebnisse bzw. der sonstigen steuerrechtlichen Einkünfte der Anteilseigner sowie des Potenzials der künftig zur Verfügung stehenden Gestaltungsobjekte **einperiodig** ausgerichtet sein sollten. Wie noch zu zeigen sein wird, sind die **IT-gestützten Optimierungsmodelle** prinzipiell erweiterungsfähig.

## b.    Grundmodelle der Jahresabschlussplanung

### b.a    Allgemeines

Wie **Abb. 255** zeigt, bildet den Ausgangspunkt für den Optimierungsansatz in den nachfolgend zu präsentierenden Modellen zur ergebnis- bzw. ausschüttungsbezogenen Rechnungslegungspolitik ein auf der Basis gesetzlicher Vorschriften erstellter **vorläufiger Jahresabschluss**, der unter Berücksichtigung eines Zielplanes (Zielfunktionen und bestimmte einzuhaltende Restriktionen) durch den Einsatz der verfügbaren erfolgswirksamen Aktionsparameter **simultan** zum **zieloptimalen Jahresabschluss** transformiert werden soll. Ist eine dem Ergebnisziel entsprechende optimale Lösung nach diesem Durchlauf nicht zu erreichen, muss geprüft werden, ob dies unter zusätzlichem Einsatz der **erfolgsunwirksamen Handlungsparameter** zu realisieren ist. Sollte das Programm auch dann noch keine optimale Lösung erbringen, besteht mittels einer Zusatzrechnung die Möglichkeit festzustellen, wie der Zielplan geändert werden muss, um die Modelle dennoch einer Optimal-

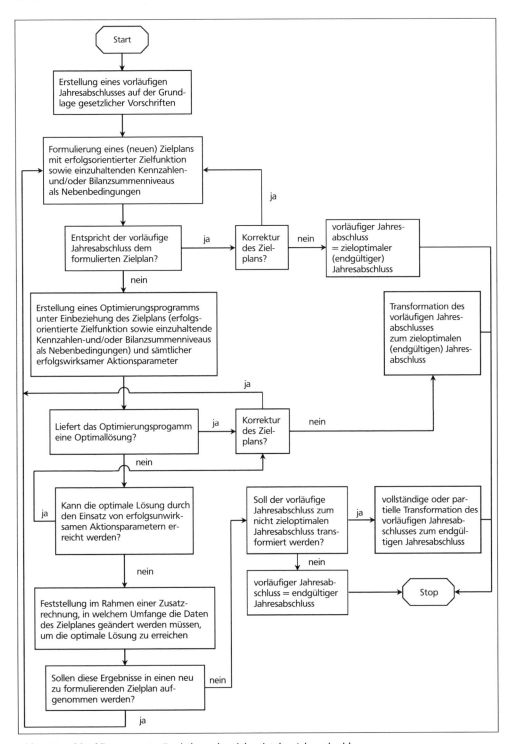

Abb. 255: Ablaufdiagramm zur Ermittlung des zieloptimalen Jahresabschlusses

lösung zuzuführen. Andernfalls wird der vorläufige Jahresabschluss als endgültige Rechnung übernommen. Unter Berücksichtigung dieser **Rückkoppelungseffekte** tragen die Modelle auch **sequenzielle Züge**. Die **Zielfunktion** kann von den Entscheidungsträgern wahlweise als **Extremierung** (Maximierung oder Minimierung) oder **Fixierung** des Jahresergebnisses nach Ertragsteuern bzw. der Ausschüttung formuliert werden. Als **Sekundärziele** in Form von einzuhaltenden Nebenbedingungen werden folgende Restriktionen berücksichtigt:

- die gesetzlichen Bilanzierungs-, Bewertungs- und Ermessensspielräume der einzelnen Aktionsparameter sowie bestimmte Gewinnverwendungswahlrechte mit ihren Ober- und Untergrenzen;
- bestimmte, unternehmenspolitisch als nötig erachtete Kennzahlenniveaus;
- Obergrenzen der Bilanzsumme, deren Überschreiten nach § 267 HGB bestimmte Publizitäts- und Prüfungspflichten auslösen kann.

Aus Gründen der Übersichtlichkeit sind in die nachfolgenden Konzepte nur ausgewählte betriebswirtschaftliche Kennzahlen sowie exemplarisch die wichtigsten bilanz- und steuerrechtlichen Einzelvorschriften einbezogen worden. Die Modelle sind jedoch prinzipiell erweiterungsfähig. Die Lösung der Ansätze kann mit Hilfe **mathematischer Optimierungsprogramme** erfolgen, die von unterschiedlichen Software-Herstellern angeboten werden.

Für die Ermittlung der für die Optimierungsrechnung benötigten Eingabewerte als auch die anschließende Transformation des vorläufigen zum zieloptimalen Jahresabschluss empfiehlt sich der Einsatz von **Tabellenkalkulationsprogrammen**.

### b.b    Formulierung der Zielfunktion

Bezeichnet man das **vorläufige Jahresergebnis vor ergebnisabhängigen Aufwendungen** (Körperschaft-, Gewerbesteuer, Tantiemen) mit **vJvor** und die Werte der einzelnen vorläufigen Bilanzposten des Anlage- und des Umlaufvermögens, der aktiven Rechnungsabgrenzungsposten sowie des lang- und kurzfristigen Fremdkapitals positiv oder negativ erfolgswirksam verändernden Aktionsparameter **(Manövriermasse)** mit XA, XAü, Xa, Xaü, XU, XUü, Xu, Xuü, XFl, XFk, Xfl, Xfk, XRA, Xra, dann lässt sich ein **angestrebtes Soll-Jahresergebnis nach ergebnisabhängigen Aufwendungen (sJnach)** für die Einheitsbilanz allgemein wie in Formel (1) gezeigt ermitteln.

(1) $sJnach = (vJvor - XKSt - XGewSt - XTA + XA + XAü - Xa - Xaü + XU + XUü - Xu - Xuü + XFl + XFk - Xfl - Xfk + XRa - Xra)$.

Hierbei bedeuten bei der Indizierung der Variablen: GewSt = Gewerbesteueraufwand, KSt = Körperschaftsteueraufwand, TA = Tantiemenaufwand, A = Sachanlagevermögen, Aü = übriges Anlagevermögen, U = Vorräte, Uü = übriges Umlaufvermögen, Fl = langfristiges Fremdkapital, Fk = kurzfristiges Fremdkapital, Ra = aktive Rechnungsabgrenzung. Dem übrigen Umlaufvermögen werden Forderungen und sonstige Vermögensgegenstände sowie Finanzumlaufvermögen i. S. d. § 266 Abs. 2 HGB subsumiert. Bei Vermögensposten meint die Großschreibung des Parameters Zunahme, bei Kleinschreibung Abnahme, bei Fremdkapitalposten ist die Bedeutung umgekehrt. Im Falle eines positiven Vorzeichens führt der Parameter zu einer Jahresüberschusserhöhung, bei einem negativen Vorzeichen hingegen zu einer Jahresüberschussverminderung.

Bezieht sich beispielsweise die Variable Xu ( = Wert derjenigen Aktionsparameter, die den Betrag des Vorratsvermögens senken) auf die Möglichkeit einer zusätzlichen Aufwandsverrechnung bei Anwendung des Lifo-Verfahrens gegenüber der im vorläufigen Jahresabschluss vorgenommenen Durchschnittsbewertung des Vorratsvermögens, so wirkt sich die Ausübung dieses Wahlrechts negativ auf das Soll-Jahresergebnis aus. Andererseits führt die Zuschreibung auf Wertpapiere des Anlagevermögens in Gestalt der Variablen XAü (= Wert derjenigen Aktionsparameter, die den Betrag des übrigen Anlagevermögens erhöhen) zu einer Steigerung der Zielgröße sJnach.

Soll hingegen der **Bilanzgewinn (sBI)** die zu extremierende oder zu fixierende Zielgröße sein, dann ist Formel (1) bei zusätzlicher Berücksichtigung möglicher Rücklagenvariationen wie folgt zu modifizieren. Unter Verwendung der schon in Formel (1) zum Ansatz gekommenen vierzehn erfolgswirksamen Aktionsparameter sowie unter Einbeziehung von Entnahmen aus **Gewinnrücklagen (XA 40, XA 0)** kann nun die Zielfunktion des Soll-Bilanzgewinns (sBI) formuliert werden. Um die gesetzlich vorgeschriebene oder gewünschte Thesaurierung berücksichtigen zu können, bedarf es darüber hinaus einer Integration des **Ausschüttungsfaktors (as)** in die Zielfunktion, der das gewünschte Verhältnis zwischen der Soll-Ausschüttung (AS) aus dem Soll-Jahresüberschuss und dem Soll-Jahresüberschuss (sJnach) selbst zum Ausdruck bringt.

(2) sBI = as · (vJvor – XKSt – XGewSt – XTA + XA + XAü – Xa – Xaü + XU + XUü – Xu –
      Xuü + XFl + XFk – Xfl – Xfk + XRa – Xra) + XA 40 + (1 + se) · XA 0.

mit   $as = \dfrac{AS}{sJnach}$ und As > 0 sowie 0 < as ≤ 1.

### b.c    Festlegung der Restriktionen

(a) Ergebnisabhängige Aufwendungen betreffende Beschränkungen

Wird zum Zwecke der Realisierung bestimmter rechnungslegungspolitischer Ziele das zur Verfügung stehende Instrumentarium, das sowohl mit den handels- als auch den steuerrechtlichen Vorschriften in Einklang steht, adäquat eingesetzt, so nimmt der vorläufige Jahresüberschuss (vJvor) den Charakter einer durch die Rechnungslegungspolitik beeinflussbaren Größe ein. Soll ein Jahresüberschuss bzw. ein Bilanzgewinn in bestimmter Höhe publiziert werden, dann müssen die Entscheidungsträger wissen, in welchem Umfang der vorläufige Jahresüberschuss zu ändern ist, um unter Beachtung der ergebnisabhängigen Aufwendungen den angestrebten **Soll-Jahresüberschuss (sJnach)** bzw. den **Soll-Bilanzgewinn (sBI)** exakt zum Ausweis bringen zu können. Durch quantitative Erfassung der linearen Abhängigkeiten zwischen Jahresüberschuss, ergebnisabhängigen Aufwendungen und positivem (XM⁺) und/oder negativem (XM⁻) Manövriermasseneinsatz[1220] besteht die Möglichkeit, die Auswirkungen der erfolgswirksamen rechnungslegungspolitischen Gestaltungen auf Körperschaftsteuer-, Gewerbesteuer- und Tantiemenaufwand in das Entscheidungsmodell zu integrieren.

Ausgehend davon, dass auf das zu versteuernde körperschaftsteuerrechtliche Einkommen (zvE) die Definitivbelastung der Körperschaftsteuer (sd) zur Anwendung gelangt (§ 23 Abs. 1 KStG), gilt für den körperschaftsteuerrechtlichen Übergangszeitraum bezüglich des **modifizierten Anrechnungsverfahrens** infolge von Körperschaftsteueränderun-

---

1220  Aus Vereinfachungsgründen werden im Folgenden alle jahresüberschusserhöhenden Aktionsparameter (XA, XAü, XU, XUü, XFl, XFk, XRa) unter dem Symbol XM⁺ und sämtliche jahresüberschussvermindernden Aktionsparameter (Xa, Xaü, Xu, Xuü, Xfl, Xfk, Xra) unter dem Symbol XM⁻ zusammengefasst.

gen bei Ausschüttung aus mit 40 % vorbelasteten Gewinnrücklagen (XA 40) bzw. aus mit 0 % vorbelasteten Gewinn- bzw. Kapitalrücklagen (XA 0) für den Körperschaftsteueraufwand (XKSt):[1221]

(3)  $XKSt = sd \cdot zvE - sm \cdot XA\ 40 + se \cdot XA\ 0.$

Unter Berücksichtigung der Änderungsgröße ka ergibt sich sodann

(4)  $XKSt = sd \cdot (sJnach + ka) - sm \cdot XA\ 40 + se \cdot XA\ 0.$

Wie bereits oben gezeigt wurde, ist in dem Differenzbetrag ka der Körperschaftsteueraufwand selbst enthalten, der aber in dem aufzustellenden interdependenten Gleichungssystem **veränderlichen Charakter** tragen muss. Wird von der Änderungsgröße ka nun der Körperschaftsteueraufwand abgezogen, errechnet sich der konstante Ausdruck

(5)  $ka^* = ka - XKSt,$

der dann diejenigen Abweichungen zwischen Jnach und zvE erfasst, die nicht den Körperschaftsteueraufwand betreffen. Aufgrund dieser Modifikation ergibt sich nun für Gleichung (4)

(6)  $XKSt = sd \cdot (sJnach + ka^* + XKSt) - sm \cdot XA\ 40 + se \cdot XA\ 0.$

Für die Variable XGewSt, die vom Gewerbeertrag berechnet wird, gilt

(7)  $XGewSt = me \cdot he \cdot GE$

und unter Einbeziehung des oben entwickelten Formelapparates

(8)  $XGewSt = me \cdot he \cdot (sJnach + ka^* + XKSt + Vk + ga).$

Unter Berücksichtigung eines Faktors tb, der auf die Bemessungsgrundlage TB für die Tantiemen anzuwenden ist, ergibt sich sodann

(9)  $XTA = tb \cdot TB = tb \cdot (sJnach + ta)$ mit $0 \le tb \le 1.$

Die Formeln (6), (8) und (9), welche die ergebnisabhängigen Aufwendungen repräsentieren, sind dergestalt bestimmt worden, dass eine **direkte Abhängigkeit** vom Jahresüberschuss besteht. Durch Variation der beschriebenen formalen Beziehungen zwischen Jahresüberschuss und ergebnisabhängigen Aufwendungen können die dort entwickelten Formeln nun so transformiert werden, dass sie im Rahmen rechnungslegungspolitischer Gestaltungsprozesse verwendbar sind.

(10)  Gewerbesteueraufwand (XGewSt) in Abhängigkeit vom vorläufigen Jahresüberschuss:

(10.1)  $XGewSt = f\ (vJvor)$

(10.2)  $XGewSt = me \cdot he \cdot (vJvor - XKSt - XGewSt - XTA + XM^+ - XM^-$
$+ ka^* + XKSt + Vk + ga)$ oder

(10.3)  $XGewSt = \dfrac{me \cdot he}{1 + me \cdot he} \cdot (vJvor - XTA + XM^+ - XM^- + ka^* + Vk + ga)$

---

1221  Vgl. hierzu die Ausführungen im Fünften Teil zu Gliederungspunkt III.B.d.d.d(b). Aus Gründen der Übersichtlichkeit und Vereinfachung bleibt der Solidaritätszuschlag unberücksichtigt.

mit $sg = \dfrac{me \cdot he}{1 + me \cdot he}$ gilt auch

(10.4)  $XGewSt = sg \cdot (vJvor - XTA + XM^+ - XM^- + ka^* + Vk + ga)$ oder

(10.5)  $XGewSt + sg \cdot (XTA + XM^+ - XM^-) = sg \cdot vJvor + sg \cdot (ka^* + Vk + ga)$.

(11)  Körperschaftsteueraufwand (XKSt) in Abhängigkeit vom vorläufigen Jahresüberschuss:

(11.1)  $XKSt = f(vJvor)$

(11.2)  $XKSt = sd \cdot (vJvor - XGewSt - XTA + XM^+ - XM^- + ka^*) - sm \cdot XA\ 40 + se \cdot XA\ 0$.

Ersetzt man die XGewSt durch den Ausdruck (10.4), dann erhält man:

(11.3)  $XKSt = sd \cdot [vJvor - sg \cdot (vJvor - XTA + XM^+ - XM^- + ka^* + Vk + ga) - XTA + XM^+ - XM^- + ka^*] - sm \cdot XA\ 40 + se \cdot XA\ 0$ oder

(11.4)  $XKSt = sd \cdot (1 - sg) \cdot vJvor - sd \cdot (1 - sg) \cdot XTA + sd \cdot (1 - sg) \cdot XM^+ - sd \cdot (1 - sg) \cdot XM^- + sd \cdot (1 - sg) \cdot ka^* - sd \cdot sg \cdot (Vk + ga) - sm \cdot XA\ 40 + se \cdot XA\ 0$ oder

(11.5)  $XKSt + sd \cdot (1 - sg) \cdot XTA - sd \cdot (1 - sg) \cdot XM^+ + sd \cdot (1 - sg) \cdot XM^- + sm \cdot XA\ 40 - se \cdot XA\ 0 = sd \cdot (1 - sg) \cdot vJvor + sd \cdot (1 - sg) \cdot ka^* - sd \cdot sg \cdot (Vk + ga)$.

(12)  Tantiemenaufwand (XTA) in Abhängigkeit vom vorläufigen Jahresüberschuss:

(12.1)  $XTA = f\,(vJvor)$

(12.2)  $XTA = tb \cdot (vJvor - XKSt - XGewSt - XTA + XM^+ - XM^- + ta)$

Für die Variablen XKSt und XGewSt werden nun die Ausdrücke (11.4) und (10.4) eingesetzt.

(12.3)  $XTA = tb \cdot \{vJvor - [sd \cdot (1 - sg) \cdot vJvor - sd \cdot (1 - sg) \cdot XTA + sd \cdot (1 - sg) \cdot XM^+ - sd \cdot (1 - sg) \cdot XM^- + sd \cdot (1 - sg) \cdot ka^* - sd \cdot sg \cdot (Vk + ga) - sm \cdot XA\ 40 + se \cdot XA\ 0 - [sg \cdot (vJvor - XTA + XM^+ - XM^- + ka^* + Vk + ga)] - XTA + XM^+ - XM^- + ta\}$

oder nach einigen Umformungen

(12.4)  $[1 + tb \cdot (1 - sd) \cdot (1 - sg)] \cdot XTA - [tb \cdot (1 - sd) \cdot (1 - sg)] \cdot XM^+ + [tb \cdot (1 - sd) \cdot (1 - sg) \cdot XM^-] - tb \cdot sm \cdot XA\ 40 + tb \cdot se \cdot XA\ 0 = tb \cdot (1 - sd) \cdot (1 - sg) \cdot vJvor - tb \cdot \{[sd + (1 - sd) \cdot sg] \cdot ka^* + (1 - sd) \cdot sg \cdot (Vk + ga) - ta\}$.

Bezüglich der **Gewinnrücklagen** kann die Unternehmensleitung frei entscheiden, welche Beträge zum Zwecke der Ausschüttungserhöhung aufgelöst werden sollen. In diesem Fall ist die Restriktion als Gleich(=)-Bedingung in Höhe des gewünschten Entnahmeumfangs zu formulieren:

(13)  $XA\ 40 = RFvor\ [Ent](EK\ 40)$

(14)  $XA\ 0 = \dfrac{1}{(1 + se)} \cdot RFvor\ [Ent](EK\ 02)$.

Sollen hingegen die **Entnahmen aus anderen Gewinnrücklagen** simultan ermittelt werden, so müssen die Entscheidungsträger lediglich die Obergrenze der maximal möglichen Rücklagenentnahmen vor Dotierung wie folgt angeben:

(15)  $XA\ 40 \leq RFvor\ (EK\ 40)$

(16)  $XA\ 0 < \dfrac{1}{(1 + se)} \cdot RFvor\ (EK\ 02).$

Da der entwickelte Planungsansatz darauf abzielt, ausschließlich positive Werte für die Strukturvariablen der Optimallösung zur Verfügung zu stellen, gelten im Folgenden die Nichtnegativitätsbedingungen

(17)  $XKSt, XGewSt, XTA, XM^{+}, XM^{-}, XA\ 40, XA\ 0 \geq 0.$

(b)  Jahresüberschussverändernde Aktionsparameter betreffende Beschränkungen

Bezüglich der Festlegung der erfolgswirksamen Aktionsparameter mit ihren Ober- und Untergrenzen als ≤-Bedingungen besteht das Problem, dass die Werte der bestehenden Wahlrechte aus bilanzieller Sicht häufig **nicht beliebig teilbar** sind und somit eine gefundene optimale Lösung als Planungsansatz nicht realisiert werden kann, weil ggf. ausgewiesene Partialwerte der Strukturvariablen keine Korrespondenz mit den handels- und steuerrechtlichen Vorschriften aufweisen. Aus diesem Grunde muss die Optimierung der Zielfunktion auf der Basis eines **gemischt-ganzzahligen Ansatzes**[1222] erfolgen, der sicherstellt, dass die Aktionsparameter sowohl mit jedem möglichen **Zwischenwert** als auch nur mit ihren **Ober- und Untergrenzen** Eingang in die optimale Lösung finden können. So kann beispielsweise im Rahmen der Herstellungskostenermittlung die Aktivierung bestimmter Gemeinkostenbestandteile nur in Höhe von 0 (Unterlassungsalternative) oder in maximaler Höhe ausgeübt werden.

Formuliert man die Aktionsparameter zunächst als ≤-Restriktionen, dann ergibt sich das nachfolgend in den Formeln (18) bis (31) gezeigte Bild.[1223] Dabei ist zu berücksichtigen, dass in dem vorliegenden Optimierungsmodell aus Gründen der Übersichtlichkeit bestimmte Bilanzierungs- und Bewertungswahlrechte kumulativ für eine genau festgelegte **Gruppe von Vermögensgegenständen bzw. Schulden** gelten. So kennzeichnet der Bewertungsspielraum (22) $XU \leq oUv\ (XU) - vUv$ beispielsweise den Wert aller erfolgswirksamen Aktionsparameter, die den Betrag des Vorratsvermögens unter ertragsteuerrechtlichen Auswirkungen erhöhen. Durch die Bedingung $oUv(XU) \geq vUv$ wird die **Bandbreite** des in Rede stehenden Spielraums umschrieben, der sich vom Wert des Vorratsvermögens im vorläufigen Jahresabschluss (vUv) bis hin zur Obergrenze des Vorratsvermögens erstreckt, die durch den maximalen Einsatz aller Parameter der Gruppe XU zu realisieren ist.

(18)  $XA \leq oAs(XA) - vAs$        mit    $oAs(XA) \geq vAs$

(19)  $XAü \leq oAü(XAü) - vAü$        mit    $oAü(XAü) \geq vAü$

(20)  $Xa \leq vAs - uAs(Xa)$        mit    $vAs \geq uAs(Xa)$

---

1222   Vgl. *Dantzig* 1966, S. 590–643; *Müller-Merbach* 1973, S. 366–414.
1223   Im Folgenden werden sämtliche jahresüberschusserhöhenden Aktionsparameter (XA, XAü, XU, XUü, XFl, XFk, XRa) und alle jahresüberschussvermindernden Aktionsparameter (Xa, Xaü, Xu, Xuü, Xfl, Xfk, Xra) wieder einzeln aufgeführt.

(21)   $Xaü \leq vAü - uAü(Xaü)$     mit   $vAü \geq uAü(Xaü)$

(22)   $XU \leq oUv(XU) - vUv$     mit   $oUv(XU) \geq vUv$

(23)   $XUü \leq oUü(XUü) - vUü$     mit   $oUü(XUü) \geq vUü$

(24)   $Xu \leq vUv - uUv(Xu)$     mit   $vUv \geq uUv(Xu)$

(25)   $Xuü \leq vUü - uUü(Xuü)$     mit   $vUü \geq uUü(Xuü)$

(26)   $XFl \leq vFl - uFl(XFl)$     mit   $vFl \geq uFl(XFl)$

(27)   $XFk \leq vFk - uFk(XFk)$     mit   $vFk \geq uFk(XFk)$

(28)   $Xfl \leq oFl(Xfl) - vFl$     mit   $oFl(Xfl) \geq vFl$

(29)   $Xfk \leq oFk(Xfk) - vFk$     mit   $oFk(Xfk) \geq vFk$

(30)   $XRa \leq oRa(XRa) - vRa$     mit   $oRa(XRa) \geq vRa$

(31)   $Xra \leq vRa - uRa(Xra)$     mit   $vRa \geq uRa(Xra)$

Sofern die handels- und steuerrechtlichen Vorschriften den Ansatz **beliebig vieler Zwischenwerte** bezüglich der einzelnen Wahlrechtsgruppen zulassen, bestehen keine Bedenken, die vierzehn Restriktionen in der vorliegenden Form in das Planungsmodell einfließen zu lassen. Sind jedoch einige Wahlrechtsgruppen nur in Höhe ihres maximalen Wertes oder in Höhe von 0 entscheidungsrelevant, so bedarf es einer **Modifikation** des Restriktionsansatzes. Insbesondere hinsichtlich der bestehenden **Ansatzwahlrechte**, bei denen für die Verantwortlichen nur die Alternativen »bilanzieren« oder »nicht bilanzieren« bestehen, besitzt diese Problematik Relevanz. Im Folgenden wird die Bewältigung des Problems beispielhaft an der Wahlrechtsgruppe (19) XAü verdeutlicht.

(32)   $[oAü(XAü) - vAü] \cdot XAü \leq oAü(XAü) - vAü$ mit

(33)   $XAü \leq 1$ (ganzzahlig)

Aufgrund der **Ganzzahligkeitsbedingung** besteht für die Variable XAü, die in der Zielfunktionszeile und den anderen Restriktionszeilen ebenfalls den Koeffizienten von oAü (XAü) – vAü zugewiesen bekommt, nur die Möglichkeit, die Werte von 1 oder 0 zu erhalten. Hierdurch wird sichergestellt, dass XAü im Rahmen der optimalen Lösung ausschließlich die Werte von 0 oder 1 annehmen kann. Im Falle von XAü = 1 geht somit der Betrag von oAü(XAü) – vAü in voller Höhe in das Ergebnis ein. Liegen auch bei anderen Wahlrechtsgruppen ähnliche Beschränkungen vor, so sind die Restriktionsansätze in analoger Form zu modifizieren.

Die für die Aktionsparameter formulierten Restriktionen verdeutlichen, dass die Entscheidungsträger auf der Basis der vorläufigen Bilanzwerte nunmehr die ihnen zur Verfügung stehenden erfolgswirksamen Wahlrechte und Ermessensspielräume zum Zwecke einer **zieladäquaten Transformation des Jahresabschlusses** einsetzen können. In diesem Zusammenhang ist es unerheblich, ob bei der Erstellung des vorläufigen Jahresabschlusses schon auf Bilanzierungs-, Bewertungswahlrechte und Ermessensspielräume zurückgegriffen wurde, da die Auswirkungen dieser Entscheidungen im vorliegenden simultanen Planungsmodell entweder **beibehalten** oder (teilweise) **rückgängig gemacht** werden. Es wird unterstellt, dass sich **keine Einschränkungen aus dem Postulat der Bewertungs-**

**stetigkeit** (§ 252 Abs. 1 Nr. 6 HGB; § 6 Abs. 1 Nr. 2a. Satz 3 EStG) ergeben.[1224] Allerdings müssen die Verantwortlichen der Rechnungslegungspolitik die entsprechenden handels- und steuerrechtlich zulässigen Ober- und Untergrenzen kennen und exakt in den Ansatz einfließen lassen.

(c) Restriktionen ausgewählter Jahresabschlusskennzahlen

Für die optimale Planung des Jahresabschlusses bedarf es der Formulierung von Restriktionen, durch die bestimmte **angestrebte Niveaus von Jahresabschlusskennzahlen** eingehalten werden. In dem hier vorgestellten Modellansatz sind solche Kennzahlen vereinfachend einbezogen worden, die üblicherweise für eine **Jahresabschlussanalyse** oder im Rahmen eines **Bilanzratings** als bedeutsam angesehen werden.[1225] Im Einzelnen sind folgende, in den Formeln (34) bis (46) wiedergegebene Restriktionen in dem Modellansatz enthalten; eine Aufnahme weiterer Restriktionen in Kennzahlengestalt ist prinzipiell möglich.

$$(34)\quad \frac{\text{Anlagevermögen}}{\text{Umlaufvermögen}} \le a \text{ (Elastizitätsgrad)}$$

In Verbindung mit den zugehörigen rechnungslegungspolitischen Parametern ergibt sich folgende Formelstruktur für die vorstehende Kennzahl:

$$(34.1)\quad \frac{vA + XA + XA\ddot{u} - Xa - Xa\ddot{u}}{vU + XU + XU\ddot{u} - Xu - Xu\ddot{u}} \le a \text{ (Elastizitätsgrad) oder}$$

$$(34.2)\quad XA + XA\ddot{u} - Xa - Xa\ddot{u} - a \cdot XU - a \cdot XU\ddot{u} + a \cdot Xu + a \cdot Xu\ddot{u} \le a \cdot vU - vA.$$

Abweichend von der traditionellen Rechnungslegungsanalyse wird der Bilanzgewinn als der zur Ausschüttung vorgesehene Teil des Jahresüberschusses nachstehend aus **Vereinfachungsgründen** nicht dem kurzfristigen Fremdkapital, sondern dem Eigenkapital subsumiert.

$$(35)\quad \frac{\text{Anlagevermögen}}{\text{Bilanzsumme}} \le b \text{ (Anlageintensität)}^{[1226]}$$

$$(35.1)\quad \frac{vA + XA + XA\ddot{u} - Xa - Xa\ddot{u}}{\begin{array}{l} vA + XA + XA\ddot{u} - Xa - Xa\ddot{u} + vU + XU \\ + XU\ddot{u} - Xu - Xu\ddot{u} + vRa + XRa - XRa \end{array}} \le b \text{ oder}$$

$$(35.2)\quad (1-b) \cdot XA + (1-b) \cdot XA\ddot{u} - (1-b) \cdot Xa - (1-b) \cdot Xa\ddot{u} - b \cdot XU - b \cdot XU\ddot{u} + b \\ \cdot Xu + b \cdot Xu\ddot{u} - b \cdot XRa + b \cdot Xra \le b \cdot (vA + vU + vRa) - vA$$

$$(36)\quad \frac{\text{Bilanzsumme}}{\text{Eigenkapital}} \le c \text{ (1 : c = Eigenkapitalquote)}^{[1227]}$$

---

1224  Vgl. hierzu die Ausführungen im Dritten Teil zu Gliederungspunkt II.B.3.

1225  Vgl. *Baetge/Jerschensky* 1996, S. 1582; *Burger/Schellberg* 1994, S. 871 f.; *Coenenberg* 2005, S. 985–1126; *Gibson* 1983, S. 23–27; *Lachnit* 2004, S. 267–296; *Linnhoff/Pellens* 1994, S. 589–594.

1226  Zu dem Begriff »Bilanzsumme« werden im vorliegenden Modell das Anlage- und Umlaufvermögen sowie die aktiven Rechnungsabgrenzungsposten gezählt.

1227  Die Eigenkapitalquote muss als reziproker Wert formuliert werden, da sie als ≤ -Bedingung in den Planungsansatz eingeht. Ähnliches gilt für die nachfolgenden Deckungskennzahlen sowie die Rentabilitätsgrößen des Eigen- und Gesamtkapitals.

Komplizierter wird eine entsprechende Transformation der in Ungleichung (36) angegebenen Bilanzkennzahl, da in diesem Fall aufgrund der Ertragsteuer- und Tantiemenwirkungen Interdependenzen zwischen dem angestrebten Kennzahlenniveau, dem Eigen- und Fremdkapitalausweis und dem Einsatz der erfolgswirksamen Aktionsparameter bestehen. Die Erfassung des Ertragsteuer- und Tantiemenaufwands (ergebnisabhängige Aufwendungen) erfolgt in der nachstehenden Ungleichung durch die Variablen

(36.1)  XKSt + XGewSt + XTA,

wobei eine entsprechende **Variation der Ertragsteuerrückstellung** bzw. **der sonstigen Verbindlichkeiten,** d. h. des kurzfristigen Fremdkapitals, unterstellt wird (vKSt = vorläufiger Körperschaftsteueraufwand; vGewSt = vorläufiger Gewerbesteueraufwand; vTA = vorläufiger Tantiemenaufwand).

$$
(36.2) \quad \frac{
\begin{array}{c}
vA + XA + XA\ddot{u} - Xa - Xa\ddot{u} \\
+ vU + XU + XU\ddot{u} + Xu\ddot{u} + vRA + XRa - Xra
\end{array}
}{
\begin{array}{c}
vA + XA + XA\ddot{u} - Xa - Xa\ddot{u} + vU + XU \\
+ XU\ddot{u} - Xu - Xu\ddot{u} + vRa + XRa - Xra - (vFl - XFl + Xfl + vFk - XFk + Xfk \\
+ XKSt + XGewSt + XTA - vKSt - vGewSt - vTA)
\end{array}
} \leq c \text{ oder}
$$

(36.3)  c · XKSt + c · XGewSt + c · XTA + (1 – c) · XA + (1 – c) · XAü – (1 – c) · Xa
– (1 – c) · Xaü + (1 – c) · XU + (1 – c) · XUü – (1 – c) · Xu – (1 – c) · Xuü – c · XFl
– c · XFk + c · Xfl + c · Xfk + (1 – c) · XRa – (1 – c) · Xra  <  (c – 1) · (vA + vU
+ vR) – c · (vFl + vFk + vKSt + vGewSt + vTA)

In ähnlicher Weise sind auch die übrigen Kennzahlenrestriktionen im Planungsmodell erfasst. Nachfolgend werden lediglich die Kennzahlen aufgelistet. Eine Wiedergabe der detaillierten Struktur der rechnungslegungspolitischen Verformelung unterbleibt aus Platzgründen.[1228]

(37)  $\dfrac{\text{langfristiges Fremdkapital}}{\text{Bilanzsumme}} \leq d$ (Quote der langfristigen Verschuldung)

(38)  $\dfrac{\text{kurzfristiges Fremdkapital}}{\text{Bilanzsumme}} \leq e$ (Quote der kurzfristigen Verschuldung)

(39)  $\dfrac{\text{Anlagevermögen}}{\text{langfristiges Fremdkapital}} \leq f$ (1 : f = Anlagedeckungsgrad I)

(40)  $\dfrac{\text{Anlagevermögen}}{\text{Eigenkapital}} \leq g$ (1 : g = Anlagedeckungsgrad II)

(41)  $\dfrac{\text{Anlagevermögen + Vorratsvermögen}}{\text{Eigenkapital + langfristiges Fremdkapital}} \leq h$ (langfristige Vermögensdeckung)

(42)  $\dfrac{\text{kurzfristiges Fremdkapital}}{\text{Umlaufvermögen}} \leq i$ (1 : i = Liquiditätsgrad)

(43)  $\dfrac{\text{Eigenkapital}}{\text{Jahresüberschuss}} \leq j$ (1 : j = Eigenkapitalrentabilität nach ergebnisabhängigen Aufwendungen)

---

1228  Vgl. hierzu *Freidank* 1990a, S. 118–123.

| N | XKSt | XGewSt | XTA | XA | XAü | Xa | Xaü | XU | XUü | Xu | Xuü | XFI |
|---|---|---|---|---|---|---|---|---|---|---|---|---|
| Z | x1 | x2 | x3 | x4 | x5 | x6 | x7 | 8 | x9 | x10 | x11 | x12 |
| Y(15) | -as·x1 | -as·x2 | -as·x3 | +as·x4 | +as·x5 | -as·x6 | -as·x7 | +as·8 | +as·x9 | -as·x10 | -as·x11 | +as·x12 |
| Y(16) | x1 | | +sd·(1-sg)·x3 | -sd·(1-sg)·x4 | -sd·(1-sg)·x5 | +sd·(1-sg)·x6 | +sd·(1-sg)·x7 | -sd·(1-sg)·x8 | -sd·(1-sg)·x9 | +sd·(1-sg)·x10 | +sd·(1-sg)·x11 | -sd·(1-sg)·x12 |
| Y(17) | | x2 | +sg·x3 | -sg·x4 | -sg·x5 | +sg·x6 | +sg·x7 | -sg·x8 | -sg·x9 | +sg·x10 | +sg·x11 | -sg·x12 |
| Y(18) | | | 1+tb·(1-sd)·(1-sg)·x3 | -tb·(1-sd)·(1-sg)·x4 | -tb·(1-sd)·(1-sg)·x5 | +tb·(1-sd)·(1-sg)·x6 | +tb·(1-sd)·(1-sg)·x7 | -tb·(1-sd)·(1-sg)·x8 | -tb·(1-sd)·(1-sg)·x9 | +tb·(1-sd)·(1-sg)·x10 | +tb·(1-sc)·(1-sg)·x11 | -tb·(1-sd)·(1-sg)·x12 |
| Y(19) | | | | | | | | | | | | |
| Y(20) | | | | x4 | +x5 | -x6 | -x7 | -a·x8 | -a·x9 | +a·x10 | +a·x11 | |
| Y(21) | | | | (1-b)·x4 | +(1-b)·x5 | -(1-b)·x6 | -(1-b)·x7 | -b·x8 | -b·x9 | +b·x10 | +b·x11 | |
| Y(22) | c·x1 | +c·x2 | +c·x3 | +(1-c)·x4 | +(1-c)·x5 | -(1-c)·x6 | -(1-c)·x7 | +(1-c)·x8 | +(1-c)·x9 | -(1-c)·x10 | -(1-c)·x11 | -c·x12 |
| Y(23) | | | | -d·x4 | -d·x5 | +d·x6 | +d·x7 | -d·x8 | -d·x9 | +d·x10 | +d·x11 | -x12 |
| Y(24) | x1 | +x2 | +x3 | -e·x4 | -e·x5 | +e·x6 | +e·x7 | -e·x8 | -e·x9 | +e·x10 | +e·x11 | |
| Y(25) | | | | x4 | +x5 | -x6 | -x7 | | | | | +f·x12 |
| Y(26) | g·x1 | +g·x2 | +g·x3 | (1-g)·x4 | +(1-g)·x5 | -(1-g)·x6 | -(1-g)·x7 | -g·x8 | -g·x9 | +g·x10 | +g·x11 | -g·x12 |
| Y(27) | h·x1 | +h·x2 | +h·x3 | (1-h)·x4 | +(1-h)·x5 | -(1-h)·x6 | -(1-h)·x7 | +(1-h)·x8 | -h·x9 | -(1-h)·x10 | +h·x11 | |
| X(28) | | | | | | | | -i·x8 | -i·x9 | +i·x10 | +i·x11 | |
| Y(29) | -(1-j)·x1 | -(1-j)·x2 | -(1-j)·x3 | (1-j)·x4 | +(1-j)·x5 | -(1-j)·x6 | -(1-j)·x7 | +(1-j)·x8 | +(1-j)·x9 | -(1-j)·x10 | -(1-j)·x11 | +(1-j)·x12 |
| Y(30) | -x1 | -x2 | -x3 | (1-k)·x4 | +(1-k)·x5 | -(1-k)·x6 | -(1-k)·x7 | +(1-k)·x8 | +(1-k)·x9 | -(1-k)·x10 | -(1-k)·x11 | -k·x12 |
| Y(31) | l·x1 | +l·x2 | +l·x3 | (1-l)·x4 | +(1-l)·x5 | -(1-l)·x6 | -(1-l)·x7 | +(1-l)·x8 | +(1-l)·x9 | -(1-l)·x10 | -(1-l)·x11 | -l·x12 |
| Y(32) | m·x1 | +m·x2 | +m·x3 | +(1-m)·x4 | +(1-m)·x5 | -(1-m)·x6 | -(1-m)·x7 | +(1-m)·x8 | +(1-m)·x9 | -(1-m)·x10 | -(1-m)·x11 | -m·x12 |
| Y(33) | | | | x4 | x5 | -x6 | -x7 | x8 | x9 | -x10 | -x11 | |

Abb. 256: Allgemeine Darstellung des Planungsmodells

| | XFk | Xfi | Xfk | XRa | Xra | XA40 | XA0 | RS |
|---|---|---|---|---|---|---|---|---|
| | x13 | x14 | x15 | x16 | x17 | x18 | x19 | |
| Z | $+as \cdot x13$ | $-as \cdot x14$ | $-as \cdot x15$ | $+as \cdot x16$ | $-as \cdot x17$ | $+x18$ | $(1+se) \cdot x19$ | $=sBl-as \cdot vlvor$ |
| Y(15) | $-sd \cdot (1-sg) \cdot x13$ | $+sd \cdot (1-sg) \cdot x14$ | $+sd \cdot (1-sg) \cdot x15$ | $-sd \cdot (1-sg) \cdot x16$ | $+sd \cdot (1-sg) \cdot x17$ | $+sm \cdot x18$ | $-se \cdot x19$ | $=sd \cdot (1-sg) \cdot vlvor+sd \cdot (1-sg) \cdot ka^*-sd \cdot (Vk+ga)$ |
| Y(16) | $-sg \cdot x13$ | $+sg \cdot x14$ | $+sg \cdot x15$ | $-sg \cdot x16$ | $+sg \cdot x17$ | | | $=sg \cdot (vlvor+ka^*+Vk+ga)$ |
| Y(17) | $-tb \cdot (1-sd) \cdot (1-sg) \cdot x13$ | $+tb \cdot (1-sd) \cdot (1-sg) \cdot x14$ | $+tb \cdot (1-sd) \cdot (1-sg) \cdot x15$ | $-tb \cdot (1-sd) \cdot (1-sg) \cdot x16$ | $+tb \cdot (1-sd) \cdot (1-sg) \cdot x17$ | $-tb \cdot sm \cdot x18$ | $+tb \cdot se \cdot x19$ | $=tb \cdot (1-sd) \cdot (1-sg) \cdot vlvor-tb \cdot \{[sd+(1-sd) \cdot sg] \cdot ka^*+(1-sd) \cdot sg \cdot (Vk+ga)-ta\}$ |
| Y(18) | | | | | | $x18$ | | $\leq RFvor(EK40)$ |
| Y(19) | | | | | | | $x19$ | $\leq 1 \cdot (1+se) \cdot RFvor(EK02)$ |
| Y(20) | | | | | | | | $\leq a \cdot vU-vA$ |
| Y(21) | | | | $-b \cdot x16$ | $+b \cdot x17$ | | | $\leq b \cdot (vA+vU+vRa)-vA$ |
| Y(22) | $-c \cdot x13$ | $+c \cdot x14$ | $+c \cdot x15$ | $+(1-c) \cdot x16$ | $-(1-c) \cdot x17$ | | | $\leq (c-1) \cdot (vA+vU+vRa)-c \cdot (vFl+vFk-vKSt-vGewSt-vTA)$ |
| Y(23) | | $+x14$ | | $-d \cdot x16$ | $+d \cdot x17$ | | | $\leq d \cdot (vA+vU+Ra)-vFl$ |
| Y(24) | $-x13$ | | $x15$ | $-e \cdot x16$ | $+e \cdot x17$ | | | $\leq e \cdot (vA+vU+Ra)-(vFk-vKSt-vGewSt-vTA)$ |
| Y(25) | | $-f \cdot x14$ | | | | | | $\leq f \cdot vFl-vA$ |
| Y(26) | $-g \cdot x13$ | $+g \cdot x14$ | $+g \cdot x15$ | $-g \cdot x16$ | $+g \cdot x17$ | | | $\leq g \cdot (vU+vRa-vFl-vFk+vKSt+vGewSt+vTA)-(1-g) \cdot vA$ |
| Y(27) | $-h \cdot x13$ | | $+h \cdot x15$ | $-h \cdot x16$ | $+h \cdot x17$ | | | $\leq h \cdot (vA+vU+vRa-vFk+vKSt+vGewSt+vTA)-(vA+vUv)$ |
| X(28) | $-x13$ | | $+x15$ | | | | | $\leq i \cdot vU-vFk$ |
| Y(29) | $+(1-j) \cdot x13$ | $-(1-j) \cdot x14$ | $-(1-j) \cdot x15$ | $+(1-j) \cdot x16$ | $-(1-j) \cdot x17$ | | | $\leq j \cdot vlvor-(vA+vU+vRa-vFl-vFk+vKSt+vGewSt+vTA)$ |
| Y(30) | $-k \cdot x13$ | $+k \cdot x14$ | $+k \cdot x15$ | $+(1-k) \cdot x16$ | $-(1-k) \cdot x17$ | | | $\leq k \cdot vlvor-(vA+vU+vRa-vFl-vFk+vKSt+vGewSt+vTA)$ |
| Y(31) | $-l \cdot x13$ | $+l \cdot x14$ | $+l \cdot x15$ | $+(1-l) \cdot x16$ | $-(1-l) \cdot x17$ | | | $\leq l \cdot vlvor-(vA+vU+vRa)$ |
| Y(32) | $-m \cdot x13$ | $+m \cdot x14$ | $+m \cdot x15$ | $+(1-m) \cdot x16$ | $-(1-m) \cdot x17$ | | | $\leq m \cdot vlvor-(vA+vU+vRa)$ |
| Y(33) | | | $+x15$ | $+x16$ | $-x17$ | | | $\leq BS-(vA+vU+vRa)$ |

Abb. 256: Allgemeine Darstellung des Planungsmodells (Fortsetzung)

(44) $\dfrac{\text{Eigenkapital}}{\substack{\text{Jahresüberschuss vor ergebnis-}\\ \text{abhängigen Aufwendungen}}} \leq k$　(1 : k = Eigenkapitalrentabilität vor ergebnisabhängigen Aufwendungen)

(45) $\dfrac{\text{Eigenkapital + Fremdkapital}}{\text{Jahresüberschuss}} \leq l$　(1 : l = Gesamtkapitalrentabilität nach ergebnisabhängigen Aufwendungen)

(46) $\dfrac{\text{Eigenkapital + Fremdkapital}}{\substack{\text{Jahresüberschuss vor}\\ \text{ergebnisabhängigen Aufwendungen}}} \leq m$　(1 : m = Gesamtkapitalrentabilität vor ergebnisabhängigen Aufwendungen)

Die Ergebnisse der Transformation des Planungsmodells befinden sich in **Abb. 256** [Restriktionen Y (15) bis Y (33)]. Bei dieser Darstellung wurde davon ausgegangen, dass für die einzelnen Wahlrechte XA bis XA0 beliebig viele Zwischenwerte existieren. Auf eine Auflistung der die einzelnen Wahlrechtsgruppen betreffenden Restriktionen Y (1) bis Y (14) wurde hier aus Platzgründen verzichtet.

Durch die Integration der folgenden Restriktion in den Modellansatz besteht für die Entscheidungsträger schließlich die Möglichkeit sicherzustellen, dass die Bilanzsumme die in § 267 Abs. 1 Nr. 1 oder Abs. 2 Nr. 1 HGB genannten **kritischen Schwellenwerte** nicht überschreitet, um die **Prüfungspflicht** gemäß § 316 Abs. 1 HGB zu vermeiden und/oder **publizitätsbezogene Erleichterungen** (z. B. § 247 a, § 276, § 326 f. HGB) zu erlangen (BS = Obergrenze der Soll-Bilanzsumme).

(47) XA + XAü – Xa – Xaü + XU + XUü – Xu – Xuü + XRa – Xra ≤ BS – (vA + vU + vRa)

Die Formel (47) wird durch die Restriktionen Y (33) in der zusammenfassenden Darstellung des Entscheidungsmodells in **Abb. 256** repräsentiert.

Streben die Entscheidungsträger zum Zwecke der **Gewinnglättung** und/oder der **Ertragsteueroptimierung** hingegen einen bestimmten Soll-Bilanzgewinn an,[1229] so ist diesem **Fixierungsansatz** im Falle einer zu maximierenden Zielfunktion durch Einbeziehung nachstehender Restriktion wie folgt Rechnung zu tragen:

(48) as · (– XKSt – XGewSt – XTA + XA + XAü – Xa – Xaü + XU + XUü – Xu – Xuü + XFl + XFk – Xfl – Xfk + XRa – Xra) + A 40 + (1 + se) · XA0 ≤ sBI – as · vJvor.

## c.　Verdeutlichung der Modelle anhand von Beispielen

### c.a　Darlegung der Ausgangsdaten[1230]

Die vorläufige (verkürzte) Einheitsbilanz einer unbeschränkt ertragsteuerpflichtigen GmbH hat zum 31.12.2005 das in **Abb. 257** dargestellte Aussehen, wobei die Berechnung der vorläufigen ergebnisabhängigen Aufwendungen (vKSt, vGewSt, vTA) unter Berücksichtigung einer geplanten Vollausschüttung (as = 1) des vorläufigen Jahresüberschusses (vJnach) sowie der nachstehenden Daten vorgenommen wurde. Die Angaben hinter den einzelnen Rückstellungen bzw. Verbindlichkeiten in **Abb. 257** zeigen, ob die jeweiligen Posten zu den langfristigen (la) oder kurzfristigen (ku) Schulden im Rahmen der Rechnungslegungsanalyse zählen.

---

1229　Vgl. hierzu die Ausführungen im Sechsten Teil zu Gliederungspunkt IV.B.
1230　Vgl. hierzu auch das Beispiel im Fünften Teil zu Gliederungspunkt III.B.3.d.d.d(b)(β) und im Sechsten Teil zu Gliederungspunkt V.D.1.

(1) Gemäß § 23 Abs. 1 KStG ist auf das zu versteuernde (körperschaftsteuerrechtliche) Einkommen (zvE) ein Satz von 25 % anzuwenden.     $s_d = 0{,}25$

(2) Die Differenz zwischen sJnach und zvE beträgt 150 T €
(ohne KSt selbst).     $ka^* = 150$

| Aktiva | Vorläufige Einheitsbilanz zum 31.12.2005 | | Passiva | |
|---|---|---|---|---|
| | | in T € | | in T € |
| A. Anlagevermögen: | | | A. Eigenkapital | |
|   I. Immaterielle | | |   I. Gezeichnetes Kapital | 1.000 |
|     Vermögensgegenstände: | | |   II. Gewinnrücklagen: | |
|     1. Lizenzen | 20 | |     1. Rücklagen laut Gesell- | |
|     2. Firmenwert | 110 | |       schaftsvertrag | 180 |
|   II. Sachanlagen: | | |     2. Andere Gewinn- | |
|     1. Grundstücke und Bauten | 400 | |       rücklagen | 200 |
|     2. Technische Anlagen | | |   III. Jahresüberschuss | 338,8 |
|       und Maschinen | 390 | | | |
|   III. Finanzanlagen: | | | B. Rückstellungen: | |
|     1. Beteiligungen | 130 | |   I. Rückstellungen für | |
|     2. Wertpapiere des | | |     Pensionen (la) | 96 |
|       Anlagevermögens | 90 | |   II. Ertragsteuerrück- | |
| | | |     stellungen (ku) | 320,55[1231] |
| B. Umlaufvermögen: | | |   III. Sonstige | |
|   I. Vorräte: | | |     Rückstellungen: | |
|     1. Roh-, Hilfs- und | | |     1. Rückstellungen für | |
|       Betriebsstoffe | 380 | |       Umweltschäden (la) | 30 |
|     2. Unfertige Erzeugnisse | 350 | |     2. Rückstellungen für | |
|     3. Fertige Erzeugnisse | 600 | |       Garantiezusagen (ku) | 56 |
|   II. Forderungen und sonstige | | | | |
|     Vermögensgegenstände: | | | C. Verbindlichkeiten: | |
|     1. Forderungen aus | | |   I. Verbindlichkeiten | |
|       Lieferungen und | | |     aus Lieferungen und | |
|       Leistungen | 210 | |     Leistungen [davon mit | 738 |
|       (davon mit einer Rest- | | |     einer Restlaufzeit bis zu | |
|       laufzeit von mehr als | | |     einem Jahr (ku) = 435] | |
|       einem Jahr = 102) | | |   II. Sonstige Verbindlichkei- | |
|     2. Sonstige Vermögens- | | |     ten für Geschäftsfüh- | |
|       gegenstände | 40 | |     rungstantiemen (ku) | 40,65 |
|   III. Wertpapiere: | | | | |
|     1. Eigene Anteile | 24 | | | |
|     2. Sonstige Wertpapiere | 160 | | | |
|   IV. Kassenbestand, Guthaben | | | | |
|     bei Kreditinstituten: | 26 | | | |
| C. Rechnungsabgrenzungsposten: | 70 | | | |
| | 3.000 | | 3.000 | |

Abb. 257: Ausgangsbilanz für die Jahresabschlussoptimierung

---

[1231]   320,55 T € = 162,93 T € + 157,62 T €.

(3) Der Gewerbesteuerhebesatz der Standortgemeinde beträgt 425 %, die Steuermesszahl für den Gewerbeertrag nach § 11 Abs. 2 GewStG 5 %. Ein körperschaftsteuerrechtlicher Verlustabzug gemäß § 8 Abs. 4 KStG i. V. m. § 10 d EStG liegt nicht vor.

he = 4,25
me = 0,05
sg = 0,17526[1232]
Vk = 0

(4) Die gewerbesteuerrechtlichen Modifikationen nach § 8 f. GewStG betragen 90 T €.

ga = 90

(5) Die Tantieme für die Geschäftsführung beträgt laut Gesellschaftsvertrag 12 % des in der Handelsbilanz ausgewiesenen Jahresüberschusses.

ta = 0
tb = 0,12

(6) Der vorläufige Jahresüberschuss vor ergebnisabhängigen Aufwendungen (vJvor) beläuft sich auf 700 T €.

vJvor = 700

Die Berechnung der ergebnisabhängigen Aufwendungen kann durch die Lösung des nachstehend in Matrizenschreibweise dargestellten **simultanen Gleichungssystems** erfolgen.

$$
\begin{bmatrix}
1 & 1 & 1 & 1 \\
-0,333\overline{3} & 1 & 0 & 0 \\
-0,2125 & -0,2125 & 1 & 0 \\
-0,12 & 0 & 0 & 1
\end{bmatrix}
\cdot
\begin{bmatrix}
vJnach \\
vKSt \\
vGewSt \\
vTA
\end{bmatrix}
=
\begin{bmatrix}
700 \\
50 \\
51 \\
0
\end{bmatrix}
$$

Abb. 258: Simultanes Gleichungssystem in Matrizenschreibweise

Das formulierte Gleichungssystem führt in dem hier angeführten Beispiel zu folgenden Ergebnissen:

vJnach  = 338,80 T €
vKSt    = 162,93 T €[1233]
vGewSt  = 157,62 T €[1234]
vTA     =   40,65 T €.[1235]

Die Entscheidungsträger können grundsätzlich **Maximierung, Minimierung** oder **Fixierung** des Bilanzgewinns mit dem Planungsmodell anstreben, wobei rechnungslegungspolitische Maßnahmen nachfolgend unter Einhaltung des in **Abb. 259** ange-

---

1232  $sg = \dfrac{me \cdot he}{1 + me \cdot he} = \dfrac{0,05 \cdot 4,25}{1 + 0,05 \cdot 4,25} = 0,17526.$

1233  162,93 T € = 0,25 · (700 + 150 T € – 157,62 T € – 40,65 T €).

1234  157,62 T € = 0,17526 · (700 T € + 150 T € + 90 T € – 40,65 T €).

1235  40,65 T € = 0,12 · 338,8 T €.

führten Soll-Kennzahlenniveaus realisiert werden sollen. Bei der eventuellen Dotierung der anderen Gewinnrücklagen sind laut Gesellschaftsvertrag **die Grenzen von § 58 Abs. 2 Nr. 1 AktG** zu berücksichtigen.

Darüber hinaus soll die Summe der zieloptimalen Einheitsbilanz den Wert von 4.015.000 € (§ 267 Abs. 1 Nr. 1 HGB) nicht überschreiten [Y (33)], um nicht in die Klasse »mittelgroße Kapitalgesellschaften« nach § 267 Abs. 2 HGB zu fallen. Zur Erreichung des Zielplans stehen die folgenden **sechszehn Aktionsparameter** (Wahlrechte und Ermessensspielräume) zur Verfügung.[1236]

*Wahlrechtsgruppe XA:*
Rückgängigmachung steuerrechtlicher Sonderabschreibungen auf Grundstücke in Höhe von 150 T €, die im vorläufigen Jahresabschluss gemäß § 254 HGB vorgenommen wurden.

$Y(4) : XA \leq 150$

*Wahlrechtsgruppe XAü:*
Rückgängigmachung einer Teilwertabschreibung (§ 6 Abs. 1 Nr. 2 Satz 2 EStG) auf Wertpapiere des Anlagevermögens im Umfange von 70 T €, die im vorläufigen Jahresabschluss vorgenommen wurde. Es handelt sich um eine außerplanmäßige Abschreibung infolge einer voraussichtlich nicht dauernden Wertminderung (§ 279 Abs. 1 Satz 2 i. V. m. § 253 Abs. 2 Satz 3 HGB).

$Y(5) : XAü \leq 70$

*Wahlrechtsgruppe Xa:*
Vornahme steuerlicher Sonderabschreibungen auf technische Anlagen in Höhe von 350 T €, die aus handelsrechtlicher Sicht (§ 254 HGB) Verrechnung finden können.

$Y(6) : Xa \leq 350$

*Wahlrechtsgruppe Xaü:*
Vornahme einer außerplanmäßigen Abschreibung auf eine Beteiligung in Höhe von 120 T €. Es handelt sich nicht um eine voraussichtlich dauernde Wertminderung im Sinne von § 279 Abs. 1 Satz 2 i. V. m. § 253 Abs. 2 Satz 3 HGB.

$Y(7) : Xaü \leq 120$

*Wahlrechtsgruppe XU:*
Aktivierung des Unterschiedsbetrages von 178 T € zwischen der Ober- und Untergrenze des steuerrechtlichen Herstellungskostenansatzes für unfertige Erzeugnisse, die in der abgelaufenen Periode produziert worden sind. Die in Rede stehende Differenz bezieht sich ausschließlich auf die Verwaltungsgemeinkosten im Sinne von R 6.3 Abs. 4 Satz 1 EStR. Im vorläufigen Jahresabschluss wurden diese Erzeugnisse mit einem Wert von 140 T € bilanziert.

$Y(8) : 178 \cdot XU \leq 178$ mit $XU \leq 1$ (ganzzahlig)

---

[1236] Aus Vereinfachungsgründen wird unterstellt, dass diese Gestaltungsalternativen auch im Rahmen der steuerrechtlichen Gewinnermittlung auszuüben sind bzw. gegenüber der Finanzverwaltung durchgesetzt werden können.

*Wahlrechtsgruppe XUü:*
Rückgängigmachung einer Abschreibung auf sonstige Wertpapiere des Umlaufvermögens gemäß § 253 Abs. 3 Satz 3 HGB in Höhe von 210 T €, die infolge der künftigen Wertschwankungen unmittelbar nach dem Bilanzstichtag auch steuerrechtlich zulässig ist.

$Y(9) : XUü \leq 210$

*Wahlrechtsgruppe Xu:*
Bewertung von unfertigen Erzeugnissen nach dem Lifo-Verfahren anstelle einer Bewertung zu gewogenen Durchschnitten (§ 240 Abs. 4 i. V. m. § 256 Satz 2 HGB; § 6 Abs. 1 Nr. 2 a. EStG); der zu einer Gewinnsenkung führende Unterschiedsbetrag beläuft sich auf 20 T €.

$Y(10) : Xu \leq 20$

*Wahlrechtsgruppe Xuü:*
Rückgängigmachung der Zuschreibung auf zweifelhafte Forderungen, die wegen höherer Werthaltigkeit dieser Außenstände gemäß § 280 Abs. 1 HGB im vorläufigen Jahresabschluss vorgenommen wurde. Allerdings ist die Zuschreibung nach Auskunft eines Sachverständigen umstritten und könnte auch vollständig oder teilweise reduziert werden. Der Zuschreibungsbetrag, der sich ausschließlich auf Forderungen mit einer Restlaufzeit von weniger als einem Jahr bezieht, belief sich auf 74 T €.

$Y(11) : Xuü \leq 74$

| | | Kennzahl | Ist | Soll |
|---|---|---|---|---|
| Y (20) | a | Anlagevermögen : Umlaufvermögen | 0,63 | ≤ 1 |
| Y (21) | b | Anlagevermögen : Bilanzsumme | 0,38 | ≤ 0,5 |
| Y (22) | c | Bilanzsumme : Eigenkapital | → 1,75 | ≤ 1,7 |
| Y (23) | d | langfristiges Fremdkapital : Bilanzsumme | 0,14 | ≤ 0,3 |
| Y (24) | e | kurzfristiges Fremdkapital : Bilanzsumme | 0,28 | ≤ 0,3 |
| Y (25) | f | Anlagevermögen : langfristiges Fremdkapital | 2,66 | ≤ 3,5 |
| Y (26) | g | Anlagevermögen : Eigenkapital | 0,67 | ≤ 0,85 |
| Y (27) | h | [Anlagevermögen + Vorratsvermögen] : [Eigenkapital + langfristiges Fremdkapital] | → 1,15 | ≤ 1 |
| Y (28) | i | kurzfristiges Fremdkapital : Umlaufvermögen | → 0,48 | ≤ 0,4 |
| Y (29) | j | Eigenkapital : Jahresüberschuss | 5,07 | ≤ 14 |
| Y (30) | k | Eigenkapital : Jahresüberschuss vor ergebnisabhängigen Aufwendungen | 2,45 | ≤ 10 |
| Y (31) | l | [Eigenkapital + Fremdkapital] : Jahresüberschuss | 8,85 | ≤ 22 |
| Y (32) | m | [Eigenkapital + Fremdkapital] : Jahresüberschuss vor ergebnisabhängigen Aufwendungen | 4,29 | ≤ 12 |
| Y (33) | BS | Bilanzsumme | 3.000 T € | ≤ 4.015 T € |

Abb. 259: Entscheidungsrelevante Kennzahlen auf der Basis von Ist- und Sollwerten

*Wahlrechtsgruppe XFl:*
Bewertung von Rückstellungen für Umweltschäden infolge kontaminierter Grundstücke [§ 253 Abs. 1 Satz 2 2. HS HGB; § 6 Abs. 1 Nr. 3 a. b) EStG] mit Vollkosten. Bestimmte Teile der angemessenen notwendigen Gemeinkosten für diese Verpflichtung, auf deren Passivierung auch verzichtet werden könnte, betragen 14 T €.

$Y(12) : 14 \cdot XFl \leq 14$ mit $XFl \leq 1$ (ganzzahlig)

*Wahlrechtsgruppe XFk:*
Bewertung von kurzfristigen Valutaverbindlichkeiten durch geeignete Näherungsverfahren (Schichtungen, Verbrauchsfolgeverfahren) anstatt der vorgenommenen Einzelbewertung (§ 252 Abs. 1 Nr. 3 und Abs. 2 HGB). Hierdurch kann der Bilanzwert um 60 T € gesenkt werden.

$Y(13) : XFk \leq 60$

*Wahlrechtsgruppe Xfl:*
Die langfristigen Valutaverbindlichkeiten sind mit dem Briefkurs des Bilanzstichtages bewertet worden, obwohl der Buchkurs über diesem Wert lag. Würde der Buchkurs des Bilanzstichtages ( = Briefkurs des vorangegangenen Bilanzstichtages) zum Ansatz kommen, so könnten zusätzliche Aufwendungen in Höhe von 35 T € verrechnet werden.

$Y(14): 35 \cdot Xfl \leq 35$ mit $Xfl \leq 1$ (ganzzahlig)

*Wahlrechtsgruppe Xfk:*
Die Obergrenze für die für Garantiezusagen gebildete (kurzfristige) Rückstellung beträgt nach »vernünftiger kaufmännischer Beurteilung« (§ 253 Abs. 1 Satz 2 2. HS HGB) 78 T €. Hierdurch besteht die Möglichkeit, den Schuldposten um maximal 22 T € gewinnsenkend zu erhöhen.

$Y(15) : Xfk \leq 22$

*Wahlrechtsgruppe XRa:*
In den aktiven Rechnungsabgrenzungsposten wurden geringfügige Ausgaben von 3 T € nicht einbezogen, die im folgenden Geschäftsjahr zu Aufwendungen führen. Im Fall einer Verrechnung könnte der Gewinn um 3 T € erhöht werden.

$Y(16) : 3 \cdot XRa \leq 3$ mit $XRa \leq 1$ (ganzzahlig)

*Wahlrechtsgruppe Xra:*
Ferner sind in dem aktiven Rechnungsabgrenzungsposten Beträge in Höhe von 9 T € enthalten, die sich auf regelmäßig wiederkehrende Aufwendungen beziehen. Auf eine zeitliche Abgrenzung derartiger Aufwendungen kann aus handels- und steuerrechtlicher Sicht verzichtet werden.

$Y(17) : 9 \cdot Xra \leq 9$ mit $Xra \leq 1$ (ganzzahlig)

*Wahlrechtsgruppe XA 40/XA 0:*
Die Gestaltungen des Bilanzgewinns sollen ggf. unter Berücksichtigung möglicher Entnahmen aus den mit 40 % Körperschaftsteuer vorbelasteten anderen Gewinnrück-

lagen erfolgen (sm = 0,166667). Laut Gesellschaftsvertrag dürfen vertragliche Rücklagen, die vor der Körperschaftsteuerreform aus steuerfreien Erträgen gebildet wurden (se = 0,4285714), nur in Höhe des den zehnten Teil des gezeichneten Kapitals übersteigenden Betrags für Ausschüttungen Verwendung finden.

Y (18) : XA 40 ≤ 200 und
Y (19) : XA 0 ≤ 1 : (1 + 0,4285714) · 80

### c.b    Rechnungslegungspolitische Gestaltung

Mit Hilfe des **IT-gestützten Planungsmodells** wird die optimale, der Zielfunktion entsprechende rechnungslegungspolitische Umgestaltung des vorläufigen Jahresabschlusses unter Beachtung der gesetzten Nebenbedingungen festgelegt. Zu diesem Zweck sind die verfügbaren Aktionsparameter, die durch die Variablen XA bis XA 0 repräsentiert werden, entsprechend einzusetzen. Im Lösungsbild des **Optimierungsprogramms** wird ausgewiesen, welche **Aktionsparameter** mit ihrem gesamten Potenzial in das zieloptimale Jahresergebnis eingehen und über **Schlupfvariablen** wird das jeweilige nicht zum Einsatz kommende **Bewertungspotenzial** der einzelnen Wahlrechte aufgezeigt. Darüber hinaus geben Schlupfvariablen an, wie weit die in den einzelnen Kennzahlen enthaltenen Komponenten (noch) zu variieren sind, ohne dass die Soll-Quotienten bzw. die Soll-Bilanzsumme überschritten werden.

Angenommen, die Unternehmensleitung möchte, ausgehend vom vorläufigen Jahresabschluss unter Betrachtung der Kennzahlen-Nebenbedingungen, durch Einsatz der rechnungslegungspolitischen Aktionsparameter einen **höchstmöglichen Ausschüttungsvorschlag** bei einer Einstellung von **20 % des Jahresüberschusses** (as = 0,8) in die anderen Gewinnrücklagen unterbreiten **(Programm AMAX ohne Rücklagenentnahmen)**, dann muss das in **Abb. 260** gezeigte, durch ein Tabellenkalkulationsprogramm aufbereitete Ausgangstableau in die Optimierungsrechnung eingegeben werden. Die zieloptimale Einheitsbilanz lässt sich sodann erstellen, wenn auf folgende Wahlrechtsgruppen mit den angeführten Beträgen zurückgegriffen wird:

XA   =   67 T€
Xa   = 350 T€
XaÜ  = 120 T€
XUü  = 210 T€
XFl  =   14 T€
XFk  =   60 T€
XRa  =    3 T€.

Weiterhin wird unterstellt, dass die Geschäftsleitung zum Zwecke der **Ausschüttungsmaximierung** unter sonst gleichen Bedingungen des Zielplans neben der völligen Ausschüttung des Jahresüberschusses (as = 1) auch auf die **höchstmöglichen Entnahmen aus den Gewinnrücklagen** zurückgreifen will **(Programm AMAX mit Rücklagenentnahmen)**. Das Ausgangstableau befindet sich in **Abb. 261**. Die optimale Einheitsbilanz lässt sich in diesem Fall erstellen, wenn auf folgende Variablen zurückgegriffen wird:

| Z | XKSt x(1) | XGewSt x(2) | XTA x(3) | XA x(4) | XAü x(5) | Xa x(6) | Xaü x(7) | XU x(8) | XUü x(9) | Xu x(10) |
|---|---|---|---|---|---|---|---|---|---|---|
| | 0,8 | 0,8 | 0,8 | -0,8 | -0,8 | 0,8 | 0,8 | -142,4 | -0,8 | 0,8 |
| Y(1) | 1 | | 0,206185 | -0,206185 | -0,206185 | 0,206185 | 0,206185 | -36,70093 | -0,206185 | 0,206185 |
| Y(2) | | 1 | 0,17526 | -0,17526 | -0,17526 | 0,17526 | 0,17526 | -31,19628 | -0,17526 | 0,17526 |
| Y(3) | | | 1,074227 | -0,074227 | -0,074227 | 0,074227 | 0,074227 | -13,21406 | -0,074227 | 0,074227 |
| Y(4) | | | | 1 | | | | | | |
| Y(5) | | | | | 1 | | | | | |
| Y(6) | | | | | | 1 | | | | |
| Y(7) | | | | | | | 1 | | | |
| Y(8) | | | | | | | | 178 | | |
| Y(9) | | | | | | | | | 1 | |
| Y(10) | | | 1 | | | | | | | 1 |
| Y(11) | | | | | | | | | | |
| Y(12) | | | | | | | | | | |
| Y(13) | | | | | | | | | | |
| Y(14) | | | | | | | | | | |
| Y(15) | | | | | | | | | | |
| Y(16) | | | | | | | | | | |
| Y(17) | | | | | | | | | | |
| Y(18) | | | | | | | | | | |
| Y(19) | | | | | | | | | | |
| Y(20) | | | | 1 | 1 | -1 | -1 | -178 | -1 | 1 |
| Y(21) | 1,7 | 1,7 | 1,7 | 0,5 | 0,5 | -0,5 | -0,5 | -89 | -0,5 | 0,5 |
| Y(22) | | | | -0,7 | -0,7 | 0,7 | 0,7 | -124,6 | -0,7 | 0,7 |
| Y(23) | 1 | 1 | 1 | -0,3 | -0,3 | 0,3 | 0,3 | -53,4 | -0,3 | 0,3 |
| Y(24) | | | | -0,3 | -0,3 | 0,3 | 0,3 | -53,4 | -0,3 | 0,3 |
| Y(25) | | | | 1 | 1 | -1 | -1 | | | |
| Y(26) | 0,85 | 0,85 | 0,85 | 0,15 | 0,15 | -0,15 | -0,15 | -151,3 | -0,85 | 0,85 |
| Y(27) | 1 | 1 | 1 | 0 | 0 | 0 | 0 | 0 | -1 | 1 |
| X(28) | | | | | | | | -71,2 | -0,4 | 0,4 |
| Y(29) | 13 | 13 | 13 | -13 | -13 | 13 | 13 | -2314 | -13 | 13 |
| Y(30) | -10 | -10 | -10 | -9 | -9 | 9 | 9 | -1602 | -9 | 9 |
| Y(31) | 22 | 22 | 22 | -21 | -21 | 21 | 21 | -3738 | -21 | 21 |
| Y(32) | 12 | 12 | 12 | -11 | -11 | 11 | 11 | 1958 | -11 | 11 |
| Y(33) | | | | 1 | 1 | -1 | -1 | 178 | 1 | -1 |

Abb. 260: Darstellung des Optimierungsansatzes von Programm AMAX ohne Rücklagenentnahmen

| | Xuü x(11) | XFl x(12) | XFk x(13) | Xfl x(14) | Xfk x(15) | XRa x(16) | Xra x(17) | XA 40 x(18) | XA 0 x(19) | RS |
|---|---|---|---|---|---|---|---|---|---|---|
| Z | 0,8 | -11,2 | -0,8 | 28 | 0,8 | -2,4 | 7,2 | 0 | 0 | 560 |
| Y(1) | 0,206185 | -2,88659 | -0,206185 | 7,216475 | 0,206185 | -0,618555 | 1,855665 | 0 | 0 | 171,3139 |
| Y(2) | 0,17526 | -2,45364 | -0,17526 | 6,1341 | 0,17526 | -0,52578 | 1,57734 | | | 164,7444 |
| Y(3) | 0,074227 | -1,0391787 | -0,074227 | 2,597945 | 0,074227 | -0,222681 | 0,668043 | 0 | 0 | 43,673 |
| Y(4) | | | | | | | | | | 150 |
| Y(5) | | | | | | | | | | 70 |
| Y(6) | | | | | | | | | | 350 |
| Y(7) | | | | | | | | | | 120 |
| Y(8) | | | | | | | | | | 178 |
| Y(9) | | | | | | | | | | 210 |
| Y(10) | | | | | | | | | | 20 |
| Y(11) | 1 | | | | | | | | | 74 |
| Y(12) | | 14 | | | | | | | | 14 |
| Y(13) | | | 1 | | | | | | | 60 |
| Y(14) | | | | 35 | | | | | | 35 |
| Y(15) | | | | | | | | | | 22 |
| Y(16) | | | | | 1 | | | | | 3 |
| Y(17) | | | | | | 3 | 9 | | | 9 |
| Y(18) | | | | | | | | 0 | | 0 |
| Y(19) | 1 | | | | | | | | 0 | 0 |
| Y(20) | | | | | | | | | | 650 |
| Y(21) | 0,5 | | | | | -1,5 | 4,5 | | | 360 |
| Y(22) | 0,7 | 23,8 | -1,7 | 59,5 | 1,7 | -5,1 | 15,3 | | | 536 |
| Y(23) | 0,3 | -14 | | 35 | | -0,9 | 2,7 | | | 471 |
| Y(24) | 0,3 | | -1 | | 1 | -0,9 | 2,7 | | | 409 |
| Y(25) | | 49 | | -122,5 | | | | | | 361,5 |
| Y(26) | 0,85 | -11,9 | -0,85 | 29,75 | 0,85 | -255 | 7,65 | | | 628 |
| Y(27) | 1 | | -1 | | 1 | -3 | 9 | | | 39 |
| Y(28) | 0,4 | | -1 | | 1 | | | | | -136,2 |
| Y(29) | 13 | -182 | -13 | 455 | 13 | -39 | 117 | | | 7713 |
| Y(30) | 9 | -126 | -9 | 315 | 9 | -27 | 81 | | | 4920 |
| Y(31) | 21 | -308 | -22 | 770 | 22 | -63 | 189 | | | 12400 |
| Y(32) | 11 | -168 | -12 | 420 | 12 | -33 | 99 | | | 5400 |
| Y(33) | -1 | | | | | 3 | -9 | | | 438 |

Abb. 260: Darstellung des Optimierungsansatzes von Programm AMAX ohne Rücklagenentnahmen (Fortsetzung)

| | XKSt x(1) | XGewSt x(2) | XTA x(3) | XA x(4) | XAü x(5) | Xa x(6) | Xaü x(7) | XU x(8) | XUü x(9) | Xu x(10) |
|---|---|---|---|---|---|---|---|---|---|---|
| Z | 1 | 1 | 1 | -1 | -1 | 1 | 1 | -178 | -1 | 1 |
| Y(1) | 1 | | 0,206185 | -0,206185 | -0,206185 | 0,206185 | 0,206185 | -36,70093 | -0,206185 | 0,206185 |
| Y(2) | | 1 | 0,17526 | -0,17526 | -0,17526 | 0,17526 | 0,17526 | -31,19628 | -0,17526 | 0,17526 |
| Y(3) | | | 1,074227 | -0,074227 | -0,074227 | 0,074227 | 0,074227 | -13,21406 | -0,074227 | 0,074227 |
| Y(4) | | | | 1 | | | | | | |
| Y(5) | | | | | 1 | | | | | |
| Y(6) | | | | | | 1 | | | | |
| Y(7) | | | | | | | 1 | | | |
| Y(8) | | | | | | | | 178 | | |
| Y(9) | | | | | | | | | 1 | 1 |
| Y(10) | | | | | | | | | | |
| Y(11) | | | | | | | | | | |
| Y(12) | | | | | | | | | | |
| Y(13) | | | | | | | | | | |
| Y(14) | | | | | | | | | | |
| Y(15) | | | | | | | | | | |
| Y(16) | | | | | | | | | | |
| Y(17) | | | | | | | | | | |
| Y(18) | | | | | | | | | | |
| Y(19) | | | | 1 | 1 | -1 | -1 | -178 | -1 | 1 |
| Y(20) | | | | 0,5 | 0,5 | -0,5 | -0,5 | -89 | -0,5 | 0,5 |
| Y(21) | | | | -0,7 | -0,7 | 0,7 | 0,7 | -124,6 | -0,7 | 0,7 |
| Y(22) | 1,7 | 1,7 | 1,7 | -0,3 | -0,3 | 0,3 | 0,3 | -53,4 | -0,3 | 0,3 |
| Y(23) | | | | -0,3 | -0,3 | 0,3 | 0,3 | -53,4 | -0,3 | 0,3 |
| Y(24) | 1 | 1 | 1 | 1 | 1 | -1 | -1 | | | |
| Y(25) | | | | | | | | | | |
| Y(26) | 0,85 | 0,85 | 0,85 | 0,15 | 0,15 | -0,15 | -0,15 | -151,3 | -0,85 | 0,85 |
| Y(27) | 1 | 1 | 1 | 0 | 0 | 0 | 0 | 0 | -1 | 1 |
| X(28) | | | | | | | | -71,2 | -0,4 | 0,4 |
| Y(29) | 13 | 13 | 13 | -13 | -13 | 13 | 13 | -2314 | -13 | 13 |
| Y(30) | -10 | -10 | -10 | -9 | -9 | 9 | 9 | -1602 | -9 | 9 |
| Y(31) | 22 | 22 | 22 | -21 | -21 | 21 | 21 | -3738 | -21 | 21 |
| Y(32) | 12 | 12 | 12 | -11 | -11 | 11 | 11 | 1958 | -11 | 11 |
| Y(33) | | | | 1 | 1 | -1 | -1 | 178 | 1 | -1 |

Abb. 261: Darstellung des Optimierungsansatzes von Programm AMAX mit Rücklagenentnahmen

| Z | Xuü x(11) | XFl x(12) | XFk x(13) | Xfl x(14) | Xfk x(15) | XRa x(16) | Xra x(17) | XA 40 x(18) | XA 0 x(19) | RS |
|---|---|---|---|---|---|---|---|---|---|---|
| Z | 1 | −14 | −1 | 35 | 1 | −3 | 9 | −1 | −1,4285714 | 700 |
| Y(1) | 0,206185 | −2,88659 | −0,206185 | 7,216475 | 0,206185 | −0,618555 | 1,855665 | 0,1666667 | −0,4285714 | 171,3139 |
| Y(2) | 0,17526 | −2,45364 | −0,17526 | 6,1341 | 0,17526 | −0,52578 | 1,57734 | | | 164,7444 |
| Y(3) | 0,074227 | −1,0391787 | −0,074227 | 2,597945 | 0,074227 | −0,222681 | 0,668043 | −0,02 | 0,0514286 | 43,673 |
| Y(4) | | | | | | | | | | 150 |
| Y(5) | | | | | | | | | | 70 |
| Y(6) | | | | | | | | | | 350 |
| Y(7) | | | | | | | | | | 120 |
| Y(8) | | | | | | | | | | 178 |
| Y(9) | | | | | | | | | | 210 |
| Y(10) | | | | | | | | | | 20 |
| Y(11) | 1 | | | | | | | | | 74 |
| Y(12) | | 14 | | | | | | | | 14 |
| Y(13) | | | 1 | | | | | | | 60 |
| Y(14) | | | | 35 | | | | | | 35 |
| Y(15) | | | | | 1 | | | | | 22 |
| Y(16) | | | | | | 3 | | | | 3 |
| Y(17) | | | | | | | 9 | | | 9 |
| Y(18) | | | | | | | | 1 | | 200 |
| Y(19) | | | | | | | | | 1 | 56 |
| Y(20) | 1 | | | | | | | | | 650 |
| Y(21) | 0,5 | | | | | −1,5 | 4,5 | | | 360 |
| Y(22) | 0,7 | 23,8 | −1,7 | 59,5 | 1,7 | −5,1 | 15,3 | | | 536 |
| Y(23) | 0,3 | −14 | | 35 | | −0,9 | 2,7 | | | 471 |
| Y(24) | 0,3 | | −1 | | 1 | −0,9 | 2,7 | | | 409 |
| Y(25) | | 49 | | −122,5 | | | | | | 361,5 |
| Y(26) | 0,85 | −11,9 | −0,85 | 29,75 | 0,85 | −255 | 7,65 | | | 628 |
| Y(27) | 1 | | −1 | | 1 | −3 | 9 | | | 39 |
| Y(28) | 0,4 | | −1 | | | | | | | −136,2 |
| Y(29) | 13 | −182 | −13 | 455 | 13 | −39 | 117 | | | 7713 |
| Y(30) | 9 | −126 | −9 | 315 | 9 | −27 | 81 | | | 4920 |
| Y(31) | 21 | −308 | −22 | 770 | 22 | −63 | 189 | | | 12400 |
| Y(32) | 11 | −168 | −12 | 420 | 12 | −33 | 99 | | | 5400 |
| Y(33) | −1 | | | | | 3 | −9 | | | 438 |

Abb. 261: Darstellung des Optimierungsansatzes von Programm AMAX mit Rücklagenentnahmen (Fortsetzung)

XA   = 101,48 T€
Xa   = 350   T€
XaÜ  = 120   T€
XUü  = 210   T€
XFk  =  60   T€
XRa  =   3   T€
XA40 = 200   T€
XA0  =  56   T€.

In ähnlicher Weise kann das Modell auch eingesetzt werden, um einen unter den Rahmengegebenheiten möglichen **minimalen Bilanzgewinn** bei einer **Sicherung eines 50 %igen Abflusses des Jahresüberschusses** (as = 0,5) an die Gesellschafter auszuweisen (**Programm** *AMIN*). Der in **Abb. 261** dargestellte Optimierungsansatz kann dann bis auf die Zielfunktion beibehalten werden. Diese ist wie folgt zu modifizieren.

$-0,5 \cdot$ XKSt$-0,5 \cdot$ XGewSt$-0,5 \cdot$ XTA $+ 0,5 \cdot$ XA $+ 0,5 \cdot$ XAü$-0,5 \cdot$ Xa$-$
$0,5 \cdot$ Xaü $+ 89 \cdot$ XU $+ 0,5 \cdot$ XUü$-0,5 \cdot$ Xu$-0,5 \cdot$ Xuü $+ 7 \cdot$ XFl $+ 0,5 \cdot$ XFk$-17,5 \cdot$ Xfl$-$
$0,5 \cdot$ Xfk $+ 1,5 \cdot$ XRa$-3 \cdot$ Xra $+$ XA40 $+ 1,4285714 \cdot$ XA0 $= -350$.

Die **optimale Einheitsbilanz** lässt sich in diesem Fall aufstellen, wenn folgende Wahlrechtsgruppen mit den entsprechenden Werten zum Einsatz kommen:

XA   =   9,68 T€
Xa   = 350   T€
Xaü  = 120   T€
XUü = 210   T€
Xuü  = 19,5  T€
XFl   =  14   T€
XFk  =  60   T€
XRa  =   3   T€.

Neben Ausschüttungsmaximierung und -minimierung ist häufig zu beobachten, dass die Unternehmensleitung auch das Ziel verfolgt, einen **ganz bestimmten Ausschüttungsbetrag** auszuweisen. Eine solche Vorgehensweise kann zum einen von der Absicht des Managements getragen sein, diese Zielgröße planmäßig im Zeitablauf zu **verstetigen**.[1237] Die empirische Rechnungslegungsforschung hat nachgewiesen, dass insbesondere die Unternehmensleitung von **managerkontrollierten Kapitalgesellschaften** häufig auf diese Strategie zurückgreift. Zum anderen ist eine derartige Vorgehensweise bei personenbezogenen (eigentümerkontrollierten) Kapitalgesellschaften denkbar, die Gewinnausweis und Ausschüttungen aus steuerrechtlichen Gründen so beeinflussen wollen, dass das persönliche Endvermögen der Anteilseigner nach Ertragsteuern im Zeitablauf maximiert wird.[1238]

Für das Beispielunternehmen sei angenommen, dass die Entscheidungsträger die Ausschüttung eines Betrages von 240 T€ unter vollständiger Realisierung der anderen Soll-Werte des Zielplans wünschen. Darüber hinaus wird beabsichtigt, 40 % des Jahresüberschusses (as = 0,6) den anderen Gewinnrücklagen zuzuführen (**Programm** *AFIX*). Das

---

1237  Vgl. hierzu die Ausführungen im Sechsten Teil zu Gliederungspunkt I.D.
1238  Vgl. hierzu die Ausführungen im Sechsten Teil zu Gliederungspunkt IV.B.2.

| z | XKSt x(1) | XGewSt x(2) | XTA x(3) | XA x(4) | XAü x(5) | Xa x(6) | Xaü x(7) | XU x(8) | XUü x(9) | Xu x(10) |
|---|---|---|---|---|---|---|---|---|---|---|
| z | 0,6 | 0,6 | 0,6 | -0,6 | -0,6 | 0,6 | 0,6 | -106,8 | -0,6 | 0,6 |
| Y(1) | 1 | | 0,206185 | -0,206185 | -0,206185 | 0,206185 | 0,206185 | -36,70093 | -0,206185 | 0,206185 |
| Y(2) | | 1 | 0,17526 | -0,17526 | -0,17526 | 0,17526 | 0,17526 | -31,19628 | -0,17526 | 0,17526 |
| Y(3) | | | 1,074227 | -0,074227 | -0,074227 | 0,074227 | 0,074227 | -13,21406 | -0,074227 | 0,074227 |
| Y(4) | | | | 1 | | | | | | |
| Y(5) | | | | | 1 | | | | | |
| Y(6) | | | | | | 1 | | | | |
| Y(7) | | | | | | | 1 | | | |
| Y(8) | | | | | | | | 178 | | |
| Y(9) | | | | | | | | | 1 | |
| Y(10) | | | | | | | | | | 1 |
| Y(11) | | | | | | | | | | |
| Y(12) | | | | | | | | | | |
| Y(13) | | | | | | | | | | |
| Y(14) | | | | | | | | | | |
| Y(15) | | | | | | | | | | |
| Y(16) | | | | | | | | | | |
| Y(17) | | | | | | | | | | |
| Y(18) | | | | | | | | | | |
| Y(19) | | | | | | | | | | |
| Y(20) | | | | 1 | 1 | -1 | -1 | -178 | -1 | 1 |
| Y(21) | 1,7 | | | 0,5 | 0,5 | -0,5 | -0,5 | -89 | -0,5 | 0,5 |
| Y(22) | | 1,7 | 1,7 | -0,7 | -0,7 | 0,7 | 0,7 | -124,6 | -0,7 | 0,7 |
| Y(23) | | | | -0,3 | -0,3 | 0,3 | 0,3 | -53,4 | -0,3 | 0,3 |
| Y(24) | 1 | 1 | 1 | -0,3 | -0,3 | 0,3 | 0,3 | -53,4 | -0,3 | 0,3 |
| Y(25) | | | | 1 | 1 | -1 | -1 | | | |
| Y(26) | 0,85 | 0,85 | 0,85 | 0,15 | 0,15 | -0,15 | -0,15 | -151,3 | -0,85 | 0,85 |
| Y(27) | 1 | 1 | 1 | 0 | 0 | 0 | 0 | 0 | -1 | 1 |
| X(28) | | | | | | | | -71,2 | -0,4 | 0,4 |
| Y(29) | 13 | 13 | 13 | -13 | -13 | 13 | 13 | -2314 | -13 | 13 |
| Y(30) | -10 | -10 | -10 | -9 | -9 | 9 | 9 | -1602 | -9 | 9 |
| Y(31) | 22 | 22 | 22 | -21 | -21 | 21 | 21 | -3738 | -21 | 21 |
| Y(32) | 12 | 12 | 12 | -11 | -11 | 11 | 11 | 1958 | -11 | 11 |
| Y(33) | | | | 1 | 1 | -1 | -1 | 178 | 1 | -1 |
| Y(34) | -0,6 | -0,6 | -0,6 | 0,6 | 0,6 | -0,6 | -0,6 | 106,8 | 0,5 | -0,6 |

Abb. 262: Darstellung des Optimierungsansatzes von Programm AFIX

| Z | Xuü x(11) | XFl x(12) | XFk x(13) | Xfl x(14) | Xfk x(15) | XRa x(16) | Xra x(17) | XA 40 x(18) | XA 0 x(19) | RS |
|---|---|---|---|---|---|---|---|---|---|---|
| | 0,6 | -8,4 | -0,6 | 21 | 0,6 | -1,8 | 5,4 | -1 | -1,4285714 | 420 |
| Y(1) | 0,206185 | -2,88659 | -0,206185 | 7,216475 | 0,206185 | -0,618555 | 1,855665 | 0,1666667 | -0,4285714 | 171,3139 |
| Y(2) | 0,17526 | -2,45364 | -0,17526 | 6,1341 | 0,17526 | -0,52578 | 1,57734 | | | 164,7444 |
| Y(3) | 0,074227 | -1,0391787 | -0,074227 | 2,597945 | 0,074227 | -0,222681 | 0,668043 | -0,02 | 0,0514286 | 43,673 |
| Y(4) | | | | | | | | | | 150 |
| Y(5) | | | | | | | | | | 70 |
| Y(6) | | | | | | | | | | 350 |
| Y(7) | | | | | | | | | | 120 |
| Y(8) | | | | | | | | | | 178 |
| Y(9) | | | | | | | | | | 210 |
| Y(10) | | | | | | | | | | 20 |
| Y(11) | 1 | | | | | | | | | 74 |
| Y(12) | | 14 | | | | | | | | 14 |
| Y(13) | | | 1 | | | | | | | 60 |
| Y(14) | | | | 35 | | | | | | 35 |
| Y(15) | | | | | 1 | | | | | 22 |
| Y(16) | | | | | | 3 | | | | 3 |
| Y(17) | | | | | | | 9 | | | 9 |
| Y(18) | | | | | | | | 1 | | 200 |
| Y(19) | | | | | | | | | 1 | 56 |
| Y(20) | 1 | | | | | | | | | 650 |
| Y(21) | 0,5 | | | | | -1,5 | 4,5 | | | 360 |
| Y(22) | 0,7 | 23,8 | -1,7 | 59,5 | 1,7 | -5,1 | 15,3 | | | 536 |
| Y(23) | 0,3 | -14 | | 35 | | -0,9 | 2,7 | | | 471 |
| Y(24) | 0,3 | 49 | -1 | | 1 | -0,9 | 2,7 | | | 409 |
| Y(25) | | | | -122,5 | | | | | | 361,5 |
| Y(26) | 0,85 | -11,9 | -0,85 | 29,75 | 0,85 | -255 | 7,65 | | | 628 |
| Y(27) | 1 | | -1 | | 1 | -3 | 9 | | | 39 |
| Y(28) | 0,4 | | -1 | | 1 | | | | | -136,2 |
| Y(29) | 13 | -182 | -13 | 455 | 13 | -39 | 117 | | | 7713 |
| Y(30) | 9 | -126 | -9 | 315 | 9 | -27 | 81 | | | 4920 |
| Y(31) | 21 | -308 | -22 | 770 | 22 | -63 | 189 | | | 12400 |
| Y(32) | 11 | -168 | -12 | 420 | 12 | -33 | 99 | | | 5400 |
| Y(33) | -1 | | | | | 3 | -9 | 1 | 1,4285714 | 438 |
| Y(34) | -0,6 | 8,4 | 0,6 | -21 | -0,6 | 1,8 | -5,4 | | | -180 |

Abb. 262: Darstellung des Optimierungsansatzes von Programm AFIX (Fortsetzung)

Ausgangstableau für die Eingabe in die Optimierungsrechnung im Hinblick auf den vorliegenden Fixierungsansatz befindet sich in **Abb. 262**. Die dort zusätzlich eingefügte Restriktion Y(34) ist erforderlich, um zu erreichen, dass die Erhöhung des Bilanzgewinns lediglich bis 240 T € vorgenommen wird. Bei dieser Konstellation ist die optimale Einheitsbilanz aufzustellen, wenn die nachstehenden Variablen eingesetzt werden:

$$XA = 2,23 \text{ T€}$$
$$Xa = 230 \text{ T€}$$
$$Xaü = 120 \text{ T€}$$
$$XUü = 210 \text{ T€}$$
$$Xu = 19,5 \text{ T€}$$
$$XFk = 60 \text{ T€}$$
$$XRa = 3 \text{ T€}$$
$$Xra = 9 \text{ T€}$$
$$XA40 = 104,16 \text{ T€}.$$

Die **Abb. 263** und **Abb. 264** zeigen die den Programmen *AMAX* ohne und mit Rücklagenentnahmen, *AMIN* und *AFIX* zugehörigen **zieloptimalen Erfolgsrechnungen und Einheitsbilanzen** (o. RE = ohne Rücklagenentnahmen, m. RE = mit Rücklagenentnahmen). **Abb. 265** vergleicht anschließend die angestrebten Sollwerte der Kennzahlen mit den entsprechenden Ziffern des zieloptimalen Jahresabschlusses.

| alle Werte in T € | | Programme | | |
|---|---|---|---|---|
| Erfolgsgrößen | AMAX o. RE | AMAX m. RE | AMIN | AFIX |
| Vorläufiger Jahresüberschuss vor ergebnisabhängigen Aufwendungen | 700,00 | 700,00 | 700,000 | 700,00 |
| + Summe der jahresüberschusserhöhenden Aktionsparameter | 354,00[1239] | 374,48 | 296,680 | 275,23 |
| − Summe der jahresüberschussvermindernden Aktionsparameter | 470,00[1240] | 470,00 | 489,500 | 498,50 |
| = Soll-Jahresüberschuss vor ergebnisabhängigen Aufwendungen | 584,00 | 604,48 | 507,180 | 476,73 |
| − Körperschaftsteueraufwand | 140,67[1241] | 135,05[1244] | 125,920 | 102,32 |
| − Gewerbesteueraufwand | 138,69[1242] | 141,85 | 126,160 | 120,85 |
| − Tantiemenaufwand | 32,64[1243] | 35,10 | 27,330 | 27,17 |
| = Soll-Jahresüberschuss | 272,00 | 292,48 | 227,770 | 226,39 |
| + Entnahmen aus (anderen) Gewinnrücklagen | – | 280,00 | – | 104,16 |
| − Einstellungen in andere Gewinnrücklagen | 54,40 | – | 113,885 | 90,55 |
| = Soll-Bilanzgewinn | 217,60[1245] | 572,48 | 113,885 | 240,00 |

Abb. 263: Ergebnisse der Optimierungsdurchläufe [zieloptimale (verkürzte) Gewinn- und Verlustrechnungen]

---

[1239] $354 \text{ T€} = 67 \text{ T€} + 210 \text{ T€} + 14 \text{ T€} + 60 \text{ T€} + 3 \text{ T€}.$

[1240] $470 \text{ T€} = 350 \text{ T€} + 120 \text{ T€},$

[1241] $140,67 \text{ T€} = 0,25 \cdot (584 \text{ T€} + 150 \text{ T€} - 138,69 \text{ T€} - 32,64 \text{ T€}).$

[1242] $138,69 \text{ T€} = 0,05 \cdot 4,25 \cdot (584 \text{ T€} + 150 \text{ T€} + 90 \text{ T€} - 138,69 \text{ T€} - 32,64 \text{ T€}).$

[1243] $32,64 \text{ T€} = 0,12 \cdot 272 \text{ T€}.$

[1244] $135,05 \text{ T€} = 0,25 \cdot (604,48 \text{ T€} + 150 \text{ T€} - 141,85 \text{ T€} - 35,10 \text{ T€}) - 1/6 \cdot 200 \text{ T€} + 3/7 \cdot 56 \text{ T€}.$

[1245] $217,60 \text{ T€} = 0,8 \cdot 272 \text{ T€}.$

| Aktiva | Programm AMAX o. RE T€ | Programm AMAX m. RE T€ | Programm AMIN T€ | Programm AFIX T€ |
|---|---|---|---|---|
| **A. Anlagevermögen:** | | | | |
| **I.** Immaterielle Vermögensgegenstände: | | | | |
| 1. Lizenzen | 20 | 20 | 20 | 20 |
| 2. Firmenwert | 110 | 110 | 110 | 110 |
| **II.** Sachanlagen: | | | | |
| 1. Grundstücke und Bauten | 467 | 501,48 | 409,68 | 400 |
| 2. Technische Anlagen und Maschinen | 40 | 40 | 40 | 40 |
| **III.** Finanzanlagen: | | | | |
| 1. Beteiligungen | 10 | 10 | 10 | 10 |
| 2. Wertpapiere des Anlagevermögens | 90 | 90 | 90 | 92,23 |
| **B. Umlaufvermögen:** | | | | |
| **I.** Vorräte: | | | | |
| 1. Roh-, Hilfs- und Betriebsstoffe | 380 | 380 | 380 | 380 |
| 2. Unfertige Erzeugnisse | 350 | 350 | 350 | 330,5 |
| 3. Fertige Erzeugnisse | 600 | 600 | 600 | 600 |
| **II.** Forderungen und sonstige Vermögensgegenstände: | | | | |
| 1. Forderungen aus Lieferungen und Leistungen (davon mit einem Restlaufzeit von mehr als einem Jahr) | 210 (102) | 210 (102) | 190,5 (102) | 210 (102) |
| 2. Sonstige Vermögensgegenstände | 40 | 40 | 40 | 40 |
| **III.** Wertpapiere: | | | | |
| 1. Eigene Anteile | 24 | 24 | 24 | 24 |
| 2. Sonstige Wertpapiere | 370 | 370 | 370 | 370 |
| **IV.** Kassenbestand, Guthaben bei Kreditinstituten | 26 | 26 | 26 | 26 |
| **C. Rechnungsabgrenzungsposten:** | 73 | 73 | 73 | 64 |
| | 2.810 | 2.844,48 | 2.733,18 | 2.716,73 |

| Passiva | Programm AMAX o. RE T€ | Programm AMAX m. RE T€ | Programm AMIN T€ | Programm AFIX T€ |
|---|---|---|---|---|
| **A. Eigenkapital:** | | | | |
| **I.** Gezeichnetes Kapital | 1.000 | 1.000 | 1.000 | 1.000 |
| **II.** Gewinnrücklagen | | | | |
| 1. Rücklagen laut Gesellschaftsvertrag | 180 | 100 | 180 | 180 |
| 2. Andere Gewinnrücklagen | 254,4 | 0 | 313,885 | 186,39 |
| **III.** Bilanzgewinn | 217,6 | 572,48 | 113,885 | 240 |
| **B. Rückstellungen:** | | | | |
| **I.** Rückstellungen für Pensionen (la) | 96 | 96 | 96 | 96 |
| **II.** Ertragsteuerrückstellungen (ku) | 279,36 | 276,9 | 252,08 | 223,17 |
| **III.** Sonstige Rückstellungen: | | | | |
| 1. Rückstellungen für Umweltschäden (la) | 16 | 30 | 16 | 30 |
| 2. Rückstellungen für Garantiezusagen (ku) | 56 | 56 | 56 | 56 |
| **C. Verbindlichkeiten:** | | | | |
| **I.** Verbindlichkeiten aus Lieferungen und Leistungen [davon mit einer Restlaufzeit bis zu einem Jahr (ku)] | 678 (375) | 678 (375) | 678 (375) | 678 (375) |
| **II.** Sonstige Verbindlichkeiten für Geschäftsführertantiemen (ku) | 32,64 | 35,10 | 27,33 | 27,17 |
| | 2.810 | 2.844,48 | 2.733,18 | 2.716,73 |

Abb. 264: Ergebnisse der Optimierungsdurchläufe (zieloptimale Einheitsbilanzen zum 31.12.2005)

| | Kennzahl | Ist | Soll | AMAX o. RE | AMAX m.RE | AMIN | AFIX |
|---|---|---|---|---|---|---|---|
| a | Anlagevermögen : Umlaufvermögen | 0,64 | ≤1 | 0,37 | 0,39 | 0,34 | 0,34 |
| b | Anlagevermögen : Bilanzsumme | 0,38 | ≤0,5 | 0,26 | 0,27 | 0,25 | 0,25 |
| c | Bilanzsumme : Eigenkapital | 1,75 | ≤1,7 | 1,70 | 1,70 | 1,70 | 1,69 |
| d | langfristiges Fremdkapital : Bilanzsumme | 0,14 | ≤0,3 | 0,15 | 0,15 | 0,15 | 0,16 |
| e | kurzfristiges Fremdkapital : Bilanzsumme | 0,28 | ≤0,3 | 0,26 | 0,26 | 0,26 | 0,25 |
| f | Anlagevermögen : langfristiges Fremdkapital | 2,66 | ≤3,5 | 1,78 | 1,80 | 1,64 | 1,57 |
| g | Anlagevermögen : Eigenkapital | 0,66 | ≤0,85 | 0,45 | 0,46 | 0,42 | 0,42 |
| h | [Anlagevermögen + Vorratsvermögen] : [Eigenkapital + langfristiges Fremdkapital] | 1,15 | ≤1 | 1,00 | 1,00 | 0,99 | 0,97 |
| i | kurzfristiges Fremdkapital : Umlaufvermögen | 0,48 | ≤0,4 | 0,37 | 0,37 | 0,36 | 0,34 |
| j | Eigenkapital : Jahresüberschuss | 5,07 | ≤14 | 6,07 | 5,72 | 7,06 | 7,10 |
| k | Eigenkapital : Jahresüberschuss vor ergebnisabhängigen Aufwendungen | 2,46 | ≤10 | 2,83 | 2,76 | 3,17 | 3,37 |
| l | [Eigenkapital + Fremdkapital] : Jahresüberschuss | 8,86 | ≤22 | 10,33 | 9,73 | 11,98 | 12,00 |
| m | [Eigenkapital+Fremdkapital] : Jahresüberschuss vor ergebnisabhängigen Aufwendungen | 4,29 | ≤12 | 4,81 | 4,71 | 5,38 | 5,70 |
| BS | Bilanzsumme | 3.000 T€ | ≤4.015 T€ | 2.810 T€ | 2.844,48 T€ | 2.733,18 T€ | 2.716,73 T€ |

Abb. 265: Vergleich der entscheidungsrelevanten Kennzahlen auf der Basis von Ist-, Soll- und Optimalwerten

## d.    Beurteilung der Planungsansätze

Anhand rechnungslegungspolitischer Modellansätze ist gezeigt worden, dass die Gestaltung des Jahresabschlusses von Kapitalgesellschaften unter Berücksichtigung **komplexer Zielstrukturen** auf Basis der **mathematischen Planungsrechnung** zielentsprechend durchgeführt werden kann. Mit Hilfe des hier vorgestellten, auf **Personal Computer** einsetzbaren Optimierungsprogramms sind die zieloptimalen Entscheidungswerte für die Gestaltung von Jahresergebnis und Ausschüttung schnell und übersichtlich zu ermitteln. Ergibt sich keine Optimallösung, weist das Programm diejenigen Struktur- und Schlupfvariablen aus, die sich widersprechen. Durch diese Informationen werden die Verantwortlichen der Rechnungslegungspolitik in die Lage versetzt, solche Daten des Zielplans (z. B. Soll-Bilanzgewinn, angestrebte Bilanzsumme und/oder bestimmte Kennzahlenniveaus), die eine optimale Lösung verhindern, festzustellen und ggf. **revidiert** in eine **neue Zielkonzeption** einfließen lassen, bis eine mit den rechnungslegungspolitischen Zielvorstellungen abgestimmte und unter den gesetzten Rahmenbedingungen realisierbare optimale Gestaltung des Jahresabschlusses bestimmt worden ist.

Die Beispiele verdeutlichen, wie **vielschichtig** eine zieladäquate Rechnungslegungspolitik ansetzen muss. Es zeigt sich, dass die optimale Lösung unter realitätsnahen Bedingungen nicht von Hand, sondern nur mit Hilfe eines **IT-gestützten Optimierungsmodells** zu erreichen ist. Die Ergebnisse der Simulationsrechnungen bringen zugleich zum Ausdruck, welche (vermeidbaren) Nachteile, z. B. hinsichtlich der **Steuerlast** oder **Jahresabschlussstruktur**, durch eine nicht optimal gestaltete Rechnungslegungspolitik verursacht werden können. Die vorstehend beschriebenen IT-gestützten Modellansätze zur Rechnungslegungspolitik bieten deshalb wertvolle Hilfestellungen im Rahmen der **Unternehmensplanung**.

Leistungsfähigkeit und Nützlichkeit eines IT-gestützten rechnungslegungspolitischen Optimierungsmodells sind daran zu ermessen, dass von Hand unter realistischen Verhältnissen wegen der Komplexität der Zusammenhänge optimale rechnungslegungspolitische Entscheidungen selten zu erreichen sein dürften, gleichzeitig aber von diesen Entscheidungen beträchtliche Auswirkungen auf so zentrale Sachverhalte wie das Bild der **Erfolgslage**, die **Ausschüttungskraft**, die **Ertragsteuer- und/oder Tantiemenbelastung** des Unternehmens ausgehen, wie die Beispiele verdeutlicht haben. Da die vorgestellten Planungsansätze alle wechselseitigen Beziehungen zwischen Wahlrechten, Kennzahlen, Ertragsteuer-, Tantiemen und/oder Ausschüttungsfaktoren in Gestalt einzelner Koeffizienten berücksichtigen, die Eingang in die Variablen der Zielfunktion und der Beschränkungen finden, werden sie als **simultane Koeffizientenmodelle** bezeichnet.

## e.    Erweiterungsmöglichkeiten der IT-gestützten Optimierungsmodelle

Die vorgestellten IT-gestützten Optimierungsmodelle sind in vielfältigen Richtungen **erweiterungsfähig**. Zunächst wird eine Verfeinerung im Hinblick auf die Einbeziehung **zusätzlicher Kennzahlen** sowie in Bezug auf die Berücksichtigung spezifischer (auch erfolgsneutraler) **Einzelwahlrechte** ohne Probleme realisierbar sein. Ferner sind die vorgestellten Modelle dadurch gekennzeichnet, dass sich alle relevanten rechnungslegungspolitischen Zielausprägungen, sofern sie hinreichend operationalisierbaren Charakter tragen, ohne Schwierigkeiten entwder in Form einer **Zielfunktion (als Primärziele)** und/oder

**als Nebenbedingungen (als Sekundärziele)** in mathematisch formulierte Optimierungsansätze integrieren lassen. Hierdurch wird es möglich, **Mehrfachzielsetzungen** des Entscheidungsträgers, die zueinander in Konkurrenz stehen können (z. B. Maximierung des Bilanzgewinns und Realisierung bestimmter Kennzahlenniveaus) einzubeziehen und einer **optimalen Gesamtlösung** zuzuführen. Berücksichtigt man darüber hinaus, dass ein Ausdruck, der formal richtig für Nebenbedingungen (z. B. einzuhaltende Kennzahlen- oder Bilanzsummenniveaus) festgelegt wurde, ohne weiteres bei Erweiterung der Modelle als Zielfunktion übernommen werden kann,[1246] dann besteht im Hinblick auf die Integration rechnungslegungspolitischer Absichten als Primär- oder Sekundärziele grundsätzlich vollkommene **Austauschbarkeit**.

Weitere Variationen sind etwa im Hinblick auf die Berücksichtigung des **Solidaritätszuschlags**, die Einbeziehung **internationaler Rechnungslegungsnormen**[1247] und die Übertragbarkeit auf die **internationale Konzernrechnungslegung**[1248] möglich. Darüber hinaus bietet sich die Integration der erweiterten Planungsansätze, die nach dem dargelegten Konzept auch für **getrennt von den Ertragsteuerbilanzen** zu erstellende handelsrechtliche Jahresabschlüsse zu konzipieren sind,[1249] in **menügesteuerte Softwarepakete** an, wodurch die zielgerichtete Gestaltung der handels- und/oder steuerrechtlichen Rechnungslegung erheblich vereinfacht werden dürfte. In Verbindung mit einer IT-gestützten Katalogisierung und Kommentierung des aktuellen Wahlrechtspotenzials können die aufgezeigten Modelle den Ausgangspunkt für die Entwicklung **rechnungslegungspolitischer Expertensysteme** bilden.[1250]

Weiterhin können die Ansätze auch zur Lösung **mehrperiodiger rechnungslegungspolitischer Entscheidungsprobleme** Verwendung finden. Aus **steuerrechtlicher Sicht** bestehen grundsätzlich keine Schwierigkeiten, sowohl für firmen- als auch für anteilseignerorientierte Konstellationen mit hinreichender Sicherheit optimale periodenbezogene Gewinn- bzw. Ausschüttungsreihen zu berechnen. Die auf diese Weise ermittelten Ziele können als **Fixierungsgrößen** Eingang in die Modelle finden, wodurch mit Hilfe der effektiv zur Verfügung stehenden **Manövriermasse** der jeweiligen Rechnungsperiode und unter Berücksichtigung weiterer Nebenziele (Kennzahlen, Bilanzsumme) der realisierte Ergebnisausweis zweckbezogen transformiert werden kann. Insbesondere vor dem Hintergrund der Erkenntnis, dass die Hauptarbeit des **Steuerbilanzplaners** nicht in der Bestimmung der optimalen Gewinnminderung oder auch Gewinnerhöhung je Jahr besteht, sondern im Auffinden der für die Periode passenden **erfolgswirksamen Aktionsparameter**,[1251] dürfte den vorgestellten **simultanen Koeffizientenmodellen** besondere Bedeutung zukommen. Darüber hinaus wurde im Rahmen jüngster Forschungen der Frage nachgegangen, wie sich die Entscheidungsmodelle an die veränderten Zielstrukturen einer (mehrperiodigen) **unternehmenswertsteigernden Rechnungslegungspolitik**[1252] anpassen lassen.

---

1246 Vgl. *Rückle* 1983, S. 188.
1247 Vgl. *Krog* 1998a und 1998b, S. 273–331; *Freidank* 2003b, S. 349–360; *Freidank/Reibis* 2004a, S. 621–669 und 2004b, S. 191–236.
1248 Vgl. *Schäfer* 1999 und 2000, S. 163–193.
1249 Vgl. *Freidank* 1990a, S. 114–172.
1250 Vgl. *Freidank* 1993, S. 312–323.
1251 Vgl. *Heinhold* 1985, S. 56.
1252 Vgl. zu den Ergebnissen *Reibis* 2005.

# VI. Zusammenfassung

Die Rechnungslegungspolitik trägt im Zielsystem der Unternehmenspolitik **derivativen Charakter** und dient der Durchsetzung von **Finanz-, Publizitäts- und/oder Individualzielen des Managements**. Aus diesen übergeordneten Zielen sind die konkreten rechnungslegungspolitischen Handlungsabsichten herzuleiten, die sich in erster Linie auf die Gestaltung der **Ergebnisgrößen**, die **Struktur des Jahresabschlusses** (einschließlich Anhang) und/oder des **Lageberichts** beziehen. Wie durch die **empirische Jahresabschlussforschung** nachgewiesen wurde, betreiben managerkontrollierte Gesellschaften vor allem das Ziel einer Glättung der Ergebnisgrößen, während bei eigentümerkontrollierten Unternehmungen unterstellt wird, dass hier das Ziel einer Minimierung der ertragsteuerrechtlichen Bemessungsgrundlagen dominiert. Bei Kapitalgesellschaften spielen darüber hinaus die Verfolgung der Ziele »**Vermeidung der Prüfungspflicht**« sowie »**Ausnutzung von Publizitätserleichterungen**« zusätzlich eine wichtige Rolle. Derartige Absichten sind durch Unterschreitung von mindestens zwei der in § 267 HGB genannten kritischen Größenklassenmerkmale an zwei aufeinander folgenden Bilanzstichtagen zu realisieren. In diesem Zusammenhang kommt der Gestaltung der **Bilanzsumme** durch den Einsatz von Aktionsparametern vor allem dann besondere Bedeutung zu, wenn schon ein anderes Größenkriterium (Umsatzerlöse oder Arbeitnehmerzahl) unterschritten wurde und die Kapitalgesellschaft mit der Bilanzsumme geringfügig oberhalb der entsprechenden Klassifizierung liegt.

Im Falle auftretender **Konflikte** zwischen den einzelnen **Handlungszielen** sollte zunächst versucht werden, diese durch **Zielbewertung** oder das Setzen von **Prioritäten** zu lösen. Sofern Konfliktbewältigungen beim Vorliegen unterschiedlicher Rollenerwartungen bestimmter Koalitionsteilnehmer in der betrieblichen Praxis nicht durchsetzbar sind, besteht die Möglichkeit, dass die Unternehmensleitung entweder die »**Strategie eines begrenzten Konflikts**« oder die »**Strategie einer dramatischen Umkehr**« verfolgt.

Zur zielgerichteten Beeinflussung der in den Vorschriften des Handels- und Steuerrechts festgelegten Werte kann es aber nur deshalb kommen, weil der Gesetzgeber den unternehmerischen Entscheidungsträgern als Informationssendern zum einen **konventionalisierte Instrumente** (bewusst) zur Verfügung stellt, die zu einer Realität (Urbild) nicht nur ein Abbild zulassen und zum anderen bestimmte Rechnungslegungsvorschriften nicht eindeutig definiert hat. Diese gesetzlichen Lücken in Gestalt von **Wahlrechten und Ermessensspielräumen** sind allerdings deshalb nicht geschlossen worden, um den zur Rechnungslegung Verpflichteten **Manipulationsalternativen** einzuräumen, sondern weil der Gesetzgeber annahm, dass beim Vorliegen unterschiedlich gelagerter Konstellationen auch in unterschiedlicher Art und Weise Rechnung gelegt werden könnte. Bezüglich der bewusst zur Verfügung gestellten Abbildungsspielräume handelt es sich primär um **Ansatz-, Bewertungs- und Ausweiswahlrechte** sowie **steuerrechtliche Vergünstigungen**.[1253] Darüber hinaus stehen den Entscheidungsträgern zur Durchsetzung ihrer verfolgten rechnungslegungspolitischen Ziele **sachverhaltsgestaltende Alternativen** i. e. S. zur Verfügung, die im Grundsatz auf die Beeinflussung der rechtlichen Realität vor dem Bilanzstichtag ausgerichtet sind.

Trotz des kodifizierten Grundsatzes der **materiellen Bilanzkontinuität** (§ 252 Abs. 1 Nr. 6 HGB) bleibt ein verhältnismäßig großer Bereich für zulässige Änderungen der Ansatz- und

---

1253  Vgl. *Leffson* 1987, S. 83.

Bewertungsmethoden, da die handels- und steuerrechtlichen Normen die **Ansatz-Methodenstetigkeit** nicht regeln und in begründeten Ausnahmefällen die Durchbrechung der **Bewertungs-Methodenstetigkeit** gestatten. Berücksichtigt man darüber hinaus, dass den Verantwortlichen zur Durchsetzung ihrer verfolgten Ziele neben den angesprochenen formellen und materiellen Wahlrechten noch individuelle **Ermessensspielräume** und **sachverhaltsgestaltende Instrumente** i. e. S. zur Verfügung stehen sowie ferner von der Möglichkeit Gebrauch gemacht werden kann, Bilanzinformationen zielgerichtet in den **Anhang** zu verlagern, dann kommt zum Ausdruck, welch hohen Stellenwert die handelsrechtliche Rechnungslegungspolitik vor allem für **offenlegungspflichtige Kapitalgesellschaften** zur planmäßigen, zielorientierten Gestaltung des Jahresabschlusses besitzt.

Die betriebswirtschaftliche Forschung hat sich aus den unterschiedlichen Blickrichtungen mit der Entwicklung **entscheidungsunterstützender Modellansätze** zum Zwecke der Gestaltung der Rechnungslegungsobjekte beschäftigt. Da neben der Bilanz aber auch die Gewinn- und Verlustrechnung, der Anhang und/oder der Lagebericht und andere nicht normierte Medien Objekte der zielgerichteten Beeinflussung sein können, wurde der traditionelle Begriff der Bilanzpolitik durch den umfassenderen Terminus **Rechnungslegungspolitik** ersetzt. Der Zweck der angesprochenen Forschungsbemühungen bestand ganz allgemein darin, dem Management Instrumente an die Hand zu geben, mit deren Hilfe bestimmte Verhaltensweisen **der Adressaten des Jahresabschlusses** (z. B. Kunden, Gläubiger, Konkurrenten, Kreditgeber, Arbeitnehmer und ihre Vertreter, Öffentlichkeit sowie der Fiskus) **unternehmenszielkonform** beeinflusst werden können. Obwohl sich die vorgelegten Modelle lediglich auf die für die Gestaltungsaufgabe als wesentlich erachteten **quantitativen Einflussgrößen** beschränken, braucht ihr praxisorientierter Aussagewert durch diese **Komplexitätsreduktion** nicht notwendigerweise beeinträchtigt zu werden, wenn die ausgeschlossenen Bestimmungsgrößen in Bezug auf das Planungsziel nur von untergeordneter Bedeutung sind.

Allerdings sind die vorgelegten Ansätze dadurch gekennzeichnet, dass sie fast ausschließlich den Bereich der **materiellen Rechnungslegungspolitik** bearbeiten, d. h. auf die Beeinflussung der Höhe des Vermögens und/oder Erfolgs der Unternehmung abzielen. Die Erklärung für diese, den Bereich der formellen Rechnungslegungspolitik, die sich auf die Präsentation der äußeren Form von Bilanz und Erfolgsrechnung (**Ausweispolitik**), ihrer Bekanntgabe und die Berichterstattung über den Abschluss (**Erläuterungspolitik**) sowie auf die Darstellung des Geschäftsverlaufs und der Lage des Unternehmens (**Darstellungspolitik**) bezieht, fast vollständig ignorierende Vorgehensweise liegt zum einen in **der Dominanz monetärer rechnungslegungspolitischer Zielsetzungen** und zum anderen in den nicht mit hinreichender Genauigkeit zu quantifizierenden publizitätspolitischen Zielgrößen begründet.

Die grundlegenden Betrachtungen zu den **Modellbildungen** im Rahmen der Rechnungslegungspolitik haben zu dem Ergebnis geführt, dass den Erfordernissen der betrieblichen Praxis bezüglich einer aussagefähigen Planung des handels- und/oder steuerrechtlichen Jahresabschlusses am ehesten durch die Entwicklung möglichst **vereinfachender Partialmodelle** entsprochen wird, die aufgrund der Unsicherheit hinsichtlich der Vorausbestimmung der Unternehmensergebnisse bzw. der sonstigen steuerrechtlichen Einkünfte der Anteilseigner sowie des Potenzials der künftig zur Verfügung stehenden Gestaltungsobjekte grundsätzlich **einperiodig** ausgerichtet sein sollten. Infolgedessen tragen die vorgestellten rechnungslegungspolitischen Planungsansätze den Charakter von **deterministischen Einzeitpunktentscheidungsmodellen**. Auftretende **Sekundärwirkungen** der materiellen rechnungslegungspolitischen Alternativen lassen sich durch die Einbeziehung von **Flexibilitätskriterien** in das Entscheidungskalkül periodenübergreifend steuern.

Umfassende rechnungslegungspolitische Modellkonzeptionen sollten zunächst in der Lage sein, spezifische Ausprägungen des von den Entscheidungsträgern definierten Zielausmaßes im Hinblick auf den angestrebten **Erfolg** sowie bestimmte **Kennzahlen- und/ oder Bilanzsummenniveaus** als **Extremierungs-, Fixierungs- bzw. Satisfizierungsgrößen** berücksichtigen zu können. Sofern es der Unternehmensleitung gelingt, ihre **Präferenzen** in Gestalt der Zielfunktion und/oder einzuhaltender Nebenbedingungen unter Beachtung der Menge der zur Verfügung stehenden Aktionsparameter eindeutig festzulegen, läuft der eigentliche Entscheidungsprozess ohne Eingreifen des Managements in simultaner Form ab.

Sofern die interdependenten Beziehungen der Variablen von Zielplan und Entscheidungsfeld jedoch für den Rechnungslegungspolitiker überschaubar sind und damit eine individuell festzulegende Verarbeitungskapazität nicht übersteigen, besteht aber auch die Möglichkeit, den zu einer Optimallösung führenden Aktionsparametereinsatz ohne Rückgriff auf mathematische Optimierungsmethoden durch Aufstellung **rechnungslegungspolitischer Entscheidungstableaus** simultan zu ermitteln. Sucht die Unternehmensleitung hingegen nicht simultan für alle Ziele und nicht gleichzeitig für mehrere (optimale) Aktionsparameter die Lösung, sondern schrittweise, so kann auf den **sequenziellen Modellansatz** zurückgegriffen werden. Wie beispielhaft verdeutlicht wurde, besteht für die Verantwortlichen der Rechnungslegungspolitik die Möglichkeit, als Lösungsmethode zum Zwecke der sukzessiven Ermittlung der Entscheidungswerte die im Rahmen der Simultanplanung konzipierten Verfahren und Entscheidungstableaus heranzuziehen.

Ferner wurde in knapper Form auf die Modelle der mehrperiodigen Steuerbilanzplanung eingegangen. Diese als **Investitionskalküle** konzipierten Ansätze zielen darauf ab, für einen bestimmten Planungszeitraum optimale **Gewinnausweis- bzw. Ausschüttungsreihen** zum Zwecke einer **interperiodischen Verlagerung** der Ertragsteuerzahlungen zu bestimmen. Sofern die Anteilseigner der Kapitalgesellschaft keinen Einfluss auf die Willensbildung der Unternehmensleitung haben, liegt die Vermutung nahe, dass das Management im Rahmen der **(firmenbezogenen) Steuerbilanzpolitik** eine Maximierung des Unternehmensvermögens durch entsprechende Ertragsteuerverschiebungen anstrebt. Wie auch anhand eines Zahlenbeispiels verdeutlicht wurde, ist dieses Ziel in aller Regel durch eine strenge **Vorverlagerung des Aufwandspotenzials** der Kapitalgesellschaft zu realisieren. Komplizierter wird die Bestimmung der optimalen Gewinnausweis- bzw. Ausschüttungsreihe, sobald für die Anteilseigner die Möglichkeit besteht, auf die steuerrechtlichen Entscheidungsprozesse der Geschäftsleitung einzuwirken, da neben der Zins- nun **auch die Progressionswirkung der Einkommensteuer** das Optimierungsergebnis determiniert. Je nachdem, welche Prämissen im Rahmen der **(anteilseignerorientierten) Steuerbilanzpolitik** den einzelnen Entscheidungsmodellen zugrunde gelegt werden, ergeben sich unterschiedliche Optima für die Ermittlung der Gewinnausweis- bzw. Ausschüttungsreihen, die jeweils zu einer **Maximierung des persönlichen Endvermögens** der Gesellschafter im Zeitablauf führen.

Allerdings ist die praktische Anwendbarkeit sowohl der firmen- als auch der anteilseignerbezogenen Konzeption begrenzt, da beide Ansätze zum einen auf **ungewissen (Plan-) Daten** basieren und zum anderen durch ihre tief greifenden **Modellvereinfachungen** nur in Ausnahmefällen in der Lage sind, die steuerrechtlich relevanten Entscheidungsfelder annähernd realitätsnah abzubilden. In der Praxis werden sie deshalb die **kasuistische Ver-**

**anlagungssimulation** nur in Ausnahmefällen ersetzen können.[1254] Sollte es den Verantwortlichen dennoch gelingen, mit hinreichender Sicherheit den mehrperiodigen Konzepten entsprechende optimale Gewinnausweis- bzw. Ausschüttungsreihen zu ermitteln, die
darüber hinaus zumindest die elementaren steuerrechtlichen Einflussgrößen berücksichtigen, dann bieten die vorgestellten einperiodigen Simultan- und Sequenzialmodelle die
Möglichkeit, die in Rede stehenden Gewinn- und Ausschüttungsgrößen in die Ansätze einfließen zu lassen und mit dem effektiv zur Verfügung stehenden rechnungslegungspolitischen Instrumentarium der jeweiligen Rechnungsperiode den vorläufigen Erfolgsausweis
zieladäquat zu transformieren.

---

1254    Unter dem Begriff »kasuistische Veranlagungssimulation« werden fallbezogene Modellrechnungen verstanden, die mit der Annahme arbeiten, dass beschriebene Sachverhalte, die den Charakter von Planungsalternativen tragen können, tatsächlich realisiert worden seien und nun den Veranlagungen in den einzelnen
relevanten Steuerarten zu unterwerfen wären.

# Siebenter Teil:

# Rechnungslegung und Rechnungslegungspolitik unter dem Harmonisierungseinfluss der IFRS

# I.   Einführung

Die Liberalisierung der Märkte, der Wegfall von Handelsgrenzen sowie der technische Fortschritt haben zu einer **Internationalisierung** und damit einhergehend zu einer **Globalisierung** der **unternehmerischen Tätigkeiten** geführt. Diese Internationalisierungsbestrebungen ziehen u. a. einen **weltweiten Wettbewerb** sowohl auf den Produktions- als auch auf den Absatzmärkten nach sich. Hieraus folgt, dass vor allen Dingen **weltweit operierende Unternehmen (sog. Global Player)** durch Analysen der wirtschaftlichen Lage ausländischer Kooperationspartner versuchen werden, **Investitionsrisiken** zu vermeiden. Für diese Zwecke bedarf es aber der Kenntnis der betreffenden ausländischen Rechnungslegungsnormen. Darüber hinaus besteht für multinational tätige Unternehmen die Möglichkeit, mittels **Benchmarkanalysen** der Rechnungslegungsobjekte ausländischer Konkurrenten die eigene Wettbewerbsposition bestimmen zu können. Dies setzt aber wiederum die Kenntnis und Interpretierbarkeit der örtlichen Rechnungslegungsvorschriften voraus. Globalisierung bedeutet im Hinblick auf weltweit agierende Unternehmen zum einen, für im Inland gefertigte Erzeugnisse ausländische Absatzmärkte zu finden. Zum anderen wird mit den Zielen der Ausschaltung wiedererstarkter **Handelshindernisse** und unkalkulierbarer **Währungsrisiken** sowie der Nutzung örtlicher **Standortvorteile** zunehmend versucht, die Produktion durch Gründung eigener oder den Erwerb fremder Fertigungsbetriebe in das Ausland zu verlagern. Darüber hinaus beabsichtigen die Global Player häufig, mittels **Beteiligungen** an ausländischen Unternehmen oder durch **Unternehmenskäufe** ihre multinationalen Ziele durchzusetzen.

Zur Verhinderung von Fehleinschätzungen bei **Portfolioinvestitionen** mit ausländischem Engagement sind Prognosen vor allem über die **finanziellen Rückflüsse** von entscheidender Bedeutung. Hier kommt bei den Ausschüttungsmodalitäten, Wechselkursentwicklungen und steuerrechtlichen Besonderheiten den jeweiligen nationalen Rechnungslegungsvorschriften zentrale Bedeutung zu. Sofern darüber hinaus **Direktinvestitionen** in Form von Unternehmensbeteiligungen und/oder -käufen realisiert werden sollen, wird die Bedeutung der jeweiligen Rechnungslegungsnormen ein wichtiger Erfolgsfaktor des Akquisitionsmanagements.[1255] Dies wird u. a. daran deutlich, dass Unternehmensbewertungen, die i. d. R. Unternehmenskäufen vorausgehen, nicht unwesentlich auf historischen Daten des externen Rechnungswesens beruhen, indem sie häufig als Ausgangsbasis für Trendextrapolationen zur Ermittlung von Bandbreiten des Unternehmenswerts herangezogen werden. Auch die Erfassung ggf. zu beachtender **Synergieeffekte** wird vielfach auf der Basis der bisherigen Aufwands- und Ertragsstrukturen vorgenommen. Hieraus folgt, dass die Kenntnis der jeweiligen Rechnungslegung ebenfalls im Rahmen der Beurteilung von Direktinvestitionen eine dominierende Rolle spielt, um Fehleinschätzungen im Hinblick auf geplante Unternehmensbeteiligungen und/oder -käufe weitgehend auszuschließen.

Eng verbunden mit den aufgezeigten Globalisierungstendenzen ist die zunehmende **Internationalisierung der Kapitalmärkte**. Um diese jedoch in Anspruch nehmen zu können, werden i. d. R. Jahresabschlüsse verlangt, die von den jeweiligen **Börsenaufsichtsbehörden** anerkannt sind. So entscheidet etwa die US-amerikanische Börsenaufsichtsbehörde *Securities and Exchange Commission (SEC)* über die Zulassung ausländischer Unternehmen zum amerikanischen Kapitalmarkt. Hierbei bedient sich die *SEC* restriktiver Zulassungs-

---

1255  Vgl. *Pellens/Fülbier/Gassen* 2006, S. 12.

bedingungen, die u. a. einen nach **United States Generally Accepted Accounting Principles (US-GAAP)**[1256] erstellten Jahresabschluss oder zumindest eine entsprechende Überleitungs-rechnung voraussetzen. Andere Börsenaufsichtsbehörden, wie etwa die *International Organisation of Securities Commissions (IOSCO)* verlangen demgegenüber als Voraussetzung für den Kapitalmarkteintritt z. B. einen nach **International Financial Reporting Standards (IFRS)** gefertigten Jahresabschluss. Neben diesen, vom privaten und unabhängigen *International Accounting Standards Board (IASB)* mit Sitz in London herausgegebenen Rechnungslegungsstandards existieren eine Vielzahl weiterer nationaler Normen (z. B. UK-GAAP oder Australian GAAP).

Die IFRS sind demnach **keine Gesetze** im formellen Sinne, sondern Empfehlungen für eine **weltweite Verbesserung** und **Harmonisierung** der Rechnungslegung, die zwischen-zeitlich in mehr als hundert Ländern verbindlich sind. Sie erlangen erst dann im Europä-ischen Wirtschaftsraum (EWR) Rechtsverbindlichkeit, wenn sie von der Europäischen Union (EU) in Gestalt des **Accounting Regulatory Committee (ARC)** anerkannt (sog. **Endorse-ment**), in die Sprache der jeweiligen Mitgliedsstaaten übersetzt und im Europäischen Amtsblatt veröffentlicht werden. Im Gegensatz zur deutschen (handelsrechtlichen) Rech-nungslegung, deren vom **Vorsichtsprinzip** geprägte Normen primär auf den Schutz der **Unternehmensgläubiger** und auf die Bestimmung des **Ausschüttungsvolumens** ausge-richtet sind, rücken die IFRS den öffentlichen Kapitalmarkt und damit die **aktuellen und potenziellen Investoren** in den Mittelpunkt des Informationsinteresses. Ferner stellen die vom *IASB* entwickelten und ständig fortgeschriebenen IFRS kein in sich geschlossenes Regelungssystem wie die handelsrechtlichen Rechnungslegungsvorschriften dar. Dem vorgeschalteten **Rahmenkonzept (Framework)**, das die theoretische und konzeptionelle Grundlage bildet, stehen eine Vielzahl von **Detailstandards** mit einer kasuistischen Nor-mierungstechnik gegenüber.

# II.  Veränderte Rahmenbedingungen für die Unternehmensberichterstattung

## A.  Internationalisierungsbestrebungen

Mit der **EU-Verordnung vom 19. 07. 2002** »betreffend die Anwendung internationaler Rech-nungslegungsstandards« (EU-IFRS-Verordnung)[1257] haben die europäischen Harmonisie-rungsbestrebungen innerhalb der externen Rechnungslegung einen vorläufigen Abschluss erfahren. Kapitalmarktorientierte[1258] Mutterunternehmen mit Sitz in der EU müssen – bis auf wenige Ausnahmen – für Geschäftsjahre beginnend ab dem 01. 01. 2005 erstmals zwin-gend ihren Konzernabschluss nach den **endorsed IFRS** erstellen und offen legen.[1259] Für

---

1256   Vgl. etwa *Ballwieser* 2000; *Coenenberg* 2005; *Schildbach* 2002c.
1257   Vgl. EU-IAS-Verordnung, S. 1.
1258   Vgl. Art. 4 EU-IAS-Verordnung, S. 3. Kapitalmarktorientierung auf supranationaler Ebene wird verstanden als der Handel von Wertpapieren an geregelten Märkten i. S. d. Art. 4 EU-Wertpapierdienstleistungs-Richtlinie, S. 1.
1259   Vgl. stellvertretend *Ballwieser* 2004, S. 13.

einen Großteil der kapitalmarktorientierten Konzerne bedeutete dies eine Umstellung »in letzter Minute«.[1260] Eine jüngere empirische Untersuchung zeigt, dass noch 45 % der umstellungspflichtigen Unternehmen ihren Konzernabschluss für das Geschäftsjahr 2003 nach den handelsrechtlichen Vorschriften aufgestellt hatten. Einer weiteren Studie aus dem Jahre 2004 zufolge hatten 25 % der befragten CDAX-Unternehmen mit der Umstellung auf IFRS zum Geschäftsjahr 2005 noch nicht begonnen oder befanden sich erst im Anfangsstadium.[1261]

Im März 2001 ist es infolge organisatorischer Neustrukturierungen auf Ebene des damaligen *International Accounting Standards Committee (IASC)* zum jetzigen *IASB* gekommen. Zeitgleich wurde festgelegt, dass die neu erlassenen Standards nicht mehr den gewohnten Namen International Accounting Standards (IAS), sondern künftig die Bezeichnung IFRS tragen werden.[1262] Die vom *IASB* vor dem März 2001 verabschiedeten und in der Zwischenzeit überarbeiteten Standards sind weiterhin als IAS kenntlich gemacht. Gemäß IAS 1.11 bestehen die IFRS aus den nach 2001 erlassenen IFRS, den vormaligen IAS sowie aus den Verlautbarungen des *International Financial Reporting Interpretations Committee (IFRIC)* sowie des vormaligen *Standing Interpretations Committee (SIC)*. Bei den von der *EU-Kommission* übernommenen IFRS handelt es sich um sekundäres Gemeinschaftsrecht, das unmittelbar in Deutschland gilt.[1263] Mit der Einführung der sog. Öffnungsklausel des § 292 a HGB[1264] durch das **Kapitalaufnahmeerleichterungsgesetz**[1265] **(KapAEG)** hatte für kapitalmarktorientierte Mutterunternehmen bereits eine Option zur Erstellung und Offenlegung eines IFRS-Konzernabschlusses für Geschäftsjahre ab dem 01. 01. 1999 bestanden, die aber planmäßig zum 31. 12. 2004 aufgehoben wurde.[1266]

Die nationale Transformation der EU-IAS-Verordnung erfolgte durch das **Bilanzrechtsreformgesetz (BilReG)**[1267], welches am 10. 12. 2004 in Kraft getreten ist. Hierbei wird nicht kapitalmarktorientierten Unternehmen eine Option eingeräumt, ihren Konzernabschluss entweder nach den IFRS oder – wie bisher – nach dem Handelsgesetzbuch zu erstellen und offen zu legen. Ferner wird sowohl kapitalmarktorientierten als auch übrigen Unternehmen die Möglichkeit eröffnet, für Geschäftsjahre ab dem 01. 01. 2005 neben dem handelsrechtlichen Jahresabschluss einen **IFRS-Einzelabschluss** zu erstellen.[1268] Die inhaltliche Vergleichbarkeit von Abschlüssen, die nach dem Handelsgesetzbuch oder nach den IFRS aufgestellt sind, wird im Schrifttum äußerst kontrovers diskutiert.[1269] Während der Terminus »**Jahresabschluss**« für den handelsrechtlichen Jahresabschluss Verwendung findet, versteht das BilReG unter dem Terminus »**Einzelabschluss**« ausschließlich eine nach IFRS-Normen erstellte Abschlussrechnung.

Der traditionelle Jahresabschluss wird zunächst weiterhin zur **Ausschüttungs- und Ertragsteuerbemessung** herangezogen. Das Schrifttum interpretiert diese Reaktion des nationalen Gesetzgebers als eine logische Konsequenz auf die Defizite de IFRS, die ins-

---

1260  Vgl. *Hannich* 2004, S. 800.
1261  Vgl. *Hannich* 2004, S. 800.
1262  Vgl. *Burger/Fröhlich/Ulbrich* 2004, S. 353.
1263  Vgl. hierzu ausführlich *Küting/Ranker* 2004, S. 2510.
1264  Vgl. *Burger/Fröhlich/Ulbrich* 2004, S. 353.
1265  Vgl. KapAEG 1998, S. 707.
1266  § 292 a HGB ist zum 01. 01. 2005 durch § 315 a HGB »ersetzt« worden. Vgl. hierzu im Einzelnen u. a. *Pfitzer/Oser/Orth* 2004, S. 2598; *Pottgießer* 2004, S. 169.
1267  Vgl. BilReG 2004, S. 3166.
1268  Vgl. § 325 Abs. 2 a Satz 1 i. V. m. § 325 Abs. 2 b Nr. 1 HGB.
1269  Vgl. hierzu stellvertretend *Küting/Weber* 2004, S. 535.

besondere im Unvermögen zur Regelung der Ausschüttungen liegen und damit einen **ernstzunehmenden Nachteil** gegenüber den Rechnungslegungsvorschriften des Handelsgesetzbuches darstellen.[1270] Darüber hinaus wird das Vorgehen des Gesetzgebers, die Aufstellung eines Jahresabschlusses zur Ausschüttungsbemessung einerseits verpflichtend vorzuschreiben und andererseits die Fertigung eines IFRS-Einzelabschlusses zur Informationsvermittlung wahlweise zuzulassen, als eine **Ressourcenverschwendung** bewertet.[1271] Allerdings kann ein zusätzlicher IFRS-Einzelabschluss das Informationsdefizit, das ein handelsrechtlicher Jahresabschluss aufgrund des ihn dominierenden **Kapitalerhaltungs- und Vorsichtsprinzips** mitsichbringt, bestenfalls kompensieren.[1272]

Vor diesem Hintergrund hat sich der Gesetzgeber für einen sog. **mittleren Weg** entschieden, der in einer **Modernisierung** spezieller Rechnungslegungsvorschriften des Handelsgesetzbuches besteht, um zum einen die internationale Vergleichbarkeit der handelsrechtlichen Normen zu verbessern und zum anderen weiterhin dem Grundsatz des Vorsichts- und institutionellen Gläubigerschutzprinzips im Jahresabschluss Rechnung zu tragen. Im Zentrum der jüngsten Reformbestrebungen für ein in Vorbereitung befindliches **Bilanzrechtsmodernisierungsgesetz (BilModG)** steht i. S. e. Annäherung an internationale Rechnungslegungsstandards u. a. die Abschaffung bestehender handelsrechtlicher Bilanzansatz- und Bewertungswahlrechte. Dabei muss darauf hingewiesen werden, dass die derzeitigen Pläne des nationalen Gesetzgebers keine vollständige Anpassung der handelsrechtlichen Normen an die IFRS vorsehen. Allerdings ist aus langfristiger Sicht damit zu rechnen, dass auch der handelsrechtliche Jahresabschluss durch einen IFRS-Einzelabschluss **ersetzt** werden wird, um einen Gleichschritt zur IFRS-Konzernrechnungslegung herzustellen, die seit dem 01. 01. 2005 für kapitalmarktorientierte EU-Mutterunternehmen bereits obligatorisch geworden ist.

Die gesetzlichen Initiativen der deutschen Bundesregierung sind geprägt von internationalen **Harmonisierungs- und Standardisierungsbestrebungen** innerhalb der externen Rechnungslegung, die nachfolgend kurz skizziert werden. Die Rechnungslegung unterliegt spätestens seit der letzten Dekade des 20. Jahrhunderts einem verstärkten dynamischen Wandel.[1273] Aufgrund der Attraktivität der **Inanspruchnahme internationaler Kapitalmärkte** haben sich die IFRS als einheitliche Bilanzierungssprache durchgesetzt.[1274] Sie bestimmen zunehmend den Dialog zwischen den Unternehmen und den externen Bilanzlesern.[1275] Die Anforderungen, die an die Unternehmensleitung gestellt werden, liegen in der Bereitstellung international vergleichbarer und qualitativ hochwertiger Abschlüsse und weniger in einer vorsichtigen Rechnungslegung begründet.[1276] Dabei erfahren nach h. M. die handelsrechtlichen Bilanzierungsvorschriften de lege lata im internationalen Kontext lediglich eine geringe Akzeptanz.[1277]

---

1270  Vgl. *Moxter*, zit. nach *Großfeld* 2004, S. 2178.
1271  Vgl. *Streim/Esser* 2003c, S. 840.
1272  Vgl. *Mandler* 2004, S. 1. Im Schrifttum wird die künftige Aufstellung von drei Einzelabschlüssen (IFRS, Handelsgesetzbuch und Steuerbilanz) z. T. heftig kritisiert. Vgl. stellvertretend *Hermann/Bernhard* 2003, S. 579.
1273  Vgl. *Förschle/Glaum/Mandler* 1998, S. 2281; *Herzig* 2004, S. 175; *Scheffler* 2003a, S. 82.
1274  Vgl. *Gross/Steiner* 2004, S. 875; Schätzungen zufolge werden 2005/2007 rund 90/130 Staaten die IFRS anwenden. Vgl. hierzu *Bruns/Horváth* 2004, S. 647.
1275  Vgl. *Grotherr/Jorewitz* 2001, S. 125. Vereinzelt wird das Handelsgesetzbuch bereits als »Auslaufmodell« tituliert. Vgl. u. a. *Mandler* 2004, S. 2; *Zwirner/Boecker/Reuter* 2004, S. 217 u. 234.
1276  Vgl. *AKEU* 2001, S. 161; *Bruns* 2002, S. 180; *Dücker* 2003, S. 448; *Krawitz* 2001, S. 629.
1277  Vgl. *Möhlmann-Mahlau/Gerken/Grotheer* 2004a, S. 849.

Die im Verhältnis zur internationalen Rechnungslegung **zahlreichen Ansatz- und Bewertungswahlrechte** würden zu einer **Intransparenz** des handelsrechtlichen Jahresabschlusses für die externen Adressatengruppen führen, eine unverhältnismäßige Bildung **stiller Reserven** legalisieren[1278] und eine **Wettbewerbsbenachteiligung** deutscher Unternehmen herbeiführen, die durch den geringeren Ausweis von Eigenkapital im Vergleich zu den nach IFRS-bilanzierenden Unternehmen zu erklären ist.[1279] Dieses vermeintliche Defizit der Rechnungslegung nach dem Handelsgesetzbuch könne nach h. M. nur durch eine grundlegende **Reform der handelsrechtlichen Vorschriften** und durch eine wirkungsvolle Einschränkung des Wahlrechtskatalogs gemildert werden.[1280]

Im Zuge des fortschreitenden **Globalisierungsprozesses** und der damit einhergehenden **Wettbewerbsintensivierung**[1281] stellt für Unternehmen die Suche nach Finanzierungsquellen auf internationalen Kapitalmärkten eine wichtige Alternative zur traditionellen Fremdfinanzierung durch (heimische) Kreditinstitute dar.[1282] Der Jahresabschluss bleibt dabei die wesentliche Schnittstelle zwischen dem Bilanzersteller und den Eigen- und Fremdkapitalgebern.[1283] Während die Eigenkapitalgeber in erster Linie an einem **zukunftsorientierten Rechenschaftsbericht** über das **Wertsteigerungspotenzial** und die **Unternehmensrentabilität** interessiert sind, ziehen die Fremdkapitalgeber i. d. R. objektivierbare Angaben über die unternehmerische **Haftungssubstanz** vor. Die Globalisierungsbestrebungen erweitern nicht nur den potenziellen Kreis der Adressaten der Abschlüsse,[1284] sondern bewirken, dass die anzuwendenden Rechnungslegungsnormen nicht mehr ausschließlich vom nationalen Gesetzgeber bestimmt werden, wodurch sie eine zunehmende Beeinflussung durch **internationale Institutionen** und Gremien, wie die *EU-Kommission* oder das *IASB*, erfahren.[1285]

Neben der EU-IAS-Verordnung hat die *EU-Kommission* seit dem Jahre 2001 zahlreiche Richtlinien auf den Weg gebracht, die in nationales Recht umzusetzen sind. Zu nennen sind u. a. die **EU-Modernisierungs-Richtlinie vom 18. 06. 2003**[1286] **und die EU-Schwellenwert-Richtlinie vom 13. 05. 2003**.[1287] Als problematisch hat sich vor allen Dingen die nationale Umsetzung der **EU-Fair-Value-Richtlinie vom 27. 09. 2001**[1288] erwiesen, welche die Fair Value-Bewertung von Finanzinstrumenten regelt. Der **Fair Value** wird in IAS 2.6 definiert als »der Betrag, zu dem zwischen sachverständigen, vertragswilligen und voneinander unabhängigen Geschäftspartnern ein Vermögensgegenstand getauscht oder eine Schuld beglichen werden könnte«. Die mit einer Bewertung zum (höheren) beizulegenden Zeitwert verbundene Aufgabe des handelsrechtlichen Anschaffungskostenprinzips im Jahresab-

---

1278  *Carstensen/Leibfried* bezeichnen die handelsrechtliche Rechnungslegung provokant als »Hokuspokus-Accounting«. Vgl. *Carstensen/Leibfried* 2004, S. 865 und weiterführend *Steck* 2002, S. 489.

1279  Vgl. *Hahn* 2004, S. 20; *Mandler* 2004, S. 103; *Weber-Grellet* 1997, S. 391; *Zeimes* 2002, S. 1635. Die Handelsbilanz ist in der Vergangenheit häufig als »Versteckbilanz« kritisiert worden. Vgl. hierzu *Maier-Siegert* 2001, S. 130.

1280  Vgl. *Schulze-Osterloh* 2004a, S. 1129; *Schulze-Osterloh* 2004c, S. 2570.

1281  Vgl. *Freidank* 2000b, S. 7; *Mandler* 2004, S. 163; *Schildbach* 2003a, S. 1073.

1282  Vgl. *Freidank* 2003c, S. 15; *Freidank* 2000b, S. 8. Die Präsenz auf internationalen Kapitalmärkten entspricht einem Global Player-Verhalten der Unternehmen. Vgl. hierzu *Freidank* 2000b, S. 7.

1283  Zur grundsätzlichen Bedeutung des Jahresabschlusses vgl. *Schirmer* 2004, S. 10.

1284  Vgl. *Freidank* 2000b, S. 21.

1285  Vgl. *Stahl* 2004, S. 20.

1286  Vgl. *EU-Modernisierungs-Richtlinie*, S. 16.

1287  Vgl. *EU-Schwellenwert-Richtlinie*, S. 22.

1288  Vgl. *EU-Fair-Value-Richtlinie*, S. 28.

schluss i. S. d. § 253 Abs. 1 Nr. 1 i. V. m. § 253 Abs. 2 Nr. 1 HGB, das bislang den **Ausweis unrealisierter Gewinne** verhindert, steht aber dem Kapitalerhaltungsgrundsatz des nationalen Handels- und Gesellschaftsrechts entgegen und birgt die Gefahr der Beeinträchtigung von Gläubigerschutzinteressen.

Unter diesem Gesichtspunkt wirken sich supranationale Entwicklungen auf den nationalen Normsetzungsprozess aus. Ferner haben nationale Gesetzgebungen anderer Länder, z. B. die der USA, mittelbaren Einfluss auf deutsche Normierungen, weil im Zuge des **Konvergenzprozesses** zwischen dem IASB und dem US-amerikanischen **Financial Accounting Standards Board (FASB)** eine zunehmende Annäherung der IFRS an die **US-GAAP** zu beobachten ist.[1289] Hierdurch würde deutschen (und auch europäischen) Mutterunternehmen der Zugang zum US-amerikanischen Kapitalmarkt erleichtert, ohne einen Konzernabschluss nach US-GAAP oder eine **Überleitungsrechnung** von den IFRS auf die US-amerikanischen Standards erstellen zu müssen.

**Abb. 266** fasst den jüngsten Internationalisierungsprozess der deutschen Rechnungslegung, der durch das BilReG ausgelöst wurde, überblicksartig zusammen.

---

- **Gegenstand:** Übernahme der Regelungen der **EU-IAS-Verordnung** und Transformation der **EU-Fair-Value-, EU-Modernisierungs- und EU-Schwellenwert-Richtlinie** in deutsches Recht.
- Die Anwendung der IFRS wird für alle **kapitalmarktorientierten Mutterunternehmen** auf ihre **Konzernabschlüsse** ab 01. 01. 2005 verbindlich (§ 315 a Abs. 1 und Abs. 2 HGB ).
- Über den Pflichtanwendungsbereich der EU-IAS-Verordnung hinaus wird die Anwendung der IFRS ab 01. 01. 2005 als **Unternehmenswahlrecht** vorgesehen für
  (1) den **Konzernabschluss nicht kapitalmarktorientierter** Mutterunternehmen (§ 315 a Abs. 3 HGB) und
  (2) den **Einzelabschluss** sowohl der **kapitalmarktorientierten** als auch der **übrigen** Unternehmen, allerdings beschränkt auf **Informationszwecke** (Offenlegung nach § 325 bis § 329 HGB) (§ 325 Abs. 2 a HGB).
- **Grundsatz:** Erstmalige Anwendung der Regelungen auf alle **nach dem 31. 12. 2004 beginnenden Geschäftsjahre** (Art. 58 Abs. 3 Satz 1 EGHGB) (Übergangsregelungen sind zu beachten: Art. 57, 58 Abs. 3 Satz 2 und Abs. 5 EGHGB).
- **Folge:** Eine Rechnungslegung nach dem Handelsgesetzbuch hat für **Ausschüttungs- und Steuerbemessungszwecke** weiterhin Bestand.

Abb. 266: Änderung der deutschen Rechnungslegung durch das BilReG

---

# B.    Ausbau des Financial Accounting zum Business Reporting

Neben finanzwirtschaftlichen Zielsetzungen ist die Unternehmensleitung bestrebt, auf die Meinungsbildung externer Rechnungslegungsadressaten über die Qualität und Ausgestaltung der **Unternehmenspublizität** Einfluss zu nehmen.[1290] Der weltweite Wettbewerb auf den Kapitalmärkten erfordert eine zunehmend grenzüberschreitende Unternehmensstrategie, die durch Ausdehnung des potenziellen Adressatenkreises eine **Politik der Risikover-**

---

1289    Vgl. *Gannon/Ashwal* 2004, S. 43; *Köthner* 2004b, S. 159; *Tricks/Hargreaves* 2004, S. 19.
1290    Vgl. *Hinz* 1994a, S. 43; *Lachnit* 2004, S. 65.

**meidung bzw. Risikodiversifikation** generiert.[1291] Durch Beteiligungen an ausländischen Gesellschaften oder durch Unternehmensaufkäufe und strategische Allianzen können multinationale Ziele realisiert werden.

Gerade bei großen Publikumsgesellschaften ist die Rechnungslegung primär auf eine **unternehmenswertsteigernde Publizitätspolitik** ausgelegt,[1292] die durch eine kontinuierliche Intensivierung der Kommunikationsbeziehung zwischen Unternehmensleitung und Investoren vor dem Hintergrund der erfolgreichen Umsetzung einer **Investor Relations-Strategie**[1293] geprägt ist. Neben den **Investor Relations** wird in der jüngsten Vergangenheit verstärkt auf die **Creditor Relations** hingewiesen, die das Beziehungsmanagement zwischen der Unternehmensleitung und den Kreditgebern umfasst. Im Schrifttum wird der (Konzern-)Abschluss auch als Visitenkarte des Unternehmens klassifiziert, der einen zentralen Stellenwert in der Öffentlichkeitsarbeit einnimmt,[1294] wobei die Publizitätspolitik auch häufig darauf abzielt, die spezifische Unternehmenskultur bzw. die **Corporate Identity** den Adressaten der Rechnungslegung transparent zu machen.

Das Management besitzt die Möglichkeit, durch eine zielorientierte Steuerung der Informationsmittel die Adressaten zu Reaktionen zu bewegen, die vorteilhaft für das Unternehmen sind. Dabei kann eine **offensive bzw. aktive Offenlegungspolitik** betrieben werden, die von einer Verbesserung der nach außen gerichteten Unternehmensdarstellung durch freiwillige Zusatzinformationen geprägt ist. Die entgegen gesetzte Strategie wird als **defensive bzw. passive Offenlegungspolitik** bezeichnet und beinhaltet einen »Hang zur Verschwiegenheit«, weil das Management den Interessengruppen des Jahresabschlusses bewusst wesentliche entscheidungsrelevante Informationen zur Beurteilung der tatsächlichen wirtschaftlichen Lage vorenthält. **Abb. 267** zeigt bedeutende Ansatzpunkte für die Implementierung eines wertorientierten Steuerungssystems (sog. **Value Based Management-System**).

Die unter dem Hang zur Offenheit bezeichnete Publikationsstrategie entspricht dem Konzept des **Value Reporting**[1295], dessen Inhalt vereinfachend mit dem Satz »Tue Gutes für die Aktionäre und rede darüber« umschrieben werden kann. Darüber hinaus wird im Schrifttum auf die wachsende Bedeutung der **Internetpublizität** als Gestaltungsinstrument zur Verbesserung der Investor Relations hingewiesen.[1296] Die zunehmende Anwendung kapitalmarktorientierter Unternehmensführungskonzepte ist das Grundmotiv für eine freiwillige Publikation von Informationen seitens der Unternehmensführung, die z. T. weit über die traditionelle Finanzberichterstattung hinausgehen.[1297] Das wesentliche Ziel des Value Reporting stellt die **Verringerung der Wertlücke (Value Gap)**[1298] dar, die sich aufgrund der **asymmetrischen Informationsvermittlung**[1299] und der mangelnden Kapitalmarkteffizienz

---

1291  Vgl. *Küting* 2000b, S. 39.
1292  Vgl. *Freidank* 2000b, S. 17.
1293  Vgl. *Küting* 2000b, S. 43. Zur Definition des Begriffs Investor Relations wird auf die Ausführungen von *Sieben* [Vgl. *Sieben* 1998, S. 16.] und zur Gefahr der Investor Relations-Strategie auf *Zimmermann/Wortmann* verwiesen [Vgl. *Zimmermann/Wortmann* 2001, S. 294.].
1294  Vgl. *Freidank* 2000b, S. 9.
1295  Vgl. weiterführend zum Value Reporting u. a. *Fink/Keck* 2004, S. 1077; *Labhart* 1999, S. 30; *Labhart/Volkhart* 2001, S. 116.
1296  Vgl. hierzu u. a. *Ballwieser* 2002, S. 300; *Gassen/Heil* 2001, S. 38 und weiterführend *AKEU* 2002b, S. 2337. Das Value Reporting wird als wesentlicher Bestandteil der Investor Relations erachtet. Vgl. zur Abgrenzung der Begriffe u. a. *Ruhwedel/Schultze* 2002, S. 608.
1297  Vgl. *AKEU* 2002b, S. 2337; *Baetge/Noelle* 2001, S. 175; *Hayn/Matena* 2004, S. 321; *Köthner* 2004a, S. 299.
1298  Vgl. *Meinhövel* 2004, S. 471; *Ruhwedel/Schultze* 2004, S. 492; *Zimmermann/Wortmann* 2001, S. 291.
1299  Vgl. *Baetge/Noelle* 2001, S. 177; *Fink/Keck* 2004, S. 1090; *Ruhwedel/Schultze* 2004, S. 489.

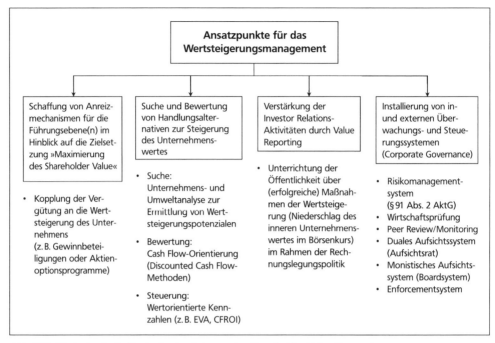

Abb. 267: Wertorientierte Strategien im Rahmen des Shareholder Value-Konzepts

zwischen der Unternehmensleitung und den Eigenkapitalgebern gebildet hat.[1300] Ihre Reduzierung soll durch die strikte Befolgung des **Management Approach** herbeigeführt werden. Demnach werden die externen Abschlussadressaten mit den gleichen Informationen ausgestattet wie das Management für die interne Unternehmenssteuerung.

Das Value Reporting stellt über die Pflichtberichterstattung **hinausgehende** bewertungsrelevante Informationen bereit, um den Analysten der Rechnungslegung eine verbesserte Einschätzung des Unternehmenswertes zu ermöglichen.[1301] Im Mittelpunkt der Betrachtung stehen jene Informationen, die aus Sicht des Unternehmens Einfluss auf die Höhe des Unternehmenswertes haben. Im Schrifttum wird in diesem Zusammenhang der Wandel der Berichterstattung von einem vergangenheitsorientierten **Financial Accounting** zu einem umfassenden zukunftsbezogenen **Business Reporting** kontrovers diskutiert.[1302] Die nachfolgende **Abb. 268**[1303] zeigt die Verbindung zwischen Investor Relations, Value Reporting und Business Reporting.

Neben **kapitalmarktorientierten** Daten **(Säule I)**, die eine Beurteilung der Wertentwicklung des Unternehmens ermöglichen, enthält das Value Reporting auch Informationen über

---

1300　Vgl. *Labhart* 1999, S. 200. Eine wertorientierte Berichterstattung i. S. d. Value Reporting leistet überdies einen wesentlichen Beitrag zur Konvergenz zwischen internem und externem Rechnungswesen. Vgl. hierzu auch *Ruhwedel/Schultze* 2004, S. 495.

1301　Vgl. hierzu im Einzelnen *Fink/Keck* 2004, S. 1090; *Hayn/Matena* 2004, S. 235; *Ruhwedel/Schultze* 2004, S. 491.

1302　Vgl. *Baetge/Noelle* 2001, S. 174; *Köthner* 2004a, S. 300; *Ruhwedel/Schultze* 2002, Sp. 602.

1303　In Anlehnung an *Heumann* 2005, S. 9.

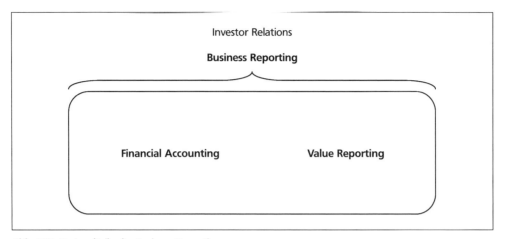

Abb. 268: Bestandteile des Business Reporting

**nicht bilanzierte Unternehmenswerte (Säule II)** und Informationen zur **Strategie und Leistung des Managements (Säule III)**, um den Investoren eine transparentere Darstellung der wirtschaftlichen Lage des Unternehmens zu vermitteln.[1304] Allerdings können die mit dem Value Reporting transportierten Informationen nur dann verlässlichen Charakter für externe Rechnungslegungsadressaten tragen, wenn sie auch einer Prüfung durch den **Abschlussprüfer** unterliegen.[1305] Potenzielle Anleger werden demnach in die Lage versetzt, ihre Investitionsentscheidung aufgrund vermehrter, verbesserter und sicherer (d. h. geprüfter) entscheidungsrelevanter Unternehmensinformationen zu treffen.[1306] Das Value Reporting steht nicht nur sinnbildlich für eine wertorientierte **Zusatzberichterstattung** über vergangene Werte im Unternehmen am Abschlussstichtag, es enthält zudem weitere Informationen zur Abschätzung **zukünftiger Zahlungsströme**.[1307]

Das Value Reporting und die Rechnungslegungspolitik der Unternehmensleitung werden in der Hinsicht als **gleichgerichtet** gesehen, als dass sie auf die übergeordnete unternehmerische Zielsetzung, d. h. die Gewinnung neuer Investoren und die Stärkung des Vertrauens bestehender Anteilseigner, ausgerichtet sind. Um der Gefahr entgegenzuwirken, dass das Management schwer objektivierbare Werte offen legt, sind allgemeingültige Grundsätze formuliert worden, die diese Informationsansprüche erfüllen.[1308] Rechnungslegungspolitische Maßnahmen zielen i. d. R. auf eine **positive** Dokumentation der Unternehmensentwicklung bzw. der **Selbstdarstellung** nach außen ab. Eine positive Auswirkung des Value Reporting

---

1304   Vgl. *AKEU* 2002b, S. 2338; *Köthner* 2004a, S. 303.

1305   Vgl. *Hayn/Matena* 2004, S. 323 u. 327. *Büttgen/Leukel* greifen die Aussage von *Ballwieser* auf, wonach eine freiwillige Berichterstattung ohne fehlende gesetzliche Normierung den Bilanzlesern eher schaden als nützen könnte. Vgl. *Büttgen/Leukel* 2002, S. 1011.

1306   *Köthner* weist auf die Gefahr hin, dass die erhöhten Offenlegungsanforderungen an die Unternehmen beim Adressaten ggf. eine Verwirrung hervorrufen können, da dieser mit der Analyse des veröffentlichten Informationsbündels »überfordert« wird. Es liegt der Zustand des Information Overload vor. Ein Trade Off zwischen der Informationsvermittlung i. S. d. Decision Usefulness und der Gefahr einer Verunsicherung der Adressaten durch ein zu umfangreiches Offenlegungsmaterial ist hierbei unerlässlich. Vgl. *Köthner* 2004a, S. 314.

1307   Vgl. *Köthner* 2004a, S. 301 u. 314; *Ruhwedel/Schultze* 2004, S. 489.

1308   Vgl. *AKEU* 2002b, S. 2339 und weiterführend auch *Fink/Keck* 2004, S. 1078; *Hayn/Matena* 2004, S. 325.

auf die Rechnungslegungsadressaten wird z. B. im Rahmen der Beschreibung der unternehmerischen Maßnahmen im Bereich des **Umweltschutzes** erzielt, wenn es dem Unternehmen gelingt, glaubhaft zu machen, dass es sich zur **gesellschaftlichen Verantwortung** bekennt. Da die Vergütung des Managements immer häufiger an die Börsenkursentwicklung des Unternehmens gekoppelt ist,[1309] verfolgt die Geschäftsführung nicht selten auch die **individualpolitische Zielsetzung** einer Steigerung des Börsenwertes.[1310] In diesem Sinne kann ein Gleichschritt zwischen individual- und finanzpolitischen Zielsetzungen durch das Value Reporting erreicht werden.[1311] Neben den Anteilseignern **(Shareholder)** stehen als Adressaten des Value Reporting sämtliche Zielgruppen zur Verfügung **(Stakeholder)**, die an der Existenz- und Erfolgspotenzialsicherung des Unternehmens interessiert sind, z. B. die Mitarbeiter, der Fiskus, Gläubiger und Kunden.

Als Instrument des **Managements** kann das Value Reporting dazu eingesetzt werden, durch eine freiwillige Offenlegung über das gesetzliche Mindestmaß hinaus Rechnungslegungspolitik zu betreiben, da die übermittelten Daten nur in den seltensten Fällen durch externe Adressaten der Rechnungslegung **vollständig nachprüfbar und objektivierbar** sind.[1312] Informationen über Strategie und Performance des Managements als eine Säule des Value Reporting werden in der Unternehmenspraxis durch dynamische Kennzahlen, wie etwa **Earnings Before Interest and Taxes (EBIT)** oder **Net Operating Profit After Tax (NOPAT)**, zum Ausdruck gebracht.[1313] Das Management kann je nach individueller Zielsetzung des Unternehmens bestrebt sein, durch materielle rechnungslegungspolitische Maßnahmen Einfluss auf diese Kennzahlen zu nehmen. Insofern geben die zur Verfügung gestellten Kenngrößen, mit denen eine zielgerechte Quantifizierung der Managementleistung erfolgen soll, nicht immer den Marktwert der Unternehmensperformance an, sondern sind durch den Bilanzaufsteller beeinflussbar. Ähnlich verhält es sich mit Angaben zu **nicht bilanzierten Werten** im Unternehmen, z. B. selbsterstellte immaterielle Vermögenswerte des Anlagevermögens, die nach § 248 Abs. 2 HGB einem strikten **Aktivierungsverbot** unterliegen.[1314] Bei der Findung des Wertansatzes jener Posten hat die Geschäftsführung einen nicht unerheblichen **Ermessensspielraum**, besonders dann, wenn die Werte aufgrund fehlender Absatzmärkte geschätzt werden müssen. Zu denken ist z. B. an die Schwierigkeit der Wertfindung für den **Humankapitalbestand** eines Unternehmens.

Die Überlegungen von *Rappaport*[1315] haben zur Konzeption weiterer Methoden bezüglich quantitativer Strategiebewertungen und **wertorientierter Kennzahlenformulierungen** angeregt. Insbesondere der Ansatz der *Boston Consulting Group*[1316] **(CFROI = Cash Flow Return on Investment)** und das Modell der Consultingfirma *Stern, Stewart & Co*[1317] **(EVA = Economic Value Added)** sind in diesem Zusammenhang zu nennen. Diese Konzepte stellen grundsätzlich Erweiterungen oder Verfeinerungen des Shareholder Value Mo-

---

1309    Vgl. *Zimmermann/Wortmann* 2001, S. 292.
1310    Vgl. *Baetge/Noelle* 2001, S. 176.
1311    Vgl. zur Interdependenz zwischen einem Shareholder Value-orientierten Unternehmen und dem Value Reporting stellvertretend *Lorson* 2004a, S. 140.
1312    Vgl. *Küting/Dawo/Heiden* 2001, S. 109.
1313    Vgl. *AKEU* 2002b, S. 2339; *Baetge/Noelle* 2001, S. 177.
1314    Für eine genauere Kategorisierung des immateriellen Vermögens im Zuge des Value Reporting wird auf die Ausführungen des *AKEU* verwiesen. Vgl. *AKEU* 2002b, S. 2339.
1315    Vgl. *Rappaport* 1995 und *Rappaport* 1999.
1316    Vgl. hierzu im Einzelnen *Lewis* 1995; *Lewis/Lehmann* 1992, S. 1–13.
1317    Vgl. *Stewart* 1991 und *Stewart* 1994, S. 71–84.

dells dar, meist durch Modifikationen bei der in die Berechnung eingehenden Basisgrößen **Free Cash Flow** und **Capital** bzw. **Investment**.

(1)  Aufgrund seiner zunehmenden Bedeutung für die Unternehmenspraxis soll im Folgenden beispielhaft der **Economic Value Added (EVA)** dargestellt werden. Der EVA erfasst den **Unterschiedsbetrag** zwischen der Rendite auf das investierte Eigenkapital und das verzinsliche Fremdkapital **(ROCE = Return on Capital Employed)** und dem gewogenen Kapitalkostensatz **(WACC = Weighted Average Cost of Capital)** und wendet ihn auf das investierte Kapital **(CE = Capital Employed)** an.

(2)  Mithin ergibt sich ein **positiver EVA**, wenn der NOPAT die Eigen- und Fremdkapitalkosten übersteigt, also die Rendite höher ist als die gewogenen Kapitalkosten. Im Grundsatz bedeutet ein positiver EVA, dass ein Unternehmen die Kapitalkosten ( = **Mindestrenditeanforderung**) verdient und einen **Vermögenszuwachs** erwirtschaftet hat.

(3)  Es werden **drei Maßnahmen** zur Steigerung des EVA unterschieden:[1318]

- Erhöhung des operativen Ergebnisses bei gleichem Kapitaleinsatz;
- Investition zusätzlichen Kapitals in Projekte, deren erwartete Rendite über dem Kapitalkostensatz (WACC) liegt;
- Abziehen von Kapital, das in Aktivitäten oder Vermögen gebunden ist, deren Rendite den Kapitalkostensatz (WACC) nicht deckt.

Der EVA lässt sich zusammenfassend aus folgenden Komponenten ermitteln.[1319]

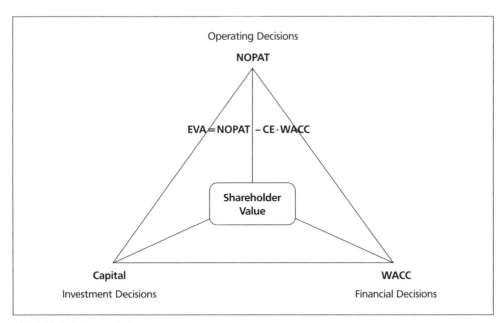

Abb. 269: EVA-Bestandteile

1318   Vgl. hierzu ausführlich *Hostettler* 2002.
1319   Modifiziert entnommen von *Hostettler* 1995, S. 309.

# III. Ausgewählte nationale und internationale Regelungen im Vergleich

## A. Rechnungslegungsgrundsätze

### 1. Handelsrechtliche Rechnungslegung

Die handelsrechtliche Rechnungslegung wird im Wesentlichen durch die **kodifizierten** und **nicht kodifizierten** GoB geprägt.[1320] Die GoB bilden als Rechtsnormen **unbestimmte Rechtsbegriffe**, die ihren konkreten Inhalt durch die Zwecksetzung und durch das allgemeine Rechtsbewusstsein der Rechnungslegenden erhalten. Durch ihre Ausgestaltung als unbestimmte Rechtsbegriffe gewährleistet der Gesetzgeber, dass das Recht **dynamisch** bleibt und an **neue Entwicklungen** angepasst werden kann. Aufgrund der Fülle unterschiedlicher Fallkonstellationen in der betrieblichen Praxis ist es nicht möglich bzw. nicht gewollt, jeden einzelnen wirtschaftlichen Sachverhalt in eine eigenständige Rechtsvorschrift zu kleiden. Die handelsrechtliche Rechnungslegungstradition entstammt dem kontinentaleuropäischen **Code Law**[1321], das dadurch gekennzeichnet ist, dass allgemein gehaltene Normen möglichst viele Einzelfälle abdecken. Die Normen werden dabei durch den Gesetzgeber beschlossen, durchgesetzt und überwacht.[1322] Diese gesetzliche Fixierung der Rechnungslegungsnormen bietet den Vorteil der **Rechtssicherheit.**[1323] Traditionell beinhalten die Vorschriften des Handelsgesetzbuches neben den GoB auch weitere unbestimmte Rechtsbegriffe in Bilanzierungs- und Bewertungsfragen und bieten einen Katalog an Wahlrechten und Ermessensspielräumen, die ein wesentliches materielles rechnungslegungspolitisches Instrument des Managements darstellen.[1324]

Das deutsche Bilanzrecht wird durch das **Vorsichtsprinzip**[1325] des § 252 Abs. 1 Nr. 4 HGB, insbesondere in der Ausgestaltung des **Realisations- und Imparitätsprinzips,** geprägt. Die Norm soll verhindern, dass unrealisierte Gewinne ausgeschüttet und besteuert werden. Das Imparitätsprinzip des § 252 Abs. 1 Nr. 4 1. HS HGB verlangt jedoch im Gegenzug, dass drohende Verluste bereits in der vorliegenden Periode antizipiert werden müssen oder können. Es besteht in der handelsrechtlichen Bilanzierung somit ein generelles Ausweisgebot für unrealisierte Verluste und ein Ausweisverbot für unrealisierte Gewinne.

Die Informationsfunktion des Jahresabschlusses erfährt insofern eine Aufweichung, als die handelsrechtlichen Vorschriften lediglich eine **einseitige Fair Value-Bewertung,** d. h. zum beizulegenden Zeitwert, zur Gewinndämpfung gestatten.[1326] Die Fair Value-Bewertung beschränkt sich auf eine Verlustantizipation und entspricht daher einer imparitätischen Zeitwertbilanzierung.[1327] Eine Neubewertung zum beizulegenden Zeitwert über die

---

1320 Vgl. hierzu die Ausführungen im Zweiten Teil zu Gliederungspunkt III.
1321 Vgl. *Krawitz* 2001, S. 630; *Kußmaul* 2000a, S. 343.
1322 Vgl. *Hladjk* 2000, S. 319; *Sailer/Schurbohm* 2002, S. 362.
1323 Vgl. *Scheffler* 2001, S. 11; *Scheffler* 2003a, S. 69.
1324 Vgl. *Happe* 2002, S. 365.
1325 Vgl. *Grotherr/Jorewitz* 2001, S. 128; *Kahle* 2002c, S. 696; *Streim/Esser* 2003a, S. 737.
1326 Vgl. *Scheffler* 2001, S. 21.
1327 Vgl. *Baetge/Zülch/Matena* 2002, S. 367.

ursprünglichen Anschaffungs- bzw. Herstellungskosten hinaus ist nach den handelsrechtlichen Vorschriften generell unzulässig.

Neben dem Vorsichtsprinzip, dem der Stellenwert eines **Overriding Principle** zukommt, spielt das **Gläubigerschutzprinzip** eine zentrale Rolle im Handelsrecht. Es generiert einen vorsichtigen Vermögensausweis zur Bestimmung des Schuldendeckungspotenzials des Unternehmens. Der mit dem Gläubigerschutzprinzip verbundene hohe Stellenwert des **nominellen Kapitalerhaltungsprinzips**[1328] impliziert in der handelsrechtlichen Bilanzierung einen tendenziell zu niedrigen Vermögensausweis und zugleich eine erhöhte **Legung stiller Reserven**,[1329] die dem aufzehrenden Mittelabfluss aus dem Unternehmen entgegenwirken. Die durch die Unternehmensleitung gelegten stillen Reserven stellen jedoch ggf. primär kein Objekt des Gläubigerschutzes, sondern ein Schutzobjekt des Managements dar, um je nach individueller Lage des Unternehmens finanzielle Schwankungen auszugleichen (sog. **Glättungsfunktion**).[1330] Aufgrund der Tatsache, dass vor allem bei deutschen mittelständischen Unternehmen heimische Kreditinstitute als die wichtigste Gläubigerschicht fungieren, wird die handelsrechtliche Rechnungslegung auch als **bankenorientiert** gekennzeichnet.[1331]

Dem handelsrechtlichen Jahresabschluss ist eine **Multifunktionalität** zuzusprechen, da er neben der vorstehend erwähnten Informations- und der Dokumentations- auch eine Ausschüttungs- sowie eine Steuerbemessungsfunktion zu erfüllen hat. Die **Einkommens- bzw. Ausschüttungsbemessungsfunktion** des handelsrechtlichen Jahresabschlusses beinhaltet, dass dieser als Anknüpfungspunkt für die Zahlungsströme zwischen dem Unternehmen und sämtlichen Interessengruppen dient, wodurch das ausgewiesene Periodenergebnis des Jahresabschlusses als Richtschnur für das künftige Ausschüttungspotenzial der Anspruchsberechtigten des Unternehmens angesehen wird.

Die deutsche Rechnungslegung ist historisch gesehen stark vom **Stakeholder Prinzip** bzw. von der **Koalitionstheorie** geprägt. Ihr wird im Schrifttum deshalb u. a. auch eine soziale Sicherungsfunktion zugesprochen.[1332] Der Adressatenkreis des Jahresabschlusses besteht aus einer Vielzahl heterogener Gruppen, z. B. dem Aufsichtsrat und der Hauptversammlung bei Aktiengesellschaften, den Gläubigern, Mitarbeitern und Lieferanten, Abnehmern und Konkurrenten sowie der Öffentlichkeit und dem Fiskus. Sie zeichnen sich i. d. R. nicht durch gleichgerichtete Interessen aus, sondern verfolgen individualistische Ziele, die es im Rahmen einer zielgerichteten Rechnungslegungspolitik von der Unternehmensleitung zu berücksichtigen gilt.

## 2.    Entwicklung des Maßgeblichkeitsprinzips

Die Aufstellung der Steuerbilanz dient monofunktional als Anknüpfungspunkt für die steuerrechtliche Bemessungsgrundlage, basierend auf dem Prinzip der Besteuerung nach der **wirtschaftlichen Leistungsfähigkeit** i. S. d. Art. 3 GG.[1333] Die Berücksichtigung der wirt-

---

1328   Vgl. § 30, § 31 und § 49 Abs. 3 GmbHG sowie § 57, § 58, § 62 und § 91 Abs. 1 AktG und weiterführend *Korth* 2004, S. 11.
1329   Vgl. *Scheffler* 2001, S. 8.
1330   Vgl. *Weber-Grellet* 1997, S. 391 sowie hierzu auch *Kümpel* 2004, S. 239; *Schulze-Osterloh* 2004c, S. 2567.
1331   Vgl. *Mandler* 2003d, S. 681.
1332   Vgl. *Löhr* 2003, S. 644.
1333   Vgl. *AKSR* 2004, S. 1267; *Buchholz/Weis* 2002, S. 513; *Möhlmann-Mahlau/Gerken/Grotheer* 2004b, S. 920.

schaftlichen Leistungsfähigkeit stellt das Fundamentalprinzip einer gerechten Besteuerung dar. Die Steuerbilanz ist zahlungsorientierter Natur und berücksichtigt weitgehend keine zukünftigen Chancen des Unternehmens in Form einer Antizipation unrealisierter Gewinne. Angestrebt wird vielmehr eine objektivierte Gewinnermittlung unter Befolgung des Maßgeblichkeitsprinzips.[1334]

Theoretisch müssten die Handels- und Steuerbilanz vollkommen aufeinander abgestimmt sein, so dass lediglich eine **Einheitsbilanz** aufzustellen ist, die handels- und steuerrechtlichen Zwecken gerecht wird.[1335] Die Möglichkeit der **Einheitsbilanzierung** ist in der Vergangenheit vor allem durch die im Rahmen des **Steuerentlastungsgesetzes (StEntlG) 1999/ 2000/2002**[1336] eingeführten und vom Handelsrecht abweichenden steuerrechtlichen Bewertungsvorschriften erheblich erschwert worden. Diese haben bewirkt, dass Unternehmen mit komplexeren Geschäftsvorfällen faktisch zu einer **doppelten Rechnungslegung** im Jahresabschluss gezwungen werden, d. h. zu einer Aufstellung einer Handelsbilanz und einer vom Handelsrecht abgekoppelten Steuerbilanz.[1337] Seit dem StEntlG ist u. a. eine steuerrechtliche Teilwertabschreibung nur noch aufgrund einer dauerhaften Wertminderung möglich. Das handelsrechtliche Abschreibungswahlrecht des § 253 Abs. 2 Satz 3 HGB läuft somit steuerrechtlich ins Leere. Bei Vornahme einer außerplanmäßigen Abschreibung aufgrund einer vorübergehenden Wertminderung fallen Handels- und Steuerbilanz auseinander. Diese (auch z. T. bereits vor dem StEntlG bestandenen) Durchbrechungen[1338] liegen vor, wenn zwingende steuergesetzliche Bilanzierungs- und Bewertungsvorschriften den handelsrechtlichen Vorschriften entgegenstehen (z. B. § 5 Abs. 3, § 5 Abs. 4 oder § 6 a EStG zur Bewertung von Pensionsrückstellungen).[1339] Daneben existieren im Steuerrecht übergeordnete Bewertungsprinzipien, z. B. der Grundsatz der Gleichmäßigkeit der Besteuerung und das Prinzip der leistungsorientierten Besteuerung, die bestimmte handelsrechtliche Ansatz- und Bewertungsmöglichkeiten, z. B. im Rahmen der Vorratsbewertung oder der Bildung von Aufwandsrückstellungen, nicht zulassen.[1340]

Daneben ist in § 5 Abs. 1 Satz 2 EStG der Grundsatz der sog. **umgekehrten Maßgeblichkeit** kodifiziert, wonach steuerrechtliche Wahlrechte nur in der Steuerbilanz zur Anwendung kommen dürfen, wenn sie auch analog in der Handelsbilanz ausgeübt werden.[1341] In diesem Sinne muss angesichts der (umgekehrten) Maßgeblichkeit von einer **zweiseitigen** Interdependenzbeziehung gesprochen werden, da die handels- und die steuerrechtlichen Vorschriften sich wechselseitig beeinflussen. Es ist dargelegt worden, dass

1334   Vgl. hierzu die Ausführungen im Dritten Teil zu Gliederungspunkt I.A.3. und *Eigenstetter* 1993, S. 575; *Grotherr* 2000, S. 260; *Winkeljohann* 2004, S. 380.

1335   Zum Begriff der Einheitsbilanz vgl. auch *Heyd* 2001, S. 373; *Lauth* 2000, S. 1365; *Robisch/Treisch* 1997, S. 168.

1336   Vgl. zum StEntlG im Einzelnen u. a. *Grotherr* 2003, S. 228; *Grotherr/Jorewitz* 2001, S. 145; *Lauth* 2000, S. 1366.

1337   Vgl. *Herzig/Gellrich/Jensen-Nissen* 2004, S. 553; *Kölpin* 2000, S. 4265. Zur Aushöhlung des Maßgeblichkeitsprinzips durch steuerrechtliche Durchbrechungen vgl. u. a. *AKSR* 2004, S. 1267; *Grotherr* 2000, S. 261 u. 292; *Grotherr* 2003, S. 232; *Kirsch* 2004d, S. 470. *Scheffler* spricht in diesem Zusammenhang von einer Abkopplung des Bilanzsteuerrechts durch eine Durchlöcherung des Maßgeblichkeitsprinzips infolge steuerrechtlicher Vorschriften. Vgl. *Scheffler* 2003a, S. 67.

1338   Eine synoptische Darstellung über die wesentlichen steuerrechtlichen Durchbrechungen liefern *Hauser/Meurer* 1998, S. 270; *Herzig* 2004, S. 181.

1339   Vgl. *Herzig* 2002, Sp. 1540.

1340   Vgl. *Scheffler* 2004, S. 69.

1341   Vgl. *Grotherr* 2003, S. 225; *Hauser/Meurer* 1998, S. 274; *Herzig* 2002, Sp. 1541; *Lauth* 2000, S. 1365.

dic handels- und steuerrechtlichen Zielsetzungen vielfach unterschiedlicher Natur sind, so dass die **Aufrechterhaltung des Maßgeblichkeitsprinzips** seit langem im Schrifttum infolge der Harmonisierungsbestrebungen im Rahmen der Rechnungslegung diskutiert und kritisiert wird.[1342] Als Argumente für eine Abschaffung wird angeführt, dass die handels- und steuerrechtlichen Bewertungsmaßstäbe nicht zwangsläufig übereinstimmen müssen und die steuerlichen Wahlrechte, die im Allgemeinen einen **Steuervergünstigungscharakter** besitzen, über die umgekehrte Maßgeblichkeit des § 5 Abs. 1 Satz 2 EStG den Einblick in die wirtschaftliche Lage des Unternehmens erschweren und die Handelsbilanz deformieren. Im Schrifttum wird u. a. die Meinung vertreten, dass die umgekehrte Maßgeblichkeit für das Management ein praktikables rechnungslegungspolitisches Instrumentarium darstellt, um bewusst Anteilseignerinteressen zu konterkarieren[1343] (sog. »Bilanzverunstaltungsprinzip«[1344]). Der **Grundsatz der umgekehrten Maßgeblichkeit** führt nach h. M. regelmäßig zu einer verzerrenden Darstellung der Vermögens-, Finanz- und Ertragslage des Unternehmens.[1345] Unter dem Gesichtspunkt des steuerrechtlichen Gleichbehandlungsgrundsatzes erscheint er zudem verfassungsrechtlich bedenklich. Ausländische Analysten haben insbesondere wegen des umgekehrten Maßgeblichkeitsgrundsatzes Vertrauen in die deutsche Rechnungslegung verloren, weil dieser eine **Verwässerung** der Aussagekraft des handelsrechtlichen Jahresabschlusses bewirkt und steuerbilanzpolitische Interessen in die Handelsbilanz transportiert.[1346]

## 3.   IFRS-Regelwerk

Die IFRS entstammen der angelsächsischen Rechtstradition des **Case** oder **Common Law**,[1347] das auf **einzelfallbezogenen** Gerichtsentscheidungen basiert, aus denen induktiv Rechnungslegungsgrundsätze abgeleitet werden.[1348] Im Schrifttum wird hierfür auch der Begriff des **Rule Based Accounting** verwendet. Im Zuge der Bilanzskandale, die dem Ansehen der US-GAAP und des Case Law-Systems geschadet haben, hat sich das *IASB* dafür ausgesprochen, künftig das Ziel eines **Principle Based Accounting** zu verfolgen.[1349] Diese Strategie führt dazu, dass Einzelfallregelungen durch einen Katalog von übergeordneten Prinzipien systematisiert und strukturiert werden. Aufgrund ihrer Ausgestaltung als Fachnormen[1350] folgen die IFRS (noch) einem meist kasuistischen Aufbau[1351] und lassen sich durch eine hohe Detaillierungsdichte kennzeichnen.[1352] Im Gegensatz zu den handelsrechtlichen Vorschriften werden die IFRS nicht durch einen nationalen Gesetzgeber geprägt.[1353] Die Neufassung und Überarbeitung der Standards, denen grds. nur ein

1342   Vgl. *Herzig* 2004, S. 178; *Kirsch* 2004a, S. 221; *Möhlmann-Mahlau/Gerken/Grotheer* 2004b, S. 921.
1343   Vgl. *Ballwieser* 1990, S. 491 sowie weiterführend *Grotherr* 2000, S. 292; *Schulze-Osterloh* 2004b, S. 177.
1344   *Küting* 1997, S. 84.
1345   Vgl. *Eigenstetter* 1993, S. 577.
1346   Vgl. *Grotherr* 2003, S. 230; *Löhr* 2003, S. 650.
1347   Vgl. *Baetge/Zülch/Matena* 2002, S. 367; *Pellens/Sürken* 1998, S. 225; *Scheffler* 1999, S. 1286.
1348   Vgl. *Grotherr/Jorewitz* 2001, S. 127.
1349   Vgl. ausführlich *Baetge/Zülch* 2004, S. 139.
1350   Vgl. *AKSR* 2004, S. 1268; *Kahle* 2002a, S. 178.
1351   Vgl. *Wollmert/Achleitner* 1997, S. 255.
1352   Vgl. *Pellens/Neuhaus/Richard* 2004, S. 12; *Schulze-Osterloh* 2004b, S. 175.
1353   Vgl. *Kahle* 2002a, S. 187.

Empfehlungscharakter ohne bindende Rechtskraft[1354] zugesprochen wird, obliegt dem *IASB*,[1355] einem privatrechtlich organisierten unabhängigen Gremium,[1356] dem u. a. Wirtschaftsprüfer, Börsen- und Wertpapieraufsichtsbehörden und Wissenschaftler angehören.[1357] Daher werden die IFRS auch als **Soft Law** bezeichnet. Der Vorteil dieses Normsetzungsverfahrens **(Due Process)** besteht in einem höheren Flexibilitätsgrad und in der Schaffung harmonisierter IFRS.[1358] Die geltenden IFRS werden einem kontinuierlichen Überarbeitungsprozess durch das *IASB* unterzogen, um auf aktuelle Entwicklungen eingehen zu können.

Auf eine **Steuerbemessungsfunktion** wird in den IFRS nicht abgestellt, da Fragen der Besteuerung in den Hoheitsbereich des jeweiligen nationalen Gesetzgebers einzuordnen sind.[1359] Gerade dieser Aspekt wird seit einiger Zeit im Schrifttum heftig kontrovers diskutiert.[1360] F 6 schließt prinzipiell eine Anwendung der IFRS für steuerrechtliche Zwecke explizit aus.

Eine **Ausschüttungsbemessungsfunktion** wird dem IFRS-Abschluss grds. ebenfalls nicht zugesprochen, da der Ausweis unrealisierter Gewinne, z. B. im Rahmen der langfristigen Auftragsfertigung, möglich werden kann. Deshalb findet sich in diesem Zusammenhang der Begriff des **Front Loading** im Schrifttum, d. h. einer frühzeitigen Antizipation möglicher Erträge, die ggf. lediglich den Charakter von »Hoffnungsposten« besitzen.[1361] Die primäre Zielsetzung einer Bereitstellung entscheidungsrelevanter Informationen impliziert, dass die IFRS keine gesetzlichen Ausschüttungssperren vorschreiben.[1362] Stattdessen wird lediglich auf vertragliche Ausschüttungsklauseln seitens der Koalitionspartner (sog. **Covenants**) oder auf Liquiditätsprüfungen **(Solvency Test)** abgestellt. Eine Übernahme des im angloamerikanischen Rechtsraum üblichen vertraglich geregelten **Solvency Test** in das nationale Recht bei einer möglichen IFRS-Rechnungslegung im Einzelabschluss wird nach h. M. (noch) weitgehend abgelehnt.

Aufgrund der Tatsache, dass die Informationsfunktion in der internationalen Rechnungslegung in den Vordergrund rückt, wird nicht der Gläubiger, sondern der **Investor**[1363] als Hauptadressat des Abschlusses gesehen. Dabei unterstellt F 10, dass durch die Fokussierung auf die Interessen der Eigenkapitalgeber die Ziele der sonstigen Koalitionsteilnehmer des Unternehmens simultan berücksichtigt werden. Daraus folgt eine nachrangige Bedeutung des Gläubigerschutzgedanken und des Vorsichtsprinzips gem. F 37 **(Prudence)**.[1364] Das Vorsichtsprinzip fordert gem. F 37 lediglich im Rahmen der Schätzung ein gewisses Maß an Sorgfalt und ist vor allem im Hinblick auf den Grundsatz der **Fair**

---

1354    Eine bindende Rechtskraft können die IFRS erst dann entfalten, wenn sie in nationales bzw. supranationales Recht umgesetzt werden. Dies ist im Rahmen der Verabschiedung der EU-IAS-Verordnung und des BilReG in Deutschland vollzogen worden.

1355    Zum Aufbau des *IASB* vgl. u. a. *Baetge/Zülch* 2004, S. 87; *Bruns* 2002, S. 174; *Hakelmacher* 2002, S. 174; *Hladjk* 2000, S. 318.

1356    Vgl. *Kahle* 2002a, S. 187; *Krawitz* 2001, S. 630.

1357    Vgl. *Schulze-Osterloh* 2004b, S. 173; *Sailer/Schurbohm* 2002, S. 362.

1358    Vgl. *Kußmaul* 2000a, S. 343; *Sailer/Schurbohm* 2002, S. 364.

1359    Vgl. *Kümpel* 2004, S. 239.

1360    Vgl. *AKBH* 2002, S. 2373; *AKEU* 2003, S. 1585; *Kahle* 2002c, S. 699.

1361    Vgl. *Zeitler* 2003, S. 1530.

1362    Vgl. *Niehues* 2001, S. 1222.

1363    Vgl. hierzu *Baetge/Zülch* 2004, S. 110; *Ziesemer* 2002, S. 14. *Kahle* bescheinigt den IFRS einen informationellen Gläubigerschutz. Vgl. *Kahle* 2002c, S. 706.

1364    Vgl. *Grotherr/Jorewitz* 2001, S. 129; *Küting* 1993, S. 37; *Niehus* 2001, S. 746; *Zeitler* 1997, S. 602.

**Presentation** im Rahmen der IFRS-Rechnungslegung als nachrangig einzustufen. Der geringere Stellenwert des Vorsichtsprinzips in der internationalen Rechnungslegung gewährleistet, dass keine bewusste stille Reservenbildung betrieben wird, um Gläubigerschutzinteressen zu erfüllen. Die Anwendung der IFRS führt regelmäßig dazu, dass vor allen Dingen in Zeiten unternehmerischer Krisen nicht genügend Kapitalmasse zur Verfügung steht, um die Schieflagen durch Auflösung stiller Reserven zu bewältigen. Demgegenüber erhält der Grundsatz der periodengerechten Erfolgsabgrenzung **(Accrual Basis)**, der u. a. das **Realisationsprinzip (Realisation Principle)** und den **Grundsatz der sachlichen Abgrenzung (Matching Principle)** beinhaltet, eine im Vergleich zur handelsrechtlichen Bilanzierung unterschiedliche Gewichtung.[1365] In Abgrenzung zur bankenorientierten Rechnungslegung des Handelsgesetzbuches wird bei der IFRS-Bilanzierung von einer investoren- und kapitalmarktorientierten Rechnungslegung gesprochen,[1366] welche die Informationsinteressen der Eigenkapitalgeber des Unternehmens in den Mittelpunkt stellt. Die Grundprinzipien des IFRS-Regelwerkes sind in **Abb. 270** noch einmal aufgeführt.[1367]

Der der kapitalmarktorientierten Rechnungslegung entstammende und in der Unternehmenspraxis häufig praktizierte **Shareholder Value-Ansatz** lässt sich durch eine IFRS-Bilanzierung i. d. R. einfacher und zielkonformer ausgestalten, als es nach dem Handelsgesetzbuch de lege lata der Fall ist.[1368] Die Fokussierung auf den Eigenkapitalgeber liegt sowohl dem Shareholder Value-Konzept als auch den IFRS zugrunde, während das Handelsrecht und weite Teile des deutschen Gesellschaftsrechts noch dem Stakeholder Value-Gedanken verhaftet sind.[1369] Da die IFRS i. d. R. anderen Interessengruppen, wie dem Fiskus oder den Gläubigern, eine geringere Bedeutung beimessen, finden in weitaus höherem Maße **zukunftsorientierte** Elemente Eingang in die Rechnungslegung,[1370] z. B. im Rahmen der Darstellung künftiger Wertsteigerungspotenziale, die möglichst entscheidungsnützlich abgebildet werden.[1371]

Die IFRS basieren im Vergleich zum deutschen Handelsrecht auf einem **gemischten** Wertkonzept **(Mixed Model)**,[1372] das sowohl den Ansatz zu historischen Anschaffungs-/Herstellungskosten als auch die Bewertung zum Fair Value beinhaltet.[1373] Die geltenden IFRS nach Abschluss des **Improvement Project** des *IASB* lassen jedoch weiterhin lediglich eine Tendenz zu einer vollständig auf beizulegenden Zeitwerten beruhenden Rechnungslegung,[1374] dem **Full Fair Value Accounting**, erkennen.[1375] Der Fair Value als beizulegender Zeitwert[1376] stellt einen (absatz-)marktorientierten Beurteilungsmaßstab

---

1365    Vgl. *Baetge/Zülch* 2004, S. 113; *Happe* 2002, S. 366.
1366    Vgl. *Haaker* 2005, S. 8; *Pellens/Neuhaus/Richard* 2004, S. 12; *Zabel* 2002, S. 920.
1367    Modifiziert entnommen von *Hayn* 1994, S. 720.
1368    Vgl. *Kahle* 2003a, S. 272; *Weißenberger/Stahl/Vorstius* 2004, S. 7.
1369    Vgl. *Budde/Steuber* 2000, S. 975 sowie zur »faktischen« Shareholder Value-Orientierung im IFRS-Abschluss *Haaker* 2005, S. 8.
1370    Vgl. *Buchholz/Weis* 2002, S. 512; *Scheffler* 2001, S. 9.
1371    Vgl. *Böcking* 2001, S. 1435.
1372    Vgl. *Baetge/Zülch/Matena* 2002, S. 368; *Löhr* 2003, S. 646.
1373    Vgl. *Burger/Fröhlich/Ulbrich* 2004, S. 353; *Muff/Schneider* 2002, S. 5.
1374    Vgl. *Ballwieser/Küting/Schildbach* 2004, S. 542; *Scheffler* 2003a, S. 73.
1375    Vgl. *Wagenhofer* 2004, S. 146; *Zwirner/Heiden* 2002, S. 292. Kritisch zum Fair Value Accounting äußert sich u. a. *Vater* 2002b, S. 655. Zur Frage, ob künftig sämtliche Bilanzposten mit dem Fair Value ausgewiesen werden sollen, wird verwiesen auf die Anregungen von *Dawo* 2004, S. 45 und *Streim/Bieker/Esser* 2003, S. 458.
1376    Vgl. *Kley* 2001, S. 2258; *Pfitzer/Dutzi* 2002, Sp. 750.

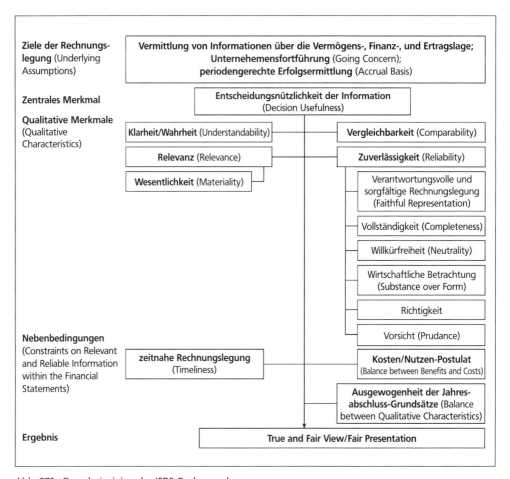

Abb. 270: Grundprinzipien der IFRS-Rechnungslegung

dar (Exit Value).[1377] Ob das Fair Value-Konzept diesen Zustand immer herbeizuführen vermag, ist bei vielen (selbsterstellten) immateriellen Werten jedoch mehr als fraglich.

Eine generelle Vorteilhaftigkeitsaussage zum Fair Value-Modell gegenüber dem handelsrechtlichen Anschaffungskostenprinzip kann nicht getroffen werden.[1378] Vielmehr ist lediglich von einer **tendenziellen** Vorteilhaftigkeit der Bewertung zum höheren Fair Value im Rahmen spezieller Geschäftsvorfälle auszugehen, z. B. im Rahmen der Abbildung derivativer Finanzinstrumente nach IAS 39, die sich i. d. R. durch eine größere **Marktnähe** auszeichnen und deren Ableitung des Fair Value i. d. R. keine Objektivierungsprobleme bereitet. Die Fair Value-Bewertung wird im Schrifttum als Ausdruck guter **Corporate Governance**

---

1377  Kritisch zur Bewertung zum höheren *Fair Value* äußern sich u. a. *Ballwieser/Küting/Schildbach* 2004, S. 536; *Löhr* 2003, S. 646; *Vater* 2002b, S. 655.

1378  *Kley* kritisiert die EU-Fair-Value-Richtlinie und gibt zu bedenken, dass der Informationsgewinn für die externen Bilanzleser weit hinter den Umstellungskosten zurückbleibt. Vgl. *Kley* 2001, S. 2286.

des Unternehmens angesehen.[1379] Allerdings ist die Fair Value-Bestimmung nicht frei von Ermessens- und Beurteilungsspielräumen, die einer hinreichenden Verlässlichkeit der Jahresabschlussdaten entgegenstehen. Insofern wird der Zeitwertansatz im Rahmen der IFRS-Bilanzierung z. T. als »Spielwiese für die Rechnungslegungspolitik« bezeichnet.[1380]

Seit dem 29. 10. 2002 besteht zwischen dem *IASB* und dem *FASB*, das für die US-amerikanischen Rechnungslegungsnormen US-GAAP verantwortlich ist, ein **Convergence Project**.[1381] Diese Zusammenarbeit ist faktisch aus dem Bedürfnis entstanden, da die *SEC* für die Notierung ausländischer Unternehmen an der *New York Stock Exchange (NYSE)* (noch immer) keinen Abschluss nach IFRS akzeptiert,[1382] sondern zumindest eine (aufwändige) Überleitungsrechnung auf die US-GAAP von den gelisteten Unternehmen einfordert.[1383] Um langfristig eine Anerkennung der IFRS für den Zugang zur New Yorker Börse zu erzielen, bedarf es einer Annäherung beider Rechnungslegungsstandards.[1384] Für Gesellschaften, die bereits dort gelistet sind und nach US-GAAP Rechnung legen, ist diese Eintrittsbarriere, die für alle nach IFRS rechnungslegenden Unternehmen gilt, als Wettbewerbsvorteil zu bewerten. Allerdings ist zu kritisieren, dass durch die US-GAAP-Konvergenz[1385] die IFRS keine ausreichende Eigendynamik entfalten und zu sehr vom *FASB* sowie der *SEC* beeinflusst werden könnten.[1386] Die nachfolgende **Abb. 271** fasst noch einmal wesentliche Unterschiede des handelsrechtlichen und des IFRS-Regelwerkes zusammen, wobei der neuerdings freiwillig nach IFRS-Normen zu erstellende Einzelabschluss nicht in die Synopse einbezogen wurde. In den nachfolgenden Abschnitten werden ausgewählte Bilanzposten nach IFRS sowie ihre jeweiligen Unterschiede zum nationalen Handels- und Steuerrecht dargestellt.

# B.   Immaterielle Vermögenswerte (Intangible Assets)

## 1.   Allgemeine Vorschriften

### a.   Ansatzregelungen

Der Trend zur Informationsgesellschaft und die fortschreitende technische Entwicklung lässt die Posten der immateriellen Werte am Gesamtwert der Unternehmung kontinuierlich ansteigen.[1387] Sie stellen wegen ihrer wichtigen betrieblichen Bedeutung **strategische Unter-**

---

1379   Vgl. *Böcking/Herold/Müßig* 2004a, S. 668. Vgl. zur grundsätzlichen Gefahr einer mangelhaften Objektivierbarkeit der Fair Value-Bewertung infolge fehlender Marktnähe *Baetge/Zülch/Matena* 2002, S. 421; *Ballwieser* 2002, S. 299; *Pfitzer/Dutzi* 2002, Sp. 751.
1380   Vgl. *Ballwieser/Küting/Schildbach* 2004, S. 547; *Maier-Siegert* 2001, S. 130.
1381   Vgl. *Freisleben/Leibfried* 2004, S. 108; *Muff/Schneider* 2002, S. 5.
1382   Vgl. *AKEU* 2002a, S. 599; *Böcking* 2004c, S. 183; *Steiner/Gross* 2004, S. 558.
1383   Vgl. *Busse von Colbe* 2002a, S. 160.
1384   Vgl. *Freisleben/Leibfried* 2004, S. 109; *Gannon/Ashwal* 2004, S. 47. Die Anerkennung der IFRS für die Notierung an der *NYSE* kann nach Ansicht der *SEC* nur erfolgen, wenn eine der *SEC* vergleichbare Überwachungsinstanz der IFRS neben dem *IASB* installiert wird. Vgl. hierzu *Weißenberger/Stahl/Vorstius* 2004, S. 12.
1385   Vgl. *AKEU* 2002a, S. 600.
1386   Vgl. *Ballwieser* 2002, S. 297.
1387   Vgl. *AKIW* 2003, S. 1233; *Breker* 2004, S. 11; *Esser/Hackenberger* 2004, S. 402; *Schmidbauer* 2004, S. 1442.

| Unterscheidungskriterien | Handelsgesetzbuch | IFRS |
|---|---|---|
| Zielgruppe | Interessenausgleich, Gläubigerschutz (Stakeholder) | Investoren (Shareholder) |
| Transparenz der Abschlüsse | niedrig | sehr hoch |
| Vorsichtsprinzip | stark ausgeprägt | schwach ausgeprägt |
| im Vordergrund stehender Abschluss | Jahres- und Konzernabschluss stehen nebeneinander | Konzernabschluss |
| Informationsfunktion im Jahres-/ Einzelabschluss | Informationsfunktion sowie Zahlungsbemessungsfunktion | ausschließliches Ziel |
| Informationsfunktion im Konzernabschluss | ausschließliches Ziel | ausschließliches Ziel |
| Ausschüttungsbemessung | für den Jahresabschluss | nicht vorgesehen |
| Art der Regelung | Legalistic Approach | Non Legalistic Approach |
| steuerrechtlicher Einfluss | wesentlicher Einfluss (Maßgeblichkeit/umgekehrte Maßgeblichkeit) im Jahresabschluss | nicht vorgesehen |
| Regelungsdichte | Principle Based Accounting | Mix aus Principle- und Rule Based Accounting |
| Eignung für die Börsennotierung in den USA | nein | nein |
| Eignung für die Börsennotierung international | nein | ja |
| Eignung für die interne Steuerung | nein | ja |

Abb. 271: Zusammenfassende Beurteilung der Rechnungslegungssysteme[1388]

**nehmenswerttreiber** dar.[1389] Sofern immaterielle Werte im Jahresabschluss nicht angemessen berücksichtigt werden können, sind c. p. Chancen und Risiken des Unternehmens durch externe Abschlussadressaten nur unzureichend abzuschätzen, wodurch eine Wertlücke am Kapitalmarkt entsteht. Aufgrund der Tatsache, dass **selbsterstellte immaterielle Anlagewerte** schwer quantifizierbar sind[1390], treten i. d. R. Ermessensspielräume auf, die unter strikter Befolgung des handelsrechtlichen Vorsichtsprinzips i. S. d. § 252 Abs. 1 Nr. 4 HGB prinzipiell zu einer Nichtaktivierung führen müssen.[1391]

---

1388   Modifiziert entnommen von *Goebel* 1995, S. 2490.
1389   Vgl. *Esser/Hackenberger* 2004, S. 402.
1390   Vgl. *Ballwieser* 2004, S. 40.
1391   Vgl. *Leibfried/Pfanzelt* 2004, S. 491.

Gleichzeitig unterliegt das externe Rechnungswesen einem dynamischen Wandel von der traditionellen Finanzberichterstattung (Financial Accounting) zu einem umfassenden Business Reporting, **das immaterielle Werte als dominierende unternehmenswerttreibende Erfolgsfaktoren** ansieht. In speziellen Unternehmensbereichen stellen immaterielle Vermögensgegenstände, wie **Patente, Lizenzen, Marken oder das Know How der Mitarbeiter**, zentrale Erfolgstreiber dar, denen bislang i. d. R. ein Bilanzansatz verschlossen blieb, wenn sie selbst geschaffen wurden und als Anlagevermögen klassifiziert werden. Nicht nur in der handelsrechtlichen Rechnungslegung, sondern auch bei der Anwendung internationaler Standards, wie den US-GAAP oder den IFRS, kommt es faktisch niemals zu einem vollständigen Ausweis immaterieller Werte. Bei Unternehmen wie *Coca Cola* oder *Microsoft* ist regelmäßig eine fünfzehn- bis einundzwanzigfache Abweichung des Börsenwertes vom Bilanzwert zu beobachten, die zum großen Teil auf immaterielle Vermögensgegenstände zurückzuführen ist.[1392] Diese nicht bilanzierten immateriellen Vermögensgegenstände werden als **Soft Assets** bezeichnet. Ein effizientes **Business Reporting** verlangt aber eine detailliertere und umfangreichere Abbildung immaterieller Werte im Jahresabschluss, um externen Rechnungslegungsadressaten eine wahrheitsgetreue Einschätzung der künftigen wirtschaftlichen Entwicklung des Unternehmens zu ermöglichen.

Die Auffassung, das handelsrechtliche Aktivierungsverbot des § 248 Abs. 2 HGB[1393] würde keinen rechnungslegungspolitischen Gestaltungsspielraum beinhalten, ist nicht haltbar. In der Unternehmenspraxis kann die Geschäftsleitung vielmehr z. B. durch eine **Umschichtung** immaterieller Werte vom Anlage- in das Umlaufvermögen materielle Rechnungslegungspolitik betreiben.[1394] Da das Handelsgesetzbuch keine konkreten Abgrenzungskriterien vorgibt, sind einer **Umklassifizierung** immaterieller Werte vom Anlage- ins Umlaufvermögen nur unzureichende Grenzen gesetzt. Im Falle eines gewünschten höheren Vermögensausweises und einer Steigerung der Eigenkapitalquote kann sich das Management zu einer Umdeutung bislang außer Ansatz gebliebener immaterieller Vermögensgegenstände des Anlagevermögens zu ansatzpflichtigen Vermögensgegenständen des Umlaufvermögens entscheiden. Dieser Handlungsparameter besitzt vor allem in Zeiten einer unternehmerischen Krise hohe praktische Relevanz.[1395] Die handelsrechtliche Rechnungslegungspolitik liegt in diesem Bereich nicht in einer Ausübung oder Nichtausübung eines gesetzlichen Aktivierungswahlrechts, sondern in einem **Ermessensspielraum** begründet, der auf einer fehlenden konkretisierenden Legaldefinition des Gesetzgebers basiert.

Das **Steuerrecht** folgt dem generellen Aktivierungsverbot des § 248 Abs. 2 HGB in § 5 Abs. 2 EStG i. V. m. R 5.5 Abs. 2 EStR, wonach entgeltlich erworbene immaterielle Wirtschaftsgüter des Anlagevermögens zum Ansatz kommen und selbsterstellte Güter des Anlagevermögens außer Ansatz bleiben.[1396] Während das Handelsrecht von Vermögensgegenständen spricht, legt das Steuerrecht den Begriff des **Wirtschaftsgutes**[1397] zugrunde, der nach h. M. weitgehende Deckungsgleichheit mit dem handelsrechtlichen Terminus besitzt. Nach Auffassung des *BFH* »kann der steuerrechtliche Begriff des Wirtschaftsgutes nicht weitergehen als der handelsrechtliche Begriff des Vermögensgegenstan-

---

1392  Vgl. *Esser/Hackenberger* 2004, S. 402.
1393  Vgl. hierzu die Ausführungen im Dritten Teil zu Gliederungspunkt I.B.1.
1394  Als Beispiele können selbsterstellte Programme von Softwareanbietern (*Datev*, *Microsoft* oder *SAP*) angeführt werden. Vgl. auch *Müller* 2003b, S. 60; *Von Keitz* 1997, S. 48.
1395  Vgl. *Pfleger* 1994, S. 374.
1396  Vgl. *BFH* 1992a, S. 977; *BFH* 2000a, S. 71 sowie hierzu auch *Breker* 2004, S. 11; *Wolf* 2004, S. 522.
1397  Vgl. *BFH* 1969a, S. 291.

des«[1398]. Das Wirtschaftsgut muss gem. R 5.5 Abs. 2 Satz 2 EStR von Dritten erworben und es muss eine Gegenleistung erbracht worden sein.[1399] Die *BFH*-Rechtsprechung stellt vor allen Dingen auf die **Greifbarkeit** und **Übertragbarkeit** des Vermögenswertes ab. In dieser Hinsicht wird ein Wirtschaftsgut dadurch charakterisiert, dass es von einem Dritten zumindest mit dem gesamten Betrieb übertragbar sein muss. Der Tatbestand der **Einzelveräußerbarkeit**, der im Handelsrecht bei der abstrakten Ansatzfähigkeit von Vermögensgegenständen gefordert wird, stellt im Steuerrecht keine Bedingung dar. Im Grundsatz sind das Handels- und Steuerrecht somit im Rahmen der Aktivierung immaterieller Vermögensgegenstände/Wirtschaftsgüter trotz eigenständiger steuerrechtlicher Vorschriften weitgehend deckungsgleich. Auf die spezifischen Besonderheiten des derivativen Geschäfts- oder Firmenwerts wird noch einzugehen sein.

IAS 38, der die Bilanzierung und Bewertung immaterieller Vermögenswerte (**Intangible Assets**) regelt, geht im Gegensatz zum Handels- und Steuerrecht grds. nicht von einem generellen Ansatzverbot für selbst erstellte immaterielle Vermögenswerte des Anlagevermögens aus.[1400] Eine Ausnahme findet sich in IAS 38.63, der u. a. den Ansatz selbst geschaffener Marken ausnahmslos untersagt, da i. d. R. **kein aktiver Markt** i. S. d. IAS 38.78 unterstellt werden kann. Insofern ist die handels- und steuerrechtliche Bedingung eines entgeltlichen Erwerbs bei den IFRS prinzipiell nachrangig.[1401] Die unterschiedliche Behandlung von immateriellen Werten ist u. a. auf die untergeordnete Bedeutung des Vorsichtsprinzips in der internationalen Rechnungslegung zurückzuführen. Stattdessen wird ein zwingender Ansatz erforderlich, wenn der Vermögensposten die abstrakte und die konkrete Bilanzierungsfähigkeit nach IAS 38.8 und IAS 38.21 besitzt.[1402] Der Asset muss als substanzlose Ressource gem. IAS 38.8 eindeutig identifizierbar sein, dem Unternehmen einen künftigen wirtschaftlichen Nutzen stiften und in der Verfügungsmacht bzw. unter Kontrolle des Unternehmens stehen.[1403] IAS 38.21 fordert, dass für eine konkrete Ansatzfähigkeit des immateriellen Vermögenswertes seine Anschaffungs-/Herstellungskosten zuverlässig ermittelt werden können und ein Nutzenzufluss mit hoher Wahrscheinlichkeit zu erwarten ist.[1404]

Die geforderte **Substanzlosigkeit** des Vermögenswertes wird i. d. R. bejaht, wenn er dem Unternehmen als Recht oder als Wert einen Nutzen stiftet, ohne dass der Gegenstand eine physische Substanz aufweist.[1405] Im Allgemeinen treten jedoch Abgrenzungsprobleme bei jenen Vermögenswerten auf, die sowohl eine physische als auch eine immaterielle Komponente beinhalten, z. B. bei der PC-Software.[1406] Inwieweit diese »gemischten« Vermögenswerte in der Bilanz des Unternehmens ausgewiesen werden, hängt häufig von der subjektiven Entscheidung des Managements ab.

Das Kriterium der **Identifizierbarkeit** ist regelmäßig dann erfüllt, wenn der Vermögenswert gem. IAS 38.12 separierbar ist oder aus einem vertraglichen oder gesetzlichen Recht

1398   Vgl. *BFH* 1978a, S. 262; *BFH* 1987a, S. 348 sowie *Streim/Esser* 2003a, S. 740.
1399   Vgl. *BFH* 1975a, S. 13 sowie *Buchholz/Weis* 2002, S. 516; *Falterbaum/Bolk/Reiß* 2003, S. 370; vgl. zu den Parallelen und Unterschieden zwischen Wirtschaftsgut und *Asset* u. a. *Herzig/Gellrich/Jensen-Nissen* 2004, S. 557, Fn. 35.
1400   Vgl. *Burger/Fröhlich/Ulbrich* 2004, S. 360; *Förschle* 2003, S. 239; *Gerpott/Thomas* 2004, S. 2487.
1401   Vgl. *Fasselt/Brinkmann* 2004a, S. 16.
1402   Vgl. *Fischer/Klöpfer/Sterzenbach* 2004, S. 697.
1403   Vgl. *Hommel/Benkel/Wich* 2004, S. 1268; *Pergens/Niemann* 2004, S. 999; *Schmidbauer* 2004, S. 1443.
1404   Vgl. *Esser/Hackenberger* 2004, S. 405; *Gerpott/Thomas* 2004, S. 2487; *Watrin/Strohm/Struffert* 2004, S. 1454.
1405   Vgl. *Fasselt/Brinkmann* 2004a, S. 20; *Wendlandt/Vogler* 2003, S. 67.
1406   Vgl. ausführlich zur bilanziellen Handlung von PC-Software *Pergens/Niemann* 2004, S. 997.

resultiert.[1407] Das Merkmal der Separierbarkeit dient der Abgrenzung immaterieller Vermögensgegenstände vom Goodwill.[1408] Die Forderung nach **Separierbarkeit** ist bei Rechten in den meisten Fällen erfüllt, bei wirtschaftlichen Werten stellt sich eine eindeutige Abgrenzung als problematisch und ermessensabhängig dar.

Ferner muss der immaterielle Vermögenswert gem. IAS 38.17 einen **künftigen wirtschaftlichen Nutzen** für das Unternehmen generieren.[1409] Eine genaue Quantifizierung des Nutzens bzw. eine Legaldefinition des Nutzens unterbleibt jedoch nach den IFRS. Der Begriff des Nutzenzuwachses unterliegt der Auslegung des Managements und erfordert Interpretationen des Bilanzaufstellers.

Das Kriterium der **selbstständigen Bewertbarkeit** impliziert eine ausreichende Wahrscheinlichkeit des künftigen Nutzenzuflusses.[1410] Gem. IAS 38.22 hat das bilanzierende Unternehmen den Nutzen nach vernünftigen und haltbaren Annahmen zu schätzen.[1411] Diese Tatbestandsvoraussetzungen stellen unbestimmte Rechtsbegriffe dar und lassen eine eindeutige Konkretisierung vermissen, wodurch auch in diesem Fall subjektive Einschätzungen des Bilanzierenden in die Rechnungslegung einfließen können.

Die mangelnde Objektivität der Ansatzvoraussetzungen der IAS 38.18 und 38.21 hat das *IASB* dazu veranlasst, i. S. d. IAS 38.52 eine Aufspaltung des Herstellungsprozesses in eine **Forschungs- und Entwicklungsphase** von den Unternehmen einzufordern.[1412] Ist eine Trennung der Kosten in die o. g. Phasen nicht möglich, sind sämtliche Kosten gem. IAS 38.53 aufwandswirksam zu berücksichtigen.

In die **Forschungsphase (Research Phase)** fällt gem. IAS 38.8 die Suche nach neuen wissenschaftlichen oder technischen Erkenntnissen.[1413] Die jener Phase zuzuordnenden Aufwendungen unterliegen gem. IAS 38.54 einem generellen Aktivierungsverbot und sind sofort aufwandswirksam zu erfassen,[1414] da sie nicht die Voraussetzungen für einen Asset erfüllen.[1415] Hierunter fallen z. B. die Kosten für die Grundlagenforschung oder die Suche nach neuen Produktionsprozessen.

Die **Entwicklungsphase (Development Phase)** umfasst gem. IAS 38.8 die der Forschung nachfolgenden Tätigkeiten, bei der Forschungsergebnisse oder anderes Wissen auf einen Plan oder einen Entwurf für spätere Produktion angewendet werden, z. B. das Erstellen von Prototypen oder das Testen neuer Materialien. Anfallende Kosten der Entwicklungsphase sind zwingend zum Ansatz zu bringen, wenn die in IAS 38.57 genannten Bedingungen kumulativ vorliegen.[1416] Die Voraussetzungen sind die technische Realisierbarkeit der Fertigstellung (diese ist i. d. R. durch Ermessensspielräume gekennzeichnet, da unklar bleibt, bis zu welchem Zeitpunkt im Einzelfall die Realisierbarkeit unterstellt werden kann), die Absicht und Fähigkeit zur Fertigstellung und Nutzung bzw. späteren Verkauf des Vermögenswertes (hier liegt wiederum ein Gestaltungsspielraum bei der Er-

---

1407  Vgl. *Bieker/Esser* 2004, S. 449; *Esser/Hackenberger* 2004, S. 404; *Watrin/Strohm/Struffert* 2004, S. 1454.

1408  Vgl. IAS 38.11 sowie hierzu weiterführend *Hommel/Benkel/Wirth* 2004, S. 1269; *Streim/ Esser* 2003a, S. 738.

1409  Vgl. *KPMG* 2004a, S. 76.

1410  Vgl. *Dietrich* 2004, S. 410.

1411  Vgl. *Hommel/Benkel/Wich* 2004, S. 1269; *Schmidbauer* 2004, S. 1443.

1412  Vgl. *Fischer/Klöpfer/Sterzenbach* 2004, S. 697; *Zwirner/Boecker/Reuter* 2004, S. 219.

1413  Vgl. *Leibfried/Pfanzelt* 2004, S. 492; *Lüdenbach/Hoffmann* 2002a, S. 233.

1414  Vgl. *Heno* 2004, S. 228; *Müller* 2003b, S. 30; *Pellens/Detert* 2004, S. 13.

1415  Vgl. IAS 38.55 sowie hierzu ausführlich *Lüdenbach/Prusacyk* 2004a, S. 415.

1416  Vgl. IAS 38.59 sowie hierzu im Einzelnen *Fischer/Klöpfer/Sterzenbach* 2004, S. 697; *Leibfried/Pfanzelt* 2004, S. 492; *Wolf* 2004, S. 523.

stellung des Jahresabschlusses vor, da das Management trotz verstärkter Bemühungen, das Entwicklungsprojekt fertig zustellen, aufgrund eines seit kurzem auf dem Markt erschienenen Konkurrenzprodukts die Fertigstellungsabsicht aufgeben kann), die Dokumentation des künftigen Nutzenpotenzials durch Nachweis eines aktiven Marktes, die Verfügbarkeit technischer und finanzieller Ressourcen zum erfolgreichen Abschluss der Entwicklungsphase sowie die Fähigkeit zur verlässlichen Bewertung der anfallenden Ausgaben.

Die **Zuordnung von Ausgaben zur Forschungs- oder Entwicklungsphase** gestaltet sich in der unternehmerischen Praxis als ein schwer objektivierbarer und problematischer Vorgang,[1417] da beide Phasen nicht klar abgrenzbar sind, sondern i. d. R. durch eine hochgradig interdependente Beziehung geprägt werden.[1418] Insofern ist nicht von einem generellen Aktivierungsgebot für Entwicklungskosten im Rahmen der IFRS-Bilanzierung, sondern von einem **impliziten Ansatzwahlrecht** auszugehen. Dieses lässt sich durch eine Ansammlung der aufgeführten unbestimmten Rechtsbegriffe charakterisieren. Im Schrifttum wird konstatiert, dass die Aktivierungsvoraussetzungen nach IAS 38.57 rechnungslegungspolitischen Erwägungen Tür und Tor eröffnen.[1419] Somit liegt es im Ermessen des Entscheidungsträgers, selbsterstellte Vermögenswerte im Einzelabschluss zu aktivieren, um das Bilanzergebnis unternehmenszielkonform zu beeinflussen.

Befindet sich das Unternehmen in einer wirtschaftlichen Krise und bietet sich aus diesem Grunde eine **Gewinnerhöhungsstrategie** als rechnungslegungspolitisches Mittel an, liegt es nahe, dass die Aktivitäten der Unternehmensleitung darauf abzielen werden, möglichst wenige Forschungsaufwendungen abzugrenzen. Stattdessen könnte das Management geneigt sein, einen Großteil der Kosten in die Entwicklungsphase des Produktes zu transferieren, da diese unter den Voraussetzungen des IAS 38.57 aktivierungspflichtig sind. Durch diese Maßnahme steigt der Gewinn und der Aufwand der Entwicklungskosten wird durch planmäßige Abschreibungen auf die Folgeperioden verteilt,[1420] wodurch gleichzeitig eine periodenübergreifende **Gewinnglättungspolitik** betrieben werden kann.

Die IFRS sind gegenüber den handelsrechtlichen Vorschriften im Hinblick auf den häufig zitierten Informationsvorsprung der internationalen Rechnungslegungsstandards zumindest in diesem Bereich **intransparenter**, da das herrschende Handelsrecht die Aktivierung selbsterstellter Vermögensgegenstände des Anlagevermögens gem. § 248 Abs. 2 HGB (noch) ausnahmslos verbietet, das *IASB* jedoch mit den Aktivierungsvoraussetzungen des IAS 38.57 **unbestimmte Rechtsbegriffe** geschaffen hat, die sich einer eindeutigen Objektivierung und Nachprüfbarkeit der Maßnahmen des Managements entziehen und die der Rechenschaftspflicht im Einzelabschluss widersprechen.[1421]

---

1417  Vgl. *Kahle* 2003a, S. 266; *Tanski* 2004, S. 1847.
1418  Vgl. *Engel-Ciric* 2002, S. 781; *Müller* 2003b, S. 30.
1419  Vgl. *Engel-Ciric* 2002, S. 781, *Hahn* 2004, S. 20. *Meyer/Meisenbacher* merken an, dass die Aktivierungsvoraussetzungen für die Kosten der Entwicklungsphase »nahezu inhaltsleer« formuliert sind. Vgl. *Meyer/Meisenbacher* 2004, S. 570.
1420  Vgl. *Pellens/Detert* 2004, S. 13. Die vorzunehmenden Abschreibungen auf die Entwicklungskosten stellen für das Unternehmen Aufwendungen dar, die den – infolge der Aktivierung der Entwicklungskosten – herbeigeführten Entlastungseffekt in der GuV konterkarieren.
1421  Vgl. *Hahn* 2003, S. 246; *Hahn* 2004, S. 20; *Theile* 2003b, S. 960.

## b.        Bewertungsregelungen

Da sowohl das Handels- als auch das Steuerrecht ein generelles Ansatzverbot für selbsterstellte Vermögensgegenstände bzw. Wirtschaftsgüter des Anlagevermögens vorsehen, ist eine Analyse der Bewertungskonzeption in diesem Sinne gegenstandslos. Würde das in § 248 Abs. 2 HGB und § 5 Abs. 2 EStG i. V. m. R 5.5 Abs. 2 EStR kodifizierte Verbot nicht bestehen, wäre in beiden Fällen eine Bewertung zum höheren beizulegenden Zeit-(Markt-) wert unzulässig, da sowohl in der Handels- als auch in der Steuerbilanz das **Anschaffungskostenprinzip** gilt und eine Zuschreibung zu einem Wert über den für die Erstellung angefallenen Kosten aus Gründen des Vorsichtsprinzips gem. § 253 Abs. 1 Satz 1 HGB unzulässig ist.[1422]

Als eine der wenigen expliziten Wahlrechte gewährt IAS 38.74 die Bewertung von **Intangible Assets** zu fortgeführten Anschaffungs-/Herstellungskosten oder alternativ zum (ggf. höheren) Fair Value.[1423] Die Inanspruchnahme der alternativ zulässigen Methode, d. h. der Neubewertung zum beizulegenden Zeitwert, ist gem. IAS 38.75 an die restriktive Voraussetzung eines **Active Market** i. S. d. IAS 38.8 geknüpft.[1424] Ein aktiver Markt wird unterstellt, wenn die Marktpreise durch die Teilnehmer öffentlich zugänglich sind, homogene Güter gehandelt werden und sich zu jeder Zeit Vertragspartner finden lassen.[1425]

Liegt ein aktiver Markt vor und wird vom Wahlrecht der Neubewertung Gebrauch gemacht, hat der Bilanzierende eine festgestellte Werterhöhung gem. IAS 38.85 in eine **Neubewertungsrücklage (Revaluation Surplus)** einzustellen[1426], es sei denn, es ist in der Vergangenheit bereits eine Wertminderung vorgenommen worden. Es ist allerdings davon auszugehen, dass das **Neubewertungswahlrecht** sowohl im Sachanlagenbestand als auch bei den immateriellen Vermögenswerten von den Unternehmen aufgrund der restriktiven Voraussetzungen und anderer Nachteile künftig kaum ausgeübt wird.[1427] Selbst nach der Einschätzung des *IASB* wird bei immateriellen Vermögenswerten die Tatbestandsvoraussetzung eines aktiven Marktes nur in Ausnahmefällen erfüllt sein, womit der Neubewertung in diesem Falle nur geringe praktische Relevanz beigemessen wird. Im Sachanlagevermögen hingegen scheint die Möglichkeit einer Neubewertung gem. IAS 16 nahe liegender, **weil nicht auf die Existenz eines aktiven Marktes** als Tatbestandsvoraussetzung abgestellt wird. Tritt dieser Fall auf, ist ein früherer Neubewertungsverlust durch die jetzige Werterhöhung ergebniswirksam in der GuV zu kompensieren. Die Neubewertung zum höheren beizulegenden Zeitwert erfolgt aber in den anderen Fällen **erfolgsneutral**, d. h. durch die Ausübung der Neubewertungsmethode wird die Höhe des Jahresüberschusses nicht tangiert.[1428] Im umgekehrten Fall einer festgestellten Wertminderung, die unterhalb der fortgeführten Anschaffungs-/Herstellungskosten liegt, ist zu-

1422    Vgl. hierzu die Ausführungen im Dritten Teil zu Gliederungspunkt II.C.3 und *Schmidbauer* 2004, S. 1445.
1423    Vgl. hierzu auch *Hayn* 2004, S. 9; *Leibfried/Pfanzelt* 2004, S. 492; *Schmidbauer* 2004, S. 1444.
1424    Vgl. *Leibfried/Pfanzelt* 2004, S. 492; *Pergens/Niemann* 2004, S. 1000.
1425    Vgl. IAS 38.8. und weiterführend auch *Esser/Hackenberger* 2004, S. 410.
1426    Vgl. *Dawo* 2004, S. 64; *Schmidbauer* 2004, S. 1444.
1427    Vgl. *Padberg* 2004a, S. 1096. Zur geringen Inanspruchnahme des Neubewertungswahlrechts in der betrieblichen Praxis im Bereich der immateriellen Vermögenswerte äußert sich auch *Theile*, vgl. *Theile* 2003b, S. 961.
1428    Vgl. *Esser/Hackenberger* 2004, S. 410.

> - **Erhöhungen des Buchwertes** eines Vermögenswertes auf Grund einer **Neubewertung** werden **(erfolgsneutral)** über die **Neubewertungsrücklage (NBR)** erfasst.
> - Wird durch die Werterhöhung gleichzeitig eine in früheren Perioden entstandene Wertminderung, die als **Aufwand** erfasst war, **rückgängig** gemacht, so ist der darauf entfallende Teil der Werterhöhung **erfolgswirksam** zu behandeln.
> - Hat die Neubewertung eine **Verminderung des Buchwertes** zur Folge, dann ist der Unterschiedsbetrag als **Aufwand** zu erfassen. Ist für den betreffenden Vermögenswert bereits eine NBR gebildet worden, so ist der Unterschiedsbetrag zunächst mit dieser **zu verrechnen**.
> - Die NBR ist **erfolgsneutral aufzulösen**, wenn die in sie eingestellten Beträge entweder **vollständig** durch den **Abgang** des Vermögenswertes oder teilweise durch die **Nutzung** des Vermögenswertes realisiert werden.

Abb. 272: Charakteristika der Neubewertungsrücklage (NBR)

erst die Neubewertungsrücklage bis zu den Anschaffungs-/Herstellungskosten ergebnisneutral aufzulösen. Der darüber hinausgehende Wertminderungsbetrag muss dann **ergebniswirksam** in der GuV erfasst werden. Allerdings besteht die Möglichkeit, je nach Inanspruchnahme des Bewertungswahlrechts, die Vermögens- und Eigenkapitalstruktur des Abschlusses zweckorientiert zu beeinflussen. Aufgrund der Tatsache, dass die Neubewertungsrücklage in der Bilanz dem **Eigenkapital** untergeordnet wird, führt eine festgestellte Werterhöhung im Zuge der Neubewertung zu einem höheren Ausweis der **Eigenkapitalquote**. Die **Wertfindungsmethode** zur Bestimmung des Fair Value und die **Häufigkeit der Neubewertung** sind ferner i. d. R. durch das Management beeinflussbar.[1429]

Einschränkend ist anzumerken, dass in der Praxis dem Bewertungswahlrecht des IAS 38 nach Ansicht des *IASB* **nur eine untergeordnete Bedeutung** zukommt[1430] und der materielle rechnungslegungspolitische Nutzen sich in Grenzen hält, da ein aktiver Markt als Anwendungsvoraussetzung für die Bewertung immaterieller selbst erstellter Vermögenswerte zum Fair Value gem. IAS 38.78 nur in den seltensten Fällen vorliegt.[1431] Für selbst entwickelte Markennamen, Patente oder Software kann i. d. R. kein aktiver Markt herangezogen werden, so dass dem Gestaltungsspielraum des Managements trotz eines expliziten Bewertungswahlrechtes des IAS 38 faktische Grenzen gesetzt sind.[1432]

**Beispiel:**

- Anschaffung eines Grundstücks in Periode 01 zu 1.000.000 €.
- Am Ende von Periode 01 erfolgt eine außerplanmäßige Abschreibung um 400.000 €.
- Am Ende von Periode 05 erfolgt eine Neubewertung des Grundstücks zu 1.500.000 €.

---

1429    Vgl. *Engel-Ciric* 2002, S. 782; *Schmidbauer* 2003, S. 2039; *Schmidbauer* 2004, S. 1444; *Wendlandt/Vogler* 2003, S. 69. IAS 38.79 besagt, dass die Häufigkeit der Neubewertung vom Ausmaß der Schwankungen (Volatilität) des Fair Value abhängt. Bei bedeutenden und starken Schwankungen ist eine jährliche Neubewertung in Betracht zu ziehen.

1430    Vgl. *Engel-Ciric* 2002, S. 782.

1431    Vgl. *Padberg* 2004a, S. 1095; *Pergens/Niemann* 2004, S. 1000.

1432    Vgl. *Heno* 2004, S. 230.

- Buchungen am Ende von Periode 05:

| S | Grundstücke | | H |
|---|---|---|---|
| | € | | € |
| AB | 600.000 | EB/SBK | 1.500.000 |
| (1) | 900.000 | | |

| S | Sonstige betriebliche Erträge | | H |
|---|---|---|---|
| | € | | € |
| GuV | 400.000 | (1) | 400.000 |

| S | Neubewertungsrücklage | | H |
|---|---|---|---|
| | € | | € |
| EB/SBK | 500.000 | (1) | 500.000 |

- Am Ende der Periode 08 wird eine Neubewertung des Grundstücks zu 1.200.000 €
  vorgenommen.

| S | Grundstücke | | H |
|---|---|---|---|
| | € | | € |
| AB | 1.500.000 | (1) | 300.000 |
| | | EB/SBK | 1.200.000 |

| S | Neubewertungsrücklage | | H |
|---|---|---|---|
| | € | | € |
| (1) | 300.000 | AB | 500.000 |
| EB/SBK | 200.000 | | |

- In der Periode 10 wird das Grundstück zu 800.000 € veräußert.

| S | Grundstücke | | H |
|---|---|---|---|
| | € | | € |
| AB | 1.200.000 | (1) | 400.000 |
| | | EB | 800.000 |

| S | Neubewertungsrücklage | | H |
|---|---|---|---|
| | € | | € |
| (1) | 200.000 | AB | 200.000 |

| S | Sonstige betriebliche Aufwendungen | | H |
|---|---|---|---|
| | € | | € |
| (1) | 200.000 | GuV | 200.000 |

Das Beispiel verdeutlicht den Informationsvorteil einer Neubewertungsrücklage, die den externen Rechnungslegungsadressaten stets den **(fortgeschriebenen) Bestand** an **stillen Reserven** der betreffenden Vermögenswerte des Anlagevermögens zeigt.

## 2.    Geschäfts- oder Firmenwert (Goodwill)

### a.    Ansatzregelungen

Obwohl der Goodwill zum immateriellen Anlagevermögen gehört, wird diesem aufgrund seiner herausgehobenen Stellung ein eigenständiger Gliederungspunkt gewidmet. In Abgrenzung zum **originären**, d. h. selbst geschaffenen Goodwill, für den nach nationaler Rechnungslegung ein striktes **Aktivierungsverbot** gem. § 248 Abs. 2 HGB zu beachten ist, kommt der **derivative** Firmenwert, d. h. der entgeltlich erworbene, durch den Unternehmenskauf im Rahmen eines sog. **Asset Deal** zu einem über dem Zeitwert des Reinvermögens liegenden Kaufpreis zustande. Mithin stellt der derivative Goodwill den positiven Unterschiedsbetrag zwischen dem Kaufpreis und dem Wert aller Vermögensgegenstände abzüglich der Schulden des Unternehmens dar (§ 255 Abs. 4 Satz 1 HGB).

Eine exakte Bemessung des Wertansatzes des derivativen Firmenwerts ist in der betrieblichen Praxis mit Problemen behaftet, da die Festsetzung seiner Anschaffungskosten bei gegebenem Gesamtkaufpreis des Unternehmens **rechnungslegungspolitisch beeinflussbar** ist. Vor allen Dingen sind die Zuordnung der Zeitwerte auf Vermögensgegenstände und Schulden zum Zeitpunkt des Unternehmenserwerbs sowie die Separierung eigenständiger immaterieller Vermögensgegenstände vom Goodwill durch eine fehlende Objektivierung gekennzeichnet.

In der **Steuerbilanz** besteht ein generelles Aktivierungsgebot für den derivativen Firmenwert gem. § 5 Abs. 2 i. V. m. § 6 Abs. 1 Nr. 1 EStG zu seinen Anschaffungskosten, vermindert um die AfA gem. § 7 Abs. 1 Satz 2 und 3 EStG.[1433] Die abweichende Ansatzregelung zwischen Handels- und Steuerrecht ist dadurch zu erklären, dass die Steuerbilanz nicht primär Gläubigerschutzzwecken dient, sondern als Anknüpfungspunkt für die steuerrechtliche Bemessung gilt. Das steuerrechtliche Aktivierungsgebot des § 5 Abs. 2 EStG stellt eine Durchbrechung des Maßgeblichkeitsprinzips dar. Nur im Falle einer handelsrechtlichen Ausübung des Wahlrechts des § 255 Abs. 4 Satz 1 HGB ist eine einheitliche Bilanzierung nach Handels- und Steuerrecht möglich. Der derivative Firmenwert gehört steuerrechtlich **seit Verabschiedung des BiRiLiG** zu den abnutzbaren einlagefähigen Wirtschaftsgütern des Anlagevermögens. Die *BFH*-Rechtsprechung hat sich von der 1934 bis 1986 geltenden steuerrechtlichen **Einheitstheorie** distanziert, wonach der Geschäfts- oder Firmenwert als **einheitliches Wirtschaftsgut** aufzufassen und eine Aufspaltung in originäre und derivative Bestandteile als nicht mit dem Wesen des Goodwill vereinbar anzusehen ist.[1434] Der o. g. rechnungslegungspolitische (handelsrechtliche) Gestaltungsspielraum im Rahmen der Aktivierung kann im Steuerrecht grds. nicht in Anspruch genommen werden.

Am 31.03.2004 ist der IAS 22 durch den IFRS 3 ersetzt worden.[1435] Letzterer regelt seitdem den Gegenstandsbereich von Unternehmenszusammenschlüssen **(Business Combinations)** sowie die Aktivierungskriterien für den derivativen **Goodwill**.[1436] Ein Ansatz ist gem. IFRS 3.4 nur möglich, wenn von einem Unternehmenserwerb[1437] ausgegangen werden

---

1433    Vgl. hierzu die Ausführungen im Dritten Teil zu Gliederungspunkt I.B.1.

1434    Vgl. für einen Vergleich zwischen Einheitstheorie des *RFH/BFH* und den Verlautbarungen des *IASB* detailliert *Velte* 2006b, S. 55.

1435    Vgl. *Dietrich* 2004, S. 409; *Hommel/Benkel/Wich* 2004, S. 1267.

1436    Vgl. *Bieker/Esser* 2004, S. 449.

1437    Vgl. *Dietrich* 2004, S. 410 und *Telgheder*, die auf die Bedeutung von »Marken« im Rahmen von Unternehmensakquisitionen hinweist, vgl. *Telgheder* 2004, S. 11.

kann.[1438] Dabei stellt ein Unternehmen (**Business**) eine einheitliche Gruppe von Aktivitäten und Vermögenswerten (**Integrated Group of Activities and Assets**) dar, um einen wirtschaftlichen Nutzen für die Teilhaber zu erzielen. In Abgrenzung zum Handelsrecht ist die Tatbestandsvoraussetzung des **Asset Deal**[1439] gem. IFRS 3.6 und 3.7 nicht erforderlich.[1440] Der gezahlte Gesamtpreis für das Unternehmen muss gem. IFRS 3.36 im Rahmen der Kaufpreisallokation (**Purchase Price Allocation**) auf die abgrenzbaren erworbenen Vermögenswerte und Schulden verteilt werden.[1441] Der nicht abzugrenzende Teil stellt als Residualgröße gem. IFRS 3.51a den sog. derivativen (**Core**) **Goodwill** dar, der die Voraussetzung eines Asset erfüllt.[1442] Nach den IFRS besteht beim Vorliegen der o. g. Tatbestandsvoraussetzungen ein generelles Aktivierungsgebot für den derivativen und ein Aktivierungsverbot gem. IAS 38.48 für den originären Goodwill, da sich letzterer nicht hinreichend objektivieren lässt.

Im Rahmen des Projekts »**Business Combinations Phase II**« hat das *IASB* am 29. 06. 2005 einen erneuten Exposure Draft zum IFRS 3 vorgelegt. Dieser sieht die sog. **Full Goodwill Method** vor, wonach beim Vorliegen von Minderheitsanteilen der auf jene Anteile entfallende Goodwill in der Konzernbilanz des Erwerbers zum Ausweis gelangt. Den theoretischen Bezugsrahmen stellt die sog. konzernrechtliche Einheitstheorie dar. Es wird unterstellt, dass die Mehrheitsgesellschafter (das erwerbende Konzernunternehmen) die vollständige Kontrolle über die dem Goodwill zu subsumierenden Synergien innehat. Mit der Aktivierung des Minderheiten-Goodwill ist bei der Ableitung daher nicht mehr der Kaufpreis des Unternehmens entscheidend, sondern der gesamte Fair Value der Unternehmung (**Full Fair Value Accounting**).

## b.     Bewertungsregelungen

Für den Fall, dass der Bilanzaufsteller das Aktivierungswahlrecht für den derivativen Firmenwert ausübt, werden ihm in § 255 Abs. 4 HGB zwei gleichberechtigte **Abschreibungsmethoden** zur Disposition gestellt. Gem. § 255 Abs. 4 Satz 2 HGB kann entweder eine pauschale Abschreibung von mindestens 25 % p. a. ab dem Folgejahr oder eine planmäßige Abschreibung entsprechend der geschätzten Nutzungsdauer gem. § 255 Abs. 4 Satz 3 HGB vorgenommen werden. Wählt der Bilanzaufsteller die Abschreibung gem. § 255 Abs. 4 Satz 3 HGB, hat gem. § 285 Nr. 13 HGB eine zusätzliche Angabe im **Anhang** zu erfolgen, da der Gesetzgeber die pauschale Abschreibung des Firmenwerts mit 25 % p. a. i. S. d. § 255 Abs. 4 Satz 2 HGB als Normalfall ansieht. In dieser Hinsicht muss im Anhang auf die Gründe für die Unterstellung einer längeren Nutzungsdauer eingegangen werden.

Deutlich wird, dass nicht nur die Ansatz-, sondern auch die handelsrechtlichen Bewertungsnormen dem Management **Möglichkeiten zur rechnungslegungspolitischen Beeinflussung des Jahresüberschusses** bieten. Die Bemessung der genauen Höhe und die Methodik der Abschreibung des derivativen Goodwill liegen im Ermessen der Unterneh-

---

1438  Vgl. *Hommel/Benkel/Wich* 2004, S. 1268.
1439  Ein Goodwill muss somit im Rahmen der IFRS-Rechnungslegung grds. auch bei einem Share Deal im Abschluss berücksichtigt werden.
1440  Vgl. *Marten/Weiser* 2004, S. 41.
1441  Vgl. *Marten/Weiser* 2004, S. 41.
1442  Vgl. *Watrin/Strohm/Struffert* 2004, S. 1456.

mensleitung. Das Periodenergebnis ist entscheidend beeinflussbar, da i. d. R. der Kaufpreis eines Unternehmens sehr viel höher ausfällt als die Buchwerte der übernommenen Vermögensgegenstände und Schulden. In diesem Sinne besteht durch die Ausgestaltung des § 255 Abs. 4 HGB ein ausschlaggebender Anknüpfungspunkt für rechnungslegungspolitische Maßnahmen. Die aus Sicht der Koalitionsteilnehmer bestehende Gefahr einer unternehmenszielkonformen Festlegung des Abschreibungsverfahrens und einer wirtschaftlichen Nutzungsdauer, die nicht dem tatsächlichen Wertverzehr entspricht, kann daher nicht ausgeschlossen werden.

**Steuerrechtlich** muss der derivative Geschäftswert als immaterielles abnutzbares Wirtschaftsgut linear über die in § 7 Abs. 1 Satz 3 EStG generell festgelegte betriebsgewöhnliche Nutzungsdauer von **15 Jahren** abgeschrieben werden. Vor dem Inkrafttreten des BiRiLiG wurde der derivative Geschäftswert steuerrechtlich als nicht abnutzbares Wirtschaftsgut angesehen und eine planmäßige Abschreibung verneint.[1443] Die gesetzliche Nutzungsdauer ist für die steuerrechtliche Gewinnermittlung verbindlich, sie stellt eine unwiderleglich vermutete Zeitspanne dar, die primär fiskalpolitischen Zielsetzungen dient und i. d. R. nicht dem tatsächlichen Werteverzehr des derivativen Goodwill entspricht. Die Abschreibung darf auch dann nicht nach einer kürzeren Nutzungsdauer erfolgen, wenn im konkreten Einzelfall Erkenntnisse vorliegen, dass die tatsächliche Nutzungsdauer niedriger ist.[1444] In dieser Hinsicht ist der rechnungslegungspolitische Gestaltungsspielraum im Rahmen der Bewertung des Goodwill im Steuerrecht beschnitten und die zwischenbetriebliche Vergleichbarkeit erfüllt.[1445] Eine Ausnahme sieht das *BFH* in dem Fall vor, wenn die Abschreibung über 15 Jahre zu einer unzutreffenden Besteuerung führen würde. Allerdings kann von der Möglichkeit einer **Teilwertabschreibung** nach § 6 Abs. 1 Nr. 1 Satz 2 EStG i. V. m. R 6.7 EStR bei Vorlage eines entsprechenden Nachweises des Bilanzaufstellers Gebrauch gemacht werden.

Mit Veröffentlichung des IFRS 3 ist es zu einer Aufhebung der bis dato geltenden planmäßigen Abschreibung des derivativen Goodwill zugunsten eines **Impairment Only Approach (IOA)** und einer spürbaren Annäherung an die Bewertungspraxis der US-GAAP gekommen, die seit Juni 2001 keine planmäßige Abschreibung des Firmenwerts über seine voraussichtliche Nutzungsdauer mehr gestatten.[1446] Der derivative Goodwill nach den IFRS und nach den US-GAAP wird nicht als abnutzbarer Vermögenswert,[1447] sondern als **Asset** mit unbestimmbarer Nutzungsdauer angesehen.[1448] Demzufolge ist dieser nur (noch) außerplanmäßig auf Basis eines Werthaltigkeitstests **(Impairment Test)** gem. IFRS 3.55 abzuschreiben.[1449] Die Verlautbarungen des *IASB* zum **IOA** des Goodwill weisen dabei erhebliche Parallelen zur ehemaligen steuerrechtlichen **Einheitstheorie** des *RFH/BFH* auf.

Der **goodwillbezogene Werthaltigkeitstest** ist näher definiert in der überarbeiteten Fassung des IAS 36.[1450] Im Mittelpunkt des IOA steht nicht der bilanziell ausgewiesene Goodwill auf Ebene der Gesamtunternehmung, sondern dieser wird gem. IAS 36.80 auf sog.

---

1443    Vgl. u. a. *BFH* 1993d, S. 449 und *Hommel/Benkel/Wich* 2004, S. 1267; *Moxter* 1999b, S. 274.
1444    Vgl. *BMF* 1986, S. 532.
1445    Vgl. weiterführend *Knop/Küting* 2003, S. 125.
1446    Vgl. *Brücks/Kerkhoff/Richter* 2005, S. 1; *Schürmann* 2004, S. 110; *Zeimes/Kühne* 2004, S. 20.
1447    Vgl. *Breker* 2004, S. 16. Anderer Ansicht ist *Schulze-Osterloh* 2004a, S. 1131.
1448    Vgl. *Gerpott/Thomas* 2004, S. 2494.
1449    Vgl. *Brücks/Kerkhoff/Richter* 2005, S. 1; *Watrin/Strohm/Struffert* 2004, S. 1456.
1450    Vgl. *Bieker/Esser* 2004, S. 451.

zahlungsmittelgenerierende Einheiten [**Cash Generating Unit**[1451] **(CGU)**] heruntergebrochen.[1452] Sie stellt die kleinstmögliche Gruppe von Vermögenswerten innerhalb eines Unternehmens dar, die (weitgehend) unabhängig von anderen Vermögenswerten Zahlungsüberschüsse **(Cash Flow)** generiert. IFRS 3.55 i. V. m. IAS 36.90 basiert auf einer einstufigen Konzeption, wonach der **erzielbare Betrag** einer CGU mindestens einmal im Jahr mit ihrem **buchmäßigen Eigenkapital** verglichen wird.[1453] Immer dann, wenn der erzielbare Betrag den Buchwert des Eigenkapitals unterschreitet, liegt die Notwendigkeit zur Vornahme einer außerplanmäßigen Abschreibung vor. Ferner muss zusätzlich ein unterjähriger Test vorgenommen werden, wenn gem. IFRS 3.55 i. V. m. IAS 36.10 konkrete Anhaltspunkte für eine Wertminderung bestehen.[1454] Eine **Zuschreibung** gilt gem. IAS 36.124 ausnahmslos als unzulässig.[1455]

Von dem ursprünglichen Plan eines **zweistufigen** Werthaltigkeitstests,[1456] der gem. **Statement of Financial Accounting Standards (SFAS) 142** im Rahmen der Rechnungslegung nach den US-GAAP die außerplanmäßige Abschreibung des derivativen Firmenwertes regelt, ist bei Verabschiedung des IFRS 3 Abstand genommen worden.[1457] Das *IASB* begründet die Entscheidung mit einer erheblichen Kosten- und Zeitersparnis durch die Befolgung des einstufigen Impairment-Konzeptes.[1458]

Allerdings wird die Durchführung des firmenwertbezogenen Impairment Tests kritisiert,[1459] da die Werthaltigkeitsüberprüfung durch **Ermessensentscheidungen**[1460] des Managements geprägt ist.[1461] So geht das Schrifttum z. T. davon aus, dass der IOA eine »stille Aktivierung« des **originären Geschäftswerts** herbeiführt und aus Gründen mangelhafter Objektivierung abzulehnen ist. Ferner ist mit dem Wegfall der planmäßigen Abschreibung im Rahmen der Goodwill-Bewertung regelmäßig ein einmaliger Anstieg **des Periodenergebnisses im IFRS-Abschluss** verbunden.[1462] Vielfach können rechnungslegungspolitische Spielräume genutzt werden, um außerplanmäßige Abschreibungen des Firmenwerts möglichst **zu vermeiden** und die GuV zu entlasten. Auf ausgewählte rechnungslegungspolitische Gestaltungen, die den Firmenwert betreffen, wird im Folgenden eingegangen.

Die Vornahme einer außerplanmäßigen Abschreibung auf den im Rahmen eines Unternehmenserwerbs resultierenden Geschäfts- oder Firmenwert hat in der betrieblichen Praxis eine nicht zu unterschätzende (negative) **Signalwirkung**. Sie gleicht vielfach einem Eingeständnis, einen überhöhten Kaufpreis für ertragreiche Zukunftsaussichten gezahlt zu haben, die im Zeitablauf nicht eingetreten sind. Externe Bilanzadressaten, vor

---

1451 Zum Begriff der CGU vgl. IAS 36.6 sowie hierzu u. a. *Brücks/Kerkhoff/Richter* 2005, S. 2; *Watrin/Strohm/Struffert* 2004, S. 1456.
1452 Vgl. hierzu auch *Ballwieser* 2004, S. 37; *Zeimes/Kühne* 2004, S. 20.
1453 Vgl. hierzu auch *Brücks/Kerkhoff/Richter* 2005, S. 3; *Oser/Bischof* 2004, S. 18; *Watrin/Strohm/Struffert* 2004, S. 1456.
1454 Vgl. *Dietrich* 2004, S. 412.
1455 Vgl. *Bieker/Esser* 2004, S. 451; *Gerpott/Thomas* 2004, S. 2494; *Heno* 2004, S. 230.
1456 Dieser zweistufige Wertminderungstest war noch in ED IAS 36.83 vorgesehen. Vgl. zu den Unterschieden insbesondere *Lüdenbach/Hoffmann* 2004b, S. 1070; *Wendlandt/Vogler* 2003, S. 72.
1457 Vgl. hierzu auch *Brücks/Kerkhoff/Richter* 2005, S. 7; *Oser/Bischof* 2004, S. 18.
1458 Vgl. *Bieker/Esser* 2004, S. 453; *Watrin/Strohm/Struffert* 2004, S. 1457; *Zeimes/Kühne* 2004, S. 20.
1459 Vgl. *Hahn* 2003, S. 249; *Protzek* 2003, S. 502. Eine moderatere Auffassung vertreten *Watrin/Strohm/Struffert* 2004, S. 1461.
1460 Vgl. *Hahn* 2003, S. 249; *Hahn* 2004, S. 20; *Protzek* 2003, S. 502.
1461 Vgl. ausführlich *Pottgießer/Velte/Weber* 2005b, S. 1748–1752.
1462 Vgl. *Noetzel* 2004, S. 17; *Schürmann* 2004, S. 109.

allem die im Rahmen der IFRS-Rechnungslegung im Mittelpunkt stehenden Investoren, werden auf hohe außerplanmäßige Abschreibungen i. d. R. mit Misstrauen und Ablehnung reagieren.

In diesen Kontext fällt die empirisch nachgewiesene Strategie des sog. **Big Bath Accounting**. Darunter ist eine Unternehmensstrategie zu verstehen, die darauf gerichtet ist, im Rahmen des ersten (oder spätestens zweiten) Impairment Test nach Aktivierung eine Wertminderung des derivativen Goodwill zu unterstellen, die weitaus höher als der tatsächliche **Impairment Loss** ausfällt. Diese Maßnahme zielt darauf ab, in den Folgejahren möglichst überhaupt keine Wertminderung mehr zuzulassen, somit den Bilanzansatz des Goodwill konstant zu halten und den Ertragsausweis zu **verstetigen**. In diesem Zusammenhang spielt die **Gewinnglättungspolitik (Income Smoothing)** als rechnungslegungspolitische Zielsetzung eine entscheidende Rolle. Sie beinhaltet, dass aktuelle und potenzielle Anteilseigner einem über die Zeit konstanten oder stetigen Ertragsausweis i. d. R. positiver gegenüberstehen als einem stark volatilen Ergebnis. Eine unternehmenszielkonforme Beeinflussung des Verhaltens der Rechnungslegungsadressaten erscheint bei einer konsequenten Gewinnglättungspolitik weitaus erfolg versprechender als bei einem Ausweis schwankender Gewinne. Die Big Bath-Strategie stellt jedoch regelmäßig einen Verstoß gegen das Gebot des True and Fair View dar, weil die zeitige Vorwegnahme der außerplanmäßigen Abschreibung nicht den tatsächlichen Wertminderungsverlauf widerspiegelt. Das berechtigte Informationsinteresse der Unternehmensadressaten, vor allem der Anteilseigner, einen Einblick in die wirtschaftliche Lage des Unternehmens zur Abschätzung der künftigen Ertragslage zu erhalten, wird regelmäßig **konterkariert**.

Die Forderung des IAS 36, wonach ein durch Unternehmenserwerb oder -zusammenschluss entstandener derivativer Goodwill nicht auf Ebene des Gesamtunternehmens, sondern auf Ebene von CGU bewertet werden muss, birgt für das Management einen erheblichen rechnungslegungspolitischen Spielraum, da das *IASB* den Begriff der CGU weit ausgelegt hat und die Abgrenzung dieser zahlungsmittelgenerierenden Einheiten aufgrund der unbestimmten Rechtsbegriffe ermessensabhängigen Charakter trägt. Die Schwierigkeiten, die zutreffende Größe der CGU im Rahmen des Impairment Test zu beziffern, lassen sich aus den Problemen einer sachgerechten **Zerlegung des Goodwill** in seine einzelnen Komponenten (sog. **Component Approach**) ableiten. Den wichtigsten wertbegründeten Anhaltspunkt für die Abbildung des Geschäfts- oder Firmenwerts stellen Synergien zwischen einzelnen Unternehmensbereichen dar (sog. **Synergie-Goodwill**), wobei ihre genaue und wahrheitsgetreue Quantifizierbarkeit bestimmte Voraussetzungen an das interne Steuerungssystem stellt. Der Goodwill ist demnach auf diejenigen CGU zu verteilen, die erwartungsgemäß von den Synergieeffekten eines Unternehmenszusammenschlusses in Form von **Cash Flows** profitieren werden und deren Cash Flows weitgehend unabhängig von denen anderer Vermögenswerte sind.

Als Höchstgrenze wird bei der Bildung von CGU gefordert, dass diese die Größe eines **Segments** nicht überschreiten dürfen (**Bottom Up Approach**). Je weiter bzw. größer der Begriff der CGU bei der Folgebewertung des Goodwill jedoch ausgelegt wird, desto eher wird aufgrund der Synergieeffekte damit zu rechnen sein, dass der Werteverzehr derivativer Bestandteile des Goodwill durch originäre kompensiert wird (**Backdoor Capitalisation**). Bei günstiger Erfolgslage hält der originäre Geschäfts- oder Firmenwert indirekt Einzug in den Einzelabschluss (**Migrationstheorie**). Mit der Vornahme planmäßiger Abschreibungen nach nationalem Handels- und Steuerrecht kann der Gefahr einer indirekten Aktivierung originärer Firmenwertbestandteile nach h. M. vergleichsweise eher entgegengewirkt werden.

Die CGU ist als die niedrigste Stufe definiert, auf der Informationen über den Goodwill bereitgestellt werden und die der internen Berichtsstruktur (**Internal Reporting**) des Managements unterliegt. Demnach wird der Konzeption des **Management Approach** konsequent gefolgt. Auf der einen Seite wird als Vorzug dieses Ansatzes angeführt, dass für die Unternehmensleitung die Möglichkeit besteht, ihr spezifisches Insiderwissen bei der Bewertung des Goodwill einfließen zu lassen, so dass diese Bewertung u. U. hierdurch realitätsnäher erfolgt. Zudem trägt der Management Approach zur **Konvergenz von in- und externem Rechnungswesen** bei, die in jüngster Zeit im Zuge des **Intangible Asset Reporting** und des **Shareholder Value Management** vielfach propagiert wird. Auf der anderen Seite sind die Entscheidungsparameter i. d. R. subjektiver Natur und entziehen sich einer genauen Beurteilung externer Koalitionsteilnehmer. Die in managergeführten Gesellschaften bestehende Informationsasymmetrie, die mittels der sog. **Principal Agent-Theorie** zu erklären ist, wird ggf. nicht verringert, sondern ausgeweitet. Die Durchbrechung des (handels- und steuerrechtlichen) Einzelbewertungsgrundsatzes bei der Aufteilung des Goodwill auf die CGU hat zudem erhebliche Auswirkungen auf die Interpretation bestimmter Bilanzposten für die externe Rechnungslegungsanalyse. Durch die Migration originärer Firmenwertbestandteile in den Einzelabschluss können tatsächliche Wertminderungen verdeckt werden und künftig weitgehend unerkannt bleiben, sofern keine zusätzlichen Angaben (freiwillig) im **Anhang** oder **Lagebericht** bereitgestellt werden.

## 3.    Ingangsetzungs- und Erweiterungaufwendungen (Start Up Costs)

Die Motive von Unternehmen für eine Ausübung von Bilanzierungshilfen, wie dem Wahlrecht zum Bilanzansatz von Ingangsetzungs- und Erweiterungsaufwendungen, sind verschiedenartiger Natur.[1464] Am häufigsten wird die Bilanzierungshilfe des § 269 Satz 1 HGB eingesetzt, um eine **Glättung des Periodenergebnisses** in der Anlauf- und Erweiterungsphase des Unternehmens zu ermöglichen.[1465] Sofern von der Möglichkeit der Aktivierung Gebrauch gemacht wird, schreibt das Handelsgesetzbuch folgende Konsequenzen vor: den Ausweis als gesonderter Posten **vor dem Anlagevermögen** gem. § 269 Satz 1 2. HS HGB, die Darstellung der Entwicklung des Postens im **Anlagespiegel**, die Erläuterung im **Anhang** gem. § 269 Satz 1 2. HS HGB, die **Abschreibung** ab dem der Aktivierung folgenden Geschäftsjahre mit jeweils mindestens 25 % des ursprünglich aktivierten Betrages gem. § 282 HGB und die Existenz einer **Ausschüttungssperre** in Höhe des aktivierten Betrags gem. § 269 Satz 2 HGB. Das Wahlrecht stellt ein materielles rechnungslegungspolitisches Mittel zur Realisation **finanzwirtschaftlicher Zielsetzungen** dar.[1466] Eine Aktivierung bietet sich insbesondere bei schlechter Erfolgslage an, um dämpfend auf einen Jahresfehlbetrag einzuwirken.[1467]

Die Inanspruchnahme des § 269 HGB induziert regelmäßig eine **Verringerung des bilanziellen Verlustausweises**[1467] oder im ungünstigsten Fall die (temporäre) **Abwendung einer Überschuldungssituation** i. S. d. § 19 Insolvenzordnung (InsO) in der Anlaufphase oder in

---

1463    Vgl. hierzu die Ausführungen im Fünften Teil zu Gliederungspunkt III.B.3.a.
1464    Vgl. ausführlich auch *Freidank* 1990a, S. 44; *Heno* 2004, S. 217.
1465    Vgl. *Littkemann* 1994, S. 208
1466    Vgl. *Veit* 2002, S. 103.
1467    Vgl. *Hilke* 2002, S. 110.

Phasen der Unternehmenserweiterung.[1468] Neben der Zahlungsunfähigkeit stellt die Überschuldung gem. § 130 a Abs. 1 HGB i. V. m. § 19 Abs. 1 InsO einen Grund dar, die Eröffnung des Insolvenzverfahrens zu beantragen. Die Vermeidung einer Verlustsituation geschieht durch die Aktivierung von Aufwendungen, die ansonsten durch eine entsprechende GuV-Behandlung das Jahresergebnis senken würden.[1469] Zu beachten ist, dass das Wahlrecht beschränkt ist auf das Geschäftsjahr, in dem die Aufwendungen anfallen. Das Handelsrecht folgt insofern der **dynamischen Bilanzauffassung**, wobei eine Periodisierung einmaliger, grds. nicht aktivierungsfähiger Ausgaben gestattet ist.[1470]

Das Aktivierungswahlrecht des § 269 HGB beinhaltet nicht nur eine Ansatzentscheidung dem Grunde nach. Eine Aktivierung eines beliebigen Teilbetrages zwischen null und dem maximal ansatzfähigen Betrag ist darüber hinaus möglich.[1471] Die Wahl, welchen genauen Betrag das Unternehmen in der Bilanz ausweist, liegt im Ermessen des Managements. § 282 HGB verlangt eine jährliche Abschreibung von mindestens 25 % p. a. ab dem Folgejahr.[1472] Im Umkehrschluss enthält die Vorschrift ein Bewertungswahlrecht, einen höheren Abschreibungsbetrag anzunehmen bzw. den Posten nach einem Jahr vollständig aus der Bilanz erfolgswirksam auszubuchen.[1473]

Ferner bietet die Bilanzierungshilfe Gestaltungsspielräume, weil keine Legaldefinition oder eine abschließende Aufzählung vorgegeben ist, was unter Ingangsetzungs- und Erweiterungsaufwendungen zu verstehen ist. Letztendlich ist im Einzelfall zu entscheiden, was den in Rede stehenden Aufwendungen zu subsumieren ist. Eine eindeutige **Abgrenzung zu Gründungsaufwendungen oder Aufwendungen zur Eigenkapitalbeschaffung**, die gem. § 248 Abs. 1 HGB einem generellen handelsrechtlichen **Aktivierungsverbot** unterliegen, ist in der Praxis trotz des Verweises auf die einschlägigen Bilanzkommentare nur mit Einschränkungen möglich.

Aufgrund der Tatsache, dass der Bilanzposten bei Inanspruchnahme des Aktivierungswahlrechts als erster Posten auf der Aktivseite erscheint,[1474] wird ihm eine **Warnfunktion** zugesprochen. Empirische Untersuchungen bestätigen eine äußerst seltene Inanspruchnahme des § 269 HGB in der Unternehmenspraxis.[1475] Für den Analysten der Rechnungslegung bedeutet der Bilanzausweis von Ingangsetzungs- und Erweiterungsaufwendungen im Allgemeinen ein Krisensignal.[1476] Wenn das Unternehmen bereits zu dem Mittel der Aktivierung von Ingangsetzungsaufwendungen greift, um das Periodenergebnis anzuheben, besteht der begründete Verdacht, dass negative Entwicklungen der wirtschaftlichen Lage kompensiert werden sollen.[1477]

Im **Steuerrecht** gibt es grds. keine Bilanzierungshilfen. Der Nutzen von Ingangsetzungsaufwendungen ist durch eine mangelnde Konkretisierung gekennzeichnet, da die einzelnen Komponenten des § 269 HGB nicht eindeutig vom Gesetzgeber abgegrenzt werden.[1478] Eine steuerrechtlich zulässige Aktivierung derartiger Aufwendungen würde voraussetzen,

---

1468   Vgl. hierzu im Einzelnen *Schulze-Osterloh* 2004c, S. 2569.
1469   Vgl. *Heno* 2004, S. 219; *Littkemann* 1994, S. 207; *Zwirner/Boecker/Reuter* 2004, S. 219.
1470   Vgl. *Marten/Weiser* 2004, S. 40.
1471   Vgl. *Littkemann* 1994, S. 210; *Veit* 2002, S. 95.
1472   Vgl. *Hilke* 2002, S. 110.
1473   Vgl. *Hilke* 2002, S. 110; *Littkemann* 1994, S. 210.
1474   Vgl. *Heno* 2004, S. 217.
1475   Vgl. *Veit* 1995, S. 2130.
1476   Vgl. *Littkemann* 1994, S. 213.
1477   Vgl. *Heno* 2004, S. 217; *Littkemann* 1994, S. 213; *Veit* 1995, S. 2130.
1478   Vgl. *Heno* 2004, S. 220.

dass durch sie ein **aktivierungsfähiges Wirtschaftsgut** geschaffen wird, was die h. M. verneint. Steuerrechtlich sind Ingangsetzungs- und Erweiterungsaufwendungen als Betriebsausgaben zu erfassen, so dass in der Steuerbilanz in der Anlauf- und Erweiterungsphase des Unternehmens häufig ein Verlust entsteht und der Steuerbilanzgewinn bei handelsrechtlicher Aktivierung niedriger ausfällt als in der Handelsbilanz. Ein Ansatz von Ingangsetzungs- und Erweiterungsaufwendungen i. S. d. § 269 HGB führt damit grds. zu einem Ausweis **passiver latenter Steuern** gem. § 274 Abs. 1 HGB in der Handelsbilanz.[1479]

Nach den geltenden IFRS müssen prinzipiell auch selbst erstellte immaterielle Vermögenswerte zum Ansatz gelangen, wenn sie die Aktivierungsvoraussetzungen eines Asset[1480] erfüllen.[1481] Gem. F 49 und F 83 stellt ein Asset eine Ressource dar, die ein Ergebnis von Ereignissen der Vergangenheit ist, einen wahrscheinlichen künftigen Nutzenzufluss für das Unternehmen gewährleistet und sich in der Verfügungsmacht des Unternehmens befindet. Gem. IAS 38.69a besteht für jede Art von **Gründungs- und Anlaufkosten (Start Up Costs)** jedoch ein explizites **Aktivierungsverbot**.[1482] Die Eigenschaft eines Asset wird auch bei den Aufwendungen für Ingangsetzung und Erweiterung des Geschäftsbetriebes gem. F 53 bis 59 verneint, da diese u. a. nicht das geforderte Kriterium der **Identifizierbarkeit** erfüllen. Aufgrund der Tatsache, dass Bilanzierungshilfen in der internationalen Rechnungslegungspraxis unüblich sind, lässt sich ein generelles Aktivierungsverbot nach IAS 38 ableiten.[1483] Die anfallenden Ausgaben sind im Entstehungsjahr sofort aufwandswirksam zu berücksichtigen und mindern das Jahresergebnis.

## C.   Langfristige Fertigungsaufträge (Construction Contracts)

Der Themenkomplex der **Auftragsfertigung bei unfertigen Erzeugnissen**, die den Vorräten nach § 266 Abs. 2 Posten B. I. 2. HGB zu subsumieren ist bzw. deren bilanzielle Abbildung sich nach IAS 11 richtet, hat aufgrund der fortschreitenden Technologisierung, Spezialisierung und Internationalisierung des wirtschaftlichen Geschehens in verschiedenen Branchen, u. a. im **Schiffs-, Anlagen-, Flugzeugbau** und der **Forschungs- und Entwicklungsindustrie**, in jüngster Zeit einen erheblichen wertmäßigen Bedeutungszuwachs erlangt und stellt vielfach den **Schwerpunkt der vertraglichen Verflechtungen** des Unternehmens dar. Der Zusatz langfristige Auftragsfertigung deutet darauf hin, dass es sich grds. um Herstellungsvorgänge handelt, die **mindestens zwei Geschäftsperioden** umfassen, d. h. Vertragsabschluss und Leistungserfüllung in unterschiedliche Abrechnungsperioden fallen. Ferner ist eine begrenzte Anzahl der gefertigten Vermögenswerte und eine Komplexität und Exklusivität des Fertigungsproduktes zu unterstellen. Zudem muss der Herstellung eine **kundenspezifische Planung und Entwicklung** vorausgegangen sein.

Trotz der Tatsache, dass aus den geschlossenen Fertigungsverträgen grds. kein **Verwertungsrisiko** für das Fertigungsunternehmen besteht, ist der Bereich der langfristigen Auftragsfertigung durch eine **erhöhte Komplexität und Risikoanfälligkeit** gekennzeichnet.

---

1479   Vgl. *Zwirner/Boecker/Reuter* 2004, S. 219.
1480   Vgl. hierzu im Einzelnen *Herzig/Gellrich/Jensen-Nissen* 2004, S. 557.
1481   Vgl. *Breker* 2004, S. 10; *Heno* 2004, S. 221. Der Asset-Begriff ist das Pendant zum handelsrechtlichen Vermögensgegenstand bzw. zum steuerrechtlichen Wirtschaftsgut. Dem Asset liegt jedoch ein abweichendes Abgrenzungskonzept zugrunde.
1482   Vgl. *Fischer/Klöpfer/Sterzenbach* 2004, S. 699; *Streim/Esser* 2003a, S. 738.
1483   Vgl. *Hayn* 2004, S. 7; *Marten/Weiser* 2004, S. 40; *Steiner/Gross* 2004, S. 558; *Zwirner/Boecker/Reuter* 2004, S. 219.

Dabei spielen überwiegend **Kostenrisiken** eine entscheidende Rolle, die in Risiken der Kostenarten und der Kostenhöhe zu unterscheiden sind. Langfristige Fertigungsaufträge werden im Gegensatz zur Serienfertigung durch einen hohen **Individualitätsgrad** der Produktgestaltung gekennzeichnet, so dass ein starkes Abhängigkeitsverhältnis zum Auftraggeber besteht. Sie stellen somit Einzelfertigungen dar und können i. d. R. nicht wiederholt erstellt werden. Bei der **Kalkulation** der Kosten zu Beginn des Projektes bestehen erhebliche Probleme bei der Quantifizierung und Berücksichtigung sämtlicher Kostenfaktoren, da sowohl ein Rückgriff auf Branchen- oder Unternehmensvergleiche als auch auf frühere Auftragsverträge des betrachteten Fertigungsunternehmens angesichts der Exklusivität des Auftrags nur in engen Grenzen möglich ist. Daneben spielen u. a. **technische Risiken** bei Leistungsverzug oder Schlechterfüllung eine erhebliche Rolle (u. a. in Form möglicher Konventionalstrafen oder Klagen), wenn die Einhaltung bestimmter Leistungsindikatoren oder Zeittermine vertraglich garantiert wurde und sich im Laufe der Produktionszeit herausstellt, dass diese nicht durch das Fertigungsunternehmen zu erfüllen sind. Schließlich können ebenfalls **Finanzierungs-risiken** auftreten, die sich aus einem möglichen Zahlungsausfall oder -verzug des Auftraggebers ergeben. Eine vorherige genaue **Bonitätsbeurteilung** des Kunden i. S. eines **Rating-Verfahrens** durch den Auftragnehmer selbst oder mittels **Rating-Agenturen** erscheint daher dringend erforderlich. Erfolgt die Erstellung eines Produktes über einen mehrjährigen Zeitraum und ist ein rechtskräftiger Auftrag zwischen den Vertragsparteien geschlossen, stellt sich ferner die Frage nach dem **Zeitpunkt der Umsatz- und Ergebnisrealisierung**.[1484]

Für die Bewertung derartiger Fertigungs- und Dienstleistungsaufträge kommt handels- und steuerrechtlich ausschließlich die **Completed Contract Method (CCM)** in Betracht.[1485] Nach der CCM werden Gewinne im Jahresabschluss nur berücksichtigt, wenn sie nach dem Realisationsprinzip des § 252 Abs. 1 Nr. 4 HGB vollständig vereinnahmt worden sind.[1486] Im Umkehrschluss ist nach den Regelungen des Handelsgesetzbuches eine Teilgewinnrealisierung prinzipiell unzulässig. In der Literatur und in der Bilanzierungspraxis wird jedoch überwiegend eine handelsrechtliche Teilgewinnrealisierung auf der Basis einer ausdrücklichen Vereinbarung von **Teilauftragsabrechnungen (Milestones)** für zulässig erachtet.[1487] Regelmäßig wird der Realisationszeitpunkt erst mit der Zustellung des fertig gestellten Vermögensgegenstandes an den Kunden akzeptiert.[1488] Eine ergebnissteigernde Umsatzberücksichtigung hat zu diesem Zeitpunkt zu erfolgen.[1489]

In den Berichtsperioden vor Fertigstellung des Auftrags kommt es u. a. infolge **nicht aktivierungsfähiger Selbstkostenanteile** zu **Zwischenverlusten**, die bei Abnahme des Fertigungsproduktes durch einen »Wertsprung« in Höhe der gesamten Umsatzerlöse im Allgemeinen (über-)kompensiert werden. Die CCM ist unter Objektivierungsgesichtspunkten zwar zu bevorzugen, allerdings liegt eine Konterkarierung der Informationsfunktion des Jahresabschlusses vor. So lässt sich der Grundsatz des **True and Fair View** nicht mit der strikten Befolgung der CCM vereinbaren. Die durch die Verhinderung der Teilgewinnrealisierung gesunkene Aussagekraft der Bilanz und der GuV kann aber nach der **Abkopplungsthese** durch zusätzliche Angaben im **Anhang** (Notes) beseitigt werden. Als Angaben kommen verbale und quantitative Erläuterungen in Betracht, deren individuelle Ausgestaltung jedoch

---

1484    Vgl. *Achleitner/Behr* 2003b, S. 173; *Freidank* 1989, S. 1197; *Zwirner/Boecker/Reuter* 2004, S. 223.
1485    Vgl. *Müller* 2003b, S. 39; *Zwirner/Boecker/Reuter* 2004, S. 224.
1486    Vgl. *Peemöller/Faul/Schroff* 2004, S. 537.
1487    Vgl. hierzu im Einzelnen *Bohl* 2004, S. 2381; *Wolf* 2004, S. 521.
1488    Vgl. *Mandler* 2004, S. 63.
1489    Vgl. *Zwirner/Boecker/Reuter* 2003, S. 224.

maßgebend von der Aktivität des Managements determiniert wird (z. B. in Form einer offensiven Publizitätspolitik) und die über die allgemeine Angabepflicht nach § 264 Abs. 2 Satz 2 HGB hinausgehen können.

Eine am **Shareholder Value** ausgerichtete Unternehmenspolitik wird dazu neigen, eine Teilgewinnrealisierung **vor** Vertragsende vorzunehmen, da dies c. p. eine positive Signalwirkung bzgl. der künftigen Ausschüttungspolitik bei den Investoren hervorruft. Mithin ist dieses Mittel als rechnungslegungspolitisches Instrumentarium der Unternehmensleitung zu qualifizieren, das auf eine Verstärkung der **Investor Relations** und eine **Erklärung der Wertlücke** zwischen dem Markt- und Buchwert des Unternehmens vor Vollendung des Fertigungsauftrags abzielt.

Nach Maßgabe des IAS 11.3 stellt der **Fertigungsauftrag (Construction Contract)** einen Vertrag über die kundenspezifische Fertigung einzelner Gegenstände oder einer Anzahl von Gegenständen dar, die hinsichtlich Design, Technologie, Funktion oder hinsichtlich ihrer Verwendung aufeinander abgestimmt oder voneinander abhängig sind. Die weniger starke Betonung des handelsrechtlich dominierenden Vorsichtsprinzips in der IFRS-Rechnungslegung korrespondiert mit der grundsätzlichen Nichtanwendung der CCM bei der Bilanzierung langfristiger Fertigungsaufträge.[1490] Stattdessen kommt gem. IAS 11.22 die **Stage of Completion Method (SOCM)**[1491] zum Einsatz, wenn die Tatbestandsvoraussetzungen des IAS 11.22–24 vorliegen.[1492] Können die Bedingungen nicht erfüllt werden, ist eine begrenzte Erlösrealisierung bis zur Höhe der bisher angefallenen Auftragskosten vorzunehmen. Dieses Verfahren wird als **verkürzte bzw. modifizierte SOCM** bezeichnet, da insofern ein Gewinnausweis von null unterstellt wird **(Zero Profit Margin)**. Die SOCM impliziert gem. IAS 11.26 eine **Teilgewinnrealisierung** nach Maßgabe des ermittelten Fertigstellungsgrades am Bilanzstichtag.[1493] Die Erlöse und Kosten eines Auftrages sind entsprechend dem Leistungsfortschritt **(Stage of Completion)** jeweils als Erträge und Aufwendungen zu erfassen.[1494] Bei einem erwarteten Verlust ist die SOCM nicht anzuwenden, stattdessen ist gem. IAS 11.36 eine aufwandswirksame Verlustantizipation in voller Höhe vorgesehen. Im Hinblick auf die rechnungslegungspolitische Zielsetzung der **Gewinnglättung** ist der SOCM eine unterstützende Funktion zuzusprechen.[1495] Die Anwendung dieser Methode im Rahmen der IFRS-Rechnungslegung bewirkt durch die anteilige Gewinnrealisation entsprechend des Fertigstellungsgrades zum Abschlussstichtag im Gegensatz zur handels- und steuerrechtlichen CCM i. d. R. ein glättendes Periodenergebnis.[1496]

Ferner führt der vorgezogene Umsatzausweis bei Annahme eines gewinnbringenden Auftrages zu einem **kurzfristigen Anstieg des Periodenergebnisses in der Referenzperiode**.[1497] Über die gesamte Planungsperiode müssen die Totalerfolge bei Anwendung der CCM und der SOCM jedoch übereinstimmen. Die Anwendung der SOCM bewirkt im Allgemeinen eine unternehmenszielkonforme Beeinflussung der unterschiedlichen Interessengruppen des Ein-

---

1490  Vgl. *Ammann/Müller* 2002, S. 607.
1491  Vgl. hierzu ausführlich *Velte* 2006c, S. 223–228. Die SOCM wird im Schrifttum auch häufig als Percentage of Completion Method (POCM) gekennzeichnet.
1492  Vgl *Kirsch* 2003c, S. 1113. Ausführlich zur fehlenden Konkretisierung der Tatbestandsvoraussetzungen äußern sich *Lüdenbach/Hoffmann* 2003a, S. 9; *Müller* 2003b, S. 39. Demnach ist ein eingeschränkter Erfolgsausweis i. H. d. erstattungsfähigen Aufwendungen vorzunehmen.
1493  Vgl. *Fischer/Klöpfer/Sterzenbach* 2004, S. 703.
1494  Vgl. *Mandler* 2004, S. 63; *Wolf* 2004, S. 521.
1495  Vgl. *Renneke* 2004, S. 125.
1496  Vgl. *Fischer/Klöpfer/Sterzenbach* 2004, S. 703.
1497  Vgl. *Wolf* 2004, S. 521.

zelabschlusses und stärkt ggf. das Vertrauen der Anteilseigner in die Unternehmensführung. Allerdings sind gem. IAS 11.39 bis 11.45 detaillierte **Anhangangaben (Notes)** seitens des Bilanzaufstellers erforderlich. Jedoch ist zu berücksichtigen, dass die trotz dieser Angabepflichten rechnungslegungspolitischen Maßnahmen im Rahmen der Behandlung langfristiger Fertigungsaufträge nach IAS 11 von der Rechnungslegungsanalyse nicht vollständig aufzudecken sind[1498], da den einzelnen Methoden zur Bestimmung von Teilgewinnrealisierungen Vor-Bilanzstichtag-Dispositionen zugrunde liegen, die in die Kategorie der **sachverhaltsgestaltenden rechnungslegungspolitischen Maßnahmen** fallen.

Im Rahmen der langfristigen Auftragsfertigung bestehen nach den IFRS jedoch auch Ermessensspielräume **in der Bestimmung des Fertigstellungsgrades** am Bilanzstichtag bzw. hinsichtlich der Gewinnprognose. Die IFRS stellen verschiedene in- und outputorientierte Berechnungsmethoden zur Auswahl, z. B. die **Cost to Cost Method**, die **Effort Expended Method** oder die **Units of Delivery Method**, die optional anwendbar sind und i. d. R. zu abweichenden Ergebnissen führen.[1499] Das *IASB* fordert, diejenige Methode auszuwählen, die jeweils zu einer verlässlicheren Bewertung führt. Angesichts dieser geringen Konkretisierung ist von einem impliziten **Methodenwahlrecht** des Bilanzerstellers auszugehen, wobei der **Grundsatz der Stetigkeit** gem. IAS 8.13 zu beachten ist. Dieser besagt, dass eine einmal gewählte Methode im Zeitablauf und bei gleichartigen Aufträgen grds. beibehalten werden muss.

Die **inputorientierten** Verfahren messen den Projektfortschritt indirekt nach dem tatsächlichen Ressourceneinsatz (Input). Dabei wird auf eine lineare Beziehung zwischen Einsatzmenge und Ergebnis abgestellt. Die in der Unternehmenspraxis vielfach eingesetzte **Cost to Cost-Methode** ermittelt den Fertigstellungsgrad als Verhältnis der tatsächlich angefallenen Kosten zu den geschätzten Gesamtkosten des Auftrags. Dabei wird der Faktoreinsatz in Geldeinheiten bewertet. Neben der Cost to Cost-Methode kommt die sog. **Effort Expended-Methode** als inputorientiertes Verfahren in Betracht, die das Verhältnis der bisher eingesetzten Leistung zur geschätzten Gesamtleistung vornimmt. Im Vergleich zur Cost to Cost-Methode wird in diesem Fall der Ressourcenverbrauch in Mengeneinheiten [z. B. in Arbeitsstunden (Labour Hours)] statt in Geldeinheiten ausgedrückt.

**Outputorientierte** Verfahren sind den inputorientierten Methoden, wie der Cost to Cost-Methode, grds. vorzuziehen, da sie direkt auf das Produktionsresultat abstellen, das als Verhältnis zwischen bisher erreichter Leistung und geschuldeter Gesamtleistung definiert ist. Die wesentlichen drei outputorientierten Verfahren stellen die **Units of Delivery-Methode/ Units of Work Performed-Methode**, die Methode der **Milestones** sowie des **Aufmaßes** dar. Dabei können die Milestone- und Aufmaß-Methode als Spezialisierungen der Units of Delivery-Methode betrachtet werden. Letztere ist insbesondere dann den inputorientierten Verfahren überlegen, wenn der Fertigungsauftrag sinnvoll in mehrere Teile separiert werden kann. Die Schätzung des Fertigstellungsgrades erfolgt auf Basis der fertig gestellten bzw. gelieferten Teile.

Die **Aufmaß-Methode** hingegen stellt sehr hohe Anforderungen an die mitlaufende Auftragskalkulation, da sie den physischen Leistungsfortschritt wertmäßig misst. In vielen Bereichen (vor allem in der Software-Entwicklung), deren Schwerpunkt in der Bereitstellung von Planungs- oder Organisationsleistungen liegt, ist mangels physischer Leistungsmessung das Verfahren nicht anwendbar. Zudem wird die Methode des Aufmaßes durch einen erhöhten Kosten- und Zeitverbrauch determiniert und erscheint nur dann sinnvoll, wenn der

---

Auftraggeber eine detaillierte Dokumentation des Fertigungsprojekts ausdrücklich einfordert. Die **Milestone-Methode** setzt eine vorherige vertragliche Fixierung von Teilabnahmen (Milestones) oder sonstigen Leistungsindikatoren voraus, die genaue Hinweise auf den Projektfortschritt geben und nicht zwingend den physischen Teileinheiten nach der Aufmaß-Methode entsprechen müssen.

Aus den Darlegungen wird ersichtlich, dass je nach Auswahl des Verfahrens ein **unterschiedlicher Fertigstellungsgrad** ermittelt werden kann und dies erhebliche Auswirkungen auf die vorzunehmende Teilgewinnrealisierung hat. Dieses implizite **Methodenwahlrecht** stellt ein wesentliches rechnungslegungspolitisches Instrumentarium der Unternehmensleitung dar, das übergeordneten Zielen (z. B. der Stärkung des Vertrauens der Anteilseigner i. S. einer Investor Relations-Strategie) dient. Damit die Anwendung der SOCM zu einer erhöhten Entscheidungsnützlichkeit i. S. der **Decision Usefulness** beitragen kann, werden bestimmte Anforderungen an das **interne Rechnungswesen** und das mitlaufende **Projekt-Controlling** gestellt, die nachfolgend verdeutlicht werden.

Die Anwendungsvoraussetzung der verlässlichen Schätzung des Umsatzergebnisses kann durch den Abschluss eines **Kostenzuschlags**- oder eines **Festpreisvertrags** gem. IAS 11.3 unterschiedlich ausgelegt werden, da an die beiden Vertragsarten differierende Vermutungen für eine verlässliche Schätzung geknüpft werden.[1500] Im Rahmen von **Festpreisverträgen** wird bei Vertragsabschluss ein Fixpreis bzw. ein pro Outputeinheit feststehender Preis vereinbart, der bei der Endabnahme durch den Auftraggeber zu entrichten ist. Viele Fertigungsunternehmen sind dazu übergegangen, die Festpreisverträge an sog. **Preisgleitklauseln** zu koppeln, um u. a. eine Anpassung an die Inflationsrate zu den jeweiligen Bewertungsstichtagen vornehmen zu können. Bei **Kostenzuschlagsverträgen** hingegen stellt das Fertigungsunternehmen dem Kunden vertraglich festgelegte Kosten in Rechnung. In diesem Zusammenhang wird grds. ein zusätzliches Entgelt (Zuschlag) bei termingerechter oder vorzeitiger Erfüllung vereinbart.

Bestehen Zweifel im Rahmen der Schätzung, stellt für das Management der Abschluss eines Kostenzuschlagsvertrages ein rechnungslegungspolitisches Mittel dar, um ggf. die SOCM vollständig anwenden zu können. Die Voraussetzungen sind in den IAS 11.23 und IAS 11.24 aufgeführt. So wird eine verlässliche Schätzung der Ergebnisse bei einem **Kostenzuschlagsvertrag** bereits unterstellt, wenn es wahrscheinlich ist, dass dem Unternehmen aus dem Vertrag ein Nutzen zufließt und die Kosten eindeutig bestimmbar sind. Im Falle eines **Festpreisvertrags** sind zudem weitere Tatbestandsvoraussetzungen erforderlich. IAS 11.23 fordert im Falle des Festpreisvertrages eine verlässliche Schätzung der gesamten Umsatzerlöse, die Wahrscheinlichkeit des Nutzenzuflusses aus dem Vertrag, die verlässliche Ermittlung der zum Stichtag anfallenden Kosten und eine verlässliche Feststellung des Fertigstellungsgrades am Stichtag sowie die eindeutige Feststellbarkeit der auf das Projekt anfallenden Gesamtkosten. **Abb. 273** fasst diese Einzelheiten der Behandlung langfristiger Fertigungsaufträge zusammen.

Die konkrete inhaltliche vertragliche Ausgestaltung, die weitgehend durch eine **Ermessensentscheidung** der Unternehmensleitung bestimmt wird, wirkt sich somit auf die Anwendungsvoraussetzungen für die geforderte verlässliche Schätzung des Ergebnisses aus. In diesem Sinne ist von einem erhöhten rechnungslegungspolitischen Aktionsraum im Bereich der langfristigen Auftragsfertigung in einem IFRS-bilanzierenden Unternehmen im Vergleich zur handelsrechtlichen Rechnungslegung auszugehen.[1501]

---

1500    Vgl. *Hayn/Waldersee* 2004, S. 162; *Pellens/Sürken* 1998, S. 218.
1501    Vgl. detailliert *Pottgießer/Velte/Weber* 2005a, S. 310–318.

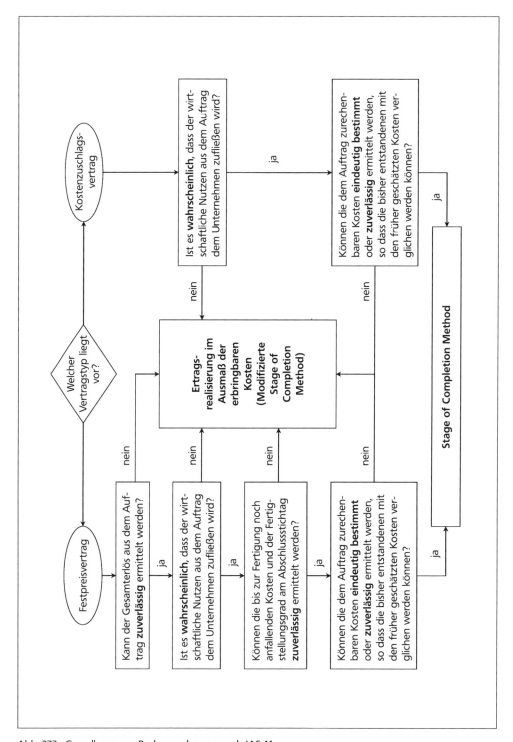

Abb. 273: Grundlagen zur Rechnungslegung nach IAS 11

**Beispiel:**

Eine Werft hat den Auftrag zur Herstellung und Lieferung eines Schiffes übernommen, dessen Produktion vier Rechnungsperioden in Anspruch nehmen wird. Der gesamte vereinbarte Netto-Verkaufserlös mit der abnehmenden Reederei beträgt für den Auftrag 2.310.000 €. Der Werft ist es lediglich möglich, am Ende der Perioden t = 1 bis t = 4 die voraussichtlichen bzw. angefallenen Teil-Selbstkosten des Auftrags zu kalkulieren, die auf Sollkostenbasis insgesamt 2.000.000 € betragen. Hieraus resultiert ein planmäßiger Gewinn für den gesamten Auftrag in Höhe von 310.000 € (2.310.000 € – 2.000.000 €). **Abb. 273** verdeutlicht die Anwendung der SOCM, wobei der Fertigstellungsgrad in den Produktionsperioden nach folgender Formel ermittelt wurde:

$$\text{Fertigstellungsgrad} = \frac{\text{Ist-Selbstkosten der Periode}}{\text{gesamte Soll-Selbstkosten des Auftrages}} \cdot 100.$$

Bei der dargestellten 1. Möglichkeit **(vgl. Abb. 274)** werden sowohl Über- als auch Unterdeckungen in die anteiligen Erfolgsbeiträge bzw. Erträge der einzelnen Rechnungsperioden einbezogen.[1502] Aus diesem Grund ist im Abrechnungszeitpunkt des gesamten Auftrags, am Ende der Periode t = 4, nur eine Korrektur der vorzeitig realisierten Beträge im Hinblick auf den Schätzfehler der Fertigstellungsgrade der Produktionsperioden in Höhe von 4,65 T € erforderlich.[1503] Bei der 2. Möglichkeit wird aus Vorsichtsgründen in den Überdeckungsfällen lediglich der anteilige Plan-Erfolgsbeitrag des Auftrags, ohne Berücksichtigung der niedrigeren Ist-Selbstkosten, ausgewiesen. Beim Vorliegen von Unterdeckungen werden die negativen Abweichungen wiederum von den planmäßigen Erfolgsbeiträgen abgezogen, wodurch im Ergebnis jeweils nur der Plan-Ertrag als Forderung in den Herstellungszeiträumen t = 2 und t = 3 zum Ausweis kommt. Da bei der 2. Alternative lediglich eine Verrechnung der Unterdeckungen in den Produktionsperioden erfolgt, enthält der im Abrechnungszeitpunkt des gesamten Auftrags zu korrigierende Wert von 84,65 T € neben den entsprechenden Schätzfehlern in Bezug auf den Fertigstellungsgrad (4,65 T €) auch die bisher noch nicht berücksichtigten Überdeckungen der Perioden t = 1 und t = 4 von insgesamt 80 T €.

Verbuchungen nach der 1. Möglichkeit:

t = 1

| S | GuV-Konto | | H |
|---|---|---|---|
| | T € | (1) | T € |
| HK | 250,00 | | 338,75 |
| Erfolg | 88,75[1504] | | |

| S | Forderungen aus LuL | | H |
|---|---|---|---|
| | T € | | T € |
| (1) | 338,75 | | |

---

1502  Die anteiligen Erträge (Forderungen) der einzelnen Perioden ergeben sich jeweils aus der Addition von Ist-Selbstkosten laut Zwischenkalkulation und den entsprechenden Erfolgsbeiträgen.

1503  Ist-Erfolg = 2.310 T € – 1.970 T € = 340T €.
     88,75 T € + 59,2 T € + 53,55 T € + 133,85 T € = 335,35 T €.

1504  0,125 · 310 T € + 50 T € = 88,75T €.

t = 2

| S | GuV-Konto | | H |
|---|---|---|---|
| | T € | (1) | T € |
| HK | 640,00 | (1) | 699,2 |
| Erfolg | 59,2 | | |

| S | Forderungen aus LuL | | H |
|---|---|---|---|
| | T € | | T € |
| (1) | 699,2 | | |

t = 3

| S | GuV-Konto | | H |
|---|---|---|---|
| | T € | | T € |
| HK | 410,00 | (1) | 463,55 |
| Erfolg | 53,55 | | |

| S | Forderungen aus LuL | | H |
|---|---|---|---|
| | T € | | T € |
| (1) | 463,55 | | |

t = 4

| S | GuV-Konto | | H |
|---|---|---|---|
| | T € | | T € |
| HK | 670,00 | (1) | 803,85 |
| Erfolg | 138,50 | (2) | 4,65 |

| S | Forderungen aus LuL | | H |
|---|---|---|---|
| | T € | | T € |
| (1) | 803,85 | | |
| (2) | 4,65 | | |

| | Kalkulationsgrößen | t=1 | t=2 | t=3 | t=4 | t=4 | Summe |
|---|---|---|---|---|---|---|---|
| | Soll-Selbstkosten (laut Vorkalkulation) | 300 | 600 | 400 | 700 | – | 2.000 |
| | – Ist-Selbstkosten (laut Nachkalkulation) | 250 | 640 | 410 | 670 | – | 1.970 |
| | = Kostenabweichung (+ = Überdeckung – = Unterdeckung) | +50 | –40 | –10 | +30 | – | +30 |
| | Fertigstellungsgrad | 12,5 %[1] | 32 % | 20,5 % | 33,5 % | – | 98,5 % |
| 1. Möglichkeit | anteiliger Erfolgsbeitrag | 88,75[2] | 59,2[3] | 53,55 | 133,85 | 4,65[4] | 340[5] |
| | anteiliger Ertrag (Forderung) | 338,75 | 699,2 | 463,55 | 803,85 | 4,65 | 2.310 |
| 2. Möglichkeit | anteiliger Erfolgsbeitrag | 38,75[6] | 59,2[7] | 53,55 | 103,85 | 84,65[8] | 340 |
| | anteiliger Ertrag (Forderung) | 288,75[9] | 699,2 | 463,55 | 773,85 | 84,65 | 2.310 |

[1] $12,5\,\% = \dfrac{250}{2.000} \cdot 100.$

[2] $88,75 = 0,125 \cdot 310 + 50.$

[3] $59,2 = 0,32 \cdot 310 - 40.$

[4] $4,65 = (1 - 0,985) \cdot 310.$

[5] $340,00 = 2.310 - 1.970.$

[6] $38,75 = 0,125 \cdot 310.$

[7] $59,2 = 0,32 \cdot 310 - 40.$

[8] $84,65 = 50 + 30 + (1 - 0,985) \cdot 310.$

[9] $288,75 = 0,125 \cdot 2.310.$

Abb. 274: Ermittlung der Erfolgsbeiträge auf der Basis des Fertigstellungsgrads (bis auf Fertigstellungsgrad alle Werte in T €)

# D.    Sachanlagevermögen (Property, Plant and Equipment)

## 1.    Ansatzregelungen

Das Handelsgesetzbuch stellt dem Bilanzaufsteller im Rahmen der Bemessung der Herstellungskosten für selbsterstellte Gegenstände (z. B. Gebäude oder Maschinen) im Anlagevermögen und für fertige, unfertige Erzeugnisse sowie unfertige Leistungen im Vorratsvermögen einen **Teil- und Vollkostenansatz** zur Option.[1505] Das Wahlrecht zwischen Teil- und Vollkostenansatz impliziert einen beträchtlichen Gestaltungsspielraum für die materielle Rechnungslegungspolitik.[1506] Insbesondere bei Unternehmen mit schwankenden Erzeugnisbeständen führt ein Verzicht auf die Einbeziehung der Gemeinkostenbestandteile in die Herstellungskosten zu einer wesentlichen Beeinträchtigung der Aussagekraft des handelsrechtlichen Jahresabschlusses, wobei aber zugleich die Nichtaktivierung der Gemeinkosten eine bedeutende **Innenfinanzierungsfunktion** besitzt. Die Unterbewertung der Bilanz infolge des Teilkostenansatzes wirkt einem überhöhten Ausschüttungsanspruch der Eigenkapitalgeber des Unternehmens entgegen und trägt zu einer **Risikovorsorge** durch Erhöhung der Liquiditätsreserven bei.[1507]

Die Ermittlung der Höhe der Herstellungskosten basiert regelmäßig auf **Ermessensentscheidungen** des Managements und ist durch eine unzureichende Objektivierung gekennzeichnet, da die **Abgrenzung zwischen Einzel- und Gemeinkosten** im handelsrechtlichen Sinne häufig uneindeutig ist.[1508] Ein zwingender Ansatz erfolgt nach den handelsrechtlichen Vorschriften bei den Einzelkosten, d. h. bei den – im Gegensatz zu den Gemeinkosten – direkt zurechenbaren Kosten. Die Terminologie der »**direkten Zurechnung**« stellt einen unbestimmten Rechtsbegriff dar, der durch den nationalen Gesetzgeber nicht hinreichend konkretisiert wird.

Eine besondere Problematik liegt in der eindeutigen **Abgrenzung sog. »unechter« Gemeinkosten**, die grds. als Einzelkosten verrechenbar sind, aber aus Praktikabilitätsgründen den Kostenträgern geschlüsselt und als Gemeinkosten zugerechnet werden.[1509] Diese Abgrenzung dürfte in der betrieblichen Praxis von subjektiven Einschätzungen und Motiven des Managements geleitet sein. Sofern ein nicht den tatsächlichen Verhältnissen entsprechender Verrechnungsschlüssel zum Einsatz kommt, wird der Bilanzwert der Herstellungskosten verzerrt.

Das Wahlrecht zwischen Teil- und Vollkostenansatz schafft bei der Ermittlung der Herstellungskosten einerseits einen Bewertungsspielraum nach unten, d. h. in Richtung eines präferierten möglichst niedrigen Wertansatzes, indem auf die Aktivierung notwendiger herstellungsbezogener Gemeinkosten verzichtet wird.[1510] Dies stärkt das **Selbstfinanzierungspotenzial** des Unternehmens. Andererseits kann ein Bewertungsspielraum nach oben ausgenutzt werden, weil i. d. R. nicht eindeutig objektivierbar ist, welche Ge-

---

1505    Vgl. hierzu die Ausführungen im Dritten Teil zu Gliederungspunkt I.B.2., II.B.2.a und III.B.
1506    Vgl. *Möhlmann-Mahlau/Gerken/Grotheer* 2004a, S. 850; *Wohlgemuth/Ständer* 2003, S. 204; *Wöhe* 1997, S. 399.
1507    Vgl. *Veit* 2001, S. 578, der auf die Gestaltungsspielräume hinsichtlich der Gemeinkostenschlüsselung und der Berücksichtigung von Beschäftigungsschwankungen hinweist.
1508    Vgl. *Ulrich* 1996, S. 362.
1509    Vgl. *Knop/Küting* 2003, S. 50; *Veit* 2002, S. 195; *Wohlgemuth/Ständer* 2003, S. 204.
1510    Vgl. *Bieg* 1993b, S. 295.

meinkosten »angemessen und notwendig« i. S. d. § 255 Abs. 2 Satz 3 und Satz 4 HGB sind.[1511]

Stattdessen sind in der **Steuerbilanz** gem. R 6.3 Abs. 1 EStR neben den Einzelkosten auch die notwendigen Fertigungs- und Materialgemeinkosten sowie der zurechenbare Werteverzehr des Anlagevermögens zwingend zu berücksichtigen.[1512] Das handelsrechtliche Aktivierungswahlrecht für Verwaltungs-, Sozialkosten und Kosten der Altersversorgung nach § 255 Abs. 2 Satz 4 HGB sowie die Einbeziehung herstellungsbezogener Fremdkapitalzinsen gem. § 255 Abs. 3 Satz 2 HGB werden im Steuerrecht analog in R 6.3 Abs. 4 Satz 1 EStR als **Einbeziehungswahlrechte** behandelt.[1513] Das handelsrechtliche Einbeziehungsverbot für Sondereinzelkosten des Vertriebs und Vertriebskosten ist ebenfalls in R 6.3 Abs. 5 Satz 3 EStR niedergelegt.[1514] Sofern eine von der Handelsbilanz getrennte Steuerbilanz aufgestellt wird und die Entscheidungsträger in den beiden Bilanzen bezüglich des Herstellungskostenansatzes auf Wahlrechte für bestimmte Kostenbestandteile zurückgreifen, dann ist vor dem Hintergrund des in § 5 Abs. 1 Satz 2 EStG verankerten **umgekehrten Maßgeblichkeitsprinzips** folgendes zu beachten. Bei einer derartigen Konstellation kann von zwei möglichen handels- und steuerrechtlichen Aktivwerten (z. B. Ansatz mit vollen oder mit einem Teil der Herstellungskosten) der niedrigere in der Steuerbilanz **nicht** angesetzt werden, wenn der höhere in der Handelsbilanz gewählt würde. Dieses Ergebnis entspricht dem Grundsatz, dass steuerrechtliche Vergünstigungen auf die Handelsbilanz durchschlagen müssen, wenn sie für die steuerrechtliche Gewinnermittlung Anwendung finden sollen.

Im Gegensatz zum Handelsgesetzbuch weisen die **IFRS** keine Legaldefinition der Herstellungskosten auf.[1515] Sie beinhalten nach IAS 2.10 alle Kosten des Herstellungsvorgangs und Kosten, die zur Versetzung des Vermögensgegenswertes in ihren gegenwärtigen Zustand anfallen. Die IFRS-Rechnungslegung basiert grds. auf einem **produktionsbezogenen Vollkostenprinzip**,[1516] d. h. neben den Einzelkosten (**Direct Costs**) sind auch zwingend die produktionsbezogenen Gemeinkosten des Herstellungsvorgangs (**Production Overheads**) gem. IAS 2.12 zu berücksichtigen.[1517] Voraussetzung ist, dass die Kostenbestandteile einen Bezug zur Produktion aufweisen, andernfalls gilt ein striktes **Einbeziehungsverbot**. Dieses gilt z. B. gem. IAS 2.16 d explizit für Vertriebskosten.[1518] Die Verwaltungskosten, die Kosten für soziale Leistungen und für die betriebliche Altersversorgung sind nach IAS 2.15 in einen produktionsbezogenen Teil aufzuspalten, für den ein Aktivierungsgebot gilt, und in einen nicht produktionsbezogenen Teil, der außer Ansatz bleiben muss.[1519]

Die Berücksichtigung von Kosten für Fremdkapital (**Borrowing Costs**) ist gem. IAS 2.17 i. V. m. IAS 23.11 nur möglich, wenn sie direkt der Herstellung eines qualifizierten Vermögenswertes (**Qualifying Asset**)[1520] i. S. d. IAS 23.4 zugerechnet werden können und es wahr-

1511  Diese Unternehmensstrategie bietet sich insbesondere in absatzschwachen Zeiten an. Vgl. hierzu u. a. *Freidank* 1990a, S. 49.
1512  Vgl. *Breker* 2004, S. 14; *Knop/Küting* 2003, S. 66; *Streim/Esser* 2003b, S. 782.
1513  Vgl. *Bieg* 1993b, S. 296; *Hoffmann* 1996, S. 1246; *Streim/Esser* 2003b, S. 782.
1514  Vgl. *Knop/Küting* 2003, S. 87.
1515  Vgl. *Peemöller/Faul/Schroff* 2004, S. 560.
1516  Vgl. *Lachnit* 2003, S. 167; *Marten/Weiser* 2004, S. 46.
1517  Vgl. hierzu auch *Fischer/Klöpfer/Sterzenbach* 2004, S. 701.
1518  Vgl. *Peemöller/Faul/Schroff* 2004, S. 560; *Streim/Esser* 2004b, S. 781.
1519  Vgl. *Breker* 2004, S. 14; *Wohlgemuth/Ständer* 2003, S. 209.
1520  Vgl. *Müller* 2003b, S. 37; *Müller/Wulf* 2001, S. 2209; *Pellens/Sürken* 1998, S. 203.

schcinlich ist, dass dem Unternehmen aus den Fremdkapitalkosten ein künftiger Nutzen zufließt.[1521] Zudem hat eine **Anhangangabe** bzgl. der Behandlung der Fremdkapitalkosten gem. IAS 23.29 zu erfolgen. Ein **Qualifying Asset** ist gegeben, wenn der Vermögenswert einen »beträchtlichen Zeitraum« benötigt, um in seinen angestrebten Zustand versetzt zu werden. Im Gegensatz zum handels- und steuerrechtlichen Wahlrechtskatalog stellen die Fremdkapitalzinsen das einzige explizite Wahlrecht im Rahmen der Ermittlung der Herstellungskosten in der IFRS-Rechnungslegung dar.[1522] Der am 25. 05. 2006 vorgelegte **ED IAS 23 Borrowing Costs** sieht allerdings die Transformation des bestehenden Aktivierungswahlrechts in ein generelles Ansatzgebot vor, sofern eine direkte Zurechenbarkeit der Fremdkapitalkosten gegeben ist. Die nachfolgende **Abb. 275** fasst die vorstehenden Ergebnisse im Rahmen der Bemessung der Herstellungskosten nach Handelsgesetzbuch, Einkommensteuergesetz und IFRS zusammen, wobei der Terminologie der **elektiven Zuschlagskalkulation** gefolgt wird.

In einem direkten Vergleich mit den handelsrechtlichen Normen ergibt sich innerhalb der IFRS **ein geringerer Gestaltungsspielraum** für materielle Rechnungslegungspolitik des Managements, da das Handelsrecht einen Teilkostenansatz mit umfangreichen Einbeziehungswahlrechten unterstellt und die IFRS einen **produktionsbezogenen Vollkostenansatz** verfolgen.[1523]

| Kostenarten | § 255 Abs. 2 HGB | R 6.3 EStR | IAS 16 |
|---|:---:|:---:|:---:|
| Materialeinzelkosten | Pflicht | Pflicht | Pflicht |
| Fertigungseinzelkosten | Pflicht | Pflicht | Pflicht |
| Sondereinzelkosten der Fertigung | Pflicht | Pflicht | Pflicht |
| Variable Material- und Fertigungs- gemeinkosten | **Wahlrecht** | Pflicht | Pflicht |
| Fixe Material- und Fertigungs- gemeinkosten | **Wahlrecht** | Pflicht | Pflicht |
| Allgemeine Verwaltungskosten (herstellungsbezogen) | **Wahlrecht** | **Wahlrecht** | Pflicht |
| Allgemeine Verwaltungskosten (nicht herstellungsbezogen) | **Wahlrecht** | **Wahlrecht** | Verbot |
| Sondereinzelkosten des Vertriebs | Verbot | Verbot | Verbot |
| Vertriebskosten | Verbot | Verbot | Verbot |

Abb. 275: Aktivierungspflichten, -wahlrechte und -verbote beim Ansatz der Herstellungskosten

---

1521  Vgl. *Peemöller/Faul/Schroff* 2004, S. 560; *Wohlgemuth/Ständer* 2003, S. 208; *Zwirner/Boecker/Reuter* 2004, S. 221.
1522  Vgl. *Streim/Esser* 2003b, S. 781; *Wohlgemuth/Ständer* 2003, S. 208.
1523  Vgl. *Wohlgemuth/Ständer* 2003, S. 211.

## 2.    Bewertungsregelungen

### a.    Planmäßige Abschreibungen (Depreciation)

Die **Abschreibungspolitik** setzt zum einen die Entscheidung über eine bestimmte Abschreibungsmethode und zum anderen die Unterstellung einer wirtschaftlichen Nutzungsdauer voraus. Ermessensspielräume und Wahlrechte bestehen in beiden Teilbereichen, wenn es darum geht, die Anschaffungs- oder Herstellungskosten eines abnutzbaren Vermögensgegenstands auf die **betriebsgewöhnliche Nutzungsdauer** zu verteilen. Um dem Risiko des technischen Fortschritts zu begegnen, kann durch eine bewusst zu vorsichtige handelsrechtliche Schätzung der wirtschaftlichen Nutzungsdauer die jährliche Abschreibungsquote höher bemessen werden, als sie tatsächlich ist. Diese Strategie führt zu einer schnelleren Abschreibung des Vermögensgegenstands mit der Folge, dass in den Jahren seiner betriebsgewöhnlichen Nutzung die Periodenergebnisse vergleichsweise niedriger sind. Ferner hat das Management die Möglichkeit, die wirtschaftliche Nutzungsdauer des Vermögensgegenstandes zeitlich zu strecken, womit eine periodenübergreifende **Verstetigung** der Jahresergebnisse erreicht werden kann. Dieses Vorgehen eignet sich insbesondere zur Unterstützung der **Gewinnglättungspolitik**.

Die Unternehmensleitung bestimmt die wirtschaftliche Nutzungsdauer von Anlagegütern in der Handelsbilanz im Rahmen der GoB **nach eigenem Ermessen**. Vielfach dienen auch Erfahrungswerte oder Betriebsvergleiche als Anknüpfungspunkt.[1524] Für Deutschland existieren nicht gesetzlich fixierte und vom *BMF* herausgegebene **AfA-Tabellen**, in denen für unterschiedliche Wirtschaftsgüter Nutzungsdauern festgelegt sind, an denen sich die Abschreibungen nach vernünftiger kaufmännischer Beurteilung für die Steuerbilanz orientieren.[1525] Diese steuerlich anerkannten Nutzungsdauern sind oftmals die Basis für die handelsrechtliche Schätzung.[1526]

Im **Handelsrecht** wird in § 253 Abs. 2 Satz 1 HGB die Abschreibung der Vermögensgegenstände des Anlagevermögens, deren Nutzung zeitlich begrenzt ist, geregelt. Die Wahl des Abschreibungsverfahrens liegt ebenfalls im Ermessen des Bilanzaufstellers. Es stehen dabei die bereits dargelegten Methoden[1527] (lineare, geometrisch-degressive, arithmetisch-degressive und die progressive Abschreibung sowie die Leistungsabschreibung) zur Verfügung. Im Schrifttum wird dies mit dem Begriff der handelsrechtlichen **Methodenfreiheit** des Bilanzierenden bei der Wahl des Abschreibungsverfahrens gekennzeichnet.[1528]

Das **Steuerrecht** legt die Wahl der Abschreibungsmethode in § 7 EStG restriktiver aus. Problemlos ist die Anwendung der **linearen** Abschreibung gem. § 7 Abs. 1 Satz 1 und Satz 2 EStG, sofern die Nutzungsdauer in der Handelsbilanz der betriebsgewöhnlichen oder der laut AfA-Tabelle vorgeschriebenen Nutzungsdauer entspricht. Die **geometrisch-degressive Abschreibung** ist gem. § 7 Abs. 2 Satz 1 EStG bei beweglichen abnutzbaren Wirtschaftsgütern des Anlagevermögens zulässig, wobei Begrenzungen für die Höhe des degressiven Abschreibungssatzes existieren (§ 7 Abs. 2 Satz 2 EStG). Darüber hinaus gestattet das Steuer-

---

1524    Vgl. *Heno* 2004, S. 256; *Karrenbauer/Döring/Buchholz* 2003, S. 54.
1525    Vgl. *Zwirner/Boecker/Reuter* 2004, S. 220.
1526    Vgl. *Burger/Fröhlich/Ulbrich* 2004, S. 361; *Heno* 2004, S. 257; *Wagenhofer* 2003a, S. 190. Ggf. ist eine kürzere handelsrechtliche Nutzungsdauer zur Einhaltung des Vorsichtsprinzips vorzunehmen.
1527    Vgl. hierzu die Ausführungen im Dritten Teil zu Gliederungspunkt II.C.1.
1528    Vgl. *Böcking/Orth* 2002, Sp. 16; *Veit* 2002, S. 256.

recht in § 7 Abs. 1 Satz 6 EStG i. V. m. R 7.4 Abs. 5 EStR die AfA nach Maßgabe der **Leistung** vorzunehmen, sofern diese wirtschaftlich begründet ist und entsprechende Aufzeichnungen als Leistungsnachweise erbracht werden.[1529] Die steuerrechtliche Anerkennung des handelsrechtlich zulässigen progressiven und arithmetisch-degressiven Abschreibungsverfahrens wird generell versagt.

**IAS 16** gewährt ebenfalls Wahlrechte bei der Abschreibung des Sachanlagevermögens **(Depreciation)**.[1530] Als zulässige Verfahren kommen gem. IAS 16.62 die handelsrechtlich zulässigen Methoden der linearen **(Straight Line Method)**, der geometrisch-degressiven **(Diminishing Balance Method)** und der leistungsabhängigen **(Sum of the Units Method)** Abschreibung in Betracht, sofern diese im Einzelfall geeignet sind, den tatsächlichen Nutzungsverlauf des Asset gem. IAS 16.60 sinnvoll wiederzugeben.[1531] Insofern lassen sich unter rechnungslegungspolitischen Zielsetzungen keine wesentlichen Unterschiede zu den handelsrechtlichen Regelungen konstatieren.

### b.     Außerplanmäßige Abschreibungen (Impairment of Assets)

Das Abschreibungswahlrecht des § 253 Abs. 2 Satz 3 i. V. m. § 279 Abs. 1 Satz 2 HGB bei einer **voraussichtlich vorübergehenden Wertminderung** impliziert einen erheblichen rechnungslegungspolitischen Spielraum.[1532] Sofern das Wahlrecht in Zeiten einer unternehmerischen Krise nicht in Anspruch genommen wird, werden regelmäßig stille Lasten im Unternehmen gelegt, die der Rechenschaftsfunktion des handelsrechtlichen Jahresabschlusses zwar zuwiderlaufen, aber gleichzeitig zur Senkung eines **Periodenverlustes** beitragen. Die Probleme der wahrheitsgemäßen Schätzung des beizulegenden Wertes im Zuge einer außerplanmäßigen Abschreibung sowie die auftretenden Abgrenzungsschwierigkeiten zwischen einer voraussichtlich vorübergehenden und einer dauerhaften Wertminderung lassen eine eindeutige Rechtsklarheit und -sicherheit im Handelsrecht vermissen, wodurch sich Ermessensspielräume für die Entscheidungsträger der Rechnungslegungspolitik eröffnen.[1533]

Zu beachten ist, dass bei Kapitalgesellschaften und ihnen gesetzlich gleichgestellte Unternehmen das strikte **Wertaufholungsgebot** des § 280 Abs. 1 Satz 1 HGB relevant wird.[1534] Allerdings erfährt diese Regelung mit § 280 Abs. 2 HGB eine Einschränkung, als von der Zuschreibung abgelassen werden kann, wenn der niedrigere Wertansatz bei der steuerrechtlichen Gewinnermittlung beibehalten wird. Da § 280 Abs. 1 HGB jedoch i. V. m. § 6 Abs. 1 Nr. 1 Satz 4 und Nr. 2 Satz 3 EStG den Charakter eines generellen Zuschreibungsgebots trägt, ist § 280 Abs. 2 HGB **gegenstandslos** geworden. Eine **Streichung der Vorschrift** erscheint unter diesem Gesichtspunkt als längst überfällig. Zwingende Zuschreibungen sind immer dann vorzunehmen, wenn in späteren Jahren die Gründe für die unterstellten Wertminderungen entfallen.

Das **Steuerrecht** verneint ein Wahlrecht für die Vornahme außerplanmäßiger Abschreibung bei Annahme einer vorübergehenden Wertminderung.[1535] Von einer dauerhaften Wert-

1529   Vgl. *Gräfer/Sorgenfrei* 2004, S. 174.
1530   Vgl. *Focken/Schaefer* 2004, S. 2344; *Zwirner/Boecker/Reuter* 2004, S. 220.
1531   Vgl. *Peemöller/Faul/Schroff* 2004, S. 530.
1532   Vgl. hierzu die Ausführungen im Dritten Teil zu Gliederungspunkt II.C.2. und *Veit* 2002, S. 167.
1533   Vgl. *Fey/Mujkanovic* 2003, S. 212; *Veit* 2002, S. 166.
1534   Vgl. *Böcking/Orth* 2002, Sp. 19; *Rogler* 2001, S. 415; *Veit* 2002, S. 171.
1535   Vgl. *Karrenbauer/Döring/Buchholz* 2003, S. 72.

minderung ist in Abgrenzung zu einer vorübergehenden grds. auszugehen, wenn der Wert des Wirtschaftsgutes die Bewertungsobergrenze während eines erheblichen Teils der voraussichtlichen Verweildauer im Unternehmen nicht erreichen wird. Das *BMF* nimmt eine dauerhafte Wertminderung an, wenn der Wert am Abschlussstichtag mindestens für die halbe Restnutzungsdauer unter dem planmäßigen Wert liegt.[1536]

**IAS 36** sieht ein grundsätzliches Gebot zur außerplanmäßigen Abschreibung des Anlagevermögens vor **(Impairment of Assets)**, sofern Abschreibungsbedarf besteht.[1537] Dieser wird mindestens einmal im Geschäftsjahr am jeweiligen Bilanzstichtag geprüft. Liegen Anzeichen **(Indications)** für eine Wertminderung **(Impairment)** vor, muss zwingend ein Wertminderungstest **(Impairment Test)** durchgeführt werden.[1538] IAS 36.59 gebietet eine Abschreibung, wenn der erzielbare Betrag **(Recoverable Amount)** kleiner als der Buchwert des Vermögenswertes **(Carrying Amount)** ist.[1539] Die Höhe der außerplanmäßigen Abschreibung stellt demnach die Differenz zwischen Buchwert und erzielbarem Betrag dar.[1540] Letzterer ermittelt sich gem. IAS 36.6 aus dem höheren Betrag von Nettoveräußerungswert **(Fair Value less Costs to Sell)** und dem Wert aus der fortgesetzten Nutzung des Asset **(Value in Use)**.[1541] Da IAS 36.6 allein auf den höheren der beiden Werte abstellt, führt eine vorübergehende Wertminderung, z. B. aufgrund gesunkener Wiederbeschaffungskosten, nicht zwingend zu einer außerplanmäßigen Abschreibung.[1542] Entfallen gem. IAS 36.114 die Gründe für eine durchgeführte außerplanmäßige Abschreibung, muss eine zwingende Zuschreibung auf den gestiegenen erzielbaren Betrag erfolgen **(Reversal of Amount)**, wobei der Betrag, der sich ohne Wertminderung ergeben hätte, gem. IAS 36.117 die Wertobergrenze darstellt.

Zur Ermittlung des Nettoveräußerungswerts stehen gem. IAS 36.25 bis 36.27 in einer hierarchischen Anordnung unterschiedliche Verfahren zur Verfügung. Liegt eine bestehende Kaufpreisvereinbarung in Form eines Vertrags vor **(Binding Sales Agreement)**, ist dieser Kaufpreis als Nettoveräußerungswert zu verwenden (1. Stufe). Wenn dieser nicht existiert, was häufig der Fall sein dürfte, muss das Management ersatzweise auf den Preis eines aktiven Marktes **(Active Market)** bzw. auf Marktpreise vergleichbarer Vermögenswerte abstellen (2. Stufe). Lässt sich auch kein Preis auf einem aktiven Markt verlässlich ermitteln, kommt als dritte Stufe die Bildung eines Schätzwerts vergleichbarer Transaktionen, u. a. mit Hilfe der **Discounted Cash Flow-Verfahren (DCF-Verfahren)**, in Betracht. Ist keine verlässliche Schätzung des Nettoveräußerungswerts möglich, besteht die Option, den Nutzungswert als erzielbaren Betrag anzusetzen.

Die in IAS 36.25 bis 36.27 kodifizierte **Verfahrenshierarchie** stellt ein implizites Methodenwahlrecht dar, weil dem Management ein erheblicher Ermessensspielraum verbleibt, ob die Voraussetzungen für die Anwendung der ersten bzw. zweiten Methode erfüllt sind, oder ob nicht ggf. ein Rückgriff auf die DCF-Verfahren erforderlich ist. Je nachdem, welche Hierarchieebene zum Einsatz kommt, werden vielfach **unterschiedliche Nettoveräußerungswerte** bzw. erzielbare Beträge ermittelt, mit der Folge abweichender Wertminderungen. Dies hat wiederum Auswirkungen auf die ausgewiesenen **Tangible Assets** und das bilanzielle

---

1536   Vgl. *BMF* 2000, S. 372 sowie *Buchholz* 2003, S. 1943; *Wolf* 2004, S. 524.
1537   Vgl. hierzu *Wolf* 2004, S. 524.
1538   Vgl. *Peemöller/Faul/Schroff* 2004, S. 530.
1539   Vgl. *Breker* 2004, S. 15; *Küting/Dawo/Wirth* 2003, S. 178.
1540   Vgl. *Esser/Hackenberger* 2004, S. 410.
1541   Vgl. *Buchholz* 2003, S. 1944; *Dawo* 2004, S. 67; *Esser/Hackenberger* 2004, S. 411.
1542   Vgl. *Heno* 2004, S. 313.

Eigenkapital. Das Kriterium der Verlässlichkeit sowie der zwischenbetrieblichen Vergleichbarkeit wird aufgrund der differierenden Ermittlungskonzepte des erzielbaren Betrags im Regelfall nicht gewährleistet.

Die Ermittlung des **Nutzungswerts (Value in Use)** basiert wie die Bestimmung des Veräußerungserlöses der dritten Hierarchiestufe auf dem Barwertkalkül. Im Endeffekt stellt sie eine **Unternehmensbewertung** für Teileinheiten dar, weil im Zuge einer Beurteilung der Ertragskraft des Unternehmens u. a. eine Schätzung der Cash Flows im gegenwärtigen Zeitpunkt zu erfolgen hat. Mit Hilfe eines **angemessenen Diskontierungssatzes** werden die ermittelten Zahlungsströme auf den Betrachtungszeitpunkt abgezinst. Dieser Barwert stellt den Value in Use dar, der dem Impairment Test zugrunde gelegt und später mit dem Nettoveräußerungswert verglichen wird.

Die DCF-Verfahren sind aufgrund ihrer Zukunftsbezogenheit zudem mit **erheblichen Unsicherheiten** behaftet. Rechnungslegungspolitische Gestaltungsspielräume liegen in diesem Zusammenhang primär bei der **Cash Flow-Prognose** und der Wahl eines **angemessenen Diskontierungssatzes** vor. In IAS 36.33 (b) ist festgelegt, dass die **internen Finanzpläne** der Unternehmensleitung zur Prognose des Nutzungswerts heranzuziehen sind. Diese werden von Ertragserwartungen und subjektiven Zielen des Managements determiniert, so dass – wenngleich ein Prognosezeitraum von **höchstens fünf Jahren** zu unterstellen ist – eine objektivierte und hinreichend nachprüfbare Bestimmung im Allgemeinen **nicht** gegeben ist. Der in IAS 36.33 (a) kodifizierte Grundsatz eines »vernünftigen und nachvollziehbaren« Vorgehens stellt einen unbestimmten Rechtsbegriff dar und behindert die Gestaltungsspielräume bei der Prognose der Cash Flows nicht wesentlich.

Neben den dargelegten Ermessensspielräumen bei der Ermittlung des erzielbaren Betrags schafft die in IAS 36.99 enthaltene **Befreiungsvorschrift** zusätzliches rechnungslegungspolitisches Potenzial. Sie erlaubt bei kumulativem Vorliegen dreier Voraussetzungen, für den erzielbaren Betrag den bestehenden Wertansatz zu verwenden, der sich aus dem **vorangegangenen Impairment Test** ermitteln ließ. Zum einen dürfen sich die Vermögenswerte und Schulden der CGU nicht wesentlich verändert haben. Zum anderen muss der zuletzt ermittelte erzielbare Betrag wesentlich über dem Buchwert der CGU gelegen haben. Außerdem wird gefordert, dass die Wahrscheinlichkeit als äußerst gering einzustufen ist, dass bei einer aktuellen Berechnung des erzielbaren Betrags dieser niedriger als der Buchwert der CGU ausfällt. Eine nähere Konkretisierung der Begriffe »wesentlich« und »äußerst gering« unterbleibt. Sie stellen wiederum unbestimmte Rechtsbegriffe dar und führen ggf. zu einer Beeinträchtigung der Informationsfunktion des Einzelabschlusses, da auf historisches Datenmaterial zurückgegriffen wird. Die Erleichterungsvorschrift des IAS 36.99 schafft zwar im Einzelfall **kosten- und zeitmäßige Entlastungen** für die betreffenden Unternehmen, bringt aber gleichzeitig erhebliche **Defizite im Rahmen der Verlässlichkeit** und der **Nachprüfbarkeit** der Werte bezüglich des Impairment Test mit sich.

Im Nachfolgenden werden wesentliche Inhalte des **Impairment Test nach IAS 36** nochmals zusammengefasst.

- Grundsätzlich muss für alle Vermögenswerte an **jedem Bilanzstichtag** einzeln ein **Niederstwerttest** (Impairment Test) durchgeführt werden, um zu ermitteln, ob der **erzielbare Betrag eines Vermögenswertes** (Recoverable Amount) unter seinem Buchwert (Carrying Amount) liegt.
- Als erzielbarer Betrag kommt der **Nettoveräußerungs-** oder **Nutzungswert** in Betracht.

- Sofern gilt erzielbarer Betrag < Buchwert, ist der Unterschiedsbetrag als Wertminderungs-aufwand (**Impairment Loss**) unmittelbar erfolgswirksam zu verrechnen, es sei denn, dass der Vermögenswert zum Neubewertungsbetrag (**Revalued Amount**) nach einem anderen IFRS (z. B. IAS 16) (erfolgsneutral) erfasst wird (IAS 36.58 f.) und dann der Unterschieds-betrag zunächst mit der **Neubewertungsrücklage** zu verrechnen ist.
- Ferner muss für die genannten Vermögenswerte an **jedem folgenden Bilanzstichtag** ge-prüft werden, ob eine **Wertaufholung** zu erfolgen hat, die ggf. zu einer Aufhebung des Wertminderungsaufwandes führt.
- Die Wertaufholung darf aber nur bis zur Höhe des **Buchwertes** erfolgen, der bestimmt worden wäre, [abzüglich der Amortisation oder Abschreibung (Net of Amortisation or Depreciation)], wenn in früheren Jahren **kein Wertminderungsaufwand** erfasst wor-den wäre.
- Eine Wertaufholung für einen **neu zu bewerteten Vermögenswert** über den ursprüng-lichen Wertminderungsaufwand hinaus wird direkt im Eigenkapital (erfolgsneutral) un-ter dem Posten **Neubewertungsrücklage** erfasst.

## E.    Latente Steuerabgrenzung (Deferred Taxes)

Entscheidet sich der Bilanzaufsteller im Handelsrecht zu einer Aktivierung der latenten Steuer, hat er einen gesonderten Ausweis in der Bilanz und eine **Anhangangabe** gem. § 247 Abs. 2 Satz 2 HGB vorzunehmen.[1543] Da die aktivische Steuerabgrenzung den Charakter einer **Bilanzierungshilfe** besitzt, ist an ihre wahlweise Inanspruchnahme zwangläufig gem. § 274 Abs. 2 Satz 3 HGB eine gesetzliche **Ausschüttungssperre** gekoppelt. Eine Auflösung des aktiven Steuerabgrenzungspostens hat gem. § 274 Abs. 2 Satz 4 HGB zu erfolgen, wenn eine Steuerentlastung eintritt oder wenn dessen Eintritt nicht mehr vermutet wird.[1544]

Auf nationaler und internationaler Ebene muss zwischen zwei wesentlichen Konzeptio-nen im Rahmen der Steuerabgrenzung unterschieden werden. Im Handelsrecht beschränkt sich die Steuerabgrenzung auf die temporären Differenzen, d. h. jene, die sich im Zeit-ablauf wieder ausgleichen. § 274 HGB folgt demnach dem **Timing-Konzept** und stellt auf eine GuV-orientierte Sichtweise ab, bei der zeitliche latente Steuerdifferenzen abgegrenzt werden (**Timing Differences**), deren Entstehung und Auflösung sich erfolgswirksam nieder-schlagen. Sog. quasi-permanente (**Temporary Differences**)[1545] und zeitlich unbegrenzte, sich nicht ausgleichende Unterschiede (**Permanent Differences**) sind nach h. M. nicht in der Handelsbilanz zu berücksichtigen. Die **quasi-permanenten** Differenzen zeichnen sich dadurch aus, dass der Ausgleich der Unterschiede zwischen Handels- und Steuerbilanz zwar grds. möglich, zum Bilanzstichtag aber nicht sicher ist. Sie kehren sich ggf. erst bei der Auf-gabe des Geschäftsbetriebs um und widersprechen dem handelsrechtlichen Prinzip der **Un-ternehmensfortführung** i. S. d. § 252 Abs. 1 Nr. 2 HGB (Going Concern). Eine Bildung la-tenter Steuern auf **Verlustvor- und -rückträge** im Jahresabschluss ist nach h. M. ebenfalls nicht gestattet, da die handelsrechtlichen Voraussetzungen für einen aktivierungsfähigen Vermögensgegenstand und für einen Rechnungsabgrenzungsposten nicht vorliegen.

---

1543    Vgl. hierzu die Ausführungen im Fünften Teil zu Gliederungspunkt III.B.3.e. und *App* 2003, S. 213; *Hilke* 2002, S. 116.
1544    Vgl. *Grotherr* 2000, S. 291; *Rabeneck/Reichert* 2002, S. 1369.
1545    Vgl. *App* 2003, S. 210.

**Steuerrechtlich** liegt ein striktes Ansatzverbot für aktivische und passivische latente Steuern vor. Das Aktivierungswahlrecht des § 274 Abs. 2 HGB stellt eine Bilanzierungshilfe dar, die steuerrechtlich weder als Wirtschaftsgut noch als (aktiver) Rechnungsabgrenzungsposten einzuordnen ist. Latente Steuern gehören nicht zum Betriebsvermögen i. S. d. § 5 Abs. 1 EStG und bleiben in der Steuerbilanz außer Ansatz.

Aufgrund des fehlenden Maßgeblichkeitsprinzips bzw. der Loslösung des Steuerrechts im Rahmen der IFRS-Rechnungslegung kommt der latenten Steuerabgrenzung im Vergleich zur handelsrechtlichen Bilanzierung eine zentrale Bedeutung zu.[1546] Im Rahmen des **Value Based Managements** wird ferner auf das Erfordernis eines externen **Tax Reporting** hingewiesen, welches u. a. Steuerungskennzahlen wie die **Konzernsteuerquote** als Messgröße für die Effizienz eines **Tax Controlling** berücksichtigt. Nach IAS 12.15 und IAS 12.24 besteht prinzipiell sowohl für die aktive als auch für die passive latente Steuerabgrenzung ein **Ansatzgebot**, da grds. die Tatbestandsvoraussetzungen für einen Asset erfüllt werden.[1547] IAS 12.24 definiert, dass aktive latente Steuern aus abzugsfähigen temporären Differenzen zwischen dem IFRS-Buchwert und dem steuerrechtlichen Buchwert der Vermögenswerte und Schulden, die sich spätestens bis zur Einstellung des Unternehmens ausgleichen, oder aus dem ökonomischen Vorteil eines Verlustvortrags entstehen. Nach IAS 12.56 hat eine Buchwertüberprüfung an jedem Stichtag zu erfolgen.

Die zwingende Berücksichtigung aktiver latenter Steuern im IFRS-Einzelabschluss hängt von der Tatbestandsvoraussetzung ab, dass **wahrscheinlich ein künftig zu versteuerndes Ergebnis zur Verfügung steht**, das gegen die Differenzen verrechnet werden kann.[1548] Diese Voraussetzung impliziert einen nicht unerheblichen Gestaltungsspielraum, den das Management bei der Einschätzung zur Beurteilung des Vorhandenseins eines künftigen zu versteuernden Ergebnisses nutzen kann.[1549] Die Aussage, dass in Zukunft mit einem Jahresüberschuss gerechnet wird, gilt vor allen Dingen in Zeiten lang anhaltender wirtschaftlicher Schwächen des Unternehmens als unsicher und beruht auf subjektiven Schätzungen des Managements. Der rechnungslegungspolitische Spielraum erfährt darüber hinaus insofern eine Erweiterung, als IAS 12 **keinen Zeithorizont** für die Prognose vorgibt.[1550] Allerdings ist zu berücksichtigen, dass IAS 12.79 bis 12.88 vom Bilanzersteller umfangreiche **Anhangangaben** einfordern, die weit über die handelsrechtlichen Verpflichtungen hinausgehen.

IAS 12.34 sieht zusätzlich ein Aktivierungsgebot latenter Steuern **auf steuerrechtliche Verlustvorträge** vor, wenn es wahrscheinlich ist, dass künftig ausreichend steuerpflichtiger Gewinn anfallen wird, um den Verlustvortrag nutzen zu können.[1551] Der Bilanzaufsteller hat zu jedem Bewertungsstichtag erneut die Werthaltigkeit zu überprüfen.[1552] Auch diese Vorschrift bietet aus rechnungslegungspolitischer Sicht erhebliche Gestaltungsspielräume. Die Frage, ob künftig mit Gewinnen in ausreichender Höhe zu rechnen ist, kann aufgrund der unpräzisen Formulierung des IAS 12.34 nur ansatzweise beantwortet werden und entzieht sich einer genauen Überprüfbarkeit durch externe Adressaten und ggf. durch

---

1546  Im Regelfall liegt eine deutliche Abweichung zwischen dem Steuerbilanz- und dem Periodenergebnis nach den IFRS vor. Vgl. *Küting/Wohlgemuth* 2004, S. 13.

1547  Vgl. *Loitz* 2003, S. 516; *Müller* 2003b, S. 47; *Zwirner/Boecker/Reuter* 2004, S. 225.

1548  Vgl. *Küting/Wohlgemuth* 2004, S. 13; *Küting/Zwirner* 2003, S. 304.

1549  Vgl. *Kirsch* 2003c, S. 1112.

1550  Vgl. *Kirsch* 2003c, S. 1112.

1551  Vgl. *Jebens* 2003a, S. 2347. Beim Vorliegen der Ansatzkriterien des IAS 12.34 besteht ebenfalls eine Pflicht zur latenten Steuerabgrenzung für ungenutzte Steuergutschriften. Vgl. *Küting/Wohlgemuth* 2004, S. 13.

1552  Vgl. *Engel-Ciric* 2002, S. 781; *Hahn* 2004, S. 20.

den Abschlussprüfer.[1553] Stattdessen kommen Ermessensentscheidungen und subjektive Bewertungen zum Einsatz.[1554]

IAS 12 stellt im Gegensatz zum Timing-Konzept des Handelsrechts das bilanzorientierte **Temporary Concept** in den Vordergrund, dessen Ziel der zutreffende Ausweis der Vermögenslage ist.[1555] Folgt man dieser Betrachtungsweise, hat gem. IAS 12.24 i. d. R. eine Erfassung **sämtlicher** zeitlicher Bilanzierungs- und Bewertungsdifferenzen zwischen IFRS-Bilanz und Steuerbilanz zu erfolgen. Die Abgrenzung beschränkt sich somit nicht nur auf Differenzen, die sich in der GuV niederschlagen[1556], sondern gilt unabhängig davon, ob die Latenzen erfolgswirksam entstehen oder sich auflösen.[1557] Das Temporary-Konzept muss als **erweiterte Version** des Timing-Konzepts angesehen werden, da es eine Berücksichtigung der quasi-permanenten Latenzen in die Steuerabgrenzung fordert.[1558] Eine Einbeziehung rein permanenter Steuerdifferenzen ist wie im Handelsrecht nicht zulässig.[1559] Nachfolgend werden die wesentlichen Inhalte der Steuerabgrenzung nach IAS 12 skizziert.[1560]

- **IAS 12** »Ertragsteuern« basiert bezüglich der latenten Steuern auf dem **Temporary Concept** in Verbindung mit der **Liability Method**.
- Nach diesem Konzept wird jedem Vermögenswert **(Asset)** (IAS 12.7) und jeder **Schuld (Liability)** (IAS 12.8) grundsätzlich ein **Steuerwert (Tax Base)** insofern zugeordnet, als dass die Realisierung des Vermögenswertes bzw. die Begleichung der Schuld Auswirkungen auf die Steuermessungsgrundlage haben.
- Hieraus ergeben sich für die Bilanzierung latenter Ertragsteuern nachstehende Konstellationen:

  (a) Buchwert eines **Vermögenswertes** in der **Handelsbilanz > Steuerwert** bzw. Buchwert einer **Schuld** in der **Handelsbilanz < Steuerwert**. Folgen bei Realisierung bzw. Erfüllung:

      (1) höhere künftige steuerrechtliche Bemessungsgrundlagen;
      (2) höhere künftige Ertragsteuerbelastung;
      (3) Passivierung einer **Steuerverbindlichkeit**.

  (b) Buchwert eines **Vermögenswertes** in der **Handelsbilanz < Steuerwert** bzw. Buchwert einer **Schuld** in der **Handelsbilanz > Steuerwert**. Folgen bei Realisierung bzw. Erfüllung:

      (1) geringere künftige steuerrechtliche Bemessungsgrundlagen;
      (2) geringere künftige Ertragsteuerbelastung;
      (3) Bildung eines **Aktivpostens für latente Steuern**.

- Das **Temporary-Konzept** geht von der zutreffenden Darstellung der Verbindlichkeiten und Forderungen gegenüber dem Fiskus aus und ist anders als das **GuV-orientierte Timing-Konzept** in Verbindung mit der **Liability Methode** nach § 274 HGB **bilanzbezo-**

---

1553  Vgl. *Küting/Zwirner* 2003, S. 312.
1554  Vgl. *Kahle* 2003a, S. 266, der die latente Steuerabgrenzung auf Verlustvorträge nach IFRS als »Spielball der Bilanzpolitik« bezeichnet. Vgl. hierzu auch *Hahn* 2003, S. 247.
1555  Vgl. *Burger/Fröhlich/Ulbrich* 2004, S. 364; *Marten/Weiser* 2004, S. 42.
1556  Vgl. *Hayn* 2004, S. 36; *Küting/Wirth* 2003, S. 623.
1557  Vgl. *Euler* 2002b, Sp. 1473. Bei der erfolgsneutralen Entstehung muss ebenfalls eine erfolgsneutrale Verrechnung der Steuerlatenzen mit dem Eigenkapital erfolgen
1558  Vgl. *Hartmann* 1998, S. 266; *Loitz* 2003, S. 516; *Müller* 2003b, S. 47; *Wagenhofer* 2003a, S. 326.
1559  Vgl. *Busse von Colbe* 2004, S. 2067.
1560  Vgl. *Coenenberg* 2005, S. 459–466; *Marten/Weiser/Köhler* 2003, S. 2335–2349.

**gen**, wobei der Begriff der vorübergehenden Bilanzpostenunterschiede (**Temporary Differences**) umfassender als der Terminus der zeitlichen Ergebnisunterschiede (**Timing Differences**) ausgestaltet ist.

- **Passive latente Steuern (Taxable Temporary Differences)**

  **(a) Grundsätze zum Passivierungsgebot:**

  (1) Vermögensgegenstände sind in der Handelsbilanz **höher** bewertet als in der Steuerbilanz bzw. Vermögensgegenstände sind in der Handelsbilanz, **nicht** dagegen in der Steuerbilanz angesetzt.

  (2) Verbindlichkeiten sind in der Handelsbilanz **niedriger** bewertet als in der Steuerbilanz bzw. Verbindlichkeiten sind in der Steuerbilanz, **nicht** dagegen in der Handelsbilanz angesetzt.

  (3) Diese Fälle führen zu einer passiven latenten Steuerabgrenzung, da die Auflösung der Differenzen ein (im Vergleich zur Steuerbilanz) **niedrigeres handelsbilanzielles Ergebnis** nach sich zieht.

  (4) Der passive steuerrechtliche Abgrenzungsposten ist dann anteilig erfolgswirksam aufzulösen und gegen den (aus handelsbilanzieller Sicht) zu **hohen tatsächlichen Steueraufwand** der Periode aufzurechnen.

  **(b) Nicht abgrenzungsfähige Ausnahmen:**

  (1) Erwachsen der latenten Steuerschuld aus dem **Goodwill**, für den eine Abschreibung steuerrechtlich nicht absetzbar ist [IAS 12.15 (a), 12.21].

  (2) Erfolgsneutrale Unterschiede bei **Erstverbuchungen** eines Vermögenswertes oder einer Verbindlichkeit, falls diese Differenzen nicht aus einer Unternehmensakquisition resultieren [IAS 12.15 (b), 12.22].

  (3) Differenzen aus **Beteiligungen**, bei denen das die Beteiligung haltende Unternehmen ihre Auflösung bestimmen kann und die Auflösung wahrscheinlich nicht in nächster Zukunft zu erwarten ist (IAS 12.15, 12.39).

  (4) Damit sind auch **quasi permanente Differenzen** nach dem Timing-Konzept mit in die Steuerabgrenzung des **Temporary-Ansatzes** einzubeziehen, da ein Bewertungsunterschied zwischen Handels- und Steuerbilanz vorliegt und es auf den Zeitpunkt der Auflösung bzw. Umkehrung nicht ankommt [z. B. erfolgsneutrale Neubewertungen von Vermögenswerten, die steuerrechtlich nicht mit vollzogen werden (IAS 12.18 bis 12.20)].

- **Aktive latente Steuern (Deductable Temporary Differences)**

  **(a) Grundsätze zum Aktivierungsgebot:**

  (1) Vermögensgegenstände sind in der Handelsbilanz **niedriger** bewertet als in der Steuerbilanz bzw. Vermögensgegenstände sind in der Steuerbilanz, **nicht** dagegen in der Handelsbilanz angesetzt.

  (2) Verbindlichkeiten sind in der Handelsbilanz **höher** bewertet als in der Steuerbilanz bzw. Verbindlichkeiten sind in der Handelsbilanz, **nicht** dagegen in der Steuerbilanz angesetzt.

  (3) Diese Fälle führen zu einer aktiven latenten Steuerabgrenzung, da die Auflösung der Differenzen ein (im Vergleich zur Steuerbilanz) **höheres handelsbilanzielles Ergebnis** nach sich zieht.

(4) Der aktive steuerrechtliche Abgrenzungsposten ist dann anteilig erfolgswirksam aufzulösen. Dieser Betrag **erhöht** den (aus handelsbilanzieller Sicht) zu **niedrigen** tatsächlichen Steueraufwand in der handelsbilanziellen Erfolgsrechnung.

(5) Allerdings sind aktive latente Steuern nur dann auszuweisen, wenn künftige steuerrechtliche Gewinne **wahrscheinlich** sind, gegen die aktivierte latente Steuern verrechnet werden können (IAS 12.24, 12.27).

**(b) Nicht abgrenzungsfähige Ausnahmen:**

(1) Differenzen aus einem **Badwill** [IAS 12.24 (a), 12.32].

(2) Erfolgsneutrale Unterschiede bei Erstverbuchungen [IAS 12.24 (b), 12.33].

(3) Differenzen aus **Beteiligungen**, bei denen das die Beteiligung haltende Unternehmen ihre Auflösung bestimmen kann und die Auflösung wahrscheinlich nicht in naher Zukunft zu erwarten ist (IAS 12.44).

**(c)** Über die Deductable Temporary Differences **hinaus** gilt die Bilanzierungspflicht für aktive latente Steuern grundsätzlich auch für **steuerrechtliche vortragbare Verluste** (IAS 12.34), durch dessen Vortragsfähigkeit im Falle (wahrscheinlicher) künftiger steuerrechtlicher Gewinne ein **ökonomischer Vorteil** (Asset) begründet wird.

**Abb. 276** stellt die wesentlichen Unterschiede zwischen Timing- und Temporary Concept zusammenfassend dar.[1561]

Bezüglich der **Ermittlung**, des **Ausweises** und der **Bewertung** latenter Steuern nach IFRS liegen weitere Unterschiede zu den handelsrechtlichen Regelungen vor. So besteht nach dem internationalen Konzept auch die Möglichkeit, dass **erfolgsneutrale Verrechnungen** latenter Steuern vorkommen können, wenn ihre Bildung aus erfolgsneutralen Transaktionen (z. B. der Neubewertung von Vermögenswerten) resultiert (IAS 12.61 bis 12.68). Grundsätzlich sind der aktive und passive Posten in der Bilanz getrennt voneinander auszuweisen, während Saldierungen nur in **Ausnahmefällen** zulässig sind (IAS 12.71). Der gesonderte Ausweis gilt auch für **Steueraufwendungen und -erträge** in der GuV (IAS 12.77).

| Differenz zwischen Handels- und Steuerbilanz | Latente Steuern nach § 274 HGB | Deferred Taxes nach IAS 12 |
|---|---|---|
| zeitlich begrenzte Differenz | ja | ja |
| quasi zeitlich begrenzte Differenz | nein | ja |
| zeitlich unbegrenzte Differenz infolge erfolgsneutraler Vermögensdifferenzen | nein | ja |
| infolge außerbilanzieller steuerrechtlicher Berücksichtigung | nein | nein |
| Verlustvorträge | nein | ja |

Abb. 276: Vergleich der Konzeptionen zur Bilanzierung latenter Steuern nach HGB und IFRS

---

1561 Modifiziert entnommen von *Coenenberg* 2005, S. 464.

Darüber hinaus bestehen umfangreiche **Erläuterungs- und Angabepflichten** zu den latenten Steuern (IAS 12.79 bis 12.88). Von besonderer Bedeutung ist in diesem Zusammenhang die Verpflichtung zur Veröffentlichung einer **Überleitungsrechnung**, mit der der Unterschied zwischen der **effektiven Ertragsteuerbelastung** und dem für das Unternehmen maßgebenden **Gewinnsteuersatz** erklärt wird. Zur Bewertung der latenten Steuerposten sind grundsätzlich **künftige Steuersätze** heranzuziehen (IAS 12.47), wobei bezüglich der von der Gewinnhöhe abhängigen unterschiedlichen Steuersätze ein **durchschnittlicher Gewinnsteuersatz** zu verwenden ist (IAS 12.49).

## F. Rückstellungen (Provisions)

### 1. Pensionsrückstellungen (Pension Obligations)

Den Bereich der Pensionsverpflichtungen, die den langfristigen Rückstellungen zuzuordnen sind, kommt in der Unternehmenspraxis im Bereich der Rechnungslegungspolitik eine zentrale Bedeutung zu.[1562] Ihr Einfluss wird dadurch verstärkt, dass die Rückstellungsbeträge ggf. jahrzehntelang finanzielle Mittel im Unternehmen binden und bis zu ihrem Abfluss zur Substanzerhaltung genutzt werden. Sie erfüllen daher eine wichtige **Innen- bzw. Selbstfinanzierungsfunktion.**

Im **Handelsrecht** erfolgt eine strikte Trennung zwischen unmittelbaren, mittelbaren und pensionsähnlichen Verpflichtungen.[1563] Bei den unmittelbaren Pensionsverpflichtungen, den sog. **Direktzusagen**, besteht ein Verhältnis zwischen Arbeitgeber und Arbeitnehmer als späteren Pensionsempfänger **ohne** Einschaltung eines selbstständigen Versorgungsträgers. Werden die Leistungen hingegen durch eine Unterstützungskasse erbracht, liegen sog. **mittelbare** Pensionsverpflichtungen vor. **Pensionsähnliche** Verpflichtungen beinhalten spezielle Altersteilzeitregelungen, die durch einen fehlenden Abfindungscharakter gekennzeichnet sind, sowie Verpflichtungen gegenüber dem Pensionssicherungsverein, der vor allem im Rahmen von Unternehmenszusammenbrüchen zur Erfüllung der Ansprüche der Betroffenen aktiv wird. Letztere Vertragsgestaltung kommt in der Unternehmenspraxis äußerst selten vor. Unmittelbare Pensionsverpflichtungen sind ab dem 01.01.1987 **(Neuzusagen)** den ungewissen Verbindlichkeiten zuzuordnen und unterliegen der handelsrechtlichen Passivierungspflicht des § 249 Abs. 1 Satz 1 HGB i. V. m. Art. 28 Abs. 1 Satz 1 EGHGB, wobei sich den Unternehmen zum einen für bestimmte Arten von Pensionsverpflichtungen ein Ansatzwahlrecht eröffnet, z. B. wenn der Pensionsanspruch vor dem 01.01.1987 bestanden hat oder sich dieser Rechtsanspruch seit diesem Zeitpunkt erhöht hat **(Altzusagen)**. Zum anderen wird gem. Art. 28 Abs. 1 Satz 2 EGHGB ein **Passivierungswahlrecht** auch für mittelbare oder pensionsähnliche Verpflichtungen gewährt, wobei im Falle einer Nichtpassivierung gem. Art. 28 Abs. 2 EGHGB Angaben zu den nicht passivierten Pensionsbeträgen im **Anhang** erforderlich werden.

Die Möglichkeit zur Bildung einer Pensionsrückstellung, die nach dem Handelsrecht zulässig ist, erfährt im **Steuerrecht** gem. R 6 a Abs. 1 Satz 4 EStR eine gesetzliche Schranke durch die in **§ 6 a EStG** genannten **zwingenden Ansatzvoraussetzungen**. Der Wortlaut des § 6 a EStG ist dahingehend zu verstehen, dass die handelsrechtliche Passivierungspflicht

---

1562 Vgl. *Hinz* 1994b, S. 1168.
1563 Vgl. hierzu die Ausführungen im Dritten Teil zu Gliederungspunkt I.B.4.c.c.b(a)(α).

zwar steuerrechtlich maßgebend ist, die Bildung der Rückstellung in der Steuerbilanz aber von der Erfüllung der in § 6 a EStG angeführten Voraussetzungen abhängt. Ferner verlangt der Grundsatz der umgekehrten Maßgeblichkeit, dass steuerrechtliche Wahlrechte in Übereinstimmung mit der Handelsbilanz ausgeübt werden. Liegen die Voraussetzungen des § 6 a EStG vor, darf das betreffende Unternehmen in der Steuerbilanz eine Pensionsrückstellung erstmalig für das Jahr bilden, in dem die Pensionszusage gegeben wurde, frühestens für das Geschäftsjahr, in dem der Pensionsberechtigte das 28. Lebensjahr vollendet hat.

Da das handelsrechtliche Passivierungsgebot für unmittelbare Pensionszusagen ab dem 01. 01. 1987 auch steuerrechtlich gem. R 6 a Abs. 1 Satz 1 EStR zu beachten ist, besteht grds. unter Beachtung des § 6 a EStG auch ein Passivierungsgebot.[1564] Dagegen ist die **Bildung mittelbarer und sonstiger ähnlicher Pensionsrückstellungen**, die ein handelsrechtliches Passivierungswahlrecht darstellt, nach Auffassung des *BMF* steuerlich **unzulässig**.[1565] Das handelsrechtliche Passivierungswahlrecht für Altzusagen wird gem. R 6 a Abs. 1 Satz 3 EStR steuerrechtlich ebenfalls als **Wahlrecht** akzeptiert und stellt eine der wenigen Ausnahmen des *BFH-Urteils* vom 03. 02. 1969 dar.[1566]

Im Vergleich zum ausgeprägten Gestaltungsspielraum im Rahmen der handelsrechtlichen Bildung von Pensionsrückstellungen werden den Unternehmen in **IAS 19.52** keine Wahlrückstellungen zuerkannt, so dass grds. sämtliche Pensionsverpflichtungen als Rückstellung zum Ansatz kommen müssen, für die das Unternehmen direkt oder indirekt leistungspflichtig ist.[1567] Gem. IAS 19.25 hat eine Unterscheidung in beitragsorientierte **(Defined Contribution Plan)** und leistungsorientierte Vertragsgestaltungen **(Defined Benefit Plan)** zu erfolgen. **Beitragsorientierte Pensionspläne** sehen gem. IAS 19.44 lediglich eine aufwandswirksame Verbuchung der anfallenden Zahlungsverpflichtungen an den externen Versorgungsträger vor. **Leistungsorientierte**[1568] **Pensionsgestaltungen** erfüllen die Tatbestandsvoraussetzungen einer ungewissen Verbindlichkeit nach den IFRS, für die im Allgemeinen ein Rückstellungsgebot besteht.[1569] Im Falle der leistungsorientierten Pensionsverpflichtung ist das Unternehmen selbst dem Arbeitnehmer gegenüber direkt verpflichtet. Eine beitragsorientierte Verpflichtung sieht lediglich eine Einzahlungspflicht des Unternehmens in einen **Pensionsfond** vor, die im Wesentlichen dem deutschen Modell einer Direktversicherung des Arbeitnehmers entspricht. Da Rückstellungen in der IFRS-Rechnungslegung i. d. R. nur für leistungsorientierte Pensionsverpflichtungen zum Ansatz kommen,[1570] werden diese im Folgenden kurz dargestellt. Im Einzelabschluss besteht eine Passivierungspflicht in Höhe der **leistungsorientierten** Pensionsverpflichtung **(Pension Obligation)**, sofern keine Deckung durch Planvermögen vorliegt. Die IFRS folgen somit dem Nettoprinzip. Der als Schuld (Defined Benefit Liability) zu erfassende Betrag entspricht gem. IAS 19.54 dem Saldo des Barwertes der leistungsorientierten Verpflichtung zum Abschlussstichtag einschließlich der in IAS 19.54 (b) bis (d) aufgeführten Korrekturgrößen.[1571]

---

1564  Vgl. *BMF* 1987, S. 365.
1565  Vgl. *BMF* 1987, S. 365; *BFH* 1991a, S. 336.
1566  Vgl. *BMF* 1987, S. 365 sowie *Scheffler* 2004, S. 72.
1567  Vgl. *Breker* 2004, S. 13. Im Schrifttum wird kritisiert, dass IAS 19 aufgrund seiner Komplexität i. d. R. nicht zu einer Informationsverbesserung, sondern zu einer Informationsverzerrung führt. Vgl. hierzu im Einzelnen *Fülbier/Sellhorn* 2004, S. 385.
1568  Vgl. hierzu *Fülbier/Sellhorn* 2004, S. 386 und *Kremin-Buch* 2003, S. 170.
1569  Vgl. *Möhlmann-Mahlau/Gerken/Grotheer* 2004a, S. 854.
1570  Vgl. *Fülbier/Sellhorn* 2004, S. 393.
1571  Eine detaillierte Beschreibung der Bewertungskonzeptionen nach HGB/EStG und IFRS im Rahmen von Pensionsverpflichtungen geben u. a. *Lachnit/Müller* 2004, S. 497.

## 2.    Aufwandsrückstellungen (Provisions for Future Internal Expenses)

Bedeutende Ermessensspielräume bestehen in der handelsrechtlichen Bilanzierungspraxis im Rahmen der **Findung der Wertansätze von Aufwandsrückstellungen**. Die auftretenden Gestaltungsmöglichkeiten bei der Bilanzierung und Bewertung nehmen im Rahmen der materiellen Rechnungslegungspolitik eine zentrale Bedeutung ein. Aufwandsrückstellungen basieren im Allgemeinen auf häufig nur mit Schwierigkeiten zu objektivierenden Sachverhalten, für die künftige Ausgaben passiviert werden, ohne dass eine rechtliche oder wirtschaftliche Außenverpflichtung gegenüber einem Dritten vorliegt.[1572] Sie stellen Verpflichtungen des Unternehmens gegen sich selbst dar und tragen den Charakter von sog. **Innenverpflichtungen**.[1573]

Es besteht gem. § 249 Abs. 1 Satz 2 HGB eine Rückstellungspflicht für eine kurzfristig nachzuholende **Instandhaltung**, die im folgenden Geschäftsjahr innerhalb von drei Monaten realisiert wird sowie für unterlassene Aufwendungen für Abraumbeseitigung, die im folgenden Geschäftsjahr nachgeholt werden.[1574] Eine Rückstellungsbildung für eine mittelfristig nachzuholende Instandhaltung, die nach dem dritten Monat des kommenden Geschäftsjahres, aber vor dessen Ablauf erfolgt, ist gemäß § 249 Abs. 1 Satz 3 HGB möglich, aber nicht zwingend. § 249 Abs. 2 HGB gewährt bei Einhaltung der Tatbestandsvoraussetzungen ein zusätzliches handelsrechtliches Wahlrecht zur Bildung **genereller Aufwandsrückstellungen** bzw. Aufwandsrückstellungen im engeren Sinne (i. e. S.). Sie sind als Erweiterung der Rückstellungen gem. § 249 Abs. 1 HGB zu sehen, da sie nach h. M. sachlich und zeitlich unbeschränkt gebildet werden können.

Der **handelsrechtliche rechnungslegungspolitische Spielraum** im Rahmen der Aufwandsrückstellungen gem. § 249 Abs. 1 und Abs. 2 HGB besteht darin, dass das Management **Vorsorge** trifft für künftige notwendige Ausgaben zur Unternehmensfortführung.[1575] Es kann an jedem Stichtag erneut entscheiden, ob es bestimmte **Sachverhalte** den Aufwandsrückstellungen subsumiert oder nicht. Die Unternehmensleitung wird i. d. R. bestrebt sein, in Zeiten einer **positiven Ertragslage** möglichst hohe Rückstellungsbeträge zu bilden, um drohende Ausschüttungsforderungen der Anteilseigner abzuwenden und diese einbehaltenen Mittel als **Innenfinanzierungspotenzial** zu sichern. In Zeiten **negativer Ertragslage** bietet sich eine Auflösung von Aufwandsrückstellungen bzw. eine Nichtpassivierung von Rückstellungen an, um die Höhe des Periodenverlustes zu senken und die hiermit verbundenen negativen Wirkungen auf das Verhalten der externen Rechnungslegungsadressaten abzuschwächen.

Es besteht gem. § 5 Abs. 3 und Abs. 4 EStG i. V. m. R 5.7 Abs. 1 EStR ein steuerrechtliches **Ansatzgebot** bezüglich Rückstellungen für unterlassene Instandhaltungen, sofern sie innerhalb der ersten drei Monate des folgenden Geschäftsjahres nachgeholt werden sowie für unterlassene Abraumbeseitigung bei Nachholung während des folgenden Geschäftsjahres. Im Falle der späteren Nachholung der Abraumbeseitigung bzw. der unterlassenen

---

1572  Vgl. *Bitz/Schneeloch/Wittstock* 2004, S. 165; *Dörner* 1991, S. 226.
1573  Vgl. *Burger/Fröhlich/Ulbrich* 2004, S. 363; *Zwirner/Boecker/Reuter* 2004, S. 227.
1574  Vgl. hierzu die Ausführungen im Dritten Teil zu Gliederungspunkt I.B.4.c.cc.
1575  Vgl. *Dörner* 1991, S. 267 u. 271. Dabei gewährleistet vor allen Dingen die mangelnde Konkretisierung der generellen Aufwandsrückstellungen gem. § 249 Abs. 2 HGB rechnungslegungspolitische Freiräume. Vgl. hierzu *Freidank* 1990a, S. 47.

Instandhaltung sieht R 5.7 Abs. 11 EStR ein ausdrückliches steuerrechtliches **Passivierungsverbot** vor. Die Aufwandsrückstellungen des § 249 Abs. 2 HGB finden ebenfalls gem. R 5.7 Abs. 2 EStR keine steuerrechtliche Anerkennung. Insofern folgt das Steuerrecht einer Bilanzauffassung, nach der mit Ausnahme der beiden o. g. handelsrechtlichen Passivierungsgebote eine Rückstellungsbildung lediglich für **Außenverpflichtungen** in Betracht kommt.

Der unter rechnungslegungspolitischen Zielsetzungen betrachtete umfangreiche handelsrechtliche Wahlrechtskatalog im Rahmen der Aufwandsrückstellungen gem. § 249 Abs. 1 und Abs. 2 HGB besteht nach IAS 37 nicht. In IAS 37.14 wird als Tatbestand für die Bildung einer Rückstellung vorausgesetzt, dass zum Stichtag eine **gegenwärtige rechtliche oder faktische Außenverpflichtung** vorliegt, die aus einem vergangenen Ereignis resultiert, einen wahrscheinlichen zukünftigen Abfluss von Ressourcen generiert und die eine verlässliche Schätzung der Rückstellungshöhe gewährleistet.[1576] Die Anwendungsvoraussetzungen für die Bildung einer Rückstellung nach den IFRS werden im Schrifttum als »störend unbestimmt«[1577] kritisiert. Gem. IAS 37.20 muss die Verpflichtung gegenüber einer unternehmensexternen Partei bestehen.[1578] Aufwandsrückstellungen stellen jedoch nach h. M. reine Innenverpflichtungen des Unternehmens dar. Daher wird eine Einordnung unter den Verbindlichkeiten **(Liabilities)**[1579] und eine Passivierungsfähigkeit dieser Aufwendungen als Rückstellung gem. IAS 37.63 generell abgelehnt.[1580] Der vorliegende **Exposure Draft (ED) 37** sieht allerdings vor, den Begriff Rückstellungen durch den Terminus der nicht finanziellen Verbindlichkeiten **(Non Financial Liabilites)** zu ersetzen. Dies impliziert eine künftige Ausweitung der passivierungspflichtigen Sachverhalte.[1581]

Im Rahmen der Aufwandsrückstellungen besteht für die handelsrechtliche Bilanzierung ein größerer Aktionsraum, da die IFRS keine Innenverpflichtungen des Unternehmens anerkennen und ein Ansatz derartiger Verpflichtungen als Rückstellung unterbleiben muss. Allerdings bieten die IFRS im Rahmen der Bildung von **Restrukturierungsrückstellungen** ein vergleichsweise höheres Gestaltungspotenzial. Darüber hinaus ist zu untersuchen, ob die IFRS andere Rückstellungsarten bzw. Bewertungsverfahren zulassen, die als **Substitut** für die handelsrechtliche Aufwandsrückstellung des § 249 Abs. 2 HGB heranzuziehen sind.[1582] Neben der Möglichkeit der Bildung von **Restrukturierungs- und Rekultivierungsrückstellungen** nach IAS 37.10 stellt der nach IAS 16 zwingend zu befolgende **Component Approach** bei der Abschreibung des Sachanlagevermögens ein vergleichbares Mittel dar, um vorzeitig Aufwendungen des Unternehmens zu berücksichtigen. Die vorgesehene Aufteilung der Anschaffungs-/Herstellungskosten der Vermögenswerte auf ihre **Einzelkomponenten** und die individuelle Schätzung der jeweiligen Restnutzungsdauer führt dabei aber nicht zwingend zu einer Steigerung des Informationswertes für die externen Adressaten der Rechnungslegung.

---

1576   Vgl. IAS 37.15 i. V. m. IAS 37.23 und IAS 37.25 sowie hierzu im Einzelnen *Haaker* 2005, S. 9; *Peemöller/ Faul/Schroff* 2004, S. 572. Weiterführend zu den Passivierungsvoraussetzungen äußern sich u. a. *Focken/ Schaefer* 2004, S. 2346; *Marten/Weiser* 2004, S. 45.

1577   Vgl. *Moxter* 1999a, S. 524.

1578   Vgl. auch *Dechant* 2004, S. 1606; *Lachnit* 2003, S. 168.

1579   Vgl. *Burger/Fröhlich/Ulbrich* 2004, S. 363; *Happe* 2002, S. 366.

1580   Vgl. *Focken/Schaefer* 2004, S. 2345; *Marten/Weiser* 2004, S. 45; *Streim/Esser* 2003a, S. 741.

1581   Vgl. hierzu im Einzelnen *Zülch/Fischer* 2005, S. 1055 f.

1582   Vgl. ausführlich *Steiner* 2004, S. 786 sowie zum Komponentenansatz *Beck* 2004, S. 590.

# G.     Zusammenfassung wesentlicher Unterschiede

Der direkte Vergleich der handelsrechtlichen Normen mit den IFRS-Regelungen führt zu einem erhöhten materiellen rechnungslegungspolitischen Aktionsraum im Handelsrecht, da das Handelsgesetzbuch **explizite Bilanzierungswahlrechte** vorsieht, die der IFRS-Rechnungslegung überwiegend fremd sind.[1583] Zu nennen sind z. B. das handelsrechtliche Aktivierungswahlrecht für Ingangsetzungs- und Erweiterungsaufwendungen oder das Passivierungswahlrecht für Aufwandsrückstellungen. Diese handelsrechtlichen Wahlrechte können zum einen als materielle bilanzpolitische Gestaltungsparameter des Managements gesehen werden, um je nach individueller wirtschaftlicher Lage des Unternehmens und unternehmenspolitischer Zielsetzung das Wert- und Mengengerüst des Jahresabschlusses und ggf. die Reaktionen externer Bilanzleser zu beeinflussen.[1584] Gleichzeitig leisten die gesetzlich zugelassenen Wahlrechte einen wesentlichen Beitrag zur **Kapitalerhaltung** innerhalb des Unternehmens und zur Sicherstellung der permanenten Liquidität durch die **Bildung stiller Reserven**. **Abb. 277** fasst die behandelten rechnungslegungspolitischen Gestaltungsmaßnahmen nach Handelsgesetzbuch, Einkommensteuergesetz und IFRS vergleichend zusammen.

Grundsätzlich stellen – wie anhand der o. g. Bilanzposten gezeigt werden konnte – die meisten handelsrechtlichen Ansatzwahlrechte in der internationalen Rechnungslegung Ge- oder Verbote dar.[1585] Im Zuge des zu Beginn des Jahres 2004 abgeschlossenen **Improvement Project** des *IASB* konnte eine Einschränkung bestehender Bewertungswahlrechte innerhalb der IFRS-Rechnungslegung erreicht werden, wie etwa die Abschaffung der Lifo-Methode im Rahmen der Vorratsbewertung (IAS 2.25). Besonders auffallend ist die tendenzielle Nähe der nationalen steuerrechtlichen Vorschriften zu den IFRS im Bereich der untersuchten Sachverhalte.[1586] Im Hinblick auf diese **expliziten** Wahlrechte unterliegt der rechnungslegungspolitische Aktionsraum bei Umstellung der Rechnungslegung vom Handelsrecht auf IFRS einer **deutlichen Einschränkung**.

Explizite Wahlrechte sind im Vergleich zu dem breiten handelsrechtlichen Wahlrechtskatalog in geringerem Maße anzutreffen, z. B. das Einbeziehungswahlrecht der Fremdkapitalzinsen in die Herstellungskosten im Rahmen der IFRS-Bilanzierung.[1587] Dagegen ist sowohl nach dem Handelsrecht als auch nach den IFRS-Regelungen von einem **breiten Angebot an Bewertungswahlrechten** auszugehen. Die Ausführungen haben gezeigt, dass u. a. im Bereich der Wahl eines bestimmten Abschreibungsverfahrens das Handelsgesetzbuch und die IFRS sowie in der Folgebewertung von immateriellen Vermögenswerten die IFRS unterschiedliche Bewertungsmöglichkeiten bieten.[1588]

Der **Bereich der expliziten Ansatz- und Bewertungswahlrechte** erfasst jedoch nur einen Teil des Instrumentariums der unternehmerischen materiellen Rechnungslegungspolitik. Weitaus häufiger und für die IFRS-Adressaten schwerer erkennbar sind **unscharfe Rege-**

---

1583   Vgl. *Grotherr/Jorewitz* 2001, S. 129; *Kirsch* 2003c, S. 1111; *Küting/Wohlgemuth* 2004, S. 6.
1584   Vgl. *Müller* 2003b, S. 62.
1585   Vgl. hierzu *Jödicke/Weinreis* 2004, S. 367.
1586   Vgl. *Bohl* 2004, S. 2381.
1587   Vgl. hierzu im Einzelnen *Tanski* 2004, S. 1844.
1588   Vgl. weiterführend *Schildbach* 2002b, S. 2618.

| Position | Handelsgesetzbuch | Einkommensteuergesetz | IFRS |
|---|---|---|---|
| Aktivierung von Ingang-setzungs- und Erweiter-ungsaufwendungen des Geschäftsbetriebs | Wahlrecht | Verbot | |
| Aktivierung von immateriellen Vermögensgütern | Gebot bei aktivem Erwerb, sonst Verbot | | Gebot beim Vorliegen der Aktivierungs-voraussetzungen des IAS 38.8 und 38.21 |
| Bewertung von immateriellen Vermögensgütern | Fortgeführte Anschaffungs-/Herstellungskosten | | Fortgeführte Anschaffungs-/Herstel-lungskosten oder Neu-bewertung bei aktivem Markt (Wahlrecht) |
| Forschungskosten | Aktivierungsverbot | | |
| Entwicklungskosten | Aktivierungsverbot | | Aktivierungsgebot unter Beachtung von IAS 38.57 |
| Aktivierung des derivativen Goodwill | Wahlrecht | Gebot | |
| Abschreibung des derivativen Goodwill | Planmäßige Abschreibung oder mind. 25 % ab dem Folgejahr | Lineare Abschreibung über 15 Jahre | IOA |
| (Langfristige) Auftragsfertigung | grds. CCM | | grds. SOCM |
| Umfang der Herstellungskosten | Teilkosten- oder Vollkostenansatz | Teilkostenansatz inklusive der Gemeinkosten i. S. d. § 255 Abs. 2 Satz 3 HGB oder Vollkostenansatz | Produktionsbezogener Vollkostenansatz |
| Planmäßige Abschreibung des Anlagevermögens | lineare, geometrisch-degres-sive, arithmetisch-degressive, progressive Abschreibung, Leistungsabschreibung | Lineare, geometrisch-degressive Abschreibung und Leistungsabschreibung | |
| Außerplanmäßige Abschreibungen des Anlage-vermögens bei vorüber-gehender Wertminderung | Wahlrecht | Verbot | Gebot, wenn erzielbarer Betrag geringer als Buchwert, sonst Verbot |
| Latente Steuern | Aktivierungswahlrecht/ Passivierungsgebot und Abgrenzung nach dem Timing-Konzept | Verbot | Gebot und Abgrenzung nach dem Temporary-Konzept |
| Pensionsrückstellungen | Gebot bei Neuzusagen, Wahlrecht für Altzusagen, mittelbare oder pensions-ähnliche Verpflichtungen | Gebot für Neuzusagen unter den Voraussetzungen des § 6 a EStG, Wahlrecht für Altzusagen, Verbot für mittelbare oder pensions-ähnliche Verpflichtungen | grds. Gebot bei leistungsorientierten Vertragsgestaltungen |
| Aufwandsrückstellungen | Gebot für Rückstellungen i. S. d. § 249 Abs. 1 Nr. 1 HGB, Wahlrecht i. S. d. § 249 Abs. 1 Satz 3 und § 249 Abs. 2 HGB | Gebot für Rückstellungen i. S. d. § 249 Abs. 1 Nr. 1 HGB, Verbot i. S. d. § 249 Abs. 1 Satz 3 und Abs. 2 HGB | Generelles Verbot (Ausnahme: Restrukturie-rungsrückstellungen) |

Abb. 277: Bilanzierung und Bewertung nach Handelsgesetzbuch, Einkommensteuergesetz und IFRS im Vergleich

**lungen,**[1589] die sich **implizit**[1590] aus den Rechnungslegungsvorschriften ergeben und an subjektive Entscheidungen der Rechnungslegenden anknüpfen. Ein Beispiel hierfür stellen die Aktivierungsvoraussetzungen des IAS 38.57 dar.[1591] Sie sind geprägt durch eine mangelnde Konkretisierung der IFRS, müssen durch das Management ausgelegt werden und sind deshalb rechnungslegungspolitisch zu nutzen.[1592] Wie die Betrachtungen gezeigt haben, knüpfen sowohl die nationalen als auch die internationalen Vorschriften zur Bilanzierung und Bewertung an **Ermessensentscheidungen** und Auslegungen der Unternehmensleitung an, die sich auf die Abbildung wirtschaftlicher Sachverhalte im Jahres- bzw. Einzelabschluss beziehen. Gleichwohl ist von einem größeren Gewicht der subjektiven Bewertungen innerhalb der IFRS auszugehen,[1593] so dass diese **verdeckten Wahlrechte**[1594] ein wesentliches Charakteristikum der IFRS darstellen.[1595] Diese liegen u. a. im Bereich der Abgrenzung von Entwicklungskosten, im Ansatz aktiver latenter Steuern und in der langfristigen Auftragsfertigung.[1596]

Weiterhin wurde herausgestellt, dass vor allem die Fair Value-Bewertung nach den IFRS in weitaus **höherem Maße zu ermessensabhängigen Bilanzansätzen** führt als das handelsrechtlich dominante Anschaffungskostenprinzip. Insofern besteht in der IFRS-Rechnungslegung für die Adressaten ein erhöhtes Risiko, dass das Management die Bewertung zum beizulegenden Zeitwert als Mittel zur zielgerichteten Bilanzgestaltung einsetzt und sich weitgehend vor einer späteren Aufdeckung durch externe Rechnungslegungsanalysten sicher sein kann.[1597] Für die **Rechnungslegungsanalyse** ergeben sich insofern neue Herausforderungen, als dass diese verdeckten Wahlrechte nach den IFRS weitaus schwerer erkennbar sind als die gesetzlich verankerten handelsrechtlichen Spielräume und einer objektiven und entscheidungsunterstützenden Auswertung rechnungslegungspolitischer Informationen im Wege stehen.[1598]

Für das Management besteht demgegenüber die Möglichkeit, die z. T. fehlenden Präzisierungen der IFRS als materielles rechnungslegungspolitisches Mittel zu nutzen, um zielgerichtet auf die von Externen durchgeführte Rechnungslegungsanalyse im Hinblick auf die Steuerung von Kennzahlen Einfluss zu nehmen und die Adressaten zu unternehmenszielkonformen Reaktionen zu bewegen. Der häufig zitierten These, dass die IFRS-Rechnungslegung ein geringes Gestaltungspotenzial aufweist[1599], kann nicht gefolgt werden. Stattdessen ist davon auszugehen, dass die IFRS insgesamt sogar ein größeres rechnungslegungspolitisches Potenzial beinhalten als die handelsrechtlichen Regelungen, das sich auf die Nutzung verdeckter und impliziter Wahlrechte bezieht.

---

1589   Vgl. *Tanski* 2003, S. 14; *Tanski* 2004, S. 1847.
1590   Vgl. ausführlich zu impliziten Wahlrechten *Schildbach* 2002b, S. 2607 und *Steiner/Gross* 2004, S. 558.
1591   Vgl. *Küting/Wohlgemuth* 2004, S. 6.
1592   Vgl. *AKBH* 2002, S. 2374; *Möhlmann-Mahlau/Gerken/Grotheer* 2004a, S. 858.
1593   Vgl. auch *Kahle* 2003a, S. 266; *Löhr* 2003, S. 648; *Mandler* 2003a, S. 146.
1594   Vgl. *Kirsch* 2004b, S. 1020; *Küting/Wohlgemuth* 2004, S. 6.
1595   Vgl. *Kirsch* 2003c, S. 1116; *Schildbach* 2002a, S. 265.
1596   Vgl. hierzu weiterführend *Löhr* 2003, S. 648.
1597   Zu einer ähnlichen Einschätzung gelangen auch *Hoffmann/Lüdenbach* 2002, S. 877; *Küting/Wohlgemuth* 2004, S. 18.
1598   Vgl. *Küting/Wohlgemuth* 2004, S. 19.
1599   Diese Einschätzung teilen ebenfalls u. a. *Hahn* 2004, S. 20; *Kirsch* 2003c, S. 1111; *Vater* 2002a, S. 2099.

# IV. Vorteilhaftigkeitsanalyse einer IFRS-Umstellung unter besonderer Berücksichtigung kleiner und mittelständischer Unternehmen

## A. Vergleichbarkeit der Rechnungslegungsinformationen

Das BilReG führt zu einer **Zweiteilung** der künftigen Rechnungslegung in Deutschland. Auf Konzernebene wird allen Unternehmen seit dem 01. 01. 2005 eine einheitliche IFRS-Rechnungslegung auferlegt bzw. gestattet. Der IFRS-**Konzernabschluss** tritt neben den bisherigen handelsrechtlichen Konzernabschluss, sofern die betreffenden Muttergesellschaften nicht schon freiwillig seit dem Inkrafttreten des KapAEG für Geschäftsjahre ab dem 01. 01. 1999 ihre Rechnungslegung auf der Grundlage des am 31. 12. 2004 ausgelaufenen § 292 a HGB auf internationale Standards umgestellt haben. Auf Ebene des **Jahresabschlusses** bleibt es bei der obligatorischen Rechnungslegung nach den handelsrechtlichen Vorschriften, wenngleich ein **freiwilliger IFRS-Einzelabschluss** aufgestellt und offen gelegt werden kann. Das BilReG verdeutlicht, dass an der handelsrechtlichen Bilanzierung de lege ferenda festgehalten wird und der IFRS-Einzelabschluss den handelsrechtlichen Jahresabschluss nicht vollständig ersetzt.[1600]

Die Pflichtanwendung der IFRS für kapitalmarktorientierte EU-Mutterunternehmen im Konzernabschluss ist insofern sinnvoll, als eine internationale Vergleichbarkeit der Abschlüsse hergestellt und die Wettbewerbsfähigkeit der betreffenden Unternehmen gesichert wird. Ungeachtet dieses Vorteils darf nicht unberücksichtigt bleiben, dass die *SEC* immer noch nicht einen IFRS-Abschluss als Voraussetzung für eine Notierung an der *NYSE* akzeptiert. Da die New Yorker Börse eine der wichtigsten Handelsplätze der Welt ist, stellt sich dieser Umstand immer noch als elementarer Nachteil für nach IFRS bilanzierende Unternehmen dar, die zumindest zur Aufstellung einer **Überleitungsrechnung** nach US-GAAP gezwungen werden. Obwohl eine vollständige Akzeptanz der IFRS infolge des Konvergenzprozesses der IFRS an die US-GAAP in Aussicht steht, ist gegenwärtig weiterhin eine Überleitungsrechnung oder ein kompletter US-GAAP-Abschluss der nach IFRS bilanzierenden Unternehmen zur Notierung an der *NYSE* erforderlich.[1601]

Die Ausgestaltung der IFRS-Anwendung für den **Konzernabschluss** als **Wahlrecht** für **nicht kapitalmarktorientierte Unternehmen** stellt eine ausgewogene Entscheidung des deutschen Gesetzgebers dar.[1602] Einerseits soll kleineren Konzernen, deren Muttergesellschaften z. B. einen Börsengang planen, die Möglichkeit eröffnet werden, nach IFRS Rechnung zu legen.[1603] Andererseits soll die vorgesehene fakultative Regelung eine Art **Schutzfunktion** für diejenigen Unternehmen entfalten, die von einem Übergang auf die IFRS keine wesentlichen Nutzenvorteile erwarten. Regelmäßig betrifft dies **eigentümergeführte kleine und mittelständische Unternehmen (KMU)**, die ihre Finanzierung nicht im Ausland oder

---

1600  Vgl. *Pottgießer* 2004, S. 172.
1601  Vgl. *Nicolaisen* 2004, S. 480.
1602  Vgl. ebenfalls *AKBH* 2004, S. 546 sowie *Freidank* 2003a, S. 8.
1603  Vgl. auch *Pottgießer* 2004, S. 169.

an internationalen Börsen vornehmen, sondern sich auf die Fremdfinanzierung durch die heimische Hausbank konzentrieren.[1604]

Diejenigen Unternehmen, die entweder ab dem 01. 01. 2005 den Konzernabschluss ohnehin nach IFRS auf- bzw. ihre Rechnungslegung freiwillig umstellen, würden von einer IFRS-Anwendung im Einzelabschluss zweifellos profitieren, da dann der Zwang, eine gesonderte **Handelsbilanz II** für Zwecke der Konsolidierung nach IFRS zu erstellen, nicht mehr besteht.[1605] Hierdurch können die Kosten der Konzernabschlusserstellung durch eine einheitliche Rechnungslegung im Konzern- und Einzelabschluss reduziert werden.[1606] Zudem dürfte es sich sowohl aus Sicht der internen Konzernsteuerung als auch des externen Reportings als problematisch erweisen, wenn für die Informationsvermittlung im Jahresabschluss andere Normen angewendet werden würden (HGB) als im Konzernabschluss (IFRS).

Bei der Frage, ob ein IFRS-Einzelabschluss den handelsrechtlichen Jahresabschluss – entgegen den Regelungen des BilReG – hätte ersetzen sollen, spielen zwei wesentliche Aspekte eine Rolle, welche die **Steuer- und die Ausschüttungsbemessung** betreffen. So kann der IFRS-Einzelabschluss nicht die **Multifunktionalität** des handelsrechtlichen Jahresabschlusses erfüllen. Zum einen bestehen aus steuerrechtlicher Sicht Einwände gegen eine Maßgeblichkeit der IFRS für die nationale Steuerbemessung. Die h. M. hält es aus verfassungsrechtlichem Blickwinkel für unvereinbar, den Anknüpfungspunkt für die Steuereinnahmen des Fiskus in die Hände eines privatrechtlich organisierten Gremiums zu legen, das weitestgehend unabhängig vom nationalen Gesetzgeber bestehende Standards ändert und neue Standards erlässt.[1607] Das vorgeschaltete EU-Endorsement der zu übernehmenden IFRS durch die *EU-Kommission* stellt einen unzureichenden Filter dar, da sich die Entscheidungen des *ARC* primär am Gemeinschaftsgedanken der EU orientieren und nationale Interessen weitgehend unberücksichtigt lassen.

Das alleinige Ziel der Steuerbilanz ist ein möglichst objektivierbarer periodengerechter Ergebnisausweis, der den systemtragenden Grundsätzen der deutschen Verfassung entspricht. Die Übernahme der IFRS-Regelungen in § 5 Abs. 1 Satz 1 EStG würde eine Besteuerung unrealisierter Gewinne und eine Aushöhlung des Kapitalerhaltungsprinzips durch ein erhöhtes Besteuerungspotenzial mit sich bringen, wodurch die den Gläubigern haftende Unternehmenssubstanz angegriffen wird.[1608] Der IFRS-Einzelabschluss ist nach h. M. als **Maßstab für Ausschüttungen** gänzlich ungeeignet, weil die IFRS nicht den Gläubigerschutzgedanken im Vordergrund sehen und alternative Lösungsansätze, z. B. die Ausschüttung nach der Durchführung eines **Solvency Test** und kreditvertragliche Vereinbarungen **(Covenants)**, kein dem deutschen Handelsrecht vergleichbares Schutzsystem repräsentieren.[1609]

Es stellt sich jedoch in diesem Zusammenhang die grundlegende Frage, welche **Motive** Unternehmen, die von den Mitgliedstaatenwahlrechten der EU-IAS-Verordnung betroffen sind, haben können, trotz der gezeigten Defizite einen zusätzlichen IFRS-Einzelabschluss aufzustellen. In empirischen Untersuchungen wurde nach Entscheidungskriterien gesucht, die das Management heranziehen, die handelsrechtliche Rechnungslegung auf IFRS um-

---

1604   Vgl. *Böcking/Herold/Müßig* 2004a, S. 670.
1605   Vgl. auch *Böcking/Herold/Müßig* 2004a, S. 671; *Marten/Weiser* 2004, S. 38.
1606   Vgl. *Möhlmann-Mahlau/Gerken/Grotheer* 2004b, S. 923.
1607   Vgl. *Herzig/Gellrich/Jensen-Nissen* 2004, S. 554.
1608   Vgl. *Rammert* 2004, S. 591.
1609   Vgl. *Breker* 2004, S. 7; *Wiechers* 2002, S. 1139.

zustellen.[1610] Es sind dabei diejenigen Unternehmen ausgeklammert worden, die ab dem 01.01.2005 verpflichtend im Konzernabschluss nach den IFRS Rechnung legen. In diesem Zusammenhang konnten folgende Gründe für eine IFRS-Umstellung festgestellt werden:[1611]

- Kostenrechnerische Gesichtspunkte hinsichtlich einer **Konvergenz des in- und externen Rechnungswesens,** die vor allem eine effizientere Gestaltung interner Prozesse oder die Nutzung EDV-technischer Vorteile ermöglichen;
- Stärkung der Stellung gegenüber Kreditinstituten im Hinblick auf das Ratingurteil im Zuge von **Basel II;**
- Bereitstellung entscheidungsrelevanter Informationen **(Decision Usefulness).**

Diese Motive für das parallele Erstellen eines informationsorientierten IFRS-Einzelabschlusses neben einem handelsrechtlichen Jahresabschluss, der primär Ausschüttungs- und Besteuerungszwecken dient, werden im Folgenden im Einzelnen untersucht.

## B.    Kosten- und Nutzenaspekte

Vielfach wird der immense Aufwand unterschätzt, den eine erstmalige Aufstellung eines IFRS-Abschlusses erfordert.[1612] Die Umstellung der Rechnungslegung von den traditionellen handelsrechtlichen Normen auf die IFRS gestaltet sich als eine in höchstem Maße anspruchsvolle Aufgabe.[1613] Eine besondere Belastung stellen die im Vergleich zum Handelsgesetzbuch weitaus **umfangreicheren Anhangangaben** der IFRS dar. Da eine IFRS-Bilanzierung z. T. bereits in grundlegenden Fragen und Prinzipien erheblich von den handelsrechtlichen Vorschriften abweicht, wird in einigen Unternehmensbereichen die **Schaffung gänzlich neuer Geschäftsabläufe** erforderlich.[1614] Dies dürfte vor allem für die Bewertung und Klassifizierung von Finanzinstrumenten, die Abgrenzung von Forschungs- und Entwicklungskosten, die Behandlung latenter Steuern sowie für die SOCM bei der langfristigen Auftragsfertigung gelten. In bestimmten Branchen, in denen die langfristige Auftragsfertigung zum Basisgeschäft gehört, z. B. bei Bauunternehmen und Werften, bringt die Erstellung eines IFRS-Einzelabschlusses einschneidende Veränderungen im Rechnungswesen mit sich, um den Anforderungen der internationalen Standards Rechnung zu tragen.

Auf die betreffenden Unternehmen kommt insofern ein nicht zu unterschätzendes **Ressourcen- und Kostenproblem** zu.[1615] Es beginnt bereits bei der IFRS-Einweisung der Mitarbeiter der Buchhaltung. Für eine korrekte Anwendung der Standards ist ein solider Kenntnisstand des umfangreichen Grundwerks erforderlich;[1616] hieran mangelt

---

1610    Vgl. *Köhler et al.* 2003, S. 2615 und weiterführend auch *Carstensen/Leibfried* 2004, S. 865.
1611    Vgl. *Carstensen/Leibfried* 2004, S. 865 sowie *Köhler et al.* 2003, S. 2617.
1612    Vgl. ausführlich zu den kostentechnischen Nachteilen einer erstmaligen IFRS-Bilanzierung *Küting* 2004c, S. 684; *Mandler* 2003a, S. 146.
1613    Vgl. hierzu stellvertretend *Winkeljohann/Ull* 2004, S. 432. Eine moderatere Sicht vertreten *Böcking/Herold/Müßig* 2004a, S. 667.
1614    Vgl. *Bruns/Horváth* 2004, S. 648.
1615    Vgl. *Ballwieser* 2004, S. 22; *Köhler et al.* 2003, S. 2620; *Zeimes* 2002, S. 1635. Die Umstellungskosten der IFRS-Implementierung werden im Schrifttum auf bis zu 500 T € geschätzt. Vgl. *Hannich* 2004, S. 801. Nicht einbezogen werden vielfach die Folgekosten der Umstellung auf die IFRS-Rechnungslegung.
1616    Vgl. *Carstensen/Leibfried* 2004, S. 869; *Pellens/Neuhaus/Richard* 2004, S. 12; *Zeimes* 2002, S. 1635.

es vor allem in vielen kleinen und mittelständischen Gesellschaften. Zudem erschwert der Aufbau, die **Komplexität der Regelungen** und die fehlende Übersichtlichkeit die praktische Arbeit mit den IFRS.[1617] Im Vergleich zu der Fülle an Einzelvorschriften, die die IFRS zu einem ca. 2500 Seiten[1618] starken Grundwerk haben anwachsen lassen, erscheinen die 80 Seiten des Dritten Buches des Handelsgesetzbuches wie eine »Fußnote« der IFRS.

Was erschwerend hinzukommt, ist der **kontinuierliche Überarbeitungs- und Modernisierungsprozess** der IFRS.[1619] Im Gegensatz zu dem meist schwerfälligeren nationalen Gesetzgebungsverfahren, dem das Handelsrecht unterliegt, zeichnen sich die IFRS durch eine **höhere Flexibilität** und eine **geringere Halbwertzeit** aus. So konnte im Jahre 2004 beobachtet werden, dass ein kompletter Standard wie der IAS 22 vollständig außer Kraft gesetzt und durch den IFRS 3 ersetzt worden ist. Zudem wurde im Dezember 2003 bis März 2004 ein Viertel der gesamten Standards infolge des **Improvement Project** überarbeitet. Es ist daher wenig hilfreich, die Mitarbeiter des betrieblichen Rechnungswesens in einem einmaligen Einführungsseminar mit den derzeit anzuwendenden IFRS vertraut zu machen.[1620] Es bedarf vielmehr einer kontinuierlichen und detaillierten Fortbildung[1621] im Zuge künftiger Überarbeitungsprojekte und Neufassungen der Standards durch das *IASB*.

Der hauptsächliche **Kostenfaktor** liegt jedoch in einer künftigen zweifachen Rechnungslegung nach IFRS und Handelsrecht bei positiver Ausübung des Unternehmenswahlrechts.[1622] Im Gegensatz zur Konzernrechnungslegung, die durch einen Ersatz des handelsrechtlichen Konzernabschlusses durch einen IFRS-Abschluss gekennzeichnet ist, bleiben die Kosten der Erstellung eines handelsrechtlichen Jahresabschlusses erhalten. Es entstehen dem Unternehmen durch die freiwillige IFRS-Rechnungslegung nunmehr zusätzliche Kosten, die lediglich dann einen Vorteil mit sich bringen, wenn der Nutzenzuwachs durch den informatorischen IFRS-Abschluss die Kosten der doppelten Rechnungslegung kompensiert.[1623]

Im **ungünstigsten Fall** wird in Zukunft mit sechs Abschlüssen für ein IFRS-bilanzierendes Konzernunternehmen gerechnet.[1624] So muss ein international operierendes EU-Konzernunternehmen mit Listing an der *NYSE* den geforderten IFRS-Konzernabschluss für Deutschland, den US-GAAP-Abschluss für die *SEC*, einen (freiwilligen) IFRS-Einzelabschluss für Informationszwecke, den verpflichtenden handelsrechtlichen Jahresabschluss für Ausschüttung und Besteuerung, eine abgekoppelte Steuerbilanz für die Steuererklärung und eine **Steuerungsrechnung für das Controlling** erstellen.[1625] Als zusätzliche Multiplikatoren kommen die unterjährig geforderten **Zwischenberichte** und die nach den IFRS zu trennenden Segmente hinzu. Basierend auf einer Kosten-Nutzen-Analyse stellt

---

1617  Vgl. weiterführend u. a. *Ballwieser* 2004, S. 15; *Ull* 2004, S. 390.
1618  Vgl. *Pellens/Neuhaus/Richard* 2004, S. 12.
1619  Vgl. *Heiden* 2004, S. 54; *Küting* 2004d, S. 3; *Trimborn* 2004, S. 22.
1620  Vgl. *Carstensen/Leibfried* 2004, S. 867.
1621  Vgl. *Von Keitz/Stibi* 2004, S. 427; *Wiechers* 2002, S. 1140.
1622  Vgl. *Trimborn* 2004, S. 22.
1623  Vgl. allgemein zur Kosten-Nutzen-Analyse bei der Umstellung auf IFRS *Köhler et al.* 2003, S. 2621; *Niehues* 2001, S. 1222.
1624  Vgl. *Heiden* 2004, S. 54.
1625  Vgl. *Küting* 2004b, S. 1. Vgl. hierzu im Einzelnen auch *Möhlmann-Mahlau/Gerken/Grotheer* 2004b, S. 925; A.A sind *Böcking/Herold/Müßig*, die für den Mittelstand statt sechs nur drei Abschlüsse prognostizieren und Befürchtungen im Schrifttum relativieren. Vgl. *Böcking/Herold/Müßig* 2004a, S. 672.

sich die vielfach propagierte Vorteilhaftigkeit einer IFRS-Rechnungslegung als problematisch dar.[1626]

Ein erheblicher Zeit- und Arbeitsaufwand entsteht ferner für die Mitarbeiter in Form von Schulungen.[1627] Die IFRS bringen neuartige Geschäftsvorfälle, z. B. im Rahmen der selbsterstellten immateriellen Vermögenswerte des Anlagevermögens, mit sich, erfordern eine unterschiedliche Gliederung von Arbeitsprozessen und neue Rechenwerke, wie die verpflichtende **Segmentberichterstattung** und die **Kapitalflussrechnung**.[1628] Vor allen Dingen die KMU stehen völlig veränderten Publizitätsanforderungen gegenüber, da die verstärkt auf das Informationsbedürfnis der Kapitalmarktteilnehmer ausgerichteten und von der *EU-Kommission* übernommenen IFRS gem. § 315 a Abs. 1 i. V. m. § 325 Abs. 2 a Satz 1 HGB **vollständig** von den Unternehmen zu befolgen sind.[1629]

Die im Schrifttum derzeitig am intensivsten geführte Diskussion behandelt die Übernahme der IFRS durch **nicht kapitalmarktorientierte KMU**,[1630] da für diese Unternehmen Kostengesichtspunkte bei einer Entscheidung für die internationale Rechnungslegung am stärksten ins Gewicht fallen.[1631] Traditionell richten Unternehmen im Mittelstand die handelsrechtliche Bilanzierung stark an **steuerrechtlichen Erwägungen** aus.[1632] In der Vergangenheit sind sie daher tendenziell nicht daran interessiert gewesen, der Dokumentations- und Informationsfunktion des handelsrechtlichen Jahresabschlusses eine Vorrangstellung einzuräumen.[1633] Trotz der Tatsache, dass die Einheitsbilanzierung[1634] durch zahlreiche Durchbrechungen des Maßgeblichkeitsprinzips faktisch aufgehoben wurde, ist die handelsrechtliche Rechnungslegung von KMU doch durch eine Nähe zu den steuerrechtlichen Vorschriften geprägt.

KMU zeichnen sich häufig dadurch aus, dass sie ihre **Finanzierung regelmäßig über die heimische Hausbank** vornehmen.[1635] Von der Möglichkeit, einen organisierten Kapitalmarkt in Anspruch zu nehmen, wird vor allen Dingen bei **eigentümergeführten Unternehmen** nur selten Gebrauch gemacht.[1636] Insofern ist das Bestreben der Unternehmensleitung nach erhöhter Transparenz des Einzelabschlusses zur Informationsversorgung der Öffentlichkeit als gering einzustufen. Allerdings erwachsen deutschen Einzelunternehmen und Personengesellschaften derzeit durch eine handelsrechtliche Rechnungslegung keine gravierenden Nachteile im Rahmen ihrer Kapitalsuche.[1637] In der Vergangenheit hat die Geschäftsführung aus Kosten- und Konkurrenzgründen nicht selten eine **Strategie der »Publizitätsverweigerung«** verfolgt.[1638]

---

1626  Vgl. *Heiden* 2004, S. 55.
1627  Vgl. *Buchholz* 2002, S. 1281; *Peemöller/Spanier/Weller* 2002, S. 1802.
1628  Vgl. *Wiechers* 2002, S. 1139.
1629  Vgl. *Ull* 2004, S. 391.
1630  Vgl. stellvertretend *Kümpel* 2004, S. 240; *Schildbach* 2003a, S. 1078.
1631  Vgl. *Mandler* 2004, S. 103; *Schildbach* 2002a, S. 269.
1632  Dieser Ansicht folgt auch der Gesetzgeber in seiner Begründung zum BilReG. Vgl. BilReG-BegrRegE, S. 8 und weiterführend *Gabriel/Ernst* 2004, S. 107.
1633  Vgl. *Dallmann/Ull* 2004, S. 322.
1634  Vgl. *Ballwieser* 2004, S. 15; *Freidank* 1998a, S. 108; *Mandler* 2003a, S. 146; *Mandler* 2003d, S. 681; *Mandler* 2004, S. 40.
1635  Vgl. *Grotherr/Jorewitz* 2001, S. 129; *Hommel/Schneider* 2004, S. 577; *Von Keitz/Stibi* 2004, S. 426.
1636  Vgl. *Freidank* 2003a, S. 9; *Hommel/Schneider* 2004, S. 577.
1637  Vgl. *Grotherr* 2003, S. 252 sowie weiterführend *Dallmann/Ull* 2004, S. 323; *Mandler* 2003a, S. 149.
1638  Vgl. *Mandler* 2004, S. 39; *Mandler* 2003d, S. 682. Die IFRS-Rechnungslegung ist dagegen als direkter Gegenpol zur mittelständischen Bilanzierungstradition zu verstehen. Vgl. *Ernst* 2002a, S. 170. *Küting* warnt in seinen Saarbrücker Thesen vor einer Adaption der IFRS im Mittelstand. Er argumentiert u. a. mit den erörterten kostentechnischen Gesichtspunkten und bezeichnet die geltenden IFRS als »Gift für den Mittelstand«, so

Empirischen Befragungen zur Folge stehen kleinere mittelständische Unternehmen den IFRS (noch) ablehnend gegenüber.[1639] Von der Möglichkeit, einen **Doppelabschluss** aufzustellen, macht diese Gruppe kurz- und mittelfristig i. d. R. äußerst geringen Gebrauch.[1640] Sie präferiert einen multifunktionalen handelsrechtlichen Jahresabschluss für die Ausschüttungs- und Steuerbemessung sowie für Informationszwecke, auch wenn dies de facto durch das StEntlG erschwert worden ist. Größere mittelständische Unternehmen stehen den IFRS aufgeschlossener gegenüber, da für sie die Publizität des Jahresabschlusses eine weitaus größere Rolle spielt und sie i. d. R. über mehr grenzüberschreitende Geschäftsbeziehungen verfügen.[1641]

Eine freiwillige IFRS-Umstellung der KMU ist nicht zuletzt aufgrund der abweichenden Informationsbedürfnisse der Abschlussadressaten im Vergleich zu den kapitalmarktorientierten Unternehmen mit erheblichen Kostenanstrengungen verbunden.[1642] Da in der öffentlichen Diskussion dieser Zustand heftig kritisiert wird, plant das *IASB* für die in Rede stehende Unternehmensgruppe spezifische IFRS, sog. **IFRS for SME (Small and Medium Sized Entities)**,[1643] die sich u. a. an den bereits existierenden **Financial Reporting Standards for Smaller Entities (FRSSE)** aus Großbritannien orientieren.[1644] Die Frage, welche Unternehmen in die Kategorie der SME fallen, wird sich nach den Plänen des *IASB* nicht nach der Größe der Gesellschaft beantworten lassen. Vielmehr soll jenen Unternehmen ein **Wahlrecht** zur Anwendung der IFRS for SME zuerkannt werden, die **keiner öffentlichen Rechenschaftspflicht** unterliegen. Dies wird unterstellt, wenn die Art der Geschäftstätigkeit keine herausragende volkswirtschaftliche Rolle spielt und keine heterogene Bilanzadressatengruppe auf die Informationsbereitstellung durch den Jahresabschluss angewiesen ist. Daher sind die Begriffe KMU und SME nicht deckungsgleich zu verwenden. Die IFRS for SME sollen eine verkürzte Version der Grundstandards darstellen und primär durch **geringere Offenlegungsanforderungen** gekennzeichnet sein,[1645] vor allen Dingen durch Erleichterungen im Rahmen der geforderten **Anhangangaben**.[1646] Eine Modifizierung der Ansatz- und Bewertungsvorschriften der IFRS wird vom *IASB* hingegen grds. **nicht** angestrebt.[1647] Nach der Verabschiedung dieser IFRS for SME durch das *IASB* ist zu erwarten, dass für KMU der Anreiz steigen könnte, sich durch einen zusätzlichen IFRS-Einzelabschluss mit vertretbaren Kosten international zu präsentieren.[1648] Es stellt sich jedoch weiterhin die

---

*Küting* 2004c, S. 685; a. A. *Böcking* 2004d, S. 22. Im Schrifttum wird angeführt, dass sich für die Mehrheit der mittelständischen Unternehmen eine IFRS-Bilanzierung nicht rentiert, da aufgrund der fehlenden Inanspruchnahme internationaler Kapitalmärkte eine Rechnungslegung nach dem Handelsgesetzbuch einfacher und kostengünstiger durchführbar ist und sich der Mittelstand somit einen zweiten Rechnungslegungsstandard ersparen kann. Vgl. *Kahle* 2003a, S. 273.

1639   Vgl. *Mandler* 2003a, S. 145; *Mandler* 2003b, S. 453; *Mandler* 2004, S. 41. Vereinzelt werden die IFRS als »Mittelstandsschreck« tituliert, da sie aufgrund der strengeren Offenlegungsanforderungen bei mittelständischen Unternehmen i. d. R. eine »abschreckende Wirkung« entfalten. Vgl. *Lüdenbach/Hoffmann* 2002a, S. 234. Ein abweichendes Ergebnis liefert die Untersuchung bei *Von Keitz/Stibi*, die von einem erhöhten Interesse des Mittelstandes an einer IFRS-Rechnungslegung ausgeht. Vgl. *Von Keitz/Stibi* 2004, S. 425.

1640   Vgl. *Jödicke/Weinreis* 2004, S. 369.

1641   Vgl. *Mandler* 2004, S. 41; *Mandler* 2003b, S. 453; *Mandler* 2003c, S. 584.

1642   Vgl. *Haller/Eierle* 2004, S. 1838; *Schildbach* 2002a, S. 276.

1643   Das IASB hat am 04. 08. 2006 eine Arbeitsversion (Staff Draft) eines ED IFRS for SME vorgelegt. Vgl. hierzu im Einzelnen *Beiersdorf/Davis* 2006, S. 989 f.

1644   Vgl. *Eierle* 2004, S. 987; *Haller/Eierle* 2004, S. 1839.

1645   Vgl. *Jödicke/Weinreis* 2004, S. 367; *Winkeljohann/Ull* 2004, S. 431.

1646   Vgl. *Dallmann/Ull* 2004, S. 326; *Haller/Eierle* 2004, S. 1840; *Ull* 2004, S. 392.

1647   Vgl. *Lüdenbach/Hoffmann* 2004c, S. 606.

1648   Vgl. *Böcking/Herold/Müßig* 2004b, S. 791. *Lüdenbach/Hoffmann* zweifeln dagegen am Erfolg der IFRS for SME, vgl. *Lüdenbach/Hoffmann* 2004c, S. 614.

Frage, ob die Vorteile aus dem freiwilligen Informationsabschluss nach IFRS für diese Unternehmen ins Gewicht fallen.[1649]

Die Entscheidung, einen IFRS-Einzelabschluss freiwillig zu erstellen, wird jedoch auch kostentechnische Vorteile mit sich bringen. Die Fertigung des rein informatorischen IFRS-Abschlusses kann zum einen als Chance genutzt werden, die unternehmensinternen **Steuerungs- und Controllingsysteme** grundlegend zu modernisieren und effizienter zu gestalten.[1650] Zum anderen trägt nach h. M. eine Rechnungslegung nach IFRS zu einer **Konvergenz zwischen internem und externem Rechnungswesen** bei.[1651] Dies bedeutet, dass für die externe Berichterstattung die gleiche Informationsbasis bereitgestellt wird wie für die interne Steuerung durch das Management.[1652]

## C.   Fremdkapitalvergabe und Basel II

Eine freiwillige IFRS-Rechnungslegung im Einzelabschluss wird vielfach mit **Basel II** in Verbindung gebracht.[1653] Nach langen Diskussionen und Modellierungen der drei Konsultationspapiere aus den Jahren 1999, 2001 und 2003 ist es im Juni 2004 zur Endfassung der **Neuen Baseler Eigenkapitalvereinbarung (Basel II)** gekommen,[1654] die durch das Gesetz zur Umsetzung der EU-Banken- und Kapitaladäquanz-Richtlinie in nationales Recht überführt wird. Das Schrifttum weist teilweise darauf hin, dass sich Unternehmen durch den Doppelabschluss nach Handelsrecht und IFRS ein **besseres Rating durch die Kreditinstitute** und damit geringe Fremdkapitalkosten erhoffen.[1655] Vielfach wird sogar die Meinung vertreten, dass Kreditinstitute die Unternehmen für eine positive Kreditvergabeentscheidung zu einem IFRS-Einzelabschluss zwingen würden.[1656] In diesem Zusammenhang wird argumentiert, dass die IFRS-Bilanzierung tendenziell zu einer stärkeren Offenlegung der wirtschaftlichen Verhältnisse, verbunden mit einem höheren Vermögensausweis,[1657] führt und sich dieser Umstand günstig auf Kreditvergabeentscheidungen durch Kreditinstitute im Zuge von Basel II auswirkt.[1658] Im besten Falle würden sich allein durch die abweichende Rechnungslegung nach den IFRS im Vergleich zum Handelsgesetzbuch niedrigere Fremdkapitalzinsen ergeben. Im Rahmen der Mittelstandsfinanzierung bietet Basel II jedoch spezifische Erleichterungsregelungen. So werden Kredite bis zu einer Höhe von einer Million Euro an Kleinunternehmen pauschal dem sog. **Retailportfolio** bei Erfüllung der **Retailkriterien** zugeordnet, woraus sich i. d. R. eine geringere Eigenkapitalunterlegung ergibt. Neben den Eigenkapitalkosten werden Risikokosten in den Mittelpunkt des Ratingverfahrens treten.

---

1649   Vgl. *Böcking* 2004d, S. 22, der eine Anwendung der IFRS im Mittelstand begrüßt und für sinnvoll hält.
1650   Vgl. *Freidank/Pottgießer* 2003, S. 891.
1651   Vgl. *Barth/Barth* 2004, S. 1; *Heiden* 2004, S. 56; *Mandler* 2003a, S. 145.
1652   Vgl. *Böcking/Herold/Müßig* 2004a, S. 671; *Bruns/Horváth* 2004, S. 647. Eine Angleichung des in- und externen Rechnungswesens ist grds. nur dann möglich, wenn auf die Verwendung eigenständiger kalkulatorischer Kostengrößen in der internen Erfolgsrechnung verzichtet wird. Vgl. hierzu ausführlich *Weißenberger* 2004, S. 72.
1653   Vgl. hierzu ausführlich *Küting/Ranker/Wohlgemuth* 2004, S. 93; *Stahl* 2004, S. 20.
1654   Vgl. *Von Keitz/Stibi* 2004, S. 426; *Sylvester* 2004, S. 90.
1655   Vgl. *Möhlmann-Mahlau/Gerken/Grotheer* 2004b, S. 924.
1656   Vgl. *Niehues* 2001, S. 742; *Peemöller/Spanier/Weller* 2002, S. 1800.
1657   Vgl. *Buchholz* 2002, S. 1281; *Carstensen/Leibfried* 2004, S. 866.
1658   Vgl. erschöpfend *Schulze-Osterloh* 2004c, S. 2569.

Allerdings ist bislang kein genereller Nachweis erbracht worden, dass der Informationsgehalt für die Zwecke des Rating nach IFRS höher ist als nach Handelsrecht, da »jedem Mehr an Zukunftsprognose ein Weniger an Objektivität entgegensteht«[1659]. Der vielfach vertretenen Auffassung, dass mit der IFRS-Umstellung unmittelbar positive Auswirkungen auf das Ratingergebnis verbunden sind, kann nicht gefolgt werden.[1660] Der *Baseler Ausschuss* spricht derzeit keinerlei Präferenz für die Anwendung eines bestimmten Rechnungslegungssystems aus. Das Handelsgesetzbuch und die IFRS stehen grds. als vollkommen gleichberechtigte Rechnungslegungsstandards im Rahmen des Ratingverfahrens einander gegenüber. Von einer allein rating-induzierten freiwilligen doppelten Rechnungslegung auf Einzelabschlussebene wird vielfach sogar abgeraten.[1661]

Eine im Jahr 2002 durchgeführte empirische Untersuchung zielte darauf ab, in Erfahrung zu bringen, welchem Rechnungslegungsstandard die Kreditinstitute in Zukunft den Vorzug geben. Die Befragung von ca. vierhundert Kreditmanagern kam zu dem Ergebnis, dass Jahresabschlüsse nach den IFRS im mittelständischen[1662] Firmenkundengeschäft (noch) eine untergeordnete Rolle spielen.[1663]

Zur Bemessung der Kreditwürdigkeit des Unternehmens ist der **Grundsatz der Kapitalerhaltung** ein ausschlaggebender Faktor, der vor allem Gläubigerinteressen berücksichtigt. Unter diesem Aspekt erscheint die starke Betonung des Vorsichtsprinzips im handelsrechtlichen Jahresabschluss als geeigneter Parameter zur Stärkung der betrieblichen Haftungsmasse, die den kurzfristigen Abfluss stiller Reserven in Form von Ausschüttungen durch unrealisierte Gewinne verhindert. Es darf insofern nicht verwundern, dass Kreditinstitute einer IFRS-Bilanzierung im Einzelabschluss (noch) kritisch gegenüberstehen.[1664] Es ist aber zu vermuten, dass sich Kreditinstitute von den betreffenden Unternehmen **künftig zwei Abschlüsse** vorlegen lassen werden:[1665]

- einen **IFRS-Einzelabschluss** zur Beurteilung der wirtschaftlichen Verhältnisse des Unternehmens (den zusätzlichen informatorischen IFRS-Einzelabschluss gem. § 325 Abs. 2 a HGB) und
- einen fortentwickelten **handelsrechtlichen Jahresabschluss** zur Beurteilung der betrieblichen Haftungsmasse.

Langfristig gesehen könnten die Kreditinstitute für ihre Ratinguntersuchungen jedoch nicht mehr getrennte Auswertungsmodelle für handelsrechtliche und IFRS-Abschlüsse vorsehen.[1666] Stattdessen würde sich aus Kosten- und Zeitaspekten eine **einheitliche Bonitätsbeurteilung** auf IFRS-Basis anbieten.[1667] Kurz- und mittelfristig gesehen bevorzugen Kreditinstitute zur Abschätzung der betrieblichen Haftungsmasse noch den nach handelsrechtlichen Vorschriften aufgestellten Jahresabschluss, wie auch in empirischen Untersu-

---

1659  *Küting/Ranker/Wohlgemuth* 2004, S. 97.
1660  Vgl. *Ballwieser* 2004, S. 14 und *Schildbach* 2003a, S. 1078.
1661  Vgl. auch *Schulze-Osterloh* 2004c, S. 2569, der von einem Misstrauen der Kreditinstitute gegenüber einem IFRS-Einzelabschluss ausgeht sowie *Schildbach* 2003a, S. 1078.
1662  Vgl. *Böcking/Herold/Müßig* 2004a, S. 669.
1663  Vgl. *Freidank/Paetzmann* 2002, S. 1787. Es ist davon auszugehen, dass Kreditinstitute auch zukünftig an der Aufrechterhaltung des Gläubigerschutzprinzips und des Vorsichtsprinzips in Deutschland interessiert sind. Vgl. *Grotherr* 2003, S. 252.
1664  Vgl. *Freidank* 2003c, S. 16.
1665  Vgl. *Freidank/Paetzmann* 2002, S. 1786 und ebenso *Freidank/Pottgießer* 2003, S. 892.
1666  Vgl. stellvertretend *Ballwieser* 2004, S. 22.
1667  Vgl. *Ballwieser* 2004, S. 14; *Dücker* 2003, S. 451; *Ruhnke/Schmidt/Seidel* 2000, S. 882.

chungen nachgewiesen wurde. Die erzielten Ergebnisse der Befragung korrespondieren mit anderen Stellungnahmen aus dem Bankensektor, wonach eine Aufgabe des handelsrechtlichen Jahresabschlusses zum jetzigen Zeitpunkt nicht sachgerecht erscheint.[1668]

Ungeachtet dieser (noch) reservierten Einstellung von Kreditinstituten gegenüber IFRS-Abschlüssen würde sich eine Erstellung und Offenlegung eines Einzelabschlusses nach IFRS aus Sicht der Unternehmensleitung dann lohnen, wenn sich dadurch eine **wesentliche Beeinflussung bilanzanalytischer Kennzahlen** und ein verbessertes Ratingergebnis durch die Banken erzielen lassen könnte. Das Rating baut grds. auf einer Analyse des bereinigten Abschlusses (sog. Strukturbilanz) auf, wobei u. a. die **Eigenkapitalquote**, die **Eigenkapitalrentabilität** und die **nachhaltigen Entwicklungschancen** des Unternehmens einen zentralen Stellenwert einnehmen.[1669] In diesem Zusammenhang wird konstatiert, dass die Umstellung des betrieblichen Rechnungswesens auf die IFRS neben einer abweichenden Bilanzierung und Bewertung im Vergleich zu den handelsrechtlichen Normen auch tendenziell **eine Aufstockung der Vermögenswerte und einen erhöhten Eigenkapitalausweis** mit sich bringt.[1670] Ob die im IFRS-Einzelabschluss aufgedeckten Mehrwerte das Rating tatsächlich günstig beeinflussen, hängt entscheidend von der spezifischen Beschaffenheit der Vermögensposten ab. Handelt es sich um verkehrsnahe, objektivierbare Posten, steht einer Anerkennung durch die Kreditinstitute i. d. R. nichts im Wege. Dies gilt z. B. für neu aktivierte **eigene Entwicklungskosten**, wenn das Produkt bereits am Markt angeboten wird. Weitaus problematischer gestaltet sich die Akzeptanz bei schwer überprüfbaren Bilanzposten, die von den Kreditinstituten nicht (vollständig) quantifiziert werden können. Dies gilt z. B. im Rahmen der IFRS-Behandlung für **latente Steuern auf Verlustvorträge**, die sich lediglich auf die unsichere Hypothese stützt, dass in den nächsten Jahren das Unternehmen wieder die Gewinnzone erreichen wird. Die Behauptung einer **zwangsläufigen Besserstellung** von Unternehmen im Rahmen des Ratingprozesses hinsichtlich der Kreditvergabe durch Banken infolge einer alleinigen Umstellung auf die IFRS ist daher kritisch zu beurteilen.[1671]

## D.    Decision Usefulness und Information Overflow

Die treibende Kraft zur IFRS-Umstellung liegt in den meisten Fällen in der Vermutung begründet, durch den IFRS-Abschluss dem berechtigten Informationsinteresse externer Rechnungslegungsadressaten weitaus besser nachkommen zu können als mit dem gläubigerschutzbeherrschten handelsrechtlichen Abschluss **(Decision Usefulness)**.[1672] Die IFRS sind kapitalmarktorientierte Rechnungslegungsstandards, bei denen lediglich die Bereitstellung von Informationen für Investoren im Mittelpunkt steht. Umfangreichere Publizitätspflichten, z. B. die erweiterten Anhangangaben sowie das Ziel einer Vermittlung entscheidungsrelevanter Informationen führen zu einer tendenziell **detaillierteren Offenlegung** der wirtschaftlichen Lage unter Zurückdrängung des handelsrechtlichen Vorsichtsprinzips. Das Management erhofft sich zudem, durch einen freiwilligen IFRS-Einzelabschluss einen

---

1668    Vgl. hierzu im Einzelnen *Böcking* 2002, S. 925; *Mandler* 2004, S. 85.
1669    Vgl. *Jebens* 2003a, S. 2350.
1670    Vgl. *Dücker* 2003, S. 450; *Jebens* 2003b, S. 4.
1671    Diese Meinung vertritt auch *Ballwieser* 2004, S. 22.
1672    Vgl. *Böcking/Herold/Müßig* 2004a, S. 667.

**besseren Vergleich** mit Unternehmen der gleichen Branche zu erzielen. Ferner impliziert die Anwendung der IFRS, basierend auf der **Theorie der Risikodiversifizierung** eine Internationalisierung und Verbreiterung der Investorenbasis sowie eine daraus resultierende mögliche **Senkung der Eigenkapitalkosten und eine nachhaltige Steigerung des Unternehmenswertes.** Wird ein internationaler Börsengang beabsichtigt, ist es ratsam, sich frühzeitig mit den IFRS vertraut zu machen und sie in das betriebliche Rechnungswesen zu integrieren, um einen möglichst reibungslosen und kostengünstigen Übergang zu realisieren.

Als ein wesentlicher Kritikpunkt der internationalen Ausrichtung der Rechnungslegung verbleibt, dass in der Zukunft **zwei Abschlüsse** (Jahres- und Einzelabschluss) eines Unternehmens vorliegen, die über die gleiche Abrechnungsperiode und die gleichen Geschäftsvorfälle berichten, aber im Ergebnis i. d. R. voneinander abweichen werden, da ihnen unterschiedliche Rechnungslegungsprinzipien zugrunde liegen.[1673] Was ursprünglich als Vereinfachungsmaßnahme vom nationalen Gesetzgeber geplant gewesen ist, stellt sich in der Realität zunehmend als **Unsicherheitsfaktor** dar.[1674] Für die externen Rechnungslegungsadressaten drängt sich unweigerlich die Frage auf, welcher Abschluss nun die wahren Verhältnisse des Unternehmens widerspiegelt, da beide doch über die gleiche Rechnungslegungsperiode berichten.[1675]

Zu diesem Unsicherheitsaspekt tritt hinzu, dass die im Schrifttum häufig geäußerte Denkweise, bei einer IFRS-Bilanzierung komme es im Grunde stets zu einer **Aufdeckung stiller Reserven**, nicht immer zutreffend ist. Es konnte festgestellt werden, dass die IFRS in überraschend häufiger Zahl durch implizite Wahlrechte, ungenaue Formulierungen und unbestimmte Rechtsbegriffe gekennzeichnet sind, die dem Management einen beträchtlichen materiellen rechnungslegungspolitischen Aktionsraum ermöglichen. Es kann je nach individueller unternehmerischer Zielsetzung auch durch eine IFRS-Bilanzierung zu einer **Legung stiller Reserven** kommen. Daher wird in diesem Zusammenhang von einer »Traumwelt«[1676] gesprochen, in der sich externe Adressaten des IFRS-Einzelabschlusses befinden müssen. Ihnen »drohe ein böses Erwachen«[1677], wenn sie sich bei der **Einschätzung der Kreditwürdigkeit** des Unternehmens oder bei der Beurteilung des Ausschüttungspotenzials auf den informatorischen IFRS-Einzelabschluss verlassen würden. Es wird sogar die Frage aufgeworfen, ob dieser in Zukunft zu einem entbehrlichen Rechenwerk wird, dessen Nutzen hinter den erwarteten Kosten zurückbleibt.[1678]

Im Ergebnis hält der externe Rechnungslegungsadressat bei Erstellung eines Doppelabschlusses durch das betrachtete Unternehmen regelmäßig zwei rechnungslegungspolitisch eingefärbte Rechenwerke in den Händen, die seinem verständlichen Interesse an **entscheidungsrelevanten Informationen** im Zweifel nur in ungenügender Weise entsprechen. Auch wenn die geplante **Bilanzrechtsmodernisierung (BilModG)** durch die Streichung handelsrechtlicher Wahlrechte künftige materielle rechnungslegungspolitische Spielräume beschneidet, werden die **handelsrechtlichen Ermessensspielräume** und **subjektiven Einschät-**

---

1673   Vgl. *Hüttche* 2004, S. 1191.
1674   *Dallmann/Ull* sehen einen zusätzlichen »Verwirrungsfaktor« externer Adressaten durch die komplexen IFRS-Rechnungslegungsvorschriften, das Accounting Standards Overload. Vgl. auch *Dallmann/Ull* 2004, S. 322.
1675   In einem Interview von *Schürmann* äußert sich *Lachnit* zum »Wirrwarr« der Jahresabschlussdaten in Deutschland mitsamt ihren rechnungslegungspolitischen Verzerrungen. Vgl. *Schürmann* 2004, S. 114. Diese Problematik sehen ebenfalls *Freidank/Pottgießer* 2003, S. 892; *Peemöller/Spanier/Weller* 2002, S. 1801.
1676   Vgl. *Hüttche* 2004, S. 1191.
1677   Vgl. *Hüttche* 2004, S. 1191.
1678   Vgl. *Hüttche* 2004, S. 1191 u. 1192.

**zungen** durch die Reformbestrebungen aller Voraussicht nach nicht berührt. Gerade in diesem Bereich eröffnet ebenfalls die IFRS-Rechnungslegung zahlreiche Möglichkeiten zur zielorientierten Beeinflussung des Periodenergebnisses und der Abschlussstruktur. Neben der Verunsicherung der Adressaten durch die Existenz zweier Abschlüsse ist somit die Offenlegung eines Doppelabschlusses mit der Problematik behaftet, dass die Rechenwerke sowohl nach Handelsrecht als auch nach IFRS in Bezug auf ihre Informationsvermittlung durch materielle Rechnungslegungspolitik auch weiterhin beeinflussbar sind. Unter diesem Gesichtspunkt ist die **positive Informationswirkung** eines künftig zu erstellenden Doppelabschlusses (sog. Information Overflow) gänzlich in Frage zu stellen.

# V.    Schlussbetrachtung und Ausblick

Auf **Konzernebene** haben die IFRS spätestens seit dem 01. 01. 2005 die handelsrechtlichen Rechnungslegungsvorschriften weitgehend in den Hintergrund gedrängt. Neben der Pflichtanwendung des § 315 a Abs. 1 HGB für alle **kapitalmarktorientierten EU-Mutterunternehmen** besteht seitdem durch Inkrafttreten des BilReG auch für nicht kapitalmarktorientierte Unternehmen gem. § 315 a Abs. 3 HGB die Möglichkeit, von dem Unternehmenswahlrecht des befreienden IFRS-Konzernabschlusses Gebrauch zu machen.

Auf Ebene des **Einzelabschlusses** blockiert bislang das nationale Gesellschafts- und Steuerrecht eine vollständige Übernahme der internationalen Rechnungslegungsstandards. Dies zeigt sich nicht zuletzt daran, dass der deutsche Gesetzgeber mit Inkrafttreten des BilReG gem. § 325 Abs. 2 a Satz 1 HGB am handelsrechtlichen Jahresabschluss für **Ausschüttungs- und Steuerbemessungszwecke** festhält. Ein IFRS-Einzelabschluss kann lediglich zusätzlich zu **Informationszwecken** offen gelegt werden. Der zwingende Bereich der EU-IAS-Verordnung tangiert lediglich ca. 450 Gesellschaften in Deutschland, wobei sich die Mitgliedstaatenwahlrechte bzgl. der IFRS-Rechnungslegung im Einzelabschluss an über 700.000 deutsche Unternehmen richtet.[1679] Es erscheint daher nachvollziehbar, dass der nationale Gesetzgeber hinsichtlich der Umstellung auf einen **IFRS-Einzelabschluss** wesentlich zögernder reagiert. Die Zweckmäßigkeit des freiwillig aufgestellten informatorischen IFRS-Einzelabschlusses muss aufgrund seines eingeschränkten Wirkungsgrades nach dem BilReG und unter dem Gesichtspunkt der Dualität der anzuwendenden Rechnungslegungsstandards jedoch kritisch hinterfragt werden.

**Kurzfristig** gesehen wird es bis zum 31. 12. 2006 ein Nebeneinander dreier unterschiedlicher Rechnungslegungsstandards in Deutschland geben, da neben den handelsrechtlichen Regelungen und den IFRS-Vorschriften für bestimmte Gesellschaften auch eine auslaufende Bilanzierung nach den US-GAAP gestattet ist.[1680] Der handelsrechtliche Jahresabschluss wird jedoch zumindest **mittelfristig** auf der einen Seite weiterhin eine zentrale Bedeutung für die externen Bilanzadressaten haben, vor allem für die **Gläubiger**. Empirische Untersuchungen kamen zu dem Ergebnis, dass Kreditinstitute bislang den handelsrechtlichen Jahresabschluss für eine Bemessung des unternehmerischen Haftungspotenzials bevorzugen. Im Zuge der Umsetzung von **Basel II** ist davon auszugehen, dass sich Banken künf-

---

1679    Vgl. *PWC (Hrsg.)* 2004, S. 1.
1680    Vgl. hierzu kritisch *Steiner/Gross* 2004, S. 551.

tig zwei Abschlüsse vorlegen lassen werden, den fortentwickelten handelsrechtlichen Jahresabschluss zur Beurteilung der haftenden Substanz und den informatorischen IFRS-Einzelabschluss gem. § 325 Abs. 2 a HGB zur Einschätzung der wirtschaftlichen Lage des Unternehmens.

Eine **langfristige** duale Anwendung von IFRS und Handelsrecht bringt jedoch auf der anderen Seite die Gefahr einer erheblichen **Verwirrung** und **Verunsicherung** der externen Rechnungslegungsadressaten aufgrund der mangelnden Vergleichbarkeit der durch die Abschlüsse transportierten Informationen mit sich (Information Overflow). Da die IFRS und das Handelsrecht zwei **gänzlich unterschiedliche** Rechnungslegungs- und Rechtstraditionen repräsentieren und in grundlegenden Bilanzierungs- und Bewertungsprinzipien voneinander abweichen, wird bislang keine hinreichende Rechtsklarheit gewährleistet. Diejenigen Unternehmen, die künftig einen IFRS-Einzelabschluss für Informationszwecke aufstellen, sehen sich einer doppelten Arbeits-, Zeit- und Kostenbelastung gegenüber. Sie sprechen sich vielfach für die Erstellung eines **multifunktionalen IFRS-Einzelabschlusses** aus, der nicht nur die Informationsfunktion erfüllen soll.

Die Harmonisierung der Rechnungslegung auf Konzernebene ist aufgrund der geringen Bedeutung für das deutsche Gesellschafts- und Steuerrecht einfacher realisierbar als die Internationalisierung des Einzelabschlusses. Da das **Nebeneinander zweier unterschiedlicher Normensysteme** für den Konzern- und Einzelabschluss auf Dauer als ineffiziente Lösung angesehen wird, ist eine grundlegende Reform des nationalen Steuer- und Gesellschaftsrechts in Erwägung zu ziehen, die auch den Fortbestand des Maßgeblichkeitsprinzips zu klären hat. Die im Schrifttum vielfach geforderte **Abschaffung der (direkten) Maßgeblichkeit** i. S. d. § 5 Abs. 1 Satz 1 EStG[1681] ist nicht notwendigerweise erforderlich, wenn berücksichtigt wird, dass die steuerrechtlichen Vorschriften vielfach den IFRS näher stehen als es bei den handelsrechtlichen Regelungen de lege lata der Fall ist.[1682] Unter diesem Aspekt würden das Maßgeblichkeitsprinzip und die von vielen kleinen und mittelständischen Unternehmen gewünschte **Rückkehr zum Institut der Einheitsbilanzierung**, von dem sich der Gesetzgeber spätestens mit Verkündung des StEntlG getrennt hatte, eine Renaissance erfahren. Allerdings spricht vieles dafür, die **umgekehrte Maßgeblichkeit** i. S. d. § 5 Abs. 1 Satz 2 EStG im Jahresabschluss[1683] vollständig aus dem nationalen Bilanzsteuerrecht zu streichen, da sie nach h. M. eine **Deformation** des Aussagewertes des handelsrechtlichen Abschlusses herbeiführt, die langfristig unter Informationsgesichtspunkten aus internationaler Sicht nicht zu akzeptieren ist.

---

1681    Die Befürworter einer vollständigen Aufgabe der Maßgeblichkeit legen in ihren Ausführungen das sog. Trennungs- oder Abkopplungsmodell der steuerrechtlichen Gewinnermittlung von der Handelsbilanz zugrunde. Vgl. ausführlich *Herzig/Gellrich/Jensen-Nissen* 2004, S. 570. Allgemein zur Zukunft des Maßgeblichkeitsprinzips äußern sich u. a. *Bohl* 2004, S. 2381; *Schynol* 2004, S. 1800; *Heidemann/Sickmann* 2003, S. 654. Im Schrifttum wird ebenso auf die Möglichkeit der Einführung einer modifizierten Einnahmenüberschussrechnung hingewiesen, vgl. hierzu *Steck* 2002, S. 492.

1682    Eine Beibehaltung der Maßgeblichkeit basierend auf einem IFRS-Einzelabschluss wird grds. für möglich erachtet. Vgl. *AKSR* 2004, S. 1268 und zur Möglichkeit, das Maßgeblichkeitsprinzip bei einer IFRS-Rechnungslegung im Jahresabschluss zu übernehmen *Oestreicher/Spengel* 1999, S. 599. Als zusätzliches Argument ließe sich anführen, dass die Basiszielsetzung der IFRS-Rechnungslegung einer Generierung entscheidungsrelevanter Informationen grds. mit dem steuerrechtlichen Grundsatz der Bemessung nach der wirtschaftlichen Leistungsfähigkeit korrespondiert. Vgl. u. a. *AKBH* 2002, S. 2379; *Bohl* 2004, S. 2381.

1683    Für den Konzernabschluss ist durch das TransPuG mit der Änderung von § 298 Abs. 1 HGB, der Streichung des § 308 Abs. 3 HGB und der Übergangsregelungen des Art. 54 Abs. 1 und 2 EGHGB die umgekehrte Maßgeblichkeit bereits aufgegeben worden. Vgl. TransPuG, S. 2681 und hierzu im Einzelnen *Freidank/Pottgießer* 2003, S. 890.

Es muss davon ausgegangen werden, dass die Diskussion um die vollständige Öffnung der IFRS für den nationalen Einzelabschluss im Schrifttum in der folgenden Dekade weitergeführt und auch verstärkt den Mittelstand als potenziellen IFRS-Anwender einschließen wird. Umso dringlicher erscheint daher das Arbeitsprojekt des *IASB*, das sich mit der Konzeption von **IFRS for SME** im Hinblick auf mögliche **Erleichterungsvorschriften** für mittelständische Unternehmen befasst. Sofern mit den geplanten modifizierten IFRS keine wesentlichen Erstellungs- und Offenlegungserleichterungen geschaffen werden können, würde vieles gegen eine IFRS-Übernahme bei denjenigen Unternehmen sprechen, die bislang keinen Kapitalmarkt als Finanzierungsquelle in Anspruch genommen haben und auch keine rein investororientierte Berichterstattung benötigen.

# Literaturverzeichnis

*Achleitner/Behr* 2003: Achleitner, A.-K./Behr, G., International Accounting Standards. Ein Lehrbuch zur internationalen Rechnungslegung, 3. Aufl., München 2003.

*ADS* 1995a: Adler/Düring/Schmaltz (Hrsg.), Rechnungslegung und Prüfung der Unternehmen. Kommentar zum HGB, AktG, GmbHG, PublG nach den Vorschriften des Bilanzrichtlinien-Gesetzes, Teilband 1, 6. Aufl., neu bearb. von Forster, K.-H./Goerdeler, R./Lanfermann, J./Müller, H.-P./Siepe, G./Stolberg, K., Stuttgart 1995.

*ADS* 1995b: Adler, H./Düring, W./Schmaltz, K. (Hrsg.), Rechnungslegung und Prüfung der Unternehmen. Kommentar zum HGB, AktG, GmbHG, PublG nach den Vorschriften des Bilanzrichtlinien-Gesetzes, Teilband 2, 6. Aufl., neu bearb. von Forster, K.-H./Goerdeler, R./Lanfermann, J./Müller, H.-P./Siepe, G./Stolberg, K., Stuttgart 1995.

*ADS* 1997a: Adler, H./Düring, W./Schmaltz, K. (Hrsg.), Rechnungslegung und Prüfung der Unternehmen. Kommentar zum HGB, AktG, GmbHG, PublG nach den Vorschriften des Bilanzrichtlinien-Gesetzes, Teilband 4, 6. Aufl., neu bearb. von Forster, K.-H./Goerdeler, R./Lanfermann, J./Müller, H.-P./Siepe, G./Stolberg, K., Stuttgart 1997.

*ADS* 1997b: Adler/Düring/Schmaltz (Hrsg.), Rechnungslegung und Prüfung der Unternehmen. Kommentar zum HGB, AktG, GmbHG, PublG nach den Vorschriften des Bilanzrichtlinien-Gesetzes, Teilband 5, 6. Aufl., neu bearb. von Forster, K.-H./Goerdeler, R./Lanfermann, J./Müller, H.-P./Siepe, G./Stolberg, K., Stuttgart 1997.

*ADS* 1998: Adler/Düring/Schmaltz (Hrsg.), Rechnungslegung und Prüfung der Unternehmen. Kommentar zum HGB, AktG, GmbHG, PublG nach den Vorschriften des Bilanzrichtlinien-Gesetzes, Teilband 6, 6. Aufl., neu bearb. von Forster, K.-H./Goerdeler, R./Lanfermann, J./Müller, H.-P./Siepe, G./Stolberg, K., Stuttgart 1998.

*Ahrenkiel* 2002: Ahrenkiel, B., in: Müller, W./Hense, B. (Hrsg.), Beck'sches Handbuch der GmbH, 3. Aufl., München 2002, S. 540–550.

*AKBH* 2002: Arbeitskreis Bilanzrecht der Hochschullehrer Rechtswissenschaft e. V., Zur Fortentwicklung des deutschen Bilanzrechts, in: BB 57 (2002), S. 2372–2381.

*AKBH* 2004: Arbeitskreis Bilanzrecht der Hochschullehrer Rechtswissenschaft e. V., Stellungnahme zum Referentenentwurf eines Bilanzrechtsreformgesetzes, in: BB 59 (2004), S. 546–549.

*AKEU* 1997: Arbeitskreis Externe Unternehmensrechnung der Schmalenbach-Gesellschaft für Betriebswirtschaftslehre e. V., Bilanzierung von Finanzinstrumenten in Währungs- und Zinsbereich auf der Grundlage des HGB, in: DB 50 (1997), S. 637–642.

*AKEU* 2001: Arbeitskreis Externe Unternehmensrechnung der Schmalenbach-Gesellschaft für Betriebswirtschaft e. V., Die Zukunft der Rechnungslegung aus Sicht von Wissenschaft und Praxis. Fachprogramm des Arbeitskreises Externe Unternehmensrechnung im Rahmen des 54. Deutschen Betriebswirtschaftler-Tags, in: DB 54 (2001), S. 160–161.

*AKEU* 2002a: Arbeitskreis Externe Unternehmensrechnung der Schmalenbach-Gesellschaft für Betriebswirtschaft e. V., Umbruch der Rechnungslegung nach 2002, in StuB 4 (2002), S. 599–600.

*AKEU* 2002b: Arbeitskreis Externe Unternehmensrechnung der Schmalenbach-Gesellschaft für Betriebswirtschaft e. V., Grundsätze für das Value Reporting, in: DB 55 (2002), S. 2337–2340.

*AKEU* 2003: Arbeitskreis Externe Unternehmensrechnung der Schmalenbach-Gesellschaft für Betriebswirtschaft e. V., International Financial Reporting Standards im Einzel- und Konzernabschluss unter der Prämisse eines Einheitsabschlusses für unter anderem steuerliche Zwecke, in: DB 56 (2003), S. 1585–1588.

*AKIW* 2003: Arbeitskreis Immaterielle Werte im Rechnungswesen der Schmalenbach-Gesellschaft für Betriebswirtschaft e. V., Freiwillige externe Berichterstattung über immaterielle Werte, in: DB 56 (2003), S. 1233–1237.

*AKSR* 2004: Arbeitskreis Steuern und Revision im Bund der Wirtschaftsakademiker (BWA) e. V., Maßgeblichkeit im Wandel der Rechnungslegung. Die Maßgeblichkeit im System internationaler Steuerbemessungsgrundlagen vor dem Hintergrund aktueller Herausforderungen, in: DStR 42 (2004), S. 1267–1268.

*Albach* 1961: Albach, Horst, Entscheidungsprozeß und Informationsfluß in der Unternehmensorganisation, in: Schnaufer, E./Agthe, K. (Hrsg.), Organisation, TFB-Handbuchreihe, Bd. 1, Berlin/Baden-Baden 1961, S. 355–402.

*Alvarez* 2004: Alvarez, M., Segmentberichterstattung und Segmentanalyse, Wiesbaden 2004.

*Alvarez/Wotschofsky* 2000: Alvarez, M./Wotschofsky, S., Zur Bedeutung der Zwischenberichtspublizität, in: DStR 38 (2000), S. 1789–1796.

*Alvarez/Wotschofsky* 2003: Alvarez, M./Wotschofsky, S., Zwischenberichterstattung nach DRS, IAS und US-GAAP, 2. Aufl., Bielefeld 2003.

*Ammann/Müller* 2002: Ammann, H./Müller, S., Vergleichende Darstellung der Gewinnrealisierung gemäß HGB, US-GAAP und IAS bei langfristiger Fertigung, in: BBK o.Jg. (2002), Fach 20, S. 601–614.

*Andrejewski/Kühn* 2005: Andrejewski, K.C./Kühn, S., Grundzüge und Anwendungsfragen des IFRS 3, in: DK 3 (2005), S. 221–228.

*App* 2003: App, J.G., Latente Steuern nach IAS, US-GAAP und HGB, in: KoR 3 (2003), S. 209–214.

*Baetge/Ballwieser* 1978: Baetge, J./Ballwieser, W., Probleme einer rationalen Bilanzpolitik, in: BFuP 30 (1978), S. 511–530.

*Baetge/Commandeur* 2003: Baetge, J./Commandeur, D., Kommentierung zu § 264 HGB Pflicht zur Aufstellung, in: Küting, K./Weber, C.-P. (Hrsg.), Handbuch der Rechnungslegung. Einzelabschluss. Kommentar zur Bilanzierung und Prüfung, Bd. 2, 5. Aufl., Stuttgart 2003, Loseblattausgabe (Stand: September 2005), S. 1–37.

*Baetge/Jerschensky* 1996: Baetge, J./Jerschensky, A., Beurteilung der wirtschaftlichen Lage von Unternehmen mit Hilfe moderner Verfahren der Jahresabschlußanalyse, in: DB 49 (1996), S. 1581–1591.

*Baetge/Kirsch* 2002: Baetge, J./Kirsch, H.-J., Grundsätze ordnungsmäßiger Buchführung, in: Küting, K./Weber, C.-P. (Hrsg.), Handbuch der Rechnungslegung. Einzelabschluss. Kommentar zur Bilanzierung und Prüfung, Bd. 1, 5. Aufl., Stuttgart 2002, Loseblattausgabe (Stand: September 2005), S. 1–44.

*Baetge/Noelle* 2001: Baetge, J./Noelle, J., Shareholder-Value-Reporting sowie Prognose- und Performancepublizität, in: KoR 1 (2001), S. 174–180.

*Baetge/von Keitz* 2003: Baetge, J./Von Keitz, I., Kommentierung zu IAS 38. Immaterielle Vermögenswerte (Intangible Assets), in: Baetge, J./ Dörner, D./Kleekämper, H./Wollmert, P./Kirsch, H.-J. (Hrsg.), Rechnungslegung nach International Accounting Standards (IAS). Kommentar auf der Grundlage des deutschen Bilanzrechts, 2. Aufl., Stuttgart 2003, Loseblattausgabe (Stand: Juni 2005), S. 1–68.

*Baetge/Zülch* 2001: Baetge, J./Zülch, H., Fair Value-Accounting, in: BFuP 53 (2001), S. 543–562.

*Baetge/Zülch* 2004: Baetge, J./Zülch, H., Rechnungslegungsgrundsätze nach HGB und IFRS, in: Von Wysocki, K./ Schulze-Osterloh, J./Hennrichs, J./Kuhner, Chr. (Hrsg.), HdJ, Rechnungslegung nach HGB und internationalen Standards, Bd. 1, Abteilung I/2, Köln 2004, Loseblattausgabe (Stand: Oktober 2005), S. 1–146.

*Baetge/Fey/Fey* 2003: Baetge, J./Fey, D./Fey, G., Kommentierung zu § 243 HGB Aufstellungsgrundsatz, in: Küting, K./ Weber, C.-P. (Hrsg.), Handbuch der Rechnungslegung. Einzelabschluss. Kommentar zur Bilanzierung und Prüfung, Bd. 1, 5. Aufl., Stuttgart 2003, Loseblattausgabe (Stand: September 2005), S. 1–48.

*Baetge/Fey/Weber* 2003: Baetge, J./Fey, D./Weber, C.-P., Kommentierung zu § 248 HGB Bilanzierungsverbote, in: Küting, K./Weber, C.-P. (Hrsg.), Handbuch der Rechnungslegung. Einzelabschluss. Kommentar zur Bilanzierung und Prüfung, Bd. 1, 5. Aufl., Stuttgart 2003, Loseblattausgabe (Stand: September 2005), S. 1–28.

*Baetge/Kirsch/Thiele* 2004: Baetge, J./Kirsch, H.-J./Thiele, S., Bilanzanalyse, 2. Aufl., Düsseldorf 2004.

*Baetge/Kirsch/Thiele* 2005: Baetge, J./Kirsch, H.-J./Thiele, S., Bilanzen, 8., wesentlich überarb. Aufl., Düsseldorf 2005.

*Baetge/Krolak/Thiele* 2002: Baetge, J./Krolak, T./Thiele, S., Kommentierung zu IAS 36. Wertminderung von Vermögenswerten (Impairment of Assets), in: Baetge, J./Dörner, D./Kleekämper, H./Wollmert, P./Kirsch, H.-J. (Hrsg.), Rechnungslegung nach International Accounting Standards (IAS). Kommentar auf der Grundlage des deutschen Bilanzrechts, 2. Aufl., Stuttgart 2002, Loseblattausgabe (Stand: Juni 2005), S. 1–58.

*Baetge/Zülch/Matena* 2002: Baetge, J./Zülch, H./Matena, S., Fair Value-Accounting. Ein Paradigmenwechsel auch in der kontinentaleuropäischen Rechnungslegung? (Teil A und B), in: StuB 4 (2002), S. 365–373 u. S. 417–422.

*Ballwieser* 1990: Ballwieser, W., Ist das Maßgeblichkeitsprinzip überholt?, in: BFuP 42 (1990), S. 477–498.

*Ballwieser* 2000: Ballwieser, W., US-amerikanische Rechnungslegung, 4. Aufl., Stuttgart 2000.

*Ballwieser* 2002: Ballwieser, W., Rechnungslegung im Umbruch. Entwicklungen, Ziele, Missverständnisse, in: ST 76 (2002), S. 295–304.

*Ballwieser* 2004: Ballwieser, W., Schaden IAS dem Mittelstand?, in: Küting, K./Pfitzer, N./Weber, C.-P. (Hrsg.), Herausforderungen und Chancen durch weltweite Rechnungslegungsstandards. Kapitalmarktorientierte Rechnungslegung und integrierte Unternehmenssteuerung, Stuttgart 2004, S. 11–27.

*Ballwieser/Küting/Schildbach* 2004: Ballwieser, W./Küting, K./Schildbach, T., Fair value. Erstrebenswerter Wertansatz im Rahmen einer Reform der handelsrechtlichen Rechnungslegung?, in: BFuP 56 (2004), S. 529–549.

*Barth/Barth* 2004: Barth, T./Barth, D., Harmonisierung des internen und externen Rechnungswesens nach IAS/IFRS, in: WISU 33 (2004), Studienblatt Oktober 2004, S. 1–2.

*Bauer* 1981: Bauer, J., Grundlagen einer handels- und steuerrechtlichen Rechnungspolitik der Unternehmung, Wiesbaden 1981.

*Bäuerle* 1989: Bäuerle, P., Zur Problematik der Konstruktion praktikabler Entscheidungsmodelle, in: ZfB 59 (1989), S. 175–181.

*Baumann/Spanheimer* 2003: Baumann, K.-H./Spanheimer, J., Kommentierung zu § 274 HGB Steuerabgrenzung, in: Küting, K./Weber, C.-P. (Hrsg.), Handbuch der Rechnungslegung. Einzelabschluss. Kommentar zur Bilanzierung und Prüfung, Bd. 2, 5. Aufl., Stuttgart 2003, Loseblattausgabe (Stand: September 2005), S. 1–26.

*Beck* 2004: Beck, M., Änderungen bei der Bilanzierung von Sachanlagen nach IAS 36 durch den Komponentenansatz. Probleme und Lösungswege insbesondere für Unternehmen mit Immobilienvermögen, in: StuB 6 (2004), S. 590–595.

*Beck* 2005: Beck, M., Anwendung der IFRS im Rahmen der Zwischenberichterstattung nach § 40 BörsG verpflichtend?, in: DB 58 (2005), S. 1477–1479.

*Beiersdorf/Davis* 2006: Beiersdorf, K./Davis, A., IASB-Standard for Small and Mediumsized-Entities, in: BB 61 (2006), S. 987–990.

*Bender* 1980: Bender, R., Entscheidungsmodelle der Jahresüberschußverwendung, Frankfurt a. M. 1980.

*Berger* 1965: Berger, K.-H., Bilanzplanung, in: Mellerowicz, K./Bankmann, J. (Hrsg.), Wirtschaft und Wirtschaftsprüfung, Festschrift für H. Rätsch zum 60. Geburtstag, Stuttgart 1965, S. 125–147.

*Bieg* 1993a: Bieg, H., Ziele der Jahresabschlusspolitik, in: StB 44 (1993), S. 96–103.

*Bieg* 1993b: Bieg, H., Die Instrumente der Jahresabschlusspolitik, in: StB 44 (1993), S. 178–182, 216–221, 252–257, 295–299 u. 337–342.

*Bieg/Kußmaul* 2006: Bieg, H./Kußmaul, H., Externes Rechnungswesen, 4. Aufl., München/Wien 2006.

*Bieker/Esser* 2003: Bieker, M./Esser, M., Goodwill-Bilanzierung nach ED 3 »Business Combinations«. Darstellung des vom IASB geplanten Impairment-Only-Ansatzes, in: KoR 5 (2003), S. 75–84.

*Bieker/Esser* 2004: Bieker, M./Esser, M., Der Impairment-Only-Ansatz des IASB. Goodwillbilanzierung nach IFRS 3 »Business Combinations«, in: StuB 6 (2004), S. 449–458.

*Bitz/Schneeloch/Wittstock* 2004: Bitz, M./Schneeloch, D./Wittstock, W., Der Jahresabschluss. Rechtsvorschriften, Analyse, Politik, 4. Aufl., München 2004.

*Blohm/Lüder/Schaefer* 2005: Blohm, H./Lüder, K./Schaefer, Chr.: Investition. Schwachstellenanalyse des Investitionsbereichs und der Investitionsrechnung, 9. Aufl., München 2005.

*Böcking* 2001: Böcking, H.-J., IAS für Konzern- und Einzelabschluss?, in: WPg 54 (2001), S. 1433–1440.

*Böcking* 2002: Böcking, H.-J., IAS für Konzern- und Einzelabschluss! Replik zum Beitrag von Zabel, IAS zwingend für Konzern- und Einzelabschluss? Zugleich Würdigung der Aussagen der Deutschen Bundesbank zur Umsetzung der Mitgliedstaatenwahlrechte im Rahmen der EU-Verordnung und eine Empfehlung an den Gesetzgeber, in: WPg 55 (2002), S. 925–928.

*Böcking* 2004a: Böcking, H.-J., Fair Value als Wertmaßstab im Rahmen der IAS/IFRS. Grenzen und praktische Anwendbarkeit, in: Küting, K./Pfitzer, N./Weber, C.-P. (Hrsg.), Herausforderungen und Chancen durch weltweite Rechnungslegungsstandards. Kapitalmarktorientierte Rechnungslegung und integrierte Unternehmenssteuerung, Stuttgart 2004, S. 29–42.

*Böcking* 2004b: Böcking, H.-J., Modernisierung der 4. und 7. EU-Richtlinie, in: Baetge, J. (Hrsg.), Übergang der Rechnungslegung vom HGB zu den IFRS. Vorträge und Diskussionen zum 19. Münsterischen Tagesgespräch des Münsteraner Gesprächskreis Rechnungslegung und Prüfung e. V. am 22. Mai 2003, Düsseldorf 2004, S. 103–129.

*Böcking* 2004c: Böcking, H.-J., Internationalisierung der Rechnungslegung und ihre Auswirkungen auf die Grundprinzipien des deutschen Rechts, in: KoR 4 (2004), S. 177–183.

*Böcking* 2004d: Böcking, H.-J., Rechnungslegung nach IFRS auch für Mittelstand, in: FAZ 56 (2004) 249 vom 25. 10. 2004, S. 22.

*Böcking/Orth* 2002: Böcking, H.-J./Orth, Chr., Abschreibungen, in: Ballwieser, W./Coenenberg, A. G./Von Wysocki, K. (Hrsg.), HWRP, 3. Aufl., Stuttgart 2002, Sp. 12–26.

*Böcking/Herold/Müßig* 2004a: Böcking, H.-J./Herold, Chr./Müßig, A., IFRS für nicht kapitalmarktorientierte Unternehmen. Unter besonderer Berücksichtigung mittelständischer Belange, in: DK 2 (2004), S. 664–672.

*Böcking/Herold/Müßig* 2004b: Böcking, H.-J./Herold, Chr./Müßig, A., Zur Notwendigkeit modifizierter IFRS für kleine und mittelgroße Unternehmen. Das IASB-Diskussionspapier »Preliminary Views on Accounting Standards for Small and Medium-sized Entities«, in: DK 2 (2004), S. 789–797.

*Bohl* 2004: Bohl, W., IAS/IFRS und steuerliche Gewinnermittlung, in: DB 57 (2004), S. 2381–2383.

*Börner/Krawitz* 1977: Börner, D./Krawitz, N., Steuerbilanzpolitik. Eine entscheidungsorientierte Analyse der Wahlrechte zur steuerlichen Gewinnermittlung. Darstellung, Kontrollfragen, Fallstudien und Musterlösungen, Herne/Berlin 1977.

*Breithecker* 1986: Breithecker, V., Aspekte zur Steuerpolitik von Publikumskapitalgesellschaften, in: DB 39 (1986), S. 2196–2198.

*Breithecker* 1989: Breithecker, V., Ein handelsrechtliches Besteuerungsproblem, in: bibu 35 (1989), S. 73–78.

*Breker* 2004: Breker, N., Änderungsmöglichkeiten der deutschen Rechnungslegung durch die geplante Bilanzrechtsmodernisierung, in: Freidank, C.-Chr. (Hrsg.), Reform der Rechnungslegung und Corporate Governance in Deutschland und Europa, Wiesbaden 2004, S. 1–27.

*Brockhoff* 1981: Brockhoff, K., Planungsrechnung, allgemein, in: Kosiol, E. (Hrsg.), Handwörterbuch des Rechnungswesens, 2. Aufl., Stuttgart 1981, Sp. 1301–1331.

*Brönner/Bareis* 1991: Brönner, H./Bareis, P., Die Bilanz nach Handels- und Steuerrecht, Stuttgart 1991.

*Brücks/Richter* 2005: Brücks, M./Richter, M., Business Combinations (Phase II). Kritische Würdigung ausgewählter Vorschläge des IASB aus Sicht eines Anwenders, in: KoR 5 (2005), S. 407–415.

*Brücks/Wiederhold* 2003a: Brücks, M./Wiederhold, P., Exposure Draft 3 »Business Combinations« des IASB. Darstellung der wesentlichen Unterschiede zu den bestehenden Regelungen, in: KoR 3 (2003), S. 21–29.

*Brücks/Wiederhold* 2003b: Brücks, M./Wiederhold, P., Ansatz und Bewertung des Goodwill. Kritische Darstellung der Vorschläge des IASB, in: DK 1 (2003), S. 219–225.

*Brücks/Kerkhoff/Richter* 2005: Brücks, M./Kerkhoff, G./Richter, M., Impairmenttest für den Goodwill nach IFRS. Vergleich mit den Regelungen nach US-GAAP. Gemeinsamkeiten und Unterschiede, in: KoR 5 (2005), S. 1–7.

*Bruns* 2002: Bruns, H.-G., International vergleichbare und qualitativ hochwertige deutsche Jahresabschlüsse durch Anwendung der IAS/IFRS, in: ZfbF 54 (2002), S. 173–180.

*Bruns/Horváth* 2004: Bruns, H.-G./Horváth, P., Auswirkungen der IFRS auf das Controlling. Interview mit Prof. Dr. Hans-Georg Bruns, International Accounting Standards Board, London, in: Controlling 16 (2004), S. 647–649.

*Büche* 2005: Büche, C., Die Pflicht zur Ad-hoc-Publizität als Baustein eines integeren Finanzmarkts. Die Vorgaben der Marktmissbrauchs-Richtlinie und ihre Umsetzung in § 15 WpHG, Baden-Baden 2005.

*Buchheim* 2003: Buchheim, R., Die Jahres- und Zwischenberichterstattung im Entwurf der EU-Transparenz-Richtlinie, in: KoR 3 (2003), S. 241–248.

*Buchholz* 2002: Buchholz, R., IAS für mittelständische Unternehmen? Vor- und Nachteile neuer Rechnungslegungsvorschriften in Deutschland, in: DStR 40 (2002), S. 1280–1284.

*Buchholz* 2003: Buchholz, R., Sachanlagenbewertung nach IAS. Eine Alternative zur Reform des HGB aus mittelständischer Sicht?, in: DStR 41 (2003), S. 1941–1946.

*Buchholz/Weis* 2002: Buchholz, R./Weis, G., Maßgeblichkeit ade? Zur inhaltlichen Vereinbarkeit der Gewinnermittlung nach IAS und EStG (Teil I und Teil II), in: DStR 40 (2002), S. 512–517 u. 559–564.

*Buchner* 2005: Buchner, R., Buchführung und Jahresabschluss, 7. Aufl., München 2005.

*Budde/Steuber* 2000: Budde, W. D./Steuber, E., Rückwirkung des Konzernabschlusses auf den Einzelabschluss, in: BB 55 (2000), S. 971–977.

*Burger/Schellberg* 1994: Burger, A./Schellberg, B., Rating von Unternehmen mit neuronalen Netzen, in: BB 49 (1994), S. 869–872.

*Burger/Fröhlich/Ulbrich* 2004: Burger, A./Fröhlich, J./Ulbrich, P., Die Auswirkungen der Umstellung von HGB auf IFRS auf wesentliche Kennzahlen der externen Unternehmensrechnung, in: KoR 4 (2004), S. 353–366.

*Busse von Colbe* 2002a: Busse von Colbe, W., Entwicklungsperspektiven der Rechnungslegung in Deutschland. Die deutsche Rechnungslegung vor einem Paradigmenwechsel, in: ZfbF 54 (2002), S. 159–172.

*Busse von Colbe* 2002b: Busse von Colbe, W., Vorschlag der EG-Kommission zur Anpassung der Bilanzrichtlinien an die IAS. Abschied oder Harmonisierung?, in: BB 57 (2002), S. 1530–1536.

*Busse von Colbe* 2004: Busse von Colbe, W., Anpassung der Konzernrechnungslegungsvorschriften des HGB an internationale Entwicklungen, in: BB 59 (2004), S. 2063–2069.

*Büttgen/Leukel* 2002: Büttgen, D./Leukel, S., Rechnungslegung im Umbruch. Bericht zum 10. Siegener Kolloquium für Rechnungslegung, Prüfungswesen und Steuerlehre am 13. und 14. 09. 2002 in Freudenberg, in: StuB 4 (2002), S. 1009–1011.

*Carstensen/Leibfried* 2004: Carstensen, B./Leibfried, P., Auswirkungen von IAS/IFRS auf mittelständische GmbH und GmbH & Co. KG, in: GmbHR 95 (2004), S. 864–869.

*Castan/Wehrheim* 2005: Castan, B./Wehrheim, M., Die Partnerschaftsgesellschaft. Recht, Steuer, Betriebswirtschaft, 3. Aufl., Berlin 2005.

*Chmielewicz* 1990: Chmielewicz, K., Gesamt- und Umsatzkostenverfahren der Gewinn- und Verlustrechnung im Vergleich, in: DBW 50 (1990), S. 27–45.

*Coenenberg* 1986: Coenenberg, A. G., Gliederungs-, Bilanzierungs- und Bewertungsentscheidungen bei der Anpassung nach dem Bilanzrichtlinien-Gesetz, in: DB 39 (1986), S. 1581–1589.

*Coenenberg* 1998: Coenenberg, A. G., Ziele, Wirkungen und Gestaltung der Unternehmenspublizität: Was lehrt die empirische Forschung?, in: Freidank, C.-Chr. (Hrsg.), Rechnungslegungspolitik. Eine Bestandsaufnahme aus handels- und steuerrechtlicher Sicht, Berlin et al. 1998, S. 545–566.

*Coenenberg* 2001a: Coenenberg, A. G., Segmentberichterstattung als Instrument der Bilanzanalyse, in: ST 75 (2001), S. 593–606.

*Coenenberg* 2001b: Coenenberg, A. G., Kapitalflussrechnung als Instrument der Bilanzanalyse, in: ST 75 (2001), S. 311–320.

*Coenenberg* 2005: Coenenberg, A. G., Jahresabschluss und Jahresabschlussanalyse. Betriebswirtschaftliche, handelsrechtliche, steuerrechtliche und internationale Grundsätze. HGB, IFRS, US-GAAP, DRS, 20. Aufl., Stuttgart 2005.

*Coenenberg/Haller* 1993: Coenenberg, A. G./Haller, A., Empirische Forschung, in: Chmielewicz, K./Schweitzer, M. (Hrsg.), Handwörterbuch des Rechnungswesens, 3. Aufl., Stuttgart 1993, Sp. 506–517.

*Coenenberg/Meyer* 2003: Coenenberg, A. G./Meyer, M. A., Kapitalflussrechnung als Objekt der Bilanzpolitik, in: Wollmert, P. et al. (Hrsg.), Wirtschaftsprüfung und Unternehmensüberwachung. Festschrift für Wolfgang Lück, Düsseldorf 2003, S. 335–383.

*Coenenberg/Mattner/Schultze* 2004: Coenenberg, A. G./Mattner, G./Schultze, W., Einführung in das Rechnungswesen. Grundzüge der Buchführung und Bilanzierung, Stuttgart 2004.

*Coenenberg/Schmidt/Werhand* 1983: Coenenberg, A. G./Schmidt, F./Werhand, M., Bilanzpolitische Entscheidungen und Entscheidungswirkungen in manager- und eigentümerkontrollierten Unternehmen, in: BFuP 35 (1983), S. 321–343.

*Commandeur* 2003a: Commandeur, D., Kommentierung zu § 269 HGB Aufwendungen für die Ingangsetzung und Erweiterung des Geschäftsbetriebes, in: Küting, K./Weber, C.-P. (Hrsg.), Handbuch der Rechnungslegung. Einzelabschluss. Kommentar zur Bilanzierung und Prüfung, Bd. 2, 5. Aufl., Stuttgart 2003, Loseblattausgabe (Stand: September 2005), S. 1–28.

*Commandeur* 2003b: Commandeur, D., Kommentierung zu § 282 HGB Abschreibung der Aufwendungen für die Ingangsetzung und Erweiterung des Geschäftsbetriebs, in: Küting, K./Weber, C.-P. (Hrsg.), Handbuch der Rechnungslegung. Einzelabschluss. Kommentar zur Bilanzierung und Prüfung, Bd. 2, 5. Aufl., Stuttgart 2003, Loseblattausgabe (Stand: September 2005), S. 1–8.

*Dallmann/Ull* 2004: Dallmann, H./Ull, T., IFRS-Rechnungslegung für kleine und mittlere Unternehmen, in: KoR 4 (2004), S. 321–331.

*Dantzig* 1966: Dantzig, G. B., Lineare Programmierung und Erweiterungen, Berlin u. a. 1966.

*Dawo* 2004: Dawo, S., Fair Value-Bewertung nicht finanzieller Positionen. Der Weg zur entobjektivierten Bilanz?, in: Küting, K./Pfitzer, N./Weber, C.-P. (Hrsg.), Herausforderungen und Chancen durch weltweite Rechnungslegungsstandards. Kapitalmarktorientierte Rechnungslegung und integrierte Unternehmenssteuerung, Stuttgart 2004, S. 43–78.

*Dechant* 2004: Dechant, U., Die Umstellung der Rechnungslegung von HGB auf IAS/IFRS gemäß IFRS 1 (Teil A und B). Eine praxisorientierte Fallstudie, in: BBK o. Jg. (2004), Fach 30, S. 1587–1596 u. 1597–1614.

*Dietrich* 2000: Dietrich, J., Teilwertabschreibung, Wertaufholung und voraussichtlich dauernde Wertminderung im Spiegel des BMF-Schreibens vom 25.02.2000, in: BB 55 (2000), S. 1629–1635.

*Dietrich* 2004: Dietrich, C., Bilanzierung von Unternehmenserwerben und Goodwill nach IFRS 3, IAS 36 und IAS 38, in: SWI 14 (2004), S. 409–414.

*Dinkelbach* 1969: Dinkelbach, W., Entscheidungen bei mehrfacher Zielsetzung und Zielgewichtung, in: Busse von Colbe, W./Meyer-Dohm, P. (Hrsg.), Unternehmerische Planung und Entscheidung, Bielefeld 1969, S. 55–70.

*Dinkelbach* 1993: Dinkelbach, W., Entscheidungsrechnungen, in: Chmielewicz, K./Schweitzer, M. (Hrsg.), Handwörterbuch des Rechnungswesens, 3. Aufl., Stuttgart 1993, Sp. 524–530.

*Dörner* 1991: Dörner, D., Aufwandsrückstellungen (Teil II), in: WPg 44 (1991), S. 264–271.

*Drenseck* 2006: Drenseck, S., in: Schmidt., L. (Hrsg.), Einkommensteuergesetz. EStG. Kommentar, 25. Aufl., München 2006, S. 653–815.

*Dücker* 2002: Dücker, R., Aktuelle Entwicklungen des europäischen Bilanzrechts. Harmonisierung oder Internationalisierung?, in: StuB 4 (2002), S. 70–74.

*Dücker* 2003: Dücker, R., Internationale Rechnungslegung. Herausforderungen und Chancen für den Mittelstand, in: StuB 5 (2003), S. 448–452.

*Dusemond/Heusinger/Knop* 2003: Dusemond, M./Heusinger, S./Knop, W., Kommentierung zu § 266 HGB Gliederung der Bilanz, in: Küting, K./Weber, C.-P. (Hrsg.), Handbuch der Rechnungslegung. Einzelabschluss. Kommentar zur Bilanzierung und Prüfung, Bd. 2, 5. Aufl., Stuttgart 2003, Loseblattausgabe (Stand: September 2005), S. 1–84.

*Eichhorn* 1993: Eichhorn, P., Öffentliche und gemischt-wirtschaftliche Unternehmen, in: Wittmann, W. (Hrsg.), Handwörterbuch der Betriebswirtschaftslehre, Teilband 2, 5. Aufl., Stuttgart 1993, Sp. 2927–2940.

*Eierle* 2004: Eierle, B., UK Financial Reporting Standards for Smaller Entities. Ein Modell für das IASB?, in: BB 59 (2004), S. 987–995.

*Eigenstetter* 1993: Eigenstetter, H., Die Verknüpfung von Handels- und Steuerbilanz, in: WPg 46 (1993), S. 575–582.

*Eigenstetter* 1997: Eigenstetter, H., Entscheidungsmodelle für eine anteilseignerorientierte Steuerpolitik. Zugleich ein Beitrag zur Wahl der Mitunternehmer-GmbH als Gestaltungsinstrument, Frankfurt a. M. 1997.

*Eigenstetter* 1998: Eigenstetter, H., Flexibilitätsanalyse des steuerbilanzpolitischen Instrumentariums, in: Freidank, C.-Chr. (Hrsg.), Rechnungslegungspolitik. Eine Bestandsaufnahme aus handels- und steuerrechtlicher Sicht, Berlin et al. 1998, S. 449–501.

*Eisele* 2002: Eisele, W., Technik des betrieblichen Rechnungswesens. Buchführung und Bilanzierung, Kosten- und Leistungsrechnung, Sonderbilanzen, 7. Aufl., München 2002.

*Ellerich/Swart* 2004: Ellerich, M./Swart, C., Kommentar zu § 242 HGB Pflicht zur Aufstellung, in: Küting, K./Weber, C.-P. (Hrsg.), Handbuch der Rechnungslegung. Einzelabschluss. Kommentar zur Bilanzierung und Prüfung, Bd. 1, 5. Aufl., Stuttgart 2004, Loseblattausgabe (Stand: September 2005), S. 1–11.

*Ellrott* 2006a: Ellrott, H., Kommentierung zu § 251 HGB Haftungsverhältnisse, in: Ellrott, H./Förschle, G./Hoyos, M./Winkeljohann, N. (Hrsg.), BeckBilKomm. Handels- und Steuerrecht. §§ 238 bis 339, 342 bis 342e HGB mit EGHGB und IAS/IFRS-Abweichungen, 6. Aufl., München 2006, S. 383–400.

*Ellrott* 2006b: Ellrott, H., Kommentierung zu § 256 HGB Bewertungsvereinfachungsverfahren, in: Ellrott, H./Förschle, G./Hoyos, M./Winkeljohann, N. (Hrsg.), BeckBilKomm. Handels- und Steuerrecht. §§ 238 bis 339, 342 bis 342e HGB mit EGHGB und IAS/IFRS-Abweichungen, 6. Aufl., München 2006, S. 700–727.

*Ellrott* 2006c: Ellrott, H., Kommentierung zu § 284 HGB Erläuterung der Bilanz und der GuV-Rechnung, in: Ellrott, H./Förschle, G./Hoyos, M./Winkeljohann, N. (Hrsg.), BeckBilKomm. Handels- und Steuerrecht. §§ 238 bis 339, 342 bis 342e HGB mit EGHGB und IAS/IFRS-Abweichungen, 6. Aufl., München 2006, S. 1188–1228.

*Ellrott* 2006d: Ellrott, H., Kommentierung zu § 285 HGB Pflichtangaben, in: Ellrott, H./Förschle, G./Hoyos, M./Winkeljohann, N. (Hrsg.), BeckBilKomm. Handels- und Steuerrecht. §§ 238 bis 339, 342 bis 342e HGB mit EGHGB und IAS/IFRS-Abweichungen, 6. Aufl., München 2006, S. 1229–1301.

*Ellrott* 2006e: Ellrott, H., Kommentierung zu § 289 HGB Lagebericht, in: Ellrott, H./Förschle, G./Hoyos, M./Winkeljohann, N. (Hrsg.), BeckBilKomm. Handels- und Steuerrecht. §§ 238 bis 339, 342 bis 342e HGB mit EGHGB und IAS/IFRS-Abweichungen, 6. Aufl., München 2006, S. 1314–1339.

*Ellrott/Brendt* 2006: Ellrott, H./Brendt, P., Kommentierung zu § 255 HGB Anschaffungs- und Herstellungskosten, in: Ellrott, H./Förschle, G./Hoyos, M./Winkeljohann, N. (Hrsg.), BeckBilKomm. Handels- und Steuerrecht. §§ 238 bis 339, 342 bis 342e HGB mit EGHGB und IAS/IFRS-Abweichungen, 6. Aufl., München 2006, S. 590–700.

*Ellrott/Krämer* 2006a: Ellrott, H./Krämer, A., Kommentierung zu § 250 HGB Rechnungsabgrenzungsposten, in: Ellrott, H./Förschle, G./Hoyos, M./Winkel-johann, N. (Hrsg.), BeckBilKomm. Handels- und Steuerrecht. §§ 238 bis 339, 342 bis 342e HGB mit EGHGB und IAS/IFRS-Abweichungen, 6. Aufl., München 2006, S. 370–382.

*Ellrott/Krämer* 2006b: Ellrott, H./Krämer, A., Kommentierung zu § 268 HGB Vorschriften zu einzelnen Posten der Bilanz. Bilanzvermerke, in: Ellrott, H./Förschle, G./Hoyos, M./Winkeljohann, N. (Hrsg.), BeckBilKomm. Handels- und Steuerrecht. §§ 238 bis 339, 342 bis 342e HGB mit EGHGB und IAS/IFRS-Abweichungen, 6. Aufl., München 2006, S. 883–912.

*Ellrott/Rhiel* 2006: Ellrott, H./Rhiel, S., Kommentierung zu § 249 HGB Rückstellungen, in: Ellrott, H./Förschle, G./ Hoyos, M./Winkeljohann, N. (Hrsg.), BeckBilKomm. Handels- und Steuerrecht. §§ 238 bis 339, 342 bis 342e HGB mit EGHGB und IAS/IFRS-Abweichungen, 6. Aufl., München 2006, S. 249–370.

*Ellrott/Ring* 2006: Ellrott, H./Ring, St., Kommentierung zu § 253 HGB Wertansätze der Vermögensgegenstände und Schulden, in: Ellrott, H./Förschle, G./Hoyos, M./Winkeljohann, N. (Hrsg.), BeckBilKomm. Handels- und Steuerrecht. §§ 238 bis 339, 342 bis 342e HGB mit EGHGB und IAS/IFRS-Abweichungen, 6. Aufl., München 2006, S. 424–573.

*Emmerich* 1996: Emmerich, V., Kommentierung zu § 120 HGB, in: Heymann, E./Horn, N. (Hrsg.), Handelsgesetzbuch (ohne Seerecht). Kommentar, Band 2, 2. Aufl., Berlin/New York 1996, S. 147.

*Emmerich* 2002: Emmerich, V., Kommentierung zu § 26 GmbHG, in: Scholz, E. (Hrsg.), Kommentar zum GmbH-Gesetz mit Nebengesetzen und dem Anhang Konzernrecht, 9. Aufl., Köln 2002, S. 911.

*Engel-Ciric* 1998: Engel-Ciric, D., Vergleichende Betrachtung der Bilanzierungsgrundsätze nach HGB und US-GAAP, in: RIW 44 (1998), S. 775–780.

*Engel-Ciric* 2001: Engel-Ciric, D., Vorratsbewertung. HGB, IAS und US-GAAP im Vergleich, in: BC 25 (2001), S. 73–77.

*Engel-Ciric* 2002: Engel-Ciric, D., Einschränkung der Aussagekraft des Jahresabschlusses nach IAS durch bilanzpolitische Spielräume, in: DStR 40 (2002), S. 780–784.

*Ernst* 2002a: Ernst, Chr., Einflüsse der internationalen Rechnungslegung auf das deutsche Bilanzrecht, in: Freidank, C.-Chr./Schreiber, O. R. (Hrsg.), Unternehmensüberwachung und Rechnungslegung im Umbruch. Tagungsband zur 1. Hamburger Revisions-Tagung, Hamburg 2002, S. 161–173.

*Ernst* 2002b: Ernst, E., Internationale Harmonisierung der Rechnungslegung und ihre Fortentwicklung. Anforderungen an börsennotierte Großkonzerne in Deutschland, in: ZfbF 54 (2002), S. 181–190.

*Ernsting/Von Keitz* 1998: Ernsting, I./Von Keitz, I., Bilanzierung von Rückstellungen nach IAS 37. Eine kritische Analyse des neuen Standards sowie ein Vergleich zu IAS 10, in: DB 51 (1998), S. 2477–2484.

*Esser/Hackenberger* 2004: Esser, M./Hackenberger, J., Bilanzierung immaterieller Vermögenswerte des Anlagevermögens nach IFRS und US-GAAP, in: KoR 4 (2004), S. 402–414.

*Esser/Hackenberger* 2005: Esser, M./Hackenberger, J., Immaterielle Vermögenswerte des Anlagevermögens und Goodwill in der IFRS-Rechnungslegung. Ein Überblick über die Auswirkungen des Business Combinations-Projekts, in: DStR 43 (2005), S. 708–713.

*Euler* 2002a: Euler, R., Paradigmenwechsel im handelsrechtlichen Einzelabschluss. Von den GoB zu den IAS?, in: BB 57 (2002), S. 875–880.

*Euler* 2002b: Euler, R., Latente Steuern, in: Ballwieser, W./Coenenberg, A. G./Von Wysocki, K. (Hrsg.), HWRP, 3. Aufl., Stuttgart 2002, Sp. 1462–1476.

*Falterbaum/Bolk/Reiß* 2003: Falterbaum, B./Bolk, W./Reiß, E., Buchführung und Bilanz., Grüne Reihe, Bd. 10, 19. Aufl., Achim bei Bremen 2003.

*Fasselt/Brinkmann* 2004a: Fasselt, M./Brinkmann, J., Immaterielle Vermögensgegenstände, in: Castan, E./Böcking, H.-J./Heymann, G./Pfitzer, N./Scheffler, E. (Hrsg.), Beck'sches Handbuch der Rechnungslegung, Bd. II, München 2004, Loseblattausgabe (Stand: Dezember 2005), S. 1–98.

*Fasselt/Brinkmann* 2004b: Fasselt, M./Brinkmann, J., Geschäfts- oder Firmenwert, in: Castan, E./Böcking, H.-J./Heymann, G./Pfitzer, N./Scheffler, E. (Hrsg.), Beck'sches Handbuch der Rechnungslegung, Bd. II, München 2004, Loseblattausgabe (Stand: Dezember 2005), S. 1–76.

*Federmann* 2000: Federmann, R., Bilanzierung nach Handelsrecht und Steuerrecht. Gemeinsamkeiten, Unterschiede und Abhängigkeiten von Handels- und Steuerbilanz unter Berücksichtigung internationaler Rechnungslegungsstandards, 11. Aufl., Berlin 2000.

*Feldkämper* 2003: Empirische Untersuchung der Segmentberichterstattung am deutschen Kapitalmarkt, in: DB 56 (2003), S. 1453–1457.

*Fey/Mujkanovic* 2003: Fey, G./Mujkanovic, R., Außerplanmäßige Abschreibungen auf das Finanzvermögen, in: WPg 56 (2003), S. 212–219.

*Fink/Keck* 2004: Fink, Chr./Keck, B., Lageberichterstattung nach E-DRS 20. Kritische Würdigung aus Sicht der Unternehmensanalyse, in: WPg 57 (2004), S. 1077–1091.

*Fink/Keck* 2005: Fink, Chr./Keck, B., Lageberichterstattung nach BilReG und DRS 15. Eine kritische Würdigung, in: KoR 5 (2005), S. 137–146.

*Fischbach* 1997: Fischbach, S., Ökologisch orientierte Rechnungslegung. Eine betriebswirtschaftliche Analyse ökologischer Informationen in der externen Rechnungslegung, Landsberg/Lech 1997.

*Fischer/Haller* 1993: Fischer, A./Haller, A., Bilanzpolitik zum Zwecke der Gewinnglättung, in: ZfB 63 (1993), S. 35–39.

*Fischer/Klöpfer/Sterzenbach* 2004: Fischer, Th. M./Klöpfer, E./Sterzenbach, S., Beurteilung der Rechnungslegung nach IAS. Ergebnisse einer Befragung deutscher börsennotierter Unternehmen, in: WPg 57 (2004), S. 694–708.

*Focken/Schaefer* 2004: Focken, E./Schaefer, W., Umstellung der Bilanzierung des Sachanlagevermögens auf IAS/IFRS. Ein Praxisbeispiel, in: BB 59 (2004), S. 2343–2349.

*Förschle* 2003: Förschle, G., Internationale Rechnungslegung. US-GAAP, HGB und IAS, 6. Aufl., Heidelberg 2003.

*Förschle* 2006a: Förschle, G., Kommentierung zu § 243 HGB Aufstellungsgrundsatz, in: Ellrott, H./Förschle, G./Hoyos, M./Winkeljohann, N. (Hrsg.), BeckBilKomm. Handels- und Steuerrecht. §§ 238 bis 339, 342 bis 342e HGB mit EGHGB und IAS/IFRS-Abweichungen, 6. Aufl., München 2006, S. 57–74.

*Förschle* 2006b: Förschle, G., Kommentierung zu § 248 HGB Bilanzierungsverbote, in: Ellrott, H./Förschle, G./Hoyos, M./Winkeljohann, N. (Hrsg.), BeckBilKomm. Handels- und Steuerrecht. §§ 238 bis 339, 342 bis 342e HGB mit EGHGB und IAS/IFRS-Abweichungen, 6. Aufl., München 2006, S. 241–249.

*Förschle* 2006c: Förschle, G., Kommentierung zu § 275 HGB Gliederung, in: Ellrott, H./Förschle, G./Hoyos, M./Winkeljohann, N. (Hrsg.), BeckBilKomm. Handels- und Steuerrecht. §§ 238 bis 339, 342 bis 342e HGB mit EGHGB und IAS/IFRS-Abweichungen, 6. Aufl., München 2006, S. 1058–1136.

*Förschle* 2006d: Förschle, G. Kommentierung zu § 247 HGB Inventar, in: Ellrott, H./Förschle, G./Hoyos, M./Winkeljohann, N. (Hrsg.), BeckBilKomm. Handels- und Steuerrecht. §§ 238 bis 339, 342 bis 342e HGB mit EGHGB und IAS/IFRS-Abweichungen, 6. Aufl., München 2006, S. 194–206.

*Förschle/Deubert* 2006: Förschle, G./Deubert, M., Kommentierung zu § 264 HGB Pflicht zur Aufstellung, in: Ellrott, H./Förschle, G./Hoyos, M./Winkeljohann, N. (Hrsg.), BeckBilKomm. Handels- und Steuerrecht. §§ 238 bis 339, 342 bis 342e HGB mit EGHGB und IAS/IFRS-Abweichungen, 6. Aufl., München 2006, S. 760–776.

*Förschle/Hoffmann* 2006a: Förschle, G./Hoffmann, W.-D., Kommentierung zu § 247 HGB Inventur in: Ellrott, H./Förschle, G./Hoyos, M./Winkeljohann, N. (Hrsg.), BeckBilKomm. Handels- und Steuerrecht. §§ 238 bis 339, 342 bis 342e HGB mit EGHGB und IAS/IFRS-Abweichungen, 6. Aufl., München 2006, S. 149–157.

*Förschle/Hoffmann* 2006b: Förschle, G./Hoffmann, W.-D., Kommentierung zu § 272 HGB Eigenkapital, in: Ellrott, H./ Förschle, G./Hoyos, M./Winkeljohann, N. (Hrsg.), BeckBilKomm. Handels- und Steuerrecht. §§ 238 bis 339, 342 bis 342e HGB mit EGHGB und IAS/IFRS-Abweichungen, 6. Aufl., München 2006, S. 956–1010.

*Förschle/Glamm/Mandler* 1998: Förschle, G./Glamm, M./Mandler, U., Internationale Rechnungslegung und Kapitalaufnahmeerleichterungsgesetz, in: DB 51 (1998), S. 2281–2288.

*Förschle/Kropp/Wöste* 1986: Förschle, G./Kropp, M./Wöste, R., Rechnungslegung nach dem Bilanzrichtlinien-Gesetz, Frankfurt a. M. 1986.

*Förster/Döring* 2005: Förster, W./Döring, V., Liquidationsbilanz, 4. Aufl., Köln 2005.

*Freidank* 1982a: Freidank, C.-Chr., Zielsetzungen und Instrumente der Bilanzpolitik bei Aktiengesellschaften, in: DB 35 (1982), S. 337–343.

*Freidank* 1982b: Freidank, C.-Chr., Die Bedeutung von Wertkonventionen und Entscheidungswerten für handels- und steuerrechtliche Jahresabschlußrechnungen, in: DB 35 (1982), S. 409–417.

*Freidank* 1988: Freidank, C.-Chr., Auswirkungen des Umsatzkostenverfahrens auf die Rechnungslegung von Kapitalgesellschaften, in: DB 41 (1988), S. 1609–1617.

*Freidank* 1989: Freidank, C.-Chr., Erfolgsrealisierung bei langfristigen Fertigungsprozessen, in: DB 42 (1989), S. 1197–1204.

*Freidank* 1990a: Freidank, C.-Chr., Entscheidungsmodelle der Rechnungslegungspolitik. Computergestützte Lösungsvorschläge für Kapitalgesellschaften vor dem Hintergrund des Bilanzrichtlinien-Gesetzes, Stuttgart 1990.

*Freidank* 1990b: Freidank, C.-Chr., Einsatzmöglichkeiten simultaner Gleichungssysteme im Bereich der computergestützten Rechnungslegungspolitik, in: ZfB 60 (1990), S. 261–279.

*Freidank* 1992: Freidank, C.-Chr., Finanzielle Verpflichtungen, sonstige, Prüfung, in: Coenenberg, A. G./Von Wysocki, K. (Hrsg.), Handwörterbuch der Revision, 2. Aufl., Stuttgart 1992, Sp. 528–536.

*Freidank* 1993: Freidank, C.-Chr., Anforderungen an bilanzpolitische Expertensysteme als Instrumente der Unternehmensführung, in: WPg 46 (1993), S. 312–323.

*Freidank* 1998a: Freidank, C.-Chr., Zielformulierungen und Modellbildungen im Rahmen der Rechnungslegungspolitik, in: Freidank, C.-Chr. (Hrsg.), Rechnungslegungspolitik. Eine Bestandsaufnahme aus handels- und steuerrechtlicher Sicht, Berlin et al. 1998, S. 85–153.

*Freidank* 1998b: Freidank, C.-Chr., Rechnungslegung und Prüfung ökologischer Sachverhalte, in: Hansmann, K.-W. (Hrsg.), Umweltorientierte Betriebswirtschaftslehre, Wiesbaden 1998, S. 313–366.

*Freidank* 1998c: Freidank, C.-Chr., Jahresabschlussplanung mit Hilfe quantitativer Methoden, in: Bogaschewsky, R./Götze, U. (Hrsg.), Unternehmensplanung und Controlling, Festschrift zum 60. Geburtstag von Jürgen Bloech, Heidelberg 1998, S. 107–143.

*Freidank* 1999: Freidank, C.-Chr., Matrizenmodelle als Hilfsmittel zur Prüfung ergebnisabhängiger Aufwendungen, in: WPg 52 (1999), S. 811–820.

*Freidank* 2000a: Freidank, C.-Chr., Eigenkapital und Ergebnisverwendung der GmbH und der AG, in: StB 51 (2000), S. 84–95.

*Freidank* 2000b: Freidank, C.-Chr., Internationale Rechnungslegungspolitik und Unternehmenswertsteigerung, in: Lachnit, L./Freidank, C.-Chr. (Hrsg.), Investororientierte Unternehmenspublizität. Neue Entwicklungen von Rechnungslegung, Prüfung und Jahresabschlussanalyse, Wiesbaden 2000, S. 5–29.

*Freidank* 2001a: Freidank, C.-Chr., Jahresabschlussoptimierung nach der Steuerreform, in: BB 56 (2001), Beilage 9, S. 1–22.

*Freidank* 2001b: Freidank, C.-Chr., Einfluss des Steuersenkungsgesetzes auf die Ermittlung ergebnisabhängiger Aufwendungen, in: BB 56 (2001), S. 1031–1037.

*Freidank* 2001c: Freidank, C.-Chr., Das deutsche Prüfungswesen unter risikoorientierten und internationalen Reformeinflüssen, in: Freidank, C.-Chr. (Hrsg.), Die deutsche Rechnungslegung und Wirtschaftsprüfung im Umbruch. Festschrift für Wilhelm Theodor Strobel zum 70. Geburtstag, München 2001, S. 245–268.

*Freidank* 2001d: Freidank, C.-Chr., Kostenrechnung. Einführung in die begrifflichen, theoretischen, verrechnungstechnischen sowie planungs- und kontrollorientierten Grundlagen des innerbetrieblichen Rechnungswesens und einem Überblick über neuere Konzepte des Kostenmanagements, 7. Aufl., München/Wien 2001.

*Freidank* 2003a: Freidank, C.-Chr., Auswirkungen der EU-Verordnung auf (nicht) kapitalmarktorientierte Unternehmen, in: Accounting o. Jg. (2003), S. 8–9.

*Freidank* 2003b: Freidank, C.-Chr., Jahresabschlussoptimierung unter Berücksichtigung der International Accounting Standards, in: Controlling 15 (2003), S. 349–360.

*Freidank* 2003c: Freidank, C.-Chr., Die Zukunft der deutschen Rechnungslegung, in: ReVision o. Jg. (2003), Heft III, S. 15–18.

*Freidank* 2004a: Freidank, C.-Chr., Matrizenmodelle als Hilfsmittel zur Prüfung ergebnisabhängiger Aufwendungen bei Kapitalgesellschaften, in: Brösel, G./Kasperzak, R. (Hrsg.), Internationale Rechnungslegung, Prüfung und Analyse, München 2004, S. 447–469.

*Freidank* 2004b: Freidank, C.-Chr., Annual Statement of accounts optimization in consideration of the German tax reform, in: ZP 15 (2004), S. 183–210.

*Freidank/Paetzmann* 2002: Freidank, C.-Chr./Paetzmann, K., Auswahl und Einsatz von Datenmaterial, Analysemethoden sowie externen Beratern zur Vorbereitung von Kreditvergabeentscheidungen. Ergebnisse einer empirischen Untersuchung vor dem Hintergrund von Basel II, in: DB 55 (2002), S. 1785–1789.

*Freidank/Pottgießer* 2003: Freidank, C.-Chr./Pottgießer, G., Die Zukunft der deutschen Rechnungslegung. Unter besonderer Berücksichtigung des Maßnahmenkatalogs der Bundesregierung vom 25. 2. 2003, in: StuB 5 (2003), S. 886–893.

*Freidank/Reibis* 2004a: Freidank, C.-Chr./Reibis, Chr., IT-gestützte Rechnungslegungspolitik auf internationaler Basis, in: Freidank, C.-Chr./Mayer, E. (Hrsg.), Controlling-Konzepte. Neue Strategien und Werkzeuge für die Unternehmenspraxis, Wiesbaden 2004, S. 621–669.

*Freidank/Reibis* 2004b: Freidank, C.-Chr./Reibis, Chr., IT-gestützte Jahresabschlussoptimierung auf internationaler Basis, in: Freidank, C.-Chr. (Hrsg.), Corporate Governance und Controlling, Heidelberg 2004, S. 191–235.

*Freidank/Steinmeyer* 2005: Freidank, C.-Chr./Steinmeyer, V., Fortentwicklung der Lageberichterstattung nach dem BilReG aus betriebswirtschaftlicher Sicht, in: BB 60 (2005), S. 2512–2517.

*Freisleben/Leibfried* 2004: Freisleben, N./Leibfried, P., Warum IAS/IFRS-Abschlüsse nicht (miteinander) vergleichbar sind. Fehlende Detailregelungen, Auswirkungen von US-GAAP und Mangel an Kontrolle, in: KoR 4 (2004), S. 101–109.

*Frotscher/Maas* 2005: Frotscher, G./Maas, E., KStG. UmwStG. Kommentar zum Körperschaft- und Umwandlungssteuergesetz, Freiburg i. B. 2005, Loseblattausgabe (Stand: Oktober 2005).

*Fülbier/Gassen* 1999: Fülbier, R. U./Gassen, J., Wider die Maßgeblichkeit der International Accounting Standards für die steuerliche Gewinnermittlung. Erwiderung zu Oestreicher/Spengel, DB 1999, S. 593–600, in: DB 52 (1999), S. 1511–1513.

*Fülbier/Sellhorn* 2004: Fülbier, R. U./Sellhorn, T., Pensionsverpflichtungen nach IAS 19. Eine beispielorientierte Darstellung, in: StuB 6 (2004), S. 385–394.

*Gabriel/Ernst* 2004: Gabriel, C./Ernst, C. E., Die Entwürfe des Bilanzkontrollgesetzes und des Bilanzrechtsreformgesetzes. Stärkung von Unternehmensintegrität und Anlegerschutz, in: DK 2 (2004), S. 102–109.

*Gannon/Ashwal* 2004: Gannon, D. J./Ashwal, A., Financial Reporting goes global. International standards affect U.S. companies and GAAP, in: JoA 190 (2004), S. 43–47.

*Gassen/Heil* 2001: Gassen, J./Heil, J., Internetpublizität deutscher Unternehmen, in: KoR 1 (2001), S. 38–44.

*Gerl* 1993: Gerl, Chr., Steueroptimale Dotierung der Gewerbesteuerrückstellung ab 1993, in: DStR 31 (1993), S. 141–145.

*Gerpott/Thomas* 2004: Gerpott, T. J./Thomas, S. E., Bilanzierung von Marken nach HGB, DRS, IFRS und US-GAAP, in: DB 57 (2004), S. 2485–2494.

*Gerpott/Thomas* 2005: Gerpott, T. J./Thomas, S. E., Außerbilanzielle Berichterstattung über Marken im Geschäftsbericht nach HGB, DRS, IFRS und US-GAAP, in: DB 58 (2005), S. 2421–2427.

*Gibson* 1983: Gibson, C., Financial Ratios as Perceived by Commercial Loan Officers, in: Akron Business and Economic Review, o. Jg. (1983), S. 23–27.

*Glanegger* 2006: Glanegger, P., Kommentierung zu § 6 EStG, in: Schmidt, L. (Hrsg.), Einkommensteuergesetz. EStG. Kommentar, 25. Aufl., München 2006, S. 466–652.

*Glaum* 2001: Glaum, M., Die Internationalisierung der deutschen Rechnungslegung, in: KoR 1 (2001), S. 124 134.

*Goebel* 1995: Goebel, A., Die Konzernrechnungslegung nach HGB, IAS und US-GAAP. Eine Synopse wesentlicher Unterschiede und Gemeinsamkeiten, in: DB 48 (1995), S. 2489–2492.

*Gordon* 1964: Gordon, M. J., Postulates, Principles and Research in Accounting, in: Accounting Review, o. Jg. (1964), S. 251–263.

*Götze/Bloech* 2005: Götze, U./Bloech, J., Investitionsrechnung. Modelle und Analysen zur Beurteilung von Investitionsvorhaben, 4. Aufl., Berlin et al. 2005.

*Gräfer/Sorgenfrei* 2004: Gräfer, H./Sorgenfrei, Chr., Rechnungslegung, Bilanzierung und Bewertung nach HGB/IAS/IFRS, 3. Aufl., Herne/Berlin 2004.

*Gratz* 1982: Gratz, K., Grundprobleme individueller und kollektiver Steuerplanung. Anwendungsbereiche und Lösungsverfahren unternehmerischer Steuergestaltung, Berlin 1982.

*Graumann* 2004a: Graumann, M., Standardsetter im Internationalisierungsprozess der Rechnungslegung. Die Akteure bei der Entstehung und Übernahme der IFRS, in: BBK o. Jg. (2004), Fach 20, S. 787–796.

*Graumann* 2004b: Graumann, M., Bilanzierung der Sachanlagen nach IAS. Ansatz und Zugangsbewertung, in: StuB 6 (2004), S. 709–717.

*Gross/Steiner* 2004: Gross, G./Steiner, E., IFRS für Small & Medium-Sized Entities? Zum Diskussionsvorschlag des IASB für Rechnungslegungsstandards für kleine und mittlere Unternehmen, in: StuB 6 (2004), S. 875–879.

*Großfeld* 2004: Großfeld, B., Adolf Moxter. Brückenbauer zwischen Wirtschaft und Recht, in: BB 59 (2004), S. 2174–2179.

*Grotherr* 2000: Grotherr, S., Einfluss des Steuerentlastungsgesetzes 1999/2000/2002 auf die handelsrechtliche Rechnungslegung, in: Lachnit, L./Freidank, C.-Chr. (Hrsg.), Investororientierte Unternehmenspublizität. Neue Entwicklungen von Rechnungslegung, Prüfung und Jahresabschlussanalyse, Wiesbaden 2000, S. 256–297.

*Grotherr* 2003: Grotherr, S., Die Diskussion des Maßgeblichkeitsprinzips in der Bundesrepublik Deutschland, in: Bertl, R./Egger, A./Gassner, W./Lang, M./Nowotny, Chr. (Hrsg.), Die Maßgeblichkeit der handelsrechtlichen Gewinnermittlung für das Steuerrecht. Gestaltungsmöglichkeiten in der Praxis, Wien 2003, S. 221–266.

*Grotherr/Jorewitz* 2001: Grotherr, S./Jorewitz, G., Einflüsse der internationalen Rechnungslegung auf das zukünftige deutsche Bilanzsteuerrecht, in: Freidank, C.-Chr. (Hrsg.), Die deutsche Rechnungslegung und Wirtschaftsprüfung im Umbruch. Festschrift für Wilhelm Theodor Strobel zum 70. Geburtstag, München 2001, S. 123–153.

*Günther* 1980: Günther, R., Ermittlung der Grenzsteuersatzzuwachsraten – Ein Verfahren zur Ertragsteuerplanung, in: StuW 57 (1980), S. 31–50.

*Gutenberg* 1983: Gutenberg, E., Grundlagen der Betriebswirtschaftslehre: Die Produktion, 1. Bd, 24. Aufl., Berlin/Heidelberg/New York 1983.

*Haaker* 2005: Haaker, A., Das Wahrscheinlichkeitsproblem bei der Rückstellungsbilanzierung nach IAS 37 und IFRS 3. Eine Analyse der Regelungen im Hinblick auf die Erfüllung des Informationszwecks, in: KoR 5 (2005), S. 8–15.

*Haase* 1986: Haase, K. D., Steuerpolitik einer personenbezogenen Kapitalgesellschaft, in: DB 39 (1986), S. 1–6.

*Haberstock* 1976: Haberstock, L., Die Steuerplanung der internationalen Unternehmung, Wiesbaden 1976.

*Haberstock* 1982: Haberstock, L., Grundzüge der Kosten- und Erfolgsrechnung, 3. Aufl., München 1982.

*Haberstock* 1984: Haberstock, L., Quo vadis, Steuerbilanzpolitik?, in: ZfbF 36 (1984), S. 464–482.

*Hacker* 2003a: Hacker, B., Segmentberichterstattung im internationalen Vergleich, in: BuW 57 (2003), S. 50–54.

*Hacker* 2003b: Hacker, B., Zum Nutzen des Value Reporting mit Segmentberichten, in: DStR 41 (2003), S. 1270–1272.

*Haegert* 1971: Haegert, L., Der Einfluß der Steuern auf das optimale Investitions- und Finanzierungsprogramm, Wiesbaden 1971.

*Hahn* 2003: Hahn, K., Die neuen Stellschrauben der Bilanzpolitik. Bilanzpolitische Weichenstellungen in der IAS/IFRS-Eröffnungsbilanz, in: BC 27 (2003), S. 245–249.

*Hahn* 2004: Hahn, K., Polierte Bilanzen zum Jahreswechsel, in: FAZ 56 (2004) 285 vom 06.12.2004, S. 20.

*Hahn/Schneider* 1998: Hahn, K./Schneider, W., Simultane Modelle der handelsrechtlichen Bilanzpolitik von Kapitalgesellschaften unter besonderer Berücksichtigung der Internationalisierung der Rechnungslegung, in: Freidank, C.-Chr. (Hrsg.), Rechnungslegungspolitik. Eine Bestandsaufnahme aus handels- und steuerrechtlicher Sicht, Berlin et al. 1998, S. 333–400.

*Hakelmacher* 2002: Hakelmacher, S., Standard und Stunt-Art. Kunststücke zeitgemäßer Rechnungslegung, in: WPg 55 (2002), S. 169–177.

*Halbinger* 1980: Halbinger, J., Erfolgsausweispolitik. Eine empirische Untersuchung zum bilanzpolitischen Verhalten deutscher Aktiengesellschaften, Berlin 1980.

*Haller* 1998: Haller, A., Wertschöpfungsrechnung, in: DBW 58 (1998), S. 261–265.

*Haller* 2003: Haller, A., IFRS für alle Unternehmen. Ein realisierbares Szenario in der Europäischen Union?, in: KoR 3 (2003), S. 413–424.

*Haller/Eierle* 2004: Haller, A./Eierle, B., Accounting Standards for Small and Medium-sized Entities. Erste Weichenstellungen durch das IASB, in: BB 59 (2004), S. 1838–1845.

*Hannich* 2004: Hannich, M., International Financial Reporting Standards. Stand der Umsetzung in Deutschland. Ergebnisse einer KPMG-Umfrage im September 2004 unter den CDAX-Unternehmen, in: FB 6 (2004), S. 800–802.

*Happe* 2002: Happe, R., Rückstellungen im internationalen Vergleich. HGB. US-GAAP. IAS (IFRS), in: DSWR 31 (2002), S. 365–367.

*Harder* 1962: Harder, U., Bilanzpolitik. Wesen und Methoden der taktischen Beeinflussung von handels- und steuerrechtlichen Jahresabschlüssen, Wiesbaden 1962.

*Hartmann* 1998: Hartmann, U., Die Ausrichtung der Rechnungslegung an internationale Standards, in: WPg 51 (1998), S. 259–268.

*Hauschildt* 1977: Hauschildt, J., Entscheidungsziele. Zielbildung in innovativen Entscheidungsprozessen: Theoretische Ansätze und empirische Prüfung, Tübingen 1977.

*Hauschildt* 1993: Hauschildt, J., Cash Flow-Analyse, in: Wittmann, W. et al. (Hrsg.), Handwörterbuch der Betriebswirtschaft, Teilband 1, 5. Aufl., Stuttgart 1993, Sp. 637–647.

*Hauser/Meurer* 1998: Hauser, H./Meurer, I., Die Maßgeblichkeit der Handelsbilanz im Lichte neuer Entwicklungen, in WPg 51 (1998), S. 269–280.

*Hayn* 1994: Hayn, S., Die International Accounting Standards. Ihre grundlegende Bedeutung sowie eine Darstellung wesentlicher Unterschiede zu den einzelgesellschaftlichen Normen des HGB (Teil I und II), in: WPg 47 (1994), S. 713–721 u. 749–755.

*Hayn* 2004: Hayn, S., Synopse HGB/IFRS, in: Castan, E./Böcking, H.-J./Heymann, G./Pfitzer, N./Scheffler, E. (Hrsg.), Beck'sches Handbuch der Rechnungslegung, Bd. III, München 2004, Loseblattausgabe (Stand: Dezember 2005), S. 1–54.

*Hayn/Hold-Paetsch* 2005: Hayn, S./Hold-Paetsch, Chr., Bilanzpolitische Gestaltungsmöglichkeiten und ihre Grenzen bei der Abschlusserstellung nach IAS/IFRS, in: Freidank., C.-Chr. (Hrsg.), Bilanzreform und Bilanzdelikte, Wiesbaden 2005, S. 41–65.

*Hayn/Matena* 2004: Hayn, S./Matena, S., Prüfung des Value Reporting durch den Abschlussprüfer, in: Freidank, C.-Chr. (Hrsg.), Reform der Rechnungslegung und Corporate Governance in Deutschland und Europa, Wiesbaden 2004, S. 321–345.

*Hayn/Waldersee* 2004: Hayn, S./Waldersee, G. Graf, IFRS/US-GAAP/HGB im Vergleich. Synoptische Darstellung für den Einzel und Konzernabschluss, 5. Aufl., Stuttgart 2004.

*Heidemann/Sickmann* 2003: Heidemann, Chr./Sickmann, E., Die Rechnungslegung nach 2004. Übergang vom HGB zu den IAS. Ein Rückblick auf das 19. Münsterische Tagesgespräch am 22.5.2003, in: StuB 5 (2003), S. 652–655.

*Heiden* 2004: Heiden, S. a. d., »Kosten überfordern den Mittelstand«, in: MuM o. Jg. (2004), S. 54–56.

*Heigl* 1971: Heigl, A., Bedingungen der unternehmerischen Steuerplanung, in: StuW 48 (1971), S. 127–138.

*Heigl/Melcher* 1974: Heigl, A./Melcher, G.-H., Betriebliche Steuerpolitik. Ertragsteuerplanung, Köln 1974.

*Heinen* 1994: Heinen, E., Handelsbilanzen, 13. Aufl., Wiesbaden 1994.

*Heinhold* 1979: Heinhold, M., Betriebliche Steuerplanung mit quantitativen Methoden, München 1979.

*Heinhold* 1981: Heinhold, M., Operations-Research-Modelle in der Betrieblichen Ertragsteuerplanung – Übersichtsaufsatz, in: ZOR 25 (1981), S. B 213 B 241.

*Heinhold* 1982: Heinhold, M., Ein Ansatz zur simultanen Planung von Gewinnausweis, Gewinnausschüttung und Wiedereinlage, in: ZfB 52 (1982), S. 846–861.

*Heinhold* 1984a: Heinhold, M., Bilanzpolitik. Wesen, Ziele und Stellung in der Unternehmensplanung, in: WiSt 13 (1984), S. 388–391.

*Heinhold* 1984b: Heinhold, M., Instrumente der unternehmerischen Bilanzpolitik, in: WiSt 13 (1984), S. 449–454.

*Heinhold* 1985: Heinhold, M., Neuere Methoden der Steuerplanung in Unternehmen, in: DSWR o. Jg. (1985), Sonderheft, S. 47–58.

*Heinicke* 2006: Heinicke, W., Kommentierung zu § 4 EStG, in: Schmidt, L. (Hrsg.), Einkommensteuergesetz. EStG. Kommentar, 25. Aufl., München 2006, S. 142–305.

*Heno* 2004: Heno, R., Jahresabschluss nach Handelsrecht, Steuerrecht und internationalen Standards (IAS/IFRS), 4. Aufl., Heidelberg 2004.

*Hermann/Bernhard* 2003: Hermann, T./Bernhard, M., IFRS wälzen die Rechnungslegung um. Bericht vom 2. IFRS-Kongress in Berlin, in: KoR 3 (2003), S. 579–580.

*Herzig* 2002: Herzig, N., Maßgeblichkeit und Umkehrmaßgeblichkeit, in: Ballwieser, W./Coenenberg, A. G./Von Wysocki, K. (Hrsg.), HWRP, 3. Aufl., Stuttgart 2002, Sp. 1536–1546.

*Herzig* 2004: Herzig, N., Internationalisierung der Rechnungslegung und steuerliche Gewinnermittlung, in: Küting, K./Pfitzer, N./Weber, C.-P. (Hrsg.), Herausforderungen und Chancen durch weltweite Rechnungslegungsstandards. Kapitalmarktorientierte Rechnungslegung und integrierte Unternehmenssteuerung, Stuttgart 2004, S. 173–201.

*Herzig/Gellrich/Jensen-Nissen* 2004: Herzig, N./Gellrich, K. M./Jensen-Nissen, L., IAS/IFRS und steuerliche Gewinnermittlung, in: BFuP 56 (2004), S. 550–577.

*Herzig/Rieck* 1998: Herzig, N./Rieck, U., Die Rückstellung für drohende Verluste aus schwebenden Geschäften im Steuerrecht – Übergangsfragen und Grundsätzliches, in: BB 53 (1998), S. 311–315.

*Heumann* 2005: Heumann, R., Value Reporting in IFRS-Abschlüssen und Lageberichten, Düsseldorf 2005.

*Hey* 2005: Hey, J., in: Tipke, K./Lang, J. (Hrsg.), Steuerrecht, 18. Aufl., Köln 2005, S. 689.

*Heyd* 2001: Heyd, R., Internationale Rechnungslegungsnormen in Deutschland. Erschwert das Maßgeblichkeitsprinzip ihre Anwendung?, in: ZfB 71 (2001), S. 371–392.

*Hilke* 2002: Hilke, W., Bilanzpolitik. Jahresabschluss nach Handels- und Steuerrecht. Mit Aufgaben und Lösungen, 6. Aufl., Wiesbaden 2002.

*Hinz* 1994a: Hinz, M., Sachverhaltsgestaltungen im Rahmen der Jahresabschlusspolitik, Düsseldorf 1994.

*Hinz* 1994b: Hinz, M., Pensionsverpflichtungen als Gestaltungsparameter der Jahresabschlusspolitik, in DStR 32 (1994), S. 1168–1173.

*Hladjk* 2000: Hladjk, I., Internationale Rechnungslegung nach HGB, US-GAAP und IAS, in: SteuerStud 21 (2000), S. 318–322.

*Hoffmann* 1996: Hoffmann, M. K., Einsatz von Sachverhaltsgestaltungen zur Ausschöpfung des jahresabschlusspolitischen Potentials sachverhaltsabbildender Aktionsparameter, in: DB 49 (1996), S. 1245–1251.

*Hoffmann* 2000a: Hoffmann, W.-D., Eigenkapitalausweis und Ergebnisverwendung nach Maßgabe des KapCoRiLiG, in: DStR 38 (2000), S. 837–844.

*Hoffmann* 2000b: Hoffmann, W.-D., Die ökonomischen Grenzen der Aussagekraft einer Bilanz, in: StuB 2 (2000), S. 822–828.

*Hoffmann/Lüdenbach* 2002: Hoffmann, W.-D./Lüdenbach, N., Beschreiten wir bei der Internationalisierung der Rechnungslegung den Königsweg?, in: DStR 40 (2002), S. 871–878.

*Hommel/Schneider* 2004: Hommel, U./Schneider, H., Die Bedeutung der Hausbankbeziehung für die Finanzierung des Mittelstands. Empirische Untersuchungen und Implikationen, in: FB 6 (2004), S. 577–584.

*Hommel/Wüstemann* 2005: Hommel, M./Wüstemann, J., Synopse der Rechnungslegung nach HGB und IFRS. Eine qualitative Gegenüberstellung, München 2005.

*Hommel/Benkel/Wich* 2004: Hommel, M./Benkel, M./Wich, S., IFRS 3 Business Combinations. Neue Unwägbarkeiten im Jahresabschluss, in: BB 59 (2004), S. 1267–1273.

*Hopt* 2006: Hopt, K.J., in: Baumbach, A./Hopt, K.J., Handelsgesetzbuch mit GmbH & Co., Handelsklauseln, Bank- und Börsenrecht, Transportrecht (ohne Seerecht). Kommentar, 32. Aufl., München 2006.

*Horn* 1996: Horn, N., Kommentierung zu § 168, 169 HGB, in: Heymann, E./Horn, N., Handelsgesetzbuch (ohne Seerecht). Kommentar, Bd. 2, 2. Aufl., Berlin/New York 1996, S. 55 und 558.

*Hostettler* 1995: Hostettler, S., Economic Value Added als neues Führungsinstrument, in: ST 69 (1995), S. 307–315.

*Hostettler* 2002: Hostettler, S., Economic Value Added. Darstellung und Anwendung auf Schweizer Aktiengesellschaften, 5. Aufl., Bern/Stuttgart/Wien 2002.

*Hostettler* 2003: Hostettler, S., Economic Value Added. Lektionen aus der Praxis. Das EVA-Konzept richtig eingesetzt als Grundlage einer effektiven finanziellen Corporate Governance, in: ST 77 (2003), S. 117–122.

*Hoyos/Fischer* 2006: Hoyos, M./Fischer, N., Kommentierung zu § 274 HGB Steuerabgrenzung, in: Ellrott, H./Förschle, G./Hoyos, M./Winkeljohann, N. (Hrsg.), BeckBilKomm. Handels- und Steuerrecht. §§ 238 bis 339, 342 bis 342e HGB mit EGHGB und IAS/IFRS-Abweichungen, 6. Aufl., München 2006, S. 1035–1056.

*Hoyos/Gutike* 2006: Hoyos, M./Gutike, H.-J., Kommentierung zu § 266 HGB Gliederung der Bilanz, in: Ellrott, H./Förschle, G./Hoyos, M./Winkeljohann, N. (Hrsg.), BeckBilKomm. Handels- und Steuerrecht. §§ 238 bis 339, 342 bis 342e HGB mit EGHGB und IAS/IFRS-Abweichungen, 6. Aufl., München 2006, S. 825–840.

*Hoyos/Huber* 2006: Hoyos, M./Huber, F., Kommentierung zu § 268 HGB, in: Ellrott, H./Förschle, G./Hoyos, M./Winkeljohann, N. (Hrsg.), BeckBilKomm. Handels- und Steuerrecht. §§ 238 bis 339, 342 bis 342e HGB mit EGHGB und IAS/IFRS-Abweichungen, 6. Aufl., München 2006, S. 889–899.

*Hoyos/Ring* 2006a: Hoyos, M./Ring, M., Kommentierung zu § 249 HGB Rückstellungen, in: Ellrott, H./Förschle, G./Hoyos, M./Winkeljohann, N. (Hrsg.), BeckBilKomm. Handels- und Steuerrecht. §§ 238 bis 339, 342 bis 342e HGB mit EGHGB und IAS/IFRS-Abweichungen, 6. Aufl., München 2006, S. 249–315.

*Hoyos/Ring* 2006b: Hoyos, M./Ring, M., Kommentierung zu § 253 HGB, in: Ellrott, H./Förschle, G./ Hoyos, M./Winkeljohann, N. (Hrsg.), BeckBilKomm. Handels- und Steuerrecht. §§ 238 bis 339, 342 bis 342e HGB mit EGHGB und IAS/IFRS-Abweichungen, 6. Aufl., München 2006, S. 440–467.

*Hoyos/Ring* 2006c: Hoyos, M./Ring, M., Kommentierung zu § 266 HGB, in: Ellrott, H./Förschle, G./ Hoyos, M./Winkeljohann, N. (Hrsg.), BeckBilKomm. Handels- und Steuerrecht. §§ 238 bis 339, 342 bis 342e HGB mit EGHGB und IAS/IFRS-Abweichungen, 6. Aufl., München 2006, S. 856–865.

*Hoyos/Schramm/Ring* 2006: Hoyos, M./Schramm, M./Ring, M., Kommentierung zu § 253 HGB Wertansätze der Vermögensgegenstände und Schulden, in: Ellrott, H./Förschle, G./Hoyos, M./Winkeljohann, N. (Hrsg.), BeckBilKomm. Handels- und Steuerrecht. §§ 238 bis 339, 342 bis 342e HGB mit EGHGB und IAS/IFRS-Abweichungen, 6. Aufl., München 2006, S. 424–440, 467–514.

*Hüttche* 2002: Hüttche, T., IAS für den Mittelstand. Light, little oder gar nicht?, in: BB 57 (2002), S. 1804–1806.

*Hüttche* 2004: Hüttche, T., Der deutsche IAS-Einzelabschluss. Wolf im Schafspelz oder Papiertiger?, in: DStR 42 (2004), S. 1189–1192.

*Jääskeläinen* 1966: Jääskeläinen, V., Optimal Financing and Tax Policy of the Corporation, Publications of the Helsinki Research Institute for Business Economics 31, Helsinki 1966.

*Jacobs* 1990: Jacobs, O.H., Konzeption und Implementierung von Expertensystemen zur Bilanzpolitik, in: ZfB 60 (1990), S. 227–246.

*Jacobs/Dyck/Zimmerer* 1988: Jacobs, O.H./Dyck, K.-H./Zimmerer, M., Expertensysteme zur Bilanzpolitik ein Kooperationsprojekt zwischen Universität und DATEV, in: DSWR 15 (1988), S. 93–105.

*Jebens* 2003a: Jebens, C.T., Was bringen die IFRS oder IAS dem Mittelstand?, in: DB 56 (2003), S. 2345–2350.

*Jebens* 2003b: Jebens, C.T., IAS kompakt. Leitfaden für die Umstellung im Unternehmen, Stuttgart 2003.

*Jödicke/Weinreis* 2004: Jödicke, D./Weinreis, M., IFRS-Forum. Letzte Weichenstellungen vor der IFRS-Erstanwendung 2005, in: KoR 4 (2004), S. 367–370.

*Johänngten-Holthoff* 1985: Johänngten-Holthoff, M., Entscheidungsmodell der Jahresabschlußgestaltung für Publikumsaktiengesellschaften, Köln 1985.

*Kahle* 2002a: Kahle, H., Maßgeblichkeitsgrundsatz auf Basis der IAS?, in: WPg 55 (2002), S. 178–188.

*Kahle* 2002b: Kahle, H., Informationsversorgung des Kapitalmarkts über internationale Rechnungslegungsstandards, in: KoR 2 (2002), S. 95–107.

*Kahle* 2002c: Kahle, H., Bilanzieller Gläubigerschutz und internationale Rechnungslegungsstandards, in: ZfB 72 (2002), S. 695–711.

*Kahle* 2003a: Kahle, H., Zur Zukunft der Rechnungslegung in Deutschland. IAS im Einzel- und Konzernabschluss?, in: WPg 56 (2003), S. 262–275.

*Kahle* 2003b: Kahle, H., Unternehmenssteuerung auf Basis internationaler Rechnungslegungsstandards, in: ZfbF 55 (2003), S. 773–789.

*Karrenbauer/Döring/Buchholz* 2003: Karrenbauer, K./Döring, G./Buchholz, R., Kommentierung zu § 253 HGB Wertansätze der Vermögensgegenstände und Schulden, in: Küting, K./Weber, C.-P. (Hrsg.), Handbuch der Rechnungslegung. Einzelabschluss. Kommentar zur Bilanzierung und Prüfung, Bd. 2, 5, Aufl., Stuttgart 2003, Loseblattausgabe (Stand: September 2005), S. 1–114.

*Kerth/Wolf* 1993: Kerth, A./Wolf, J., Bilanzanalyse und Bilanzpolitik, 2. Aufl., München/Wien 1993.

*Kirsch* 2003a: Kirsch, H.-J., Zur Frage der Umsetzung der Mitgliedstaatenwahlrechte der EU-Verordnung zur Anwendung der IAS/IFRS, in: WPg 56 (2003), S. 275–278.

*Kirsch* 2003b: Kirsch, H., Latente Steuern, in: Castan, E./Böcking, H.-J./Heymann, G./Pfitzer, N./Scheffler, E. (Hrsg.), Beck'sches Handbuch der Rechnungslegung, Bd. I, München 2003, Loseblattausgabe (Stand: Dezember 2005), S. 1–56.

*Kirsch* 2003c: Kirsch, H., Gestaltungspotenzial durch verdeckte Bilanzierungswahlrechte nach IAS/IFRS, in: BB 58 (2003), S. 1111–1116.

*Kirsch* 2004a: Kirsch, H., Bedeutung der Maßgeblichkeit bei fortschreitender Internationalisierung der Rechnungslegung, in: BuW 58 (2004), S. 221–227.

*Kirsch* 2004b: Kirsch, H., Besonderheiten der bestandsorientierten Liquiditätsanalyse nach IAS/IFRS, in: DStR 42 (2004), S. 1014–1020.

*Kirsch* 2004c: Kirsch, H., Rentabilitätsanalysen auf Basis eines IAS/IFRS-Abschlusses, in: BB 59 (2004), S. 261–267.

*Kirsch* 2004d: Kirsch, H., Zukunft der HGB-Rechnungslegung und des steuerlichen Maßgeblichkeitsprinzips im Zeitalter der IFRS-Rechnungslegung?, in: DStZ 92 (2004), S. 470–476.

*Kirsch/Steinhauer* 2004: Kirsch, H.-J./Steinhauer, L., Zum Einfluss der internationalen Rechnungslegung auf das Controlling, in: Freidank, C.-Chr. (Hrsg.), Corporate Governance und Controlling, Heidelberg 2004, S. 169–190.

*Kissner* 2002: Kissner, W., Die zivilrechtliche Verantwortlichkeit für Ad-hoc-Mitteilungen, Hamburg 2002.

*Klatte* 2000: Klatte, V., Das Eigenkapital im Jahresabschluss der GmbH & Co. KG nach dem KapCoRiLiG, in: StuB 2 (2000), S. 645–652.

*Kleekämper/König* 2000: Kleekämper, H./König, S., Die Internationalisierung der deutschen Rechnungslegung, in: DStR 38 (2000), S. 569–572.

*Kley* 2001: Kley, K.-L., Die Fair-Value-Bilanzierung in der Rechnungslegung nach den International Accounting Standards (IAS), in: DB 54 (2001), S. 2257–2262.

*Kloock* 1989: Kloock, J., Bilanzpolitik und Maßgeblichkeit aus handelsrechtlicher Sicht, in: BFuP 41 (1989), S. 141–158.

*Kloock* 1996: Kloock, J., Bilanz- und Erfolgsrechnung, 3. Aufl., Düsseldorf 1996.

*Kloock et al.* 2005: Kloock, J./Sieben, G./Schildbach, Th./Homburg, C., Kosten- und Leistungsrechnung, 9. Aufl., Stuttgart 2005.

*Knop* 2003: Knop, K., Kommentierung zu § 240 HGB Inventar, in: Küting, K./Weber, C.-P. (Hrsg.), Handbuch der Rechnungslegung. Einzelabschluss. Kommentar zur Bilanzierung und Prüfung, Bd. 1, 5. Aufl., Stuttgart 2003, Loseblattausgabe (Stand: September 2005), S. 1–34.

*Knop* 2005: Knop, K., Kommentierung zu § 267 HGB Umschreibung der Größenklassen, in: Küting, K./Weber, C.-P. (Hrsg.), Handbuch der Rechnungslegung. Einzelabschluss. Kommentar zur Bilanzierung und Prüfung, Bd. 2, 5. Aufl., Stuttgart 2005, Loseblattausgabe (Stand: September 2005), S. 1–12.

*Knop/Küting* 2003: Knop, K./Küting, K., Kommentierung zu § 255 HGB Anschaffungs- und Herstellungskosten, in: Küting, K./Weber, C.-P. (Hrsg.), Handbuch der Rechnungslegung. Einzelabschluss. Kommentar zur Bilanzierung und Prüfung, Bd. 2, 5. Aufl., Stuttgart 2003, Loseblattausgabe (Stand: September 2005), S. 1–151.

*Knorr* 2001: Knorr, L., Zwischenberichterstattung, in: BFuP 53 (2001), S. 1–6.

*Knorr/Wittich* 2002: Knorr, L./Wittich, A., Kapitalflussrechnung, Segmentberichterstattung und Zwischenberichterstattung, in: DSWR 31 (2002), S. 375–378.

*Koch* 1993: Koch, H., Planungssysteme, in: Wittmann, W. (Hrsg.), Handwörterbuch der Betriebswirtschaft, 5. Aufl., Teilband 2, Stuttgart 1993, Sp. 3251–3262.

*Köhler et al.* 2003: Köhler, A. G./Marten, K.-U./Schlereth, D./Crampton, A., Praxisbefragung. Erfahrungen von Unternehmen bei der Umstellung der Rechnungslegung von HGB auf IAS/IFRS oder US-GAAP, in: BB 58 (2003), S. 2615–2621.

*Kölpin* 2000: Kölpin, G., Maßgeblichkeit der Handelsbilanz für die Steuerbilanz. Ende der Einheitsbilanz durch das StEntlG 1999/2000/2002, in: BBK o. Jg. (2000), Fach 13, S. 4261–4270.

*König/Kunkel/Stegmair* 1992: König, R. J./Kunkel, P./Stegmair, W., Auswirkungen der Einführung des Staffeltarifs bei der Gewerbeertragsteuer, in: DStR 32 (1992), S. 922–927.

*Korth* 2004: Korth, M. H., Der deutsche Patient HGB, in: Steuerjournal o. Jg. (2004), Sonderheft zum 27. Deutschen Steuerberatertag, Hamburg 2004, S. 10–12.

*Kosiol* 1979: Kosiol, E., Kosten- und Leistungsrechnung. Grundlagen. Verfahren. Anwendung, Berlin/New York 1979.

*Köthner* 2004a: Köthner, R., Value Reporting als neues Rechnungslegungsinstrument. Dargestellt am Beispiel der DaimlerChrysler AG, in: Freidank, C.-Chr. (Hrsg.), Reform der Rechnungslegung und Corporate Governance in Deutschland und Europa, Wiesbaden 2004, S. 299–317.

*Köthner* 2004b: Köthner, R., IFRS. Chance oder Bürde? Umstellung aus Sicht eines US-GAAP-Anwenders am Beispiel DaimlerChrysler, in: Küting, K./Pfitzer, N./Weber, C.-P. (Hrsg.), Herausforderungen und Chancen durch weltweite Rechnungslegungsstandards. Kapitalmarktorientierte Rechnungslegung und integrierte Unternehmenssteuerung, Stuttgart 2004, S. 149–170.

*Kottke* 1978a: Kottke, K., Bilanzstrategie und Steuertaktik. Der Einsatz steuerbilanzpolitischer sowie sonstiger Mittel zur Erreichung unternehmerischer Zielsetzungen, 3. Aufl., Herne/Berlin 1978.

*Kottke* 1978b: Kottke, K., Die Wahl des Bilanzstichtages als bilanz- und steuertaktisches Instrument, in: DB 31 (1978), S. 501–506.

*KPMG (Hrsg.)* 2004a: KPMG Deutsche Treuhand-Gesellschaft (Hrsg.), International Financial Reporting Standards. Einführung in die Rechnungslegung nach den Grundsätzen des IASB, 3. Aufl., Stuttgart 2004.

*KPMG (Hrsg.)* 2004b: KPMG Deutsche Treuhand-Gesellschaft. (Hrsg.), IFRS aktuell. Neuregelungen 2004. IFRS 1 bis 5. Improvement Project. Amendments IAS 32 und 39, Stuttgart 2004.

*Krauß* 1987: Krauß, S. O., Integrierte Handels- und Steuerbilanzpolitik. Ein computergestütztes Mehrperioden-Entscheidungsmodell bei mehrfacher Zielsetzung, Kiel 1987.

*Krawitz* 1997: Krawitz, N., Die bilanzielle Behandlung der langfristigen Auftragsfertigung und Reformüberlegungen unter Berücksichtigung internationaler Entwicklungen, in: DStR 35 (1997), S. 886–894.

*Krawitz* 2001: Krawitz, N., Die Rechnungslegungsvorschriften nach HGB, IAS und US-GAAP im kritischen Vergleich, in: StuB 3 (2001), S. 629–633 u. 733–744.

*Krawitz* 2005: Krawitz, N., Anhang und Lagebericht nach IFRS. Prinzipien, Anforderungen, Strukturierung, München 2005.

*Kremin-Buch* 2003: Kremin-Buch, B., Internationale Rechnungslegung. Jahresabschluss nach HGB, IAS und US-GAAP. Grundlagen. Vergleiche. Fallbeispiele, 3. Aufl., Wiesbaden 2003.

*Krog* 1998a: Krog, M., Rechnungslegungspolitik im internationalen Vergleich. Eine modellorientierte Analyse, Landsberg am Lech 1998.

*Krog* 1998b: Krog, M., Einsatzmöglichkeiten mathematischer Optimierungsmodelle für die internationale Rechnungslegungspolitik, in: Freidank, C.-Chr. (Hrsg.), Rechnungslegungspolitik. Eine Bestandsaufnahme aus handels- und steuerrechtlicher Sicht, Berlin et al. 1998, S. 273–332.

*Kümpel* 2004: Kümpel, Th., Abschied vom bilanziellen Gläubigerschutz ab 2005?, in: DSWR 33 (2004), S. 239–241.

*Kupsch* 1979: Kupsch, P., Unternehmensziele, Stuttgart/New York 1979.

*Kußmaul* 2000a: Kußmaul, H., Grundlagen für die internationale Rechnungslegung, in: StB 51 (2000), S. 342–349.

*Kußmaul* 2000b: Kußmaul, H., Internationale Rechnungslegungssysteme im Vergleich. Grundstrukturen, Zielsetzungen und Bedeutung, in: StB 51 (2000), S. 383–386.

*Kußmaul* 2001: Kußmaul, H., Die Kameralistik, in: StB 52 (2001), S. 133–138 und S. 175–179.

*Kußmaul* 2005: Kußmaul, H., Betriebswirtschaftslehre für Existenzgründer. Grundlagen mit Fallbeispielen und Fragen der Existenzgründungspraxis, 4. Aufl., München 2005.

*Kußmaul* 2006: Kußmaul, H., Betriebswirtschaftliche Steuerlehre, 4. Aufl., München 2006.

*Kußmaul/Klein* 2001: Kußmaul, H./Klein, N., Überlegungen zum Maßgeblichkeitsprinzip im Kontext jüngerer nationaler sowie internationaler Entwicklungen, in: DStR 39 (2001), S. 546–550.

*Küting* 1989: Küting, K., Zur Problematik der steuerrechtlichen Abschreibung gem. § 254 HGB, in: John, G. (Hrsg.), Besteuerung und Unternehmenspolitik. Festschrift für Günter Wöhe zum 65. Geburtstag, München 1989, S. 205–225.

*Küting* 1993: Küting, K., Europäisches Bilanzrecht und Internationalisierung der Rechnungslegung, in: BB 48 (1993), S. 30–39.

*Küting* 1996: Küting, K., Das Spannungsverhältnis zwischen Bilanzpolitik und Bilanzanalyse. Zur Interdependenz von Jahresabschlußgestaltung und Jahresabschlußbeurteilung, in: DStR 34 (1996), S. 934–944.

*Küting* 1997: Küting, K., Der Wahrheitsgehalt deutscher Bilanzen, in: DStR 35 (1997), S. 84–91.

*Küting* 2000a: Küting, K., Perspektiven der Rechnungslegung. Auf dem Weg zu einem umfassenden Business Reporting, in: BB 55 (2000), S. 451–457.

*Küting* 2000b: Küting, K., Die Rechnungslegung in Deutschland an der Schwelle zu einem neuen Jahrtausend. Bestandsaufnahme und Ausblick, in: DStR 38 (2000), S. 38–44.

*Küting* 2004a: Küting, K., Bilanzpolitik, in: Küting, K. (Hrsg.), Saarbrücker Handbuch der Betriebswirtschaftlichen Beratung, 3. Aufl., Herne/Berlin 2004, S. 591–670.

*Küting* 2004b: Küting, K., Saarbrücker Thesen zur Fortentwicklung des deutschen Bilanzrechts, in: BB 59 (2004), Die erste Seite zu Heft 23/04, S. I.

*Küting* 2004c: Küting, K., Die Bilanzierung im Umbruch. Einführungsreferat zum Experten-Streitgespräch in Saarbrücken am 30.6.2004, in: StuB 6 (2004), S. 683–686.

*Küting* 2004d: Küting, K., Herausforderungen und Chancen durch weltweite Rechnungslegungsstandards. Eröffnungsrede anlässlich der 7. Fachtagung am 20./21. November 2003 in Frankfurt a. M., in: Küting, K./Pfitzer, N./Weber, C.-P. (Hrsg.), Herausforderungen und Chancen durch weltweite Rechnungslegungsstandards. Kapitalmarktorientierte Rechnungslegung und integrierte Unternehmenssteuerung, Stuttgart 2004, S. 1–9.

*Küting/Dürr* 2003: Küting, K./Dürr, U., »Intangibles« in der deutschen Bilanzierungspraxis, in: StuB 5 (2003), S. 1–5.

*Küting/Lorson* 1998a: Küting, K./Lorson, P., Anmerkungen zum Spannungsfeld zwischen externen Zielgrößen und internen Steuerungsinstrumenten, in: BB 51 (1998), S. 469–475.

*Küting/Lorson* 1998b: Küting, K./Lorson, P., Konvergenz von internem und externem Rechnungswesen: Anmerkungen zur Strategie und Konfliktfeldern, in: WPg 51 (1998), S. 483–493.

*Küting/Ranker* 2004: Küting, K./Ranker, D., Tendenzen zur Auslegung der endorsed IFRS als sekundäres Gemeinschaftsrecht, in: BB 59 (2004), S. 2510–2515.

*Küting/Weber* 1987: Küting, K./Weber, C.-P., Bilanzanalyse und Bilanzpolitik nach neuem Bilanzrecht, Stuttgart 1987.

*Küting/Weber* 2004: Küting, K./Weber, C.-P., Die Bilanzanalyse. Lehrbuch zur Beurteilung von Einzel- und Konzernabschlüssen, 7. Aufl., Stuttgart 2004.

*Küting/Wirth* 2003: Küting, K./Wirth, J., Latente Steuern und Kapitalkonsolidierung nach IAS/IFRS, in: BB 58 (2003), S. 623–629.

*Küting/Wohlgemuth* 2004: Küting, K./Wohlgemuth, F., Möglichkeiten und Grenzen der internationalen Bilanzanalyse. Erkenntnisfortschritte durch eine internationale Strukturbilanz?, in: DStR 42 (2004), Beihefter zu Heft 48/04, S. 1–19.

*Küting/Zwirner* 2003: Küting, K./Zwirner, Chr., Latente Steuern in der Unternehmenspraxis. Bedeutung für Bilanzpolitik und Unternehmensanalyse, in: WPg 56 (2003), S. 301–316.

*Küting/Dawo/Heiden* 2001: Küting, K./Dawo, S./Heiden, M., Rechungslegung und Wirtschaftsprüfung im Internet-Zeitalter, in: BB 56 (2001), S. 615–620.

*Küting/Dawo/Wirth* 2003: Küting, K./Dawo, S./Wirth, J., Konzeption der außerplanmäßigen Abschreibung im Reformprojekt des IASB, in: KoR 3 (2003), S. 177–190.

*Küting/Kessler/Hayn* 2003: Küting, K./Kessler, H./Hayn, S. Kommentierung zu § 272 HGB Eigenkapital, in: Küting, K./Weber, C.-P. (Hrsg.), Handbuch der Rechnungslegung. Einzelabschluss. Kommentar zur Bilanzierung und Prüfung, Bd. 2, 5. Aufl., Stuttgart 2003, Loseblattausgabe (Stand: September 2005), S. 1–108.

*Küting/Ranker/Wohlgemuth* 2004: Küting, K./Ranker, D./Wohlgemuth, F., Auswirkungen von Basel II auf die Praxis der Rechnungslegung. Ist eine ausschließlich ratinginduzierte Umstellung der Rechnungslegung auf IFRS sinnvoll?, in: FB 6 (2004), S. 93–104.


*Labhart* 1999: Labhart, P. A., Value Reporting. Informationsbedürfnisse des Kapitalmarktes und Wertsteigerung durch Reporting, Zürich 1999.

*Labhart/Volkart* 2001: Labhart, P. A./Volkart, R., Value Reporting, in: Coenenberg, A. G./Pohle, K. (Hrsg.), Internationale Rechnungslegung. Konsequenzen für Unternehmensführung, Rechnungswesen, Standardsetting, Prüfung und Kapitalmarkt. Kongress-Dokumentation 54. Deutscher Betriebswirtschafter-Tag 2000, Stuttgart 2001, S. 115–142.

*Lachnit* 1992: Lachnit, L., Globalsteuerung und Verprobung, in: Coenenberg, A. G./Von Wysocki, K. (Hrsg.), Handwörterbuch der Revision, 2. Aufl., Stuttgart 1992, Sp. 719–742.

*Lachnit* 1993: Lachnit, L., Bewegungsbilanz, in: Chmielewicz, K./Schweitzer, M. (Hrsg.), Handwörterbuch des Rechnungswesens, 3. Aufl., Stuttgart 1993, Sp. 183–191.

*Lachnit* 2003: Lachnit, L., Einflüsse der internationalen Rechnungslegung auf die Bilanzanalyse, in: Freidank, C.-Chr./Schreiber, O. R. (Hrsg.), Corporate Governance, Internationale Rechnungslegung und Unternehmensanalyse im Zentrum aktueller Entwicklungen, Hamburg 2003, S. 159–198.

*Lachnit* 2004: Lachnit, L., Bilanzanalyse. Grundlagen. Einzel- und Konzernabschlüsse. Internationale Abschlüsse. Unternehmensbeispiele, Wiesbaden 2004.

*Lachnit/Freidank* 1986: Lachnit, L./Freidank, C.-Chr., Unternehmensumwandlung als bilanzpolitische Vermeidungsstrategie angesichts des Bilanzrichtlinien-Gesetzes, in: DB 39 (1986), S. 1081–1089.

*Lachnit/Müller* 2003: Lachnit, L./Müller, S., Bilanzanalytische Behandlung von Geschäfts- oder Firmenwerten, in: KoR 3 (2003), S. 540–550.

*Lachnit/Müller* 2004: Lachnit, L./Müller, S., Bilanzanalytische Behandlung von Pensionsverpflichtungen, in: DB 57 (2004), S. 497–506.

*Lachnit et al.* 1999: Lachnit, L./Ammann, H./Müller, S./Wulf, I., Geschäfts- oder Firmenwert als Problem der Konzernabschlußanalyse, in: WPg 52 (1999), S. 677–684.

*Lang* 2005: Lang, J., in: Tipke, K./Lang, J. (Hrsg.), Steuerrecht, 18. Aufl., Köln 2005, S. 48 f., 82–99 u. 271.

*Lauth* 2000: Lauth, B., Endgültiger Abschied von der Einheitsbilanz?, in: DStR 38 (2000), S. 1365–1372.

*Leffson* 1987: Leffson, U., Die Grundsätze ordnungsmäßiger Buchführung, 7. Aufl., Düsseldorf 1987.

*Leibfried/Pfanzelt* 2004: Leibfried, P./Pfanzelt, S., Praxis der Bilanzierung von Forschungs- und Entwicklungskosten gemäß IAS/IFRS, in: KoR 4 (2004), S. 491–497.

*Lewis* 1995: Lewis, T. G., Steigerung des Unternehmenswertes. Total Value Management, 2. Aufl., Landsberg/Lech 1995.

*Lewis/Lehmann* 1992: Lewis, T. G./Lehmann, S., Überlegene Investitionsentscheidungen durch CFROI, in: BFuP 44 (1992), S. 1–13.

*Linnhoff/Pellens* 1994: Linnhoff, U./Pellens, B., Kreditwürdigkeitsprüfung mit den neuen Jahresabschlußkennzahlen des Bundesaufsichtsamtes für das Versicherungswesen (BAV), in: DB 47 (1994), S. 589–594.

*Littkemann* 1994: Littkemann, J., Ingangsetzungs- und Erweiterungsaufwendungen aus bilanzanalytischer Perspektive, in: WPg 47 (1994), S. 207–214.

*Löhr* 2003: Löhr, D., IAS (IFRS) versus HGB. Ein einzelwirtschaftspolitischer Paradigmenwechsel als Fortschritt?, in: StuB 5 (2003), S. 643–651.

*Loitz* 2003: Loitz, R., Latente Steuern und steuerliche Überleitungsrechnung bei der Umstellung auf IAS/IFRS, in: KoR 3 (2003), S. 516–522.

*Lorson* 2004a: Lorson, P., IFRS-basierte Wertberichterstattung. Ein Beitrag zu einer intern-extern harmonisierten Shareholder-Value-Konzeption, in: Küting, K./Pfitzer, N./Weber, C.-P. (Hrsg.), Herausforderungen und Chancen durch weltweite Rechnungslegungsstandards. Kapitalmarktorientierte Rechnungslegung und integrierte Unternehmenssteuerung, Stuttgart 2004, S. 115–147.

*Lorson* 2004b: Lorson, P., Auswirkungen von Shareholder-Value-Konzepten auf die Bewertung und Steuerung ganzer Unternehmen, Herne/Berlin 2004.

*Lück* 2003a: Lück, W., Kommentierung zu § 289 HGB Inhalt des Lageberichts, in: Küting, K./Weber, C.-P. (Hrsg.), Handbuch der Rechnungslegung. Einzelabschluss. Kommentar zur Bilanzierung und Prüfung, Bd. 3, 5. Aufl., Stuttgart 2003, Loseblattausgabe (Stand: September 2005), S. 1–45.

*Lück* 2003b: Lück, W., Kommentierung zu § 322 HGB Bestätigungsvermerk, in: Küting, K./Weber, C.-P. (Hrsg.), Handbuch der Rechnungslegung. Einzelabschluss. Kommentar zur Bilanzierung und Prüfung, Bd. 3, 5. Aufl., Stuttgart 2003, Loseblattausgabe (Stand: September 2005), S. 1–30.

*Lücke* 1969: Lücke, W., Bilanzstrategie und Bilanzkritik, in: DB 22 (1969), S. 2286–2295.

*Lüdenbach/Hoffmann* 2002a: Lüdenbach, N./Hoffmann, W.-D., Der lange Schatten des Übergangs auf die IAS-Rechnungslegung, in: DStR 40 (2002), S. 231–234.

*Lüdenbach/Hoffmann* 2002b: Lüdenbach, N./Hoffmann, W.-D., Enron und die Umkehrung der Kausalität bei der Rechnungslegung, in: DB 55 (2002), S. 1169–1175.

*Lüdenbach/Hoffmann* 2003a: Lüdenbach, N./Hoffmann, W.-D., Imparitätische Wahrscheinlichkeit. Zukunftswerte im IAS-Regelwerk, in: KoR 3 (2003), S. 5–14.

*Lüdenbach/Hoffmann* 2003b: Lüdenbach, N./Hoffmann, W.-D., Der Übergang von der HGB- zur IAS-Bilanz gemäß IFRS 1, in: DStR 41 (2003), S. 1498–1505.

*Lüdenbach/Hoffmann* 2004a: Lüdenbach, N./Hoffmann, W.-D., Kein Eigenkapital in der IAS/IFRS-Bilanz von Personengesellschaften und Genossenschaften?, in: BB 59 (2004), S. 1042–1047.

*Lüdenbach/Hoffmann* 2004b: Lüdenbach, N./Hoffmann, W.-D., Strukturelle Probleme bei der Implementierung des Goodwill-Impairment-Tests. Der Ansatz von IAS 36 im Vergleich zu US-GAAP, in: WPg 57 (2004), S. 1068–1076.

*Lüdenbach/Hoffmann* 2004c: Lüdenbach, N./Hoffmann, W.-D., IFRS für den Mittelstand?, in: BFuP 56 (2004), S. 596–614.

*Lüdenbach/Prusaczyk* 2004a: Lüdenbach, N./Prusaczyk, P., Bilanzierung von »In-Process Research and Development« beim Unternehmenserwerb nach IFRS und US-GAAP, in: KoR 4 (2004), S. 415–422.

*Lüdenbach/Prusaczyk* 2004b: Lüdenbach, N./Prusaczyk, P., Bilanzierung von Kundenbeziehungen in der Abgrenzung zu Marken und Goodwill, in: KoR 4 (2004), S. 204–214.

*Ludewig* 1966: Ludewig, R., Bilanzpolitik im Rahmen der neuen aktienrechtlichen Bewertungsvorschriften, in: DB 19 (1966), S. 49–56.

*Ludewig* 1987: Ludewig, R., Möglichkeiten der verdeckten Bilanzpolitik für Kapitalgesellschaften auf der Grundlage des neuen Rechts, in: ZfB 57 (1987), S. 426–433.

*Maier-Siegert* 2001: Maier-Siegert, E., Das Vorsichtsprinzip im »Schredder« internationaler Rechnungslegungsstandards? Expertendiskussion zur deutschen Rechnungslegungszukunft, in: BC 25 (2001), S. 129–132.

*Mandler* 2003a: Mandler, U., IAS/IFRS für mittelständische Unternehmen. Ergebnisse einer Unternehmensbefragung, in: KoR 3 (2003), S. 143–149.

*Mandler* 2003b: Mandler, U., IAS im Mittelstand. Kenntnisstand, Verbreitung und Anpassungszwänge, in: StuB 5 (2003), S. 452–457.

*Mandler* 2003c: Mandler, U., IAS-Wahlrecht versus Pflichtanwendung. Die IAS im Mittelstand aus empirischer Sicht, in: StuB 5 (2003), S. 582–586.

*Mandler* 2003d: Mandler, U., Argumente für und gegen IAS/IFRS im Mittelstand, in: StuB 5 (2003), S. 680–687.

*Mandler* 2004: Mandler, U., Der deutsche Mittelstand vor der IAS-Umstellung 2005. Konzepte und empirische Befunde zur Umsetzung der IAS-Verordnung, Herne/Berlin 2004.

*Mann* 1973: Mann, G., Betriebswirtschaftliche Steuerpolitik als Bestandteil der Unternehmenspolitik, in: WiSt 2 (1973), S. 114–119.

*Mansch/Stolberg/Von Wysocki* 1995: Mansch, H./Stolberg, K./Von Wysocki, K., Die Kapitalflußrechnung als Ergänzung des Jahres- und Konzernabschlusses. Anmerkungen zur gemeinsamen Stellungnahme HFA 1/1995 des Hauptfachausschusses und der Schmalenbach-Gesellschaft, in: WPg 48 (1995), S. 185–203.

*Marettek* 1970: Marettek, A., Entscheidungsmodell der betrieblichen Steuerbilanzpolitik – unter Berücksichtigung ihrer Stellung im System der Unternehmenspolitik, in: BFuP 22 (1970), S. 7–31.

*Marten/Meyer* 2000: Marten, K.-U./Meyer, St., Die Rechnungslegung der GmbH & Co. KG nach dem KapCoRiLiG, in: Lachnit, L./Freidank, C.-Chr. (Hrsg.), Investororientierte Unternehmenspublizität. Neue Entwicklungen von Rechnungslegung, Prüfung und Jahresabschlussanalyse, Wiesbaden 2000, S. 299–325.

*Marten/Weiser* 2004: Marten, K.-U./Weiser, F., Neuorientierung der Bilanzpolitik für den Einzelabschluss?, in: Freidank, C.-Chr. (Hrsg.), Reform der Rechnungslegung und Corporate Governance in Deutschland und Europa, Wiesbaden 2004, S. 31–68.

*Marten/Weiser/Köhler* 2003: Marten, K.-U./Weiser, F./Köhler, A.G., Aktive latente Steuern auf steuerliche Verlustvorträge. Tendenz zur Aktivierung, in: DB 58 (2003), S. 2335–2349.

*Marten et al.* 2002: Marten, K.-U./Schlereth, D./Crampton, A./Köhler, A., Rechnungslegung nach IAS. Nutzeneffekte aus Sicht von Eigenkapitalgebern, in: BB 57 (2002), S. 2007–2012.

*Marx* 2002: Marx, A., Begriffsmerkmale des Wirtschaftsguts, in: SteuerStud 23 (2002), S. 603–605.

*Marx* 1994: Marx, J., Steuerliche Ergänzungsbilanzen. Anwendungsbereiche, Ermittlungsproblematik und Gestaltungsaspekte aus der Sicht der Betriebswirtschaftlichen Steuerlehre, in: StuW 71 (1994), S. 191–203.

*Marx* 1998: Marx, J., Steuern in der externen Rechnungslegung. Abbildungsregeln, Gestaltungsaspekte und Analysemöglichkeiten, Herne/Berlin 1998.

*Marx/Löffler* 2000: Marx, F.J./Löffler, Chr., Bilanzierung der langfristigen Auftragsfertigung, in: Castan, E./Böcking, H.-J./Heymann, G./Pfitzer, N./Scheffler, E. (Hrsg.), Beck'sches Handbuch der Rechnungslegung, Bd. I, München 2000, Loseblattausgabe (Stand: Dezember 2005), S. 1–48.

*Mayer-Wegelin/Kessler/Höfer* 2004: Mayer-Wegelin, E./Kessler, H./Höfer, R., Kommentierung zu § 249 HGB Rückstellungen, in: Küting, K./Weber, C.-P. (Hrsg.), Handbuch der Rechnungslegung. Einzelabschluss. Kommentar zur Bilanzierung und Prüfung, Bd. 1, 5. Aufl., Stuttgart 2004, Loseblattausgabe (Stand: September 2005) S. 1–212.

*Meinhövel* 2004: Meinhövel, H., Grundlagen der Principal-Agent-Theorie, in: WiSt 33 (2004), S. 470–474.

*Mellerowicz* 1978: Mellerowicz, K., Unternehmenspolitik, Band III: Operative Teilpolitiken und Konzernführung, 4. Aufl., Freiburg i.B. 1978.

*Meyer/Meisenbacher* 2004: Meyer, C./Meisenbacher, M., Bilanzpolitik auf der Basis von IAS/IFRS, insbesondere in Zeiten der Krise, in: DStR 42 (2004), S. 567–572.

*Mienert* 1988: Mienert, K., Entstehen und Fortführen steuerlicher Ergänzungsbilanzen, in: BBK, o.Jg. (1988), Fach 14, S. 929–936.

*Möhlmann-Mahlau/Gerken/Grotheer* 2004a: Möhlmann-Mahlau, T./Gerken, U./Grotheer, S., IFRS im Einzelabschluss. Verlust entscheidender bilanzpolitischer Instrumente?, in: StuB 6 (2004), S. 849–858.

*Möhlmann-Mahlau/Gerken/Grotheer* 2004b: Möhlmann-Mahlau, T./Gerken, U./Grotheer, S., IFRS im Einzelabschluss. Konsequenzen für die Unternehmen und die Rechnungslegung, in StuB 6 (2004), S. 920–925.

*Monson/Downs* 1965: Monson, R. J./Downs, A., A Theory of Large Managerial Firms, in: The Journal of Political Economy, o. Jg. (1965), S. 221–236.

*Montag* 2005: Montag, H., in: Tipke, K./Lang, J. (Hrsg.), Steuerrecht, 18. Aufl., Köln 2005, S. 423–441.

*Moxter* 1999a: Moxter, A., Rückstellungen nach IAS. Abweichungen vom geltenden deutschen Bilanzrecht, in: BB 54 (1999), S. 519–525.

*Moxter* 1999b: Moxter, A., Bilanzrechtsprechung, 5. Aufl., Düsseldorf 1999.

*Muff/Schneider* 2002: Muff, M./Schneider, U., Gehört den IAS die Zukunft der Rechnungslegung in Deutschland?, in: AWV-Informationen 6 (2002), S. 4–6.

*Müller* 2003a: Müller, S., Management-Rechnungswesen. Ausgestaltung des externen und internen Rechnungswesens unter Konvergenzgesichtspunkten, Wiesbaden 2003.

*Müller* 2003b: Müller, S., Zentrale Unterschiede einer Rechnungslegung gemäß HGB, US-GAAP und IAS, in: Freidank, C.-Chr./Tanski, J. S. (Hrsg.), Management-Handbuch ACF, München 2003, Loseblattausgabe (Stand: Januar 2006), S. 1–76.

*Müller/Wulf* 2000: Müller, S./Wulf, I., Zentrale Unterschiede einer Rechnungslegung gemäß HGB, US-GAAP und IAS, in: Lachnit, L./Freidank, C.-Chr. (Hrsg.), Investororientierte Unternehmenspublizität. Neue Entwicklungen von Rechnungslegung, Prüfung und Jahreabschlussanalyse, Wiesbaden 2000, S. 123–162.

*Müller/Wulf* 2001: Müller, S./Wulf, I., Jahresabschlusspolitik nach HGB, IAS und US-GAAP, in: BB 56 (2001), S. 2206–2213.

*Müller-Kröncke* 1974: Müller-Kröncke, G. A., Entscheidungsmodell für die Steuerbilanzpolitik. Analyse der Möglichkeiten zur Bilanzbeeinflussung nach geltendem und künftigem Ertragsteuerrecht, Berlin 1974.

*Müller-Merbach* 1973: Müller-Merbach, H., Operation Research, 3. Aufl., München 1973.

*Münstermann* 1970: Münstermann, H., Bilanzpolitik mit Hilfe der mathematischen Programmierung, in: Linhardt, H. (Hrsg.), Dienstleistungen in Theorie und Praxis, Festschrift zum 60. Geburtstag von O. Hintner, Stuttgart 1970, S. 256–290.


*Nicolaisen* 2004: Nicolaisen, M., SEC stellt Anerkennung von IFRS-Abschlüssen in Aussicht, in: KoR 4 (2004), S. 480.

*Niehues* 2001: Niehues, M., EU-Rechnungslegungsstrategie und Gläubigerschutz, in: WPg 54 (2001), S. 1209–1222.

*Niehus* 2001: Niehus, R. J., »Auch für Einzelabschlüsse gelten grundsätzlich die IAS?« Ein Beitrag zu den (möglichen) Grenzen einer »Internationalisierung« der Rechnungslegung, in: WPg 54 (2001), S. 737–752.

*Niehus/Wilke* 2002: Niehus, U./Wilke, H., Die Besteuerung der Personengesellschaften, 2. Aufl., Stuttgart 2002.

*Noetzel* 2004: Noetzel, F., Neue Goodwill-Bilanzierung poliert Unternehmensgewinne auf, in: FAZ 56 (2004) 238 vom 12. 10. 2004, S. 17.


*Oestreicher* 2003: Oestreicher, A., Herstellungskosten, in: Castan, E./Böcking, H.-J./Heymann, G./Pfitzer, N./Scheffler, E. (Hrsg.), Beck'sches Handbuch der Rechnungslegung, Bd. I, München 2003, Loseblattausgabe (Stand: Dezember 2005), S. 1–94.

*Oestreicher/Spengel* 1997: Oestreicher, A./Spengel, Chr., Rechnungslegungspolitik, Besteuerung und Analyse von Jahresabschlüssen im internationalen Vergleich, in: ZfB 67 (1997), S. 1027–1055.

*Oestreicher/Spengel* 1999: Oestreicher, A./Spengel, Chr., International Accounting Standards, Maßgeblichkeitsprinzip und Besteuerung, in: DB 52 (1999), S. 593–600.

*Okraß* 1973: Okraß, J., Zur Praktikabilität des Konzepts der Steuerbarwertminimierung, in: BFuP 25 (1973), S. 492–510.

*Oser/Bischof* 2004: Oser, P./Bischof, S., Die neue Bilanzierung von Übernahmen, in: FAZ 56 (2004) 159 vom 12. 07. 2004, S. 18.

*Ott* 2001: Ott, H., Gewinnausschüttungen bei Kapitalgesellschaften vor und nach Systemumstellung im Körperschaftsteuerrecht, in: StuB 3 (2001), S. 8–20.


*Packmohr* 1984: Packmohr, A., Bilanzpolitik und Bilanzmanagement. Leitlinien für die optimale Gestaltung des Jahresabschlusses mit Checkliste der bilanzpolitischen Aktivitäten, Köln 1984.

*Packmohr* 1998: Packmohr, A., Die Optimierung des bilanzpolitischen Mitteleinsatzes bei Gewinnglättungsverhalten, in: Freidank, C.-Chr. (Hrsg.), Rechnungslegungspolitik. Eine Bestandsaufnahme aus handels- und steuerrechtlicher Sicht, Berlin et al. 1998, S. 503–541.

*Padberg* 2004a: Padberg, T., Neubewertungsreserven im Sachanlagebestand. Möglichkeiten der Bilanzanalyse, in: StuB 6 (2004), S. 1094–1096.

*Padberg* 2004b: Padberg, T., Verbreitung der IFRS in Europa, in: CM 29 (2004), S. 581–583.

*Padberg/Kriete* 2004: Padberg, T./Kriete, T., Kapitalmarktrelevanz der neuen Goodwill-Vorschriften, in: StuB 6 (2004), S. 74 75.

*Padberg/Kriete/Padberg* 2004: Padberg, T./Kriete, T./Padberg, T., Auswirkungen von Basel II auf das Risikomanagement des Mittelstandes, in: CM 29 (2004), S. 564–566.

*Pauka* 1992: Pauka, D., Berechnung der Gewerbesteuer-Rückstellung bei Anwendung des Staffeltarifs, in: DB 45 (1992), S. 1837–1839.

*Peemöller/Fischer* 2001: Peemöller, V. H./Fischer, J., Internationalisierung der externen Rechnungslegung. Problemstellungen im Rahmen der Umstellung von HGB auf IAS oder US-GAAP, in: DSWR 30 (2001), S. 142–150.

*Peemöller/Oehler* 2004a: Peemöller, V. H./Oehler, R., Referentenentwurf eines Bilanzrechtsreformgesetzes. Neue Regelung zur Unabhängigkeit des Abschlussprüfers, in: BB 59 (2004), S. 539–546.

*Peemöller/Oehler* 2004b: Peemöller, V. H./Oehler, R., Regierungsentwurf des BilReG. Änderungen gegenüber dem Referentenentwurf, in: BB 59 (2004), S. 1158–1162.

*Peemöller/Faul/Schroff* 2004: Peemöller, V. H./Faul, K./Schroff, J., IAS/IFRS-Lexikon, in: BBK o. Jg. (2004), Fach 16, S. 527–582.

*Peemöller/Spanier/Weller* 2002: Peemöller, V. H./Spanier, G./Weller, H., Internationalisierung der externen Rechnungslegung. Auswirkung auf nicht kapitalmarktorientierte Unternehmen, in: BB 57 (2002), S. 1799–1803.

*Pellens/Detert* 2004: Pellens, B./Detert, K., Wer viel entwickelt, hat mehr Eigenkapital. Große Änderungen bei der Umstellung der Bilanzierung, in: HB 59 (2004) 237 vom 06. 12. 2004, S. 13.

*Pellens/Sürken* 1998: Pellens, B./Sürken, S., Rechnungspolitische Spielräume im Rahmen der International Accounting Standards, in: Freidank, C.-Chr. (Hrsg.), Rechnungslegungspolitik – Eine Bestandsaufnahme aus handels- und steuerrechtlicher Sicht, Berlin et al. 1998, S. 195–228.

*Pellens/Fülbier/Gassen* 2006: Pellens, B./Fülbier, R. U./Gassen, J., Internationale Rechnungslegung. IFRS mit Beispielen und Fallstudie, 6. Aufl., Stuttgart 2006.

*Pellens/Neuhaus/Richard* 2004: Pellens, B./Neuhaus, S./Richard, M., Die Vorschriften werden immer detaillierter. Furcht vor Haftung führt zu einer Flut von Regelungen, in: HB 59 (2004) 227 vom 22.11.2004, S. 12.

*Pergens/Niemann* 2004: Pergens, J./Niemann, S., Bilanzierung von Software beim Anwender nach HGB und IFRS, in: StuB 6 (2004), S. 997–1001.

*Pfitzer/Dutzi* 2002: Pfitzer, N./Dutzi, A., Fair Value, in: Ballwieser, W./Coenenberg, A. G./Von Wysocki, K. (Hrsg.), HWRP, 3. Aufl., Stuttgart 2002, Sp. 749–763.

*Pfitzer/Oser* 2003: Pfitzer, N./Oser, P., Zwecke des handelsrechtlichen Jahresabschlusses, in: Küting, K./Weber, C.-P. (Hrsg.), Handbuch der Rechnungslegung. Einzelabschluss. Kommentar zur Bilanzierung und Prüfung, Bd. 1, 5. Aufl., Stuttgart 2003, Loseblattausgabe (Stand: September 2005), S. 1–30.

*Pfitzer/Oser/Orth* 2004: Pfitzer, N./Oser, P./Orth, Chr., Offene Fragen und Systemwidrigkeiten des Bilanzrechtsreformgesetzes (BilReG). Erste Handlungsempfehlungen für eine normkonforme Umsetzung, in: DB 57 (2004), S. 2593–2602.

*Pfitzer/Oser/Orth* 2006: Pfitzer, N./Oser, P./Orth, Chr., Reform des Aktien-, Bilanz- und Aufsichtsrechts. BilReG, BilKoG, APAG, AnSVG, UMAG sowie weitere Reformgesetze, 2. Aufl., Stuttgart 2006.

*Pfleger* 1994: Pfleger, G., Bilanzpolitik in der Krise, in: INF 48 (1994), S. 374–377.

*Pottgießer* 2004: Pottgießer, G., Die Zukunft der deutschen Rechnungslegung. Darstellung und Beurteilung der Referentenentwürfe zum Bilanzkontrollgesetz und Bilanzrechtsreformgesetz, in: StuB 6 (2004), S. 166–172.

*Pottgießer/Velte* 2006: Pottgießer, G./Velte, P., Die bilanzielle Behandlung von Handy-Subventionen. Eine kritische Analyse unter besonderer Berücksichtigung des BMF-Schreibens vom 20. 6. 2005, in: StuB 8 (2006), S. 131–136.

*Pottgießer/Velte/Weber* 2005a: Pottgießer, G./Velte, P./Weber, St., Die langfristige Auftragsfertigung nach IAS 11. Ausgewählte bilanzpolitische Gestaltungsspielräume, Auswirkungen auf den Grundsatz der Verlässlichkeit nach IAS/IFRS und Berücksichtigung des aktuellen Arbeitsprojekts des IASB/FASB zur Ertragsrealisation (Revenue Recognition), in: KoR 5 (2005), S. 310–318.

*Pottgießer/Velte/Weber* 2005b: Pottgießer, G./Velte, P./Weber, St., Ermessensspielräume im Rahmen des Impairment-Only-Approach. Eine kritische Analyse zur Folgebewertung des derivativen Geschäfts- oder Firmenwerts (Goodwill) nach IFRS 3 und IAS 36 (rev. 2004), in: DStR 43 (2005), S. 1748–1752.

*Pougin* 1969: Pougin, E., Bilanzpolitik, in: Jacob, H. (Hrsg.), Bilanzpolitik und Bilanztaktik, Wiesbaden 1969, S. 5–28.

*Protzek* 2003: Protzek, H., Der Impairment Only-Ansatz. Wider der Vernunft, in: KoR 3 (2003), S. 495–502.

*PWC* (Hrsg.) 2004: PriceWaterhouseCoopers (Hrsg.), IAS/IFRS. Kapitalmarktorientierte Unternehmen in Deutschland, Frankfurt a. M. 2004.


*Rabeneck/Reichert* 2002: Rabeneck, J./Reichert, G., Latente Steuern im Einzelabschluss (Teil I und II), in: DStR 40 (2002), S. 1366–1372 u. 1409–1416.

*Raff* 1992: Raff, I., Forderungen des Umlaufvermögens, Prüfung der, in: Coenenberg, A. G./Von Wysocki, K. (Hrsg.), Handwörterbuch der Revision, 2. Aufl., Stuttgart 1992, Sp. 551–562.

*Rammert* 2004: Rammert, S., Lohnt die Erhaltung der Kapitalerhaltung?, in: BFuP 56 (2004), S. 578–595.

*Rappaport* 1995: Rappaport, A., Shareholder Value. Wertsteigerung als Maßstab für die Unternehmensführung, Stuttgart 1995.

*Rappaport* 1999: Rappaport, A., Shareholder Value. Ein Handbuch für Manager und Investoren, 2. Aufl., Stuttgart 1999.

*Reibis* 2005: Reibis, Chr., Computergestützte Optimierungsmodelle als Instrumente einer unternehmenswertorientierten Rechnungslegungspolitik. Eine Analyse vor dem Hintergrund des Bilanzrechtsreformgesetzes, Hamburg 2005.

*Renneke* 2004: Renneke, F., Internationale Bilanzanalyse. Überleitung von HGB auf US-GAAP und Analyse der Folgewirkungen abweichender Bilanzierungsvorschriften, München 2004.

*Richter* 1990a: Richter, M., Die immateriellen Anlagewerte, in: Von Wysocki, K./Schulze-Osterloh, J./Hennrichs, J./Kuhner, Chr. (Hrsg.), HdJ, Rechnungslegung nach HGB und internationalen Standards, Bd. 2, Abteilung II/2, Köln 1990, Loseblattausgabe (Stand: Oktober 2005), S, 1–61.

*Richter* 1990b: Richter, M., Die Bilanzierungshilfen, in: Von Wysocki, K./Schulze-Osterloh, J./Hennrichs, J./Kuhner, Chr. (Hrsg.), HdJ, Rechnungslegung nach HGB und internationalen Standards, Bd. 2, Abteilung II/9, Köln 1990, Loseblattausgabe (Stand: Oktober 2005), S. 1–73.

*Robisch/Treisch* 1997: Robisch, M./Treisch, C., Neuere Entwicklungen des Verhältnisses von Handelsbilanz und Steuerbilanz. Anhaltspunkte für eine Trendwende?, in: WPg 50 (1997), S. 156–169.

*Rogler* 2001: Rogler, S., Einfluß ausgewählter steuerrechtlicher Änderungen zur Gewinnermittlung auf den handelsrechtlichen Jahresabschluss sowie die Bilanzpolitik, in: BFuP 53 (2001), S. 413–425.

*Rose* 1973: Rose, G., Die Steuerbelastung der Unternehmung. Grundzüge der Teilsteuerrechnung, Wiesbaden 1973.

*Rückle* 1983: Rückle, D., Normative Theorie der Steuerbilanzpolitik, Wien 1983.

*Rückle* 1993: Rückle, D., Bilanztheorie, in: Chmielewicz, K./Schweitzer M. (Hrsg.), Handwörterbuch des Rechnungswesens, 3. Aufl., Stuttgart 1993, Sp. 249–261.

*Ruhnke/Schmidt/Seidel* 2000: Ruhnke, K./Schmidt, M./Seidel, Th., Fortschritte bei der Verbreitung der IAS. Eine vorausschauende Zwischenbilanz, in: StuB 2 (2000), S. 876–883.

*Ruhwedel/Schultze* 2002: Ruhwedel, F./Schultze, W., Value Reporting. Theoretische Konzeption und Umsetzung bei den DAX 100 Unternehmen, in: ZfbF 54 (2002), S. 602–632.

*Ruhwedel/Schultze* 2004: Ruhwedel, F./Schultze, W., Konzeption des Value Reporting und Beitrag zur Konvergenz im Rechnungswesen, in: Controlling 16 (2004), S. 489–495.


*Sailer/Schurbohm* 2002: Sailer, C./Schurbohm, A., IFRS und US-GAAP als Alternative zum HGB, in: DSWR 31 (2002), S. 361–364.

*Sandig* 1966: Sandig, C., Betriebswirtschaftspolitik, 2. Auflage, Stuttgart 1966.

*Schäfer* 1999: Schäfer, S., Entscheidungsmodelle der Konzernrechnungslegungspolitik. Computergestützte Gestaltungen des Konzernabschlusses nach den Vorschriften des Handelsrechts und der International Accounting Standards, Landsberg/Lech 1999.

*Schäfer* 2000: Schäfer, S., Optimierungsmodelle für die Konzernabschlusspolitik nach IAS, in: Lachnit, L./Freidank, C.-Chr. (Hrsg.), Investororientierte Unternehmenspublizität. Neuere Entwicklungen von Rechnungslegung, Prüfung und Jahresabschlussanalyse, Wiesbaden 2000, S. 163–193.

*Scheffler* 1999: Scheffler, E., Internationale Rechnungslegung und deutsches Bilanzrecht, in: DStR 37 (1999), S. 1285–1292.

*Scheffler* 2001: Scheffler, E., Neue Entwicklungen auf dem Gebiet der Rechnungslegung, in: Freidank, C.-Chr. (Hrsg.), Die deutsche Rechnungslegung und Wirtschaftsprüfung im Umbruch. Festschrift für Wilhelm Theodor Strobel zum 70. Geburtstag, München 2001, S. 3–28.

*Scheffler* 2002: Scheffler, E., Kapitalflussrechnung. Stiefkind in der deutschen Rechnungslegung, in: BB 56 (2002), S. 295–300.

*Scheffler* 2003a: Scheffler, E., Zum Stand und zur Entwicklung der Rechnungslegung in Deutschland, in: Freidank, C.-Chr./Schreiber, O. R. (Hrsg.), Corporate Governance, Internationale Rechnungslegung und Unternehmensanalyse im Zentrum aktueller Entwicklungen. Tagungsband zur 2. Hamburger Revisions-Tagung, Hamburg 2003, S. 59–84.

*Scheffler* 1991: Scheffler, W., Veranlagungssimulation versus Teilsteuerrechnung, in: WISU 20 (1991), S. 69–75.

*Scheffler* 1998: Scheffler, W., Entwicklungsstand der Modelldiskussion im Bereich der Steuerbilanzpolitik, in: Freidank, C.-Chr. (Hrsg.), Rechnungslegungspolitik. Eine Bestandsaufnahme aus handels- und steuerrechtlicher Sicht, Berlin et al. 1998, S. 407–448.

*Scheffler* 2003b: Scheffler, W., Besteuerung von Unternehmen, Band I: Ertrag-, Substanz- und Verkehrsteuern, 6. Aufl., Heidelberg 2003.

*Scheffler* 2004: Scheffler, W., Übersichten zur Reichweite des Maßgeblichkeitsprinzips, in: StuB 6 (2004), S. 69–73.

*Schenk* 1996: Schenk, H. O., Die Handelsspanne als zentrale Leistungs- und Führungskennzahl des Handels (Teil I und II), in: WiSt 25 (1996), S. 43–49 u. 133–140.

*Scherrer/Heni* 1996: Scherrer, G./Heni, B., Liquidations-Rechnungslegung, 2. Aufl., Düsseldorf 1996.

*Scherrer/Obermeier* 1996: Scherrer, G./Obermeier, I., Stichprobeninventur. Theoretische Grundlagen und praktische Anwendung, München 1996.

*Schildbach* 2001: Schildbach, Th., Die Zukunft der deutschen Rechnungslegung, in StuB 3 (2001), S. 857–862.

*Schildbach* 2002a: Schildbach, Th., IAS als Rechnungslegungsstandards für alle?, in: BFuP 54 (2002), S. 263–279.

*Schildbach* 2002b: Schildbach, Th., Wahlrechte bei Ansatz und Bewertung, in: Ballwieser, W./Coenenberg, A. G./Von Wysocki, K. (Hrsg.), HWRP, 3. Aufl., Stuttgart 2002, Sp. 2607–2625.

*Schildbach* 2002c: Schildbach, Th., US-GAAP. Amerikanische Rechnungslegung und ihre Grundlagen, 2. Aufl., München 2002.

*Schildbach* 2003a: Schildbach, Th., Die Zukunft des Jahresabschlusses nach HGB angesichts neuer Trends bei der Regulierung der Rechnungslegung und der IAS-Strategien der EU, in: StuB 5 (2003), S. 1071–1078.

*Schildbach* 2003b: Schildbach, Th., Prinzipienorientierung. Wirksamer Schutz gegen Enronitis?, in: BFuP 55 (2003), S. 247–266.

*Schildbach* 2004a: Schildbach, Th., Der handelsrechtliche Jahresabschluss, 7. Aufl., Herne/Berlin 2004.

*Schildbach* 2004b: Schildbach, Th., Rechnungslegung im Spannungsfeld zweier Kulturen der Regulierung. Gute Gründe für die Kombination privater mit obrigkeitlicher Regulierung, in: ST 78 (2004), S. 159–172.

*Schirmeister* 2000: Schirmeister, R., Ausgestaltung und Aussage der Kapitalflußrechnung nach § 297 Abs. 1 HGB, in: Lachnit, L./Freidank, C.-Chr. (Hrsg.), Investororientierte Unternehmenspublizität. Neue Entwicklungen von Rechnungslegung, Prüfung und Jahresabschlußanalyse, Wiesbaden 2000, S. 637–666.

*Schirmer* 2004: Schirmer, H. J., Der Jahresabschluss. Ein Rechnungs- und Rechenschaftslegungsinstrument nicht nur für den Fiskus, in: Die Steuerwarte o. Jg. (2004), S. 10–18.

*Schmalenbach* 1927: Schmalenbach, E., Der Kontenrahmen, in: ZfhF 21 (1927), S. 285–402 und 433–475.

*Schmalenbach* 1963: Schmalenbach, E., Kostenrechnung und Preispolitik, 8. Aufl., Köln/Opladen 1963.

*Schmidbauer* 2003: Schmidbauer, R., Die Bilanzierung und Bewertung immaterieller Vermögensgegenstände bzw. Vermögenswerte in der deutschen Rechnungslegung sowie nach IAS. Vergleichende Darstellung unter Berücksichtigung von DRS 12 und ED 36/38, in: DStR 41 (2003), S. 2035–2042.

*Schmidbauer* 2004: Schmidbauer, R., Immaterielle Vermögenswerte in der Unternehmensrechnung. Abbildung im Jahresabschluss und Ansätze zur Steuerung, in: DStR 42 (2004), S. 1442–1448.

*Schmidbauer* 2005: Schmidbauer, R., Die Bilanzierung von Unternehmenszusammenschlüssen nach IFRS 3, in: DStR 43 (2005), S. 121–126.

*Schmidt* 2001: Schmidt, M., Vorräte, in: Castan, E./Böcking, H.-J./Heymann, G./Pfitzer, N./Scheffler, E. (Hrsg.), Beck'sches Handbuch der Rechnungslegung, Bd. I, München 2001, Loseblattausgabe (Stand: Dezember 2005), S. 1–55.

*Schneider* 1992: Schneider, D., Investition, Finanzierung und Besteuerung, 7. Aufl., Wiesbaden 1992.

*Schneeloch* 1987: Schneeloch, D., Bewertungsstetigkeit in Handels- und Steuerbilanz, in: WPg 40 (1987), S. 405–417.

*Schönfeld/Möller* 1995: Schönfeld, H.-M./Möller, H. P., Kostenrechnung. Einführung in das betriebswirtschaftliche Rechnungswesen mit Erlösen und Kosten, 8. Aufl., Stuttgart 1995.

*Schreiber* 2005: Schreiber, U., Besteuerung der Unternehmen. Eine Einführung in Steuerrecht und Steuerwirkung, Berlin/Heidelberg 2005.

*Schulze-Osterloh* 2003: Schulze-Osterloh, J., Internationale Rechnungslegung für den Einzelabschluss und für Unternehmen, die den öffentlichen Kapitalmarkt nicht in Anspruch nehmen. Zur Ausübung des Mitgliedstaatenwahlrechts nach Art. 5 der IAS-Verordnung, in: ZIP 24 (2003), S. 93–101.

*Schulze-Osterloh* 2004a: Schulze-Osterloh, J., Vorschläge für ein Bilanzrechtsmodernisierungsgesetz, in: ZIP 25 (2004), S. 1128–1137.

*Schulze-Osterloh* 2004b: Schulze-Osterloh, J., Internationalisierung der Rechnungslegung und ihre Auswirkungen auf die Grundprinzipien des deutschen Rechts, in: DK 2 (2004), S. 173–177.

*Schulze-Osterloh* 2004c: Schulze-Osterloh, J., HGB-Reform. Der Einzelabschluß nicht kapitalmarktorientierter Unternehmen unter dem Einfluß von IAS/IFRS, in: BB 59 (2004), S. 2567–2570.

*Schürmann* 2004: Schürmann, Chr., Nicht ewig warten, in: WiWo o.Jg. (2004), S. 108–114.

*Schweitzer* 1972: Schweitzer, M., Struktur und Funktion der Bilanz. Grundfragen der betriebswirtschaftlichen Bilanz in methodologischer und entscheidungstheoretischer Sicht, Berlin 1972.

*Schynol* 2004: Schynol, D., IAS für die Steuerbilanz?, in: NWB o.Jg. (2004), Fach 17, S. 1797–1800.

*Seelbach/Fischer* 1998: Seelbach, H./Fischer, K., Optimierungsmodelle zur Bilanzgestaltung, in: Freidank, C.-Chr. (Hrsg.), Rechnungslegungspolitik. Eine Bestandsaufnahme aus handels- und steuerrechtlicher Sicht, Berlin et al. 1998, S. 231–271.

*Seer* 2005: Seer, R., in: Tipke, K./Lang, J. (Hrsg.), Steuerrecht, 18. Aufl., Köln 2005, S. 867.

*Seidel* 2004: Seidel, B., Rechnungslegung nach IFRS und Bilanzanalyse, in: Winkeljohann, N. (Hrsg.), Rechnungslegung nach IFRS. Ein Handbuch für mittelständische Unternehmen, Herne/Berlin 2004, S. 350–375.

*Selchert* 1978: Selchert, F. W., Bilanzpolitik und Jahresabschlußprüfung (Teil I und II), in: WISU 7 (1978), S. 168–174 und 221–225.

*Selchert* 1987: Selchert, F. W., Die sonstigen finanziellen Verpflichtungen. Angabe nach § 285 Nr. 3 HGB im Anhang mittelgroßer und großer Kapitalgesellschaften, in: DB 40 (1987), S. 545–549.

*Selchert* 1996: Selchert, F. W., Windowdressing – Grenzbereich der Jahresabschlußgestaltung, in: DB 49 (1996), S. 1933–1940.

*Selchert/Ortmann* 1993: Selchert, F. W./Ortmann, M., Bilanzpolitik in der Personenhandelsgesellschaft (Teil I und II), in: WiSt 22 (1993), S. 605–609 und 694–700.

*Sieben* 1998: Sieben. G., Rechnungslegungspolitik als Instrument der Unternehmensführung, in: Freidank, C.-Chr. (Hrsg.), Rechnungslegungspolitik. Eine Bestandsaufnahme aus handels- und steuerrechtlicher Sicht, Berlin et al. 1998, S. 3–35.

*Sieben/Haase* 1971: Sieben, G./Haase, K. D., Die Jahresabschlußrechnung als Informations- und Entscheidungsrechnung, in: WPg 24 (1971), S. 53–57 und 79–84.

*Sieben/Schildbach* 1994: Sieben, G./Schildbach, T., Betriebswirtschaftliche Entscheidungstheorie, 4. Aufl., Düsseldorf 1994.

*Sieben/Barion/Maltry* 1993: Sieben, G./Barion, H.-J./Maltry, H., Bilanzpolitik, in: Chmielewicz, K./Schweitzer, M. (Hrsg.), Handwörterbuch des Rechnungswesens, 3. Aufl., Stuttgart 1993, S. 229–239.

*Sieben/Matschke/König* 1981: Sieben, G./Matschke, M./König, E., Bilanzpolitik, in: Kosiol, E. et al. (Hrsg.), Handwörterbuch des Rechnungswesens, 2. Aufl., Stuttgart 1981, S. 224–236.

*Siegel* 1972: Siegel, Th., Verfahren zur Minimierung der Einkommensteuer-Barwertsumme, in: BFuP 24 (1972), S. 65–80.

*Siegel* 1982: Siegel, Th., Steuerwirkungen und Steuerpolitik in der Unternehmung, Würzburg/Wien 1982.

*Siegel/Schmidt* 1999: Siegel, Th./Schmidt, M., Allgemeine Bewertungsgrundsätze, in: Castan, E./Böcking, H.-J./Heymann, G./Pfitzer, N./Scheffler, E. (Hrsg.), Beck'sches Handbuch der Rechnungslegung, Bd. I, München 1999, Loseblattausgabe (Stand: Mai 2005), S. 1–54.

*Sigloch* 1987: Sigloch, J., Unternehmensformen (Teil I und II), in: WISU 16 (1987), S. 499–506 und 554–559.

*Sigloch* 2004: Sigloch, J., Steuerbilanz und Rechnungslegung nach internationalen Standards. Chancen für eine neue Maßgeblichkeit, in: Göbel, St./Heni, B. (Hrsg.), Unternehmensrechnung. Konzeptionen und praktische Umsetzung. Festschrift zum 68. Geburtstag von Gerhard Scherrer, München 2004, S. 331–353.

*Stahl* 2004: Stahl, G., Die regulatorischen Hürden niedrig halten, in: FAZ 56 (2004) 291 vom 13.12.2004, S. 20.

*Stahlschmidt* 2004: Stahlschmidt, M., Überblick über das Bilanzrechtsreformgesetz, in: StuB 6 (2004), S. 993–996.

*Steck* 2002: Steck, D., Die Beibehaltung des Maßgeblichkeitsprinzips. Pro und Kontra, in: StuB 4 (2002), S. 487–493.

*Steiner* 2004: Steiner, E., Der Komponenten-Ansatz bei der Bilanzierung von Sachanlagen nach IAS 16. Ein Ersatz für die Aufwandsrückstellung?, in: BBK o. Jg. (2004), Fach 20, S. 777–786.

*Steiner/Gross* 2004: Steiner, E./Gross, B., Auswirkungen des Bilanzrechtsreformgesetzes auf die Rechnungslegung, in: StuB 6 (2004), S. 551–558.

*Stewart* 1991: Stewart, G. B., The Quest for Value. The EVA Management Guide, New York 1991.

*Stewart* 1994: Stewart, G. B., EVA. Fact and Fantasy, in: Journal of Applied Corporate Finance 7 (1994), S. 71–84.

*Streim/Esser* 2003a: Streim, H./Esser, M., Rechnungslegung nach IAS/IFRS. Ein geeignetes Instrument zur Zahlungsbemessung? Ansatzfragen, in: StuB 5 (2003), S. 736–742.

*Streim/Esser* 2003b: Streim, H./Esser, M., Rechnungslegung nach IAS/IFRS. Ein geeignetes Instrument zur Zahlungsbemessung? Bewertungsfragen, in: StuB 5 (2003), S. 781–786.

*Streim/Esser* 2003c: Streim, H./Esser, M., Rechnungslegung nach IAS/IFRS. Ein geeignetes Instrument zur Informationsvermittlung?, in: StuB 5 (2003), S. 836–840.

*Streim/Bieker/Esser* 2003: Streim, H./Bieker, M./Esser, M., Vermittlung entscheidungsnützlicher Informationen durch Fair Values. Sackgasse oder Licht am Horizont?, in: BFuP 55 (2003), S. 457–479.

*Strieder* 2001: Strieder, Th., Der DRS 6. Zwischenberichterstattung. Ein erster Überblick, in: KoR 1 (2001), S. 112–116.

*Strieder/Ammedick* 2004: Strieder, Th./Ammedick, O., Zwischenberichterstattung im Jahr 2005 durch die Umstellung auf IFRS verpflichtete Unternehmen, in: BB 59 (2004), S. 2679–2683.

*Strobel* 1994: Strobel, W., Aktuelles zum HGB-Bilanzrecht und zum Offenlegungsproblem. Neue Schwellenwerte, Mittelstandserleichterungen, EG-Sanktionen, BGH-Urteil, in: BB 49 (1994), S. 1293–1300.

*Strobel* 1999a: Strobel, W., Die neuen EU-Bilanzpflichten für Kapitalgesellschaften & Co. im Rahmen neuer Schwellenwerte und Offenlegungssanktionen, in: DB 52 (1999), S. 1025–1028.

*Strobel* 1999b: Strobel, W., Der Regierungsentwurf des Kapitalgesellschaften & Co.-Richtlinien-Gesetzes, in: DB 52 (1999), S. 1713–1715.

*Strobel* 1999c: Strobel, W., Die Reform der Bilanzpflichten für Kapitalgesellschaften & Co., in: GmbHR 90 (1999), S. 583–588.

*Strobel* 1999d: Strobel, W., Anpassung des HGB-Bilanzrechts an EU-Vorgaben. Schwellenwerte, Offenlegungssanktionen, Kapitalgesellschaften & Co., in: BB 54 (1999), S. 1054–1058.

*Strobel* 2000: Strobel, W., Die Neuerungen des KapCoRiLiG für den Einzel- und Konzernabschluss, in: DB 53 (2000), S. 53–59.

*Struck* 2003: Struck, C., Ad-hoc-Publizitätspflicht zum Schutz der Anleger vor vermögensschädigendem Wertpapierhandel. Eine Untersuchung zu § 15 Wertpapierhandelsgesetz mit vergleichender Darstellung des US-Rechts, Frankfurt a. M. et al. 2003.

*Sylvester* 2004: Sylvester, M., Konsequenzen einer IFRS-Umstellung auf die Informationssysteme am Beispiel SAP, in: ZfCM 48 (2004), Sonderheft 2/04, S. 89–97.


*Tanski* 2003: Tanski, J. S., Wahlrechte und Bilanzpolitik in den IFRS, in: Freidank, C.-Chr./Tanski, J. S. (Hrsg.), Management-Handbuch ACF, München 2003, Loseblattausgabe (Stand: Januar 2006), S. 1–29.

*Tanski* 2004: Tanski, J. S., Bilanzpolitische Spielräume in den IFRS, in: DStR 42 (2004), S. 1843–1847.

*Telgheder* 2004: Telgheder, M., Neue Bilanzregeln rücken Marken in den Focus, in: HB 59 (2004) 135 vom 15. 07. 2004, S. 11.

*Tesch/Wißmann* 2006: Tesch, J./Wißmann, R., Lageberichterstattung nach HGB, Weinheim 2006.

*Theile* 2003a: Theile, C., Erstmalige Anwendung der IAS/IFRS. Einfach unvergleichlich komplex, in: DB 56 (2003), S. 1745–1752.

*Theile* 2003b: Theile, C., Wahlrechte und Ermessensspielräume nach IAS/IFRS. Zugleich ein Beitrag zur Umstellungsgestaltung und zur Erstellung der unternehmensspezifischen Konzernrichtlinie, in: StuB 5 (2003), S. 957–964.

*Tietz* 1993: Tietz, B., Der Handelsbetrieb. Grundlagen der Unternehmenspolitik, 2. Aufl., München 1993.

*Tietze* 2002: Tietze, H., Kommentierung zu § 279 HGB Nichtanwendung von Vorschriften. Abschreibungen, in: Küting, K./Weber, C.-P. (Hrsg.), Handbuch der Rechnungslegung. Einzelabschluss. Kommentar zur Bilanzierung und Prüfung, Bd. 3, 5. Aufl., Stuttgart 2002, Loseblattausgabe (Stand: September 2005), S. 1–8.

*Titze* 1978: Titze, W., Ist eine Umstellung auf den neuen Industrie-Kontenrahmen (IKR) sinnvoll?, in: DB 31 (1978), S. 217–222.

*Tricks/Hargreaves* 2004: Tricks, H./Hargreaves, D., Scharfer Kampf um Bilanzregeln erwartet. Chef des IASB rechnet mit Widerstand der Unternehmen, in: FTD 46 (2004) 220 vom 10.11.2004, S. 19.

*Trimborn* 2004: Trimborn, M., Revolution mit vielen Haken. Die neuen Bilanzierungsregeln IFRS, in: SZ o. Jg. (2004) 247 vom 22. 10. 2004, S. 22.

*Trützschler* 2002: Trützschler K., Kommentierung zu § 250 HGB Rechnungsabgrenzungsposten, in: Küting, K./Weber, C.-P. (Hrsg.), Handbuch der Rechnungslegung. Einzelabschluss. Kommentar zur Bilanzierung und Prüfung, Bd. 1, 5. Aufl., Stuttgart 2002, Loseblattausgabe (Stand: September 2005), S. 1–39.


*Ull* 2004: Ull, T., IFRS für den Mittelstand. Das IASB-Projekt, in: Winkeljohann, N. (Hrsg.), Rechnungslegung nach IFRS. Ein Handbuch für mittelständische Unternehmen, Herne/Berlin 2004, S. 390–392.

*Ulrich* 1996: Ulrich, N., Die Gemeinkostenverteilung als bilanzpolitisches Instrument bei der Bewertung von unfertigen und fertigen Erzeugnissen, in: BBK o. Jg. (1996), Fach 19, S. 353–362.


*Vater* 2002a: Vater, H., Bilanzierung von Leasingverhältnissen nach IAS 17. Eldorado bilanzpolitischer Möglichkeiten?, in: DStR 40 (2002), S. 2094–2100.

*Vater* 2002b: Vater, H., Fair Value. Des Rätsels Lösung?, in: BBK o. Jg. (2002), Fach 20, S. 655–663.

*Veit* 1992: Veit, K.-R., Die Funktion von Bilanzierungshilfen, in: DB 45 (1992), S. 101–104.

*Veit* 1995: Veit, K.-R., Die Inanspruchnahme von Bilanzierungshilfen. Ergebnisse einer empirischen Untersuchung, in: DB 48 (1995), S. 2129–2131.

*Veit* 2001: Veit, K.-R., Die Bemessung von Herstellungskosten unter bilanzpolitischen Aspekten, in: StuB 3 (2001), S. 577–584.

*Veit* 2002: Veit, K.-R., Bilanzpolitik, München 2002.

*Velte* 2006a: Velte, P., Der (Konzern-)Lagebericht als strategisches Kommunikationsinstrument für das Value Based Management, in: SteuerStud 24 (2006), S. 143–147.

*Velte* 2006b: Velte, P., Impairment only approach des IASB und Einheitstheorie des RFH/BFH für den positiven goodwill, in: PiR 2 (2006), S. 55–58.

*Velte* 2006c: Velte, P., ZP-Stichwort. Percentage-of-Completion-Methode, in: ZP 17 (2006), S. 223–228.

*Vogt* 1963: Vogt, F. J., Bilanztaktik. Wahlrechte des Unternehmers beim Jahresabschluß, 6. Aufl., Heidelberg 1963.

*Von Goethe* 1986: Von Goethe, J. W., Wilhelm Meisters Lehrjahre, Stuttgart 1986.

*Von Keitz* 1997: Von Keitz, I., Immaterielle Güter in der internationalen Rechnungslegung. Grundsätze für den Ansatz von immateriellen Gütern in Deutschland im Vergleich zu den Grundsätzen in den USA und nach IASC, Düsseldorf 1997.

*Von Keitz* 2003: Von Keitz, I., Praxis der IASB-Rechnungslegung. Derzeit (noch) uneinheitlich und HGB-orientiert, in: DB 56 (2003), S. 1801–1806.

*Von Keitz* 2005: Von Keitz, I., Praxis der IASB-Rechnungslegung. Best practice von 100 IFRS-Anwendern, 2. Aufl., Stuttgart 2005.

*Von Keitz/Stibi* 2004: Von Keitz, I./Stibi, B., Rechnungslegung nach IAS/IFRS. Auch ein Thema für den Mittelstand? Ergebnisse einer Befragung mittelständischer Unternehmen, in: KoR 4 (2004), S. 423–429.

*Voßschulte/Baumgärtner* 1991: Voßschulte, A./Baumgärtner, J., Controlling im Handel. Konzeption und Erfahrungen bei der Implementierung, in: Controlling 3 (1991), S. 252–261.


*Wacker* 2005: Wacker, R., Kommentierung zu § 15 EStG, in: Schmidt, L. (Hrsg.), EStG. Einkommensteuergesetz. Kommentar, 24. Aufl., München 2005, S. 1066–1288.

*Wagenhofer* 2003a: Wagenhofer, A., Internationale Rechnungslegungsstandards. IAS/IFRS, 4. Aufl., Wien/Frankfurt 2003.

*Wagenhofer* 2003b: Wagenhofer, A., Neue Regelungen des Übergangs auf IFRS, in: SWI 13 (2003), S. 375–380.

*Wagenhofer* 2004: Wagenhofer, A., Änderungen der IAS durch das Improvement-Projekt, in: SWI 14 (2004), S. 146–150.

*Wagner* 1990: Wagner, F. W., Die umgekehrte Maßgeblichkeit der Handelsbilanz für die Steuerbilanz, in: StuW 67 (1990), S. 3–14.

*Wagner/Dirrigl* 1980: Wagner, F. W./Dirrigl, H., Die Steuerplanung der Unternehmung, Stuttgart/New York 1980.

*Waschbusch* 1994: Waschbusch, G., Die Instrumente der handelsrechtlichen Jahresabschlußpolitik: Ein Systematisierungsansatz (Teil I und II), in: WISU 23 (1994), S. 807–816 u. 919–924.

*Watrin/Strohm/Struffert* 2004: Watrin, Chr./Strohm, Chr./Struffert, R., Aktuelle Entwicklungen der Bilanzierung von Unternehmenszusammenschlüssen nach IFRS, in: WPg 57 (2004), S. 1450–1461.

*Weber* 1990: Weber, C.-P., in: Küting, K./Weber, C.-P. (Hrsg.), Handbuch der Rechnungslegung, Kommentar zur Bilanzierung und Prüfung, 3. Aufl., Stuttgart 1990.

*Weber/Rogler* 2004: Weber, H. K./Rogler, S., Betriebswirtschaftliches Rechnungwesen. Band 1: Bilanz sowie Gewinn- und Verlustrechnung, 5. Aufl., München 2004.

*Weber-Grellet* 1997: Weber-Grellet, H., Maßgeblichkeitsgrundsatz in Gefahr?, in: DB 50 (1997), S. 385–391.

*Weber-Grellet* 2006: Weber-Grellet, H., Kommentierung zu § 5 EStG, in: Schmidt, L. (Hrsg.), Einkommensteuergesetz. EStG. Kommentar, 25. Aufl., München 2006, S. 341–460.

*Weißenberger* 2004: Weißenberger, B. E., Integrierte Rechnungslegung und Unternehmenssteuerung. Bedarf an kalkulatorischen Erfolgsgrößen auch unter IFRS?, in: ZfCM 48 (2004), Sonderheft 2/04, S. 72–77.

*Weißenberger/Stahl/Vorstius* 2004: Weißenberger, B. E./Stahl, A. B./Vorstius, S., Die Umstellung auf internationale Rechnungslegungsgrundsätze. Wunsch und Wirklichkeit in deutschen Unternehmen, in: KoR 4 (2004), S. 5–16.

*Wendlandt/Knorr* 2004: Wendlandt, K./Knorr, L., Der Referentenentwurf des Bilanzrechtsreformgesetzes. Darstellung der wesentlichen bilanzrechtlichen Änderungen des HGB und der Folgen für die IAS/IFRS-Anwendung in Deutschland, in: KoR 4 (2004), S. 45–50.

*Wendlandt/Vogler* 2003: Wendlandt, K./Vogler, G., Bilanzierung von immateriellen Vermögenswerten und Impairment-Test nach Überarbeitung von IAS 36 und IAS 38, in: KoR 3 (2003), S. 66–74.

*Wenzig* 2004: Wenzig, H., Außenprüfung, Betriebsprüfung, 9. Aufl., Achim bei Bremen 2004.

*Westermann* 1993: Westermann, H. P., in: Scholz, E. (Hrsg.), Kommentar zum GmbH-Gesetz mit Nebengesetzen und dem Anhang Konzernrecht, 9. Aufl., Köln 1993, S. 1182.

*Wiechers* 2002: Wiechers, K., Anwendung internationaler Rechnungslegungsstandards. Folgerungen aus der EU-Verordnung zur IAS-Rechnungslegung, in: StuB 4 (2002), S. 1137–1140.

*Winkeljohann* 2004: Winkeljohann, N., IFRS-Rechnungslegung und steuerliche Gewinnermittlung, in: Winkeljohann, N. (Hrsg.), Rechnungslegung nach IFRS. Ein Handbuch für mittelständische Unternehmen, Herne/Berlin 2004, S. 376–389.

*Winkeljohann/Geißler* 2006: Winkeljohann, N./Geißler, H., Kommentierung zu § 252 HGB Allgemeine Bewertungsgrundsätze, in: Ellrott, H./Förschle, G./Hoyos, M./Winkeljohann, N. (Hrsg.), BeckBilKomm. Handels- und Steuerrecht. §§ 238 bis 339, 342 bis 342e HGB mit EGHGB und IAS/IFRS-Abweichungen, 6. Aufl., München 2006, S. 400–424.

*Winkeljohann/Lawall* 2006a: Winkeljohann, N./Lawall, L., Kommentierung zu § 267 HGB Umschreibung der Größenklassen, in: Ellrott, H./Förschle, G./Hoyos, M./Winkeljohann, N. (Hrsg.), BeckBilKomm. Handels- und Steuerrecht. §§ 238 bis 339, 342 bis 342e HGB mit EGHGB und IAS/IFRS-Abweichungen, 6. Aufl., München 2006, S. 871–882.

*Winkeljohann/Lawall* 2006b: Winkeljohann, N./Lawall, L., Kommentierung zu § 269 HGB Aufwendungen für die Ingangsetzung und Erweiterung des Geschäftsbetriebs, in: Ellrott, H./Förschle, G./Hoyos, M./Winkeljohann, N. (Hrsg.), BeckBilKomm. Handels- und Steuerrecht. §§ 238 bis 339, 342 bis 342e HGB mit EGHGB und IAS/IFRS-Abweichungen, 6. Aufl., München 2006, S. 913–919.

*Winkeljohann/Lawall* 2006c: Winkeljohann, N./Lawall, L., Kommentierung zu § 282 HGB Abschreibungen für die Aufwendungen für die Ingangsetzung und Erweiterung des Geschäftsbetriebs, in: Ellrott, H./Förschle, G./Hoyos, M./Winkeljohann, N. (Hrsg.), BeckBilKomm. Handels- und Steuerrecht. §§ 238 bis 339, 342 bis 342e HGB mit EGHGB und IAS/IFRS-Abweichungen, 6. Aufl., München 2006, S. 1186 f.

*Winkeljohann/Philipps* 2006: Winkeljohann, N./Philipps, H., Kommentierung zu § 242 HGB, in: Ellrott, H./Förschle, G./Hoyos, M./Winkeljohann, N. (Hrsg.), BeckBilKomm. Handels- und Steuerrecht. §§ 238 bis 339, 342 bis 342e HGB mit EGHGB und IAS/IFRS-Abweichungen, 6. Aufl., München 2006, S. 24–42.

*Winkeljohann/Schellhorn* 2006: Winkeljohann, N./Schellhorn, M., Kommentierung zu § 264 HGB Pflicht zur Aufstellung, in: Ellrott, H./Förschle, G./Hoyos, M./Winkeljohann, N. (Hrsg.), BeckBilKomm. Handels- und Steuerrecht. §§ 238 bis 339, 342 bis 342e HGB mit EGHGB und IAS/IFRS-Abweichungen, 6. Aufl., München 2006, S. 744–760.

*Winkeljohann/Taetzner* 2006: Winkeljohann, N./Taetzner, T., Kommentierung zu § 280 HGB Wertaufholungsgebot, in: Ellrott, H./Förschle, G./Hoyos, M./Winkeljohann, N. (Hrsg.), BeckBilKomm. Handels- und Steuerrecht. §§ 238 bis 339, 342 bis 342e HGB mit EGHGB und IAS/IFRS-Abweichungen, 6. Aufl., München 2006, S. 1169–1181.

*Winkeljohann/Ull* 2004: Winkeljohann, N./Ull, T., IAS/IFRS im Mittelstand. Aktueller Stand. Kosten/Nutzen. Praxisberichte zur Umstellung. Ein Tagungsbericht, in: KoR 4 (2004), S. 430–434.

*Wöhe* 1977: Wöhe, G., Bemerkungen zur Steuerbilanzpolitik, in: BFuP 29 (1977), S. 216–229.

*Wöhe* 1997: Wöhe, G., Bilanzierung und Bilanzpolitik. Betriebswirtschaftlich. Handelsrechtlich. Steuerrechtlich, 9. Aufl., München 1997.

*Wöhe* 2005: Wöhe, G., Einführung in die Allgemeine Betriebswirtschaftslehre, 22. Aufl., München 2005.

*Wöhe/Bilstein* 2002: Wöhe, G./Bilstein, J., Grundzüge der Unternehmensfinanzierung, 9. Aufl., München 2002.

*Wöhe/Kußmaul* 2002: Wöhe, G./Kußmaul, H., Grundzüge der Buchführung und Bilanztechnik, 4. Aufl., München 2002.

*Wohlgemuth/Ständer* 2003: Wohlgemuth, M., Ständer, U., Der Bewertungsmaßstab »Herstellungskosten« nach HGB und IAS. Darstellung der Besonderheiten und kritische Gegenüberstellung, in: WPg 56 (2003), S. 203–211.

*Wolf* 2004: Wolf, T., Auswirkungen der internationalen Rechnungslegung auf die Höhe des bilanzierten Eigenkapitals. Ratingpotenzial im Mittelstand durch IAS/IFRS?, in: BBK o. Jg. (2004), Fach 19, S. 517–524.

*Wollmert/Achleitner* 2003: Wollmert, P./Achleitner, A.-K., Konzeptionen der IAS-Rechnungslegung, in: Baetge, J./Dörner, D./Kleekämper, H./Wollmert, P./Kirsch, H.-J. (Hrsg.), Rechnungslegung nach International Accounting Standards (IAS). Kommentar auf der Grundlage des deutschen Bilanzrechts, 2. Aufl., Stuttgart 2003, Loseblattausgabe (Stand: Juni 2005), S. 1–11.

*WP-Handbuch* 2006: Wirtschaftsprüfer-Handbuch 2006. Wirtschaftsprüfung, Rechnungslegung, Beratung, Bd. I, 13. Aufl., Düsseldorf 2006.

*Wüstenhöfer* 1994: Wüstenhöfer, U., Die Gewerbesteuerrückstellung unter Berücksichtigung der Einkommensteuerrichtlinien 1993, in: DStR 32 (1994), S. 950–955.


*Zabel* 2002: Zabel, M., IAS zwingend für Konzern- und Einzelabschluss? Stellungnahme zu Böcking, WPg 2001, S. 1433 ff. Zugleich Plädoyer für eine intensive Diskussion der Vor- und Nachteile kapitalmarktorientierter Rechnungslegungs- und Publizitätsgrundsätze für nicht kapitalmarktorientierte Unternehmen, in: WPg 55 (2002), S. 919–924.

*Zeimes* 2002: Zeimes, M., Die erstmalige Aufstellung eines Konzernabschlusses nach internationalen Bilanzierungsstandards. Handlungsbedarf für den Mittelstand, in: DStR 40 (2002), S. 1634–1636.

*Zeimes/Kühne* 2004: Zeimes, M./Kühne, M., Die neue Bilanzierung von Übernahmen, in: FAZ 56 (2004) 81 vom 05. 04. 2004, S. 20.

*Zeitler* 1997: Zeitler, F.-Chr., Konservative Bilanzierung versus IAS. Ein verlorener Kampf?, in: Budde, W. D./Moxter, A./Offerhaus, K. (Hrsg.), Handelsbilanzen und Steuerbilanzen. Festschrift zum 70. Geburtstag von Heinrich Beisse, Düsseldorf 1997, S. 599–608.

*Zeitler* 2003: Zeitler, F.-Chr., Rechnungslegung und Rechtsstaat. Übernahme der IAS oder Reform des HGB?, in: DB 56 (2003), S. 1529–1534.

*Ziegler* 1994: Ziegler, H., Neuorientierung des internen Rechnungswesens für das Unternehmens-Controlling im Hause Siemens, in: ZfbF 46 (1994), S. 175–188.

*Ziesemer* 2002: Ziesemer, S., Rechnungslegungspolitik in IAS-Abschlüssen und Möglichkeiten ihrer Neutralisierung, Düsseldorf 2002.

*Zimmermann/Wortmann* 2001: Zimmermann, G./Wortmann, A., Der Shareholder-Value-Ansatz als Institution zur Kontrolle der Führung von Publikumsgesellschaften, in: DB 54 (2001), S. 289–294.

*Zülch/Fischer* 2005: Zülch, h./Fischer, D., Business Combinations Phase II. Überarbeitung von IFRS 3, IAS 27 und IAS 37, in: StuB 7 (2005), S. 1055–1056.

*Zwirner/Heiden* 2002: Zwirner, C./Heiden, M., Zum dynamischen Wandel des Konzernrechnungswesens. Vom Financial Accounting zum Business Reporting. 6. Fachtagung. Das Rechnungswesen im Konzern, in: StuB 4 (2002), S. 287–292.

*Zwirner/Boecker/Reuter* 2004: Zwirner, Chr./Boecker, C./Reuter, M., Umstellung der Rechnungslegung von HGB auf IFRS. Theoretischer Überblick und Veranschaulichung in Form eines Fallbeispiels, in: KoR 5 (2004), S. 217–234.

# Sonstige Materialien

*AICPA (Hrsg.)* 1994: American Institute of Certified Public Accountants (Hrsg.), Improving Business Reporting. A customer focus. Meeting the information needs of investors and creditors. A comprehensive report of the spezial committee on Financial Reporting, Jersey City 1994.

*AktG*: Aktiengesetz vom 06. September 1965 (BGBl. I S. 1089), zuletzt geändert durch Gesetz vom 22.09.2005, BGBl. I 2005, S. 2802.

*AO:* Abgabenordnung in der Fassung der Bekanntmachung vom 01. Oktober 2002 (BGBl. I 2002, S. 3866), zuletzt geändert durch Gesetz vom 22.09.2005 (BGBl. I 2005, S. 2809).

*BetrVG*: Betriebsverfassungsgesetz in der Fassung der Bekanntmachung vom 25. September 2001 (BGBl. I 2001, S. 2518), zuletzt geändert durch Gesetz vom 18.05.2004 (BGBl. I 2004, S. 974).

*BGB*: Bürgerliches Gesetzbuch in der Fassung der Bekanntmachung vom 2. Januar 2002, zuletzt geändert durch Gesetz vom 07.07.2005, BGBl. I 2005, S. 1970.

*BilKoG*: Gesetz zur Kontrolle von Unternehmensabschlüssen (Bilanzkontrollgesetz. BilKoG) vom 15.12.2004, BGBl. I 2004, S. 3408–3415.

*BilReG*: Gesetz zur Einführung internationaler Rechnungslegungsstandards und zur Sicherung der Qualität in der Abschlussprüfung (Bilanzrechtsreformgesetz. BilReG) vom 04.12.2004, BGBl. I 2004, S. 3166–3182.

*BilREG-BegrRegE*: Begründung zum Regierungsentwurf BilREG, in: Gesetzentwurf der Bundesregierung (Regierungsentwurf) zur Einführung internationaler Rechnungslegungsstandards und zur Sicherung der Qualität in der Abschlussprüfung (Bilanzrechtsreformgesetz), BT-Drucksache 15/3419 vom 24.06.2004, S. 1–38.

*BiRiLiG*: Gesetz zur Durchführung der Vierten, Siebenten und Achten Richtlinie des Rates der Europäischen Gemeinschaften zur Koordinierung des Gesellschaftsrechts (Bilanzrichtlinien-Gesetz. BiRiLiG) vom 19.12.1985, BGBl. I 1985, S. 2355.

*BörsG*: Börsengesetz in der Fassung der Bekanntmachung vom 21. Juni 2002 (BGBl. I S. 2010), zuletzt geändert durch Gesetz vom 16.08.2005 (BGBl. I 2005, S. 2437).

*BörsZulV*: Verordnung über die Zulassung von Wertpapieren zum amtlichen Markt an einer Wertpapierbörse in der Fassung der Bekanntmachung vom 09. September 1998 (BGBl. I 1998, S. 2832), zuletzt geändert durch Gesetz vom 22.06.2005 (BGBl. I 2005, S. 1698).

Bundestags-Drucksache 10/4268: Beschlussempfehlung und Bericht des Rechtsausschusses (6. Ausschuss) zu dem von der Bundesregierung eingebrachten Entwurf eines Gesetzes zur Durchführung der Vierten Richtlinie des Rates der Europäischen Gemeinschaften zur Koordinierung des Gesellschaftsrechts (Bilanzrichtlinien-Gesetz) – Drucksache 10/317 – Entwurf eines Gesetzes zur Durchführung der Siebenten und Achten Richtlinie des Rates der Europäischen Gemeinschaften zur Koordinierung des Gesellschaftsrechts – Drucksache 10/3440 – mit Begründung vom 18.11.1985.

*DRS 2*: Deutscher Standardisierungsrat, Deutscher Rechnungslegungs Standard Nr. 2: Kapitalflussrechnung (DRS 2, Stand: 15. Juli 2005), in: Deutsches Rechnungslegungs Standards Committee e. V. (Hrsg.), Deutsche Rechnungslegungs Standards (DRS). Rechnungslegungs Interpretationen (RIC), Stuttgart 2005, Loseblattausgabe (Stand: Oktober 2005), S. 1–49.

*DRS 4*: Deutscher Standardisierungsrat, Deutscher Rechnungslegungs Standard Nr. 4: Unternehmenserwerbe im Konzernabschluss (DRS 4, Stand: 15. Juli 2005), in: Deutsches Rechnungslegungs Standards Committee e. V. (Hrsg.), Deutsche Rechnungslegungs Standards (DRS). Rechnungslegungs Interpretationen (RIC), Stuttgart 2005, Loseblattausgabe (Stand: Oktober 2005), S. 1–53.

*DRS 10*: Deutscher Standardisierungsrat, Deutscher Rechnungslegungs Standard Nr. 10: Latente Steuern im Konzernabschluss (DRS 10, Stand: 15. Juli 2005), in: Deutsches Rechnungslegungs Standards Committee e. V. (Hrsg.), Deutsche Rechnungslegungs Standards (DRS). Rechnungslegungs Interpretationen (RIC), Stuttgart 2005, Loseblattausgabe (Stand: 2005), S. 1–47.

*DRS 12*: Deutscher Standardisierungsrat, Deutscher Rechnungslegungs Standard Nr. 12: Immaterielle Vermögenswerte des Anlagevermögens (DRS 12, Stand: 15. Juli 2005), in: Deutsches Rechnungslegungs Standards Committee e. V. (Hrsg.), Deutsche Rechnungslegungs Standards (DRS). Rechnungslegungs Interpretationen (RIC), Stuttgart 2005, Loseblattausgabe (Stand: Oktober 2005), S. 1–37.

*DRS 15*: Deutscher Standardisierungsrat, Deutscher Rechnungslegungs Standard Nr. 15, Lageberichterstattung (DRS 15, Stand: 07. Dezember 2004), in: Deutsches Rechnungslegungs Standards Committee e. V. (Hrsg.), Deutsche Rechnungslegungs Standards (DRS). Rechnungslegungs Interpretationen (RIC), Stuttgart 2005, Loseblattausgabe (Stand: Oktober 2005), S. 1–63.

*EGHGB*: Einführungsgesetz zum Handelsgesetzbuch vom 10. Mai 1897 (RBBl. I 1897, S. 437), zuletzt geändert durch Gesetz vom 03. 08. 2005 (BGBl. I 2005, S. 2267).

*EGV*: Vertrag zur Gründung der Europäischen Gemeinschaft in der Fassung des Vertrags von Amsterdam vom 2. Oktober 1997 (BGBl. II 1998, S. 386), zuletzt geändert durch Gesetz vom 16. 04. 2003 (ABl. EG L 236 2003, S. 33).

*EStDV*: Einkommensteuer-Durchführungsverordnung in der Fassung vom 10. Mai 2000 (BGBl. I 2000, S. 717), zuletzt geändert durch Gesetz vom 09. 12. 2004 (BGBl. I 2004, S. 3310).

*EStG*: Einkommensteuergesetz in der Fassung vom 19. Oktober 2002 (BGBl. I 4210), zuletzt geändert durch Gesetz vom 22. 12. 2005 (BGBl. I 2005, S. 3683).

*EStR*: Einkommensteuer-Richtlinien 2005 mit Hinweisen vom 16. Dezember 2005.

*Gesetz über steuerliche Maßnahmen bei der Stillegung von Steinkohlenbergwerken:* Gesetz über steuerliche Maßnahmen bei der Stillegung von Steinkohlenbergwerken vom 11. 04. 1967 (BStBl. I 1967, S. 204–207).

*GenG*: Gesetz betreffend die Erwerbs- und Wirtschaftsgenossenschaften in der Fassung der Bekanntmachung vom 19. August 1994 (BGBl. I 1994, S. 2202), zuletzt geändert durch Gesetz vom 27. 12. 2004 (BGBl. I 2004, S. 3846).

*GewO*: Gewerbeordnung in der Fassung der Bekanntmachung vom 22. Februar 1999 (BGBl. I 1999, S. 202), zuletzt geändert durch Gesetz vom 06. 09. 2005 (BGBl. I 2005, S. 2725).

*GewStG*: Gewerbesteuergesetz in der Fassung der Bekanntmachung vom 15. Oktober 2002 (BGBl. I S. 4167), zuletzt geändert durch Gesetz vom 09. 12. 2004 (BGBl. I 2005, S. 3310).

*GewStR*: Gewerbesteuer-Richtlinien 1998 vom 21. Dezember 1998.

*GG*: Grundgesetz für die Bundesrepublik Deutschland vom 23. 05. 1949 (BGBl. I S. 1), zuletzt geändert durch Gesetz vom 26. 07. 2002 (BGBl. I S. 2863).

*GmbHG*: Gesetz betreffend die Gesellschaft mit beschränkter Haftung vom 20. 04. 1892 (RBGl. S. 477), in der Fassung vom 20. 05. 1898 (RBGl. S. 369), zuletzt geändert durch Gesetz vom 22. 03. 2005 (BGBl. I S. 837).

*GMG*: Gesetz zur Modernisierung der Gesetzlichen Krankenversicherung (GMG) vom 14. 11. 2003, BGBl. I 2003, S. 2190–2258.

*HFA 1/1981 i. d. F. 1990*: Hauptfachausschuß (HFA) Stellungnahme 1/1981 i. d. F. 1990: Stichprobenverfahren für die Vorratsinventur zum Jahresabschluß, in: Institut der Wirtschaftsprüfer in Deutschland e. V. (Hrsg.), IDW Prüfungsstandards, IDW Stellungnahmen zur Rechnungslegung, Band II, Düsseldorf 1990, Loseblattausgabe (Stand: Mai 2006), S. 59–80.

*HFA 1/1990*: Hauptfachausschuß (HFA) Stellungnahme 1/1990: Zur körperlichen Bestandsaufnahme im Rahmen von Inventurverfahren, in: Institut der Wirtschaftsprüfer in Deutschland e. V. (Hrsg.), IDW Prüfungsstandards, IDW Stellungnahmen zur Rechnungslegung, Band II, Düsseldorf 1990, Loseblattausgabe (Stand: Mai 2006), S. 189–201.

*HFA 3/1997*: Hauptfachausschuß (HFA) Stellungnahme 3/1997: Zum Grundsatz der Bewertungsstetigkeit, in: Institut der Wirtschaftsprüfer in Deutschland e. V. (Hrsg.), IDW Prüfungsstandards, IDW Stellungnahmen zur Rechnungslegung, Band II, Düsseldorf 1997, Loseblattausgabe (Stand: Mai 2006), S. 387–391.

*HGB*: Handelsgesetzbuch vom 10. 05. 1897 (RGBl. S. 219), zuletzt geändert durch Gesetz vom 03. 08. 2005 (BGBl. I 2005, S. 2267).

*IASB/FASB (Hrsg.)* 2002: International Accounting Standards Board/Financial Accounting Standards Board (Hrsg.), Presseerklärung vom 29. 10. 2002 (Norwalk-Agreement), London 2002.

*IASB Rahmenkonzept*: International Accounting Standards Board, International Accounting Rahmenkonzept für die Aufstellung und Darstellung von Abschlüssen, in: International Accounting Standards Board (Hrsg.), International Financial Reporting Standards (IFRSs) einschließlich International Accounting Standards (IAS) und Interpretationen, Stuttgart 2006, Loseblattausgabe (Stand: Januar 2006).

*IAS 1*: International Accounting Standards Board, International Accounting Standard IAS 1: Darstellung des Abschlusses (überarbeitet 2003), in: International Accounting Standards Board (Hrsg.), International Financial Reporting Standards (IFRSs) einschließlich International Accounting Standards (IAS) und Interpretationen, Stuttgart 2006, Loseblattausgabe (Stand: Januar 2006).

*IAS 2*: International Accounting Standards Board, International Accounting Standard IAS 2: Vorräte (überarbeitet 2003), in: International Accounting Standards Board (Hrsg.), International Financial Reporting Standards (IFRSs) einschließlich International Accounting Standards (IAS) und Interpretationen, Stuttgart 2006, Loseblattausgabe (Stand: Januar 2006).

*IAS 8*: International Accounting Standards Board, International Accounting Standard IAS 8: Bilanzierungs- und Bewertungsmethoden, Änderungen von Schätzungen und Fehler (überarbeitet 2003), in: International Accounting Standards Board (Hrsg.), International Financial Reporting Standards (IFRSs) einschließlich International Accounting Standards (IAS) und Interpretationen, Stuttgart 2006, Loseblattausgabe (Stand: Januar 2006).

*IAS 11*: International Accounting Standards Board, International Accounting Standard IAS 11: Fertigungsaufträge (überarbeitet 1993), in: International Accounting Standards Board (Hrsg.), International Financial Reporting Standards (IFRSs) einschließlich International Accounting Standards (IAS) und Interpretationen, Stuttgart 2006, Loseblattausgabe (Stand: Januar 2006).

*IAS 12*: International Accounting Standards Board, International Accounting Standard IAS 12: Ertragssteuern (überarbeitet 2003), in: International Accounting Standards Board (Hrsg.), International Financial Reporting Standards (IFRSs) einschließlich International Accounting Standards (IAS) und Interpretationen, Stuttgart 2006, Loseblattausgabe (Stand: Januar 2006).

*IAS 16*: International Accounting Standards Board, International Accounting Standard IAS 16: Sachanlagen (überarbeitet 2003), in: International Accounting Standards Board (Hrsg.), International Financial Reporting Standards (IFRSs) einschließlich International Accounting Standards (IAS) und Interpretationen, Stuttgart 2006, Loseblattausgabe (Stand: Januar 2006).

*IAS 19*: International Accounting Standards Board, International Accounting Standard IAS 19: Leistungen an Arbeitnehmer (überarbeitet 2004), in: International Accounting Standards Board (Hrsg.), International Financial Reporting Standards (IFRSs) einschließlich International Accounting Standards (IAS) und Interpretationen, Stuttgart 2006, Loseblattausgabe (Stand: Januar 2006).

*IAS 36*: International Accounting Standards Board, International Accounting Standard IAS 36: Wertminderung von Vermögenswerten (überarbeitet 2004), in: International Accounting Standards Board (Hrsg.), International Financial Reporting Standards (IFRSs) einschließlich International Accounting Standards (IAS) und Interpretationen, Stuttgart 2006, Loseblattausgabe (Stand: Januar 2006).

*IAS 37*: International Accounting Standards Board, International Accounting Standard IAS 37: Rückstellungen, Eventualschulden und Eventualforderungen (überarbeitet 2003), in: International Accounting Standards Board (Hrsg.), International Financial Reporting Standards (IFRSs) einschließlich International Accounting Standards (IAS) und Interpretationen, Stuttgart 2006, Loseblattausgabe (Stand: Januar 2006).

*IAS 38*: International Accounting Standards Board, International Accounting Standard IAS 38: Immaterielle Vermögenswerte (überarbeitet 2004), in: International Accounting Standards Board (Hrsg.), International Financial Reporting Standards (IFRSs) einschließlich International Accounting Standards (IAS) und Interpretationen, Stuttgart 2006, Loseblattausgabe (Stand: Januar 2006).

*IAS 39*: International Accounting Standards Board, International Accounting Standard IAS 39: Finanzinstrumente: Ansatz und Bewertung (überarbeitet 2004), in: International Accounting Standards Board (Hrsg.), International Financial Reporting Standards (IFRSs) einschließlich International Accounting Standards (IAS) und Interpretationen, Stuttgart 2006, Loseblattausgabe (Stand: Januar 2006).

*IFRS 3*: International Accounting Standards Board, International Financial Reporting Standard IFRS 3: Unternehmenszusammenschlüsse (2004), in: International Accounting Standards Board (Hrsg.), International Financial Reporting Standards (IFRSs) einschließlich International Accounting Standards (IAS) und Interpretationen, Stuttgart 2006, Loseblattausgabe (Stand: Januar 2006).

*IASB/SME (Hrsg.)* 2004: International Accounting Standards Board, Discussion Paper. Preliminary Views on Accounting Standards for Small and Medium-sized Entities, London 2004.

*IDW RS HFA 7:* IDW Stellungnahme zur Rechnungslegung. Zur Rechnungslegung bei Personenhandelsgesellschaften (IDW RS HFA 7), in: Institut der Wirtschaftsprüfer in Deutschland e. V. (Hrsg.), IDW Prüfungsstandards (IDW PS), IDW Stellungnahmen zur Rechnungslegung (IDW RS), IDW Standards (IDW S), IDW Prüfungs- und Rechnungslegungshinweise (IDW PH und IDW RH), Düsseldorf 2006, Loseblattausgabe (Stand: Oktober 2006), S. 1–15.

*InsO:* Insolvenzordnung vom 05. Oktober 1994 (BGBl. I 1994, S. 2866), zuletzt geändert durch Gesetz vom 22. 03. 2005 (BGBl. I 2005, S. 837).

*KapAEG*: Gesetz zur Verbesserung der Wettbewerbsfähigkeit deutscher Konzerne an Kapitalmärkten und zur Erleichterung der Aufnahme von Gesellschafterdarlehen (Kapitalaufnahmeerleichterungsgesetz. KapAEG) vom 20. 4. 1998, BGBl. I 1998, S. 707.

*KapCoRiLiG*: Gesetz zur Durchführung der Richtlinie des Rates der Europäischen Union zur Änderung der Bilanz- und der Konzernbilanzrichtlinie hinsichtlich ihres Anwendungsbereichs (90/605 EWG), zur Verbesserung der Offenlegung von Jahresabschlüssen und zur Änderung anderer handelsrechtlicher Bestimmungen (Kapitalgesellschaften- und Co-Richtlinie-Gesetz-KapCoRiLiG) vom 24. 2. 2000, BGBl. I 2000, S. 154–173.

*KonTraG*: Gesetz zur Kontrolle und Transparenz im Unternehmensbereich (KonTraG) vom 27. 4. 1998, BGBl. I 1998, S. 786–794.

*KStG*: Körperschaftsteuergesetz in der Fassung der Bekanntmachung vom 15. Oktober 2002 (BGBl. I S. 4144), zuletzt geändert durch Gesetz vom 15. 12. 2004 (BGBl. I S. 3416).

*KStR*: Körperschaftsteuer-Richtlinien 2004 mit Hinweisen 2004 vom 13. Dezember 2004.

*KWG*: Gesetz über das Kreditwesen in der Fassung der Bekanntmachung vom 09. September 1998 (BGBl. I 1998, S. 2776), zuletzt geändert durch Gesetz vom 22. 09. 2005 (BGBl. I 2005, S. 2809).

*MoMiG-RefE*: Entwurf eines Gesetzes zur Modernisierung des GmbH-Rechts und zur Bekämpfung von Missbräuchen (MoMiG) vom 29.06. 2006, abrufbar unter: bmj.bund.de (01. 07. 2006).

*PartGG*: Gesetz über Partnerschaftsgesellschaften Angehöriger Freier Berufe vom 25. Juli 1994 (BGBl. I 1994, S. 1744), zuletzt geändert durch Gesetz vom 10. 12. 2004 (BGBl. 2004, S. 3422).

*PublG*: Publizitätsgesetz in der Fassung vom 15. August 1969 (BGBl. I S. 1189), zuletzt geändert durch Gesetz vom 04. 12. 2004 (BGBl. I 2004, S. 3166).

*ScheckG*: Scheckgesetz vom 14. August 1933 (RGBl. I 1933, S. 597), zuletzt geändert durch Gesetz vom 23. 07. 2002 (BGBl. I 2002, S. 2850).

*SFAS 141*: Financial Accounting Standards Board, SFAS 141 Business Combinations, Norwalk/Connecticut 2001.

*SFAS 142*: Financial Accounting Standards Board, SFAS 142 Goodwill and Other Intangible Assets, Norwalk/Connecticut 2001.

*SGB*: Sozialgesetzbuch in der Fassung vom 11. Dezember 1975 (BGBl. I 1975, S. 3015), zuletzt geändert durch Gesetz vom 21. 03. 2005, BGBl. I 2005, S. 818.

*SolzG*: Solidaritätszuschlaggesetz 1995 in der Fassung der Bekanntmachung vom 15. Oktober 1995 (BGBl. I 2002, S. 4130), zuletzt geändert durch Gesetz vom 23. 12. 2002 (BGBl. I 2002, S. 4621).

*StÄndG*: Gesetz zur Änderung steuerlicher Vorschriften (Steueränderungsgesetz 2001. StÄndG 2001), BGBl. I 2001, S. 3795–3821.

*StBereinG*: Gesetz zur Bereinigung von steuerlichen Vorschriften (Steuerbereinigungsgesetz 1999. StBereinG 1999), BGBl. I 1999, S. 2601–2623.

*StEntlG*: Steuerentlastungsgesetz 1999/2000/2002 (StEntlG) vom 24. 3. 1999, BGBl. I 1999, S. 402.

*StSenkG*: Gesetz zur Senkung der Steuersätze und zur Reform der Unternehmensbesteuerung (Steuersenkungsgesetz. StSenkG), BGBl. I 2000, S. 1433–1466.

*TransPuG*: Gesetz zur weiteren Reform des Aktien- und Bilanzrechts, zu Transparenz und Publizität (Transparenz- und Publizitätsgesetz) vom 19. 07. 2002, BGBl. I 2002, S. 2681–2687.

*UmwG*: Umwandlungsgesetz vom 28. Oktober 1994 (BGBl. I 1994, S. 3210), zuletzt geändert durch Gesetz vom 9. 12. 2004 (BGBl. I 2004, S. 3214).

*UStG*: Umsatzsteuergesetz in der Fassung der Bekanntmachung vom 21. Februar 2005 (BGBl. I 2005, S. 386), zuletzt geändert durch Gesetz vom 22. 09. 2005 (BGBl. I 2005, S. 2809).

*UStR*: Umsatzsteuer-Richtlinien 2005 vom 16. Dezember 2004.

*VermBG*: Fünftes Gesetz zur Förderung der Vermögensbildung der Arbeitnehmer in der Fassung vom 04. Mai 1994 (BGBl. I 1994, S. 406), zuletzt geändert durch Gesetz vom 20. 12. 2001 (BGBl. I 2001, S. 3794).

*Verordnung über die Durchführung der Beitragsüberwachung und die Auskunfts- und Vorlagepflichten* (Beitragsüberwachungsverordnung) vom 22.05.1989, BGBl. I 1989, S. 992–998.


*WG*: Wechselgesetz vom 21. Juni 1933 (RGBl. I 1933, S. 399), zuletzt geändert durch Gesetz vom 23.07.2002 (BGBl. I 2002, S. 2850).

*WpHG*: Gesetz über den Wertpapierhandel in der Fassung der Bekanntmachung vom 09. September 1998 (BGBl. I 1998, S. 2708), zuletzt geändert durch Gesetz vom 22.05.2005 (BGBl. I 2005, S. 1373).

# EU-Verordnungen und -Richtlinien

*Erste EG-Richtlinie*: Erste Richtlinie 68/151/EWG des Rates vom 9. März 1968 zur Koordinierung der Schutzbestimmungen, die in den Mitgliedstaaten den Gesellschaften im Sinne des Artikels 58 Absatz 2 des Vertrags im Interesse der Gesellschafter sowie Dritter vorgeschrieben sind, um diese Bestimmungen gleichwertig zu gestalten, ABlEG L 65 vom 14. März 1968, S. 8–12.

*EU-Fair-Value-Richtlinie*: Richtlinie 2001/65/EG des Europäischen Parlaments und des Rates vom 27. September 2001 zur Änderung der Richtlinien 78/660EWG, 83/349EWG des Rates im Hinblick auf die im Jahresabschluss bzw. konsolidierten Abschluss von Gesellschaften bestimmter Rechtsformen und von Banken und anderen Finanzinstituten zulässigen Wertansätze, ABlEG L 283 vom 27. Oktober 2001, S. 28–32.

*EU-GmbH & Co.-Richtlinie*: Richtlinie 90/605/EWG des Europäischen Rates vom 8. November 1990 zur Änderung der Richtlinien 78/660/EWG, 83/349/EWG über den Jahresabschluss bzw. den konsolidierten Abschluss hinsichtlich ihres Anwendungsbereiches, ABlEG L 317 vom 16. November 1990, S. 57–59.

*EU-IAS-Verordnung*: Verordnung (EG) Nr. 1606/2002 des Europäischen Parlaments und des Rates vom 19. Juli 2002 betreffend die Anwendung internationaler Rechnungslegungsstandards, ABlEG L 243 vom 11. September 2002, S. 1–4.

*EU-Modernisierungs-Richtlinie*: Richtlinie 2003/51/EG des Europäischen Parlaments und des Rates vom 18. Juni 2003 zur Änderung der Richtlinien 78/660/EWG, 83/349 EWG, 86/635/EWG und 91/674/EWG über den Jahresabschluss und den konsolidierten Abschluss von Gesellschaften bestimmter Rechtsformen, von Banken und anderen Finanzinstituten sowie von Versicherungsunternehmen, ABlEG L 178 vom 27. Juli 2003, S. 16–19.

*EU-Schwellenwert-Richtlinie*: Richtlinie 2003/38/EG des Rates vom 13. Mai 2003 zur Änderung der Richtlinien 78/660/EWG über den Jahresabschluss und den konsolidierten Abschluss von Gesellschaften bestimmter Rechtsformen hinsichtlich der in Euro ausgedrückten Beträge, ABlEG L 120 vom 15. Mai 2003, S. 22–23.

*EU-Wertpapierdienstleistungs-Richtlinie:* Richtlinie 2004/39/EG des Europäischen Parlaments und des Rates vom 21. 04. 2004 über Märkte für Finanzinstrumente, zur Änderung der Richtlinien 85/611/EWG und 93/6/EWG des Rates und der Richtlinie 2000/12/EG des Europäischen Parlaments und des Rates und zur Aufhebung der Richtlinie 93/22/EWG des Rates, ABlEG L 145 vom 30. April 2004, S. 1–8.

*Siebente EG-Richtlinie*: Siebente Richtlinie 83/349/EWG des Rates vom 13. Juni 1983 aufgrund von Artikel 54 Absatz 3 Buchstabe g) über den konsolidierten Abschluss von Gesellschaften bestimmter Rechtsformen, ABlEG L 193 vom 18. Juli 1983, S. 1–17.

*Vierte EG-Richtlinie*: Vierte Richtlinie 78/660/EWG des Rates vom 25. Juli 1978 aufgrund von Artikel 54 Absatz 3 Buchstabe g) über den Jahresabschluss von Gesellschaften bestimmter Rechtsformen, ABlEG L 222 vom 14. August 1978, S. 11–31.

*Zweite EG-Richtlinie*: Zweite Richtlinie 77/91/EWG des Rates vom 13. Dezember 1976 zur Koordinierung der Schutzbestimmungen, die in den Mitgliedstaaten den Gesellschaften im Sinne des Artikels 58 Absatz 2 des Vertrages im Interesse der Gesellschafter sowie Dritter für die Gründung der Aktiengesellschaft sowie für die Erhaltung und Änderung ihres Kapitals vorgeschrieben sind, um diese Bestimmungen gleichwertig zu gestalten, ABlEG L 26 vom 31. März 1977, S. 1–13.

# Verzeichnis steuerrechtlicher Urteile, Verordnungen, Schreiben und Erlasse

*BdF* 2000: Bundesministerium der Finanzen und Finanzminister (Finanzsenatoren) der Länder (Hrsg.): AfA-Tabellen, Steuertabellen, München 2000.

*BFH* 1951: BFH VI 15/51 S vom 23.02.1951, BStBl. III 1951, S. 75.

*BFH* 1956: BFH I 292/755 U vom 17.07.1956, BStBl. III 1956, S. 379.

*BFH* 1960: BFH IV 14/58 vom 01.12.1960, HFR 1961, S. 257.

*BFH* 1962: BFH I 242/61 U vom 20.11.1962, BStBl. III 1963, S. 113.

*BFH* 1968a: BFH I 206/65 vom 01.08.1968, BStBl. II 1969, S. 66.

*BFH* 1968b: BFH III R 15/67 vom 28.08.1968, BStBl. II 1969, S. 2.

*BFH* 1968c: BFH I 52/64 vom 16.07.1968, BStBl. II 1969, S. 18.

*BFH* 1969a: BFH GrS 2/68 vom 03.02.1969, BStBl. II 1969, S. 291.

*BFH* 1969b: BFH I R 15/58 vom 24.06.1969, BStBl. II 1969, S. 581.

*BFH* 1974a: BFH II R 30/69 vom 11.12.1974, BStBl. II 1975, S. 417.

*BFH* 1974b: BFH VIII R 125/70 vom 24.09.1974, BStBl. II 1975, S. 78.

*BFH* 1974c: BFH IV R 141/70 vom 31.10.1974, BStBl. II 1975, S. 73.

*BFH* 1974d: BFH VIII R 61–62/73 vom 26.11.1974, BStBl. II 1975, S. 352.

*BFH* 1975a: BFH I R 72/73 vom 26.02.1975, BStBl. II 1976, S. 13.

*BFH* 1975b: BFH IV R 193/71 vom 22.05.1975, BStBl. II 1975, S. 804.

*BFH* 1978a: BFH I R 35/78 vom 06.12.1978, BStBl. II 1979, S. 262.

*BFH* 1978b: BFH Grs 1 /77 vom 12.06.1978, BStBl. II 1978, S. 620.

*BFH* 1982: BFH IV R 39/80 vom 07.10.1982, BStBl. II 1983, S. 104.

*BFH* 1983a: BFH I R 63/79 vom 13.04.1983, BStBl. II 1983, S. 667.

*BFH* 1983b: BFH VIII R 160/79 vom 19.07.1983, BStBl. II 1984, S. 56.

*BFH* 1983c: BFH I R 76/82 vom 15.06.1983, BStBl. II 1983, S. 672.

*BFH* 1983d: BFH IV R 218/80 vom 25.08.1983, BStBl. II 1984, S. 33.

*BFH* 1984a: BFH I R 116/81 vom 03.10.1984, BStBl. II 1985, S. 131.

*BFH* 1984b: BFH IX R 10/83 vom 20.03.1984, BStBl. II 1984, S. 487.

*BFH* 1984c: BFH IV R 76/82 vom 12.07.1984, BStBl. II 1984, S. 713.

*BFH* 1987a: BFH GrS 2/86 vom 26.10.1987, BStBl. II 1988, S. 348.

*BFH* 1987b: BFH VIII R 327/83 vom 19.05.1987, BStBl. II 1987, S. 848.

*BFH* 1989a: BFH III R 95/87 vom 25.08.1989, BStBl. II 1989, S. 893.

*BFH* 1989b: BFH VIII R 142/84 vom 03.10.1989, BStBl. II 1990, S. 420.

*BFH* 1991a: BFH I R 102/88 vom 13.11.1991, BStBl. II 1992, S. 336.

*BFH* 1991b: BFH IV R 21/90 vom 13.03.1991, BStBl. II 1992, S. 595.

*BFH* 1992a: BFH I R 24/91 vom 26.08.1992, BStBl. II 1992, S. 977.

*BFH* 1992b: BFH IV R 101/90 vom 04.06.1992, BStBl. II 1993, S. 276.

*BFH* 1993a: BFH IV R 87/92 vom 21.10.1993, BStBl. II 1994, S. 176.

*BFH* 1993b: BFH IV R 40/92 vom 18.02.1993, BStBl. II 1994, S. 224.

*BFH* 1993c: BFH IV R 121/91 vom 14.01.1993, BFH/NV 1993, S. 525.

*BFH* 1993d: BFH VIII R 67/92 vom 28.09.1993, BStBl. II 1994, S. 449.

*BFH* 2000a: BFH I R 69/98 vom 09.08.2000, BStBl. II 2001, S. 71.

*BFH* 2000b: BFH VIII R 32/98 vom 20. 06. 2000, BStBl. II 2001, S. 636.

*BMF* 1971: Schreiben des Bundesministeriums für Finanzen BMF IV B 1 vom 19. 04. 1971, BStBl. I 1971, S. 264–266.

*BMF* 1972: Schreiben des Bundesministeriums für Finanzen BMF IV B 1 vom 21. 03. 1972, BStBl. I 1972, S. 188 f.

*BMF* 1986: Schreiben des Bundesministeriums für Finanzen BMF IV B 2 vom 20. 11. 1986, BStBl. I 1986, S. 532.

*BMF* 1987: Schreiben des Bundesministeriums für Finanzen BMF IV B 1 vom 13. 03. 1987, BStBl. I 1987, S. 365.

*BMF* 1998: Schreiben des Bundesministeriums für Finanzen BMF IV B 2 vom 25. 03. 1998, Steuererlasse, München 1998, S. 1–111.

*BMF* 2000: Schreiben des Bundesministeriums für Finanzen BMF IV C 2 vom 25. 02. 2000, BStBl. I 2000, S. 372 f.

*BMF* 2003: Schreiben des Bundesministeriums für Finanzen BMF IV B 2 vom 05. 08. 2003, BStBl. I 2003, S. 406 f.

*Ländererlass der Finanzminister* 1963: Ländererlass der Finanzminister S 2153-1-VB1 vom 10. 06. 1963, BStBl. II 1963, S. 93 f.

# Stichwortverzeichnis